梅州年鉴

MEIZHOU YEARBOOK

2021

（总第29卷）

梅州市人民政府地方志办公室　编

梅江早晨　　（何志林 摄）

方志出版社
Publishing House of Local Records

图书在版编目（CIP）数据

梅州年鉴. 2021 / 梅州市人民政府地方志办公室编.
-- 北京：方志出版社，2021. 11

ISBN 978-7-5144-5016-3

I. ①梅… II. ①梅… III. ①梅州-2021-年鉴
IV. ①Z526.53

中国版本图书馆CIP数据核字（2021）第258226号

梅州年鉴（2021）

编　　者：	梅州市人民政府地方志办公室
责任编辑：	罗　滔
出 版 者：	方志出版社
	地址 北京市朝阳区潘家园东里9号（国家方志馆4层）
	邮编 100021
	网址 http://www.zgfzcb.cn
发　　行：	方志出版社图书经销中心
	电话（010）67110500
经　　销：	各地新华书店
印　　刷：	梅州程江彩色印刷厂有限公司
开　　本：	889×1194　　1/16
印　　张：	35
字　　数：	1090千字
版　　次：	2021年11月第1版　　2021年11月第1次印刷
印　　数：	0001~1200册

ISBN 978-7-5144-5016-3　　定价：200.00元

梅州市地方志编纂委员会

主　任　张　晨

副主任　张达宏　黄伟华　钟伟基

委　员（按姓氏笔画为序）

丘　灵　古清华　江　锋　刘森元　李昌栋
张　戈　张海涛　陈文辉　陈池生　陈志文
陈梅生　陈颖明　陈建群　陆大为　连申威
周秋明　周耀坤　房焱民　钟　文　钟　勋
凌秀凤　凌丽丽　凌挥明　黄　帆　黄佐君
梁　放　曾祥寿　廖文玉　廖聚如　黎俊红
黎敏文　潘桂荣

梅州年鉴编辑部

主　编　钟伟基

副主编　黎俊红　连申威

编　辑　邓柳茹　廖晓鹏　陈旭芳　古淑灵　吴奕珊
何嘉璐　黄伟锋　陈映萍

编 辑 说 明

一、《梅州年鉴2021》（以下简称本年鉴）为总第29卷，以马克思列宁主义、毛泽东思想、邓小平理论、“三个代表”重要思想、科学发展观、习近平新时代中国特色社会主义思想为指导，坚持辩证唯物主义和历史唯物主义的立场、观点和方法，着重记载2020年梅州市的基本情况，图文结合，以文为主。

二、《梅州年鉴》由中共梅州市委、梅州市人民政府主办，梅州市人民政府地方志办公室组织编纂。1993年开始编纂出版，每年出版一卷。本年鉴正文内容采用分类编辑法，以类目、分目、条目组成主体部分。类目、分目、条目的标题分别以不同字号和版式编排，条目用黑体字加【 】表示，个别包含多方面资料的条目，则用楷体标题标明各段资料的主题。全书设置年度关注、特色梅州、大事记、梅州概览、党政机关、民主党派·工商联、群众团体、法治、军事、经济监督管理、农业农村·水利水电、工业、交通运输、邮政业·通信业、外经贸·口岸管理、商贸流通业、财税·金融、城建·环保、旅游业·餐饮服务业、教育、科学、文化、卫生健康、体育、社会生活、市·县·区、人物、名录、附录等类目29个，分目277个，条目1412个。全书约110万字，彩页27版，图片297张。

三、本年鉴在保持基本框架相对稳定的前提下，对部分内容进行更新、调整、充实。其中：“法治”类目“司法行政”分目增设“梅州监狱”次分目；“财税·金融”类目“金融”分目“银行机构”次分目增设“梅州市农商行系统”条目；“旅游业·餐饮服务业”类目增设“广东客都文旅有限公司”分目；“卫生健康”类目“市直医疗机构”分目增设“梅州市妇女儿童医院”次分目；“工业”类目“工业园区、嘉应新区”分目删除“蕉华工业园”次分目；“教育”类目“民办教育”分目“梅州市东山学校”次分目易名为“梅州市东山系列学校”等。

四、本年鉴稿件、图片由梅州市辖区内有关单位提供，所有稿件、图片均经供稿单位领导审阅。计量单位均使用法定计量单位，所有统计数据来自梅州市统计局《2020年梅州国民经济和社会发展统计公报》及有关单位确定上报的数字。所有照片均有署名（正文类目标题背景图片“梅州红色地图”均由何志林拍摄）。全书内容在梅州市地方志办公室网站（https://www.meizhou.gov.cn/zwgk/zfjg/sdfzbgs/）推出。

梅州名片

- 世界长寿之都
- 国家历史文化名城
- 中国优秀旅游城市
- 国家园林城市
- 国家卫生城市
- 国家森林城市
- 全国双拥模范城
- 中国十大最具安全感城市
- 中国十佳绿色环保标志城市
- 中国最美休闲自驾游目的地
- 最美中国·大众休闲健康养生旅游胜地
- 国家厕所革命先进市
- 中华诗词之市
- 国家全域旅游示范区创建单位
- 中国楹联文化城市
- 中国最具幸福感城市
- 国家重大市政工程领域PPP创新工作重点城市
- 国家食物营养教育示范基地
- 美丽山水城市
- 全国社会治理创新示范市
- 全国社会足球场地设施建设重点推进城市
- 全国城市社区足球场地设施建设试点城市
- 首批全国市域社会治理现代化试点城市

剑英公园（何志林 摄）

图 1

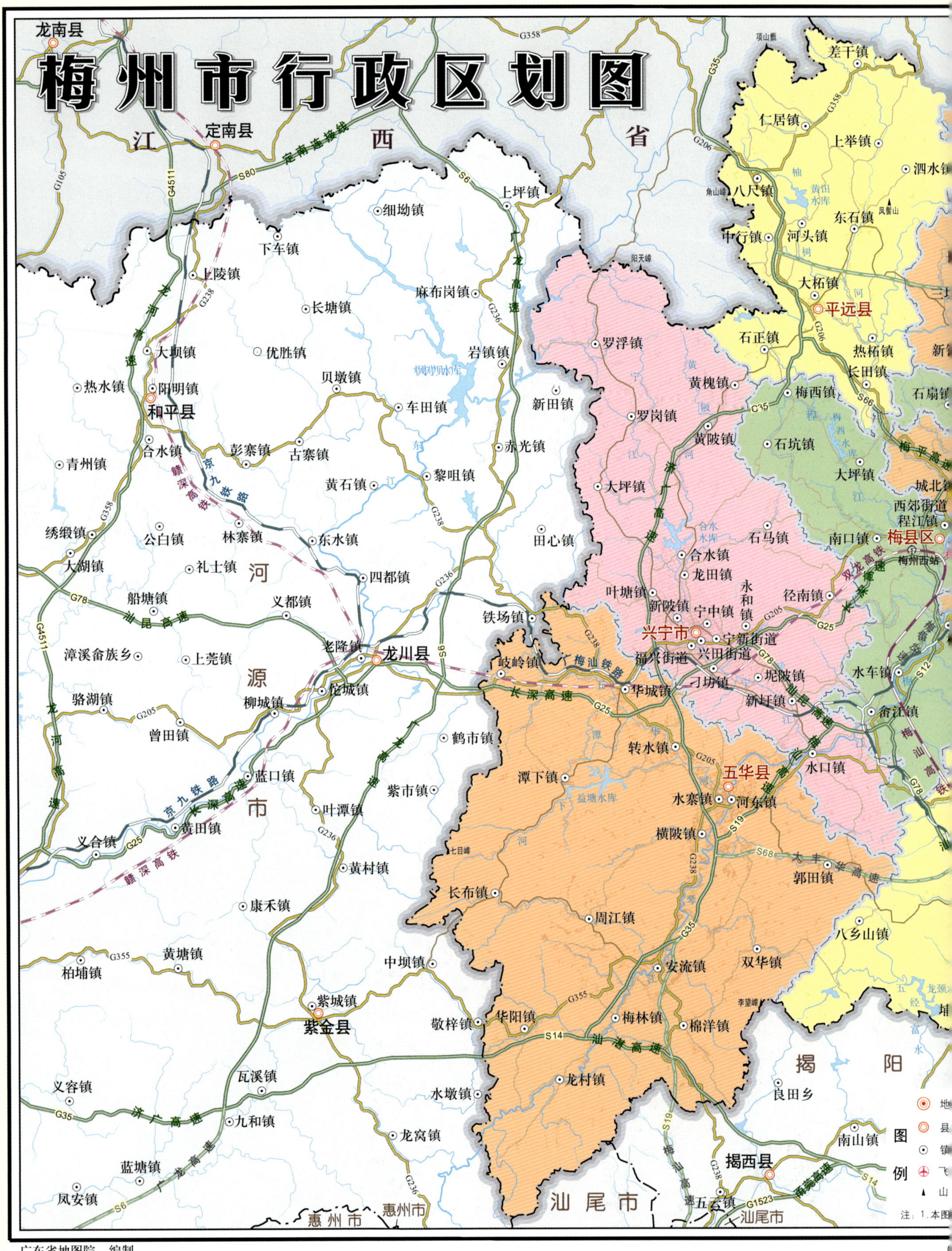

广东省地图院　编制

比例尺　1∶736 000

图 2

梅州市行政区划基本情况统计表		梅江区	梅县区	兴宁市	平远县	蕉岭县	大埔县	丰顺县	五华县	全市合计
县区名称		梅江区	梅县区	兴宁市	平远县	蕉岭县	大埔县	丰顺县	五华县	全市合计
人口（万人）		35.66	61.63	118.31	26.50	23.35	56.47	73.95	152.40	548.29
面积（km^2）		570.6	2476.9	2075.4	1374.0	961.7	2461.8	2706.3	3237.8	15864.5
镇级（个）	街道	3		3						6
	镇	4	17	17	12	8	14	16	16	104
基层（个）	居委	45	32	38	7	10	11	19	34	196
	村委	81	355	455	136	97	245	261	414	2044
政府驻地		金山街道仲元东路51号	程江镇宪梓南路13号	中山东路1号	大柘镇平城南路人民广场1号	蕉城镇府前路1号	湖寮镇同仁路191号	汤坑镇市政大道532号	水寨镇华一东路1号	梅江区江南街道新中路38号

争议的依据。2.表格出自2020年6月版《广东省政区图册》，审图号：粤S(2020)002号。

审图号：粤MS（2021）003号

图 3

2020数字梅州

- 年末常住人口397.03万人
- 全市生产总值1207.98 亿元
- 第一产业增加值244.96 亿元
- 第二产业增加值367.23 亿元
- 第三产业增加值595.79 亿元
- 地方财政一般预算收入88.19 亿元
- 地方财政一般预算支出474.35 亿元
- 外贸进出口总额98.97亿元
- 外贸出口总额86.79亿元
- 实际利用外商直接投资1.45 亿元
- 社会消费品零售总额634.88 亿元
- 城镇常住居民人均可支配收入29942 元
- 农村常住居民人均可支配收入17430 元

剑英公园（何志林 摄）

2020年1月23日，梅州市委书记陈敏（前排右二）、市长张爱军（前排右三）到梅州火车站向值守检查的医务人员、工作人员了解各项疫情防控措施实施情况　（高讯 摄）

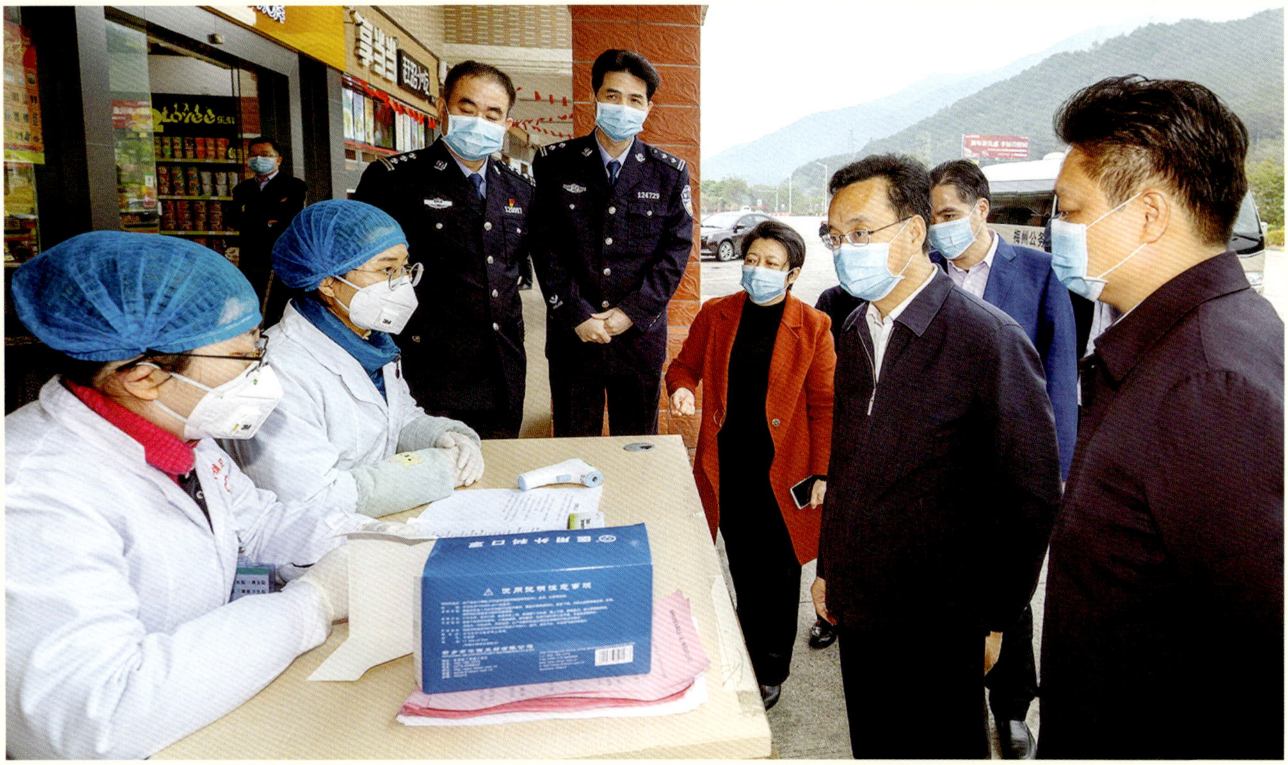

2020年1月25日，梅州市委副书记、市长张爱军（前排右二）在长深高速省界检查站了解执勤和疫情防控工作情况　（连志城 摄）

梅州战“疫”

2020年1月28日，梅州市委书记陈敏（前排右二）、市长张爱军（前排左二）到梅州市疾控中心，检查口罩、医用酒精等医疗物资储备情况 （高讯 摄）

2020年2月19日，梅州市委副书记、市长张爱军（前排左一）到梅县区、大埔县，就贯彻落实习近平总书记关于疫情防控工作的重要讲话和重要指示精神，进一步做好疫情防控和重点项目复工复产工作进行调研。图为张爱军到客都人家康养文旅综合体项目建设现场调研 （林翔 摄）

梅州战“疫”

2020年1月28日，由梅州市人民医院和中山大学附属第三医院粤东医院21名医务人员组成的梅州市第一批支援湖北疫情防控医疗队正式踏上征程　　（梅州市卫生健康局提供）

2020年1月28日，梅州市为出征医疗队举行出征仪式　　（梅州市卫生健康局提供）

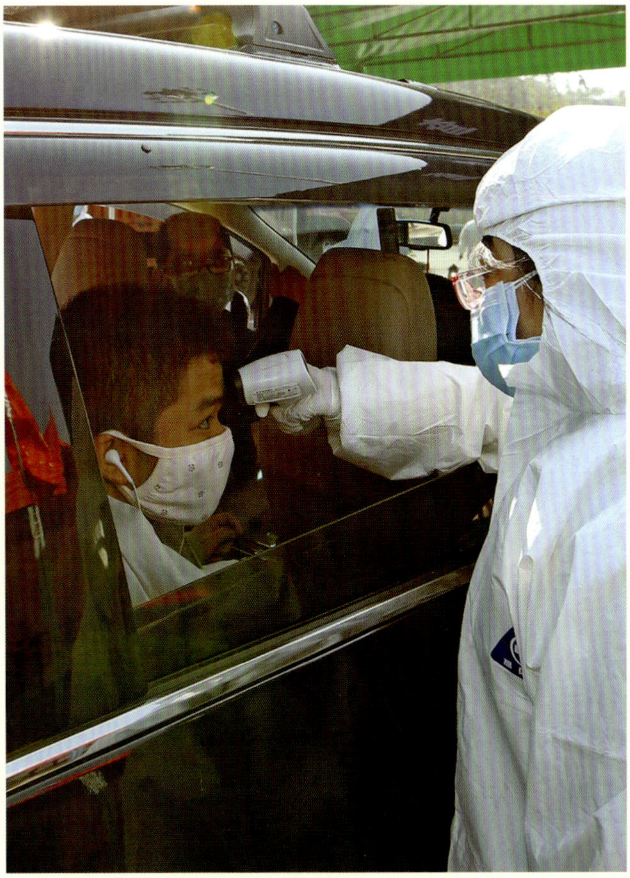

2020年1月31日，在济广高速平远服务区省际联合检疫检查站，医护人员在给车乘人员测量体温　　（高讯 摄）

梅州战“疫”

2020年2月8日晚上，梅州市接到广东省卫健委的紧急通知，要求组建医疗队驰援湖北，梅州市仅用一个小时完成报名组团，半个小时完成物资的调动筹备

（梅州市卫生健康局提供）

2020年2月9日，梅州市第二批支援湖北疫情防控医疗队在梅州机场出发

（连志城 摄）

2020年2月11日，梅州市第三批支援湖北疫情防控医疗队出征

（梅州市卫生健康局提供）

梅州战“疫”

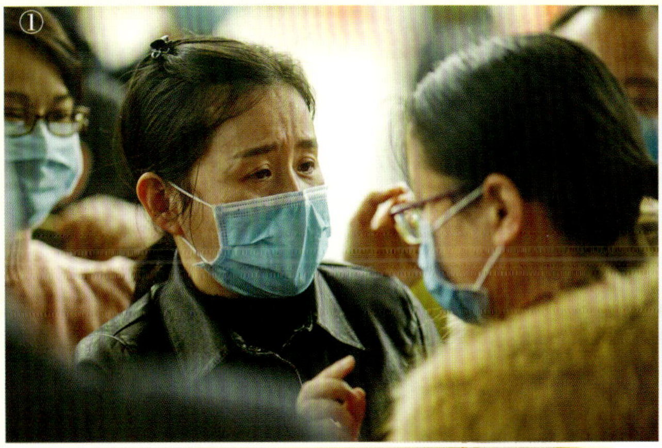

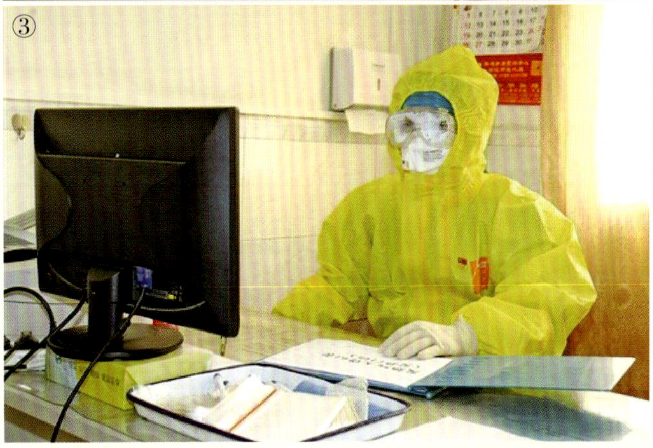

① 梅州支援湖北医疗队队员出发前与同事依依惜别 （林　翔 摄）
② 梅州市公安、交通、卫健等部门开展联合检查，严守进粤关卡 （吴腾江 摄）
③ 党员医生坚守在发热门诊和疑似病人筛查工作一线 （汪敬森 摄）
④ 党员志愿者在农村张贴疫情防控宣传海报 （梅县区委组织部提供）

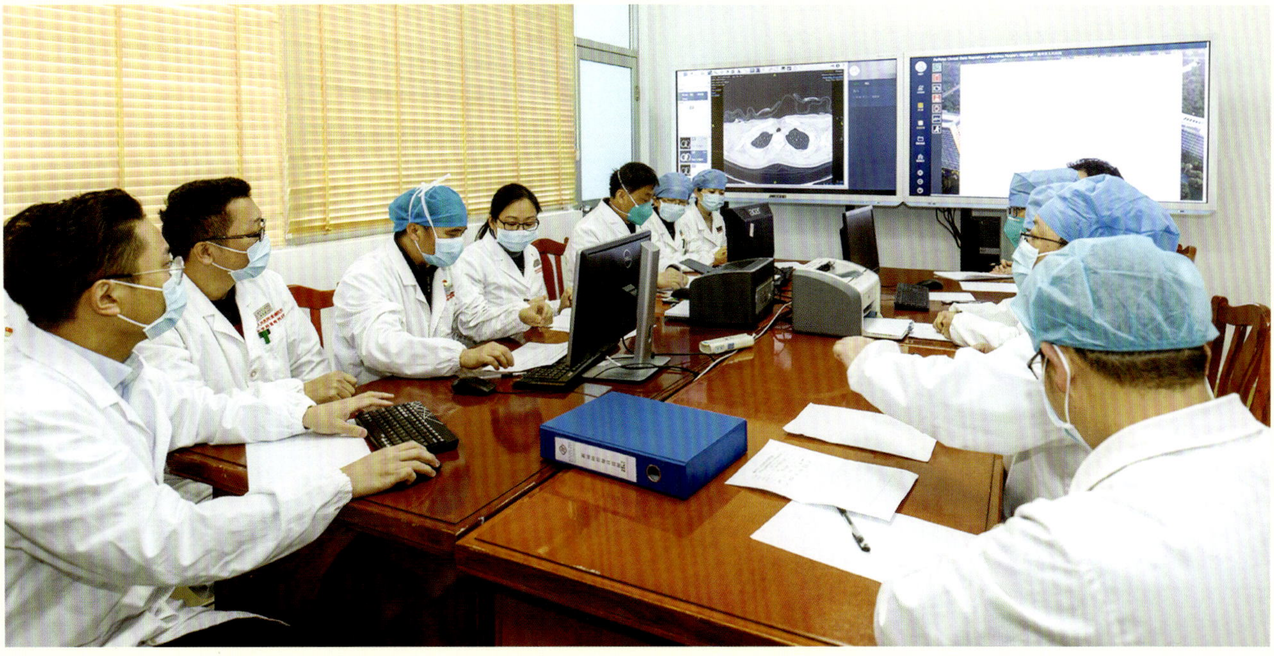

梅州市人民医院多学科专家参与会诊，讨论新冠患者治疗方案 （林翔 摄）

梅州战“疫”

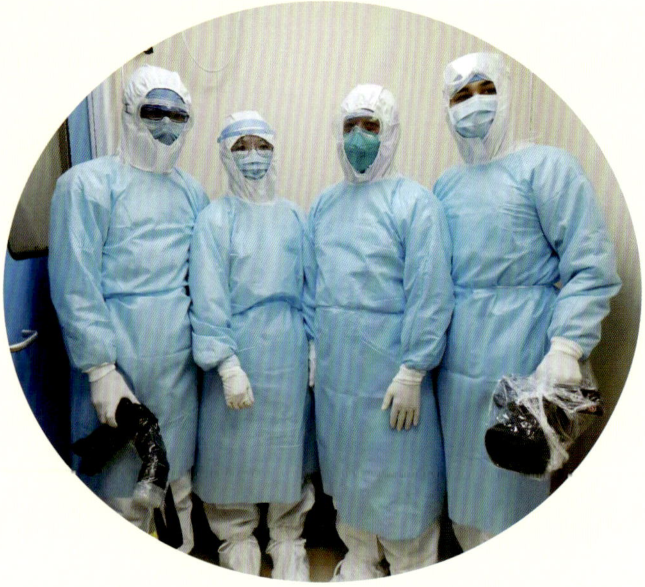

梅州日报社摄影记者林翔（左一）进入梅州市人民医院隔离病房采访（王丽莉 摄）

梅州日报社摄影记者吴腾江在粤东医院疑似病例病房外拍摄新闻素材（吴丽伶 摄）

广梅产业园的恒一实业有限公司响应政府号召，第一时间转型生产口罩（吴腾江 摄）

2020年2月12日，广东嘉应制药股份有限公司固体制剂车间内，工人们正在忙碌（林翔 摄）

2020年2月13日，梅州市圣品沉香博物馆向梅州市公安局交警支队直属大队捐赠一批沉香产品　（吴腾江 摄）

2020年2月25日，梅州市政协委员和企业向梅州市捐赠物资和现金，支援家乡抗击新冠肺炎疫情　（高讯 摄）

梅州战“疫”

粤东医院隔离疑似病例病房外，全副武装的医务人员正在忙碌 （吴腾江 摄）

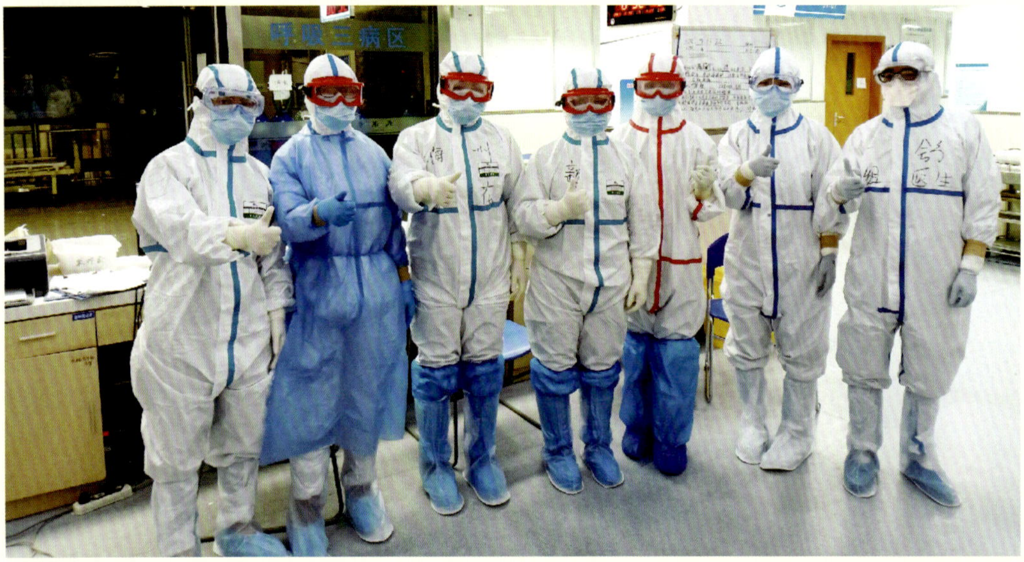

梅州支援湖北抗疫医疗队工作照 （梅州市卫生健康局提供）

梅州支援湖北抗疫医疗队在公安县新冠肺炎紧急救治中心 （梅州市卫生健康局提供）

2020年3月20日，梅州第二批、第三批支援湖北抗疫医疗队圆满完成任务平安返回梅州市

（梅州市卫生健康局提供）

梅州支援湖北抗疫医疗队队员圆满完成任务回到梅州休整

（吴腾江 摄）

2020年3月20日晚，梅州公安以最高规格护航，向抗疫英雄致敬

（林翔 摄）

梅州战“疫”

2020年3月22日，梅州市在梅州市委党校为第一批医疗队举行凯旋欢迎仪式　　（梅州市卫生健康局提供）

梅州市民自发到梅州城南高速公路出口迎接抗疫英雄回家　　（连志城 摄）

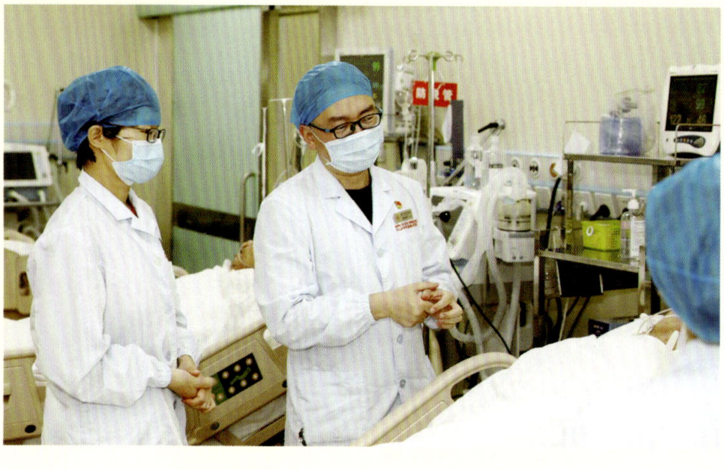

医疗队队员黄寿新（左二）返回工作岗位第一天，在病房内查看病人情况　　（林翔 摄）

2020年十大“梅州速度”

梅州圣戈班高端汽车玻璃生产项目签约落地快

梅龙高铁全线开工快

2020年十大“梅州速度”

兴宁市阳星200兆瓦农光互补光伏发电综合利用项目建设快

梅州市银行业金融机构抗疫贷款速度快

兴宁市人民医院发热门诊装修工程投产快

五华县中英文实验学校项目建设快

2020年十大“梅州速度”

梅州市梅江区元城小学、幼儿园工程项目建设快

嘉应大桥维修加固工程建设快

2020年十大“梅州速度”

广东国峰半导体有限公司集成电路产业链投产快

客都人家康养文旅综合体项目投产快

（图片均由梅州日报社提供）

美丽乡村

梅江区西阳镇北联“红色村”

梅江区西阳镇直坑村村容村貌日新月异

梅县区丙村镇芦陵村经过治理改造后，卫生整洁，绿意盎然

梅县区丙村镇溪联村让田园变公园

美丽乡村

兴宁市新陂、叶塘“两镇五村”麻岭河生态景观带

兴宁市新陂、叶塘“两镇五村”乡村振兴连片示范区休闲步道建设

平远县上举镇上举村村容村貌焕然一新

平远县石正镇农村人居环境

美丽乡村

客天下平远泗水梅畲田园综合体

平远县上举镇畲脑村山瓦祖祠堂化身传播党政方针与耕读文化的综合活动中心

大埔县西岩山萦顶湖茶场

大埔县枫朗镇大埔角村红色广场

美丽乡村

蕉岭县广福镇广育村学宿山居民宿

丰顺县潘田镇填江村多功能文化广场

美丽乡村

五华县梅林镇优河村

五华县华城镇齐乐村新农村建设

（图片均由梅州日报社提供）

总　目

目　录

年度关注

特色梅州

大 事 记

梅州概览

党 政 机 关

民主党派·工商联

群众团体

法　治

军　事

经济监督管理

农业农村·水利水电

交通运输

邮政业·通信业

外经贸·口岸管理

商贸流通业

财税 · 金融

城建·环保

旅游业・餐饮服务业

教　育

科　学

文　化

卫生健康

体　育

社会生活

市·县·区

人　物

名　录

附 录

年度关注

叶剑英纪念馆

（全书类目标题背景图片“梅州红色地图”，均由何志林拍摄）

责任编辑：陈旭芳

梅州人民投身防疫阻击战

2020年初，新冠肺炎疫情突袭，梅州人民投身防疫阻击战。梅州市坚决响应习近平总书记和党中央号召，落实广东省委部署，启动一级响应，建立指挥体系，全市动员、全民行动，坚决打赢疫情防控的人民战争、总体战、阻击战。

抢先部署，科学有序战疫情

2020年1月22日，梅州抢先抓早，成立新冠肺炎疫情防控工作领导小组。23日，广东启动突发重大公共卫生事件一级响应，梅州随即成立以梅州市委书记陈敏为总指挥，市委副书记、市长张爱军为常务副总指挥的梅州市防控新冠肺炎疫情指挥部。2020年1月26日，广东省卫健委确认梅州首例输入性新冠肺炎确诊病例。梅州市指定2间定点救治医院，建设1间后备医院；落实首诊负责制，对疑似病例做到当天收治、当天核酸检测和CT检查、当天明确诊断；组建涵盖9个专业22名专家的临床专家组，执行三线值守制度，对症治疗、中医辨证施治……梅州集中优势资源，全力救治患者。截至2020年5月1日，全市累计报告确诊病例17例（其中，16例境内病例、1例境外输入病例）和1例无症状感染者，全部治愈出院，实现无死亡病例、无医院感染、无社区传播的“三无”目标。

梅州市三批支援湖北医疗队共计51名医护人员响应习近平总书记的号召，英勇出征、逆向而行，把梅州苏区的爱心和力量带到湖北疫区，为湖北武汉、荆州人民托起生命的希望，赢得社会各界的高度赞誉和最深敬意。

广大医务工作者和疾控人员英勇奋战，基层干部、社区工作者、志愿者和公安、交通等战线人员尽职履责，织起严密防线。全力保障疫情防控物资，社会各界和港澳台同胞、海外侨胞踊跃捐款6100多万元，筹集医疗、医用防护物资210多万件；企业口罩产能从“0”达到每天300多万只。

统筹兼顾，加速按下重启键

随着疫情形势持续向好，2020年2月10日，梅州召开市委常委会会议，强调坚持疫情防控与稳增长两手抓，逐次有序、分类施策、精准研判组织企业复工复产；25日，省重大突发公共卫生事件调整为二级响应，梅州召开市委常委会扩大会议，要求全市工作重心从集中精力抓防控向统筹推进疫情防控和经济社会发展转变。

进入疫情常态化防控后，梅州

市慎终如始压实“四方责任”，严格落实风险地区和境外到梅人员接收转运、检测隔离、社区管理以及冷链物品检测等防控措施，继续筑牢外防输入、内防反弹防线，保障秋冬季防控总体安全。核酸检测、发热门诊、定点医院等应急医疗能力得到迅速提升。

坚持疫情防控与经济发展两手抓两不误，做好“六稳”“六保”工作。及早部署复工复产，支持企业解决员工返岗难、防疫物资紧缺等突出问题，3 月初实现规上工业企业全面复工。出台 18 条措施为复工复产保驾护航，发放 5000 万元大礼包刺激消费。推动经济增长逐季回升，第一、二、三产业增加值分别比上年增长 0.7%、1.5%和 1.8%，全市地区生产总值实现 1207.98 亿元，增长 1.5%。全面落实中央资金直达机制，实施援企稳岗政策，全力稳就业、保市场主体，新增各类市场主体 4.8 万户、总数达 30.4 万户，分别比上年增长 12.2%和 7%；新增城镇就业 2.1 万人，城镇登记失业率 2.36%。坚持稳投资，狠抓项目申报和建设，推动固定资产投资增速由负转正，其中工业投资、技改投资分别增长 12.6%和 10.9%。千方百计刺激消费和稳定外贸，推动社会消费品零售总额、进出口总额降幅逐季收窄，其中电商成交额增长 12%、跨境电商实现从无到有的突破。

梅州市坚持产业兴市、项目为王、企业第一，“5311”绿色产业体系加快构建。规上工业增加值增长由负转正。2020 年引进亿元以上项目 111 个。圣戈班汽车高端玻璃制造、景田百岁山矿泉水、万洋众创城等一批项目实现当年签约、当年动工，塔牌水泥二期等技改项目如期完成，广药王老吉、采芝林等新项目顺利投产。

广东省委书记李希到梅州调研

2020 年 10 月 19—20 日，中央政治局委员、广东省委书记李希到梅州市，深入农村、企业、文化场馆、特色小镇及产业项目建设现场，就认真学习贯彻习近平总书记出席深圳经济特区建立 40 周年庆祝大会和视察广东重要讲话、重要指示精神进行调研。

在中国客家博物馆、“客都人家”康养文旅综合体项目、红木家居文化产业园，李希深入文化名人故居、乡村古建筑、“非遗”文化展示基地和项目建设现场，考察了解历史文化传承保护及产业开发情况。他强调，要进一步保护好传承好以广东汉剧、客家山歌、木偶戏等为代表的非物质文化遗产，突出文化特色大力发展文旅产业，推动文化事业和文化产业蓬勃发展。

兴宁市“两镇五村”乡村振兴示范片区包括叶塘、新陂两镇 5 个行政村、22 个自然村，总面积 13.8 平方千米。李希走进村中，仔细察看项目规划建设情况。他强调，要因地制宜规划、高水平推进示范片区建设，践行绿水青山就是金山银山的理念，依托当地优质自然历史文化资源，大力发展特色种养、乡村旅游等富民兴村产业。要深入开展群众性精神文明创建活动，推动新时代文明实践中心建设取得更大实效，以文明乡风助力乡村振兴。

广东精荣科技有限公司位于五华县城工业园内，生产的电脑主板销往全球各地。李希深入生产车间和实验室，与企业负责人、研发人员及员工代表进行交谈，强调要坚持自主创新，沉下心来下大力气掌握更多关键核心技术，并要求政府营造良好营商环境，支持帮助企业在应对挑战中实现更好发展。

李希还来到五华县横陂镇联长村的国家运动休闲（足球）特色小镇，实地考察并听取项目建设运营情况，强调要充分发挥“足球之乡”底蕴，强化特色产业带动作用，将足球运动和人才培养与体育文化、旅游生态、体育用品制造等产业相融合，加快特色小镇建设和产城融合发展。

李希强调，要把学习宣传贯彻习近平总书记重要讲话、重要指示精神作为当前和今后一个时期的头等大事和首要政治任务，在学懂弄通做实上扎扎实实下功夫，乘势而上、感恩奋进，推动梅州加快高质量发展步伐，为广东在全面建设社会主义现代化国家新征程中走在全国前列、创造新的辉煌做出梅州努力、梅州贡献。

一要坚定不移贯彻新发展理念，紧扣推动高质量发展、构建新发展格局，立足梅州在高质量加快构建“一核一带一区”区域发展格局中的功能定位，始终坚持生态优先、绿色发展，在北部生态发展区建设中展现新的更大作为。二要主动对接粤港澳大湾区和深圳先行示范区建设，抓住“双区”建设整体效应、集聚效应、协同效应、战略效应、辐射引领带动效应带来的重大机遇，积极利用“双区”产业、技术、人才等资源，在全力支持服务“双区”建设中拓展新的发展空间。三要强力实施乡村振兴战略，大力发展“一村一品、一镇一业”，建设生态宜居美丽乡村，深入推进“万企帮万村”行动，发挥农业龙头企业带动作用，抓好农业科技创新，推广规模化种植，打造更多优质农业品牌和拳头产品，以绿水青山“后花园”和“菜篮子”“果盘子”“米袋子”为主导对接融入“双区”大市场，积极推动乡村振兴和脱贫攻坚有机衔接，高质量完成脱贫攻坚目标任务。四要传承好保护好利用好优秀传统文化和红色文化资源，挖掘苏区精神的丰富内涵，发挥客家文化特色优势，推动文化产业高质量发展，更好满足人民群众精神文化生活新期待。五要统筹推进常态化疫情防控和经济社会发展工作，谋划好“十四五”规划。六要加强党的全面领导和党的建设，深入贯彻新时代党的建设总要求，旗帜鲜明讲政治抓政治，把政治生态搞好，把基层党组织建成坚强战斗堡垒，为新征程中梅州改革发展提供坚强政治保证。

2020 年，建设中的梅州综合保税区　　（钟小丰　摄）

梅州跨境电子商务综合试验区、综合保税区获批设立

2020 年 5 月 6 日，国务院发布关于同意在雄安新区等 46 个城市和地区设立跨境电子商务综合试验区的批复。批复同意在梅州市设立跨境电子商务综合试验区。

2020 年 7 月，国务院正式批复设立梅州综合保税区。这是广东省第七个综合保税区、粤北生态发展区首个综合保税区、梅州首个国家级发展平台。梅州综合保税区位于梅兴华丰产业集聚带中心区域，选址于梅州高新区二期规划范围内，规划面积 2.53 平方千米，首期规划面积 1.52 平方千米，区内重点开展保税加工、保税物流和保税服务业务，打造粤东北生态发展区开放型经济新引擎。

梅州综合保税区距离高速公路入口仅约 1 千米，距离梅汕高铁畲江站仅 5 分钟车程，距离梅州机场和潮汕机场的车程在 40 分钟内，距离已批准建设的梅州松棚铁路货运枢纽约 1 千米，可通过广梅汕铁路顺畅对接盐田港等港口，距离年吞吐能力 440 万吨的潮州亚太码头 1 小时车程。

作为保税加工、保税物流仓储、服务贸易中心，梅州综合保税区将对接梅州市 10 个产业园（集聚地），不仅帮助进口食品、药品、化妆品等“走进来”，还帮助出口的梅州特色工业品和农产品等“走出去”，打造粤东北地区开放型经济新引擎，加快原中央苏区振兴发展。

● “综保区 123456”

1——拥有 1 个国家级平台

综合保税区是国家级对外开放平台，是开放程度最高、政策最优惠、功能最齐全、手续最简化的海关特殊监管区域。

2——连接 2 个市场

综合保税区内企业可以统筹利用国际国内两个市场、两种资源，培育和提升国际竞争新优势。

3——适合 3 类企业

适合进入综合保税区的企业有保税加工类、保税物流类和保税服务类等企业。

4——享受 4 项基本政策

综合保税区的基本政策主要有税收优惠政策、贸易管制政策、保税监管政策和外汇政策等。

5——打造 5 大中心

加工制造中心、研发设计中心、物流分拨中心、检测维修中心、销售服务中心。

6——具备 6 大功能

综合保税区具有保税加工、保税物流、货物贸易、服务贸易、口岸功能和拓展功能等功能。

梅龙高铁全线开工 三条高速建成通车

2020 年 6 月 30 日，梅龙铁路全线开工建设动员会在五华县华城镇塔岗村举行。该项目自 2019 年 12 月 15 日先行段在兴宁动工后，仅 198 天就全线开工，跑出近十几年全省铁路建设的最快速度。梅州至龙川铁路位于梅州和河源两市境内，项目总投资 166 亿元，设计时速 350 千米，建设工期 4 年，预计 2024 年完工投入运营，全长 95.6 千米。线路自梅汕客专梅州西站引出，沿途经过梅州市梅县区、兴宁市、五华县和河源市龙川县，终至在建赣深高铁龙川西站，大致呈东西走向。全线设梅州西、兴宁南、五华、龙川西 4 个车站。

11 月 18 日，梅州东环高速公路正式建成通车。梅龙高速公路梅州东联络线是梅州市首条环城高速公路的最后一段，全长约 15 千米，设计时速 100 千米，双向四车道。项目起于梅县区丙村镇，经丙村枢纽互通与梅龙高速相接，终于城东镇竹洋村，通过竹洋枢纽互通与长深高速相接，且与济广高速等共同构筑粤东北地区快速通道。梅州东环高速把梅州境内的梅龙、长深两条高速公路连接起来，使梅州首条环城高速闭合成环，丙村镇丙村互通往（返）城东镇竹洋互通的高速公路里程，由原来需绕行 50 多千米，减少至 15 千米，驾车通行时间节约 20 多分钟。

11 月 28 日，华陆高速正式开通。华陆高速是广东省高速公路网规划中“二纵”的重要组成部分，纵向贯穿梅州、揭阳、汕尾三地，串联起安流、棉洋、上砂、五云、水唇五镇，是连接济广高速、汕湛高速、甬莞高速的重要交通纽带。通车后，五华等梅州地区往返汕尾市的路程缩短 49 千米，行车时间节省 30 分钟。

12 月 28 日，大潮高速建成通车，梅州再添一条出省出海大通道。大潮高速北起梅州市大埔县梅大高速，南连潮州市饶平县沈海高速，并设置支线与福建省的云平高速对接，路线全长 120.77 千米，采用双向四车道标准。通车后，梅州大埔至潮州饶平车程减少一个小时。

《梅州市足球中长期发展规划（2020—2050 年）》出台

2020 年 8 月，《梅州市足球中长期发展规划(2020—2050 年)》(简称《规划》)由梅州市发改局、市体育局、市教育局印发实施，规划近期至 2022 年、中期至 2030 年、远期至 2050 年，进一步推动足球持续健康发展，擦亮梅州“足球之乡”品牌。

《规划》提出，到 2022 年，梅州足球改革创新效应初显。初步建立梅州特色足球管理体制机制，培训和竞赛体系科学合理，各类足球运动健康有序发展，足球竞技水平稳步提升，足球事业和足球产业发展基础进一步夯实，“足球之乡”品牌在国内外影响力不断扩大，知名度日益提升。

到 2030 年，梅州足球改革创新在关键领域取得重大突破。初步实现“一地三田”的发展目标，足球管理体制机制完善，足球人口普及，基础设施改善，竞赛体系完备，技战术风格鲜明，竞技水平大幅提升，足球产业壮大，足球对外交流广泛。由传统“足球之乡”向“国际足球文化名城”转变。

到 2050 年，梅州足球改革创新成果丰硕。逐步形成社会足球与职业足球相结合、足球事业与足球产业协调发展的良好局面，全面实现

2020 年 11 月 21—30 日，2020 赛季中冠联赛总决赛在梅州梅县赛区和五华赛区举行（林翔 摄）

2020 年 11 月 21—22 日，梅州市举行纪念林风眠 120 周年诞辰系列活动（高讯 摄）

“一地三田”的发展目标，足球人口全面普及，各类足球人才基础雄厚，足球基础设施完善，足球竞技成绩突出，足球风格显著，“足球+”新业态有相当规模，足球文化浓厚。梅州成为国内一流的足球运动城市、“国际足球文化名城”。

《规划》提出要普及校园足球。各类学校要把足球列入体育课教学内容，积极推进足球教学模式多样化。加大足球项目测试在初中升高中体育考试中的权重，把足球项目列入中考体育的必选项目，激励学生长期参加校园足球活动。多渠道配备、培养校园足球教师，至 2030 年，校园足球特色学校至少配备 1 名足球专兼职教师，至 2050 年，中小学校至少有 2 名足球专兼职教师。

2020 年，梅州市有“一甲一超”2 个职业足球俱乐部，有中国各级职业足球联赛在役球员 33 人、国家级校园足球特色学校 105 所，每年举办的各类足球比赛 4000 多场。全市共有各类足球场地 726 块(不含 2019 年新建)，每万人拥有场地数量 1.85 块，居全省第一。

梅州举行纪念林风眠120 周年诞辰系列活动

2020 年 11 月 21—22 日，梅州市举行纪念林风眠 120 周年诞辰系列活动，追怀画坛巨匠林风眠的世纪业绩，传承弘扬林风眠的艺术精神，打响世界客都梅州文化品牌，助力广东文化强省建设。

11 月 22 日上午，活动举行林风眠纪念馆落成揭幕仪式。为深化林风眠艺术研究，梅州投入 300 万元对林风眠故居进行修缮提升，同时投入 2800 万元，建成集客家特色与江南风格，传统技法和现代工艺于一体，纪念性和日常性相融汇的林风眠纪念馆。该纪念馆是全国唯一一座全方位展示林风眠先生生平、艺术成就与贡献的专题纪念馆，规划用地面积 2200 平方米、建筑面积 1900 平方米。主体分上下两层，首层通过陈列画作、图片、传记等方式，全方位展现林风眠先生在梅州、欧洲、北京、杭州、上海、香港等地各个时期的事迹、艺术成就，系统性地呈现林风眠先生勤学追艺、孤山十年、独立探索、痛离教职、破茧成蝶的传奇一生。二层则是开展学术研讨、眺望村景的观光平台。

纪念大会上，梅州市政府与中国美术学院签订合作框架协议，双方将在实施人才培养工程、助推产业发展振兴、传承发展林风眠美术文化、推进林风眠艺术的宣传与研究等方面深化合作，推进产教融合，实现优势互补，全力把林风眠的生平故事讲好，把林风眠的艺术精神发扬好，高品位、高质量打造好林风眠这个重量级艺术 IP。签订仪式后，中国美术学院向梅州捐赠作品《国美之路大典》。

纪念大会还举行嘉应学院林风眠美术学院和梅州市林风眠艺术基金会揭牌仪式。为更好地弘扬林风眠的艺术精神，传承林风眠的艺术教育理念，嘉应学院美术学院更名为嘉应学院林风眠美术学院。这是全国唯一以林风眠名字命名的高等美术学院，该院将结合优秀传统文化，兼顾 20 世纪中国美术及当代美术的教育和研究，努力探索一条以民族美术为基础、与客家文化发展相适应的现代美术教育之路，推动艺术研究工作发展，培育更多美术人才。

会后，与会嘉宾参观“世纪风眠——林风眠画传展暨中国美术学院‘林风眠奖学金’获奖作品展”，展览共展出作品 74 件，其中“世纪风眠”艺术工程创作作品 41 件，中国美术学院雕塑与公共艺术学院大型雕塑《烽火艺程——沅陵会师》1 件，中国美术学院“林风眠奖学金”获奖作品 32 件，均为当代著名美术家、中国美术学院师生精心创作的精品力作。活动期间，与会嘉宾还观看大型客家山歌音乐剧《林风眠》。该剧是梅州为纪念林风眠 120 周年诞辰而创作的一部思想性、艺术性、观赏性俱佳的精品力作，全剧展示林风眠辗转漂泊的一生，以及对艺术的不懈追求和在艺术领域上的独特造诣等，全面展现林风眠的传奇人生和卓越成就。

客都人家康养文旅综合体开业

2020 年 12 月 25 日，中国·梅州客都人家康养文旅综合体（简称客都人家）开业迎客，当天还举行客乡老街开街、《原乡》全球公演、无人机表演等系列活动。

客都人家位于梅县区丙村镇三堡大桥东侧，地处石窟河与梅江河交汇处，风景秀丽，紧邻最美省道 223 线，周边叶剑英纪念园、雁南飞、雁山湖、桥溪古韵、灵光寺等景区环绕。

该项目计划总投资 50 亿元，总规划占地面积 133.33 万平方米，由上海翼天文旅集团建设，以客家建筑和文化为基础元素，以客乡老街、大型实景演艺为引擎，以文化体验与康养度假为主线，内设客乡老街、原乡剧场、悦麓度假酒店、文创产业园、康体颐养社区及会展中心 6 大板块，致力打造集实景演出、民俗体验、地方美食、休闲度假、康体颐养社区功能于一体的华南文旅新地标。

该项目从 2018 年 11 月签约落户梅县区后，仅半年多的时间，就完成公司注册、规划设计、项目审批、拍地供地等一系列重要前期工作，跑出“梅州速度”。项目方克服疫情等不利影响，开足马力抢进度赶工期，历经 400 多个日夜，实现从无到有，再次见证“梅州速度”。

该项目客乡老街将各大客家“非遗”项目汇聚于此，共设有汉剧馆（国家级非物质文化遗产代表项目）和汉乐坊、木偶馆、埔寨纸花等多项省级非物质文化遗产代表性项目展馆，通过“非遗”展演、发展历史展示、换装体验等多种方式让游客近距离感受客家“非遗”之精粹，让“客家非遗”真正活起来、传下去。

客乡老街内的梅州市客都文化博物馆·侨批展区是全球客家侨批存量最大的一个展馆，展馆内收藏的侨批大多来自民间，具有真实性、系统完整性、唯一性和国际性的档案文献性质，它们不仅是汇款凭证，也是当时社会历史真实的见证，更是研究华侨史、客商史、社会史、文化史、金融史等最原始而珍贵的档案文献。

此外，客家美食博物馆是全球首个以“客家美食”为主题的博物馆，整个展馆主要分为“客家文化与美食”“客家餐具的展示”“客家饮食礼仪”“美食体验”等多个篇章，对研究客家先民迁徙、饮食发展演变具有重要的意义。

作为“客都人家”的重要引擎，《原乡》是以千年客家文化为背景设计的大型情景体验剧，是世界上首台客家文化主题的实景演出。原乡剧场观众席采用全球首创 360 度可旋转可推进式技术，同时还是全球首个多面剧幕与客家民宿融合的多功能实景演艺剧场。

梅州医保“保尚保”项目启动

2020 年 11 月 23 日，梅州医保补充保险“保尚保”项目正式启动。梅州医疗补充保险“保尚保”项目是在梅州市基本医疗保险、大病保险、城镇职工补充医疗保险、医疗救助基础上再加一层医疗保障，是全省率先由政府主导的商业补充医疗保险产品之一，是梅州市医保局按照《中共中央、国务院关于深化医疗保障制度改革的意见》有关精神和梅州市委、市政府的部署，联合中国人民财产保险股份有限公司梅州市分公司、珠江人寿保险股份有限公司，共同推出的梅州基本医保参保人专属的商业医疗保险产品。

梅州医保补充保险“保尚保”具有保费低、保障高、亲民性的特点。投保人没有年龄限制，没有健康状况限制，任何参加梅州市城镇职工基本医保、城乡居民基本医保的人员均可购买。每年投保 60 元保费，可获得 310 万元的保险保障。“保尚保”主要对投保人因罹患疾病发生的医疗费用进行补偿，住院费用保障、恶性肿瘤特病门诊自费费用保障、按医嘱处方中的特药费用等均在保障范围。

（整理自:《梅州日报》及《2021 年梅州政府工作报告》）

特色梅州

大埔县三河坝战役纪念园

责任编辑：陈旭芳

梅州市国民经济和社会发展“十三五”规划圆满收官

“十三五”期间，梅州市坚持发展第一要务，综合实力取得新进步。全市地区生产总值从“十二五”末 943.6 亿元增加到 1207.98 亿元，年均增长 4.3%；地方一般公共预算支出从 376.4 亿元增加到 474.9 亿元，年均增长 4.8%；居民人均可支配收入从 1.64 万元增加到 2.38 万元，年均增长 7.8%。争取老区苏区振兴发展、生态发展区、对口帮扶等政策取得新突破，五年获得中央和省转移支付资金 1620 亿元、政府债券资金 398 亿元、广州对口帮扶资金 33 亿多元。固定资产投资年均增长 7.8%，五年累计投资超过 3000 亿元。社会消费品零售总额年均增长 5.3%。农林牧渔业稳中提质，增加值年均增长 3.0%；工业结构逐步改善，先进制造业、高技术制造业增加值占规上工业增加值比重分别提高到 23.5%和 16.6%；服务业蓬勃发展，现代服务业增加值占第三产业增加值比重达 55.5%。

“十三五”期间，梅州市加快补齐交通短板，区位条件持续改善。全市共完成交通投资 660 亿元，年均增长 15.5%。梅汕客专开通运营，步入“动车时代”。公路通车总里程超过 2 万千米，五年增加 2000 多千米，公路密度 130 千米/百平方千米。其中，高速公路通车里程 708 千米、居粤东西北地区前列，建设规模、里程和投资额均为历史之最。新改建和改造国省道 800 千米，国省道总里程实现翻一番。5 个县（市、区）成功创建省级“四好农村路”示范县，全市 100 人以上自然村实现通硬化路。梅州机场航线航班进一步优化加密，与主要城市通达更加便捷。

“十三五”期间，梅州市坚持区域协调发展，城乡面貌深刻变化。以人为核心的新型城镇化取得新进展，中心城区拓展到 376 平方千米，建成区增加 11.8 平方千米；预计城镇化率达 52.5%，提高 4.7 个百分点。江南新城“五年成规模”目标基本实现，“五园两馆一轴两中心”进入收尾，芹洋半岛基本建成，梅县新城提质加速。江北城区完成骑楼街区修缮保护工程，顺利实施一批“微改造”。各县（市）县城和中心镇、专业镇建设提速、管理加强，综合承载能力持续改善。实施乡村振兴战略，“三年取得重大进展”目标全面实现，2018 年、2019 年均获评全省“优秀”。作为全省脱贫攻坚主战场，圆满完成脱贫攻坚战目标任务，2018 年、2019 年均获评全省“好”的优秀等次。“三清三拆三整治”全面完成，干净整洁村、美丽宜居村分别达到 90%和 40%以上。整合涉农资金加大投入，推动农村基础设施和公共服务水平显著提升。获评广东十大美丽乡村 3 个、美丽乡村精品线路 3 条、特色名村 4 个。现代农业产业园建设成效显著，创建国家级园区 1 个、省级园区 14 个，数量居全省前列。梅州柚品牌价值居“粤字号”区域公用品牌百强榜榜首。14 个农产品入选全国名特优新农产品名录，18 个农产品获评地理标志或地标保护产品。电子商务进农村走在全省前列，获批 5 个国家级、3 个省级综合示范县。

“十三五”期间，梅州市坚持生态发展区定位，生态环境巩固提升。持续开展“绿满梅州”大行动，森林覆盖率保持全省第一，成为国家森林城市、美丽山水城市。完成中央环保督察及“回头看”督察问题整改。坚决打赢污染防治攻坚战，按标况计城区空气质量优良率连续 5 年居全省第一，饮用水水源地水质和国考、省考断面水质连续全部达标，全面消除城市黑臭水体。生活垃圾“村收集、镇转运、县处理”体系运转良好，镇级垃圾填埋场全部整治销号，垃圾焚烧能力提高到 1700 吨/日，新增城镇生活污水处理能力 32.44 万吨/日、工业废水处理能力 4 万吨/日，生活污水处理率达到 97.2%。河（湖）长制全面落实，“五清”“清四乱”专项行动成效明显，累计治理中小河流 1810 千米。韩江入选全国“最美家乡河”。

“十三五”期间，梅州市坚持改革开放创新，发展活力持续增强。五年完成重大改革任务 500 多项。“放管服”和数字政府改革建设多项指标走在粤东西北地区前列，客都人家、韩山文旅等项目跑出“梅州速度”。新一轮市县机构改革和镇（街）体制改革顺利完成，蕉华管理区管理体制改革成效明显，事业单位分类改革扎实推进。国企改革取得重大突破，全市国有“僵尸企业”全面出清，新组建 4 家市属国企并实现平稳运营。成为全省乡村振兴综合改革试点，完成“两权”抵押贷款、土地承包经营权确权改革。组建“三院一基地”，高新技术企业存量达 242 家，国家级企业研发机构实现突破，科技创新“四梁八柱”逐步成形。全面对接融入粤港澳大湾区，分别与前海、南沙、横琴自贸区签订协议、开展合作。与港澳台和海外客属社团联络联谊进一步加强。与国外 2 个城市签署友好城市备忘录，推动广东—新加坡合作理事会首次将梅州市合作事项纳入议题。

便捷交通为乡村振兴提供助力　（高讯 摄）

“十三五”期间，梅州市坚持以人民为中心，民生事业长足进步。五年新增城镇就业人数达 13 万人。社会保障体系不断完善，城乡低保等 6 项底线民生保障水平逐年提高，基本养老保险和医疗保险参保率分别达到 98%和 100%。创建“广东省推进教育现代化先进市”，教育质量提升措施逐步加强。五年新建 30 所中小学校、306 所幼儿园，改扩建一批中小学校，增加学位 6.9 万多个；新改扩建特殊学校 8 所。加快建设卫生强市，主要健康指标接近发达地区水平。市人民医院入选省高水平医院建设单位，新增“三甲”医院 3 家、总量达 4 家，县级“二甲”中医医院、基层医疗卫生机构中医馆实现全覆盖。创建全国文明城市扎实推进。公共文化服务体系基本建成，公共文化服务量化评价居粤东西北地区首位。群众体育蓬勃发展，建成城乡 15 分钟健身圈。制定实施足球中长期发展规划，足球特区建设在全国勇开先河。平安梅州、法治梅州建设深入推进，圆满完成扫黑除恶专项斗争，信访维稳工作扎实开展，“七五”普法顺利实施，连续 3 年获评全国社会治理创新典范城市。国防动员体系不断完善，武装工作富有成效，全国双拥模范城实现“三连创”。稳妥应对强台风、强降雨等自然灾害，安全生产保持全省领先水平，四级应急体系基本建成。食品药品安全监管有力有效，率先在全省实现食品安全全民保险。民族宗教、妇女儿童、档案方志等工作取得新成绩。

梅州获授“世界长寿之都”称号

2020年12月25日，世界长寿之都授牌在中国·梅州客都人家文旅综合体举行。活动现场播放“世界长寿之都”现场调查纪实宣传片。国际自然医学会副会长、世界长寿乡科学认证委员会副主席王智墨宣读国际自然医学会贺信、梅州长寿调查报告，并宣布“世界长寿之都”认证结果，梅州市成为中国地级市第二个“世界长寿之都”。世界长寿乡科学认证委员会认为，梅州物华天宝、人杰地灵，生态环境优越、生活方式健康、医疗保障完善、长寿底蕴深厚，是健康养生、延年益寿的风水宝地，认定其为中国地级市第二个“世界长寿之都”名副其实、当之无愧。

绿水青山环境好

梅州地处北纬23°23′至24°56′、东经115°18′至116°56′之间，位于中国最佳气候带，属亚热带季风气候区。

梅州是广东生态发展区，是全省重要生态屏障和水源涵养地，空气质量达到国家二级标准以上，城区空气质量（AQi）优良率连续三年达到98%以上、连续多年居全省第一。梅州人民的母亲河——梅江河蜿蜒梅州大地，汇入韩江，构建一个生态秀美的绿色链条；饮用水源地水质达标率连续多年保持100%，韩江成为广东水质最好的河流之一。

梅州林地面积118.94万公顷，森林覆盖率74.5%，森林蓄积量6434.18万立方米。截至2020年底，全市有国家AAA级以上旅游景区39家，居广东省第二位。有自然保护区51个、森林公园177个。众多风景名胜、自然保护区，构筑起粤东北重要的生态屏障。

崇文重教心态好

梅州是全球最有代表性的客家人聚居地，客家文化传承保护最完整的地方，有着丰富的原生态客家文化资源和大量文化遗产，是全球客家人的心灵家园。千年客家从河洛大地筚路南迁，秉承中原优秀文化，形成崇文重教、敬老孝亲的客家文化。

梅州市境内有国家级重点文物保护单位11处、省级87处，客家围龙屋被称为中国五大古民居建筑之一；客家山歌、广东汉剧等6项文化艺术被列为国家级非物质文化遗产。先后孕育宋湘、丁日昌、丘逢甲、黄遵宪等一大批名人贤士，涌现院士34名、大学校长340多名。祖籍梅州的海外华人、华侨500多万人。

博大而包容的客家文化，又孕育客家人豁达开朗的广阔胸襟，宽容善良、谦和好客，知足常乐，延年益寿。在梅州，长寿老人基本上都生活在和睦的大家庭，代际共融，儿孙绕膝，晚辈们尽心尽孝，给予老人经济上的抚养、精神上的慰藉和生活上的照料，每位长寿老人心态特别好，拥有一个以孝道维系着的温馨环境。

喜好运动体质好

梅州是“足球之乡”，球王故里。除世界五大球王李惠堂外，20世纪80年代，梅州还涌现出曾雪麟、池明华、王惠良、谢育新、吴伟英等一批男女足国脚，开启梅州球员占据广东足球半壁江山的时代，梅州足球的技战术打法也成为中国南派足球的代表之一。

梅州有梅州客家（男甲）、梅州客家（女超）两支职业足球队。梅州成功举办2019 CFA中国之队·梅州五华国际女足锦标赛，2018年、2019年连续2年举办“一带一路”客家杯国际足球邀请赛和马拉松赛，以及平远北京国际山地徒步、南粤古驿道定向大赛、丰顺国际自行车邀请赛、五华骑跑邀请赛等。

梅州重视改善老年人体育健身条件，将老年人体育工作列入群众体育工作考核内容，各县（市、区）和镇（街道）均成立老年人体育协会，每年开展老年活动，每四年举办一届老年人体育运动会。实施老年人免费进公共体育场馆政策，鼓励支持机关、学校及其他企事业单位的体育场地优先为老年人开放。据统计，全市经常参加体育锻炼的老年人达60%以上。

富硒有机食品好

梅州富硒土壤资源丰富。据最新勘测统计分析，梅州有8280平方千米富硒土壤区域，占全市国土总面积的52.3%，土壤硒平均含量达0.7毫克/千克土，比国家富硒标准高出75%。

依托富硒土壤、原生态环境培

育出来的梅州柚、平远脐橙、嘉应茶、客都米等一大批长寿特产，富含人体必需的“长寿之源”——硒、“生命之源”——锌，人体摄入后能极大增强抗病能力，成为梅州人健康长寿的秘方。

梅州是“客家菜之乡”，梅州客家菜继承和发扬中原饮食的传统，取材广泛，荤素搭配，寓医于食，药膳同补，具有浓烈的原汁性和乡土性，是客家民系聪明才智的结晶，是中华饮食文化库中的一颗明珠，为长寿梅州提供优质的饮食保障。

2020 年 12 月 25 日，梅州获授“世界长寿之都”称号。图为国际自然医学会副会长、世界长寿乡科学认证委员会副主席王智墨（左）向梅州市副市长张晨（右）授予“世界长寿之都”牌匾 （高讯 摄）

医疗保健福利好

梅州积极推进健康梅州、卫生强市建设，深入推进医疗改革，全面提升医疗服务质量和医疗保健水平。2020 年，梅州市有卫生机构 2966 个、床位 20534 张。全市乡镇卫生院全部完成标准化建设，均设立中医馆；全市村卫生站全部完成标准化建设，基本实现小病不出村、大病不出县。

梅州高度重视长寿事业发展，不断完善社会养老保障体系。全市 60 周岁以上城乡居民 100%享受养老保险，65 周岁以上老年人均建立健康档案，每年免费享受定期健康服务，并实现意外伤害保险全覆盖。梅州还建立百岁老年人长寿保健金制度和 80 岁以上高龄老年人补（津）贴制度、设立“客家寿星奖”等，老年人均可享受一定数额的补贴。

梅州通过落实老年人优待服务政策，搭建老有所为平台，开展敬老爱老宣教活动，加强老年文化建设和老年教育工作，不断提升老年人的获得感、幸福感。全市已建立农村社区老年协会 1998 个、城市社区老年协会 195 个，覆盖面 98%。全市基本实现“市县有三馆场”（博物馆、文化馆、文化广场）。通过利用公共文化场馆、开展品牌文化活动，为老年人提供阅读、观影、表演等优秀文化服务，不断丰富老年人的精神文化生活。

截至 2020 年底，全市有百岁长寿老人 800 多人，每 10 万人中就有 15 人超过百岁，90 岁以上长寿老人占户籍人口 3.8‰；有蕉岭县、大埔县 2 个“世界长寿乡”，梅县区、丰顺县 2 个“中国长寿之乡”。

宽容礼让民风好

在漫长的南迁岁月中，客家人逐渐形成独具特色的民风，涵养客家儿女宽容礼让、厚重仁慈、乐观向上的良好心态。梅州时时处处传承着延年益寿的健康风俗。

梅州利用城市街道宣传栏、乡村文化小广场等阵地，规范市民公约、村规民约，倡导健康、文明、和谐、向上的良好社会风尚，丰富青少年文化生活，推动乡风文明传播。同时，利用传统节日宣传文明祭祀、推进移风易俗，把反对“天价彩礼”、婚丧喜庆大操大办、赌博活动等陋习作为城乡精神文明建设的重要内容，把移风易俗、乡风文明建设与群众文化活动紧密结合，让文明新风融入城市、农村生产生活的各个方面，切实推动民风乡风美起来。

从 2015 年起，梅州连续 5 年入选“中国最具幸福感城市”，2017 年获批全国创新社会治理优秀城市，是全国十大最具安全感城市，全省社会治安最好的地区之一。

梅州入选首批全国市域社会治理现代化试点城市

2020 年 6 月，中央政法委向广东通报全国市域社会治理现代化试点地区名单，梅州成为第一期试点城市。

梅州市委、市政府在2019年就提出“建设名副其实、声名远扬的‘平安之乡’”的工作目标，并在全市范围内筛选32个实践创新项目，实行项目化推进、目标化管理、责任化考核，推进基层社会治理创新。2020年初，中共梅州市委七届八次全会把社会治理内容写入报告，作为全市2020年八大主要工作之一。2020年的梅州两会也对推进治理体系和治理能力现代化的相关工作进行部署。

2020年，广东省委政法委委托第三方调研机构开展2020年度群众安全感和政法工作满意度调查，通过计算机辅助电话访问和实地调查的方式，对全省各地市和各县（市、区）群众安全感和政法工作满意度进行调查。梅州各项工作表现突出：群众安全感得93.82分、政法工作满意度得90.24分、扫黑除恶满意率得91.54分，均名列全省第一，扫黑除恶好转率得85.36分，排名全省第四。

梅州各县（市、区）成绩同样亮眼：大埔县群众安全感96.00分、政法工作满意度93.75分，均在全省各县（市、区）中排第一位；扫黑除恶满意率93.35分，居全省第二。平远县扫黑除恶知晓率、带来安全感好转率、满意率得分分别为89.85分、91.50分和93.55分，在全省各县（市、区）中排名第一；政法工作满意度91.54分，居全省第四。此外，梅江区群众安全感、政法工作满意度、扫黑除恶满意率，兴宁市扫黑除恶带来安全感好转率等多项得分进入全省前十名。

2020年，梅州政法系统推进平安梅州、法治梅州建设，防风险、保安全、护稳定、战疫情，各项工作取得新成效。全年破获刑事案件6065件，刑拘3062人，逮捕2143人，19件现发命案全破，侦破5件命案积案。截至2020年12月底，全市共打掉黑社会性质组织8个，恶势力犯罪集团40个，涉恶犯罪团伙380个，查封冻结扣押涉案资产6.82亿元。梅州还努力打造具有梅州特色、苏区特点、时代特征的市域社会治理新模式，推动政法各项工作走在全省前列。

为确保试点工作顺利推进，梅州市委政法委牵头制订《梅州市推进市域社会治理现代化三年（2020—2022年）行动方案》，涵盖完善市域社会治理体制机制、创新市域社会治理方式手段、提升市域防控风险与服务群众水平以及组织保障等内容，并细化工作任务、明确责任单位，努力把梅州建设成为全国、全省最安全稳定、最公平公正、法治环境最好的地区之一。

梅州市349个省定相对贫困村达到退出标准

2020年6月16日，梅州市召开2020年省定相对贫困村退出审定会。经审定，兴宁罗浮镇澄联村、大埔西河镇纯德村、五华河东镇黄坑村等17个剩余未退出的省定相对贫困村均达到退出标准。至此，梅州全市349个省定相对贫困村全部达到退出标准。

截至2020年底，梅州市实施光伏扶贫项目723个（其中村级电站544个、户用电站179个），共计投入资金7.8亿元(其中扶贫资金5.05亿元），发电规模达198兆瓦，带动贫困户30442户，规模和成效均居全省前列；累计发放扶贫小额贷款3.15亿元，受益贫困户9070户，居全省前列；全市15个省级以上现代农业产业园（含国家级1个），涵盖8个县（市、区）73个镇，覆盖826个行政村，带动15570户贫困户脱贫。开展扶贫产品认定，896个品类扶贫产品获省认定，涉及企

五华美丽乡村——先河村　（林翔 摄）

业 214 家，数量居全省前列。新建广东东西部扶贫协作产品交易市场消费扶贫梅州馆，以及 43 个特色专馆、一批专柜专区；培育 13 个主要农产品电商交易平台，建成 7 个县域电子商务运营中心、865 个镇村电商服务站点，有 5 个县（市）获评国家级电子商务进农村综合示范县，实现省定相对贫困村全覆盖。349 个相对贫困村培育创业致富带头人 1386 名。全市开展贫困劳动力技能培训 109012 人次，实现转移就业 26253 人。发放 27293 名建档立卡贫困学生生活补助，落实率达 100%。完成农村危房改造 23745 户，解决贫困户的住房安全问题。全市建档立卡贫困人口 145032 人，全部参加 2021 年度城乡居民基本医疗保险、大病保险，并纳入医疗救助保障范围。全市无劳动能力建档立卡贫困户 35728 人，全部纳入最低生活保障范围，实现应保尽保。按照城乡居民基本养老保险最低缴费标准，为 16 周岁至 59 周岁（本县户籍、非在校生）建档立卡贫困人口 75303 人全部代缴养老保险。为 35867 户建档立卡有劳动能力贫困户购买防返贫救助责任保险，筑牢防止返贫和新致贫的“防火墙”。省定相对贫困村自然村村庄规划、人居环境综合整治完成率达 100%，村庄标准垃圾屋覆盖率达 100%。完成自然村村道硬底化 1800 多千米，基本完成省定相对贫困村内道路硬化任务；20 户以上的自然村集中供水率达 100%。全市 349 个省定相对贫困村全部达到干净整洁村标准，建成美丽宜居村 297 个、精品特色村 38 个。

广东省首部大型原创民族歌剧——《血色三河》剧照图 （吴腾江 摄）

“梅州现象”惊艳广东文艺界

2020 年，在广东省文旅厅主办的第十四届广东省艺术节上，梅州市获 2 个一等奖、2 个二等奖、多个单项奖，1 个单位获优秀组织奖，总共揽获 15 个奖项，全省领先。该届省艺术节入选终评演出作品共 28 台，梅州市作品占据 4 台，其中山歌剧《白鹭村》《春闹》同获戏曲组一等奖。值得关注的是，戏曲组一等奖仅有 3 个名额，梅州同个剧种便拿下 2 个名额，并且《白鹭村》《春闹》的核心主创和表演团队都是本土人才。梅州这一喜人成绩引起文艺界专家的高度关注，赞誉其为“梅州现象”。他们认为梅州立足本土、自立自强，文脉赓续不断，才会厚积薄发，一朝喷涌而出，“梅州现象”值得研究、学习、借鉴。

“梅州现象”之所以成为业内专家们赞誉的热点，关键在于梅州作品的质地。极具地域文化特色的作品，只有本土人才在自我的创作根据地上精心孕育才能出彩。人才的培养是文艺创作和文艺繁荣的根本，编剧、作曲和导演是剧种创作的三大主创基因，坚持用自己的人才队伍是梅州一直坚守的理念。

接下来，梅州市将以市山歌剧团为中心点，合力打造“龙头”品牌，并通过以点带面的方式，进一步打造梅县山歌剧团和五华采茶剧团，共同促成联动效应。此外，与其他地市的剧团统一保持联动，进行文化输出和支援，共同推动客家文化事业走向繁荣和发展，继续创造一个又一个的“梅州现象”。

（整理自：《梅州日报》及《2021 年梅州市人民政府工作报告》）

大埔县三河坝战役烈士纪念碑

责任编辑：廖晓鹏

1月

2日　蕉华园区党委、管委会和蕉岭华侨农场正式揭牌，原市蕉华管理区体制机制改革工作完成。

2日　梅州市嘉大敏科科技有限公司获颁营业执照，成为《中华人民共和国外商投资法》和《外商投资法实施条例》实施后首家在梅州注册的外商投资企业。该企业是一家研发和生产保健品、化妆品、日用化工等产品的高科技企业，由梅州人黄敏文与美国人孙凤文合资注册。

9日　中共梅州市第七届委员会第八次全体会议在梅城召开。梅州市委书记陈敏代表市委常委会作报告。会议坚持以习近平新时代中国特色社会主义思想为指导，深入学习贯彻中共十九届四中全会和中央经济工作会议精神，按照省委十二届八次、九次全会和李希书记到梅州调研讲话要求，总结2019年工作，分析面临形势，部署2020年工作，动员全市各级党组织和广大党员干部，不忘初心、牢记使命，开足马力、乘势而上，实现梅州苏区振兴发展步步高。会议听取陈敏代表市委常委会所作的报告和梅州市市长张爱军关于经济工作的讲话，审议通过《中共梅州市委贯彻落实〈中共广东省委贯彻落实《中共中央关于坚持和完善中国特色社会主义制度、推进国家治理体系和治理能力现代化若干重大问题的决定》的实施意见〉的行动方案》《梅州市支持深圳建设中国特色社会主义先行示范区的行动方案》《梅州市支持广州市推动“四个出新出彩”的若干措施》，以及《2019年党建工作情况报告》。

10日　由梅州日报社主办的“客都展望·应势启航”2020新经济研讨会暨梅州报业传播盛会在梅城举行。来自全国多地的著名经济学家、资本市场专家、知名企业家等400多人齐聚梅州，共同探讨新时代新经济的发展思路，见证梅州报业传播发展的新成果。

14日　2020中国（兴宁）花灯文化节暨广东省第八届花灯文化节·梅州兴宁第二届花灯文化旅游节，在兴宁市熙和湾·客天下花灯文化特色小镇开幕。该届花灯节以“传承花灯文化、弘扬客家精神”为主题，吸引来自全国13个省的43支民间花灯代表队参展，有33个花灯品类共300多盏灯。花灯节展期持续到2月8日，历时26天，主展区设在熙和湾·客天下花灯文化特色小镇。活动除了开幕式和花灯展外，还有梦幻灯光秀、水上表演、焰火晚会、灯谜晚会、迎花灯民俗表演、书法家写春联、美食节、山歌擂台、樱花节等系列活动。

14 日　梅城中环路梅塘东路段（三角跨线桥至梅州大桥）正式通车。中环路梅塘东路段西侧连接梅州大桥，东侧和中环路新建跨线桥相接，是出入梅城的交通枢纽。

14—24 日　梅州市举行 2020 年（第 36 届）迎春花市。该届迎春花市设梅县区人民广场、梅江区院士广场两个展区。其中，梅县区人民广场花市设 134 个展位，展区面积约 6000 平方米，设置花卉区、年桔区、鱼鸟区、陶瓷区和文化展区等；梅江区院士广场花市设 170 多个展位，除了主要花卉区，还特设茶花区、年桔区、观赏鱼区、工艺区、客家土特产区、年货区和文化展区。

16 日　梅县区人民南路正式开放通行。该路段全长 2.1 千米，其中打通“断头路”项目工程投资 4000 多万元，包括新建 386 米长、55 米宽的道路和改造 335 米长的路面。人民南路全线贯通后，连接 206 国道（梅塘西路）和人民北路，使广梅路、宪梓大道、沿江路车流得到分流，改善城区交通环境。

17 日　广东省第 10 期拆旧复垦指标网上公开交易中，梅州市成功出售指标 67.73 公顷（全省 141.33 公顷），成交单价每亩 71 万元，成交款额 7.22 亿元，溢价部分上缴省统筹 2.13 亿元，归属梅州市地方收益（按保底价 50 万元每亩）5.08 亿元。

18 日　梅州兴宁互联网产业园正式动工。梅州兴宁互联网产业园选址位于兴宁市南部新城中心区，用地面积 28417 平方米，总建筑面积 129959 平方米。总投资 5 亿元，计划在三年内竣工，五年内实现规模运营。

18—20 日　梅州市政协召开七届四次会议。梅州市政协主席陈建青代表市政协常委会作工作报告。会议收到提案 263 件，拟立案提案 195 件。会上刘耿灵、李利平当选梅州市政协副主席。会议通过《政协第七届梅州市委员会第四次会议决议》。

19 日　2019 十大“梅州速度”颁奖仪式在梅县东山中学体育馆举行，以表彰先进，树立标杆。2019 十大“梅州速度”项目获奖名单：42 天完成总部搬迁的广东一一五科技股份有限公司；提前半年建成通车的梅汕高铁；不到 1 年时间取得荣誉的梅州成功创建“国家森林城市”；仅 7 个月就让项目落地的国家储备林项目落地梅州；8 个月打造一流品质会场的 2019 年第二届中国农民丰收节暨首届中国梅州国际茶业精英峰会；3 个月时间完成落地到运营的粤港澳大湾区“菜篮子”产品梅州配送中心；引领发展新路、项目签约提速的 2019 梅州互联网大会；从签约到动工半年完成的翼天文旅集团“客都人家”康养文旅综合体；边考察边商定签约落户丰顺的深圳双十科技项目；半年时间实现竣工试投产的梅州瑞冠新材料科技项目。

19—21 日　梅州市召开七届人大七次会议。梅州市市长张爱军作《政府工作报告》。大会书面报告梅州市 2019 年国民经济和社会发展计划执行情况与 2020 年计划草案的报告，以及梅州市 2019 年预算执行情况和 2020 年预算草案的报告。大会以无记名投票的方式，表决通过关于梅州市人民政府工作报告的决议、关于市 2019 年国民经济和社会发展计划执行情况与 2020 年计划的决议、关于市 2019 年预算执行情况和 2020 年预算的决议、关于市人大常委会工作报告的决议、关于市中级人民法院工作报告的决议、关于市人民检察院工作报告的决议。大会还选举李远青、伍德凤为市人大常委会副主任；王秋兰、杨芝春、余红辉、陈志云、侯炜勤、郭琪营、蔡雪嫦、管伟华为市人大

2020 年 1 月 19—21 日，梅州市第七届人民代表大会第七次会议在梅城亮胜客家艺术中心举行

（梅州市人大常委会提供）

常委会委员。

21 日　中国工商银行梅州分行行史馆举行开馆揭幕仪式。该馆是梅州市金融行业中第一家较为系统、较为完备的企业发展历史及文化展览馆，位于该行步步高大楼二楼，以梅州工行 35 年间相关发展史料为展陈内容，分为 14 个板块内容，综合运用文、图、声、光、电等载体，通过实物、多媒体互动平台等多种形式，将历史沉淀与现代科技巧妙结合，成功打造出独具特色的银行行史展览馆。

22 日　梅州市成立新型冠状病毒感染肺炎疫情防控工作领导小组，制订周密方案、采取有效措施，做好疫情防控工作。

22 日　梅州市委办公室、梅州市政府办公室联合印发《梅州市防控新型冠状病毒感染的肺炎疫情指挥部工作方案》，成立以梅州市委书记陈敏为总指挥，梅州市委副书记、市长张爱军为常务副总指挥的梅州市防控新型冠状病毒感染的肺炎疫情指挥部。

23 日　梅州火车站启动 24 小时防疫值班制度，成立车站防疫应急处置队伍，并与梅州市卫健局、市人民医院、市疾控中心建立联系机制，做好新型冠状病毒感染的肺炎疫情的防控工作。从 23 日 17 时开始，该站对所有下车旅客，逐一进行体温检测；对武昌到梅州旅客实行重点检测。该站还每天对候车室、售票厅等场所进行消毒，加强通风设施检查、维修和消毒，做好候车室通风换气。

24 日　梅州市委书记陈敏到梅州市疾病预防控制中心，看望慰问坚守岗位的一线工作人员，调研检查疫情防控工作，要求规范扎实做好各项措施，守牢防控的第一道关口。

28 日　梅州市参与组建省第二批医疗队的 22 名医护人员启程赴广州集合，时刻准备为驰援武汉贡献“梅州力量”。其中，普通患者救治医疗队有 13 名医护人员，由中山大学附属第三医院粤东医院组建；危重症患者救治医疗队有 9 名医护人员，由梅州市人民医院组建。

1 月　梅县区大观天下文化旅游产业园获评为国家 AAA 级旅游景区。大观天下文化旅游产业园地处叶帅故里、国际慢城——梅县区雁洋镇。景区以苏州园林结合客家风情设计打造，是集收藏文化、客家文化、民俗文化于一体的文化旅游综合体，建设有大观博物馆、大观天池、特色风情文旅古街等文化项目和客家风情浓郁的民宿。

1 月　由平远乡贤、欧派家居集团董事长姚良松投资的广东平远东台生态园首期项目——梅州远岭科技工业园在平远县正式开工。该项目坐落于广东平远东台生态园，总投资约 2 亿元，首期占地面积 46666.67 平方米，预计 2021 年 2 月完工，属在外乡贤“义工式”产业共建项目。规划建设 7.5 万平方米标准工业厂房，建成后可为 10 至 20 家中小企业提供优质服务，产业定位为电子信息、装备制造、新材料、稀土深加工、家居制造等。

1 月　江南新城航空限高调整获批复，建筑高程可从原来的 132 米提高到 149 米至 178 米，调整后区域内建筑最高可建 30 层，极大扩展江南新城建设规模，进一步提高土地利用率和土地价值。

1 月　梅州市新一批“粤菜（客家菜）师傅”工程食材供应基地授牌，全市有 67 家农业企业（专业合作社）入选，涵盖蔬果、食用菌、家禽、鱼类、牛、羊、生猪及肉制品等多品类，既有大宗农产品，也有肉鸽、白玉蜗牛等特色食材。

1 月　由中国医师协会《医师报》主办的“第五届《医师报》医学家峰会”在北京召开，梅州杰出乡贤廖万清获评“十大医学杰出贡献专家”。

1 月　由中国新闻社主办、中国侨网和中国新闻网承办的“2019 全球华侨华人年度评选”颁奖典礼在北京举行。菲尔兹奖得主、哈佛大学教授、清华大学丘成桐数学科学中心主任丘成桐，毛里求斯唐人街基金会主席林海岩两位祖籍梅州的客家人榜上有名。

1 月　中国农业品牌目录 2019 农产品区域公用品牌（第一批）价值评估榜单正式发布，梅县金柚入选，品牌评估价值 113.27 亿元，位居广东省第一，品牌影响力指数 66.378。

1 月　胡润研究院发布《2019 胡润中国 500 强民营企业》，8 家梅州籍乡贤企业上榜。平远籍企业家姚良松任董事长的欧派家居集团排名第 162 位，五华籍企业家缪寿良任董事长的富源集团排名第 279 位，梅县籍企业家王华君任董事长的裕同包装科技排名第 352 位，兴宁籍企业家刘志强、翟美卿夫妇创立的香江控股排名第 367 位，五华籍企业家叶澄海任董事长的信立泰药业排名第 395 位，丰顺籍企业家朱孟依任董事长的合生创展集团和珠江投资分别排名第 468 位、498 位，大埔籍企业家刘伟任董事长的佳都新太科技排名第 468 位。

1 月　2019 年广东省群众安全感和政法工作满意度第三方调查结果出炉，梅州群众安全感得分 88.23 分，政法工作满意度得分 87.72 分，获全省“双第一”。

1 月　由广东国丰源集团投资兴建的梅州东山新天地项目在梅州大剧院旁动工建设。项目位于东山教育片区梅州大剧院北侧，规划建设用地 3.3 万平方米，总建筑面积 16.8 万平方米，计划打造集时尚商业街区、文化教育培训、电影院、儿童游乐等业态为一体的城市综合体。

1 月　梅州市政府举行红色文化公园定向捐赠签约仪式。广东塔牌集团股份有限公司认捐 2000 万元，用于建设剑英湖片区红色文化公园项目。

1 月　梅州市公安局参加全国公安基层技术革新练兵成果比武大赛，“智慧审讯系统”项目获全国一等奖。

1 月　五华县建成梅州市首个曲棍球基地，场地建设通过国际曲联的认证。该基地位于河东镇琴江中学，第一期项目规划用地面积 9800 平方米，总建筑面积 7000 平方米，建成长 91.40 米、宽 55 米标准的曲棍球场及相关配套设施。第二期项目已经启动建设，规划用地 700 平方米，建 9 层综合大楼，包括运动员公寓、更衣室、食堂、器材室、力量训练室、医务室、裁判休息室、会议室，以及数据处理室、机房等功能室等，建成后可承接曲棍球冬训和国家、省曲棍球训练和比赛。

1 月　梅州市监管部门和金融机构为疫情防控提供强有力的金融支持，全市办理应急资金逾 1.6 亿元。

1 月　又见·钧质楼获评五星级民宿，是继三舍客家明珠综艺民宿、花间慢客家明珠主题民宿、醉美书院精品民宿后，梅州市授牌的第四家市级五星级民宿。该楼建成于 1943 年，在经典客家风情的民居上，将本土的人文精神和自然景观、古朴建筑和现代生活相融合，以民宿产业为核心，辅以乡村“非遗”、乡村酒吧、生态循环农业、农技交流与培训、文化创意、观光休闲等产业。

1 月　2020 年度省级涉农转移支付资金提前下达至市县。梅州获得 29.85 亿元，居全省第一。

2 月

4 日　梅州市及各县（市、区）慈善会共接受疫情防控捐赠资金 1008.91 万元。

4 日　梅州市海外侨胞和港澳台同胞全力以赴支援抗“疫”，共捐赠资金 393 万元，应急医疗物资逾 150 万件（价值 437 万元），合计捐款捐物逾 830 万元。

6 日　农业银行梅州分行支持小微企业抗疫情渡难关，累计向 4 户疫情防控相关小微企业发放贷款 1380 万元。

6 日　人保财险梅州市分公司为助力疫情防控工作捐赠保险保障金额累计 6250 万元。

9 日　梅州市第二批援助湖北医疗队 13 人在梅县机场集结，踏上驰援湖北应对新冠肺炎疫情的征程。

9 日　梅州乡贤朱氏家族旗下企业迅速行动奉献爱心，捐赠 3000 万元医疗物资驰援湖北省黄冈市中医医院，用于医护人员防疫。

10 日　广东省客家商会成员为抗击疫情捐赠善款金额超 6000 万元，支援抗疫一线。

11 日　梅州市第三批支援湖北荆州疫情防控医疗队“先遣队”17 人在市政府集结，踏上驰援湖北荆州的征程。

13 日　梅州市民营企业（包括乡贤企业）响应市工商联（总商会）倡议，捐资捐物超 1 亿元，支援国家和家乡抗击疫情。

14 日　五华龙村杰出乡贤温兆华夫妇捐资 398 万元兴建五华县第五人民医院发热门诊大楼，并举行捐建仪式。

15 日　梅州市在做好疫情防控前提下支持企业复工复产。全市累计复工复产企业 498 家，复工人数 39016 人。全市在建省市重点项目复工 20 项，占重点项目总数的 9.95%。

17 日　香港梅州社团总会捐款 230 万元和捐赠一批应急医疗物资，支援家乡抗击新冠肺炎疫情。

19 日　梅州市有 22 家宾馆酒店等住宿业正式复工营业，全面消毒杀菌防“疫”，保障顾客入住安全。

25 日　梅州市在抓好疫情防控的同时，安全有序推进复工复产。全市累计复工复产工业企业 1041 家，复工人数 66915 人。

29 日　在加强疫情防控的同时，全市企业迅速推进复工复产。全市规模以上工业企业复工复产 468 家，占总量（472 家）的 99.15%。园区工业企业复工复产 598 家，占总量（606 家）的 98.68%。员工返岗率也比较高，全市复工复产的 1200 家工业企业中，复工人数 76441 人。

2 月　全国人大代表、深圳市绿基房地产开发有限公司董事长、大埔县凯达水电站董事长邓振龙捐资 200 万元，并采购捐赠一批防护物资，助力家乡战疫。

2 月　2020 年第二期（总第十一期）拆旧复垦指标交易在广州复垦指标网上交易平台顺利成交。梅州市有 56.53 公顷出售，成交金额 5.68 亿元，梅州市地方收益 4.24 亿元。

2 月　林文铮故居在梅州首次发现。林文铮故居名叫“承怡居”，位于梅县区程江镇长滩村滩下围，建于清咸丰九年（1859），占地面积约 1989 平方米，建筑面积 1300 多平方米，房间 34 间，为典型的悬山式客家围龙屋，坐西朝东，后枕山梁，依地势筑高台基，前低后高，俗称“仙蝦戏水”。林风眠、林文铮、李金发被誉称为中国美院历史上的梅州“三剑客”，林文铮故居的发现，既填补“梅州三剑客”的历史遗憾，也为梅州增添一座新的人文景观。

3 月

5 日　梅州市七届人大常委会第三十五次会议召开，会议表决通过一批人事任免名单，决定免去刘琮会的梅州市人民政府副市长职务，任命霍阳为梅州市人民政府副市长。随后，新任命人员参加由梅州市人大常委会主任会议组织的宪法宣誓。

12 日　梅州市党员踊跃支持新冠肺炎疫情防控工作，全市有 17 万多名党员自愿捐款，累计捐款总额 1955 万多元。

12 日　梅江区全体领导同志分别到八一训练场、潮塘公路、林风眠故居参加植树活动，梅江区党员干部采用部门与镇街联合植树的模式，义务栽种 1.1 万多株梅花树苗。

14 日　梅城江北中高峰一住宅小区门口发生一起小轿车倒车失误撞坏小区保安亭，致使 2 人死亡的重大事故。

16 日　卓建生态环境集团向梅州市捐赠一批总价值 110 万元的防疫物资，支援家乡抗击新冠肺炎疫情。

17 日　中国联塑集团控股有限公司与五华县华越开发建设投资有限公司在五华县华城镇举行花卉种植项目合作框架协议签约仪式。项目落户在华城镇湖田村水心坝，由中国联塑集团控股有限公司计划总投资 1 亿元，分 5 年投资实施。项目规划用地总面积 33.33 公顷，主要种植世界优良花卉品种，致力建设成为粤东地区产学研一体的农业科技机构，预计年产值 3500 万元，用工人数约 100 人。

20 日　梅州第二批、第三批支援湖北医疗队共 30 名队员平安返回梅州。梅州市委书记陈敏，市委副书记、市长张爱军，市委副书记王庆利前往迎接。市委、市政府在市委党校举行简朴而热烈的欢迎仪式。梅州第一批医疗队的 21 名队员仍坚守武汉，继续开展医疗救治工作。

20 日　位于梅江区三角镇的梅州市万森医疗器械有限公司正式投产，是梅江区首条正式投产的口罩生产线，也是梅州第 4 家正式投产的口罩生产商。从 3 月 5 日到 20 日，公司从筹备到正式生产仅用 15 天。企业口罩日产量达 40 万只。

22 日　梅州第一批支援湖北医疗队共 21 名队员平安返回梅州。至此，梅州派出的 3 批医疗队共计 51 名队员全部平安归来。梅州市委、市政府在市委党校举行欢迎仪式，向他们致以最衷心的感谢和最崇高的敬意。

26 日　梅州国塑实业有限公司首条口罩生产线投产，口罩日产量 24 万至 30 万只。该公司自主研发生产的口罩挂耳为硅胶材质，解决普通口罩耳绳勒耳、抱紧不足等问题。

3 月　为统筹做好梅州市新冠肺炎疫情防控和医疗救治工作，保障人民群众生命安全和身体健康，梅州市有 16 家医疗机构开设发热门诊。

3 月　梅州市飞翔云计算有限公司向武汉金银潭医院捐赠 6 台智能送物机器人，“梅州智造”助武汉“战疫”。

3 月　位于梅县区白渡镇创乐村宋湘故居侧的宋湘纪念公园建成开放，公园占地面积 4666.67 平方米，总投资 250 多万元，公园全面展示宋湘六个阶段的人生经历及其在诗歌、书法、勤政廉政三个方面的突出成就，集宋湘生平和诗书作品展示、廉政教育、文化休闲等功能于一体，与山水、田园和宋湘故居连成一片，推动当地文化旅游产业发展。

3 月　梅州市有 60 个项目列入 2020 年广东省重点建设项目计划，总投资逾 1237 亿元，包括新（扩）

建公路近 200 千米、新建铁路 69.5 千米、新建学校 2 所、新（改）建医院 11 家。

3 月　梅州市新添同怀别墅、梅平武工队旧址、江东小筑、丰顺县苏维埃政府旧址、曾国华故居等 24 个第七批文物保护单位。

3 月　梅州市有 3 家企业新上口罩生产线。广东中爱医疗科技股份有限公司新增口罩全自动化生产线，日产 28 万只口罩；梅州市山水源医疗用品有限公司新上 5 条口罩生产线。广东鸿荣重工股份有限公司新上 1 条口罩生产线，日产 20 万只口罩。

3 月　梅县区外国语学校小学部综合楼项目复工建设，整体工程按下“加速键”，9 月 1 日投入使用。梅县外国语学校新建小学部综合楼占地面积 1300 多平方米，总投资 3500 万元。开设 24 个教学班，提供 1200 个学位。

3 月　2019 年梅州市创建“最靓屋夸”评选揭晓，蕉岭县文福镇白湖村丘浩旋家的庭院获得“最美庭院”特等奖，梅江区东山大道富乐花园侯翠宇家的阳台获得“最美阳台”特等奖。

3 月　梅州卷烟厂首季经营指标创历史最好。该厂第一季度实现现价工业产值 30.3 亿元，比上年增加 4.4 亿元，增幅 17%；上缴税金 22.7 亿元，比上年增加 3.8 亿元，增幅 20.1%，实现工业产值和上缴税金均创历史同期最好水平。

4 月

2 日　梅州市与中骏集团签订战略合作框架协议。中骏集团计划在梅州投资 130 亿元，建设集大型商业、主题街区、大型超市、高品质居住区为一体的城市商业综合体，以及城市老旧小区更新改造项目。

2 日　广东梅江控股集团有限公司在梅城华南大道揭牌成立，是梅州市首家综合性国有资本投资运营公司。该公司注册资本 1.18 亿元，以服务梅江区经济发展、促进国有资产保值增值、优化梅江区国有资本布局、提升产业竞争力为目标，主营业务包括政府授权的国有资产经营和管理、资本运作、市政工程等。

4 日　梅州第二、三批支援湖北医疗队 30 名队员结束为期两周的集中休整期，回到家人、朋友、同事的身边。

6 日　梅州第一批支援湖北医疗队 21 名队员结束为期两周的集中休整，回到熟悉的地方，与家人、朋友、同事相聚团圆。至此，梅州 3 批支援湖北医疗队 51 名队员全部结束休整，平安回家。

9 日　广东省教育厅发布广东省 2020 年春季学期学生返校时间，确定全省高三、初三年级学生于 4 月 27 日返校上课。梅州市各类各级学校做足开学准备，提前筹备学生返校后 14 天内需求的口罩量，满足每名学生每天两个口罩，确保疫情防控和安全返校两手抓、两不误。

10 日　梅县区雁洋镇对坑村坑尾出现地陷现象，约 3000 平方米的土地塌陷出一个深坑。

11 日　丰顺县举行新区供水工程合作签约仪式，丰顺县与广东粤海水务有限公司签订战略合作框架协议。丰顺县新区供水工程项目总投资 6.75 亿元，工程设计日供水量 14.6 万吨，于 6 月底动工建设，预计于 2022 年 9 月底完成通水调试，2022 年 12 月底通水试运行并完工验收。

12 日　中国福利彩票双色球第 2020023 期开奖。广东省中出 1 注一等奖，花落梅州市梅园新村，单注奖金 7277843 元。

15 日　梅县区与广东能源集团签订粤嘉电力公司土地收储协议、与伟光汇通文旅投资公司签订战略合作框架协议，标志着又一重点文旅项目落户梅州市。

16 日　梅州市国家储备林基地建设项目（首期）开工仪式在五华县棉洋镇七畲径林场举行。该项目是首个落地广东的国家储备林项目，建设规模约 8000 公顷、总投资 7.5 亿元，由广东省建工集团旗下子公司广东建鑫投融资住房租赁有限公司和梅州市森之林林业发展有限公司合作共建。示范点位于七畲径林场，面积 10467 公顷，主要通过补植套种乐昌含笑、红锥、闽楠、黑木相思等树种，以中幼林抚育和现有林改培方式进行森林质量提升和生态环境修复，培育珍贵树种和优质大径级乡土树种。

16 日　梅龙高铁控制性工程梅兴亭隧道项目开挖作业。该项目总投资 2.97 亿元，按双线设计，行车速度 350 千米/小时。2020 年梅兴亭隧道完成投资 1 亿元。项目计划工期 30.4 个月，计划竣工时间为 2022 年 6 月。

17 日　广东嘉元科技股份有限公司经第三届董事会审议通过，拟使用超募资金在梅县区白渡镇投资建设年产 1.5 万吨高性能铜箔项目。

项目投资金额10.1亿元，其中拟使用超募资金54016.17万元，剩余部分由公司以自有资金或自筹资金投入。

18日　丰顺县人民政府与万洋集团就建设梅州丰顺万洋众创城项目签订合作协议。该项目总规划面积53.93公顷，计划总投资约40亿元。其中一期规划面积26.67公顷，计划投资16亿元，着力引进电子电声、智能制造等产业入驻，提供约1万个就业岗位。

21日　梅州市农林科学院挂牌成立，设立林业、果树、茶叶、粮油、微生物、水产、蔬菜、花卉、动物和植物保护10个研究所，实施“创新团队建设工程、产业科研攻关工程、成果转化应用工程、科技合作交流工程、党建示范引领工程”五大工程。

22日　梅州市人民政府与太平洋建设集团有限公司签订战略合作框架协议，重点围绕交通基础设施、城市公共基础设施、环保基础设施、水利建设、城市综合开发等领域开展合作。拟在梅州筹建集团区域总部——太平洋粤东建设集团有限公司，将该区域所有包括为其配套的相关企业统一纳入太平洋粤东建设集团有限公司总部的管理体系中，加强在城市综合开发、基础设施等领域的投资、开发、建设方面合作。

27日　梅州市7.8万名初三、高三学生正式返校复课。测体温、行李消毒、上交健康卡……为保障师生生命安全和身体健康，确保返校复课平稳安全有序，梅州市各级各有关部门加强统筹协调配合，多措并举，筑牢校园安全防护网。学生们戴着口罩、拎着书包行李，在老师的指引下，有序排队进入校园。沉寂多时的校园，又响起琅琅读书声。

29日　塔牌集团600万吨水泥项目二期工程点火投产，标志着历经6年建设，总投资43亿元的塔牌集团600万吨项目全面建成投产。

29日　梅州市人民政府与交通银行广东省分行签订战略合作框架协议。交通银行广东省分行拟向梅州绿色产业、城市建设、民生服务、绿色建设项目等领域提供总金额达500亿元的意向性授信额度。此外，拟在梅州开展绿色金融改革创新试点，对梅州绿色农业、绿色制造业、绿色服务业、绿色建筑业等领域，提供全方位、综合化的金融服务，并在授信额度、贷款方式、审批流程等方面给予重点支持，发挥绿色金融对绿色产业的支撑作用。

29日　兴宁市举行“三个一批”（竣工一批、动工一批、签约一批）的系列活动，投资总额17.07亿元，进一步加快复工复产步伐。其中签约项目3个，总投资4.8亿元。开工项目4个，总投资9.22亿元，分别是投资4.5亿元的叶塘镇100兆瓦农光互补光伏发电综合利用项目、投资2.4亿元的兴宁第二自来水厂扩建工程，投资2亿元的二类医疗器械、理疗产品生产项目以及投资0.33亿元的宁新黄岭小学扩建项目。投产项目2个，总投资3.05亿元，分别是深圳市景新浩科技有限公司投资2亿元的二类医疗器械、理疗产品生产项目和兴宁市晟旺金属科技有限公司1.05亿元的再生资源回收筛选项目。

4月　2019年度广东省休闲农业与乡村旅游示范镇示范点名单公布，大埔县北塘艺术部落、广东汉光超顺农旅园入选。

4月　由梅州电信、梅州联通共同建设的首批5GSA（独立组网）共建共享示范站在梅州建成开通。

4月　广东省第二批380名援疆支教教师踏上援疆支教新征程。其中梅州市有21名教师参加援疆支教，有2名教师参与援藏支教。

4月　五华县以网上公开交易的方式成功出让5块国有建设用地使用权，其中4块底价出让，1块流拍，总成交价为8810万元。

4月　梅州再添7名（第六批）省级“非遗”传承人，分别是梅州客家山歌传承人张献云、杯花舞传承人刘利娜、打莲池（蕉岭莲池舞）传承人丘春荣、客家山歌剧传承人杨苑玲、采茶戏传承人陈翠媚、竹板歌（梅江五句板）传承人陈昭典、蒸馏酒传统酿造技艺（长乐烧酒制作工艺）传承人詹汉林。

4月　由广东新供销天业冷链集团有限公司投资建设的广东供销天兴冷链物流中心项目正式落户兴宁。该项目位于兴宁市产业转移工业园区，总投资1.2亿元，占地面积3.33万平方米，总建筑面积2.5万平方米。

4月　2020年梅州市房颤中心联盟工作启动大会通过网上视频直播平台举行。会上，举行梅州市房颤中心联盟授牌仪式。梅州市房颤中心联盟是2020年全国首家地市级房颤中心联盟。与会专家围绕2020房颤中心建设规划与分级诊疗意义、中国房颤卒中防治的现状和挑战、房颤综合管理之卒中防治、梅州地区心律失常数据汇报等课题进行交流研讨。

4月　梅州市正式发布《梅州市人民政府关于在市辖区范围开展

“房地一体”农村宅基地和集体建设用地确权总登记的通告》（简称《通告》）。《通告》明确在市辖区范围开展农村宅基地使用权及其地上房屋所有权和集体建设用地使用权及其地上建筑物、构筑物所有权登记发证工作，为农村集体土地管理、统计分析提供依据。登记不收取任何登记费用，于 2020 年 12 月 31 日基本完成。

4 月　大埔县举行招商引资工作会议暨项目签约仪式，现场签约 6 个项目，计划总投资额 10.01 亿元。

4 月　中国工商银行梅州分行发展线上“无接触”服务，支持小微企业复产。截至 4 月底，该行通过线上发放方式累计支持小微企业 216 户，累计发放小微融资额 8.16 亿元。

5 月

6 日　国务院发布关于同意在雄安新区等 46 个城市和地区设立跨境电子商务综合试验区的批复。梅州获批设立跨境电子商务综合试验区。

8 日　阿里云创新中心（梅州）挂牌揭幕暨阿里巴巴诸神之战全球创新创业大赛梅州赛区启动仪式在梅城客天下举行，是梅州推动数字经济发展具有里程碑意义的一件大事，传递出梅州奋力推进高质量发展的责任与担当，推动梅州加快构建“5311”绿色产业体系。在挂牌揭幕仪式上，8 家企业正式入驻阿里云创新中心（梅州）。

9 日　梅州市人民政府、五华县人民政府在广州分别与景田（深圳）食品饮料集团有限公司签订合作协议。景田集团拟在梅州市五华县郭田镇投资五华百岁山矿泉水生产基地，计划投资 5 亿元，预计年产量 5 亿瓶至 8 亿瓶，建成投产后可实现年产值 3 亿元至 5 亿元。下一步还将继续合作开发梅州市优质水资源，助推梅州大健康产业发展。

2020 年 5 月 8 日，阿里云创新中心在梅城客天下举行挂牌揭幕启动仪式

（钟伟才　摄）

14—15 日　海关总署党委委员、广东分署主任张广志率调研组到梅州开展稳外贸专题调研活动。张广志要求梅州要切实解决企业特别是中小微企业在生产经营中的“痛点”“堵点”，要利用广交会等宣传推介平台，探索网络直播等新形式，助力企业开拓海外新市场，要加快梅州综保区建设进度，要做大做强跨境电商产业。

19 日　梅州市迎来疫情以来的首个省内旅游团。“广东人游广东”首发团的游客走进梅县、蕉岭、平远等地，展开为期 4 天的休闲观光之旅。

19 日　梅州市巩固国家森林城市创建成果暨全市林业工作会议召开。会议总结创建国家森林城市工作经验，对全市域森林城市创建和下一步林业工作进行部署。梅州市委副书记、市长张爱军出席会议并讲话。

26 日　2020 年全国农业产业强镇建设名单出炉，共有 259 个镇（乡），其中五华县河东镇、平远县石正镇榜上有名。

26 日　由集一集团、新唯视界联合打造的梅州首家 IP 直播孵化基地启动仪式暨新闻发布会在梅州红星美凯龙中庭举行。梅州首家 IP 直播卖货孵化基地致力于通过达人训练和导师培训，孵化挖掘梅州本地网红直播卖货达人，打造以短视频为基础的新媒体多元化发展创新平台，提供定制式短视频、可视化营销、电商培训、直播带货等一体化的专业服务。

26 日　为了更好地跨越疫情，探讨新旅游模式，宣传和推广大埔旅游与广东瑞山生态旅游度假区，促进梅州旅游产业复苏，“新跨越、新旅游”——粤港澳百家旅行社·2020 广东瑞山“旅游论坛”在广东瑞山生态旅游度假区召开。

26—27 日　广东省副省长陈良贤率队到梅州调研“四好农村路”建设攻坚工作。陈良贤强调要全面推动“路长制”，推进交通安全和路域环境整治，按照“一路一方案”原则，实事求是、科学组织、保质保量完成攻坚任务，促进人流、物流、车流在城乡间的有序流动，畅通农村经济“微循环”。

29 日　兴宁市与广东天业冷链、裕友照明两家企业签约。由广东新供销天业冷链集团有限公司投资建设的广东供销天兴冷链物流中心项目选址位于东莞石碣（兴宁）产业转移工业园，计划总投资 1.2 亿元,其中固定资产投资 1.15 亿元，项目建成后预计年产值 1.16 亿元，年税收 165 万元。由梅州市裕友照明有限公司投资建设的 LED 路灯、太阳能路灯等户外照明产品生产线项目选址位于东莞石碣（兴宁）产业转移工业园，计划总投资 1.6 亿元，其中固定资产投资 1.25 亿元，项目建成后预计年产值 1.2 亿元，年税收约 600 万元。

5 月　蕉岭县水利景观公园竣工投入使用，是梅州市首个水利文化主题公园。该公园位于蕉岭县三圳镇福北村石窟河河畔，占地约 9000 平方米。建有石窟河走向图水利长幅浮雕、水利科普馆、水循环系统、滨水步道、沙滩球场、休闲活动广场等设施，是梅州唯一一个以水利科学结合水利景观，集科教、宣传、文化、休闲、亲子娱乐等功能于一体的多元化公园。

5 月　一幅主题为“风眠故里·画里西阳”的百亩彩色“稻田画”在林风眠故居前亮相，成为阁公岭村一道靓丽的风景。“稻田画”由广东凤鸣新联文旅有限公司设计、当地农户参与种植，整体以黑色、黄色、绿色三种彩色水稻“绘制”而成。

5 月　香港铜锣湾集团董事局主席陈智一行到梅州，梅州市委书记陈敏、市长张爱军会见。双方就进一步深化合作，加快项目建设，助力“三宜”城市发展进行座谈交流。铜锣湾集团投资 3.5 亿元，在梅州城区规划建设新一代的集休闲、娱乐、文化、旅游为一体的商业项目——梅州铜锣湾·欢乐颂，推动梅州商业模式再升级。

5 月　梅县区举行政银企工作座谈会暨招商引资项目签约仪式。金融机构为梅县区部分企业授信超 20 亿元。现场举行招商引资项目签约仪式，签约项目总投资 23.78 亿元。其中广东嘉元科技股份有限公司计划投资 13.88 亿元建设 1.5 万吨高性能铜箔技术改造等项目，BPW（梅州）车轴有限公司计划投资 5.4 亿元建设八期厂房及自动化设备项目，梅州伟友耐磨材料有限公司计划投资 1 亿元建设二期增资扩产项目，广东梅州客客柚果有限公司计划投资 2.5 亿元建设梅州柚产业发展基地项目，科华环保设备有限公司计划投资 1 亿元建设环保设备生产项目。

5 月　梅江区板盖坑雪莲果、清凉山茶 2 个农产品入选 2020 年第一批全国名特优新农产品名录。

5 月　2020 年全市河长制与水利工作会议召开。会议总结 2019 年全市河长制和水利工作，部署 2020 年和今后一个时期梅州市河长制与水利改革发展的重点工作，构建共建共治共享的优美水环境。会议要求继续深入推进河（湖）长制工作，力争在 12 月前完成省级碧道试点丙雁大堤景观提升工程建设，年底前全市规划建成 66.5 千米碧道，投资 12.5 亿元。

5 月　梅州市稻丰实业有限公司上榜全国“最美绿色食品企业”，成为梅州市唯一获此殊荣的企业。

5 月　德国 BPW 公司在梅州新增 1.15 亿元的投资项目，支持企业扩大生产规模，助力梅州稳外资稳外贸。梅州市政府曾向该公司捐赠 5 万个爱心口罩。

6 月

2 日　梅州市鼎祥慈善基金会在五华县城工业区挂牌揭幕。该基金会起始注册金额 500 万元，胡清娴任理事长。

4 日　梅州市人民政府与中国农业银行广东省分行签订战略合作框架协议，携手共建老区苏区振兴发展金融服务示范区。广东农行将提供整体意向授信 500 亿元，在政策支持、资源倾斜、服务创新等方面对梅州给予支持，重点支持重大基础设施项目、重大民生工程项目、乡村振兴和金融扶贫、实体经济发展。

4—5 日　广东省政协副主席、省住建厅厅长张少康率省政协和省住建厅调研组到梅州，就乡村振兴和精准脱贫工作开展专题调研。张少康强调要凝聚帮扶合力，健全长效机制，立足本土优势，挖掘特色资源，因地制宜发展特色产业，确保扶贫资金落到实处、发挥效用。

5 日　平远县入选首批全国森

林康养基地，为广东省3个县入选之一。平远县森林覆盖率77.24%，建有国家级森林公园1个、省级自然保护区1个、市级自然保护区2个、省级地质公园和省级风景名胜区各1个，推动森林康养产业发展，规划建设南台卧佛山森林康养基地，并不断丰富森林康养旅游产品，完善各项基础设施建设。

7—8日　梅州市普降中到大雨，北部出现暴雨局部大暴雨。降雨主要分布在平远县，造成12个镇不同程度受灾。灾情发生后，梅州市及时组织力量，出动消防救援队、公安民警及镇村干部600余人抢险救灾，紧急转移安置727人（分散安置），未出现人员伤亡情况。平远全县受灾人口10963人，倒塌房屋56间，农作物受灾553公顷，灾情造成直接经济损失1889.96万元。平远县交通、公路、电力等部门及各镇组织专班，成功抢通42条农村公路，国省道基本恢复畅通。

8日　主题为“增殖水生生物资源，共建美丽生态梅州”的2020年广东梅州增殖放流活动在梅县区丙村镇客都人家柚子洲头河畔举行，增殖放流草鱼、鳙鱼、鲢鱼、青鱼、广东鲂等淡水鱼类约660万尾。

9日　平远县举行发展教育基金会成立暨捐赠仪式，现场获得超过65个单位和个人捐款共1.23亿元。

9—10日　广东省副省长许瑞生到梅州调研经济社会发展、脱贫攻坚和乡村振兴工作。许瑞生强调要活化利用各类资源，推动梅州振兴发展。

12日　广州市委书记张硕辅，市委副书记、市长温国辉率广州市党政代表团到梅州市调研对接对口帮扶及脱贫攻坚工作，实地了解粤港澳大湾区“菜篮子”梅州配送中心、广梅产业园等建设情况，深入梅江区莆田村看望慰问贫困户，并召开两市对口帮扶联席会议暨脱贫攻坚工作座谈会。

12日　梅州城区江南第二污水处理厂扩建提标项目通过环保验收，并举行扩建提标工程投产仪式，标志着该项目全面建成，并正式投产运行。该项目总投资1.2亿元，服务范围覆盖芹洋半岛、江南新城、长沙镇和江南新城东升片区，总服务范围33.99平方千米。项目正式投产后，梅州城区污水处理能力将由10万吨/日增加至15万吨/日，出水水质则由一级B标准提升至一级A标准，并新增除臭系统。

15—24日　第127届广交会在网上举办，是广交会首次整体搬上“云端”举办，吸引来自217个国家和地区的境外采购商注册观展，来源地分布创历史纪录，境内采购商注册观展也大幅增长。梅州市有86家企业参展，品牌企业21家、展位98个，一般性展位企业65家、展位159个，主要产品为机电、五金、陶瓷、节日用品、家居装饰品、纺织品、服装、箱包、玩具、食品、医药等，展品分布涉及21个展区。

16日　梅州市召开2020年省定相对贫困村退出审定会。兴宁市罗浮镇澄联村、大埔县西河镇纯德村、五华县河东镇黄坑村等17个剩余未退出的省定相对贫困村均达到退出标准。至此，梅州市349个省定相对贫困村全部达到退出标准。

17日　五华农商银行与进出口银行广东分行在梅州地区的首笔转贷款业务合作落地。转贷款资金1亿元，专门用于支持小微企业，解决小微企业融资难、融资贵问题。

18日　2020梅州市促消费暨“6·18”汽车消费节活动启动仪式在梅江区举行，梅州市在1个月内，通过财政激励扶持、企业和第三方配套让利等方式，发放5000万元促消费礼包，刺激餐饮、文旅、汽车消费，推动梅州市消费服务业复苏发展。

18日　广东省林业产业大会在丰顺韩山召开，总结全省林业产业发展经验，部署推动林业一、二、三产业融合创新发展，加快推进广东林业高质量发展，助力脱贫攻坚和乡村振兴。广东华清园生物科技有限公司、五华县琴江园农业发展有限公司入选国家林业重点龙头企业；广东穗瑞农林发展有限公司、梅州市阿鲤廊农业发展有限公司、梅州市利源实业有限公司入选广东省林下经济示范基地；丰顺县同富裕种养专业合作社、梅州市永丰盛种养专业合作社、兴宁市象湖种养专业合作社、兴宁市红源种养专业合作社、梅江区小密茶叶农民专业合作社入选广东省林业专业合作社示范社；蕉岭县招坑子家庭林场入选广东省示范家庭林场；五华县天云岭县级森林公园入选2019年广东省森林生态综合示范园。

18日　广东紫晶信息存储技术股份有限公司上市挂牌仪式在上海证券交易所举行。紫晶存储成为梅州第二家登陆科创板的企业，也是梅州高新区（广梅产业园）第一家A股上市公司。

19日　梅城剑英公园剑英纪念长廊建成开放，与公园门楼遥相呼应、又自成一体，成为梅州市民缅怀革命先辈和休闲娱乐的好去处。剑英纪念长廊位于叶剑英铜像后面，占地面积367.3平方米，长122米，呈圆弧重叠仿古造型。深圳市铁汉生态环境股份有限公司投入500万元建设该纪念长廊，为市民日常散步提供休息的地方，进一步提升剑英湖片区的景观。

20日　梅州市重点项目之一的206国道平远县径门口至长田段路面改造工程正式动工。项目总长13.39千米，总投资0.69亿元，计划年底前全面完工。

23日　由法国圣戈班集团和广汽集团合资兴建的圣戈班汽车高端玻璃制造项目在广梅产业园签约动工。项目从引进到签约动工，仅历时1个多月，再次刷新项目落地建设的“梅州速度”。项目计划投资总额6.22亿元，全面达产后年产值11.8亿元。首期建设汽车夹层玻璃的压制生产线，产品主要为Low-E（低辐射）天窗玻璃、夹层天窗玻璃和带HUD（抬头显示）功能前挡风玻璃，年产约100万片，预计2021年3月投产。

24日　广东省蜜柚种植标准化示范区在大埔县西河镇漳北村正式揭牌。广东省蜜柚种植标准化示范区由广东省市场监管局携手碧桂园集团共建。漳北村总面积403.2公顷，蜜柚种植面积33.33公顷。

24日　丰顺新区供水工程（一期工程）项目动工。项目总投资7亿元，日出水量约15万吨，其中一期工程投资5亿元，由榕江支流八乡水河段引水，输水线路总长21.33千米。

27日　2020年梅州市高中阶段学校足球专项班自主招生专项技能测试全市联考开考。梅州市首次实行高中阶段学校足球专项自主招生。

28日　国务院正式批复设立梅州综合保税区，是广东省第七个综合保税区、粤北生态发展区首个综合保税区、梅州首个国家级发展平台。梅州综合保税区位于梅兴华丰产业集聚带中心区域，选址梅州高新区二期规划范围内，规划面积2.53平方千米，首期规划面积1.52平方千米，区内重点开展保税加工、保税物流和保税服务业务，以“长短结合、科学规划、合理布局、着眼长远”的规划理念，打造粤东北生态发展区开放型经济新引擎。

28日　2020年广东扶贫济困日爱心助农网销会暨消费扶贫系列活动启动，客天下农电商产业园有限公司、蕉岭长寿南北寨农业发展有限公司、客来客往生态科技有限公司3家企业，共计认购1300万元扶贫产品，“以购代捐”助力消费扶贫。

29日　梅州市举行2020年广东扶贫济困日活动启动仪式暨客家讲坛·乡村振兴专题讲座和扶贫产品展销活动。梅州市委书记陈敏作动员讲话，号召全社会发扬乐善好施、崇德向善的传统美德，积极参与扶贫济困活动，决胜脱贫攻坚，助力乡村振兴。

30日　梅龙铁路全线开工建设动员会在五华县华城镇塔岗村举行。梅龙铁路是第一条由广东省全额投资建设的时速350千米的高铁。自梅汕客专梅州西站引出，沿途经过梅州市梅县区、兴宁市、五华县和河源市龙川县，终至赣深高铁龙川西站。新建正线全长95.6千米。全线设梅州西、兴宁南、五华、龙川西4个车站，其中兴宁南站和五华站为新建站。工程投资166亿元，建设工期4年。建成后，梅州至广州、深圳等粤港澳大湾区城市通行时间缩短至1.5小时内。

30日　梅江区足球协会正式成立，标志着梅江区足球运动的发展和普及进入一个全新阶段。广东飞翔云计算有限公司董事长刘榆厚当选首届会长。从西阳镇走出的足球名宿黄德保当选为名誉会长。

30日　五华县2020年“广东扶贫济困日”活动暨捐款仪式在县党政大楼大会堂启动，县党政领导带头捐款，并倡议全县上下和社会各界热心人士、爱心企业迅速参与并行动起来，为决战决胜脱贫攻坚，全面建成小康社会继续贡献力量。现场举行举牌认捐仪式，有29个单位和个人捐款（含认捐）10万元以上，累计8823.8万元。其中广东客天下旅游产业园有限公司捐款8000万元，五华龙兴建筑工程有限公司捐款200万元。

6月　张弼士博物馆项目在大埔县西河镇开工建设。该项目位于张弼士故居旅游区内，规划用地面积4230.6平方米，建筑面积2647.1平方米。

6月　第二批广东省全域旅游示范区名单公布，大埔县、丰顺县榜上有名。

6月　中央政法委向广东通报全国市域社会治理现代化试点地区名单，梅州成为第一期试点城市。梅州市委、市政府在全市范围内筛选 32 个实践创新项目，实行项目化推进、目标化管理、责任化考核，推进基层社会治理创新。

6 月　嘉应学院美术学院更名为嘉应学院林风眠美术学院，是全国目前唯一以“林风眠”命名的高等美术学院。该学院设美术系和设计系，其中美术系设置美术学专业，分国画、油画、水彩、书法、艺术设计 5 个专业；设计系设置视觉传达设计、环境设计 2 个专业。

6 月　广东东西部扶贫协作产品交易市场梅州馆在广州开馆。梅州馆通过线上、线下两种方式展示来自梅州 8 个县（市、区）的特色扶贫农副产品，让广州市民既能够品尝纯正的客家味道，又可以一睹“世界客都·长寿梅州”的风采。梅州馆是梅州市在广州设置的消费扶贫主题馆，标志着梅州消费扶贫工作迈出新的步伐。

6 月　由广东新南方集团旗下广州紫和堂医疗投资有限公司和广东新南方中医研究院共同实施的中医治未病健康提升工程正式启动。项目将在梅州投资建设 100 家“紫和堂中医诊所”，搭建覆盖市、县、镇、村四级联通的中医健康服务网络，提供中医特色健康服务，让梅州居民在家门口便可享受省级名医、国医大师及专家优质医疗资源。

6 月　全国城市传播百强榜出炉，梅州登上榜单（地级市）第 76 名、广东省第 8 名。

6 月　梅州市人民医院成功完成粤东西北首例世界最小的心脏起搏器植入手术——无导线起搏器（Micra）的植入，标志着该院心血管内科的心脏器械植入水平迈入国际先进行列。

6 月　广东省雁洋公益基金会向梅州市捐赠扶贫济困资金 300 万元，为梅州市贫困村、贫困户脱贫“摘帽”贡献一份力量。

7 月

1 日　嘉应学院通过“线上 + 线下”网络同步直播的方式，举行 2020 届毕业生“云”毕业典礼暨学位授予仪式，现场 110 多名毕业生代表和未能返校、在线上观看直播的 6000 多名毕业生一起参加这场特别的毕业典礼。

4 日　由梅州市创排的新编大型广东汉剧《李坚真》亮相“2020 广东省艺术院团演出季”，在广东粤剧艺术中心震撼开演，为羊城观众上演一场热血澎湃的红色革命故事。

4 日　梅州市人民医院完成全球首例经颈动脉一站三式手术。该手术是在导管室进行的一场“惊心动魄”的高难度手术，经颈动脉主动脉瓣膜置换术（TAVR）+ 胸主动脉腔内修复术（TEVAR）+ 经皮球囊主动脉缩窄血管成形术（PBACA）。

6 日　兴宁市产业转移工业园举行 10 个工业项目集中动工活动。兴宁市产业转移工业园整体城镇化二期（标准厂房）、赐裕鞋业加工生产、广东供销天兴冷链物流中心等 10 个工业项目，涵盖标准厂房、高端装备制造、纺织制鞋、冷链物流、食品加工、医药器械、5G 新基建、环保新材料等领域，总投资 25.7 亿元，预计年产值 107 亿元、年税收 7 亿元，将带动 1.1 万多人就业。

6 日　梅州市再添 3 家 AAA 级旅游景区，韩山历史文化生态区、瑞山生态旅游度假区、奥林匹克体育文化旅游区成为国家 AAA 级旅游景区。至此，梅州市国家 AAA 级以上旅游景区总数 35 家，数量位居全省第二。

10 日　紫和堂国医连锁“健康驿站·百城万店”战略发布暨梅州项目推介会在丰顺县举行。广东新南方集团与梅州日报社签署战略合作协议，双方将在品牌宣传和产业共建方面深入合作，携手振兴基层中医药产业。

10 日　五华农商银行、五华县新阶联举行签约授信仪式。双方共同签订战略合作协议，五华县新阶联获得五华农商银行额度 3 亿元的授信。

12 日　丰顺留隍葛布村发生一起 14 岁少年野泳溺亡事故，事发韩江葛布村段。

13 日　梅州市时隔 11 年再次发布高温红色预警信号。大埔县最高气温达到 39.1℃，连续 3 天录得全省最高气温。

14 日　梅州市委宣传部、嘉应学院在东山中学举行《胜游梅州》丛书首发式暨“胜游梅州 500 景”智慧旅游平台建设启动仪式。该书由广东旅游出版社出版发行，何日胜编著，全书共 8 册，计 237 万字，插图 5500 张。

14 日　梅州气象台发布梅江区首个高温红色预警信号，随后梅县、丰顺也陆续发布首个高温红色预警。梅州市多地最高温均创当地观测史最高纪录。大埔 39.9℃，打破 1988 年 7 月 18 日 39.8℃的纪录，稳居全省当天高温榜首。梅县

39.6℃，打破1989年7月14日39.5℃的纪录。丰顺39.6℃，打破2002年7月4日39.2℃的纪录。兴宁39.3℃，打破2009年8月2日39.0℃的纪录。

15日　梅州市人民医院开出全市第一张医疗收费电子票据，标志着梅州市医疗行业正式迈入“票据无纸化”时代。这是梅州市人民医院“智慧医院”建设的又一重要举措，实现从预约挂号、线上缴费到电子票据推送的“一站式”服务。

16日　广东省农业农村厅组织浙江大学、华南师范大学、广东省农业科学院等单位专家教授，到兴宁市对华南农业大学等单位承担的“丝苗米富香提质增效技术集成研究推广”项目进行现场测产验收，实割三块田平均干谷亩产634.56千克，创下广东省丝苗香米亩产量最高纪录。

18日　梅州市促消费活动正式结束，发放总额5000万元的消费大礼包，刺激餐饮、文旅、汽车消费，推动全市消费服务业复苏发展。其中补贴购车消费1057辆，带动消费超过1.8亿元；补贴餐饮消费10725次；补贴文旅消费套餐10316件。

18日　平远县跨境电商服务中心在平远县电子商务公共服务中心成立，是全市首家县级跨境电商服务中心。

21日　广东省副省长覃伟中率队到梅州调研工业、科技、教育工作。覃伟中强调要加强基础教育，用好惠企政策，助推梅州苏区加快振兴发展。

21—23日　广东省副省长陈良贤率队先后到清远、韶关、东莞、惠州、河源、梅州、揭阳、潮州调研普铁沿线安全整治工作，察看京广线、京九线、漳龙线、畲龙线沿线隐患处并现场办公，明确整治目标和措施，协调各市签订安全隐患综合治理责任书。陈良贤强调要高标准、高质量完成整治工作，并建立健全安全管控长效机制，不断深化巩固安全整治工作成果，确保人民群众出行安全便捷。

22日　林风眠纪念馆首例捐赠实物表彰授予仪式在阁公岭村林风眠故居举行。捐赠物为林风眠祖父林维仁亲自打造的石磨盘一套（4件），由钟礼林、钟礼森、钟礼胜等人无偿捐赠。

24—25日　广州“驻村人”@梅州五华农产品消费扶贫专场活动，在广州市北三环高速新安服务区举办，现场摆摊和线上直播销售额约189万元，广州对口帮扶梅州五华的相关单位、企业认购额1349.5万元。

27日　丰顺县在广州海珠（丰顺）工业园举行先进制造业“三个一批”项目现场会。现场新签约、动工和投产的项目23个总投资85.6亿元。其中广东丰顺万洋众创城一期、讯源实业总部大楼等13个项目集中动工建设，计划投资总额34.9亿元；广东双十智能科技自动化生产设备和智能手机组装设备项目、丰顺新希望生物科技24万吨生物配合饲料生产基地项目等5个项目竣工投产，投资总额11.5亿元；广东立盛高科技3C智能制造生态园项目、广东省现代农业集团有限公司广三保养猪项目等5个项目集中签约落地，预计投资总额39.2亿元。

28日　梅州市中医药大会召开，学习贯彻习近平新时代中国特色社会主义思想，特别是习近平总书记关于中医药发展的重要论述精神，落实全国、全省中医药大会精神和广东省委、省政府《关于促进中医药传承创新发展的若干措施》，对梅州市创建国家中医药综合改革试验区、促进梅州市中医药事业和产业高质量发展进行全面部署、推动落实。

28日　梅州市中医医院门诊综合大楼落成启用。该大楼总投资（含设备）4.9亿元，占地6372平方米，总建筑面积4.8万平方米，集门诊、急诊、医技、住院和手术室于一体，提供门诊诊室68个，增加床位180张。

29日　梅州市七届人大常委会举行第三十八次会议，会议表决通过一批人事任免名单，决定任命孙春明为梅州市人民政府副市长，新任职人员参加由梅州市人大常委会主任会议组织的宪法宣誓。

29日　农行梅州分行服务大埔区域发展座谈会暨授信贷款、消费扶贫爱心卡授牌仪式在大埔举行。农业银行梅州分行与大埔县签订项目战略合作框架协议，授信50亿元支持大埔经济发展。其中向大埔县红色文化培训服务中心、大埔第二自来水厂、大埔新交建路安通项目管理有限公司、梅州市鸿富瀚科技有限公司、广东飞马峰农业有限公司和大埔县通美实业公司颁发授信牌匾，共计授信15.4亿元。

30日　梅州市与广东省农科院创新探索合作模式，广东金颖农业科技孵化有限公司和广东苏记祥实业有限公司签约仪式在梅江区西阳镇举行。意味着一条“创业苗圃—孵化器—加速器”的科技创业孵化链条在梅州市初步构建，是梅州市院地共建成果的一个缩影，增添乡村产业振兴新动能。

31 日　梅州市举行梅州综合保税区基础设施建设启动仪式。梅州综合保税区规划面积 2.53 平方千米，其中首期规划面积 1.52 平方千米。总投资约 4.5 亿元，计划 2021 年 4 月前全部完工。其中计划投资 1.8 亿元，建设综保三路及跨线桥、综保五路、综保六路、中央大道、创业二路、巡逻道等基础设施项目；计划投资 1.6 亿元，推进 41.2 公顷场地平整；计划投资 1.1 亿元，建设信息化系统、卡口、围网、查验场与监管仓库等监管运营设施。

7 月　新书《世界球王李惠堂》出版发行。该书由原上海市政协常委、梅州市发展战略顾问丘峰教授和客籍学者李亮合著，文汇出版社出版。李惠堂祖籍五华，是闻名世界的球王，曾经创造中国足球辉煌的历史。该书通过对纪实的再现、历史细节的还原、人物形象的塑造，记录李惠堂赛场内外的风云轶事，让人感悟到世界球王及其一代足球人的无穷魅力。该书是“客家名人传记文库”系列丛书的第二部，该系列丛书涵盖从古至今的世界客家名人的传记，是重要的客家文化工程。

7 月　广东省委实施乡村振兴战略领导小组对 2019 年度推进乡村振兴战略实绩考核工作情况进行通报，梅州在地级以上市综合评价等次为“优秀”，排名全省第七、粤北片区第二，平远、五华在县（市、区、镇街）综合评价等次为“优秀”，分列粤北片区第二、第三。

7 月　省级中小学生研学实践教育基地名单公布，梅州市 5 家研学基地榜上有名。分别是“八一”起义军三河坝战役纪念园、凤鸣新联研学实践教育基地、客天下研学实践教育基地、五指石研学实践教育基地、雁南飞研学实践教育基地。

7 月　欧盟理事会授权正式签署中欧地理标志协定，首批 100 个中国地理标志农产品入选保护清单。其中大埔蜜柚名列其中，正式受到欧盟协定保护。大埔全县蜜柚种植面积 1.46 万公顷，其中红肉蜜柚 9000 公顷，发展成为广东省最大的蜜柚种植基地、中国最大的红肉蜜柚种植基地。

7 月　梅州市第二中医医院医共体单位大型义诊活动暨梅州颐诚医养结合医院启动仪式在梅江区长沙镇大密村举行。新建成的梅州颐诚医养结合医院是梅州市首家医养结合医院，位于大密村，是一家由废旧学校、厂房改造而成的医疗养老机构。该医院占地面积 6666.67 平方米，内设中医科、康复科、内科等科室，将与梅州市第二中医医院建立医共体双向转诊平台，对急危重症患者开通“绿色通道”，推动优质医疗资源下沉。

7 月　全市银行业金融机构共为 2.95 万家小微商户减免刷卡收单手续费 370.57 万元，撬动消费交易额 19.34 亿元。

8 月

1—3 日　2020 年广东省青少年蹦床锦标赛在佛山三水区明富昌体育馆落幕。梅州代表队获得 3 金 4 银 5 铜，这是梅州市蹦床队为备战第十六届省运会取得的又一佳绩。其中罗柳欣获得女子丙组（单跳）个人第一名；曾雨铭、刘韵、张梓婷获得女子乙组（板上）团体第一名；罗柳欣、罗柳姿获得女子丙组（单跳）团体第一名。

6—10 日　第五届岁月明星青少年足球夏令营暨 2020 传承杯“小甲 A”足球挑战赛（华南赛区），在五华横陂足球小镇举行。来自深圳的 3 支球队夺得 6 个组别的五项冠军，成为最大赢家，梅州客家足球俱乐部夺得 U11 冠军，并获得 U9、U13 亚军。

7 日　梅县区举行重点项目集中动工仪式。此次梅县区集中动工的一批重点项目总投资 38.8 亿元，分别是：投资 5.3 亿元的广东外语外贸大学附设梅州实验学校项目、投资 11.8 亿元的广东嘉元科技股份有限公司 1.5 万吨高性能铜箔项目、投资 12 亿元的梅州天虹购物中心项目、投资 5.4 亿元的 BPW 车轴（梅州）有限公司八期技改项目、投资 2.5 亿元的中国金柚科技文化产业园项目和投资 1.8 亿元的梅州伟友耐磨材料有限公司二期技改项目。

8 日　由梅州市创文办、梅州市体育局、江南社区居委会联合举办的以“文明健康 绿色环保”为主题的 2020 年梅州市“全民健身日”活动启动仪式在梅州市剑英体育馆广场举行，200 多人参加启动仪式。启动仪式后，为观众展演太极八法五步、健身先生肌肉展示、拉龙轮滑、瑜伽展示、第九套广播体操、健身气功展演、广场街舞 7 个节目。全民健身日活动期间，市直和各县（市、区）开展形式多样、内容丰富的各种健身活动，全市有 27 个大型体育场馆免费向市民开放，共举办36项体育活动。

9日　中国足协召开会议决定，广东梅州成为2020年中甲联赛赛区之一。同时，中甲联赛比赛时间也确定，从9月至11月举行。中国足协召开会议决定，新赛季中甲也同中超一样，采取“赛会制、分阶段”进行比赛。第一阶段比赛分为三个赛区：广东梅州、四川成都和江苏常州。梅州符合比赛的场地有4块，分别是五华县惠堂体育场、横陂足球小镇、五华县体育场、梅县区曾宪梓体育场。

11日　梅州柚在第三届亚洲优质水果产业链（云南）峰会之广东名特优品牌水果专场推介会上亮相，获得众多采购商青睐，获得逾百万斤订单。

12日　梅州首部爱国主义国防教育微电影《家国》在大埔县三河坝战役纪念园正式开拍。《家国》是广东省首部大型原创民族歌剧《血色三河》的剧外剧，延伸三河坝战役革命精神，追寻《血色三河》的意义步伐，把客家人强烈的民族意识和家国情怀通过微电影的形式进行传播与加强，讲好梅州红色故事、推动梅州红色基因传承与发展。旨在以此开展中小学国防教育活动，引导中小学生参与国防、了解军事、拥护祖国、热爱家乡。

14—16日　2020年广东省青少年自行车（公路）锦标赛在丰顺县举行，来自广州、深圳、珠海等城市的10支专业青少年自行车代表队参赛，共享健康骑行。赛道设在丰顺县修试大道至西环大道，单程2.5千米，折返5千米。比赛共设女子少年甲组公路500米个人计时赛、男子少年乙组公路20千米团体计时赛、男子少年乙组公路40千米大组赛等16个项目。

15日　梅州市中医医院举行张北平教授名医工作室揭牌暨张北平教授新收学术继承人拜师仪式，招收该院6名医生为弟子。

16日　2020年广东省“中国体育彩票”青少年曲棍球锦标赛在五华县曲棍球训练基地开战。全省22支代表队300多名运动员参赛，这是梅州市首次承办大型曲棍球赛事，也是梅州市曲棍球省运队首次亮相赛场。梅州代表队参加男乙、女乙的赛事。

18日　平远龙文—黄田省级自然保护区、神光山国家森林公园2个单位成为2020年广东省自然教育基地。

18日　中国人民银行梅州市中心支行与辖内3家符合条件地方法人银行开展为期一年的利率互换操作，激励法人银行为46户市场主体办理延期还本付息业务，涉及延期本金金额1.38亿元。这是梅州市首批落地的贷款延期激励资金，标志着梅州市为实现“六稳”“六保”再添新举措，支持稳企业、保就业。

21日　海关总署自贸区和特殊区域发展司司长陈振冲到梅州调研指导梅州综合保税区建设工作。陈振冲强调梅州各级各部门要把综保区建设成为梅州新时代全面深化改革开放的新高地，实现与周边综保区错位发展，推动梅州苏区换道超车、加快振兴，释放政策红利，推动梅州综保区高质量发展。

25日　广东省雁洋公益基金会、梅州市关工委、梅州市妇联在梅城联合举行2020年叶剑英基金助困助学金发放仪式。广东省雁洋公益基金会通过梅州市关工委发放助学金50万元，资助250名在梅州市高中就读的贫困学子；通过梅州市妇联发放助学金60万元，资助600名在梅州市中小学就读的贫困学子。

26日　梅州市国防教育训练基地在兴宁市伟泓教育基地挂牌。这是梅州市首个国防教育训练基地，标志着梅州市国防教育训练基地建设实现新突破。该基地规划建设“六馆八区三坊”（“六馆”即爱国主义教育馆、国防安全教育馆、禁毒警示教育馆、消防安全体验馆、生命教育科普馆和交通安全体验馆；“八区”即现代军事体验区、传统农耕体验区、果树种植体验区、传统手工艺体验区、水上拓展区、野外生存拓展区以及高、低空拓展区；“三坊”即豆浆坊、面点坊和酿酒坊）。

28日　兴宁扶贫产品展销中心在广州天河试业。试业上架的兴宁市优质扶贫产品包括肉鸽、柚子、丝苗米等富有特色的扶贫产品。仅试业当天，该展销中心就现场签订900多万元的采购协议，现场卖出兴宁的农特扶贫产品价值3万多元。

28—31日　2020年“广东脱贫攻坚展”在第28届广州博览会上举办。梅州市组织51家企业参展，共计销售扶贫产品近38万元，签订意向金额6329万元。

8月　梅州市有广东新南方青蒿药业股份有限公司、广东富大陶瓷文化发展股份有限公司、梅州市金绿现代农业发展有限公司、梅州绿盛林业科技有限公司、仲恺广梅研究院、广东蕉岭妆家都富硒生物科技有限公司获批设立广东省博士工作站。至此，梅州市共有 13 家单位获批，广东省财政给予每个博士工作站建站补贴 50 万元。

8 月　梅州市通报 2019 年食品安全工作评议考核结果，蕉岭县、兴宁市、梅县区考核等级为 A 级，梅江区、丰顺县、五华县、大埔县、平远县考核等级为 B 级。

8 月　兴宁市成立居家养老服务中心，为 60 周岁以上的孤老、空巢、五保、残疾优抚老人、特困老人、独居老人和生活自理有困难等老年人（包括残疾人）提供多元化便捷化实惠性养老服务。

8 月　华夏航空新开通梅州至成都、无锡的通程航班，均为梅州出发经珠海中转，旅客可享受托运行李“一站式”直挂便利。该航班逢周一、三、五、日执飞，梅州起飞时间为 18：55。旅客可乘坐华夏航空航班从梅州飞抵珠海，通过通程航班，实现一票到底、行李直挂，直达成都和无锡。

8 月　梅州 4 个县 2 个镇获命名为国家卫生乡镇（县城），分别是五华县、丰顺县、平远县、大埔县和梅江区长沙镇、西阳镇。

8 月　平远籍企业家、闻泰科技董事长兼 CEO 张学政上榜福布斯中国最佳 CEO，位列第 31 位。张学政是上市公司闻泰科技股份有限公司董事长、总经理、董事、总裁，也是梅州市发展战略顾问。闻泰科技已形成从芯片设计、晶圆制造、半导体封装测试到产业物联网、通信终端、笔记本电脑、IoT（物联网）、汽车电子产品研发制造于一体的千亿级产业布局。

8 月　广东省林业局、广东省文化和旅游厅公布广东省 100 条森林旅游特色线路和 100 个森林旅游新兴品牌地名单，梅州市 11 条线路和 10 个品牌地入选。

8 月　嘉元科技（688388）发布公告，拟通过向不特定对象发行可转债的方式募集资金，拟发行可转换公司债券募集资金总额不超过 12.5 亿元。

8 月　梅汕高铁丰顺东站连接线道路全面完工。该道路起点位于汤坑镇田心村，终点位于大埔岗，全长 3.60 千米，项目总投资近 1.9 亿元，按一级公路标准、60 千米/时设计时速、38 米宽路基建设。

8 月　梅州市皇樽食品有限公司创新工艺，推出“梅州柚月饼”，金柚原汁金柚油，甜而不腻香四飘，颇受消费者青睐。

8 月　农发行梅州市分行向梅州粤海水务有限公司投放 2000 万元农村人居环境项目贷款，进一步推进梅州市城区污水处理工程建设。

8 月　2020 年广东省职工职业技能大赛 80 个比赛工种之一的粤菜师傅专场比赛在广州琶洲举行，梅州市 5 位客家菜师傅均获得 2020 年粤菜师傅职工职业技能大赛“客家菜”赛项金奖，分别是超顺餐饮管理有限公司的管军权、百佳园餐饮管理有限公司的徐伟斌、五华小绵羊酒店的陈辉煌、聚园酒家的熊伟广、大埔瑞景酒店的罗秋航。

8 月　省级“一村一品、一镇一业”首批专业村和第二批专业镇名单公布，梅州市 158 个村和 5 个镇入选。梅江区西阳镇北联村、太平村等 158 个村入选专业村名单，数量居全省第一；丰顺县八乡山镇（茶叶）、兴宁市黄陂镇（油茶）、大埔县百侯镇（蜜柚）、茶阳镇（蜜柚）、蕉岭县新铺镇（水稻）5 个镇入选专业镇名单。

8 月　“2020 中国最美乡村百佳县市”榜单出炉，蕉岭县榜上有名，总得分 92.7 分，排第 19 名。

9 月

2 日　第二批全国乡村旅游重点村名单公布，梅县区雁洋镇长教村和平远县泗水镇梅畲村榜上有名。

3 日　省道 223 线梅县区松源至雁洋段（出省通道）改建工程（简称东部快线）第六标段（松源支线）开工。东部快线位于松源镇境内，起点位于横江村，途经桥背村、湾溪村等 6 个村，终点位于粤闽两省交界处，全长 6.17 千米。采用二级公路标准，双向两车道，路基宽为 12 米，设计时速为 60 千米。东部快线是梅州市通往福建武平、永定的重要出省通道，也是连接松源镇、松口镇、桃尧镇、雁洋镇和蕉岭县的重要道路。全长 69.49 千米，总投资 33.28 亿元，全线分为 7 个施工标段。

3 日　梅州市中小企业协会第三届理事会会议在梅城举行，选举广东瑞山高新农业生态园股份有限公司、俊发公司董事长蔡俊发为协会新一任会长，公布第三届理事会理事增补名单。协会有 200 多个单位会员。

7 日　在佛山举行的 2020 年广东省青少年足球锦标赛男子甲组结束赛事，来自深圳、广州、湛江、佛山、梅州、清远、阳江、汕头等地的 14 支球队参与。梅州男子甲组代表队时隔 15 年后，再次获得省锦标赛冠军。

8 日　全国抗击新冠肺炎疫情表彰大会在北京人民大会堂举行。梅州市疾控中心主任罗盛标获评“全国抗击新冠肺炎疫情先进个人”，在大会现场接受表彰。

8 日　爱国侨领熊德龙与梅州华南康复医疗集团签约，合作共建梅州华南德龙康复医院，支持梅州市老年人养老及残疾人康复事业。梅州华南德龙康复医院注册资本 3000 万元，位于广东省梅州市梅江区东山大道 157 号德龙工业大厦，建筑面积 9000 平方米。该院拟设床位 300 张，预计带动就业岗位 500 个，将提供养老服务、医疗服务、护理服务、医疗、医药信息咨询服务等。

10 日　清华大学乡村振兴广东梅州平远远程教学站在平远县委党校启动，将依托清大的教育、人才资源优势，为平远县高质量发展乡村振兴提供理论指导、人才支撑。

10 日　梅州柚亮相第六届中国果业品牌大会暨亚洲（广州）果蔬产业大会，现场揽下 150 万千克意向采购订单，有陕西大唐现代农业、广州壹米鲜科技、广东梅州客客柚果、梅州柚都都果业、山东圣豪云物流、莆田市阿雄果业、广东十记果业、梅州万川千红等进行产销合作签约。

10 日　2020 中国民营企业 500 强榜单发布，4 家梅州籍乡贤企业上榜，分别是五华籍乡贤周国辉任董事长兼 CEO 的深圳市怡亚通供应链股份有限公司；平远籍企业家黄仕坤任董事长的深圳金雅福控股集团有限公司；兴宁籍企业家刘志强任董事局主席的香江集团有限公司；平远籍乡贤张学政任董事长的闻泰通讯股份有限公司。

11 日　“薪火相传·助星圆梦”梅州市 2020 年扶助特困学生上大学活动助学金发放仪式在梅州市剑英图书馆举行，市级共筹集善款 468.08 万元，帮助 248 名寒门学子圆大学梦。

11—13 日　2020 广东国际旅游产业博览会在广州举办，梅州市组织各县（市、区）文化旅游部门和近 40 家文化旅游企业参展。梅州展馆从客家文化游、红色文化游、乡村体验游、生态休闲游、养生健康游、祈福文化游等 6 大主题和 8 条寻味美食线路呈现梅州丰富多彩的文旅资源。同时，现场还展示梅州柚、嘉应茶、客都米、寿乡水、大埔陶瓷、客家盐焗食品等 50 多种梅州特产、旅游商品、文创产品。

12 日　世界长寿乡·广东梅州柚·大埔蜜柚广州推介会暨海珠区对口帮扶消费扶贫月活动启动仪式在广州市海珠区举行。梅州柚都都果业有限公司代表大埔县 57 个贫困村与中洲农会签订大埔蜜柚购销帮扶协议；梅州万川千红农业发展有限公司与花生日记签订大埔蜜柚销售协议；广东胜佳超市有限公司与大埔供销宏森农产品有限公司签订农产品销售协议。

16 日　梅州市零售商业行业协会成立大会暨“梅州手信”遴选活动启动仪式在世界客商中心举行。大会选举广东中合春秋实业有限公司董事长吴海明为市零售商业行业协会会长。大会现场，中国邮政储蓄银行梅州分行、梅州客商银行分别与市零售商业行业协会签订 5 亿元银行授信协议。大会还发布“梅州手信”遴选征集信息。

23—26 日　广东省庆祝 2020 年中国农民丰收节系列活动——全省乡村振兴（脱贫攻坚）成果展在广州市珠江新城海心沙亚运公园举行。活动以“我丰收，我分享”为主题，通过图片、实物、模型以及多媒体等多种展示手段，呈现各地乡村振兴（脱贫攻坚）成果以及各地农村丰收场景。梅州展区以客家围龙屋式建筑造型亮相，占地面积 84 平方米，梅州柚、嘉应茶、客都米、寿乡水、富硒菜等纷纷亮相，以图文展板、视频播放、产品实物结合仿真模型展示、农耕劳作场景重现等形式，展示梅州乡村振兴与脱贫攻坚成效。

25 日　“世界客都·长寿梅州欢迎您”梅州文旅复苏在行动系列活动启动仪式暨客都人家项目推介活动在中国·梅州“客都人家”康养文旅综合体举行，现场推出 45 项主题文旅活动，涉及“吃住行游购娱”等六大文旅消费要素，并为“客都人家”项目亮灯。这是梅州市以“梅州速度”建设的文旅重点项目之一，填补梅州夜游市场的空白。

27 日　“梅州农商银行杯”梅县区首届乡村创新创业创富大赛决赛在梅县区雁洋镇大观天下博物馆举行，共有 10 个优秀项目获奖，其中一等奖 2 名，分别为“让观赏鱼‘游到’全世界”和“梅州柚精深加工技术研发与应用”项目。

28 日　梅州市中医医院举行中医热病中心项目开工仪式。该中心按照中医应急救治规范化标准进行建设，总投资约 4.1 亿元，建设用地面积近 9900 平方米，总建筑面积 2.3 万多平方米，地上 7 层、地下 2 层，设置床位数 245 张，主要包含中医热病科研、诊疗救治、治未病中心、健康体检、疫情应急防控等功能。

28 日　梅州政协连心桥通车仪式在革命老区梅县区梅南镇举行。该桥横跨梅江，连通梅县区梅南镇和梅江区长沙镇，总投资约 3300 万元，桥长 278 米，桥面宽 12 米，于 2019 年 7 月动工建设，建设工期 14 个月。2019 年 5 月，梅州市政协发出倡议书，得到广大政协委员、政协机关干部和社会热心人士积极响应，共筹集资金 1300 多万元，实现政协委员和机关干部全参与、全覆盖。

29 日　丘成桐国际会议中心开馆试运营，成为蕉岭新地标。该中心位于长潭镇，占地面积 3.9 万平方米，总建筑面积 4.7 万平方米，总投资 3.96 亿元，是集游客服务、会议研讨、文化展示、竞赛活动及文创展销等功能于一体的多功能服务综合体，设置有五大展区。市民可现场预约参观，也可在微信公众号“蕉岭县一场一馆一中心”预约进馆参观。

29 日　梅州市在市足球文化公园广场上举行城市雕塑揭幕仪式。三座城市雕塑均由广州雕塑院院长许鸿飞教授精心设计，分别是表现运动为主题的“突破”、表现美妙音乐为主题的“三弹音乐”、表现爱的主题的“吻”，由梅州企业家、广东国丰源控股集团董事长李海元捐赠。

30 日　梅州市红色文化公园建成开放。该公园位于梅城剑英湖片区，采用“三路两区”规划分区，“三路”即 12 米宽的主台阶的英雄之路、2.5 米宽的环山道的胜利之路和 1.2 米宽的登山步道的创新之路，“两区”即纪念广场区、休闲公园区。

30 日　梅州市举行 2020 年烈士公祭活动。梅州市领导到梅县区南口镇的革命烈士陵园，与各界代表一起，向梅县革命烈士纪念碑敬献花篮，深切缅怀革命先烈的丰功伟绩，共同表达铭记光辉历史、传承红色基因的坚定信念。

30 日　梅江区在张灯结彩的中山街、油罗街举行嘉应老街·步行街启动仪式，“走进诗画梅江”微信小程序同步上线。把中山街、油罗街设为嘉应老街·步行街，市民可以在晚上 7 时至凌晨 3 时步行逛老街、尝美食，体验独具客家风情的老街夜市。

9 月　2020 年优势产区（第二批）省级现代农业产业园建设名单出炉，梅州柚优势产区产业园入选。梅州柚优势产区产业园规划总面积 7000 平方千米左右，农村总人口 150 多万人，是全市梅州柚等水果产业的核心优势种植区域，范围涵盖梅江区 2 个镇、梅县区 15 个镇、兴宁市 10 个镇、大埔县 7 个镇、五华县 11 个镇。

9 月　梅州市人民医院心血管介入中心成功升级全球最先进的心脏三维标测系统 CARTO3V6，为粤东西北首例，标志着梅州市人民医院心内科团队心律失常介入水平紧跟国内外先进水平。

9 月　第九届广州国际食品食材展览会在广州举行。梅州市稻丰实业有限公司、广东长乐烧酒业股份有限公司、梅州市源自然农业发展有限公司、梅州市臻尚食品有限公司等 13 家企业参展，集中展示“嘉应茶”“客都米”“梅州柚”等客都优质绿色农产品、农副土特产品，促进梅州绿色农产品、特色食品走向粤港澳大湾区乃至全国各大市场。

9 月　梅州海关优化服务助梅州柚“出海”，监管出口蜜柚 548 吨，货值 392.87 万元。

9 月　广东省第三届名特优新农产品名单公布，梅州有 17 个农产品入选，分别是梅县金柚、梅江白宫苦瓜、平远东石花生、梅江区清凉山茶、五华绿茶、五华高山红薯、兴宁丝苗米、梅州客都稻米、兴宁鸽、梅州梅片、平远脐橙、大埔蜜柚、梅州金柚、西岩乌龙茶、嘉应茗茶、马图绿茶、蕉岭富硒稻米。

9 月　广东省羊城大健康产业集团与广东康奇力药业股份有限公司“生物医药产业研发生产基地”揭幕仪式和产业共建签约仪式在五华县举行。双方在主业发展上有着极高的契合性和互补性，双方将建立长期、稳定、高效的合作关系，进一步增强康奇力药业公司在新产品研发、生产技术改进、质量管理提升、市场营销拓展等方面的能力与水平。

9 月　梓里村文学艺术协会在大埔县三河镇梓里村成立，该协会是梅州注册成立的第一个村级文学艺术协会，有会员 60 多人，单位会员 1 个，下设汉乐组等 9 个文艺组。

9 月　丰顺新区供水工程（一期工程）项目主体工程开工。丰顺新区供水工程总投资 7 亿元，日出水量约 15 万吨。其中，一期工程投资5亿元，由榕江支流八乡水河段引水，输水线路总长度为21.33千米，建设项目主要包括梅丰电站B站取水口工程、原水隧道、大罗村水厂、供水主管、供水支管的土建及安装工程，以及道路、园林景观绿化、给排水、照明等附属配套设施。

9月　由著名乡贤、企业家、梅州市荣誉市民、慈善家李有权捐资300多万元新建的李有权博士科学馆正式启用。该科学馆位于梅县区隆文镇中心小学，设有4间教室、1间多功能活动室、3间教师办公室，为梅县区小学第一座科学馆。

10月

1日　梅州举行国庆升旗仪式，庆祝中华人民共和国成立71周年。梅州干部群众纷纷来到梅城院士广场，在升旗仪式中喜庆共和国生日。

1日　位于梅江区江南新城梅塘东路的时光梅州商业街正式亮相试业，项目为特色古风建筑开放式商业街区。汇聚嘉荣超市、肯德基、九州森美电影文化中心、吾家尚美彩书生活馆、蜀香源、小江湖美食空间、潮苑鱼仔、今大福茶庄等众多商家。

1—3日　粤港澳大湾区“菜篮子”暨广州现代农业嘉年华活动在广州天河体育中心举行，梅州市组织6家农业企业前往参展，主要为梅州特色农产品和农产品深加工制品，包含蜜柚、梅州柚、高山红薯流心酥、高山红薯、高山红薯粉丝、丝苗米等品种，达成意向签约180万元。

1—8日　国庆中秋假期，随着国内新冠肺炎疫情得到有效控制，广大市民和游客的消费热情充分释放出来，重燃假日经济，梅州市楼市、车市均在回暖，旅游行业也迎来复苏。各A级景区按照日接待游客量不超过最大承载量75%的要求，实现游玩和疫情防控“两不误”，各旅游饭店、民宿客栈、农家乐游客量明显回升。游客出行呈现自驾游、探亲游、家庭游和乡村游为主的趋势。

9—11日　第四届民族地区文旅产业发展论坛暨非物质文化遗产创新与发展大会在丰顺县举行。专家学者共商民族地区文旅产业发展大计，共推非物质文化遗产创新与发展。与会人员还到潭江镇凤坪畲族村考察，感受畲族浓郁的少数民族风情，品尝独具特色的长桌宴。

13日　梅州市“熊德龙奖教金”捐赠仪式在梅城举行。美国、印尼国际日报总裁，熊氏集团总裁，印尼工商会馆中国委员会执行主席熊德龙出席捐赠仪式，再捐赠500万元设立奖教金，用于推动梅州教育事业发展，将在2020年至2025年期间，每年拿出100万元奖励梅州市优秀教师。

15—24日　第128届广交会举办，是第二届“网上广交会”。梅州市87家企业参展，共设置257个展位，分布涉及21个展区，主要为机电、五金、陶瓷、节日用品、家居装饰品、纺织品、服装、办公文具、箱包、玩具、食品、医药等。接单数量与上届广交会持平的梅州企业有37家，占梅州参展企业总数的42.5%；接单数量实现增长的梅州企业有23家，占梅州参展企业总数的26.4%。

16日　2020年梅州市“市长杯”青少年校园足球联赛（高中、中职组）市级决赛颁奖仪式在东山中学举行。经过5天的激烈角逐，梅县区代表队和五华县代表队分获高中女子组和高中男子甲组第一名。

20日　四年一度的全国双拥模范城（县）命名暨双拥模范单位和个人表彰大会在北京召开。梅州市获评“全国双拥模范城”，是梅州市继2012年、2016年后再次获“全国双拥模范城”殊荣，实现三连冠。驻兴宁某部军人龚学武被评为“全国拥政爱民模范”。

20日　大型革命历史题材电视剧《绝密使命》大埔县大麻码头开拍仪式在大埔县大麻镇举行。该剧由闽粤联合拍摄，计划2021年播出，向中国共产党成立100周年献礼，讲述发生在中央红色交通线上，特别是大埔县青溪交通中站交通员为安全护送中国共产党军政要员和物资，与敌人展开机智斗争的惊险故事。

20日　位于江南核心片区5宗黄金地块正式开拍。最终由中骏集团斩获，中骏世界城正式落户梅州。项目总占地约22万平方米，建筑面积约77万平方米，距剑英湖公园仅1.5千米，紧邻江南新城绿化中轴。

21日　广东省抗击新冠肺炎疫情表彰大会在广州举行，来自梅州的汪永光等30名先进个人，梅州市公安局、大埔西河省际联合检疫检查站等8个先进集体，曾伟坚等5名优秀共产党员，梅州市卫生健康局直属机关党委等3个先进基层党组织受到表彰。

23 日　梅州市与广东省林业局签订战略合作协议，携手共建梅州生态文明（林业）示范市，推动梅州生态文明建设走在全省前列，努力打造生态经济发展新标杆。

29 日　广州（梅州）产业转移工业园 41 个项目集中签约、动工、投产活动举行。41 个项目总投资约 120 亿元，涉及食品饮料、生物医药、汽车零部件、医疗器械、大数据、配套设施等领域。

29 日　梅州广药王老吉大健康产业园投产仪式在广梅园举行，广药集团王老吉大健康梅州原液提取基地、采芝林药业梅州中药产业化基地两大项目正式竣工投产。王老吉大健康梅州原液提取基地计划总投资 4 亿元，是全球产能最大的凉茶原液提取基地，正式投产后日提取药材 60 吨以上，年产凉茶浓缩液约 2 万吨，年产值规模可达 6.5 亿元；采芝林药业梅州中药产业化基地计划总投资 1.29 亿元，投产后可实现中药饮片产值和销售约 5 亿元，每年为当地带来税收超 3000 万元。

10 月　梅城“特恩选拔”绍德堂杨氏后裔杨礼荪先生伉俪将家藏的先祖手稿、书画、古籍、地方文献等一批珍贵资料和文物，无偿捐赠给嘉应学院客家研究院作为学术研究之公器，所捐赠的资料和文物含古籍 110 余册、字画 20 余幅（对）、手稿 80 余册（份）。

10 月　客商银行·2019 世界客都长寿梅州马拉松赛获得国家级银牌赛事、红色文化特色赛事双奖项。

10 月　梅州市教育局发布《关于公布首批梅州市中小学生研学实践教育基（营）地名单的通知》，明确“八一”起义军三河坝战役纪念园、叶剑英纪念园、客天下·平远梅畲田园综合体中小学生研学实践综合基地等 39 家单位入选首批梅州市中小学生研学实践教育基（营）地名单。

10 月　梅州市人民医院成功为一名体重超重的男子完成梅州市首例腹腔镜下袖状胃切除术，填补梅州市减重代谢外科手术治疗肥胖症的空白。

10 月　梅州市政务服务数据管理局与江西省赣州市行政审批局签订《江西赣州·广东梅州政务服务“跨省通办”合作协议》，标志着赣州、梅州两市的县级以上政务服务大厅之间“跨省通办”试点工作正式启动，把市场主体登记注册、养老保险关系转移接续、职业资格证书核验、学历公证、驾驶证公证等高频事项列为第一批通办事项。两市不断拓展通办领域、增加通办事项，逐步实现两市政务服务业务通、系统通、数据通、证照通、用户通，推动异地“跨省通办”一次办成。

10 月　超华科技披露 2020 年度非公开发行股票预案。发行对象为不超过 35 名特定投资者，募集资金总额不超过 18 亿元（含本数）。根据预案，扣除发行费用后，拟投入募集资金 71595 万元用于年产 1 万吨高精度超薄锂电建设铜箔项目，32540 万元用于年产 600 万张高端芯板项目，22296 万元用于年产 700 万平方米 FCCL 项目，53569 万元用于补充流动资金及偿还银行贷款。

10 月　香港特区政府正式公布授勋或嘉奖名单，大埔籍乡贤彭长纬获授金紫荆星章。

10 月　梅州市研学实践协会成立暨第一次会员大会在梅城召开，黎融当选首届协会会长。还举行梅州客商银行与梅州市研学实践协会签订协议，授予该协会意向授信 2 亿元。该协会有单位会员和个人会员 56 个。

10 月　梅州市新增 2 个省级森林康养基地，分别为西岩山峚顶湖森林康养基地、熙和湾客乡文化旅游产业园森林康养基地。

10 月　广东省科学技术厅公布第六批广东省农业科技园区建设名单，核准建设 15 家省农业科技园区。其中五华县广东省农业科技园区成功入选，也是梅州市唯一。

10 月　广东省林业局与梅州市政府签订战略合作协议，立足梅州粤北生态发展区定位和“争当生态发展区建设先行示范市”目标，发挥广东省林业局在技术、创新团队、管理等方面的优势，携手共建梅州生态文明（林业）示范市，推动梅州生态文明建设走在全省前列，努力打造生态经济发展新标杆。

10 月　梅县区评选出“十大优质金柚示范园”，分别是松源镇刘仁华金柚园、松源镇赖建华金柚园、松口镇李晓东金柚园、石扇镇郑采勇金柚园、松口镇李维昌金柚园、桃尧镇润土生态金柚园、城东镇李良城金柚园、石扇镇谢碧丰金柚园、隆文镇李伟山金柚园、桃尧镇温志辉金柚园。

11 月

1 日　大埔县康养蜜柚小镇首期工程龙兴蜜柚酒店动工建设。龙兴蜜柚酒店计划投资3.8亿元，是总投资13.8亿元的康养蜜柚小镇的首期工程，也是梅州市乡贤回归投资兴业工程的重点招商项目。该项目突出客家文化特色，建设集商务、旅游于一体的高端综合性酒店，同时以蜜柚为龙头，在周边打造种植、观光、研发和展销等全链条产业，推动一、二、三产业融合发展，为建设农文旅康养新平台提供动力和载体。

1日　“梅州客家村镇银行杯”第五届广场舞·舞林大会总决赛在梅江区足球文化公园举行。在4场海选中脱颖而出的18支队伍同台比拼舞艺，进行最终角逐。蕉岭长潭镇文化站表演的《我们的生活》和梅州市国际标准舞协会代表队表演的《我和我的祖国》获得金奖，3支队伍获得银奖、5支队伍获得铜奖。中国红鬼步舞队和梅县阳光曳步舞队获得网络人气奖。

1—3日　由广东省农业农村厅和梅州市人民政府联合举办的第三届广东茶叶产业大会在大埔县开幕。会议以“长寿之乡嘉应茶 一芽一叶吐芳华”为主题，吸引国内多名茶叶研究专家和上百家茶企齐聚梅州，展示广东茶企风采，交流茶叶产业发展经验，探寻广东茶叶产业高质量创新发展之路。开幕式上对“2020年广东十大好春茶”获奖企业及全国茶叶加工（精制）职业技能竞赛广东初赛获奖选手颁奖，为第二批广东生态茶园（高级）认定企业授牌，为梅州青花瓷茶具创意大赛获奖作品颁奖；举行梅州市人民政府与中国农业科学院茶叶研究所、南方茶叶商会签订战略合作协议仪式，以及茶商代表购销意向签约仪式，达成意向购销金额3.5亿元；为梅州市人民政府与中国农业科学院茶叶研究所合作成立的梅州市茶产业研究院揭牌，聘请陈宗懋为荣誉院长、刘仲华为院长。会议期间还举办广东茶叶营销与品牌发展峰会、茶产业发展成果展、茶叶云交会等活动。

3日　梅州市第三人民医院完成全面整体搬迁，新院区位于梅江区城北镇扎下村三组109号(原梅县区华侨中学校址)。新院区总投资3.1亿元，占地面积6.3万平方米，总建设面积7.2万平方米，设计床位1000张。

5日　梅州市与中国长城科技集团签订战略合作框架协议，双方将在自主创新计算机整机制造、自主创新产业生态应用等领域开展合作，共同助力梅州科技创新和电子信息等高端制造产业高质量发展。

5日　福布斯发布2020年中国400富豪榜单。6名梅州籍企业家榜上有名。姚良松、朱孟依家族分别以461.1亿元、357亿元财富跻身榜单前100名。叶澄海家族、吴兰兰家族、张学政、缪寿良分别以240.9亿元、164.1亿元、142.1亿元、119.4亿元财富跻身富豪榜前400位。

5—10日　第三届中国国际进口博览会在上海举行，梅州市86家企业（单位）组团参加，主要涉及电子信息、电声、机电制造、陶瓷、食品加工、农产品、医疗等行业。志浩电子、汇盛电子、金滨金属等企业着力引进高精尖技术装备，与国外参展商达成工业自动化与机器人、3D打印设备、人工智能设备与应用等先进装备的采购意向。

8日　2020赛季中甲联赛冲超组收官战3场比赛同时开打，梅州客家队0：1不敌昆山FC，最终获得联赛第五名，取得中甲参赛最好成绩。

8日　兴宁市“两镇五村”乡村振兴连片示范区再添新亮点，玖崇湖凤颐温泉酒店正式开业。玖崇湖温泉特色小镇项目总规划面积300公顷，是以中式四合院宅第文化、客家民俗文化、田园耕读文化为载体，集山、水、泉、居于一体的中式温泉度假小镇。玖崇湖凤颐温泉酒店总占地面积3.67万平方米，建筑面积3.4万平方米，酒店主楼客房73间，温泉汤屋60余套，合院温泉别墅67栋，合计拥有客房238间（套）。

10日　梅州城区正兴路至富奇路连接线工程建成通车。工程总投资约1240万元，长约550米、宽18米，包括道路、路灯、绿化、综合管线及其他配套设施。

11日　广东省政府专家组对兴宁市丝苗香米开展实测验收，测得“19香”丝苗香米年亩产1300.12千克，创下双季稻香米年平均亩产量世界纪录。

11日　梅州客商银行股份有限公司与梅州华南康复医疗集团有限公司在客商银行大厦签署战略合作协议。客商银行为华南康复集团打造个性化、多元化的金融服务方案，双方将建立长期稳定合作关系，在建设智慧医院、资金账户、员工个性化业务、项目融资等方面开展深入合作，共同推动地方医疗卫生事业的发展，造福一方百姓。客商银行为华南康复集团提供2亿元授信支持。

11日　梅州市快件日处理量创

历史新高，共处理近 90 万件。1—12 日，全市邮政、快递企业共处理快件 900 多万件。

13 日　第八届广东自驾旅游日暨精彩梅州自驾旅游周活动启动仪式在梅县区雁洋镇雁南飞茶田景区举行。粤港澳大湾区媒体旅行社大咖采风踩线团、各地自驾车游客代表等共 300 多人参加活动。此次活动向全国自驾游行业团体全方位推介梅州文化和旅游资源，充分展示“世界客都·长寿梅州”的魅力风采、展现梅州“广东最受欢迎自驾游目的地”的美好形象，展望梅州自驾旅游市场的巨大潜力及广阔前景。启动仪式上，广州市和梅州市文广旅游局签订《穗梅深化文旅对口帮扶合作协议》，广州市和梅州市文旅企业签订“一对一”对口帮扶合作协议。

14 日　五华县转水镇新民村举行首届新民村教育基金会颁奖仪式。新民村教育基金会是五华县第一家经民政部门登记批准成立的村级教育基金会，开创五华教育的先河，在半年的时间，基金会就筹集奖教助学资金 280 多万元，实到账 275.45 万元。

14—15 日　梅州市分别组织开展“访世界客都·游名人故居”粤港澳大湾区媒体、旅行社大咖采风踩线活动，以及粤港澳大湾区、汕潮揭地区和梅州等地游客自驾游梅州活动。来自粤港澳大湾区、汕潮揭地区与梅州等地的近千名游客，自驾近 500 辆汽车分多个小队、多条线路，分别到梅州市 8 个县（市、区）游玩，体验红色文化、客家文化、美丽乡村、精品民宿、生态康养等丰富的文化旅游资源。

15 日　在西安举行的 2020“一带一路”中国跆拳道公开赛上，由梅州市培养输送到广东省跆拳道队的运动员张楚玲，夺得青年组女子-52 公斤级冠军。

16 日　2020 第二届梅州互联网大会在兴宁会展中心召开。大会以“创新引领·慧聚苏区”为主题，汇聚各方智慧和力量，共推梅州互联网产业创新发展，加快经济社会数字化转型，努力为实现广东在全面建设社会主义现代化国家新征程中的总定位、总目标做出梅州贡献。大会展示梅州互联网产业亮点及成果转化，发布梅州市、兴宁市互联网产业发展相关政策，举行签约 12 个项目。作为现场的唯一金融机构，梅州客商银行为梅州市互联网协会、兴宁市互联网协会分别授信 10 亿元，支持梅州互联网产业，助力建设“客都智谷”。客商银行与中国移动梅州分公司签署战略合作协议，双方联合广东省科学院梅州产业技术研究院探索规划，进一步加强合作，服务好“三院一基地”等核心平台，共同探索打造“科技+产业+金融”的梅州模式。

16 日　第十六届中国（深圳）国际文化产业博览交易会拉开序幕。该届深圳文博会首次以“云上”形式举办，16 日正式开幕后 24 小时开放。梅州市有 34 家企业、364 件展品参展。梅州展团以“世界客都·长寿梅州”为主题，设在 6 号粤港澳大湾区展馆，以网页版平面形式展示，展品类别包括陶瓷、木雕、石雕、根雕、玉雕、蛋雕、泥塑、动漫、剪纸、彩书等美术工艺品，以及精品民宿、A 级景区、星级酒店等。

18 日　梅龙高速公路梅州东联络线正式通车，有机连通梅州境内的梅龙、长深 2 条高速公路，标志着梅州首条环城高速公路闭合成环。梅州东线是梅州首条环城高速公路的最后一段，全长约 15 千米，设计时速 100 千米，双向四车道。起于梅县区丙村镇，经丙村枢纽互通与梅龙高速公路相接，终于城东镇竹洋村，通过竹洋枢纽互通与长深高速公路相接，与济广高速公路共同构筑粤东北地区快速通道。

18 日　以“情系湾区·柚香鹏城”为主题的 2020 年梅州柚·梅县金柚深圳推介会在深圳市南山区南山国际会议中心举行。现场举行梅县金柚产业项目签约仪式，启动 2020 年梅州柚·梅县金柚进入粤港澳大湾区（深圳）营销推广活动，并举行百年金柚拍卖活动，梅县区松口镇百年老柚树产出的 9 个梅县金柚共拍出 11.7 万元，拍卖所得全部用于支持梅县区教育公益事业发展。

18 日　博敏电子（603936）发布《博敏电子股份有限公司关于公司及子公司对外投资的公告》表示，公司计划总投资 50 亿元进行博敏电子新一代电子信息产业项目扩建和江苏博敏电子有限公司二期项目建设，进一步扩大公司业务规模，加快公司产业布局。

20 日　平远县第十六届脐橙文化旅游节暨“平远橙”开采仪式在长田镇鸿福脐橙基地举行，全县约 2833 公顷平远脐橙正式开摘，预计总产量达 5.4 万吨，产值超过 6 亿元。

21 日　梅江区举行实体经济项目签约动工仪式。现场集中签约、动工的 10 个产业项目总投资约 111

亿元，涵盖电子信息、现代服务、装配制造、城市经贸等领域。梅江区政府与广东飞翔云计算有限公司签订战略框架合作协议，双方将发挥各自资源优势，共同推动梅江区互联网产业加速发展；广东梅江控股集团有限公司与广东辉骏科技集团有限公司签订战略框架合作协议，辉骏科技计划将电脑主板、小家电等产业项目迁至广东梅州经济开发区。

21日　京东京喜“梅州优品馆”在梅江区举行开馆仪式，成为全国首个正式开馆的“政府优品馆”。京东京喜“梅州优品馆”是梅江区政府与中国经济信息社、京东集团共同打造的政府官方数字经济园区，采用国企、民企合作模式，依托中国经济信息社的资源、品牌、渠道优势和京东集团的平台、流量、专业优势，进一步打通生产、流通等各个环节，让广大消费者可以发现品质更优、价格更实、体验更好的地方名优特产品，实现“一站式”购物。梅江区政府、京东零售、京东安联保险三方签订《京东&京喜厂直优品计划3.0梅州优品放心省心险一亿保障&假一赔十》战略投入合作备忘录，为入选“梅州优品馆”的企业免费提供总保额1亿元的“放心省心险”保障。

21—22日　梅州市举行纪念林风眠120周年诞辰系列活动。22日上午，作为纪念林风眠120周年诞辰系列活动之一，林风眠纪念馆落成揭幕。该纪念馆是全国唯一一座全方位展示林风眠先生生平、艺术成就与贡献的专题纪念馆，规划用地面积2200平方米、建筑面积1900平方米。主体分上下两层，首层通过陈列画作、图片、传记等方式，展现林风眠先生在梅州、欧洲、北京、杭州、上海、香港等地各个时期的事迹、艺术成就。纪念活动还包括，林风眠美术馆选址落地暨规划设计汇报会、林风眠120周年诞辰纪念大会、林风眠作品《无题》捐赠仪式、“世纪风眠——林风眠画传展暨中国美术学院‘林风眠奖学金’获奖作品展”等。

25—27日　在安徽合肥召开的2020年中国脑卒中大会暨脑卒中防治工程总结会上，梅州市人民医院被国家卫健委脑卒中防治工程委员会授予国家级“高级卒中中心（建设单位）”，标志着梅州市人民医院卒中预防与救治能力达到国内先进水平。

26日　广东超华科技股份有限公司在梅县区雁洋镇超华工业园举行年产8000吨高精度电子铜箔工程项目（二期）投产、年产600万张高端芯板项目开工、年产2万吨高精度超薄锂电铜箔项目培土仪式，打造高精度铜箔产业“独角兽”。

27日　以“聚焦铜箔产业·共促苏区振兴”为主题的2020年中国电子铜箔行业年会暨梅州市铜箔产业大会在梅县区召开。院士、行业学者围绕铜箔产业现状和发展趋势，为梅州铜箔产业发展开方把脉，助力梅州建设铜箔地方特色产业集群，打造成为“中国铜箔之都”。大会发布《梅州市促进铜箔产业发展若干措施》《梅县区铜箔新材料特色产业园规划》，举行战略合作框架协议、铜箔产业平台建设、招商引资项目、金融授信等系列签约和项目动工、投产启动仪式。

27日　梅州杰出乡贤、菲尔兹奖得主、哈佛大学教授、清华大学丘成桐数学科学中心主任、北京雁栖湖应用数学研究院院长丘成桐回到家乡蕉岭县文福镇羊岃村，参加福寿堂、力田草庐市级文物保护单位授牌和镇英园揭牌仪式。

27日　第十八届中国国际农产品交易会在重庆国际博览中心开幕。梅州市组织31家企业参展，梅州柚、嘉应茶、客都米、平远橙、寿乡水等名优特产品集体走出围龙、亮相山城，为梅州现代农业发声，为客都农业品牌代言。

27—29日　文化和旅游部党组成员王晓峰到梅州调研文旅工作。王晓峰认为要进一步挖掘、整合文旅资源，推动生态文化、客家文化、红色文化等与旅游产业深度融合，打造梅州独有的旅游特色，推进文旅产业高质量发展。

27—30日　以“品牌强农，助力脱贫攻坚；开放合作，共迎全面小康”为主题的第十八届中国国际农产品交易会在重庆国际博览中心举行。为探索梅州特色优质农产品高质量发展道路，充分宣传展示梅州特色农产品，推介梅州柚、嘉应茶、客都米、平远橙、寿乡水等区域品牌，梅州市组织超30家代表企业参会。梅州展区面积208平方米，划分为展览展销区、品鉴体验区、趣味游戏抽奖互动区、网红直播区和参观打卡点。

28日　卡拉比—丘（梅州蕉岭）数学大会在蕉岭丘成桐国际会议中心举行，国内外一流数学家齐聚一堂，共赏大宇之形，共探数理之源，共谋梅州苏区振兴发展。会议举行丘成桐院士藏品捐赠，首届丘镇英、若琳奖学金颁发仪式，举行“粤港澳国家应用数学中心指定会议地点”“粤港澳国家应用数学中心梅州分中心办公室”“广东省数学学会指定会议地点”揭牌仪式，举行“卡拉比—丘”数学小镇启动仪式。丘成桐作题为“数学和基本科学在应用科学中的重要性”的公开报告。

28 日　丘成桐国际会议中心揭牌仪式在蕉岭举行，标志着丘成桐国际会议中心正式投入使用，成为蕉岭县的新地标。该中心位于长潭镇蕉子窝，总投资 3.97 亿元，占地 3.97 万平方米，总建筑面积 4.74 万平方米，有五大展区，一楼为蕉岭人文展示空间、蕉岭城市客厅、“世界声音”丘成桐人文走廊，二楼为“大宇之旅”专题展示空间和数理竞赛活动空间，是集游客服务、会议研讨、文化展示、竞赛活动及文创展销等功能于一体的多功能服务综合体。

28 日　全球首个实景天象馆项目——“卡拉比—丘”实景天象馆项目命名挂牌仪式在丘成桐国际会议中心举行。该项目位于蕉岭县长潭旅游区澳洲山庄，项目占地 1600 平方米，建筑面积 1410 平方米，拟建设实景天象馆、游客服务中心和大门入口。未来将打造成一个开放灵活、共享交流、科技先进的天文服务平台。

28 日　梅州五华至汕尾陆河高速公路（华陆高速）正式建成通车。这是五华境内第 5 条高速公路，全长 45.91 千米，设计时速 100 千米，双向四车道，起于安流镇，经五华县棉洋镇、揭西县上砂镇、五云镇，终于汕尾市陆河县水唇镇。是梅州五华山区连接东部沿海地区的出海通道，梅州至汕尾行车时间缩短约 30 分钟。

11 月　蕉岭县全面推进农村承包地确权登记颁证工作，获评全国典型地区，是梅州市唯一获此殊荣的县。

11 月　五华县举行县城污水处理厂三期扩建及配套管网工程 PPP 项目签约仪式。该项目计划投资 2.56 亿元，力争用 1 年时间建成，将从根本上解决五华县城及周边污水处理能力不足的问题。

11 月　第四届海南国际健康产业博览会开幕式暨第五届中国森林康养产业发展大会在海南省海口市举行。会上，蕉岭县正式获评 2020 年“全国森林康养基地试点建设县（市、区）”，新添一张“国字号”森林康养金名片。

2020 年 11 月 28 日，卡拉比—丘（梅州蕉岭）数学大会在蕉岭县丘成桐国际会议中心举行

（蕉岭县人民政府地方志办公室提供）

11 月　梅州·揭阳政务服务“跨城通办”合作协议签约仪式在梅城举行，这是继梅州与广州、江西赣州、福建龙岩开通跨域通办后的又一个城市，实现涵盖企业开办、失业登记、公积金提取等热点领域的高频服务事项“跨城通办”，第一批可在揭阳办理的梅州事项有 36 项、可在梅州办理的揭阳事项有 28 项。

11 月　国家文物局核定公布全国重点文物保护单位革命文物名录，其中梅县区的叶剑英故居、大埔县的三河中山纪念堂、蕉岭县的谢晋元故居入选。

11 月　在云南省西双版纳傣族自治州勐海县召开的第十六届中国茶业经济年会上，中国茶业流通协会发布 2020 中国茶叶行业调查最终结果。大埔县上榜 2020 中国茶业百强县，位列第 83 位；大埔县西岩茶叶集团有限公司和广东凯达茶业股份有限公司上榜 2020 中国茶业百强企业。

12 月

2 日　广东嘉华建设工程有限公司在五华建筑企业总部大厦揭牌成立，成为全市首家由国有企业和民营企业共同打造的混合所有制建筑企业，由市属国有建设龙头企业广东嘉城建设集团有限公司、五华建筑企业共同打造。

4 日　梅州市足球联赛甲级鸣金收兵，兴宁足协 4∶4 战平五华横陂足球小镇，拿到夺冠所需要的一分，登上冠军宝座。梅县深梅商队居亚军，五华横陂足球小镇队获得季军。

5 日　梅州市中医医院举行"三级甲等中医医院"挂牌仪式。国家中医药管理局医政司对梅州市中医医院三级中医医院评审结论进行统一编号备案，评审结论是三级甲等，有效期 4 年，从 2020 年 11 月 27 日始至 2024 年 11 月 26 日止。

6 日　平远县中医医院落成启用。该医院总投资 3.2 亿元，占地面积 19607 平方米，建筑面积 32600 平方米，建有门诊住院大楼、体检康复中心、中心后勤部等建筑，设置床位 250 张。

7—8 日　广东省副省长张新率调研组到梅州市调研经济社会发展情况和金融、商务工作。张新强调要打好"四区"优势牌，推进高质量发展。

8 日　平远县政府与梅州农村商业银行股份有限公司签订战略合作框架协议，梅州农商行将提供 10 亿元的资金授信额度，支持平远重大基础设施、重大民生工程、乡村振兴等工作，助力"精致小城·大美平远"建设。

9 日　《梅州：球乡筑梦》首发暨捐书仪式在嘉应学院举行。该书由梅州市发展战略顾问、知名客家研究学者杨宏海与知名足球评论员温威光合著，梳理梅州 140 多年的足球历史，热情讴歌梅州发展足球事业的突出业绩，尤其是《梅州市振兴足球之乡十年规划》制订以来所取得的成果。

13 日　梅州首座特斯拉 V3 超级充电站正式启用。该充电站位于梅城世界客商中心南门附近，有 9 个充电桩，新能源汽车充电 5 分钟可续航百余里。

13 日　平远县东石镇白岭村彦建荣矿业有限公司东华岩铁矿发生一起矿山安全事故，造成 2 人死亡、1 人受伤（送医院抢救无效后死亡）。

15 日　广东坚真大湖天池项目捐建暨丰顺县坚真文体中心室内装饰施工工程协议签订仪式在丰顺县留隍镇举行。广东坚真大湖天池项目总投资 30 亿元，丰顺县坚真文体中心总投资 5.5 亿元以上，两大项目均由梅州杰出乡贤、广州凯源房地产实业有限公司、深圳凯南房地产开发有限公司董事长许应裘全额捐建。

15 日　嘉元科技（688388）发布《关于向不特定对象发行可转换公司债券申请获得上海证券交易所科创板上市委审议通过的公告》，公司向不特定对象发行可转换公司债券，可转债预计募集资金量为不超过 12.4 亿元（含）。这是科创板第一个采用可转债方式再融资项目。

16 日　广东省副省长许瑞生到梅州调研。许瑞生强调用好管好体育场馆设施，推动全民健身事业高质量发展，不断提升人民群众的获得感、幸福感、安全感。

17 日　梅州市举行抗击新冠肺炎疫情表彰大会，学习贯彻习近平总书记在全国抗击新冠肺炎疫情表彰大会上的重要讲话精神，贯彻落实习近平总书记出席深圳经济特区建立 40 周年庆祝大会和视察广东重要讲话、重要指示精神，表彰梅州市为抗击新冠肺炎疫情做出突出贡献的先进个人、先进集体和优秀共产党员、先进基层党组织。梅州市委书记陈敏出席大会并讲话，强调要弘扬伟大抗疫精神，落实省委"1+1+9"工作部署，乘势而上、感恩奋进，以一往无前的奋斗姿态、风雨无阻的精神状态，用心用情用功推动梅州苏区振兴发展步步高。大会播放专题片《抗"疫"中的梅州力量》，回顾全市抗疫历程，表彰先进个人集体，礼赞抗疫英雄，弘扬抗疫精神，激发奋勇前行的磅礴力量。

17 日　客家方言喜剧电影《围屋喜事》在梅城亮胜客家艺术中心举行首映礼。该影片由韩荣声执导，是一部讲述客家传统文化坚守与传承的方言喜剧作品，主要取景地为客家古镇梅县区松口镇。该影片 95%以上台词采用客家话，讲述马伯一家坚守客家老屋与不良地产商斗智斗勇的经过。

17—18 日　广东省政协副主席林雄率省政协调研组到梅州，围绕"贯彻落实中央和省委政协工作会议精神，更好发挥界别作用"开展专题调研活动。林雄强调要发挥界别作用，彰显特色优势。

21 日　中国·梅州"客都人家"康养文旅综合体举行《原乡》试演观演活动。近 200 名演员在实景、灯光、音乐、水等配合下，以客家母亲为情感线，依照梅州客家文化历史为主线，通过黄遵宪、张弼士、林风眠、李惠堂、姚子青、谢晋元等客家历史名人的光辉事迹，展现客家人爱国思乡、坚韧不拔、顽强拼搏的伟大情怀，彰显出梅州崇文重教、源远流长的客家优秀传统文化。《原乡》由“中国创意产业领军人物”梅洪导演率国内一线团队倾力打造，是客都人家的核心业态之一，也是全球首台以客家文化为主题的实景演出。为让演出更为真实，还特意打造客家围龙屋式剧场，500多平方米的LED屏幕，配以巨型移动机械大门，观众席则采用全球首创的360度可旋转、可推进式技术，在整个演出过程中，景随席动、情随景动，呈现出一场融艺术性、震撼性、民族性于一体的视听盛宴。

22日　第八届中国民生发展论坛、第十四届中国国际公益慈善论坛、2020中国大健康论坛在人民日报社举行，发布2020年度“最美全面小康建设者”“中国民生示范工程”等奖项。其中“丰顺县打造中国畲族故里振兴民族乡村”案例获得2020年度“中国民生示范工程”奖，梅州杰出乡贤、广州凯源房地产实业有限公司董事长许应裘获得2020年度“最美全面小康建设者”称号。

22—23日　广东省政协副主席、台盟省委会主委张嘉极率调研组到梅州，开展助力乡村振兴和脱贫攻坚民主监督调研。

23日　五华县举行百岁山矿泉水项目、500千伏五华输变电工程以及五华循环经济产业园项目等20个重点项目集中动工、竣工，涉及工业、农业、旅游、教育、能源、基础设施、公共服务等领域，总投资额56.1亿元。其中动工项目13个，总投资30.15亿元；竣工项目7个，总投资25.95亿元。

25日　世界长寿之都授牌仪式在中国·梅州“客都人家”康养文旅综合体举行，正式授予广东省梅州市“世界长寿之都”称号。继江苏省南通市之后，梅州成为国际自然医学会认定的中国地级市中的第二个“世界长寿之都”。

25日　世界长寿之都授牌暨“客都人家”开街、《原乡》公演系列活动在中国·梅州“客都人家”康养文旅综合体举行。“客都人家”位于梅县区丙村镇三堡大桥东侧，地处石窟河与梅江河交汇处，总投资50亿元，总规划占地面积133.33万平方米，内设客乡老街、原乡剧场、悦麓度假酒店、文创产业园、康体颐养社区及会展中心6大板块，致力打造集实景演出、民俗体验、地方美食、休闲度假、康体颐养社区功能于一体的华南文旅新地标。

25日　蕉岭县举行县人民医院、县中医医院、县妇女儿童医院新院区落成仪式。三家公立医院新院区总投资约11亿元，总占地面积11.3万平方米，新增病床450张。

25日　广东金雁磁电科技有限公司磁性材料产业园项目启动仪式在平远工业园举行。项目位于平远工业园三期，占地10万平方米，首期用地3.33万平方米，分两期投资共4.05亿元。其中首期投资1.78亿元，建设年产8000吨高性能永磁铁氧体电机磁瓦，首期建成后预计可实现年销售收入2.4亿元、利税总额7000万元。

26日　长深高速公路葵岗互通立交正式通车，成为连通高铁梅州西站的快捷通道，实现高铁高速互联互通、无缝对接。葵岗互通立交是省、市重点项目，是服务梅汕高铁梅州西站的交通咽喉，全长1.89千米，总投资2.42亿元。

27日　客商银行·2020世界客都长寿梅州马拉松赛在梅县区人民广场激情开跑。1万名选手齐聚世界长寿之都梅州“亲梅逐马”，尽情体验最安全、最干净、最有味道的“梅马”。选手们途经梅花山森林公园、中国客家博物馆、院士广场、梅州大剧院、“客都人家”康养文旅综合体等城市地标。2020梅马赛事口号为“亲梅逐马·长寿梅州”，设全程马拉松、半程马拉松和迷你马拉松。来自广东惠州的男子选手陈华威和来自上海的女子

梅城一江两岸建设　（高讯 摄）

选手周瑞芳分获客商银行2020梅马全程马拉松男子组、女子组冠军；来自福建龙岩的男子选手钱鼎彬和嘉应学院校友殷晓雨分获半程马拉松男子组、女子组冠军；蕉岭县镇平中学初二学生李海青获得迷你马拉松冠军。

28日　大埔至潮州高速公路（含大埔至漳州支线）正式通车，成为梅州市连接沿海经济带、海西经济区的快速通道，建成后梅州至潮汕和厦漳泉地区车程缩短一小时以上。大潮高速北起大埔县梅大高速，南连潮州市饶平县沈海高速。总投资142.79亿元，全长120.77千米，其中主线92.93千米、大漳支线27.84千米，设计时速100千米，双向四车道。

29日　兴宁市广弘农牧规模化生猪养殖项目开工奠基仪式在刁坊镇举行。项目建成后，年出栏生猪30万头，将有力推动兴宁市生猪养殖规模化、产业化、生态化发展，更好地保障兴宁乃至周边地区的猪肉市场稳定。广弘控股作为省属唯一以食品为主业的国有上市公司，这是在梅州的首个项目。

30日　梅州市皇樽食品有限公司20周年庆暨梅州市嘉丽嘉珍食品厂揭牌仪式在梅江区西阳镇举行。皇樽食品是一家专业生产销售月饼、粽子及面包、蛋糕、西饼、宴会糕点等烘焙食品的综合性企业。旗下的嘉丽嘉珍食品厂是梅州市首个拥有10万级无尘净化加工车间的烘焙企业。

31日　梅州日报推出融媒体产品《梅州梅花图鉴》。该作品将报纸版面、新媒体推文和H5产品融为一体，细致展现梅州多个品种梅花的色泽与形态，扫描二维码还可以详细了解梅花花期、分布、观赏路线等内容。

31日　时光梅州商业街开业庆典活动在梅江区梅塘东路举行。彩书生活馆、九州森美国际影城、嘉荣超市等8家商家进行联盟签约，现场为商家授予“联盟单位”牌匾。时光梅州是棕榈股份的“时光系”旗舰产品，位于城市中心地带、剑英湖畔，以“文化引领、商业支撑、旅游带动、产业融合”为开发理念，倡导文化、旅游、商业共生，萃取传统文化元素，采用现代形式演绎，打造独具城市特色的风情商业街区，为市民提供新的休闲娱乐和文化体验空间。

12月　首批“广东省少数民族特色村寨”揭晓，丰顺县潭江镇凤坪畲族村上榜。凤坪村位于潭江镇东部，地处凤凰山脉最高峰鸡公髻山（海拔1409米）北麓，是梅州市唯一的少数民族（畲族）聚居地。全村现居住有926人，其中畲族81户608人。

12月　梅州市公安局严厉打击整治涉枪涉爆违法犯罪活动，最大限度地消除枪爆安全隐患，开展集中销毁枪支行动，销毁各类枪支838支。

12月　工业和信息化部公布2020年国家技术创新示范企业名单，广东嘉元科技股份有限公司入选。嘉元科技为全国首批、梅州首家在科创板上市的企业，专门从事研究、制造、销售锂离子电池用高性能电解铜箔，拥有知识产权335项，主持制定国家标准1项。

12月　建行梅州市分行为省级重点农业龙头企业农产品加工冷链物流园项目授信1.2亿元，并投放额度项下首笔基本建设贷款7500万元。

12月　广东粤电平远茅坪风电场项目首台风机并网发电。该项目位于东石镇白岭村，总投资5亿多元，装机容量48兆瓦，设计15台单机容量3.2兆瓦的风力发电机组，配套建设一座110千伏升压站，实现产值6000万元，税收约500万元。这是梅州首个建立陆地风电专业化开发建设团队的项目，首个建设测风塔、开展测风工作的陆地风电项目，首个开工建设的陆地风电项目。

12月　2020“中国候鸟旅养小城百佳榜”在第四届中国（贵州）康博会上发榜公示，大埔县以“风情万川·香茶蜜柚”入选2020年“中国候鸟旅养小城百佳榜”——诗意田园全国四佳。

12月　在广东省自然资源厅组织的第23期拆旧复垦指标网上公开交易中，梅州市交易拆旧复垦指标15多公顷，总成交金额1.43亿元，市、县级收益共1.15亿元。

12月　中国人民大学国家发展与战略研究院发布《中国城市政商关系排行榜2020》，梅州位列与2019年相比名次进步最快的10个城市之首。

12月　广东省政府批复同意认定平远县产业转移工业园区为省级高新技术产业开发区，定名为梅州平远高新技术产业开发区，实行现行的省级高新区政策。梅州平远高新技术产业开发区位于大柘镇与石正镇交界处，由7个区块组成，总面积386.51公顷，着力打造“生态园区、工业新城”，有企业124家，成为平远经济发展的强劲引擎。

（廖晓鹏）

梅州概览

大埔县三河坝战役纪念园内朱德雕像

责任编辑：吴奕珊

自然地理

【位置和面积】　梅州市位于广东省东北部，地理位置坐标为北纬23°23′~24°56′、东经115°18′~116°56′之间。地处闽、粤、赣三省交界，东部与福建省龙岩市和漳州市接壤，南部与潮州市、揭阳市、汕尾市毗邻，西部与河源市接壤，北部与江西省赣州市相连。全市土地总面积15876平方千米，辖梅江区、梅县区、平远县、蕉岭县、大埔县、丰顺县、五华县，代管兴宁市。梅州市人民政府设在梅江区江南新中路。

【地质和地貌】　梅州地质构造比较复杂，主要有褶皱构造和断裂构造，梅州处于华南褶皱系的南部，有北东向、东西向、北西向、南北向四种走向的断裂带。境内总体地势北高南低，由闽粤赣边境逐渐下降到梅县、兴宁等盆地后又重新高起，再逐渐下降到潮汕平原。按地貌形态可划分为由花岗岩、喷出岩、变质岩、砂页岩、红色岩和灰岩六大岩石构成的平原（盆地）、阶地、台地、丘陵和山地五大类。全市山地面积占24.3%；丘陵及台地、阶地面积占56.6%；平原面积占13.7%；河流和水库等水面积占5.4%。

市境地处五岭山脉以南，地势北高南低，山系主要由武夷山脉、莲花山脉、凤凰山脉三列山脉组成。海拔千米以上的高峰有140多座，其中位于丰顺县的铜鼓嶂海拔1560米，是梅州第一高峰。山地主要有七目嶂、铁山嶂及梅、蕉、平山地。

境内主要盆地有兴宁盆地，面积约400平方千米，属于梅州市第一大盆地；梅江盆地，面积约120平方千米；蕉岭盆地，面积约100平方千米；汤坑盆地，面积约100平方千米。

【水文】　梅州境内河流众多，分属韩江、榕江、东江三大水系。主要的河流有韩江、梅江、琴江、五华河、宁江、程江、石窟河、松源河、梅潭河、汀江、大胜溪、丰良河、八乡河、榕江北河等。

【生态环境】　全市有自然保护区51个，其中省级自然保护区6个，面积共5.04万公顷；市级自然保护区35个，面积共10.12万公顷；县级自然保护区10个，面积共1.86万公顷。全市森林公园177个，总面积5.94万公顷，湿地公园4个，公园绿地2798.41公顷。其中国家级森林公园5个，面积共0.83万公顷；省级森林公园6个，分别是广东天鹅山、广东长潭、广东双髻山、广东丰溪、广东五虎山、广东蒲丽顶森林公园，面积共 0.89 万公顷。

【气候】　梅州地处低纬，近临南海、太平洋，且受山区特定地形影响，具有夏日长、冬日短、气温高、光照充足和雨水丰盈且集中等低纬气候特点，又具有冷热悬殊、气流闭塞，易有旱涝灾害，地形小气候突出等山区气候特点。梅州属典型的亚热带季风气候，该气候区是南亚热带和中亚热带气候区的过渡地带，以大埔县茶阳经梅县区松口、蕉岭县蕉城、平远县石正、兴宁市岗背为分界线，平远、蕉岭、梅县北部为中亚热带气候区，五华、兴宁、大埔和平远、蕉岭、梅县南部为南亚热带区。

2020 年，梅州市主要气候特点是：气温略高，雨量偏少，日照正常。年内全市天气总体平稳，高温日数明显偏多。总体属一般气候年景。

2020 年，梅州市各县（市、区）年平均气温在 21.2℃ ~ 23.1℃之间，全市平均 22.3℃，与常年平均（指 1981—2010 年平均值，下同）偏高 1.0℃。年内气温略高，除 4 月平均气温属负距平外，其余各月均为正距平。2020 年全市各县（市、区）的极端最低气温为：-0.1℃ ~ 3.2℃，多数出现在 12 月 31 日，其中平远录得全市最低温：-0.1℃；各县极端最高气温为：38.5℃ ~ 39.9℃，均出现在 7 月 14 日，其中大埔测得全市最高温 39.9℃。

2020 年，梅州市各县（市、区）年总雨量在 979.7 毫米 ~ 1464 毫米之间，全市平均 1200.2 毫米，比多年平均偏少 26%。从时间分布看，第一季度平均降雨量 227.6 毫米，比常年同期少 21%；第二季度平均降雨量 548.9 毫米，比常年同期少 19%；第三季度平均降雨量 390.5 毫米，比常年同期少 28%；第四季度平均降雨量 33.2 毫米，比常年同期少 69%。从空间分布看，平远县城、丰顺县城降雨量稍多，年降雨量分别为 1464.0 毫米、1362.5 毫米，大埔县城降雨量最少，年降雨量仅有 979.7 毫米；全市年雨量最大点出现在大埔丰溪林场，为 1641.6 毫米。

2020 年，梅州市各县（市、区）年总日照时数在 1778.1 小时 ~ 1874.7 小时之间，全市平均 1821.4 小时（与多年平均持平），属正常范畴。

（梅州市人民政府地方志办公室）

资　源

【矿产资源】　梅州市已发现矿产资源 54 种，其中，通过地质勘查已探明储量的矿种有 40 多种，已利用的 35 种。矿产地共 321 处，其中储量规模达中、大型的 61 处，占 19%。探明储量的矿种主要有煤、铁、锰、铜、铅、锌、钨、锡、钼、锑、银、稀土、石膏、膨润土、珍珠岩、水泥用灰岩、建筑用花岗岩、矿泉水及地热，其次为钛、钒、钴、铋、金、铍、铀、萤石、冶金用白云岩、硫铁矿、钾长石、叶蜡石、高岭土、陶瓷土、饰面用大理岩、饰面用辉绿岩等。大中型矿床有梅县区玉水硫铜矿、嵩溪锑银矿、银屎铅锌（银）矿、洋圹钨矿、白石嶂钨钼矿、铁山嶂铁矿、霞岚钒钛磁铁矿、尖山铁矿、尖笔岽铅锌矿及汤坑镇邓屋地热等。

截至 2018 年 12 月 31 日，全市持证矿山共 189 个（其中部级发证 3 个、省级发证 12 个、市级发证 10 个、县级发证 164 个），露天开采 130 家，地下开采 59 家。全市矿山地质调查点 661 个，其中建筑石料 192 个、水泥用石灰岩 171 个、煤 89 个、陶瓷土 46 个、轻稀土矿 45 个、砂岩 18 个、铁矿 16 个、高岭土 13 个、其他 71 个。

【水资源】　受降雨和水文地质条件等因素的影响，梅州市地表水资源量比较丰富。2020 年，梅州市地表水资源量 104.37 亿立方米；地下水资源量 26.66 亿立方米，出境水量 140.16 亿立方米。

【动植物资源】　梅州市地处亚热带，山地和丘陵面积广阔，动植物资源丰富，种类繁多。经济价值较大的主要兽类和鸟类有 200 多种，两栖类、爬行类动物有 100 多种。主要兽类有豹、野猪、豪猪、果子狸、穿山甲、山兔等；鸟类有鹭、鹰、竹鸡、麻雀、天鹅等；两栖类有沼蛙、泽蛙、石蛙、蟾蜍等；爬行类有蟒蛇、金环蛇、银环蛇、眼镜王蛇、泥蛇以及大壁虎、鳖、乌龟、巨蜥、水獭等。境内有 2000 多种高等植物，经考察采集和记载的就有 1000 多种，隶属于 182 科、598 属。其中蕨类植物 19 科、29 属、41 种；果子植物 7 科、11 属、14 种；双子叶植物 134 科、471 属、908 种；单子叶植物 22 科、87 属、121 种。按树种分类有：材用植物、药用植物、油脂植物、芳香植物、纤维植物、淀粉植物、果类植物、蜜源植物、鞣料植物，还有属于花卉、观赏和庭园绿化类的野生植物。

【旅游资源】 2020年，梅州新增7家国家AAA级旅游景区，分别是韩山历史文化生态区、瑞山生态旅游度假区、球王故里文化旅游区、西岩山茶乡度假村、粤东大峡谷景区、御逸温泉度假村、新丰寨旅游景区。截至2020年底，全市有国家AAA级以上旅游景区39家，居广东省第二位。其中，国家AAAAA级旅游景区1家，国家AAAA级旅游景区11家。主要旅游景区（景点）有：梅江区中国客家博物馆、黄遵宪故居、千佛塔宗教文化景区、泮坑旅游风景区、客天下旅游产业园，梅县区叶剑英纪念园、灵光寺旅游区、雁南飞茶田景区、雁山湖旅游度假村、阴那山旅游度假区、松源王寿山、客都人家、桥溪古韵，兴宁市神光山国家森林公园、熙和湾客乡文化旅游产业园、合水水库、月形山乡村旅游区，平远县南台山、五指石景区、曼佗山庄、松溪河景区、红军纪念园、大佛寺，蕉岭县长潭旅游区、丘逢甲故居、镇山国家森林公园、闽粤赣释迦文化中心，大埔县泰安楼客家文化旅游产业园、百侯名镇旅游区、丰溪自然保护区、三河坝战役纪念园、张弼士故居旅游区、瑞山生态旅游度假区、坪山梯田旅游区，丰顺县汤坑温泉、龙归寨瀑布景区、龙鲸河漂流景区、粤东大峡谷景区，五华县七目嶂、益塘水库旅游区、热矿泥温泉山庄、球王故里文化旅游区、新丰寨旅游景区等。

（梅州市人民政府地方志办公室）

建置和区划

【建置沿革】 古代属海阳县，南朝南齐永明元年（483）析海阳县设程乡县，隋唐属潮州。

五代十国南汉乾和三年（945），亦即后晋开运二年，程乡升为敬州，领程乡县，是梅州州治设立的起始。宋开宝四年（971），因避宋太祖祖父赵敬之讳，改“敬州”为“梅州”，“梅州”的名称即始于此。

宋熙宁六年（1073），废梅州，以程乡县隶潮州；元丰五年（1082），梅州复置，仍领程乡县，属广南东路；绍兴六年（1136），废梅州复设程乡县隶潮州；绍兴十四年（1144）又复置梅州，仍领程乡县，属广南东路。

元至元十六年（1279），改梅州为梅州路，置总管府；至元二十三年（1286），复为梅州，属江西行中书省广东道宣慰司；元贞元年（1295），隶属潮州路；延祐五年（1318），改直隶广东道宣慰司，均只领一程乡县。

明洪武二年（1369），废州为程乡县，隶潮州府。

清雍正十一年（1733），程乡升为“嘉应州”，隶属广东省，辖地包括程乡、平远、镇平及以前为惠州府所统的兴宁、长乐五县，称为“嘉应五属”。嘉庆十二年（1807），升嘉应州为嘉应府。嘉庆十七年（1812），复为嘉应州，仍领兴宁、长乐、平远、镇平四县。宣统三年（1911），嘉应州复名梅州。

民国元年（1912），废州府制，梅州改名梅县。

1949年10月，梅州市设置兴梅专区；1950年1月26日，设置兴梅行政督察专员公署，辖梅县、兴宁、大埔、丰顺、五华、平远、蕉岭7县；1952年底，撤销兴梅专区，兴梅7县改隶粤东行政区；1956年2月，粤东行政区划分为惠阳、汕头专区，兴梅7县属汕头专区；1965年7月，设立梅县专区，原兴梅7县从汕头专区分出，归属梅县专区，后改为梅县地区；1979年3月，原梅县所辖之梅州镇由区级升格为县级称梅州市，梅县地区辖7县1市；1983年6月，梅州市与梅县合并改为梅县市，梅县地区由所辖7县1市改为6县1市；1988年1月，广东实行市管县体制，梅县地区改为梅州市（3月正式挂牌），辖原兴梅7县及新划县级区梅江区，共7县1区；1994年6月，兴宁县撤县设市（县级），梅州市辖梅江区、梅县、大埔县、丰顺县、五华县、平远县、蕉岭县，代管兴宁市（县级）。

2013年10月，国务院批准同意梅州市撤销梅县，从此梅县结束县治，设立梅州市梅县区。梅州市辖2区（梅江区、梅县区）5县（大埔县、丰顺县、五华县、平远县、蕉岭县），代管兴宁市。

【行政区划】 截至2020年底，梅州市辖2个市辖区、5个县、1个县级市，有104个乡镇、6个街道办事处、2044个村委会、209个居委会、12164个自然村。2020年12月9日，丰顺县设立汤坑镇城东社区；12月29日，五华县设立潭下镇文安村。

（梅州市人民政府地方志办公室）

2020年梅州市行政区划一览表

单位：个

县别	镇政府名称	街道办	镇	街道办	居委会	居民小组	居委会成员	村委会	村民小组	村委会成员	自然村数	20户以上的自然村
梅江区	城北　三角　长沙　西阳	金山 江南 西郊	4	3	48	226	205	81	1051	321	663	663
梅县区	程江　城东　石扇　梅西　大坪 石坑　南口　水车　梅南　丙村 白渡　隆文　桃尧　松口　畲江 松源　雁洋		17		34	156	131	355	4417	1437	2229	1379
兴宁市	宁中　永和　径南　水口　新圩 坭陂　刁坊　新陂　叶塘　大坪 罗岗　罗浮　石马　合水　龙田 黄陂　黄槐	兴田 福兴 宁新	17	3	46	491	226	455	8750	1878	2486	2428
平远县	大柘　仁居　差干　八尺　河头 中行　上举　泗水　东石　长田 热柘　石正		12		7	40	37	136	1448	591	407	407
蕉岭县	长潭　蓝坊　南磜　蕉城　广福 三圳　文福　新铺		8		10	89	58	97	1503	396	478	440
大埔县	青溪　银江　洲瑞　大东　湖寮 高陂　茶阳　大麻　三河　西河 枫朗　百侯　桃源　光德		14		11	114	76	245	4023	1122	1686	1614
丰顺县	汤坑　汤西　汤南　埔寨 八乡山　北斗　丰良　建桥 龙岗　潘田　黄金　留隍 大龙华　潭江　小胜　砂田		16		19	139	135	261	3445	975	2213	1464
五华县	华城　岐岭　潭下　转水　水寨 河东　双华　郭田　横陂　长布 周江　华阳　安流　棉洋　梅林 龙村		16		34	1468	150	414	7745	1843	2002	1982
合计			104	6	209	2723	1018	2044	32382	8563	12164	10377

说明：

1.1999年11月15日，经市政府同意，梅县程江镇、扶大镇各割出一部分成立新城街道办事处，未经省政府批准。

2.2011年村（居）换届兴宁市、丰顺县各增加1个社区。

3.2012年6月20日，新增大埔县洲瑞镇陂营村。

4.2013 年 1 月 1 日起，梅县西阳镇归属梅江区管辖。

5.2013 年 12 月 21 日，新增大埔县百侯镇百侯社区。

6.2014 年 1 月 23 日，新增五华县棉洋镇大光村。

7.2014 年 7 月 21 日，新增梅江区客天下、三乡 2 个社区。

8.2015 年 1 月 20 日，新增梅江区碧桂园社区。

9.2017 年 4 月 11 日，梅县区撤销松源镇宝坑社区居民委员会。

10.2017 年 7 月，五华安流镇楼江村更名为楼光村。

11.2018 年 8 月 16 日，梅江区金山街道新增群福社区、三角镇新增同心社区。

12.丰顺县撤销砂田镇金沙社区居民委员会成立砂田镇金砂社区居民委员会。

13.2018 年 12 月 25 日，兴宁市兴田街道新增泰宁、永泰、怡兴、明珠；福兴街道新增新城、兴南、锦绣；宁新街道新增商业城、茶都、曙光共 10 个社区。

14.2019 年 6 月 6 日，梅县区新增程江镇府前和大新城 2 个社区。

15.2019 年 8 月 9 日，五华县新增龙村镇梅蓄新村、水寨镇黄狮新村。

16.2019 年 12 月 9 日，梅江区设立三角镇龙东社区。

17.2020 年 12 月 9 日，丰顺县设立汤坑镇城东社区（已批复）。

18.2020 年 12 月 29 日，五华县设立潭下镇文安村（已批复）。

人口和语言

【人口】 2020 年末，梅州市户籍人口 543.96 万人，常住人口 397.03 万人。全市常住人口出生 3.58 万人，人口出生率 9.13‰，出生人口性别比 115.95；死亡人口 2.63 万人，死亡率 6.7‰。自然增长人口 0.95 万人，自然增长率 2.43‰。

【语言】 梅州市为客家人比较集中的聚居地，客家话为主要语言。境内除丰顺县的汤坑、汤南、留隍 3 个镇使用潮汕方言外，绝大部分人都使用客家方言。客家方言是汉语八大方言（北方、吴、湘、赣、客家、闽南、闽东、粤）之一，以梅县话为代表，以古汉语为母体发展而成，与普通话近似。改革开放后，梅州市开展推广普通话工作，重点抓好中小学普及普通话及农村基层的普通话推广工作。

（梅州市人民政府地方志办公室）

民族和宗教

【民族】 2020 年，在梅州市居住的有畲族、壮族、瑶族、满族、回族、苗族等 20 多个少数民族，少数民族户籍人口 9489 人，少数民族流动人口 61600 多人（人数随时间、季节变化而有增减）。丰顺县潭江镇凤坪畲族村是梅州市唯一的少数民族聚居村，全村 156 户 950 人，其中畲族 107 户 608 人。

【宗教】 2020 年，梅州市有佛教、道教、天主教、基督教四大宗教，批准登记的宗教活动场所有 492 处，其中佛教 320 处、道教 22 处、天主教 34 处、基督教 116 处；教职人员 1388 人；市、县宗教团体 36 个，教徒人数 26.08 万人。

（梅州市民族宗教事务局）

历史文化和民俗风情

【历史文化】 梅州历史悠久，文化底蕴深厚。两千多年来，客家人历经 5 次大迁徙，从中原地区一路南迁，来到梅州。择山开辟的客家先人带来中原传统文化，与当地岭南文化相互碰撞、相互融合，开枝散叶、发扬光大，积淀成具包容性又独树一帜的客家文化。梅州被誉为“世界客都”，是叶剑英元帅的故乡、海峡两岸交流基地，是国家历史文化名城、国家生态文明先行示范区、国家级客家文化生态保护区、中国优秀旅游城市、国家园林城市、国家卫生城市、国家森林城市，是著名的文化之乡、华侨之乡、足球之乡、将军之乡、长寿之乡、金柚之乡、温泉之乡、客家菜之乡、平安之乡，是“海上丝绸之路”的重要节点。作为客家人南迁的最后落脚点，梅州人或为战乱所迫，或为生活所计，或为向外发展，凭借坚韧、勤奋的精神，从梅县松口古镇出发下南洋，衍播四海，拼搏创业。联合国教科文组织在松口镇设立中国首个移民纪念项目——中国（梅州）移民纪念广场。

截至 2020 年底，梅州市有各级文物保护单位 498 处，其中叶剑英故居、丘逢甲故居、父子进士牌坊、人境庐和荣禄第、谢晋元故居、大埔光禄第、联丰花萼楼、大埔泰安楼、三河中山纪念堂、大埔肇庆堂、狮雄山遗址 11 处是全国重点文物保护单位。省级文保单位 87 处，市级文保单位 137 处，县级文保单位 263 处。境内古民居、古学宫、古寺、古塔、古牌坊、古祠、古道等星罗棋布。客家围龙屋被称为中国五大特色民居建筑之一。

截至 2020 年底，梅州市有各级非物质文化遗产项目名录 372 个，其中梅州客家山歌、广东汉乐、五华提线木偶、席狮舞、埔寨火龙、广东汉剧 6 个是国家级非物质文化遗产，客家山歌、广东汉乐被列为全国首批非物质文化遗产，广东汉剧被周总理誉为“南国牡丹”。省级非物质文化遗产项目 32 个，市级非物质文化遗产项目 88 个，县级非物质文化遗产项目 246 个。各级非物质文化遗产项目代表性传承人 395 人，其中国家级 7 人、省级 38 人、市级 78 人、县级 272 人。有“中国民间文化艺术之乡”1 个（梅县区客家山歌），“广东省民间文化艺术之乡”3 个（梅县区客家山歌、大埔县广东汉乐、兴宁市杯花舞）。

梅州具有红色革命历史存期完整、内容丰富、意义突出的红色资源，是全国七个之一、广东唯一全区域被认定为原中央苏区范围的地级市。梅州地区在长期革命斗争和社会主义建设历程中，留下极其丰富的红色遗址。根据 2019 年普查统计，经广东省委党史研究室初步认定，509 处遗址列入广东省革命遗址名录，总数位居各地级市前列。

【梅州名人】 梅州崇文重教、文风鼎盛，人杰地灵、名人辈出。大迁徙的经历和大山的居住环境，练就梅州客家人团结、吃苦耐劳、艰苦奋斗、勇敢、拼搏和开拓进取的精神，形成梅州客家人溯本思源、克勤克俭、崇尚文化的好传统。养育伟大的无产阶级革命家、政治家、军事家、中华人民共和国的开国元勋叶剑英元帅，“岭南第一才子”宋湘，清末外交家和诗人黄遵宪，近代华侨实业家、中国葡萄酒之父张弼士，中国近代洋务运动的风云人物丁日昌，晚清爱国诗人、教育家、抗日保台志士丘逢甲，中国美术学院创始人林风眠，世界球王李惠堂，大慈善家田家炳，被国家授予“改革先锋”的“领带大王”曾宪梓等一大批光耀中华、名扬海外的名人贤士。土地革命战争时期，在中国共产党的领导下，梅州大地建立东江苏维埃政府，成立以古大存为军长的红十一军，开辟著名的中央红色交通线，4500 多名梅州英雄儿女献出宝贵生命，为中央苏区的形成和巩固发展做出重大贡献。辛亥革命以来，梅州市涌现院士 34 名、大学校长 340 多名、将军 518 名。

【民俗风情】 梅州市是国家历史文化名城，具有风格独特的客家风俗文化，既具有古代中原汉族的传统，又具有客家民系的特点和地方特色。

尊崇祖宗和崇文尚武 客家人极重血缘关系，对祖宗极为崇拜，把祖宗当作神灵祀奉。每个宗族都建立祠堂庙宇，划定一定数量的田产作为祭祀祖宗的蒸尝。祭祀时，男丁全部参加，按世辈和年龄排列，没有富贵贫贱之分。每个姓氏都修编族谱，把祖宗的事迹和族人的世系加以记录，一代一代留传。客家民系源远流长，足迹遍及海内外，其崇拜祖宗，团结族人，热爱桑梓的传统在各地都得到继承和发扬。客家人以科举为出身之阶，崇文重教之风历久不衰。五华县于清乾隆年间（1736—1795）出了武状元李威光、武进士魏大斌、武举人李南馨等。

传统民俗 除春节、元宵节、清明节、端午节、中秋节、重阳节等主要传统节日外，梅州还有一些地方性的神社祭会和农事节，如观音生日、伯公生日、灶君生日以及天穿日等。还有二次葬、婴儿命名日和开斋、妇女产后月内食用雄鸡炒姜酒、喜食鱼生狗肉等传统习俗。

特色习俗 主要有兴宁市下坝迎灯、上灯习俗，大埔县西河漳溪墟扫街灯、西河大靖迎马、元宵灯节、广福宫祚福，平远县六月六福祖公王节，五华县梅石宫醮会、七盏灯，丰顺县畲族招兵节、黄金迎灯、砂田菜花灯，梅县区松源扛公王、水车小桑等公王，梅江区太阳生日、香花佛事、下市闹元宵，蕉岭县新铺七月半等。

民间艺术　主要有梅州客家山歌、广东汉乐、五华提线木偶等传统音乐，席狮舞、埔寨火龙、平远船灯、竹马舞、花环龙舞、杯花舞、鲤鱼灯舞、青溪仔狮灯舞等传统舞蹈，广东汉剧、采茶戏、木偶戏、客家山歌剧等传统汉剧。

传统技艺　主要有丰顺埔寨纸花制作、光德陶瓷烧制、客家盐焗鸡制作、蒸馏酒传统酿造、长乐烧酒制作、工艺糕点制作、三及第制作、豆腐传统制作、平远木雕、客家服饰制作、蕉岭县竹编、手工榨油、墨烟张墨条制作等远近闻名。

（梅州市人民政府地方志办公室）

政治建设

【党的政治建设】　2020 年，梅州市坚持以党的政治建设为统领，政治生态更加风清气正。强化各级领导班子政治建设，加强政治忠诚教育，严肃党内政治生活，强化政治监督，提高政治能力，严格执行省委坚决落实“两个维护”十项制度机制。严明党的政治纪律和政治规矩，持续净化政治生态。2020 年，全市各级纪检监察机关立案审查存在违反政治纪律问题案件 6 件、处分 9 人。严把党风廉政意见回复关，市纪委监委回复党风廉政意见 1137 人次，对政治上有问题的“一票否决”。严格把好选人用人政治关，把政治标准贯穿干部选拔任用全过程，动议先议政治表现，考察先考政治素质，任职谈话先谈政治纪律政治规矩。教育引导广大党员干部提高政治站位、坚定维护核心，狠抓中央和省委巡视整改，不断增强“四个意识”、坚定“四个自信”、做到“两个维护”，以过硬的政治建设推动良好政治生态形成。

【党的思想建设】　2020 年，梅州市坚持以党的创新理论凝心铸魂，理论武装更加走深走实。把学习贯彻习近平总书记思想作为一项长期的政治任务抓紧抓实。组织学习贯彻习近平总书记重要讲话、重要指示批示精神及中共十九届五中全会精神，开展新一轮“大学习、深调研、真落实”工作，举办全市县处级干部专题研讨班，对全市 1000 多名县处级干部全员集中培训。对全市党员干部分期分批开展不少于 1 天的学习培训，确保全覆盖、无遗漏。办好中青年干部培训等 17 期主体班、专题班。举办城市基层党建工作专题培训班和“两新”组织党组织书记、党务工作者培训示范班。全面完成 12 个省“红色村”、12 个省级市级党员教育基地和 16 个镇街党校示范点建设，加快三河坝干部学院建设，开展“学党史、忆先辈、担使命”革命传统教育等活动。组织“党课开讲啦”活动，其中 2 部精品课件被作为全省优秀课件推荐到中组部。推广“互联网 + 学习”形式，应用“学习强国”、广东党建云、掌上梅州等平台，掀起学习贯彻热潮。梅州的广东党建云平台注册率在 12 个试运行地级市中排名第二，并率先建立镇街党校志愿者师资信息库。把“不忘初心、牢记使命”作为加强党的建设的永恒课题和全体党员干部的终身课题，形成长效机制，坚持不懈锤炼党员干部忠诚干净担当的政治品格。

【党的组织建设】　2020 年，梅州市坚持组织路线服务政治路线，推动中心工作成效彰显。发挥党建引领作用，引导各级党组织和广大党员干部在服务中心大局上攻坚克难，发挥战斗堡垒和先锋模范作用。在疫情防控斗争中，梅州市在 717 个城市网格上建立临时党支部、党小组，选派 640 名党建指导员和 6232 名党员支援社区战疫，深入园区企业“一对一”指导复工复产。制作《抗“疫”一线党旗红》电教片，划拨党费 745.1 万元、发动全市党员捐款 2100 多万元支持疫情防控。开展疫情防控专项考核，注重在疫情防控中考察识别干部，市级表彰 50 名优秀共产党员和 40 个先进基层党组织。在乡村振兴和脱贫攻坚中，开展“千企帮千村”“十百千示范计划”和机关党员“回乡联村”、党员“三带富”活动，选派 550 名第一书记、349 名党建指导员、607 支工作队 2547 名县直机关党员干部到农村工作，推动乡村振兴走在全省前列。加强村党组织书记培训，提升“头雁”带富致富能力，推进 160 个村壮大村级集体经济工作试点，2020 年 9 月底提前实现“空壳村”清零目标。全市有 4 个村被列为中组部组织振兴试点。完成“红色村”示范点 66 个项目建设，擦亮“红色村”党建示范品牌。在社会治理工作中，推行单位党组织和在职党员入社区进网格“双报到”，引导资源下沉一线、服务基层治理，103 个市直单位党组织、1.2 万多名在职党员到社区报到并开展服务。

【党风廉政建设】 2020年，梅州市各级纪检监察机关保持惩腐高压态势，立案1510件，其中涉及处级干部15人、科级干部182人；采取留置措施25人；结案1554件，给予党纪政务处分1436人；重点查处梅县区原副区长管某城、丰顺县原副县长谭某、梅州市公路事务中心原副主任张某术等人违纪违法案件，不断巩固发展反腐败斗争压倒性胜利。推进防逃追逃追赃工作，完善防逃追逃工作机制，扎紧防逃篱笆。综合运用“四种形态”，深化运用监督执纪“七个看”和问责“六字诀”，防止追责问责泛化、简单化，全市共问责党组织9个、党员领导干部84人。开展基层正风反腐三年行动，持续整治群众身边腐败问题，立案查处扶贫领域腐败和作风问题113件，给予党纪政务处分107人；坚决打好扫黑除恶专项斗争收官战，立案查处涉黑涉恶腐败和“保护伞”案件82件，给予党纪政务处分88人；立案查处生态环保领域失职失责问题24件，给予党纪政务处分74人。严肃村（社区）“两委”换届纪律，对村（社区）“两委”换届跟进监督、精准监督、全程监督，督促落实换届工作政治责任。持之以恒纠“四风”树新风，查处形式主义、官僚主义问题105个，给予党纪政务处分272人，通报曝光典型案例19起；查处享乐主义、奢靡之风问题180个，给予党纪政务处分380人，通报曝光典型案例38起，持续巩固拓展作风建设成效。开展纪律教育学习月活动，举办全市领导干部党章党规党纪教育培训班，推进警示教育常态化，开展“忠诚立家风”教育活动，涵养清正廉洁的新风正气。

（中共梅州市委组织部 中共梅州市纪律检查委员会 梅州市监察委员会）

经济建设

【经济建设概况】 2020年，梅州市统筹推进疫情防控和经济社会发展，做好“六稳”工作，落实“六保”任务，全市经济稳中有进、稳中向好。全市生产总值1207.98亿元，比上年增长1.5%。三次产业结构比为20.3：30.4：49.3。县域地区生产总值（不含市辖区）721.46亿元，占全市比重59.7%，比上年增长2.7%。全市人均地区生产总值31011元，比上年增长2.6%。

第一产业 2020年，梅州市第一产业增加值244.96亿元，比上年增长0.7%，对地区生产总值增长的贡献率为8.3%。全市农业总产值238.46亿元，比上年增长4.2%。推进现代农业产业园建设，全市新创建1个国家级产业集群、2个省级现代农业产业园，省级现代农业产业园数量累计14个，省级园区数量居全省第一。全年粮食作物播种面积18.33万公顷，比上年增长2.0%；稻谷种植面积16.25万公顷，增长1.9%。粮食产量112.11万吨，比上年增长1.6%；稻谷产量104.35万吨，增长1.3%。肉类总产量24.51万吨，比上年下降9.6%，其中：猪肉产量12.38万吨，下降14.2%；禽肉产量10.44万吨，下降4.0%。全年水产品产量10.78万吨，比上年下降0.5%。

第二产业 2020年，梅州市第二产业增加值367.23亿元，比上年增长1.5%，对地区生产总值增长的贡献率为35.0%。全市489家规模以上企业完成工业增加值227.94亿元，比上年增长0.2%（增速在全省排名第17位），新升规企业数75家，完成省下达60家目标任务的125%。完成工业投资125.24亿元，比上年增长12.6%（增速在全省排名第7位），完成技术改造投资33.99亿元，比上年增长10.9%（增速在全省排名第5位）。新增高新技术企业13家，总数增至242家，新增科创板上市企业1家。新认定省级科技企业孵化器1家，全市科技企业孵化器总数达11家，其中国家级科技企业孵化器1家、省级科技企业孵化器3家。全年全部工业增加值比上年增长2.1%。规模以上工业增加值增长0.2%，其中，国有及国有控股企业下降2.6%，外商及港澳台投资企业增长4.4%，股份制企业下降0.2%，股份合作制企业下降9.1%，集体企业增长76.0%。工业用电量57.06亿千瓦时，比上年增长3.28%。全市资质等级以上建筑企业191个，实现建筑业总产值402.36亿元，比上年增长2.4%；实现利润总额18.48亿元，增长2.1%；利税总额30.21亿元，增长1.9%。建筑施工企业房屋建筑施工面积2017.64万平方米，比上年下降10.1%；房屋竣工面积648.95万平方米，增长4.5%。

第三产业 2020年，梅州市第三产业增加值595.79亿元，比上年增长1.8%，对地区生产总值增长的贡献率56.7%。全年社会消费品零售总额634.88亿元，比上年下降

7.9%，批发和零售业增加值 83.86 亿元，下降 9.0%；住宿和餐饮业增加值 18.17 亿元，下降 15.5%。现代服务业增加值 330.72 亿元，比上年增长 6.8%。生产性服务业增加值 178.61 亿元，比上年增长 3.1%。全年规模以上服务业企业实现营业收入 59.11 亿元，比上年下降 2.2%。全市接待旅游总人数 1264.36 万人次，比上年减少 74.7%。其中，全市接待过夜旅游总人数 768.47 万人次，减少 67.9%。国内外旅游总收入 106.96 亿元，比上年减少 80.6%。全年交通运输、仓储和邮政业实现增加值 27.48 亿元，比上年下降 1.3%。2020 年末全市民用汽车拥有量 63.96 万辆，比上年增长 10.1%。其中，私人汽车拥有量 59.16 万辆，增长 9.4%。

【招商引资和园区建设】 2020 年，梅州市狠抓“5311”绿色产业体系建设，不断夯实 10 个省级工业园，共引进招商项目 135 个，计划投资额 646.97 亿元。广梅园获评“中国领军智慧园区”，申报国家级高新区稳步推进，平远工业园被认定为省级高新区。全年产业园区（集聚地）完成工业固定资产投资 73.68 亿元，比上年增长 37.42%；完成工业总产值 391.77 亿元，比上年增长 4.34%，实现规模以上工业增加值 92.15 亿元，比上年增长 3.50%；完成全口径税收 23.56 亿元，比上年增长 4.66%。

【固定资产和基础设施】 2020 年，梅州市 352 项市重点项目完成年度投资 474 亿元，基本完成年度投资计划，其中 57 项省重点项目完成投资 193.7 亿元，占投资计划 115.6%。全年完成固定资产投资比上年增长 0.1%。分三次产业看，第一产业投资比上年增长 614.9%，第二产业投资增长 12.6%，第三产业投资下降 4.1%。融入大湾区的梅龙高铁全线开工，贯通赣南闽西的瑞梅铁路、梅州至武平高铁项目加快推进，出海新通道华陆、大潮高速建成通车。狠抓中心城区提质扩容，江南新城、梅县新城、芹洋半岛所布局的道路管廊、学校医院、公园场馆、产业项目陆续建成，嘉应新区起步区“五年成规模”目标基本实现，建成区面积从 36.7 平方千米扩展到 53.22 平方千米。江北老城区启动“一城两坊”更新工程，改造凌风路等历史文化街区及人文社区。新峰路、罗乐大桥等“断头路”打通，百岁山、清凉山郊野公园建成开放。2020 年末，全市公路通车里程 20756 千米，其中：高速公路通车里程 708 千米。每百平方千米公路密度 130.7 千米。全年完成邮电业务总量257.15亿元(邮政业按 2010 年不变价格计算，电信业按 2015 年不变价计算，下同），比上年增长 23.6%。其中，邮政业务总量 15.24 亿元，增长 7.6%；电信业务总量 241.91 亿元，增长 24.5%。新增光纤接入用户 6 万户，超额完成省下达年度 4.79 万户的目标任务；全年新增 5G 基站 1160 座，5G 基站数累计达到 1353 座。

【财政税收和金融保险】 2020 年，梅州市地方财政一般预算收入 88.19 亿元，比上年下降 3.7%；其中，税收收入 56.44 亿元，下降 6.8%。全年一般公共预算支出 474.35 亿元，比上年增长 6.9%。民生类支出 397.87 亿元，占一般公共预算支出比重 83.9%。全市证券市场共有国内 A 股上市公司 9 家，市价总值 851.51 亿元，比上年末上升 33.3%；香港上市公司 1 家，市价总值折合人民币 4.67 亿元，比上年末下降 14%。全市新增 1 家 A 股上市公司（广东紫晶信息存储技术股份有限公司），通过 IPO 首发上市融资 10.23 亿元；1 家上市公司通过定向增发融资 8.43 亿元。2020 年末，全市有 25 家“新三板”挂牌企业，其中，当年新增 1 家。全市有 14 家证券公司，全年实现营业利润总额 1.51 亿元，比上年增长 91.7%。全市金融机构本外币各项存款余额 2438.24 亿元，比上年末增长 8.3%，其中：住户存款余额 1679.03 亿元，增长 10.6%。金融机构本外币各项贷款余额 1588.81 亿元，比上年末增长 17.5%。全年实现保费收入 62.53 亿元，比上年下降 2.1%。其中，寿险业务保费收入 36.53 亿元，下降 9.5%；财产险业务保费收入 26 亿元，增长 10.8%。

【外经外贸和利用外资】 2020 年，梅州市货物进出口总额 98.97 亿元，比上年下降 17.9%。出口总额 86.79 亿元，比上年下降 13.8%，其中：“三资”企业出口 24.43 亿元，下降 13.0%；私营企业出口 59.72 亿元，下降 14.1%。出口总额中，一般贸易出口 62.99 亿元，比上年下降 11.5%，占出口总额的 72.6%。全年新签外商直接投资项目 26 个，实际利用外商直接投资 1.45 亿元（按商务部确认口径），比上年下降 39.3%。

【乡村振兴和脱贫攻坚】 2020年，梅州市实施乡村振兴战略，围绕“五大振兴、两大公共服务、六个突出”，全域推进综合改革，全面铺开“两美”行动，全面完成“三清三拆三整治”（三清：主要是清理村巷道及生产工具、建筑材料乱堆乱放，清理房前屋后和村巷道杂草杂物、积存垃圾，清理沟渠池塘溪河淤泥、漂浮物和障碍物。三拆：主要是农村的危旧废弃房屋、露天厕所；乱搭乱建房屋；违规商业广告、招牌；通过此种方式能够有效改善农村居民的住房环境，杜绝违规违建以及违法占用土地等行为。三整治：主要针对垃圾、污水及水体污染），349个省定贫困村基本建成新农村示范村，全域90%以上村庄建成干净整洁村，生活垃圾有效处理率、村庄保洁覆盖率均达100%，完成碧道建设66.5千米，梅县丙雁大堤、兴宁麻岭河、蕉岭石窟河、平远石正河等成为“网红景点”，农村基础设施和人居环境改善，乡村振兴继续走在全省前列。有效应对疫情影响，推进产业扶贫、就业扶贫、消费扶贫，探索出一批在全国、全省复制推广的经验做法，三年攻坚每年考核实现提档进位，走在全省前列。全市53180户145032名建档立卡相对贫困人口100%达到脱贫退出标准，349条省定贫困村100%达到退出标准。（中共梅州市委政策研究室）

社会建设

【社会民生建设】 2020年，梅州居民消费价格比上年上涨2.1%。其中，食品烟酒类价格上涨8.4%。商品零售价格比上年上涨1.4%。全市工业生产者出厂价格比上年上涨0.3%，其中，轻工业价格上涨1.7%，重工业价格下跌0.3%。全年全市居民人均可支配收入23873元，比上年增长4.2%（名义增长）。按常住地分，城镇居民人均可支配收入29942元，增长2.4%；农村居民人均可支配收入17430元，增长6.0%。全年城镇新增就业2.09万人，就业困难人员实现再就业0.16万人。2020年末城镇实有登记失业人员1.35万人，城镇登记失业率2.36%，比上年末上升0.1%。

【社会保障体系建设】 2020年末，梅州市参加城镇职工基本养老保险（含离退休）100.93万人，比上年末增长8.0%；参加城乡居民基本养老保险人数169.90万人，增长0.5%；参加职工基本医疗保险52.71万人，增长5.4%；参加城乡居民基本医疗保险406.07万人，城乡居民医疗保险覆盖率100%；参加工伤保险50.51万人，减少4.9%；参加失业保险37.41万人，增长2.7%；参加生育保险38.02万人，增长9.2%。全市五大险种社会保险费收入194.85亿元，比上年增收17.05亿元。全市各类社会福利单位收养人数4485人，其中，108家敬老院入院人数1637人，敬老院床位3678个。全年城乡各种社会救济对象得到各级政府救济人数26.54万人次。全市享受低保救济的困难群众11.84万人，其中，城镇0.61万人，农村11.23万人。社区服务设施2456个。全市各镇（街道）已建立农村社会保障网络。（中共梅州市委政策研究室）

文化建设

【科学、教育、文化】 2020年，梅州市有县及县以上科研机构25个，国有企事业单位拥有自然和社会科学专业技术人员185015人。全市专利申请量5559件，比上年增长21.1%，其中，发明638件，增长78.2%；实用新型3567件，增长22.0%；外观设计1354件，增长3.4%。专利授权量4074件，比上年增长58.3%，其中，发明152件，增长117.1%；实用新型2633件，增长70.8%；外观设计1289件，增长34.0%。全年普通高等教育招生8998人，在校学生28340人，毕业生6581人；成人高等教育招生7548人，在校学生19406人，毕业生9399人；各类中等职业教育招生9345人，在校学生25153人，毕业生9614人；普通高中招生29364人，在校学生84441人，毕业生28041人；普通初中招生57839人，在校学生164181人，毕业生50151人；普通小学招生57639人，在校学生373666人，毕业生56197人；技工学校招生5445人，在校学生13504人，毕业生3569人；特殊教育在校学生1219人；学前教育在园幼儿164282人。小学学龄人口毛入学率104.7%，初中学龄人口毛入学率111.7%，小学毕业生升学率100%，初中毕业生升学率99.3%，高中毕业生升学率99.1%。年末全市有文化馆9个、公共图书馆10个、博物馆8个、广播电台8座、电视台8座、有线电视台8座，电影放映单位31个，全市广播综合人口覆盖率100%，电视综合人口覆盖率100%，有线数字电视用户 57.02 万户。全年出版报纸 2676.6 万份、各类杂志 13.22 万册，公共图书馆藏书 261.75 万册。全国文明城市创建测评排名提升，平远县、蕉岭县获“全国县级文明城市”提名资格，丰顺县上榜广东省文明城市。实施文化惠民工程和文艺“双精”工程，建设“三馆一场两中心”基层文化阵地，中国客家博物馆升级为国家一级博物馆。分批修葺革命旧址遗迹，活化利用名人故居和传统村落，修复林风眠、张弼士、邹鲁、田家炳等名人故居。重大文旅项目“客都人家”一期开业，举办林风眠纪念大会、卡拉比—丘数学大会，建设艺术小镇、数学小镇，打造一批文旅新地标。全市足球场地 1022 块，人均占有率全省第一，获评全国示范城市和重点推进市。打造一批客家题材精品力作，在第十四届广东省艺术节上揽获 15 个奖项，在全省领先，被誉为“梅州现象”。

【卫生、体育】 2020 年，梅州市有卫生机构 2966 个，其中医院 48 个、妇幼保健院 9 个、社区卫生服务中心（站）10 个、镇（街道）卫生院 119 个、专科疾病防治院（所、站）12 个、疾病预防控制中心（防疫站）8 个、卫生监督所（中心）8 个。全市拥有病床 20534 张，其中医院 13808 张、妇幼保健院 927 张、社区卫生服务中心（站）149 张、镇（街道）卫生院 4955 张、专科疾病防治院（所、站）695 张。全市卫生专业技术人员 26524 人，其中医院 14737 人、妇幼保健院 1825 人、社区卫生服务中心（站）404 人、镇（街道）卫生院 6315 人、专科疾病防治院（所、站）408 人、疾病预防控制中心（防疫站）390 人、卫生监督所（中心）126 人；卫生专业技术人员中有执业医师和执业助理医师 10130 人，注册护士 10713 人。全年全市运动员在参加省级以上比赛中，共获奖牌 77 块，其中金牌 15 块、银牌 21 块、铜牌 41 块。全市各级组织举办县级及以上各种运动竞赛会 7 次，参加运动会的运动员 2.45 万人次。

（中共梅州市委政策研究室）

生态文明建设

【生态建设】 2020 年，广东首个国家储备林项目落地梅州建设，全市森林覆盖率 74.48%，比上年提高 0.13 个百分点，居全省第一。全年梅州完成造林更新 27453 公顷，完成生态景观林带工程建设 52.3 千米，完成造林抚育 23333 公顷。建成生态景观廊道 4 条，里程 35 千米。完成绿美古树乡村建设任务 9 个。全市义务植树人数 253.58 万人（次），尽责率 94.6%，义务植树总株数 722.6 万株。

【环境质量】 2020 年，梅州市污染防治攻坚战效果明显，全市天更蓝、水更碧、土更净，发展承载力越来越强。全年城市空气质量优良率居全省第一。持续开展榕江北河、松源河、宁江等重点流域水环境综合整治，水质得到有效改善。黄塘河和周溪河水质净化厂建成投入使用。全市 10 个省考国考断面水质达标率和优良率均 100%。镇级生活污水处理设施建成 107 个，实现全覆盖，居全省第一。截至 2020 年底，城市生活污水处理设施日处理能力达到 49 万吨、镇级设施达到 13.74 万吨。全市农村生活污水治理率 76.82%、收集率 87.67%。市县镇村四级河湖长累计开展巡河督导 21.78 万人次，整改落实问题 8254 个，整改率 99%。五华循环经济产业园建成使用，80 家镇级简易填埋场整治验收销号。

（中共梅州市委政策研究室）

精神文明建设

【理想信念教育】 2020 年，梅州市围绕学习宣传贯彻中共十九届五中全会精神，习近平总书记出席深圳经济特区建立 40 周年庆祝大会和视察广东重要讲话、重要指示精神，省委书记李希到梅州调研讲话要求等重大主题，举办学习座谈会、研讨会、宣讲会，采取分众化通俗化开展理论宣传宣讲。中共梅州市委组织部分类推进党员教育培训，主题教育以来轮训党员近 20 万人次。中共梅州市委宣传部印发《全市理论惠民“一二三六”大宣讲活动实施方案》，组建理论、百姓宣讲团约 60 个，参与宣讲人员约 300 人，集中开展重大主题宣讲约 400 场次，直接听众人数约 6 万人。

【新时代文明实践中心建设】 2020 年，梅州市持续推进新时代文明实践中心建设，全市建成新时代文明实践中心 8 个，实践所 151 个，实践站 2395 个，实现县、镇、村三级全覆盖，累计开展文明实践活动 1.27 万多场次。其中，丰顺县于 2019 年 10 月被列为全国首批试点县，完成全省首批试点工作任务，探索出新时代文明实践中心“五度五化丰顺模式”；梅县区、大埔县于2019年12月被列为省级试点单位，初步形成新时代文明实践中心建设的模式和样板；其他县（市、区）借鉴3个试点县区经验全面铺开试点工作建设，已构建起完备的县镇村三级文明实践体系。省、市、区三级文明办联合在梅县区开展广东省“七个一百”精品项目下基层文明实践活动，梅县区探索出“1＋35＋389＋N”文明实践体系；大埔县在“红色、绿色、古色”三大特色上做文章，将多彩文明实践“大餐”送到基层一线、送进群众心间，打造文明实践山区新品牌，其做法被《广东宣传》刊发；梅州市精神文明建设委员会办公室组织编写《梅州市新时代文明实践精品案例（一）》。

【核心价值观引领】 2020年，梅州市弘扬社会主义核心价值观，提振人民群众团结奋进力量。组织“决胜全面小康、决战脱贫攻坚”、深圳经济特区成立40周年、梅州互联网大会等重大主题宣传，策划开展“脱贫攻坚奔小康、共建美好时代”网上主题宣传，线上线下联动唱响“伟大祖国·全面小康”的动人旋律。开展“战疫”宣传，调动全社会资源力量打好宣传教育、信息引导、联防联控、心理服务等“组合拳”。发挥全市创文网格化管理作用，将1500名创文网格员和12313名村（居）综治网格员组成防疫宣传联盟，通过“十宣联动”开展疫情防控宣传教育。依托全市2574个新时代文明实践中心（所、站），启用应急广播、气象广播、村头广播和无人机小喇叭、广播车、公益电影放映车等各类广播4.4万个，刊播防疫音频1270万次。发动广大人民群众创作《万众一心壮志酬》《众志成城把疫防》等各类文艺作品3700余件。坚持把弘扬社会主义核心价值观融入文明创建全过程，通过公益广告、主题公园和示范点等形式，引导人民群众自觉践行。紧扣“文明健康 有你有我”主题，制作刊播《使用公筷，筷筷有爱》《垃圾分类，社会新时尚》等系列公益广告，摄制《社会主义核心价值观》《致敬梅州力量》等46部电视公益宣传片，推出“文文哥”“明明妹”系列动漫短视频，设计具有梅州特色的公益海报24幅。

【梅州市“社区、乡村文明行”系列活动暨第二届“遇见梅州”短视频大赛】 2020年5月15日，梅州市“社区、乡村文明行”系列活动暨第二届“遇见·梅州”短视频大赛启动仪式在梅江区三角镇客天下社区广场举行，梅州市委常委、宣传部部长陈晓建参加。活动为丘维鑫、黄琦、古伟汕、曾令煌、张琼华、欧阳佳、李春霞、温杰灵、张爱民、陈雪芳10名城区各镇（街道）社区文明使者颁发聘书，并推杆启动梅州市“社区、乡村文明行”系列活动暨第二届“遇见·梅州”短视频大赛。梅州市“社区、乡村文明行”系列活动包括“梅州社区文明行”和“梅州乡村文明行”。其中，“梅州社区文明行”由梅州日报社承办，联合相关职能部门、演艺团体、社工团队等，通过政策与普法知识宣传、爱心公益进社区、社区邻里互动等形式，丰富居民文化生活，营造良好社会风气，提升精神文明建设，助力梅州创文工作；“梅州乡村文明行”由梅州市广播电视台承办，通过与文明乡镇当地百姓的交流，探寻了解人文资源、红色印记的发展变化，宣传推介美丽乡村振兴、脱贫攻坚成果、红色旅游资源等，提升群众文明素养和乡村社会文明，助力梅州创文工作。

2020年5月15日，梅州市“社区、乡村文明行”系列活动暨第二届“遇见·梅州”短视频大赛启动仪式在梅江区三角镇客天下社区广场举行

（梅州市精神文明建设委员会办公室提供）

【新时代公民思想道德建设】 2020年，梅州市强化典型引领、教育引导、实践养成，推动公民文明素质和道德修养不断提升。开展先进典型选树工作，评选出章蔓桦等10名第九届梅州市道德模范、龚学武等10名第九届梅州市道德模范提名奖；评选梅州市支援湖北省医疗队为2020年第一季度“梅州好人集体”、杨蓓蓓等40位同志为2020年“梅州好人”；评选朱拉伊等11人被评为第二届“客都好乡贤”；评选出50名梅州市“最美教师”；黎桂玉获评2019年第四季度“广东好人”，徐钰姝获评2020年广东“新时代好少年”。打造梅州好人主题公园，集中展示梅州121位先进典型的事迹。多举措培育时代新人，组织开展“扣好人生第一粒扣子”“弘扬雷锋精神”系列理想信念教育活动，引导广大未成年人养成健康向上的好品德。全面开展“铸魂立德”工程，依托叶剑英纪念园、三河坝战役纪念园等爱国主义教育基地，开展革命老区精神研讨和宣讲活动，开展爱国主义教育实践活动250场次，接纳未成年人免费参观200万人次。多方式提升公民素养，制订实施《梅州市加强新时代公民道德建设实施细则》《梅州市加强新时代爱国主义教育行动方案》，重点推动实施弘扬时代新风、诚信建设提升等十大行动，落实30项主要任务。梅江区在梅城江北老城区打造诚信示范街区，梅州市直机关工委开展模范机关创建活动，梅州市教育局实施《梅州市学校思想政治理论课建设行动计划（2019—2021年）》。

【文明创建】 2020年，梅州市坚持人民城市人民建、建好城市为人民的工作导向。在文明城市创建中形成市委统一领导，党政齐抓共管，市文明委、市创文指挥部统筹协调，有关部门各负其责，全社会共同参与的工作格局。年内，顺利接受中央文明办、省文明办组织的2020年度创建全国文明城市测评，梅州市继续保留全国文明城市提名城市荣誉称号。平远县、蕉岭县获省文明委推荐，被中央文明办确定为2021—2023年创建周期全国县级文明城市提名城市；丰顺县成功创建广东省县级文明城市；大埔县、五华县继续保留广东省县级文明城市荣誉；兴宁市继续保留广东省文明城市提名资格，实现文明城市创建市县两级全面开花。

2020年9月28日，“德耀梅州·善行天下”第九届梅州市道德模范发布会在梅州市广播电视台演播厅举行　（梅州市精神文明建设委员会办公室提供）

推进乡风文明建设。贯彻实施《广东省推进乡村文化振兴实施方案（2020—2022年）》《广东省文明村镇创建提质行动实施方案》，结合“1+9+N”行动专项，开展文明村镇达标创建活动，以“十佳文明镇，百佳文明村”评选为抓手，推动文明村镇创建提质扩面。推动各县（市、区）将精神文明创建纳入各镇工作考核体系；抓好村规民约修订，梅州市精神文明建设委员会办公室联合梅州市委组织部、梅州市民政局等相关单位印发《关于印发做好村规民约和居民公约工作行动方案的通知》，推动村民道德修养水平的提升和村风民风持续好转。全市2042个村和194个社区100%完成村规民约和居民公约的修订完善工作，全部以公告牌（墙）形式在村（居）委会周边等显著位置公布和展示。推进村规民约和居民公约示范创建工作，打造示范镇（村）。6月，大埔县枫朗镇大埔角村村规民约入选广东省民政厅第三批优秀村规民约和居民公约汇编。全市有县级以上文明村镇1084个，广东省文明村镇11个，全国文明村镇11个，达标创建文明村镇889个，文明村镇达标创建覆盖率预计98.6%（超省定目标95%），完成全年乡村振兴工作任务。

开展文明单位、文明家庭、文明校园创建。全市有全国文明单位8个，省文明单位22个。全国文明家庭 1 户，省文明家庭 3 户，市文明家庭 96 户；全国“五好家庭”4 户、“最美家庭”6 户，省级“十大书香家庭”“五好家庭”“最美家庭”等家庭类先进 21 户，梅州市“最美家庭”30 户、优秀书香家庭 30 户、“孝老敬亲好媳妇”60 名；全市各级妇联组织评选“最美家庭”2500 户。全国文明校园 3 所，省级文明校园 5 所，广东省创建全国文明校园先进学校 18 所，市级文明校园 202 所。评选“自强不息好少年”60 名，评选表彰 194 名梅州市“新时代好少年”。

【“1＋9＋N”行动专项工作品牌】 2020 年，梅州市围绕广东省委“1＋1＋9”工作部署和市委“123456”工作思路和举措，提出梅州市精神文明创建“1＋9＋N”行动专项工作品牌。成立梅州市精神文明创建“1＋9＋N”行动专项协调小组，研究制订《〈梅州市精神文明创建“1＋9＋N”行动专项联席会议制度〉及精神文明创建行动专项实施方案》，明确任务，压实责任。年内，梅州市采取一系列举措，推动落实落细。梅州市妇联、梅州市精神文明建设委员会办公室联合推荐大埔县百侯镇侯南村被广东省妇联、广东省文明办命名为广东省首批 10 个家教家风实践基地之一。以微信公众号、微博和融媒 APP 为主阵地，实施“争做中国好网民”工程，培养文明自律网络行为，组织开展 2020 年网络安全宣传周活动，其间各平台共发布相关资讯 164 条，新媒体点击量突破 300 万人次。9 月 26 日，梅州市文明村镇创建提质行动在梅县区雁洋镇启动，围绕纯正基层党风政风、淳化乡风民风、培育优良家风、弘扬文化新风、打造宜居环境 5 项工作，与全省同步开展文明村镇创建提质行动。保障好基层公共文化服务，着重对 10 个县级图书馆、文化馆二级馆开展优化提升工作；全市 10 个图书馆、9 个文化馆和 112 个乡镇（街道）综合文化站、55 个文体广场落实免费开放；加强群众文艺创作和展演，评选出 78 件群文优秀作品，全市 4 件作品入选省艺术节大型舞台艺术作品终评演出作品。开展好乡村文明实践志愿服务，将乡村文明实践志愿服务融入乡村振兴、志愿服务总体规划，开展“拾分美丽”梅州青少年助力垃圾分类志愿服务行动，推进倡导文明健康绿色环保生活方式行动，围绕文明餐桌、文明交通、环境保护、禁毒禁赌等开展文明引导。完善好公共设施，推动城区老旧小区改造，对约 50 个老旧小区逐步实施管网改造；推进镇级污水处理设施建设；推进城市黑臭水体消除工作，黑臭水体消除比例达到 100%；提升城区路灯装灯率及亮灯率，解决 15 条道路，覆盖路长约 2.5 千米，新装路灯约 110 盏，城区主次干道装灯率和亮灯率 100%，背街小巷装灯率 99%，亮灯率 100%。改造好农贸市场，重点对华建果蔬市场和白宫市场进行提质改造和强力整治，采取亮证经营、增设公益广告、强化清扫保洁、重新规划摊档、整顿停车秩序，解决污水横流、垃圾乱堆放等问题。保洁好市容市貌，梅江区将每周五下午定为“周末卫生日”，组织各单位干部职工、居（村）民住户、商户店主等开展办公区、家属区、居民区（村）公共区域卫生清扫保洁。做好未成年人专项工作，10 月，梅州市教育局按程序评选认定叶剑英纪念园等 39 家单位为首批市级中小学研学实践教育基地（营地）；印发《梅州市未成年人心理健康辅导站（校内校外）心理健康工作三年行动计划（2020—2022 年）》，推进未成年人心理健康有关工作；结合秋季入学，落实疫情防控要求，开展校园爱国卫生运动；结合全国校园安全工作督导检查，做好校园安全工作。

相关链接：“1+9+N”

“1”就是一个目标，就是以创建全国文明城市为目标；“9”就是精神文明创建九大行动，出租车汽车文明服务拓展、高速公路沿线环境优化、餐饮行业文明诚信服务、农贸市场综合治理、文明村镇创建提质、乡村文明实践志愿服务提升、基层公共文化服务提升、弘扬好家教好家风、网络文明促进等九大行动；“N”就是 N 个专项工作，围绕创建目标和阶段工作要求，每年安排 N 个专项工作，查短板、补不足，解决突出问题。2020 年重点做好公益广告、窗口服务、公共设施、环境卫生、社区小区、未成年人、材料工作七个专项工作。

【文化惠民】 2020 年，梅州市坚持把文化惠民作为精神文明建设的重要内容，不断丰富群众文化生活。做大做强文化惠民品牌。开展城乡“结对子、种文化”活动，梅州市文联通过红色文艺轻骑兵、乡村流动艺术馆等方式开展文艺志愿服务活动，组织“客都文化公益讲堂”“粤读越精彩”等教育读书活动，组织各级文艺工作者和书法家协会、美术家协会、民间艺术家协会等社团开展艺术下乡活动，打造“送欢乐下基层”“群星舞台大家乐”等文化惠民品牌。持续打造“周五有戏”“周六艺苑”“相约周六”等文化惠民演出平台。全市共开展歌舞剧（节）目600场次，受众近40万人次。

健全完善公共文化服务体系。落实公共文化场馆免费开放，全市有10个图书馆、9个文化馆和112个乡镇（街道）综合文化站、55个文体广场均对外免费开放；出入境办证服务大厅和交警窗口等单位通过进一步优化业务流程，提升工作效率和服务水平。

加强民生事项落实力度。梅州市住建、农业农村、市场监管、卫生健康、公安、交通等部门谋划实施“十个一批”城建民生事项，不断完善市政基础设施。开展爱国卫生运动，推进“厕所革命”、公厕升级改造，推进老旧小区改造，加快32个农贸市场及周边的整治提升，加强“六乱”现象整治，抓好城市“空中蜘蛛网”、户外广告、交通秩序混乱等突出问题整改，不断提高人民群众的获得感、满意度。

【志愿服务】 2020年，梅州市采取一系列举措推进志愿服务制度化、常态化。完善“1+8+N”四级志愿服务组织体系。探索搭建梅州市新时代文明实践中心志愿服务总队组织架构，印发《关于推进成立县级志愿服务促进中心的通知》，推动全市8个县（市、区）建立志愿服务促进中心，实现全覆盖。推动志愿服务活动常态化。以参评学雷锋志愿服务“四个100”项目为抓手，打造“扶贫济困、助学助残、环境保护、社会治理、乡村振兴”等志愿服务特色品牌项目，实施志愿助残阳光行动，助力精准脱贫攻坚行动，优化开展关爱异地务工人员子女朝阳行动等。其中，梅县区服务队伍完备，从政府、专业队伍、社会群众三个层面构建志愿者服务队伍，打造“15分钟服务圈”。五华县建成全市首个以志愿服务为主题的五华县志愿者主题广场。截至2020年12月底，全市实名注册志愿者人数481485人，培育3299个志愿服务组织及团体，全市志愿组织及志愿者累计开展志愿服务活动43671场，累计志愿服务时长710多万小时。

2020年2月19日，梅州为“最美逆行者”亮灯加油。图为梅江区万达广场大屏幕为“最美逆行者”亮灯 （梅州市精神文明建设委员会办公室提供）

【梅州全城为“最美逆行者”亮灯加油行动】 2020年，新冠疫情防控期间，广大医务工作者坚守岗位、恪尽职守，站在防控疫情的第一线，2月19日晚，在广东省委宣传部的指导下，南方都市报与梅州市委宣传部携手推出梅州全城为“最美逆行者”亮灯加油行动，在万达广场、客都汇商业文化广场、东汇城广场、柏丽广场、客家村镇银行等地，利用LED屏幕，刊播十多张奋战在湖北抗疫一线的广东医护人员摘下口罩的照片，传递温暖和力量。

【“全民志愿行·美丽迎华诞”志愿服务大行动暨梅州市乡村文明实践志愿服务提升行动启动仪式】 2020年9月25日，梅州市在梅城百花洲举行“全民志愿行·美丽迎华诞”志愿服务大行动暨梅州市乡村文明实践志愿服务提升行动启动仪式，现场为梅州市新时代文明实践志愿服务总队和理论政策宣讲、文化文艺服务、助学支教、医疗健身、科学普及、法律服务、卫生环保、扶贫帮困8支分队授旗。市领导带头在指定线路区域开展大清洁和文明交通志愿服务活动，以实际行动号召广大干部群众投身志愿服务大行动。同时，市直各单位和各志愿服务组织的志愿者纷纷走进社区、企业、学校等地，同步开展内容丰富、形式多样的志愿服务活动，推动乡风文明、促进乡村振兴，为梅州创建全国文明城市贡献力量。

（梅州市精神文明建设委员会办公室）

党政机关

丰顺县坚真纪念馆

责任编辑：吴奕珊

中国共产党梅州市委员会

市委主要会议

【市委七届八次全会】 2020 年 1 月 9 日，中国共产党梅州市第七届委员会第八次全体会议在梅城召开。全会由梅州市委常委会主持。全会主题是以习近平新时代中国特色社会主义思想为指导，深入学习贯彻落实中共十九届四中全会和中央经济工作会议精神，按照省委十二届八次、九次全会和省委书记李希到梅州调研讲话要求，总结 2019 年工作，分析面临形势，部署 2020 年工作，动员全市各级党组织和广大党员干部，不忘初心、牢记使命，开足马力、乘势而上，实现梅州苏区振兴发展步步高。梅州市委书记陈敏代表市委常委会作报告，市委副书记、市长张爱军就经济工作作专题讲话。市委常委会就党建工作作专题报告。会议审议通过《中共梅州市委贯彻落实〈中共广东省委贯彻落实《中共中央关于坚持和完善中国特色社会主义制度、推进国家治理体系和治理能力现代化若干重大问题的决定》的实施意见〉的行动方案》《梅州市支持深圳建设中国特色社会主义先行示范区的行动方案》《梅州市支持广州市推动“四个出新出彩”的若干措施》和《中国共产党梅州市第七届委员会第八次全体会议决议》。

【全市“不忘初心、牢记使命”主题教育总结会议】 2020 年 1 月 10 日，全市“不忘初心、牢记使命”主题教育总结会议在梅城召开。梅州市委副书记、市长张爱军主持会议。会议深入学习贯彻习近平总书记在“不忘初心、牢记使命”主题教育总结大会上的重要讲话精神，落实全省“不忘初心、牢记使命”主题教育总结会议精神，总结梅州市主题教育情况，部署做好主题教育“后半篇文章”。梅州市委书记陈敏、广东省委主题教育第三巡回指导组组长张宇出席会议并讲话。

【全市新型冠状病毒感染的肺炎疫情防控工作会议】 2020 年 1 月 23 日，全市新型冠状病毒感染的肺炎疫情防控工作会议在梅城召开。梅州市委副书记、市长张爱军主持会议。会议深入学习贯彻习近平总书记对新型冠状病毒感染的肺炎疫情防控作出的重要指示精神，传达全省疫情防控工作会议要求，对梅州市疫情防控工作进行再动员、再部署、再落实，举全市之力，坚决保卫美丽梅州美好家园。梅州市委书记陈敏出席会议并讲话。

【全市决战决胜脱贫攻坚推进会】 2020 年 3 月 20 日，全市决战决胜脱贫攻坚推进会在梅城召开。梅州市委副书记、市长张爱军主持会议。会议深入学习贯彻习近平总书记在决战决胜脱贫攻坚座谈会上的重要讲话精神，贯彻落实中央和省委、省政府相关部署要求，分析形势任务，动员全市上下进一步振奋精神、坚定信心、团结一致，奋力夺取脱贫攻坚全面胜利，确保全面建成小康社会。梅州市委书记陈敏出席会议并讲话。

【全市企业座谈会】 2020 年 3 月 26 日，全市企业座谈会在梅城召开。梅州市委副书记、市长张爱军主持会议。会议深入学习贯彻习近平总书记关于统筹推进疫情防控和经济社会发展工作的重要讲话和重要指示精神，听取企业关于疫情防控和复工复产的意见建议，研究部署下一步工作。梅州市委书记陈敏出席会议并讲话。

【市委全面深化改革委员会第四次会议】 2020 年 4 月 2 日，市委全面深化改革委员会第四次会议在梅城召开。会议传达学习贯彻中央全面深化改革委员会第十一次、第十二次会议和省委全面深化改革委员会第六次、第七次会议精神，研究部署有关事项。会议审议《市委全面深化改革委员会 2020 年重点改革工作安排》《梅州市法学会改革方案》《梅州市红十字会改革实施方案》，听取深化派驻机构改革工作、梅州市林长制试点工作等情况汇报。梅州市委书记、市委全面深化改革委员会主任陈敏主持会议并讲话。

【全市科技创新大会】 2020 年 4 月 23 日，全市科技创新大会在梅城召开。梅州市委副书记、市长张爱军主持会议。会议深入贯彻落实习近平总书记关于科技创新的重要论述和对广东重要讲话、重要指示批示精神，落实全省科技创新大会精神，研究部署全市统筹推进疫情防控和科技创新工作，强化创新意识，营造创新生态，助推经济“换道超车”。梅州市委书记陈敏出席会议并讲话。

【市委党的建设工作领导小组会议】 2020 年 5 月 13 日，市委党的建设工作领导小组会议在梅城召开。会议传达省委党的建设工作领导小组会议精神，审议《市委党的建设工作领导小组 2020 年工作要点》等文件，部署推进全市党的建设工作。梅州市委书记陈敏主持会议并讲话。

【全市推动制造业高质量发展大会】 2020 年 5 月 21 日，全市推动制造业高质量发展大会在梅城召开。会议以习近平新时代中国特色社会主义思想为指导，深入贯彻中共十九届四中全会精神，落实全省推动制造业高质量发展大会部署，按照市委推动“六争六补”工作要求，进一步凝聚共识、提振信心、真抓实干，对全市加快制造业转型升级进行再部署、再落实。梅州市委书记陈敏主持会议并讲话，市委副书记、市长张爱军作工作部署。

【全市农村工作暨实施乡村振兴战略和决战决胜脱贫攻坚现场推进会】 2020 年 5 月 26—27 日，梅州市召开全市农村工作暨实施乡村振兴战略和决战决胜脱贫攻坚现场推进会。会议组织实地参观 8 个县（市、区）推进乡村振兴工作现场，在平远县召开集中会议。集中会议由梅州市委副书记王庆利主持。会议深入学习贯彻习近平总书记关于“三农”工作重要论述和在决战决胜脱贫攻坚座谈会上的重要讲话精神，全面落实中央农村工作会议、全省实施乡村振兴战略工作推进会和全省决战决胜脱贫攻坚推进会精神，对全市乡村振兴工作进行再动员再推动再落实。梅州市委书记陈敏出席会议并讲话。

【市委审计委员会会议】 2020 年 5 月 29 日，市委审计委员会会议在梅城召开。会议深入学习贯彻习近平总书记对审计工作重要讲话和重要指示精神、李克强总理在听取审计署工作汇报时的讲话精神，传达学习省委审计委员会会议精神，研究部署下一步审计工作。梅州市委书记、市委审计委员会主任陈敏主持会议并讲话。

【市委政协工作会议】 2020 年 6 月 5 日，市委政协工作会议在梅城召开。梅州市委副书记、市长张爱军主持会议。会议深入贯彻习近平总书记在中央政协工作会议暨庆祝中国人民政治协商会议成立 70 周年大会上的重要讲话精神，落实全国政协十三届三次会议和省委政协工作会议精神，总结部署梅州市政协工作。梅州市委书记陈敏出席会议并讲话。

【市委退役军人事务工作领导小组会议】 2020 年 7 月 16 日，市委退役军人事务工作领导小组会议在梅城召开。会议深入学习贯彻习近平总书记关于退役军人工作的重要论述精神，传达贯彻省委退役军人事务工作领导小组第三次会议精神，审议有关文件稿，部署下一步工作。梅州市委书记、市委退役军人事务工作领导小组组长陈敏主持会议并讲话。

【2020年市文明委第一次会议暨精神文明建设和创建全国文明城市工作推进会】 2020年7月23日，2020年梅州市文明委第一次会议暨精神文明建设和创建全国文明城市工作推进会在梅城召开。梅州市委副书记、市长张爱军主持会议。会议深入学习贯彻习近平总书记关于精神文明建设的重要论述，传达全省精神文明建设工作推进会精神，总结部署梅州市精神文明建设和创建全国文明城市工作。梅州市委书记陈敏、广东省文明办副主任吴祖清出席会议并讲话。

【全市加快推进市域社会治理现代化试点工作会议】 2020年7月28日，全市加快推进市域社会治理现代化试点工作会议在梅城召开。梅州市委副书记王庆利主持会议。会议深入学习贯彻中共十九届四中全会精神、习近平总书记关于社会治理现代化系列重要讲话和重要指示批示精神，落实全国、全省加快市域社会治理现代化工作推进会精神，部署梅州市加快推进市域社会治理现代化试点工作。梅州市委书记陈敏、省委政法委副书记张庆宏出席会议并讲话。

【全市中医药大会】 2020年7月28日，全市中医药大会在梅城召开。梅州市委副书记、市长张爱军主持会议。会议深入学习贯彻习近平总书记关于中医药发展的重要论述精神，落实全国、全省中医药大会精神和广东省委、省政府《关于促进中医药传承创新发展的若干措施》，对梅州市创建国家中医药综合改革试验区、促进全市中医药事业和产业高质量发展进行全面部署、推动落实。广东省卫生健康委副主任、广东省中医药局局长徐庆锋，梅州市委书记陈敏出席会议并讲话。

【市委平安梅州建设领导小组会议】 2020年8月6日，市委平安梅州建设领导小组第一次会议在梅城召开。会议深入学习贯彻习近平总书记关于平安建设的重要指示精神，审议有关文件稿，研究部署平安梅州建设重点工作。梅州市委书记、市委平安梅州建设领导小组组长陈敏主持会议并讲话。

【党外代表人士座谈会】 2020年9月1日，市委召开党外代表人士座谈会。会议深入学习贯彻习近平总书记在中共中央政治局会议和中共中央党外人士座谈会上的重要讲话精神，落实省各民主党派负责人暑期座谈会要求，通报梅州市经济社会发展情况，听取党外代表人士意见建议。梅州市委书记陈敏出席会议并讲话。

【梅州市领导干部党章党规党纪教育培训班】 2020年9月25日，梅州市领导干部党章党规党纪教育培训班在梅城举行。梅州市委常委、市纪委书记、市监委代主任蒋万军主持培训班。培训班以“严守政治纪律，践行‘两个维护’”为主题，深入学习贯彻习近平新时代中国特色社会主义思想，教育引导党员领导干部增强“四个意识”、坚定“四个自信”、做到“两个维护”，严守政治纪律和政治规矩，切实履行全面从严治党政治责任，为实现梅州苏区振兴发展步步高提供坚强政治保证。梅州市委书记陈敏出席培训班并作专题辅导，市委副书记、市长张爱军传达广东省第十九期领导干部党章党规党纪教育培训班精神。

【市委七届九次全会】 2020年9月29日，中国共产党梅州市第七届委员会第九次全体会议在梅城召开。全会由梅州市委常委会主持。全会主题是坚持以习近平新时代中国特色社会主义思想为指导，全面贯彻落实习近平总书记关于促进区域协调发展、加快形成以国内大循环为主体、国内国际双循环相互促进的新发展格局的重要论述和对广东重要讲话、重要指示批示精神，贯彻落实省委十二届十次全会精神，按照高质量加快构建“一核一带一区”区域发展格局的新部署，总结梅州市生态发展区建设情况，进一步发挥主体功能区的作用，深入践行新发展理念，坚持生态优先、绿色发展，筑牢粤北生态屏障，构建“5311”绿色产业体系，推动形成“五星争辉”区域发展格局，全面加快梅州苏区振兴发展，打造生态经济发展新标杆，争当生态发展区建设先行示范市。梅州市委书记陈敏代表市委常委会向全会作报告，市委副书记、市长张爱军就经济工作作专题讲话。

【全市干部大会】 2020年10月23日，全市干部大会在梅城召开。大会传达学习贯彻习近平总书记出席深圳经济特区建立40周年庆祝大会和视察广东重要讲话、重要指示批示精神，及全省干部大会精神和省委书记李希到梅州调研讲话要求，对全市学习宣传贯彻工作进行全面动员部署。梅州市委书记陈敏主持大会并讲话。

【全市推进梅州柚产业发展暨扩种动员大会】 2020年11月11日，全市推进梅州柚产业发展暨扩种动员大会在五华县召开。梅州市委副书记、市长张爱军主持大会。大会动员全市上下深入学习贯彻习近平总书记关于“三农”工作的重要论述，以及中共十九届五中全会精神，按照省委、省政府加快构建“一核一带一区”区域发展格局部署要求，致力打造梅州柚优势产业带，加快实现梅州柚种植面积达到100万亩、产量达到100万吨、产值达到100亿元“三个一百”目标，以产业兴旺助力乡村振兴。梅州市委书记陈敏、广东省农业农村厅副厅长黄斌民出席会议并讲话。

【梅州市铜箔产业大会】 2020年11月27日，梅州市铜箔产业大会在梅县区召开。大会围绕铜箔产业现状和发展趋势，为梅州铜箔产业发展开方把脉，助力梅州建设铜箔地方特色产业集群，打造成为“中国铜箔之都”。大会发布《梅州市促进铜箔产业发展若干措施》《梅县区铜箔新材料特色产业园规划》，举行战略合作框架协议、铜箔产业平台建设、招商引资项目、金融授信等系列签约和项目动工、投产启动仪式。十二届全国政协经济委员会副主任、工信部原部长、中国工业经济联合会会长李毅中，中国工程院院士陈志杰，梅州市委书记陈敏等出席会议。

【全市村（社区）“两委”换届工作会议】 2020年12月7日，全市村（社区）“两委”换届工作会议在梅城召开。梅州市委副书记、市换届工作领导小组常务副组长王庆利主持会议。会议深入学习贯彻习近平总书记关于基层党建重要论述和对广东重要讲话、重要指示批示精神，贯彻落实中央和省委部署要求，对梅州市村（社区）“两委”换届工作进行动员部署。梅州市委书记、市换届工作领导小组组长陈敏出席会议并讲话。

【梅州市抗击新冠肺炎疫情表彰大会】 2020年12月17日，梅州市抗击新冠肺炎疫情表彰大会在梅城召开。梅州市委副书记、市长张爱军主持大会。会议深入学习贯彻习近平总书记在全国抗击新冠肺炎疫情表彰大会上的重要讲话精神，贯彻落实习近平总书记出席深圳经济特区建立40周年庆祝大会和视察广东重要讲话、重要指示批示精神，表彰梅州市为抗击新冠肺炎疫情做出突出贡献的先进个人、先进集体和优秀共产党员、先进基层党组织。梅州市委书记陈敏出席大会并讲话。 （中共梅州市委办公室）

组织建设

【党的基层组织建设】 2020年，中共梅州市委组织部（简称梅州市委组织部）深入贯彻落实新时代党的组织路线，打好基层党建三年行动计划收官战。压实基层党建责任，落实“一月一研判”基层党建工作制度，抓好基层党建工作述职评议考核，建立党委（党组）书记及班子成员党支部工作联系点。推进基层党组织达标创优，调整优化413个村（社区）党组织设置，集中整顿软弱涣散基层党组织，整治涉黑涉恶问题村。整顿156个村（社区）软弱涣散党组织，已全部实现“摘帽”，36个被评为“优秀”等次。村（社区）“两委”换届工作平稳有序推进，班子结构和干部素质整体提升。抓好“两个覆盖”，推动支部进小区、进商圈、进楼宇，把党的领导和党的建设延伸到城市社区的“神经末梢”。开展“两个覆盖”质量提升攻坚行动和“双同步”工作，非公有制企业党组织覆盖率达到99.4%，有党员的企业党组织覆盖率100%，各类指标质量均优于全省平均水平。完成国企退休党员组织关系转接，理顺国有企业、“两新”组织等81个党组织、1万多名党员隶属关系，推动各领域党建工作取得实效。

【干部队伍建设】 2020年，梅州市坚持正确选人用人导向，建设高素质专业化干部队伍。落实好干部标准，突出一线历练，在三大攻坚战、构建“5311”绿色产业体系、疫情防控等中心工作和基层一线选用干部，选调优秀大学毕业生下沉到村（社区）任职锻炼，选派干部参与市委、市政府重点专班工作。提升领导班子专业化水平，选拔善于推动产业发展、脱贫攻坚、乡村振兴等工作的优秀干部进入县级领导班子，提拔重用的市直单位市管干部中专家型干部约占60%。加强干部监督，用好提醒、函询、诫勉等措施，运用好监督执纪的“四种形态”。抓好个人有关事项报告等专项治理，开展干部人事档案专项审核“回头看”工作，解决干部档案遗留问题。建立“向组织部部长说句心里话”谈心谈话常态机制，开展谈心谈话31批次，谈话人数205人，落实意见建议39条。推进公务员职务与职级并行制度入轨实施，在严格把握能力素质、工作实绩的基础上，重点晋升基层一线、重要部门以及任职时间长、年龄大“三类干部”。完成涉改参公管理单位重新认定。推进公务员分类管理改革，全面完成公安机关职级序列调整工作。平稳实施市、县两级机关绩效考核。

【人才引进和培养】 2020年，梅州市坚持聚集各方面优秀人才，推动苏区振兴发展。打造人才平台，组建90家省级工程研究开发中心、4家省级产业技术创新联盟，培育229家高新技术企业、11家科技企业孵化器、21家众创空间。策划实施蕉岭数学小镇人才计划，挂牌成立粤港澳国家应用数学中心梅州分中心办公室。引进急需紧缺人才，建立市直“急需紧缺人才用编周转池”，靶向引进卫生、教育、农林等专业人才120多名。培养特色人才，谋划实施数字人才计划、特色现代农业产业人才振兴计划，推进广东汉剧、足球、中医药等特色人才培养，加大梅州柚、嘉应茶、平远橙、客都米等优势传统产业人才培养力度，288人获评农村乡土专家。

【老干部服务管理】 2020年，梅州市委组织部通过送学上门、线上学习等灵活方式，引导离退休干部在学思践悟习近平新时代中国特色社会主义思想中坚守初心使命。抓好离退休干部党支部书记培训工作，开展离退休干部党支部示范点创建活动，离退休干部党建工作整体提升。落实好离休干部离休费、医药费保障机制和财政支持机制，建立老干部特殊困难帮扶机制，落实走访慰问制度，增强组织关怀。健全完善学习活动场所建设，为老同志学习活动创造更舒心的环境。增强老干部（老年）大学、老干部活动中心服务能力，开展线上授课，推出“在线悦读”活动，举办诗书画摄影作品展，满足老同志精神文化需求。发挥先进典型的示范带动作用，引导老同志在加强思想政治引领、青少年教育等方面发挥作用，为梅州苏区振兴发展建言献策。

（梅州市委组织部）

思想宣传

【思想理论武装】 2020年，中共梅州市委宣传部（简称梅州市委宣传部）把学习宣传贯彻习近平新时代中国特色社会主义思想作为首要政治任务，持续深入加强思想理论建设。推动各级党委（党组）将学习习近平新时代中国特色社会主义思想作为第一议题、常设议题，学习《习近平谈治国理政》《论党的宣传思想工作》等书籍，跟进学习习近平总书记最新重要讲话和重要指示批示精神，学习习近平总书记出席深圳经济特区建立40周年庆祝大会和视察广东重要讲话、重要指示批示精神，学习省委书记李希到梅州调研讲话要求，市委理论学习中心组开展6次专题学习会和8场专题报告会。

年内，梅州市委宣传部举办学习习近平总书记出席深圳经济特区建立40周年庆祝大会和视察广东重要讲话重要指示批示精神理论座谈会、中共十九届五中全会精神理论座谈会和“全面奔小康·奋进新征程”理论研讨征文等活动，印发《全市理论惠民“一二三六”大宣讲活动实施方案》，围绕“紧扣一条主线、聚焦两大主题、用好三支队伍、实施六大行动”，组建理论、百姓宣讲团约60个，参与宣讲人员约300人，集中开展重大主题宣讲约400场次，直接听众人数约6万人。

年内，梅州市委宣传部与嘉应学院开展部校合作共建马克思主义学院，梅州市委书记陈敏、市长张爱军带头到挂点学校调研并讲思政课。常态化办好“学習笃行”专栏，第一辑242篇优秀作品结集出版。加强社科理论研究和课题策划，梅州市社科联规划立项115项科研课题，完成2项重大科研项目，出版重点图书《壮丽70年——图说梅城沧桑巨变》，《梅州：球乡筑梦》获评广东省优秀科普作品。成立“学习强国”梅州编辑部，举办“在家上学的故事”作品征集、“爱国

2020 年 9 月 22 日，66 岁的“老百姓宣讲员”黄振庄（图中）在大埔县中央南委机关旧址和学生们讲述“南委”往事（吴腾江 摄）

心·报国情·强国志”主题征文等活动，加大推介力度，实现新增用户 8 万人。2020 年，全市共向“学习强国”学习平台上送稿件 6300 多篇，在广东学习平台发布 3500 多篇，被全国学习平台选用超过 200 篇。其中，梅江区共上送稿件 656 篇，被采用 392 篇。

【疫情防控宣传】 2020 年，梅州市委宣传部贯彻落实习近平总书记关于疫情防控工作重要指示精神和中央、省、市决策部署，开展舆论引导、新闻报道、社会宣传、文艺宣传等工作，发布防疫和复工复产讯息 46 万余篇、总阅读量超 6.5 亿次。疫情发生后，组织市主要媒体，开设“权威发布”“防控、生产两手抓”“打赢疫情防控阻击战”“抗疫复产，梅州在行动”等专题专版专栏，即时播发、滚动推送中央和省、市最新防控要求，使党和政府的决策部署第一时间传播到千家万户。梅州日报社 10 万以上阅读量稿件达 100 多篇。进入常态化防控阶段后，因时因势转移宣传重心，有针对性地组织策划宣传报道，助力复工复产复学。发挥创文工作网格化机制作用，将 1500 名创文网格员和 12313 名村（居）综治网格员组成防疫宣传联盟，开展“十宣联动”疫情防控宣传。启用应急广播、气象广播、村头广播和无人机小喇叭、广播车、公益电影放映车等各类广播 4.4 万个，采取“固定”与“机动”相结合的方式，刊播防疫音频 1270 万次。五华县采用三大运营商数据监测摸查涉湖北等疫区到县人员，第一时间启用“喇叭村村响”宣传疫情防控知识，这一做法得到上级肯定后进而在全市全省推广。组织创作《万众一心壮志酬》《众志成城把疫防》《逆行的光》各类文艺作品 3700 余件（幅），《归来依旧芳香》MV 入选“中国抗疫主题 MV 征集典藏”，抗击疫情公益主题 MV《民族脊梁》被国内外 60 多家媒体和平台转载，引发全网关注。编印出版梅州市抗击新冠肺炎疫情全纪实《战疫梅花》一书，讲述梅州战疫故事。建立每日疫情通报制度，及时发布梅州市疫情风险等级分区分级信息，制作推出本地疫情图和趋势图，坚持正面发声、把握主动，梅州在南都大数据研究院数字政府研究中心开展的广东疫情通报透明度第二轮测评中领先，“发布质量”获满分。稳妥处置“五华发布全梅州最严戒严通知”“丰顺县有微信群传播当地新冠肺炎疫情的语音”等情况。

【“三好一正”工程实施】 2020 年，梅州市委宣传部深入实施“三好一正”工程，为梅州苏区振兴发展注入精神动力。

媒体融合发展　年内，梅州市创新“1＋2＋8”省市县融媒互动帮扶机制，加快推进县级融媒体中心建设，6 个县（市）融媒体中心均通过广东省委宣传部验收。梅州日报社“掌上梅州”APP 获“传媒中国年度全国报业优秀融媒平台 20 佳”，平台传播用户 600 万户、全媒体平台总“粉丝”270 万人，形成多个平台同步发展、纸质媒体和网络媒体共生共进的多层次多品牌融合传播格局。梅州市广播电视台收视份额在全国最有影响力城市台排名榜中位居第六，“民生 820”微信公众号排名全国地级市电视台公众号第二名，无线梅州用户首次位居华南地区市级广电类前三名。五华县开发“五华融媒管理系统”APP，融“大宣传＋大管理”于一体。

重大新闻宣传　年内，梅州市领导带头组织“脱贫奔康·粤来粤好”——广东“助力脱贫攻坚 共建美好时代”扶贫助农公益活动；组织“决胜全面小康、决战脱贫攻坚”、深圳经济特区成立 40 周年、梅州互联网大会等重大主题宣传；策划开

2020 年 1 月 10 日晚，由梅州市广播电视台、马来西亚客家公会联合会、梅州市归国华侨联合会共同举办的“客家春晚·马来西亚之夜”在马来西亚新山市上演

（郑硕光 提供）

展“脱贫攻坚奔小康、共建美好新时代”网上主题宣传；组织“遇见·梅州”之“幸福小康路”短视频大赛等活动，线上线下联动唱响“伟大祖国·全面小康”的动人旋律；梅州市文广旅局、梅江区高质量办好林风眠 120 周年诞辰纪念活动。

对外宣传工作　年内，梅州市承办“看中国·外国青年影像计划·广东行”活动，梅州脱贫攻坚微记录节目《小康路上》在中东欧五国播出，拍摄《遇见梅州·遇见美好》宣传片；在印尼《国际日报》刊发《国际日报·梅州乡情》专版 24 期，在美国《国际日报》增设《梅州乡情》彩色英文版（每月 1 期）；组建“1＋2＋5”客家话节目融媒体传播平台，并入选国家广电总局 2020 年度“丝绸之路影视桥工程”重点项目，向印尼国际日报集团国际卫视推送节目 165 集（部）；成功举办“客家春晚·马来西亚之夜”；大埔县协调摄制《中国最美丽县·大埔》宣传片、《田家炳》大型超高清纪录片、第三届广东茶叶产业大会嘉应茶主题歌曲《天地清香天地醉》；兴宁市协助《中国地方影像方志》拍摄“非遗”项目《版画》《杯花舞》。

相关链接：“三好一正”

即为讲述梅州好故事，传播梅州好声音，树立梅州好形象，传递梅州正能量。

【文化发展】　2020 年，梅州市以满足人民日益增长的精神文化需要为目标，完善公共文化服务体系，健全文化产业体系和市场体系，推动文化事业和文旅产业高质量发展。

精品文艺创作　2020 年，梅州召开全市重点文艺创作推进会，成立梅州市文艺精品创作领导小组。实施文艺精英人才、精品力作“双精”工程，评选表彰 2019 年度“双精奖”并组织颁奖仪式。拍摄电影《生死坚守》，获得 2019 年国防军事电影盛典优秀电影文荣奖。拍摄电视纪录片《红色根据地》，《从三河坝到井冈山》入选国家“十四五”纪录片重点选题规划，推动电视连续剧《绝密使命》在大埔县开机拍摄。纪录片《回到围屋》等 4 部作品获得国家奖项。创排广东省首部大型原创民族歌剧《血色三河》、广东汉剧《王昭君》、汉剧小戏《酒乡纪事》、大型山歌剧《白鹭村》《春闹》、采茶戏《春来南粤》、汉剧《客家之子·田家炳》、大型客家山歌音乐剧《林风眠》等一批剧目。在第十四届广东省艺术节上，梅州市获得 15 个奖项，山歌剧《白鹭村》《春闹》获得戏曲组一等奖，广东汉剧《王昭君》获得戏曲组二等奖，民族歌剧《血色三河》获得综合组二等奖，全省领先，形成被国家和省文艺界专家赞誉的“梅州现象”。

公共文化服务　2020 年，梅州市持续打造“周五有戏”“周六艺苑”“相约周六”等文化惠民演出平台，市直文艺院团组织文化惠民演出 290 多场次，受惠观众 24 万余人次。创新惠民服务方式，挑选经典剧目线上展播，全年线上观看人次超 60 万人次。成功举办第十五届城区群众文艺会演活动和市第十三届“百歌颂中华”暨第二届“迎新年·颂党恩·展新貌”歌咏活动。对全市 2042 个行政村的农家书屋进行书籍更新，新建图书馆分馆 14 个、服务点 109 个，文化馆分馆 16 个、服务点 94 个，完成 2.45 万场农村公益电影放映任务。全面实施高清电视建设项目，电视综合频道、公共频道正式实现高清播出。梅州市文联围绕新时代文明实践中心组织开展 2020 年“我们的中国梦文化进万家”活动，举办“阜熙·新光”——梅州市脱贫攻坚、美丽乡村、全面小康主题美术书法摄影展和“月圆围屋·歌颂中华”——2020年梅州市客家乡村中秋晚会，组织红色文艺轻骑兵小分队深入乡村、街道、社区、企业、机关、学校等开展惠民活动115场，受益群众10万人次。

文化遗产保护　2020年，梅州市落实《客家文化（梅州）生态保护区总体规划（2017—2030）》，迎接文化和旅游部对客家文化（梅州）生态保护实验区建设成果验收工作。梅州市文广旅局牵头制订《梅州市非物质文化遗产代表性项目管理办法》，印发《梅州市开展粤北华南教育历史研学基地活化利用及弘扬“左联”文化实施方案》，举办2020客家文化（非遗）艺术周活动和“文化和自然遗产日”线上和线下展示展演活动，完成五华县狮雄山秦汉建筑遗址突出文物复制工作。广东汉剧院启动“世界非物质文化遗产”项目申报，联合福建、湖北、湖南、陕西五省（市）汉剧艺术院团共同开展中国汉剧申报“世界非物质文化遗产”项目的前期工作。平远县组织做好红色革命遗址的普查、保护、开发和利用等各项工作，2020年争取到省级红色革命遗址保护利用资金1400万元。

文旅融合发展　2020年，梅州市广播电视台拓展文化、旅游、体育、红色教育等产业，成立三河坝红色教育中心，构建“广电+”产业体系。梅县区围绕“文化+旅游”培育发展新型文化业态，打造城市文化新名片，“客都人家”康养文旅综合体开业迎客，大型实景演出《原乡》上演，《梅县区文旅产业发展情况调研报告》获市委市政府主要领导重要批示。丰顺县将国家级非物质文化遗产“烧火龙”搬进大宝山温泉旅游度假区，为文旅融合发展注入新动力，打造文旅融合生动实践。蕉岭县丘成桐国际会议中心揭幕并投入使用，筹划建设熊出没主题乐园。（梅州市委宣传部）

2020年12月25日晚，大型实景演出《原乡》在客都人家康养文旅综合体演出，现场举行无人机表演，上百台无人机在夜空中摆出“侄系客家人，I♡MZ”字样

（高讯 摄）

统一战线

【统战思想政治建设】　2020年，中共梅州市委统战部（简称梅州市委统战部）推动和持续完善党委统战工作领导小组工作机制，召开市委统战工作领导小组成员会议，及时研究部署统战领域重大事项和重要任务，制订出台领导小组工作规则及领导小组办公室工作细则，建立领导小组民族宗教工作、新的社会阶层人士统战工作、侨务工作三个专题会议制度，制订印发系列政策性文件，巩固好、实践好党委统一领导、统战部牵头协调、有关方面各负其责的大统战工作格局。年内，结合疫情防控、全面建成小康社会、庆祝经济特区建立40周年等大事要事，通过参加党校培训、专题辅导、个人自学、中心组学习、“三会一课”、纪教月等学习载体，以及学习强国、广东党建云、广东省干部培训网络学院等网络学习平台，组织全市统战部门党员干部和统一战线成员深入学习习近平总书记系列重要讲话和重要指示批示精神，形成统一战线各方面共同学习的热潮、各领域共同宣传的声势、各层级共同落实的局面。指导市各民主党派开展寻找红色踪迹、爱国主义教育等各类主题教育活动30多场、参加400多人次。加强非公有制经济人士理想信念教育，召开梅州市学习贯彻民营经济统战工作会议精神会议，指导梅州市新阶联开展抗疫讲座、行政管理、财富管理沙龙、拥军等主题教育活动6场次。

【政党协商成效】 2020年，梅州市委统战部搭建平台，发挥统战部门协商协调作用，支持民主党派履行职能，发挥政党协商制度效能，服务经济社会发展。召开党外代表人士2020年度调研协商座谈会，通报2019年度调研工作开展情况和2019年度党派团体调研报告评选结果，协商部署2020年度调研工作。组织党外代表人士赴陕西省西安市、延安市，围绕“挖掘保护利用好红色文化资源、爱国主义教育”等主题，开展联合调研活动，形成2篇专题调研报告。全年支持各党派团体开展专题调研活动13场次，收到各党派团体提交调研报告18篇。引导各党派团体增强责任意识和使命担当，利用两会、双月座谈会、界别座谈会、“十四五”规划征求意见座谈会等平台建诤言、献计策。2020年，全市各民主党派通过两会等平台，提交集体、个人提案或意见建议170件，大会发言9人次。组织好与各民主党派、工商联、无党派人士的调研协商座谈会、暑期座谈会、情况通报会等工作，分别召开2次市委情况通报会、1次2020年党外代表人士座谈会、2次调研协商座谈会。指导协助民主党派市委会有计划、有步骤推进换届各项工作。

【民族事务管理】 2020年，梅州市委统战部促进各民族交往交流交融，助推少数民族聚居村发展。邀请中南民族大学民族学与社会学院方清云等专家、教授实地考察调研，召开“潭江镇凤坪村创建中国畲族故里工作研究成果座谈会”，协助举办第四届民族地区文旅产业发展论坛暨非物质文化遗产创新与发展大会。争取各级支持投入近2000万元，完善停车场、凤凰图腾村标等基础设施建设。发展茶叶特色产业，凤坪村茶叶年产值4000多万元，产业人均收入4万多元，实现产业增效、畲农增收。开展“中华民族一家亲·同心共筑中国梦”等主题的民族团结进步宣传教育活动，全年共召开座谈会、开展宣传活动49场次，发放民族团结进步宣传资料1.96万余份，走访慰问少数民族群众150人次。加强少数民族流动人口服务管理，在“古尔邦节”等节日期间慰问在梅州新疆籍务工经商人员。加强城市民族工作学习观摩和经验交流，配合广州、阳江等5个市民族宗教部门有关负责人组成的城市民族工作“互观互学”调研组到梅州开展调研交流，组织市及有关县（市、区）民族宗教部门负责人到广州、云浮、阳江等市学习交流。

【宗教事务管理】 2020年，梅州市委统战部依法依规加强宗教事务日常管理，强化宗教领域安全生产日常巡查监管，国庆、元旦等节假日均组织人员对各地各重点宗教场所进行安全检查，举办梅州市2020年宗教场所消防安全工作专题讲座暨消防应急演练。加强宗教工作“三支队伍”培训，举办梅州市2020年宗教工作培训班，选派业务骨干为市委党校中青班和平远县、五华县培训班作专题授课。部署开展民间信仰活动场所普查备案和试点工作，摸清辖区民间信仰场所名称、特点、规模等基本情况，并建档备案、完善数据，推动民间信仰管理制度化规范化。

【新的社会阶层人士统战工作】 2020年，梅州市委统战部健全完善新阶联组织网络，按照“成熟一个、成立一个”的原则，先后指导7个县（市、区）成立新阶联，率先实现县一级新阶联组织全覆盖。指导梅州市新阶联举办2020年粤东片区新阶联圆桌论坛暨梅州市新阶联年会，建立健全会长轮值制度，全年开展12次走访交流活动、走访40余家会员企业。探索推进网络人士统战工作，召开全市网络人士统战工作会议，会同梅州市委网信办开展全市网络人士统战工作专题调研，举办2020年梅州市网络人士培训班。成立梅州市新阶联网络人士分会，建立网络代表人士动态数据库，网络人士统战工作进入全省第一方阵。

【民营经济统战工作】 2020年，梅州市委统战部结合做好“六稳”工作、落实“六保”任务和推动复工复产实际，组织开展“援企稳岗扩就业·暖企行动”“走访谈心开新局·暖企行动”，走访各类企业40家、企业家114名，向民营经济代表人士传递习近平总书记和党中央对广大民营企业和民营经济人士的高度重视和亲切关怀，传达党中央和省委、市委做好当前经济工作和加强新时代民营经济统战工作的最新政策精神。定期召开政企“双月”沟通座谈会，发动民营企业参与“粤商通”、“粤省事”、全国“信易贷”平台，推送企业办税缴费优惠政策，增强发展信心，稳住发展预期。

【港澳台工作】　2020年，梅州市委统战部发挥香港梅州社团总会的牵头抓总作用，主动联系港澳梅州籍社团和建制内人士及乡亲，引导他们共同维护香港、澳门长期繁荣稳定。加强梅州与台港澳地区交流交往，综合利用线上云交流、组织周边地区台港澳同胞线下交流等方法，邀请知名乡贤、著名侨领参加世界长寿之都暨客都人家开街、《原乡》公演系列活动，接待澳门嘉应同乡会等社团回梅州访问考察。开展香港"摘星计划"11周年励志助学行动，帮助60名贫困学子圆大学梦。

【海外统战工作】　2020年，梅州市委统战部以"侨"为"桥"，做好海外统战工作。加大侨务领域重点工作的统筹协调力度，指导各涉侨部门协作联动，持续做好为侨服务和扶助侨界民生工作。按照政务服务事项管理系统、政务服务标准化梳理系统数据要求，对侨务工作8个政务服务事项进行优化完善。以《中华人民共和国归侨侨眷权益保护法》颁布30周年、《广东省华侨权益保护条例》颁布5周年为契机，举行涉侨法律普法系列宣传启动仪式，发放宣传资料5000多份，举办多场法律法规辅导讲座。全面开展梅州市涉侨务法律法规政策的贯彻落实情况自查，配合梅州市人大常委会组织执法检查组到蕉岭华侨农场开展执法检查。

（叶群城）

党　校

【党校概况】　2020年，梅州市委党校有专兼职教师25人，其中专职教师18人、兼职教师7人；有教授1名、副教授10名、讲师11名、助教3名（含专兼职教师）。多数教师具有硕士及以上学位。图书室有藏书3.6万多册，建有中央党校、省委党校两套卫星远程教育网地面接收站。梅州市委党校定期出版《梅州学习与研究》《梅州市情研究》两种刊物。年内，在做好教学培训主业主责时，根据市防控疫情工作领导小组（指挥部）决定，将学员楼设为医学隔离观察场所，梅州市委党校组织工作人员组成疫情防控突击队，组建水电供应保障和生活物资采购专班，为351名隔离观察人员提供后勤服务，助力全市疫情防控大局。

2020年9月14日，梅州市2020年中青年干部培训班暨《习近平谈治国理政》第三卷专题读书班在梅州市委党校小礼堂开班　（梅州市委党校提供）

【教学培训】　2020年，梅州市委党校对标对表《中国共产党党校（行政学院）工作条例》，在干部培训工作中凸显党的理论教育和党性教育主体地位，根据形势发展的需要、不同班次不同对象的学习需求，合理安排教学内容，科学规划课堂教学和现场教学。全年共举办主体班、协办班和部门班21期，培训人数2584人次。其中，主体班6期，培训学员467人；协办班、部门班15期，培训2117人。承办对外培训班35期，培训学员1600多人次。

【科研成果】　2020年，梅州市委党校立足梅州实际，推动梅州苏区振兴发展，主持科研课题24项，并参与市委、市政府以及市有关部门的课题调研；编辑出版《梅州学习与研究》4期、《梅州市情研究》2期；向市委、市政府有关领导提交调研报告5篇；全年科研成果80篇，其中在《梅州日报》发表中央、省委和市委重要会议精神解读文章19篇；教研人员就重大理论现实问题，接受电视台、电台和报社采访10人次。　（梅州市委党校）

机关党建

【机关党建政治引领】　2020年，中共梅州市直属机关工作委员会（简称梅州市直机关工委）聚焦"围绕中心、建设队伍、服务群众"核心任务，突出深化政治引领，丰富平台抓手，夯实组织基础，改进机关作风，拓展党建内涵，推动市直机关党的建设高质量发展。年内，坚持以加强党的政治建设引领机关党建，把提升政治机关站位贯彻工作始终。严格落实“第一议题”学习制度，深入学习《中共中央政治局关于加强和维护党中央集中统一领导的若干规定》，贯彻落实习近平总书记视察广东重要指示批示精神及在深圳经济特区建立40周年庆祝大会上讲话精神，强化市直机关政治属性。通过组织学习“抓头雁”、推动学习“全覆盖”、贯彻落实“出效果”，强化政治机关意识教育。市直各党组织先后组织学习培训、授课辅导、专题交流2120余场（次），实现在职党员政治学习全覆盖。紧贴市委重大工作部署作为，在疫情防控常态化实践中推动“两个作用”发挥，先后印发《关于在防控新型冠状病毒感染的肺炎疫情中发挥基层党组织战斗堡垒作用和党员先锋模范作用的通知》等文件，及时将86万元党费划转至有关重点单位，组织市直机关253名党员干部支援城乡社区一线疫情防控工作，动员10981名党员捐款177万余元。聚焦“三个表率”目标，印发《关于开展模范机关创建活动方案》《2020年梅州市市直机关模范机关创建活动工作清单》等，完善创建机制；下拨130万元创建经费，重点打造梅州市委办等单位，示范引领推进模范机关高质创建。

【机关党建平台发展】 2020年，梅州市直机关工委找准党建发力点，展现新时代机关党建担当作为。抓实常态化学习、抓牢重点性攻关、抓好覆盖面延伸，推动“学习强国”平台与党支部“三会一课”、主题党日等活动深度融合，群策群力推动“学习强国”平台。市直机关入驻“学习强国”学习平台14204人，在职党员100%纳入，学习成效位居全市第二。发挥机关、事业单位党组织的政治优势和组织优势，推动“双报到”任务落地落实，所属640个党组织、管理的8292名在职党员完成报到，“南方+”、《梅州日报》、掌上梅州等媒体用9篇简讯文章进行报道。坚持把推动全国文明城市创建作为党建服务市委重点任务的实践平台，引导党员干部有力有效推动“创文”工作。

【机关基层党组织建设】 2020年，梅州市直机关工委贯彻《党委（党组）落实全面从严治党主体责任规定》《广东省委实施〈中国共产党党和国家机关基层组织工作条例〉重点任务清单》，印发《关于进一步加强和改进市直单位机关纪委建设的实施意见（试行）》，推动党建主体责任落实。协调梅州市委编办，推动机关党务干部配备，推动成立梅州市直属机关党建服务中心，科学谋划党组织设置调整。2020年，督促成立机关党委35个，机关纪委24个。在战“疫”一线培养发展党员，41人递交入党申请书，市直6人火线入党。市直“三个突出”决战“疫”线的经验做法得到省直工委肯定，广东《跨越》等媒体予以宣传报道。

【机关党建内涵拓展】 2020年，梅州市直机关工委不断丰富党建内涵，增强机关党建渗透力保障力。开展机关党建研究，组队赴省直机关工委、汕尾、惠州等地学习借鉴机关党建绩效考核之创新做法和先进经验。分批对8个县（市、区）就模范机关创建、机关党建和绩效考核等工作深入研讨，形成一批有价值的调研成果。人民论坛网等媒体报道梅州市直机关突出“五个贯穿始终”，推动模范机关创建走深走实的经验做法。围绕机关党建核心任务，教育引导党员干部投身中

2020年7月29日，梅州市委常委黄文沐（图中）到白宫社区督查全国文明城市创建工作进展情况
（梅州市直机关工委提供）

心工作主战场，结合行业特点，通过窗口文明岗、便民服务队、党员志愿者等形式，开展党建主题活动，提高贡献率。组织开展走访慰问新中国成立前入党老党员、党员老干部、身患重疾致贫的先模党员、生活特别困难城市下岗党员、因公牺牲党员家属等系列活动，拓展机关党建实践内涵。开展党内关爱5次，及时对5名患重病党员送上温暖。

【机关作风建设】 2020年，梅州市直机关工委围绕年度机关党建工作部署开展日常督查、针对推进落实重点任务和专项部署工作等情况开展例行督查、针对市委巡察移交反馈党建方面问题开展专项督查。完成市委巡察移交七届市委一至六轮巡察反馈党建方面问题专项调研督查。紧扣机关党建三大核心任务，修订完善党建绩效考评方案，开展对市级73个机关单位、46个事业单位、1个中央驻梅单位，共计120个单位的党建绩效考核。出台《年度市直机关民主评议党风政风工作方案》，在市直单位开展党风政风评议活动，组织开展“行风热线”节目，坚持“一把手”上线，接听群众热线、短信，现场解答群众疑难问题，接听热线、短信共502个，所有问题都回复，90%的问题得到解决。严格党员教育管理监督，党内警告1人，开除党籍1人。

（刘文江）

保　密

【保密概况】 2020年，梅州市保密工作围绕全市中心工作，坚持积极防范，依法管理方针，坚持服务全市中心工作，坚持保密工作政治属性，做好梅州市疫情防控中的保密工作，加强保密宣传教育、网络保密管理、涉密人员管理，加大保密检查力度，推进保密基础建设，提高保密技术防范措施与能力，完成保障中央领导在潮州考察期间的安全保密工作，全年杜绝泄密事故发生，维护党和国家秘密安全。

【保密宣传教育】 2020年，梅州市国家保密局到各县（市、区）及梅州市委政法委、市退役军人事务管理局、市自然资源局、市公安局、市邮政管理局等29个单位举办保密工作专题讲座，学习宣传保密法及其实施条例。注重主流媒体的宣教作用，引导广大机关干部关注“保密观”微信公众平台，更新保密理念，强化保密意识。结合“4·15”国家安全日，依托梅州市广播电视台和梅州市府办、梅州市纪委监委、梅州市委组织部等重点工作群、市政府以及全市公共场所多媒体设备等平台载体播放保密工作公益广告片，实现保密宣传教育全覆盖。抓好《保密工作》和《广东保密》杂志学刊用刊工作，学习上级指示精神和先进地区保密工作经验；动员市、县（市、区）保密部门向国家、省级保密刊物投稿和报送工作信息，稿件数量和质量得到提升；3月，完成《广东保密》编辑部约稿任务，梅州市国家保密局、梅州市纪委监委、丰顺县国家保密局、大埔县国家保密局参加供稿工作。梅州市国家保密局《践行初心使命，主动担当作为》、梅州市纪委监委《梅州市委监委坚持“四个强化”严防死守保密红线》、大埔县国家保密局《攻坚克难，保障国家秘密安全》、丰顺县国家保密局《真抓实干、砥砺前行》同期刊登在2020年《广东保密》第1期。

【保密检查】 2020年，梅州市国家保密局加强保密监督检查力度，促进机关单位保密管理水平的提升。按照广东省国家保密局和梅州市委保密委员会工作部署，完成邮政系统、宣传系统、外事系统、自

2020年11月26日，广东省国家保密局到梅州对梅州市委办等重点单位开展保密抽查

（梅州市国家保密局提供）

然资源系统、政数系统的保密专项检查任务。根据上级有关疫情信息安全要求，开展疫情网络安全保密检查，重点对全市卫健系统开展督查与指导。开展保密风险隐患大排查工作，完成21个省列为重点单位的保密风险隐患大排查工作。配合省检查组对梅州市重点单位保密工作开展抽查工作，随机抽查梅州市委办、市府办、市委组织部、市退役军人事务局，兴宁市委办、市府办、市委组织部、市委编办、市退役军人事务局。通过访谈、检查台账、实地查看文件资料管理和保密室配套建设情况，借助保密检查工具抽查自动化办公设备使用情况等方式开展保密检查，逐项排查保密安全隐患。梅州市国家保密局对受检单位在检查中发现的问题适时组织整改情况“回头看”，督促履行主体责任，抓好问题整改。参加梅州市2020年高考、中考和中小学新冠肺炎疫情防控工作联合检查，完成各类考试试卷保密室验收与检查任务，完成高考、中考领卷、送卷，高考巡考任务和各类国家重要考试安全保密监督工作。

【梅州市保密专题培训与考核】 2020年，中共梅州市委保密委员会办公室、梅州市国家保密局组织开展本地区的保密专题培训与考核工作。培训工作分市、县（市、区）两部分，同步开展保密委委员保密专题培训。培训采取自学与集中学习相结合的方式，主要内容涉及保密形势与任务、保密法律法规制度、保密依法行政、定密管理等相关保密专题知识。组织保密委委员集中观看保密警示教育片、保密专题培训课件。保密专题培训工作结束后，市、县（市、区）保密局组织开展各级保密委委员和保密系统干部全员考核工作。以《中华人民共和国保密法》为主，融合日常保密工作常见问题作为考核的主要内容，市、县（市、区）委保密委委员、保密系统干部参考率100%，优秀率100%。

【保密技术服务保障】 2020年10月11日，根据广东省国家保密局工作部署，梅州市委保密委专职副主任、梅州市国家保密局局长陈益明与保密技术人员，携带保密技术装备到潮州市，参与保障中央领导在潮州考察期间的安全保密工作，完成省交付的保密保障任务，保密技术服务保障工作得到省委保密办、省国家保密局肯定，特致感谢信予以表扬。2020年，全面完成梅州市保密技术服务基础设施建设任务，基本完成市保密综合业务网建设，实现主要保密业务在线办理预期目标。梅州市国家保密局密品销毁中心全年承接各级各单位和驻梅部队的125批次销毁任务，共销毁纸介质49吨，硬盘、U盘、光盘等1000多个。 （梅州市国家保密局）

老干部

【老干部工作概况】 2020年，梅州市有离休干部747人，其中机关293人、事业195人、企业259人。市直离休干部166人，其中机关63人、事业88人、企业15人；厅级以上3人、处级68人、正科级95人。管理省属企业离休干部33人，管理副厅级以上退休干部56人。全市成立离退休干部党支部455个。

【离退休干部“三项建设”】 2020年，中共梅州市委老干部局（简称梅州市委老干部局）加强离退休干部“三项建设”（政治建设、思想建设和党组织建设）。针对新冠肺炎防疫形势，筛选学习内容，采取集中学习、送学上门、信息推送等形式，组织老同志学习党中央一系列重大战略思想，加强老同志对时事政策的解读。按照“五好六有”标准将梅州市公安局离退休干部第一党支部打造为梅州市离退休干部党支部党建工作示范点，带动市直离退休干部党建工作的整体提升。召开市直单位离退休干部党支部书记培训班，加强离退休干部党支部书记业务培训，增强离退休支部的政治功能和组织力。加强与梅州市委组织部和市直机关工委的沟通联系，将市直单位和组织关系在梅州的中央、省属驻梅州单位的离退休干部党支部按80%的比例返拨党费。

【离退休干部服务管理】 2020年，梅州市老干部工作部门执行离休干部政策，保障老干部“老有所养”“老有所医”。推进省离退休干部服务管理系统运行工作，举办省离退休干部服务管理系统梅州地区培训班，完成梅州市离退休干部的数据入库工作。通过“梅州老干”掌上梅州公众号及时发布老干部工作情况，打造宣传老干部工作和传播老干部正能量的重要展示平台。建立“梅州老领导工作服务”微信群，每周一期在群内进行“在线悦读”信息推送，内容涵盖“第一议题”“梅州资讯”“老干部工作”“保健养生”栏目。梅州市老干部（老年）大学通过班级微信群及时向学员传达学习党的方针政策、发布学校教学活动动态，宣传普及防疫知识。加强与财政局、社保局等单位、部门的沟通联系，协调好离休干部离休费、医药费保障机制和财政支持机制建设，确保离休干部的各项政策规定得到落实。做好离休干部更换新版公费医疗证的相关工作，保障离休干部医药费报销的科学、顺畅。建立离退休干部特殊困难帮扶机制，出台《梅州市市直单位离退休干部特殊困难帮扶资金管理办法（试行）》，争取帮扶资金列入财政预算。做好老干部走访慰问工作，及时探望患病住院老干部、慰问去世离休干部遗属。全市老干部工作部门通过登门、电话、微信等方式联系慰问老同志，为老同志送出一批口罩、消毒水、洗手液等防护用品，提高老同志防护能力。为老同志征订《广东党建》《秋光》《秋光·长寿生活》《老人报》等报纸杂志，丰富老同志的精神生活。

【老干部正能量发挥】 2020 年，梅州全市老干部围绕中心，服务大局，发挥老干部独特的作用，为党的事业增添正能量。梅州市委老干部局鼓励老同志在弘扬好家教好家风、聚焦产业扶贫、“美丽梅州、美好家园”建设、弘扬苏区文化、助推乡村振兴、弘扬中华书画优秀文化瑰宝、老年人健康生活等方面持续助力发热。组织副厅级以上老同志到丰顺参观考察，对如何对接粤港澳大湾区建设，加快梅州苏区建设建言献策。新冠肺炎疫情发生以来，梅州老干部离退休党员共捐款 208.12 万元。大埔离休干部刘小忠被评为“全国离退休干部先进个人”。

【老干部活动阵地建设】 2020 年，梅州市老干部工作部门采取整合、置换、修缮等措施，完善老干部学习活动阵地。梅州市老干部活动中心投入 180 多万元对退休干部党员活动室、老干部阅览室、老干部文艺会演礼堂、老干部大学古筝教室等进行修缮改造，在老干部大学教学大楼内加装电梯，为老干部学习活动提供良好的条件和环境。结合疫情防控工作，整合市老年大学优质教学资源，利用微信等平台开展老年大学线上授课，做到“居家不停学”，进一步疏导老同志的心理，丰富老同志的居家生活。开展梅州市老干部（老年）大学成立 15 周年庆祝活动，举办学员优秀诗、书、画和摄影作品展，展示教学成果。

（梅州市委老干部局）

2020 年 1 月 10 日，梅州市老干部（老年）大学艺术团和市老年书画家协会部分书法家到五华县转水镇五星村开展 2020 年文化下乡迎新年活动 （周苏娜 摄）

机构编制

【党政机构改革】 2020 年，中共梅州市委机构编制委员会办公室（简称梅州市委编办）做好机构改革后续工作。进一步优化市委对市直机关党建工作的领导体制，明确市直机关工委设书记 1 名（由市委常委兼任）。在市、县两级党委组织部加挂非公有制经济组织和社会组织工作委员会牌子。印发《关于进一步加强市直机关专职党务工作力量的意见》，合理优化设置市直机关党组织办事机构，并为符合条件的单位核定机关党委专职副书记职数。印发梅州市发展改革局、市交通运输局、市财政局、市民政局“三定”规定，指导各县（市、区）制订发展改革、交通运输等部门“三定”规定。理顺梅州市自然资源局梅县分局、梅西分局、高新技术园区分局体制。全面完成组建梅州市生态环境局各县（市、区）分局和原各县（市、区）环保局所属事业单位上收市本级管理工作，并对上收的事业单位进行整合优化、统一规范设置。妥善解决市本级地震职能和梅江区打私职能划转问题。落实省关于森林公安机关管理体制调整工作部署，将市县森林公安机关划归同级地方公安机关直接领导管理。开展市县公安机关大部门大警种制改革深调研活动，为稳妥推进公安机关改革打牢基础。全面完成对8个县（市、区）县级“三定”规定备案审查工作。

【乡镇街道体制改革】 2020年，梅州市推进乡镇街道体制改革，完善基层治理体系。梅州市委编办督促指导各县（市、区）按照省委的部署和要求制订实施方案，率先向省报批《县（市、区）深化乡镇街道体制改革完善基层治理体系实施方案》，相继出台推进乡镇街道体制改革有关文件4份，及时组织召开全市推进乡镇街道体制改革现场会，全市乡镇街道体制改革取得成效：下放526项执法类和2810项行政许可、公共服务类县级职权事项至乡镇街道；完成乡镇街道“三定”规定制订印发以及机构挂牌、人员转隶等工作，自然资源所、市场监管所全面下放乡镇街道，乡镇街道统一精简规范设置6个事业单位，实现乡镇街道党政机构优化设置；全市各乡镇街道建立健全综合治理、公共服务、综合行政执法、应急管理、规划建设委员会五大统一指挥协调工作平台，健全乡镇街道党（工）委统一领导机制；推动编制下沉至乡镇街道，镇级编制比上年新增约27%，基本满足乡镇街道工作需要；协调推动广东省行政执法信息平台和行政执法监督网络平台本地化部署应用、加强基层财政保障、强化数字政府技术支撑等配套保障各项工作。

【事业单位改革】 2020年，梅州市出台《关于深入推进市直事业单位改革工作方案》，89个市直事业单位采取实行转企改制、撤销或撤并、整合或调整优化、转为登记设立等方式进行分类改革，完成转企改制2个、撤销或撤并29个、整合或调整优化30个、转为登记设立10个、调整分类9个。梅州市委编办做好承担行政职能事业单位改革收尾工作，撤销（或撤并）市人民政府调处土地纠纷办公室等11个职能已经回归机关的事业单位。优化市直部门所属事业单位布局，整合优化事业单位65个。推进公益三类及从事生产经营活动事业单位改革，市本级单位完成改革38个、收回事业编制609名，县级完成改革单位67个、收回事业编制1241名。

2020年12月17日，梅州市推进乡镇街道体制改革会议在五华县华城镇召开

（梅州市委编办提供）

【专项改革推进】 2020年，梅州市委编办统筹推进有关专项改革。推进群团组织改革，贯彻落实中央和省委、市委关于群团组织改革要求，推动群团组织“强三性、去四化”。修订梅州市科协机关、市文联机关、市侨联机关“三定”规定，厘清职责任务，强化职能转变，规范设置内设机构和领导职数。配合深化纪检监察体制改革，调整市纪委监委派驻（出）机构监督范围，印发《关于调整市纪委监委派驻（出）机构监督范围的批复》；增设市纪委监委驻市国资委纪检监察组，保障纪检监察全覆盖。推进综合行政执法体制改革，按照中央和省的部署要求全面完成市场监管、生态环境保护、文化市场、交通运输等领域行政执法体制改革。明确市场监管部门市场监管综合执法职责范围；整合县级原环境保护和原国土、原农业、水务、林业等部门相关污染防治和生态保护执法职责和队伍，组建县级生态环境保护综合行政执法队伍，县级生态环境分局实行“局队合一”，设立执法股，由分局直接执法；将梅州市体育部门、梅江区文化广电旅游体育部门的体育行政执法职责整合调整由梅州市文化广电旅游局执法支队统一行使；按照市和市辖区原则上只保留一个执法层级的改革要求，以市

为主设立交通运输综合行政执法机构（市交通运输局内设执法监督科和执法一、二、三、四科），统一负责市级和梅江区范围内交通运输综合行政执法，梅县区交通运输综合行政执法实行区一级执法。开通绿色“护航编制池”，为市直19名援鄂和68名医务防疫人员开通“绿色通道”直接办理入编手续；构建完善大卫生大健康格局，对梅州市卫健局等6个所属事业单位进行撤并整合优化；完善疾病防控体系，设立梅江区疾病预防控制中心，镇街卫生院（社区卫生服务中心）加挂卫生健康中心和疾病预防控制中心牌子。

【机构编制资源利用】 2020年，梅州市委编办强化机构编制资源统筹利用。坚持“瘦身”与“健身”相结合，坚持“严控总量、统筹使用、有减有增、动态平衡、保证重点、服务发展”，全年研究解决党政群机关和事业单位机构编制日常事项54项。出台《梅州市市直急需紧缺人才专项事业编制保障管理办法（试行）》，盘活市直事业单位空缺编制，明确市直教育、科技、卫生等领域事业单位空编须按50%以上比例用于引进急需紧缺的高层次人才。建立市直“急需紧缺人才用编周转池”制度，从深化市直事业单位改革收回的事业编制中调剂300名，用于保障重点领域事业单位人才引进。推动建立“管理人员编制+人才专项编制”的结构化管理模式，提高事业单位专业人才比例，把有限的编制资源用在刀刃上。重新核定市直机关后勤服务人员数，降低机关运行成本。

【机构编制监督检查】 2020年，梅州市委编办抓好《中国共产党机构编制工作条例》贯彻落实，建立与梅州市纪委监委、市委组织部、市委巡察办、市财政局、市人力资源社会保障局、市审计局等部门间机构编制监督协同工作机制，开展机构编制监督检查。做好机构编制实名制管理和统计数据报送工作，实名制系统数据报送工作受到广东省委编办的通报表扬。

【编办专题调研】 2020年，梅州市委编办围绕乡镇街道体制、事业单位改革等方面开展各类专题调研。4月15日，梅州市委编办主任叶桂杰率调研组到丰顺县留隍镇开展中心镇行政管理体制改革试点专题调研；28日，梅州市委编办副主任周庆文率调研组到梅州市五华龙狮湖管理中心和华城镇调研事业单位改革和华城镇中心镇行政管理体制改革试点工作。10—11月，梅州市委编办领导分别带队到各县（市、区）开展全市机构编制工作“深调研”活动，聚焦省市自然保护区管理体制探索与创新，建立健全镇街综合行政执法平台、实行镇域内“一支队伍管执法”，强化机构编制监督检查和部门联动、严防严控“吃空饷”，管好编制资源等热点开展深入研究，形成近十篇调研报告。7月20—21日，广东省委编办一级调研员杨强一行到梅州开展公益三类及从事生产经营活动事业单位改革专题调研督导，对梅州市推进事业单位改革的做法和成效给予肯定。12月2日，广东省委编办副处长王启军一行到五华县华城镇、潭下镇等地调研，实地了解镇街体制改革进展情况，调研组对梅州市推动派驻机构属地管理、统筹资源夯实五大平台建设，推动镇街改革各项措施落地见效给予肯定。

（梅州市委编办）

政策研究

【文稿服务】 2020年，中共梅州市委政策研究室（简称梅州市委政研室）突出主责主业，以文辅政，为市委决策提供高质量文稿服务。全年组织撰写各类文稿材料200多篇120多万字，其中包括市委七届八次、九次、十次全会报告，市委重要会议讲话，全市经济社会发展情况汇报等材料，修改把关市直部门起草的专项工作汇报、重要情况反映等材料。

【调查研究】 2020年，梅州市委政研室制订《关于围绕学习贯彻习近平总书记出席深圳经济特区建立40周年庆祝大会和视察广东重要讲话重要指示批示精神开展“深调研”工作方案》，协调市党政领导牵头开展重大课题调研，形成17份20多万字调研报告。聚焦中心工作和群众反映强烈的问题，自选课题“深调研”，形成《活化名人故居传承历史文脉——名人故居（旧居）保护利用情况调研报告》《关于新冠肺炎疫情对梅州脱贫攻坚影响的调研报告》《关于梅州市老字号、老品牌企业发展情况的调研报告》《基层党校运行情况调研报告》《构建生态发展区绿色产业体系——梅州贯彻新发展理念推动高质量发展的初步实践》《坚持“五个一”变“邻避”为“邻利”——梅州市涉环保项目推进情况报告》报告，得到市领导的批示肯定，一些对策建议被市委、市政府采纳，转化为具体措施。

【改革协调】 2020年，梅州市委政研室发挥市委改革办的综合协调作用，牵头制订市重点改革工作安排，筹备召开市委深改委会议1次，协调推进市委关于东升园区、梅西水库、综合保税区体制机制改革等重大改革部署，组织实施年度重点改革事项72项，已完成60项，持续督查教育医疗、营商环境等重点改革。做好战略顾问沟通咨询工作，及时向市发展战略顾问通报市情，收集吸纳战略顾问意见12条；编辑出版《客都论坛》4期，全面宣传市委决策部署和反映各地各部门的工作亮点。（梅州市委政研室）

外　事

【涉外疫情防控】 2020年，中共梅州市委外事工作委员会办公室（简称梅州市委外办）从维护好国内国际“两个大局”的高度，围绕组织领导、闭环管理、宣传引导、复工复产、对外援助等，抓好涉外疫情防控工作，确保“外防输入”万无一失、外部干扰降到最小。制订完善并细化《疫情防控涉外处置工作方案》《有关涉外处置工作指引》《应对疫情防控期间因公出国管理工作指引》《新冠肺炎疫情防控期间梅州市在海外人员回国指引》和“外事工作10条”等涉外疫情防控措施，将工作纳入规范化轨道。派出干部分别派驻广州、深圳、珠海、揭阳口岸，对所有外国人返梅实行闭环管理，落实外籍人士隔离酒店，避免与社会人员的接触带来的疫情传播的风险。落实省委“一对一”工作要求和一视同仁无差别健康服务若干措施，并落实社区闭环管理工作，向社会招募一批外事服务志愿者，成立“3＋1”（社区干部、公安干警、卫健人员、外事志愿者翻译）服务团队，“一对一”服务重点国家人员，提供一系列贴心服务，第一时间回应其生活所需，调解负面情绪，加强人文交流和文化认同。新冠肺炎疫情发生以来，梅州市全程跟踪做好2名外籍梅州客家足球队员新冠肺炎的管理服务工作，帮助毛里求斯、印度等5个外籍人员办理签证延期手续，并为其解决生活困难。在主要媒体公开发布《致在梅外籍人士的一封信》（中英文版），利用官方媒体、工作群、公众号，发送多语种疫情防控政策和相关知识，号召在梅州市外籍人士积极配合疫情防控工作；制订《新冠肺炎疫情防控期间梅州市在海外人员回国指引》，为梅州市已出国人员回国提供指引；落实应急值班值守工作制度，开通24小时咨询服务热线电话，落实专人负责，为在梅州市外籍人士及时提供新冠肺炎疫情防控相关咨询和协助，做好突发疫情防控涉外事务处置工作。利用“快捷通道”政策，为从事重要经贸、科技、物流、生产和技术服务等领域的必要、紧缺人员，以及重要产业链和高新科技项目复工复产人员到梅州市提供签证协助，为9家重点企业出具29批46人次的邀请函，涉及13个国家。

年内，梅州市开展对外援助，先后采购11万只一次性防护医用口罩，分别定向捐赠给法国留尼汪顶磅市、保加利亚克尔贾利市、毛里求斯鸠比市、巴西桑托斯市、塞舌尔维多利亚市等国际友好交流城市；采购16.5万只一次性防护口罩和2000只CE认证医用口罩，分别定向捐赠给8个国家17个客属社团，配合和服务国家总体外交大局，扩大抗疫国际合作的“朋友圈”，增强海外侨胞的民族观念和爱国爱

2020年11月13日，由马耳他、斯洛伐克、阿尔巴尼亚、奥地利、葡萄牙、瑞典、斯洛文尼亚、北马其顿、塞尔维亚等欧洲国家驻华使节组成的使节团到梅州参观考察
（梅州市委外办提供）

乡热情。有关工作得到外交部驻广东工作组和广东省委外办的肯定，驻外使馆也给予高度评价，驻保加利亚、驻毛里求斯大使馆、驻留尼汪领事馆分别出席防疫物资捐赠接收仪式。同时，统筹全市系统资源，发动友好交流城市、侨资侨力助力疫情防控工作。

【对外交流合作】 2020年，梅州市委外办坚持开展对外交流合作，搭建服务发展“大平台”。在落实疫情防控措施的基础上，统筹全市外事资源优势，参与“一带一路”建设，服务国家总体外交和地方经济发展。推动与外国驻华领事的沟通交流，梅州市委外办专门赴广州拜会马来西亚、新加坡等7个国家驻穗总领事馆，推介梅州发展现状和机遇，推动与东南亚国家的产业对接，邀请相关领事出席计划举办的世界客商大会。年内，分别接待欧洲国家驻华使节团共9个国家13人、接待日本驻穗总领事一行5人、韩国驻穗总领事一行5人到梅州考察访问。特别是欧洲国家驻华使节团到梅州参访期间，对外展示梅州改革开放、乡村振兴、脱贫攻坚、客家文化等方面发展的成效，得到外交部、广东省委外办领导的高度评价，以及使节团的肯定；外交部欧洲司专门发来感谢电。加强对外经贸、体育、教育和科技领域对外合作交流。

年内，梅州市委外办协调商务部门组织梅州市86家企业参加第127届和第128届网上广交会、第三届进博会等经贸活动。协调体育部门引进3名葡萄牙籍教练员、3名巴西桑托斯外教团队到梅州市体育运动学校执教，服务梅州足球特区创建。协调嘉应学院与马来西亚城市大学签署合作备忘录，在教师互派、学生交换、科研合作、学分互认等方面加强合作交流。协调科技部门制订《梅州市关于进一步促进科技创新的若干政策措施》，优化引进国外高层次人次的政策环境。

【对外宣传推介】 2020年，梅州市委外办协调宣传部门，借助境外媒体以及客属华人华侨社团组织等力量，推动客家优秀传统文化“走出去”。向印尼《国际日报》等媒体和社团组织推送《心系家乡，共抗疫情！梅州籍海外侨胞齐发力》等50多篇信息，全媒体推送国内战“疫”动态、梅州市援鄂医疗队感人事迹报道等，争取国外舆论对国内防“疫”工作的理解支持。联合海外华人华侨、国际友人、留学生等，创新采用“云录制”的方式，推出抗击疫情公益MV《民族脊梁》《我为你祈祷》，凝聚海内外力量支持祖国抗“疫”。与暨南大学合作举办“看中国·广东行”的活动，围绕“农事·农家·农人”和“后疫情时代”为主题，拍摄完成8名外国青年留学生每人10分钟的中国文化纪录短片，加强中外青年之间的跨文化沟通、交流与合作。拍摄大型纪录片《丝路南洋·客商》，向东南亚“一带一路”沿线国家输送传播。与印尼《国际日报》合作，刊发《国际日报·梅州乡情》专版，推送梅州新闻资讯。在美国《国际日报》英文版上增设《梅州乡情》彩色英文版。在马来西亚举办“客家春晚·马来西亚之夜”晚会，与《客家春晚》梅州主会场连线，向全球客属地区传播。实施“记住乡音——客家文化之旅”项目，向印尼国际卫视台、印尼国际日报集团国际卫视推送《这里是客家》、梅州宣传片、客家话译制节目、客家民俗歌舞、广东汉剧等，讲好中国故事，讲好客家故事，推动“一带一路”沿线国家和地区文化交流合作。

【涉外安全管理】 2020年，梅州市委外办履行防范化解对外领域风险工作牵头单位职责，分别组织召开全市防范化解对外工作领域重大风险小组成员和联络员会议，科学分析当前国际国内形势，部署梅州市防范化解对外领域重大风险工作。利用官方网站、微信、微博平台，对居民发布在疫情期间出国安全提示。联合梅州市公安局开展领事保护知识宣传活动，现场发放宣传资料2000份，并针对市民提问，现场进行详细解答，提高梅州市公民特别是涉外企业人员的海外安全风险防范意识。协调、指导蕉岭县妥善处理曾钟利女士在泰国医疗问题。处理原广东华南虎足球俱乐部因破产解散拖欠外籍员工薪酬事宜，召开处理拖欠薪酬问题协调会，对相关工作进行安排部署。

【出访管理】 2020年，梅州市制订《梅州市应对新冠肺炎疫情防控期间因公出国管理工作指引》，暂停因公出访。对2019年因公出国团组执行出访任务情况后续跟进、梳理、检查，推进签约项目加快实施。开展因公护照管理专项检查，逐本查看全市252本因公护照，全面盘点核对，确保“监管平台”信息与实际库存保管信息一致，做到各个环节都有“迹”可循，实现对领导干部证照管理的规范化、常态化，尽可能提前预防违规违纪出国行为的发生。（梅州市委外办）

侨　务

【侨益维护】 2020年，根据中央和省委相关文件精神，梅州市委统战部制订下发《关于加强新时期梅州侨务工作统筹协调的意见（试行）》，分指导思想、基本原则、重点工作的统筹协调及统筹协调工作保障机制的建立完善等，为建立完善统筹有序、各负其责、协同有力的新时期侨务工作体制机制提供根本遵循。年内，梅州市侨务局梳理完善政务服务事项管理系统和政务服务标准化梳理系统，对接修订完善和对口妥善办理8个涉侨行政事项，指导下级侨务部门开展侨务工作，为上级和兄弟单位提供侨务工作信息资源。

年内，梅州市侨务局办理华侨回国定居1宗、“三侨生”证明1宗。做好侨务信访，为侨胞排忧解难，协调办理事项12起。6月12日，广东省委统战部到梅州调研涉侨政策法规及侨务行政工作情况，听取基层对有关涉侨法规修订的意见建议。以《中华人民共和国归侨侨眷权益保护法》颁布30周年为契机，指导推动相关部门做好涉侨法律法规政策的贯彻落实工作。9月22日，配合梅州市人大赴蕉岭华侨农场开展《中华人民共和国归侨侨眷权益保护法》现场执法检查，听取《梅州市贯彻落实〈中华人民共和国归侨侨眷权益保护法〉工作情况汇报》。选拔推荐2名优秀侨商参加“首期海外华裔青年企业家粤港澳大湾区经济研修班”，2名侨领参加国侨办、广东省侨办合办的“海外华商国情研修班”。制订《关于开展“惠侨暖企”行动工作方案》，指导帮助梅州市侨资企业用好用足各项惠企政策，推动梅州市侨资企业实现高质量发展。发动华侨支持家乡公益事业，做好侨捐宣传保护和平台建设，调动华侨投资、捐助的积极性。争取侨心慈善基金会捐赠棉背心8600件，发放给困难归侨侨眷、扶贫济困帮扶对象和山区困难群众。

【侨胞疫情防控服务】 2020年，梅州市侨务局牵头成立梅州防控境外疫情输入与支持华侨华人抗击疫情涉侨领导小组，落实《关于支持华侨华人做好防控境外新冠肺炎疫情输入工作的指引》，组织涉侨部门防控境外疫情输入，支持海外华侨华人抗击疫情工作，开展“暖侨行动”。疫情期间，共接收来自17个国家和地区48个侨团和侨领防疫捐款302.08万元，捐赠防疫物资折合664.72万元。配合市委、市政府对外支援援助抗疫物资、提供惠侨服务，通过网站、微信公众号、刊物等向海外侨胞传递家乡抗疫、防疫情况，传授疫情防控知识。通过10个国家和地区的22个华侨社团向海外侨胞发放防疫口罩28.7万个，赠送中成药连花清瘟胶囊26箱，赢得海外侨胞赞誉。

（梅州市侨务局）

2020年3月7日，泰国客家总会为支援梅州家乡打赢疫情防控战举行捐款仪式，共募集善款合计55万铢（约合人民币12万元）（梅州市侨务局提供）

台港澳事务

【梅台港澳交流】 2020年，中共梅州市委台港澳工作办公室（简称梅州市委台港澳办）采取线上“云交流”、组织周边地区台港澳同胞线下交流等方式开展以立项重点交流项目为主的梅台港澳交流工作。1月9日，梅州市委台港澳办主任王忠豪赴香港参加由外交部驻香港特派员公署举办的春茗酒会；7月28日，协助澳门嘉应同乡会成立澳门梅州妇女会和澳门梅州青年会，服

2020 年 10 月 20—23 日，为期 4 天的“‘四海同心’台湾客籍子弟原乡文化寻根之旅”交流活动在梅州市举行，来自东莞、惠州的台湾客籍子弟 60 多人参加活动

（梅州市委台港澳办提供）

务澳门客家、澳门民众，服务“一国两制”；9 月 27 日，借台湾客家新住民（大陆配偶）文经交流协会成立之机，举办海峡两岸大陆配偶联欢迎中秋、庆国庆活动，组织梅州、台湾高雄、桃园约 50 位大陆新娘及其家人，现场通过网络视频联机“云”欢聚，共同欢庆中秋、国庆双节；10 月 14—17 日，邀请在梅州的台湾青年代表 26 人，举办“台湾青年客家文化体验营”活动，并在梅县区白渡镇嵩溪村举办“台湾乡土文学杰出奠基人钟理和生平事迹展”揭幕仪式，邀请台湾客家新住民文经交流协会青年代表、研究两岸客家文化方面的专家，钟理和后人，梅州市台商协会、台联会成员及市直、县（市、区）有关部门、媒体记者等近 50 人参加；10 月 16—18 日，组织在梅州市客都小学、肩一小学、化育小学、千顷小学、伯聪中学等就读的 38 名台籍学生、本地学生和学生家长，举办第十九届梅台青年夏令营活动；10 月 16 日，在中国客家博物馆树立“海峡两岸交流基地”标识物；10 月 20—23 日，邀请东莞、惠州的台湾客籍子弟 60 多人到梅州，开展“‘四海同心’台湾客籍子弟原乡文化寻根之旅”交流活动；12 月 3—9 日，协助开展广东省台办立项重点交流项目“第七届台湾青年岭南行活动”分线路——客家文化与生态农业体验之旅活动，并获优秀组织奖；12 月 13 日，梅州市委台港澳办主任王忠豪赴广州参加广东省客属海外联谊会成立 30 周年纪念大会暨第七届理事会就职典礼活动，加强与香港梅州总商会、香港梅州联会等旅港主要梅州客属社团和曾智明、梁亮胜等知名人士，以及香港企业界青年精英的沟通联系，涵养“新生代”资源。

【台港澳疫情防控服务】 2020 年，梅州市委台港澳办成立应对新冠肺炎疫情联防联控涉台港澳工作领导小组。发动港澳社团、重要人士捐资捐物，共抗疫情，得到香港梅州联会、香港梅州总会、澳门嘉应同乡会、澳门梅州商会、香港荃湾兴宁同乡福利会等客属社团的响应，通过各种活动形式筹措善款、抗疫物资。香港梅州联会会长罗活活采取“爱心捐赠点对点”（以每人 1000 元慰问奖励疫情防控一线人员）方式，一天半时间筹集爱心款 86.2 万元。全国政协委员曾智明通过泰国亲朋好友购买急需的医疗用品，发往武汉疫区，同时发动亲朋好友购买一批医疗用品送到国内，转交给家乡医院。在日本度假的香港乡贤吴彩华，采买急需的医疗用品寄回国内。印尼阿尔法零售集团总裁郭桂和，发动员工采购 2000 个口罩，在香港同胞余国春、余鹏春兄弟和李淦基的帮助下，辗转近 10 天，抵达梅州市抗“疫”一线。据统计，2020 年疫情期间，梅州市累计收到台港澳同胞捐款 595.93 万元（其中港澳同胞 519.83 万元、台湾同胞 76.1 万元），口罩 209.98 万只，测温仪 1075 支，防护服 1400 套，电子多功能体温探测仪 31 个，以及消毒液、手术衣、消毒片、医用手套等防护物资若干。收集、掌握在梅州市台港澳人员基本信息和在梅州市台资、港资、澳资企业情况，宣传抗疫知识，赠送抗疫物资；在疫情稳定后，支持企业复工复产；做好到梅州市台港澳人员接送、协助隔离、重要人士到梅州市豁免隔离工作；做好跨境大货车司机证件签注等工作。

【《中华人民共和国香港特别行政区维护国家安全法》宣传】 2020 年，梅州市委台港澳办联系香港各客属社团、香港乡贤，了解香港各界对《中华人民共和国香港特别行政区维护国家安全法》(简称《港区安全法》)的反响，开展正面宣传。梅州市乡贤、全国政协常委余国春、广东省政协常委余鹏春在人民网、人民政协报、央广网、《大公报》/大公网、《文汇报》/文汇网，紫荆网、紫荆时评、中新社、中通社、点新闻等媒体分别发表文章《立法维护国家安全，巩固安邦定国根基》《坚定立法堵漏，重振发展信心》。5月26日，余国春、余鹏春等发出倡议，得到海外630个侨社团的支持，在香港《文汇报》《星岛日报》等刊登联合声明，坚定支持全国人大制订《港区安全法》，通过海外630多个侨社团宣传推介《港区安全法》，让《港区安全法》深入海外侨胞之心。同时，香港梅州总会、香港梅州联会、香港梅州总商会等客属社团，组织人员站街“撑国安立法”签名，为香港助力。余国春、梁亮胜、曾智明、余鹏春、余伟杰等通过网络联署及街头签名支持。6月10日，余国春在香港侨界社团联会举办全国两会解读报告会，向与会者解读两会的重点内容，分享参与两会的感受。

【台港澳政策落实】 2020年，梅州市继续贯彻落实中央、广东省惠台措施。4月初，制订《2020年“惠台暖企”行动工作方案》，开展2020年“惠台暖企”行动。4月中旬，会同国家税务总局梅州市税务局、梅州市市场监管局、梅州市商务局等部门对梅州市台资企业进行专项摸查梳理。向省台联等部门申请资金9万多元，慰问、帮扶梅州市困难定居台胞70多人次；受理、解决、协助处理涉台港澳投诉、权益纠纷案件2件，受理直接来访投诉案件3件，协助做好疫情期间赴台大学生返台就学、疫情防控等工作，维护台港澳同胞合法权益。

【“第四届海峡两岸中山论坛”开幕式在梅州市设置分会场】 2020年7月17日，第四届海峡两岸中山论坛在广东省中山市开幕。开幕式采取现场+“云论坛”形式举办，在广东省21个地级以上城市和台湾地区分别设分会场。梅州市委书记陈敏，市领导曾尚忠等在梅州分会场收听收看开幕式。论坛以“弘扬中山精神、共谋民族复兴”为主题，举办“台商一起来 融入大湾区”主题活动、中山精神与民族复兴研讨会、两岸青年研习营、“中山杯”大湾区台企慢投垒球邀请赛、孙中山文化史迹游等系列活动。

【广东省海峡两岸交流基地考察活动在梅州市举办】 2020年10月20—21日，广东省海峡两岸交流基地考察活动在梅州市举办。广东省委台办主任黄耿城、副主任黄兆芬，全省各地市台办主任，以及省直有关部门负责同志参加活动。在梅州参会期间，与会人员先后到海峡两岸交流基地交流示范点中国客家博物馆、谢晋元故居、广东（蕉岭）乡建馆、丘成桐国际会议中心等地开展实地考察，分别听取相关负责人介绍有关情况，现场了解海峡两岸交流基地建设和管理工作经验和成效。

【第三届“两岸一家亲”台湾民情学术研讨会在梅州市召开】 2020年11月16日，由中华全国台湾同胞联谊会、中国社会科学院台湾研究所、闽南师范大学主办，中共梅州市委台港澳工作办公室与广东省台联、台湾中华两岸新时代交流协会等单位协办的第三届“两岸一家亲”台湾民情学术研讨会在梅州市举行。两岸专家学者围绕“新形势下台湾民情新变化与两岸融合发展”展开相关研讨。会上，来自两岸研究机构、高校的专家学者100余人，围绕“中美关系新局面和新冠疫情对两岸关系影响”“岛内政局、两岸关系变动与台湾民情新变化”“深化两岸融合发展、夯实和平统一基础”“两岸关系前景展望与意见建议”等子议题深入交流。

（梅州市委台港澳办）

梅州市人民代表大会

人大重要会议

【梅州市七届人大七次会议】 2020年1月19—21日，梅州市第七届人民代表大会第七次会议在梅州城区举行。应到会代表425人，实到会代表394人，符合法定程序。会议听取和审议市长张爱军所作的《政府工作报告》、梅州市人民代表大会常务委员会（简称梅州市人大常委会）副主任黎健平所作的《梅州市人民代表大会常务委员会工作报告》、梅州市中级人民法院院长刘思彬所作的《梅州市中级人民法院工作报告》、梅州市人民检察院检

2020 年 1 月 19—21 日，梅州市第七届人民代表大会第七次会议在梅城亮胜客家艺术中心举行 （梅州市人大常委会提供）

察长吴少荣所作的《梅州市人民检察院工作报告》；审查梅州市人民政府关于《梅州市 2019 年国民经济和社会发展计划执行情况与 2020 年计划草案的报告》《2020 年国民经济和社会发展计划草案》《梅州市 2019 年预算执行情况和 2020 年预算草案报告》及 2020 年市本级预算草案。会议表决通过上述六个报告的决议，批准上述报告以及梅州市 2019 年国民经济和社会发展计划、梅州市 2019 年市级预算。

【市人大常委会会议】 2020 年，梅州市七届人大常委会召开 7 次常委会会议。1 月 6 日，召开第三十四次会议，会议表决通过梅州市人大常委会代表资格审查委员会关于市七届人大个别代表的代表资格审查报告、市第七届人民代表大会第七次会议主席团成员和秘书长建议名单以及市第七届人民代表大会第七次会议议案审查委员会组成人员建议名单；审议通过方利旭辞去省十三届人大代表职务的报告及有关决定；表决通过一批人事任免名单。3 月 5 日，召开第三十五次会议，会议表决通过一批人事任免名单，决定免去刘悰会的梅州市人民政府副市长职务，任命霍阳为梅州市人民政府副市长。4 月 8 日，召开第三十六次会议，会议审议通过一批人事任免名单。5 月 27 日，召开第三十七次会议，会议审议《梅州市红色文化资源保护条例（草案）》；听取和审议梅州市政府关于梅州市环境状况和环境保护目标完成情况的报告、关于梅州市医疗保障工作情况的报告、关于贯彻实施《广东省安全生产条例》情况的报告、关于梅州市 2018 年度市级预算执行和其他财政收支审计查出突出问题整改落实情况的报告以及梅州市中级人民法院关于贯彻落实《关于推进以审判为中心的刑事诉讼制度改革的意见》情况的报告；审议通过关于接受黄建固辞去梅州市监察委员会主任职务的报告及相关决定，任命蒋万军为梅州市监察委员会副主任，并代理梅州市监察委员会主任职务。7 月 29 日，召开第三十八次会议，会议审议《梅州市红色资源保护条例（草案修改稿）》；听取和审议市政府关于 2020 年市级财政预算调整方案的报告并表决通过相关决议；听取和审议梅州市政府关于梅州市 2020 年上半年国民经济和社会发展计划执行情况的报告、关于梅州市 2020 年上半年市级预算执行情况的报告；审议《关于提名市七届人大常委会代表资格审查委员会部分组成人员人选的议案》，表决通过梅州市第七届人大常委会代表资格审查委员会部分组成人员名单；审议通过《梅州市人大常委会代表资格审查委员会关于市七届人大个别代表的代表资格审查报告》；表决通过一批人事任免名单，决定任命孙春明为梅州市人民政府副市长。9 月 27 日，召开第三十九次会议，会议听取梅州市人大法制委员会关于《梅州市红色资源保护条例（草案修改二稿）》审议结果的报告，审议《梅州市红色资源保护条例（草案修改二稿）》，审议并表决通过《梅州市红色资源保护条例（表决稿）》；听取和审议梅州市政府关于梅州市 2019 年度市级决算草案的报告、梅州市政府关于梅州市 2019 年度市级预算执行及其他财政收支的审计工作报告、梅州市人大财政经济委关于 2019 年市级决算草案的审查结果报告，通过有关决议；听取和审议梅州市政府关于梅州市全面推行河长制工作情况的报告；审议梅州市人大常委会执法检查组关于检查《广东省未成年人保护条例》实施情况的报告；审议通过梅州市人大常委会代表资格审查委员会关于市七届人大个别代表的代表资格审查报告和梅州市人大常委会关于开展政府民生实事项目人大代表票决制工作的决定；表决通过一批人事任免名单和关于接受刘思彬辞去梅州市中级人民法院院长职务请求的决定，以及关于丁林秀雄副院长代理梅州市中级人民法院院长职务的决定。11月30日，召开第四十次会议，会议听取和审议梅州市政府关于2020年市级财政第二次预算调整方案的报告、梅州市人大财政经济委员会关于2020年市级财政第二次预算调整方案的审查结果报告，并表决通过有关决议；审议梅州市政府关于梅州市2019年度国有资产管理情况综合报告；听取和审议梅州市2019年度行政事业性国有资产管理情况的报告；审议梅州市人大常委会执法检查组关于检查《中华人民共和国归侨侨眷权益保护法》实施情况的报告；听取和审议梅州市人大常委会法工委关于2020年备案审查工作情况的报告和梅州市政府关于市七届人大七次会议代表建议办理工作情况的报告。

（梅州市人大常委会）

人大重要工作

【人大立法】 2020年，梅州市人大常委会审议通过《梅州市红色资源保护条例》，开展《梅州市农村生活垃圾管理条例》《梅州市扬尘污染防治条例》《梅州市农村村民建房管理条例》调研论证，审查全市各级报备的规范性文件11件，向省人大常委会报送地方性法规1件、决定1件。（详见“法治”类目“人大立法”分目）

【人大监督】 2020年，梅州市人大常委会听取和审议专项工作报告8项，审查批准决算预算调整方案和听取计划、预算执行情况报告及审计工作报告、审计查出问题整改落实情况报告等6项，开展执法检查4项、视察活动4项、专题调研2项、专项督查1项。年内，梅州市人大常委会听取和审议预算执行情况及预算草案报告、预算调整方案、决算草案报告，审查和批准市级预算调整、决算，推进积极财政政策落实；听取和审议国民经济和社会发展计划执行情况及计划草案报告，开展“十四五”规划编制前期调研工作；听取和审议审计工作报告和审计查出问题整改落实情况，推动审计成果综合运用；听取和审议国有资产管理情况和行政事业性国有资产管理情况报告，推动各县（市、区）建立国有资产报告制度“全覆盖”；开展《中华人民共和国归侨侨眷权益保护法》执法检查，依法维护归侨侨眷合法权益；开展《广东省未成年人保护条例》执法检查，保障未成年人合法权益；开展《广东省爱国卫生工作条例》执法检查，为打赢疫情防控阻击战、维护人民群众健康营造良好法治环境；听取和审议关于环境状况和环境保护目标完成情况、全面推行河长制工作情况报告；视察国家储备林基地建设和全域推进农村人居环境整治、建设生态宜居美丽乡村工作情况；开展城市、圩镇生活污水集中处理情况调研，协助广东省人大开展生态环保领域专题调研和有关条例意见征集，助推梅州市生态发展区建设；开展“市县两级每年要从土地出让收入中安排4%用于教育”落实情况专项督查；听取和审议梅州市医疗保障工作情况、贯彻实施《广东省安全生产条例》情况、梅州市法院贯彻落实以审判为中心的刑事诉讼制度改革情况报告；围绕梅州市少数民族工作、强制隔离戒毒、社区养老服务、科技创新平台建设、公共停车场建设等工作开展视察调研，通过刚性监督体现“民生温度”，提升人民群众获得感、幸福感、安全感。

【重大事项决定】 2020年，梅州市人大及其常委会依法作出关于批准梅州市2019年市级决算的决议、关于开展政府民生实事项目人大代表票决制工作的决定等重大事项决议决定9项。

【人事任免】 2020年，梅州市人大常委会坚持党管干部原则与人大依法行使任免权相统一，全年任命本级国家机关工作人员51人次，免职24人次，接受辞职2人次，严格执行任前法律考试、宪法宣誓等制度，组织国家机关工作人员宪法宣誓61人次。

【人大代表工作】 2020年，梅州市人大常委会组织全国、省人大代表围绕梅州市经济社会发展和“乡村振兴战略、决战决胜脱贫攻坚”等专题开展视察调研，在全国、全省层面为梅州“发声”。年内，组织5681名五级人大代表开展“更好发挥人大代表作用”主题活动，收集意见建议936条，推动解决一批民生难题。开展代表小组活动，发挥代表专业特长，推动养老服务等领域工作落实。全面落实“双联系”

制度，加强与基层市人大代表的联系，修订《梅州市人大代表活动经费管理办法》，激发代表履职热情，搭建平台，为各级代表履职提供优质高效服务，推荐全国、省、市人大代表参加执法检查、行风评议、听证会等约200人次。制订《关于加强和改进市人大代表工作的具体措施》，完善常委会重点督办、各工委归口督办代表建议制度，从市七届人大七次会议期间代表提出的49件建议中选取3件作为常委会重点督办建议、6件作为各工委重点督办建议，加强日常沟通督办，听取和审议办理工作情况报告，提升办理实效。2020年全部代表建议交由45个机关和组织研究处理，各承办单位依法按时办理完结并答复代表，代表满意和基本满意率100%。

【县镇人大建设】 2020年，梅州市人大常委会围绕"推进县乡人大工作年"2020年重在"总结"和"提高"两个目标，巩固和深化县乡人大工作和建设成果。开展贯彻落实广东省委、梅州市委人大工作会议精神"回头看"工作，开展《广东省乡镇人民代表大会工作条例》执法检查，指导县乡人大推进民生实事项目人大代表票决制，探索基层人大履职创新实践，发挥基层人大在巩固党的执政基础中的重要作用。指导村（社区）"两委"做好换届选举工作。推进人大代表联络站规范化建设，夯实基层人大代表履职平台。全市建立镇（街）人大代表中心联络站112个、村（居）人大代表联络站571个。

（梅州市人大常委会）

人大重要调研、视察、执法检查

【"梅州市医疗保障工作"专题调研】 2020年4月16日，梅州市人大常委会组织部分市人大常委会组成人员和市人大代表，对梅州市医疗保障工作情况开展专题调研。市人大常委会副主任伍德凤、副市长张晨参加调研。调研组先后到梅县区恩华工业区全药网梅州物流配送中心、中山大学附属第三医院粤东医院、南口镇中心卫生院等地，现场了解药品跨区域联合集团采购和配送情况，因疫情缓缴医保期间待遇保障、特殊病种门诊带药、医保"一站式"结算工程以及基层卫生院工作开展情况。随后召开座谈会，听取市政府及相关职能部门关于全市医疗保障工作的情况汇报，并就医疗保障工作中遇到的困难和问题进行座谈交流。调研结束后，梅州市人大常委会调研组撰写《关于我市医疗保障工作情况的调研报告》。

【"梅州市贯彻实施《广东省安全生产条例》情况"专项调研】 2020年4月21—22日，梅州市人大常委会组织部分市人大常委会组成人员和市人大代表，对梅州市贯彻实施《广东省安全生产条例》情况进行调研。梅州市人大常委会副主任蓝伟东参加活动。调研组先后到梅江区西阳镇政府、梅江区政府、中石化广东梅州石油分公司、梅县区程江镇政府、梅县区政府、梅州市应急管理局等地，查阅工作台账、检查设施设备，了解《广东省安全生产条例》贯彻实施情况。随后召开座谈会，听取相关职能部门工作汇报，并就《广东省安全生产条例》实施过程中遇到的困难问题进行座谈交流。调研结束后，梅州市人大常委会视察组撰写《关于我市贯彻实施〈广东省安全生产条例〉情况的调研报告》。

【"《广东省乡镇人民代表大会工作条例》实施情况"执法检查】 2020年4月28—29日，受广东省

2020年4月21—22日，梅州市人大常委会组织部分市人大常委会组成人员和市人大代表，对梅州市贯彻实施《广东省安全生产条例》情况进行调研

（梅州市人大常委会提供）

人大常委会委托，梅州市人大常委会组织执法检查组，对梅州市贯彻实施《广东省乡镇人民代表大会工作条例》情况进行执法检查。梅州市人大常委会副主任黎健平、李远青，秘书长黄立强参加活动。执法检查组在收集各县（市、区）自查情况和意见建议的基础上，先后深入梅县区程江镇、丙村镇，蕉岭县广福镇、蕉城镇，五华县横陂镇、转水镇，通过察看现场、查阅台账、召开座谈会等形式检查《广东省乡镇人民代表大会工作条例》实施及乡镇人大工作和建设情况。执法检查结束后，梅州市人大常委会执法检查组撰写《关于检查〈广东省乡镇人民代表大会工作条例〉实施情况的报告》。

【“推进以审判为中心的刑事诉讼制度改革工作情况”专题调研】 2020年4月21日至5月12日，梅州市人大常委会组织部分常委会组成人员和市人大代表，对梅州市推进以审判为中心的刑事诉讼制度改革工作情况进行调研。梅州市人大常委会副主任曾小华、市中级人民法院院长刘思彬参加活动。调研组先后到梅江区、梅县区、丰顺县三地法院以及市中级人民法院调研，通过现场旁听法庭案件审理、召开座谈会等形式，听取相关工作情况，研究改革中存在的困难问题，并提出意见建议。调研结束后，梅州市人大常委会调研组撰写《关于我市推进以审判为中心的刑事诉讼制度改革工作情况的调研报告》。

【“《广东省爱国卫生工作条例》实施情况”执法检查】 2020年5月13日，受广东省人大常委会委托，梅州市人大常委会组织执法检查组对梅州市贯彻实施《广东省爱国卫生工作条例》情况进行执法检查。梅州市人大常委会副主任伍德凤参加活动。检查组先后到梅江区长沙镇梅江河长沙段“十里碧道”、墟镇社区、生活垃圾中转站、大密村生活污水处理厂等地，实地检查环境卫生综合治理、公厕改造、垃圾收集、病媒生物预防控制等情况。随后召开座谈会，听取市政府、市直有关单位和梅江区政府关于贯彻实施《广东省爱国卫生工作条例》情况汇报，对存在的困难问题进行交流研究，并提出相关意见建议。执法检查结束后，梅州市人大常委会执法检查组撰写《关于检查〈广东省爱国卫生工作条例〉实施情况的报告》。

【“梅州市农村人居环境整治工作”专项视察】 2020年5月28日，梅州市人大常委会组织部分市人大常委会组成人员和市人大代表，对梅州市全域推进农村人居环境整治、建设生态宜居美丽乡村工作进行视察。梅州市人大常委会副主任张映平参加活动。视察组先后到平远县上举镇上举村、畲脑村，仁居镇仁居村和梅县区丙村镇芦陵村等地，察看农村民居外立面改造、人居环境整治和美丽乡村建设等情况，并听取有关工作汇报。视察结束后，梅州市人大常委会视察组撰写《关于视察我市农村人居环境整治工作情况的报告》。

【“梅州市少数民族工作”专题调研】 2020年6月1日，梅州市人大常委会组织部分市人大常委会组成人员和市人大代表，对梅州市少数民族工作情况开展专题调研。梅州市人大常委会副主任伍德凤等参加活动。调研组一行深入到丰顺县潭江镇凤坪畲族村高山茶园、畲族展览室等地，详细了解凤坪畲族村打造国家级少数民族特色村寨、茶叶产业发展以及新农村建设等情况。随后召开座谈会，听取相关工作情况汇报，提出意见建议。调研结束后，梅州市人大常委会调研组撰写《关于我市少数民族工作情况的调研报告》。

【“《中华人民共和国促进科技成果转化法》和《广东省促进科技成果转化条例》实施情况”执法检查】 2020年6月5日，受广东省人大常委会委托，梅州市人大常委会组织执法检查组对梅州市贯彻实施《中华人民共和国促进科技成果转化法》和《广东省促进科技成果转化条例》情况进行执法检查。梅州市人大常委会副主任蓝伟东参加活动。检查组深入到广东嘉元科技股份有限公司，现场了解企业促进科技创新成果转化情况，随后在梅州市科技局召开座谈会，听取市政府及有关单位贯彻实施促进科技成果转化法和条例有关情况汇报，研究存在问题，提出相关意见建议。执法检查结束后，梅州市人大常委会执法检查组撰写《关于检查〈中华人民共和国促进科技成果转化法〉和〈广东省促进科技成果转化条例〉实施情况的报告》。

【“梅州市国家储备林基地建设工作”专项视察】 2020年7月14

日，梅州市人大常委会组织部分常委会组成人员、人大代表视察梅州市国家储备林基地建设工作，助推维护国家生态安全和木材安全战略部署的落实，推动发展绿色经济，促进梅州苏区振兴发展。梅州市人大常委会副主任张映平参加活动。视察组深入到位于五华县棉洋镇的国家储备林项目建设示范点市属国有七畲径林场，实地察看项目建设情况，听取相关负责人的情况汇报。视察结束后，梅州市人大常委会视察组撰写《关于视察我市国家储备林基地建设工作情况的报告》。

【“梅州市决战决胜脱贫攻坚、梅州综合保税区、国际无水港项目建设等工作”专题调研】　2020 年 7 月，按照广东省人大常委会的统一部署，梅州市人大常委会组织在梅州的省十三届人大代表，分为 9 个调研组，重点围绕梅州市决战决胜脱贫攻坚、梅州综合保税区、国际无水港项目建设等工作深入开展专题调研。7 月 31 日，梅州市人大常委会召开专题调研座谈会，省人大代表，市人大常委会党组副书记、副主任黎健平，市人大常委会副主任李远青参加会议。调研座谈会上，省人大代表听取市政府和相关单位的有关工作情况汇报。代表们对市委、市政府推进脱贫攻坚、综合保税区申报建设等工作取得的成效给予高度评价，并建言献策、提出意见建议。调研结束后，各调研组分别撰写专题调研报告。

【“梅州市实施乡村振兴战略”专题调研】　2020 年 7 月 31 日，梅州市人大常委会组织在梅州的全国人大代表张晓、邓振龙、李杏玲、彭唱英开展实施乡村振兴战略专题调研。梅州市人大常委会副主任李远青参加调研。代表们到高陂镇银滩村田家炳纪念馆建设现场、桃源镇调研美丽乡村建设项目、陶瓷产业发展项目现场调研，听取相关情况汇报，与企业代表、镇村干部等进行深入交流，共商发展。

【“梅州市社区养老服务工作”专题调研】　2020 年 8 月 4 日，梅州市人大常委会组织社会建设专业小组代表对梅州市社区养老服务工作开展专题调研，助推梅州市深入贯彻落实《广东省加快推进养老服务发展若干措施》。梅州市人大常委会副主任蓝伟东参加调研。调研组先后到梅县区梅州富力城、宝嘉丽湾小区和梅江区金山街道群福社区，实地察看养老服务设施规划建设、管理运营等情况，听取相关工作汇报，并对社区养老服务工作中存在的问题和不足提出意见建议。调研结束后，梅州市人大常委会调研组撰写《关于我市社区养老服务工作情况的调研报告》。

【“梅州市全面推行河长制工作”专题调研】　2020 年 8 月 20 日，梅州市人大常委会组织部分常委会组成人员、人大代表，对梅州市全面推行河长制工作情况开展专题调研。梅州市人大常委会副主任张映平参加调研。调研组先后到大埔县茶阳镇易涝区、高陂镇防洪堤工程及高陂水利枢纽工程建设现场调研，听取相关情况介绍，了解易涝区防洪、防洪堤规划建设以及高陂水利枢纽工程的建设进展情况。调研结束后，梅州市人大常委会调研组撰写《关于我市全面推行河长制工作情况的调研报告》。

【“《广东省未成年人保护条例》实施情况”执法检查】　2020 年 8 月 20 日，梅州市人大常委会组织执法检查组，对梅州市贯彻落实《广东省未成年人保护条例》情况进行执法检查。梅州市人大常委会副主任蓝伟东等参加。执法检查组深入到丰顺县福利院、法律援助处和汤

2020 年 7 月 31 日，在梅州的全国人大代表小组到大埔县开展实施乡村振兴战略专题调研　（梅州市人大常委会提供）

坑镇第一中心小学等地进行实地检查，了解梅州市基层贯彻落实《广东省未成年人保护条例》情况，先后在梅州市人大常委会机关和丰顺县召开执法检查汇报会，听取梅州市政府和丰顺县政府及有关部门的情况汇报。执法检查结束后，梅州市人大常委会执法检查组撰写《关于检查〈广东省未成年人保护条例〉实施情况的报告》。

【“梅州市公安强制隔离戒毒所和市强制隔离戒毒所工作”专项视察】 2020年8月28日，梅州市人大常委会组织部分常委会组成人员和市人大代表，对梅州市公安强制隔离戒毒所和市强制隔离戒毒所工作进行视察，梅州市人大常委会副主任曾小华参加。视察期间，代表们通过观看视频资料、座谈交流等形式，全面了解梅州市强制隔离戒毒所的工作情况，研究探讨存在的困难和问题，对今后工作提出意见建议。视察结束后，梅州市人大常委会视察组撰写《关于视察我市公安强制隔离戒毒所和市强制隔离戒毒所工作情况的报告》。

【“梅州市城区、圩镇生活污水集中处理情况”专题调研】 2020年9月10日，梅州市人大常委会组织调研组，对梅州市城区、圩镇生活污水集中处理情况开展专题调研。梅州市人大常委会副主任张映平参加调研。调研组先后到兴宁市城区水质净化厂、刁坊镇污水处理厂、龙田镇水质净化厂，现场与相关部门和企业干部交流，实地了解兴宁市城区、圩镇生活污水集中处理管网布设、处理工艺流程、运营管理等情况，提出相关意见建议。调研结束后，梅州市人大常委会调研组撰写《关于我市城区、圩镇生活污水集中处理情况的调研报告》。

【“《中华人民共和国归侨侨眷权益保护法》实施情况”执法检查】 2020年9月22日，梅州市人大常委会组织执法检查组，对梅州市贯彻实施《中华人民共和国归侨侨眷权益保护法》情况进行检查。梅州市人大常委会副主任伍德凤参加活动。检查组到蕉岭县华侨农场侨情展室、华侨新村、蕉华田家炳中学和小学、南一队侨心居等地检查，了解梅州市贯彻实施情况。随后召开座谈会，听取市政府和相关部门情况汇报、归侨侨眷代表意见建议，并就如何进一步做好归侨侨眷权益保护工作进行交流。执法检查结束后，梅州市人大常委会执法检查组撰写《关于检查〈中华人民共和国归侨侨眷权益保护法〉实施情况的报告》。

【“梅州市科技创新平台建设情况”专项视察】 2020年9月24日，梅州市人大常委会组织部分常委会组成人员和市人大代表，在前期到省科学院梅州产业技术研究院、市农林科学院开展调研的基础上，对梅州市科技创新平台建设情况进行视察。梅州市人大常委会副主任伍德凤参加视察。视察组深入梅州高新区紫晶信息存储、绿创中心、活盛信息科技等地进行视察，了解企业开展科技创新和梅州高新区科技创新平台建设情况。随后召开座谈会，听取市政府及相关职能部门的情况汇报，并就如何进一步加强科技创新平台建设进行交流。视察结束后，梅州市人大常委会视察组撰写《关于视察我市科技创新平台建设情况的报告》。

【“梅州市2019年度国有资产管理情况”专题调研】 为贯彻落实党中央、省委和市委关于加强人大国有资产监督职能的部署要求，按照市委《关于建立市政府向市人大常委会报告国有资产管理情况制度的实施意见》和市人大常委会2020年监督工作计划安排，2020年10月28日，梅州市人大常委会组织调研组对梅州市2019年度国有资产管理情况开展专题调研。梅州市人大常委会党组成员、副主任李远青参加调研。座谈会上，调研组分别听取市财政局、市机关事务管理局关于全市国有资产管理综合情况、行政事业性国有资产管理情况汇报，了解梅州市国有资产运营管理情况。与会人员围绕国有资产管理体制机制、国有资产管理处置等方面存在的问题，以及历史遗留问题等进行认真研讨，提出意见建议。调研结束后，梅州市人大常委会调研组撰写《关于我市2019年度国有资产管理情况的调研报告》。

【全国、省人大代表集中视察】 2020年12月8—10日，梅州市人大常委会组织在梅州的全国人大代表、梅州出的省人大代表开展集中视察活动。梅州市委书记、市人大常委会主任陈敏，市委副书记王庆利，市委常委、常务副市长吴晓晖，市人大常委会副主任李远青、黎健平、曾小华、蓝伟东、伍德凤等参加视察或座谈会。活动期间，全国、省人大代表到平远县仁居镇仁居村、上举镇畲脑村、广东华清园生物科技有限公司，梅州市第三人民医院，万宝电器有限公司，王老吉大健康产业（梅州）有限公司，梅州综合保税区，梅州市实验小学，时光梅州文旅项目，“客都人家”康养文旅综合体，大埔县省级蜜柚现代农业产业园、大埔县西河镇漳北村，梅县区丙村镇人大代表中心联络站现场视察，听取相关情况介绍。随后召开座谈会，听取市政府关于2020年梅州市经济社会发展情况汇报，围绕梅州经济社会发展建言献策。（梅州市人大常委会）

梅州市人民政府

政府重要会议

【市政府常务会议审议文件】 2020年，梅州市召开29次市政府常务会议，主要审议通过如下内容：《广东省梅州市国家储备林基地建设总体规划（2019—2033年）》《关于应对新冠肺炎疫情推动企业共渡难关和健康发展的若干政策意见》《梅州市创建中医药综合改革先行先试示范区发展规划（2019—2022）》《梅州市重污染天气应急预案（2019修订版）》《关于确定梅州市新型冠状病毒肺炎疫情防控等级的通知》《梅州市贯彻落实〈关于激励医务防疫人员在打赢疫情防控阻击战中担当作为的若干措施〉实施方案》《梅州市促进制造业企业增资扩产若干措施》《梅州市人民政府2020年度规章制定计划（草案）》《梅州市生态环境垂直管理制度改革工作方案》《梅州市城乡居民基本养老保险实施办法》《梅州市推进国有企业退休人员社会化管理实施方案》《梅州市碧道建设总体规划（2019—2035年）》《梅州市城乡规划委员会章程（修订稿）》《梅州市加快推进“房地一体”农村不动产登记发证工作实施方案》《梅州市开展“美丽梅州·美好家园”三年行动计划2020年工作任务》《梅州市自然资源局关于促进低效产业用地再利用的实施意见》《梅州市“三旧”改造实施办法》《梅州市进一步稳定和促进就业若干政策措施的实施意见》《梅州市地质灾害防治三年行动实施方案（2020—2022年）》《梅州市推进绿色发展平台优化提升实施方案》《梅州市关于全面落实新型冠状病毒肺炎疫情防控一线城乡社区工作者关心关爱措施的实施方案》《梅州市促进包装饮用水行业发展若干措施》《梅州市突发环境事件应急预案》《梅州市“十四五”期间企业上市培育工作方案》《梅州市（长沙）城镇建设用地项目房屋征收与补偿实施方案》《梅州市推进市域社会治理现代化三年（2020—2022年）行动方案》《梅州市足球中长期规划（2020—2050）》《梅州市促进中医药传承创新发展实施方案（2020—2022年）》《梅州市见义勇为人员奖励和保障实施办法》《梅州市中心城区公园城市总体布局规划（指引）（2020—2035）》《梅州市固体废物污染防治规划（2020—2025年）》《梅州市辐射事故应急预案》《梅州市地质灾害防治规划（2020—2025年）》《梅州市人民政府工作规则》《关于进一步加强塑料污染治理的贯彻落实意见》《梅州市促进铜箔产业发展若干措施》《梅州市消防救援队伍职业保障实施细则》《梅州市中医药传承创新发展实施项目清单（2020—2022年）》《梅州市互联网产业发展规划（2021—2025年）》《梅州市地下水管理办法》《梅州市水资源管理办法》《梅州城区供水用水管理办法》《梅州城区排水及污水处理管理办法》《梅州城区城市节约用水管理办法》《中共梅州市委 梅州市人民政府关于表彰梅州市抗击新冠肺炎疫情先进个人和先进集体的决定》《梅州市人民政府关于进一步加强生猪和生猪产品质量安全全程监管推进屠宰产业高质量发展的实施意见》《梅州市促进3岁以下婴幼儿照护服务发展实施方案》《梅州市加强专业森林消防队伍建设的实施方案》《梅州市药品（疫苗）安全事件应急预案（试行）》《梅州足球特区建设规划》《梅州市园林花卉产业发展总体规划（2021—2030年）》《梅州市重要河流水库电站生态流量管控方案》《关于全面推进农房管控和乡村风貌提升实施方案》《梅州市电动自行车消防安全管理办法》《梅州市创建全国基层中医药工作先进单位实施方案》《政府工作报告》等文件。

【市政府常务会议研究工作】 2020年，梅州市召开29次市政府常务会议，主要研究如下内容：经济运行、防范化解重大风险、精准脱贫、污染治理、交通、水利、商贸、产业发展、平台建设、民营经济、招商引资、科技、教育、文化、医疗卫生、体育、旅游、民政、农业农村、乡村振兴战略、安全生产、城市规划建设、平安梅州、法治梅州、营商环境、扩大对外开放等工作以及一批重点项目、民生实事等相关工作。（张 霞）

发展研究

【调查研究】 2020年，梅州市政府发展研究中心开展“深调研”活动，紧扣市委、市政府中心工作，坚持问题导向、创新导向开展调查研究，形成一批高质量的调研成果，完成调研报告15篇，印发8期《梅州发展研究》和6期《领导参阅》。其中，《复耕复种新希望，增产增收奔小康——基于五华县水田撂荒复耕复种的调研报告》获广东省委常委叶贞琴批示肯定，要求全省推广相关经验。《振兴梅州足球作出广东贡献的调研和建议》获广东省副省长覃伟中批示，要求支持梅州建设“中国足球特区”。

【文稿服务】 2020年，梅州市政府发展研究中心按照市政府主要领导指示精神，对接市府办、市政府研究室等相关部门，于9月30日，正式承接市领导文稿服务新职能。在短期内，梅州市政府发展研究中心全体干部职工迅速转变角色，主动加强沟通，在领导文稿和审核把关上下苦功，完成市政府赋予的新职责任务。截至12月31日，完成副市长各类文稿（包括工作讲话、致辞、主持词、研讨发言材料等）72篇。完成2020梅州互联网大会、2020年中国电子铜箔行业年会暨梅州市铜箔产业大会、2020世界客都长寿梅州马拉松赛等重大活动副市长致辞、讲话等文稿。起草或把关以市政府、市政府办公室名义上报省政府、省政府办公室及省有关部门的请示、总结、报告等重要材料共81篇。

（梅州市人民政府发展研究中心）

机关事务管理

【机关事务管理概况】 2020年，梅州市机关事务管理局依据《机关事务管理条例》《党政机关公务用车管理办法》《党政机关办公用房管理办法》《党政机关厉行节约反对浪费条例》等法规制度，按照“政治坚定、依法依规、廉洁奉公、管理高效、服务到位”要求，在做好“市委市政府两个大院的后勤保障工作、市直行政事业单位的国有资产、全市公务用车”管理工作的基础上，围绕“降成本、堵漏洞、增效益”目标，力争在“服务好领导、服务好机关、服务好群众”方面，实现“领导满意、机关满意、群众满意、社会认可”目标。围绕市委市政府中心工作，抓重点、解难点、创亮点。主动把机关事务工作置于国家治理体系和治理能力现代化中去谋划、去推进、去落实。

【公务用车监管】 2020年，梅州市机关事务管理局加强和规范公务用车使用管理工作。做好公务用车重核工作，优化整合现有车辆资源，实现编制与车辆同步调整到位。完善购置审批程序，层层把好购置审批关。2020年全市党政机关、事业单位报废更新、空编新购、新设立单位申购公务用车共236辆（市直购车44辆、县级购车192辆）。落实梅州市委主要领导有关解决乡镇公务用车突出问题的批示精神，通过召开全市公务用车管理工作会议、到部分县镇开展调研等方式，强化各县（市、区）公务用车的重核、调配和使用管理工作。抓好公务用车监督管理，全年追加公务用车标识喷涂27辆，追加公务用车车载定位终端安装161辆，收回超编制配备车辆1辆。办复9

2020年7月24日，梅州市公务用车管理工作会议在市政府综合大楼召开

（梅州市机关事务管理局提供）

件“12345”政府服务热线投诉举报的问题，回复满意率100%。完善市公务用车监管平台建设，提升梅州市公务用车管理信息化水平。推动事业单位公务用车统一纳入省公车信息管理平台监管工作，采取面向社会公开招投标的方式取得1家“市直事业单位公务用车车载卫星定位服务商”，实现全市机关、事业单位留用的公务用车监管全覆盖。

【国有资产管理】 2020年，梅州市机关事务管理局加强市级非经营性国有资产管理。做好办公用房调配、清查及数据上报工作。调配优化办公用房面积12449.9平方米，清理出18个市直行政事业单位的62处闲置房产或土地。根据《梅州市行政事业单位国有资产管理暂行办法》等有关规定，做好资产处置工作，全年报废处置固定资产4848项（其中土地房屋19项、通用设备3793项、专用设备301项、家具类735项），原值共39394210.39元。划拨处置3743项（其中土地房屋132项、通用设备2270项、专用设备253项、家具类1088项），原值共212475173.73元。对31个行政单位35项办公用房维修改造进行批复。抓好全国党政机关办公用房信息统计报告工作，8月10日印发《关于做好2020年度市直党政机关办公用房信息统计报告工作的通知》，据统计96个市直党政机关单位的用地面积393226.67平方米，建筑面积300142.31平方米，办公用房建筑面积229507.78平方米，技术业务用房建筑面积70364.53平方米。做好市直行政事业单位经营性资产清查划转工作，核准拟划转注入市管企业国有资产14项，评估价值合计17727.86万元，面积43978.15平方米。做好因受疫情影响企业复工复产工作，按有关政策，审核减免68家企业、368家个体户共4747756.82元租金。

【后勤服务保障】 2020年，梅州市机关事务管理局提升后勤保障质效。推进两办机关事务管理职责移交，采取分批分阶段的方式，划转市委办、市府办的部分机关事务管理职能，先后对接安全保卫、绿化、卫生、消防、房产管理、周转房、水电等一批工作。深化“平安大院”建设，加强消防“四个能力”建设，抓好安全隐患排查整治；制订《保安岗位工作责任书》，增强安保人员工作责任心；建立大院内各单位联络协调机制，形成大院公共事务共建共管共享的工作联络机制；沟通公安反恐、维稳、治安等相关部门，完善市委市政府信访维稳应急处置预案；印发《关于加强市委、市政府机关大院出入人员和车辆管理的通知》，结合疫情防控要求，严明大院出入登记和管理工作。加大基础设施及设备维修维护管理，针对市委大院停车位紧缺问题，合理规划、优化设计，对市委大院的部分绿化地改造成停车位，增加近30个停车位，较大程度缓解干部职工停车难的问题；根据工作需要，对市委大院思进第及附属设施进行维修，完善使用功能；对市政府大院损坏的射灯、LED灯带等照明设备进行全面排查和维修更换，对老旧的各种标志进行更新，提升市政府大院的亮化、美化效果；对市委大院2号楼进行建筑结构安全鉴定，排除安全隐患，确保干部职工人身安全和国有资产安全；推进梅南大院5、6栋危楼住户搬迁工作。提升服务领导的水平，加强对领导周转房的服务和管理，保障移交过渡期间周转房各项保障工作的正常运行，设立客天下伙房，解决领导节假日用餐问题。按照梅州市的统一部署，做好局机关和大院内垃圾分类工作的宣传和落实工作。做好日常环境卫生保障和疫情防控工作。执行“严管控（测体温、戴口罩、验证件，关闭非必要非常用通道）、勤防制（高频高标消毒消杀杜绝病媒生存空间，制约病菌传播渠道）”等措施，最大限度降低风险，做好向市直相关单位配发口罩等防疫物资工作，做好植物日常养护，做好绿化地、卫生死角以及门禁、电梯按钮等重要部位的日常卫生管理，加强排水排污系统的清理和维护，保障环境的卫生和安全，保障机关单位正常办公运转。

（梅州市机关事务管理局）

政务数据管理

【政务数据管理概况】 2020年，梅州市政务服务数据管理局围绕中央、省委关于建设“服务型政府”“数字政府”的决策部署，以及市委关于“梅州服务·天天进步”的目标要求，不断深化政务服务改革及数字政府建设，推动全市政务服务高质量发展，助力营商环境持续优化，在支撑疫情防控和服务经济社会发展中展现数字政府使命担当。梅州市创新推行企业开办“0＋1”

政策、全面推广应用粤系列平台型应用、升级改造“12345”政府服务热线平台，梅州市政务云、政务外网、政务大数据中心、空间地理信息库、水电气报装“一网通办”等工作走在全省前列，并被列为全省试点。

【政务数据体制机制建设】 2020年，梅州市政务服务数据管理局注重建章立制，强化制度机制保障。加强改革统筹和顶层设计，先后印发数字政府改革建设工作要点、政务信息化服务项目管理、政务信息系统整合共享、政务数据治理以及审批服务便民化、“证照联办”改革、政务服务“四免”优化、专家库运行等方面文件，为全市数字政府建设和政务服务改革提供制度机制保障。健全政务信息化服务项目管理机制，先后出台项目管理办法、立项审批细则、验收操作指南等，推动政务信息化项目管理由分散向整体转变。全年受理市直各单位申报的政务信息化项目立项申请24个，批复立项23个，送审金额1.99亿元，核定金额1.69亿元。

【政务数据疫情排查防控】 2020年，梅州市政务服务数据管理局立足支撑保障，助力疫情排查防控。上线“粤省事”抗疫专区，推广应用“粤康码”功能和网格员程序，引入政府热线“智能语音外呼”技术，提供去向排查、健康登记、扫码通行、入户排查申报等服务支撑，提高排查效率。拓展“粤商通”服务范畴，并上线企业员工健康申报功能，助力企业复工复产。发布“五一”大数据报告，为政府和市民提供疫情期间假期人口流动、复工复产和交通、消费、旅游等数据分析。汇集“粤省事”抗疫专区申报数据、省下发可疑和确诊病例信息、三大通信运营商手机用户信息，及住建、文旅、水电气等20个部门64万多条数据，转出公安部门进行筛查分析和跟踪监测。完善应急保障机制，确保疫情期间省、市政务外网互联互通。主动对接了解卫健部门和定点医院用网需求，保障用网顺畅。加强疫情防控数据储存及传输安全防护，避免信息泄露。

【数字政府建设】 2020年，梅州市政务服务数据管理局加强基础支撑，深化数字政府建设。加强政务云梅州节点建设，持续有序推进各级政务信息系统迁云上云工作，为全市各级各部门政务信息系统提供统一、安全、可靠的存储空间。截至2020年底，全市有81个系统成功上线，96个政务信息系统在部署中，实施进度走在全省前列。全面摸清市、县、镇、村四级用网需求，科学编制《梅州市电子政务外网技术指南（试行）》，明确实施范围和技术路线。以省将梅州市确定为政务外网示范建设地市样板为良好契机，加快推进全市政务外网升级改造项目。部署建设政务大数据中心梅州分节点，升级改造市政务信息资源共享交换平台，实现省、市、县政务信息一体共享交换，全年市政务信息资源共享交换平台实现与15个国家级、175个省级、47个电子证照数据接口对接，汇集4700多万条惠民信息、申办数据、监管信息和双公示信息，并供市有关部门共享调用数据约40万条。强化关键信息基础设施管理和保护，推进电子公文办公系统“信创”工作，建设省市一体化安全运营平台，并对拟迁移上云系统进行安全测评，强化政务信息安全保障。加强风险预警，发出16次网络安全风险预警，并组织相关单位进行风险处置。开展重大节庆和敏感时间节点网络信息安全专项检查，发出工作督促函6次。组织31个市直单位及各县（市、区）做好电子政务外网网络安全风险排查，增强网络信息安全保护措施。

【政务服务提升】 2020年，梅州市政务服务数据管理局深化改革创新，提高政务服务质效。深化“全流程网办”“证照联办”“跨域通办”等改革举措，推动政务服务水平进一步提升。截至2020年底，梅州市与江西、福建两省及省内16个地市建立“跨域通办”合作机制。全面梳理进驻实体大厅事项和下沉基层事项，市、县334个部门共编制实施清单约1.5万项，向镇（街）、村（居）基层延伸事项约14万项；做好1088项省级权责清单下放调整实施工作，推进经济发达镇（梅县区雁洋镇）简政放权试点工作，截至2020年底，共向该镇下放政务服务事项1905项。拓展完善政务服务网服务分类和范畴，嵌入“一件事”主题导办、非税支付、物流寄递、智能客服等应用，实现线上快速办理。截至2020年底，广东政务服务网梅州分厅共进驻54个市级部门、300个县级部门，可网上办依申请政务服务事项共10529项，6611项支持全流程网办、

11848 项支持网上预约办理。升级改造市统一申办受理平台，与各部门自建系统对接，全年采集共享 50 多万条办件数据，为跨领域、跨层级协同审批提供良好的数据基础。

【营商环境优化】　2020 年，梅州市政务服务数据管理局加强政策配套，提升涉企服务水平。优化企业开办审批服务，发挥企业开办“无费市”政策效用，对企业开办所需的刻章、开发票、营业执照邮寄和材料复印等环节实行“零收费”，全年为全市 1.65 万户企业节省开办成本超 361 万元。完善政务服务网“开办企业一窗受理”系统功能，优化实体大厅“企业开办”服务专区，设置“一窗通取”窗口，推动企业开办业务线上线下充分整合，确保企业开办办理时间不超过 1 个工作日、跑动次数不超过 1 次。优化工程建设项目审批服务，完善实体大厅“工程建设项目代办专区”功能，提升“首席服务官”团队服务能力，更好地提供精准化、个性化全程代办服务。梅州市政府投资类工建项目审批时限压缩至 90 个工作日以内，比省定目标缩短 10%；社会投资类工建项目审批时限压缩至 60 个工作日以内，达到省定目标。建设市工程建设项目审批管理系统，实现市县两级工程建设项目审批“一网通办”，全年完成 2103 个项目、3253 笔审批业务。推进用能报装“一网通办”，推动市政公用基础设施外线接入工程的并联审批改革，审批总时限由 53 个工作日缩减至 5 个工作日。在政务服务网开设“用能报装”专栏，清晰展示企业用水、用气、用电申请报装办事指南，并与市统一申办受理平台对接联通，实现企业用能报装“一网通办”。加快推进公共资源交易平台电子化，开发投标保证金电子保函系统，建立不见面开标大厅，建设远程异地评标系统，降低交易成本，减轻企业压力，减少人员聚集，通过技术手段解决“熟面孔”“被围猎”等问题，全年完成项目 1582 个、交易总金额 73.99 亿元。推广应用网上中介服务超市，全年完成中介服务项目 116 个、成交金额 1900.39 万元。

2021 年 4 月 14 日，市民到梅州市政务服务中心办理业务

（梅州市政务服务数据管理局提供）

【平台应用推广】　2020 年，梅州市政务服务数据管理局深耕专题应用，实现便民利企易政。拓展“粤省事·梅州”服务范畴，推进省统筹的公积金业务 13 项、社保业务 21 项高频事项上线，并开通梅州特色“一键找公厕”、社保权益查询、医保门诊选点、工程建设项目审批事项和进度查询等服务。截至 2020 年底，“粤省事·梅州”可办 829 项民生服务事项（其中“零跑腿”722 项），可关联电子证照 67 个，实名注册数 289 万。推动更多高频涉企事项上线“粤商通·梅州”，并加大宣传推广力度，让广大企业真正享受数字政府建设带来的便利。截至 2020 年底，“粤商通·梅州”梅州专区已开通企业名称申报、银行开户、申领发票等 404 项高频涉企政务服务事项，全市有 13.1 万家企业注册使用。完善一体化政务协同办公平台功能配置，推动各级各部门线上办公集约化。推广应用“粤政易”平台，截至 2020 年底，梅州市已开通“粤政易”账号超 8.2 万个，覆盖市、县、镇、村四级公务人员和国有企业、学校部分人员，开通数居全省前列。

【行政效能提升】　2020 年，梅州市政务服务数据管理局畅通监督渠道，促进行政效能提升。推动市统一申办受理平台、市工程建设项目审批管理平台与省“好差评”系统对接，实现办事回执扫码及政务服务网、移动政务服务平台等渠道“好差评”功能全覆盖，最大限度为评价人提供一体化、多样化的评价入口。全年全市共收到“好差评”评价12.6万条，群众满意率99.98%。升级改造“12345”政府服务热线平台，提升精细化、智能化服务水平。2020年，累计受理各类来电14.71万个，日均话务量约409个；话务一次性解答率75.45%、按时办结率99.99%、工单办复群众满意率99.54%。构建多管齐下的效能监督模式，逐步搭建起行政审批效能监察系统、政务服务“好差评”系统、“12345”政府服务热线、媒体监督曝光专栏等为一体的效能监督体系。发挥市效能监督系统功能，各种渠道来源的行政效能投诉问题进行转办督办。2020年，全市共受理转办行政效能投诉41件、在媒体公开13件。

（梅州市政务服务数据管理局）

信　访

【信访概况】　2020年，梅州市受理群众来信、来访、网上信访7378件次，比上年上升15.3%，其中，来信1627件次，下降24.3%；来访1215件次，下降27.3%；网上信访4536件次，增长76.1%。群众到市、到省、进京上访424批次，比上年下降49.5%，其中，到市上访225批次，下降23.4%；到省上访150批次，下降46.6%；进京上访49批次，下降23.4%。进京到非接待场所有关人员1批1人次，分别比上年下降88.9%和93.8%；社会面清查有关人员4批5人次，分别比上年下降33.3%和37.5%，为历史最好水平。网上信访占比由2019年的40.3%提高至61.5%，信访主渠道地位进一步巩固。梅州市在2019年全省信访工作考核中获得“优秀”等次。继蕉岭、平远、丰顺、大埔后，五华县首获国家信访工作“三无县”称号。

【信访制度改革】　2020年7月28日，梅州市信访信息系统顺利与省一体化信访信息系统融合运行，全市信访工作信息化、智能化、专业化、法治化水平迈上新台阶。发挥信访工作联席会议机制作用，针对梅州市群众反映比较突出的信访类案问题，协调梅州市委政法委等10个牵头单位成立10个信访类案化解专项工作小组，推动成员单位批量化解本行业本领域突出信访矛盾。完善“最多访一次”工作机制，在“市长接访日”和遇大型集体访，安排相关职能部门负责同志和2名公职律师进驻市接访大厅参与接访，实现“一站式接待、一条龙办理、一揽子解决”。履行民生政策落实监督职责，建立信访与纪检部门民生政策落实监督工作衔接机制，定期排查有关涉及群众利益政策落实不到位的信访事项，及时移交纪检监察部门，并提出责任追究建议。全年移交4件涉纪检信访案件。改进驻京信访工作，制订出台《梅州市驻京信访工作劝返小组工作规则》，对组织领导、驻京力量、轮值周期、经费保障、轮换休假、工作纪律进行重新调整和明确，使梅州市驻京信访工作更加规范，更能适应新形势的发展要求。

【信访矛盾化解】　2020年，梅州市信访局以全省一体化信访信息系统运行为契机，先后举办2期大规模信访业务培训，推动全市信访信息业务规范办理，全年信访机构及时受理率100%，按期答复率100%，群众满意率97.59%。围绕“消化信访存量，遏制信访增量”目标任务，开展信访矛盾攻坚化解。对省交办的“国专件”和“省专件”，全部落实市、县党政领导进行包案化解，严格按照“四个一”和“三亲自”要求，强化解决信访突出问题工作合力，推动信访矛盾及时有效化解。全年共办理“国专件”1批共1件、“省专件”4批共80件和“市专件”

2020年6月22日，梅州市委副书记、市长张爱军接待来访群众

（梅州市信访局提供）

1 批共 21 件，全部办结，办结率 100%。印发《2020 年市领导同志接访下访群众和包案处理信访问题工作方案》《市委常委、副市长包案治理重复信访、化解信访积案专项工作方案》《集中治理重复信访、化解信访积案专项工作的方案》，高位推进重复信访专项治理，对省交办的 491 件重复信访事项严格落实领导包案责任，并实行台账管理。截至 2020 年 12 月 31 日，共化解 254 件，化解数占省交办数的 51.7%，超额完成省下达的年底完成 40%的任务。全年处理复查复核信访事项 35 件，其中受理 17 件、不予受理 16 件、不再受理 2 件，有效化解一批疑难复杂信访问题。完成“千名法律顾问解千案”活动，排查 534 件重点领域信访事项交由政府部门法律顾问办理，均得到有效化解。

【信访领域疫情防控】 2020 年，梅州市信访局贯彻落实中央、省、市疫情防控决策部署，倡导“健康信访”和网上信访，在 1 月 30 日暂停和 4 月 27 日恢复来访接待工作，同时，加强接待场所防护，实现信访领域“零感染”。加强网上信访平台维护，畅通网上信访渠道，配优配强网上办理工作人员，实行“五个第一”（第一时间受理、第一时间转办、第一时间办理、第一时间督办、第一时间电话回访）办理工作机制，快速回应群众关切，全年受理涉疫信访事项 99 件次，全部得到快速办结，办结率 100%。开展疫情时期、后疫情时期信访形势研判，及早发现苗头隐患，并提出化解对策和意见建议，助力梅州市疫情防控和复工复产工作。

【社会风险防范化解】 2020 年，梅州市信访局以落实《梅州市信访矛盾排查分析研判制度》为抓手，开展预防化解社会矛盾专项行动，先后在全市范围组织开展大规模上访及社会风险排查、后疫情时期社会矛盾和信访形势分析研判、重点领域（自然资源、住建、人社、农业农村等）信访形势分析研判等活动，深入滚动排查信访矛盾纠纷，预警交办和化解一大批信访矛盾。贯彻落实国家关于禁食野生动物的决策部署，开展野生动物养殖户群体信访稳定工作，成立“两个工作专班”（野生动物养殖户群体信访维稳工作专班、人工繁育陆生野生动物处置工作专班），协调有关部门摸清底数，制订人工繁育场退出方案，配合省野生动物养殖户群体稳定工作专项督查，推动梅州市禁食野生动物养殖户稳定退出。

【重要时期信访保障】 2020 年，梅州市委常委会议、市政府常务会议先后 6 场次、市信访工作联席会议全体会议先后 2 场次召开专题会议，推动全国两会、深圳经济特区建立 40 周年庆祝活动和中共十九届五中全会等重要时期梅州市信访安全保障工作，促使各级各部门把属地和部门职责履行好，把群众反映的合理诉求解决好，实现全年“三个不发生”（不发生大规模进京聚集，不发生涉访个人极端事件，不发生因信访问题引发的舆论负面炒作）和在京“零违规、零疫情、零滞留、零倒流”的工作目标。

【法治信访建设】 2020 年，梅州市信访局开展纪念《信访条例》修订实施 15 周年宣传活动，将 5 月定为《信访条例》全市宣传月。4 月 30 日，联合梅州市公职律师事务所、梅江区信访局在市人民来访接待厅门前集中开展《信访条例》宣传活动。宣传月期间，全市各级信访部门运用横幅标语、宣传单、微视频、座谈会等宣传媒介宣传《信访条例》，教育引导群众依法有序表达利益诉求，努力在全市营造办事依法、遇事找法、解决问题用法、化解矛盾靠法的良好法治环境。全市共组织党员干部学习《信访条例》56 场 1600 多人次，悬挂宣传横幅 360 多条，印发国务院《信访条例》4000 多本、《广东省信访条例》8000 多本。（梅州市信访局）

驻京·驻穗联络

【驻京服务联络】 2020 年，梅州市人民政府驻北京联络处（简称梅州市驻京联络处）做好沟通联络乡贤、宣传推介家乡、开展招商引资、联系中央各部委、收集反馈前沿信息、服务在京公干人员、维护信访秩序等工作。年内，配合协助市领导、市直相关部门以及各县（市、区），做好梅州市与中央国家机关及北京市有关部门的政务联络工作，加强与国家发改委、财政部、国家铁路总公司的对接，促进“双龙铁路”等项目加快建设；对接海关总署、自然资源部、商务部、科技部、农业部、住建部、税务总局等中央部委，加快推进综合保税区、跨境电商试验区在梅州发展。2020 年共协助市领导带队到北京公干 27

人次，协助市直单位6个。联络北京梅州商会、北京梅州人联谊会等乡贤企业，共同为家乡防疫工作出谋出力，共筹集物资数十万元、救护车3辆，均第一时间送到梅州。

【驻京招商引资】 2020年，梅州市驻京联络处外出招商167天，对接企业29家，对接商会协会43家；动员一些企业、协会到梅州考察，共计5批16人次。年内，盯紧大型央企国企，中粮集团有限公司“我买网”平台在密切洽谈中；国家中医药管理局协助梅州打造升级南药产业，创建国家中医药综合改革试验区。瞄准大型民营企业，与中信基金、北京文化集团、IDG投资集团、智行者科技有限公司、中国产业发展协会、中国科技成果转换协会等一批金融基金、行业协会、文旅以及高科技民营企业多次对接，达成初步合作意向。其中，中信基金多次到梅州考察；北京文化集团与市政府签订战略合作协议。跟进服务已引进企业，上海翼天公司在梅州投资“客都人家”大型实景康养文化旅游项目，主体工程已接近完工；引进的广东希佰尼酒业有限公司项目落户梅县区畲江综合保税区，正加紧建设。

【驻穗服务接待】 2020年，梅州市人民政府驻广州办事处（简称梅州市驻穗办）遵守《党政机关国内公务接待管理规定》《广东省党政机关厉行节约反对浪费实施细则》《党政机关公务用车管理办法》以及省、市相关接待方面文件规定，规范公务接待和用车管理。年内，坚持“热情周到、安全优质、节俭务实”的接待原则，加强梅州与市委办、市府办及相关部门的沟通协调，安排好领导食宿、车辆及行程路线等，为到广州、深圳等粤港澳大湾区参加公务活动的领导提供优质服务，先后接待市领导及随同人员1600多人次。加强与广东省委办、省府办等省直部门和广州市及兄弟市驻穗单位的联系，沟通信息，增进情谊，交流合作，促进发展。年内，组织广州市交警支队专业人员到梅州市驻穗办开展交通安全知识讲座，提高司机在接待过程中的安全意识，加强公务接待过程中的行车安全。注重车辆的维护管理，定期到4S店进行车辆保养，保持车内卫生整洁，完善洗车、加油和ETC相关制度，实行一车一卡对应管理，2020年公务用车运行维护费26.07万元，比上年减少15.9万元，减少率38%。

【驻穗招商引资】 2020年，梅州市驻穗办与广州市协作办、商会、协会等加强联络沟通，为广州梅州经济合作、对口帮扶、开拓项目、促进“双转移”等发挥作用。年内，成立招商小组，精准招商。自6月召开市政府招商引资进点会议以来，梅州市驻穗办招商队成立3个招商小组，各招商小组均由办领导领衔带队，组织分管部门开展招商活动，统筹重大项目招引，建立专业化、精准化的招商团队。建立工作机制，紧扣市情实际作出招商引资部署，研究提出推进招商引资的具体方案，形成“一个项目、一名领导、一个小组、一抓到底”的工作格局。2020年，先后上门开展招商推介活动22批次，引进项目1个，即投资1.8亿元的广东天业冷链丰顺产业园项目，项目已注册，发改备案证已办理，预计2021年6月动工；正在洽谈的有广东东灏教育投资有限公司等意向项目2个。此外，重点加强对广东风华高新科技股份有限公司、惠州市松海新材料科技有限公司、广东广物金融产业集团有限公司、深圳新中泰集团有限公司、深圳市旺盈集团、广州市富锐集团、深圳有信达集团等意向企业的跟踪协调。

（谢瑞狮、梅州市驻穗办）

中国人民政治协商会议梅州市委员会

政协重要会议

【市政协七届四次会议】 2020年1月18—20日，中国人民政治协商会议第七届梅州市委员会第四次会议在梅城举行。会议期间，市委书记陈敏、市长张爱军等市领导出席会议，陈敏在闭幕大会上作讲话，对今后工作提出明确要求，对委员更好地履行职能提出殷切期望，为政协工作注入动力；市委、市政府领导分别参加委员大会发言、即席发言、界别委员代表座谈会和分组讨论，与委员们共商大计、共谋发展。会议审议通过市政协主席陈建青代表七届市政协常务委员会所作的工作报告、副主席李忠良代表七届市政协常务委员会所作的提案工作情况报告，表彰市政协七届三次会议以来的优秀提案和市政协“先进委员工作室”，颁发梅州政协连心桥捐资纪念牌，选举刘耿灵、李

2020 年 1 月 18 日，中国人民政治协商会议第七届梅州市委员会第四次会议在市委礼堂开幕 （政协梅州市委员会提供）

利平为七届市政协副主席，马文欢、刘汉军、赖霖枫为七届市政协常务委员。委员们列席市七届人大七次会议，听取并讨论《政府工作报告》及其他报告，赞同梅州市中级人民法院工作报告和梅州市人民检察院工作报告。会议号召，全市各级政协组织、政协各参加单位和全体政协委员，要更加紧密团结在以习近平同志为核心的中共中央周围，坚决贯彻省委书记李希到梅州调研讲话精神，在中共梅州市委的正确领导下，不忘初心、牢记使命，锐意进取、扎实履职，奋力谱写新时代人民政协事业新篇章。

【市政协常委会会议】 2020 年，中国人民政治协商会议梅州市委员会（简称政协梅州市委员会）党组书记、主席陈建青主持召开 4 次常委会议。1 月 19 日，七届第十四次常委会会议召开，审议叶解春因退休辞去七届市政协副主席职务、伍德凤因岗位调整辞去七届市政协常委的请求；听取递增补部分市政协常务委员会组成人员候选人名单（草案）的说明，审议并原则通过候选人名单；审议市政协七届四次会议选举办法（草案）以及选举大会监票员、总监票员名单（草案）；审议市政协七届四次会议决议（草案）。1 月 20 日，七届第十五次常委会会议召开，听取大会秘书处汇报各组讨论政府工作报告、市政协常委会工作报告和提案工作情况报告、有关选举问题及审议市政协七届四次会议决议（草案）情况，听取提案委员会关于市政协七届四次会议期间提案情况的报告（草案）；确定递增补部分市政协常务委员会组成人员候选人名单；通过市政协七届四次会议选举办法（草案），以及市政协七届四次会议选举大会监票员、总监票员名单（草案）。6 月 11 日，七届第十六次常委会会议召开，传达学习贯彻习近平总书记在全国两会上的重要讲话精神和全国政协十三届三次会议精神，以及市委政协工作会议精神；审议任命丘胜发为市政协联络工作委员会专职副主任；邀请市政协委员、中国移动广东梅州分公司党委书记、总经理李永强作“5G 创新发展及技术应用”专题讲座。8 月 27 日，七届第十七次常委会会议召开，传达学习习近平总书记在企业家座谈会、党外人士座谈会上的重要讲话精神；副市长张晨到会通报梅州市基层公共卫生队伍和防控能力建设情况；围绕“关于加强基层公共卫生队伍和防控能力建设”进行专题议政；审议任命赖永生为市政协联络工作委员会主任。

（政协梅州市委员会办公室）

政协重要工作

【协商议政】 2020 年，政协梅州市委员会把“加强基层公共卫生队伍和防控能力建设”作为常委会专题议政课题，班子成员分别带队到各县（市、区）进行深入调研，形成高质量的专题议政报告。围绕“加强基本农田保护”“加大县级足球场地建设力度”“加大古镇古村落保护开发利用”等课题，开展专题协商、界别协商、对口协商活动，引导委员把自身专业能力融入协商实践，提出专业性强、精准度高的意见建议，让专门协商机构“专”出特色、“专”出质量、“专”出水平。

【政协调研视察】 2020 年，政协梅州市委员会围绕“金融支持实体企业稳定发展”“加快综合保税区和双龙高铁建设”“推动乡村产业振兴发展”“促进乡村文化振兴”“打赢精准脱贫攻坚战”“创建国家中医药综合改革试验区”“加强水资源保护与利用”“老城微改造和文创激发新业态情况”“支持侨资企业融入粤港澳大湾区建设”等课题，先后开展38次专题调研、专题视察活动，形成履职成果26篇，得到市委、市政府主要领导批示8次。

【政协民主监督】 2020年，政协梅州市委员会持续聚焦乡村振兴开展民主监督活动，围绕推动脱贫攻坚与乡村振兴有效衔接，引导委员参与“千村示范、万村整治”“万企帮万村”行动。配合广东省政协到梅州开展乡村振兴民主监督专题调研活动。抓好挂钩联系创建全国文明城市网格化工作，班子成员定期进行督导，推动创文各项决策部署落到实处。坚持每季度开展专项督查活动，班子成员挂钩联系的项目全面完成年度投资计划，“客都人家”康养文旅综合体一期项目如期建成开放，嘉元科技上榜国家技术创新示范企业名单。组织委员参加旁听梅州市法院庭审案件、梅州市检察院案件听证会和巡回检察活动，专题视察公安工作。

【政协提案】 2020年，政协梅州市委员会共有立案提案232件，提案答复率和委员满意率均100%。建立市主要领导、市政协主席会议、专委会三级督办重点提案机制，全年重点督办提案12件。梅州市委书记陈敏、市长张爱军分别领衔督办《关于深耕互联网，以绿色云数据中心带动传统产业转型升级的建议》和《关于优化营商环境，促进科技型民营企业高质量发展的建议》，把提案办理协商贯穿办理工作全过程，推动梅州市出台《加快互联网产业发展若干扶持措施》等系列政策，成功举办2020第二届梅州互联网大会，为统筹推进“5311”绿色产业体系建设，打造生态经济发展新标杆、争当生态发展区建设先行示范市发挥作用。市政协主席会议领衔督办《提升农村饮用水安全的提案》和《关于促进梅州基础教育振兴发展的几点建议》，组织委员深入一线调研，促进提案办理。各专门委员会紧扣《关于进一步打通市人民医院“生命通道”的建议》《关于开放机动车考场建设的建议》《关于对接粤港澳大湾区，打造我市百亿茶产业的建议》《关于整合梅州红色资源促进原中央苏区红色旅游产业发展的建议》《关于加大广东（梅州）大健康高科技产业园建设力度的建议》《加快养老服务业发展助推和谐梅州建设》《关于加快推进梅瑶路（葵岗至南口圩镇段）道路升级改造建设的建议》《关于梅州乡村旅游民宿现状及发展建议》等提案进行督办，提出的意见建议被吸纳落实到梅州市相关重大决策、发展规划中。

2020年6月5日，梅州市委政协工作会议在市委礼堂召开

（政协梅州市委员会提供）

【政协联情联谊】 2020年，政协梅州市委员会注重深化对外交流，先后组织住梅省政协委员赴四川广安、南充等地，组织部分市政协委员到福建三明、江西赣州等地，学习考察客家文化传承发展和红色资源保护利用等方面的成功经验，助推梅州加快发展生态产业。围绕产业园区建设、乡村振兴战略落实，组织机关干部到汕尾、惠州等地学习考察，助力梅州高质量融入服务“双区”建设。参加闽粤赣三省八市政协联系协作会议，加强与兄弟市政协的横向交流，全年接待28批次各级各地政协到梅州开展活动。组织委员到丰顺凤坪畲族村进行调研，助力少数民族特色村寨创建工作，促进民族团结。走访宗教界代表人士，开展宗教场所建设专题视察活动，进一步发挥宗教界别在推动经济发展、繁荣文化、促进社会和谐方面的作用。

2020 年 9 月 28 日，梅州政协连心桥通车仪式在革命老区梅县区梅南镇举行

（政协梅州市委员会提供）

【政协文史征编】 2020 年，政协梅州市委员会发挥文史资料“存史、资政、团结、育人”作用，在梅州政协门户网站创设文史专栏，编撰出版《梅州市政协志》，系统总结梅州政协成立 30 多年来的发展历程，为做好新时代政协工作提供有益借鉴；征集《梅州足球故事》史料，挖掘深厚的足球文化，助力梅州重振足球之乡雄风。

【政协民生实事】 2020 年，政协梅州市委员会围绕“打赢精准脱贫攻坚战”“增加学前教育公办学位供给”“提升养老服务能力建设”等课题，开展专题调研、专题视察和专项督办等活动，促进解决一批群众操心事烦心事揪心事。倡议发动政协委员捐资建设的“梅州政协连心桥”建成通车，广大政协委员和机关干部全参与、全覆盖，推动项目当年倡议、当年筹资、当年动工、一年建成。梅州市委书记陈敏、市长张爱军等市领导出席通车仪式，梅南老区人民把连心桥誉为脱贫奔康的富裕桥、幸福桥，《人民政协报》《南方日报》等 10 多家媒体分别进行报道。投身抗击新冠肺炎疫情斗争，发动广大委员主动捐款捐物，共筹集价值 1200 多万元的物资支持梅州抗击疫情。完成精准扶贫精准脱贫任务，四年来，帮扶市政协办公室挂钩的大埔县青华村筹集资金 1500 多万元，先后实施村主干道加铺沥青、移动 5G 基站、光伏发电等项目，24 户贫困户全部脱贫。围绕完善公共卫生应急管理体系、提高疫情防控期间“云课堂”效果等方面，编发社情民意信息 26 期，市长张爱军先后两次作出批示，要求相关职能部门在工作中借鉴和采纳。

【政协委员工作室建设】 2020 年，政协梅州市委员会围绕“巩固、完善、提高”的目标，加强对工作室的检查考核，评选先进委员工作室和优秀委员工作室主任，召开全市政协委员工作室推进会，总结推广经验。通过召开会议、专题辅导等形式，及时传达学习贯彻重要会议、重要文件精神，全年开展学习研讨活动 168 次，工作室成为思想政治引领的重要平台。先后开展 116 次调研视察等履职活动，工作室成为委员履职的重要平台。加强横向交流，通过互相学习考察、走访交流等活动，密切委员之间的联系，促进委员企业互相对接，工作室成为委员交流合作的重要平台。发挥贴近基层、密切联系群众的优势，引导各界别委员深入听取群众呼声、反映群众诉求、纾解民忧民困，共提交集体提案 33 件、社情民意信息 18 期，开展爱心活动 102 次，工作室成为政协委员助力民生改善的重要平台。梅州市政协委员工作室的经验做法得到广东省政协的肯定和推广。

（政协梅州市委员会办公室）

中国共产党梅州市纪律检查委员会·梅州市监察委员会

纪检监察重要会议

【市纪委监委机关“不忘初心、牢记使命”主题教育总结会议】 2020 年 1 月 10 日，中国共产党梅州市纪律检查委员会（简称梅州市纪委）、梅州市监察委员会（简称梅州市监委）机关召开“不忘初心、牢记使命”主题教育总结会议，梅州市委常委、市纪委书记、市监委主任黄建固出席会议并讲话。黄建固强调，要认真贯彻落实习近平总书记在中央主题教育总结大会上提出的“六个必须”具体要求，在强化理论武装上持续发力、在深化整改落实上持续发力、在加强队伍建设上持续发力，切实把初心擦得更亮、把使命扛得更牢，推动新时代纪检监察工作高质量发展。

【市纪委七届六次全会】 2020 年 3 月 26 日，中共梅州市第七届纪律检查委员会第六次全体会议在梅城举行。梅州市委书记、市人大常委会主任陈敏出席全会并讲话，市委副书记、市长张爱军传达习近平总书记在十九届中央纪委四次全会上的重要讲话及中央纪委全会精神、省委书记李希在十二届省纪委五次全会上的讲话和省纪委全会精神。全会审议通过市委常委、市纪委书记、市监委主任黄建固代表市纪委常委会所作的《强化责任担当 深化正风反腐 为梅州全面建成小康社会提供坚强保障》工作报告，组织 7 名县（市、区）和市直单位党委（党组）书记书面述责述廉并进行评议。

【市纪委监委第二期“青年论坛”】 2020 年 4 月 9 日，梅州市纪委监委举办第二期“青年论坛”，梅州市委常委、市纪委书记、市监委主任黄建固出席会议并讲话。黄建固强调，全市纪检监察干部尤其是青年干部要讲政治、对党绝对忠诚，自觉坚定具体做到“两个维护”；要强本领、敢担当、重实干、严律己，不断修炼自我，保持斗争锐气，推动纪检监察工作高质量发展。

【市纪委监委干部会议】 2020 年 5 月 22 日，梅州市纪委监委召开干部会议。梅州市委副书记王庆利出席会议并宣布省委关于市纪委监委主要领导调整的决定：蒋万军任梅州市委委员、常委和市纪委委员、常委、书记，提名为梅州市监委主任候选人；免去黄建固梅州市委常委、委员和市纪委书记、常委、委员职务，不再担任梅州市监委主任职务。

【中共梅州市纪委市监委机关委员会换届选举暨机关纪律检查委员会成立大会】 2020 年 12 月 30 日，中共梅州市纪委市监委机关委员会换届选举暨机关纪律检查委员会成立大会在市委礼堂召开，选举产生新一届市纪委监委机关党委委员 7 名、机关纪委委员 3 名。梅州市委常委、市纪委书记、市监委代主任蒋万军参加会议并讲话，勉励新一届机关党委、机关纪委班子继往开来、履职尽责，以新的面貌、新的作风推动机关党的建设高质量发展。（梅州市纪委监委）

2020 年 3 月 26 日，中共梅州市第七届纪律检查委员会第六次全体会议在梅城举行
（梅州市纪委监委提供）

纪检监察重要工作

【政治监督】 2020 年，梅州市各级纪检监察机关围绕党中央重大决策部署贯彻落实情况做实做细政治监督，加强对贯彻落实习近平总书记重要讲话、重要指示批示精神和党中央重大决策部署情况的监督检查，紧盯党中央关于统筹疫情防控和经济社会发展、打好三大攻坚战、做好“六稳”工作、落实“六保”任务等重大决策部署强化政治监督，聚焦贯彻新发展理念、构建新发展格局、推动高质量发展和省委“1＋1＋9”、市委“123456”工作部署开展监督检查。持续净化政治生态，立案审查存在违反政治纪律问题案件 6 件、处分 9 人。积极应对疫情影响，科学精准稳慎开展监督，梅州市纪委监委派出 6 个督查组，深入全市 97 个基层重点疫情防控点开展监督检查。对全市疫情防控工作提出“十严禁”纪律要求，建立信访举报和问题线索“快转、快办、快反馈”机制，全市共查处违反疫情防控工作纪律问题 27 件，给予党纪政务处分 34 人，给予诫勉、批评教育等处理 60 人，为统筹推进疫情防控和经济社会发展提供坚强保障。

2020 年 12 月 30 日，中共梅州市纪委市监委机关委员会换届选举暨机关纪律检查委员会成立大会在市委礼堂召开　（梅州市纪委监委提供）

决策部署只表态不落实、维护群众利益不担当不作为、困扰基层的形式主义、官僚主义突出问题，全市共查处相关问题 105 个，给予党纪政务处分 272 人，通报曝光典型案例 19 起。加大督促落实中央八项规定及其实施细则精神力度，整治违规收送礼品礼金、违规发放津贴补贴、私车公养、餐饮浪费等行为，全市共查处相关问题 180 个、给予党纪政务处分 380 人，通报曝光典型案例 38 起，坚决防止享乐主义、奢靡之风反弹回潮。

【日常监督加强】　2020 年，梅州市各级纪检监察机关聚焦“关键少数”，日常监督重点聚焦一把手、廉政提醒重点跟进一把手、政治巡察重点突出一把手、警示教育重点针对一把手。市县两级纪委监委共组织 64 名党组织一把手向纪委全会述责述廉，对综合评议分数靠后的 19 名一把手进行谈话提醒；由市领导对 21 名一把手进行提醒谈话或警诫谈话；对 5 名新任市直党组织一把手发送提醒函；形成涉及一把手问题的巡察专题报告 27 份。推动贯彻落实《党委（党组）落实全面从严治党主体责任规定》，运用巡察整改监督、纪检监察建议、民主生活会督导等方式，压实管党治党责任。盯住重点人、重点事，综合运用谈话函询、委托谈话、检查抽查、明察暗访、现场督导等方式，深化近距离常态化日常监督，市县两级纪委监委共谈话函询 161 人次、委托党委（党组）一把手谈话 225 人。健全完善检举举报平台，畅通信访举报渠道，及时发现、妥善处理群众身边的腐败和作风问题。加强与职能部门信息沟通、工作联动，及时处置职能部门在日常监督检查中发现的违规违纪违法问题，把监督融入行业综合治理。运用“四种形态”批评教育帮助和处理 3544 人次，其中，运用第一种形态谈话函询、提醒批评 2086 人次，占比 58.9%；运用第二种形态给予轻处分、组织调整 1238 人次，占比 34.9%；运用第三种形态给予重处分、职务调整 113 人次，占比 3.2%；运用第四种形态处理严重违纪违法、触犯刑律的 107 人次，占比 3%。

相关链接：“四种形态”

运用监督执纪“四种形态”，经常开展批评和自我批评、约谈函询，让“红红脸、出出汗”成为常态；党纪轻处分、组织调整成为违纪处理的大多数；党纪重处分、重大职务调整的成为少数；严重违纪涉嫌违法立案审查的成为极少数。

【作风问题整治】　2020 年，梅州市各级纪检监察机关持之以恒纠“四风”树新风，治理贯彻党中央

【审查调查】　2020 年，梅州市各级纪检监察机关始终坚持严的主基调，严肃查处“关键少数”和重点领域腐败案件，持续减存量、遏增量，共受理信访举报 4922 件；立案 1510 件，其中处级干部 15 人、科级干部 182 人；采取留置措施 25 人；结案 1554 件，给予党纪政务处分 1436 人。重点查处梅县区原副区长管某城、丰顺县原副县长谭某、梅州市公路事务中心原副主任张某术等违纪违法案件，查处广东省地质局第八地质大队原出纳周某贪污公款案件。推进防逃追逃追赃工作，完善防逃追逃工作机制，扎紧防逃篱笆。坚持严肃问责、精准问责，全市共问责党组织 9 个、党员领导干部 84 人。

【基层治理】　2020 年，梅州市各级纪检监察机关推进基层正风反腐三年行动，持续深化扶贫领域腐败和作风问题专项治理，立案查处相关案件 113 件，给予党纪政务处分 107 人，对脱贫攻坚被省挂牌督战的 67 名党组织书记进行约谈提醒；

坚决打好扫黑除恶专项斗争收官战，开展“六清”行动和案件“回头看”，深挖彻查涉黑涉恶腐败和“保护伞”，立案查处相关案件82件，给予党纪政务处分88人；严肃问责生态环保领域失职失责问题，立案查处相关问题24件，给予党纪政务处分74人，为决胜全面建成小康社会、决战脱贫攻坚提供作风保障。完善检举举报平台，畅通信访举报渠道，及时发现、妥善处理群众身边的腐败和作风问题。推广惠民信息平台“大数据+公开”监督模式，对全市惠民信息平台进行升级改造，提升基层监督实效。

【市县巡察】 2020年，梅州市组织开展两轮市委常规巡察，发现问题542个、线索24条，七届市委巡察覆盖率89.38%；对3个市直单位党组织开展巡察“回头看”。对县级巡察工作加强指导督导，县级巡察覆盖率达到95.92%；对16个镇（街）和县直单位党组织开展交叉巡察，发现问题310个、线索19条；全面推进对村巡察，对村巡察覆盖率达到100%，发现问题19750个、线索1632条。健全完善问题线索现场交办和市分管领导约谈被巡察党组织主要负责人制度，按照不少于20%比例抽查被巡察党组织整改落实情况，市县两级共约谈被巡察党组织一把手137人。深化巡察成果运用，市县巡察机构共提交专题报告56份，推动解决重点难点问题28个；探索实施巡察后评估制度，对巡察组工作质量和纪律作风进行“双评估”，推动巡察工作提质增效。强化巡视巡察上下联动，协助配合省委巡视工作，快查快办巡视移交的问题线索，增强巡视巡察震慑效应。

【纪检监察体制改革】 2020年，梅州市各级纪检监察机关深化纪检监察体制改革，推动制度优势转化为治理效能。强化纪委监委监督的协助引导推动功能，建立健全信息沟通、线索移交、成果共享等工作机制，整合各类监督力量，形成监督合力。加强对派驻（出）机构工作指导，调整派驻监督范围，推进市管企业、高校纪检监察机构规范化建设，撤销各县（市、区）公安局纪委、增设驻公安局纪检监察组。加强镇（街）纪检监察组织建设，健全村（社区）监督网络。梅州市纪委监委严格规范监督检查、审查调查和留置等工作程序，规范诫勉、函询、检举控告移送办理、涉案款物管理和廉政意见回复等工作流程，完善相关制度15项；规范线索管理、信息查询，建立线索处置专题会议制度，集体研判问题线索149条。加强与公检法部门在协助调查、指定管辖、款物移交等方面的协作配合，市县两级纪委监委共向检察机关移送审查起诉31件，共受理公安机关移送问题线索317条、检察机关移送问题线索55条、法院移送问题线索50条，彰显法治反腐力量。

【教育预防】 2020年，梅州市各级纪检监察机关推进以案促改、以案促治，市县两级纪委监委共发出纪检监察建议147份。加强信访举报情况分析，化解多年、多头、多层重复信访举报，对农村基层党员干部违纪违法、镇（街）虚构虚大工程项目套取公款问题等进行调研分析，推动共性问题集中整治。强化常态化警示教育，开展纪律教育学习月活动，协助市委举办全市领导干部党章党规党纪教育培训班；及时发布审查调查信息，通报曝光典型案例，拍摄6部警示教育片，编印4本警示教育读本，对国土系统、林业系统等典型案件进行剖析。加强理论宣传、舆论引导，深挖廉洁文化资源，新建（改造）6个廉洁文化、家风家训教育基地，开展“忠诚立家风”廉洁教育，涵养清正廉洁价值理念。

（梅州市纪委监委）

民主党派·工商联

梅城八角亭

责任编辑：吴奕珊

中国国民党革命委员会梅州市委员会

【民革概况】　2020年，中国国民党革命委员会梅州市委员会有民革成员283人，辖兴宁市、梅县区2个县级委员会，市直机关、梅江区2个总支部，1个嘉应学院支部，共16个基层支部。专职干部市级2人，县级2人。全年发展党员11人，发展率4%。新党员中10人为本科以上学历，其中硕士2人，博士1人，中高级职称4人，平均年龄37.8岁，党员的年龄结构和知识结构得到改善。年内，中国国民党革命委员会梅州市委员会发动党员参与中国国民党革命委员会广东省委员会开展的“孙中山研究与民革前辈研究”主题征文活动，陈垚、罗晓丽的征文入选《传承中山思想，弘扬民革传统——纪念孙中山先生逝世95周年及民革广东省委会成立65周年征文集》，中国国民党革命委员会梅州市委员会获“传承中山思想，弘扬民革传统征文组织优秀奖”。

【民革参政议政】　2020年梅州两会期间，中国国民党革命委员会梅州市委员会共提交26份提案、2件大会发言，其中，涉及“三农”、促进祖国和平统一、社会治理、健全法制方面的课题成果有15份，彰显民革在参政议政重点领域的优势。11月17日，梅州市政协副主席马志元率部分市政协委员，对民革两会期间提出的《加快养老服务业发展，助推和谐梅州建设》重点提案办理落实开展现场调研。伍德凤撰写的《关于突出产业发展，带动乡村振兴的建议》和李碧兰撰写的《关于壮大乡镇产业经济，助推梅州乡村振兴的提案》，在市政协七届四次会议开幕会上被评为2019年度优秀提案，并进行表彰。年内，中国国民党革命委员会梅州市委员会做好咨政建言基础性工作，在《政府工作报告（征求意见稿）》、党外代表人士座谈会、中共梅州市委七届九次全会情况通报会等会议上，主委伍德凤踊跃发言，提出有针对性、建设性的意见建议。

【民革专题调研】　2020年，中国国民党革命委员会梅州市委员会做好年度重点课题调研工作。9月10日，主委伍德凤率“关于加快我市电子信息产业公共技术服务平台建设的建议”专题调研组到广东金山云网络技术有限公司开展专题调研；9月27—29日，副主委叶洁率该课题组赴惠州、东莞，深入4家相关企业调研考察。1—10月，市委委员、梅州市农林科学院研究员李国华率“梅州柚产业发展现状及对策建议”专题调研组走访梅州市

10多家优势产区龙头企业，并深入到广西容县沙田柚产区调研。两个重点课题组经过多次调研、专题讨论，形成2份调研报告，供梅州市委市政府决策参考。年内，中国国民党革命委员会梅州市委员会协助和参与中国国民党革命委员会广东省委员会和兄弟市委会的重点课题调研活动，被中国国民党革命委员会广东省委员会评为“2019—2020年度参政议政工作先进集体”。

【民革组织建设】 2020年，中国国民党革命委员会梅州市委员会发现和举荐优秀人才，提升队伍整体素质。11月，嘉应学院博士夏远鸣加入民革队伍，党员发展工作取得新突破。以组织换届为契机，谋划后备人选的培养和推荐，各级组织开展对骨干党员的政治安排、实职安排的举荐工作。1月，主委伍德凤当选梅州市人大常委会副主任，曾伊增补为市政协委员；6—10月，李朝晖任梅县区残疾人联合会理事长，曾伊任市政协社会法制和人口资源环境委员会工作科科长，钟蔚玲任乐育中学副校长，伍映平任坭陂镇中心小学副校长。年内，民革梅州市委员会通过多种方式激发基层组织活力，坚持委员对口联系基层组织制度，每人负责联系1至2个基层支部。发挥第一批省级示范支部的带动引领作用，推广创建示范支部的工作经验。4月，中国国民党革命委员会梅州市委员会在梅县区松口镇召开2020年度组织工作会议，各支部主委就如何解决实际工作中遇到的各种重点难点问题作研讨。各基层组织探索有效模式，开展形式多样的活动，组织观看红色歌剧《血色三河》，开展乡村振兴、康生养老业发展调研和关爱留守儿童、扶贫义诊活动等。推进民革党员之家、民革书画院等平台建设。通过争取企业界党员的支持，梅江区总支部建成“党员之家”。8月15日，民革广东省孙中山书画院（梅州）创作基地在梅江碧桂园社区挂牌成立。新冠疫情期间，书画院成员参与中国国民党革命委员会广东省委员会和中国国民党革命委员会梅州市委员会网络书画展。9月26日至10月31日，梅州民革书画院副院长郭惠明的“抱朴守真——郭惠明陶瓷画作品展”在中国客家博物馆举办，助力梅州创建文明城市。

【民革社会服务】 2020年，中国国民党革命委员会梅州市委员会立足本职岗位，有序参与疫情防控工作。由民革党员钟李锋、曾彩霞伉俪创办的梅州铁炉桥医院在半个月内完成发热门诊的改造升级，免费提供线上就医咨询服务。党员中的医卫人员和基层工作者投身疫情防控工作，程景炜等5位党员被中国国民党革命委员会广东省委员会评为“2020年抗击新冠肺炎疫情先进个人”。中国国民党革命委员会梅州市委员会先后到梅县区松口中学、兴宁市龙田中学，捐赠一批价值1万多元的口罩、消毒液等物品。民革党员通过不同的方式捐款捐物，奉献爱心。据不完全统计，方初茂、叶小生等民革党员在抗疫中共捐赠善款物资15多万元。在春节、中秋等重大节日，各基层组织组织党员看望慰问退休党员和困难党员、抗战老兵。1月，中国国民党革命委员会梅州市委员会为梅州抗战老兵定制“国家记忆”挂历。梅州市关爱抗战老兵志愿者协会赠予梅州民革“慈爱楷模”称号。助力脱贫攻坚和乡村振兴，响应民革中央帮扶纳雍县“我为扶贫下一单”消费扶贫活动，据不完全统计，全市民革党员共采购贵州农产品5000多元。响应中国国民党革命委员会广东省委员会“画好同心圆，造好

2020年4月21日，中国国民党革命委员会梅州市委员会在梅县区松口镇召开2020年度组织工作会议，并到梅县区松口中学开展助力抗疫复学活动

（中国国民党革命委员会梅州市委员会提供）

博爱林”，全市共认捐“博爱林”6棵，为云浮市郁南县大全村乡村振兴添砖加瓦。

【民革祖国统一工作】 2020年，中国国民党革命委员会梅州市委员会学习对台方针政策，开展台情研究。6月2日，与梅州市台港澳事务局开展对口联系工作座谈会，学习对台工作新理念、新主张、新要求，以中共中央总书记习近平对台工作重要论述为引领，推动祖统工作水平不断提升。发挥特色优势，促进梅台文化交流。党员中的祖统委员、台联会成员履行职责，做好祖统联谊工作。省祖统委员张雨亮参加全国台联主办的第三届“两岸一家亲”台湾民情学术研讨会，参与第十九届梅台青年夏令营、第七届台湾青年岭南行活动，通过活动拉近两岸同胞的距离，增强两岸同胞情谊，促进祖国统一。（中国国民党革命委员会梅州市委员会）

中国民主同盟梅州市委员会

【民盟概况】 2020年，中国民主同盟梅州市委员会履行参政党职能，建言献策；组织开展各类调研，完成《深化放管服改革，进一步优化营商环境》等3个重点调研课题；发展优秀人才入盟，全年发展新盟员18人，全市有盟员812人，其中省、市、县（市、区）盟员人大代表12人，政协委员49人；激励盟员立足本职工作，建功立业。中国民主同盟梅县区委员会盟员赖瑜明获广东省文化和旅游厅颁发的“2020年广东省基层先进文化工作者”称号；李玉珍创作的小戏《寒冬暖夜》获广东省戏剧家协会举办的“新时代 新征程”主题小戏小品剧本征集优秀奖，获梅州市2019年度文艺“双精”奖；刘谦隆被广东省流行音乐协会评为“2019年广东优秀音乐人”，演唱歌曲《大山之歌》获广东省流行音乐协会年度“十大金曲奖”；由李玉珍、刘谦隆主演，赖瑜明担任策划，陆优、廖丽、徐影茹参演的以精准扶贫为题材的大型山歌剧《春闹》，在第十四届广东省艺术节上夺得大型舞台艺术作品戏曲组一等奖，刘谦隆获“单项奖优秀表演奖”；钟兰芳获“慈爱基金·侨界奖教奖学金”活动“优秀教师”荣誉称号，得到广东省侨界仁爱基金会的表彰；丘芳撰写的论文获2020年梅州市英语年会论文二等奖。中国民主同盟兴宁市委员会盟员孙利芬的多媒体课件《中考英语复习之专题一 数词》在广东省中小学教育学会举办的2020年“一师一优课”优秀教研成果评选活动中获一等奖;张立伟于9月14日在广东省廖振雄名教师工作室研修活动中获公开课优秀奖;罗伟光在2020年度被评为梅州“最美教师”；何练在2020年梅州市青少年校园足球教学暨中小学体育与健康教学优秀课例评选活动中获高中组二等奖；张立伟、罗春荣于7月15日获2020梅州市高中教师论文评比一等奖，刘宇玉于7月15日获2020梅州市高中教师论文比赛二等奖。民盟梅江区总支盟员曹敏获评梅州市青少年校园足球优秀教练员，陈森宏、张宏、谢瑞芬在省、市论文及展示活动中获奖；陈小丹、曾碧珍、曾碧珍、吕林泰、张美华、温运梅、张瑜、邹锦春、梁东线在梅州市线上教学评选中获奖。民盟梅州市医卫支部盟员杨冬梅在2020年“新型冠状病毒肺炎”疫情防疫工作中表现突出，授予梅州市“最美战役天使”称号；9月，盟员刘海欧、罗琳君成功开展梅州市妇女儿童医院首例新生儿PICC置管术，提高极低体重早产儿的救治水平。民盟梅州市市直机关支部被中国民主同盟中央委员会评为盟务工作先进基层组织。

2020年10月16日，中国民主同盟梅州市委员会主委韩小林（左二）率调研组到五华县开展专题调研 （中国民主同盟梅州市委员会提供）

【民盟参政议政】 2020年，中国民主同盟梅州市委员会在市政协七届四次会议上作《关于我市高中教育改革发展的建议》《大力发展数字经济，助力梅州经济社会实现弯道超车》的大会发言；梅州市两会期间，共提交提案、建议21件，其中《关于推动梅州数字经济发展的建议》《关于推动我市志愿服务工作健康发展的建议》被评为优秀提案。在梅县区政协一届五次会议上，中国民主同盟梅县区委员会作《发展乡村教育，助力乡村振兴战略》大会发言，提交集体提案1份、个人提案13份，其中《关于提高乡镇卫生院医疗服务水平的建议》被评为优秀提案，盟员李玉珍被评为2019年度优秀政协委员。中国民主同盟兴宁市委员会撰写人大建议和政协提案共30件,提交大会发言1份。其中《关于尽快打通兴城东风段片区与北环大道交接线路的建议》《关于全面整治东排沟的建议》《关于尽快在南部新城宁新片区新建九年一贯制学校的建议》《关于尽快打通兴城东风段片区与北环大道交接线路的建议》被评为优秀提案。

【民盟专题调研】 2020年，中国民主同盟梅州市委员会和各县（市、区）民盟组织围绕市委、市政府中心工作开展各类调研活动。4月，在梅州市党外代表人士2020年度调研协商座谈会上，中国民主同盟梅州市委员会提交的调研报告《加速推进数字经济与实体经济融合，促进梅州经济快速发展》获评2019年度调研报告一等奖，《关于我市普遍高中教育改革发展情况的调研报告》获优秀奖。8月，组织调研组到珠海、中山、惠州、广州开展“适应新高考改革，提升高中教育质量”“深化放管服改革，进一步优化营商环境”“实行垃圾分类，改善人居环境”重点课题专题调研。10月，主委韩小林率调研组到五华县开展“非遗”保护与传承专题调研和思想教育实践活动。

【民盟社会服务】 2020年，中国民主同盟梅州市委员会和各县（市、区）民盟组织配合、参与疫情防控工作，盟员刘继海参与支援基层防疫一线工作；全体盟员踊跃捐款，梅江区总支盟员共捐款8120元，梅县区盟员共捐款13560元，全市盟员共捐款38210元。在“广东扶贫济困日”活动中，梅县区盟员共捐款8150元，全市盟员共捐款14730元。4月，兴宁市盟员30余人到神光山国家森林公园开展“同心林”植树活动，为梅州市创建国家森林城市贡献力量。7月，市直机关支部盟员到梅州市梅江区西阳镇双黄村开展扶贫活动，梅江区总支盟员走上街头开展志愿服务活动。

（中国民主同盟梅州市委员会）

中国民主建国会梅州市委员会

【民建概况】 2020年，中国民主建国会梅州市委员会发展新会员5名，全市有民建会员294人，平均年龄53岁。会员中，大专以上学历210人，占71.4%；中高级职称会员93人，占31.6%。在党政机关、政府及组成部门的有51人，其中副处级干部4人，科级干部13人。有广东省人大代表1人；梅州市人大常委1人，人大代表3人，政协常委3人，政协委员7人；有县（市）级人大常委2人，人大代表2人，政协常委5人，委员21人；有市、县级特邀人员2人。全年建成4个会员之家（兴宁2个、市直属1个，梅县区1个），组织凝聚力与向心力增强。年内，通过开展形式多样的主题教育活动，激发会员爱国情感，加强会员对多党合作传统和民建优良传统的认识。中国民主建国会梅州市委员会组织民建梅县区总支部骨干会员到深圳市改革开放40周年纪念馆参观学习，组织市委委员及骨干会员到陕西省西安市和延安市参观学习；民建华侨中学支部组织骨干会员到老革命家卢伟良故居参观。10月31日，中国民主建国会梅州市委员会、中山市委会和东莞市委会在梅州联合举办“纪念中国民主建国会成立75周年会史宣讲报告会”，增强会员知会、爱会、强会的理念，筑牢新时代多党合作的共同思想政治基础。

【民建参政议政】 2020年，中国民主建国会梅州市委员会向广东省人大提交2件个人议案；向梅州市政协提交9件集体提案、6件个人提案。中国民主建国会梅州市委员会代表在政协大会作《关于加强我市互联网产业发展的建议》《推动梅州客家酿酒业发展，打造富民增收新引擎》发言。集体提案《关于促进我市五大传统产业转型升级的建议》和个人提案《关于打造“三宜”城市建设，推动新的经济增长极的提案》被评为市政协优秀提案。年内，调研报告《运用市场营销手

2020 年 10 月 31 日，中国民主建国会梅州市委员会、中山市委会和东莞市委会在梅州联合举办“纪念中国民主建国会成立 75 周年会史宣讲报告会”

（中国民主建国会梅州市委员会提供）

段，推动梅州客家娘酒发展》《设立农业产业投资基金，助力梅州乡村振兴》分别被梅州市委统战部评为 2019 年度调研报告三等奖和优秀奖。罗丽平撰写的《关于推迟高考的建议》被广东省政协编印。

【民建社会服务】　2020 年，梅州民建会员通过各种途径为疫情防控捐款 30 多万元。其中，中国民主建国会梅州市委员会筹集资金 9700 元用于帮帮公益负压救护车慈善募捐项目，中国民主建国会兴宁市委员会筹集 10200 元捐赠给兴宁市红十字会。年内，中国民主建国会梅州市委员会推动会员企业复工复产，梳理省、市出台的部分援企稳岗政策，为会员企业印制《应对疫情影响扶持企业发展政策汇编》。为青华村 10 名、三山村 20 名家庭困难学生发放助学补贴，为三山村贫困户发放自来水安装补助款。联合广东农业龙头企业为从事木耳种植的大户及贫困群众进行专题木耳生产技术培训。

（中国民主建国会梅州市委员会）

中国民主促进会梅州市委员会

【民进概况】　2020 年，中国民主促进会梅州市委员会发展新会员 12 人，全市民进组织有会员 374 人，总支部 3 个，基层支部 26 个。会员中有市人大代表 2 人，市政协委员 12 人（其中常委 5 人）。中国民主促进会梅州市委员会获民进中央“脱贫攻坚民主监督先进集体”称号，获民进广东省参政议政工作先进单位。会员谢芳获民进中央“全国履职能力建设先进个人”，肖勋铭获民进中央“脱贫攻坚民主监督先进个人”称号，李林锋获中国民主促进会广东省委员会“抗疫突出贡献会员”称号，李巧艳、肖勋铭、李福生获中国民主促进会广东省委员会表彰“抗疫先进会员”，温荣华、黄李忠获 2020 年“梅州市劳动模范”称号，卢春花获 2020 年梅州“最美教师”称号，李福生获 2020 年“梅州市优秀班主任”称号；陈红旗撰写的《论马叙伦的民主立场、民生意识与党派合作理念》获广东省政协征文评选优秀奖。

【民进参政议政】　2020 年梅州两会期间，中国民主促进会梅州市委员会提交集体提案 17 件、个人提案 10 件。其中，《关于梅州乡村旅游民宿现状及发展建议》被确定为 2020 年度市政协联络工作委员会重点督办提案。6 月 10 日，梅州市政协副主席刘耿灵率队，组织有关部门、部分政协委员及提案人，到梅江区三角镇又见・钧质楼民宿和梅县区雁洋镇三舍・花间慢民宿进行重点督办。由中国民主促进会梅州市委员会提供的集体提案《关于进一步加强食品安全监管，严把舌尖上的安全质量关的建议》《关于加大教师队伍建设力度，全面提升我市教育质量的建议》《关于深耕绿色产业体系，用心用情推动原中央苏区高质量发展的提案》，在梅州市政协七届四次会议开幕会上被评为 2019 年度优秀提案，并进行表彰。

【民进专题调研】　2020 年，中国民主促进会梅州市委员会组织开展各种调研活动。1 月 11 日，组织新会员、骨干会员 20 多人到大埔县百侯镇、西河镇开展“新农村建设”专题调研；6 月 18 日、23 日，围绕“提升基层治理效能，促进社会和谐稳定”主题，分别组织课题调研组到梅江区三角镇人民政府和金山街道办事处开展专题调研，了解基层治理整体概况和党建引领基层治理工作的开展情况；7 月 31 日，组织调研组到五华县汉光超顺农旅园

2020 年 7 月 31 日，中国民主促进会梅州市委员会主委侯通传（右二）率调研组一行到五华汉光超顺农旅园开展“因地制宜，实施乡村振兴战略”专题调研，现场了解农旅园建设情况（中国民主促进会梅州市委员会提供）

开展“因地制宜，实施乡村振兴战略”专题调研，并形成调研报告，通过参政议政平台，为金融政策的制定建言献策，为民营企业健康发展发挥作用；11 月 22 日，组织优秀教育工作者到平远县接受红色革命教育和开展“乡村振兴”专题调研。

【民进社会服务】 2020 年，中国民主促进会梅州市委员会倡议民进会员们为抗疫捐款捐物，共收到捐款 23455 元，全部移交中国民主促进会广东省委员会统筹安排；会员李巧艳、罗欢等企业界会员捐赠抗疫物资价值合计 200 多万元。年内，中国民主促进会梅州市委员会组织开展多种形式社会服务活动。6 月 21 日，中国民主促进会梅州市委员会组织梅州市人民医院支部，与江南社区卫生服务中心联合开展“关爱父亲，前列腺癌公益筛查”义诊活动；10 月 17—24 日，联合梅州市嘉丽慈爱促进中心开展“助学暖心公益行”系列探访活动，走访大埔县高陂、百侯、大东、枫朗、青溪等乡镇农村的 40 户特困儿童家庭，了解他们的困难和需求。

【民进信息宣传】 2020 年，中国民主促进会梅州市委员会编辑出版 1 期《梅州民进》。向中国民主促进会广东省委员会和梅州市委统战部、市政协等单位提供宣传、议政信息、社情民意共 27 篇，采用 19 篇。其中《严厉打击野生动物违法违规交易行为，革除食用野生动物陋习确保公共安全》《关于加强落实我国应急医疗物资储备制度体系的建议》等被《广东民进信息》和《梅州统战信息》采用。

（中国民主促进会梅州市委员会）

中国农工民主党梅州市委员会

【农工党概况】 2020 年，中国农工民主党梅州市委员会辖梅县区、蕉岭 2 个县（区）委会，1 个总支，27 个支部。截至 2020 年 11 月底，全市有党员 406 人，其中医卫界 282 人，占 69.5%；文教界 65 人，占 16.1%。高级职称 136 人（其中正高 21 人），占 33.8%；中级职称 151 人，占 37.5%。全市有 1 名党员任副厅级实职，3 名党员任副处级实职，有省人大代表 1 人，市人大代表 2 人，市政协委员 12 人，县（区）人大代表 4 人，县（区）政协委员 26 人。年内，党员张清祥入选广东省家庭医生协会公布《2020 年度岭南名医录》；黄烁丹获 2 项国家专利；侯秀华获评 2020 年梅州市劳动模范；丘元强、练伟东、李筱红、钟玉祥获全市卫健系统抗击肺炎疫情先进个人称号；梁富珍获广东省中医养生操大赛三等奖；黄凯达作品《广东汉剧之涅槃》获“南国牡丹杯”广东汉剧 60 周年征文大赛二等奖，并当选梅州市青年书画家协会第四届主席；温崇文获共青团梅州市委员会授予“梅州市向上向善好青年”和 2020 年中国农民丰收节蕉岭县杰出新农人代表；肖宝玲获“梅州好医生”和“优秀医师”称号；廖志东获 2020 年岭南名医称号；钟锋获评嘉应学院医学院先进个人和教书育人优秀奖；曾翠霞获梅县区先进班主任称号；李玮梅、陈蔼琳、黄庭瑜、谢美兆等 8 位党员年度考核优秀等。据不完全统计，2020 年全市党员撰写论文和文章，在国家级刊物发表 13 篇，在省级刊物发表 17 篇，在市级刊物发表 13 篇；出版专著 1 本；参与省级课题 1 项，市级课题 2 项。

【庆祝农工党成立 90 周年系列活动】 2020 年 8 月 9 日，纪念中国农工民主党成立 90 周年表彰大会在北京召开，中国农工民主党梅州市委员会被农工党中央评为先进地市（县）级组织，梅州市蕉岭县卫生支部委员会被评为社会服务工作先进基层组织，专职副主委李玮梅被评为优秀党务工作者，市委委员林立新被评为先进个人。中国农工民主党梅州市委员会结合农工党建党 90 周年开展系列活动，组织 2019—2020 年度新党员及部分骨干党员，到教育基地参观学习，开展党史学习教育活动；组织市、县、区领导班子、机关专干等到梅县区开展“不忘合作初心，继续携手前进”——庆祝农工党成立 90 周年系列活动；参加中国农工民主党梅州市委员会征文和理论文章投稿，《心中有榜样，前行有力量》等 4 篇文章在农工党广东省委员会编印的《不忘初心 砥砺前行——庆祝中国农工民主党成立 90 周年文集》刊登；组织党员参加“学精神、学党章、学党史”网上知识竞赛活动，黄烁丹获奖；组织党员参加中国农工民主党广东省委员会在广州市举办的“大美中国”大型书画作品展览，曾德新、黄凯达的作品参展。

2020 年 8 月 7 日，中国农工民主党梅州市委员会组织开展“不忘合作初心 继续携手前进”——纪念中国农工民主党成立 90 周年活动

（中国农工民主党梅州市委员会提供）

【农工党参政议政】 2020 年，中国农工民主党梅州市委员会围绕省委、省政府“1＋1＋9”工作部署和市委“六争六补”“123456”思路举措等建言资政。主委李利平的中标课题《关于在取消养老机构设立许可背景下，加快社会力量兴办养老机构的建议》被采用为中国农工民主党梅州市委员会副主委李力强的个人提案，提交省政协十二届三次会议并在《南方日报》刊登。副主委李玮梅撰写的《古建筑修缮过程尤须注意防火安全》被中国农工民主党梅州市委员会采用。黄烁丹撰写的《关于进一步完善我国新冠病毒核酸检测工作的建议》社情民意信息被广东省政协采用。在梅州市两会期间，主委李利平当选为政协第七届梅州市委员会副主席；中国农工民主党梅州市委员会共向梅州市政协大会提交《关于对接粤港澳大湾区，打造我市百亿茶产业》《加强文旅融合，打造客家特色文化名城》《关于打好我市水污染防治攻坚战的建议》3 件大会发言、《建议为公立医院厕所“评星”，加强长效管理机制》等 22 件集体提案、《关于为粤港澳大湾区提供安全优质“梅州菜”的建议》等 14 件个人提案、《关于在休闲场所大屏幕投放健康公益等宣传片的建议》等 2 件社情民意信息。《关于对接粤港澳大湾区，打造我市百亿茶产业的建议》提案，确定为 2020 年度梅州市政协农业和农村委员会重点督办的提案；集体提案《关于积极主动融入粤港澳大湾区，推动梅州三宜城市发展的建议》被梅州市政协评为 2019 年优秀提案。副主委李玮梅撰写的《关于加强健身教练资质监管的建议》《建议规范对回收旧衣服的管理》《关于整治城乡接合部焚烧垃圾行为的建议》，陈蔼琳撰写的《关于整治预付卡乱象的建议》引起梅州电视台《服务 900》栏目关注，提案人接受记者采访。梅县区人大、政协会议期间，中国农工民主党梅县区委员会作题为《做强做优梅县金柚产业、助力我区乡村振兴发展》的政协大会发言，提交 3 件集体提案、5 件个人提案，其中集体提案《关于加大我区红色文化资源保护利用力度的建议》被评为梅县区政协优秀提案。蕉岭县政协会议期间，中国农工民主党蕉岭县委员会提交 3 件集体提案、5 件个人提案，其中《关于打造世界寿乡富硒大米品牌助推长寿健康产业发展的提案》被评为蕉岭县政协优秀提案。在梅州市委统战部召开的 2020 年度调研协商座谈会上，中国农工民主党梅州市委员会《关于

对接粤港澳大湾区，打造我市百亿茶产业的建议》获2019年度调研报告三等奖，《加强文旅融合，打造客家特色文化名城》获优秀奖。中国农工民主党梅州市委员会建议得到落实，连续两年提出《关于在梅州火车站入口至候车室及站台下穿隧道设置手扶电梯的建议》后，梅州火车站经过5个多月的改造升级，新增2部电梯；5月24日《梅州日报》刊登文章《梅州火车站"华丽变身"，新增两部电梯！》。在2018年的梅州市政协全会上提出《关于进一步打通黄塘医院"生命通道"的建议》，2020年梅州市政协组织开展政协委员回头看跟踪督办调研活动，断头17年的黄塘医院"生命通道"打通，缓解梅州市人民医院周边道路的交通压力。年内，中国农工民主党梅州市委员会提交的《建议将梅城东山大道拓宽为双向四车道》《关于加强"直播带货""网红带货"产品质量的建议》等4篇社情民意信息被市政协采用并提交有关部门。

【农工党社会服务】 2020年，全市农工党组织开展各种送健康义诊活动，梅州市慢病院支部在梅江区长沙镇卫生院联合举办"服务百姓健康行动"义诊活动；中国农工民主党蕉岭县委员会组织医务人员到省定贫困村新铺镇潘田村开展精准扶贫送健康义诊活动，服务群众逾120人次，免费发放价值近3000元的各类药品及健康宣传资料150多份；中国农工民主党梅县区委员会到水车镇敬老院开展"关爱老人、情暖夕阳"送健康活动，为敬老院送去价值3000元的风扇、不锈钢长椅，价值2000元的口罩、消毒酒精、洗手液等物品及每位老人一份礼品。中国农工民主党梅州市委员会结合农工党建党90周年活动，开展扶贫助学活动，为梅江中学捐赠价值约8000元的图书一批，丰富学校图书馆藏；开展捐书助学活动，为梅江区金山小学捐赠价值约9000元的图书一批；为松口镇大黄村的贫困村民送去一批价值约8000元的食用油、大米。专职副主委李玮梅参加梅州市政协提案委员工作室关心关爱特殊儿童爱心捐赠活动，为梅州市残疾人康复服务中心捐赠一批价值3万元的服装，其中包括在训特殊儿童夏装130套、冬装130套，康复教师及工作人员夏装60套。

【农工党抗击疫情行动】 2020年，全市农工党组织投身战"疫"各条战线。粤东医院党员林百润医生主动请缨参加广东省第二批援鄂医疗队，赴汉口医院55天，圆满完成任务；张清祥、李干文、宋宏中、刘雅芳奋战在粤东医院抗疫一线；林立新、侯秀华奋战在市疾控抗疫一线；另有近30名党员参与各条战线的一线战场抗疫。党员陈达辉向蕉岭县疫情防控指挥部捐资30万元，助力蕉岭县疫情防控工作；王吉欣为抗疫情相关单位捐赠口罩10万个及一批手持测温仪、消毒液等，后再次捐赠50多万元抗疫物资；温崇文捐赠5吨总价值12万元的富硒蕉岭大米，助力湖北抗疫前线后勤保障；刘智在梅县区慈善会爱心捐款3000元支持抗疫。其他党员向湖北等疫区捐款近万元。主委李利平带领机关干部看望援鄂党员林百润医生的家人；慰问粤东医院张清祥、李干文、宋宏中、刘雅芳等抗疫一线党员，送去农工党组织的关怀和慰问。农工党中央网站和微信公众号4次刊出林百润医生的抗疫事迹，中国农工民主党广东省委员会网站刊出中国农工民主党梅州市委员会稿件17件，《南方日报》《梅州日报》等媒体发布梅州市农工党党员抗疫事迹50余件。中国农工民主党梅州市委员会对一线党员事迹进行筛选、梳理，提供稿件给中国农工民主党广东省委员会编撰《大爱无疆 众志成城》一书，记录广大农工党员抗疫纪实。向中国农工民主党广东省委员会、梅州市政协、梅州市委统战部提供社情民意信息4条。曾德新、黄凯达通过绘画、书法、篆刻等各种文艺创作，弘扬抗疫精神。6月，中国农工民主党广东省委员会对新冠肺炎疫情防控工作先进集体和个人进行表彰，林百润、李干文、宋宏中、刘雅芳为疫情防控工作一线先进个人；陈达辉、王吉欣、温崇文、刘智为疫情防控捐赠先进个人；黄烁丹为疫情防控相关社情民意信息工作先进个人；李玮梅、曾繁伟、陈蔼琳为疫情防控相关宣传工作先进个人。林百润、李干文、谢正被梅州市医师协会授予"最美战疫医师"荣誉称号。梅县区2020年中国医师节庆祝大会上，张清祥、黄念先、黄建平获"从业30周年医师"荣誉称号；林百润、宋宏中、廖淑洪被评为"最美抗疫卫士"；刘雅芳被评为"最美战疫天使"；张清祥所带领的抗疫团队被粤东医院评为"粤东医院优秀抗疫医师团队"。（陈蔼琳）

中国致公党梅州市委员会

【致公党概况】 2020年，中国致公党梅州市委员会发展新党员10人，从外地迁入1人。至年底，全市有致公党党员242人，区委会1个，总支部2个，支部12个。在中国致公党广东省第十二届委员会第四次全体会议上，中国致公党梅州市委员会被授予“先进集体”“对外联络工作先进集体”“社会服务工作先进集体”3项称号，致公党梅州市嘉应学院支部被授予“先进集体”称号；致公党党员李子怡、李发达、彭雄飞被评为“优秀党员”，吴国辉被评为“优秀组织工作者”，周云水被评为“对外联络工作先进个人”，张晴洪、翁兵被评为“社会服务工作先进个人”。全市致公党党员有30多人次获得各级各单位表彰奖励或学习工作上取得突破。其中曾向党被梅州市卫生健康局评为“全市卫生健康系统抗击新冠肺炎疫情先进个人”，彭雄飞被梅州市希望教育基金会评为“梅州市优秀教育工作者”，翁卓嘉被梅州市教育局评为“2020年梅州市夏令营优秀裁判员”，伊俊威被梅州市民政局评为“2019年度先进个人”；饶新辉当选广东省基层医药学会胸部肿瘤专业委员会常委，宋小康被聘为主任医师和嘉应学院医学院兼职教授，郭锦杭担任嘉应学院马克思主义重点学科带头人，汤兰花拜广州中医药大学教授、博士生导师、广西名中医范冠杰为师。

【致公党参与抗疫】 2020年，全市致公党组织协力服务抗击新冠肺炎疫情。主委张晨担任市新冠肺炎防控指挥部副总指挥兼办公室副主任；副主委翁兵担任兴宁市疫情防控副总指挥。在“梅州致公”微信公众号上开设“众志成城抗疫情，梅州致公党员在行动”专栏，宣传致公党党员奋斗抗疫前线的事迹。据统计，致公党党员谢战忠、宋小康、徐晓院、谢讯华、谢梓荣、宋锋、钟文晖、梁杰、黄立、温国龙、曾志红、曾志荣、曾向党、张聪参与梅州市一线医护救治或排查工作，刘玲菱负责梅州市中医医院防控新冠疫情的后勤工作和参与梅州市党校隔离区的物资筹备及医护人员调配等；李发达、黄祯妮、古盛杰到检疫点24小时轮流值守，进行排查登记测温和发放疫情防控宣传资料工作。另有17人服务防疫工作，8人无偿献血。党员通过各种渠道捐款1.6万元及捐赠价值近12万元的口罩、消毒液、宣传用品、帐篷等一批；参与联合捐赠活动物品价值约1.2万元。其中副主委罗向明向梅州市红十字会、梅江区慈善会捐款共1万元。吴宇嘉通过梅州新的社会阶层人士联合会捐款现金5000元，另外采购口罩和消毒液，捐赠给防疫一线检查站的公安民警、社区工作者等，同时，组织公司力量设计录制出几十款系列“战疫”公益日历海报、公众号推文、动画片、现场视频等；参与创作录制的抗疫公益歌曲《你是光，你是爱》获得新媒体等平台转发后刊登“学习强国”平台，全网展播梅州防控疫情的好人好事和突出贡献；春节期间组织公司本地员工加班设计生产标语横幅、检查点帐篷及配套用品一批，悬挂、安装在街头、社区，捐赠的实物价值近10万元。彭剑彬联合广东帅乡泉食品有限公司开展献爱心支持抗疫活动，捐赠价值1.2万元的矿泉水一批。汤李松赠送价值1.2万元的口罩及消毒液给农资基层网点。周云水参加《梅州日报》“众志成城，坚决打赢疫情防控阻击战”理论征文活动，文章《规范信息发布渠道，建立疫情防控信心》获一等奖。

2020年1月29日，中国致公党梅州市委员会主委张晨（左二）到济广高速平远服务区省际公安检查站督导检查疫情防控工作 （中国致公党梅州市委员会提供）

【致公党参政议政】 2020年，中国致公党梅州市委员会主委张晨在广东省政协十二届三次会议期间代表中国致公党广东省委员会作题为《发挥海归人才优势，助力广东高质量发展》的大会发言，提交《关于推动医疗保障区域均衡发展促进健康广东建设的提案》《关于搭建数字化平台为新时代广东省归国留学人员提供精准服务的提案》。梅州市两会期间，梅州致公党员中的12位政协委员和4位人大代表出席，共提交政协大会发言材料2篇、集体提案15件、个人提案7件。副主委翁兵在政协大会上作题为《推进"客家菜师傅"工程，助力乡村振兴发展》的大会发言。副主委罗向明接受梅州电视台等媒体采访，就保护传承客家话议题及梅州经济社会发展等方面建言献策。集体提案《关于在全市中小学校推广开设励志感恩教育课的建议》《关于加快推进五华至陆河高速公路建设的建议》被梅州市政协评为2019年度优秀提案。在梅州市党外代表人士2020年度调研协商座谈会上，中国致公党梅州市委员会调研报告《发挥球乡优势，推进校园足球发展》《关于全市中小学推广感恩励志教育的建议》被梅州市委统战部评为2019年度调研报告优秀奖。

【致公党联谊活动】 2020年，中国致公党梅州市委员会响应上级倡议，开展"致公爱心小包裹"专项捐款活动，发动136人捐款共18254.88元，以实际行动关爱海外侨胞，共同抗击新冠疫情。主委张晨联系协调海外爱国华人华侨及侨团组织募捐抗疫款项折合人民币400多万元，以及抗疫物资一批；在国内疫情平复海外疫情蔓延时，协调梅州社会力量为海外华人华侨提供防疫指导和物资支持。党员饶淦中为印尼客属联谊总会筹款捐赠支援家乡梅州抗疫事宜牵线搭桥。杨波赴英国西布罗姆维奇足球俱乐部，参与嘉应学院与俱乐部达成合作意愿活动。周云水协助联系留尼旺华侨对接东莞市客家联谊会捐赠防疫物资；协助联络马来西亚华侨朱宝翎、张传兴在惠州寻根，帮助梅州市大埔县侨眷刘林光对接马来西亚新山客家公会。李国泰分别帮助南侨机工孙崇文后裔到原籍大埔县，归侨、致公党云南省委会原秘书长幸广元到原籍兴宁市成功寻亲。彭剑彬发动乡贤李丽红支持畲江中学抗疫捐款3000元，投资高铁畲江站前园区1000万元。副主委罗向明作为代表参加广东省第十一次归侨侨眷代表大会。

【致公党社会服务】 2020年，中国致公党梅州市委员会组织党员先后到五华县梅林镇宣优小学开展扶贫助学活动，检查"致公·爱阅"图书室运行开放情况，并为学校30名家庭贫困学生送去价值3000多元的书包、文具一批；到平远县八尺镇开展送农技农资下乡活动，组织农业专家向当地农户讲解栽种脐橙的技术，向八尺镇50多家贫困农户赠送价值5000元的有机肥一批；联合梅州市政协提案委工作室、中共梅州智友企业管理服务有限责任公司党支部及相关爱心人士到梅州市特殊教育学校开展关心关爱特殊学生献爱心捐赠活动，捐赠一批价值5万多元的冬装校服给学生。参加致公党中央发起的消费扶贫活动，发动党员67人次在"西好货"平台购物近9000元。向致公党中央"西好货"网络销售平台推荐梅州产品，推荐6家企业与平台对接，通过致公党的渠道向全国推广梅州优质农产品。

【致公党课题调研】 2020年，中国致公党梅州市委员会组织开展各种课题调研活动。6月17日，致公党市直支部组织调研小组到五华县梅林镇、水寨镇开展"历史建筑保护与再利用"课题调研活动；8月

2020年8月11日，中国致公党梅州市委员会到平远县八尺镇开展送农技农资下乡活动，向八尺镇50多家贫困农户赠送有机肥一批 （中国致公党梅州市委员会提供）

11 日，到平远县仁居镇开展“保护历史古建筑”课题调研活动。7 月 23 日，致公党梅江区总支组织调研小组到丰顺县汤坑镇、汤南镇开展“发挥新乡贤在梅州乡村振兴工作中作用”课题调研活动；8 月 25 日，到蕉岭县开展“擦亮梅州富硒长寿品牌，推动农业产业转型升级”课题调研活动。12 月 12—13 日，致公党嘉应学院支部部分成员到汕尾、揭阳等地开展“关于乡村移风易俗 助力梅州‘创文’的建议”课题调研活动。11 月 25—30 日，中国致公党梅州市委员会副主委魏明枢、市直属支部主委李子怡参加梅州市委统战部组织开展的党外代表人士赴陕西省延安市、西安市联合调研活动。

（中国致公党梅州市委员会）

九三学社梅州市委员会

【九三学社概况】 2020 年，九三学社梅州市委员会下设 9 个基层支社：科技一支社、科技二支社、医卫支社、梅州市人民医院支社、嘉应学院支社、嘉应学院医学院一支社、嘉应学院医学院二支社、梅江区支社、梅县区支社。年内发展新社员 13 名，全市共有社员 171 人，其中博士 9 人，新社会阶层 9 人；社员中有市人大代表 3 人，市政协委员 11 人（其中常委 4 人），九三学社市委委员 11 人。年内，九三学社梅州市委员会被九三学社广东省委员会评为“新冠肺炎疫情防控工作先进集体”。嘉应学院支社、梅县区支社被评为全省优秀社组织。副主委宋越被九三学社中央评为“九三学社抗击新冠肺炎疫情先进个人”，被广东省家庭医生协会评为 2020 年度“岭南名医”，撰写的抗疫事迹“尽己所能，担当有我”被《同舟共济战疫情——广东政协委员抗击新冠肺炎疫情辑录》（政协广东省委员会办公厅、广东省政协文化和文史资料委员会编）收录。社员黄敏文被梅州市妇联授予“三八红旗手”荣誉称号，被授予广东省最美河湖卫士并参加全国评选。叶阮炷被推选为梅江区第八批区管拔尖人才。肖光文主编《实用医学检验应用学》教材，在不同中外文刊物上发表 SCI 论文 1 篇，北大核心论文 1 篇，科技核心论文 2 篇，实用新型专利 2 项。罗宝平发表北大核心论文 1 篇，同时获医学院优秀教学管理者称号。张豫 2020 年度获聘新疆大学博士生导师、中山大学硕士生导师，入选广东省中招考试地理试卷命题专家库，期满从新疆农业大学博士后出站（第三个博士后）。李智忠被广东省家庭医生协会评为 2020 年度“岭南名医”，被梅州市中医医院评为第三届中国医师节梅州市中医医院“好医生”。林盼在梅州市抗击新冠肺炎疫情表彰中获先进个人称号。

【九三学社参政议政】 2020 年梅州两会期间，九三学社梅州市委员会向政协大会提交《加快实施生活垃圾分类工作 助推梅州三宜城市建设》《多管齐下完善政策体系提升梅州家庭农场竞争力》大会发言。提交的提案《关于优化营商环境，促进科技型民营企业高质量发展的建议》，被梅州市市长张爱军圈定为其 2020 年度督办的重点提案。九三学社梅州市委员会提交的集体提案《关于大力发展南药种植，助推梅州乡村振兴的建议》被评为梅州市政协 2019 年度优秀提案。据不完全统计，全年全市九三学社组织上交政协提案 21 件，其中九三学社梅州市委员会集体提交 19 件。3 月，九三学社梅州市委员会提交的社情民意信息《关于完善公共卫生应急管理体系的建议》被梅州市政府采纳，市长张爱军作批示，认为建议很好，要求梅州市卫健局研究后，纳入加强完善公共卫生体系方案。4 月，在梅州市党外代表人士 2020 年度调研协商座谈会上，九三学社梅州市委员会提交的调研报告《加快实施垃圾分类工作，助推梅州“三宜”城市建设》被评为 2019 年度调研报告三等奖。年内，向九三学社广东省委员会参政议政课题征集提交《乡村振兴战略背景下，如何有效盘活利用农村闲置宅基地》。

【九三学社民主监督】 2020 年，九三学社梅州市委员会发动社员深入调研提出可行的意见建议，做好脱贫攻坚民主监督，拓宽民主监督新渠道，助力脱贫攻坚。4—5 月，组织开展梅州市“克服疫情对脱贫攻坚的影响确保打赢脱贫攻坚战”的深调研工作，向九三学社广东省委员会上交 1 篇深调研报告——《梅州市克服疫情对脱贫攻坚的影响，确保打赢脱贫攻坚战调研报告》，为梅州脱贫攻坚工作中存在的问题和困难提出对策建议，提高建言资政成效。

【九三学社调研活动】 2020 年，九三学社梅州市委员会多次组织社员到基层和外地开展调研和考察活动，学习先进经验，收集建言献策素材，推动九三学社工作。7 月 5 日，梅江区支社联合科技二支社，到梅江区长沙镇开展“不忘合作初心 继续携手前进”主题教育活动暨“红色长沙 绿色家园”乡村振兴建设工作现场调研活动。10 月，九三学社梅州市委员会组队到湛江市开展老城微改造及文化提升、乡村振兴等方面的调研，并与九三学社湛江市委会进行社务工作交流。11 月，参加梅州市委统战部党外人士赴延安、西安等地联合调研。社员黄敏文带领志愿者服务队常年以“传承红色基因，守护绿水青山”为主题，进行一系列专业巡河护河活动。

【九三学社社会服务】 2020 年，九三学社梅州市委员会发挥社员中从事医疗卫生工作者较多的优势，配合有关部门做好卫生防疫、临床救治、服务保障等工作，为疫情防控贡献力量。截至 2020 年 5 月底，九三学社梅州市委员会捐款 74150 元，捐赠物资 40.55 万元。年内，开展扶贫济困、送医送药下乡义诊等一系列社会服务活动。7 月 26 日，九三学社梅州市委员会到丰顺县砂田镇开展“心系革命老区 义诊传递真情”送医送药送健康义诊活动。8 月 24 日，九三学社梅州市嘉应学院支社组织和联合社员，到西阳镇塘青村、笙竹村开展扶贫济困和巡河护河社会实践活动。8—9 月，开展扶贫济困社会服务活动项目——出资近 1 万元帮扶西阳塘青村贫困户赖爱国柚园安装手动滴灌系统，从根本上解决其柚园长期缺水灌溉问题，提高产量。

【九三学社对外交流】 2020 年 9 月 25—26 日，全国人大常委会委员、宪法和法律委员会副主任、九三学社中央副主席、中国工程院院士丛斌率调研组到梅州调研九三学社梅州市委员会社会服务工作，并就思想政治建设问题与社员座谈。年内，九三学社梅州市委员会加强与九三学社广东省委员会、兄弟市九三学社之间的联系，促进多方面联络沟通。江门、中山、东莞等九三学社兄弟单位到梅州参观交流。10 月，九三学社梅州市委员会到湛江考察调研，增进兄弟市九三社员之间的感情。9 月 26—27 日，九三学社揭阳市委员会与九三学社汕头市委员会、九三学社梅州市委员会和潮州支社在揭阳市联合举办纪念九三学社创建 75 周年活动。

（九三学社梅州市委员会）

2020 年 7 月 26 日，九三学社梅州市委员会到丰顺县砂田镇开展“心系革命老区 义诊传递真情”送医送药送健康义诊活动 （九三学社梅州市委员会提供）

梅州市工商业联合会

【工商联概况】 截至 2020 年底，梅州市共有工商联会员 9110 名，其中企业会员 6394 个、个人会员 2624 个、团体会员 92 个；团体会员中，有行业商会 27 个、乡镇商会 43 个、异地商会 22 个。梅州市工商业联合会（简称梅州市工商联）第七届执行委员会有委员 270 名。

【工商联参政议政】 2020 年，梅州市工商联深入调研了解实情，针对问题靶向研究，转化调研成果，促进相关对策建议落实。在市政协七届四次大会上，围绕党中央实施乡村振兴战略这一重大决策部署，提交《大力推进梅州乡村振兴的提案》；针对东山大道长期交通拥堵的民生热点问题，提交《关于尽快打通学子大道至梅松路的提案》；2019 年集体提案《关于大力推动民营企业高质量发展的提案》被梅州市政协评为 2019 年度优秀提案。4 月，在梅州市党外代表人士 2020 年度调研协商座谈会上，梅州市工商联《关于大力推进梅州市乡村振兴的调研报告》获评 2019 年度调研报告二等奖。

【工商联专题调研】 2020 年，梅州市工商联服务决策，当好参谋。

年初，到市直及各县（市、区）开展“援企稳岗扩就业·暖企行动”“走访谈心开新局·暖企行动”，走访各类企业40家，与114名企业家“一对一”个别谈心或小范围集体谈心，宣传“省20条”“市18条”等援企惠企政策，了解民营经济人士的思想状况和新冠肺炎疫情对企业生产经营的影响和企业发展面临的困难，收集企业诉求和建议。2月，在深入走访调研基础上报送《关于当前民营企业防控疫情工作和复工生产存在问题的情况报告》，得到市委书记陈敏、市长张爱军等市领导的肯定和重视，为市委、市政府及时出台“梅惠企18条”提供参考。年内，组织开展梅州市民营经济统战工作调研、梅州市民营企业融资情况调研、加强非公党建推动民企发展专题调研等，建言献策。

【工商联基层组织建设】 2020年，梅州市工商联推进“五好”县级工商联和“四好”商会建设。截至2020年底，实现广东省“五好”县级工商联全覆盖，梅县、平远、蕉岭工商联获评全国“五好”县级工商联。制订《梅州市工商联开展“四好”商会建设工作实施方案》，加强对基层商会的指导。年内，梅州市潮汕商会、五华商会、江西商会、装饰行业协会和丰顺县电声行业协会、松源商会、梅县区石扇商会、梅西商会、南口商会、蕉岭县新铺商会、五华县电子商务协会获评广东省工商联“四好”商会，梅州市五华商会、装饰行业协会、丰顺县电声行业协会获评全国“四好”商会。9月，梅州、河源两市工商联组织开展互学互促交流活动，加强商协会之间的联系沟通。

【非公有制企业党建】 截至2020年底，梅州市非公党委共有875个党员，2个企业党委，3个企业党支部，6个商协会党支部。年内，梅州市工商联加强非公有制经济党组织活动阵地建设，推动广东塔牌集团党委、广东鸿艺集团党委成功创建市级基层党建示范点，塔牌集团党委成功创建省级党建示范点。推进非公基层支部“三会一课”建设常态化，加强党员组织管理，2020年度有3个非公基层党组织召开换届选举大会（一一五公司党支部、装饰行业协会党支部、塔牌集团党委）；塔牌集团党委书记李斌获评2020年全国劳动模范。9月，广东省工商联党组成员、副主席、省工商联商会党委书记陈昆率队到梅州开展非公有制经济领域党建工作专题调研。

【“万企帮万村”行动】 2020年，梅州市工商联组织非公党组织、党员参加“万企帮万村”消费扶贫，通过“以购代捐”“以买代帮”等方式促进扶贫产品销售。与梅州市委农办（市农业农村局）、市国资委共同策划，印制《万企帮万村的梅州答卷》宣传手册和《万企帮万村的梅州答卷》宣传纪录手册。组织引导民营企业家积极投身乡村振兴“万企帮万村”行动，截至11月底，全市累计参与帮扶的各类企业1311家，对接1634个行政村，覆盖率达80%以上；在产业、就业、改善村容村貌等方面累计投入帮扶资金超3亿元，受益群众约35万人，帮扶成效走在全省前列。8月，广东省委农办、省工商联首选并确定在梅州召开全省“万企帮万村”工作现场会，梅州市工商联会同梅州市农业农村局做好各项筹备工作。9月，梅州市工商联、市农业农村局、市扶贫工作局对广东宝丽华、广东鸿艺集团等40家企业和协会进行通报表彰，并授予梅州市乡村振兴“万企帮万村”示范企业、示范协会荣誉称号。11月，广东宝丽华集团有限公司、广东塔牌集团有限公司、广东鸿艺集团有限公司、大埔县凯达水电站获广东省委农办、省国资委、省工商联受到通报表扬，表扬其在乡村振兴“万企帮万村”行动中做出的贡献。

【工商联疫情防控】 2020年，梅州市工商联倡导各商会协会、民营企业、直属党组织抗击新冠肺炎疫情，广大会员、商会协会、民营企业累计捐款捐物1.3亿元，走在全省粤东西北地区之首；各直属党组织和党员累计有547名党员捐款80623元。梅州市工商联安排党员领导干部联系挂点企业疫情防控和复工复产工作，帮助企业解决防疫物资紧缺的问题，确保企业安全有序复工复产。7月，联合梅州华普医院举办“颂党恩·送健康”活动，为非公有制经济领域在疫情防控、复工复产、脱贫攻坚一线的共产党员提供免费健康体检服务。10月，梅州市工商联获评广东省抗击新冠肺炎疫情先进工商联，全市6家乡贤企业和21家民营企业分别被授予广东省抗击新冠肺炎疫情重要贡献民营企业、突出贡献民营企业荣誉。12月，梅州市五华商会获得全国工商联“抗击新冠肺炎疫情先进商会组织”荣誉称号。

2020年6月29日，梅州市2020年“广东扶贫济困日”活动暨客家讲坛·乡村振兴专题讲座和扶贫产品展销活动在世界客商中心举行 （梅州市工商联提供）

【服务民营企业发展】 2020年，梅州市工商联加强各类援企稳岗扩就业政策宣传，指导企业用好用足各项优惠政策，增强企业发展信心，稳住发展预期。通过工商联网站、微信公众号、微信群等方式为各商协会、广大民营企业及时转发稳就业、保用工政策文件共30多份，转发解读疫情期间劳动合同、工资报酬、加班费、社保、工伤等政策40多篇。配合梅州市人社局，联合印发《转发关于开展“民企招聘‘1+1’行动”的通知》《转发关于开展2020年金秋招聘月活动的通知》，鼓励企业拿出更多就业岗位吸纳就业，引导企业选择网上服务平台等非接触式途径进行招聘。发挥企业诉求响应平台功能，帮助企业解决生产经营过程中面临的困难和问题，实现有序复工复产。开展金融服务暖企行动，推广梅州市工商联与客商银行合作的“无接触贷款助微计划”，通过金融科技和专属服务等方式，帮助会员企业缓解融资困难。发动企业参与粤商通、粤省事、全国信易贷平台，推送企业办税缴费优惠政策。

【企业法律宣传服务】 2020年，梅州市工商联开展法律宣传进企业、进园区，优惠政策话你知、援企稳岗扩就业、民营企业复工复产等暖企行动，联合金融机构介绍金融风险，促进民营企业风险防控能力、依法经营能力和管理能力提升，推动形成有利于全市非公有制经济发展的营商环境。4月，联合梅州市司法局、市律师协会开展为期2个月的服务疫情防控、助力企业复工复产的民营企业“法治体检”专项服务活动，依托粤商通平台、梅州市工商联法律服务团，提供免费咨询。8月，邀请广东立政律师事务所律师刘恋在稻丰实业公司举办《中华人民共和国民法典》进企业普法讲座。10月，联合梅州市检察院举办“服务‘六稳’‘六保’护航民企发展”检察开放日活动，听取意见建议，协助民营企业解决相关困难。12月，主动参与2020年梅州市“12·4”国家宪法日法律宣传咨询暨“宪法宣传周”活动，结合企业法治文化建设，开展宪法进企业主题活动，突出“法治是最好的营商环境”，增强企业及员工学法知法用法的法律意识和法治观念。

【工商联弘扬企业家精神】 2020年，梅州市工商联加强与主流媒体的合作，弘扬企业家精神。1月至4月，联合梅州日报社开展“展形象 树品牌 迎盛会”普惠宣传活动，对80家工商联会员企业进行宣传展示，以实际行动支持民营企业做强做大，助力梅州经济发展。疫情期间，与“南方+”、梅州日报社、梅州电视台持续报道各有关商会、协会和广大民营企业主动捐赠物资助力防控行动，动员民营企业支持疫情防控工作。与梅州市农业农村局共同策划“万企帮万村·乡村气象新”专题宣传24期，截至2020年底，已在梅州电视台持续14期报道全市民营企业在“万企帮万村”行动中所取得的成效。

【重点项目建设】 2020年，梅州市工商联、客商大会秘书处支持配合第六届世界客商大会筹备工作，协助完成大会内容的创新谋划，做好统筹协调、沟通联络工作，有序推进各项筹备工作。加快商会大厦建设，协调配合10家商会做好沟通协调工作，确定规划设计方案和有关报建资料报相关职能部门审批。10月，市政府常务会议确定由客商大会秘书处作为客商中心产权移交接收单位，梅州市工商联就产权移交、税费、二次装修工程欠款等事宜与企业、各相关单位沟通协调，做好世界客商中心产权移交工作。12月24日，世界客商大会秘书处与奥园集团（梅州）有限公司负责人签订《世界客商中心无偿移交协议书》。 （曾 珊）

叶剑英故居

责任编辑：吴奕珊

梅州市总工会

【工会思想政治引领】 2020年，梅州市总工会学习贯彻习近平新时代中国特色社会主义思想、中共十九届五中全会精神、习近平总书记系列重要讲话精神，以“中国梦·劳动美”为主题，联合梅州市文明办、市体育局等部门开展“奋斗新时代·劳动最光荣”主题征文比赛、“中国梦·劳动美——永远跟党走 奋斗新时代”梅州工会迎接中国共产党成立100周年主题文艺创作视频大赛、“中国梦·劳动美——文明健康 有你有我 科学健身 你我同行”梅州市第三届职工足球比赛，丰富全市机关企事业单位职工文体生活。

【工会服务发展大局】 2020年，梅州市总工会贯彻落实梅州市委关于新型冠状病毒肺炎疫情防控阻击战的决策部署，先后投入各级工会经费和专项资金555万元用于支持开展疫情防控工作，为全市250多个参与疫情防控一线的单位、部门和企业共1.81万名战斗在一线的职工群众送上工会关怀慰问。推动企业复工复产，联合平安产险梅州中支为全市小微企业无偿提供100万元员工专项保险保障产品“平安乐业福”，联合梅州市人社局、市工商联等部门开展集体协商“春季特要约”行动，落实工会经费优惠政策，为全市98家小微企业全额返还2020年工会经费68万元。推进新时期产业工人队伍建设改革工作，梅州市总工会成立推进产业工人队伍建设改革领导小组，市委、市政府成立梅州市推进新时期产业工人队伍建设改革协调小组，出台《梅州市落实〈新时期产业工人队伍建设改革实施方案〉责任分工方案》。履行创文工作职责，全年开展志愿服务活动23次，动员全市各级工会组织和广大职工开展“劳动最光荣·爱卫我行动”活动，全市850多个工会组织4.2万名工会干部职工开展活动。

【劳动和技能竞赛】 2020年，梅州市总工会组队参加全省“南粤家政”服务业职业技能竞赛，个人获“三等奖”1人、“优秀奖”5人，梅州市总工会获得“优秀组织奖”称号。组队参加全省“粤菜师傅”职工职业技能大赛，5名选手均获金奖。与梅州市消安办、市文明办联合举办全市首届多种形式应急救援队伍消防业务技能大赛，5个单位获集体项目第一名，8人获个人项目第一名。与梅州市工信局、市财政局等部门联合举办梅州市第五届创新创业大赛，设“客家工匠奖”

3 名，对在大国工匠建设、劳模和工匠人才创新工作室建设中具有创新、创意和示范带动作用的优秀团队或个人进行专项奖励。做好集体协商工作，梅州市总工会组织团队参加全省工会首届集体协商竞赛，获二等奖。

【工会助力脱贫攻坚】 2020 年，梅州市总工会打好城市困难职工解困脱困工作攻坚战，召开市政府与市总工会联席会议，出台《2020 年梅州决战决胜困难职工解困脱困工作方案》，市县两级总工会均成立困难职工解困脱困工作专班，通过就业救助、医保救助、金秋助学、生活救助等方式开展分类帮扶，先后投入各级帮扶资金 1062 万元，推动库存的990户全国级档案困难职工全部实现解困脱困，为决胜全面建成小康社会做出工会贡献。开展消费扶贫行动，与梅州市扶贫工作局联合下发关于开展消费扶贫行动的通知，与梅州市农业农村局联合发出采购梅州柚助力脱贫攻坚倡议书，鼓励各级工会引导工会会员购买梅州柚等扶贫产品，全市办理消费扶贫爱心卡近 2 万张，6.3 万多人参与消费扶贫，消费总额 1870 万多元。推进工会系统精准扶贫工作，五华县转水镇旱塘村全面实现脱贫“摘帽”，梅州市总工会驻五华县转水镇旱塘村扶贫工作队被评为“广东省脱贫攻坚先进集体”。

【劳模评选表彰】 2020 年，梅州市总工会开展 2020 年梅州市劳动模范、先进工作者和先进集体推荐评选工作，评选出 59 名梅州市劳动模范、先进工作者和 30 个先进集体；推荐评选 4 名全国劳动模范和全国先进工作者，12 名广东省劳动模范和先进工作者，3 个广东省先进集体。李斌、罗新辉、黄国玉被评为全国劳动模范，钟志雄被评为全国先进工作者。12 月 18 日，梅州市委、市政府召开 2020 年梅州市劳动模范、先进工作者和先进集体表彰大会，对全国、省、市劳动模范、先进工作者和先进集体进行表彰。年内，新建 1 家省级、6 家市级劳模和工匠人才创新工作室，发挥劳模示范带动作用。

【职工维权维稳】 2020 年，梅州市总工会制订《维护工人群体和重点企业等劳动领域政治安全专项行动实施方案》，成立劳动领域政治安全专项行动工作小组，组建由非公有制企业工会主席、工业园区工联会干部、镇（街）工会干部组成的 179 名工会劳动关系信息员队伍。开展以“安康杯”竞赛为载体的群众性安全生产和职业健康活动，全年妥善处理各类信访舆情信息事件 33 件，配合检查督促 264 家企业做好保障农民工工资支付工作，市县两级工会与法院劳动争议诉调对接工作室调解案件 43 件，开展《中华人民共和国民法典》等法律宣传、法律咨询活动 148 次，惠及 5 万多名职工群众。

【职工服务创新】 2020 年，梅州市总工会开展“春送岗位、夏送清凉、金秋助学、冬送温暖”活动，举办“两节”送温暖慰问金发放仪式，向 656 名困难职工发放 65.6 万元慰问金。筹集 91 万多元的慰问物资为 2.1 万名高温岗位一线职工送去关怀。全市各级工会共筹资 216 万元，资助 371 名困难职工子女圆大学梦。在“粤工惠”平台开展全市庆“五一”职工互助保障有奖知识竞赛，扩大职工互助保障工作的影响力和覆盖面，全年参保人数 16.36 万人，比上年增长 6.5%，保费收入 1554.51 万元，比上年增长 4.7%，为 6316 名职工发放 952.61 万元互助金，比上年增长 8.9%，为 497 名困难女职工、女农民工免费“两癌”筛查。新建 9 家“户外劳

2020 年 7 月 28 日，梅州市总工会到兴宁市梅龙铁路项目现场开展送清凉慰问活动
（梅州总工会提供）

动者工会爱心驿站”和 17 家“爱心妈妈小屋”，得到户外劳动者和女职工的欢迎好评。制订出台《梅州市职工书屋管理办法（试行）》，新增全国职工书屋 1 家、省职工书屋 3 家。开展“情暖农民工 留粤留梅过大年”普惠行动，为 3700 多名异地务工人员免费送上“大礼包”。

【工会基层组织建设】 2020 年 9 月 17—18 日，梅州市工会第七次代表大会召开，会议总结过去五年工会工作成绩，部署今后五年工会工作任务，选举产生梅州市总工会新一届领导班子、第七届委员会委员和常委、第七届经审委员会班子和委员，蓝伟东当选梅州市总工会新一届委员会主席。开展百人以上未建会企业建会攻坚行动，39 家百人以上未建会企业已建会 29 家，全市新建工会组织 182 家，发展会员 1.7 万人，工会组织的覆盖面和影响力进一步扩大。加强基层工会规范化建设，新增全国厂务公开民主管理先进单位 1 家、全国模范职工之家 3 家、全国模范职工小家 2 家、全国优秀工会工作者 3 人。

（梅州市总工会）

中国共产主义青年团梅州市委员会

【青少年思想引领】 2020 年，中国共产主义青年团梅州市委员会推动全市团干部增强“四个意识”、坚定“四个自信”、做到“两个维护”，巩固和彰显共青团的政治本色。开展“青年大学习”行动。发挥青年讲师团作用，深入学校、企业、农村、机关、社区等基层一线开展宣讲活动 41 次，覆盖 1.5 万多人；43 名团干讲党团课 128 次，覆盖青少年 4000 余人。利用国庆、五四等重要时间节点，举办“绽放战疫青春 坚定制度自信”等主题团日活动，持续开展“青春心向党 建功新时代”“红领巾心向党”等主题活动和“铭记光辉历史 传承红色基因”系列活动，线上线下齐头并进，用习近平新时代中国特色社会主义思想武装全团、教育青年。

年内，全市各级共青团组织通过官网、微博、微信公众号、抖音等青少年聚集的新媒体平台，发布专题专栏、推出重要理论文章和微视频等，用青少年喜闻乐见的方式开展宣传引领工作。网聚粉丝超过 10 万人，阅读总量超过 1000 万，“梅州青年”微信公众号排名最高进入全国地市团委综合影响力第二名。

【疫情防控志愿服务】 2020 年，梅州全市各级共青团组织动员广大团员青年、志愿者，发动社会力量，通过各种形式投身疫情防控工作，展现党的助手和后备军的担当，展现青年生力军和突击队的作为。开展疫情防控志愿服务活动，全市各级共青团组织共组建青年战疫突击队 153 支，动员协调 21.3 万人次志愿者，深入社区、镇村、车站、集中隔离酒店、超市、公园等基层一线和人员密集场所，做好体温测量、人员登记、宣传派单、重点人员排查等防控志愿服务活动。市本级筹集善款和捐赠物资折合 530 多万元，争取“梅州青年薪火公益”支持 100 万元用于青少年疫情防控工作，获授“中国红十字会奉献奖章”。

年内，梅州全市各级共青团组织实施“白衣战士致敬行动”。先后 3 次为梅州驰援湖北医疗队的 51 名队员家属寄送爱心大礼包和慰问金 5.1 万元。组建大学生青年志愿者义教队，为援鄂医务人员的子女进行“多对一”学习辅导，通过“青青悦读”为援鄂医务人员家属送出 255 本书籍。开展 6 期“青春情暖——白衣战士致敬行动”主题活动，联合 40 家志愿服务组织和爱心企业，整

2020 年 2 月 18 日，中国共产主义青年团梅州市委员会举办“青春情暖——白衣战士致敬行动”

（中国共产主义青年团梅州市委员会提供）

合价值96.8万元的爱心物资，动员500多人次志愿者参与行动。

年内，梅州全市各级共青团组织做好青少年心理疏导和引导工作。依托“12355”综合服务平台，联合专业老师，对因疫情造成心理问题或者困扰的青少年进行心埋健康疏导，共承接16工单，处理完结11单，剩余5单持续跟进，获团中央权益部肯定，对疫情期间的青少年服务工作专函感谢。组织全市619所中小学参与开展“相约国旗下、向逆行者致敬”红领巾云队课，联合“南方＋”举办战疫征稿活动，收到作品6775份，联合梅州市教育局开展梅州红领巾“致敬逆行先锋”手抄报和绘画比赛，收到作品1万多份。在做好青少年心理健康疏导和正面引导的同时，为最美逆行者加油鼓劲。

2020年8月13日，中国共产主义青年团梅州市委员会举行“两帮两促”梅州市乡村青少年体质健康促进行动（中国共产主义青年团梅州市委员会提供）

【共青团助力乡村振兴和脱贫攻坚】 2020年，中国共产主义青年团梅州市委员会围绕市委、市政府中心任务，在服务大局中找准共青团工作的切入点、结合点，引领团员青年投身苏区振兴发展大局，拓展发挥青年生力军和共青团突击队作用的领域，提升大局贡献度。

年内，中国共产主义青年团梅州市委员会开展“两帮两促”行动。整合社会资源，争取“薪火公益”支持300万元作为“两帮两促”行动专项资金；选拔157名优秀青年志愿者组成“云支教”队伍，对有学习困难的贫困青少年开展家访和学业辅导；配合广东“健康直通车”乡村青少年体质健康提升行动“救心”项目的开展，对260名先天性心脏病和风湿性心脏病患者进行免费全面检查；为60多名建档立卡贫困户子女开展体质健康筛查活动；联合梅州日报社、梅州青年薪火公益在《梅州日报》设立“成长路上·薪火同行”专栏；争取200万元专项资金为梅州困难家庭或低保家庭唇腭裂儿童实施“微笑娃娃”唇腭裂儿童救助项目；开展“情暖童心”关爱儿童活动和系列心理健康主题活动。

年内，中国共产主义青年团梅州市委员会持续实施“希望乡村教师计划”。争取160名全国知名高校研究生、本科生到梅州市偏远乡村学校开展支教服务，提供逾6万节精品课程，惠及万余名山区学子；摄制24集大型专题片《有一种青春叫支教》，获广东省委组织部颁发的第六届全省党员教育电视片观摩交流活动“优秀奖”，纪录片《“百变”少女施宇羽》获得第25届中国纪录片短片十佳作品，《美丽使者》获得第26届中国纪录片短片好作品。

年内，中国共产主义青年团梅州市委员会做好“领头雁”人才培养工作。举办梅州青年“直播带货”助力消费扶贫培训，让农村创业青年系统地了解电商直播知识，学会运用网络营销工具打开农产品销路；参与省“领头雁”人才培养工程，推荐135名学员参加线上培训，10个项目入选省重点项目库。

【共青团参与社会治理】 2020年，中国共产主义青年团梅州市委员会融入梅州市创文大局，通过志愿服务、未成年人思想道德建设、社区“双到”等工作的开展，营造文明健康的社会氛围。组织青少年志愿者开展植树造林、“河小青”和“垃圾分类”等生态环保活动和大型赛会的志愿服务；开展“七彩假期”“青春情暖”“朝阳行动”等爱心公益活动。截至2020年12月，实名注册志愿者44.68万人，志愿服务组织及团体2804个，累计开展志愿活动42895场，累计志愿服务时长630.87万小时。发挥青少年活动中心的课外实践阵地作用，建立集法治教育、权益维护、志愿服务等内容为一体的市级青少年综合服务平台。开展社区矫正工作，建立584人的青少年事务社工队伍，完成174名服务对象的社矫任务，解矫率100%，被省评为“优秀”。做好禁毒宣传工作，依托青少年禁毒公益服务联盟，以预防教育为重点，持续开展“禁毒宣教图片千校巡展”等送法进课堂禁毒宣传活动，100%覆盖全市中学、职校。

【青年创新创业服务】 2020年，中国共产主义青年团梅州市委员会搭建平台，营造浓厚的创新创业氛围。推荐26个青年创新创业项目参与“创青春”广东青年创新创业大赛，1个项目获评“青农优品”；宣传发动青年创新创业团队参与梅州市创新创业大赛，深挖和培育一批支撑梅州创新创业和实体经济发展的优秀人才与团队。选树典型，开展先进集体创建活动，8个集体获评广东省青年文明号，推荐2个集体参评第20届全国青年文明号；以全国青年安全生产示范岗创建集体为重点，组织梅州供电局嘉应巡维中心、梅州邮政长沙支局等单位开展“安全生产月”和“安全生产万里行”活动，加强安全生产宣传教育工作，提升青年职工的安全意识和安全素质。指导青企协，更好地服务青年创新创业。开展“千校万岗·就业有位来”线上招聘活动，发动入驻企业271家，提供岗位357个，收到简历800多份，页面访问量超过12万人次；开展青年创业导师团进企业活动，组织知名企业负责人、金融业导师组成的青年创业导师团走进15家企业，提供营销、融资、资源共享方面的服务；举办培训讲座，开展创业讲座、沙龙3场，服务创业企业30多家、青年创客160多人。

【梅港澳青年交流合作】 2020年，中国共产主义青年团梅州市委员会围绕《梅州市服务融入粤港澳大湾区建设的意见》实施“青年同心圆计划”。开展“展翅计划”港澳台大学生实习专项行动，募集10个专项实习岗位，助力港澳台大学生到梅州实习就业，促进在梅州市的港澳台大学生交往交流交融。做好疫情期间港澳青年的服务工作，及时为港澳青年提供疫情防控最新动态、证件签注等服务。加强与港澳青年社团的交流工作，与香港社团总会、澳门嘉应同乡会、澳门梅州青年会等团体开展常态化的会员交流。发挥侨乡优势，以“亲情、友情、商情”为纽带，推动梅港澳三地青年的合作交流，促进梅州服务融入粤港澳大湾区建设。

【共青团品牌活动开展】 2020年，中国共产主义青年团梅州市委员会坚持把握时代特征、把握青少年脉搏，以青少年普遍性需求和特殊困难群体为重点，突出梅州特色和共青团工作实际，完善各部门齐抓共管青年发展的工作格局，不断拓展系列特色品牌活动，更好地服务青少年成长成才成家，促进青年全面发展。

年内，中国共产主义青年团梅州市委员会推进青年发展规划工作。实现市县两级联席会议机制的全覆盖，建立党委领导、政府主责、共青团协调、各方齐抓共管的青年事务工作机制，形成工作合力。完成梅州市青年发展规划的初稿编制工作，构建具有梅州特色的青年发展政策体系，促进青年思想政治素养和全面发展水平的提升。会同各县级党委、政府和市直相关单位配合做好全国首次“中央及省关于青年和共青团工作重大决策部署落实情况”专项审计调查工作，推动青年和共青团工作的整改落实。

年内，中国共产主义青年团梅州市委员会做强“梅州青年薪火公益”品牌。联合广东省青基会、薪火文化公益基金会共同成立“梅州青年薪火公益”基金池，多方整合爱心基金，打造微公益平台，实现点对点爱心帮扶，线下线上齐发力，多措并举筑平台，开展系列公益活动。全年筹集468.08万元资助248位贫困学生圆梦大学；通过“圆梦计划”筹集30万元帮助200名新生代产业工人圆梦大学；通过“梅州会亲”筹集20万元结对帮扶100名贫困儿童；筹集67221元为56名贫困儿童开展宝贝出村活动。

年内，中国共产主义青年团梅州市委员会做大“青青悦读”品牌。在线上推送推荐优秀书目、线下举办阅读分享会的基础上不断创新，建立城区学校捐书+市直单位或企业捐书架+山区学校落地的“1+1+1”对接互助模式，共建爱心图书角。结合时下青年人的喜好和关注热点，延伸开展“梅食梅客”“客咖”等品牌活动。活动开展4年来，共计举办分享培训130多场、吸引6200多人次参与，覆盖全市各学校、基

2020年4月23日，中国共产主义青年团梅州市委员会举办青青悦读·五四特辑"世界读书日"对话青年访谈直播活动 （中国共产主义青年团梅州市委员会提供）

层、社区等青少年群体。完成14家学校5000多名山区学子的对接互助，募集书籍10万多册、书架桌椅105套、运动器材1.2万件。

年内，中国共产主义青年团梅州市委员会做优"淘偶会"品牌。以"共青团主导+社会化运作+大数据分析+专业化服务"的模式，严格把控参与嘉宾质量，精准把握青年特点，通过线上沟通交流、线下精彩活动，场上趣味互动、场下红娘跟进的形式，不断优化创新，提供科学高效服务。活动开展4年来，共计举办27期，直接服务单身青年1802人次，意向配对160对，结婚18对。

【共青团改革和基层组织建设】 2020年，中国共产主义青年团梅州市委员会一体谋划、整体推动团的基层组织建设和共青团改革，基层组织力得到提升。以"命脉工程"为统揽，推进《梅州共青团改革实施方案》，全市通过换届共配备1203名团委委员、65名挂兼职干部，112个镇街全部配备团委专职书记（副书记），其中78个镇街实现由年轻的党政班子成员兼任团委书记并配备1名专职副书记。团组织覆盖面进一步扩大，以"智慧团建"为总抓手，全市镇村两级团组织在"智慧团建"系统上全面建团，建立团组织9577个，其中团支部9015个，报到团员168876人，录入团干12065人。全面理顺"两新"组织隶属关系，推动189个"两新"组织建团。少先队基础阵地建设完善，推动全市100%中小学全覆盖成立少工委，将队建纳入学校党建内容，100%落实每周1课时"少先队活动"课，率先完成省的目标任务。推进从严治团，严格落实"三会一课"制度，组织党员干部到红色教育基地开展聆听党史、重温入党誓词等主题党日活动。设立中国共产主义青年团梅州市委员会机关党小组和市青少年活动中心党小组，投入3万元建设中国共产主义青年团梅州市委员会党支部党员活动室。组织党员干部参加创文、抗疫等系列志愿服务活动，参与青少年社区矫正、禁毒普法宣传等社会治理工作。

（中国共产主义青年团梅州市委员会）

梅州市妇女联合会

【妇联概况】 2020年，梅州市妇女联合会（简称梅州市妇联）助力统筹新冠肺炎疫情防控和经济社会发展工作，推动全市妇女事业发展。年内，梅州市妇联被广东省委、省政府授予广东省文明单位，被梅州市委、市政府评为梅州市创建全国文明城市工作先进单位，被广东省妇联授予"小康路上她力量"短视频征集展播活动优秀组织奖、"把爱带回家"直播带货活动最高人气奖、第三期妇女创业小额担保贷款贴息项目实施获通报表扬，被广东省文明办、省妇联等单位授予第五届岭南童谣征集传唱活动优秀组织单位，被梅州市财政局评为2019年部门结算优秀单位。梅州市妇联党总支部被梅州市直机关工委评为"先进基层党组织"。

【妇联思想引领】 2020年，梅州市妇联以"巾帼心向党·奋进新时代"为主题，持续开展"巾帼大宣讲"活动，组织由10名各行各业巾帼典型组成的宣讲团，在市直和各县（市、区）举行梅州巾帼学习贯彻习近平总书记重要讲话精神巡回报告会9场。梅州妇女网、"梅州妇女"微信公众号发布各类信息600多条，推送先进事迹190多篇次，被"学习强国"平台采用4篇。选树典型，全年寻找选树省、市三八红旗手（集体）和巾帼文明岗128个（名）。

【巾帼同心战疫】 2020年，梅州市妇联"梅州妇女"微信公众号推出"防疫课堂""讲新媒体家风故事 聚战疫力量""客都巾帼""致敬了不起的她""风雨同心共抗疫情"等专题信息200多条。以市委、市政府名义举行"致敬，广东最美她力量""致敬，梅州最美她力量"统一亮灯活动，全市793个文字滚动屏和74个户外海报展示屏同步展示。为梅州市援鄂医护人员家庭、定点收治医院一线医护人员家庭、特色家庭等开展"你家的菜我来送""您的健康我呵护""你家的口罩我来送""您家的活我来干""爱回家""你有需我就在"等关爱服务活动，配送蔬菜杂粮19批次、900户次，寄送"健康呵护"包51份，赠送口罩4000多个，赠送"致敬最美逆行者""三八"节日贺卡700份、美术作品27幅，提供居家保洁服务222次、服务时间888小时，申报"战疫天使守护计划"捐赠关爱金13.94万元等。市县妇联共筹集善款22.87万元，防疫物资折计34.23万元；发放口罩20650个、消毒液1463瓶（桶），惠及20480人次。全市女企业家筹资近240万元。

【巾帼建新功】 2020年，梅州市妇联动员各级妇联干部、机关工会、女企业家和广大妇女采取"以买代帮"方式购买湖北农特产品2.86吨、价值44.79万元。组织31家巾帼企业、228个产品进驻交易网和58优品线上平台。组织开展3场市级巾帼建功志云"销"直播带货助农活动，助力消费扶贫和妇女创业就业，其中"5·20"直播带货活动参与人数31万多人次，接订单12009单，成交金额799840元。"9·20""把爱带回家——走进梅州"直播带货活动推介228款产品，观看人次超401万人次，销售金额53万多元。实施"百千万妇女培训计划"，开展农村妇女素质提升培训班75场次，培训6501人次；依托巾帼双创服务基地（平台）开展妇女双创培训3654人次，扶持480名妇女创业就业。依托巾帼家政企业免费培训农村妇女4497人次。扶持"妇字号"企业，遴选出10家重点巾帼企业进行培育提升打造，并给予每个企业2万元扶持资金。2020年获得省财政贴息资金85万元，发放贷款1100万元，直接受惠妇女108人，间接带动群众就业1100人。抓好创文工作，"梅州市巾帼志愿者"实名注册932人、组织及团体63个，累计发布志愿活动720次、志愿服务时长113633.5小时。筹资14万多元支持月影塘社区创文工作，帮助解决民生关切问题20多件，常态化开展"双到"服务活动40多次。

2020年5月15日，梅州市启动家风家教宣传月活动　　（梅州市妇联提供）

【妇女儿童发展规划实施】 2020年，梅州市妇联做好妇女儿童发展规划的达标冲刺收官工作，对照妇女儿童发展规划118个可比量化指标，达到2020年省市目标的指标110个，达标率93.22%（其中妇女发展指标69个、达标63个，达标率91.3%；儿童发展指标49个、达标47个，达标率95.92%），比2019年底（83.05%）提升10.17个百分点。推动国策宣传纳入市委党校培训班，创新开展性别平等教育，全市申报中小学（幼儿园）性别平等教育科研课题立项32项。启动分性别统计工作，形成《梅州市分性别统计制度》，推动市县两级建立实施分性别统计制度，梅州市分性别统计工作排全省前列。

【妇女儿童权益维护】 2020年，梅州市妇联建立依法维护妇女儿童合法权益工作、"护苗行动"联动协调机制，开展维权服务。排查贫困、孤儿或事实孤儿、残疾、留守或流动等类型的重点儿童16310人，贫困、残疾、留守等类型的重点妇女 14502 人，贫困、有残疾的家庭成员、单亲、失亲等重点家庭 10496 个。利用“12338”妇女热线、2 个省级和 2 个市级维权站和各县（市、区）婚调委做好婚姻家庭辅导服务等维权服务，全市各级妇联共接来信来电来访及网上咨询 911 件。广东省妇女维权与信息服务站（梅州站）开展个案服务 35 个、小组活动 4 场、户外宣传讲座 25 场、民生座谈 6 场。活用直播微课，于 4—7 月间每月推出一堂“如何有效陪伴孩子”线上公益微课，互动交流 67623 次。与梅州日报社合作制作 10 期“关爱女童 护苗成长”儿童安全知识公益微课堂短视频，受益群众 13750 人次。

【家风家教涵养】 2020 年，梅州市妇联发挥家庭教育讲师团作用，线上线下进行家庭和心理健康等方面讲座 65 场，受益 9.45 万人次。创建省级家庭文明建设示范点 6 个，省首批家教家风实践基地 1 个，命名第二批梅州市家风家教实践基地 7 个，投入资金 78.6 万元。各级妇联线上线下开展“家庭教育大讲堂”“好家庭好家教好家风巡讲”等各类讲座、亲子阅读等活动 568 场，受益 14.72 万人次。在 5 个先行县（区）和 11 个村（社区）开展创新实践项目。选树全国、省、市家庭类先进典型 107 户（名），全市各级妇联组织评选“最美家庭”1682 户。

【妇联关爱行动】 2020 年，梅州市妇联筹资 245.85 万元，擦亮“单亲特困母亲家庭四援助”“援建母亲安居房”“爱心父母大联盟”等工作品牌。争取广东省妇联“童·奔康”——广东省关爱贫困地区儿童助力决战决胜脱贫攻坚公益项目，为梅州市 199 名 14 周岁以下贫困儿童量身定做“守护成长保险”，每人标准 2000 元。争取中国社会福利基金会、中国妇女发展基金会、壹基金 17 万元发放防疫口罩 2.3 万只、母亲邮包和壹基金温暖包 560 个。争取广东省妇女儿童基金会、叶剑英基金助学金、广东省陈绍常慈善基金会、澳鼎健康产业集团等组织帮扶资金 159.6 万元，结对帮扶困境儿童 1906 名，慰问困难妇女家庭 88 户。“六一”期间全市各级妇联组织筹集 28 万多元，慰问困境儿童 3000 多名。实施妇女“两癌”免费检查和救助项目，全年全市完成城乡妇女“两癌”检查 85442 人次，申请获全国妇联“两癌”救助 27 人共 27 万元。落实“贫困母亲关爱工程”项目，61 位患癌贫困母亲获得省扶贫基金会 48.8 万元救助。

【妇联组织建设】 2020 年，梅州市妇联筹划并组织召开第七次妇女代表大会，全面总结五年工作成效，科学谋划部署今后五年工作。召开梅州市妇联“破难行动”暨“美丽家园”建设工作推进会，组织举行全市基层妇联领头雁培训班，在梅州日报社打造梅州市妇联首个执委工作室，省“破难行动”先行点梅江区妇联在商圈、楼宇小区、居民小组等“四新领域”建立妇女之家 16 个。成功申报第四期省“妇女之家”示范点 25 个，在四新领域建立妇女组织或妇女阵地 26 个。全市共开展培训、讲座等 79 场，培训各级妇联干部、执委 6064 人次。命名第二批梅州市“美丽家园”示范村 10 个、“美丽家园”示范户 16 户。

（梅州市妇联）

梅州市归国华侨联合会

【侨联概况】 2020 年，梅州市归国华侨联合会（简称梅州市侨联）统筹抓好疫情防控和侨联事业发展，做好“六稳”（稳就业、稳金融、稳外贸、稳外资、稳投资、稳预期）、“六保”（保居民就业、保基本民生、保市场主体、保粮食能源安全、保产业链供应链稳定、保基层运转）工作，发挥桥梁和纽带作用，服务梅州经济社会发展。打造服务侨界群众的“侨胞之家”，在总结 3 个省级侨界人文社区建设示范点创建经验上，结合梅州各级侨联实际，打造首批 8 个市级“侨胞之家”建设示范点，为全市全面铺开“侨胞之家”建设提供借鉴和标本。成功申报南粤侨创基地，谋划和支持广东壹号投资有限公司共建南粤侨创基地。服务和融入大湾区建设，牵线广州半岛集团到梅州考察，推动平远南台山水“上架”大湾区，助推当地经济发展。策划和举行梅州市侨联第七届五次全委会、梅州市全市新时代加强基层侨联建设工作推进会、“深耕侨胞优势 助力民族复兴——客籍海外侨领‘云看’两会”、梅州海外侨胞美丽乡村行活动、梅州市侨界热议习近平总书记视察广东重要讲话重要指示批示精神、梅州市侨联举行市侨界学习贯彻习近平总书记视察广东重要讲话重要指示批示精神座谈会等活动，让全市侨界群众和在梅侨胞感受梅州乡村振兴、苏区老区振兴成果，加强侨联组织建设，扩大侨联组织影响力。

【侨联帮扶活动】 2020年，梅州市侨联利用292.6万元的华侨事业工作费，持续举行侨界扶贫济困五大行动，改善侨界民生福祉。其中，助学行动为11名大学生和5名高中生提供近4万元的帮扶学费。向广东省侨界仁爱基金会“慈爱基金·侨界奖教奖学金”活动申报8名优秀归侨侨眷教师和6名优秀侨界高一新生。

【侨联联情联谊】 2020年，梅州市侨联克服疫情带来的不利影响，创新方式方法，做好联情联谊工作。坚持“新侨、老侨并重，海内、海外并重”，通过网站、微信公众号、微信群、QQ群、电子邮箱、纸质媒体等形式，加强与侨胞的沟通联系，增进了解。加快“网上侨联建设”，利用互联网和5G先进技术，探索“线上”联谊、“云”联谊等活动，推进网上侨胞之家建设，提供“全天候”服务和沟通。

【侨益维护】 2020年，梅州市侨联做好涉侨法律宣传，维护侨界权益。利用《中华人民共和国归侨侨眷权益保护法》颁布30周年、《广东省华侨权益保护条例》颁布5周年的时机，举行涉侨法律普法系列宣传启动仪式，发放宣传资料5000多份，举办多场《中华人民共和国民法典》《中华人民共和国归侨侨眷权益保护法》及其实施办法等法律法规辅导讲座，使广大侨界群众知法、用法，维护自身合法权益。全年梅州市侨联登记受理22件信访维权案件，全部处理完毕，群众满意率100%。

【侨联文化宣传】 2020年，梅州市侨联牵线推动“客家春晚·马来西亚之夜”走进马来西亚新山市，推动广东汉剧、客家山歌等客家文化走出国门、走向世界。加强与海外华文媒体的合作，支持印尼《国际日报》《印华日报》等每周推出梅州乡情专版，支持《国际日报·梅州乡情》英文版从4月始每月发行一期。

2020年6月18日，梅州市侨联组织开展“梅州市侨胞侨眷美丽乡村行”活动
（梅州市侨联提供）

【侨联人才工作】 2020年，梅州市侨联牵线支持马来西亚侨贤回馈家乡教育事业发展，每年为梅州应届高中毕业生提供5个拉曼大学奖学金留学名额，推动梅州人才资源在海外的培养。 （梅州市侨联）

梅州市文学艺术界联合会

【以艺抗疫】 2020年，梅州市文学艺术界联合会（简称梅州市文联）组织广大文艺工作者创作优秀文艺作品，用山歌、汉歌、竹板歌、五句板、提线木偶、油画、剪纸、根雕等众多内容鲜活、形式多样、影响广泛的文艺作品，为打赢疫情防控阻击战做出贡献。全市共征集到各类文艺作品3700余份，《民族脊梁》《托起明天》等10多首歌曲入选学习强国平台，《约好春天回家》等入选“全国优秀‘战疫’公益歌曲展播”，各类文学艺术作品在线点击率和阅读量超21万人次。13件文学作品入选广东省作家协会《千里驰援——广东作家“抗疫”主题作品选》，32件文艺作品入选广东省抗疫主题文艺作品库，《天使的模样》等10多件美术作品获奖。举办“艺起战疫·梅州市文艺界抗疫主题作品展演晚会”，在松口举行梅州抗疫主题文明实践活动，编辑出版《“艺起战疫”梅州市文艺界抗疫主题作品集》等。梅州市文艺志愿者协会《梅州文

艺志愿者以艺抗疫作品创作项目》获梅州“优秀战疫志愿服务项目”称号。

【重大主题创新创作】 2020年，梅州市文联围绕决胜全面建成小康社会、决战脱贫攻坚等时间节点，通过选题规划、创作生产、宣传推介等环节，催生一批体现时代精神、富有艺术内涵、具有梅州特色和广泛影响的精品力作。8月15日，梅州市文联与梅州市美协、市摄协、市书协联合举办“阜熙·新光——梅州市脱贫攻坚、美丽乡村、全面小康”主题书画摄影展，共展出作品90件，通过文艺工作者手中的笔和镜头描绘、抒写和记录人们在脱贫攻坚、乡村振兴、全面小康建设过程中的奋斗风采和拼搏精神。12月30日，梅州市文联承办广东省“脱贫攻坚看广东”美术书法摄影主题展，展出200多件美术书法摄影作品，致敬艰苦奋斗的扶贫战队，梅州14幅作品入选。按照梅州市委、市政府创建全国文明城市、建设新时代文明实践中心的统一部署，通过创文，抓牢网格文化阵地建设，不断深耕文化、厚植人文，“创”出新品牌。品牌项目“月圆围屋·歌颂中华——2020梅州市客家乡村中秋晚会”在梅县区南口镇侨乡村文化广场开演，展演独具客家元素的文艺精品，丰富乡村群众文化生活。各艺术门类品牌活动以“文化进万家”和“清明”“七夕”等传统节庆活动形式开展。举办中国第一代钢琴家、作曲家、音乐教育家李树化学术研讨会和钢琴音乐会，举办第二届宋湘学术研讨会暨纪念宋湘系列活动。

【世纪风眠——林风眠画传展暨中国美术学院“林风眠奖学金”获奖作品展】 2020年11月22日，由梅州市文联负责筹办的“世纪风眠——林风眠画传展暨中国美术学院‘林风眠奖学金’获奖作品展”在梅州世界客商中心开展，共展出作品74件，其中“世纪风眠”艺术工程创作作品41件，中国美术学院雕塑与公共艺术学院大型雕塑《烽火艺程·沅陵会师》1件，中国美术学院“林风眠奖学金”获奖作品32件，均为当代著名美术家、中国美术学院师生创作的精品力作，活动进一步扩大林风眠的名人效应。

【文艺精品创作】 2020年，梅州市文联坚持作品说话，加强主题创作引领，引导文艺家围绕“中国梦”“一带一路”“抗疫”等重大主题及客家、红色苏区、长寿之乡等特色主题进行创作，推出更多高质量文艺精品。成功举办“百花绽放 筑梦时代”——梅州市2019年度文艺“双精”工程颁奖仪式暨文艺展演晚会。2019年，梅州市有9个类别151个项目91人获得“双精”工程奖，总资金22.93万元，国协会员增加12人；2020年，有200余部文艺作品在省以上文艺展赛活动中入选或获奖，再创历史新高。年内，梅州市在第十四届广东省艺术节获得奖项15个，全省领先，其中山歌剧《白鹭村》《春闹》获得戏曲组一等奖。年内，10幅绘画作品入选全国和广东省美术作品展览；1件水彩画作品入选“第二届深圳国际水彩画双年展”、6件作品入选“广东省第九届水彩·粉画作品展”；14件作品入选由中共广东省委宣传部、广东省文联、广东省美术家协会等单位主办的“美好生活——广东省美术作品展”。梅州市作家陈柳金小说集《草木香》、陈冠强长篇小说《有竹人家》、黄河文长篇小说《红色种子》等作品出版。山歌小组唱《水打禾头花花开》代表广东省参加第十五届中国民间文艺山花奖·优秀民间艺术表演作品（民间广场歌舞、民歌）初评活动。梅州12位摄影家72幅展现“世界客都·长寿梅州”风光和客家民俗风情的摄影作品入选“中国·张家界首届世界遗产摄影大展”参展，梅州市摄影家协会主席张明的摄影作品《梅州埔寨火龙》获该摄影展优秀奖；梅州客家童谣《涯系缺牙耙》获第五届岭南童谣征集传唱活动特等奖；“广东省第七届漆画作品展”梅州5人入选，其中1人获优秀奖；平远入选首批广东摄影目的地。梅州市文学工作座谈会于年内召开，研究部署梅州文学发展工作，制订实施振兴梅州文学发展三年行动计划，推动文学事业实现突破性发展。

【文艺志愿服务】 2020年，梅州市文联发挥文艺志愿服务在文明实践行动中的独特优势和作用，为梅州文明创建和文化建设做贡献。7月3日，2020年梅州市“文明实践·文艺行动”志愿服务启动仪式暨松口抗疫主题文明实践活动在梅县区松口镇举行。活动在松口镇作述山歌文化大楼为首个“梅州市新

2020 年 6 月 20 日，“百花绽放，筑梦时代”——梅州市 2019 年度文艺“双精”工程颁奖仪式暨文艺展演晚会在市山歌剧团演艺厅举行　　（梅州市文联提供）

时代文明实践文艺志愿服务基地（梅县区松口基地）”揭幕，宣读《梅州市文学艺术界联合会、梅州市文艺志愿者协会关于成立 17 个文艺志愿服务团、设立 10 个文艺志愿服务基地、实施 20 个文艺志愿服务项目的决定》，并为文艺志愿服务基地授牌，为文艺志愿服务项目负责人颁发项目证书。年内，梅州市文联、市文艺志愿者协会红色文艺轻骑兵小分队深入乡村、街道、社区、企业、机关、学校等开展歌舞、挥春送福、拍幸福大片、曲艺、文艺辅导；“墨香万家——2020 年梅州市新时代文明实践文艺志愿培训书法班”开班；红色文艺轻骑兵走进梅州高铁建设重点村开展慰问演出、梅州“文艺志愿行 · 国寿保无忧”签约暨文艺惠民演出等活动，把群众喜闻乐见、丰富多彩的文艺演出送到百姓身边，全年共开展各类惠民活动 115 场，受益群众达 10 万人次。

【网上文联建设】　2020 年，梅州市文联推进文联系统信息宣传工作，梅州文艺家会员查询系统开发建设成功，是全省地级市首个自主开发的会员查询系统，已有 2400 名会员完成信息重新登记并录入会员系统，加强与中央、省、市媒体平台的合作，快速、全面地传播梅州文艺好声音。

【基层文联和“两新”文艺组织】　2020 年，梅州市文联夯实“两新”文艺组织工作，开创基层文联组织的新局面。1 月 1 日，梅州市首个镇级文联社团组织——大埔县桃源镇文学艺术协会在桃源镇中心小学揭牌成立，为广大文艺从业者和爱好者搭建交流学习的平台，用诗词歌赋、美术书法、陶艺舞蹈等各种文艺形式，为当地营造良好的文化氛围，丰富人民群众的精神生活。9 月 13 日，梅州市首个村级文学艺术协会在大埔县三河镇梓里村成立，有会员 60 余人，单位会员 1 个，下设汉乐组等 9 个文艺组。协会组织当地开展诗词文学、汉乐、书法、文艺表演、摄影美术、灯谜等民间学习交流活动，挖掘文艺人才，为文艺爱好者提供广阔的交流平台，助力创作更多“接地气”的文艺作品。年内，梅州市文联坚持创造性转化、创新性发展，开展“从南昌起义到三河坝战役”红色主题教育暨文艺创作采风活动，到基层开展 12 次“文艺 + 惠民”系列调研活动，开展增强脚力、眼力、脑力、笔力教育实践。加大“种文化”力度，组织市各文艺团体延伸到基层农村（社区）、学校等开展 45 场文艺指导，提升基层歌舞、书画、文学、民间文艺等水平。8 月，由广东省文联、广东省民协组织的古村落专家考察组到梅县区城东镇莲塘村开展第七批广东省古村落普查认定工作。11 月，广东省摄影家协会“摄影大篷车下基层”活动（兴宁站）启动。梅州 2 名代表赴北京参加中国戏剧家协会第九次全国代表大会。建立在外文艺人才库，加强内外对接，吸引在外人才“反哺”本土文艺，组织本土文艺外出交流，形成更加紧密的合作联动机制。

（梅州市文联）

梅州市残疾人联合会

【残联概况】　2020 年，梅州市残疾人联合会（简称梅州市残联）统筹推进疫情防控和残疾人工作。现行标准下建档立卡贫困残疾人全部脱贫。残疾人就业创业扎实推进、基本公共服务量增质升、民生保障水平不断提高。梅州市民生实事助残项目全面完成。梅州市残疾人康复中心新增智障、孤独症两个康复项目，实现听障、脑瘫、智障、孤独症四个康复项目全覆盖。梅州市残疾人康复服务中心、劳动就业服务中心由公益二类转为公益一类事业单位。市、县两级残联改革方案印发实施。梅州市残联党支部换届顺利完成。

【贫困残疾人脱贫工作】 2020年，梅州市残联聚焦贫困残疾人“两不愁三保障”（不愁吃、不愁穿；义务教育、基本医疗、住房安全有保障），全面贯彻落实《中共梅州市委 梅州市人民政府关于新时期精准扶贫精准脱贫三年攻坚的实施方案》《梅州市残联助力贫困残疾人精准扶贫精准脱贫三年攻坚实施方案》，通过普惠与特惠相结合、兜底保障与促进增收相结合、政府扶持和社会帮扶相结合方式，加大贫困残疾人扶持扶助力度，全面改善残疾人生产生活状况。截至2020年12月20日，全市28185名建档立卡持证贫困残疾人100%脱贫。

2020年9月15日，“南粤扶残·艺海有爱”第三届盲人声乐器乐比赛在梅城剑英图书馆举办
（梅州市残联提供）

【残疾人社会保障】 2020年，梅州市12.37万名持证残疾人基本养老保险和医疗保险实现全覆盖。全市78902名重度、精神和智力残疾人享受护理补贴，38533名困难残疾人享受生活补贴，目标人群覆盖率100%。为全市734名在训的残疾儿童购买人身意外险。完成869名残疾人机动轮椅车燃油补贴发放及数据录入工作。

【残疾人康复服务】 2020年，梅州为全市13377名残疾人提供精准康复服务，康复服务覆盖率98.72%；为734名0~6周岁听障、脑瘫、智障、孤独症儿童提供抢救性免费康复服务；为40名残疾儿童提供人工耳蜗植入补助；为5445名残疾人提供辅助器具适配，辅具适配服务率98.32%。梅州市残联开展“集善工程——助听行动”，为听障人士捐赠100台助听器；开展“护苗康复行动”，为在训的脑瘫患儿进行筛查和康复救助；争取金龙鱼慈善公益基金会捐款40万元，资助400名贫困白内障患者实施复明手术。梅县区创建“全国残疾预防综合试验区试点”任务完成，被选为全国优秀案例。

【残疾人教育就业】 2020年，梅州市残联全面贯彻落实《中华人民共和国残疾人教育条例》《第二期特殊教育提升计划（2017—2020年）》，推行融合教育，残疾儿童少年入学率98.38%。推荐6名残疾学生入读省培英职校。实施“南粤扶残助学”工程，为33名考上大专、本科的困难残疾学生及家庭分别给予资助。贯彻落实《中华人民共和国残疾人就业条例》《梅州市进一步稳定和促进就业若干政策措施》，多渠道方式扶持残疾人自主创业、按比例就业、开展技能培训，全市按比例安排残疾人就业单位1014个，比上年增加179个；安排残疾人就业2080人，比上年增加216人。就业年龄段（16~59周岁）持证残疾人65840人，已就业31331人，就业率47.6%。全年梅州市残联登记失业残疾人37人，推介残疾人就业71人次。疫情期间，举办网络招聘会，138名残疾人应聘。通过线上、线下等方式开展“客家菜”师傅、烧烤技能、家电清洗等各类残疾人技能培训11期，培训残疾人466人次。组织20个项目参加广东“众创杯”（残疾人公益赛）大赛，其中“生活废品创意改造工艺品、玩具”“蓝记不锈钢大型加工厂”2个项目晋级复赛，并被评为省“百强项目”。安排专项资金50万元扶持残疾人创业。全市残疾人社区康园中心为2580名残疾人提供辅助性就业服务。

【残疾人权益维护】 2020年，梅州市残联健全市县两级残疾人法律救助工作站、信访信息系统和“12385”残疾人服务热线，共提供法律咨询60多件，受理残疾人来电来访290多人次，处理完结信访件21件和“12385”残疾人服务热线反映问题260多件。

【残疾人文体活动】 2020年，梅州市残联加大残疾人法律法规、政策和知识宣传力度，利用春节、全国助残日等重要节日，开展“我们的节日”主题活动、志愿者服务活动6次、137人次。9月15日，在梅城剑英图书馆举办“南粤扶残·艺海有爱”第三届盲人声乐器乐比赛。12月27日，首次组织残障人士组成“轮跑团”，参加客商银行·2020世界客都长寿梅州马拉松赛。年内，组团参加第十届全省残疾人艺术会演、第六届“南粤金影奖”广东公益微电影大赛、广东省第八届残疾人美术作品大赛、广东省聋人篮球锦标赛。投入8万元在《梅州广播电视周报》开设专栏《梅州残联》，对残疾人康复、教育、劳动就业、扶贫、社会保障等方面的惠民政策、法律法规、服务信息，社会各界扶残助残动态，残疾人自强风采等进行宣传报道，为残疾人传递好声音。投入5万元与梅州市特殊教育学校合作扩建盲人足球场。投入7000多元与广东正丰科技有限公司合作开通手机彩铃。全年刊发有关残疾人事业各类文章80多篇（条）。 （黄映芝）

梅州市红十字会

【红十字会概况】 2020年，梅州市红十字会接收社会各界捐赠款物1854.98万元，发放救灾救助款物1852.74万元；开展应急救护培训28期，其中取得红十字救护员合格证书2200人；成功捐献造血干细胞5例；动员和见证捐献人体器官28例；红十字援建项目建设取得新突破，中国红十字会总会援建雁南飞景区红十字救护站项目投入运行，澳门红十字会援建丰顺县建桥镇环中村博爱广场项目基本完工。

【红十字会抗击新冠肺炎疫情】 2020年，梅州市红十字会成立市红十字会疫情防控工作领导小组，制订工作方案和《梅州市红十字会市本级新型冠状病毒感染肺炎疫情防控捐赠款物管理暂行规定》，做好募捐款物工作。发布募捐紧缺医疗防护物资倡议书，多方位链接社会资源，动员爱心企业、爱心人士积极捐赠款物。全市红十字会共收到抗击新冠肺炎疫情捐款1985.01万元，其中市本级826万元；市本级接收捐赠各类口罩防护服消杀防护类用品等物资193.28万件。严格执行《中华人民共和国红十字会法》《中华人民共和国慈善法》等法律法规，对捐赠款物收支工作做到规范、高效、透明，请梅州电视台制作“疫情期间捐赠款物去哪儿了”的新闻调查，回应社会关切和接受社会监督，接受纪检监察和审计部门的监督，做到让捐赠者满意、让受赠者放心。针对境外物资捐赠只有通过广东省慈善总会接收的实际，及时向广东省民政厅申请临时受赠资格，协助境外捐赠人办理海关手续和清关事宜，与梅州市侨联、梅州海关等单位联动，配合做好港澳台地区和海外华侨的捐赠，让每一份爱心和善意都及时得到落实。动员红十字志愿者组成疫情防控小

2020年2月19日，陈伟杰先生支援家乡抗击疫情捐赠仪式在梅城举行。捐赠物资主要包括医用手套、84消毒液、抑菌洗手液、酒精喷雾等，共计40余吨

（梅州市红十字会提供）

组，参与社区巡查劝导宣传活动、搬运捐赠物资、慰问一线防疫人员等工作。2020年，梅州市红十字会获得“中国红十字会抗击新冠肺炎疫情先进集体”“梅州市抗疫先进集体”荣誉称号，梅州市红十字会机关党支部获得“梅州市先进基层党组织”荣誉称号。

【人道救助活动】 2020年，梅州市红十字会通过募集资金和物资，开展博爱援建、大病救助、扶贫帮困等人道救助工作。全年接收社会各界捐赠款物1854.98万元，发放救灾救助款物1852.74万元。年内，开展红十字“博爱送万家”活动，在元旦、春节前后为困难群众发放价值77.18万元的慰问物资。为14位贫困家庭白血病患儿申请“小天使基金”，获得48万元救助金。开展救心关爱大行动，广东省红十字会、省陈绍常慈善基金会、省中医院联合梅州市红十字会在梅州市开展2020年贫困家庭先天性心脏病患儿免费医学筛查活动。广东省中医院专家组免费为梅州251名先心病患儿进行术前筛查，63名贫困患儿获得救助治疗。开展红十字援建项目，在梅州雁南飞茶田景区援建红十字救护站、丰顺县建桥镇环中村实施“博爱广场”项目，共投资60.842万元。

【应急救护培训】 2020年，梅州市红十字会开展应急救护进学校、进机关、进企业、进社区、进农村活动。5月，在梅州城区18间中学联合开展“助力疫情防控，红十字救在身边”活动，派出专家和志愿者为学校师生免费配送红十字急救箱用于疫情防控，志愿者现场为师生宣传普及红十字知识和应急救护知识。8月，梅州市红十字会组织举办应急救护师资培训班，29人取得应急救护师证。年内，梅州市红十字会深入街道社区普及急救常识和技能18场次，惠及5000人次。组织师资在梅州供电系统、银行系统、中小学校、外资企业等单位开展应急救护培训28期，取得红十字救护员培训合格证书1480人，提高群众自救互救能力。

【“三献”工作】 2020年，梅州市红十字会凝聚社会力量，参与、推动“三献”（无偿献血、造血干细胞捐献、人体器官捐献）工作，传播正能量。开展无偿献血活动，8—9月，梅州市红十字会参与组织开展第二届“热血浓情·天使有爱”梅州市医务人员无偿献血“天使行动”。全市有200多名红十字志愿者参与宣传动员和无偿献血，发动1494名医务人员参与活动，献血量超过29万毫升。2020年，梅州市红十字会开展大型无偿献血宣传活动7场次，参加人数3500人次，截至2020年12月29日，梅州市共有4.9万人次献血，献血量9.8吨，其中全血920.6万毫升，血小板2962个治疗量，保障梅州市临床用血需求。做好造血干细胞捐献工作，全年梅州市红十字会开展造血干细胞宣传活动7场次，参加人数2800人次，5名志愿者成功捐献造血干细胞，其中3名志愿者是在疫情防控紧张之时毅然逆行捐献造血干细胞，为他人延续生命。开展遗体和人体器官捐献工作，梅州市红十字会器官捐献协调员动员和见证本辖区遗体器官捐献工作，坚持开展正面宣传，呼吁民众一同为生命接力。全年新增器官捐献志愿登记2007人，新增人体器官捐献案例28例，累计捐献81例。

【红十字阵地建设】 2020年，梅州市红十字会援建项目建设取得新突破。援建梅州雁南飞茶田景区红十字救护站项目在国庆期间正式运行，这是梅州首家景区“红十字救护站”，集医疗救治、应急救援、救护培训、志愿服务为一体，配备医生、护士，内设处置室、休息室、母婴室、培训室等，提升景区人道救援水平和处置突发事件能力。10月26—27日，梅州市红十字会联合梅县区红十字会在雁南飞茶田景区举办应急救护培训班，对景区工作人员、志愿者进行系统培训，确保景区一线员工和志愿者掌握基本急救技能和初级救护知识。援建丰顺县建桥镇环中村博爱广场项目基本完工，待完善相关材料和验收后，尽快投入使用。

（梅州市红十字会）

法 治

大埔县茶阳中国红色政权首个公安局旧址

责任编辑：陈旭芳

人大立法

【地方性法规条例审议】 2020 年，梅州市人大常委会审议通过《梅州市红色资源保护条例》，开展《梅州市农村生活垃圾管理条例》《梅州市扬尘污染防治条例》《梅州市农村村民建房管理条例》调研论证，向广东省人大常委会报送地方性法规 1 件、决定 1 件。组织首部地方性实体法规《梅州市森林火源管理条例》立法后评估工作。制订立法调研工作制度、基层立法联系点工作规则，修订地方立法相关费用支付办法。完善征求意见反馈、立法咨询专家工作机制，继续与嘉应学院合作共建梅州市地方立法研究基地，加强对基层立法联系点的调研指导。开展与《民法典》相关地方性法规专项清理工作，梳理报送 1988 年以来作出的现行有效决议、决定 2 件。

【规范性文件备案审查】 2020 年，梅州市人大常委会审查全市各级报备的规范性文件 11 件，修订规范性文件备案审查工作规定。听取和审议梅州市人大常委会法制工作委员会关于备案审查工作情况的报告，指导推动 8 个县（市、区）人大常委会听取和审议备案审查工作报告。推进平远县、梅县区丙村镇备案审查示范点建设，以点带面推进备案审查工作。

【立法宣传】 2020 年，梅州市人大常委会加强立法全过程宣传，突出对重大课题、重大活动、重大内容的集中宣传，在省市主流媒体宣传《梅州市红色资源保护条例》，结合“创文”工作，开展《梅州市城市市容和环境卫生管理条例》宣传活动。梳理总结地方立法五周年工作，利用“12·4”国家宪法日、宪法宣传周等活动，宣传梅州市制订的法规条例。

（梅州市人大常委会）

政法委及综治

【政法概况】 2020 年，梅州市政法系统围绕夺取疫情防控和经济社会发展双胜利、为深圳经济特区建立 40 周年庆祝活动营造安全稳定的社会环境工作主线，以建设名副其实、声名远扬的“平安之乡”为统揽，以市域社会治理现代化试点工作为抓手，围绕全市政法工作“一跑三跨入”目标要求，全力防风险、保安全、护稳定、战疫情、促发展，推进更高水平的平安梅州、法治梅州建设。全市群众安全感、政法队伍建设满意度、公安工作满意度、扫黑除恶专项斗争满意率获全省“四项第一”，扫黑除恶专项斗争好转率、知晓率位居全省前列，2020年度平安广东建设考评梅州获得“优秀”等次，并再次获得“全国社会治理创新典范城市”称号。

【政法疫情防控】 2020年，梅州市委政法委发挥统筹协调、牵头抓总作用，压实“全员化”工作责任，落实群防群控、联防联控和“三人小组”工作机制，牵头建立121个市县镇“三人领导小组”和2355个村级“三+N人”排查组，落实“四个一”应急处置工作。严密“数字化”网络排查，联合研发并推广“智能语音呼叫系统”，将防控措施入网入格入家庭。落实“战时化”维稳措施，出台一批依法防控疫情和打击涉疫情违法犯罪的政策文件，开展法治宣传和法律服务，开展涉疫情矛盾纠纷集中排查化解专项行动，妥善化解涉疫情矛盾纠纷523件，依法查处涉疫情违法犯罪案件460件、抓获488人，2个案件被评为全省打击涉疫情犯罪典型案例，防控措施得到上级部门和新闻媒体肯定推广，广东省委政法委简报3次刊发梅州市做法，并在专班工作群推送10篇次供全省学习，“南方+”政法主题征文活动推介6篇梅州经验。

【扫黑除恶专项斗争】 2020年，梅州市以开展“一十百千万”行动为抓手，推进“六清”行动，落实“六建”任务，加强重点地区、突出问题和行业乱象专项整治，扫黑除恶专项斗争圆满收官。截至2020年12月底，打掉黑社会性质组织8个，恶势力犯罪集团40个，涉恶犯罪团伙380个，查封冻结扣押涉案资产6.82亿元；起诉涉黑涉恶案件70件457人，一审判决56件396人，二审判决23件202人；立案查处涉黑涉恶腐败和“保护伞”242件，党纪政务处分230人，移送司法机关32人；村干部涉黑涉恶的7个村党组织已全面完成整顿达标。以专项斗争为牵引，严厉打击影响群众安全感的各类突出违法犯罪，全年破获刑事案件6065件，刑拘3062人，提请逮捕2143人，19件现发命案全破，侦破5件命案积案。

【市域社会治理现代化】 2020年，梅州市委专门成立平安梅州建设领导小组，完善平安建设领导协调机制。梅州市成功入选全国市域社会治理现代化试点城市，试点工作纳入全市国民经济发展“十四五”规划。建立试点工作专班，制订三年行动方案和工作指引，分阶段、分步骤滚动式推进试点工作。推进两批共68个实践创新项目建设，打造梅州特色品牌，《梅州“五治一体”推动“枫桥经验”焕发新生机》《梅州攥指成拳齐发力打造苏区市域社会治理现代化样板》等典型经验获《法治日报》等中央和地方主流媒体头版头条报道。深化“中心+网格化+信息化”建设，完善基层综合网格管理机制，推动社会心理服务站（室）在综治中心全覆盖，完成梅江江南街道和丰顺汤坑、留隍“智慧社区”试点项目建设，“雪亮工程”和综治信息管理系统建成试运行。

【政法公共服务】 2020年，梅州市统筹推进司法体制、公安体制、司法行政体制改革，提升执法司法质效。优化升级公共法律服务实体平台，建成46个省级示范性公共法律服务工作站、298个省级示范性法律服务工作室。推进法治建设“四级同创”，8个县（市、区）、112个镇街基本达到省级法治创建标准，18个村（社区）获评省“民主法治示范村（社区）”。掀起学习宣传贯彻习近平法治思想热潮，深化《中华人民共和国民法典》等法

2020年10月26日，梅州市举行“百名法学家百场报告会”暨青年普法志愿者法治文化基层行“法治进校园”活动
（梅州市委政法委提供）

治宣传教育，协调开展法治政府建设示范创建活动，梅州市在2020年全省营商环境评价中，得分居粤东西北地区首位。梅州市中级人民法院基本解决执行难“三个90%和一个80%”的核心指标居全省前列，专项考核连续两年被评为一类法院，员额法官办案效率居全省第三。梅州市人民检察院司法救助脱贫攻坚，建立公益诉讼区域协作机制和“检察长+河长”协作机制的做法获广东省人民检察院推广，相关案件入选最高检典型案例。梅州市公安局注重提升大数据智能化办案水平，4个警务应用成功上云，“智慧审讯系统”获全国一等奖，“6·10”涉网套路贷专案被公安部选树为全国6个典型案例之一。梅州市司法局在省内率先推行设立行政复议受理前置点，实现全市112个镇街全覆盖，打通服务群众“最后一公里”。

（梅州市委政法委）

法治政府建设

【法治政府建设概况】 2020年，梅州市司法局稳步推进全面依法治市工作。加强统筹协调，强化工作部署推进。在充分征求意见的基础上，起草2020年全面依法治市工作要点；提请梅州市委全面依法治市委员会召开委员会第二次会议，部署2020年全面依法治市工作；协调推进各协调小组工作落实，及时召开协调小组会议，研究部署、督促推进法治建设工作；出台梅州市依法防控新型冠状病毒肺炎疫情工作方案，得到梅州市委主要领导的肯定；组织开展2020年度法治广东建设考评迎检工作，并取得全省第13名的成绩。加强督查督办，推动依法治市工作落实。细化分解任务，专门发出推进工作落实通知，列出93项工作任务，明确责任单位、建立工作台账；筹备召开市委依法治市办第二次（扩大）会议，推进法治广东建设考评整改落实工作，加强法治建设工作任务督办落实；加强督促指导，顺利完成梅州市党政主要负责人履行推进法治建设第一责任人职责情况列入年终述职内容试点工作任务，并组织开展履职情况及法治政府建设督察自查及实地督察工作。

年内，梅州市司法局履行统筹推进法治政府建设职责，推进依法行政。印发2020年全市依法行政工作要点，加强检查指导和督办落实；推进法治政府建设示范创建相关工作，经初审推荐并经第一阶段专家评审，全省入围第二阶段评审的20个地区中梅州市占3个——梅州入围“广东法治政府建设示范市”，平远县、五华县入围“广东法治政府建设示范县”；出台关于贯彻实施《民法典》进一步加强法治政府建设的意见，部署全面贯彻实施《民法典》加强法治政府建设工作。聚焦法治建设重大课题，梅州市司法局领导班子成员分别带队到各县（市、区）、市相关单位开展系列专题调研，并组织开展依法治理、依法治市专题调研。

【法制文件审查】 2020年，梅州市司法局完善规范性文件管理机制，进一步落实规范性文件合法性审查、集体讨论决定、备案审查以及“三统一”等制度，提请梅州市政府印发市级行政规范性文件制订主体清单。全年对20件市政府规范性文件和32件部门规范性文件进行合法性审核（查），按规定向广东省政府和梅州市人大常委会报备13件市政府规范性文件。按照有备必审、有错必纠的要求，对各县（市、区）政府报备的37件县级政府规范性文件进行备案审查，并对存在问题的1件文件提出书面审查意见，督促相关单位研究处理。加强规范性文件清理，组织开展《民法典》涉及行政规范性文件清理工作。经清理，《民法典》涉及的市政府规范性文件拟废止1件、拟修改2件，市级部门规范性文件拟修改1件。

【政府法律顾问】 2020年，梅州市司法局发挥政府法律顾问作用，参加梅州市委、市政府或市有关单位组织召开的协调会、研讨会，配合政府和相关部门推进社会、经济、教育、交通、医疗等重点、难点项目的法律疑难攻坚，确保市委、市政府的重点工作、重大事项的推进和相关问题的处理等依法依规进行，全年共完成法律事务和文件审查261件，涉及金额超过1700亿元。推动市、县（市、区）人民政府及政府各部门落实政府法律顾问制度，公开选聘8名梅州市人民政府兼职法律顾问，全年全市各级政府及各部门共选聘政府法律顾问309人次。

【政府立法】 2020年，梅州市司法局进一步推进科学立法、民主立法、依法立法，提高立法质量，严把立项关、起草关和审查关，提请审议并出台地方性法规《梅州市红色资源保护条例》和政府规章《梅州市非物质文化遗产代表性项目管理办法》。提高政府立法公众参与度，建立健全和社会公众的沟通机制以及政府立法咨询专家制度，拓展社会各方有序参与政府立法的途径和方式，加强和改进立法调研、立法论证等工作。截至 2020 年底，全市建立 15 个政府立法基层联系点、聘请 39 名政府立法咨询专家。推动立法后评估和立法清理工作，对实施满 3 年的政府规章《梅州市城市地下管线管理办法》进行立法后评估，开展梅州市已公布的 3 部地方性法规和 6 部政府规章的清理，增强立法实效。

【行政执法监督】 2020 年，梅州市司法局完善行政执法人员资格管理制度。严格执行行政执法人员综合法律知识网上考试制度、持证上岗管理制度，全年组织网上考试 16 场，参加考试人数 2960 人；指导启用“执法队伍管理系统”，全市激活 334 个新用户、持有行政执法证人员 7435 人。梳理并提请梅州市政府公告下放镇街执法职权 526 项，推进基层综合行政执法改革。落实行政执法信息平台试点工作，梅州市司法局及市、县两级市场监管局共 10 家试点单位通过行政执法信息平台办理案卷 31 件。持续推进行政执法“三项制度”，推进行政执法公示工作，落实年度执法数据公开工作；以行政执法“三项制度”为抓手，推行行政执法责任制，开展市对县级政府和市直部门的行政执法案卷评查。推进营商环境法治化建设，审查落实“放管服”改革政策措施文件 23 份。加强梅州市行政检察与行政执法监督衔接工作，与梅州市人民检察院共同签署《梅州市人民检察院 梅州市司法局关于加强行政检察与行政执法监督衔接工作的实施意见》。

2020 年 11 月 3 日，由中共梅州市委依法治市办、市普法办、市司法局主办，丰顺县普法办、司法局承办，丰顺县广播电视台协办的“我与民法典有个约”青年演讲比赛在丰顺县宝丰酒店举行
（梅州市司法局提供）

【普法宣传】 2020 年，梅州市司法局创新发展普法宣传教育工作。组织开展国家机关“谁执法谁普法”履职报告评议会，夯实“谁执法谁普法”的普法责任制。组织各级领导干部和新进国家工作人员参加宪法宣誓活动，推进领导干部现场旁听庭审案件活动，建立健全领导干部学法考法制度，把《中华人民共和国民法典》（简称《民法典》）等列入梅州市政府常务会议、市委常委会会议学习内容，组织全市近 12 万名国家工作人员参加学法考试。开展《民法典》普法宣传活动，发挥全市各公共普法宣传阵地及户外 LED 屏、楼宇视频、车载视频等新媒体平台宣扬《民法典》基本要义。开展“《民法典》让生活更美好”点亮梅州地标宣传，组建梅州市《民法典》普法宣讲团开展宣讲活动，组织开展“我与《民法典》有个约”征文、演讲系列比赛等，在全市上下掀起《民法典》普法宣传的热潮。全市开展《民法典》宣传活动 1000 多场次、发放各类《民法典》宣传品 6.7 万多份，印发《民法典》5 万余册，受众人数 50 多万人次。加强普法宣传阵地建设，在马鞍山公园建成“宪法主题公园”，在学艺中学创建“梅州·梅江青少年法治教育实践基地”。开展全国民主法治示范村（社区）、广东省民主法治村(社区)、广东省法治文化建设示范企业等法治创建工作。截至 2020 年底，全市有 24 家企业获评省级“法治文化建设示范企业”，18 个村（社区）被授予省级“民主法治示范村（社区）”，其中，兴宁市新圩镇石崖村、大埔县百侯镇侯南村拟推荐为“全国民主法治示范村（社区）”候选村（社区）。

【行政复议】 2020 年，梅州市司法局围绕政府重点民生问题，解决因行政确权、行政征收、重大项目建设而引发的行政争议，全年办理的行政复议案件涉及标的 2 亿多元，涉案争议土地超过 100 公顷。畅通复议渠道，利用全市 112 个司法所设置的行政复议受理前置点，打通服务群众的“最后一公里”，将更多的行政争议纳入复议渠道。全年接待来访群众 1358 人次，通过全市受理点移送复议案件 4 件。与信访部门建立联动机制，将更多的行政争议纳入复议渠道加以解决，全年有 6 件案件通过信访渠道进入复议程序。加大对行政机关执行行为的监督力度，对违法或者不当的行政行为，严格予以纠正。同时，践行“调解先行”宗旨，力争通过行政复议制度彻底化解行政纠纷，全年近三成行政争议在复议程序中得以彻底化解。推进行政机关负责人出庭应诉工作，先后向各县人民政府发出 18 份《关于建议行政机关负责人出庭应诉的函》，收到建议书的单位均派出负责人出庭应诉，梅州市政府负责人连续两年出庭应诉。全年收到行政复议申请 166 件，审理案件 209 件（含上年度结转 43 件），审结案件 153 件，按期审结率 100%。办理行政应诉案件 63 件，按期答辩率和出庭应诉率均为 100%，胜诉率 95.3%。

（梅州市司法局）

公　安

【公安概况】　2020 年，梅州市刑事打击实现破案总数比上年上升 3.6%，19 件现发命案全破，“飓风 2020”专项行动考核排名并列全省第一名；打掉黑社会性质组织 4 个、恶势力犯罪集团 17 个、涉网黑恶犯罪团伙 26 个，全年考核并列全省第一，全省公安机关 2020 年度工作考核获第 8 名；道路交通事故实现事故数、死亡数、受伤数分别下降 8.48%、17.8%、8.72%；全警大数据应用练兵比武获全省第 4 名；服务支持全市疫情防控工作，全市 17 个公安监管场所实现“零感染、零事故”，梅州市公安局疫情防控大数据办公室被授予“全国公安系统抗击新冠肺炎疫情先进集体”。组队参加全省公安民警法律知识竞赛获总成绩全省第 3 名、地市代表队第 1 名、团体二等奖；网警支队获评全警实战大练兵第一批省级“标兵集体”和第一批部级“标兵集体”；蕉岭县公安局民警宋思泉获全国“百佳刑警”。

【打击犯罪】　2020 年，梅州市公安局开展“飓风 2020”专项行动，坚决打赢扫黑除恶专项斗争收官战。全年立刑事案件 9514 件，破案 6065 件，刑拘 3062 人，提请逮捕 2143 人，19 件现发命案全破、侦破命案积案 5 件，在全省率先完成年度命案积案攻坚任务；全面落实“六清”行动，先后办结中央督导组线索 52 条、公安部线索 22 条、省厅线索 172 条，成为全省第三个完成线索清仓的地市；重拳打击涉黑恶违法犯罪，打掉黑社会性质组织 4 个、恶势力犯罪集团 17 个、涉网黑恶犯罪团伙 26 个，查封冻结扣押涉黑资产 4.62 亿元，为专项斗争三年来最好成绩，全年考核获全省并列第一；“6・10”涉网“套路贷”专案被公安部评为打击“套路贷”犯罪典型案例；开展“飓风 2020”专项行动，发起参与“飓风号”集群专案 34 个；开展“护苗”行动，全年 120 件性侵现案全破，性侵积案破案 25 件，超额完成年度破积案任务。全市 8 个县（市、区）均实体化运作县级反诈骗中心，共侦破刑事案件 617 件，抓获犯罪嫌疑人 507 人。

【社会治安管理】　2020 年，梅州市公安局坚持用好省厅资源和政策

2020 年 7 月 29 日，梅江分局刑侦大队联合东郊派出所、江南派出所在梅江区富乐花园破获“杀猪盘”诈骗窝点

（梅州市公安局提供）

支持，推进“租户模式”和“社会治安防控体系示范城市创建工作”两个试点。全面实施科技兴警战略，推进智慧新警务建设，依托“数据采集大会战”“租户应用上云”两大抓手，打造“谋租用战管”五位一体“租户模式”梅州样板，创建虚拟数据中心（VDC），构筑专用云资源池，创建梅州独立大数据租户空间，汇集敏感数据257亿条，与梅州电信合作建成梅州公安数据中心专用机房并投入使用。提升全市社会治安防控水平，开展社会治安防控体系示范城市创建工作，优化完善示范城市“九大系统”功能，建设智感安防区8个、智慧警务室8个，新增建设视频卡扣、门禁等各类前端感知设备324个，将全市重点人员及全国在逃人员信息对接列入系统管理，协助破获案件10件，抓获在逃人员12名，并运用智感安防区系统侦破部督“052网络赌博专案”。

【道路交通管理】 2020年，梅州市公安局持续抓好道路交通安全管理，开展道路交通事故预防“减量控大”工作，出台《道路交通亡人事故倒查警示问责实施办法》。全年发生道路交通事故28830件，比上年下降8.48%，死亡、受伤分别比上年下降17.5%、8.72%，未发生较大以上道路交通事故；排查全市道路隐患312处，治理266处；查处各类重点交通违法行为86107起，比上年上升496.22%。解决农村道路交通安全隐患突出以及涉摩托车大货车事故高发多发的问题，在全市110个乡镇设立交管站，设立劝导站1632个，配置农村交通安全管理员、劝导员1426人。

【出入境与往来港澳台管理】 因受疫情影响，截至2020年12月31日，全市受理各类出入境证件24337人次，比上年同期（450144人次）下降94.6%，其中因私护照5463人次，往来港澳通行证（含签注）17409人次，前往港澳通行证281人次，大陆居民往来台湾通行证612人次，外国人签证和居留许可等576人次，比上年同期（389人次）上升48.1%。2020年全市共查处“三非”外国人160人、非法聘用外国人案件19件、容留及藏匿非法入境非法就业外国人案件14件，侦办妨害国（边）境管理刑事案件9件，提请逮捕24人。2020年，梅州市公安局出入境管理支队党支部被评为全省公安机关先进基层党支部示范点。

2020年1月8日，“暖春畅运·平安护航”2020年梅州市春运道路交通安保工作全面启动（梅州市公安局提供）

【户口管理】 2020年，梅州市户籍总户数1469922户，总人口5439593人，流动人口65245人，标准地址新编制采集数117.6万条，实有人口人户分离信息采集更新数11.7万条，流动人口数据采集更新数9.8万条，采集更新出租屋信息4.8万间（套），时租日租出租屋信息纳管采集520家，建设完成门禁视频覆盖实有房屋任务数5026间（套），新轨迹数据采集上传任务数1732万条，采集录入汇聚居民身份证及户口本邮寄信息79542条，完成居住证制发6858张。结合第七次全国人口普查，制订《梅州市第七次全国人口普查户口整顿实施方案》，全市摸排出总户数1502865户，总人数5425713人，注销重复（虚假）户口1446人，核实注销死亡未注销9562人，户口变更及更正项目数90718项，新登记流动人口59973人，登记出租房屋4768间。推出创新亮点项目临时居民身份证“全市通办”，实现梅州市户籍派出所均能受理梅州市户籍公民异地申办临时居民身份证，全市户籍派出所累计服务群众3.6万人次。

【禁毒工作】 2020年，梅州市公安局推进整治突出毒品问题三年行动和“禁毒 2020 两打两控”专项行动，对各类涉毒违法犯罪保持“零容忍”打击，破获毒品刑事案件 60 件，打掉吸贩毒团伙 12 个，刑拘 88 人，提请逮捕 68 人，查处吸毒人员 327 人次，强戒 116 人；全市 524 名社区戒毒康复对象全部在管在控，执行率 100%。

【公安疫情防控】 2020 年，梅州市公安局成立疫情专门防控工作领导小组，制订《梅州市公安局防范应对新冠肺炎疫情工作方案》，先后组建临时党支部 60 多个，组织成立团员青年战疫突击队 25 个 452 人，动员 1200 多名党员干部投身城乡社区防疫第一线。全市 17 个监所一律实行全员封闭，实现监所“零感染、零事故”。入粤通道设立 70 个联合检疫检查站（点），共出动公安警力 11548 人次，牵头成立“公安＋三大电信运营商”疫情大数据核查防控专班，筑牢防疫坚实堡垒。部署定点医疗机构和集中隔离场所安保值守警力 28262 人次，保障人民群众生命财产安全。分析研判疫情、社情，形成《疫情后我市社会稳定风险形势分析报告》。

【科技强警】 2020 年，梅州市公安局加强警务终端建设应用，推广云学院梅州分院等一线实战 APP 应用，举办智慧大讲堂 3 场，组织各类信息化培训活动 148 场次，全市 4068 名民警参加全省公安机关大数据应用练兵比武活动，并获全省第 4 名、粤东西北地区第 1 名。开展警务技术革新，自主研发的“智慧审讯系统”获全国公安基层技术革新一等奖，“反隐身精灵”APP 获

2020 年 6 月 30 日，梅州市举行梅州警校多功能智慧教学系统启用仪式

（梅州市公安局提供）

公安部移动应用创新三等奖，“反诈六式”模型在第二届广东网安大数据建模大赛中获全省“十佳模型”，“出入境证件签发预警模型”获得首届全省公安智慧出入境大数据建模大赛第 6 名，“全员积分动态管控模型”“全系追逃模型”在第三届广东公安智慧新警务建模大赛中分别获得全省第 5 名、第 8 名，打造一批科技警务创新应用“梅州样板”。

【公安基层基础建设】 2020 年，梅州市公安局开展 58 个“枫桥式公安派出所”创建工作，推进派出所“精准脱困”，累计完成 124 个派出所升级改造工作，其中新建 16 个、修缮 108 个。深化“百万警进千万家”活动和“一村（居）一警”工作，推动实现全市 2232 个行政村驻村警力全覆盖。投入资金 4973 万元推进梅县城东考试中心、兴宁水口考场、梅州市看守所、病残吸毒人员收治场所等“两场两所”建设。制订《梅州公安创新亮点项目建设评价考核办法》，推动全市 22 个创新亮点项目落地见效。发挥梅州红色资源优势，制订出台《梅州市公安机关锻造客都公安红色党建品牌实施方案》，推动大埔工农革命政府公安局历史陈列馆挂牌为“广东省红色革命遗址”“广东公安思想政治教育基地”“梅州市文物保护单位”。着力推动 10 个具有当地特色、融合客家文化和红色精神于一体的红色标杆派出所创建工作，推进 100 个基层党支部的标准化、规范化建设。

【暖警爱警】 2020 年，梅州市公安局印发《暖警爱警一本书》，接受全国人大代表邓振龙捐赠梅州市公安民警医疗救助金 1000 万元，发放各类慰问金 316.8 万元、救助金 124.5 万元，申请省厅医疗救助金 58 万元。强化典型选树，民警宋思泉获评全国“百佳刑警”，张炳忠获评“全省特级优秀人民警察”，魏清芳获评“新时代南粤民警巾帼之星”，疫情防控大数据办公室被授予“全国公安系统抗击新冠肺炎疫情先进集体”，特警支队被表彰

为“广东省文明单位”。与广东省雁洋公益基金会共同设立“叶剑英基金关爱民警奖”，组织表彰10名全市优秀人民警察、10名全市优秀辅警。评选九类“十佳业务能手”90名，“最美基层民警”10名，“最美基层辅警”10名，推荐省级大练兵标兵集体1个、标兵个人3名，评选市级标兵集体3个、标兵个人10名。截至12月31日，突出战时表彰，全市公安机关共立集体二等功8个、集体三等功38个、个人二等功19个、个人三等功228个。

【梅州公安群众安全感和公安工作满意度获全省“双第一”】 2020年，广东省公安厅公布的2020年全省群众安全感和公安工作满意度第三方调查结果显示，梅州群众安全感得分93.82分、公安工作满意度得分91.47分、群众安全感和公安工作满意度综合得分92.65分、扫黑除恶满意率得分91.54分，均位列全省第一。

【梅州市举行庆祝首个“中国人民警察节”主题活动】 2021年1月10日，梅州市举行庆祝首个“中国人民警察节”主题活动。梅州市公安机关开展升警旗仪式、警车集中大巡防行动、梅州公安庆祝首个中国人民警察节大会、“110”宣传日、打击犯罪成果宣传展等系列活动。

（梅州市公安局）

检　察

【检察概况】 2020年，梅州市检察机关11个案件入选全国、全省典型案例、精品案例，18个集体和个人获省级以上表彰奖励。梅州市人民检察院被最高检授予全国基层检察院建设组织奖，五华县人民检察院获评全国先进基层检察院，梅州市人民检察院、大埔县人民检察院保留“全国文明单位”称号。

【依法履职战疫】 2020年，梅州市检察机关面对疫情大考，第一时间建立涉疫案件快速反应、提前介入、快捕快诉等工作机制，发布依法惩治危害疫情防控犯罪通告，推行远程提讯、远程接访、“云”阅卷等“非接触式”办案，起诉妨碍疫情防控、制假售假等涉疫犯罪64人，2个案例入选省检察院打击涉疫犯罪典型案例。加强对疫情影响下弱势群体合法权益的司法保护，起诉恶意欠薪犯罪8人。298名检察干警响应号令，投身企业、社区、农村一线，参与联防联控、助力复工复产和志愿服务。

【企业发展保护】 2020年，梅州市人民检察院出台服务保障“六稳”“六保”10条措施，引导检察干警换位思考、强化平等保护，推动“惩治、保护”双向发力。依法起诉影响非公有制经济发展犯罪50人。开通“12309”民营企业法律服务“绿色通道”，对涉民营企业案件做到慎捕、慎诉，对长期搁置的“挂案”开展专项清理，对处于社区矫正期的企业人员赴外地从事生产经营活动简化审批等手续。

【司法扶贫】 2020年，梅州市检察机关聚焦决战脱贫攻坚之年的目标任务，依法严惩贪污侵占、截留挪用扶贫惠农、救灾救济资金等犯罪，起诉涉扶贫资金犯罪3人，落实扶贫领域涉案财物快速返还机制。向因案致贫返贫的77位受害当事人发放司法救助金142.5万元。督促落实18名无人抚养“事实孤儿”基本生活保障，做法得到上级检察院肯定。全市14名检察干警坚守驻村一线，帮助11个村巩固脱贫成果，助力乡村振兴。

【生态环境检察】 2020年，梅州市人民检察院牵头建立粤闽赣三省五市检察机关公益诉讼区域协作机制，与梅州市河长办建立“河长+检察长”生态环境保护协作机制，促进江河长治久清、青山泽被后世，相关做法得到最高检肯定、推广。对污染环境、非法采矿、猎杀野生动物等犯罪从严惩处，起诉102人，办理生态环境领域公益诉讼案件228件。

【检察院扫黑除恶】 2020年，梅州市检察机关围绕专项斗争决胜之年的目标任务，保持“深挖整治”“长效常治”主攻方向，落实“六清”行动，案件清结率100%。专项斗争开展三年来，共批捕涉黑恶犯罪281人、起诉457人，依法办理梁某章等18人、廖某胜等26人、李某健等20人涉黑犯罪等重大案件。坚持“不放过、不凑数”，统一把好案件质量关，对侦查机关以涉黑恶犯罪移送审查起诉的案件，不予认定431件，纠正漏捕11人，纠正遗漏同案犯7人，纠正遗漏罪行27人。发布追缴涉黑涉恶财产通告，推动“打财断血”“打伞破网”，向纪检监察、公安机关等移送涉黑恶及“保护伞”线索 106 条。针对办案中发现的行业乱象和管理漏洞发出检察建议 92 件，推动“办理一案、治理一片”，以案促治。

【反腐败斗争】 2020 年，梅州市检察机关完善监检衔接配合机制，受理监察机关移送职务犯罪案件 40 件 43 人，依法逮捕 17 件 17 人、起诉 23 件 32 人，退回补充调查 8 人次。依法对管某城受贿案等 3 名原县处级干部提起公诉。深化检察内设机构改革，落实职务犯罪检察职能，对司法工作人员利用职权实施侵犯公民权利、损害司法公正犯罪立案侦查 2 人，职务犯罪检察工作得到上级检察院肯定。

【国家政治安全和社会秩序维护】 2020 年，梅州市检察机关批捕各类刑事犯罪 2237 人、起诉 3082 人。起诉故意杀人、强奸、绑架等严重暴力犯罪 94 人，起诉盗窃、诈骗等多发性侵财犯罪 681 人。完善对“黄赌毒”等犯罪常态化打击整治机制，起诉“黄赌毒”犯罪 742 人，与福建省龙岩市、江西省赣州市检察机关建立涉麻涉毒犯罪案件自行补充侦查协作机制。

【未成年人检察工作】 2020 年，梅州市检察机关对侵害未成年人犯罪零容忍，起诉侵害未成年人犯罪 202 人，对涉嫌轻微犯罪并有悔罪表现的未成年人不批捕 54 人、不起诉 22 人。建立、用好未成年被害人检警医“一站式”询问救助中心，避免对被害人造成“二次伤害”。落实帮教措施 39 人、心理疏导 84 人次，让“折翅”的孩子重建梦想。

2020 年 7 月 24 日，梅州、河源、潮州、龙岩、赣州三省五市检察机关公益诉讼区域协作启动仪式在梅州举行（梅州市人民检察院提供）

“没完没了”督促“一号检察建议”落实，联合妇联、教育等部门建立保护妇女儿童权益合作机制，开展关爱女童护苗成长三年行动，推动建立侵害未成年人案件强制报告、职业准入查询制度，就案件反映出的未成年人权益保护问题向相关职能部门发出检察建议，构筑未成年人健康成长的“防火墙”。深化检察长兼任法治副校长制度，助力未成年人思想道德建设。防疫期间面向乡村孩子、困境儿童开设“云”课堂、微直播。“青春之帆”未检工作品牌被市委政法委评为“平安之乡”优秀实践创新项目。

【群众信访工作】 2020 年，梅州市检察机关践行和发展新时代“枫桥经验”，部署开展信访积案清理行动，新收群众来信 351 件，均在 7 日内告知“收到了、谁在办”，3 个月内答复办理过程或结果。邀请代表委员、社区居民多方参与。检察长带头办案，对 57 件疑难案件公开听证，摆事实、举证据、释法理。两级检察院同步举行“民有所呼，我有所应”检察宣传周等活动，带案下访 89 件，两级检察院领导接待信访群众 112 批次 214 人。

【法律监督】 2020 年，梅州市检察机关努力做优刑事检察。践行“少捕慎诉慎押”理念，对轻微刑事犯罪不批捕 675 人、不起诉 300 人，对认罪悔罪的 2682 名犯罪嫌疑人适用认罪认罚从宽制度，最大限度减少、转化社会对立面。监督侦查机关立案 7 件、撤案 14 人，追捕 40 人、追诉 58 人，纠正侦查活动违法 43 件，对认为确有错误的刑事裁判提出抗诉 9 件，当宽则宽，罚当其罪。在全省率先开展社区矫正巡回检察，纠正减刑、假释、暂予监外执行不当 216 人，针对社区矫正、剥夺政治权利、财产刑等刑罚执行提出书面纠正意见 262 件，促进刑罚严格执行。努力做实民事行政检察，贯彻《民法典》精神，依法对民事行政生效裁判、调解书及审判程序、执行活动进行精准监督，受理民事行政检察监督案件 185 件，提请抗诉、发出检察建议 78 件，依法不支持监督申请78件，同步做好释法说理、息诉服判工作。监督支持法院共同破解执行难，提出规范执行检察建议11件，在全省民事检察工作会议上作经验交流。针对一些行政诉讼"案虽结事难了"的问题，部署开展"行政争议实质性化解"专项活动，通过促进和解、督促纠正违法、给予司法救助等方式化解行政争议12件，促进案结事了政和。加强行政非诉执行监督，提出检察建议36件，已采纳34件。出台加强行政检察与行政执法监督衔接工作规定，助力法治政府建设。

【公益诉讼】 2020年，梅州市检察机关深化双赢多赢共赢理念，落实广东省人大常委会《关于加强检察公益诉讼工作的决定》，开展"公益诉讼守护美好生活"专项监督活动，办理公益诉讼案件402件，发出检察建议和发布公告363件，办理案件数继续保持全省前列，5件案件入选最高检、省检察院典型案例。对改进英烈纪念设施管理发出检察建议8件，捍卫英雄荣光、守护红色文化。探索办理公共安全、特殊群体权益保护、文物保护等公益诉讼新领域案件47件。针对梅州市居民小区普遍存在消防通道堵塞占用、消防设施配备不全、管理不善等情况，梅州市人民检察院联合梅州市消防救援支队开展消防安全公益诉讼专项行动，发出检察建议34件，推动解决消防安全隐患286处。五华县人民检察院针对校园周边商户向在校生开放涉嫌赌博性质活动的问题发出检察建议，参与校园及周边环境集中整治，该案入选省检察院精品案例。

【检察院接受监督】 2020年，梅州市检察机关适应疫情防控要求，完善"一对一"联络机制，建立在梅各级人大代表联络工作台账，采取上门走访、邀请视察、督导和调研、电话、信函等多种方式，坚持联系在日常、联络在经常，把代表的意见建议作为改进检察工作的有力抓手，汲取智慧、逐项细化、精心落实，通过办好一件事促进解决一方面的问题。坚持检察声音"传出去"、把人民群众"请进来"，邀请代表参加观摩视察、公开听证等活动87场次，为代表更好监督检察工作创造条件；发布案件程序性信息3733条、法律文书1319份、重要案件信息89条，两级检察院同步开展检察开放日活动3次，社会各界1587人次走进检察机关，了解新时代检察机关工作。

（梅州市人民检察院）

法 院

【法院概况】 2020年，梅州市两级法院受理各类案件41667件，审结39855件，结案率95.65%；其中梅州市中级人民法院受理各类案件4734件，审结4385件，结案率92.63%。获市级以上表彰奖励先进集体和个人26个，其中梅县区人民法院刘国勇获"全国法院人民法庭工作先进个人"。

【审判执行】 2020年，梅州市两级法院审结一审刑事案件2009件，二审刑事案件255件，判处五年以上有期徒刑241人；审结认罪认罚从宽案件1664件，对938名被告人依法判处缓刑、管制或免予刑事处罚。坚决把维护国家政治安全摆在首位，审结危害国家安全犯罪案件9件。严厉打击严重刑事犯罪，审结故意杀人、故意伤害、强奸等犯罪案件224件。审结危害公共安全犯罪案件442件，涉众型犯罪案件218件。审结侵害少年儿童身心健康的犯罪案件90件。审结叶某雄、陈某波、陈某强等毒品犯罪案件54件。审结职务犯罪案件27件。为1885名被告人指定辩护律师和提供

2020年8月5日，梅州市中级人民法院一审公开开庭审理涉梅州市人民政府行政撤销纠纷一案，梅州市政府副市长宁惠军出庭应诉 （陈昕宜 摄）

法律帮助。审结减刑假释案件 979 件，裁定减刑 953 人、假释 26 人。审结一审国家赔偿案件 6 件。

年内，梅州市两级法院审结一审民商事案件 20140 件，标的金额 50.29 亿元；二审民商事案件 1977 件。一审民商事案件调撤率 48.34%。妥善审理教育、医疗、养老等民生领域案件 4571 件。深化家事审判改革，审结婚姻家庭、遗产继承等家事案件 4180 件，及时签发人身安全保护令 2 份。丰顺县人民法院联合县妇联建立健全妇女儿童权益保护工作机制。开展《民法典》宣讲行动，深入企业、社区、乡村、校园等宣讲《民法典》20 次。

年内，梅州市两级法院审结一审行政案件 356 件，二审行政案件 104 件。行政机关败诉案件 85 件。推进行政案件协调和解，一审行政案件和解撤诉率 18.26%。助推政府“放管服”改革，裁定准予执行非诉行政案件 551 件。行政机关负责人出庭应诉案件 152 件，出庭应诉率 33.04%。依法保障全市重点项目征地拆迁工作，审结涉“客都人家”、梅州职业技术学院等行政案件 46 件。

年内，梅州市两级法院执结各类执行案件 12773 件，执结率 96.81%，执行到位金额 19.62 亿元。梅州市中级人民法院连续 2 年在全省中院执行专项考核中被评为一类法院。开展“南粤执行风暴 2020”“根治欠薪”等专项执行行动，执结追索劳动报酬等涉民生案件 2345 件，发放执行款 8456.79 万元。强化善意文明执行理念，采取“活封”“活扣”等保全措施案件 527 件。加强司法网拍，累计网拍 985 件次，成交率 67.23%。完善信用惩戒和修复机制，纳入失信被执行人名单 5541 人次，限制高消费 8440 人次，拘留被执行人 25 人；依法及时删除失信名单 1991 人次。

【打赢扫黑除恶收官战】 2018 年 1 月至 2020 年 12 月，梅州市两级法院受理一审涉黑恶案件 56 件 396 人，二审涉黑恶案件 23 件 202 人，全部审结。依法打掉梁某章、廖某胜等黑社会性质组织 5 个，罗某福等恶势力犯罪集团 11 个，余某等恶势力犯罪团伙 35 个，黄某平、钟某祥等保护伞 7 个。依法重判黑恶势力组织者、头目、骨干，判处五年以上有期徒刑 111 人，重刑率 28.03%。依法判处财产刑累计金额 2.71 亿元。开展涉黑恶案件财产刑执行“雷霆行动”，财产刑执行到位率 93.73%。完善深挖彻查机制，核查、移送、办结各类线索 62 条，线索全部清仓。深化“行业清源”，发出司法建议 132 份，反馈率 100%。

【服务“六稳”“六保”】 2020 年，梅州市两级法院快审速判谣言惑众、抗拒管制、传播病毒、制假售假、抗疫物资诈骗等涉疫刑事案件 52 件，妥善审结合同违约等涉疫民商事案件 542 件。完善服务保障复工复产司法政策措施，出台《关于应对疫情为企业复工复产提供司法保障的意见》。稳定劳资关系，引导劳动者和企业同舟共济，审结劳动争议案件 259 件。依法为 173 名困难当事人发放司法救助金 238.29 万元，为 165 名困境当事人缓减免交诉讼费 563.91 万元。疫情期间运用智慧法院建设成果，线上开庭审理案件 300 件，刑事远程提审 589 次。落实联防联控责任，选派 177 名党员干警深入防疫一线，协助做好疫情防控工作。

【营商环境优化】 2020 年，梅州市两级法院加大产权和企业家合法权益保护力度，审结涉产权和涉企民事纠纷案件 5536 件。开展涉民营企业案件专项评查活动，评查涉民营企业案件 323 件，合格率 95.67%。

2020 年 6 月 10—12 日，梅州市中级人民法院在五华县人民法院通过远程视频连接五华、兴宁看守所的方式，完成温某根等 28 人上诉案件庭审 （廖城新 摄）

推进供给侧结构性改革，审结“僵尸企业”破产案件 41 件。加强中小股东司法保护，审结股东知情权、公司盈余分配、股东资格确认等案件 48 件。服务创新驱动发展，审结知识产权系列案件 229 件，审结侵犯知识产权犯罪案件 2 件。把握企业司法需求，主动走访调研企业 21 家。

【乡村振兴服务】 2020 年，梅州市两级法院妥善审理农村土地流转、外嫁女等“三农”案件 400 件。大埔县人民法院成功调处广东本草源科技有限公司与 22 位农户因脱贫帮扶协议引发的矛盾纠纷。做好挂点帮扶工作，各基层法院到挂钩帮扶村开展走访慰问贫困户活动 69 次，向困难贫困户发放慰问金 30.12 万元。梅州市中级人民法院参与“广东扶贫济困日”捐款活动，捐款 1.87 万元。

【生态发展服务】 2020 年，梅州市两级法院加强生态环境司法保护，审结放火、失火烧毁山林犯罪案件 16 件。贯彻“两山”理念，审结涉野生动物、环境污染犯罪案件 83 件，环境公益诉讼案件 14 件。梅州市中级人民法院开展“加强生态环境司法保护”深调研，探索建立专业化审判、健全生态环境司法与行政执法衔接等工作机制。

【防范化解风险】 2020 年，梅州市两级法院审结涉大埔辉华、梅州超群、崇雅教育机构等影响社会稳定的涉众型维权案件。防范化解金融风险，审结金融纠纷案件 6725 件，审结民间借贷案件 5154 件，向

2020 年 9 月 8 日，梅县法院一审开庭审理廖某胜、廖某锋等 27 人涉黑案
（杨智浩 摄）

公安机关移送涉嫌“套路贷”、虚假诉讼等金融犯罪线索 12 件，依法对虚假诉讼当事人罚款 33.5 万元，追究 4 人刑事责任。做好信访维稳工作，办理来信 284 件、来访 233 人次，召开申诉信访听证会 7 次，化解信访案件 269 件。

【司法改革】 2020 年，梅州市两级法院压实员额法官办案主体责任，全市法院员额法官结案平均用时 71 天。全市法院院庭长主审案件占比 61.73%。推进繁简分流改革，速裁刑事案件 442 件，民事案件适用简易程序和小额诉讼程序占比 80.48%。探索“法院 + 公证”新模式，梅州市中级人民法院与梅州市嘉应公证处签订《关于开展公证参与司法辅助事务合作协议》。探索破解“送达难”，梅江、梅县、五华人民法院试行第三方集约送达。加快智慧法院建设，深化新综合业务系统和电子卷宗应用，为审判执行提质增效。推进一站式诉讼服务中心建设，打通诉讼服务大厅、移动终端、“12368”诉讼服务热线一体化诉讼服务渠道，努力实现一站通办、一网通办、一次通办。推广在线诉讼服务，受理网上立案申请 4040 件、跨域立案 48 件。“12368”诉讼服务热线接听群众来电 3182 个。加快一站式多元解纷建设，受理诉前调解案件 2925 件，调解成功 1526 件，司法确认 116 件。

【社会治理创新】 2020 年，梅州市两级法院坚持发展新时代“枫桥经验”，全市人民法庭审结民事案件 5323 件，调撤率 55.57%。参与矛盾纠纷源头预防化解，设立 3 个旅游巡回法庭，建立 3 个法官驻村居工作室，5 个法庭诉前联调工作室。主动融入党委领导的市域社会治理现代化格局，全市法院第一批 9 个“平安之乡”实践创新项目获评优秀，有序推进第二批 9 个实践创新项目。梅州市中级人民法院制订《关于推进梅州市市域社会治理现代化三年（2020—2022 年）工作方案》，推出 12 项司法举措。参与创建全国文明城市，加强对挂点村

的督导和资金帮扶，派出 4500 多人次志愿者参与创文活动。落实“谁执法谁普法”普法责任制，开展各类普法活动 59 次。坚持把社会主义核心价值观融入司法审判，用法治力量引导向上向善。及时发出司法建议 196 份，助力市域社会治理水平提升。

【法院接受监督】 2020 年，梅州市两级法院主动向人大、政协报告和通报工作 22 次，走访代表委员 283 名，邀请代表委员调研、观摩庭审、见证执行等 350 人次。落实司法民主，人民陪审员参审案件 4071 件。接受社会各界监督，全市法院案件审判流程信息公开率 100%，上网公开裁判文书 8539 份，直播庭审案件 4001 件，全年在自媒体平台发布各类信息 1421 条。

（梅州市中级人民法院）

司法行政

【社区矫正】 2020 年，梅州市司法局全面提升社区矫正管理工作水平。开展《中华人民共和国社区矫正法》宣传活动，聘请嘉应学院法学院教授到全市各县（市、区）开展巡回宣讲。推进社区矫正教育基地建设，实现市级和县级社矫教育基地全覆盖。强化社区矫正对象的监管工作，防止脱管漏管，推进监狱戒毒警察延伸监管工作，创新社区矫正工作模式，提升教育矫治效果。利用社区矫正中心系统做好远程会见工作，实现“家门口会见”。截至 2020 年 11 月，全市累计接收社区矫正对象 15431 人、累计解除矫正 13876 人，自开展远程会见工作以来，全市累计放出远程会见号源 15444 个，会见成功 5051 件，会见 10857 人。

【法律服务】 2020 年，梅州市司法局法律服务体系优化升级。市、县（市、区）合力，加快推进实体、网络、热线“三大平台”一体化融合，加强示范性公共法律服务工作站（室）建设，完成全市 46 个示范性公共法律服务工作站和 298 个示范性法律服务工作室的建设，并以此为推手，努力打造线上线下一体的公共法律服务网络，推进公共法律服务便民化。全市公证机构面对疫情，创新工作方式，保持公证业务稳定发展，同时组织开展“公证助老 情暖夕阳”活动，全年办理公证 10576 件，其中，嘉应公证处办理各类公证 3069 件。梅州仲裁委员会不断完善仲裁制度、提高仲裁公信力，全年累计受理各类民商事纠纷案件 49 件，涉案标的 10982 万元，结案 42 件。全市司法鉴定机构不断推动规范化、专业化、科学化进程，努力提升司法鉴定社会公信力和群众认可度，全年出具司法鉴定意见书 1123 份。

【法律援助】 2020 年，梅州市司法局将残疾人、农民工、特困企业职工、生活困难的被征地农民等纳入重点援助对象，统一发放“法律援助卡”，建立便捷快速通道；进一步推进帮老、助残、外来工维权等服务。强化对农民工、妇女、未成年人、残疾人、军人军属等特殊群体的法律援助工作，畅通绿色通道，提高法律援助办案水平和群众满意度。年内，先后与驻梅部队签订法律援助服务协议、与梅州市退役军人事务局设立“退役军人法律援助工作站”，满足涉军法律服务需求，维护现役和退役军人的合法权益。推进刑事案件律师辩护全覆盖制度，全年全市各级法律援助机构受理、指派刑事法律援助案件，实现 100%应援尽援，承办案件 3469 件（其中刑事案件 3177 件），咨询 9908 人次。

【律师管理】 2020 年，梅州市司法局依法依规做行政审批管理工作，承接省级委托权责清单事项工作 43 项，做好律师和律师事务所的行政审批管理工作，保障律师执业权利，全年处理涉及委托律师及法律职业资格管理类行政许可 61 件、审批新设律师事务所 4 个。规范律师执业行为、保障律师执业权利，做好对律师投诉处理工作，全年收到 5 件对律师的投诉，均及时进行调查处理。全年处理行政处罚 1 件和开展行政检查 4 件。组织律师服务团为梅州市重大经贸活动提供法律服务保障，为 52 家涉外企业“走出去”提供法律服务，为 91 家民营企业开展“法治体检”。发挥全市律师和党政机关、村（社区）、企业法律顾问作用，通过上门、网络、微信、电话等方式为党政机关、村（社区）、企业提供法律服务。全市 2250 个村居（社区）配备 444 名律师，实现全市全覆盖，广大村（社区）法律顾问发挥“六员”作用，推进基层依法治理。全年举办《民法典》等法律法规普法宣讲 8682 场次，提供法律咨询 24217 次，出具法律意见书 369 份，实施法律援助

59 件，参与调处矛盾纠纷 219 件，参与处理群体性和敏感案件 37 件。组织实施“十个百分百”要求，做好疫情防控常态化下的法律职业资格考试工作，实现“零差错”“零补时”“零投诉”“零违纪”目标。全年主观题考试报名人数 390 人，通过人数 207 人，通过率 53%。

【人民调解】 2020 年，梅州市司法局抓“强”人民调解员队伍建设，全市以政府购买服务形式选聘专职人民调解员 224 名，全年组织开展培训 20 多场，培训调解员 3000 多人次。抓“准”矛盾纠纷排查化解，2020 年 1—12 月，全市受理矛盾纠纷 16159 件，化解成功率 99.5%。抓“实”基础建设，健全完善乡镇（街道）、村（社区）两级矛盾纠纷排查调处组织机构，全市有乡镇（街道）调委会 112 个，村（社区）调委会 2248 个。抓“细”调委会建设，全市设立专业性行业调委会 45 个、“个人调解工作室”15 家，并与江西省和福建省建立省际边界社会矛盾纠纷联防联调机制，为边际群众共享公共法律服务和共建平安边际。开展村（社区）法律顾问工作，开展律师调解试点工作，推进律师参与重大案（事）件法治工作。

【戒毒康复】 2020 年，梅州市戒毒所实现“三零一安全”（零感染、零报告、零炒作，场所安全稳定）的目标。同时，进一步加强戒毒场所监管改造，规范安全稳定行为制度，及时排查安全隐患，增强突发应急维稳能力，实现梅州市戒毒所连续 19 年安全“六无”目标。梅州市戒毒康复所依托梅州市禁毒宣传教育基地及移动展板，到全市各中小学校、乡镇开展禁毒宣传。

【安置帮教】 2020 年，梅州市司法局探索安置帮教新途径，学习湛江等地先进经验，结合梅州市实际，推进社会组织参与安置帮教工作，为刑满释放人员提供必要的心理疏导、帮扶救助等工作。全年全市各级安置帮教机构衔接刑释解教人员 2761 人，安置 2761 人，帮教 2761 人，安置率、帮教率均 100%，重新犯罪率 0%，重点帮教对象接送率 100%。

【智慧司法】 2020 年，梅州市司法局推进“数字法治、智慧司法”信息化体系建设，启动法治广东信息化平台建设，加快“智慧戒毒”“智慧社矫”“智慧复议”“智慧普法”“智慧公证”“智慧调解”等项目建设。运用大数据、互联网 +、人工智能等新技术，打造移动掌上司法，实现司法行政各类业务网上移动办公，提高整体业务水平、提升整体办事效率。市、县两级司法行政系统运用指挥中心，实现全系统警令政令畅通、指挥调度灵敏高效的指挥体系，为各级党组决策及时提供依据。全市各级司法行政系统利用信息化技术，为社会提供更多互动、个性化、高水平的司法惠民服务。 （梅州市司法局）

梅州监狱

【梅州监狱概况】 广东省梅州监狱隶属于广东省监狱管理局，是一所关押重型犯的大型监狱，正处级建制，内设 14 个机关科室。2020 年，梅州监狱坚守安全底线、践行改造宗旨，大力推进平安监狱、法治监狱、文化监狱建设，全年无罪犯脱逃、无重大狱内案件、无重大安全生产事故、无重大疫情发生，连续第 25 年实现监管安全、连续第 27 年实现安全生产，为平安梅州、法治梅州、文化梅州建设做出突出贡献。开发生产项目 ERP 智能化系统，该项目获评全省监狱“工作创新奖”，七监区 QC 成果连续第五

2020 年 1 月 28 日，梅州监狱启动全封闭执勤模式。图为梅州监狱首批封闭执勤队举行誓师动员会 （董明 摄）

2020 年 1 月 17 日，梅州监狱举行迎春教育成果汇报演出 （曾佳威 摄）

年获“南粤之星”金钻奖。梅州监狱党委班子被广东省监狱管理局党委考核为“优秀等次班子”。

【疫情防控】 2020 年，梅州监狱贯彻广东省委、省政府、省厅局以及梅州市委、市政府有关疫情防控的决策部署，构建起“1 + 9 + 1”防控体系、“1 + 3 + 5”防控机制，牢牢抓住疫情防控的“五大环节、三个重点”精准发力，争取纳入属地疫情防控体系，构筑“应急、医疗、联防、后勤、督察”五张“保障网”，形成严密防控体系，外防输入、内防扩散、外防输出，组织 20 批次约 3400 人次警察职工封闭执勤 220 天，与粤东医院（定点收治医院）协调制订监狱病例收治方案，联合卫健、疾控、粤东医院等多部门开展监狱突发疫情应急演练，实现疫情防控“三零”（零感染、零输入、零输出）目标。

【狱政管理】 2020 年，梅州监狱开展扫黑除恶专项整治活动，探索实施隐患整治“每日清零”工作机制，推行“中心药房”管理模式，建成覆盖各监区的重点监室 26 间，创建 85 个无烟监室，试点推广积分处遇制度，与地方公安、消防、驻监武警等联合演练 5 次，圆满实现“四无”监管安全目标。

【生活卫生】 2020 年，梅州监狱统筹做好疫情防控和生活卫生管理工作，全年未发生食物中毒、罪犯非正常死亡、医疗事故及院内感染事件，狱内传染病发病率远低于 1%。推行“中心药房”管理模式，建立罪犯三级预警信息管理系统，实现疾病预防控制模块及药房慢性病发药模块的应用，提高工作效率和准确率。申报设立梅州市首家“广东省集体单位接种门诊”，于 11 月 30 日启用预防接种门诊，为全监警察职工接种流感疫苗。

【教育改造】 2020 年，梅州监狱有序开展改造宣誓、《民法典》知识竞赛、战疫故事汇等十多项政治改造活动。改建形成具有客家特色廊墙门坊 19 处，初步构建“毓园八景”，打造夜读广播、即时讲评、家书传情等教育精品。探索创立的罪犯思想动态“四维分析法”入选为省局年度创新推荐项目。完善“两中心一基地”运行机制，成立“赞哥工作室”、政治改造教研室，不断推动教育工作新发展。

【刑罚执行】 2020 年，梅州监狱依法依规办理减刑假释案件，升级完善刑罚执行网上协同办案平台功能，实行网上办案，全程留痕，实现法院、检察院、监狱办案数据实时共享，实现全年案件办理零差错。开展案件倒查处置工作，派出调查组或调取档案工作小组 24 个，切实整治执法管理薄弱环节。

（梅州监狱）

梅城金山顶

责任编辑：陈旭芳

梅州军分区

【梅州军分区概况】 2020年，梅州军分区学习宣传贯彻《中国共产党军队党的建设条例》，及时调整健全党组织设置，修订完善《党委常委议事规则》，召开军分区第六次党代表大会。贯彻落实《关于进一步激励省军区广大干部新时代新担当新作为的措施》，开展干部队伍建设调研。开展师级以上领导干部落实有关待遇规定专项清理整顿、军地交叉地带和重点行业领域问题整肃治理。年内，梅江区人武部被广东省军区表彰为“全面建设先进人武部”“练兵备战先进单位”，被广东省委、省政府评为“广东省文明单位”，大埔县人武部被省军区表彰为“新闻舆论工作先进单位”，军分区战备建设处被东部战区表彰为“备战打仗先进单位”，6人被省军区表彰为先进个人。

【思想政治建设】 2020年，梅州军分区深入贯彻习近平新时代中国特色社会主义思想和习近平强军思想，跟进学习习近平主席最新指示和重要讲话精神。分专题抓好党委中心组理论学习，党委领导带头运用学习成果为官兵辅导，推动党的创新理论武装走深走实。巩固深化“不忘初心、牢记使命”主题教育成果，聚焦“传承红色基因、担当强军重任”主题深化思想政治教育，区分4个专题，每个专题安排1名领导干部辅导授课，开展纪念抗美援朝胜利70周年系列活动。学习贯彻中共十九届五中全会精神，组织

2020年12月24日，中国共产党梅州军分区第六次代表大会召开 （梅州军分区提供）

学习全会公报和习近平主席重要讲话精神，跟进学习主流媒体解读文章，编印口袋书、资料汇编、购买《辅导百问》下发官兵，掀起学习热潮。持续深化政治整训，4 轮次组织涉郭徐房张信息清查清理。高度关注意识形态领域斗争动向，严格落实涉军舆情监控、重要岗位人员政治考核等重点工作，部队保持纯洁巩固。176 篇稿件在省级以上媒体刊发，25 项工作被广东省军区《要讯》刊发。

【战备训练】 2020 年，梅州军分区严格落实党委议战议训，以党委谋战务战带动部队备战应急。围绕专项行动准备召开作战会、任务推进会，统一思想认识，理解消化任务，审定方案计划。加强与辖区驻地部队对接，细化完善专项行动、政治工作、支援保障等方案预案。召开民兵组织整顿工作现场会和民兵政治工作规范观摩会，规范整组工作程序、内容、标准，完成基干民兵整组任务。依托现有资源完成国防教育训练基地挂牌，推开民兵基地化轮训，解决多年来民兵训练缺场地问题。开展任务民兵分队专攻精练，完成专武干部、民兵干部骨干业务培训考核和轻舟五大队、市直民兵应急营集训。先后组织市县指挥通联、专项任务联训、保交护路、综合保障中心开设等科目演训施训。

【国防动员】 2020 年，梅州军分区持续加强党管武装，严格落实人武部党委第一书记任职述职、地方党委议军、党政领导过军事日等制度，严密组织专武干部资格认证，整改民兵营长超龄和非党员问题。开展动员潜力调查，对照上级明确和梅州市国动委预判任务，完成国防动员专业队伍编组。协调梅州市委机要局开通应急密码通信，购置卫星电话，初步构建省、市、县三级国防动员指挥系统。先后迎接国家国动委、东部战区和省军区工作组检查评估，受到高度评价。开展征兵工作，制订征兵宣传 7 项刚性措施。

【保障能力建设】 2020 年，梅州军分区拟制专项行动后装保障方案，与交通运输、科技装备等行业部门和生产企业签订机械装备预征预储协议。开展后勤重点行业领域整肃治理，对财务、军需能源、医疗卫生等行业进行自查清查，对存在物业管理项目不够规范等问题完成整改，按要求上缴结余经费。

【部队安全管理】 2020 年，梅州军分区研究制订《密码管理职责分工》《安全管理工作制度和职责分工》等规定措施，改造升级作战值班室、视频会议室和营区视频监控系统，购置补充民兵器材库装备器材，制作各类标识牌、各级职责牌，指导梅县区、兴宁市人武部抓好先行试点。严格落实安全形势分析、检查讲评制度，开展保密工作集中整治、网络安全专项清查整治等活动，组织防范化解重大风险专项调研，对排查出的 4 类 16 个风险点制订专项措施，督导抓好落实。围绕安全检查考评细则 12 个方面 55 项内容，2 次组织对机关、人武部和槐岗仓库进行全面检查。全年没有发生事故案件和政治性问题。

【全民国防教育】 2020 年，梅州军分区贯彻落实《广东省国防教育条例》，及时调整健全国防教育领导小组，市县两级组建国防教育讲师团。把国防教育与新时代爱国主义教育“三好一正”工程结合起来，以“传承红色基因、军民同心筑梦”为主题，组织国防教育“六进入”（进机关、进校园、进企业、进农村、进社区、进网络）活动。继续办好《梅州日报》“国防视窗”专栏，利用各种新媒体，多渠道宣传国家安全形势、国防知识和军人风采。依托剑英湖片区红色文化公园，完成国防教育主题公园建设。军地各级领导干部先后走进嘉应学院和 20 余所高级中学，举办国防教育讲座、宣传兵役政策。

【拥政爱民】 2020 年，梅州军分区发挥生力军、突击队作用，服务梅州经济社会建设。支持梅州“创文”和争创“全国双拥模范城”，参与创文宣传、环境整治。与梅江区共建“八一训练场”，向市民开放，获得广泛好评。主动承担急难险重任务，全年累计出动民兵 1.2 万余人次参加抗洪抢险、森林灭火、创文创卫等行动。新冠肺炎疫情发生以来，在做好自身防护的同时，出动民兵力量、车辆，协助完成交通管制、疫情巡逻、环境洗消等行动；为梅州市赴湖北医疗队调拨军用食品 1200 份，号召军分区和驻军官兵献血 17 万毫升，捐款 30 余万元。参与脱贫攻坚，军分区、人武部定点帮扶的 10 个贫困村、861 户贫困家庭均

通过脱贫验收。（汤 维）

武警梅州支队

【武警梅州支队概况】 2020年，中国人民武装警察部队梅州支队（简称武警梅州支队）坚持以习近平强军思想为引领，铸军魂、强备战、固根基、严党建，部队发展态势稳中向好，先后7次被总队评为“先进支队”。部队主要担负广东省梅州监狱的看押任务和梅州地区五县一市二区看守任务和反恐、处突维稳、抢险救灾等任务。年内，武警梅州支队严格执勤战备、狠抓军事训练，固定勤务实现连续38年执勤目标安全无事故，成功处置一起冲闯执勤目标事件，3次参与地方抢险救援任务，圆满完成春节、国庆、中共十九届五中全会联勤武装巡逻任务。

【政治引领】 2020年，武警梅州支队坚持把思想政治建设作为首要任务紧抓不放，严密组织“深入学训词、奋斗决胜年”专题教育，抓好党委中心组理论学习以及“双百”微课，坚持每月为机关干部购买图书，统筹推进士官履职尽责、拒腐防变专项教育和经常性教育，线上线下讲好抗疫战疫好故事、官兵身边好典型、部队历史好传统，开展“三爱”“知兵情、解兵忧、聚兵心”教育和“飓风—2020”反间谍行动，开展预防自杀和涉网问题集中整治，建成用好12个读书学习和文化娱乐场所，为每名官兵制作“开心日记本”，修订完善各类政治工作方案。筹划推进支队军史长廊、基层荣誉墙建设和政治环境更新升级，开展“强军风采”系列文化活动，严密组织国庆军民联欢晚会，在人民网、新华网、《解放军报》、《人民武警报》等中央级媒体刊稿67篇。

【练兵备战】 2020年，武警梅州支队坚持一切工作向备战打仗聚焦，提高打赢制胜能力，立足做好“922”专项任务准备，推进“八个体系”战备建设，健全与公安、应急等部门情报信息共享机制，严格落实三级加强部署要求，圆满完成各类临时勤务43起，探索优化组勤模式，推进“智慧磐石”工程建设，科学制订临战训练计划，统筹组织勤训轮换、应急班轮训、教练员培训和首长机关集训，承办粤东片区“魔鬼周”极限训练和预备特战队员、狙击手选拔考核，疫情期间加强分散练兵、小群练兵、小场地练兵、基础技能练兵，确保疫情防控与军事训练“两不误”。

2020年8月18日，中共武警梅州支队委员会一届五次全体（扩大）会议召开

（武警梅州支队提供）

【按纲建队】 2020年，武警梅州支队按照“四个坚持扭住”抓好基层建设。强化自主抓建，以新纲要、新条令、新大纲为重点，突出基本制度、基本方法、基本技能，披次推进机关基层网上学习培训，对表《武警部队落实〈纲要〉三十条》《总队抓建基层计划》，研究制订按纲指导和精准帮建计划，抓实人员选配、跟踪问效、反馈讲评等环节，组织8批138人次下部队蹲点帮建，班子成员3次到基层现场办公，安排13名政治强、想干事、作风实、形象好的“放心人”充实到主官队伍，每季度组织专题教育讲评，常态开展干部士官“岗位大练兵”和“带兵方法大家谈”活动，加大专业人才培养保留和送学培训力度。

【从严治军】 2020年，武警梅州支队树牢“安全靠建、管理要严”理念，务实举措抓实创安保稳工作，抓好《中华人民共和国人民武装警察法》的学习宣传和经常性法治教育，持续开展“条令年”活动，常态组织“四不两直”督查，纠治周六组织训练、节假日出操等土政策土规定，严密组织政治领域官僚主义专题清除纠治、纪检监察系统集中整治和党纪法规学习月活动，先后2次召开警示教育大会，引导官兵知敬畏、存戒惧、守底线，压茬推进安全领域7个专项整治，围绕微信群失泄密案例组织专题讨论和警示教育，牢牢守住“六个不出”底线。

【后勤保障】　2020年，武警梅州支队坚持保中心、保任务、保基层不动摇，推进后勤保障体系建设，修订完善各类保障预案，与驻地10个单位签订应急保障协议，分步推进机关基层战备库建设，采取集中培训、分批轮训和岗位练兵等方式建强后勤专业兵队伍，一体推进军事和后勤训练，把战地野炊、战场救护、复杂地形驾驶、装备抢修等课目，融入“魔鬼周”训练、战备拉动中，提升应急保障能力。投入48.1万元慰问困难官兵，投入410余万元为基层完善基础设施和生活条件，投入26万元为官兵购买商业医疗保险，先后8次到基层巡诊和开展心理服务工作，投入10万余元采购配发各类防疫物资3万余件（套），研究出台错峰训练、教育、用餐等措施，设置2个集中隔离点，完成172人的隔离检查，确保零传入、零感染。　（武警梅州支队）

人民防空

【通信指挥】　2020年，梅州市人民防空办公室按照省、市相关文件要求和工作部署，抓好信息化系统项目建设。完成全市防空警报控制系统升级改造（二期）项目和市、县两级视频会议系统建设工作，并对人防机房线路进行全面整改，排查和整改各类安全隐患，提高机房指挥控制系统运行的安全性和稳定性。严格按照国家和省要求组织开展指挥部演练和各信息化系统训练，5月，完成粤东四市国防动员演练指挥信息互联互通保障任务。9月18日上午9时18分，组织全市（含县市区）统一时间进行防空警报试鸣活动，以此警示广大人民群众铭记历史，勿忘国耻，实现广播、电视同步传送警报信号，检验全市警报器性能状况，鸣响率和音响覆盖率均100%。

【人防工程】　2020年，梅州市人民防空办公室严格落实“结建”（结合城市新建民用建筑修建战时可用于防空的地下室）政策，抓住梅州城区扩容提质建设机遇，坚持人防工程建设与城市建设相协调、与城市功能开发相结合，不断推进人防工程建设。加强结建式人防工程日常安全检查，结合“安全生产月”“安全生产万里行”活动以及消防安全专项整治活动，做好重大活动、重要时期人防领域安全工作，实施重大风险管控挂牌警示，确保安全形势稳定。

【人防依法行政】　2020年，梅州人民防空办公室贯彻落实省人防领域廉政问题专项整治工作要求，会同市自然资源局联合印发《梅州市人防领域廉政问题专项整治工作方案》及四个专项整治实施方案，召开全市专项整治工作会议和培训会议，部署开展全市人防领域廉政问题专项整治工作，市、县两级分别成立人防领域廉政问题专项整治工作领导小组，加强与同级纪委监委的沟通，派驻住建局纪检监察组全程指导监督本级专项整治工作。各级人防相关职能部门按照职能分工，对照人防领域廉政问题清单，推动专项整治各项工作落实。推进工程建设项目人防领域审批制度改革，推行人防工程与建设工程规划许可并联审批、施工图联合审图、工程建设项目联合测绘等工作；推行告知承诺制，进一步优化审批流程、规范审批工作，实行“互联网+人防政务”服务模式，推进审批服务便民化，持续降低企业制度性审批成本，不断实现审批服务“马上办、网上办、就近办、一次办”等目标。

【人防宣传教育】　2020年，梅州人民防空办公室以人防宣传教育“五进”（进学校、进社区、进机关、进企业、进网络）工作为载体，在梅县东山中学梁挺生博士青少年活动中心建成首个开放式市级人防宣传教育基地。结合人民防空警报试鸣活动，开展形式多样、内容丰富的宣传教育活动。向邮政集团梅州分公司租赁邮政视频机，在政府、小区、企业、商场等楼宇播放人民防空宣传知识视频；利用《梅州日报》、“掌上梅州”“梅州政务”微信公众号等宣传人防知识。完成首个市级人防疏散基地示范点项目的挂牌管理工作。　（李　媛）

经济监督管理

平远县红四军纪念馆

责任编辑：廖晓鹏

发展和改革管理

【规划编制】 2020年，梅州市发展和改革局学习贯彻习近平总书记关于“十四五”发展和规划编制工作的重要讲话和重要指示批示精神，开展全市“十四五”规划编制工作，完成8个综合课题和23个专项课题研究，形成由1个纲要、34个专项规划、3个区域规划和国土空间规划组成的“十四五”规划体系。坚持开门问策、集思广益，编制《梅州市国民经济和社会发展第十四个五年规划和2035年远景目标纲要》，如期将规划纲要提交梅州市七届人大八次会议审议并获高票通过。根据国家和省宏观政策和投资方向，结合梅州市实际，梳理一批事关梅州发展大局的重大事项、重大项目，加强与国家和省的沟通汇报，争取纳入国家和省“十四五”规划或相关专项规划，为“十四五”发展提供支撑。统筹全市规划编制立项工作，全年完成44个规划的编制立项和4个规划的审查工作。

【计划编制实施情况】 2020年，梅州市下达实施《梅州市2020年国民经济社会发展计划》，落实各项纾困惠企政策，稳定经济运行，把疫情对经济的影响降到最低。地区生产总值实现1207.98亿元，增长1.5%；其中第一产业增加值244.96亿元，增长0.7%；第二产业增加值367.23亿元，增长1.5 %；第三产业增加值595.79亿元，增长1.8%；三次产业结构比例为20.3 :30.4 :49.3。地方一般公共预算收入88.18亿元，下降3.7%；规模以上工业增加值增长0.2%；固定资产投资增长0.1%；社会消费品零售总额634.88亿元，下降7.9%；居民消费价格上涨2.1%；外贸进出口总额98.97亿元，下降17.9%。

【重点项目建设】 2020年，面对突如其来的新冠疫情，梅州市坚持“项目为王”，发挥市重大工程建设项目总指挥部和10个专项指挥部作用，对每个重点项目，落实“一个领导挂点、一个工作专班、一个工作方案”机制，工作专班发挥就地就近优势，点对点、面对面解决项目在行政审批、资金申报、融资服务等方面遇到的实际问题，加快重点项目建设进度。在有效施工期减少一个半月的情况下，全年全市重点项目完成投资468亿元，年度进度率98.78%；其中57个省重点项目完成投资193.7亿元，占年度投资计划的115.6%。重大基础设施建设取得新的突破，梅龙高铁在疫情一级响应初期率先在全省高铁建设工地全面复工、并如期在6月30日实现全线动工，仅用3个半月时间交付总量80%以上的红线用地、完成50%以上的房屋拆迁任务，完成年度投资17.56亿元，超出年度投资计划75.6%，创造近10年省管铁路建设的最快速度。华陆、东环和大潮高速公路（含大漳支线）等顺利建成通车；韩江高陂水利枢纽工程实现下闸蓄水，粤东天然气主管网揭阳—梅州支干线建成投产。落实项目化工作法，精准谋划储备一批项目进入国家、省笼子。全年有89个项目获得政府专项债券资金72.1亿元，24个项目获得抗疫特别国债资金12.78亿元，37个项目获得中央预算内投资资金8.08亿元，稳投资专项贷两批次获38.66亿元，争取省重大项目前期工作经费1616万元。

【产业培育发展】 2020年，梅州市深化供给侧结构性改革，实施创新驱动发展战略，加快构建“5311”绿色产业体系，推动产业结构优化升级。发挥企业创新主体作用，支持龙头骨干企业建设国家级、省级企业技术中心，嘉元科技国家企业技术中心正式挂牌，并入选国家科技创新示范企业名单。组织申报省工程研究中心。编制出台《梅州市足球中长期发展规划（2020—2050年）》和《梅州市中医药发展规划（2020—2022年）》，推动以足球为龙头的体育产业和中医药产业加快发展。超额完成省下达三年120块社会足球场地建设任务。推动重大文旅项目“客都人家”文旅综合体一期工程顺利开业，推动梅县区长教村和平远县梅畲村成功入选第二批全国乡村旅游重点村名单，上报“红色光辉映古城”等9个红色旅游发展典型案例。推进发展平台建设，争取政府专项债，推动梅州综合保税区基础配套设施项目和国际无水港建设。出台实施《梅州市推进绿色发展平台优化提升实施方案》。新增2个特色小镇列入省级清单管理。推动嘉应新区实体化、区域化运作，研究起草《关于嘉应新区实体化区域化运作的情况报告》。

【重大政策争取】 2020年，梅州市对接落实国家和省重大战略和重大政策，为梅州市发展增添动力。加强老区苏区政策对接落实，配合做好国家新时代支持革命老区振兴发展政策文件和“十四五”特殊类型地区振兴规划的制订工作，争取梅州市诉求纳入国家文件和规划。协调落实国家支持赣南等原中央苏区振兴发展第七次部际联席会议涉梅事项，做好省老区苏区振兴发展领导小组第一次会议议题申报工作，并形成上报《梅州市与邻省边界地区政策执行情况及经济社会发展比较分析报告》，争取获得国家和省更多更大的政策支持。加强《广东省促进革命老区发展条例》政策宣传。推进生态发展区建设，落实《中共广东省委 广东省人民政府关于加大有效投资力度加快构建“一核一带一区”区域发展格局的意见》，制订和协调落实《梅州市推进生态发展区建设2020年工作要点》，争取省对北部生态发展区的政策支持，推动打造生态经济发展新标杆，争当生态发展区建设先行示范市。服务融入“双区”建设，制订并组织实施《梅州市服务融入粤港澳大湾区建设2020年重点工作计划》，形成《2019年度梅州市贯彻落实习近平总书记关于粤港澳大湾区建设的重要论述和重要指示精神情况》。推动广梅对口帮扶工作，加强与广州市发改委、广梅对口帮扶指挥部沟通协作，共同做好《广州市对口帮扶梅州市助推老区苏区振兴发展规划（2020—2025年）》起草工作。

【营商环境改革】 2020年，梅州市深化“放管服”改革，持续优化营商环境。编制实施《梅州市对标广州、深圳等先进地区全面优化营商环境目标任务分工方案》，基本完成省法治化营商环境专项督察的整改落实工作，清理规范涉企行政事业性收费、中介服务收费和行业协会商会经营服务性收费。中国城市政商关系排行榜梅州市位列进步最快城市榜首，在全国292个城市中排名第43位，全省营商环境试评价梅州市居粤东西北地区首位。统筹协调市有关部门制订完善相关信用制度41条，在“信用中国”网上公示诚信制度151条，实现21个重点信用领域制度全覆盖，信用体系建设全国排名大幅提升，在全国261个地级市信用监测排名中由2019年的第188位进步到第96位，实现梅州市政府主要领导提出的“力争我市信用排名早日进入全国百强”的要求。企业投资项目承诺制改革推进，33项试行承诺制事项已实施15项，出台实施细则10项，其中省要求的8项已全部实施。全年累计为企业服务试行承诺制351次，减少项目落地时间。

【节能和能源保障工作】 2020年，梅州市严格落实能耗“双控”责任制，开展2017—2019年节能审查执行情况核查和对水泥、钢铁、橡胶、造纸等重点耗能行业的节能监察，梅州市发展和改革局被国家发改委等部委评为“节约型公共机构示范单位”。做好新能源汽车推广应用，对全市2017—2019年购买新能源汽车且符合发放补贴的用户、机构共下达补助资金2798万元。完善能源管网输送设施建设，全年全市电网工程和农网升级改造工程实际完成投资均超出年度投资计划的30%以上，新增变电容量4万千伏，新增输电线路147千米；建成粤东天然气主干管网梅州段，天然气管网“县县通工程”推进。落实油气输送管道及成品油市场安全生产监管责任，能源行业安全生产形势保持稳定。

【粮食物资保障】 2020年，梅州市加强粮食物资安全保障，“优质粮食工程”及“粮食仓储智能化项目”建设圆满完成，6个粮食产后服务体系建设项目、6个中国好粮油行动计划建设项目、1个粮食质量安全检验检测体系项目、9个粮食仓储智能化项目全部完工。抓好粮食收购和储备粮油管理，完成年度储备粮轮换计划，增设1家区域性粮食应急配送中心，进一步完善政府储备成品粮油动态管理体制机制。落实粮食安全政府责任制，进一步加强地方储备粮油监管，狠抓安全储粮和安全生产落实，确保各级储备粮数量真实、质量良好、储存安全，在政府要用时拿得出、调得动、用得上，2019年省对市粮食安全责任考核结果为优秀。完成粮食质量检验检测站和军粮供应中心站合并改革，两家市级储备粮收储公司整合工作有序推进。做好军粮供应工作。

【价格管理】 2020年，梅州市进一步强化价格管理，密切监控物价波动，于1月至8月连续启动物价上涨与低收入群体价格补贴联动机制，发放价格临时补贴金额1.13亿元，惠及困难群众130.6万人次。推出养老服务机构惠民价格，收费标准明显降低。梅州城区自来水价格调整、农业水价综合改革、机动车停放服务收费政策规范、安葬设施（公墓）服务收费清理规范工作推进。（毛维礼 叶广宇 凌燕云）

国有资产监督管理

【“两大攻坚”专项改革】 2020年，梅州市政府国有资产监督管理委员会推进结构性供给侧改革，完成剥离国有企业办社会职能和解决历史遗留问题工作。完成国有“僵尸企业”处置出清，发挥牵头抓总的作用，落实专班、专员、专项资金，依法依规处置102户国有“僵尸企业”（其中市属企业65户、县属企业37户），完成处置出清任务，成为全省第4个率先完成处置出清的地级市。完成国企退休人员社会化管理，按照试点先行、以点带面、全面推进的工作思路，率先在全省制订印发专项工作方案。梅州市国企退休人员社会化管理移交接收工作已全面完成，企业所在地在梅州的各级国有企业共完成移交25129人（中共党员5075人），其中市属企业完成移交4780人（中共党员665人）、县属企业完成移交4503人（中共党员653人）。

【制度建设强化】 2020年，梅州市政府国有资产监督管理委员会通过梳理权责事项，规范工作流程，新制订综合监管、产权登记、薪酬管理、投资监管、选人用人、决策机制等方面的制度和规范性文件，制订出台《市管企业投资监督管理办法》《市属企业合规管理指引》《市管企业投资项目负面清单》《市属企业违规经营投资责任追究实施办法》《市管企业党委议事决策工作指导意见》《市管企业贯彻落实“三重一大”决策制度工作指引》《关于加强市管企业董事会建设的指导意见》《市管企业董事会议事规则指引》《市管企业党委议事决策工作指引》等13项监管制度。出台完善市属企业合规经营管理体系和违规经营投资责任追究体系，强化合规管理和违规经营投资责任追究，建立防范化解重大风险的工作台账，定期分析和报备有关重大风险的防范化解情况，加强企业债务、投资、法律、金融等各类风险管控。

【市场化经营目标考核机制建立】 2020年，梅州市政府国有资产监督管理委员会结合市管企业负责人经营业绩考核要求，出台《市属国有企业工资总额管理办法》《市管企业负责人经营业绩考核办法》，并根据企业实际，确定市管企业2020年度经营业绩考核目标任务，提出每户企业的效益指标、分类指标、管控指标和党建工作指标目标值，调动市管企业班子经营积极性，引导企业全面加强经营管理，落实国有资本保值增值责任，实现企业高质量发展。

（梅州市政府国有资产监督管理委员会）

市场监督管理

【抗击疫情】 2020 年，梅州市市场监督管理局维护正常市场秩序。落实市场监管 8 项防控措施，检查市场 2.83 万家次，发现问题 679 个，立案 69 件，向公安部门移送 7 件从事野生动物交易和制作食品的违法案件。加强疫情防护产品质量安全监管，检查医疗物资市场主体 9.1 万家次，发现问题 123 个，查处涉疫案件 92 件。梅州市市场监督管理局联合公安部门查获 1 件货值 630 多万元的质量不合格一次性普通医用口罩案件，被评为全省稽查典型案例和两法衔接优秀案例。大埔县市场监督管理局查处的销售劣药案件，罚没金额 202.2 万元。支持应急保供，为 3 家医用口罩企业办理应急备案。支持指导 28 家企业转产防护物资，采取 5 个 100%帮扶措施，提升企业产品质量。对梅州市网上采购、捐赠医械物资进行“夜间审核”，做好防疫物资质量把控。关注疫情期间生活必需品的价格监测和分析预警，收集报送 20 多种农副产品和 7 种防控医药用品价格情况。加强农贸市场疫情防控，牵头成立市农贸市场疫情防控工作专班，围绕“人员、产品、环境”三大重点，强化冷链食品企业从业人员核酸检测每周全覆盖、场所清洁消毒全覆盖、产品安全监管全覆盖，累计完成核酸检测 2.38 万份。加强进口冷冻食品管控，全市 472 家冷库主体建立“冷库通”，累计 142 家冷库主体录入进口产品信息，实现全链条追溯。落实重点人员扫码、疫苗接种，全市进口冷链食品从业人员 7 日扫码率、每周人员核酸检测率比例持续 100%，一直走在全省前列。梅州市市场监督管理局被评为全省抗疫先进集体、1 人获评全省抗疫先进个人、1 人获评国家总局抗疫先进个人、2 人获评市抗疫先进个人。兴宁市市场监督管理局、大埔县市场监督管理局被评为市抗疫先进集体，梅江、蕉岭、平远、五华、兴宁和大埔 6 个县级局各有 1 人获评市抗疫先进个人。

【市场活力激发】 2020 年，梅州市市场监督管理局帮扶企业纾困解难。出台支持复工复产 34 条措施，与客家村镇银行联合发放“复工贷”1571 笔共计 1.14 亿元。对 386 户个体经营者依法予以豁免登记。落实经营主体登记“无费市”政策，为企业减免邮寄、刻章等费用 180 多万元。为全市医院、学校、车站等免费校准人体红外体温计 7398 台，为企业检定校准计量器具 4 万多台（件），减免费用 345 万元。率先发出支持餐饮业全面复市的倡议，干部职工带头堂食消费。牵头做好迎接全省复工复产督查，得到省督导组的高度肯定。2020 年，全市市场主体逆势增长，新登记 4.85 万户，比上年增长 6.98%。推进审批制度改革，推进“证照分离”和涉企行政审批制度改革，对 6 项经营许可事项采取优化审批，实现“准入”和“准营”同步提速。将特种设备使用登记、食品生产许可审批权限调整下放到县级审批，实行“就近办”。进一步完善企业退出机制，全年注销市场主体 2.8 万户（其中企业 3900 多户）。持续优化政务服务，推行“一网通办”“一窗通办”“一窗通取”，努力实现企业办事“最多跑一次”。对 212 项行政许可和政务服务事项 100%进驻政务平台，推进全流程网上通办，真正实现“一网通、马上办、零成本”的优质服务。全市开办企业“照、章、银、税”全流程压缩至 1 个工作日内办结，实现“一表申请、同步办理”。2019 年梅州市企业开办便利度评价，位列全省第 9 名，走在全省山区市前列。

【市场安全监管】 2020 年，梅州市市场安全形势稳中向好，梅州市市场监督管理局做好市场安全各项监管工作。

食品安全 2020 年，梅州市市场监督管理局持续推动构建食品安全权责清晰责任体系，落实食品安全党政同责。在全省率先实行市对县党政食品安全考核，把食品安全工作纳入县（市、区）党政绩效评价指标和市委巡察的工作内容。建立和完善食品安全工作机制，建立食品安全工作“单月汇报制度”，推动食品安全工作责任和任务的落实。平远县创新实行书记、县长担任食安委“双主任制”，落实食品安全党政同责。突出民生实事，全市完成食品监督抽检 2.19 万批次（不合格食品发现率 2.34%）、食用农产品快检 22.3 万批次（合格率

98.9%），均超额完成全年任务；建成学校“互联网+明厨亮灶”智慧监管平台，实现全市学校食堂100%全覆盖。突出专项治理，实施餐饮质量安全提升、校园食品安全守护等行动，组织开展集体食堂食品安全、农村假冒伪劣食品、“湿粉统一查”等专项整治。突出案件查处，全年查处食品案件876件，比上年增长109%，其中移送公安32件，比上年增长68%。强化应急处置，及时妥善处置梅江区某学校食物中毒事故，举办全市各类学校负责人参加的学校食品安全工作视频会议。推进丰顺、蕉岭创建省食品安全示范县通过中期评估，综合评分排名均位居全省前列。创新工作举措，全市437万人购买食品安全责任险，率先在全省各地市实现户籍人口食品安全保险全覆盖。组织做好市对县食品安全责任制考核工作，兴宁、大埔、蕉岭和丰顺被评为“A”级。

药械化安全　2020年，梅州市市场监督管理局进一步加强药品、医疗器械和化妆品安全监管，全年未发生较大以上药械化安全事故。联合开展打击“疫情期间防控用医疗器械违法犯罪行为”“互联网制售假劣药品违法犯罪行为”，医疗器械“清网”，打击婴幼儿类、染发类等化妆品违法行为“亮剑”等专项行动，保障药械化安全。落实在零售药店购买退热类药品实名登记报告制度，全市信息登记38.2万条，发挥防疫“哨点”作用。制订药品（疫苗）安全事件应急预案，建立疫苗管理工作联席会议制度，联合16个部门印发疫苗管理实施意见。超额完成“两品一械”不良反应监测任务各项考核指标，排名位列全省第3，获广东省药监局通报表扬。组织开展药品公益短视频大赛，选送广东省药监局的6部参赛作品全部获奖。抓好药品考核工作，在首次开展省对市药品安全工作责任制考核中，梅州市取得全省第3名的好成绩；组织做好市对县药品安全责任评价工作，蕉岭、平远和大埔被评为“A”类。

特种设备安全　2020年，梅州市市场监督管理局健全特种设备安全风险分级管控和隐患排查治理双重预防机制，落实风险分级管控和隐患排查治理。坚持问题导向，开展系统性风险排查和管控，全年监督检查特种设备生产、使用、检验检测单位957家，排查治理一般事故隐患1209个，重大事故隐患122个，查处违法违规行为47件，未发生特种设备安全事故。深化电梯、气瓶安全监管改革，电梯确权率和电梯投保率保持98.3%以上，气瓶登记率和涂覆率不断提高。

工业产品质量安全　2020年，梅州市市场监督管理局强化工业产品质量监督抽查，完成市级抽查产品501款，发现不合格19款，组织配合省级抽查产品753款，发现不合格69款。开展学生用品守护行动及危险化学品、电线电缆、电动自行车等产品质量专项整治，发出责令整改通知书15份，查处案件10件。对全市288家成品油经营户568款车用汽油、车用柴油监督抽查，覆盖率达到86%，民营企业全覆盖抽查，有11款检验为不合格，不合格率1.94%，全部作出处理。推进蓝天保卫战百日冲刺行动和打赢大气污染治理成品油整治攻坚战行动，梅州市成品油百日行动专项执法办案数位列全省第4名，受到省局表扬。

【市场环境维护】　2020年，梅州市市场监督管理局规范开展市场抽查检查，全市抽查各类市场主体1.76万户，104户企业因抽查发现问题而被列入经营异常名录。持续推动企业年报工作，全市年报率96.1%，位列全省前列。规范清理262户“空壳”企业，净化市场环境。建立健全联合奖惩机制，开展企业信用核查389户次。推进“互联网+市场监管”，实施企业信用自动分类和风险预警，构建信用风险分级分类监管体系。率先在全省出台规范从轻减轻行政处罚审理程序制度，进一步规范执法行为，提升案件质量。实行执法情况半月通报、实地督导、市县联动执法、以案带训等措施，推动全市综合执法工作上新台阶。全市查办各类违法案件2477件，罚没金额1221.43万元，移交公安机关39件。查办的全省首件网络订餐平台代理商不正当竞争案、全省首件利用抖音非法分装销售化妆品等案件，获得省局通报表扬。兴宁市市场监督管理局查办案件数、五华县市场监督管理局查办案件的罚没金额数分别位居全市首位。落实公平竞争审查制度，清理和复核26份、修订2份妨碍统一市场和公平竞争文件。严厉打击市场混淆、虚假宣传、侵犯商业秘密等不正当竞争违法行为。加强违法广告监管，责令某公司拆除“城市地标”广告300多幅。查处某民办学校违规收费行为，责令该校3天内全部清退违规收取的捐资助学款。指导支持梅江区市场监督管理局查处通过会销等形式虚假宣传销售保健食品的案件，是梅州市以《中华人民共和国反不正当竞争法》查处的第一件保健食品会销案件，入选“全省市场监管系统反不正当竞争执法大讲堂”十大典型案例，在省局普法大讲堂现场介绍宣讲。成功实现“12345”平台与“12315”平台对接。全年处理消费纠纷5111件，为消费者挽回经济损失660多万元，梅州市有1件案例入选全省十大消费维权典型案例。开展“守合同重信用”企业公示工作，全市公示2019年度广东省“守重”企业1965家，其中新申报企业652家，公示企业与新申请企业数量再创新高，分别比2019年增长32.05%和49.19%，连续公示时间最长的企业为33年。

【质量标准建设】 2020年，梅州市市场监督管理局助推丰顺电声产品质量提升项目列入省局重点项目之一，实现质量大幅提升。推动富硒产品及深加工农产品省站完成资质认证，省区域食品检验所（柚橙及蔬菜）获批成立，组织申报7项市科技项目，16名企业主管申报首席质量官。遴选43家行业优势企业列入政府质量奖培育对象，指导行业企业追求质量卓越。传播质量文化，组织开展“质量月”活动，推动1家企业列入全省质量标杆企业先进质量文化推广宣传名录。做好2020年度市对县政府质量工作考核，五华、兴宁、梅县、平远和大埔被评为“A”级。出台《梅州市地方标准管理办法和梅州市地方标准制修订工作指南》和《企业产品标准制定和企业执行标准实施监管工作指南》，不断健全标准体系建设。首次批准发布8项地理标志产品市级地方标准。组织申报5个标准化试点（示范区）项目获省局立项批准，获批数为全省地级市第一。全市由市场监管部门建设的国家级示范区8个、省级试点（示范区）33个，其中39个是农业标准化示范区。兴宁市市场监督管理局制订《客家菜 兴宁酿豆腐烹饪工艺规范》等6个具有兴宁特色菜品团体标准；五华县市场监督管理局创新推进五华鱼生标准制订和示范店建设。对强制检定计量器具和集贸市场及基层医疗卫生院计量器具减免收费147万元。加强民生计量检测，开展水表、燃气表专项检查，对938家生鲜超市、水果店952台电子秤进行检定工作。联合交通管理部门检查出租车计价器51台。开展防疫用品领域认证活动专项整治，排查无效CE证书问题线索10起，查办1件非法买卖认证证书案件。抽查检验检测机构109家次，检查强制性认证产品生产销售单位213家次，开展认证活动监督检查82次，组织33家机动车检验机构开展资质认定能力比对，全市移交检验检测违法违规案件9件，规范认证认可与检验检测行为。

【知识产权工作】 2020年，梅州市市场监督管理局牵头起草《梅州市强化知识产权保护的实施方案》，并经梅州市委、市政府批准印发实施。设立省知识产权保护中心维权援助梅州分中心，成立梅州市知识产权纠纷人民调解委员会，营造良好的知识产权法治环境。加强打击知识产权侵犯行为，查处各类知识产权案件141件，查办首件在全省山区市具有影响力的专利侵权纠纷案，在全省专利行政裁决政策宣讲及交流推进会上作经验介绍，并作为典型案例由省局报国家知识产权局。“梅州金柚”纳入中欧地理标志合作协定全省10个互认互保产品之一。大埔在全省系统内率先成

2020年7月22日，梅州市市场监督管理局举行广东省知识产权保护中心维权援助（梅州）分中心衔牌揭幕仪式 （梅州市市场监督管理局提供）

立公益一类的县级知识产权保护中心，设立省知识产权保护中心大埔服务站。注重专利培育，推动专利量质并进，全市专利授权4074件，增长率位居全省第二，其中发明授权152件，增长率位居全省第一。全市每万人口发明专利拥有量1.54件，超额完成市“十三五”规划纲要目标。全市新增“贯标”认证企业14家，组织发动11家申报省知识产权示范企业、6个项目申报广东专利奖、1人申报广东杰出发明人、5个项目申报国家专利奖。推动商标品牌战略实施，全市商标申请量1.18万件、商标有效注册量3.88万件，分别比上年增长32.37%、16.06%。全市首次建成商标品牌培育指导站9个，在全省率先完成“蕉岭绿茶”“梅塘杨桃”“留隍橄榄”等8个地理标志证明商标申请。蕉岭的“桂岭蜂蜜”地理标志产品在助力精准扶贫方面的经验做法，被国家知识产权局采用并向全国复制推广。推进知识产权创新运用，发动7家企业参加“粤港澳大湾区高价值专利培育布局大赛”，2家企业项目进入百强名单，报名和入围百强实现零的突破。组织45家企业参加粤港澳大湾区知识产权交易博览会，布展率84%，位居全省第三。开展“知识产权服务万里行”活动，上门服务知识产权重点创新企业30多家，为全市1500多家企业进行知识产权政策巡回宣讲，帮助企业申请“知识产权快融贷”贷款金额1.98亿元。推进知识产权金融发展，全年专利权质押登记金额8650万元，比上年增长49.13%。

（梅州市市场监督管理局）

自然资源管理

【第三次全国国土调查工作】 2020年，梅州市自然资源局按时完成初始调查成果整改、统一时点更新外业调查举证、数据库更新、国家级核查问题整改等阶段任务，全部县级“三调”统一时点更新调查数据库成果于8月17日前通过省级审核，10月31日前完成国家级核查问题整改并通过省级审核。

【自然资源确权登记】 2020年，梅州市自然资源确权登记工作的重点是继续做好不动产统一登记工作。在农村“房地一体”不动产登记发证工作方面，6月制订《梅州市“房地一体”农村不动产登记操作细则》。8月6日，梅江区西阳镇莆蔚村发出全市首批“房地一体”农村不动产权证书。截至年底，全市农村宅基地和集体建设用地权籍调查基本完成，宅基地发证率约59%，集体建设用地发证率14.45%。全市农村不动产纳入不动产登记日常业务管理，实现不动产登记城乡全覆盖。在不动产登记存量数据整合工作方面，存量数据整合工作已通过市级核查，完成本年度不动产登记数据汇交省工作，正在按省检查反馈的问题进行整改。在改革创新做好不动产登记工作方面，全市已全面实施不动产交易、缴税、登记“一窗受理”模式，通过网上申办系统、粤省事等载体，基本实现网上预约、网上预审、网上申办、进度查询。简化不动产登记流程，压缩不动产登记时限。年底前全市实现一般登记压缩至3个工作日内，抵押登记办理时间压缩至1个工作日内。推行“互联网+不动产登记”“不动产+金融”“不动产+房企”“交房即交证”等服务新模式，提高不动产登记的便民利民度。据统计，2020年全市办理不动产登记总量187677份。

2020年11月24日，梅州市自然资源局在保利公园壹号开展全市首个“交房即交证”试点工作。购房业主代表成为梅州市首批享受“交房即交证”的业主

（梅州市自然资源局提供）

【自然资源所有者权益与开发利用】 截至2020年底，梅州市在库储备土地合计1154.68公顷。其中市本级299.41公顷（梅州城区新储备土地入库107.20公顷，完成100公顷的任务）、丰顺县188.33公顷、梅县区172.27公顷、高新区126.67公顷、五华县123.96公顷、蕉岭县117.44公顷、大埔县74.99公顷、平远县33.87公顷、兴宁市17.75公顷。做好批而未供和闲置土地“去库存”工作。截至年底，梅州市完成处置面积480.63公顷，处置率23.2%，全面完成省规定的处置率需达到15%以上的处置任务要求。通过批而未供土地处置，梅州市获得用地计划指标228.73公顷。在闲置土地方面，2020年全市闲置土地处置任务基数132.56公顷，截至年底，全市完成处置23件，处置面积33.11公顷，处置率24.98%，动态闲置土地处置率高于省要求的15%以上，可获得省奖励新增建设用地指标11.53公顷。

年内，梅州市超额完成年度“三旧”改造任务，获得省奖励新增建设用地指标25.93公顷。其中省下达梅州市年度新增“三旧”改造任务86.67公顷，截至年底，全市已落实新增改造任务89.53公顷，占任务比103.3%；省下达梅州市年度完成“三旧”改造任务60公顷（含“工改工”任务6.67公顷），截至年底，全市已落实完成改造任务75.30公顷（含“工改工”10.47公顷），占任务比125.50%（157%）。

【国土空间规划】 2020年，梅州市自然资源局在完成国土空间规划编制搭建框架、组建专班、保障经费、确定编制团队等前期各项工作基础上，截至年底主要完成密集摸底调研、动员宣讲、第一轮底图底数摸查、市县两级专题研究、网络问卷调查等工作。9月15日，召开市县两级国土空间总体规划领导小组会议，向市长张爱军任组长的领导小组汇报近期工作进展、阶段成果，明确工作重点，围绕领导小组会议提出的具体要求，开展包括生态、农业、城镇体系、产业、基础设施、全域旅游等专项研究，并校核测算用地规模。12月底，将城镇集中建设区分解方案向市政府主要领导汇报并分解下达至各县（市、区）。

梅州市生态保护红线优化评估工作于2019年8月启动，历经5轮次的调研摸查、举证补划、上报沟通修改等工作，梅州市生态保护红线划定方案于2020年9月报省，已经广东省政府常务会审议通过并报送国家审批。在省最终下发的数据中，梅州市生态保护红线（含自然保护地）面积为4108.16平方千米，占全市国土面积比例25.89%。对比原上报的生态保护红线（含自然保护地），调出约800平方千米的面积，比例从31%降至25.89%，降幅约5%，在应保尽保生态区域的同时，保障、拓展梅州市后续发展空间。

年内，梅州市自然资源局完成1766个行政村的村庄规划评估工作。通过内业分析和实地访问的方式，对村庄规划覆盖情况及村庄规划底图、建设用地规划、永久基本农田和生态保护红线划定、乡村振兴产业项目落地、农村人居环境整治项目、地质灾害隐患避让等六个方面内容进行全面评估。做好村庄规划优化提升，梅州市上报的丰顺县汤西镇大罗村、兴宁市大坪镇试点片（谭坑村、坪联村、坪光村、金坑村、长坑村）、梅县区水车镇新湖村3个试点已被列为全省村庄规划优化提升第一批试点。

【南粤古驿道保护利用】 2020年，梅州市选取自然资源和人文资源比较集中、知名度较高、古驿道遗存较丰富的段落进行重点建设，打造成梅州古驿道保护和利用的示范

2020年5月21日，梅州市国土空间总体规划培训会在梅州市委党校召开

（梅州市自然资源局提供）

区，着力提升梅州古驿道特色文化知名度。2020年梅州市南粤古驿道共获省级专项资金1233.7万元，主要围绕“高效能利用、高品质体验”的目标，进一步对古驿道沿线进行巩固提升，建立长效可持续的维护管理机制，推动南粤古驿道活化利用工作由“线”到“面”转化。

【国土空间用途管制】 2020年，梅州市使用土地利用计划指标676.20公顷，其中市级指标323公顷，省级指标108.73公顷，国家指标244.47公顷；办理核发20件《建设项目用地预审与选址意见书》，其中省管权限委托下放2件，市级审批权限18件，批复用地面积275.73公顷；全市批转农转征用地47个批次，批复总面积412.80公顷。全年全市供应国有建设用地面积903.24公顷、土地价款654316.29万元，其中出让面积396.25公顷、土地价款630809.03万元，划拨面积507公顷、土地价款23507.2671万元。市本级出让面积87.81公顷、价款196840.36万元，划拨面积14.13公顷；兴宁市出让面积50.12公顷、价款138452.16万元，划拨面积22.08公顷；五华县出让面积95.67公顷、价款110046.57万元，划拨面积35.16公顷、价款1987.52万元；蕉岭县出让面积19.52公顷、价款45152.49万元，划拨面积12.84公顷；大埔县出让面积23.12公顷、价款43502.17万元，划拨面积171.46公顷、价款5074.75万元；梅县区出让面积24.83公顷、价款33776.96万元，划拨面积68.54公顷、价款16445万元；丰顺县出让面积57.67公顷、价款32461万元，划拨面积93.13公顷；平远县出让面积31.45公顷、价款26185.29万元，划拨面积12.84公顷。

【国土空间用途管制生态修复】 2020年，梅州市自然资源局推进梅州市全域山水林田湖草生态保护修复纳入国家试点，编制《广东南岭山区梅州段（原中央苏区）山水林田湖草生态保护修复工程项目实施方案》。广东省政府正在对方案进行审核修订，力争项目入选中央重点生态保护修复资金项目储备库，争取中央和省级资金支持，促进梅州市山水林田湖草生态修复。年内，梅州市选取蕉岭县新铺镇和平远县东石镇2个全域土地综合整治试点向上级申报推荐国家级试点。全市投入资金2998.51万元，完成矿山石场治理复绿面积77.83公顷，顺利完成省下达的75.4公顷年度目标任务。截至年底，全市拆旧复垦累计立项951个、面积1464公顷，累计动工项目692个、面积1044.93公顷，累计验收项目525个、面积671.20公顷，已完成累计验收面积592.73公顷计划任务。全市上报省拆旧复垦交易平台公开交易总面积432.61公顷，获得交易金额39.91亿元（含上缴省统筹6.37亿元），交易指标、资金居全省前列。其中2020年新增加交易面积239.87公顷、成交价款22.6亿元（含省级统筹4.6亿元）。

【耕地保护监督】 2020年7月，梅州市政府制订出台《梅州市县级人民政府耕地保护责任目标考核办法》《评分细则》，建立对县考核制度，并于9月中旬完成对县级政府的耕地保护考核，全市耕地和永久基本农田保有量大于省下达目标任务，耕地占补平衡得到落实，并在10月上报省对市的耕地保护考核自查自评报告。

【水田垦造】 截至2020年底，梅州市自行垦造水田完工面积1342.60公顷，占任务的107.81%；已进行县级初验194个面积1123.60公顷，占任务的90.22%；经市级实地验收178个面积1026.80公顷，占任务的82.45%；其中已核发验收意见函172个面积911.80公顷，占任务的73.21%。其中蕉岭县、丰顺县、平远县、梅县区已核发验收意见函面积达到兑现承诺任务要求，仍有兴宁市、大埔县、五华县、梅江区未完成，已核发验收意见函面积占任务比例分别为50.15%、56.48%、86.15%、87.45%。配合广东省建工集团公司在梅州市实施水田垦造工作，经调整广东省建工集团公司在梅州市垦造水田任务279.73公顷，截至年底任务项目主体工程已全部完工。经市级验收项目12个面积166.40公顷，占任务的59.5%（其中已核发验收意见函项目10个、新增水田面积144.05公顷，占任务51.5%）。抓好在高标准农田已建项目区范围试点垦造水田工作，试点任务152.80公顷分别由兴宁市（59.47公顷）、蕉岭县（33.33公顷）、丰顺县（20公顷）、五华县（40公顷）承担。截至年底全市立项项目16个面积311.33公顷，其中进入施工阶段项目55.2公顷，其他项目正在开展施工前期相关工作。

【地质灾害防治】 2020年，梅州市自然资源局制订《2020年度地质灾害防治年度方案》和《地质灾害防治三年行动方案》，指导全市做好地质灾害防治工作。做好汛期值班值守、预警信息发布和督促推进地质灾害隐患点整治、网格化管理工作。全市累计出动巡查排查87302人次，累计排查地质灾害隐患点13486次（处），组织转移受地质灾害威胁人员3853人。推进地质灾害三年综合整治工作，按时完成42处省、市十件民生实事地质灾害隐患点综合治理任务（省、市民生实事分别39处和17处，其中14处市民生实事与省重叠），其中避险搬迁4处117户，工程治理29处（勘察设计21处、施工8处），专业监测9处。核销中小型地质灾害隐患点223处，占上一年隐患点总数的17%。

【矿产资源管理】 2020年，广东恒兴经济发展有限公司白石嶂钼矿等9个矿山达到国家和省有关绿色矿山建设标准，获得广东省第四批（2020年度）“绿色矿山”称号。全市省级绿色矿山累计达到39家。全面完成全市122家露天矿山综合整治工作。

【测绘地理信息管理】 2020年，梅州市自然资源局把加快推进“梅州市工程建设项目联合测绘共享平台”项目建设作为重点工作来抓，选定武汉中地数码科技有限公司为中标供应商。将“梅州市工程建设项目联合测绘共享平台”建设项目纳入2020年广州对口帮扶内容，安排对口帮扶项目资金200万元。抓好梅州市“十四五”基础测绘规划编制工作，形成《梅州市基础测绘“十四五”规划（征求意见稿）》。抓好测绘地理信息行政审批工作，全年办理丁级测绘资质核准9件、丙级测绘资质核准3件、地图审核2件。自10月始，将乙、丙、丁级测绘资质核准办结期限缩短至5个工作日，地图审核办结期限缩短至3个工作日，其他行政审批事项办结期限缩短至1个工作日。

2020年5月25日，梅州市自然资源局到梅江区地质灾害隐患点治理一线，对相关工作落实、制度完善、应急准备等方面进行检查 （梅州市自然资源局提供）

【自然资源执法监督】 2020年，梅州市自然资源局做好自然资源卫片执法监督检查工作。主动开展卫片执法、违建BS问题清查整治、土地例行督察整改、农村乱占耕地建房问题整治等执法行动。坚决贯彻“全链条严起来”“零容忍”的执法要求，维护好自然资源管理秩序。

土地管理责任追究 2020年，梅州市委、市政府修订《关于强化土地管理严格责任追究的意见》，坚持最严格的耕地保护制度和最严格的节约用地制度，进一步明确县级政府耕地保护责任主体、镇级政府管理职责、行业主管部门主体责任，进一步健全土地管理监管机制。

2019年卫片查处整改 截至2020年12月底在线巡查系统统计，全市已拆除违法建（构）筑物面积41610.78平方米，完善用地面积242.63公顷，其中耕地面积78.44公顷；复耕面积93.45公顷，复绿面积47.70公顷。

2020年卫片执法检查 经核查统计，2020年前三季度土地卫片图斑涉及违法违规用地面积309.01公顷，其中耕地67.80公顷（含永久基本农田面积26.38公顷），经整改和扣除“一户一宅”（1.09公顷）的违法占耕面积后，全市违法占用耕地面积16.62公顷（其中省重点项目违法占耕面积6.53公顷）。截至12月30日在线巡查系统统计，全市已拆除违法建（构）筑物面积14413.28平方米，完善用地手续面积53.95公顷，其中耕地面积7.67公顷；复耕面积42.43公顷，复绿面积41.33公顷。

违建BS问题清查整治 2020年，梅州市排查上报违建BS问题项目 27 个 265 栋，已全部处置到位。

历年自然资源例行督察反馈问题整改 2018 年国家自然资源例行督察“挂账”问题涉及违法用地 15 件，截至 2020 年底，完成整改 2 件，待完成整改 13 件（13 宗件已依法立案查处，纳入规划调整后完善用地手续）；2019 年及 2020 年的整改工作正在推进中。

农村乱占耕地建房摸排 2020 年，梅州市完成省自然资源厅下发的 5 批次疑似图斑的摸排核查工作，并自行摸排上报 646 个图斑，全市需核查图斑共 246236 个。为确保摸排成果质量，市专项办对全市问题图斑的核查结果进行全面审查。省厅、部级分别下发需复核的疑似问题图斑，剔除部、省、市三级审核问题图斑的重叠部分，全市需复核图斑共 163784 个，截至 2020 年 11 月 24 日已全部复核完毕。经复查复核，全市不属于农村乱占耕地建房问题图斑 190010 个，占图斑总数的 77.17%；属于农村乱占耕地建房问题摸排图斑 56212 个，占耕地面积 887.74 公顷，占图斑总数的 22.83 %。其中住宅类图斑 44112 个，占耕地面积 517.56 公顷；产业类图斑 10057 个，占耕地面积 304.91 公顷；公共管理服务类图斑 2043 个，占耕地面积 65.27 公顷。草拟梅州市农村乱占耕地建房问题分类处置政策建议，经梅州市政府常务会议、市委常委会审议同意，已上报广东省专班。

【依法行政】 2020 年，梅州市自然资源局推进 2020 年度依法行政和做好“七五”普法工作。梅州市自然资源管理局被列为“七五”普法履职报告考评单位，完成“谁执法谁普法”履职报告，收集“七五”普法工作台账，制作履职报告网络评议稿、履职报告视频汇报片，接受评议团现场考评、网络评议及现场履职报告，经评议团评议得分 93.68 分，获批优秀等次。2020 年因本级行为引发行政复议案件 13 件，复议决定维持 2 件，驳回 2 件，申请撤回 2 件，确认违法 1 件，中止 4 件，在审 2 件。2020 年因本局行政行为引发行政诉讼案件 18 件，其中驳回上诉 9 件，原告撤诉 1 件，部分撤销 2 件，判决违法 2 件，中止诉讼 1 件，其余 3 件仍在审理中。行政复议案件比上年增加 9 件，行政诉讼案件比上年减少 4 件。落实行政机关负责人出庭应诉制度，机关负责人出庭应诉 7 件。全年作出法制审查 79 件。（罗天飞）

审　计

【审计概况】 2020 年，梅州市审计机关出具审计报告和专项审计调查报告 344 篇，审计查出主要问题资金 176.97 亿元，其中违规金额 7553 万元、损失浪费金额 26 万元、管理不规范金额 176.21 亿元；审计处理处罚金额 5.53 亿元，其中应上缴财政 6668 万元、应减少财政拨款或补贴 4 万元、应归还原渠道资金 1720 万元、应调账处理金额 4.69 亿元；移送处理事项 24 件。梅州市委审计委员会召开 2 次全体会议，梅州市委审计委员会办公室向梅州市委审计委员会请示报告事项 28 件，均得到梅州市委审计委员会主任、副主任的批示。梅州市审计局获“广东省文明单位”“梅州市文明单位”“先进基层党组织”“我心中的巾帼文明岗”等称号；蕉岭县审计局获“全国审计机关先进集体”称号，继 2014 年梅州市审计局获“全国审计机关先进集体”称号后，再获此殊荣。

【审计改革创新】 2020 年，梅州市审计局加快推进以“大数据”为核心的审计信息化建设，增设电子数据审计科，建成数据分析室。加强大数据审计实践探索，组建数据分析团队，在市县一级预算部门单位预算执行情况的全覆盖审计中大胆探索大数据审计，并在社保审计、财政同级审、经济责任审计等审计项目中创新运用大数据审计工作模式，建立一批数据分析模型，为拓展审计监督广度和深度、查处重大问题线索提供支撑。

【重大政策落实审计】 2020 年，梅州市审计局围绕“六稳六保”、疫情防控、打好三大攻坚战、“六争六补”、清欠民营企业账款等重大政策措施的贯彻落实，以“资金、项目、政策、重大改革任务推进情况”为重点，开展政策跟踪审计，动态跟踪政策措施贯彻执行、实施进展和政策绩效，关注政策措施推进中存在的突出矛盾和问题，及时总结政策贯彻落实中创新举措和取得的成效，不断提升政策跟踪审计的监督和服务效能。特别是围绕中央和地方各级财政安排的疫情防控资金、疫情防控社会捐赠资金、物资等开展专项审计，重点关注财政资金的总体情况、拨付到位情况、管理使用情况，以及支持企业复工复产等政策落实情况等，推动财政资金和捐赠款物的高效安全使用。

【财政预算管理审计】 2020年，梅州市审计局探索构建“横向到边、纵向到底”财政审计监督大格局。实行“核心+专题”模式，不断深化审计内容，将财政全口径预算管理和决算草案编制、财政资金审批管理、财政存量资金统筹盘活、政府债务等情况列入本级财政审计内容，揭示预算执行和财政管理方面存在的突出问题和风险隐患，促进积极财政政策加力提效。首次实现市县两级一级预算单位部门预算审计全覆盖，组织对133个市级一级预算单位2019年度预算执行情况审计全覆盖，支持县级审计机关对413个县级一级预算单位2019年度预算执行情况审计全覆盖。

【领导干部经济责任审计】 2020年，梅州市审计局修订完善经济责任审计工作联席会议制度，及时召开联席会议，推动形成“审前协商、审中配合、审后运用、定期召开联席会议”的协调配合机制。全面排查建立经济责任审计对象库，探索领导干部经济责任任前告知制度，进一步聚焦责任落实，加大对重点领域、重点地区、重点岗位领导干部的经济责任审计力度，全年对20名领导干部开展经济责任审计，推动领导干部依规依纪依法履行职责。在乡镇经济责任审计中同步对3名乡镇党政主要领导干部实施自然资源资产离任（任中）审计，促进领导干部牢固树立绿水青山就是金山银山的绿色发展理念。

【民生专项资金审计】 2020年，梅州市审计局持续加大对重点民生资金和项目的审计力度，进一步扩大民生审计覆盖面。聚焦乡村振兴战略实施，开展革命老区和原中央苏区振兴发展跟踪审计、“四好农村路”专项资金审计等项目；聚焦民生资金管理规范，开展新增财政资金直达市县基层直接惠企利民情况专项审计、社保基金审计；聚焦就业领域，开展稳就业政策跟踪审计、“三促进”专项审计、“粤菜师傅”工程实施情况审计；聚焦扶贫攻坚和污染防治，开展精准扶贫精准脱贫审计、污水处理设施建设及运营情况审计。加大民生工程项目审计监督力度，开展稳投资跟踪审计、梅州市职校实训楼工程项目建设情况审计等审计项目，促进民生项目规范管理，提高投资效益。

【国有企业国有资产审计】 2020年，梅州市审计局紧扣深化国有企业和国有资本审计监督的要求，健全对市管企业审计的事前、事中、事后全链条监督机制，不断加大对国有企业和国有资产的审计监督力度。组织开展梅州市企信融资担保投资有限公司审计调查，揭示相关企业在资产管理、风险防控等方面存在的问题，促进市管企业加大风险防控、提质增效、保值增值、做强做优。结合部门预算执行审计全覆盖，组织对133个市级一级预算单位经营性资产管理情况进行审计调查，推动相关部门单位进一步建立健全国有资产管理和监督体制。 （陈媚媚）

统　计

【统计法治建设】 2020年，梅州市统计局坚持法治思维，推动依法治统。学习贯彻中办、国办印发的《关于深化统计管理体制改革提高统计数据真实性的意见》和《统计违纪违法责任人处分处理建议办法》等，全面提高统计从业人员依法统计意识。结合第七次全国人口普查、“统计开放日”、“12·4”宪法日等重要节点，开展统计法律法规知识宣传，让全民知悉、理解统计法律法规，不断提高社会各界知法守法意识，自觉支持、配合统计工作。加强“双基”建设，全市所有镇（街）网报企业均建立数据台账，全面记录生产状况，确保数出有据。严格数据审核制度，全面参考用电、用贷、用工等情况，评估数据，确保数据协调，符合发展现状。加强与发改、财政、税务、工信、住建、民政、编办、市场监管、文旅、移动、电信、供电等部门协调，推动数据共享，确保符合条件的企业或项目全部纳入一套表联网直报范围，做到应统尽统。按照执法检查面要达到5%以上的要求，上半年组织对全市90家企业开展专项统计数据质量核查工作，下半年组织对全市29家企业开展全市统计执法检查。通过统计法律宣传和统计执法检查，提高领导干部的依法统计意识，纠正统计人员的错误做法，查处企业违法案件，树立统计法律权威，确保数据质量。

【统计服务能力建设】 2020 年，梅州市各级统计部门按照党委政府工作要求，围绕群众关注的问题，开展专题调研活动，研究宏观经济走势，准确研判经济发展趋势和短期波动，把握发展新特点、新情况，主动预警预报，撰写《2010—2018 年梅州市小康监测报告》《2019 年梅州市各县（市、区）高质量发展情况报告》等一批统计分析报告，服务党委、政府科学决策。办好“梅州统计”微信公众号，及时准确发布统计数据，让梅州统计服务党委政府以及社会公众更加快捷。全年撰写统计分析报告 76 篇，其中《质量发展引领赛场 “一甲前三”花落谁家——2019 年梅州市各县（市、区）高质量发展综合绩效评价分析报告》获全省统计分析评比一等奖。

【完成第七次全国人口普查登记工作】 2020 年，梅州市开展第七次全国人口普查工作。梅州市委、市政府高度重视，市政府把第七次全国人口普查工作列入重点工作。全市上下联动，及时组建市县镇村四级人口普查机构，落实普查经费，制订人口普查工作计划，做好普查宣传，推进市县综合试点，选足训好“两员”，加强督促检查，坚持依法依规做好入户普查登记工作，以市政府名义开展 2 次普查督导和以市普查办名义开展 3 次普查督导，围绕时间节点高质量做好普查各阶段工作，全市“人口普查”工作推进有序，在确保普查数据质量的基础上，数据登记工作顺利完成，全市登记人口 696 万人次，通过国家事后质量验收。

【统计调查数据】 2020 年，梅州居民消费价格比上年上涨 2.1%。分类别看，食品烟酒类价格上涨 8.4%，衣着类价格下跌 0.2%，居住类价格下跌 3.6%，生活用品及服务类价格下跌 1.0%，交通和通信类价格下跌 2.7%，教育文化和娱乐类价格上涨 0.3%，医疗保健类价格上涨 2.5%，其他用品和服务类价格上涨 1.6%。商品零售价格比上年上涨 1.4%。全市工业生产者出厂价格比上年上涨 0.3%，其中轻工业价格上涨 1.7%，重工业价格下跌 0.3%。

2020 年，全市居民人均可支配收入 23873 元，比上年增长 4.2%（名义增长）。按常住地分，城镇居民人均可支配收入 29942 元，增长 2.4%；农村居民人均可支配收入 17430 元，增长 6.0%。全年全市居民人均消费支出 17071 元，比上年增长 1.5%。按常住地分，城镇居民人均消费支出 19479 元，增长 0.2%；农村居民人均消费支出 14515 元，增长 2.6%。全市居民恩格尔系数为 39.4%，比上年回升 1.5 个百分点，其中城镇为 38.0%，农村为 41.4%。

2020 年，全市工业生产者出厂价格比上年上涨 0.3%，其中轻工业价格上涨 1.7%，重工业价格下跌 0.3%。

【重点调查工作】 2020 年，国家统计局梅州调查队完成城乡居民收入调查、居民消费价格指数（CPI）调查、城镇低收入居民基本生活费用价格调查（SCPI）、工业生产者价格调查（PPI）、房地产价格统计调查、主要畜禽抽样调查、粮食畜牧业统计调查、生猪大县监测调查、产粮大县抽样调查、农民工监测调查、小微企业和个体经营户跟踪调查、采购经理调查、劳动力调查、农民工市民化调查等专业调查工作。以数据质量为中心，强化业务建设，确保数据质量和重点工作推进“双提升”。

【数据质量管控】 2020 年，国家统计局梅州调查队坚持把数据质量作为统计调查工作生命线，强化措施确保调查数真实客观反映梅州经济社发展情况。强化数据质量管控，

2020 年 8 月 22—23 日，国家统计局到梅州调研基层国家调查工作

（国家统计局梅州调查队提供）

防范和惩治统计造假、弄虚作假。严格执行调查数据质量控制制度，加强对常规调查数据的审核评估，加大数据质量检查力度，强化主要负责人保障数据质量的主体责任、分管领导的分管责任、科室负责人的审核责任和业务人员的直接责任，加强对数据质量的统一管理、督查指导、审核把关和科学评估。主要采取电话抽查为主、实地检查为辅的方式，完成对 185 个调查企业（单位）、516 户调查户、109 个调查点和 4 个农贸市场的调查回访和数据质量检查，检查和梳理调查数据质量存在的风险和隐患，进一步强化市县统计调查人员、辅调员、企业统计员、调查对象的责任意识和统计法律意识，在加强台账建设抓好“痕迹”管理、强化统计法治工作、提高统计法治意识、严格执行调查方案、规范调查流程、深入基层督查指导提高业务水平等方面强化措施。

年内，国家统计局梅州调查队坚持以全面提高调查数据质量为抓手，定期召开数据质量专题分析评估会议，组织各科室、各专业总结调查工作和数据质量存在的突出问题和薄弱环节，通过分析经济运行形势和专业调查工作状况，查实找准存在问题的关键环节和主要原因，明确改进调查工作、提高调查数据质量的具体措施和工作责任，从而推动数据质量责任分解到人、落实到位。

【统计分析研究】 2020 年，国家统计局梅州调查队围绕信息、分析工作，提高统计调查分析研究水平，服务好党政领导和社会各界。落实信息分析工作激励机制、例会制度、审核制度、调研制度，提高信息分析工作的积极性和主动性，做到选题精准、特色突出、实事求是、服务到位。贯彻落实全省国家调查工作会议精神，以“双一流”发展目标为引领，加强组织协调；以总队业务思路为引领，紧抓任务落实；以当地政府需求为引领，分析数据精选题的举措，进一步解放思想，打造有站位高度、数据精度、思维广度和调研深度的“拳头产品”，展示梅州经济和社会事业发展的新变化、新亮点、新成效。课题研究《基于农户参与视角梅州特色农业减贫效应研究》获评 2020 年度广东国家调查队系统招标课题研究报告三等奖，参与课题《广东青年农民工消费支出研究》获评二等奖。在 2020 年度广东国家调查队系统优秀统计分析报告评选中，国家统计局梅州调查队获得一等奖 1 篇、二等奖 1 篇、三等奖 1 篇。对外供稿，多篇文章获《梅州社会科学》等学术期刊选登。还编印《梅州统计调查分析和课题报告选编（2019）》，供各级党政领导和政府各部门参阅。为梅州市创建全国文明城市、乡村振兴发展、精准扶贫等工作提供相关调查数据。

【调查服务】 2020 年，国家统计局梅州调查队结合调查工作实际，围绕疫情防控、居民收支和价格指数等重要数据抓好特色服务，为党委政府和社会各界提供优质服务。全年撰写信息分析 92 篇次，其中国家统计局采用 2 篇，总队采用 54 篇次，市政府领导批示 17 篇次，市委办、市府办采用 27 篇次。加强与县级统计调查部门的沟通联系，国家统计局梅州调查队领导带队赴县镇村基层调查一线调研和检查指导 34 次，实现 8 个县（市、区）“全覆盖”。尽量减少调查数据上报流程和环节，提高调查数据质量的同时减轻县级统计调查部门的压力和负担。继续加大直接调查工作力度，除了必需县级统计调查部门参与的专业外，其他专业一律由市队直接调查。贯彻执行《2020 年统计调查数据（资料）对外发布计划安排表》，

2020 年 5 月 21 日，国家统计局广东调查总队到梅州开展基层队推动“‘双一流’‘走前列’”向纵深发展专题调研　（国家统计局梅州调查队提供）

定期在《梅州日报》和梅州广播电视台发布 CPI、PPI 等专业调查数据和统计法制知识、统计指标解释。定期在《梅州日报》等新闻媒体公布最新的 CPI、PPI 调查数据和相关分析，并通过与梅州市统计局合作编印《梅州统计监测月报》，加强对外宣传，使社会各界及时了解价格走势、物价变动情况和成因。针对物价运行中出现的一些焦点、热点情况，及时分析研究，为各级领导和部门提供决策依据。重点关注价格出现异动的规格品，强化价格调查动态监测，就社会大众普遍关心的物价问题进行深入解析，使 CPI 宣传更加生动直观。注重加强与新闻媒体的沟通联系，主动作为，主动发声，把握好主要调查数据的发布、统计调查改革工作的宣传，与《梅州日报》、梅州广播电视台等媒体建立良好的互动关系。

【调查业务建设】 2020 年，国家统计局梅州调查队重点抓好住户调查电子记账和样本轮换工作，将电子记账工作作为推动“‘双一流’‘走前列’”向纵深发展的主要抓手，注重创新工作方式，推动双“E”覆盖率上新台阶。加强电子记账监管，通过分点包干到人，落实监管任务。实行电子记账推广工作定期通报制度，表扬先进，鞭策后进。借样本轮换契机，优先选取记账户家中的年轻人作为记账员，提升电子记账比例。截至 2020 年 12 月，国家统计局梅州调查队开展电子记账工作的调查户 1066 户，占全市住户调查户数的 96.9%，其中国家样本点调查电子记账户 338 户，占国家点调查户数的 96.6%。新一轮记账户电子记账比例大幅提升，比第一轮增加 212 户，电子记账比例提升近 20 个百分点。注重早谋划部署，顺利完成样本轮换工作。全省住户调查样本轮换视频培训会议召开后，国家统计局梅州调查队迅速贯彻落实会议精神，通过及早谋划、及早行动，提前做好工作计划，制订工作推进日程表，及时召集各县（市、区）做好样本轮换工作部署；分管领导及业务人员组成检查组，赴各县（市、区）开展样本轮换工作检查，走访 24 个村（居）委，与所在乡镇领导、村（居）委干部进行座谈交流，帮助各县（市、区）做好辅调员培训，并解决轮换中遇到的实际问题；及时总结第一轮样本开户及培训工作的经验教训，制订注意事项和操作说明，顺利组织各县（市、区）完成新户的开户、记账培训以及试记账工作。

年内，国家统计局梅州调查队坚持把价格调查作为调查队品牌专业，着力提升价格调查样本代表性、提升业务培训成效；落实《辅助调查员奖补方案》，对辅助调查员实行绩效考核管理，提高工作积极性；开展数据质量检查，严控源头数据质量。发挥调查队职能作用，做好价格补贴联动机制启动工作和 CPI 数据解读工作，作为成员单位贯彻落实社会救助和保障标准与物价上涨挂钩联动机制，为党委、政府和社会各界提供优质调查服务。开展价格基期轮换工作，按照国家统计局和总队工作部署，构建“新”体系，测准“新”权数，讲好“新”故事，力促价格基期轮换工作推陈出新。

年内，国家统计局梅州调查队打造“金牌”专业，推动劳动力调查工作提质增效。推进劳动力调查“四化”建设，坚持以配强人力为抓手，推进队伍“专业化”建设；坚持以强化考核为抓手，推进管理“制度化”建设；坚持以陪访入户为抓手，推进督导“常态化”建设；坚持以强化培训为抓手，推进工作“规范化”建设。做好劳动力调查扩样有关准备工作，国家统计局梅州调查队及时召开班子会议专题研究，分析扩样工作中可能遇到的问题、困难，统一思想认识，明确工作重点，研究解决办法。及时向各县（市、区）通报情况，通过召开会议、下基层调研等方式向各县（市、区）有关领导和统计局、调查队通报扩样有关情况，详细了解基层面临的困难，并广泛征求基层对扩样工作的意见建议。配齐配强调查队伍，配备 2 名政治素质高、业务能力强的干部专职负责月度劳动力调查工作。按照总队对月度劳动力调查工作的统一部署，根据国家统计局下发的样本清单，组织县级统计调查机构按要求做好样本清查核实工作。同时做好扩样后业务经费测算工作。

年内，国家统计局梅州调查队贯彻落实国家统计局和总队工作部署，根据疫情期间分区分级做好粮食畜牧业统计调查工作的要求，整合部门资源，凝聚局队力量，完成归口管理数据上报工作。党组书记、队长高陆泉先后 3 次赴市政府向梅州市长张爱军、市委常委黄文沐等市领导专题汇报粮食畜牧业统计调查数据归口管理工作，争取党委、政府的重视和支持。联合梅州市统

2020 年 8 月 4—7 日，国家统计局广东调查总队到梅州调研督导贯彻落实省政府支持配合国家调查工作通知和主要调查业务实施情况 （国家统计局梅州调查队提供）

计局成立梅州粮食畜牧业统计调查数据归口管理工作领导小组，印发《关于做好梅州市粮食畜牧业统计调查数据归口管理工作的通知》，明确责任分工，确保业务交接和数据共享工作落实到位。与梅州市统计局、梅州市农业农村局联合成立梅州市粮食畜牧业统计调查工作协调小组，打通交流渠道，凝聚三方力量，实现资源共享。先后组织召开由国家统计局梅州调查队、梅州市统计局、梅州市农业农村局参加的粮食畜牧业统计调查三方工作协调交流会议，研判生产情况，分析新冠肺炎疫情、“非洲猪瘟”影响下全市粮食畜牧业生产形势，发挥三个部门各自职能优势，共同分析研判，形成工作合力。根据疫情期间分区分级做好统计调查工作的要求，与梅州市统计局联合召开梅州粮食畜牧业统计调查工作暨业务培训会议，确保市、县统计调查部门进一步统一思想，提高认识，明确职责，凝聚力量，推动粮食畜牧业统计调查工作落到实处。

年内，国家统计局梅州调查队贯彻广东调查总队“市管县”工作部署，强化对县队的管理和指导。重点抓好六个方面：突出“规范化”，进一步强化政务管理；突出调查数据“真”和“准”，进一步强化调查业务管理突出；突出“标准化”，进一步加强人事教育工作；突出“制度化”，进一步加强财务工作；突出“严”和“实”，进一步加强纪检监察工作；突出“压力传导”，进一步加强党建工作。

年内，国家统计局梅州调查队围绕国家统计局和总队布置的重点调查工作，做好主要畜禽监测调查、农作物面积遥感测量、小微跟踪调查、采购经理调查等工作，实行主要领导负总责、分管领导亲自抓、专业科室具体抓、全队人员共同参与的工作机制，确保各项调查工作组织领导到位、人员配备到位、措施落实到位，按时、按质、按量完成各项国家调查任务。

【统计建设】 2020 年，国家统计局梅州调查队坚持领导带头学法，将统计法治作为党组理论中心组重点学习内容，安排学法时间、方式和内容，将学法情况纳入全队干部年度考核指标，确保普法和学法工作联动推进。以专业培训会议、调查回访、数据质量检查、开展专项调查等为契机，累计组织统计法治集中培训 11 场次；落实统计法律事务告知制度，促进普法教育与业务工作紧密结合。创新统计法治学习方式方法，采取集中学习、专题、知识竞赛等形式，提高干部职工统计法律法规知识水平和统计法治履职能力。

年内，国家统计局梅州调查队严格履行防范和惩治统计造假、弄虚作假主体责任，坚持问题导向，做好“五项保障”，推动统计执法监督前期谋划、队伍建设、实地执法等全流程向精细化迈进，推动统计法治工作提质增效。全年对 6 家样本企业开展统计执法检查，其中“双随机”执法检查 4 家、重点执法检查 2 家，发现违法行为 3 家，对 1 家违法程度较轻的企业发放责令改正通知书，立案查处 2 家。

（王 斌、国家统计局梅州调查队）

农业农村·水利水电

东山书院

责任编辑：廖晓鹏

农业农村综述

【农业农村概况】 2020年，梅州市各级农业农村部门学习贯彻习近平总书记关于做好“三农”工作的重要论述，贯彻落实中央、省、市“三农”工作会议精神，统筹农村疫情防控和乡村振兴，加快农业农村现代化建设。全年全市农林牧渔业总产值389.26亿元，比上年增长0.4%；农村居民人均可支配收入17430元，比上年增长6.0%。

【现代农业产业项目建设】 2020年，梅州市农业农村局推进现代农业产业园建设，全市新创建2个省级现代农业产业园。至2020年底，全市有国家级现代农业产业园1个，省级现代农业产业园14个，省级现代农业产业园数量位居全省前列。发展“一村一品、一镇一业”，全市扶持“一村一品、一镇一业”项目146个，落实项目建设资金9169万元，158个村和5个镇获得省级“一村一品、一镇一业”专业村镇认定。平远县长田镇官仁村、兴宁市龙田镇被认定为第十批全国“一村一品”示范村镇，全市有全国“一村一品”示范村镇累计15个。平远县石正镇、五华县河东镇入选2020年农业产业强镇。成功申报广东金柚优势特色产业集群建设项目，该项目由梅州市和韶关市共同建设，预计2021年底能完成绩效目标。

【一、二、三产业融合发展】 2020年，梅州市农业农村局支持发展农产品精深加工，鼓励支持新型农业经营主体建设先进装备中心、冷藏中心，引进糖度分拣分级生产线、热环干烘生产线等，不断提升农产品加工水平。发展休闲农业与乡村旅游，截至2020年底，全市有全国休闲农业与乡村旅游示范县2个、广东省休闲农业与乡村旅游示范镇14个、广东省休闲农业与乡村旅游示范点25个。组织参加第二届“广东十大美丽乡村”系列评选活动，梅州市大埔县漳北村入选“广东十大美丽乡村”，蕉岭县“长寿乡中乡美丽乡村”精品线路入选“广东美丽乡村精品线路”，平远县畲脑村、梅县区玉水村入选“广东特色名村”。

【农产品稳产保供】 2020年，梅州市农业农村局制订《关于贯彻落实做好新型冠状病毒疫情防控期间主要农产品生产供应保障工作通知》《梅州市新型冠状病毒感染的肺炎疫情防控肉菜保供组工作方案》《梅州市农业农村局致各农业企业的倡议书》等，强调在抓好疫情防控工作的同时，坚决落实地方政府一把手"菜篮子"负责制，组织蔬菜、瓜果等农产品生产，畅通进货销售渠道，确保市场供应稳定。鼓励农业企业献爱心助力肉菜供给，新冠肺炎疫情防控以来，全市农业企业在做好稳生产、保供给的同时，与政府部门同心协力，心系社会，情牵抗疫一线，通过各种途径陆续捐款捐物，为抵抗疫情贡献一份力量。据不完全统计，梅州市农业企业捐款超 70 万元，捐赠物资价值超 500 万元。年内，梅州市农业农村局被农业农村部授予"农业农村系统抗击新冠肺炎疫情先进集体"称号。

【新型农业经营主体培育】 2020 年，梅州市农业农村局做好重点农业龙头企业培育工作。年内新增省级重点农业龙头企业 17 家，累计 152 家，数量居全省第一；新增市级重点农业龙头企业 46 家，累计市级以上农业龙头企业 450 家。做好农民合作社示范社申报工作，全市农民合作社县级以上示范社合计 406 家，其中国家级 41 家、省级 136 家、市级 92 家、县级 137 家。加快发展家庭农场，全市 6784 家规模农业经营户录入全国家庭农场系统管理；新增省级示范家庭农场 30 家，累计 64 家。落实高素质农民培育工作，年内全市入选省级高素质农民培育示范基地 23 家，全年培育高素质农民 1051 人。新增 2020 年广东省十佳最美农技员、第二届"最美农技员"、省 2020 年十大杰出高素质农民各 1 人，288 人获"2020 年广东省农村乡土专家"称号。培育壮大新型农机经营主体，全市农机服务组织 108 个 3540 人。

【质量安全监管】 2020 年，梅州市农业农村局开展农产品质量安全监测，市本级共抽检种样品 2880 批次，其中合格样品 2862 批次，合格率 99.38%。推动农产品质量安全监督检测体系建设，梅州市、梅县区通过省级计量认证和农产品质量安全检测机构考核（获得 CATL 资质）；兴宁市、蕉岭县、大埔县、五华县通过省级计量认证和农产品质量安全检测机构考核专家评审。建立食用农产品合格证试行主体名录数据库，截至 2020 年底，全市实施主体 838 家，达到应试行主体数量 50% 以上。加强种子市场监管，抽查 18 家种子经营门店 46 个样品。加强执法办案力度，严厉打击制售假劣农资和农产品质量安全违法违规行为，全市出动执法人员 14236 人次，检查农资、农产品、生猪屠宰等生产经营主体 4724 间次，办结案件 30 件，罚没款 27.07 万元。

【做大做强农业品牌】 2020 年，梅州市农业农村局落实"12221"营销行动，梅州柚先后亮相央视、上海滩、广州塔，启动"广东梅州柚号"首航仪式，组织柚果企业到广州、昆明、青岛等地推介，与顺丰、京东、邮政、拼多多、盒马鲜生等大平台产销合作，力让梅州柚成为热销品、网红品，打响梅州柚区域品牌。举行第三届广东茶叶产业大会，推动茶叶产业高质量创新发展。因地制宜、突出特色，举办庆祝 2020 年中国农民丰收节系列活动。组织开展"粤字号"农业品牌认定与评价工作，梅州市有 193 个商标入选"粤字号"农业品牌目录（含确认或备案入库）。推进"三品一标"认证，至 2020 年底全市现存有效期内无公害农产品 143 家，绿色认证企业 54 家，有机认证 2 家（农业农村部认证企业）；梅县绿茶、五华红薯获国家农产品地理标志认证，累计有 18 个农产品获地理标志认证和地标保护产品。8 个农产品入选 2020 年全国名特优新农产品名录，累计 14 个。推进"菜篮子"工程建设，73 家基地通过省级"菜篮子"基地评审。开展粤港澳大湾区"菜篮子"生产基地申报工作，全市共认证生产基地和加工企业 27 家。组织茶企参评 2020 年广东十大好春茶评比活动，梅州市 6 家茶企的 6 个产品上榜。

【广东金柚入选国家级优势特色产业集群建设名单】 2020 年 5 月 22 日，农业农村部、财政部开展优势特色产业集群建设，经各省（区、市）申报、农业农村部和财政部审核，批准建设 50 个优势特色产业集群。其中，广东金柚产业集群榜上有名。广东全省柚子种植已形成以梅州为核心产区、多区域种植的发展格局，梅州是全国第二、广东省最大的柚果产区，是"中国金柚之乡"和"中国蜜柚之乡"。2019 年，梅州全市柚类种植面积 4 万公顷，总产 85 万吨，产值 64 亿元。柚果产业已成为梅州农业支柱产业和带动千家万户增收致富的"摇钱树""幸福果"。

【第三届广东茶叶产业大会在梅州大埔举行】 2020 年 11 月 1 日，由广东省农业农村厅、梅州市人民政府联合主办的第三届广东茶叶产业大会在梅州市大埔县举行。多名茶叶研究专家和上百家广东茶企齐聚世界长寿乡梅州大埔，展示广东茶企风采，交流茶叶产业发展经验，探寻广东茶叶产业高质量创新发展之路。开幕式上对“2020年广东十大好春茶”获奖企业及全国茶叶加工工（精制）职业技能竞赛广东初赛获奖选手进行颁奖，为第二批广东生态茶园（高级）认定企业授牌，并为梅州青花瓷茶具创意大赛获奖作品颁奖，展示广东优质茶品、工匠精神、茶园生态。大会邀请南方茶叶商会50多名会员来到现场，参观大埔茶园，并在开幕式上进行签约活动，南方茶叶商会与梅州市人民政府签订战略合作协议，同时举行茶商代表购销意向签约仪式，达成意向购销金额3.5亿元。

1日下午，大会还举办以“做优做强茶产业”为主题的广东茶叶营销与品牌发展峰会，知名行业专家、营销专家、品牌专家及企业代表分别就互联网带来的茶叶营销新纪元、如何做好品牌建设等话题进行演讲，共同研究探讨推动广东茶叶营销与品牌发展的思路与策略。

2020年11月1日，第三届广东茶叶产业大会在梅州大埔开幕

（梅州市农业农村局提供）

【市场体系完善】 2020年，梅州市农业农村局进一步完善产销衔接体系，推荐41家企业申报农产品冷链仓储物流产业联盟企业主体，遴选37家企业组建广东数字农业发展联盟。完善粤港澳大湾区“菜篮子”产品梅州配送中心建设，对接完成信息平台建设，建成农产品展示、检测、仓储及综合服务等功能运营区。推进信息进村入户工程建设，实现益农信息社覆盖全市行政村，建成运营8个县级运营中心。开展车主节“车尾箱工程”消费助农活动，举办梅州市梅州柚产业发展工作暨网红直播动员会、梅州市农业网红直播培训会，组织企业参加鄂粤同心、百县村播“415”直播等直播带货活动，进一步提振市场信心，激活消费活力。深化农业对外贸易合作，8家种植基地入选2020年广东省农产品出口示范基地，累计11家；2家企业被评为2020年广东省农产品出口先进企业。

【现代农业科技水平提升】 2020年，梅州市农业农村局做好农业科技推广，建立农业科技示范基地26个，遴选培育基层农技推广骨干人才47人，培育农业科技示范主体1897个，科技示范基地、示范主体开展培训50次、培训4009人次。引导农民科学选用优良品种和先进适用技术，推介发布梅州市主导品种20个、主推技术6项。重点推广绿色高产高效技术，全市农业主推技术到位率96%以上。加大良种良法的展示示范工作，示范和展示水稻、玉米、花生、蔬菜新品种80多个，全市农作物良种覆盖率95%以上。开展农机推广工作，全年实现农机生产零事故，全市农作物综合机械化水平53.05%；水稻综合机械化水平72.6%；农机总动力133.93万千瓦。开展植物病虫疫情防控工作，着重抓好柑橘黄龙病、红火蚁、稻水象甲、草地贪夜蛾等重大植物疫情阻截与防控。

【农业绿色发展】 2020年，梅州市农业农村局推进化肥农药使用量零增长行动，截至2020年底，全市主要农作物化肥、农药使用量实现零增长，利用率提高到40%以上。推进秸秆综合利用农膜、农药和肥料包装废弃物回收处理，年底秸秆综合利用率85%，农膜回收率80%以上。开展耕地质量监测，全市设立耕地质量监测点27个。做好耕地分类管理，全市受污染耕地安全利用与治理二类、三类完成率均为100%。做好受污染耕地安全利用与耕地土壤环境质量类别划分边界核实相关工作。完成2020年度国控、省控例行监测样品（土壤、农产品样各59份）的采集流转及送检工作。完成受污染耕地安全利用试点示范，示范面积 80 公顷。做好垦造水田后期种植管护和地力培肥管护工作，全市垦造水田地力培肥管护面积 526.47 公顷。

【惠农政策落实】 2020 年，梅州市农业农村局提升涉农资金使用效益，完成 2020 年省级涉农项目的报备任务。做好农业支持保护补贴（支持耕地地力保护）政策落实，全年核发耕地地力保护补贴面积 11.7 万公顷，发放补贴资金 1.43 亿元。加快农机购置补贴实施进度，全市完成 2020 中央补贴使用资金（含报废）375.15 万元，中央补贴使用比例 46.68%；受理申请表数 1981 份，受益农户 1881 户，补贴购买机具 2000 台。

【农村人居环境整治】 2020 年，梅州市农业农村局开展“百村示范、千村整治”和省级新农村连片示范建设工程，提升乡村风貌，改善农村人居环境，截至 12 月底，全市全面完成“三清三拆三整治”环境整治任务；全市农村无害化卫生户厕建设普及率 99.93%。推进省级新农村连片示范建设，7 个省级新农村示范片共覆盖 35 个行政村 162 个自然村 17075 户 73729 人，截至 2020 年底，全市 7 个示范片累计投入 93099.55 万元，启动项目 598 个，其中竣工项目 518 个，占 86.62%。全域开展村庄清洁行动，着力整治环境脏乱差，2020 年发动农民群众投工投劳 105.96 万人次，开展进村入户宣传教育 1.86 万场次，发放宣传资料 89.11 万份，张贴宣传标语 5.2 万条，清理农村生活垃圾 24.87 万吨，清理村内水塘 14.71 万口，清理村内沟渠 6341.91 千米，清理畜禽养殖粪污等农业生产废弃物 11.09 万吨。

【农村重点改革】 2020 年，梅州市农业农村局不断深化土地制度改革，探索承包地所有权、承包权和经营权“三权分置”的有效实现形式，全市承包地流转面积 5.1 万公顷，流转率 42.25%，超额完成省定任务。巩固土地确权颁证成果，完成档案数字化 47.35 万册，数字化率 98%。蕉岭县被评为全国农村承包地确权登记颁证工作典型地区单位。推进农村集体产权制度改革，蕉岭县、梅江区、丰顺县基本完成国家和省级农村集体产权制度改革试点任务，并向省提交评估报告，其他 5 个县（市、区）全面推开。截至 12 月 30 日，全市所有农村集体经济组织全面完成登记赋码发证任务，完成集体经济组织成员界定 181.65 万人，84 个集体经济组织完成集体经营性资产股份量化或份额量化，改革时点量化资产 15103 万元，颁发股权证 13445 本。年内，全市扶持 46 个村发展集体经济，完成中央、省财政扶持资金投入 1768 万元，实施项目建设 41 个。稳慎推进农村宅基地改革管理相关工作，建立健全宅基地审批管理制度。稳步推进乡村治理，梅县区松口镇大黄村、蕉岭县广福镇广育村入选“全国乡村治理示范村镇典型经验”，推荐 5 个镇、50 个村申报乡村治理“百镇千村”示范镇、村。推进“万企帮万村”行动，全市 1342 家市内外企业结对帮扶 1761 个行政村，总体帮扶位居全省前列。

（梅州市农业农村局）

种植业

【稳定粮食生产】 2020 年，梅州市农业农村局引导群众田间作业时加强自我保护，杜绝不必要的集堆和无防护作业，由点及面织密防控网，最大程度降低疫情对农业生产的影响。实施“藏粮于地、藏粮于技”战略，千方百计稳定粮食生产。全市新增早稻 0.21 万公顷，超额完成省下达早造水稻新增种植任务。开展粮食绿色高质高效创建活动，在示范区开展 6 项技术模式攻关。抓好高标准农田建设，完成 2020 年 0.37 万公顷建设任务。全年全市粮食播种面积 18.33 万公顷，产量 112.11 万吨，分别比上年增长 1.99%、1.6%；其中水稻播种面积 16.25 万公顷，总产 104.35 万吨。推广优质高效水稻品种种植，优化粮食品种结构，全市优质稻面积超 13.33 万公顷，约占水稻播种面积的 82%。

【特色农业产业发展】 2020 年，梅州市农业农村局引导群众科学种植特色高效经济作物，优化产品结构，全年全市园林水果种植面积 7.82 万公顷，总产 148.4 万吨，分别比上年增长 3.7%、3.8%；其中橙子种植面积 0.27 万公顷，总产 6.34 万吨，分别比上年减少 3.5%、增长 1.3%。2020 年 11 月，召开推进梅州柚产业发展暨扩种动员大会，再次吹响“向山进军”的号角，全年梅州柚种植面积 3.53 万公顷，总产 89.34 万吨，分别比上年增长 5.6%、4.7%。茶叶种植面积 2.12 万公顷，

梅州柚种植基地　（梅州市农业农村局提供）

总产2.43万吨，分别比上年增长7%和16.1%。蔬菜种植面积6.98万公顷，总产235.83万吨，分别比上年增长3.1%、4.7%。

（梅州市农业农村局）

畜牧业

【畜牧业概况】　2020年，梅州市以畜牧业供给侧改革为重点，调整优化畜牧业结构，做好动物防疫、检疫和疫病监测工作，强化生猪屠宰、兽药行业监管，特色畜牧业加快发展。据梅州市统计局统计，全年全市出栏生猪、活家禽、肉牛、羊分别为163.74万头、7754.31万羽、2.79万头、11.6万只，肉类总产量24.59万吨。

【生猪稳产保供】　2020年，梅州市农业农村局出台《梅州市加快推进生猪家禽产业转型升级实施方案》《关于印发2020—2021年生猪稳产保供任务目标的通知》等，召开全市稳定生猪生产保障市场供应工作专题会议，研究部署生猪稳产保供工作的举措。发展标准化规模化养殖，加大引进大型养猪企业力度，广新控股、温氏食品、康达尔、双胞胎、国大智农5家企业与梅州市签约的意向出栏总量达270万头。鼓励大型生猪养殖企业改扩建改造升级养殖场，促进全市生猪复产。全年全市实现生猪存栏115.02万头、能繁母猪存栏11.09万头、生猪出栏194.24万头。协调生猪养殖建设项目尽快落地见效，全市新建、改扩建的生猪养殖场有86家，其中在建55家、已完工31家。

【畜牧产业扶贫】　2020年，梅州市农业农村局发挥龙头企业示范带动作用，采取“公司＋基地＋农户”产业化模式，做大做强瘦肉型猪、优质肉鸽、黄鸡等优势主导产业，结合产业扶贫，带动农户发展畜禽养殖，增收脱贫。梅州市金绿现代农业发展有限公司主动和帮扶单位、贫困农户对接，发挥龙头企业“联农带农”效应，实行“行业协会＋公司＋合作社＋家庭农场＋种养大户＋农户（贫困农户）”六位一体的发展模式，持续探索创新产业帮扶模式，利用肉鸽产业扶贫项目，公司与贫困户签订种鸽代养协议，按照“六个统一”（统一场地规划，统一供应种苗，统一饲料供应，统一技术指导，统一产品收购，统一打造品牌）的要求，参与公司种鸽养殖承包。公司先后与18个广州市帮扶兴宁市的省定贫困村签订合作协议，惠及贫困户978户3339人，截至2020年底贫困户累计分红收益319.6万元。广东桂岭蜂业科技股份公司按照“公司＋基地＋农户”模式带动蕉岭县农户发展养蜂生产，辐射带动全县养蜂户2800多户，养蜂户年均收益可达3万元～7万元，带动农民增收脱贫。丰顺温氏家禽公司2020年带动农户707户养鸡，出栏肉鸡3039万只，实现产值5.66亿元，平均每户农户当年养鸡收入13.63万元。

【畜牧业供给侧结构性改革】　2020年，梅州市农业农村局立足资源优势，鼓励和引导养殖场（户）因地制宜发展适度规模的牛、羊、肉鸽和蜜蜂等特色养殖。加强草场建设，扩大优质肉牛、肉羊生产，实施草地畜牧业推进行动。如梅州市广顺海食品有限公司在梅县区梅南镇顺里村粟畲投资建设存栏3000头肉牛的生态养殖项目，引进澳大利亚纯种安格斯种牛316头。推广优良畜禽品种，引进推广优质瘦肉型猪、优质黄鸡、肉牛、肉羊等畜禽优良品种，加快良种繁育基地建设，抓好种畜禽场建设，进一步提高畜禽良种覆盖率，提高畜牧业生产水平。加强地方品种保护，实施蕉岭黑猪、兴宁坭陂猪、五华三黄鸡、华南中蜂等地方良种的保护和开发利用工

梅州市广顺海食品有限公司在梅县区梅南镇顺里村投资建设的肉牛生态养殖项目
（梅州市农业农村局提供）

作，上述地方优良畜禽品种种质资源得到有效保护。

【畜牧业项目申报】 2020年，梅州市农业农村局组织申报《2020年"三农"补短板项目入库》，兴宁市上报的"非畜牧大县畜禽粪污资源化利用整县推进项目"入库成功，正式申报"2021年度广东省梅州市兴宁市畜禽粪污资源化利用整县推进项目"，争取中央财政资金3000万元。组织申报种猪场和规模猪场贷款贴息项目，梅州市14家企业申报贷款贴息144.14万元。组织申报2020年非畜牧大县畜禽规模养殖场粪污治理项目，梅州市运兴实业有限公司丽园农场等10个企业申报该项目，项目资金1350万元。组织家禽养殖企业申报"家禽收储补贴"，梅州市金绿现代农业发展有限公司、广东三丰禽业食品有限公司2家企业共收储家禽145.4万羽，申请省级财政奖补资金290.81万元。组织申报2020年梅州市市级畜牧品种改良项目，市级财政2020年预算安排畜牧品种改良专项资金150万元，安排10万元用于购置品改牛冻精、液氮罐、液氮、输精导管、输精枪等品改物资；安排140万元通过项目申报方式，竞争性扶持牛、羊等草食畜、家禽，中华蜜蜂（华南型）、粤东黑猪、五华三黄鸡等特色畜牧业。梅州市金绿现代农业发展有限公司等8个养殖企业通过项目申报竞争性获得畜牧品种改良项目。全部项目已经实施完毕并通过项目验收，项目资金已经拨付。

【养殖污染治理】 2020年，梅州市农业农村局推进梅州市生猪家禽产业转型升级，推行生态养殖、绿色养殖，构建种养循环发展模式。全市规模化畜禽养殖场建设雨污分流、沼气池、粪便堆放场等污染治理设施，90%以上规模养殖场采用"畜—沼—果（林、菜、稻、鱼等）"的生态畜牧业模式，利用粪肥和沼液渣种植果树、花木、粮食、蔬菜。督促养殖场（户）落实污染防治主体责任，加大投入，加强污染治理设施，提高畜禽粪污综合利用率和粪污处理设施装备配套率。截至12月底，全市畜禽粪污综合利用率83.99%，规模养殖场粪污处理设施装备配套率98.43%，达到广东省市级畜禽养殖废弃物综合利用年度目标要求。

【动物检疫和疫病监测】 2020年，梅州市农业农村局组织开展全市春季和秋季动物防疫工作，落实好疫苗采购和使用管理，开展动物防疫检查工作和免疫抗体监测，全年全市动物疫病强制免疫共采购禽流感疫苗5562万羽份，生猪口蹄疫浓缩疫苗370万头份，牛羊口蹄疫浓缩疫苗47.5万头份，羊小反刍兽疫疫苗22.15万头份，禽流感、口蹄疫等畜禽群体免疫密度基本达到国家要求。制订《梅州市进一步强化非洲猪瘟防控工作方案》，以养殖场、屠宰场、无害化处理场、运输车辆等为重点，开展常态化防控工作，发动养殖、屠宰、交易、无害化处理等有关场所开展"大清洗、大消毒"消毒灭原行动，累计调拨各县（市、区）消毒药54吨。开展全市违法违规调运生猪专项整治行动和违法违规调运生猪百日专项打击行动，加强平远、蕉岭、大埔省际公路检查站建设，对进入广东省畜禽运输车辆采用中南运猪通进行查验，全年全市检查运输车辆7687辆次，全部运输车辆均持有检疫证明。加强生猪调运管理，全市备案生猪运输车辆555辆，登记生猪收购贩运主体199户。加强动物检疫监管，督促养殖场做好检疫申报，2020年3月梅州市农业农村部门配合公安机关破获一起非法买卖动物检疫合格证明案件，10人涉嫌买卖国家机关公文罪被刑事拘留。推进全市病死畜禽无害化处理，全市规模畜禽养殖场和生猪定点屠宰场均配备无害化处理设施设备，对3家动物无害化处理企业进行审批并发放动物防疫条件合格证，全年全市申报养殖环节病死猪无害化处理补贴1.6万头。做好跨省调运种畜禽管理工作，全年开展跨省引进种用动物检疫审批10批次。

【生猪屠宰管理】 2020年，梅州市农业农村局推进生猪屠宰场压减工作，明确至2020年底全市生猪定点屠宰厂（场）从48家减少到25家。依法依规、有序关闭“三证”不齐全的生猪屠宰企业，及时将屠宰行业转型升级扶持项目资金650万元发放到位。强化生猪屠宰企业检查，实现对48家生猪屠宰企业监督检查100%覆盖，屠宰环节风险管控不断增强。市动物疫病预防控制中心累计抽样非洲猪瘟检测样品数量887份。坚持示范带动，提升行业发展模式，推广“县域集中屠宰、冷链配送、乡镇分销”的经营模式，实施肉品统一配送，梅县区、平远县、大埔县、五华县结合实际，加大冷链物流设施设备的配套建设投入，购置冷链配送车，推行生猪产品冷链调运至乡镇配送点。加强屠宰企业标准化创建技术服务支撑工作，平远县鲜活肉联有限公司成功创建省生猪屠宰标准化企业，提升屠宰行业的品质和品牌建设。

【兽药行业监管】 2020年，梅州市农业农村局抓好兽药监督抽检，确保兽药产品质量安全，全年全市组织4次兽药产品抽检专项行动，抽检范围包括蕉岭、五华、梅县、平远等主要兽药集散地，涵盖40个兽药品种。抓好兽药二维码追溯体系建设工作，全年全市141家有经营的兽药店兽药二维码上传实施率达到100%。做好兽用生物制品经营行政许可工作，组织完成2家企业的现场审核，核发兽药经营许可证。对梅州市2家兽药生产企业、141家兽药店受疫情影响情况调查摸底，对于经营许可证到期的企业允许展期经营，暂缓换发新的许可证。

（梅州市农业农村局）

渔　业

【渔业概况】 2020年，梅州市渔业持续稳定发展，全市水产养殖面积1.09万公顷，渔业总产量10.77万吨，渔业总产值12.5亿元，渔业养殖面积、产量基本持平，市场供应充足。养殖水面类型以池塘和水库养殖为主，养殖品种以青草鲢鳙鲫为主，其中草鱼产量占养殖产量的一半以上。

【推进稻鱼共生示范】 2020年，梅州市农业农村局推广“稻鱼共生”生态种养技术，全市稻渔综合种养面积100.8公顷。继续在梅县区、兴宁市、平远县、五华县开展稻渔综合种养示范工作，示范面积65.33公顷，全市有一定规模的稻渔综合种养基地共11家。

【渔业品牌建设】 2020年，梅州市农业农村局重点推广“客都草鱼”区域品牌，组织渔企参加国家、省级渔业博览会、展销等产品推介活动，不断提高梅州客都草鱼品牌知名度和市场认可度。全年组织15家渔企共65人次，参加广东省渔业博览会和中国首届水产种业博览会暨广东第二届水产种业博览会。

【水产健康养殖示范创建】 2020年，梅州市新创建省级水产健康养殖示范县1个；新创建国家级水产绿色健康养殖示范场3家。全市累计有1个省级水产健康养殖示范县，21家省级水产健康养殖示范场，35家国家级水产健康养殖示范场。

【渔业保护】 2020年，梅州市农业农村局加强韩江梅江渔业生态保护工作，举办增殖放流活动，投放淡水鱼类约1395万尾。开展渔政“亮剑2020”系列专项执法行动，未发现违规经营利用水生野生动物及其制品违法行为，未发现渔船参与走私活动。（梅州市农业农村局）

林　业

【生态修复】 2020年，梅州市林业局按照省下达的指标任务，通过广泛动员、科学部署、示范带动等措施，推动造林绿化和生态修复工程。截至年底，全市各项目标任务全面完成。据统计，完成造林更新2.75万公顷，完成生态景观林带工程建设52.3千米，完成造林抚育2.33万公顷。建成生态景观廊道4条，里程35千米。完成绿美古树乡村建设任务9个。全市义务植树人数253.58万人（次），尽责率94.6%，义务植树722.6万株。至2020年底，梅州市森林覆盖率74.5%，比上年提高 0.15 个百分点。

【生态保护】 2020 年，梅州市林业局严格贯彻落实依法治林原则。严格按照《中华人民共和国森林法》等法律法规开展资源保护管理工作，开展林业普法，优化行政审批，依法严厉打击涉林违法犯罪活动，开展涉林矛盾纠纷排查调处。全年全市完成行政审批项目 256 件，共立森林案件 298 件，破案 276 件，打击处理违法人员 377 人次，完成全市涉林信访案件 72 件，成功化解 72 件，化解率 100%。

年内，梅州市林业局坚持人防技防物防相结合，不断筑牢生态保护基础。不断加强森林火灾防控、林业有害生物防治、野生动植物保护等方面的人财物投入，加强国有林场建设管理。全年全市投入松材线虫病防治经费 2817.3 万元，投入强度为历年之最。投入资金 1376 万元用于生物防火林带建设，完成建设 124 千米。安排资金 150 万元用于森林防火规划编制、装备物资购置等工作。组建市县森林火灾预防工作机构，出台《梅州市森林火灾预防工作规范》，加强野外火源管控、隐患排查、防火宣传、督查巡查，全方面压实各级责任。机构改革后，森林火灾发生率下降至 0.25 次/10 万公顷（2019 年为 0.76 次/10 万公顷）。推进梅州市森林生态科普馆建设，建成后将成为梅州市首个森林生态知识主题科普馆。完成国有林场小水电站安全自查、拆旧复垦收益、林区公路建设等工作。开展形式多样的爱护森林宣传活动，围绕林业重点工作开展宣传报道，全年开展各类宣传活动或报道 500 多次。

年内，梅州市林业局实施重点项目优先保障重点领域。组织开展全市各类各级自然保护地摸底调查、实地核查和预案编制工作。整合优化后，梅州市自然保护地数量从 152 个缩减到 112 个，总面积从 25.72 万公顷增加到 26.44 万公顷，占国土面积比例由 16.21%提高到 16.66%，为解决自然保护地内永久基本农田、镇村等历史遗留问题打下坚实的基础。做好森林公园、自然保护区建设管理，完成森林公园调整 7 个，百岁山生态景观提升项目、梅花山森林公园景观提升工程、“政协和谐林”周边景观改造提升项目顺利完成，德馨园周边基础设施配套和景观提升项目正在稳步推进。清凉山和泮坑联合升级为清凉山省级自然保护区。开展森林督查和资源一张图更新工作，引入第三方对森林资源监管项目进行技术核查监管，完成 1233 个图斑点核查任务和 190 个林地资源项目的核查工作，森林资源管理“一张图”调查更新成果已在线报省。启动天然林资源保护，加强生态公益林示范区建设，截至年底，初步形成天然林核定落界初期成果，完成生态公益林优化调整工作，完成 85%以上生态公益林补偿资金发放。开展古树名木保护工作，开展最美古树名木评选活动。新冠肺炎疫情防控期间，梅州市林业局坚持防控并举，开展疫情疫病监测、陆生野生动物人工繁育场退出、打击非法禁食野生动物专项行动等工作，制订出台《梅州市野生动物及其栖息地保护管理工作方案》等文件，195 户以食用为目的的陆生野生动物养殖户全部清退，落实退出补偿资金 1121.16 万元。全市累计出动野生动物执法人员或民警 11997 人（次），清理整治市场、酒楼饭店等经营场所 11158 个（次）。全年救护野生动物 70 只，其中国家重点保护动物 54 只。2020 年未发现疫病疫情。

【生态经济发展】 2020 年，梅州市林业局坚持生态优先、绿色发展的理念，挖掘各地独特优势，优化区域布局，推进林下经济发展规划、

2020 年 4 月 16 日，梅州市举行国家储备林基地建设项目（首期）开工活动

（梅州市林业局提供）

园林花卉产业规划、国储林建设规划、“十四五”林业产业规划等规划编制工作，在大力保护、培育森林资源的基础上，因地制宜、分类指导，鼓励发展适合当地条件的林下经济产业，力促条件成熟的企业转型升级，加强科技攻关，整合森林公园、自然保护区的旅游资源，推进三产融合发展。全市有2个单位获评省级森林康养基地（试点），4家林企获评“省级林下经济示范基地”；19家林企获评省级林业龙头企业，是全省获评省级林业龙头企业最多的地级市；平远丹霞特色旅游线路等11家旅游线路被认定为省森林旅游特色线路，丰顺韩山省级森林公园等10家旅游地被评为广东省森林旅游新兴品牌地，5个合作社获评省林业专业合作社，2个单位获评省示范家庭林场。2020年梅州市承担实施0.43万公顷油茶低产低效林改造任务，资金2760万元；同时，梅州市林业局完成申报2021年低产低效改造任务0.51万公顷（第一批），补助资金约3800万元。

【林地报批】 2020年，梅州市林业局如期完成林地报批任务。向上争取林地指标，缓解经济社会发展用地需要，全年全市办理征占用林地项目总面积824.27公顷，全部用于梅州市重点项目、民生项目建设，如期完成梅州市委、市政府交办的林地报批任务。

【全域国家森林县城创建工作】 2020年，梅州市林业局推进全域国家森林县城创建工作。五华县的《总规》评审已经完成并正式实施，大埔县和兴宁市的申报已经梅州市政府审核报广东省林业局备案。年内，广东平远龙文—黄田省级自然保护区、广东兴宁神光山国家森林公园被评选为广东省自然教育基地。

【国储林项目建设】 2019年12月，梅州市正式与广东建工集团下属企业广东建鑫投融资住房租赁有限公司签订《梅州市国家储备林基地建设项目（首期）招商协议》，成为广东省首个落地国家储备林基地建设项目的地级市。梅州市林业局推进方案编制、项目公司组建、融资授信、林地收储、示范点打造等工作。总体实施方案、工作方案、基地建设方案等已出台，公司架构已搭好，融资授信已获批（国开行融资授信5.67亿元），广东建鑫公司的注资0.96亿元已全部到账，中央财政补贴资金300万元已下拨到位。完成0.24万公顷国有林地流转，达成社会林收储意向0.23万公顷，完成签约400多公顷，七畲径国储林示范点初步建成。

【林业改革发展】 2020年，梅州市林业局为优化森林资源属地管理行为，推行网格化管理体制，指导平远县推行林长制试点（全省首批4个县之一），平远县设立林长制办公室、林长制事务中心，建立林长制信息管理平台。为优化提高林业现代化管理水平，引入视频监测、无人机使用等智慧化手段护林防火。主动对接广东南岭国家公园辐射带动工作，邀请专家专题辅导，协调有关部门做好项目入库等工作。 （梅州市林业局）

水利水电

【水利建设概况】 2020年，梅州市水务系统以水务项目工程建设、河长制湖长制工作和水利监督工作等系列工作为重点。全市计划实施12类87宗水务工程，年度计划总投资21.11亿元。全年完成年度投资22.3亿元，占年度计划投资的105%。其中高陂水利枢纽工程完成年度投资10.49亿元，如期完成下闸蓄水目标任务。碧道项目完成投资5.94亿元，建成碧道31.9千米，完成率146%。全域自然村集中供水工程完成投资5.38亿元，解决22个行政村524个自然村15.59万人的集中供水任务，全部省定贫困村集中供水、全部建档立卡贫困户饮水安全得到解决，完成市政府十件民生实事梅州市水务局的任务。完成5宗生态清洁小流域综合治理工程项目，共投资9326.98万元，治理水土流失面积130平方千米、治理崩岗35座。

【水务管理体制改革】 2020年，梅州市顺利完成梅州市水利水电勘测设计院转企改制工作，梅州市水务局与梅州市国资委办理交接手续；有序推进梅州市水库移民工作办公室体制机制改革、梅西水库工程管理处转企改制和梅西水库管理局体制机制改革工作。建立农业水权制度、持续推进小型水利工程管理体制改革和农田水利设施产权制度改革，进一步完善供水计量设施。完成梅州市2020年度农业水价改革工作任务，完成改革面积0.55万公顷，完成投资 97 万元。

【河长制湖长制工作】 2019 年度省对市河长制湖长制考核结果，梅州市为良好等次，全省排名第 9 位。梅州市水务局河库保护管理科获水利部“全面推行河长制湖长制工作先进集体”。广东省副省长许瑞生、覃伟中分别于 6 月、11 月开展韩江巡河检查，充分肯定梅州在韩江水环境综合整治和管护取得的成效。组织各县（市、区）有关部门持续推进“清四乱”“五清”等专项行动纳入常态化规范化管理并取得明显成效，全年投入“清漂”资金 3310 万元，清理水面漂浮物 16.7 万吨，清理水域面积河道长度 2478 千米，纳入河长制管护的 844 条共长 7226 千米的河流和 714 座水库及 2 个湖泊，基本实现水面无成片漂浮物，全年排查“四乱”问题 183 宗，完成整改销号 181 宗，完成率 99%。高标准规划建设碧道工程，组织完成《梅州市碧道建设总体规划（2019—2035 年）》，经梅州市河长制领导小组、市政府常务会议审议，并于 4 月 20 日以市政府名义印发实施。梅州市碧道建设规划 1940 千米，投资匡算 27.46 亿元。全年完成投资 5.94 亿元，建成碧道 31.9 千米，并加快未开工项目的前期工作。夯实河长制基础工作，推广使用“广东智慧河长”“梅州河长”微信平台，协调落实好全市公众投诉及问题处理，各级河长利用平台巡河发现问题 1018 个，处理 1018 个，处理率 100%。建立“河长 + 警长”“河长 + 检察长”工作机制。9 月 18 日，梅州市全面推行河长制工作领导小组印发《关于建立“河长 + 警长”工作机制的实施方案》《关于建立“河长 + 检察长”工作机制的实施方案》，发挥公安机关、检察机关在河湖治理、违法案件查处、生态损害公益诉讼的法律监督职能，共同守护河湖生态安全。

【水旱灾害防御】 2020 年梅州市降雨偏少、时空分布不均，“龙舟水”影响较为明显，全年未受台风直接影响，6 月以来出现持续高温少雨天气，全市大部出现重度气象干旱，部分地区发生不同程度的旱情。全市水务部门围绕水旱灾害防御职责任务，及早安排部署，加强会商研判，防御强降雨和干旱天气，最大程度降低灾害损失。并按照“先生活后生产、先节水后调水、先地表后地下”的原则做好水量调配，统筹好生态用水，保障人畜饮水和冬季作物用水。

省级碧道试点——梅县区丙雁大堤景观提升工程 （梅州市水务局提供）

【水资源管理】 2020 年，梅州市获中央发展资金最严格水资源管理制度考核激励资金 135 万元，用于加强全市水资源管理和节水宣传工作。组织完成清凉山水库、桂田水库 2 个水源地安全保障达标建设；编制完成《梅州市韩江流域水资源分配方案》《梅州市水资源管理办法》《梅州市非常规水源利用管理办法》和《梅州市地下水管理办法》。加强重点河流生态流量管控工作，督促指导各梯级电站科学合理安排发电时间和泄流时段，落实生态流量泄放措施，印发《梅州市重要河流水库电站生态流量管控实施方案》。推进水利行业节水机关建设，梅州市水务局及 8 个县（市、区）水务局全部完成节水机关建设任务，会同梅州市发改局编制《梅州市节水行动实施方案》。依法办理 4 件取水许可案件，市本级共征收水资源费 1549 万元。

【水库移民后期扶持】 2020 年，梅州市水务局持续推进水库移民后期扶持项目实施和加快资金使用进度。该年度获得中央及省水库移民后期扶持资金 1.75 亿元，实施美丽家园建设、生产开发以及移民公共基础设施项目共 320 个，完成投资 2.7 亿元，全面完成 2019 年度以前结余资金 1.49 亿元消化任务。完成韩江高陂水利枢纽工程和梅州抽水蓄能电站下闸蓄水阶段移民安置初验工作；协助广东省水利厅完成韩江高陂水利枢纽工程下闸蓄水阶段和大埔县茶阳水电站工程竣工验收移民安置终验工作。

【水利监督】 2020年，梅州市水务局践行水利改革发展总基调之“强监管”主调，组织各级水行政主管部门开展水库安全运行暗访检查。完成447个小型水库安全运行暗访工作，其中市级4个检查工作组完成76个小（1）型水库和重要小（2）型水库的暗访工作，县级检查组完成371个小型水库的安全运行暗访工作。对暗访和排查发现的隐患、问题，均责令整改并跟踪督促落实，实现闭环管理。加强水土保持预防和监管，加强对生产建设项目水土保持方案实施情况监督检查，确保“三同时”制度的落实，全年完成20个水土保持方案的审批，依法征收水土保持补偿费。推进梅州市河湖违法陈年积案“清零”工作，全市27件河湖违法陈年积案，于5月底全部实现“清零”。强化水行政执法，严厉打击河道非法采砂等水事违法行为，及时办理群众信访投诉。全年组织开展139次448人次执法巡查和督导检查，核查市扫黑办移交线索1条。

（梅州市水务局）

【梅州市大埔韩江高陂水利枢纽工程建设】 广东梅州高陂水利枢纽工程是国务院部署的172项节水供水重大水利工程之一，也是国家发改委、财政部、水利部三部委和广东省政府确定的第一批引进社会资本参与重大水利工程建设运营的PPP试点项目。工程位于大埔县高陂镇上游约5千米处的韩江干流上，是一个以防洪、供水为主，兼顾发电、航运及生态效益等综合利用的Ⅱ等大（2）型水利枢纽工程。坝址以上控制集雨面积2.66万平方千米，水库正常蓄水位38米，总库容3.66亿立方米，电站装机容量10万千瓦，多年平均发电量4.01亿千瓦时，船闸设计规模为500吨级。主要建筑物包括泄水闸、电站厂房、船闸、鱼道及两岸连接重力坝等。施工总工期66个月，总投资59.19亿元，投资来源为中央资金、省级资金及社会资金三部分。工程建成后，通过上下游堤库结合，可将韩江下游及三角洲地区的城市防洪标准由50年一遇提高至100年一遇，主要堤围由30年一遇提高至50年一遇，保护范围惠及梅州、揭阳、潮州、汕头850平方千米、人口625万人等；通过枢纽的调蓄作用，提高韩江下游地区的供水保证率，缓解水资源供需矛盾，惠及人口750万人。工程建设占用土地面积约2277.47公顷，搬迁安置人口4178人，生产安置人口5896人，移民涉及大埔县5个镇28个村（居）委223个自然村，分别安置于大埔县高陂陂寨、乌楼、党溪、银滩，大麻汶水塘，三河汇城6个移民安置点。征地拆迁及移民安置工作于2020年12月24日顺利通过省政府下闸蓄水阶段移民安置终验。库底清理、蓄水安全鉴定、二期工程水下部分验收、环保专项验收等相继完成后，于2020年12月25日顺利通过下闸蓄水阶段验收，工程具备下闸蓄水条件。工程预计2021年1月正式下闸蓄水，并在上半年实现首台发电机组并网发电。

截至2020年12月底，工程累计完成投资49.68亿元（其中征地移民安置累计完成投资22.91亿元，工程建设累计完成投资26.77亿元），占工程初设批复概算总投资59.19亿元的83.94%。2020年，工程完成投资10.49亿元，占年度投资计划10亿元的104.90%。完成丈量征收各类土地面积854.93公顷，基本完成土地的征收补偿工作，签

2020年，高陂水利枢纽工程上游面

（梅州市大埔韩江高陂水利枢纽工程建设管理处提供）

订拆迁协议的房屋 700 座，签订协议的房屋中应拆除的房屋已完成拆除任务。

交通工程方面，左右岸坝前段库周道路路基约完成工程量的 90%，渡头一桥、渡头二桥、九龙二桥梁架设已完成。左岸三级公路（除坝前段外）工程已完成控制性工程 4 座桥的桥墩建设和部分路基填筑任务。右岸二级公路提高标准升级改造路段（除坝前段外）工程约完成 80%的路基工程量。防护工程方面，增溪防护堤防护工程已完工并交付运行管理，大麻防护工程约完成总工程量的 40%。通信线路迁改分别由各自行业主管部门负责实施，主要线路迁改基本完成。航道复建工程和文物保护项目主体工程基本完成，配套项目建设有序推进。学校复建工程全面完成。水利水电设施补偿基本完成。

工程施工方面，一期工程主体建设任务基本完成。二期二段围堰和上游临时交通桥按批复方案拆除；二期泄水闸闸墩、消力池、海漫和坝顶路面已施工完成，正在实施胸墙、门楣、启闭机房及坝顶设施施工；大坝安全监测设施同步土建施工；泄水闸 11 号至 18 号工作闸门和液压启闭设备安装调试，正在完善二期泄水闸工作门启闭设备供电和供油系统、实施 19 号工作闸门和液压启闭设备安装调试；右岸重力坝坝顶设施施工；电站厂房主副厂房结构施工完成，继续实施 1 号机组厂房桥机排架柱、3 号和 4 号机组胸墙、屋面、厂房装饰装修、发电机组二期混凝土浇筑及配电房施工；继续实施进水渠右侧挡墙墙背回填施工；继续实施厂房尾水扩挖及厂区排水系统；拦污栅正在实施拦污栅平台和实体段施工；继续实施上游护岸及管理平台施工；安全监测设施同步土建施工；发电机组辅机设备及其他辅助设备安装；公用电气设备安装；鱼道进口 2、进口 3 施工及鱼道观察室施工，鱼道岸坡段同步右岸尾水边坡同步施工；变电站基础及防爆墙施工完成，变电站 GIS 楼继续实施结构施工；主变压器安装就位，正在实施其他电气设备安装；小党溪弃渣场和鱼类增殖放流站及其他水保环保措施施工；水情自动测报系统实施。

施工工程量方面，累计完成土石方开挖 991.70 万立方米；围堰及左右岸道路工程土石方填筑 329.17 万立方米；混凝土浇筑 157.23 万立方米；钢筋制安 4.78 万吨；金属结构制造 1.02 万吨，安装 0.63 万吨；围堰钢筋笼护坡、护脚累计 11.43 万立方米。 （曾浦君）

水　文

【水文概况】 2020 年，广东省水文局梅州水文分局实施梅州水文行业管理，负责梅州市水文水资源监测、水文情报预报、水文分析与计算、水文水资源调查评价工作；协调重大突发水事件、水文水资源应急监测工作；组织指导全市地表水和地下水水量和水质的监测、分析工作；负责全市水情信息、水文资料的收集、处理、分析、汇交、发布与整编工作；负责全市有关水事纠纷、涉水事件的裁决所需水文资料的审定，协助水行政主管部门管理和保护水资源；协同组织水资源调查评价工作；负责协调梅州市与周边地区的水量、水质监测；承担水文测报设施保护工作。

【水文测验】 2020 年，广东省水文局梅州水文分局辖区有 9 个国家基本水文站、4 个国家基本水位站、17 个中小河流水文站、15 个中小河流水位站。共完成基本水文站流量测验 410 份、泥沙测验 385 份，中小河流水文站流量测验 27 份，圆满完成“5·22”“6·8”2 场较大洪水的测验工作。通过把握测验时机、测次布置，完成各水文站定线推流或在线监测设备比测工作。5 月 22 日，受低涡切变和高空槽的共同影响，梅州市部分中小河流出现较大洪水，广东省水文局梅州水文分局及时启动水文应急测报响应，在兴宁大信河瑶兴水文站、蕉岭县柚树河三坑水文站测得建站以来最大洪水过程，为防灾减灾提供及时可靠水文数据。梅州市降雨量较多年平均累计偏少明显，部分水库、电站、水文站处于相对较低的水位。广东省水文局梅州水文分局及时加强低枯水期的水质水量监测工作，做好旱情分析，为韩江流域水量调度、流域生态流量保障工作提供技术支撑。

【水雨情监测】 2020 年，梅州市年降水量 1190.8 毫米，比上年偏少 33.5%，比多年同期偏少 24.7%，从 4 月入汛后，各月降雨量与常年对比均偏少。2020 年梅州市梅江、汀江、韩江等主要干流均未出现超警戒洪水，但仍有部分中小河流发生超警戒洪水；其中兴宁大信河瑶兴站 5 月 22 日 10 时 25 分出现 293.58 米的洪峰水位，超警戒水位（293.5

米）0.08 米。影响最大的洪水发生在 6 月 8 日，受强降雨影响，平远县东石河、差干河，梅县松源河、程江，蕉岭柚树河、石窟河，兴宁黄陂河、大信河水位均出现明显涨幅。中小河流站点东石河东石站 8 日 8 时 50 分出现洪峰水位 143.69 米，超警戒水位（143.5 米）0.19 米；柚树河三坑站 8 日 14 时出现洪峰水位 100.15 米，超警戒水位（98 米）2.15 米。大埔漳溪河上黄沙站 8 月 11 日 17 时 25 分出现洪峰水位 87.96 米，超警戒水位（87.0 米）0.96 米。8 月，河道径流和水库蓄水量与历史同期相比明显偏少，防旱工作成为重点。广东省水文局梅州水文分局编写旱情分析材料 30 份，参与旱情会商 2 次。

【预警预报】 2020 年，广东省水文局梅州水文分局发布水情预警信号 2 次（最高级别为黄色，其中洪水黄色预警 1 次，洪水蓝色预警 1 次），水情预报 11 份，水情预警 5 份，水情简报 217 份，水情旬月报 36 份，水情快报 180 份，发送预警短信 37 万多条。高陂水利枢纽施工预报 1096 份。6 月 8 日，强降雨造成石窟河长潭水库水位快速上涨，石窟河下游支流柚树河发生 10 年一遇洪水，广东省水文局梅州水文分局快速发出预报预警，及时与市、县水务局会商，滚动预报洪水流量过程，提出长潭水库出库流量与柚树河洪水错峰调度建议。长潭水库在洪水过程中调蓄洪水 3700 万立方米，削减下游洪峰 1030 立方米/秒（避免新铺镇淹浸 1.5 米、松口镇淹浸 1.0 米），石窟河、梅江主要站点水位始终保持在警戒水位以下，保障新铺镇、松口镇防洪安全。

【水文技术革新】 2020 年，广东省水文局梅州水文分局获得发明专利 1 项、实用新型专利 2 项。发明专利是一种分布式单位线洪水预报方法，方法经过多场洪水检验，基于该方法建设的洪水预报预警模块在 2017—2020 年防洪工作中发挥效益。第一项实用新型专利是一种记录洪水洪峰水位的水位尺，该专利产品在无水文站点的防洪对象沿河固定点安装，可搜集洪水洪峰资料，为防洪点编制预报方案，与上下游水文站点建立相关关系提供基础资料，该专利在中国水利教育协会组织的 2016—2018 年度全国水利职工创新成果评选中获优秀奖。第二项实用新型专利是一种遥挂取样装置，该实用新型具有警示效果较佳的优点，能够有效地减少在采取沙样的过程中对过往船只的安全隐患。广东省水文局梅州水文分局申报的 2020 年广东省水利科技创新项目《中小流域多源降雨信息融合的自适应水文预报技术研究及应用示范系统开发》获批，并有序开展建设。

2020 年 5 月 22 日，因山体滑坡道路受阻，广东省水文局梅州水文分局应急监测人员扛着监测设备步行 2 千米赶往测流点　（广东省水文局梅州水文分局提供）

【城市景观湖水质监测】 2020 年，广东省水文局梅州水文分局开展对城市景观水体——剑英公园、文化公园、泮坑水库进行监测，了解水质状况，及时预警富营养化状况。

【水环境监测】 2020 年，广东省水文局梅州水文分局监测 52 个水质常规监测断面，其中地表水 51 个（河流 33 个、水库 18 个），地下水 1 个，基本涵盖梅州境内韩江、梅江及其水系内的主要河流、湖库。地表水监测项目 32 个，地下水监测项目 21 个，全年完成常规水样监测 590 个，常规监测数据 16713 个。

【韩江水资源动态评估】 2020 年，广东省水文局梅州水文分局按照韩江流域管理局要求，做好韩江流域水资源动态监测、评价分析工作，形成韩江水资源动态月报、季报、年报。

（广东省水文局梅州水文分局）

梅西水库管理

【梅西水库概况】 梅西水库位于梅县区西北部，始建于 1964 年 10 月，于 1967 年 4 月建成，是一个以防洪、灌溉为主，结合发电、供水、生态农业、旅游开发等综合利用的市属中型水库。水库集雨面积 350 平方千米，总库容 5100 万立方米，正常库容 3500 万立方米，相应正常蓄水位 167.5 米，水面面积 5 平方千米。库区日常管理工作由梅州市梅西水库管理局负责，管辖面积 15.2 平方千米，常住户籍人口 1608 人。

【水库安全防汛】 2020 年，梅州市梅西水库管理局统筹做好疫情防控和梅西水库防汛度汛工作，制订 2020 年汛前防汛备汛安全检查方案并组织开展检查。审批《梅西水库 2020 年度汛期防洪调度运用计划》和《梅西水库防洪应急预案》，组织开展防汛应急演练，进一步提高应对突发事件的能力，确保安全度汛。做好组织、协调水库联合调度工作，做好水库、山塘、水电站安全运行管理相关工作，坚持落实以行政首长负责制为核心的各项“三防”责任制，层层签订责任书，明确各级责任单位和责任人。

【水库生态文明建设】 2020 年，梅州市梅西水库管理局贯彻落实习近平总书记生态文明思想和关于建设美丽中国的重要论述精神，持续抓好库区生态文明建设。落实《梅西水库管理局库区环境保护计划》，做好护林防火宣传，引导群众文明祭祀，并加强护林防火值班巡查工作，严防山火事故。继续加大造林绿化工作力度，启动侯畲管理区生物防火林带建设项目，按省级标准建设总长 4.22 千米(面积 8.44 公顷）的生物防火林带。加强梅西水库水质的保护和管理，建立水质保护管理相关工作制度，落实河（湖）长制度，要求定期或不定期组织巡查检查，实施库面保洁工作，确保人民群众生活和工农业生产用水安全。

【企业安全生产】 2020 年，梅州市梅西水库管理局落实安全生产“一岗双责”制度，抓好隐患排查和预案完善，开展水利安全生产专项检查及隐患排查 16 次，编印安全简报 14 期。全年未出现安全生产责任事故。

【库区农业生产】 2020 年，梅州市梅西水库管理局采取多种措施激励库区农业生产发展。继续加大农业生产基础设施建设投入，实施侯畲大山背耕作道路建设工程（二期）；加强耕地保护和管理，定期或不定期进行巡查检查，制止违法乱占耕地行为，确保“农地农用、农地姓农”；引导群众发展本地区优势特色农产品（如板栗和茶叶），2020 年 4 月，邀请梅州市农科院茶叶研究所的专家对库区的茶叶企业和农户进行培训，提升茶叶种植的管理技术和茶叶制作的工艺技术；与梅县区畜牧水产局防疫站协调，加强库区禽畜防疫工作，为群众养殖生产发展提供保障。

【库区民生工程】 2020 年，梅州市梅西水库管理局统筹推进新冠肺炎疫情防控和库区经济社会发展工作。强化责任落实，做好各项疫情防控工作，做到联防联控、群防群治，科学处置、精准施策，实现零确诊零疑似零密接。推进库区经济社会发展工作，特别是民生保障工作。做好社会保障工作，不断完善社会保障救助体系，做好基础性工作，对低保户、五保户实行档案化、动态化管理。落实各项优待政策，如计划生育奖励、老年人意外保险等。用好用活移民后期扶持政策，组织实施民生基础工程，如侯畲饮水项目、上官塘光伏项目、路灯改造项目等。

【库区地质灾害防御】 2020 年，梅州市梅西水库管理局编制印发《梅州市梅西水库管理区削坡建房综合整治工作实施方案》《关于削坡建房户地质灾害防治实行网格化管理的通知》《梅州市梅西水库管理区地质灾害防治预案》，明确全年地质灾害防治的主要任务、责任分工和保障措施。地质灾害防治的重点是已排查核定的削坡建房重点户，并对其他的全部削坡建房户的房屋分布、家庭成员、电话号码等信息登记造册，落实人员包片负责，实行网格化管理，发放地质防治“明白卡”，并组织举办 1 次地质灾害防御应急演练，向群众发放宣传资料，增强公众的地质灾害防治意识和自救、互救能力。

（梅州市梅西水库管理局）

工业

梅县区梅南九龙嶂革命根据地旧址群

责任编辑：廖晓鹏

工业综述

【工业概况】 2020年，梅州市规模以上工业企业489家，实现规模以上工业增加值227.94亿元，比上年增长0.2%；全市工业投资完成125.24亿元，比上年增长12.6%，增速在全省排名第7位。全市技改投资完成33.99亿元，比上年增长10.9%，增速在全省排名第5位。新开展技改企业102家，完成省下达100家任务。全市有市场主体30.37万户，比上年增长8.46%；其中私营企业5.22万户、个体工商户24.68万户，分别增长33.84%和7.30%。

【园区建设】 2020年，梅州市工业和信息化局发挥梅州市产业园区建设指挥部办公室职能，立足生态发展区功能定位，强化“产业兴市、项目为王、企业第一”的理念，按照生态优先、绿色发展的要求，印发《梅州市推进产业园区（集聚地）提质增效2020年工作方案》《广东梅兴华丰产业集聚带2020年度工作方案》等方案，推进产业园区（集聚地）提质增效。全年全市10个产业园区（集聚地）实现规模以上工业增加值92.15亿元、全口径税收23.56亿元，完成固定资产投资140.36亿元，其中工业投资73.68亿元；园区“三个一批”（投产一批、动工一批、签约一批）项目建设成效明显，新签约项目87个，计划投资额147.77亿元；新动工企业项目86个，计划投资额101.63亿元，其中亿元以上新落地项目35个，10亿元以上项目1个；新建成投产企业项目47个。全市产业园区（集聚地）财政资金投入基础设施建设资金28亿元，重点用于园区水、电、路、污水设施、工业用地拆迁平整及园区生产生活配套等基础设施建设。开展园区提质增效目标评价，组织评审2020年珠三角与粤东西北产业共建扶持资金入库项目，为企业加快发展提供实实在在的支持。

【梅兴华丰产业集聚带建设】 2020年，梅州市工业和信息化局发挥梅州市梅兴华丰产业集聚带规划建设指挥部办公室职能，加强工作协调，推动梅兴华丰产业集聚带建设。印发《广东梅兴华丰产业集聚带2020年度工作方案》，明确工作目标和各成员单位工作职责。全年集聚带区域产业园区（集聚地）实现规模以上工业增加值61.24亿元、全口径税收16.51亿元、工业项目固定资产投资49.70亿元；新签约企业项目63个、新动工企业（项目）累计63个，其中亿元以上新落地项目26个，新投产企业（项目）累计32个。

【技改创新】 2020年，梅州市工业和信息化局牵头起草并由梅州市政府印发实施《梅州市促进制造业企业增资扩产的若干措施》，持续实施推动工业投资可持续发展行动计划、技术改造三年行动计划，加快推进工业投资项目建设，促进工业投资有效增长。全市工业投资完成125.24亿元，比上年增长12.6%。全市技改投资完成33.99亿元，比上年增长10.9%。新开展技改企业102家。广东嘉元科技股份有限公司获"2020年国家技术创新示范企业"，实现新突破。广东自远环保股份有限公司、广东紫晶信息存储技术股份有限公司2家企业获得广东省第十九批省级企业技术中心认定。

【企业服务】 2020年，梅州市工业和信息化局2次组建市巡回宣讲团到各县（市、区）和工业园区，为基层企业宣讲国家和省市出台扶持企业复工复产的"融资、用工、社保、税费"等惠企政策，宣讲省制造业"十九条"、20大战略性产业集群以及梅州市惠企政策措施，帮助企业用足用好政策，降低企业成本，让更多的企业享受政策红利。全市先后建成国家级中小企业公共服务示范平台1个、省级中小企业公共服务示范平台11个、市级中小企业公共服务示范平台67个。推广应用省中小微企业服务券，全年为133家企业发放服务券240多万元。

【节能降耗】 2020年，梅州市工业和信息化局推进全市工业和信息化领域节能降耗工作，全年会同梅州市发改局分批次对全市26家水泥企业的阶梯电价与能耗限额执行情况、4家钢铁企业的能耗限额执行情况、8家造纸企业的能耗限额执行情况、1家橡胶制品企业的能耗限额执行情况进行专项监察。年内，全市完成34家企业清洁生产审核，比省下达6家企业清洁生产审核目标任务多完成28家，累计审核企业数已提前完成省下达"十三五"目标任务。

【信息化建设】 2020年，梅州市工业和信息化局贯彻落实梅州市委、市政府关于深耕互联网产业决策部署，信息化建设取得新成效。全市新增建设5G基站1160座，累计建成1353座5G基站，基本实现城区范围、各县（市、区）、重点乡镇、工业园、医院、学校等的覆盖。全市新增光纤接入用户6万户，累计112.43万户；新增100兆以上光纤接入用户7.58万户，累计106.2万户；新增4G基站数665座，累计12940座；新增NB-IoT基站466座，累计2788座；新增基站站址63个，累计5469个。实现全市所有20户以上自然村（10804个）光纤网络和4G网络全覆盖。成功举办2020第二届梅州互联网大会以及2020梅州工业互联网推进会暨梅州城区5G智慧杆政策发布会，推动一批签约项目，实现梅州市工业互联网标识二级节点与一级节点的对接。加快推动企业"上云上平台"，组织全市17家工业企业依托工业互联网平台商和服务商，围绕核心业务环节，利用工业互联网新技术、新模式，实施数字化网络化智能化升级，获取服务券奖补资金208.73万元。组织对已获得2020年省级服务券奖补的12个项目进行配套奖励，累计奖励资金31.52万元。

【特种行业（民爆）监管】 2020年，梅州市工业和信息化局履行民爆物品生产销售行业监管职责，通过开展定期安全生产检查、集中整治专项行动、联合执法检查、交叉检查和硝酸铵储存安全专项整治，推动安全隐患排查治理"一线三排"工作机制的有效实施，不断强化民爆生产销售行业监管能力建设和安

2020年11月16日，2020第二届梅州互联网大会在广东省梅州兴宁会展中心开幕
（梅州市工业和信息化局提供）

2020年11月25日，梅州市第五届创新创业大赛启动（梅州市工业和信息化局提供）

全生产管理水平。督促指导全市民爆物品生产销售企业切实落实安全生产主体责任，确保“4个100%”落实，并按照工信部要求的主要任务和时间节点，有序推进安全生产专项整治三年专项行动。全年全市民爆生产企业生产工业炸药3.71万吨，实现产值2.15亿元，上缴税金2144万元；销售企业销售炸药9410吨，销售雷管203万发、工业索类火工品237万米，实现销售收入1.10亿元，上缴税金601万元。

【创新创业】　在梅州市连续成功举办四届创新创业大赛（2016—2019年）的基础上，2020年，梅州市工业和信息化局继续组织举办梅州市第五届创新创业大赛，组织“辉骏科技”“金绿现代农业”“科伦药业”等一批优质企业项目参加比赛，该届大赛参赛项目数量296个，为历届之最，大赛总奖金131万元，其中最高单项奖为创业组金奖18万元，还设立战疫贡献奖、脱贫贡献奖、客家工匠奖3个单项奖。组织举办第二届梅州市工业设计大赛，大赛征集作品525件，推荐53件作品参加第十届“省长杯”工业设计大赛，被正式授予“梅州赛区”，有13件获得总决赛优秀奖，另有2件作品获得专项赛三等奖，2件作品获得专项赛优胜奖。组织开展第一届梅州市工艺美术大师评审认定，39人获梅州市政府授予“梅州市工艺美术大师”称号。成功举办第一届梅州市工艺美术大师颁证暨梅州市第二届工业设计大赛颁奖大会，不断推动梅州市工业设计水平提升。梅州市工业和信息化局先后推动建成国家级小微企业创业创新示范基地1个、省级小微企业创业创新示范基地7个、市级小微企业创业创新示范基地18个。

【融资保障】　2020年，梅州市工业和信息化局以做大做强做实“信贷风险补偿资金、政策性担保公司、促进创业小额担保贷款基金”等三大融资平台为着力点，在广大中小微企业、商业银行之间架起融资金桥，开展融资对接活动，重点对符合国家产业政策和梅州市产业发展方向的中小微企业提供融资增信和担保服务，缓解梅州市广大中小微企业碰到的融资难、融资贵、融资慢问题。梅州市中小微企业信贷风险补偿资金总规模1.2亿元，392家企业加入“重点中小微企业池”，全年为40家中小微企业提供信贷风险补偿资金增信贷款2.54亿元，梅州市企信融资担保公司累计为219家企业担保总额29.87亿元，市促进创业小额担保贷款基金累计为23个初创企业和2个创业者发放担保贷款5050万元。支持企业上市（挂牌）融资，全年为广东新南方青蒿药业、正华钢构、井得电机上市挂牌融资项目奖补115万元。

（梅州市工业和信息化局）

支柱产业

【支柱产业概况】　2020年，梅州市烟草、电力、建材、电子信息、机电制造五大传统支柱产业累计完成规模以上工业增加值191.69亿元，比上年增长1.6%，占全市规模以上工业增加值的84.1%。

【烟草产业】　2020年，梅州市烟草产业实现规模以上工业增加值64.84亿元，比上年下降2.7%，占全市规模以上工业增加值的28.4%。代表企业主要有梅州卷烟厂。梅州烟叶复烤公司因政策因素于当年1月起停产。

【电力产业】　2020年，梅州市电力行业规模以上企业有19家，实现规模以上工业增加值37.43亿元，比上年增长3.9%，占全市规模以上工业增加值的 16.4%。代表企业主要有广东宝丽华电力有限公司、广东粤电大埔发电有限公司等。

【建材产业】 2020 年，梅州市有 7 家水泥熟料生产企业，产能 1500 万吨/年，主要分布在蕉岭县、梅县区和平远县，其中蕉岭县水泥熟料产能占全市的 88%；水泥粉磨站 19 家，产能达到 1595 万吨/年。全年全市建材产业规模以上企业有 127 家，实现规模以上工业增加值 39.01 亿元，比上年增长 1.0%，占全市规模以上工业增加值的 17.1%。代表企业主要有广东塔牌集团股份有限公司、蕉岭县龙腾旋窑水泥有限公司、梅州皇马水泥有限公司和广东宝丰陶瓷科技发展股份有限公司等。梅州市建材行业除水泥外，还有陶瓷业、混凝土、混凝土构件、干粉砂浆、煤灰砖、河沙开采等行业。

【电子信息产业】 2020 年，梅州市规模以上电子信息产业企业有 92 家，完成工业增加值 34.40 亿元，比上年增长 1.7%，占全市规模以上工业增加值的 15.1%。代表企业主要有博敏电子股份有限公司、广东嘉元科技股份有限公司、志浩电子科技有限公司、广东超华科技股份有限公司、梅州市威利邦电子科技有限公司等。

【机电制造产业】 2020 年，梅州市机电制造行业有规模以上企业 70 家，实现规模以上工业增加值 16.01 亿元，比上年增长 16.9%，占全市规模以上工业增加值的 7.0%。代表企业主要有 BPW（梅州）车轴有限公司、广东金雁电工科技股份有限公司、广东辉骏科技集团有限公司等。（梅州市工业和信息化局）

转型升级

【转型升级概况】 2020 年，梅州市立足生态功能发展区定位，抢抓发展机遇，主动对接省“双十”产业集群发展规划，聚焦“立柱工程”，发展培育“铜箔、稀土、绿色建材、电声、汽车零部件、互联网”六大特色产业集群，作为梅州市加快构建“5311”绿色产业体系，加速培育工业发展新动能。通过产业转型升级、集群抱团发展、效益持续增长，推动工业经济持续健康发展。

【铜箔产业集群打造】 2020 年，梅州市谋划《梅州市铜箔—高端印制电路板产业集群发展规划（2021—2025 年）》。梅州市有嘉元、超华、威华 3 大上市企业集团生产铜箔，铜箔产能 4.9 万吨/年；主要生产锂电池高纯铜箔、PCB 用高纯铜箔。成功举办中国电子铜箔行业年会暨梅州市铜箔产业大会，推动打造“中国铜箔之都”，促进梅州市铜箔和电声产业向产业链、价值链高端迈进。全市竣工投产的项目有嘉元科技年产 5000 吨铜箔项目和超华科技年产 8000 吨铜箔项目。在建的铜箔相关项目有 3 个：嘉元科技在建年产 2 万吨铜线加工项目，总投资 0.67 亿元；嘉元科技在建年产 1.5 万吨新能源动力电池用高性能铜箔项目，总投资 10.1 亿元；超华科技在建年产 600 万张高端芯板项目，总投资 3.76 亿元。

【稀土产业集群打造】 2020 年，梅州市谋划《梅州市稀土产业发展规划（2021—2025 年）》。梅州地区已形成从稀土开采、冶炼分离、精深加工为一体的稀土产业链。主要分布在平远县、大埔县和高新区，梅州市稀土代表企业有平远县华企稀土实业有限公司、大埔县新诚基工贸有限公司、广东富远稀土新材料股份有限公司、广东广晟智威稀土新材料有限公司、广东东电化广晟稀土高新材料有限公司，2020 年度规模以上企业实现产值 10.08 亿

2020 年 11 月 27 日，以“聚焦铜箔产业·共促苏区振兴”为主题的 2020 年中国电子铜箔行业年会暨梅州市铜箔产业大会在梅县区举行 （梅州市工业和信息化局提供）

元，比上年增长 16.02%。

【绿色建材产业集群打造】 2020年，梅州市谋划《梅州市绿色水泥建材产业集群发展规划（2021—2025 年）》。梅州市坚持以绿色低碳为重要标尺，以塔牌集团、龙腾旋窑、皇马水泥、三一筑工等企业为龙头，依托国家水泥及制品质量监督检验中心，推动传统建材向节能化、资源化、生态化方向转型。发展新型墙体材料、新型保温材料、新型防水材料以及室内装修构件、蒸压加气混凝土制品等为重点的装配式建筑材料。

【电声产业集群打造】 2020 年，梅州市谋划《梅州市电声产业集群发展规划（2021—2025 年）》。梅州市依托丰顺电声产业蓬勃发展的基础，发挥电声产业集群技术标准联盟在集智创新、突破产业共性技术和推进产品标准化中的作用，抓好项目落地、加强统筹协调，2020 年丰顺县电声产业基地被商务部认定为“国家外贸转型升级基地”。加快中国（丰顺）电声产品国际采购中心、中国（丰顺）国际电声博览中心、广东丰顺万洋众创城建设，推进梅州·丰顺国际声谷项目，为电声产业的全产业链构建提供支撑。

【汽车零部件产业集群打造】 2020年，梅州市谋划《梅州市汽车零部件产业集群发展规划（2021—2025年）》。梅州市利用长期以来形成的汽车零部件产业优势，发挥广汽集团、BPW 车轴公司等龙头企业示范作用，加强上下游产业链招商，完善链条发展要素。以广汽零部件产业园为重点，以汽车零部件产业为突破口，按照“总部 + 生产基地”“主体 + 生产链条配套”等产业共建合作路径，引导云山汽车、BPW 车轴、获赛尔汽车铸件等本土企业加强与广汽集团合作，打造汽车零部件产业集群，推动汽车工业持续稳步发展。

【互联网产业集群打造】 2020 年，梅州市印发实施《梅州市互联网产业发展规划（2021—2025 年）》等措施，谋划互联网产业加快发展，力争“十四五”期间开新篇启新程。“三云两园两中心”建设初具雏形，阿里云创新中心正式挂牌运营，入驻企业近 20 家，广东金山云华南区域总部落户梅州并加快推进工业互联网标识解释体系项目建设，广东飞翔云计算产业园正加快建设力争尽快投入使用，广梅大数据产业园入驻企业紫晶信息存储在科创板上市，兴宁互联网产业园加快建设等。加快数据中心建设，梅州市移动数据中心正式动工建设，梅州市电信数据中心和梅州市联通工业互联网数据中心加快扩容建设，梅州被列为全省数据中心集聚区“双核九中心”之一。

【政策保障】 2020 年，梅州市先后出台《梅州市实施五年实体经济大振兴战略 加快构建‘5311’绿色产业体系实施方案（2019—2023 年）》及十大产业子方案和十大产业 2020 年度工作计划、《应对新冠肺炎疫情支持企业复工复产若干措施》、《应对新冠肺炎疫情支持企业复工复产若干措施实施指南》（十八条）、《梅州市促进制造业企业增资扩产若干措施》、《梅州市支持中小企业融资的实施意见》以及省制造业“十九条”、20 大战略性产业集群等系列惠企政策，加大政策宣传贯彻力度，确保相关政策落地有效，为企业发展保驾护航。

【平台建设】 2020 年，梅州市坚持规划引领，整合资源，加大园区平台建设，形成以广东梅兴华丰产业集聚带和 10 个产业园区（集聚地）的工业经济发展平台格局，实现省产业转移政策的全覆盖和县县有园区的目标，促进县域经济发展。同时，梅州市发挥引导加服务作用，搭建发展平台，帮助企业做强做大。截至 2020 年底，梅州市有国家企业技术中心 1 家（广东嘉元科技股份有限公司技术中心）；省级企业技术中心 2 家（广东科伦药业有限公司技术中心、广东辉骏科技集团有限公司技术中心）；国家级小型微型创业创新示范基地 1 家（五华县电子商务创业孵化基地）；国家中小企业公共服务示范平台 1 家（兴宁市中小企业服务中心）；国家级科技企业孵化器 1 家（广东壹号投资有限公司孵化器）。

（梅州市工业和信息化局）

招商引资与经济合作

【招商引资与经济合作概况】 2020年，梅州市推进“三进一出”工程，招大商、大招商，加快构建“5311”绿色产业体系和“五星争辉”区域发展新格局，推动专业招商、精准招商、以商引商，进一步延长产业

2020 年 6 月，梅州市政府市长张爱军参加在深圳召开的梅州市驻外专业招商队进点动员会
（梅州市商务局提供）

链条、优化产业结构，推进梅州招商引资工作高质量发展，助推经济实现换道超车。全年全市引进合同项目 135 个，计划投资额 646.97 亿元，累计完成投资 103.51 亿元。其中计划投资 10 亿元以上的项目 18 个，计划投资额 365.40 亿元，项目主要涉及电子信息、汽车玻璃、智能家电、纺织服装、文旅、互联网、大健康等产业。

【制度建设】 2020 年，梅州市制订《梅州市驻外专业招商队伍工作方案》，组建 12 支驻外专业招商队，以重点产业、重点区域、重点客商为主线，整合资源、创新方式，推动专业招商、精准招商。各县（市、区）参照《梅州市促进先进制造业招商引资工作若干措施》，印发出台本地招商引资政策，不断完善县级招商引资政策，实现以惠招商。制订《梅州市增资扩产项目纳入招商引资任务统计范围工作方案》，7 月，将招商引资增资扩产项目纳入任务统计范围。结合梅州产业规划、资源禀赋、发展方向，制作《梅州投资指南（2020）》等。

【招商推介】 2020 年，梅州市商务局牵头在深圳、东莞组织举办两场专题推介会。借助 2020 年中国电子铜箔行业年会暨梅州市铜箔产业大会、2020 第二届梅州互联网大会、第三届广东茶叶大会等活动平台，围绕营商环境、招商引资政策及制造业、互联网、文旅、现代农业等产业，开展招商推介活动，多方位宣传梅州投资环境和山水人文资源，扩大“世界客都 · 长寿梅州”影响力。抓住广交会、广博会、进博会、厦洽会等交流活动的契机，宣传推介梅州，促进交流合作，不断加快梅州高质量发展步伐。利用好东莞市梅州商会、佛山市梅州商会、中山市梅州商会等各大平台，挂牌成立驻外专业招商联络处，宣传推介梅州投资营商环境，提升梅州知名度。

【乡贤招商】 2020 年，梅州市商务局以创新工作机制和方式方法为主要抓手，进一步优化投资营商环境，采取专班招商、专题招商等方式，发挥亲情、友情、乡情的感召力，实施“乡贤回归投资兴业”工程，鼓励外出乡贤携资金、引人才、带项目回乡投资创业，促成智联齐昌互联网项目、立盛智能制造生态园项目、三顺矿山机械制造项目等 42 个乡贤投资项目签约落户。

【项目引进】 2020 年，梅州市对接跟进香港铜锣湾商贸文旅项目、深圳华强集团文化旅游项目和深圳汇春科技集成电路生产项目等一批重点项目，加紧项目洽谈，力促项目加快落地、建成投产。签约铜锣湾欢乐颂、广东国峰半导体集成电路产业链、广东唯尔立高档织物面料织造和赤兔马跨境电商 4 个项目；推动中骏集团与梅州市政府签订战略框架协议。（梅州市商务局）

工业企业

广东中烟工业有限责任公司梅州卷烟厂

【梅州卷烟厂概况】 广东中烟工业有限责任公司梅州卷烟厂（简称梅州卷烟厂）始建于 1939 年，曾先后更名为“梅县卷烟厂”“梅州市卷烟厂”“广东梅州卷烟厂”等，2008 年 1 月起，更名为“广东中烟工业有限责任公司梅州卷烟厂”，为广东中烟工业有限责任公司境内下属四个卷烟工厂之一。

梅州卷烟厂占地面积 146666.67 平方米（主厂区占地面积 123333.33

2020 年，梅州卷烟厂卷接包车间生产现场　　（梅州卷烟厂提供）

平方米)，建筑总面积约 16 万平方米，固定资产总值约 8 亿元，年生产卷烟规模约 40 万箱(200 亿支)。主要生产设备装备为一条 5000 千克/小时，制丝生产线、一条 1500 千克/小时 HDT 制梗丝线、一条 570 千克/小时二氧化碳膨胀烟丝生产线，15 台套卷接包机组。主要生产“双喜·五叶神”系列、“双喜(硬世纪经典)”等卷烟产品，为广东中烟一类卷烟主要生产基地。改革开放 40 多年来，梅州卷烟厂卷烟产量增长约 6.2 倍，工业产值增长约 257 倍，实现税收增长约 226 倍。自 1999 年五叶神卷烟品牌创牌以来，企业累计生产卷烟约 600 万箱，实现工业产值约 1000 亿元，上缴税收约 600 亿元，上缴税收占梅州全市税收总额的 30%以上。梅州卷烟厂先后获得全国和省、市“工人先锋号”，全国模范劳动关系和谐企业，全国和省、市“安全生产先进单位”，全国和省、市“巾帼文明示范岗”，全国青年安全生产示范岗，“广东省先进基层党组织”，广东省“先进集体”，“广东省文明单位”和“2018 改革开放 40 周年制造业功勋企业”等先进集体荣誉；以及“全国劳动模范”、全国和省“五一劳动奖章”、全国和省“三八红旗手”等先进个人。

【生产经营】 2020 年，梅州卷烟厂实现工业产值、实现税金和上缴税金等主要经济技术指标均创历史最高水平，其中实现现价工业总产值 80.59 亿元，比上年增长 2.10%；实现税金 52.02 亿元，比上年增长 1.72%；上缴税金 51.49 亿元，比上年增长 11.03%。实现税收约占梅州全市税收总额的 25%。

（梅州卷烟厂）

广东粤电大埔发电有限公司

【大埔发电公司概况】 2020 年，广东粤电大埔发电公司（简称大埔发电公司）完成上网电量 43.23 亿千瓦时，比上年多发 1.8 亿千瓦时，完成股份公司下达目标 36.8 亿千瓦时的 117.47%。综合供电标准煤耗率 312.88 克/千瓦时，比上级下达 313 克/千瓦时的指标减少 0.12 克/千瓦时。截至 2020 年 12 月 31 日，公司连续安全生产 2633 天，未发生人为责任的 C 类障碍、火灾事故、环境污染事故和职业健康危害事故，发生一起机组非计划停运事件。

【安全生产管理】 2020 年，大埔发电公司严格履行安全责任，安全生产局面持续稳定向好。逐级制订并签订安全生产责任书，制订相应实施方案和保证措施，并贯彻落实，确保各项安全指标的实现，对安全生产责任目标完成情况进行奖励和处罚。公司主要领导每月定期主持召开安委会和年度安全生产工作会议，研究、布置重大重要安全生产工作任务、检查落实情况。组织修编完善并严格执行《安全生产保障与监督管理》《操作票管理》等安全标准，强化“两票三制”执行，使承包商安全管理等风险得到有效管控。制订安全保障工作措施和风险管控措施，成立安全保障组织机构，严格落实安全生产主体责任，严格执行保电方案，并加强监督检查，确保公司在春节、节后复工复产、全国两会、“国庆 71 周年庆典”等特殊时期平稳安全。组织各部门和承包商单位全面开展安全生产风险点危险源辨识、评估与管控工作，最大限度地减少人为失误或其他风险失控造成的事故。实行安全风险分级管理，建立隐患排查治理机制，消除各类安全隐患和事故风险。进一步规范特种作业人员持证问题，坚决杜绝无证作业，确保特种作业合规受控。做好安全交叉互查，开展“安全生产领域专项整治”等安全生产攻坚行动，严格落实“一线三排”工作机制。组织各部门开展各类预案演练工作，并做好演练总结和评估工作。及时根据各类天气启动应急响应机制，做好应对准备。启动公司年度应急预案评审、备案和应急能力建设评估工作，使公司应急预案体系与上级部门预案体系有机融合，规范并提高公司应急管理水平。围绕年度消防安全目标和消防工作计划，发挥消防安全监督体系作用，落实消防责任制，2020年未发生一般火灾事故。通过开展全方位、多层次的交通运输安全整治，严格落实三检制度，确保公司所属车辆车况良好，全年公司交通安全平稳可控。做好在建项目的安全监管，2020年公司开展风险高的工程项目较多，通过加强现场安全监管，开展专项安全检查和隐患排查工作，狠抓委外工程高危作业风险管控，通过习惯性违章记分及考核等，顺利完成干煤棚优化工程项目，废水零排放、灰场建设和储能调频项目正稳步有序推进中。

【机组运行管理】 2020年，大埔发电公司加大力度做好技术管理，为机组运行保驾护航。配合西安热工院继续优化机组自动控制，提高机组自动化水平和调节品质，降低人工干预度，减少人为误操作和劳动强度。优化锅炉MFT防内爆功能，防止锅炉MFT时，灭火造成炉膛负压超过限值损伤炉膛。开展优化开机流程和缩短SCR投运时间的专项行动。进一步完善空预器防堵专项措施，通过加强监控、加强空预器吹灰和控制SCR氨逃逸等措施，抑制预防空预器堵塞。编制《真空低排查指引》等标准操作卡，提高查漏效率。制订《关于规范停运机组系统设备状态的通知》，规范机组停运时各系统所处状态要求，明确设备状态，提高机组启动时运行响应速度。制订《关于规范机组轮换过程技术指引》，保障换机操作可控有序。组织DCS控制逻辑重点排查和热工信号分级报警专项整治工作，进一步提高控制逻辑和报警信号的合理性、可靠性。推进可视化两票系统建立，规范两票管理，并在2号机组C修过程中全程使用。废水零排放项目稳步推进。1、2号机组末端废水已于12月全面投运，深度节水已完成土建和设备安装工作，开始单体调试。及时消除隐蔽缺陷，保证机组设备安全稳定运行。吸收塔搅拌器减速箱频繁扫齿问题，将现有减速箱改为皮带传动减速箱，并配套更换电机。“B真空皮带机处理低”问题，通过排水管等改造。完成C2M皮带更换工作，提高C2M带式输送机设备的安全可靠性。完成干煤棚天沟改造。做好火车进煤涉铁方面的业务管理工作，确保火车进煤顺畅有序，得到铁路主管单位的好评，实现投产至今铁路安全零考核，获评广州北车辆段“优秀爱车企业”。

【经营效益】 2020年，大埔发电公司面对疫情负面影响、年度进口煤指标锐减、偏差电量分摊负担严重、市场份额电量减少等对经营的影响，通过“强经营、降成本”等方式，提升效益。活用系统顶峰等政策，多发效益电，全年得到的市场电量指标比省内同类型机组电厂多了11.7%。增售直销电，年度直销电工作业绩在集团所有电厂中名列第五。利用8月全月现货结算试运行的契机，通过中长期合约与现货的价差进行获利。探讨并实施最优的碳排放核算方式。主动作为争取银团贷款合同利率两次深度下调。降低燃料运输成本，争取铁路、港口的最大优惠政策。主动准备材料申报中小企业相关减免社保费享受政策优惠，节省公司人工成本。

【企业管理和创新】 2020年，大埔发电公司作为集团公司委托的“优秀企业标准化体系建设”项目，在“标准化良好行为企业”外审中通过AAAAA评级。组织做好2019年度优秀（星级）班组评审，集控运行戊值获广东能源集团2019年“优秀班组”称号。公司2020年再获得6项专利，《基于数据挖掘的现场总线设备前瞻性维修管理》获得2019年度全国电力行业设备管理创新成果二等奖，《发电企业外委承包商管理的探索与创新》《结合实际抓好工程安全管理工作创新》《基于档案管理现状的规范化管理》成果获火电板块2020年管理创新劳动竞赛三等奖。

（大埔发电公司）

广东粤电长潭发电有限责任公司

【长潭发电公司概况】 2020年，广东粤电长潭发电有限责任公司（长潭发电公司概况）累计完成上网电量8659.99万千瓦时；水库来水总量10.01亿立方米，比上年减少12.43亿立方米；发电水耗10.83立方米/千瓦时；连续安全生产运行

2583 天。年内，长潭发电公司党建与精神文明建设工作再次获得“优秀”等级；获得集团公司 2019 年度财务报告管理工作“优秀单位”；获得 2018—2019 年度广东省“安康杯”竞赛优秀组织单位；获得地方平安建设工作“先进单位”；1 个项目获得水电分公司工会管理创新劳动竞赛三等奖；1 个成果获得中国电力企业联合会授予优秀成果；长龙水电公司获得农村水电站安全生产标准化二级单位证书；获得蕉岭县平安建设工作“先进单位”荣誉和消防运动会团体第二名成绩。

【企业安全管理】 2020 年，长潭发电公司准确把握疫情防控形势的阶段性变化，统筹推进复工复产。开展一号机组 A 级检修、五号机组抢修、防洪物资仓库建设等重大项目。开展防汛备汛工作，做好水库综合运用。成立“三防”指挥部、“三防”工作小组以及防洪抢险队伍，层层压实“三防”责任，组织开展汛前安全大检查，完成汛前设备的检查维护。6 月遭遇一场较大洪水，联合上游水库和电力调度部门，配合下游堤坝抢险，发挥水库防洪效益。开展安全生产区域交互检查和防止电力生产事故 25 项重点要求查评工作，提高安全生产管理水平。推进安全生产专项整治三年行动，落实安全生产“一线三排”工作机制。完善应急预案体系，组织开展防台、防汛、防强对流天气、防洪抢险、火灾、交通、传染病疫情事件等应急预案演练。加强安全教育，提高全员安全素质。结合相关安全事件教训开展学习反思，剖析事件原因，深挖导致事件发生的根源性问题，以案示警、以案为戒、以案促改。做好信息安全保障工作，确保网络与信息安全，年度信息网络运行良好，系统运行稳定、可靠。开展消防安全专项检查和隐患治理，开展今冬明春火灾防控工作、“119”消防宣传月活动。做好交通安全和安全保卫工作，组织开展创建“零酒驾”单位，争做“文明交通无违法好司机”活动。

【企业改革】 2020 年，长潭发电公司围绕集团和水电分公司工作部署，落实各项重点改革任务。协调推进“运维合一”生产管理机制改革，根据“运维合一”工作进展情况，制订试运行期培训激励实施方案，运维部、水工部落实培训和考核计划，突出一专多能型员工的培养。完成退休人员社会化管理移交工作，贯彻落实《广东省加快推进国有企业退休人员社会化管理工作方案》要求，做好政策的传达、宣传和解读，于 2020 年 9 月底完成退休人员社会化管理移交工作，如期完成改革目标任务。

【经营管理】 2020 年，长潭发电公司围绕公司年度经营管理工作，坚持以企业效益为中心，挖潜增效，开源节流，应对复杂多变的市场环境。加强预算管理，不断提高预算管理水平。结合公司年度的生产、技改、修理项目计划和上年度财务收支情况，以“量入为出、厉行节约”的原则，做好公司年度预算，加强预算实施全过程的控制。加强资金管理，保证资金安全。严格执行集团公司资金管理的各项规定，严肃资金纪律，按期编制生产用款计划，保证生产经营所需资金。 （长潭发电公司）

广东粤电青溪发电有限责任公司

【青溪发电公司概况】 广东粤电青溪发电有限责任公司（简称青溪发电公司）是广东省能源集团有限公司投资的全资子公司，隶属于广东省能源集团有限公司水电分公司，是广东省能源集团有限公司下属三级业务单位。同时托管大埔县梅江蓬辣滩水电站有限公司。全年安全生产总体平稳，未发生电力生产人身轻伤及以上事故，未发生一般安全生产事故及设备事故，未发生火灾、交通、垮坝、水淹厂房、恶性误操作及网络与信息安全事故，未发生环境污染事故，未发生违反三防工作规定事件，未发生信访维稳事件。发生非人为责任设备异常 2 次。截至 2020 年 12 月 31 日，安全记录 8600 天。年发电量 2.44 亿千瓦时，上网电量 2.40 亿千瓦时，完成考核目标值 3.843 亿千瓦时的 62.48%；净利润 254.86 万元，完成净利润考核目标值 2260.88 万元的 11.27%。全年流域平均降雨量 1165.5 毫米，比上年减少 27.03%；年累计入库水量 48.02 亿立方米，比上年减少 47.46%；发电耗水偏差率-0.7%；水能利用提高率 5.93%，发电平均耗水率 19.46 立方米/千瓦时；年水情预测准确率 92.90%。保持电力企业标准化良好行为 AAA 企业；综合考核自评为 B 级及以上；保持省企业档案工作二级甲等规范单位。

【安全生产】 2020年，青溪发电公司统筹做好疫情防控和复工复产工作，严格落实疫情防控主体责任，实现零输入、零传播、零感染。持续完善安全生产管理体系建设，压实安全生产责任，全年共修订发布41个技术标准、24个管理标准和85个岗位标准。圆满完成疫情防控复工复产保电、全国两会、国庆特别防护期保电以及“奋战一百天 全年保平安”安全生产攻坚任务。推进安全生产专项整治三年行动，以“一线三排”为抓手，坚持问题导向，聚焦重点关键，围绕安全生产七大专项整治和22项主要任务进行排查，及时排查各类问题40项。组织实施好安全交互检查工作，将“检查、分析、评估、整改”闭环过程，纳入到日常安全生产管理工作中，不断发现和解决新问题，2020年安全生产交互检查得分率91.9%。强化隐患排查治理和专项整治，全年先后组织开展各类安全大检查10次，整改完成率95.7%。强化“两票”调令执行管理，定期对“两票”及调令执行情况进行统计分析，两票合格率均100%。加强网络及信息安全管理，持续加大信息化建设，完成对SIS系统全面安全加固，开发《青蓬学习》并上线应用，公司网络及信息安全水平得到提升。规范做好三防工作，加强大坝安全日常监测和维护消缺工作，完成水电厂群防汛调度决策支持系统青溪分中心改造，调度有限的水资源，实现全年安全度汛。加强应急能力建设，以实战演练为基础，桌面推演为辅，发挥内训师作用，全年完成13次应急演练、15项培训内容。强化交通安全和消防安全管理，加强驾驶员安全法规和专业知识培训，签订交通安全责任书，做好车辆安全隐患排查及消缺工作，全年发车2380次，行程21万千米，全年未发生负主要责任交通事故。开展黑启动能力建设，10月完成1号机组黑启动能力验证试验，11月向广东电网、南方能监局备案成功。

【经营管理】 2020年，汀江流域来水量严重偏枯，经营形势严峻，青溪发电公司通过合理列支费用和控制成本，最终实现盈利。调度有限的水资源，抓好节水增发工作，并开展水库优化调度劳动技能竞赛，全年水量利用率99.52%，水能利用提高率5.93%，年平均耗水率19.46立方米/千瓦时，比近五年同期均值（19.72）减少0.26立方米/千瓦时，约减少发电用水6346万立方米，约增加发电量326万千瓦时，约增加售电收入95万元。合理调整项目实施计划，暂缓实施一批对公司安全生产影响较小的生产项目，严格控制生产成本费用；严格控制各项管理费用审批及支出，杜绝不合理及预算外开支，杜绝不良消费，降低管理成本。严把项目立项关，运用招标、合同洽谈等手段，降低项目成本，通过招标共节约费用214.59万元。加强固定资产管理，提升资产效益。做好年度固定资产清查，及时对淘汰设备进行报废和处置。

【托管职责履行】 2020年，大埔县梅江蓬辣滩水电站有限公司依托“代管模式下的最优管理体制探索与实践”管理创新项目的实施，建立起与青电统一的“三重一大”事项决策管理办法。根据发布实施的《青电代管蓬电权责清单》，明确青电代管蓬电各项具体业务分工，进一步健全青电代管蓬电管理体制机制。2020年，大埔县梅江蓬辣滩水电站有限公司安全生产形势稳定，截至2020年12月31日，连续安全生产5137天。实现年发电量1.31亿千瓦时，上网电量1.28亿千瓦时，完成年考核目标值1.79亿千瓦时的71.77%，实现净利润497.62万元，完成年考核目标值1540.78万元的32.30%。

（粤电青溪发电公司）

工业园区、嘉应新区

广东梅州高新技术产业园区 广州（梅州）产业转移工业园

【梅州高新区概况】 2020年，广东梅州高新技术产业园区[广州（梅州）产业转移工业园]（简称梅州高新区）持续深化穗梅产业共建，创建国家级高新区，工业总产值比上年增长20.1%，规模以上增加值比上年增长18.1%，完成工业固投13.4亿元。规模以上增加值增速、固投总量、新引进项目数、新落地项目数均在全市园区中排名第一，省市重点项目完成率在各县（市、区）和经济功能区中排名第一，工业总产值增速在全市园区中排名第二，“个十百千万”完成情况排在全市前列。

【高新区产业发展】 2020年，梅州高新区主动融入“双区”“双城”建设大局，借力穗梅产业共建，通过举办8场招商推介活动、设立驻深圳招商办事处、产业链招商、以商招商等方式，引进中国电子集团、法国圣戈班等16个世界500强央企、外企、民企投建的产业项目，计划总投资18亿元，达产后预计新增年产值29亿元。强化重点项目跟踪督导服务，全年累计完成重点项目投资8.33亿元，占年度投资计划的114.07%。举行系列产业项目集中签约、动工、投产活动，推动圣戈班、果乡水秀等15个项目新动工（其中亿元以上项目6个）、广药王老吉等13个项目投产，紫晶存储登陆科创板。其中，圣戈班一个月内实现从引进到动工、国峰半导体一个季度内实现从签约到投产，再次刷新"梅州速度"。加强统筹谋划和前瞻布局，推进广汽零部件产业园等五大特色"园中园"建设，全年五大"园中园"完成年度投资计划的113%，工业总产值约占全园的49%，成为园区经济重要增长点。

【高新区创新驱动】 2020年，梅州高新区践行"创新是第一动力"的理念，主动承接"双区"创新资源溢出，推动创新链、产业链、价值链在园区深度融合，国家高新区"以升促建"工作快速推进。全年新增1个博士工作站、2个科研平台机构、3家市级工程技术研究中心和6家高新技术企业，15家企业纳入国家火炬科技型中小企业名单，20个技改投资项目累计完成技改投入约3亿元。推进孵化育成体系建设，新增亚洲数据集团产业育成中心、广梅创客空间2家产业育成平台。强化校地协同创新，国家超算广州中心梅州分中心正式挂牌，新引进中山大学地理研究院等科创平台。智慧园区建设取得新进展，获评国家信息中心"中国领军智慧园区"奖。国家大健康高新技术产业化基地和国家知识产权试点园区申报工作稳步推进。

【高新区人才支撑】 2020年，梅州高新区积极打造人才创新创业生态圈，构建"1＋5"人才政策体系。实施"青蓝计划"，鼓励引导大学生到园创新创业。促进穗梅两地人才资源对接互动，与番禺区共同举办2020年小谷围国际产业人才大会，在园区分会场对75名产业领军人才、30个"青蓝计划"创业项目进行表彰。推进现代学徒制教学和顶岗实习，统筹推进企业招聘和急需紧缺人才引进工作，新增2000名产业工人和9名高层次人才。高标准建设运营广梅园"粤菜师傅、广东技工、南粤家政"三项工程省级实训基地，广梅产业园粤菜师傅培训基地获广东省人社厅备案。

2020年6月23日，由两家世界500强企业法国圣戈班、广汽集团合资兴建的梅州圣戈班高端汽车玻璃制造项目在梅州高新区（广梅产业园）开工建设，实现一个月内从引进到动工的"梅州速度"
（梅州高新区提供）

【高新区配套建设】 2020年，梅州高新区统筹推进基础设施和公共服务配套设施建设，提升产业承载能力和产城人融合城市功能。推进饮用水水源保护区调整工作，释放4平方千米发展空间。水口产业园（南园）纳入园区远期规划范围，为园区发展预留空间。启动总投资25.4亿元的科创基地基础设施、公共服务设施和产业配套设施项目，打造高质量发展支撑平台。完成污水处理厂提标扩容、智慧公交等工程建设以及畲江北高速出口—跨江大桥—国道355连接线项目可行性研究编制。华南师范大学附属广梅园学校如期动工，珠实人才公寓等项目加速推进，集超市、餐饮、购物、休闲等功能的商圈日渐成型，产城人融合协调发展基础更加坚实。

【高新区要素保障】 2020年，梅州高新区持续加大土地、资金、人才等要素保障力度，护航园区高质量发展。启动并完成83.33公顷土地征收。科学谋划2个政府专项债项目，首期获得5000万元专项债资金。深化基层减贫治理体制机制改革探索，获批“广东省减贫治理研究院广梅园研究基地”。从严落实“党政同责、一岗双责、齐抓共管”安全生产责任制，连续3年在市级考核中获评“优秀”等次，连续28个月保持安全生产“零事故”。推进市域社会治理现代化试点工作，加强信访维稳和社会矛盾化解，“12345”政府热线办结率和群众满意度均100%。加大治理信息化系统建设投入，新增60个治安监控视频，实现园区主要区域监控全覆盖。

【高新区营商环境优化】 2020年，梅州高新区树牢“优化营商环境就是提升竞争力”的理念，深化“放管服”改革和“数字政府”建设。借鉴广州开发区、广州南沙自贸区、广清产业园等先进园区发展经验，出台高新技术企业扶持办法、人才奖励政策等一系列政策。落实广东省制造业19条等惠企政策，引导企业申报各类奖励资金。开展“暖企”行动，深化领导干部挂钩联系企业制度，帮助企业解决在经营、建设过程中的各类问题。启动工程建设项目审批管理系统，优化办事流程，压缩办事时间。树牢法治思维，坚持依法行政，累计完成行政许可123件、行政处罚2件，行政执法公示、执法全过程记录、重大执法决定法制审核等制度得到落实。

（梅州高新区）

梅州嘉应新区

【梅州嘉应新区概况】 梅州嘉应新区于2013年11月经广东省人民政府批准设立，规划范围包括梅江区、梅县区、兴宁市、11个镇（街）的部分村（居），总面积498平方千米。其中核心区面积55平方千米，起步区（江南新城、芹洋半岛、梅县新城）面积17.8平方千米。截至2020年底，梅州嘉应新区建成区面积55.32平方千米，比上年增长3.9%；常住人口45.88万人，比上年增长0.2%；地区生产总值195.86亿元；固定资产投资196.22亿元。

【安置房建设】 梅州嘉应新区江南新城、芹洋半岛建设棚改安置房11431套，总投资约93亿元。芹洋安置区于2018年8月移交给梅江区，吉祥、站前、坜明、上坪4个安置区8361套安置房全部建成并移交梅江区交付群众。配套建设的3所、建筑面积约1万平方米的幼儿园也一并移交梅江区，新增3所共30个班、1080个学位。

【道路和地下综合管廊建设】 梅州嘉应新区江南新城规划建设道路36条、35千米，地下综合管廊11条、20.2千米（为节省财政资金，经专家论证并报市政府同意，实际实施道路30条、29.8千米，管廊9条、15.9千米），配套总控制中心1座，总投资约35亿元。截至2020年底，实际建成道路30条（段）29.8千米、管廊15.9千米；全部道路开放使用。

【公共服务设施建设】 2020年，梅州嘉应新区加快完善公共服务设施，红色文化公园、剑英公园红色长廊如期完成建设并向市民开放；城市馆、科技馆及地下公共停车场基本完成建设任务。绿轴公园全面开放，成为群众休闲锻炼新的好去处，为梅州城区增加69.33公顷公共休闲绿地和24公顷湿地；梅州昭华教育城项目配套基础设施项目（一期）建设前期各项工作有序推进；梅州市实验小学、梅州市中医医院门诊综合大楼建成使用，梅州市全域旅游服务中心、梅州市妇女儿童医院等项目正在加快推进。推进新型基础设施建设，在中环路率先建设移动和联通5G试验基站，在中环路、彬芳大道南、206国道机场段共建设43个智慧灯杆系统，推进智慧城市建设。

【产城联动项目】 2020年，梅州嘉应新区管理委员会按照“产城联动、产城融合”的要求，通过每季召开协调会、定期上门走访，主动与落户企业对接，及时了解项目建设情况，协调解决企业提出的困难和问题，促进项目加快建设。在抓好新冠肺炎疫情防控的前提下，协调有关部门解决原材料供应、物资运输、资金缺口以及口罩等防疫物资保障等问题，支持企业复工复产。2020年，完成固定资产投资47.5亿元，累计完成投资337亿元。新引进铜锣湾欢乐颂、中骏世界城、川海总部、薪源生态停车场4个计划总投资约60亿元的项目，移动生产调度中心、联通通信综合中心、时光梅州等项目投入运营。

（梅州嘉应新区管理委员会）

梅县区梅南新塘村龙文公学

责任编辑：古淑灵

交通运输综述

【交通固定资产投资】 2020年，梅州市完成交通投资127.2亿元，占年度计划的84.75%，比上年下降9.3%。其中，高速公路完成39.7亿元，占年度任务的88.3%，比上年下降23.9%；铁路完成17.2亿元，占年度任务的61%，比上年增长40.8%；国省道完成28.8亿元，占年度任务的81.8%，比上年下降9.4%；农村公路及桥梁完成40.2亿元，占年度任务的99%，比上年增长6.4%；公交站场和物流工程等完成1.3亿元，占年度任务的137.3%。2020年，全市交通运输行业经受住新冠肺炎疫情冲击和经济下行压力，圆满完成中央和省下达的各项指标任务，交通投资总体保持高位投入，农村公路总投资超过高速公路、铁路等项目，交通运输对经济社会发展的先行和支撑作用日益发挥。

【综合路网结构】 2020年，大丰、梅潮、平武、平蕉大、梅县至永定高速公路均成功纳入《2020—2035年广东省高速公路网规划》，在全省率先编制出台《梅州市美丽公路建设设计指引》，《梅州市普通国道国土空间控制规划》完成专家评审，《梅州市综合交通运输体系发展“十四五”规划》初步形成送审稿。梅龙高铁全线动工建设，接入全国高铁网。东环高速、华陆高速、大潮高速（含大漳支线）3条高速建成通车，高速公路环网相连、快速衔接格局基本建成。长深高速公路葵岗互通立交项目正式通车，实现高速公路与梅州高铁西站互联互通、无缝对接。梅州市农村公路砂土路实现清零目标，以县城为中心、乡镇为节点、村组为网点的农村客运网络基本形成。截至2020年底，梅州市公路通车里程20760千米，密度130.76千米/百平方千米，其中高速公路10条13段共708千米、国道6条共834.5千米、省道21条共2249.5千米、县道1016千米、乡道9174千米、村道6778千米。

【交通运输服务】 截至2020年底，梅州市有汽车客运站21个，客运车辆6777辆(其中客运班车1067辆、公交车2038辆、巡游出租车367辆、活跃网约车约3000辆）。全市公路客运量861万人，货运量9304万吨。持续实施公交优先战略和推动农村客运班线公交化改造，加大新能源公交车推广使用力度，优化公交服务和便民设施建设，落实公交惠民政策，全市公交车数量2038辆，其中纯电动公交车2024辆，公交电动化占比99.3%；改造城区老旧站亭19座；公交惠民政策由梅江区、梅县区全域拓展至兴宁市、平远县、蕉岭县等地，惠及90万人口。梅州市畅通市民出行“最后一公里”，开展公交和出租车行业文明服务提升九大行动，联合相关部门出台《梅州市关于引导和规范互联网租赁自行车发展的实施方案》，建立行业工作联席会议制度、强化联合执法力度、落实精细化运营管理，引导促进互联网租赁自行车等行业新业态有序规范发展，打造“绿色、畅通、便民”交通出行环境。

【交通执法】 2020年，梅州市开展安全生产领域八大专项整治工作，在全省范围内率先完成辖区普速铁路安全隐患综合治理，“两客一危”车辆视频监控安装完成100%，数据接入完成进度位居全省前列，实现省、市、县、企四级联通；突出“两客一危一重”（大型公路客车、大型旅游客车、危化品运输车、重型货车、重型挂车等车辆），以推进客运车辆变相挂靠、清理整顿企业经营行为、打击违法违规行为、开展专项督查和诚信缺失问题排查治理活动等，抓好道路危险货物运输专项治理，强化道路运输市场监管。全市交通运输领域安全生产形势保持持续稳定，未发生道路交通一般生产安全事故，水路运输和交通工程领域施工继续保持零事故的良好态势。开展货运行业乱象专项整治、强化道路运输市场整治、公路路域环境综合治理，常态化开展联合治超整治行动，进一步加强源头监管落实“一超四罚”，严厉查处货车非法改装违法违规行为，推进普通公路治超非现场执法监测点建设工作，基本形成“入口劝、出口查、监控看、源头管”的立体治超网络。全年出动交通执法人数77645人次，出动执法车辆19437辆次，立案5116件，比上年减少41.67%，结案4926件，结案率96.28%；罚款1104.31万元，比上年减少26.19%。

【交通防疫】 2020年，新冠肺炎疫情发生以来，梅州市交通运输局第一时间成立疫情防控工作领导小组和工作专班，进入战时状态，筑牢交通抗疫防线；精准实施分区分级防控，做好公路和“两站一场”检疫卡点的卫生检疫、入粤登记、留验转运、通风消毒、应急物资运输保障等联防联控各项工作；并强化运输服务保障，合理安排调配运力，保春运往返、护路网畅通、抓应急运输、助复工复产，做到“一断三不断”和“三不一优先”，全市累计投入交通联合防疫人员13万余人次，检测体温507万余人次，检出发热并移送就医355人，检测车辆66万台次；累计清洁消毒客运站场等重要场所1.6万处次、消毒车辆34万辆次，实现阶段性交通运输领域零输入、零传染目标。

【高速公路建设】 2020年，梅州市高速公路主骨架网基本成型。东环高速（梅龙高速公路梅州东联络线）于11月18日建成通车，使梅州首条环城高速闭合成环，与梅大、天汕高速连接、构筑起环城快速通道，全市境内高速路网结构得到进一步优化；华陆高速于11月28日建成通车，作为省高网规划“二纵”的重要组成部分，华陆高速通车为梅州、揭阳、汕尾地区经济发展迎来新引擎；大潮高速（含漳州支线）于12月28日正式通车，构建起梅州通往海峡两岸经济区和厦漳泉地区的东西向出省通道；大丰华高速丰顺至五华段按计划顺利推进，力争2021年底前建成通车。

【“四好农村路”建设】 2020年，梅州市实施《梅州市2020年“四好农村路”建设攻坚方案》，完成1669个项目2041.2千米的“四好农村路”建设攻坚任务，包括砂土路改造

2020年，华陆高速石下枢纽互通全景 （梅州市交通运输局提供）

889.6 千米、通农业产业园区公路 77.7 千米、自然村通硬化路 1073.9 千米、农村公路危桥改造 9 座，顺利实现全市砂土路清零目标。梅江区、五华县成功创建省“四好农村路”示范县，全市省级示范县达到 5 个，数量位居全省第一；建成梅江区扎上—玉水段、五华县热矿泥益生湖旅游专线公路、梅县区 X009 线大坪至大涧段等一批“美丽农村路”示范路，农村公路畅通、安全、绿色、可持续发展整体处于粤东西北领先水平。

【东环高速建成通车】 2020 年 11 月 18 日，东环高速（梅龙高速公路梅州东联络线）正式通车。东环高速是梅州市首条环城高速公路的最后一段，项目于 2017 年 9 月 18 日正式开工建设，全长约 15 千米，设计时速 100 千米，双向四车道，起于梅县区丙村镇，经丙村枢纽互通与梅龙高速相接，终于城东镇竹洋村，通过竹洋枢纽互通与长深高速相接，且与济广高速等共同构筑粤东北地区快速通道。东环高速把梅州境内的梅龙、长深两条高速公路连接起来，使梅州首条环城高速闭合成环，丙村镇丙村互通往（返）城东镇竹洋互通的高速公路里程，由原来需绕行 50 多千米，减少至 15 千米，驾车通行时间节约 20 多分钟。

【华陆高速建成通车】 2020 年 11 月 28 日，华陆高速（兴宁至汕尾高速公路五华至陆河段）正式开通。华陆高速于 2017 年 11 月 9 日正式开工建设，是广东省高速公路网中“二纵”（汕尾至江西瑞金）的重要组成部分，全长 45.91 千米，双向四车道。起于梅州市五华县安流镇，接兴汕高速兴宁至五华段（国道 35 济广高速），经五华县棉洋镇、揭西县上砂镇、五云镇，终于汕尾市陆河县水唇镇，接国道 1523 甬莞高速。华陆高速通车后，五华等梅州地区往返汕尾市的路程缩短约 49 千米，行车时间缩短约 30 分钟，为梅州、揭阳、汕尾三市的交通互联提供更加便捷的通道。

【大潮高速建成通车】 2020 年 12 月 28 日，大埔至潮州高速公路（含大埔至漳州支线）正式开通。大潮高速北起大埔县与梅大高速公路相接，南至潮州市饶平县与沈海高速公路相连，并设置大漳支线连接云平高速公路。路线总长 120.77 千米，其中主线 92.93 千米，大漳支线 27.84 千米，全线设收费站 8 处，服务区 2 对，设计速度 100 千米，双向四车道。其中，大漳支线起点位于大埔县，与主线（大埔至潮州高速公路）相接，在平和县长乐乡闽粤界与云平高速对接。是漳州市与广东省的第 3 个高速公路省际交通大通道，通车后，漳州到梅州节省车程约 2 小时，平和县到大埔县节省车程约 1 个小时。

【葵岗互通立交投入使用】 2020 年 12 月 27 日，长深高速公路葵岗互通立交正式通车。葵岗互通立交位于梅县区南口镇葵岗村，出入口距离高铁梅州西站仅 500 米，是连接 026 县道服务于高铁梅州西站的服务型互通立交，全长 1.89 千米，项目总投资 2.422 亿元。该项目的通车，实现高速公路与高铁互通互联、无缝对接，进一步完善梅州交通网络，促进区域协调发展。

【网约车、共享单车等新业态监管】 2020 年，根据《梅州市网络预约出租汽车经营服务管理实施细则》等相关规定，梅州市重点做好网约车经营许可证、网约车驾驶员证和网约车运输证“三证”的审批核发和监管考核等工作，压实企业主体责任，推进全市出租行业合规化进程。

2020 年 12 月 28 日，大埔至潮州高速公路（含大埔至漳州支线）正式开通
（梅州市交通运输局提供）

截至 2020 年 12 月底，完成 7 家网约车企业审批许可，约 6700 人考取网约车驾驶员从业资格证，24 辆汽车获得网约车车辆营运证；完成对全市 2019 年度 8 家巡游出租车公司、2 家网约车企业以及约 5700 名驾驶员的服务质量信誉考核工作。联合印发《梅州市关于引导和规范互联网租赁自行车发展的实施方案》，建立行业工作联席会议制度，形成合力，共同促进全市互联网租赁自行车行业健康有序发展。加强行业管理，要求企业落实主体责任，加强车辆管理、规范停放秩序、要求车辆上牌、设置车辆专用停放点、加强车辆调度等。加强联合执法，城区两级交通部门联合公安、住建等部门对车辆无序投放、乱停乱放等问题进行 6 至 8 次专项整治，查扣相关违规车辆 4000 余辆。

【运输市场管理】 2020 年，梅州市落实动态监控主体责任，加强“两客一危”重点运营车辆的卫星监控动态监管，及时发现纠正司乘人员不系安全带、驾驶员疲劳驾驶、超速和不按规定线路行驶、凌晨 2 时至 5 时行车等违法违规行为，及时消除安全隐患。进一步加强对机动车驾驶员培训市场整治力度，完善省运政系统与省驾培监管平台数据共享，加强监管平台相关数据的日常抽查力度、加大对违规行为的处罚力度；与交警部门形成联合监管协作机制，组织市县交通、交警部门开展联合整治行动，打击黑驾校、黑教练车、黑招生点等违法违规培训行为；继续开展驾培行业服务质量提升工作，全年道路运输从业人员诚信评价 68580 人次。

（梅州市交通运输局）

公路运输

【公路建设】 2020 年，梅州市公路事务中心推进疫情防控和项目建设“双统筹”。全年完成公路建设投资 20.74 亿元，完成路面里程 177 千米；超额完成市政府下达的 20 亿元投资任务和 129 千米路面里程任务。其中，国道 205 线、206 线梅州城区改线项目取得新进展，完成国道 205 线改线项目立项工作，正在推进初步设计工作；完成国道 206 线改线项目市政部分立项。推进完成 5 座危桥改造工程、7 条隧道提质升级项目和一批灾毁、水毁修复工程。

【公路养护】 2020 年，梅州市公路事务中心围绕“争上游，创先进”目标，全面完成“十三五”迎国评工作任务，推进完成“迎国评”路况整治提升工程 1177 千米，占整治任务的 100%，其中“三类”养护工程共 1088.8 千米整治任务全部完成，“零星路段”路面改造工程完成 88.2 千米。配合省做好治理能力评价和公众满意度测评，开展国省道路域环境综合整治，落实定期路政巡查制度，及时保护路产路权，路容路貌全面改善，路况水平持续提升，打造“畅安舒美”公路通行环境。10 月 17 日，交通运输部检查组完成梅州市路况检测路段的检测工作。

【“美丽公路”建设】 2020 年，为迎接林风眠 120 周年诞辰纪念活动，梅州市公路事务中心筹资 970 多万元开展省道 333 线白宫至东升段路域环境综合提升工程。践行新发展理念，推进“美丽公路”建设，

2020 年，大埔县国道 235 线生态景观公路天印石路段

（梅州市公路事务中心提供）

2020 年，梅江省道 223 线“美丽公路”示范路

（梅州市公路事务中心提供）

编制《梅州市普通国省道美丽公路建设设计指引》，制订出台《梅州市普通国省干线公路“美丽公路”建设五年行动计划方案(2021—2025 年)》，打造大埔国道 235 线、丰顺国道 206 线、五华国道 355 线、梅江省道 223 线、兴宁省道 225 线等一批“美丽公路”示范路；同时建设普通国省道服务设施，加快推进 4 个服务区和 9 个停车区建设，全市服务设施建设继续走在全省前列，着力打造高颜值、设施全、多色彩的美丽梅州国省道。

【“智慧公路”建设】 2020 年，梅州市率先在全省探索“智慧公路”建设，与梅州电信签订“5G 智慧公路”战略合作协议，推动 5G 技术、AI、云计算、大数据、物联网、移动互联网等新技术与公路行业深度融合发展，优先推进公路智能监测系统建设和应用，探索智慧公路区域性示范应用，首期推进梅县区和丰顺县两个县级单位试点工作，以点带面，稳步推进公路养护管理信息化、数字化，推动公路治理能力现代化。（梅州市公路事务中心）

梅州市粤运汽车运输有限公司

【梅州市粤运汽车运输有限公司概况】 梅州市粤运汽车运输有限公司位于梅州市江南彬芳大道 38 号，隶属广东粤运交通股份有限公司，是广东省属驻梅单位。有下属全资子公司 9 个、控股公司 2 个，公司站场 13 个，其中一级 1 个、二级 6 个、三级 2 个、三级以下（乡镇站）4 个，乡镇售票网点 119 个。梅州市粤运汽车运输有限公司提供 5 座至 51 座大中小型营运车辆，开展粤运包车、粤运定制、粤运网约服务，提供通勤专车、私人定制租车、团体包车、企业用车、大中小型各类活动用车服务。

2020 年，梅州市中心枢纽汽车站竣工验收（梅州市粤运汽车运输有限公司提供）

【生产经营】 2020 年，梅州市粤运汽车运输有限公司完成客运量 135.64 万人次，旅客周转量 4.2 亿人千米，分别比上年下降 48.14%和 46.92%；其中自营车发班 62818 班，比上年减幅 52.85%；旅客客运量 81.79 万人，比上年减幅 60.10%。

【安全生产】 2020 年，梅州市粤运汽车运输有限公司全年累计行驶里程 4668 万车千米；没有发生一般及以上行车安全责任事故，非道路运输业务均未发生安全生产责任事故。

【多元化经营业务】 2020 年，梅州市粤运汽车运输有限公司推进道路客运产业结构调整，加快实施车辆“大改小”措施，新投入 18 + 1 座以下车辆 53 台，进一步优化车型结构，提升道路运输企业创新发展能力。发展定制类出行业务，利用本地丰富的红色旅游资源，开展“运输 + 旅游”业务。发展通勤业务，与大型工业园、企业、政府单位等进行对接发展通勤班车。参与当地政府公务出行通勤班车招投标工作，梅州粤运所属江南公司、大埔公司中标当地政府公务出行通勤车辆租赁资格。

【网约车业务开展】 2020 年，梅州市粤运汽车运输有限公司发展网约车新业务，投放 20 台网约车，开通梅州城区往返兴宁市城际拼车业务，依托梅州城区至兴宁县际班线，带动辐射梅州各县以及乡镇线路，为广大群众出行提供个性化、高品质的网约车专业运输服务。

【镇通村农村客运】 2020 年，梅州市粤运汽车运输有限公司发展镇通村业务，在当地政府支持下，投放“镇通村”车辆 161 台，运行 163 条线路，覆盖 347 个行政村，为广大群众出行打通服务“最后一公里”，助推梅州美丽乡村建设。

（梅州市粤运汽车运输有限公司）

梅州城市公共汽车有限公司

【梅州城市公共汽车有限公司概况】 梅州城市公共汽车有限公司成立于2007年9月，是梅州市一家专门从事公交客运的运输企业。截至2020年底，梅州城市公共汽车有限公司拥有1406辆公交车，线路86条，经营区域涵盖梅州市区和梅县区两大区域，覆盖各大长途客运站、飞机场、高铁站和旅游景区。其中新能源纯电动公交车占车辆总数的100%，位居全省前列。

【综合站场建设】 截至2020年底，梅州城市公共汽车有限公司拥有8个大型综合站场，分别位于：梅州市梅江区梅江三路、梅州市梅江区世界客都大道、梅州市梅江区东升工业园、梅州市梅县区三丰村镇、梅州市梅县区雁洋镇、粤东医院公交站、畲江公交站场、畲江公交站场二期，所有的站场都采用立体开发模式，将充电站和光伏发电站相结合，在充电站罩棚顶部铺设太阳能组件，通过太阳能转换成电能，直接供给充电桩，进而为纯电动公交车充电站提供动力来源。为保证纯电动公交车的正常运营，梅州城市公共汽车有限公司投入使用650台双枪直流充电桩，变压器总装机容量23500千伏安，基本满足纯电动公交车的运营需求。光伏总装机容量将近7兆瓦，月均发电量56万千瓦时，极大地减轻电网负担。

年内，由梅州城市公共汽车有限公司投资成立的梅州宝达机动车驾驶员培训有限公司正式运营，并全面启用全市唯一一个全车型的驾驶员培训训练基地，该训练基地位于梅县区雁洋镇雁上村公交总站内，由梅州城市公共汽车有限公司自主投资建设，总占地面积86666.67平方米，该训练场内训练项目全面涵盖A1、A2、A3、B1、B2、C1、C2等机动车考试的考试项目。

（梅州城市公共汽车有限公司）

2020年，梅州宝达机动车驾驶员培训有限公司训练基地投入使用

（梅州城市公共汽车有限公司提供）

铁路运输

铁路建设

【铁路建设概况】 2020年，梅州市铁路建设继续保持快速发展，全年完成铁路建设投资17.56亿元，超额完成年度投资计划的75.6%。梅龙高铁于6月30日全线开工建设，开工后仅用半年时间基本完成红线内的征地拆迁任务，刷新全省铁路建设的速度。此外，瑞梅铁路完成所有可研前置审批要件并提前完成控制性工程的初步设计，基本具备动工条件。

【梅龙高铁项目建设】 在省市领导的亲自指挥及省市相关部门支持下，梅州市铁路建设办公室克服疫情影响，把常规需要1至2个月的审批事项压缩至10天、15天甚至当天获批，创造多个全省同类项目的最快速度。其中：项目可研报告批复和初步设计文件在送广东省发改委、省交通运输厅后当天受理当天批复。国铁集团工管中心在6月1日一天内出具梅龙高铁全线施工图设计审查意见，创造全国铁路建设的最快速度。在工程招投标阶段，广州市公共资源交易中心首开先河，支持利用周末和端午假期加班发售招标文件和评审标书，全线工程招标从挂网招标到开标用时仅24天。项目从2019年12月15日先行开工到2020年6月30日全线开工，用时仅198天，均是省内铁路建设的最快速度。

2020 年 6 月 30 日，梅龙高铁全线开工　（林翔 摄）

【其他铁路储备项目和“十四五”规划工作】 2020 年，梅州市顺利完成《梅州铁路地区总图规研究》编制和评审工作。梅州至汕尾铁路、大埔至潮州港疏港铁路、蕉岭至今梅县丙村支线铁路（蕉岭货运铁路）列入广东省“十四五”规划（初稿）。全市铁路建设项目储备充分，建设形势良好。

（梅州市铁路建设办公室）

梅州火车站

【梅州火车站概况】 梅州火车站位于梅州市梅江区三角镇彬芳大道南，隶属广梅汕铁路有限责任公司惠州车务段的三等站，于 1994 年 10 月开始运行至今，是东至厦门，西去广州、深圳，北到武昌，南达汕头的重要乘降站。车站有在岗人员 78 人，其中中共党员 28 名。

【安全控制】 截至 2020 年 12 月 31 日，梅州火车站实现安全生产 8111 天。全年杜绝行车、施工、劳安、客运、货运、消防、收入等一切责任事故，确保春运、全国两会、中共十九届五中全会等重点关键时期和防洪汛期的安全稳定，安全基础质量稳步提升。

【运力情况】 旅客列车方面，2020 年，梅州火车站开行旅客列车 6 对（12 趟），其中途经跨省列车 3 对：分别是厦门北至广州东方向往返的 K299/300 次、厦门北至昆明方向往返的 K231/2 次、汕头至武昌方向往返的 K799/797 次。梅州始发省内旅客列车 1 对：梅州至广州东方向往返的 T8367/8；途经省内列车 2 对：分别是大埔至深圳方向往返的 T8369/8370 次、大埔至广州东方向往返的 T8381/8379 次。

货物列车方面，2020 年，途经梅州货运列车有 9 对（18 趟），主要为龙川、汕头、琥市三个方向，梅州至龙川北方向：42213、42209、42211；龙川北至梅州方向：42212、42214、42210；梅州至汕头方向：42083、42081；汕头至梅州方向：42084、42082；梅州至琥市方向：44504、44502、39502、44506；琥市至梅州方向：44503、44501、39501、44505。

【生产经营】 旅客运输方面，2020 年梅州火车站平安发送旅客 22.7 万人，比上年减少 31.1 万人，减少 57.8%；到达旅客 20.8 万人，比上年减少 30.5 万人，减少 59.5%。货物运输方面，2020 年完成装车 913 辆，比上年减少 2.7%，发送 47069 吨，比上年减少 7.3%；完成卸车 2436 辆，比上年减少 14.2%，到达 140278 吨，比上年减少 17.5%。

【梅州火车站全面启用电子客票】 2020 年 6 月 20 日，梅州火车站全

2020 年，梅州火车站提质改造后外观　（杨双兰 摄）

面启用电子客票，取代纸质车票。车站进出站口、候车室共增设 7 台全自助检票闸机、2 台半自助检票闸机、2 台手持检票终端，旅客无须取纸质车票可直接通过闸机刷身份证检票进出站，旅客乘火车出行更加方便快捷，出行体验进一步提升。

【客运提质改造】 2020 年，梅州市政府投资 500 多万元对梅州火车站进行提质改造，到 2020 年 6 月基本完成改造。改造后的梅州火车站广场设有客家特色景观，站房外立面简约大气、进站大厅宽敞明亮、商铺招牌整洁统一，整体面貌焕然一新。一楼安检大厅重新规划进出布局，新增 2 部直梯，进站流线更顺畅便捷。候车室增设吸烟区、母婴室。

【军运工作】 2020 年，梅州火车站重视军运工作，树立“军运无小事”的观念，重点抓好军品到卸工作，协调货运、机务、军代处等相关单位，优化调车机运用和军运车辆的取送组织，较好地完成各批军事物资的装卸车任务。新老兵运输期间，车站成立新老兵运输工作领导小组，对新老兵办票、候车、乘降等工作做出详细安排，在进站大厅内划出新老兵进站专用通道，采取专人带队的方式，引导新老兵进站，并专门划出新老兵候车专区，将新老兵与普通客流分区域候车，安排专人带领新老兵在站台指定区域集结等候，维持好站台秩序，组织新老兵上车，圆满完成新老兵运输工作。（梅州火车站）

航空运输

【航空运输概况】 2020 年，梅州梅县机场统筹疫情防控与航班生产工作，坚持“安全发展，真情服务”理念，全力确保安全运行总体稳定、服务品质持续提升、航空市场稳步恢复、发展改革动能加快积聚、降本创效扎实推进、党的建设全面加强，为地方经济社会发展提供民航支撑。截至 2020 年底，梅州梅县机场运营 10 条航线，通航 13 个城市，全年完成飞机起降 5825 架次、旅客吞吐量 42.5 万人次、货邮吞吐量 143.9 吨。年内，加强与航司的沟通联系，联合行动开展多渠道市场营销。通过多方努力，国内航班均已全面恢复，梅州—北京加密至每天 1 班。

【安全管理】 截至 2020 年底，梅州梅县机场未发生责任原因生产安全事故，实现自机场开航以来的第 34 个安全年。梅州梅县机场贯彻落实“安全隐患零隐忍”，实施“首想安全、首讲安全、首抓安全、首责安全”的安全“四首”工作法，落实省机场集团作风建设“八条措施”和“安全十防”工作部署，通过压实安全责任、抓实隐患排查治理、夯实“三基”建设、深化“法定自查”、提升应急处突能力、抓好安全文化等举措，安全水平进一步提升。

【航空服务】 2020 年，梅州梅县机场推进“客享飞”服务品牌建设、创建文明窗口、深耕人文机场建设，践行“飞客都·享客道”的服务理念，实现航班放行正常率 91.5%，比上年上升 3.5 个百分点；旅客投诉率和行李差错率大幅低于行业平均水平；未发生服务差错事件和其他群体事件，旅客满意度不断提高，普通旅客满意度在同量级机场中排名第一。

（梅州梅县机场）

2020 年 1 月 27 日，梅州梅县机场与梅江区交通局等单位对进入航站楼的人员和到达航班的旅客进行体温检测工作（梅州梅县机场提供）

水路运输

航　道

【航道概况】 2020年，梅州辖区航道养护里程485千米，其中五级航道136千米（梅江：三河坝至梅东桥33千米，汀江：三河坝至茶阳22千米，韩江：蔗溪口至三河坝81千米），五级以下航道349千米。全年辖区航道累计完成抛筑丁坝8013立方米，疏浚1000立方米、扫床186千米，航道维护水深年保证率100%；全年维护航标886座，维护工程量315689座（天），航标维护正常率99.8%以上；船舶完好率和优秀率均100%。

【航道建设】 2020年，按照时间节点计划，梅州航道事务中心推进韩江三河坝至潮州港航道扩能升级工程前期工作，配合做好工程可行性研究及相关专题研究，争取工程早日立项实施。贯彻落实省铁路货运和内河航运专题工作会议精神，抢抓梅州航道发展机遇。与梅州市国土资源、水务、环保部门协调航道建设涉及国土空间规划、河道水域岸线保护与利用规划、水资源保护规划、生态保护红线等方面的许可。改善航道通航条件，服务梅州交通水运的发展，主动开展流域水运货运量调研，撰写广东航道系统科技创新专题材料，协助开展广东省船闸建设标准化研究调研等工作。

【航道养护】 2020年，梅州航道事务中心贯彻执行《中华人民共和国航道法》，加强航道日常养护管理，重点落实韩江高陂水利枢纽工程施工航段保通航工作，加强对船闸试运行期间过闸运行及下游临时航道的观测。按制度向社会公布辖区航道水位、水情，在枯水期及时向社会公布辖区航道维护尺度，协调相关电站对《梅州市梯级联调（航运）实施方案》的执行力度，解决辖区航道枯水期制约船舶通航的问题，保障全年辖区航道安全畅通。完成梅城站房安防工程和水位站遥测系统升级，提升硬件建设水平。完成省中心下达的船舶密度观测管理规定的修编任务。联合多部门开展渔网渔栅、随意拉设跨河线缆等专项治理。推进中心、所、站三级航道建设、养护、管理人员使用航道支持保障系统数据中心及应用软件。提升水位观测系统，配合航标遥控遥测、船舶密度观测、重点航段视频监控项目，推进航道科技发展。

【航标养护】 2020年，梅州航道事务中心贯彻执行《广东省航标管理办法》，根据航道水位、航槽变化和船舶安全航行要求，及时调整航标配布。完成航标基础和标路修复8处，新建标路57米，新建岸标护坡5米，通过应急加固和修复确保航标基础牢固，改善上标作业安全环境。协助涉航施工单位做好施工河段的通航安全措施，新增汀江、韩江采区临时助航标志4座，完成3座新建桥梁桥涵标设置。

【航道保护】 2020年，梅州航道事务中心严格执行省中心的有关规定，落实中心、所、站船三级巡查制度，全年出动巡查人员271人次，巡查航道6418千米，移交执法部门2宗。全年完成航道行政审批技术意见12千米，其中修建临、拦、跨（过）河建筑物或设施审批5宗；涉航工程水上水下施工作业许可2宗；设置专用航标和搬迁、拆除或调整航标审批2宗，采砂作业3宗。

【船舶养护】 2020年，梅州航道事务中心严格执行船舶三级保养制度，做好船舶保养和各站场等工程设备的吊机维修保养工作，确保船舶“三清四无四不漏”，工属具卧具摆放整齐，船容船貌整洁。完成粤标703、粤标708等5艘船舶的年度上排修理任务。开展船舶联合检查，开展船机和系泊环境的日常检查和专题检查，加强日常监管，确保船舶完好率和优秀率均100%。

【航道安全生产】 2020年，梅州航道事务中心落实《地方党政领导

2020年，梅州航道事务中心职工进行航标养护作业（梅州航道事务中心提供）

干部安全生产责任制规定》，明确党政主要领导安全生产第一责任人的职责，明确各部门涉及的安全责任，完善安全生产责任制考核机制。加强春运和各大节日的检查，对重点场所和重点环节加强监管检查，对危险源和风险隐患进行排查和整改，完成潭江站停泊等安全隐患的整改，确保生产生活环境有效改善，全年排查安全隐患 6 宗，完成整改 5 宗。（陈少浓）

2020 年 6 月 30 日，梅州市举办“水清船畅 平安韩江”2020 年水上搜救应急演练

（梅州海事局提供）

海 事

【海事概况】 2020 年，梅州港口货物吞吐量 72 万吨，旅客运送量 22 万人次。梅州海事局组织开展巡航 12111 海里；组织船员考试 8 期，签发船员证书 177 本；核发水工许可证 15 份，发布航行通告 13 宗；开展船旗国监督检查 170 艘次，实施行政处罚 12 宗，水上交通安全形势保持持续稳定。

【水上交通监管】 2020 年，梅州海事局重点打造“平安韩江”综合示范项目，深化防范船碰桥治理，建立防范船碰桥长效监管工作机制，推进韩江流域综合治理能力现代化。坚持“一断三不断”和“三不一优先”原则，建立健全疫情防控工作机制，统筹推进疫情防控和疫情期间海事监管业务，推动辖区航运企业全面复工复产。持续做好船舶防汛安全隐患整治收尾工作，在 2019 年拆解调离 203 艘“三无”船舶的基础上，继续拆解调离“三无”船舶 73 艘，闲置船舶集中停泊区建设进入施工准备阶段。加强船舶防污染工作，完成 31 艘次船舶燃油抽样样品送检，对燃油不达标的 7 艘船舶实施行政处罚。

【水上交通安全专项整治三年行动和“百日行动”暨“攻砂”行动】 2020 年，梅州海事局全面排查辖区薄弱环节，建立问题隐患和制度措施“两个清单”，推动船舶防汛安全隐患整治成效纳入安全生产制和河长制考核。加强现场检查和动态监管，保持对砂石船等事故多发船舶的高压监管态势，做到“进出必查”。加强船舶配员、救生设备核查、水上无线电秩序管理专项整治及长期逃避海事监管船舶治理，严厉打击船舶违法违规行为。

【“水清船畅 平安韩江”2020 年梅州市水上搜救应急演练】 2020 年 6 月 30 日，梅州市举办“水清船畅 平安韩江”2020 年水上搜救应急演练，提高水上应急处置的实战水平和应急处置能力。无人机等高科技搜救技术在水上人命救助环节得到应用，推动陆水空天一体化监管模式发展。排查安全隐患，抓好各项防御工作，保障辖区安全无事故，实现水上交通“零事故、零伤亡、零污染”的目标。

【涉水工程监管】 2020 年，梅州海事局持续做好新中国成立以来广东省单项投资最大水利工程韩江高陂水利枢纽的船闸建设水上交通安全保障任务。保障大潮高速韩江大桥、梅龙高铁跨河桥梁及莲塘大桥等重点涉水工程安全建设。服务重点工程建设，水上水下活动许可实现“一网通办”，网络远程技术评审有效运行。

【水上安全知识教育活动】 2020 年，梅州海事局开展水上安全公益教育，联合梅州市教育局在全市范围部署开展中小学生水上安全知识教育活动，共举办水上安全知识进校园活动 6 场，对 1000 多名师生代表普及水上安全知识，在梅江松口段开展水上安全情景式教育课堂，提升青少年涉水安全意识。

（梅州市海事局）

邮政业 · 通信业

梅县区松源同怀别墅

责任编辑：古淑灵

邮政业

【邮政业概况】 2020年，梅州市从事邮政服务和快递服务的企业和分支机构共85个，涵盖邮政、EMS、顺丰、圆通、申通、中通、韵达、百世、天天、京东和德邦等18个品牌，其中依法取得快递业务经营许可证的企业45个，依法设立并领取营业执照的分支机构31个。培育营业收入超亿元的企业2家，超1000万元的企业11家。全市设有普遍服务营业场所159个，建成末端快递网点928个。

【业务发展】 2020年，梅州市邮政行业业务总量和业务收入分别累计完成15.24亿元和12.27亿元，比上年分别增长7.6%和10.2%；包裹快递业务量和业务收入分别累计完成4479.90万件和6.46亿元，比上年分别增长27%和15.1%，承载超过71.68亿元商品货值流通。

【邮政基础设施建设】 2020年，梅州市获得省级促进经济高质量发展专项资金邮政基础设施建设项目50万元，改造完善全市机要通信、普遍服务网点9个。获得省级促进经济高质量发展专项资金快递业寄递渠道安全管理项目72万元，购置安检机1台、寄递实名信息化终端557台；新增邮政快递专用电动三轮车88辆。

【“快递进村”工程】 2020年，梅州市已通快递建制村数量1643个，覆盖率82%，建成邮政综合服务平台（农村电商点）2007个。“快递入区”取得新进展，全市建成智能包裹箱609组、智能快件箱351组，箱递率超过10%。

【邮政业绿色生态环保“9792”工程】 2020年，梅州市建成绿色示范网点5个。快递企业电子运单加速推广，实现主要品牌快递企业电子运单使用率99%以上。倡导绿色包装，全市97%以上电商快件不再二次包装，瘦身胶带封装比例超过99%，循环中转袋（箱）使用基本实现全覆盖，新增包装废弃物回收装置86个。

【旺季服务保障】 2020年，梅州市在蜜柚旺季期间，通过寄递渠道销售蜜柚5.25万吨，比上年增长9.8%，带动农产品产值3.5亿元，通过总部政策支持，为柚农节省物流费用约1200万元。2020年，快递服务梅州柚总产值13.6亿元，助力贫困农户增收3600万元。2020年“双11”期间，全市处理的快件业务量达到550.83万件，其中进口业务量达到456.58万件、出口业务

2020 年 9 月 16 日，蜜柚旺季期间，快递企业员工到大埔县西河镇上黄砂村帮贫困户收寄柚子　（梅州市邮政管理局提供）

量达到 94.25 万件。全市日处理量最高达到 103 万件，比上年增长 20.73%。　（梅州市邮政管理局）

通 信 业

电信通信

【电信通信概况】　2020 年，中国电信梅州分公司保持企业和谐稳定，整体发展呈现加速增长态势，经营收入增长排名全省第 4；持续完善 4G、光纤网络覆盖，2020 年底光端口总数已超 110 万个，总量居全省第 9，1000 兆宽带覆盖能力居全省第 8，20 户以上自然村 4G 移动网络覆盖率超过 80%、光网络覆盖率达到 91%；百兆以上用户占比提升到 90%；推进 5G、云计算中心、物联网等新型基础设施建设和应用推广工作，5G 智慧公路、5G 智慧社区、5G + 云 + VR 慢直播等项目在梅州成功落地。中国电信梅州分公司持续夯实云网物安一体化综合信息化保障能力，为梅州经济社会数字化转型赋能注智。连续 12 年被评为“重合同守信用单位”，连续 14 年获“全国用户满意企业”、连续 15 年获“全省用户满意企业”称号。

【网络能力提升】　2020 年，中国电信梅州分公司建成 5G 基站 629 个，实现市、县室外连续覆盖。适度超前规划建设 IDC、云资源，对枢纽楼机房整合归并，规划 5 层楼、3500 多平方米作为云数据机房，已投产并使用 3 个楼层，机架总数达到 300 多个，保持粤东西北运营最成熟、机架规模最大、出口带宽最高、机房环境最优的优势。光网络差异化优势进一步巩固，完成城域网 CR 下沉，降低专网时延；深化光网覆盖，20 户以上自然村光网覆盖比例达到 91%。打造高品质政企 OTN 专网，基本实现全市乡镇以上区域政企 OTN 全覆盖。

【新基建新赋能】　2020 年，中国电信梅州分公司推进新技术、新应用在城市公共管理与行业升级的赋能。支撑社会治理效能提升，完成“雪亮工程”“智慧新警务”等重点项目建设，建设平安梅州、平安乡村、平安万家等各类公共安防摄像头近 2 万路，并依托雪亮平台，实现视频资源跨区域、跨部门的共建共享共用，为社会综治工作提供 10585 部综治 e 通终端服务。助力打造高效应急指挥体系，承接完成梅州全市应急指挥会商系统建设，实现市县及主要应急单位视频会商、

2020 年 7 月 15 日，中国电信梅州分公司与梅州市公路事务中心举行“共建 5G 智慧公路战略合作协议”签约仪式　（中国电信梅州分公司提供）

2020年7月11日，中国电信梅州分公司与飞翔云数码港举行“5G智慧社区战略合作签约仪式”
（中国电信梅州分公司提供）

实时指挥调度，并推动天通卫星、天翼大喇叭等应用在三防应急等领域广泛使用。支撑教育信息化能力快速提升，支撑完成7个县（区）教育云资源平台项目建设；建成学校食堂“互联网＋‘明厨亮灶’”平台，并接入1119家学校。推进各项智慧项目落地梅州，在智慧城市建设、5G智慧公路、5G智慧医疗、智慧社区等方面实现成功应用，正加快推进智慧旅游、智慧医疗、智慧水务、智慧能源等云网融合应用拓展。

【电信服务】 2020年，中国电信梅州分公司践行“服务领先”策略，完善“蓝军”机制，建立省、市、县三级82人蓝军队伍；开展县级“总经理谈服务”党委中心组学习讨论活动。持续巩固政企客户服务标准贯标成果，政企客户服务满意度保持100%，知晓率99.7%；智慧家庭服务标准宣贯覆盖所有营业员和装维经理，重点提升智家服务能力，促进服务交付产品化、显性化。2020年宽带、移动NPS均排名全省前列，且为同业第一；客户综合满意度连续3期同业领先且排名全省第一。

【电信社会责任履行】 2020年，中国电信梅州分公司做好疫情防控工作，及时响应各类用户特别是政府疫情防控指挥和医疗保障网络应急开通、紧急保障需求，为打赢疫情防控阻击战提供可靠的网络、信息化应用及大数据分析等全方位服务；为全市131家重点单位、2024个移动基站、130条专线、1786部固话给予重点保障，支撑梅州市教育局和全市37所学校网络教学工作，支撑线上授课12510节，累计访问量超4亿人次。推出天翼云会议、AI智能呼叫、天翼大喇叭等一系列创新应用服务。同时，做好企业内部联防联控工作，统筹推进疫情防控与经营生产。2020年，中国电信梅州分公司发挥信息化专业优势，以平安乡村、天翼看家等应用为切入，信息化服务扶贫成效显著，助力挂点帮扶的兴宁市罗浮镇澄联村建成平安示范村，以点带面有效带动其他区域平安乡村建设工作。加强对扶贫脱贫工作的领导，全面完成承接的33个20户以上自然村光宽建设任务；市县分公司帮扶挂点的1个省定贫困村和7个面上贫困村全部退出相对贫困村，建档立卡贫困户全部退出相对贫困人口。

（中国电信梅州分公司）

移动通信

【5G发展】 2020年，中国移动通信集团广东有限公司梅州分公司（简称梅州移动公司）继续打造5G精品网络。累计开通5G基站688个，梅州城区“四大块一线路”精品网络实现连片覆盖，一般城区、县城城区实现连续覆盖，各县工业区和重要景区实现到达覆盖。加快普及5G终端，5G客户超40万，打造200多个智慧社区，为1000多个乡村提供宽带及视频监控服务，宽带客户超64万户、电视客户超48万户，提供全屋WiFi、家庭安防等智慧家庭硬件14.7万个。推动5G融入百业，打造“5G医联体、5G救护车、5G＋农业大数据、旅游产业大数据”等12个5G行业标杆应用，其中大埔蜜柚5G大数据平台亮相2020世界数字农业大会、第十九届广东种业博览会。

【信息化工程】 2020年，梅州移动公司以大数据、云计算、物联网等自有技术，聚焦党政、执法、教育、交通、中小企业等行业和群体，整合政务信息系统资源，构建覆盖“市—县—镇—村”的纵向政务协同办公体系，为超400家单位提供统一政务办公系统服务；为纪委打造市县一体惠民信息公开与监督平台；为政府提供“统一申办”“政企沟通平台”及“四免平台”等系统服务，为300多个政府单位和企业上云用云提供云计算服务；服务政府单位及大型企业的网络通信及办公超2000家，服务中小企业超1万家；为本地自来水抄表、燃气监测、车辆定位及公交车监管提供一体化服务；和教育学校使用数超900家，助力梅州“智慧城市”建设。

2020年1月10日，梅州移动公司与梅州铁塔公司、华为公司、终端公司、渠道商代表等共同启动梅州5G产业联盟（梅州移动公司提供）

【移动社会责任履行】 2020年，梅州移动公司新增79个农村光网覆盖，行政村光缆实现100%覆盖；多维度开展客户服务满意度提升，通过资费专项治理、家宽百日攻坚和无线亮剑行动，不知情投诉万投比下降96.43%，业务营销万投比下降87.28%，资费、手机上网、家宽上网三大满意度领先指标逐期提升；完成护网2020、铸盾2020等重大活动保障和抗台防汛保障，落实防范打击通信信息诈骗和综合整治骚扰电话，关停涉诈号8461个，月均拦截涉诈呼叫约2000次；月均拦截骚扰电话约1600次，重大网络与信息安全事件零发生。

年内，梅州移动公司支持政府防疫工作。为梅州市委市政府提供39份大数据报告、40份重点疫情区域漫游到梅州全量数据，向各级政府、企业推出10余项特色信息化便利服务。做好通信网络保障，出动网络保障人员2400名，出动网络建设人员91名，14天建成22个4G、5G基站，快速实现重点区域和交通枢纽4G/5G网络覆盖。服务好内外部客户，发送防疫短信超5000万条、为10余万名公职人员提供免费视频彩铃；为全市近2万名医护人员、1000名政府防疫人员提供免停机服务；为3批次69名赴湖北支援医护人员减免3个月通信费用。

（梅州移动公司）

联通通信

【网络质量提升】 2020年，中国联合网络通信梅州市分公司（简称梅州联通公司）重视网络质量和客户感知工作，以“打造高品质网络、提供高便捷服务”为目标，开展“匠心网络，贴心服务”行动，聚焦影响客户感知的重点区域和重点问题，规建维优一体化、网业服协同推进，采用智能化工具，打通从数据采集到质量分析到问题处理的全环节，实现全数字化管理。推进“双兆”发展战略，打造千兆5G、千兆宽带，坚持5G网络应用双领先的发展原则，高起点规划建设5G网络。完成市内所有县级区域及重点区域覆盖，为用户提供速率翻倍、带宽翻倍的优质5G网络体验；为用户打造一个涵盖居家、工作、出行的全场景立体化高速率的上网环境，满足用户各类网络接入及应用需求；加强重要政企客户网络保障，通过完善支撑手段，优化服务流程，主动隐患排查等手段，降低故障率，缩短故障处理时间，实现全年网络质量提升和用户服务改善。

【差异化服务】 2020年，梅州联通公司在产品设计方面更加精细化，以差异化打造“更贴心”服务。针对年轻化群体，推出全新本地化5G生态权益产品——“花Young派”，主推“花Young购”子产品，聚焦用户日常消费购物场景，将不同档位的话费套餐与购物权益相结合，为用户提供大额现金券、购物会员、购物优惠券等众多购物权益。针对老年人群体，设置“10010”直达热线、无码绿色通道和营业厅布局优化服务；创新推出老年人专属套餐；利用智能技术为老年人提供更周全、更贴心、更直接的便利服务，如“沃家固话”老人只需要喊名字即可打固话，“沃家神眼”为独居老人云监护。针对残障人士，打造为听障人士服务的“A.I.王卡”，解决聋人朋友们在手机通信上的困境。

【智慧创新】 2020年，梅州联通公司以智慧创新为抓手，加快数字化创新转型步伐，切换客户视角，以客户口碑为引领，布放网业服感知探针，重构感知运营体系，提前预警、及时修复，推动感知运营由单一的结果管理向过程运营的转变。在全场景服务保障方面，以“解决客户问题”为根本遵循，以全互联网化、智能化为根本手段，打通公司内部各服务触点，建立分群分类服务保障体系，以问题为导向完善全专业协同机制，提升用户感知与体验。在全触点全场景无缝服务方面，以“服务触点问题诉求信息+线上办理+无缝服务工单”为核心全流程端到端贯穿的服务信息流，实现客服代客下单及用户自助下单。通过智能中台打通线上线下服务触点，真正实现“线上线下一体化”服务。对需即时办理或即时服务的场景，通过触点服务人员线上办理、收集信息派单装维团队办理、新增移网、宽带融合业务上门办理服务，无缝协同服务网，从而实现全场景服务的数字化。

【“5G+工业互联网”领域创新】 2020年，梅州联通公司持续推进“5G+工业互联网”领域创新，逐步形成工业互联网领域的品牌优势。建成T3标准数据中心，是粤东边缘云重要节点，承接梅州工业互联网标识解析二级节点落户，具备服务全市工业互联网应用部署的能力，为多家金融和科技企业提供安全优质的IDC、主机托管租赁；中国联通3个集团级中心落户广东，即5G边缘云运营中心、5G网络切片中心、5G核心网华南大区，落地梅州并实现5G网络资源全省乃至全国调用；建成一张省内即时互联的政企精品网，省市一张网端到端管控，可准确、快速响应企业接入需求。打造“四位一体”支撑团队，集技术、产品、研发和运营一体，构建核心技术力量；分层分级建成一支涉及各专业领域的核心人才梯队，覆盖大IT、网络运维、产业互联网等10余个专业；与本地龙头企业成功打造多个“5G+工业互联网标杆”；同时在政府指导下，建成全省第一个开放共享的梅州市工业大数据综合平台。（梅州联通公司）

2020年7月3日，梅州联通公司与梅州市政府合作共建全市工业大数据平台（梅州联通公司提供）

铁　塔

【铁塔概况】 2020年，中国铁塔股份有限公司梅州市分公司（简称梅州铁塔公司）以高质量发展为目标牵引，统筹梅州市5G基站规模建设，落实5G基站规划和建设审批，简化报批报建流程，缩短5G基站建设周期，推动公共资源开放，加快选址、建设进度，完成年度5G基站建设任务。持续推动行业内外资源共建共享，发挥通信塔、房、电、维优势，深耕社会综合治理、环境保护、应急管理、能源服务和智慧城市建设等领域，进一步开拓通信塔高位监管、机房维护以及充、换、备、发电等能源业务。抗疫关键期间支撑疫情防控，落实抗疫通信支撑保障和办公场所、人员防疫措施，实现疫情期间公司运营不停摆、通信支撑保障不掉队、服务质量不下降、正常业务发展不间断。梅州铁塔公司综合办公大楼完成投资建设，投资金额3944万元，于2020年1月正式投入使用。

【通信基站建设】 2020年，梅州铁塔公司完成通信基站建设、改造需求1935个，其中5G基站建设需求1022个，基本实现梅州市区、各县城区和主要工业园的5G基站覆盖。截至2020年12月底，梅州铁塔公司基站累计总数5469个。梅州铁塔公司落实全市5G基站规划建设，加入各县（市、区）城乡建设

梅州铁塔公司能源业务——换电柜，图为市民在扫码进行电动车充电

（梅州铁塔公司提供）

规划委员会，参与信息基础设施规划论证、审查，推动完成梅州 5G 站址纳入通信专项规划，并统筹推动市、县 5G 基站建设规划纳入国土空间规划及控制性详细规划，将 5G 基站站址、机房及管线、电力等配套设施纳入市政基础设施专项规划；进驻梅州市行政服务中心审查、审批通信基础设施规划建设项目，推动新建建筑物与通信基站同步设计、同步建设、同步验收。同时，针对制订“一站式”通信基站监管流程，实行 5G 基站施工建设告知承诺制，简化梅州市通信基站报批报建流程；获取全市 1085 个公共建筑、用地及物业资源开放清单，统筹开展 5G 基站选址建设和共建共享工作。

【共建共享】 2020 年，梅州铁塔公司实现行业内共建共享率 67%，电信企业平均站址租户累计达到 1.36 户，共享改善率比 2019 年提升 1.26%。跨行业资源共享合作方面，梅州铁塔公司持续发挥塔、房、电、维等核心资源优势，为林业、环保、水务、应急等重点行业提供高位监管、机房维护等服务，参与振声工业园智慧园区建设，建设集照明、5G 通信、环境监测、安防监控、广播系统、一键报警等功能于一体的智慧杆；同时，全面开拓能源服务业务，在全市范围开展充电、换电、备电、发电业务，与梅州市快递协会、中国太平洋财产保险股份有限公司梅州中心支公司签订战略合作协议，形成资源共享合作关系，扩大城区换电服务业务规模，开拓医疗行业备电服务业务，投资建设商住小区低速充电桩，面向市民群众提供电动车充电服务。

【通信保障】 2020 年，梅州铁塔公司持续提升通信基站维护质量及应急保障能力，全市通信基站平均断电退服时长 11.22 分钟，比上年降低 49.17%，发电及时率 90.14%，比上年提升 3.22%。强化通信应急保障，于抗击新冠肺炎疫情期间，协同电信企业快速完成梅州市人民医院、粤东医院等定点救治医院的 5G 基站建设，调动资源优先保障全市医院周边及省际、区域边界疫情防控点的 73 个重保基站的正常运行，累计出动维护人员 387 人次、车辆 136 次、油机 111 台次。协同电信企业开展 SA 标杆网络测试、2020 世界客都长寿梅州马拉松赛通信现场保障、防汛防台风等通信保障任务。 （梅州铁塔公司）

外经贸·口岸管理

梅江区长沙陈公坪村革命遗址群

责任编辑：廖晓鹏

外经贸

【外经贸概况】 2020年，梅州市实现外贸进出口总额99亿元，比上年下降17.9%。其中出口额86.8亿元，比上年下降13.8%；进口额12.2亿元，比上年下降38.7%。实际使用外资14463万元，比上年下降39.3%。

对外贸易 2020年，梅州市一般贸易进出口占比超七成，总额71.48亿元，占同期进出口总值的72.2%。加工贸易进出口总额27.43亿元，占同期进出口总值的27.7%。主要出口产品降幅逐月收窄，机电产品出口正增长。2020年，出口机电产品41.24亿元，比上年增长3.1%；出口陶瓷产品13.34亿元，比上年下降22.8%；出口家具及其零件10.86亿元，比上年下降16%；出口橡胶轮胎7.1亿元，比上年下降9.7%。上述4者合计占同期全市出口总值的83.5%。进口商品以机电产品、天然及合成橡胶（包括胶乳）和农产品为主，全市进口机电产品8.37亿元，下降13.5%，占同期进口总额的68.7%；天然及合成橡胶（包括胶乳）1.52亿元，下降19.3%；农产品0.55亿元，增长34.7%。主要出口市场继续回暖，对欧盟、日本出口保持正增长，对美国出口正增长。2020年，全市对美国出口23.06亿元，增长0.4%，占出口总额的26.6%；对欧盟（不含英国）出口10.59亿元，增长0.7%；对东盟出口8.7亿元，下降12.6%。全市从欧盟（不含英国）进口3.37亿元，增长68.1%，占进口总额的27.7%；从东盟进口2.66亿元，下降68.7%；从日本进口2.1亿元，下降4.5%；从韩国进口0.71亿元，下降43.7%。超七成重点外贸企业呈增长趋势。据业务统计，2020年，40家重点外贸企业共实现进出口65.6亿元，占全市进出口总额的66.5%，比上年下降3.7%。其中有30家呈增长趋势，包括16家正增长、14家降幅收窄；进出口超亿元的企业15家，其中7家比上年增长20%以上。2020年，五华、蕉岭保持增长势头，五华县增长43.1%，蕉岭县增长27%；平远县下降2.2%、兴宁市下降3.3%、梅江区下降20.1%、大埔县下降26.1%、梅县区下降35.3%、丰顺县下降44.3%。

外资利用 2020年，梅州市新批26个外商直接投资项目，实际使用外资14463万元，比上年下降39.3%。外资利用以第二产业为主，第一产业实际使用外资196万元，占总量的1.4%；第二产业实际使用外资13896万元，占总量的96.1%；第三产业实际使用外资371万元，占总量的2.6%。

【发展平台搭建】 2020年，梅州市商务局着力搭建外经贸发展平台。牵头负责梅州综合保税区申报工作，开展综保区设立指标评估体系评分，配合梅县区政府，主动对接广东省商务厅、汕头海关等部门，推动梅州综保区于2020年6月28日获国务院批复设立，成为广东省第七个综合保税区、粤北生态发展区首个综合保税区、梅州首个国家级发展平台。中国（梅州）跨境电子商务综合试验区经国务院批复同意设立，围绕综试区“两平台”“六体系”建设要求，争取专项资金建成综试区公共服务平台并实现运营，对线下清关中心进行改造升级，顺利开展跨境电商实车测试，牵头制订《关于促进中国（梅州）跨境电子商务综合试验区发展若干政策措施》，加大对跨境电商和物流建设的扶持力度，超额完成省下达目标任务。牵头编制梅州市外贸转型升级基地发展情况报告和大埔陶瓷基地、丰顺电声基地产业发展规划，指导推动丰顺电声基地获评为国家外贸转型升级基地。

【外贸发展】 2020年，梅州市商务局应对中美贸易摩擦叠加新冠肺炎疫情影响等不利因素，抓好各项工作落实，推动外贸稳定发展。完善工作机制，推动梅州市政府建立稳外贸月度研判调度机制，建立梅州市政府领导挂点联系40家重点外贸企业制度，协调解决稳外贸工作中的重点、难点问题。贯彻实施各项惠企政策，制订出台促进外贸稳定增长实施方案、专项资金申报指南，组织企业申报各级稳外贸专项资金；推动梅州市政府与中信保公司签订战略合作协议；联合人保财险公司，对小额出口外贸企业统一投保出口信用保险；与工行梅州分行签订合作框架协议，新增3亿元贷款规模，帮助外贸企业解决融资问题。组织筹备好重点展会，组织286家企业参加第127届、128届“云上”广交会及第三届进博会、粤澳名优商品展等重要展会，推动企业线上线下开拓多元化市场。协助企业复工复产，跟踪服务圣戈班、紫晶、线艺、超华、BPW等企业商务技术人员入境适用“快捷通道”，支持解决国威电子、东电化广晟、梅县线艺等重点外贸企业口罩需求，助推企业复工复产。

【企业资本利用】 2020年，梅州市商务局多措并举，提高利用外资质量和水平。建立梅州市领导挂点联系企业机制。推动建立梅州市领导挂点联系8家重点外资企业，市、县商务部门挂点联系30家外资及加工贸易企业制度，落实专人跟踪服务外资项目，成功引进世界500强法国圣戈班集团到梅州投资，光大环保、粤海水务2家港资企业实际出资均超1000万美元。

【外经贸营商环境优化】 2020年，梅州市商务局优化营商环境。推动审批提速增效，推进对外贸易经营者备案登记服务和对外劳务合作经营者资格核准审批服务事项“证照分离”改革，对外贸易经营者备案登记“证照联办”改革，提高审批效率、降低企业办事成本。梅州市商务局7项行政许可事项转为即办件，即办率100%。推动口岸提效降费，推广国际贸易“单一窗口”国家标准版，进一步规范完善口岸收费目录清单，引导和协调口岸经营服务单位降低企业代理报关费收费标准，降低企业报关成本。

【外经贸依法行政】 2020年，梅州市商务局加快法治政府建设，推进依法行政和政务诚信工作。严格落实《梅州市商务局规范性文件管理办法》要求，加强规范性文件制订和监督管理，开展地方性法规、规章和规范性文件清理工作。研究制订《梅州市商务局2020年重大行政决策事项目录》，严格履行重大行政决策程序。组织5名工作人员参加行政执法人员综合法律知识网上考试，全部通过并依法申领行政执法证。贯彻落实行政执法“三项制度”，严格规范公正文明执法。做好商务领域执法职能划转工作，按照广东省政府关于开展市县市场监管综合执法工作的要求，划转第一批25项执法事项到市场监督管理局。开展行政执法案卷评查。推进政务公开工作，全年未发生网络安全责任事故。自觉接受监督，依法有效化解社会矛盾纠纷，全年受理政协委员提案12件，均按规按时办理答复，办理结果满意率100%。严格落实普法责任制，组织全局干部职工学习《民法典》、电子商务法、外商投资法的重要意义、主要内容等；组织行政执法人员开展《广东省行政检查办法》专题学习培训，提高干部职工的法治素养和依法行政水平。与梅州市司法局签订《推动涉外法律服务 助力“一带一路”和“粤港澳大湾区”建设战略合作框架协议》，探索做好涉外法律服务工作。严格落实在相关业务中使用统一社会信用代码的工作要求，每年编制“双公示”目录，在规定的时间内主动在“信用梅州”等平台上报送“双公示”目录。（梅州市商务局）

口岸管理

【口岸管理概况】 2020年，受新冠肺炎疫情影响，梅州航空口岸执飞的香港和台中航班于2月8日暂停运行。据统计，2020年，航空口岸出入境人数1776人次，比上年下降95.4%，出入境飞机38架次，比上年下降92.5%。

【口岸通关便利化】 2020年，梅州市优化口岸营商环境，完善联检部门联防联控机制，加快智慧口岸建设，推进口岸通关便利化。加强宣传力度，利用门户网站、微信等多种渠道宣传“单一窗口”新上线的应用功能。加强政策引导，组织外贸企业开展线上培训，5次联合广东省电子口岸公司开展国际贸易“单一窗口”报关单信息订阅、企业资质常见问题、出口退税、客户端使用及常见问题、报关单数据订阅、税费支付及退税生产版在线大讲堂培训在线培训。进一步规范、完善口岸收费目录清单，优化口岸营商环境，推动口岸提效降费。

【口岸输入人员接收转运工作】 2020年2月，广东省正式启动防控疫情输入工作，根据省、市疫情防控指挥办、省防控疫情输入工作专班的工作部署，梅州市做好防控疫情输入工作。制订《关于印发梅州市做好防控新型冠状肺炎经口岸输入工作方案》和《梅州市做好防控新型冠状肺炎经口岸输入接运工作方案》等工作方案。成立梅州市工作专班共50人，分别赴广州、深圳、珠海等地驻点值守，做好经广州、深圳、珠海口岸输入目的地为梅州的人员接收和转运工作，落实口岸现场24小时值守轮班制，负责经广东口岸输入梅州市的相关人员信息收集报送，协调各县（市、区）做好相关人员的接收转运工作，全程高效安全、闭环运作，实现与集中隔离医学观察点无缝对接，确保接转人员100%接运到位，安全无事故，圆满完成接送和转运任务。

【粤港货车司机货物作业点疫情防控】 2020年，梅州市落实广东省疫情防控工作部署，抓好粤港货车司机目的地货物装卸作业点的疫情防控工作，通过明察暗访检查，督促企业落实点对点运输防疫工作要求，严格执行货车司机“三点一线”沿线场所扫码通行，对接驳司机每7天做一次核酸检测，确保全市6个货物作业点均按规定要求做好排查和防控，工作人员疫苗接种“应接尽接”。（梅州市商务局）

海关监管

【海关服务外贸】 2020年，梅州海关持续优化口岸营商环境。贯彻落实海关总署促进外贸稳增长10条措施和汕头海关帮扶企业复工复产18条措施，利用企业“精准画像”机制，指导5家企业获得AEO认证资质，享受更优质的服务、更快捷的通关、简化的办事流程、较低的查验率、有效的降费措施和较强的联合激励等一系列“红利”，并且在与中国实现AEO互认的43个国家和地区可以享受VIP通关便利化待遇，降低企业港口、保险、物流等贸易成本，提升国际竞争力。采取“线上+线下”模式，为企业快速办理资质申请，新增注册企业93家，投资总额18.69亿元，通过关企微信群、海关公告政策推送等方式，扩大企业服务覆盖面，协调解决企业500多个业务类问题。推广原产地自助打印，签发原产地签证2322份，签证金额3.2亿元，为企业减免境外关税1488万元；鼓励企业通过技术改造、扩大生产等方式引进生产设备，办理减免税证明22份，为企业减免税款556.7万元；实施指导服务，提升审批效率，为关区企业办理对美加征关税退税24.5万元。

【海关监管工作】 2020年，梅州海关筑牢口岸检疫防线，党员干部坚守岗位，始终奋战在疫情防控第一线。疫情期间，梅州海关监管出入境飞机38架次，出入境旅客1526人次，未检测出新冠肺炎核酸阳性病例，实现口岸疫情防控“零感染”。强化国门生物安全风险监测，加强沙漠蝗等外来入侵物种防控，做好进境种猪、粮食安全监管，严防重大动植物疫情疫病传入传出，防止疫情叠加，实现国门生物安全防控“零事故”。做好进出口食品抽样检验及风险监测，发挥实验室技术支撑，提供快检快放服务，严保供港澳食品农产品质量安全。强化进出口危化品检验监管，防范危化品安全事故发生，实现进出口安全事件“零发生”。

【助推梅州综保区申建】 2020年，梅州海关推动梅州综合保税区成功获批，全程跟进梅州综合保税区建设进程，就综保区卡口、围网、查验场地、检验检疫处理区及信息化系统建设规划做现场指导，实地解决多项技术性问题。

【扶持新业态发展】 2020年，梅州海关配合梅州市商务部门开展跨境电商公共服务平台建设，实现“信息互换、监管互认、执法互助”，形成管理合力；完善跨境电商清关中心建设，助力新业态加速发展。2020年11月，梅州跨境电子商务公共服务平台上线运行，已有1家物流企业、3家平台型电商企业落户。2020年，梅州跨境电商进出口值1.37亿元。

【支持重点企业发展】 2020年，梅州海关优化服务，助力企业做大做强。围绕梅州产业规划，为重点企业提供“一企一策”个性化支持措施，帮助企业稳订单、拓市场。为加工贸易企业提供免征缓税利息优惠政策，缓解企业资金流转压力，帮助广东精荣科技有限公司实现进出口5.57亿元，比上年增长182.4%。2020年梅州进出口值前10名重点外贸企业中，7家实现正增长，其中梅州国威电子有限公司、BPW车轴有限公司、博敏电子股份有限公司增幅明显，分别比上年增长38.1%、59.8%和42.8%。瞄准企业难点，提供精准帮扶。开展疫情对进出口行业、产业影响等调查，及时提出稳增长促发展政策建议，根据企业诉求制订工作方案，解决企业堵点痛点难点问题。帮助梅州圣戈班汽车玻璃系统有限公司完成设备引进，4天完成企业原需1个月完成的进口手续，并减免税款320万元；帮助BPW（梅州）车轴有限公司5万个口罩顺利捐赠德国公司总部，公司总部增资1.15亿元在梅州投资项目。优化措施，保障资源产品进口。支持梅州首次从国外引进种猪，为企业减免税款283万元，保障1570头丹麦种猪经检疫合格后顺利投入生产，服务地方稳产保供。设立进口粮食专用窗口，量身定制粮食验放方案，帮助企业实现快速验放，为粮油加工企业解决“原料荒”，监管乌克兰玉米、美国高粱、法国小麦等28.2万吨粮食顺利进口，比上年增长56.9%。

2020年，梅州海关关员对辖区出口蜜柚进行监管 （梅州海关提供）

【推动特色农产品“走出去”】 2020年，梅州海关推动企业品牌建设。提前介入，组织召开政策宣讲及专题培训，帮助45家种养殖企业入选粤港澳大湾区“菜篮子”生产基地认定名单，8家企业新获评广东省出口示范基地。

帮促企业“走出去”。研究出口国技术性贸易措施，成功帮扶46家农产品企业新获出口资质。优化检疫审批流程，以风险监测为重点，实施从源头到成品的闭环管理。监管1.5万吨蜜柚顺利出口“一带一路”市场，冻鸡肉首次出口阿富汗，茶叶首次直供香港。

多渠道解决企业困难。根据企业需求，利用技术优势，为辖区供港禽肉企业免费提供禽流感检测服务，为鸽、鸡等养殖企业减免检测费用100多万元，保障供港禽肉产品安全。

服务产业发展助力脱贫攻坚。支持梅州“基地＋农户”产业发展模式，帮助企业出口柚果做好政策辅导，为贫困户解决产品销量问题；发挥好梅州竹木藤草产品传统优势，帮扶67家企业4.5亿元工艺品进入国际市场，为山区上万人提供工作岗位，贫困家庭年人均收入增长近万元；支持龙氏观赏鱼养殖有限公司获取出口资质，带动周边村民就业，推动观赏鱼首次出口美国。

（梅州海关）

商贸流通业

丰顺县马图红色村

责任编辑：古淑灵

商贸流通业综述

【商贸流通业概况】 2020年，受新冠肺炎疫情影响，梅州市社会消费品零售总额634.88亿元，比上年下降7.9%。从县域情况看，梅江区、梅县区、兴宁市、平远县、蕉岭县、大埔县、丰顺县、五华县分别比上年下降7.9%、5.4%、6.6%、6.8%、7.3%、8.8%、8.4%、7.4%。从销售单位所在地看，乡村消费市场状况好于城镇消费。城镇消费品市场零售总额474.94亿元，比上年下降8.6%；乡村消费品市场零售总额159.94亿元，比上年下降5.7%，乡村降幅比城镇降幅低2.9个百分点。从消费类型看，商品零售状况好于餐饮零售。商品零售业实现零售额580.42亿元，比上年下降7.1%；餐饮收入54.46亿元，比上年下降15.7%。从限额以上单位商品零售分类看，限额以上单位消费品实现零售额比上年下降14.8%。27个限额以上商品类值中，粮油食品类、化妆品类、日用品类、报纸杂志类、中西药品类、通信器材类和公共网络类7个类别商品零售实现正增长，增速分别为3.7%、13.8%、1.8%、1.9%、13.7%、27.6%、10.1%。2020年，汽车类商品零售增速比上年下降7%，石油及制品类商品零售增速比上年下降25%。

【内贸流通】 2020年，梅州市应对新冠肺炎疫情对消费行业的冲击，安排800万元专项资金支持汽车、文旅、餐饮专题促消费活动，通过财政激励扶持、企业配套让利方式，累计撬动消费7.25亿元；组织统筹各县（市、区）、商贸企业、商业综合体开展家电惠民、商圈促销、点燃夜经济、年货购物节等各类促消费活动16场次，大润发、喜多多、嘉荣等各大型超市开展多场促销让利、折扣等系列促消费活动，促进消费扩容提质，繁荣消费市场。推进电商扶贫工作，助力乡村振兴，推进电子商务进农村综合示范工作。推动快递物流园区、标准化快件集散中心等物流基础设施建设，加快冷链物流、物流信息化、标准化建设，推动电商物流协同发展。推动梅县区、大埔县和五华县分别建成农产品质量安全追溯系统。完成肉类蔬菜追溯体系验收工作，成功与省级平台实现互联互通。做好食品安全领域相关工作，推进商务诚信体系建设，加强单用途商业预付卡、拍卖、二手车交易市场、报废汽车拆解回收、再生资源回收等领域监管和风险排查，共同营造安全放心的消费环境。

【零售业】 2020年，梅州市推动

2020 年 5 月 20 日，2020 广东省促消费（夏季）暨“互联网+家 520”购物节（梅州）活动启动仪式在梅县区红星美凯龙商场举行　（梅州市商务局提供）

实体零售业转型升级，建立订单、仓储、配送、结算、管理一体的经营管理模式，以大型商超企业带动本地商户上加盟平台，推出无人售货超市的全新购物模式的基础上，支持推广便民新模式，鼓励辖区内大型超市喜多多、佰为、卜蜂莲花及电商企业村之翼等开展线上促销活动；京东无人售货连锁店等新业态，推动生活消费全面复苏；推广商贸企业“线上下单、肉菜到家”的经营新模式，挖掘消费潜力，拓展消费领域，创新消费方式；支持电商企业通过抖音、直播等社交电商、移动电商拓宽本地区农特产品销售模式，提升产品交易额。推动与阿里本地生活的合作，与阿里巴巴本地生活签订合作框架协议，推动餐饮零售等行业数字化发展。梅州市城乡农贸市场 160 个，大型商超 23 个（3000 平方米以上），中小型超市（300～3000 平方米）600 个，社区生鲜店（300 平方米以下）2323 个和一大批便利店。城区商业集聚效应逐步形成，主要大型连锁超市大多位于城市商业综合体内，全市城市商业综合体 11 个。

【批发业】　2020 年，梅州市批发市场有 7 个，营业面积 43.46 万平方米，全年交易总额 40.41 亿元，从业人员 4760 人。其中：成交额亿元以上市场 4 个，成交额亿元以上市场交易额 39.2 亿元，全部都是以内销为主的市场，主要销往本省及周边省、市，以农产品、“三鸟”、五金、建材、服装纺织百货、副食品等为交易品种，其中较大型、现代化的梅州市海吉新城批发市场、梅州中农批农产品批发市场等，依托梅州市的交通枢纽地位，科学规划，分期开发，注重市场科学管理，确保商品质量安全，为梅州市民提供更多物美价廉的商品，促进市场繁荣。　（梅州市商务局）

物 流 业

【物流业概况】　2020 年，梅州市 9 家企业获得中央财政 2020 年推动农商互联完善农产品供应链项目专项资金累计 2445 万元，居全省前列。全市共建成冷藏冻库 316 个，容积超过 11.5 万立方米（可存储各类生鲜产品 4.1 万吨），配置冷链运输汽车 117 辆。

【商贸物流服务能力提升】　2020 年，梅州市以开展电子商务进农村综合示范创建为抓手，构建县镇村三级电商物流体系。截至 2020 年，全市累计建成 8 个县级电商公共服务中心、135 个镇级电商物流服务站、1389 个村级电商物流服务点（其中，349 个省定贫困村实现全覆盖）；持续完善冷链物流基础设施。9 家企业获得中央财政 2020 年推动农商互联完善农产品供应链项目专项资金累计 2445 万元，居全省前列。　（梅州市商务局）

再生资源回收行业

【再生资源回收行业概况】　2020 年，梅州市再生资源回收利用行业协会有会员单位 63 个，协会职能主要是推动再生资源回收经营和开发加工利用，规范再生资源回收利用的市场秩序。全市经工商登记注册并在商务部业务系统统一平台备案的再生资源回收企业有 84 家。

【再生资源回收与垃圾清运“两网融合”工作】　2020 年，梅州市商务局探索再生资源回收与垃圾清运“两网融合”工作，推动再生资源回收网络进社区，促进再生资源有效回收。推荐较大型且有意愿从事垃圾分类工作的再生资源回收企业与梅州市住建部门对接，探索推进生活垃圾分类回收与再生资源回收有效衔接，发挥两个系统优势，提高生活垃圾在回收、分拣、处理等环节的运作效率，大幅提升再生资源回收率，减少垃圾填埋量。

【再生资源回收行业管理】 2020年4月29日，梅州市商务局到梅州天保再生资源回收利用有限公司和梅州市康发物资回收有限公司开展安全生产等综合检查，了解企业生产经营状况，对发现的问题提出整改意见和整改时限，并督促指导梅江区加强对辖区内再生资源回收企业的安全生产落实工作。做好全市有意愿回收输液瓶（袋）的企业名单推荐工作，向广东省商务厅推荐3家有意愿回收输液瓶（袋）的企业名单。配合做好医疗机构废弃物专项整治，规范医疗机构塑料垃圾的回收利用工作。梅州市发改、环保和商务等部门做好加强塑料污染治理、加快新能源汽车产业创新发展、完善废旧家电回收处理体系、开展打赢蓝天保卫战三年行动计划、环境保护督查整改落实等工作。 （梅州市商务局）

会展业

【会展业概况】 2020年，梅州市商务局组织企业参加广交会、海博会、粤澳名优展、第三届进博会等多场国内国际专业展会，帮助企业抢抓订单，开拓国际国内市场。

【第127届广交会梅州分团情况】 2020年，受新冠肺炎疫情影响，国务院决定，第127届广交会延期至6月中旬在网上“广交会云展厅”举办。6月15—24日，梅州市商务局组织86家企业、共257个展位（其中：品牌展位98个，一般性展位159个）组成梅州分团参加第127届网上广交会。梅州分团展品分布21个展区，主要参展产品有机电、五金、陶瓷、节日用品、家居装饰品、纺织品、服装、办公文具、箱包、玩具、食品、医药等。

2020年9月22日，梅州市举办第128届广交会梅州分团业务培训暨政策宣讲会
（梅州市商务局提供）

【第128届广交会梅州分团情况】 2020年10月15—24日，梅州市商务局组织87家企业、共257个展位（其中品牌展位98个、一般性展位159个）参加第128届网上广交会。梅州分团展品分布21个展区，主要参展产品有机电、五金、陶瓷、节日用品、家居装饰品、纺织品、服装、办公文具、箱包、玩具、食品、医药等。该届广交会上，梅州分团发动参展企业开展多形式贸易洽谈活动，共有36家企业参与网络直播营销，比上届的25家增加11家，增长44%；参展企业接单数量与上届持平，为37家、占42.5%，增长的23家、占26.4%。

【第三届中国国际进口博览会梅州分团情况】 2020年11月5—10日，第三届中国国际进口博览会在上海国家会展中心举行。梅州市商务局组织全市86家单位和企业共131人参加展会。梅州分团有8家企业（采购商）与境外参展商进行贸易洽谈，并达成采购意向。

【2020海南（东盟）酒店及餐饮用品博览会】 2020年11月27—29日，梅州市商务局组织市直、大埔县、平远县、兴宁市共21家企业、18个展位参加商务部外贸发展事务局在海南省海口市举办的“2020海南（东盟）酒店及餐饮用品博览会”，推介梅州陶瓷、家具、纺织等优质商品，帮助全市外贸企业开拓国内市场，扩大内销。

【2020 粤澳名优商品展览会梅州分团情况】 2020 年 12 月 11—13 日，梅州市商务局组织梅县区、兴宁市、平远县、大埔县、丰顺县共 7 家企业、24 人组成梅州分团，参加广东省商务厅和澳门贸易投资促进局在澳门联合举办的“2020 粤澳名优商品展览会”。展会期间，梅州分团接待各类客商 4000 多人次，现场销售近 257 万元，签订贸易成交意向 3175 万元。参展商品主要包括梅州柚及柚子深加工系列产品（柚子茶、柚子蜜、柚子糖、柚子精油等）、黄金姜糖、鸽制品、大米、客家黄酒等食品、农产品以及纺织品、日用品等近 40 种名优新特产品。

【2020 厦门国际投资贸易洽谈会】 2020 年 9 月 7—8 日，由梅州市商务局、梅州高新区、平远县、蕉岭县及企业代表等为成员的梅州分团组团参加在福建厦门召开的 2020 厦门投洽会，推介梅州投资环境，开展项目对接洽谈，对接蓝城集团、台湾三益创价生技等项目。

（梅州市商务局）

拍卖及二手车交易市场管理

【拍卖行业概况及管理】 2020 年，梅州市 10 家拍卖企业合计举行拍卖会 53 场，成交额 19242.3 万元，拍卖会场次比上年减少 9 场，拍卖成交金额比上年增长 119.8%。2020 年，梅州市商务局做好 2020 年度拍卖企业年度核查工作，对全市 11 家拍卖企业经营情况进行年度核查，其中经核查合格的企业 10 家，申请终止从事拍卖业务许可的企业 1 家。开展“双随机、一公开”检查工作，分别检查广东中一拍卖有限公司、广东中投拍卖有限公司等 5 家拍卖企业，均未发现不合规经营的情况。做好拍卖企业变更工作，为广东中投拍卖有限公司办理法定代表人的变更手续。配合广东省商务厅办理 2 家企业终止从事拍卖业务许可的申请。

【二手车交易市场概况及管理】 2020 年，梅州市二手车交易市场备案企业共 83 家。全年全市二手车转移(交易)79051 辆、转入 32996 辆，分别比上年下降 10%、32.6%。2020 年，梅州市商务局开展“双随机、一公开”检查工作，按年度计划，分别检查梅江区、梅县区、兴宁市和平远县的 16 家二手车交易市场，进一步规范企业经营活动。

（梅州市商务局）

电子商务

【电子商务概况】 2020 年，梅州市电商企业 5300 多家，从业人员超过 10 万人，其中从事农村电商企业超过 2400 家。建有梅州扶贫馆（京东）、仙豆米电商直播平台、村之翼商城、客天下·购、五华 IC 村链农产品商城等主要农产品电商交易平台 13 个，打造形成广东村之翼现代农业物联网产业园、梅州市客天下农电商产业园、梅县区电子商务产业园等一批重点电商产业园。全年电商交易额 328.39 亿元，比上年增长 11.8%，其中：农产品电商成交额 138.62 亿元，占 42.2%，比上年增长 21.1%。成交主要产品为客家特色农副产品、食品、服装、鞋帽、化妆品、电子消费品等。跨境电商出口 1.39 亿元。电商扶贫线上线下平台表现突出，大埔县、五华县、大埔县黄堂村分别获评 2020 年广东电商扶贫典型县、典型村十大案例。

【电子商务进农村综合示范创建工作】 2020 年，梅州市电子商务进农村综合示范创建工作有序推进。大埔县、五华县、梅县区（优秀等次）顺利通过广东省商务厅组织的第三方机构绩效考评。《大埔县：打好组合拳建设电商扶贫示范县赋能脱贫攻坚》《五华县：电子商务进农村助力县域经济高质量发展》作为全省电商扶贫典型县案例在“南方 + ”客户端进行广泛宣传。

【快递物流服务能力提升】 2020 年，梅州市快递物流服务能力逐步提升。经营主体不断壮大，全市快递物流企业共 611 家（其中，冷链物流企业 54 家），有安达物流、捷通物流、顺速达物流等规模以上企业 22 家。服务水平不断提高，邮政系统建成 3 个日处理能力 10 万件、4 个日处理能力 5 万件的快件处理中心。累计备案邮政和快递末端网点 1023 个，其中：设在城市地区的 238 个，设在乡镇及农村的 785 个，末端网点设置实现农村全覆盖。

【农村电商服务体系完善】 2020 年，梅州市农村电商服务体系日趋完善。整合邮政、供销社、农村淘宝等资源，构建完善县、镇、村三级电商服务体系。截至 2020 年，全市所有县（市、区）均建有县级电子商务公共服务中心，乡（镇）有电子商务服务站、省定贫困村有电子商务服务点。

【电商扶贫】 2020年，梅州市坚持把电商消费扶贫工作作为助力脱贫攻坚的重要措施，组织发动企业借助电商平台、各类展会、“千企帮千村”行动等载体，利用新媒体优势，主动对接国内市场，推动农产品线上线下融合发展，助力扶贫农产品销售。依托淘宝直播、抖音、快手等各大平台优势，通过“短视频+网红营销推介”等组合形式，进行社会化营销，创新农产品营销新业态，解决防疫期间农产品销售难题，推介梅州特色农产品品牌，助推梅州市特色农产品“触电”上网。开展产销对接活动，在梅州产区先后举办梅州柚“12221”产销对接活动、广东农产品采购商联盟梅州柚专场活动、2019梅州柚产销对接大会暨梅县区第十届金柚飘香文化旅游节活动等。在主销区，先后在北京、南昌、广州、上海等地举办广东梅州柚专场推介会活动，组织梅州企业参加第十七届中国国际农产品交易会、首届粤港澳大湾区国际农产品采购商峰会暨第十届广东现代农业博览会、西南贫困地区农产品产销对接活动品牌农产品推介活动等，拓展消费区市场，积累一大批采购商渠道。

【跨境电商发展探索推进】 2020年，国务院发布关于同意在雄安新区等46个城市和地区设立跨境电子商务综合试验区的批复，同意在梅州市设立跨境电子商务综合试验区。梅州市商务局按照《中国（梅州）跨境电子商务综合试验区实施方案》稳步有序推动梅州市综试区建设，完成线上公共服务平台建设，引进3家跨境电商、物流龙头企业和商服平台进驻。（梅州市商务局）

供销合作经济

【供销合作经济概况】 梅州市供销合作社是集体所有制性质的合作经济组织，是服务“三农”的主要职能部门，是市政府直属参照公务员法管理事业单位。办社宗旨是：为“三农”和城乡居民服务，努力成为农业社会化服务的骨干力量，农村现代流通的主导力量，农民专业合作的带动力量。主要职能是负责对全市供销合作社的组织、指导、协调、监督和服务。梅州市供销社由市社、县（市、区）社、镇级基层社三级供销社组成，截至2020年底，有县（市、区）供销社8个（其中：平远县社、梅江区社、梅县区社为参照公务员法管理事业单位，其他为财拨事业单位），基层供销合作社65个。全系统有法人单位129个，产业活动单位1765个，从业人员4987人，其中：正式职工1812人；离退休人员7094人，市社机关干部职工20人。2020年，梅州市供销合作社按照全国总社“改造自我、服务农民”的要求，推进供销社综合改革，基本完成省社下达的综合改革20项重点任务。2020年全市供销系统经营总额77.44亿元，比上年增长39.5%；销售总额48.66亿元，比上年增长31.3%，各县均有较大幅度增长。全系统实现利润663.67万元，比上年增长7%。

【助农服务示范体系建设】 2020年，梅州市供销合作社贯彻《广东省人民政府办公厅关于印发供销合作社新型乡村助农服务示范体系建设实施方案的通知》，召开全市助农服务示范体系建设推进会，累计争取市、县政府配套政策扶持资金近2000万元，全面建成并运营县域助农服务综合平台11个（完成率

2020年7月8日，梅州市人民政府副市长温向芳（中）率队到梅州市供销合作社助农服务示范体系建设综合平台现场调研
（梅州市供销合作社提供）

138%）、镇村助农服务中心 104 个（完成率 100%），经营服务主要集中在农资农技、农产品购销加工、日用消费品供应等传统业务领域，如广东天禾梅州市助农服务综合平台承接兴宁市政府的社会化服务项目（包括统防统治、机耕、机械收割、机械烘干、紫云英飞播等）。与太平洋财产保险股份有限公司梅州中心支公司签订战略合作协议，在 4 个县 8 个镇村服务中心先行试点，给予每个服务中心“供销 + 保险”示范点补贴 8000 元。2020 年实现销售总额 48.66 亿元，农业社会化服务 12 万亩次，通过各类联农组织带动小农户 9.21 万户，主导实施农业面源污染治理 1.38 万公顷，打造区域农产品直供配送中心 116 个，开展直接面向农民的技术技能培训 2.85 万人次。

【冷链物流建设】 2020 年中央一号文件明确提出“启动农产品仓储保鲜冷链物流设施建设工程”。梅州市供销合作社落实广东省推进供销公共型冷链物流基础设施骨干网建设工作电视电话会议精神，3 月设立工作专班，主动加强与广东省供销社直属企业广东新供销天业冷链集团有限公司的对接，共同投资成立广东天兴冷链物流有限公司，项目位于兴宁市产业转移工业园区，项目用地 33653 平方米，总投资 1.3 亿元，于 7 月 6 日正式动工建设，创造从项目谋划到落地建设仅 3 个多月的“供销速度”。大埔、丰顺、平远冷链项目也已成立项目公司，项目建成后，将为梅州柚等特色农副产品提供产地预冷、保鲜运输、冷链储藏等优质服务。

【专业合作社建设】 2020 年，梅州市供销合作社加强对基层社、专业合作社的业务指导，指导基层社和农民专业合作社对接国家惠农政策。通过拓展经营业务、盘活存量资产、改造升级经营设施和组建基层中心社等形式对 29 家基层社进行改造。如丰顺县社收回留隍基层社，增加 1200 万元资产；大埔县银江基层社与镇政府合作共建农贸市场；梅江区白宫供销社助农服务中心成功升级改造，并与社会资本合作共建强惠农电商营销中心。同时，围绕主导产业，指导各县级社发动农业龙头企业、种养大户通过共同出资、共创品牌、共享利益等方式，创办一批管理规范、制度健全、带动能力强的农民专业合作社。通过组织、领办各类农民合作社，提高农民组织化和生产经营规模化程度，发展“一村一品、一镇一业”特色经济，选择有特色、有市场竞争力、品质好的农副产品（梅州柚、平远橙、嘉应茶、客都米、客乡菌），通过实现农产品标准化，打造当地特色农产品品牌基层站点，运用营销、品牌孵化、农业大数据等方式，拓宽梅州特色农产品上行通道。全系统领办的专业合作社中，有 32 家国家级示范社、116 家省级示范社，入社农户 13800 户，带动农户 37600 户，全年实现助农增收超过 1.2 亿元。

【“粤菜（客家菜）师傅”工程开展】 2020 年，梅州市供销合作社组织市、县供销社与本地厨艺培训学校共同打造 3 个县级培训基地。联合梅州市金苑餐饮管理有限公司、陈钢文技能大师工作室搭建“粤菜（客家菜）师傅”工程发展平台，开展客家菜研发及送教下乡活动。组织丰顺县社、五华县社、丰顺县丰泰职业培训学校、五华县大昌职业培训学校与广东省电子商务高级技工学校、广东省财经职业技术学校通过社校企合作，建立供销社“粤菜师傅”培训工程“1 + 5 + N”联合推进工作模式，组织开展“粤菜（客家菜）师傅”培训 23 期，培训学员 948 人次，实现就业学员 745 人，助力精准扶贫，助推乡村振兴。

【系统消费扶贫】 2020 年，梅州市供销合作社制订《梅州市供销合作社系统 2020 年脱贫攻坚重点工作任务书》，推进系统消费扶贫工作。全系统消费扶贫和产业扶贫销售农产品 5551 万元（线上销售），组织参加各类产销对接会 3 次，设立线上线下扶贫产品专柜专区 4 个，农产品批发市场专设贫困地区产品销售展区 1 个，带动贫困户 3579 人。开展供销社直播助农卖货活动，联合大埔县供销社、大埔县农业农村局、大埔县科工商务局举办广东省供销社系统千场千品消费扶贫梅州分会场暨现场直播助农卖货活动，带动电商发展与扶贫助困企业交流合作，在线上助力贫困户卖货并开展产销对接活动，扩大梅州长寿乡农产品知名度，助力消费扶贫和乡村振兴。组织系统企业参加各类消费扶贫活动，引导支持全市农产品企业参加供销合作社系统参与举办的东西部扶贫协作供销联盟、农博会、展销会、交易会等，组织系统内44家企业扶贫产品入驻广东省供销社系统消费扶贫活动主会场广东供销馆，组织参加广东省供销社系统消费扶贫活动分会场的商超门店4家、设立广东消费扶贫示范店1家。参与2020年广东扶贫济困日活动，组织全市供销系统30家企业到梅州市2020年“广东扶贫济困日”活动现场开展“以购代帮”购买扶贫产品活动，梅州市供销合作社机关干部职工和直属（参股）企业共计捐款1.3万多元。

（李廷颂）

盐业专卖

【盐业专卖概况】 2020年，广东省盐业集团梅州有限公司围绕“以盐为基、以盐带路、严把盐关、广开盐路”经营方针，落实“强品牌、增品种、提品质、优服务”经营战略，持续提升企业经营能力。2020年，广东省盐业集团梅州有限公司销售食盐16539吨，碘盐出厂合格率100%。上缴税利1356万元，全面完成企业的各项生产经营任务指标，被广东省盐业集团授予“2020年广东省盐业集团‘质量体系建设巩固年’优秀单位”荣誉。

【食盐质量安全和产能保障】 2020年，广东省盐业集团梅州有限公司在生产经营过程中，履行“最严谨标准、最严格监管、最严肃问责”工作制度，按照食盐定点生产企业技术规范和ISO、HACCP质量管理的规定，强化对采购、生产、环境卫生、质量检测、仓储运输等全链条管理工作，确保盐产品合格率100%。同时，实施食盐定点厂升级改造工程，新增食盐生产供料系统、立袋机和金属探测器等设备，对车间仓库等配套设施进行升级改造，实现两条供料系统独立控制，进一步提升食盐生产产能和效率，保障食盐供应。

【企业经营能力强化】 2020年，广东省盐业集团梅州有限公司进一步强化企业作风建设，完善企业管理制度，进一步规范企业管理流程，为推动公司提质增效提供支点。同时，落实“人员下沉、渠道下沉、维护客情”工作措施，以全面提升企业经营能力为目标，坚持渠道下沉，加大食盐直配直送力度，致力于为客户提供优质的服务，提升对市场的掌控力，在严峻的市场形势下增加企业经济效益。

【“粤盐”品牌影响力提升】 2020年，广东省盐业集团梅州有限公司拓宽“粤盐”品牌宣传面，提升粤盐品牌的知名度与影响力，持续通过派发宣传资料以及电视台、平面媒体、户外广告及抖音等新媒体，多形式进行粤盐品牌宣传。同时，做好员工团购营销，深耕多种销售渠道，着力推动“粤盐”生态海盐推广营销工作，推广“粤盐”品牌“健康生活，从粤盐开始”的理念。

（广东省盐业集团梅州有限公司）

2020年，广东省盐业集团梅州有限公司开展“鲜逢双节，粤盐有礼”活动

（郑嘉凯 摄）

烟草专卖

【烟草专卖概况】 2020年，梅州市烟草专卖局实施广东烟草高质量发展战略，推进精益管理，加强资产管理和6S现场管理，探索质量管理体系和标准化体系融合运行，完成国有企业退休人员社会化管理移交工作并形成常态机制。推进安全生产标准化、安全管理信息系统应用，深化双重预防机制建设，安全生产管控水平进一步提高。全年实现税利14.21亿元，投入补贴资金509.11万元，使1600户农户受益。

2020 年 10 月 10 日，广东省烟草专卖局副局长曾政（左一）一行现场指导兴宁“10·9”大型卷烟制售假网络案件侦办工作　（梅州市烟草专卖局提供）

【卷烟营销】　2020 年，梅州市烟草专卖局贯彻新发展理念，坚持稳中求进工作总基调，以市场为导向，合理安排货源投放，拓展新型卷烟制品市场，推动省产双喜结构优化，全年五叶神、双喜一类烟销售占比均位列全省第一。打造 20 支烟草全零售现代网络，推进文明吸烟环境、诚信互助小组建设，组建诚信互助小组 1018 组，覆盖率 91.35%。

【烟叶生产】　2020 年，梅州市烟草专卖局围绕“提质增效显特色”总要求，实现烟叶税利 3926.3 万元。全市有烟农 1568 户，公顷均种烟收入 6.95 万元，户均收入 14.08 万元，全市促进烟农多元增收产值 2621.97 万元，实现烟田种植保险全覆盖。全面推行专分散收、原收原调，建立市、县、站优质示范点 20 个，建设烟基项目 370 个，全市 5 个烟叶工作点建设稳步推进，烟叶工作水平全省领先。

【烟草专卖管理】　2020 年，梅州市烟草专卖局贯彻落实市政府烟草打假打私综合治理工作方案，融入共建共治共享社会治理体系，联合公安部门开展“蓝剑”“国门利剑 2020”专项行动。成功经营网络案件 14 件，查处各类涉烟案件 699 件，捣毁制假窝点 7 个，查获大型制假烟机 20 台、卷烟 5759.17 万支、烟丝烟叶 99.81 吨，案值逾 5000 万元，刑拘嫌疑人 101 名、提请逮捕 62 名、判刑 35 名。新型市场监管体系落地见效，新型烟草制品监管和中小学周边零售户清理稳步推进。全年查处违法违规卖烟大户 48 户，大户治理成效进一步巩固。推进“互联网 + 政务服务”，网上办证率维持在 80%以上，如期完成大换证工作。

（梅州市烟草专卖局）

石油销售

【石油销售概况】　2020 年，中国石化广东梅州石油分公司一手抓疫情防控、一手抓复工复产，全力以赴抗击疫情，持续开展攻坚创效，融入地方社会经济发展建设。联合高速路政、派出所、卫生院等地方政府单位，在黄竹坪等 12 座高速服务区加油站设立疫情防控监测点和临时隔离区，并利用加油站内语音播报、LED 显示屏、宣传海报、T 型展板和企业微信公众号等平台，普及疫情防控科学常识，缓解顾客和员工心理恐慌情绪。同时，加大便捷支付、自助加油、自助圈存等业务改造建设，做好便利店、营业室、加油区、卫生间、生活区等消毒工作，加强油品资源和非油品商品调拨，向应急救援车辆开通绿色通道。

【特色便民服务】　2020 年，针对疫情下顾客消费需求的变化，中国石化广东梅州石油分公司调整经营思路，主动延伸服务半径，依托“加油广东”APP 平台，迅速推出“易捷遥买”“机出配送”等特色便民服务。客户通过“加油广东”APP 以及微信小程序的“易捷遥买”功能，选定提货门店后选购商品、线上支付，即可获得一个提货码，加油时只需要向油站员工出示提货码，打开车尾箱，员工即可将打包好的商品搬到车上，全程客户无操作、免接触，购物消费更便捷高效，实现“客户不下车，只停一次车，备满一箱货”的服务承诺。疫情时期，无接触服务方式深受客户欢迎。同时，中国石化广东梅州石油分公司依托遍布全市的加油站网点，密切关注复

2020 年 12 月 29 日，梅州市首座“文旅加油”综合服务驿站建设启动仪式在五华水寨罗湖举行 （中国石化广东梅州石油分公司提供）

工复产及用油需求情况，投入资金解决油品配送运力紧张问题，将油品直接配送到工矿企业和项目施工现场，全年配送服务 5000 余车次，保障企业复工复产和市政工程项目建设。

【助力梅州经济发展】 2020 年，中国石化广东梅州石油分公司利用加油站网点资源和“易捷”品牌渠道，依托客都能源合资合作平台，全面融入地方社会经济建设。8 月，全市首座“易捷·乐得鲜”旗舰店开业仪式在江南加油站举行，中国石化广东梅州石油分公司将地段位置最好、商圈最成熟、车流量最大、客流量最大的网点与乐得鲜合作，架起广大菜农与市民买菜的连接桥梁，拓展菜农卖菜创收的渠道，是响应广东省政府与中国石化“易捷净菜·菜篮子车尾箱”工程的具体行动。11 月，全市首次由中国石化广东梅州石油分公司、梅州市应急管理局、梅江区消防救援大队和梅州市应急志愿者协会联合举办的消防演练比武在中村开心农场举行，进一步增强政府与地方企业在消防安全应急处理上的组织、配合、协调能力。12 月，全市首座“文旅加油”综合服务驿站建设启动项目在五华水寨罗湖举行，仅历时 9 个月顺利完成项目土地征收、线缆迁移、挖山平整等工作，再次创造梅州速度。与此同时，20 年以来，中国石化广东梅州石油分公司六次全程领跑地区油品从国Ⅰ到国Ⅵ升级，以行动践行“让质量永远领先一步”的品质承诺。

【社会公益】 2020 年，中国石化广东梅州石油分公司投身公益实践，持续回馈社会和人民。在防疫物资紧缺时候，紧急采购一批防疫物资捐赠给梅州市公安局，保障奋斗工作一线的公安干警健康安全；向梅州市公安打私支队授予“利剑出鞘严打私、忠心为民显初心”锦旗，感谢梅州市公安局在维护成油品市场秩序上做的大量工作。持续投入资金，在高速公路、国省干道建设成平远服务区等 21 座卡车司机之家，提供送餐、安全停车、休息、淋浴、洗衣干衣等“9 + X”免费服务。同时，还利用党员、青年员工建立志愿者服务队伍，连续 8 年开展“情暖驿站、满爱回家”公益活动，连续 19 年组织员工无偿献血，累计献血近 18 万毫升。

（张峰 汤峰）

财税·金融

丰顺县马图村见龙居等红四军活动旧址群

责任编辑：古淑灵

财　政

【财政收入】　2020年，梅州市财政部门应对疫情冲击、经济下行等叠加影响，及时分析研判收入形势，充分挖掘财政增收潜力，拓宽非税来源。2020年全市一般公共预算收入完成88.19亿元，比上年减少3.7%，其中：税收收入56.44亿元，比上年减少6.84%，占一般公共预算收入比重64%。一般公共预算收入减收的主要原因是受新冠肺炎疫情、经济下行压力持续加大、减税降费政策带来减收效应持续释放等因素综合影响。

【压缩开支】　2020年，梅州市财政部门落实党政机关要坚持过紧日子的要求，大力压减一般性支出和“三公”经费支出，持续优化财政支出结构，全市行政及参公单位“三公”经费支出比上年下降12.25%。在压缩开支的同时，主动争取各类政策资金支持。全市共获得上级转移支付资金393亿元，比上年增加12亿元；获得新增政府债券、抗疫特别国债资金106.2亿元，比上年增加54.5亿元。

【财政服务经济社会发展】　2020年，梅州市财政部门落实减税降费政策，切实减轻企业负担，全年全市累计新增减税降费规模超25亿元。用足用好中央直达资金和新增债券资金，加快资金的分配、使用，保障重点项目的顺利实施。全年省下达全市中央直达资金38亿元，支出进度达到100%，在全省排名第1；

2020年5月14日，梅州市财税审计工作会议召开　（梅州市财政局提供）

各级财政累计拨付新增债券资金87.1亿元用于111个项目建设，有力拉动投资。落实落细支持实体经济发展各项措施，全年全市投入0.13亿元刺激餐饮、文旅、汽车消费；市级投入1.1亿元用于优化产业结构调整、培育高新技术企业发展，安排扶持资金0.19亿元支持互联网、电子商务、阿里云创新中心等项目建设；运用市中小微企业信贷风险补偿资金，为中小微企业累计提供增信贷款15.24亿元，缓解中小微企业融资难问题。全年全市安排疫情防控资金5.8亿元，为打赢疫情防控阻击战提供坚实的保障。有序推动企业复工复产、扩大产能，全市阶段性减免社保费13.05亿元、落实失业保险稳岗返还0.15亿元。牢固树立“三保”与疫情防控及经济恢复并重的政策导向，着力加强财政“三保”工作，全市“三保”总体保障良好。

【财政保障民生】　2020年，梅州市财政部门支持脱贫攻坚工作，市级统筹整合省级涉农资金0.2亿元用于39个市直单位帮扶的省定贫困村精准扶贫精准脱贫工作，全市下达扶贫类直达资金0.77亿元用于落实常态化疫情防控下决战决胜脱贫攻坚任务。加大污染防治攻坚战支持力度，全年市级拨付污染防治专项资金1亿元，支持打好蓝天、碧水、净土保卫战。落实困难群体救助政策，稳步提高困难群众的生活保障水平，全市财政社会保障和就业支出76.26亿元。支持公共卫生体系和重大疫情防控救治能力体系建设，不断补齐公共卫生领域短板，全市财政卫生健康支出60.06亿元。健全财政教育投入持续稳定增长的长效机制，加快推动城乡义务教育均衡优质发展，不断提升全市各阶段教育质量和水平，全市财政教育支出86.06亿元。落实促进就业和鼓励创业等各项扶持政策措施，各级财政共安排就业创业、职业技能提升行动专项资金等1.9亿元。加大党的基层组织建设经费保障力度，全面落实村（社区）“两委”干部补贴和各项工作经费保障，市级共拨付配套资金2.47亿元。

【财政债务管控】　2020年，梅州市财政部门坚决守住债务风险底线，严格按照预算法等要求，落实化解法定政府债务风险预警措施，解除市级法定政府债务风险预警，遏制隐性债务增量，市县两级均没有新增隐性债务。用好地方政府专项债券，做实做细项目库建设，定期通报支出进度，发挥新增债券资金对经济社会发展的促进作用。

【财政管理】　2020年，梅州市财政部门加强预算执行管理，细化预算编制，硬化预算约束，规范预算调整使用。加大对各预算部门实有账户资金的清理力度，坚决清理收回结余结转资金。严格规范暂付性款项管理，多渠道消化暂付款挂账。强化国库库款管理，规范资金拨付程序，科学有序调度库款，不断提高库款防控风险能力。加强财政专项资金绩效管理，扩大财政专项资金绩效评价范围，绩效评价质量持续提高，受到省级通报表扬。开展预决算公开情况自查自纠及整改落实、困难群众救助补助等资金发放对象的信息核实、注册会计师和资产评估行业专项整治、会计评估监督和资产评估机构检查、“脱贫纪念馆”建设情况专项检查。做好行政事业单位国有资产分析汇总，加强国有资产收益管理，主动向梅州市人大常委会报告国有资产管理情况。抓好财政投资审核，全市政府投资工程预、结算评审核减率11.57%，其中市级核减率12.47%。开展财政法制宣传教育，严格执行规范性文件合法性审核和行政执法“三项制度”，全面提高财政政务服务水平。

【财政改革】　2020年，梅州市财政部门推进预算编制执行监督管理改革，突出加强项目库建设，持续深化“放管服”改革，推广“大专项＋任务清单”管理模式，做好政府综合财务报告编报工作。推进涉农资金统筹整合改革，抓好涉农项目库建设、涉农项目典型示范引领和涉农资金的分配、使用、管理工作，集中财力办成涉农领域的重点项目。加快推进“数字财政”建设，通过时间倒排、任务倒逼，全力加快工作进度。参照财政部、广东省财政厅“三定”规定修订情况，进一步优化财政职能配置和内设机构，做好下属事业单位的改革工作，稳妥推进梅州市拍卖行转企改制工作。配合推进镇街管理体制改革，推进东升工业园区财政体制改革。

（梅州市财政局）

税　务

【税收概况】　2020年，梅州市组织税费收入完成313.07亿元，比上年减收 28.16 亿元，下降 8.25%，其中：全市税务部门组织国内税收收入 197.76 亿元，比上年减收 4.71 亿元，下降 2.32%，海关代征进口税收 1 亿元，增长 15.68%。税务部门组织费金收入 114.31 亿元，比上年下降 17.11%，其中，社会保险费 94.76 亿元，比上年下降 13.01%；其他费金收入 19.56 亿元，比上年下降 32.49%。税务部门办理出口产品退（免）税 10.89 亿元，下降 10.19%。

【税收特色】 2020 年，梅州市国内税收收入增速-2.3%，低于全省（0.2%）2.5 个百分点，增速全省排第 10 位，处于全省居中位置；粤北五市中增速低于河源 2.7 个百分点、清远 1.7 个百分点，高于云浮 1.6 个百分点、韶关 4.2 个百分点，增速粤北五市排第 3 位。

市县级税收收入逐季好转 2020 年全市组织市县级收入 56.7 亿元，比上年下降 6.32%，占全市一般公共预算收入比重 64.3%。分季度来看，四个季度增速分别为：-19.7%、-14.1%、3.7%及 4.4%，第一、二季度受疫情影响明显市县级税收两位数下降，而随着经济回升、减税降费政策激发市场活力及规范征管措施成效显现，市县级税收逐步回升，第三、四季度均实现正增长。

五大支柱工业税收实现正增长 2020 年五大支柱工业合计缴纳税款 77.38 亿元，占国内税收比重 39.1%，比上年增收 8.13 亿元，增长 11.75%。其中：烟草制品业缴纳税款 49.4 亿元，增长 11.46%，剔除结转税款因素实际下降 1.37%；电力行业受益于火力发电效率高缴纳税款 9.53 亿元，增长 1.47%；建材行业受益于水泥量价齐升缴纳税款 9.2 亿元，增长 25.8%；电子信息业受益于高附加值产品销量增加缴纳税款 6.18 亿元，增长 1.2%；机电制造业受益于电子产品热销利润增加缴纳税款 3.08 亿元，增长 45.2%。

房地产、建筑业税收负增长 2020 年房地产和建筑业合计缴纳税款 58.6 亿元，占国内税收比重 29.6%，比上年减收 2.78 亿元，下降 4.53%，拉低国内税收增速 1.4 个百分点。房地产、建筑业合计缴纳市县级税收 19.79 亿元，占全市市县级税收比重 34.9%，比上年减收 2.04 亿元，下降 9.35%，拉低市县级税收增速 3.4 个百分点。

区域税收“二升六降” 2020 年，全市 8 个县（市、区）国内税收收入增速“二升六降”，梅江区、蕉岭县（含蕉华）分别增长 1.8% 和 0.5%，其余地区均负增长。其中：市县级税收增速同样“二升六降”，蕉岭县（含蕉华）、五华县分别增长 6.6%和 0.3%，其余地区均负增长。

【税收支持疫情防控】 2020 年，梅州市税务局梳理推出《梅州税务支持疫情防控和复工复产措施“二十五条”》，编制《支持梅州企业复工复产社保非税优惠政策一本通》电子书，与梅州市人社、医保等部门联合印发 11 份企业社保费阶段性减免文件，组建政策宣传团队，深入企业开展宣传，提供“一企一册”专属管家服务。同时，围绕服务梅州“5311”绿色产业体系、“五星争辉”区域发展等战略，组织 26 名业务骨干成立税收经济分析团队，运用税收大数据形成 100 多篇高质量调研报告，并向当地党委政府建言献策，其中，《从增值税发票数据看我市企业复工复产情况》《从复工首月看我市税收经济运行趋势分析》等多篇调研报告获得市政府主要领导肯定性批示，报告中“发放消费券刺激消费”“深化‘银税互动’”等建议被梅州市政府采纳。

2020 年，梅州市税务局开展便民办税春风行动，落实税收优惠政策
（梅州市税务局提供）

【营商环境优化】 2020年，梅州市税务局坚持以人民为中心的发展思想，遵循“始于纳税人需求，终于纳税人满意”的原则，推行一系列服务措施，优化税收营商环境，在全省纳税人满意度第三方调查中获第9名。办税服务不断优化，推行“交房即交证”新模式，与梅州市自然资源局、住建局等部门建立协作机制，理顺交房和办证全链条流程；推广不见面申领发票服务等“非接触式”办税方式，全市电子办税率提升至92.1%，位列全省第11；联合梅州市人民银行、梅州市金融局等部门，在全市各乡村金融服务站开通城乡居民基本养老保险和基本医疗保险缴费功能，实现市县镇村四级“两险”缴费服务全覆盖；服务全市各大金融机构持续推动“银税互动”项目，缓解小微企业融资难融资贵问题，全年全市“银税互动”项目累计发放贷款1168户，比上年增长19.92%，累计发放贷款余额8.75亿元，比上年增长31.39%。管理程序不断简化，推广新办纳税人“套餐式”服务，新办纳税人平均办理时间压减至17分钟，首次申领发票时间压减至28分钟，提速90%，开办速度位居全省第5；税务注销平均办理时间1.28天，压缩10%；与梅州市人民银行联合出台电子退库无纸化管理办法，退税业务平均办理时限由30日压缩至5个工作日；优化社保缴费流程，灵活就业人员社保缴费流程从原来5个步骤压缩至1个。不动产登记实现存量房业务上线省级“一窗受理”平台，一般登记涉税业务实现1个工作日内办结。

【税收宣传】 2020年，梅州市税务局围绕“减税费优服务 助复产促发展”的税收宣传月主题，通过市县两级税务局“1+9”互通、“分局+中介机构+纳税人”互动、线上线下互联等方式，打造上下联动、内外呼应、百花齐放的税收宣传矩阵。全年在各级新闻媒体刊登稿件649篇，其中：在中央电视台播出新闻报道4篇；在央广网、光明网、新华网、“学习强国”等央级新媒体刊发新闻75篇；在省市级媒体刊发新闻570篇。

【依法治税】 2020年，梅州市税务局开展“谁执法谁普法”履职评议活动，在系统内外组织学习宣传《民法典》和税收法律法规，逐步形成横向到边、纵向到底的普法格局。在2020年梅州市国家机关“谁执法谁普法”履职报告评议中，梅州市税务局以评议团评分第1、社会评议第1、总成绩第1的成绩获得第1名。成立1个全面依法行政工作领导小组，一体化推进普法责任制落实，形成“领导负总责，法制机构促协调，其他部门抓落实”的工作格局；建立健全普法责任、普法教育和考核督导3套机制，明确细化普法任务分工、做好全民法治宣传教育、开展税收普法工作考核。围绕“普法惠民”与“组织税费收入”两条工作主线，纵向发力联动9个县级税务局、54个基层税务分局，横向发力引导社会力量参与税收普法工作，实现横向到边、纵向到底的网格化普及税收法律法规。成立梅州市公安局派驻税务局联络机制办公室，运用税收大数据平台，与公安部门联合侦破案值高达1亿多元的暴力虚开发票团伙案。全年通过税务稽查实现查补收入6045.27万元，其中立案检查84户，移送公安机关案件18件、移送线索24户。 （肖文嘉）

金　融

金融综述

【银行业概况】 2020年，梅州市银行业运行整体平稳，规模稳步扩张，存贷比创历史新高。截至2020年12月末，全市各项存款余额2438.24亿元，比上年增长8.3%，各项贷款余额1588.81亿元，比上年增长17.48%，增速提高2.06个百分点，比全省平均水平高1个百分点；存贷比为65.16%，比2019年末提高5.09个百分点，创2003年以来新高。2020年，梅州市银行业支持地方经济发展力度进一步增强，人民银行梅州市中心支行运用3000亿元专项再贷款、1.5万亿元普惠性再贷款再贴现以及普惠小微企业贷款延期支持工具、普惠小微信用贷款支持计划等货币政策工具，累计向金融机构释放资金19.17亿元，为实体经济减负2500万元，引导全市金融机构加大对实体经济的信贷投放力度。2020年末，全市涉农贷款余额678.64亿元，比年初增加76.94亿元，增长12.79%；小微企业贷款余额345.47亿元，比年初增加32.49亿元，增长10.38%，增速上升7.68个百分点，占企业贷款比重53.42%。

受疫情影响，不良贷款有所暴

露，但整体可控。2020年末，全市不良贷款余额12.72亿元，较2019年增加3.47亿元，不良贷款率0.80%，较2019年上升0.12个百分点，不良贷款指标有所反弹，但仍处于较低水平，整体风险可控。全年辖区各银行业金融机构未发生重大信贷资产损失和重大案件，整体风险可控。法人银行机构稳步发展。截至2020年末，全市11家法人银行机构资产总额1046.6亿元，比上年增长14.94%，其中各项贷款余额504.42亿元，比上年增长21.59%；总负债946.50亿元，比上年增长16.14%，其中各项存款余额825.54亿元，比上年增长12.52%。存贷比为61.10%，比上年上升4.56个百分点，服务地方实体经济的能力和效率进一步提高。此外，2020年法人机构资本充足情况、资产质量、流动性状况等主要风险指标均达监管要求。

【非银行金融机构概况】 2020年，梅州市有3类非银行金融机构总计33家，比上年减少3家，其中小额贷款公司17家、融资性担保公司4家、典当行12家，从业人员304人。注册资本142989万元，资产总额171658万元，负债总额17071万元，营业收入7947万元，主营业务收入7255万元，净利润1911万元。其中：小额贷款公司、担保公司整体实现盈利，净利润分别为1648万元、284万元，典当行处于亏损，净利润-21万元。

【证券期货业概况】 2020年，梅州市证券业经营状况持续好转。全市有15家证券（期货）公司，无法人证券机构，其中证券营业部14家，比上年增加1家，期货公司营业部1家。受国内宏观经济环境逐步扭转和全行业景气度上升的影响，辖区证券业经营状况持续好转，证券交易额、经营利润等主要指标大幅攀升，行业发展呈现整体向好态势。截至2020年末，股票基金累计交易额12351.84亿元，比上年增加77.54%，资金账户新开数80656个，比上年增加13.76%，实现利润15.09亿元，比上年大幅增长91.68%，融资融券余额22.86亿元，比上年减少1.89%。

【保险业概况】 2020年，梅州市保险业收入稳步增长。截至2020年末，梅州辖区有市级保险机构38家，其中财产保险和人身保险各19家，有保险专业中介机构95家，银行类兼业代理机构14家，非银行兼业代理机构63家，保险从业人员18976人。1—12月，辖区保险业实现保费收入63.14亿元，比上年增长5.81%，其中财产保险保费收入26.00亿元，比上年增长10.75%；人身保险保费收入37.14亿元，比上年增长2.60%。赔付支出20.76亿元，比上年增长2.61%，其中财产保险赔付支出14.81亿元，比上年增长4.11%；人身保险赔付支出5.95亿元，比上年减少0.92%。

（刘役俊）

金融服务

【授信贷款】 截至2020年12月末，梅州市本外币存款余额2438.24亿元，比年初增加186.88亿元，增长8.3%。全市本外币贷款余额1588.81亿元，比年初增加236.44亿元，增长17.48%，金融推动实体经济平稳健康发展能力持续增强。全市银行业金融机构存贷比65.16%，比年初高出5.09个百分点。

【梅州上市公司】 截至2020年底，梅州市有国内A股上市公司9家，市价总值851.51亿元，比上年上升33.34%；香港上市公司1家，市价总值折合人民币4.67亿元，比上年末下降14%。全市新增1家A股上市公司（广东紫晶信息存储技术股份有限公司），通过IPO首发上市融资10.23亿元；1家上市公司通过定向增发融资8.43亿元。上市公司通过首发、增发、发行可转债等形式共筹集社会资金254.9亿元。

【证券期货市场】 截至2020年底，梅州市有证券公司14家，全年实现营业净利润1.51亿元，比上年增长91.68%；股票基金交易额12351.84亿元，比上年上升77.54%；资金账户新开数80656个，比上年上升13.82%。股票基金市值442.95亿元，比上年增长27.88%；有11家证券公司营业部开展融资融券业务，融资融券余额22.86亿元，比上年增长33.87%。期货公司1家。

【"新三板"挂牌企业】 截至2020年底，梅州市有25家"新三板"挂牌企业，其中当年新增1家。

【金融监管】 2020年，梅州市坚决打好涉及金融领域的扫黑除恶专项斗争，组织开展金融领域行业治理，推进网贷机构清整工作，圆满

2020 年 2 月 26 日，广东紫晶信息存储技术股份有限公司在科创板上市

（梅州市金融工作局提供）

完成非法集资陈案攻坚，6 件陈案均已结案。采取现场检查与非现场监管、约谈高管人员方式相结合，加强对典当行、小额贷款、融资担保公司等机构监管，全市地方金融业持续健康稳定发展。截至 2020 年底，梅州市有小额贷款公司 17 家，注册资本 8.97 亿元，贷款余额 8.11 亿元；融资担保公司 4 家，注册资本 38589 万元,在保余额 11.4 亿元；典当公司 12 家，注册资本 1.47 亿元，典当余额 0.09 万元。

（梅州市金融工作局）

中国人民银行梅州市中心支行

【中国人民银行梅州市中心支行概况】 2020 年，中国人民银行梅州市中心支行落实总行、分行的工作部署，以“政治建设、法治央行、改革创新”为引领，紧抓大湾区建设和苏区建设的历史机遇，各项业务工作取得新进展。模范机关创建工作的实践成效在全省作为先进单位分享交流经验做法，推动梅州获国务院批复设立中国（梅州）跨境电子商务综合试验区、梅州综合保税区，发放粤东地区首笔生态公益林补偿收益权质押贷款，辖区 3 个乡镇被授予广东省移动支付示范镇。12 月末存贷比达 65.16%，创 2003 年以来新高，金融服务实体经济的实践成效获得梅州市主要领导批示 5 次，广东省副省长张新在梅州调研期间充分肯定梅州“金融生态区”建设。

【货币政策】 2020 年，中国人民银行梅州市中心支行推动 3000 亿元专项再贷款、1.5 万亿元普惠性再贷款再贴现以及普惠小微企业贷款延期支持工具、普惠小微信用贷款支持计划等货币政策工具在梅州落地见效，截至 12 月末，辖区金融机构运用上述四项货币政策工具 19.17 亿元，支持辖区疫情防控、复工复产和“稳企业”“保就业”，为实体经济减负 0.25 亿元，普惠小微企业贷款延期支持工具、普惠小微信用贷款支持计划的办理金额在山区五市分别排名第 1 和第 2。召开金融服务稳企业保就业工作会、部分法人金融机构座谈会，搭建“粤信融稳企业保就业平台”，精准对接工信、发改、工商联等政府部门提供的重点支持企业，引导金融机构助力各类实体融资纾困。注重与地方党政、市场主体和社会公众的政策沟通，举办“金融助企政策直达”行长直播活动，组织制作公益广告在梅州广播电视台、电台进行为期 60 天的宣传活动，提升政策知晓度和覆盖面。

【金融服务实体经济】 2020 年，中国人民银行梅州市中心支行加强货币政策、金融政策与梅州产业政策衔接，引导督促金融机构加大对交通设施建设、新型城镇化建设等领域的信贷投放。截至 12 月末，全市本外币各项贷款余额 1588.81 亿元，比年初增加 236.44 亿元，余额位居山区五市第 2；增速 17.48%，高于全省平均水平 1 个百分点；存贷比 65.16%，比上年同期提高 5.09 个百分点。引导金融机构主动对接省市重点项目，银行机构对省市重点项目的贷款余额 82.4 亿元。执行降准政策，释放长期流动性资金 11.79 亿元。推进存量浮动利率贷款定价基准转换，引导市场利率持续下行。以综合保税区和跨境电商综合试验区成立契机，举办“传导外汇管理暨跨境人民币政策 促进贸易投资便利化”宣讲会，推动梅州全口径跨境融资规模进一步扩大。首届金融支持实体经济 10 大典型案例评选活动得到社会广泛响应，“掌上梅州”APP 关注人次 135 万。

梅州市首届金融支持实体经济十大典型案例一览表

序号	单位	案例名称
1	梅州客商银行	“物联网金融”护航生猪稳产保供
2	建设银行梅州市分行	支持青蒿产业　振兴乡村经济
3	农业银行梅州分行	扎实开展消费扶贫　全力助推脱贫攻坚
4	工商银行梅州分行	创新服务助力科创企业发展壮大
5	中华财险梅州中支	梅州农险推创新　鸽子也能上保险
6	人保财险梅州市分公司	以保险创新支持复工复产与脱贫攻坚
7	梅州客家村镇银行	绿色金融助推绿色发展
8	广发证券梅州营业部	金融创新助企实现“产业梦”
9	广发银行梅州分行	政银合力助推普惠金融可持续发展
10	中国银行梅州分行	汇聚金融力量　为加快制造企业转型升级送“东风”

【农村金融改革】　2020 年，中国人民银行梅州市中心支行持续优化农村支付服务环境，梅江区三角镇、蕉岭县三圳镇、五华县水寨镇被授予 2020 年度广东省移动支付示范镇。探索“移动支付 + 公共服务”农村缴费支付新模式，依托乡村金融服务站，利用移动终端设备为农村群众办理“两险”及公共事业代缴业务。截至 12 月末，办理“两险”代缴业务 93.11 万笔。举办广东金融学会“绿色金融南粤行”（梅州站）活动，探索金融与生态环保协同发展，推动梅州绿色金融创新发展，发放粤东地区首笔生态公益林补偿收益权质押贷款。推进金融精准扶贫工作，创新“扶贫再贷款 + 扶贫担保 + 产业扶贫”等信贷模式，全市金融精准扶贫贷款余额 34.01 亿元，比上年增长 18.25%。协助地方政府做好对口扶贫帮扶工作，对口 7 个挂钩扶贫村全部实现脱贫，中支全辖对扶贫地区农副茶品采购金额在全省排第 3。

【便民服务】　2020 年，中国人民银行梅州市中心支行指导金融机构配合市政府“乐享五千万礼包，共促市场复苏”消费券活动，联合梅州市商务局组织开展“云闪付乐享百万补贴 促消费共筑美好生活”百城万企促消费活动，组织银行、支付机构开展促消费活动 16 场，拉动消费 1.95 亿元。深化“放管服”改革，快速准确拨付疫情防控救治资金，做实做细新增财政直达资金拨付，全面放开小额支付系统业务限额，创建 82 个银行营业网点现金服务示范区，在金融机构建立 11 个自助查询代理点，推动跨境贸易投融资便利化“12 条”、优化外汇管理支持涉外业务发展“8 条”逐步落地。落实减税降费政策，减免银行收单手续费，实现电子退库无纸化，加快退税资金到账速度，惠及全市 4 万多家企业。

【金融监管】　2020 年，中国人民银行梅州市中心支行加强地方监管协调机制建设，推进央行金融机构评级、综合评估、稳健性评估、银行压力测试等各类评级、评估工作，稳妥推进执法检查与行政处罚体制改革试点工作，制订并完善辖区金融机构风险应急处置预案。畅通金融消费权益保护渠道，推进存款保险制度宣传和标识启用工作，整治辖区违法违规金融广告治理，妥善处理 85 件金融消费投诉案件。深化与公安、海关、税务等部门的合作联动，开展打击治理跨境赌博、电信网络新型违法犯罪、涉案账户反查、反假货币、

2020 年 8 月 4 日，中国人民银行梅州市中心支行联合梅州银保监分局召开梅州市金融服务稳企业保就业工作交流会　（中国人民银行梅州市中心支行提供）

虚假欺骗性外汇交易等，向公安机关移交涉嫌地下钱庄、跨境赌博、洗钱等有效线索 7 条，外汇检查个案罚款金额创历史新高，相关查处案例被国家外汇管理局《外汇检查典型案例》采用，是省分局 6 个典型案例之一。与梅州市监委、梅州市检察院建立合作机制，推进洗钱入罪工作，《梅州"飓风 62"特大虚开骗税案》获得 2020 年广东省反洗钱精品案例比赛一等奖。

（刘役俊）

中国银行保险监督管理委员会梅州监管分局

【梅州银保监分局概况】 2020 年，中国银行保险监督管理委员会梅州监管分局（简称梅州银保监分局）抓好"六稳""六保"，统筹推进疫情防控和支持实体经济、助推企业复工复产工作，强化风险防范化解，辖区银行业保险业整体平稳运行，持续保持稳健发展的良好态势。截至 12 月末，辖区 20 家银行业机构，资产总额 2794.78 亿元，比上年增长 10.37%；各项存款余额 2402.66 亿元，比上年增长 8.58%；各项贷款余额 1588.81 亿元，比上年增长 17.48%。辖区保险公司 38 家，实现保费收入 63.13 亿元，比上年增长 5.81%，累计赔款和给付支出 20.76 亿元，比上年增长 2.61%。

【惠企暖企】 2020 年，梅州银保监分局引导机构通过开辟信贷及理赔绿色通道，简化业务办理手续、创新线上业务等措施，做好疫情期间金融支持。辖区银行机构实施临时性延期还本付息的中小微企业 1718 户，金额 55.77 亿元。9 家银行向 24 家新冠肺炎疫情防控重点保障企业发放优惠利率贷款 3.43 亿元，加权平均利率 2.55%，20 家企业累计获得财政贴息 322.5 万元。保险业累计为全市 204 家小微企业免费提供专项复工保险，保额 3048.4 万元，出口信用保险实现应保尽保。改进小微企业金融服务，督导银行机构单列小微企业信贷计划，开展"百行进万企""政银企"融资推介会、"银税互动"等融资对接服务，着力破解银企信息不对称难题，加大对"首贷户"和企业复工复产的信贷支持。截至 12 月末，辖区银行机构总体完成小微企业金融服务"增量扩面、提质降本"目标。小微企业贷款余额 506.32 亿元，较年初增长 10.75%；普惠型小微企业贷款余额 241.82 亿元，较年初增长 23.08%，高于各项贷款增速 5.59 个百分点。指导银行机构充分运用 LPR 合理确定新增贷款利率，推动综合融资成本总体下行，做到应降尽降。截至 12 月末，当年新发放普惠型小微企业贷款平均利率 5.78%，较年初下降 0.87 个百分点。要求各银行机构制订完善并贯彻执行尽职免责制度，适当放宽考核标准，真正形成敢贷、能贷、愿贷的长效机制。2020 年辖区法人银行机构小微企业贷款尽职免责 293 人次，小微企业追责业务中涉及责任人员数的实际免责比例超过 43.47%。

【"三农"金融支持】 2020 年，梅州银保监分局督导辖区银行制订涉农和普惠型涉农信贷计划，按月监测指标完成情况。截至 12 月末，辖区涉农贷款余额 678.64 亿元，较年初增长 12.79%；普惠型涉农贷款余额 144.16 亿元，较年初增长 17.73%，高于各项贷款平均增速 0.25 个百分点。引导辖区银行创新金融服务，通过开展线上业务、发展供应链金融、搭建"政银农"平台等方式，加强对乡村振兴战略的信贷支持。截至 12 月末，辖区法人机构生猪产业贷款余额 14.22 亿元，较年初增长 279.07%。推动发展地方优势特色农产品保险，加快业务服务流程电子化、线上化，不断扩大农险覆盖面，提升农业保障水平。辖区农业保险保费收入 1.98 亿元，比上年增长 41.86 %，赔款支出 0.73 亿元，比上年增长 35.22%。

【金融扶贫】 2020 年，梅州银保监分局发挥金融“造血”扶贫脱贫作用。综合运用审慎监管会谈、监管走访、金融扶贫督导会、扶贫贷款考核和风险排查、专项调研督导等方式，引导银行保险机构创新扶贫工作模式，持续投入真金白银支持产业发展、贫困户就业、农产品销售和农村医疗保障。截至 12 月末，辖区精准扶贫贷款余额 12.56 亿元，较年初增长 57.55%；扶贫小额信贷累计发放 3.23 亿元，较年初增长 6.08%，实现应贷尽贷。在有省定贫困人口分布的地市中，梅州市扶贫小额信贷规模排名第 3，法人机构精准扶贫贷款余额排名第 2。截至 10 月，梅州建档立卡贫困人口 100%达到脱贫退出的“八有”标准，349 个省定贫困村全部达到退出标准。

【消费者权益保护】 2020 年，梅州银保监分局强化消费者权益保护工作。创新开展金融知识宣传普及活动，编发原创保险恶意投诉举报典型案例《3 次投诉终明白“亲戚”原来很爱钱》，获得广泛好评。梅州银保监分局被省局评为 2020 年金融知识普及月宣教活动优秀组织单位。督促银行保险机构健全消费者投诉机制，对易引发投诉的事项进行风险提示，妥善处置各类举报投诉事项。截至 12 月末，梅州银保监分局收到信访举报投诉 86 件，办结率 100%，保险模版投诉量较上年同期下降 80%。督促银行机构围绕创建“全国文明城市”和“星级网点”目标，不断改进服务理念和管理机制，推动网点智能化、人性化转型，为消费者提供优质服务体验。在 2019 年梅州成功拥有 2 个“百佳”网点的基础上，2020 年顺利完成 2 个“千佳”网点创建工作。

【重大金融风险防范化解】 2020 年，梅州银保监分局巩固市场乱象整治成果。强化股东股权治理，督导银行机构完善股权质押、托管等制度机制，辖区 7 家农商银行和 3 家村镇银行均完成股权托管并达到确权比例不低于 80%的工作要求。加强车险市场乱象治理，通过业务核查、暗访调查、通报批评、督促行业自律等措施，推动财产保险公司落实“报行合一”和数据真实性要求。截至 12 月末车险市场平均自主定价系数 0.88，市场秩序平稳有序。同时，严格处罚问责，对 6 家产险公司进行监管约谈，对 8 家产险公司落实商业车险停单措施，并拟对 2 家产险公司开展行政处罚，切实做到“三铁三见”。2020 年，车险综合费用率、综合成本率、综合赔付率分别为 36.57%、92.67%、56.10%，分别低于全省平均水平 0.47、2.64、2.17 个百分点。加强重点领域风险防控。持续监测农小机构不良贷款、逾期、关注类贷款变化趋势，对指标明显劣化的机构及时进行风险提示。督导农小机构制订全年不良贷款处置规划，按月报告处置进度，适时开展督导检查。辖区法人机构全年处置不良贷款 6.34 亿元，比上年增加 3 亿元，目标完成率 128.34%。对个别在公司治理、关联交易、银担合作等方面风险较突出的法人银行机构作为监管重中之重，对相关违法违规问题启动行政处罚。坚决落实“房住不炒”要求，加强对集中度较高的机构窗口指导，严防信贷资金违规流入房地产领域。截至 12 月末，全市新增房地产贷款占新增各项贷款比重较年初下降 10.5 个百分点，房地产贷款余额占各项贷款余额比重较年初下降 1.14 个百分点。定期开展流动性压力测试和应急演练，强化指标动态监测预警，加强风险提示。

2020 年 1 月 10 日，梅州银保监分局工作人员为群众讲解金融知识 （肖永洪 摄）

指导银行机构稳妥应对“原油宝”事件，研究制订突发事件应急处置预案，加强舆情监测，做好客户维稳，妥善化解潜在风险。辖区“原油宝”和解协议签约完成率排名全省第3。强化信息科技风险监管，通过信息科技监管评级、业务连续性相关风险整治、外包业务风险评估等工作，全面摸查机构信息科技管理情况，建立风险台账，持续督导落实整改。强化案件风险防控，组织开展非法集资宣传和风险排查，以及案件风险“5+N”专项治理现场督导，持续推动银行机构落实案防主体责任。辖区银行机构连续10年未发生业内案件。配合地方政府持续做好网络借贷风险整治工作，辖区存量网贷机构已全部平稳良性退出。

【监管能力建设】 2020年，梅州银保监分局持续提升现场检查有效性。加强查前培训，落实检查“双随机”原则和履职回避等规定，严格落实保密工作要求，组织检查组人员签订保密承诺书。组建2个EAST小组，研发出4个模型，在现场检查前运用模型筛查疑点数据，锁定疑点问题，检查时重点核实疑点数据，提升现场检查效能。全年开展检查项目9个，检查机构25家次。提升非现场监管效能，灵活运用风险提示单、监管质询通知书等监管工具提示风险。运用好贷款延期还本付息情况统计表等特色报表，及时掌握分析辖区银行保险机构落实政策成效及困难，研究政策建议及改进方案，进一步督导机构帮扶企业渡过疫情难关。运用银保监会合作部数据集市系统将69个常用非现场监管指标纳入监测范围，建立预警处理信息反馈机制，跟进处理系统预警提示，及时提示机构整改问题，迅速向上级报告，形成“监测风险—预警风险—处置风险—督导金融支撑”的非现场监管工作闭环，全面监测风险状况，督促银行业保险业加大金融支持力度，助力企业复工复产。

（梅州银保监分局）

银行机构

【梅州市农商行系统】 2020年，梅州市农商行系统有7家农商行（梅州农商行、兴宁农商行、五华农商行、大埔农商行、丰顺农商行、平远农商行、蕉岭农商行）。截至2020年末，共有营业网点229个，有正式在编员工2725人，累计设立助农取款点1359个。

农商行经营发展 2020年，梅州市7家农商行落实广东省委、省政府和省联社的部署要求，以“巩固改革成果、转换经营机制”为主题，“稳中求进”为总基调，防范化解风险为工作底线，牢记服务“三农”、中小微企业和县域经济发展的宗旨。截至2020年末，全市7家农商行资产总额740.81亿元，较年初上升67.02亿元，增幅9.95%；存贷款市场份额居全市金融机构首位，其中各项存款余额616.25亿元，比年初增长51.72亿元，增幅9.16%；各项贷款余额381.98亿元，比年初增长39.13亿元，增幅11.41%；实现经营利润14.14亿元，增长0.22亿元，增幅1.60%，净利润7.76亿元，全年累计缴纳税金3.89亿元。

农商行支持抗疫复工复产 2020年，梅州市农商行系统落实党中央决策部署和省联社工作要求，统筹推进疫情防控和金融服务工作，推进“六稳”“六保”任务，落实防疫及复工复产信贷政策，落实企业纾困政策，共为受疫情防控影响的413家中小微企业（含个体工商户）办理贷款延期还本，合计金额27亿元；利息延迟缴交67户，总额4186.19万元，对应贷款余额14.06亿元。2020年，全市农商行向企业减费让利2.03亿元。在疫情防控期

2020年2月12日，梅州农村商业银行为广东超华科技授信1亿元，助其复工复产
（梅州农村商业银行提供）

间，为抗疫客户群体量身定制特色产品，如梅州农商行、蕉岭农商行推出“抗疫贷”和“复工贷”；兴宁农商行推出“悦农·战役贷”和“悦农·抗疫贷”；大埔农商行推出“战役贷”；平远农商行推出“抗疫精英贷”。为受疫情影响的企业和个人提供资金帮助，其中支持卫生防疫、医药用品制造及采购等疫情防控期间疫情防控重点领域1.49亿元，支持住宿和餐饮业、批发和零售业等受疫情影响较大领域58.25亿元。五华农商行向五华县内中小学校捐赠10万个学生口罩。

农商行服务“三农” 截至2020年末，梅州市农商行系统整体完成涉农、普惠型涉农、普惠型小微企业的监管指标。涉农贷款余额281.52亿元，比年初增长36.90亿元；普惠型涉农贷款余额63.40亿元，增速16.32%，高于各项贷款增速4.91%；普惠型小微企业贷款余额74.00亿元，增速22%，高于各项贷款增速10.59%；户数9543户，比年初增多721户。

农商行助力脱贫攻坚 截至2020年末，梅州市农商行系统扶贫小额信用贷款余额0.19亿元。个人精准扶贫贷款余额0.55亿元，产业精准扶贫贷款余额2.03亿元，解决贫困户融资成本高、贷款难等问题。丰顺农商行获广东省扶贫济困红棉杯铜杯奖和梅州市扶贫济困铜奖等荣誉称号。

农商行履行社会责任 2020年，梅州市农商行系统创新拓宽城乡居民社保缴费途径。为响应政府、人民银行疫情防控常态化下打通金融服务“最后一公里”，为群众提供便民、惠民的金融服务的号召，全市7家农商行合计投入756万元共同推进落实“村居E支付”项目，在全市2086个行政服务村及69个居委铺设智能POS终端设备2109台，使老百姓足不出村即可刷卡缴交城乡居民社保，为全市约420万需要缴交城乡居民医疗保险的参保人员提供便利的缴费渠道。截至2020年末，梅州市农商行系统柜面及惠农POS机分别代理缴收梅州市2021年城乡居民医保费用56.81万笔及71.78万笔，合计128.59万笔，占各缴款渠道的占比为35.11%，超过其他缴费渠道。（张 腾）

【中国工商银行股份有限公司梅州分行】 截至2020年末，中国工商银行股份有限公司梅州分行（简称工行梅州分行）各项存款余额207.25亿元，时点余额比年初增长18.10亿元；各项存款日均余额197.26亿元，比上年增长17.55亿元，居同业第1；本外币各项贷款余额164.12亿元，比年初增长22.35亿元。

工行支持实体经济发展 截至2020年末，工行梅州分行银保监口径普惠贷款余额12.38亿元，比上年增长1.06亿元；人行口径普惠贷款余额14.2亿元，比上年增长0.86亿元。工行梅州分行支持抗疫防疫期间稳企业保就业金融服务工作，投放防疫贷款6286万元，其中支持全国防疫重点企业5户1200万元。与梅州市商务局举行“稳外贸、稳外资”合作框架协议签约仪式，全年向全市外资外贸企业提供不少于6亿元的专项融资，并推出10项便利化措施，助力全市外贸外资企业持续稳健发展。参与“金融助企 政策直达”金融支持稳企业保就业行长直播活动，向社会公众介绍工行支持稳企业保就业举措；开展“百行进万企”活动以及到高新工业园区、东升工业园等开展暖企助企金融宣传活动。工行梅州分行推荐的“创新服务 助力科创企业发展”案例获评2020年度梅州市金融支持实体经济十大典型案例。

工行风险管控 2020年，工行梅州分行加强资产质量管控工作，资产质量持续向好，实现不良余额和不良率“双下降”。同时，坚持从严治行，突出过程控制，开展内控合规“制度治理年”、案件警示教育活动和清廉金融文化建设活动，并强化重点风险领域管控和员工异常行为排查管理，抓好账户风险管理及安全生产、反欺诈、反洗钱、信访维稳、声誉风险、平安金融、扫黑除恶等各项工作，不断夯实全行内控案防基础，实现零案件、零重大责任事故和安全运营。

工行渠道和服务管理 2020年，梅州市对蕉岭支行营业部、五华支行营业部和大新城支行进行装修升级改造，并在全辖营业网点设立“工行驿站”，提供多项便民服务设施并逐步丰富驿站内涵，进一步提升网点形象，增强网点服务能力。进一步加强服务管理，工行梅州分行营业部被中国银行业协会评为“2020年银行业文明规范服务千佳单位”，同时被中国工商银行评为“巾帼文明示范岗”，五华支行营业室和兴华支行分别被中国工商银行评为“2020年度服务五星级网点”和“2020年度服务四星级网点”；开展员工服务大轮训，员工服务意识、服务水平不断提升；成功举行

“打造服务标杆，梅州分行服务轮训”成果展示 PK 赛，检视服务轮训成效，展示工行员工良好精神风貌。

（工行梅州分行）

【中国建设银行股份有限公司梅州市分行】 2020 年，中国建设银行股份有限公司梅州市分行（简称建行梅州市分行）力争 KPI 居粤北山区分行第 1 位，以“三个能力”提升为指引，推进“三大战略”，提升队伍战斗能力、业务融合能力、市场竞争能力、提质增效能力、风险管理能力，持续不懈坚持“新零售战略”，以“兴建旺行”首季综合金融服务活动为契机，落实数字化营销打法，落实抗击新冠肺炎疫情和支持复工复产“春晖行动”的各项工作部署，主要业务取得高质量发展。截至 2020 年底，一般性存款余额 302.44 亿元，四大国有股份制银行（简称四大行）占比 30.01%，四大行排名第 2 位，比年初新增 38.89 亿元，新增四大行占比 39.32%，新增四大行排名第 1 位。各项贷款余额 233.11 亿元，四大行占比 29.18%，四大行排名第 2 位，比年初新增 46.10 亿元，新增四大行占比 35.09%，新增四大行排名第 1 位。实现拨备前账面利润 6.47 亿元，四大行占比 27.25%，四大行排名第 2 位。

建行梅州市分行与梅州市住建局签订梅州市“数字住建”战略合作协议　2020 年 4 月 28 日，建行梅州市分行与梅州市住房和城乡建设局签订梅州市“数字住建”战略合作协议，探索“金融 + 互联网 + 政务服务”的服务体系，多维度支持梅州市住建局建设覆盖梅州市的“数字住建”政务一体化在线服务平台，打造全事项、全流程、全覆盖、全场景的“住建一张网”，全面推动梅州市“数字政府”建设工作。10 月 30 日，建行梅州市分行通过科技赋能搭建梅州市智慧建筑平台，成为全省系统内首个上线智慧建筑的城市，开启梅州地区政银携手发展住房租赁、助力百姓安居的全新阶段。

建行普惠金融　2020 年，建行梅州市分行普惠金融贷款余额从 2017 年末的 11.86 亿元增长至 2020 年 12 月末的 25.01 亿元，不到四年时间实现翻番；客户数从 2017 年末的 1366 户增长至 2020 年 12 月末的 3423 户，不到四年时间，贷款客户数增长超过 150%。截至 2020 年 12 月末，普惠型小微企业法人贷款比年初新增 3.68 亿元，四大行新增排名第 1。

建行金融科技　2020 年，建行梅州市分行创新叠加双平台模式。推广建行社区疫情报送及监测平台，全省内首创疫情监控平台嵌入建融慧家平台，上线 511 个单位，个人注册上线 12632 户。为统筹疫情防控和经济社会发展，梅州市政府制订出台《梅州市促消费活动工作方案》，推动梅州消费服务业复苏发展。建行梅州市分行首创模式搭建合作平台，成为该次促消费活动中唯一一家承接餐饮类政府券发放的银行，落地全国系统内首个“政府消费券 + 龙支付优惠”叠加优惠的智能支付方式，拓展梅州市高端餐饮商户近 20 家，累计核券额约为 28 万元，总共带动消费额约 200 万，活动商家日均营业额比上年同期增长约 20%。开发“五统一个人商户 360 监控——智数动查项目”，利于商户管理员实时掌握所属机构的商户的交易动态情况，展示商户交易和风险数据。在风险管控方面，通过数据监控和上门核查，当期筛查出 24 家疑似套现商户，累计关闭 2 家信用卡套现商家交易渠道，发现并有效堵截安全风险隐患，防范涉赌涉诈、洗钱风险事件。该项目获评建行广东省分行 2020 年度“优秀赋能减负实践案例”。

建行助力乡村振兴　2020 年，

2020 年 10 月 24 日，建行梅州市分行首次举办以“建行电商扶贫　引领全民健身”为主题的善融商城电商消费扶贫梅州专场宣传活动　　（建行梅州市分行提供）

建行梅州市分行大力发展资产业务，为乡村振兴注入金融活水。截至12月31日，建行梅州市分行为14家省级农业产业园实现授信全覆盖；134家省级农业龙头企业有34家完成授信覆盖，累计投放贷款1.69亿元。建行梅州市分行于3月31日与丰顺县人民政府、广东新南方青蒿药业股份有限公司签订“支持青蒿产业 振兴乡村经济”合作备忘录，进一步密切银政、银企、银农关系。在人行梅州市中心支行、梅州市金融工作局、梅州银保监分局主办的梅州市第一届金融支持实体经济典型案例征集和评选活动中，建行梅州市分行报送的《支持青蒿产业 振兴乡村经济》案例在全市银行、保险、证券等金融机构（平台）报送的43个案例中脱颖而出，被评选为“十大典型案例”。

建行助力脱贫攻坚 2020年，建行梅州市分行累计向贫困村投入帮扶资金739万元。辖属县支行挂钩扶贫村实现建档立卡贫困户脱贫220户，脱贫人数730人，实现建行梅州市分行及辖属机构定点扶贫贫困户100%脱贫，所帮贫困村和贫困人口全部脱贫出列。首次举办“建行电商扶贫，引领全民健身”消费扶贫直播活动，将“电商进社区”和“精准扶贫”工作有机结合，为当地企业提升知名度，持续打造建行善融扶贫的品牌特色。继续开展“万小企扶万农户”活动，全年累计为五华、丰顺、大埔等小微企业投放小微快贷329笔，金额14340万元，带动小微企业、陶瓷、电声行业从业的120多户建档立卡贫困户脱贫致富。

建行金融服务 2020年度，建行梅州市分行持续推动渠道转型和网点服务升级工作，提升网点竞争力，分行营业部获得2020年银行业文明规范服务千佳候选单位提名。推进智慧政务进网点，完成全辖网点103台智慧柜员机政务服务功能上线推广工作，同时在嘉应支行自助银行打造“政务服务区”，提供24小时“金融+政务”服务，助力老百姓“进一家门、办多家事”。持续开展“服务100”网点服务升级活动，通过加强网点排队等候时间管理等工作服务督导检查、服务问题工单剖析、“服务突发事件”应急案例演练、厅堂服务管理及技能培训等基础服务工作，全方位提升网点服务质量，提升客户满意度。持续丰富“劳动者港湾”服务内涵，开放网点资源，全方位、多视角地展示建设银行的企业形象。组织“春暖港湾，伴您同行”“‘五一’致敬劳动者”等便民服务主题活动12次，同时完成江南街道办“红光港湾”、彬都支行“乐龄港湾”、嘉大支行“金蜜蜂港湾”、五华支行“足球港湾”等特色港湾打造，做好金融知识宣传、劳动者关爱等工作，不断擦亮“劳动者港湾服务+”品牌。新冠肺炎疫情时期，建行梅州市分行对员工直系亲属中战斗在防疫一线的医护人员开展慰问。为援鄂医护人员赠送每人一份100万元的人身意外保险及新冠肺炎住院治疗期间每人每天300元住院补助保障。为三批梅州援鄂医疗队9所医院的51名援鄂医护人员顺利完成投保，承保金额累计达到5100万元。为大埔教育系统捐赠防疫物资，助力教育系统疫情防控工作。累计为全国性专项再贷款或地方性再贷款名单企业内6户企业发放优惠利率贷款7700万元，贷款年均利率3.05%。为受疫情影响的个人住房按揭贷款客户线上办理延期还款216笔，涉及贷款余额6983万元；为14户21笔贷款办理人工延期，贷款余额2271.13万元。

（建行梅州市分行）

【中国银行股份有限公司梅州分行】 截至2020年底，中国银行股份有限公司梅州分行（简称中国银

2020年9月18日，中国银行梅州分行举办中国银行广东省分行保普惠稳外贸座谈会梅州分行专场活动

（中国银行梅州分行提供）

行梅州分行）汇总人民币各项存款余额 176.74 亿元，较上年增长 18.28 亿元；各项贷款余额 131.64 亿元，较上年增长 24.77 亿元；存贷款市场占比提升均在四大行排名第 2。

中行金融服务实体　2020 年，面对突如其来的新冠疫情冲击，中国银行梅州分行统筹抓好疫情防控和经济社会发展工作，强化金融服务支持力度，专项再贷款发放四大行占比近 50%，是投放梅州市第一笔“抗疫贷”的银行。发展普惠金融，强化银政企联动，举办“专精特新”现场融资对接会、“保普惠、稳外贸”座谈会等，不断畅通企业融资渠道，2020 年普惠金融贷款余额 14.43 亿元，较上年新增 3.73 亿元；落实减费让利政策，努力降低企业负担，全年累计办理延期还本、无还本续贷 20 户，合计 2.29 亿元；持续加强对民营企业支持力度，民营投放金额 38.3 亿元；支持稳外贸稳外资，跨境人民币和国际结算保持市场领先地位，年度外汇评级为 A；持续推进消费贷款，拓宽民生金融、消费金融等业务发展的触角，信用卡分期业务比上年增幅 28.26%。

中行金融扶贫攻坚　2020 年，中国银行梅州分行发放涉农贷款 32.81 亿元，提前完成扶贫贷款任务。坚持从“稳定输血”到“积极造血”，进一步推动消费扶贫，通过“以购代捐”的方式支持定点扶贫村农副产品销售工作，采购并发动兄弟行及员工个人购买定点扶贫村农副产品，助力当地村民扩销路、增收入，并发挥“公益中行”平台主阵地作用，加大消费扶贫助力攻坚。2020 年上半年，中国银行梅州分行 10 个定点扶贫村建档立卡贫困人口 1095 人，全部实现脱贫出列。

中行金融风险防控　2020 年，中国银行梅州分行强化全面风险防控，加强风险合规考核管理，压实风险管理的主体责任，全年无大要案发生；资产质量良好，年末不良余额和不良率均保持在低位水平；全力抓好授信管控，抓好存量和增量授信管理，做好风险分类、评级、资产质量盘存等授信基础性工作，化解不良授信；做实内控案防管理，推进“合规执行年”专项活动，加强员工案防学习教育和异常行为排查，强化理财、授信、信用卡等重点领域的风险防控，筑牢合规防线。

（中国银行梅州分行）

【中国农业银行梅州分行】　2020 年，中国农业银行广东省分行与梅州市人民政府签订助力老区苏区振兴发展金融服务示范区战略合作框架协议，意向授信 500 亿元。截至 2020 年底，中国农业银行梅州分行本外币各项存款余额 329.2 亿元，比年初增加 22.57 亿元；各项贷款余额 269.91 亿元，比年初增加 38.13 亿元，全行存贷款存量居四大行第 1、增量居四大行第 2。

农行“三农”服务　2020 年，中国农业银行梅州分行全力服务乡村振兴，突出支持现代农业产业园建设，为园区内各类经营主体发放贷款超 5 亿元；围绕各区域特色、主导产业特点，投放惠农 e 贷超 14 亿元，发放农户贷款超 9000 万元。助力决胜脱贫攻坚，投放产业（项目）扶贫贷款 22 户，累计金额 3.76 亿元，带动近 3000 户建档立卡贫困户增收脱贫；累计投放小额扶贫贷款超 177 万元，当年投放小额扶贫贷款市场份额全辖银行排名第 1；发放消费扶贫爱心卡近 2.87 万张，带动消费总额 1.18 亿元。主动适应市场需求和同业竞争态势，创新小水电质押贷款，累计投放贷款 3205 万元。

农行支持实体经济　2020 年，中国农业银行梅州分行加大对优质上市企业和上市培育公司的支持力度，为辖内 8 家上市公司累计授信

2020 年 6 月 29 日，中国农业银行梅州分行举行“直播带货”活动，加快推进“消费扶贫爱心卡”发卡，推广消费扶贫工作　（中国农业银行梅州分行提供）

19 亿元；围绕各区域特色、主导产业特点，新投放制造业贷款近 6 亿元。主动对接省市重点项目 21 个，累计投放贷款 14.49 亿元。支持民生发展，以专业市场、优势商圈、龙头企业上下游客户为重点，实现个人非住房贷款净增 4.51 亿元，增量四大行排名第 1；实现小微企业贷款净增 7.36 亿元。

农行科技赋能　2020 年，中国农业银行梅州分行以掌银为主门户，引入更多场景应用上掌银，带动掌银活跃客户增长；构建多维度消费场景，互联网场景净增 151 个，打造“梅州馆”，取得本地扶贫商城场景业务新突破。加强网点科技硬件设备投入，全市网点布放超级柜台 118 台，网均达到 2 台以上；社保卡发卡机 16 台，每月发卡量约 600 笔；政务系统设备上线 52 台。

农行风险防控　2020 年，中国农业银行梅州分行加强信用风险排查、预警、化解，全行信用风险整体平稳，资产质量整体可控；加强全行信息数据、舆情控负、保密管理，规范员工行为管理，持续推进平安银行建设，实现全年安全运营。

（中国农业银行梅州分行）

【广发银行股份有限公司梅州分行】　2020 年，广发银行股份有限公司梅州分行（简称广发银行梅州分行）发挥特色与优势，实现各项业务稳健发展，保持开业 29 年来零案件零事故。人民币各项存款余额 129.35 亿元，比年初增加 3.01 亿元；各项贷款余额 49.41 亿元，比年初增加 6.47 亿元；不良贷款率 0.46%，整体资产质量保持优良。2020 年，广发银行梅州分行营业部被中国金融思想政治工作研究会评为“全国金融系统文化建设先进单位”，案例《政银合力助推普惠金融可持续发展》被评为梅州市首届金融支持实体经济十大典型案例，作品“移动支付 惠民利企”获得“梅州市移动支付微视频创作大赛”二等奖。

广发行稳企业保就业　2020 年，广发银行梅州分行落实援企稳企政策，支持企业复工复产。累计为 41 家企业发放“税银通 2.0”线上无抵押信用贷款近 1 亿元；支持疫情防控企业扩大产能，为科伦医药等近 10 家医疗物资生产、流通等防疫相关企业提供授信支持超 2 亿元。落实“减费让利”，累计为 40 家小微企业办理免还本续贷 2.95 亿元；为 138 户小微企业主优化贷款还款方式；新发放普惠型小微企业贷款利率比上年下降 60BP。推动消费恢复和扩大内需，推广“E 秒贷”产品，累计投放消费信用贷款 1.29 亿元；通过信用卡线上发卡赠送消费券和开展“诺曼底下午茶”活动等，带动居民消费，助力激活经济。

广发行支持实体经济发展　2020 年，广发银行梅州分行围绕梅州高端铜箔产业、电子信息产业、现代农业等，持续加大对制造业、民营、小微企业信贷支持力度。重点支持量能新能源等近 30 家制造业企业，累计发放贷款近 4 亿元；为 73 家民营小微企业办理“E 秒贴”业务累计 9.18 亿元。截至 2020 年末，政府风险补偿资金贷款及国有担保公司担保贷款余额共 2.03 亿元，户数 38 户，业务量居全市同业第 1；制造业贷款余额 8.25 亿元，增幅 25.94%；民营企业贷款余额 18.12 亿元，增幅 17.43%；普惠型小微企业贷款（银保监口径）余额 12.33 亿元，增幅 19.59%。

广发行助力脱贫攻坚　2020 年 6 月，广发银行梅州分行帮扶点五华县龙村镇湖中村 105 户 479 名贫困户实现稳定脱贫，脱贫率 100%。依托广发商城全国性平台，采取“互联网 + 消费”的方式，帮助 10 家梅州企业上架 62 种产品，带动销售近 100 万元，助力梅州地区农产品扩销路、增销量、提效益。同时，创新制订“惠农扶贫贷”“柚农贷”

2020 年 5 月 23 日，广发银行梅州分行营业部“中国银行业文明规范服务百佳单位”正式挂牌

（广发银行梅州分行提供）

等产品专案和梅州市五华县龙村镇精准扶贫个人经营性贷款区域性政策专案，强化“三农”金融支持；截至2020年末，广发银行梅州分行涉农贷款余额6.1亿元，金融精准扶贫贷款余额6545万元。

（广发银行梅州分行）

【中国农业发展银行梅州市分行】 2020年，中国农业发展银行梅州市分行（简称农发行梅州市分行）内设办公室、人力资源部、财务会计部（资金计划部）、政策性业务部（创新与投资业务部）、信贷与风险管理部、内控合规部（法律事务部）、信息科技部、纪委办8个职能部门，辖梅县、大埔、丰顺、兴宁、五华5个支行。农发行梅州市分行主动融入梅州经济发展战略，支持新冠疫情防控和企业复工复产工作，发挥农业政策性银行“当先导、补短板、逆周期”作用。

农发行业务发展　2020年，农发行梅州市分行全力服务梅州粮食安全，做好收购资金供应管理工作，巩固提升粮油政策性业务，支持梅州市粮食储备企业全面完成年度轮换任务。支持仓储设施项目建设，开展民营企业省级动态储备粮贷款项目。围绕梅州市区域发展战略，拓展业务新领域，突出支持本地抓重点、补短板、强弱项的农业农村基础设施建设项目。全年累计发放各项贷款8.39亿元，支持环境综合治理与修复、村村通自来水、旅游产业道路改扩建、污水处理及管网建设、生猪产业链饲料加工等一批民生工程项目。全面落实关于防疫抗疫、复工复产、“六稳六保”等工作要求，服务疫情防控重点保障企业融资需求，开通金融服务绿色通道，支持企业复工复产。

农发行内部管理　2020年，农发行梅州市分行落实疫情防控主体责任，严格落实疫情防控措施，做好疫情防控工作。贯彻落实《中国农业发展银行监督管理办法》，夯实信贷和财会管理基础，制订梅州市分行《合规管理考核实施细则》，做好合规管理工作。配合地方政府做好债务风险管控，继续开展内外部检查整改落实，进一步夯实管理基础，完善岗位职责，严肃工作纪律，提高执行效率。陆续在辖内各机构开展案件警示教育、员工异常行为排查及2020年非法集资风险排查整治工作和“普及金融知识，守住‘钱袋子’”主题宣传、平安金融宣传月等一系列普及宣传活动，增强风险意识，筑牢风险防线。

（林雅丽）

【中国邮政储蓄银行股份有限公司梅州市分行】 截至2020年底，中国邮政储蓄银行股份有限公司梅州市分行（简称邮储银行梅州市分行）各项人民币存款余额381.67亿元，市场占有率15.65%，居全市银行业第1位；各项人民币贷款余额120.44亿元，市场占有率7.58%。不良贷款（含信用卡）余额6200万元，不良率0.50%。

邮储银行经营发展　2020年，邮储银行梅州市分行实现自营收入4.77亿元，实现考核利润2.22亿元。存款时点余额25.67亿元，小额贷款结余19.85亿元，小企业法人贷款结余13.53亿元，消费贷款结余52亿元，信用卡年发卡8435张，结存卡量突破10万张。

邮储银行政策支持　2020年，邮储银行梅州市分行对合作社、家庭农场业务，以及有效带动新主体批量开发的企业、项目给予政策支持，惠农合作社贷款结余6156.75万元，完成省行目标107.86%。扶贫小额信贷达到应贷尽贷目标，累计发放1040户3160.6万元。全市实现“户贷企用”余额和不良清零、逾期和不良余额持续“双降”目标。普惠型小微企业贷款余额26.90亿元，净增3.81亿元，完成监管目标进度220.23%；涉农贷款净增4.40亿元，完成监管目标进度172.54%；普惠涉农贷款净增1.06亿元，完成监管目标进度126.09%。全年发放绿色信贷47笔1.09亿元，存量余额10.82亿元。未出现不良贷款，未准入“两高一剩”和环境、安全生产违法违规企业贷款。

邮储银行重点项目支持　2020年，邮储银行梅州市分行围绕梅州市委、市政府的基础设施建设规划，全面实施重点项目金融服务工程，加大对交通基础设施、城市扩容提质、能源保障建设等项目信贷支持。向大埔电厂授信9亿元，放款7.03亿元，对大丰华高速新增发放贷款2亿元，对大潮高速新增发放贷款1亿元，梅龙高铁授信额度83亿元，对重点项目的总授信金额超120亿元，累计放款超50亿元。通过支持梅州区域内重点项目的建设，推进区域交通的互联互通，促进地方经济发展。

邮储银行实体经济服务　2020年，邮储银行梅州市分行向梅州市零售商业行业协会和梅县区“新阶联”意向授信各人民币5亿元。为适应市域经济新形势，成功突破5

个新产品：惠农合作贷、抗疫贷、工程易贷、小微易贷税务模式和抵押模式，为小微企业融资按下“加速键”。开发小微贷款专属产品超过 50 个，建立较为完善的产品体系。小企业“米袋子”素材被省行、总行选中刊发至新华网。“百行进万企”融资对接服务案例被全国和广东银行同业公会选中 5 篇，在新华网、财经网转载。2020 年广东“众创杯”创业创新大赛之大众创业创富赛，邮储银行梅州市分行推荐的“凯兴百香果茶产业融合项目”等 3 个项目分别获得“精准扶贫贡献奖”“乡村振兴贡献奖”“抗疫贡献奖”。创富大赛开办以来，累计服务报名参赛客户超 3800 户，直接提供百万孵化资金，助力企业创新发展。

邮储银行风险防控 2020 年，邮储银行梅州市分行以“严守风险底线，支撑业务发展”为根本，按“优政策、提质量、增效率、强管理”的工作主线，以呆账核销和不良贷款清收为抓手，全面提升资产质量管控和风险管理水平。累计清收不良资产 3106 万元，清收进度 162%；累计核销不良资产 2026 万元，核销进度 108%。邮储银行梅州市分行被省分行评为 2019 年度案件防控工作先进单位，获人行评定为 2019 年度消费者权益保护 A 级优秀单位，在“弘扬正能量 捍卫钱袋子——第二届金融安全盾点赞榜”活动中获“金盾团队”称号。

（邮储银行梅州市分行）

【交通银行股份有限公司梅州分行】 截至 2020 年底，交通银行股份有限公司梅州分行（简称交行梅州分行）人民币各项存款日均余额 38.62 亿元，存款时点余额 35.87 亿元；人民币各项贷款日均余额 52.43 亿元，贷款时点余额 50.74 亿元；不良率 0.17%。

交行经营发展 2020 年，交行梅州分行坚定存款立行，多措并举做大负债规模，对公板块精细化日常过程管理，通过拓展政府事业板块业务，聚焦地方债发行工作，全年实现地方债资金入账 6.43 亿元。零售板块以低成本负债为切入点，推动全年储蓄日均增长，带动高成本负债结构下降，全年储蓄存款较年初新增 2.14 亿元。强化资产兴行，做优资产驱动，加强与重点开发商以及本地知名开发商合作力度，以服务赢得开发商和公积金中心的认可。深植“项目为王”理念，全年交行梅州分行立项 28 个，落地贷款增长 19.9 亿元，沉淀对公存款，拉动各项小指标业务增长。对公板块为抗疫企业投放专项贷款 4112 万元，其中无还本续贷金额 2881 万元，助力企业抗疫复工。零售板块通过开展个人住房按揭贷款项目制，准入当地优质楼盘项目，拉动住房按揭贷款增长；通过开展惠民贷项目制，挖掘存量优质惠民贷客群，提升客户黏性，打通贷款与消费支付场景，提高惠民贷产品使用率。

交行改革创新 2020 年，交行梅州分行提速创新化转型，加快新兴业务发展。立足于本地市场和实际，成立地方政府业务服务团队、综合保税区项目服务团队，对接政府，优质国企及民企，加快城市更新、地方债等重点项目，与梅州市、兴宁市、蕉岭县发改局及财政局、平远县发改局、大埔县财政局签约框架合作协议，通过“项目制 + 清单制”管理，力促项目达成，实现地方债资金入账。重视科技的作用，将分行营业部厅堂一体化试点成果应用于所有网点，整合各类终端、设备和机具，打通公司、零售客户经理工作平台，鼓励网点和客户经理使用线上资源、开展线上营销，解放人力，提高效率。

交行风险防控 2020 年，交行梅州分行强化风控护航，提升内控

2020 年 9 月 15 日，交行梅州分行党委班子及笑笑劳模工作室成员到定点帮扶村开展调研及慰问活动

（交行梅州分行提供）

合规水平。截至12月末，交行梅州分行各项贷款余额50.74亿元，不良贷款余额879.43万元，不良率0.17%。资产质量指标中的不良贷款余额、新增高风险控制、存量高风险资产处置均控制在考核目标内。内控管理有提升，内控管理委员会办公室针对银行卡、征信、对公授信等开展多场专项检查，发现内控问题并进行整改，提升监督力度，2020年分行内控评价保持B级。主动向人行报送反洗钱重点可疑交易，由监管单位移交公安机关立案，反洗钱人行自评估保持A。

（交行梅州分行）

【梅州客家村镇银行股份公司】 梅州客家村镇银行股份公司（简称梅州客家村镇银行）成立于2010年11月，是广东省山区市首家开业的地方法人金融机构，于2016年12月23日在新三板公开挂牌上市，成为广东省首家在新三板挂牌上市的银行。2020年3月，经中国银行保险监督管理委员会广东监管局批准同意，公司名称由“梅县客家村镇银行股份公司”变更为“梅州客家村镇银行股份公司”。截至2020年底，梅州客家村镇银行内设综合办公室、会计结算部、合规风险部、信贷管理部、信息科技部、市场运营部、普惠金融部、绿色发展部、营业部9个职能部门，辖有分支机构39家，包括：县级支行4家，支行7家，分理处28家。各项存款余额47.26亿元，各项贷款余额31.62亿元，资产总额51.76亿元，累计缴交税费10795.92万元。

业务经营　2020年，梅州客家村镇银行把疫情防控和金融服务保障工作作为重中之重，不断优化金融服务，强化信贷支持，确保资金支持及时到位，以金融之力助推企业复工复产。3月起，梅州客家村镇银行联合梅州市市场监管局、梅州市个私协会开展为期3个月的“送贷入户”春风行动，通过强化政银合作，及时了解受困企业融资需求，送贷上门。依据“一企一策、一户一策”的原则，对生产防疫物资、受疫情影响严重的餐饮、住宿、零售等企业逐户走访。同时，制订针对性的金融扶持方案，创新推出具有“利息低、门槛低、放款快”特点的“复工贷”“抗疫贷”产品，运用“线上＋线下”信贷平台，全面推进数字化经营和线上化运营，做到第一时间受理调查、第一时间审查审批、第一时间发放贷款。各级信贷条线人员高效运转，促进各项业务快速落地。截至2020年12月末，累计发放“复工贷”1626笔12446万元，发放“抗疫贷”10笔2130万元。贯彻“六稳”“六保”政策，对存量贷款客户，做好到期帮扶工作，不抽贷、不断贷，合理采取续贷、展期、调整贷款方式等措施助力客户渡过难关；对收入暂时困难人员延后还款期限，对疫情防控相关企业一户一策进行资金支持。运用中国人民银行货币政策工具，先后向中国人民银行梅州中支申请4笔“支小再贷款”，合计9000万元。截至2020年12月末，申请的9000万元已全部投放至小微企业，共计1018笔，为企业复工复产提供低成本资金。

推进绿色光伏项目　2020年7月16日，梅州客家村镇银行与中国核工业集团下属控股企业中核国贸、厦门核顺能源公司举行分布式光伏项目战略合作签约仪式，三方联手创新金融产品，大力发展绿色金融，计划每年主要面向农村地区投入1亿元低息长期信贷资金，共同推动梅州分布式光伏电站建设。梅州客家村镇银行绿色光伏项目自2020年8月启动，截至2020年末，累计发放“光伏贷”贷款188户2104.36万元，并网容量5260.89千

2020年3月17日，梅州客家村镇银行完成公司名称变更登记工作，公司名称由“梅县客家村镇银行股份公司”变更为“梅州客家村镇银行股份公司”

（梅州客家村镇银行提供）

瓦，累计发电 49.47 万千瓦时，减少碳排放 425.40 吨。

内控管理　2020 年，在监管部门及主发起行库尔勒银行的监督指导下，梅州客家村镇银行公司治理结构和内部控制体系逐步改善。借鉴主发起行在公司治理、内控管理方面的成熟经验和模式，梅州客家村镇银行对内部管理制度和业务规范进行修订和完善，对业务流程进行梳理和再造，明确“四会一层”职责和权限，明晰职能界限，着重梳理重大事项、财务费用、人才建设、风险管理等方面内容，逐步建立起较为有效的制衡关系，推动全行各项工作向规范化发展，全年共新增、修订制度 59 份。

（梅州客家村镇银行）

保险机构

【中国人寿保险股份有限公司梅州分公司】　中国人寿保险股份有限公司梅州分公司（简称中国人寿梅州分公司）复办于 1984 年，是中国人寿保险（集团）公司驻梅州三家机构之一（中国人寿保险、广发银行、中国人寿财险），是梅州寿险行业中营业网点最多、保险领域最广、市场份额最大、服务能力较强的寿险机构。内设综合部、风险管理部、人力资源部、个险企划部、营销发展部、收展发展部、银行保险部、团体业务部、个险培训部、运营服务部、财务部 11 个职能部门，下设机构有梅江、梅县、兴宁、五华、大埔、丰顺、蕉岭、平远 8 个县支公司和 139 个乡镇营销服务部，分布五县一市两区，为梅州市提供 5000 多个就业岗位。

保险服务　2020 年，中国人寿梅州分公司开办的业务有疾病保险、医疗保险、意外伤害保险、教育保险、年金保险、两全保险等 300 多个险种，2020 年总保费超 10 亿元，在梅州 19 家寿险公司中居首位；为 130 多万名市民提供各类保障，风险保额 1600 多亿元，给付保险金 3.06 亿元，发挥保险社会“稳定器”和经济“助推器”的作用。

民生服务　2020 年，中国人寿梅州分公司配合梅州市卫健局，推进“银龄安康行动”和计生保险工作。2020 年全市有 87 万人次老年人投保意外伤害综合保险，老年人投保覆盖率达到 100%，受理理赔案件 9000 件；中国人寿梅州分公司在全市 88 个重点乡镇的政府行政服务大厅派驻 160 多名政保服务专员，共完成 111 个镇（街）、1850 条村（居）的凭证派发任务及宣传服务工作，全年共派发凭证 60 万份。计生保险覆盖 26.3 万人，受理理赔案件 3500 件；对全市 180 户，290 人计生特殊人群“失独家庭”赠送保险保障 2984 万元。与梅州市妇联举行“两癌”救助保险合作项目签约和公益活动捐赠，推进梅州市“美丽家园”建设工作。与梅州市退伍军人事务局举行“仁军保”人身意外保险项目签约，向符合条件的退役士兵赠送总保额 1.19 亿元的“仁军保”人身意外保险。2020 年新型冠状病毒疫情防控期间，中国人寿梅州分公司先后向梅州市卫健局、市妇联捐赠 KN95 口罩、牛奶、雨伞等抗疫物资，保障梅州市一线医护人员家庭和贫困老人、妇女、儿童防疫安全，助力打赢疫情防控阻击战。

风险防控　2020 年，中国人寿梅州分公司开展金融安全维稳工作，增强金融风险防范化解能力，提高金融综治和平安金融创建工作水平，开展内控合规、销售风险管理、反洗钱、合规管理工作，开展风险教育及检查监督。2018—2019 年，中国人寿梅州分公司连续两年被评为“梅州市金融综治（平安金融）优秀单位”。

（中国人寿梅州分公司）

2020 年 7 月 22 日，中国人寿梅州分公司与梅州市退伍军人事务局举行“仁军保”人身意外保险项目签约

（中国人寿梅州分公司提供）

【中国人民财产保险股份有限公司梅州市分公司】 中国人民财产保险股份有限公司梅州市分公司（简称人保财险梅州市分公司）成立于1984年，是中国人民保险集团公司驻梅州的分支机构，公司内设11个管理部门、4个业务部门，下设梅江、梅县、五华、兴宁、大埔、丰顺、蕉岭、平远8个支公司，全市拥有工作人员840人。是梅州市连续19年"守合同重信用"国有企业，2020年上缴各类税款6389万元（含代收代缴）。人保财险梅州市分公司开办的业务有机动车辆险、企业财产险、家庭财产险、货运险、信用险、责任险、意外险、农险等300多个险种。承担的政府统保业务有：农房保险、能繁母猪保险、森林保险、城乡居民大病医疗保险、城镇职工补充医疗保险、橙/橘/柚/蔬菜种植保险、政策性水稻保险、自然灾害公众责任保险、出口信用保证保险、食品安全责任险等。2020年，人保财险梅州市分公司保费收入14.44亿元，比上年增长14%，在梅州地区的市场份额54%，居梅州地区各家财产保险公司之首。

助力复工复产　2020年，人保财险梅州市分公司为全市医务人员及家属捐赠大额保险，与政府部门沟通对接，向梅州市战"疫"一线的21306名医务人员及其家属捐赠30万元保额/人的医务人员法定传染病责任险，向梅州市驰援湖北的前后三批50多名医务人员捐赠50万元保额/人的新型冠状病毒肺炎疾病保险及200万元保额/人的"人人安康"百万医疗保险，累计捐赠保险保障金额超过6000万元。对接中小企业难题，推出为中小企业免费延长保险期限、扩展法定传染病保障、提供多险种保费优惠、支持融资增值以及开通线上理赔服务五大措施。

服务实体经济　2020年7月1日，梅州市人民政府与人保财险广东省分公司签订双方战略合作框架协议（2020—2025年），双方在保险业务领域、投融资方面、人才交流方面等进行进一步的深化合作。人保财险梅州市分公司立足梅州，为梅州基础设施、农业合作、出口信用等提供广泛的保险支持。保障重大项目建设，为梅州各类重大项目、重大产业、大型企业和重大活动赛事提供保险保障和服务。全年为200多家企业提供保险保障200亿元；为68家企业提供13.45亿元的建筑工程风险保障。支持出口平稳增长，自2015年起推出小微企业短期出口信用保险政府统保模式，连续5年统保，2020年累计为全市167家小微出口企业提供1.54亿人民币的应收账款风险保障，支付赔款40万元。盘活建筑企业资金流，创新运用建筑工程履约保证保险替代建筑行业保证金3.27亿元，为245家企业减轻资金沉淀压力。

服务乡村振兴　2020年，人保财险梅州市分公司着力服务乡村振兴，打赢脱贫攻坚战。贯彻落实广东银保监局《关于大力推进农业保险高质量发展的实施意见》，开展各类政策性农业保险工作，支持梅州的菜篮子工程，并通过"提标、扩面、增品"等多种措施，推动农业保险高质量发展，不断提升农业保险保障能力。2020年，承办全市99.8万户水稻种植农户13.41万公顷的水稻种植保险，1233户柚果种植户（企业）0.77万公顷的柚果、脐橙种植保险，18户茶叶种植户（企业）2436公顷的茶叶种植保险，9户蔬菜种植企业396.67公顷的蔬菜种植保险，306户养殖大户36万头的生猪养殖保险，3294户养殖户4.5万头的能繁母猪保险，3户肉鸡养殖大户22.2万只的肉鸡保险，6个县（市、区）及市直林场42.57亿平方米的生态公益林保险，76户林农（林企）1.93亿平方米的商品林木保险，累计提供风险保障106.4

2020年2月5日，人保财险梅州市分公司为广东粤晟建设有限公司丰顺县分公司免费延长工程险项目保险期限2个月　（人保财险梅州市分公司提供）

亿元。

年内，人保财险梅州市分公司开展精准扶贫，为全市6088名扶贫驻村干部赠送意外险，共计提供6.69亿元的风险保障；为应对疫情，专门为扶贫干部增加新冠肺炎等传染病的保障责任。为全市15.9万名建档立卡贫困户捐赠扶贫交通救助保险，累计保障金额2.4亿元。实施《广东“医食住行教”综合保险扶贫方案》，为平远、丰顺县共6000户贫困户提供保险保障2800万元。统保全市防返贫保险，联合梅州市扶贫工作局开发梅州市防返贫救助保险，为全市3.3万户建档立卡有劳动力和部分无劳动力的贫困户提供约2亿元的防返贫纯风险（医、行、住、教）和防返贫救助风险（返贫救助、产业扶贫和就业扶贫）保障，截至年底为全市的困难群众因病因教育支付赔款约160万元。

年内，人保财险梅州市分公司强化农险科技赋能。在全市推广“三农助手”“粤农保”APP，实现农户自助投保和理赔。对在疫情期间发生的2万元以下小额养殖险案件，授权养殖大户使用“三农助手”APP进行一键报案和自助查勘，进行远程立案和快速定损。加大使用RFID电子耳标、AI智能点数、一拍知长/知重、牲畜脸部识别、可穿戴设备等新技术，实现“少接触、不接触”农险服务。借助“粤农保”“三农助手”等农险科技平台提升农险服务质量的举措，得到广大农户的高度认可和好评。

医疗保障体系建设 2020年，人保财险梅州市分公司打造“基本医疗＋大病保险＋补充医疗保险＋医疗救助＋长期护理保险＋商业健康险”全流程、一体化的服务模式。承办全市城乡居民大病保险、城镇职工补充医疗保险、困难群众医疗救助保险、梅州医保补充保险“保尚保”4个社保项目，覆盖全市8个县（市、区），保障人数约470万，累计提供保额超过1万亿元。2020年处理社保业务赔案8314件，累计支付赔款6.03亿元。

服务社会治理 2020年，人保财险梅州市分公司发挥保险化解矛盾纠纷、维护社会和谐的积极作用，助力提高社会治理社会化、法治化、智能化、专业化水平。承办自然灾害公众责任险，累计提供保险保障4576亿元；承办梅州市强降雨巨灾指数保险，2020年累计赔款700万元；承办食品安全责任保险；开展安全生产责任险，强化安全事故风险管控，防范事故发生，促进地区安全生产形势稳定好转。新冠肺炎疫情防控期间，人保财险梅州市分公司出台“安全生产责任保险十项举措”，扩展保险责任，免费延长保险期限，助力企业复工复产。全市已参保安全生产责任保险企业688家。开展诉讼保全责任险，2020年提供1.07亿元的诉讼保全保障，极大减轻诉讼当事人的诉讼成本，助力法院提高司法案件审理执行效率。开展精神障碍患者监护人责任险，为近2.6万名精神障碍患者监护人提供保险保障。

（人保财险梅州市分公司）

【中华联合财产保险股份有限公司梅州中心支公司】 中华联合财产保险股份有限公司梅州中心支公司（简称中华财险梅州中支）成立于2004年11月26日，是中华保险集团公司驻梅州市的分支机构。公司内设人事行政部、财务会计部、车辆保险部/车商部、非车辆保险部/重要客户部、理赔服务中心、农村保险事业部等6个管理部门；中支内设新零售业务部、梅州一营销服务部（梅江区机构）、梅州二营销服务部（梅县区机构）等业务部门；下设有五华、兴宁、大埔、丰顺、蕉岭、平远6个县支公司；全市拥有工作人员近130人。2020年上缴各类税收950.98万元。中华财险梅州中支开办的业务有机动车辆保险、交强险、企业财产保险、家庭财产保险、货物运输保险、农业保险、船舶险、责任保险、信用保险、保证保险、个人意外伤害保险、团体意外伤害保险等1700多个险种。2020年度，为梅州市各行业提供883亿元的风险保障，累计保费收入12534.6万元，市场增速23.02%；其中承保车辆52790辆，承保生态公益林52.5亿平方米、育肥猪93.36万头、能繁母猪3.63万头、仔猪77.61万头、肉鸡1290.79万羽，投入防灾防损费用143.52万元。承保的生态公益林覆盖面达到100%；生猪保险承保覆盖面达到70%。

助力乡村振兴 2020年，中华财险梅州中支在已中标的地区开展政策性农业保险宣传签单工作，提升承保覆盖率；面对非洲猪瘟疫情，在增品、扩标、提面上积极作为，在政策性险种的基础上配套推广商业性农业保险，农险险保费收入2920.1万元，比上年增长367.83%。

服务政府及社会情况 2020年，中华财险梅州中支服务项目有：中国十七冶集团，广东鸿艺集团（客天下），广东温氏食品集团，丰顺

2020年11月9日，中华财险梅州中支到五华县无害化处理场发放防灾减损物资
（张威 摄）

温氏家禽有限公司，梅州粤海水务有限公司，梅州市华建有限公司以及五华、大埔、丰顺三县政策性农险等业务，险种涉及养殖险、林业险、建工险、意外险、健康险、安全责任险等，提供883亿元的风险保障，得到广大客户的好评。同时，坚持以服务“三农”为前提，促进梅州市政策性农险业务的持续稳定健康发展。

防灾防损　2020年，中华财险梅州中支配合各级政府做好防灾防损工作。配合梅州市林业局对“创建国家森林城市”做好宣传工作，向电台投放宣传广告助力“创森”；向五华、大埔林业局赠送防灾防损物资，共同做好防火工作；印刷有关森林防火宣传的单页以及宣传品，将宣传工作落实到细微之处；落实政府相关部门有关非洲猪瘟的防控要求，主动承担服务“三农”的责任，开展非洲猪瘟防控工作；做好提升农户防灾防损意识工作；做好协保人员防疫技能培训，提高协保、防疫人员的技能，调动防疫工作的积极性。2020年，中华财险梅州中支投入政策性农业保险防灾防损及工作经费143.52万元。

金融服务　2020年，中华财险梅州中支在农险服务方面，开展地方特色农业调研，开发特色农险险种，如出具梅州首单种鸽养殖保险；落实省级公司农产品“保险+期货”创新项目，进一步扩大保障范围，如猪饲料价格指数保险、鸡饲料价格指数保险、生猪价格指数保险等；加强基层协保体系建设，增加农险基层服务网点，尽早实现县级全覆盖，强化协保员培训，增强协保员的展业技能。

（中华财险梅州中支）

证券机构

【广发证券股份有限公司梅州营业部】　2020年，广发证券股份有限公司梅州营业部（简称广发证券梅州营业部），在做好传统经纪业务的基础上，以客户为中心，继续推进公司“财富管理、科技金融、机构经纪、综合化”的四轮驱动转型升级，推进综合化经营策略。2020年广发证券梅州营业部股票基金成交金额1721.2亿元。

客户服务　2020年，广发证券梅州营业部落实做好疫情防控期间金融服务和安全稳定工作。坚持以客户为中心原则，做好分类客户、富裕及重点客户等日常基础服务工作。做好创业板业务规则变化的投资者教育工作。在做好投资者适当性管理工作的基础上，加大推动新三板业务。

业务拓展　2020年，广发证券梅州营业部拓展业务，加强与合作渠道沟通。定期拜访上市公司和相关企业，拓展上市公司员工持股股权激励等业务。引导私募基金，做好配套服务。2020年4月21日，由广发证券股份有限公司担任牵头主承销商的梅州市康达公路建设有限公司（第一期）定向债券成功发行，是梅州市首支成功注册发行的定向债务融资工具。本债券发行规模为10亿元，期限3+2年，票面利率4.02%。

宣传推广　2020年，广发证券梅州营业部加强投资者教育，开展各项宣传活动。开展“创业创新，共迎发展”创业板改革投资者教育专项活动。发送创业板宣传短信，覆盖人数5170人。投资者园地张贴《关于我公司创业板投资者管理要求变更的公告》进行宣传。在柜台设置咨询台，为现场客户提供创业板注册制改革的相关咨询。网店发布创业板改革投资者教育专栏，内容为“创业板注册制规则要点”，对深交所创业板改革并试点注册制的认识和理解进行图文并茂的解

2020 年 11 月 6 日，广发证券梅州营业部开展“严厉打击‘套路贷’黑恶势力违法犯罪”反洗钱户外宣传　　　（广发证券梅州营业部提供）

读，让投资者更加深刻了解注册制规则要点。

年内，广发证券梅州营业部开展“金声粤韵——2020 普及金融知识，守住钱袋子网络直播宣传活动”，邀请投资者参加直播活动，了解金融知识，守住钱袋子，守住幸福。组织全体员工朋友圈转发“普及金融知识，守住钱袋子”的直播宣传活动内容，邀约客户参与；投资者园地张贴《非法集资案例》进行投资者教育宣传；在柜台设置防范非法集资咨询台，为现场客户提供如何辨别防范非法集资的相关咨询。

年内，广发证券梅州营业部开展金融知识宣传月活动。发送内容为“普及金融知识提升金融素养共创美好生活　普及金融知识汇聚金融力量决胜全面小康”的短信，宣传覆盖 659 个客户。官方公众号发布“金融知识宣传月——投教小剧场”的内容进行线上宣传，观看人数 300 多人。

年内，广发证券梅州营业部开展 2020 年“平安金融宣传月”主题宣传活动。10 月 20 日在线上举办“平安金融宣传月知识竞赛”，号召全体员工参加和转发竞赛链接，邀请客户参加知识竞赛。发送平安金融宣传短信，宣传客户数 618 人。11 月 6 日到金碧豪庭小区、11 月 9 日到时代广场小区进行“平安金融进社区”活动，特别对中老年群众进行平安金融经典案例讲解，宣传活动效果良好。10 月 26 日开始在《梅州日报》刊登为期一周的“平安金融宣传月”活动标语宣传。

反洗钱宣传　2020 年，广发证券梅州营业部开展反洗宣传活动。11 月 12—14 日，通过《梅州日报》刊登严厉打击“套路贷”黑恶势力违法犯罪、远离“套路贷”“校园贷”，共创和谐社会等宣传标语。组织员工转发“中国人民银行广州分行”公众号发布的“2020 年广东省反洗钱微视频创作比赛优秀作品及金融放贷行业专项整治宣传案例”文章。营业部理财网店平台发布金融放贷行业专项治理宣传标语和扫黑除恶宣传海报及举报方式等，并要求全体员工向朋友圈转发等形式宣传。此次反洗钱宣传活动共发放宣传资料 500 多份，理财网店点击量 2000 多次。

（广发证券梅州营业部）

【安信证券股份有限公司梅州分公司】　2020 年，安信证券股份有限公司梅州分公司（简称安信证券梅州分公司）健全普惠金融服务体系，创新金融产品和服务，更好地为梅州地区实体经济的平稳健康发展服务。2020 年，安信证券梅州分公司股基交易额 3853.79 亿元，当地市场份额占比为 45.27%。

推动梅州本地企业挂牌上市　2020 年，安信证券梅州分公司推动梅州本土的中小企业进入新三板，在创新层以及即将推出的精选层有所建树。通过新三板平台培育优质企业，做到成熟一家、转板一家。截至 2020 年 12 月 31 日，安信证券梅州分公司累计直接接触、拜访近 600 家企业，成功推荐本地 9 家企业挂牌新三板。参与梅州市及各县区城投公司融资项目，与相关城投公司签署战略合作协议，发行企业及公司债券，拓宽企业融资渠道，借助资本力量发展建设。

2020 年中国电子铜箔行业年会暨梅州市铜箔产业大会　2020 年 11 月 26 日，由梅州市人民政府、中国电子材料行业协会电子铜箔材料分会及安信证券梅州分公司主办，梅州市梅县区人民政府、梅州市工业和信息化局、梅州市金融工作局承办的 2020 年中国电子铜箔行业年会暨梅州市铜箔产业大会在昌盛豪生大酒店举行，安信证券梅州分公司为梅州地区的企业特别是铜箔生产企业提供优质的金融服

2020 年 11 月 7 日，安信证券梅州分公司到万达广场进行平安金融、反洗钱及新证券法宣传活动　（安信证券梅州分公司提供）

务，助推梅州铜箔产业发展。大会以“聚焦铜箔产业·共促苏区振兴”为主题，紧紧围绕铜箔产业现状和发展趋势，为梅州铜箔产业发展开方把脉，助力梅州建设铜箔地方特色产业集群，打造成为“中国铜箔之都”。大会上，安信证券梅州分公司与梅州市人民政府签订“战略合作协议”，旨在汇聚政府部门、协会会员、重点企业和行业专家的力量，加强行业之间的交流合作，促进中国铜箔产业发展，推进梅州市铜箔产业向行业标杆发展，将梅州市铜箔产业打造成全国著名的铜箔产业基地。

平安金融暨反洗钱宣传活动　2020 年，安信证券梅州分公司响应中国人民银行梅州市中心支行的号召，践行社会责任，加强树立金融消费者维护自身资金和信息安全意识，11 月 7 日，组织多名员工到人流集中区域万达广场进行平安金融、反洗钱及新证券法宣传活动。围绕“平安金融”“反洗钱”主题，安排相关咨询人员答疑解惑，通过宣传手册、趣味互动、公众号推送的“新证券法题库”等多种方式，向不同年龄层的广大群众普及新证券法知识。

投资者教育与保护　2020 年，安信证券梅州分公司加强与人民银行、证券期货业协会等监管部门的沟通交流，加强员工教育、强化内部管理，避免发生从业人员违法违规事件，连续 2 年被梅州市金融系统社会治安综合治理暨平安金融创建工作小组考评为“优秀单位”。按照 2020 年投资者教育工作的整体规划，公司组织全体员工合规培训数十场次，从加强组织领导入手，完善制度，明确责任，加强员工培训，提高员工执业素质，将投资者教育工作贯穿到客户服务的每个环节。针对投资经验较少的中小投资者，安信证券梅州分公司通过各种途径向他们讲解和宣传证券市场基础知识、开户和交易流程、证券投资基本常识以及如何识别合法的证券经营机构等。（周骏偲）

丰顺八乡滩良中国工农红军第十一军军部纪念馆

责任编辑：古淑灵

城乡规划

【控制性详细规划编制】 2020年，梅州市自然资源局推动控规编制工作，完成城东片区、西阳白宫用地控制性详细规划的编制及批复。已批复的中心城区控规面积181.34平方千米，基本实现中心城区控规全覆盖。南口片区、程江乡村用地控制性详细规划编制已完成，待梅州市国土空间规划委员会审议；江北及攀桂坊片区、华侨城片区、大和片区、城北北部片区控制性详细规划正在编制。优化细化局部区域的规划，在控制性详细规划实施过程中，结合城市建设的实际需要，对涉及局部道路调整或地块建筑高度、建筑密度等控规内容进行调整。完成编制及批复的控规调整共12宗，包括槐岗片区、教育片区、高铁片区、江南新城片区等局部地块的控规调整，促进珠宝生态谷、昭华教育城综合体、历史博物馆、公安局派出所、垃圾中转站、槐岗片区十二年制学校等相关项目的落地。

【城市CI设计】 2020年，梅州市自然资源局印制《梅州市城市形象识别系统指导手册》并发放给各有关单位和策划、设计、广告企业使用；组织专题培训班指导各县（市、区）和市机关、企事业单位和策划、设计、广告企业等管理及使用主体正确运用城市CI标识；配合梅州市国资委下属广东客都文旅集团公司做好城市CI衍生品的开发、制作、投入应用。城市CI逐步运用在城市指引、标识系统、公交候车亭、宣传广告、大型政府活动及梅州手信等的产品包装设计；初步形成城市CI使用审查机制，纠正梅州机场等场所城市宣传标语的使用。

【规划建设】 2020年，在用地规划审批方面，梅州城区范围内（含梅江区、梅县区）共完成用地规划条件出具49宗，总用地面积1181751平方米。其中：梅江区出具建设用地规划条件33宗，用地面积772056平方米；梅县区出具建设用地规划条件16宗，用地面积409695平方米。在建设工程规划许可方面，梅州市核发建设工程规划许可证316宗，其中：核发房地产及其他企业开发项目建设工程规划许可证70宗，总建筑面积1569455.4平方米；核发临时建设工程规划许可证4宗；核发单位（个人）增设电梯建设工程规划许可证121宗；核发个人自建自住住宅建设工程规划许可证121宗。在规划验线和规划核实方面，完成建筑工程验线核实235宗，完成建设工程规划核实

115 宗，其中：梅江区建筑工程验线核实 155 宗，建设工程规划核实 96 宗；梅县区建筑工程验线核实 80 宗，建设工程规划核实 19 宗。在工程建设项目审批制度改革方面，在全省范围内首先公布豁免项目清单，清单明确 13 项建设工程免于办理建设工程规划许可证和 21 项设施、设备无须办理建设工程规划许可证等，合计两大类 34 项豁免内容。

【市政规划】 2020 年，梅州市全面完成梅州市中心城区停车设施专项规划、梅州市中心城区公共服务设施优化专项规划、梅州市火车站周边地区道路交通网规划优化调整研究和梅州市市政 CI 设计 4 个规划的编制工作。市政规划审查审批方面，办理业务 143 宗，其中，审查建设项目选址意见书 15 宗、办理建设工程规划许可 49 宗、开展市政工程验线 40 宗、规划核实 39 宗，并开展道路开口相关业务。梅州城区梅江桥南段天桥加固扩宽工程、梅州市剑英湖片区红色文化公园项目等市政工程规划得到审批。

（罗天飞）

城乡建设

【城市建设】 2020 年，梅州市正式印发《梅州市开展“美丽梅州·美好家园”三年行动计划 2020 年工作任务》，加快老城区改造提升，分批整治背街小巷、集贸市场等。持续推进城区“十个一批”城建民生事项建设，建成一批停车场、街头公园、公共厕所等，打通一批断头路，新峰路“生命通道”、梅州城区芹洋横一路（芹洋罗乐大桥西端道路）工程、梅江桥南端天桥等建成通车。百岁山和清凉山郊野公园改造后品相、功能、配套得到系统提升。“两美”行动取得明显成效，全市完成 29 个老旧小区改造试点，垃圾分类试点工作走在粤东西北地区前列。

【村镇建设】 2020 年，梅州市全面完成脱贫攻坚中住房安全保障任务，完成 23745 户危房改造，有效解决农村相对贫困户的住房安全问题，实现脱贫攻坚住房安全保障工作圆满收官。在传统村落保护方面，自 2012 年开展中国传统村落保护工作以来，截至 2020 年底，全市已有 78 个村落先后分 5 批次列入中国传统村落，涵盖全市 8 个县（市、区），是广东省中国传统村落数量最多的一个市。2020 年，对全市 78 个传统村落进行挂牌保护，进一步推动传统村落的传承和发展。

（刘平均）

【城乡生活垃圾治理】 2020 年，梅州市通过加强组织领导，狠抓设施建设，完善收运处理体系，开展技术评估指导和新排查镇级简易生活垃圾填埋场整治等，不断加强城乡生活垃圾治理，建立健全的生活垃圾收运处置体系，全市建成在用生活垃圾卫生填埋场 6 座，建成生活垃圾焚烧发电厂 2 座，建成厨余垃圾处理场 1 座，总设计处理能力 3415 吨/日，所有镇（街）全部配套建成生活垃圾转运设施，所有自然村完成 1 个以上垃圾收集设施配置。同时，全市 6 座新排查镇级简易垃圾填埋场全部停用封场，并按照《广东省镇级填埋场整治技术指引及评分细则》完成整治工作，提前完成省下达的整治任务，最大限度减轻生活垃圾对周边环境的污染，改善农村人居生态环境。2020 年城乡生活垃圾无害化处理率 100%，农村生活垃圾收运处置体系覆盖行政村 100%，焚烧处理能力占比 51.28%。

（温贵忠）

建筑业

【建筑业概况】 2020 年，梅州市

2020 年 7 月，千佛塔停车场建成开放　　（梅州市住房和城乡建设局提供）

住房和城乡建设局加强建筑行业企业和从业人员监管、开展资质动态核查等，进一步规范建筑市场秩序。全市房屋市政工程分别创建省、市建设工程优质奖 1 项、3 项，分别创建省、市房屋市政工程安全生产文明施工示范工地 5 项、16 项，获省建设工程优质结构奖 3 项。

【建筑市场管理】 2020 年，梅州市住房和城乡建设局通过加强对建筑市场责任主体的监管、完善诚信平台基础数据库建设、实行施工现场实名制管理等措施，推进社会信用体系和市场监管体系建设，实现建筑市场和施工现场联动监管。登记发布企业信息：施工企业 1286 家、监理企业 136 家、勘察设计企业 267 家、招标代理机构 124 家、造价咨询企业 59 家、施工图审查机构 11 家，其他企业 155 家；良好行为数据 175 条，不良行为数据 36 条。

【招投标监管】 2020 年，梅州市住房和城乡建设局遵循营造公平竞争市场环境的精神，按照工程项目招投标领域营商环境专项整治要求，对全面推行施工项目电子化招标投标和评标方法等做法作进一步明确；制订《梅州市房屋建筑和市政工程施工招标文件示范文本》（SGZB—202011）和《梅州市房屋建筑和市政基础设施工程建设项目评标定标分离管理办法（试行）（送审稿）》等文件。通过重点核查和随机抽查的方式，对违规设置建筑市场壁垒的做法、招标文件违规设置限制和排斥性条款的行为进行查处，规范全市房屋建筑和市政基础设施建设项目招投标市场秩序。全年房屋市政工程招投标项目共 320 项。

【勘察设计管理】 2020 年，梅州市住房和城乡建设局通过加强勘察设计质量监督，规范梅州市勘察设计市场行为；加强对施工图审查机构事中事后监管，全面推行数字化联合审图，通过审图系统加强对施工图设计、审查质量和周期进行全过程跟踪监督，促使勘察设计单位提高勘察设计行业成果质量，确保全市勘察设计市场健康发展。全年完成施工图审查项目 724 项，审查建筑面积约 979 万平方米，发现违反工程建设标准强制性条文 39 条。

【建设工程造价管理】 2020 年，梅州市住房和城乡建设局围绕工程造价市场化改革和建筑业转型升级、高质量发展需要，做好本地区建筑工程主要材料价格的采集、测算工作，在“梅州市住建局网站”动态发布。探索工程造价纠纷多元化解决途径和方法，引导建设各方将工程造价纠纷移至线上（省建设工程造价纠纷处理系统和省建设工程定额动态管理系统）处理。

【市政府投资建设项目管理】 2020 年，梅州市实施代建（含代管）项目 34 项，总投资 68.21 亿元（其中：在建代建项目 17 项，总投资 18.31 亿元；代管项目 3 项，江南新城重点项目在建工程 3 项，总投资 42.72 亿元）。2020 年度新接收代建项目 5 项，总投资 2.78 亿元；竣工项目 14 项，总投资 7.18 亿元。（杨 海）

【建筑工程质量管理】 2020 年，梅州市住房和城乡建设局通过健全完善工程质量安全监督机制、加强队伍建设、转变监督方式等措施，提高监管效能。组织开展“质量月”活动，开展建材打假等一系列监督执法检查，落实工程质量终身责任制；继续推进混凝土试块唯一性标识见证取样工作，加强对混凝土质量的信息化、标准化监管；实施住宅工程质量分户验收，重点整治新建住宅工程特别是保障性安居工程涉及渗、漏、裂和给排水、电气、节能等方面影响使用功能的问题；推动工程质量标准化建设，创造一批优质工程。

【建筑施工安全生产管理】 2020 年，梅州市住房和城乡建设局统筹住建领域安全生产和疫情防控，组织开展安全隐患排查集中整治、“危大工程”专项执法检查、“一线三排”等专项整治工作，保持安全生产高压态势，全市建筑施工安全生产形势持续保持稳定。同时，继续推进深基坑工程监测管理平台建设，启动智慧建设项目，通过信息化手段加强安全监管；组织开展“安全生产月”活动，通过标语、板（墙）报、手机短信等多种形式，宣传建筑施工安全生产法律法规及安全知识，提高从业人员安全意识。

【建筑施工文明管理】 2020 年，梅州市住房和城乡建设局推进施工扬尘治理、“创文”等工作。采取严厉处罚措施，督促工程建设各方落实施工现场围蔽、砂土覆盖、路面硬化、洒水压尘、车辆冲净、场地绿化“六个 100%”抑尘措施，减少施工污染环境。推动建筑工地围挡公益广告刊播，努力提高城区建筑工地围挡公益广告的覆盖率。通过推进房屋市政工程施工现场安装视频监控、扬尘在线监测系统建设，实现文明施工综合动态监管，及时发现和纠正建筑施工违规行为。

【消防验收、备案及抽查管理】 2020年，梅州市住房和城乡建设局受理182个消防验收及备案项目，其中消防验收项目139个,验收合格125个，合格率90%；消防验收备案项目43个，现场检查合格40个，合格率93%；综合合格率91.5%。年内，梅州市住房和城乡建设局牵头对《梅州市房屋建筑和市政基础设施工程竣工联合验收工作实施细则（试行）》进行优化调整，并通过工作座谈会征求各单位意见后修改完善形成《梅州市房屋建筑和市政基础设施工程竣工联合验收工作实施方案（2.0版）》，优化办理模式，简化办事材料，做好服务工作。

（刘紫强）

【建设科技与绿色建设】 2020年，梅州市持续以大型公共建筑、政府投资公益性建筑、保障性住房以及嘉应新区范围内新建建筑为重点，促进绿色建筑规模化发展。鼓励、引导条件成熟的项目申报绿色建筑评价标识，并发挥标识项目的示范带动作用，总结经验并加以推广。全市按绿色建筑标准设计并通过施工图审查的项目共40个，完成绿色建筑面积460万平方米，占新建建筑面积比例63%。其中，大埔县人民医院等8个项目，建筑面积65.15万平方米取得广东省绿色建筑一星级设计评价标识。

年内，梅州市强化监管，提高建筑节能强制性标准执行率。不断加强建筑节能项目在施工环节的督查检查，建设工程质量监督机构将建筑节能分部工程列入工程质量监督的重点内容之一，并在竣工验收备案环节对工程验收执行建筑节能标准情况作进一步抽查，未按规定执行建筑节能标准的项目不予备案。经统计，全市新建民用建筑在设计和施工阶段强制性标准执行率均100%。2020年，梅州市完成66栋国家机关办公建筑和大型公共建筑的能耗统计，进行能耗公示，单位面积能耗2.74千克标准煤。

年内，梅州市按照“积极稳妥”的原则，推动装配式建筑发展。督促、指导各县（市、区）住建部门抓好本地区目标任务的落实。引导保障性住房和政府投资公共建筑、市政工程等项目的示范作用。推进装配式建筑产业发展，鼓励企业引进、建设装配式建筑生产构件基地。全市有装配式建筑构件生产企业2家，正在建设1家。2020年，全市装配式建筑面积42.98万平方米，占新建建筑面积的4.5%。

年内，梅州市不断加强开展“禁实”和推广应用新型墙体材料专项检查力度，全面落实建制镇以上行政区内禁止使用实心黏土砖。强化对建筑工地应用新型墙体材料产品的质量监督，确保在建工地新型墙体材料使用率达到100%。

（谢治国）

住宅与房地产业

【房地产市场状况】 2020年，梅州市房地产开发完成投资比上年减少8.4%。全市新增商品房预售许可面积587.76万平方米，比上年增加14.14%；新增商品住宅预售许可面积516.11万平方米，比上年增加15.77%。全市商品房销量同比有所上升，房价总体保持平稳。商品房销售面积459.66万平方米，比上年增加15.33%，其中商品住宅销售30765套、399.94万平方米，分别比上年增加16.92%、15.71%。商品住宅全年销售均价6197.84元/平方米，比上年下降2.87%。截至年底，全市住宅商品房库存592.22万平方米，去化周期17.77个月。梅州城区（含梅县区）房地产开发完成投资比上年减少18.7%；新增商品房预售许可面积199.85万平方米，比上年减少20.21%；新增商品住宅预售许可面积165.74万平方米，比上年减少18.41%；商品房销售面积209.80万平方米，比上年增加2.18%，其中商品住宅销售12999套、167.37万平方米，分别比上年减少4.43%、3.51%；商品住宅全年销售均价6463.75元/平方米，比上年下降5.06%。

【房地产市场管理】 2020年，梅州市住房和城乡建设局通过加强诚信管理、预售资金监管和规范租赁市场、开展专项整治、推进房屋交易监管平台建设等，进一步规范企业行为和房地产市场秩序。排查房地产开发企业67家、房地产经纪（中介）机构18家，查处违规房地产开发企业33家、违规房地产经纪（中介）机构7家。落实预售资金监管制度，全年审核预售资金提取使用申请272宗，涉及金额44.96亿元。

【住房租赁市场】　2020年，梅州市依托中国建设银行股份有限公司梅州市分行搭建住房租赁交易服务平台。组织开展住房租赁市场排查，查处7家违规的房地产经纪（租赁）机构。为推动构建多主体供给、多渠道保障和租购并举的住房制度，梅州市住房和城乡建设局起草《梅州市住房租赁管理实施细则》，已通过梅州市司法局合法性审查。

【物业管理服务】　2020年，梅州市住房和城乡建设局制订《2020年梅州市物业管理专项整治工作方案》，成立工作专班，督促各县（市、区）开展排查整治：检查物业服务企业99个，查处案件5件，发出整改通知书10份，曝光典型案例3件；发现11个物业小区存在消防安全隐患并督促落实整改；通过诚信平台公开物业企业的两起不良行为。通过推进住宅专项维修资金缴存、使用和查询等业务规范化、信息化，加强住宅专项维修资金监督管理，全年办理住维资金开户76宗、退款63宗、使用审批8宗。　（谢　威）

【保障性住房建设】　2020年，梅州市制订年度住房保障实施计划，加快推进棚户区改造和保障性安居工程的竣工验收。全市各级住房保障部门共投入资金244.94（中央和省级专项资金）万元，截至12月底，全市完成城市棚户区改造基本建成906套，发放租赁补贴482户，完成率分别为100%、166.78%；政府投资公租房分配率98.56%，均完成或超额完成省下达的目标任务（该年度无公租房和棚改新开工任务）。通过实物配租或租赁补贴的方式，新增保障中、低收入住房困难家庭、新就业职工和异地务工人员249户。

年内，梅州市住房公积金归集41.09亿元，比上年同期增长7.45%；累计归集总额269.31亿元，归集余额98.02亿元。2020年全市住房公积金提取30.17亿元，累计提取171.29亿元。2020年全市发放个人住房抵押贷款20.17亿元，累计发放个人住房抵押贷款146.26亿元，个贷余额83.62亿元，全市个贷率85.31%；全年新增贷款8723户，累计发放贷款7.15万户；个贷逾期率0.13‰。2020年12月，《梅州市住房公积金管理机构调整工作方案》由梅州市委办公室、梅州市政府办公室联合印发，推进住房公积金管理体制调整工作落实。

年内，梅州市落实梅州市直机关企事业单位职工和离退休人员住房货币补贴发放工作，为231位财政拨款市直机关事业单位在职和离退休（含已故）人员发放2020年度的住房货币补贴476.85万元；另有13个企事业单位自筹资金167.65万元，为80名职工发放住房货币补贴。做好房改房上市交易核准审批工作，完成核准审批296宗。

年内，梅州市通过政府采购方式购买市级人才公寓进展顺利，项目按精装修标准装修完毕，达到交付条件，按合同规定完成购房款支付；继续推进公共租赁住房管理规范性文件的修订工作；继续落实广东省审计厅对梅州市2019年保障性安居工程资金投入和使用绩效情况审计及省长马兴瑞经济责任审计的整改工作。　（何　科）

市政建设与管理

【市政基础设施建设】　2020年，梅州市有序推进一批市政基础设施建设，部分项目完成并发挥效益。以城建计划和“十个一批”城建民生事项为抓手，全面提升城市建设品质和城市精细化管理水平。主要围绕市政道路建设、打通断头路、增设无障碍设施、建设停车场、人行天桥、完善交通信号灯、建设主题公园、改造提升公厕、更新垃圾中转站设备等一批市政基础设施，着力解决城市建成区设施不完善、不配套等问题。完成的项目有：梅州城区芹洋横一路（芹洋罗乐大桥西端道路）、正兴路至富奇路连接线等道路建设；千佛塔停车场建设；梅江桥南端天桥扩宽工程建设。

【老旧小区改造】　2020年，梅州市推进城镇老旧小区改造，践行以人民为中心的发展思想，申报试点，先行先试拓新路，开展城镇老旧小区改造工作。5月12日，梅州市列入广东省城镇老旧小区改造试点城市之一。全市各县（市、区）积极谋划、有序推进一批老旧小区改造，以示范带动，完成梅江区新中苑、梅县区县属宿舍、五华下岗坝、大埔梅河小区、丰顺供电局宿舍等29个小区改造，完成改造建筑面积26.85万平方米，惠及住户3125户；正在改造小区27个，涉及改造建筑面积39.61万平方米，惠及住户4351户。在老旧小区改造过程中，围绕群众所需所盼、所急所忧，实行一区一策，改造后的小区，设施齐整

2020 年 10 月，梅江区正兴路至富奇路连接线道路实现通车

（梅州市住房和城乡建设局提供）

（水电路气）、功能齐备（充电桩、智能安全系统）、服务齐全（长者饭堂），让居民生活更便利、心情更舒畅。

【城市供排水设施建设】 2020 年，梅州市加强城市内涝项目建设，完成梅州城区排水防涝设施现状普查，重点实施梅州城区三板桥路雨污分流改造工程、梅州城区梅水南路雨污分流改造工程。为确保江南新城南部片区地下综合管廊中的污水管网贯通，实施建设马鞍山污水提升泵站工程。加强供水规范化管理，启动梅州中心城区供水专项规划。为提升梅州老城区消防能力，全面推进梅州老城区 550 个市政消防栓建设工程，已完成第一期（180 个）和第二期（185 个）消防栓安装工程，加快第三期（185 个）消防栓安装工程，确保梅州老城区消防安全能力。梅州中心城区（梅江区）排水在线监测平台正式运行，开展梅州城区排水防涝设施现状普查修补测，重点推进梅州三板桥路雨污分流改造工程、梅州城区梅水南路雨污分流改造工程、梅州城区老旧排水管渠改造修复工程和年度排水设施清淤疏通项目。

年内，梅州市启动梅州城区污水专项规划，重点推进马鞍山污水提升泵站工程、东山教育基地截流输污工程和丽都路配套污水管网建设项目。截至 2020 年 12 月底，城区新增城镇污水管渠 26.22 千米，改造城镇老旧污水管渠 25.78 千米，超额完成梅州城区 2018—2020 年三年改造任务。

【生活污水处理厂新建（扩建）改造】 2020 年，梅州市城市（县城）5 座污水处理设施新建（扩建）项目中，兴宁市城市水质净化厂三期扩建项目主体工程已完工并通水试运行；梅州城区江南水质净化二厂二期扩建项目以及黄塘河、周溪河水质净化厂已先后于 6 月、9 月、10 月投入商业运营；五华县城水质净化厂三期扩建及配套管网项目，计划总投资 25641 万元，已于 10 月底动工建设，争取在 2021 年上半年完成。4 座水质净化厂提标改造项目中，兴宁市城市水质净化厂一、二期提标改造项目已完成建设任务，并于 12 月通水试运行。梅州城区江南第二污水处理厂扩建提标工程、江南第一污水处理厂提标除臭工程已完工并通过环保验收，先后于 6 月、11 月投入商业运营；梅县区新城水质净化厂一、二期提标改造项目已通水并进入设备调试阶段。

【城市生活污水（泥）处理】 全国城镇污水处理管理信息系统显示，2020 年 1—12 月，梅州市城市（县城）累计达标处理生活污水 11706.93 万立方米，其中厂区运行负荷率超过 100%的县（市、区）有梅县区（101.3%）、兴宁市（107.55%）、平远县（107.03%）。2020 年 1—12 月，梅州市城市（县城）累计产生生活污水处理污泥 19228.06 吨，累计达标处置污泥 19228.06 吨，均用于制砖等建材化再利用，污泥达标排放处理率和无害化处理率均 100%。 （周 云）

【镇级生活污水处理设施建设】 2020 年，梅州市 8 个县（市、区）共建成 107 座镇级生活污水处理设施，合计日处理规模 13.74 万吨，配套管网共铺设 573.611 千米，镇级生活污水处理设施已覆盖全市 104 个建制镇，覆盖率 100%，全面完成污染防治三年攻坚——镇级生活污水处理设施及配套管网建设任务。 （刘 军）

【城市综合管理与执法】 2020 年，梅州市住房和城乡建设局根据市委市政府重点工作和市局部署，重点督查梅州城区大型在建工地、大气污染防治、“两美”“创文”活动、各县（市、区）违法建设治理以及重大重复信访等工作，督促属地城管执法部门研究解决，提升执法管理水平。全年检查发现市容“六乱”行为 222 件，其中梅江区 143 件、梅县区 79 件。全年行政处罚案件 1 件，结案 4 件，个人 1 件，单位 3 件，罚款金额 1404255.5 元。

（梁海波）

【数字化城市管理】 2020 年，梅州市数字化城市管理工作成效显著，梅州市数字城管信息采集队伍获“2020 年度广东省三八红旗集体”称号，相关媒体报道数字城管工作状况和事迹 15 次，“学习强国”广东平台转载 4 次。市级平台与省级平台实现单点登录，辖区 8 个镇（办）市容环境、共享单车乱象整治和“创文随手拍”案件纳入数字城管评价考核，完成数字城管系统云平台整体迁移。本年度市级平台立案派单 3.2 万件市容环境卫生问题案件，采集员自行处置轻微案件 1.23 万件，督办催办 1850 件次，组织整改标识不明显存在安全隐患市政公用设施 901 件，各责任单位总结案率 93%，超过住建部 90%的结案标准。

（蔡鹤军）

2020 年梅州市重点工程建设

【黄塘河周溪河城市黑臭水体整治】 梅州城区黄塘河、周溪河 2 条市级黑臭水体如期完成整治，景观提升工程于 2020 年 6 月底完成，两座设计日处理能力各 5 万立方米的水质净化厂经各参建单位的共同努力，克服新冠疫情等不利因素影响，在确保质量和安全的前提下全力推进工程进度，先后于 2020 年 9 月、10 月投入商业运营并通过竣工验收，出厂水质执行一级 A 标准，提高梅州城区污水处理能力和节能减排水平，提升城市品质，助推梅州绿色发展，助力梅州“三宜城市”和“两美”建设。在达到“初见成效”的阶段性目标要求的基础上，经第三方机构评估认定达到“长治久清”，经呈报梅州市政府同意后上报广东省住建厅，并录入全国城市黑臭水体整治监管平台信息系统，待住建部审核认定。

2020 年 9 月，黄塘河水质净化厂投入运营　（梅州市住房和城乡建设局提供）

【梅州城区芹洋横一路道路（芹洋罗乐大桥西端道路）建设】 梅州城区芹洋横一路道路（芹洋罗乐大桥西端道路）连接罗乐大桥和芹洋半岛客商大道（内环路），在芹洋东路设双向出入匝道，是梅州市梅州城区的次干道。该道路按城市次干路标准设计，路线总长 429.24 米，行车时速为 50 千米。该项目包含道路工程、排水工程、交通工程（含交通设施及标志标线）、综合管线、照明工程、绿化工程等。该道路于 2020 年 6 月底实现通车，9 月底实现竣工验收，解决罗乐大桥与芹洋路网的衔接空白等问题，促进东升工业园与芹洋半岛产城联动，推进城市扩容提质，进一步拓宽东升工业园服务范围，完善路网建设，为芹洋半岛发展提供产业支撑。

【梅州城区正兴路至富奇路连接线工程】 梅州城区正兴路至富奇路连接线工程是连接正兴路与富奇路的新建市政道路工程。该道路按城市次干路标准设计，路线总长约 550 米，行车速度为 30 千米/小时。项目包含道路工程、排水工程、交通工程（含交通设施及标志标线）、综合管线、照明工程、绿化工程等。该道路已于 2020 年 10 月实现通车，进一步完善城区市政基础设施，优化人居环境。

【梅州城区梅江桥南端天桥加固扩宽工程】 梅州城区梅江桥南端天桥加固扩宽工程桥梁总长约 196 米，宽 5 米。项目包含桥梁工程、道路工程、交通工程（含交通设施

2020 年 6 月，梅江桥南端天桥加固扩宽后实现通车

（梅州市住房和城乡建设局提供）

及标志标线）、照明工程、绿化工程等。南端天桥于 2020 年 6 月底实现通车，扩建后的天桥与原天桥形成双向 4 车道的交通循环，缓解天桥的交通压力。

【梅州城区千佛塔停车场建设项目】 梅州城区千佛塔停车场建设项目规划用地面积 14771 平方米。项目包含道路工程、排水工程、照明工程、绿化工程等。新建停车位 249 个（其中大巴停车位 10 个、小汽车停车位 234 个、无障碍停车位 2 个）、配套建设公厕一座，占地 84.7 平方米。该停车场于 2020 年 7 月对外开放，投入使用，缓解周边停车难问题。

（梅州市住房和城乡建设局）

公用事业

【城市园林绿化】 2020 年，梅州市住房和城乡建设局按照“高起点谋划、高标准建设”的工作思路，编制《梅州市中心城区城市公园城市总体布局规划（指引）（2020—2035）》，指导梅州城区公园城市建设，提升人居环境。完成金山顶公园、老肖屋社区体育公园、八一社区体育公园的建设，并提升改造梅花山森林公园、百岁山郊野公园和清凉山郊野公园。梅州城区有公共绿地 185 万平方米。围绕“建好、管好、护好”目标，不断强化城区公共绿地、行道树等绿化养护，秉持“花园式”城市的建设理念，在城区主要道路、圆盘、广场、公园等公共绿地种植时花，保持一年四季鲜花盛开，并利用绿化设计、花坛造景、城市 CI 等手段扮靓梅州城区景观。 （陆 棣）

【城市公厕建设】 2020 年，梅州市将城市公厕工作作为解决民生短板的突出问题来抓，补齐这块影响群众生活品质的短板，2018—2020 年全市共完成新建改造任务 221 座，超额完成三年行动计划的任务目标。其中：2018 年，计划新建改造 79 座，完成新建改造 81 座，完成率 102.53%；2019 年，计划新建改造 62 座，完成新建改造 63 座，完成率 101.61%；2020 年，计划新建改造 55 座，完成新建改造 77 座，完成率 140%。 （温贵忠）

【城市生活垃圾分类】 2020 年，梅州市生活垃圾分类工作通过抓实前端，做实中端，夯实末端，因地制宜推进“定时定点”“积分兑换”等管理模式，以点带面、逐步启动，梅州城区已开展垃圾分类的小区有 456 个，全市新建改造分类投放亭

2020 年 6 月 29 日，梅江区林风眠小学开展生活垃圾分类千人践诺行动

（梅州市住房和城乡建设局提供）

1673个，完善配套厨余垃圾运输车辆39辆，在先行示范、总结经验的基础上，启动打造全民参与、覆盖城区的垃圾分类工作，在省级粤东西北地区12个地市季度评估考核工作中排名靠前。（温贵忠）

【城市供水】 2020年，梅州城区供水服务质量不断提高，全年自来水供水总量6650.22立方米。全城通过不断加强管网改造、控漏管理工作，强化供水监察，降低水资源漏失，保障市民用水水压。（周　云）

【城市供气】 2020年，梅州市天然气储气设计能力97万立方米，全市天然气年供气总量5794.45万立方米，液化石油气年供气总量3.24万吨。其中梅州城区天然气储气设计能力58.8万立方米，年供气总量3200万立方米，累计铺设800千米的市政中压管道及庭院管道，累计天然气用气户数13.5万户。梅州城区全面推进老旧小区天然气改造项目，采取分片推进分步实施，截至2020年底，基本完成东山大道侨新路片区、华侨城广场、科技路周边小区、沿江半岛、梅县英才巷老户改造，完成庭院管网建设25千米，覆盖老居民用户3万户，使老城居民用上安全、清洁、高效的管道天然气，提升百姓幸福感。进一步规范瓶装液化石油气管理，加大检查执法力度和燃气安全使用宣传力度，确保燃气行业安全稳定发展。（陆　棣）

【城市供电】 2020年，梅州市供电局电网连续安全稳定运行超过28年。完成购电量106.79亿千瓦时，比上年增长8.34%；售电量102.59亿千瓦时，比上年增长8.75%。客户平均停电时间6.91小时/户，下降15.52%。第三方客户满意度87分。

供电电网建设　2020年，梅州市供电局落实“稳增长”要求，全面完成电网建设投资9.95亿元。完成“十四五”智能电网规划编制，推动远景电网规划成果纳入国土空间规划，夯实电网发展基石。全面完成500千伏五华输变电、闽粤联网、梅州抽水蓄能接入系统及220千伏嘉雁Ⅱ回等重点项目前期工作，受到广东电网公司通报嘉奖。按期完成5个基于标准设计V3.0的智能配电网示范性项目建设任务。持续提升主配网智能化水平，配网线路可转供电率达到70.03%，配电自动化覆盖率超过97%。加速推进配网自愈建设，配网自愈线路208回。应用配网设备智能检测平台和物资智能调度平台，提升物资到货抽检和调配效率。提前完成220千伏畲江至兴宁线路等4项省重点工程，5项工程获省级及以上奖项，获奖数量创历史新高。

重大战略部署落实　2020年，梅州市供电局坚决执行国家优惠政策，累计降低用户用电成本1.17亿元，惠及用户16万户。助力打赢三大攻坚战，全面完成供电范围内省定相对贫困村电网改造，台区户均容量达到2.0以上，对口帮扶的8个帮扶点、516名贫困人口全部实现脱贫出列，全市7.03万低保户、五保户100%享受免费电。全额消纳全市清洁能源。获评“广东省绿色电磁示范单位”荣誉，为全省第五个。

供电安全生产　2020年，梅州市供电局印发并落实《梅州供电局进一步加强安全生产工作计划》。明确全部岗位各级各类人员安全生产职责及其到位衡量标准，实施安全生产专项整治三年行动计划，未发生人为责任事件，未发生有责任的涉电公共安全事件。全面落实防范电网八大风险30项重点工作，管控67起三级及以上事件风险，确保电网安全。落实防范设备运行风险167项工作任务，及时消除紧急重

2020年12月23日，梅州500千伏五华输变电工程正式启动　（陈晓婷　摄）

大缺陷4050项，确保设备安全。政企联动，及时消除3项重大外部安全隐患，对129座变电站实施中性点接地方式改造，完成798项涉电公共安全隐患整改，防范社会人员触电风险。成功抵御多轮台风和强降雨灾害，完成两会、国庆等保供电任务。实现网络安全攻防演练“三不一零”目标，全年未发生网络安全事件。

供电客户服务　2020年，梅州市供电局推进现代供电服务体系建设，“获得电力”服务水平持续提升。梅州统调负荷七创历史新高，最高达223.2万千瓦，比上年增长24%。充分依托广东电网大平台，统筹优化停电窗口和发电资源，在迎峰度夏前完成15台35千伏及以上主变轮换，成功化解重过载风险，保障电力可靠供应。优化电力营商环境，配合国家能源局南方监管局做好“获得电力”评价。全方位打造“多快好省”服务品牌，推动政府出台电力外线工程并联审批文件，简化审批流程和缩短审批时限至5个工作日，低压电力外线工程免审批；优化业扩报装全流程，全年中压及低压非居民业扩报装平均用时分别为30天、2.48天，比上年下降49.15%、56.14%；优化业扩界面延伸，实现城区160千瓦及以下小微企业“零投资”。推行“三免”服务（客户受理免填单、标准化供电方案免审批、标准化设计免审批），实行报装资料清单制及“一证受理”。实现电子证照信息共享应用，全业务进驻政务服务网、粤省事、粤商通三大政务平台，互联网渠道业务占比99.76%。连续8年获评梅州市公共服务满意度第一。

（梅州市供电局）

生态环境

【生态环境概况】　2020年，梅州市立足生态功能区定位，全面落实生态环境保护“一岗双责”，协同治污、攻坚克难，高质量完成污染防治攻坚战等生态环境保护各项年度目标任务，全市生态环境质量持续改善。梅州空气质量优良天数比例98.6%，高于全省均值95.5%，标况AQI达标率（97.5%）连续五年位列全省第一名，是全省AQI达标率最高、臭氧浓度最低的城市之一。全市县级及以上集中式饮用水水源地水质保持在Ⅲ类及以上，达标率100%；国考、省考主要江河水质达标率和优良率均达到100%；与潮州市交界的韩江赤凤断面水质稳定达到Ⅱ类标准，与揭阳市交界的榕江北河龙溪断面水质达到Ⅲ类标准；无劣Ⅴ类水体断面；城市黑臭水体消除比例达到100%。全市受污染耕地安全利用率99.67%，污染地块安全利用率100%，完成省下达的土壤污染防治“双90%”目标，工业危险废物安全处置率达到100%。

【环保正面清单实施】　2020年，梅州市为支持企业复工复产和经济社会发展秩序加快恢复，实施监督执法和环评审批“两个正面清单”。先后分两批将550家企业纳入环境执法监管正面清单，落实差异化管理措施。出台《梅州市深化环境影响评价制度改革实施方案（试行）》，推行建设项目环评豁免管理和告知承诺制审批，大幅压缩环评审批时限，9项行政许可事项办理时限压缩率91%，即办件占比83%，网办深度率100%。在全省率先完成固定污染源排污许可全覆盖，全面完成全市全国第二次污染源普查工作。

【水生态环境治理】　2020年，梅州市推进“千吨万人”镇村集中式饮用水水源地“划、立、治”专项行动，印发《梅州市“千吨万人”乡镇及以下饮用水水源保护区调整划定方案》，镇村集中式饮用水水源地环境问题整治完成率100%。持续开展榕江北河、松源河、宁江等重点流域水环境综合整治，水质得到有效改善。黄塘河和周溪河水质净化厂建成投入使用，城区黑臭水体整治达到“初见成效”目标要求。镇级生活污水处理设施实现全覆盖，截至2020年底，城市生活污水处理设施日处理能力达到54万吨、镇级设施达到13.74万吨。推进农村生活污水摸排治理，全市农村生活污水治理率76.82%、收集率87.67%。全面完成341座加油站、1191个地下油罐防渗改造工作和省下达梅州的171个“清污”整治任务。

【大气污染防治】　2020年，梅州市全面完成150家VOCs重点企业整治销号工作。联合开展建筑工地扬尘、道路运输扬尘治理，规模5万平方米以上建筑施工工地全部安装扬尘在线监控和视频监控系统。落实露天焚烧管控网格化责任，并

2020 年 6 月 5 日，梅州市 2020 年纪念“六五”环境日活动启动仪式、梅州生态环境质量“梅指数”发布会在梅城院士广场举行　（梅州市生态环境局提供）

在城乡接合部建成 3 个野外焚烧智能监控点。梅州城区烟花爆竹禁放区域扩大至 116 平方千米。建成机动车排污监控平台、3 个机动车遥感监测点、2 个黑烟车抓拍点。柴油车重点用车大户入户检查率达到 100%。全面开展成品油专项整治，督导梅州城区 21 家加油站全面开展夜间错峰加油措施。丰顺县龙岗镇坪丰村开展林业碳普惠项目，实现创收近 200 万元。

【土壤污染防治】　2020 年，梅州市开展受污染耕地安全利用和严格管控工作，完成 8 个县（市、区）耕地土壤环境质量类别划定。推进重点行业企业用地土壤污染状况调查工作，完成全市 190 个地块、3 个工业园区信息调查和纳入采样范围的 18 个地块、3 个工业园区的初步采样调查。各县（市、区）重新划定畜禽养殖禁养区，开展农村黑臭水体排查，新增完成 28 个建制村环境综合整治，整治村庄生活污水处理率、生活垃圾无害化处理率、畜禽粪便综合利用率、饮用水卫生合格率分别达到 60%、70%、70%、90%以上。编制《梅州市“无废城市”试点建设实施方案》，初步建立全市固体废物风险源数据库，推进固废堆存场所整治，五华循环经济产业园建成使用，80 家镇级简易填埋场、全市纳入涉镉等重金属整治清单的 7 家企业和纳入省清单的 10 个固废堆场整治验收销号。

【环境执法监管】　2020 年，梅州市出动环境执法人员 14947 人次，检查企业 5243 家，开展挥发性有机物重点企业执法、生猪养殖大户专项执法、危险废物重点单位环境安全隐患排查等专项执法检查，全面排查环境安全隐患，确保环境安全。狠抓环保督察问题整改，涉及梅州市的 53 项环保督察整改任务完成 49 项，剩余 4 项正在加快推进。解决群众反映强烈的突出环境问题，推进重点环境信访案件领导包案，妥善调处化解环境信访矛盾纠纷。全年全市受理环境信访案件 3951 件，结案率 100%。

【生态环境宣传教育】　2020 年，梅州市开展“美丽中国·我是行动者——不留白色污染”主题实践活动，评定梅江区玉水村等 10 个村为“梅州市第一批不留白色污染示范村”，开辟农村生态环境宣传阵地。组织纪念“六五”环境日专题文艺晚会等系列活动。组建梅州市生态环保志愿者总队以及 8 个县（市、区）支队，加强生态环境知识科学普及。发布“梅州市生态环境质量指数”（简称“梅指数”），设立“红黑榜”，加强新媒体宣传推介。

（梅州市生态环境局）

旅游业·餐饮服务业

平远县红军纪念园

责任编辑：邓柳茹

旅游业

【旅游业概况】 2020年，梅州市开展“国家全域旅游示范区”和A级景区创建工作，推进梅江韩江绿色健康文化旅游产业带建设，推进民宿管理和乡村振兴发展，开展疫情防控和复工复产工作。受疫情影响，全年全市旅游接待总人数1264.35万人次，比上年减少74.66%，旅游总收入106.96亿元，比上年减少80.55%。

截至2020年底，梅州市有国家AAAAA级旅游景区1家、国家AAAA级旅游景区11家、国家AAA级旅游景区27家。全市有星级饭店26家，其中五星级2家、四星级5家、三星级18家、二星级1家；有旅行社62家，其中出境游组团社4家。

【全域旅游创建】 2020年，梅州市文化广电旅游局对照《国家全域旅游示范区验收标准（试行）》，指导梅县区创建国家全域旅游示范区，推进梅江区、兴宁市、大埔县、丰顺县、平远县、蕉岭县、五华县创建省级全域旅游示范区。经广东省文化和旅游厅验收评审，大埔县、丰顺县、平远县、蕉岭县顺利通过省级全域旅游示范区验收认定。梅县区顺利通过第二批国家全域旅游示范区验收认定。

【旅游项目建设】 2020年，梅州市围绕梅江韩江绿色健康文化旅游产业带建设和全域旅游创建，重点推进92个总投资1199.51亿元项目建设，年度计划投资130.80亿元，完成投资98.80亿元，完成75.53%；韩山历史文化生态区、瑞山生态旅游度假区、五华球王故里文化旅游区、粤东大峡谷景区、御逸温泉度假村、新丰寨旅游景区、西岩茶乡度假村等创建国家AAA级旅游景区，南寿峰旅游景区、韩山历史文化风景区、瑞山生态旅游度假区、五华球王故里文化旅游区通过创建国家AAAA级旅游景区初审并推荐报省；指导兴宁市光夏村、蕉岭县东岭村、五华县元坑村等创建国家AAA级旅游景区；对客天下景区创建国家级旅游度假区进行工作指导，雁洋镇通过省级旅游度假区验收认定；完成招商引资项目，与金德宝悦泉酒店项目签约，计划总投资3.1亿元。

【乡村旅游建设】 2020年，梅县区长教村、平远县梅畬村被文化和旅游部评为全国乡村旅游重点村；5个村（梅江区西阳镇新联村、兴宁市叶塘镇鸭池村、平远县仁居镇仁居村、蕉岭县三圳镇东岭村、丰顺县砂田镇黄花村）获评省文化和旅

2020 年 9 月 25 日，“世界客都·长寿梅州欢迎您”梅州文旅复苏在行动系列活动启动
（梅州市文化广电旅游局提供）

游特色村；3 条旅游路线（梅江区诗画梅江乡村行、梅县区松口南洋古镇乡村游、大埔县红色历史文化乡村游）获评省乡村旅游精品线路；西河镇、转水镇、留隍镇获评广东省旅游风情小镇。梅州市文化广电旅游局组织新评定 6 家四星级以上农家乐，其中五星级 1 家、四星级 5 家；新评选出 2 家“客家美食村”。

【旅游市场开拓】 2020 年，受新冠肺炎疫情影响，梅州市举办 11 场主题活动，分别是“‘5·19’中国旅游日——2020 智游打卡梅州·文旅复苏有我”媒体直播带货活动、梅州主流媒体和文艺创作团队“走进华南教育历史研学基地”采风行活动、“世界客都·长寿梅州欢迎您”梅州文旅复苏在行动系列活动启动仪式暨客都人家项目推介活动、“看《八佰》·游梅州·访将军故里”粤沪媒体大咖采风行、梅州柚子宴开宴仪式暨 2020 大埔美食旅游季活动启动仪式、第八届广东自驾旅游日暨精彩梅州自驾旅游周、“访世界客都·游名人故居”粤港澳大湾区媒体旅行社大咖采风踩线行、“魅力广东”客都梅州·和美汕头·古韵潮州（南昌、泉州）旅游推介会、“情满攻坚路——送戏下乡·文化惠民”系列活动、梅州粤香柑品牌推介会暨千亩粤香柑开采节、梅开五福·2021 请到梅州“原乡”过大年推介活动。组织参加 2020 请到广东过大年主会场活动、第十六届海峡旅游博览会、2020 中国（广东）国际旅游产业博览会、“广州市消费扶贫月·携手奔小康——广州对口帮扶支援合作地区文化旅游周”、2020 重庆国际文化旅游产业博览会、2020 中国旅行服务产业发展论坛暨“一带一路”城市旅游联盟年会、第八届澳门国际旅游（产业）博览会、2020 中国（上海）国际旅游交易会等旅博会或活动。

【旅游宣传推广】 2020 年，梅州市文化广电旅游局运行梅州旅游资讯网、“梅州文广旅游”新浪微博、“梅州文广旅游”微信公众号、“一部手机游梅州”微信小程序、“梅州文化云”APP 等新媒体平台。梅州旅游资讯网新增旅游专题、资讯、攻略、图片等各类信息 1748 条，点击量约 14.6 万人次；“梅州文旅游”新浪微博发布微博 1652 条，粉丝总数 16.2 万人；“梅州文广旅游”微信公众号粉丝量 16.1 万人，推送图文 1266 篇，图文总阅读量 34 万人次。“一部手机游梅州”微信小程序，从 5 月 19 日上线至年底，累计访问人数近 10 万人次。“梅州文化云”APP 总场馆 45 个，总发布活动数 856 条，总发布资讯 1641 条。在主要高速出口、交通要道等位置利用 T 型广告牌，主推“世界客都·长寿梅州”品牌；在城南高速出口更新梅州旅游宣传广告画面，在客都大道新增 1 块旅游交通指示牌，以及 20 块旅游交通指示牌更换画面和 16 块名人故居旅游交通指示牌设置工作，完善自驾游服务体系。

【旅游服务提升】 2020 年，梅州市继续推进全域旅游服务中心项目建设工作，梅州市游客服务中心完成项目主体建设，累计完成投资 1.54 亿元。推进“厕所革命”新三年行动计划，指导推进旅游厕所建设任务 39 座，全年完工 41 座，完工率 105.12%；完成全市现有旅游厕所基本情况并更正规范 379 座厕所地址等详细信息。组织建设上线“一部手机游梅州”智慧旅游小程序，利用方便快捷和覆盖面广的微信平台，让游客通过微信扫描二维码或搜索“一部手机游梅州”小程序，即可马上进入梅州智慧旅游界面，涵盖旅游要素八大板块：吃、住、行、游、购、娱、资讯、建议，

2020 年 11 月 13 日，第八届广东自驾旅游日暨精彩梅州自驾旅游周活动启动

（梅州市文化广电旅游局提供）

实现图文视频介绍、语音播报、智慧导览、一键导航等功能，还有实时更新的文旅资讯、线路推荐、梅州特产等内容，提升游客体验性和资讯获知度。

【旅游行业监管】 2020 年，梅州市文化广电旅游局开展旅游系统“扫黑除恶”专项斗争，重点打击在旅游景区等场所欺行霸市、强买强卖、收保护费的行霸、市霸等黑恶势力。组织开展岁末年初、春运交通、汛期防汛、旅游行业安全大检查、“防风险、保安全、迎大庆”安全生产综合检查等专项检查。全市出动检查人员约 130 人次，检查行业场所约 200 家次，整改安全隐患 248 项，开展专项整治 2 次，参加梅州市安委办、市“三防”办、市消安办组织的安全检查 7 次。推进对玻璃桥等景区高风险项目的安全监管，做好景区玻璃桥项目以及高空、高速、涉水、探险等高风险项目的安全监管工作，保障旅游安全。做好旅行社和导游人员管理工作，指导新设立 2 家旅行社（梅州市春来旅行社有限公司、梅州市红旅文化发展有限公司），办理旅行社变更事项 15 件，完成全市 62 家旅行社责任险统保工作。办理并发放“电子导游身份标识”447 张，全市有注册导游 798 名。推广国家旅游咨询投诉热线“12301”，在梅州市文化广电旅游局官方网站每季度公布全市旅游投诉处理情况，接受社会监督。全年处理旅游投诉 82 件，投诉办结率 100%。

（梅州市文化广电旅游局）

2020 年新增 7 家国家 AAA 级旅游景区介绍

【瑞山生态旅游度假区】 国家 AAA 级旅游景区，以“原生态、慢休闲、享养生、乐体验”为旅游开发理念，形成集养身—养心—养神于一体的养生体系，是集饮食、居住、文化、生态、医疗、运动于一体的旅游景区，致力打造广东森林康养基地、养生度假旅游胜地。

【粤东大峡谷景区】 国家 AAA 级旅游景区，景区分为三大特色功能片区，南部是以植物景观和文化体验为主要特色的生态人文区，中部设有生态探险、溯溪、溪林拓展等挑战性游乐项目，北部峡谷山体陡峭，森林覆盖率高，峡谷栈道临溪而建，提供贴近自然的休憩空间，游客在此感受自然，做一场肺腑和心灵 SPA。

【御逸温泉度假村】 国家 AAA 级旅游景区，依托当地优良的生态环境和丰富的温泉资源，以特色温泉酒店、水上游乐、科普教育和特色美食为主体，打造集观光、休闲、游乐、养生、美食、科普和文化体验等功能于一体的温泉旅游区。

【新丰寨旅游景区】 国家 AAA 级旅游景区，集生态农业、乡村旅游、休闲体验、科普教育等功能为一体的新型农业旅游产业综合体，是广东省重点农业龙头企业、梅州市十佳休闲农业以及长寿体验基地。

【球王故里文化旅游区】 国家 AAA 级旅游景区，建有惠堂体育场、“铭记光辉历史，传承红色基因”体验馆、足球科技馆、广东状元堂展览馆、五华县体质测定与运动健身指导站、李惠堂旧居、中国现代足球博物馆等数量众多的景点，是弘扬球王精神、体验足球文化的综合性景区。

【韩山历史文化生态区】 国家

AAA 级旅游景区，景区常年云雾缭绕，风景奇特秀美，绮丽如画，是集会议养生休闲度假、韩愈文化体验、有机茶园观光、山地休闲、宗教朝圣于一体的休闲度假旅游目的地。

【西岩茶乡度假村】 国家 AAA 级旅游景区，区内有万亩有机茶园，更有幽泉、山涧、飞瀑，风光秀丽、奇石遍布，峰高林立、景色宜人，是感受现代休闲农业和高山森林度假的佳境。

（梅州市文化广电旅游局）

广东客都文旅有限公司

【广东客都文旅有限公司概况】 广东客都文旅有限公司于 2019 年 11 月 28 日挂牌成立，是梅州唯一从事文化旅游产业的市管企业。注册资本 1000 万元，拥有 4 家子公司、5 家合资合作公司。主要经营范围：国内、国际旅行社业务，承接政府航班航线拓展和运营，文旅、康养、文创、红色教育及研学培训基地的投融资开发，旅游手信及文创商品开发、销售等，旅游汽车租赁、乡村民宿、精品酒店、餐饮服务的运营管理，智慧旅游平台的开发运营。

【“寿乡水”产品新闻发布会举行】 2020 年 11 月 4 日，由梅州市人民政府指导，梅州市政府新闻办、梅州市工业和信息化局、广东客都文旅有限公司主办的“寿乡水”产品新闻发布会在中国联通梅州分公司会场举行。新闻发布会上，首批 14 家合作水企获颁“寿乡水”区域品牌版权使用授权证书，客都寿乡（广东）健康产业有限公司与深圳市海岸集团、中石油梅州销售分公司、中石化梅州石油分公司签署“寿乡水·见鹿”产品渠道战略合作签约，发布“寿乡水”行约标准和“寿乡水”产品。

【2020 梅州市促消费暨“6·18”汽车消费节活动】 2020 年 6 月 18 日，梅江区科工商务局和梅州市俊诚新能源汽车贸易有限公司承办的主题为“乐享五千万礼包 共促市场复苏”的 2020 梅州市促消费暨“6·18”汽车消费节活动启动，活动时间为 6 月 18 日—7 月 18 日，活动期间梅州派发 5000 万元促消费大礼包，刺激餐饮、文旅、汽车消费，推动梅州消费服务业复苏发展。

【承接政府促消费活动】 2020 年，广东客都文旅有限公司根据梅州市政府关于促消费活动工作部署，协同开展三轮促消费活动。经统计，三轮活动共覆盖游客超 25 万人次，直接和间接带动旅游及其他行业消费超过 5 亿元，刺激全市持续低迷的旅游消费市场，景区人气提升，游客量较上年增长 20%以上。

【梅州柚子宴开宴仪式暨 2020 大埔美食旅游季活动】 2020 年 9 月 19 日，梅州柚子宴开宴仪式暨 2020 大埔美食旅游季活动启动仪式在大埔县西湖公园广场开启。该次活动旨在以柚为媒、构筑平台，提升梅州的对外形象，创新“农业 +”“美食 +”“旅游 +”深度融合模式，拓展梅州与省内外特色农业和旅游产业合作发展领域，将蜜柚产业与旅游产业相结合，提高梅州蜜柚综合效益；并借助柚子宴推出特色旅游产品，让到梅游客感受梅州的柚子美食文化和世界长寿乡的人文风采。除了启动仪式外现场还举行旅游专线、宣传签约仪式、颁发证书等活动。活动现场还有钓柚子、徒手剥柚子等趣味活动，以及“客都优选”系列产品、蜜柚特色产品、大埔特色美食展销会等环节，吸引来自珠三角、潮汕与港澳地区的游客、美食专家、民间美食达人和众

2020 年 11 月 4 日，梅州市“寿乡水”产品新闻发布会在中国联通梅州分公司会场举行

（广东客都文旅有限公司提供）

2020年6月18日，2020梅州市促消费暨“6·18”汽车消费节活动启动

（广东客都文旅有限公司提供）

多市民，现场气氛热烈。该次旅游季活动持续一个月时间，借助柚子宴推出特色旅游产品，让游客感受到大埔的柚子美食文化和最美小城风采。（广东客都文旅有限公司）

文化旅游特色区

【梅江韩江绿色健康文化旅游产业带建设】 2020年，梅州文化旅游特色区管委会围绕《梅江韩江绿色健康文化旅游产业带发展规划（2016—2030）》《梅江韩江绿色健康文化旅游产业带发展规划（2016—2030）实施方案》及《梅州市全域旅游发展规划（2017—2030年）》，结合《2019年梅江韩江绿色健康文化旅游产业带建设暨全域旅游示范市创建行动方案》的执行情况，协助制订《2020年梅江韩江绿色健康文化旅游产业带建设行动方案》，并督促相关项目的实施。

【客家文化（梅州）生态保护实验区建设】 2020年，梅州文化旅游特色区管委会系统梳理客家文化生态保护实验区相关工作，对照国家级文化生态保护实验区建设主要验收指标，对客家文化（梅州）生态保护实验区建设进行查缺补漏；组织人员或协同局领导及相关科室人员到潮州、泉州、龙岩、三明等地学习国家级文化生态保护区建设以及“非遗”保护传承方面的经验做法；参与拍摄客家文化（梅州）生态保护实验区宣传片，草拟建设成效自评报告、协助做好实验区建设推进会部署的迎检准备相关工作。

【文化旅游宣传推广】 2020年，梅州文化旅游特色区管委会以运营微信公众号“梦里客都”和借助“梅州导视”平台、《客家人》杂志等载体，扩大客家文化（梅州）生态保护实验区的知名度和影响力，推出客家文化（梅州）生态保护实验区建设纪实和梅州国家级“非遗”项目系列专题，分别从国家级非物质文化遗产代表性项目、省级非物质文化遗产代表性项目、各县（市、区）客家围龙屋保护活化利用、传统村落保护利用、红色旅游资源等方面进行宣传推介。2020年纪实系列、名人故居、客家美景、美食推文推送136篇，其中原创69篇、转载67篇。

（梅州文化旅游特色区管委会）

叶剑英纪念园

【叶剑英纪念园概况】 叶剑英纪念园位于叶剑英元帅的故居——广东省梅县区雁洋镇虎形村，是全国红色旅游经典景区、全国爱国主义教育示范基地，国家AAAA级旅游景区，国家国防教育示范基地，景区建设集展现伟人风范、弘扬客家文化、推进生态旅游于一体。叶剑英纪念园筹建于2004年，于2007年5月13日正式开园。2020年，叶剑英元帅纪念馆完成接待讲解625批次，先后接待第十届全国人大常委会副委员长李铁映，公安部办公厅副主任宗胜利，文旅部党组成员王晓峰，广东省委常委、统战部部长黄宁生，广东省委常委、秘书长、宣传部部长张福海，广东省人民政府副省长张新，省政协副主席、台盟省委会主委张嘉极等数批党政军领导。

【文物保护与管理】 叶剑英故居于2001年6月被国务院批准为第五批全国重点文物保护单位。严格按照《中华人民共和国文物保护法》保护与利用原则，2018年经国家文物局批准通过叶剑英故居修缮勘察设计方案，加强对叶剑英故居的有效保护和合理利用。2020年，叶剑英元帅纪念馆有藏品数量2444件

（套），实际数量15217件，珍贵文物18件（套），实际数量19件。其中，名人遗物278件、书法绘画520件、陶器10件、铁器与其他金属物品21件、玺印符牌100件等。经鉴定，一级文物11件（套）（12件），二级文物7件（套），一般文物330件。组织人员系统整理文物。按照《博物馆风险等级标准》要求，严格做好馆藏文物的出、入库登记、藏品制卡及信息数据处理、书目目录建立和库房安全管理等工作。

【学习与交流】 2020年，叶剑英纪念园管理局注重加强讲解员的岗位培训，除用好内部培训资源，举办讲解礼仪教学活动之外，还开展对外学习交流工作。在叶剑英纪念园管理局领导的带领下组织馆内干部职工赴罗荣桓故里纪念馆、彭德怀纪念馆、毛主席纪念馆、刘少奇纪念馆、古田会议纪念馆、梅南九龙嶂革命根据地、张民达故居等地学习，通过现场参观、座谈交流等方式，深化在元帅精神研究、党性教育开展、红色旅游发展等方面的交流合作。12月，选派8名讲解员参加全市导游业务技能培训，学习梅州党史及红色文化、梅州客家史、政务接待及讲解技巧等专业技能，不断提高宣教人员的思想政治素质和业务工作水平。

【纪念园系列活动开展】 2020年，叶剑英纪念园管理局先后配合各部门、各单位开展特色活动，开展常态化爱国主义教育、革命传统教育。叶剑英纪念馆与梅州市委党校、梅县大埔党校和嘉应学院相衔接，外延红色教育路线，以叶剑英纪念馆为学习阵地，现场参观与党性教育相结合，学习领悟叶剑英元帅在革命紧要关头发挥的重要作用，弘扬红色革命精神。

【叶剑英纪念园获评梅州市中小学生研学实践教育基地】 叶剑英纪念园作为全国爱国主义教育示范基地，主动建设研学基地，主动融入中小学研学实践活动中。2020年11月，叶剑英纪念园申报获评为梅州市中小学生研学实践教育基地。年内，叶剑英纪念园管理局组织研学小组一行走进革命老区桃尧镇，到桃尧镇中心小学学习交流，赠送《叶剑英元帅诗词手迹》和《叶剑英元帅青少年时期事迹》手册，弘扬叶帅精神；到松源镇新南田心村蛟花堂参观展览，重温闽粤赣边纵队第一支队独立第七大队及所属武工队战绩；到中共松源区抗日救国会夜校旧址——同怀别墅参观学习松源红色革命史，了解学习当年“九月来信”的历史。协调制作专题讲学课件，为开展研学实践做准备。

【公益慈善活动】 叶剑英纪念园管理局利用广东省雁洋公益基金会、雅居乐（梅州雁洋）公益基金这两个慈善机构平台，弘扬伟人热爱家乡、胸怀大众的精神，让伟人风范，光耀故里，温暖万家。2020年，雅居乐（梅州雁洋）公益基金发放学前儿童营养补助金、奖教金、优秀学子奖励金、老年慰问金、孤寡五保人员慰问金等总额711850元；发放端午节孤寡五保人员慰问金2.4万元；对雁上、雁中、雁下3个行政村发放老年福利金、春节五保老人慰问金、特困家庭帮扶金和雁洋镇老人会活动经费等善款83.8万元；发放善款157.39万元，造福桑梓，情暖民心。2020年，广东省雁洋公益基金会拨款1998.8万元，用于开展扶贫助学、奖教奖学、叶剑英思想研究宣传和支持原中央苏区县乡村振兴战略项目建设

2020年10月22日，叶剑英纪念园管理局全体干部职工、雁洋镇镇村干部、叶剑英红军小学师生代表等约200多人在铜像广场前参加叶剑英同志逝世34周年纪念活动（叶剑英纪念园管理局提供）

等公益慈善活动。

（叶剑英纪念园管理局）

餐饮服务业

【餐饮服务业概况】 2020年，面对新冠肺炎疫情影响，梅州市坚持疫情防控和行业复苏两手抓，推动“粤菜（客家菜）师傅”工程。据统计，截至2020年底，全市有餐饮企业17190家，全年餐饮企业营业额54.46亿元，比上年下降15.7%。2020年春节期间，新冠肺炎疫情对餐饮业影响较大，餐饮行业开店率只有34.99%，比上年下降46.72%，客流量下降近9成。到2020年底，行业整体已度过最困难时期，逐渐回稳向好。

【推动餐饮行业复苏】 2020年年初，受新冠肺炎疫情影响，餐饮行业受损严重。对此，全市商务主管部门全力为企业提供服务，千方百计帮助企业渡过难关。推荐20家优质餐饮企业为梅州市首批提供简餐外送服务企业并在《梅州日报》上宣传；指导餐饮企业调整经营策略，利用“饿了么”“美团”等平台开展线上外卖配送业务，推行“无接触式配送”；发动、协助推荐全市餐饮企业申报省专项贷款资金，支持餐饮企业提供团餐、外卖配送等服务；在城市广场举行城区重点商超、餐饮企业新冠肺炎疫情应急处置模拟演练，进一步做好新冠肺炎疫情常态化防控期间餐饮服务业卫生防疫工作。10月底，餐饮行业复工率96.9%，行业整体逐渐回稳向好。

【促进餐饮消费】 2020年，梅州市开展形式多样的活动促进餐饮业消费。举办以“乐享五千万礼包，共促市场复苏”为主题的汽车、文旅及餐饮三项促消费活动，采取财政补贴撬动、商家平台让利拉动方式，促进消费复苏；在万达广场举行“梅州客家滋味云美食直播节”系列活动，由阿里巴巴本地生活（饿了么）联合商户投入百万级红包、百万级流量、百万级减免，通过发放优惠券、让利促销等方式，激发消费热情，加快市场复苏；授予26家梅州老字号客家美食商家“饿了么官方甄选品牌馆”称号，进一步扩大特色餐饮企业的影响，推动客家菜特色企业培育工作；举办“万味盛典，助力创文，公筷公勺，万达行动”活动，突出传统美食文化，举办线上线下美食活动，开启老客家“云食直播”，线上直播盐焗鸡等客家美食，扩大客家美食影响；在蕉岭县、大埔县启动第三期促文旅消费“柚子宴”专题活动，联合商家推出特色旅游产品，刺激文旅消费、拉动经济增长。

【餐饮行业经营规范】 2020年，梅州市印发《梅州市餐饮行业文明诚信服务行动实施方案（2020—2022年）》《关于进一步做好餐饮场所安装可燃气体浓度报警装置工作的通知》《关于限制旅游住宿、餐饮业等一次性消费用品使用的通知》等文件，发出梅州市“文明餐桌 守护健康”倡议书，印制近300张文明用餐宣传海报，倡导公筷公勺、培养餐饮新风、深化“光盘”行动、拒绝滥食野味、提倡绿色消费、共建文明餐桌。

【餐饮行业交流】 2020年9月18日，梅江区餐饮协会带动会员企业到深圳行膳餐饮研究院与深圳烹饪协会交流学习，分享菜品制作心得。11月20日，梅州市餐饮行业协会带动会员企业到潮州烹饪协会交流学习，交流分享各类菜品展销、厨艺展示、饮食文化。

（梅州市商务局）

教 育

梅城学宫

责任编辑：邓柳茹

教育综述

【教育概况】 2020年，梅州市有各级各类学校1626所，在校生812942人。其中小学452所，在校生373666人，学龄儿童入学率100%，毛入学率104.72%，升学率100%；初级中学177所，在校生164181人，学龄儿童入学率100%，毛入学率111.65%，升学率99.31%；普通高中（含完全中学）59所，在校生84441人，升学率99.13%；中职学校19所，在校生25153人，高中阶段毛入学率95.40%；幼儿园910所，在园（班）幼儿人数164282人；特殊教育学校9所，在校生1219人。全市有国家级示范性普通高中10所，国家级重点中职（技工）学校5所。全市中小学教职工62604人，专任教师53225人。

【素质教育建设】 2020年，梅州市继续实施“一校一品”工程，开展客家山歌、广东汉剧、客家童谣等进校园等活动，引导各校坚持走内涵特色发展之路。探索“客家+红色+基地+N”的模式，成功打造5个省级、39个市级中小学生研学基（营）地，促进学生全面发展。制订实施《梅州市中小学“聚焦课堂教学变革，构建科学评价体系”2020—2025五年行动计划》，效果良好，带动教师教学能力的提升。制订《关于进一步加强梅州市中小学课外阅读指导的实施方案》，每年定期评选出一批“读书育人优秀单位”及“读书育人表扬单位”，营造良好的阅读氛围。不断健全“五育并举”（德、智、体、美、劳）育人机制，重视学生体质健康，阳光体育活动蓬勃开展，开展梅州市第一届中小学大课间体育活动评比工作。举办首届“风眠杯”中小学师生绘画大赛、首届器乐合奏比赛。重视未成年人思想道德建设工作，2020年未成年人思想道德建设测评综合获95.14分，扭转在全省排名靠后的局面。

【教师队伍建设】 2020年，梅州市教育系统通过公开招聘、校园招聘、市急需紧缺人才引进等方式，引进硕士研究生17名、本科毕业生1116名到梅州任教。实施本土人才培养战略，坚持“面向全体，培养骨干，侧重农村，讲求实效，提高素质”的原则，适应教学方式和学习方式的变化，实施学科领军人才培养、中小学校（园）长教育发展能力提升、中小学骨干教师示范培训、新任教师入职培训、中学教师职务培训、教育管理干部教育治理能力提升培训等7大类28项培训，49563人次参加市级培训。加大评选表彰力度，评选出382名市级优

2020 年 9 月 8 日，梅州市 2020 年教师节庆祝大会在市委礼堂召开

（梅州市教育局提供）

秀教师等。严格落实中小学教师工资收入水平达到“两个不低于或高于”的标准，着力提升中小学教师工资待遇，2020 年继续按人均每月不低于 1000 元的省定标准发放山区教师岗位津贴。

【教育信息化水平】 2020 年，梅州市进一步完善群建共享数字资源平台，扩大优质教育资源覆盖面，促进区域教育均衡发展。为满足全市中小学生疫情期间学习的需要，在梅州市教育资源公共服务平台为全市中小学生提供在线学习辅导，开展名师辅导网络直播，远程送课到家，让全市中小学生不出家门就能满足学习需求，梅州市是全省最先开展线上教育的地市。组织开展梅州市“小小科学家”中小学生科学实验活动成果展示交流，有 55 所学校 956 名学生参加，有 482 名学生得奖，其中一等奖 112 名、二等奖 175 名、三等奖 195 名。一、二等奖的选手推荐参加广东省第十一届“小小科学家”中小学生成果展示交流活动专家组评审。梅州市组织 4 支队伍参加由广东省教育厅主办的“2020 年广东省中小学劳动教育暨学生信息素养提升实践活动”，取得优异的成绩，其中梅州中学代表队在篮球机器人竞技对抗赛中获一等奖，在智慧交通机器人比赛中获二等奖；梅县高级中学代表队在篮球和足球机器人竞技对抗赛中分别获二等奖。

【2020 年教师节庆祝大会】 2020 年 9 月 8 日，梅州市举行 2020 年教师节庆祝大会，学习贯彻习近平总书记关于教育工作的重要论述精神，为获得 2020 年梅州市优秀教师、优秀教育工作者、优秀班主任、教学工作先进教师荣誉称号的代表颁奖，共同弘扬尊重知识、尊重教师的良好社会风尚，汇聚创先争优正能量，推动梅州教育事业加快发展，不断开创梅州教育振兴发展新局面。梅州市委副书记、市长张爱军参加会议并讲话，市委副书记王庆利主持会议，市人大常委会副主任伍德凤，副市长张晨，市政协副主席曾祥海，嘉应学院校长杨洲，各县（市、区）、市直有关单位主要负责同志，全市教育工作者、获奖教师代表约 300 人参加会议。

（董芳远　李文清）

基础教育

【学前教育】 2020 年，梅州市加强公办幼儿园规划建设，加大学前教育财政投入，加快发展公办幼儿园。各县（市、区）抓好落实幼儿园建设专项规划，通过新建、改扩建公办幼儿园，加强公办幼儿园建设，扩大普惠性学前教育资源供给；多措并举，采取扩班增容、公办中心幼儿园开设分园、新建和改（扩）建公办园等多种途径，增加公办幼儿园数量；各县（市、区）开展教育资源情况调研，整合和优化教育资源，探索利用闲置校舍新建公办园、回收购置民办幼儿园改制成公办幼儿园的新路径。2020 年秋新开办的公办幼儿园包括：梅江区站前、上坪、吉祥三所安置区幼儿园及白宫幼儿园；五华县黄狮幼儿园、郭田坪上幼儿园；丰顺县汤坑镇实验幼儿园、黎峰幼儿园、汤南红狮幼儿园；平远县城南幼儿园。截至 2020 年底，全市公办幼儿园在园幼儿占比 51.67%，比上年增长 13 个百分点，公办和普惠性民办幼儿园在园幼儿占比 91.57%，比上年增长 5 个百分点，完成 2020 年梅州市民生实事任务。

【九年义务教育】 2020 年，梅州市加快实施学位扩容行动，继续落实《幼儿园和中小学校建设专项规划（2018—2022 年）》，梅州市实验小学、梅州中学芹洋校区初中部、蕉岭县镇平小学、丰顺县实验小学、五华县中英文实验学校、五华县罗湖黄冈实验学校等学校建成并招生，全市新建、改扩建中小学 27 所，增加学位 28515 个。组织各县（市、区）落实《义务教育薄弱环节改善与能力提升工作项目规划（2019—2020 年）》，做好义务教育薄弱环节改善与能力提升工作，截至 2020 年底，全市规划校舍建设面积 59841 平方米，已开工面积 63928.58 平方米，开工率 106.83%；已竣工面积 46357.58 平方米，竣工率 77.47%；规划采购设备价值 1999.5 万元，已完成购置价值 1722.19 万元，采购率 86.13%。加强乡村小规模学校和寄宿制学校建设，对照省下达的农村义务教育寄宿制学校建设任务清单的实施周期绩效目标，全市完成寄宿制学位达标建设 28296 个，完成率 103.74%；新增寄宿学位 2674 个，完成率 100%。

年内，梅州市落实教育公平，出台《梅州市教育局关于进一步规范普通中小学招生入学工作的实施意见》《关于印发〈2020 年梅州市民办学校义务教育阶段招生入学工作实施方案〉的通知》等招生系列文件，进一步规范梅州市普通中小学招生行为。全市民办义务教育学校招生纳入审批地统一管理，与公办学校同步招生，对报名人数超过招生计划数的民办学校，全部实行电脑随机摇号录取。同时，市统一建设民办学校义务教育阶段招生系统，推进招生工作公平、公正、公开。落实国家“两为主、两纳入”要求，保障进城务工人员随迁子女平等接受教育的权利，2020 年秋季全市在公办学校就读的义务教育阶段进城务工人员随迁子女占比 93.58%。根据国家和省有关考试招生制度改革、加强学生综合素质评价的文件精神，结合梅州市实际，印发《梅州市初中学生综合素质评价实施方案（试行）》，落实立德树人根本任务，发展素质教育，促进学生德智体美劳全面发展。

【普通高中教育】 2020 年，梅州市高考成绩有提升。全市优先投档线以上人数 2815 人，上线率 8.94%，比上年增长 0.23 个百分点；本科上线人数 11428 人，上线率 36.31%。广东梅县东山中学等 10 所示范性普通高中的示范带动作用进一步彰显。坚持实施“一校一特色”，推进普通高中优质特色多样化发展，支持一批百年名校内涵式发展。推动华南师范大学附属昭华学校、广东外语外贸大学附设梅州实验学校、五华县中英文高级中学、梅县区华业外国语学校、北大新世纪梅江实验中学等民办普通高中筹建工作。

【特殊教育】 2020 年，梅州市做好残疾儿童少年义务教育招生入学工作。落实《中华人民共和国教育法》《中华人民共和国残疾人保障法》和《残疾人教育条例》等法律法规规定，按照“全覆盖、零拒绝”的要求，根据适龄残疾儿童少年的实际制订教育安置方案，逐一做好适龄残疾儿童少年的入学安置工作，全市残疾儿童少年义务教育入学率 100%。根据《广东省教育厅等八部门关于印发广东省促进特殊教育公平融合发展行动方案的通知》《广东省教育厅等八部门关于印发广东省第二期特殊教育提升计划的通知》等文件精神，为进一步加强对梅州市特殊教育工作的统筹协调，推动特殊教育公平融合高质量发展，印发《梅州市教育局等八部门关于建立梅州市特殊教育联席会议制度的通知》。

【学生思想道德建设】 2020 年，梅州市组织做好全市学生评选表彰工作。组织评选表彰 2019—2020 学年度广东省优秀学生，全市有 19 人被评为广东省优秀学生，其中普通中学 15 人、中职学校 4 人；组织做好 2019—2020 学年度梅州市中学“五四”系列表彰活动，全市有 948 名学生被评为市级“三好学生”；协助开展第五届梅州市“自强不息好少年”推荐评选和学习宣传活动，授予 20 人“自强不息好少年”称号；组织开展“珍爱生命 预防溺水”手抄报创作大赛，分学段评选出市级一等奖 15 名、二等奖 30 名、三等奖 45 名；组织开展“致抗疫先锋的一封信”书信创作比赛，分学段评选出市级一等奖 30 名、二等奖 60 名、三等奖 90 名、优秀奖 120 名；组织开展第五届全省学生“学宪法，讲宪法”活动，引导青少年学生自觉成为宪法的忠实崇尚者、自觉遵守者、坚定捍卫者，评选出市级一等奖 3 名、二等奖 6 名、三等奖 15 名，并组织参加全省决赛，获演讲比赛二等奖 3 名，知识竞赛三等奖 3 名；组织第二批“全国文明校园”推荐评选和复查工作；开展 2019 年广东省“书香校园”建设系列活动，12 所学校被评为省级“书香校园”、3 名学生被评为省级“阅读之星”。

开展未成年人思想道德教育实践活动，不断健全完善学校、家庭、社会“三结合”网络。2020年未成年人思想道德建设综合测评获95.14分，受到梅州市委、市政府肯定。

【学校体育】 2020年，梅州市做好疫情期间学校师生居家体育锻炼工作，录制11期“宅家锻炼”视频，最高一期的点击量10万余人次。4.7万多名考生顺利完成中考体育考试。梅州市学生体质健康水平测试成绩排名全省第13名。大课间体育活动氛围愈加浓厚，参加省、市高水平体育赛事的运动员学生越来越多。青少年校园足球成效显著，2020年新增全国校园足球特色学校25所、全国幼儿足球特色学校25所、全国足球特色幼儿园示范园7所、梅州市青少年校园足球示范学校20所。梅州市梅县区华侨中学、梅州市职业技术学校分别获2020年广东省“省长杯”青少年校园足球联赛全省总决赛高中女子组第二名和中职组第四名。参加2020年全国、全省青少年校园足球夏令营活动，19名运动员入选广东省各组别最佳阵容，4名入选全国总营最佳阵容，入选全国总营、全省最佳阵容的人数排在全省第二名。全市中小学新建33块足球场地。新增E级教练员20名，新增中国足协D级教练12名、C级教练员6名。制订出台足球运动员升学办法，畅通梅州市足球运动员学生小学升初中，初中升高中的升学渠道。顺利承办2020年广东省青少年校园足球（高中组和初中组）夏令营活动。

【学校美育】 2020年，梅州市抓好实施《加强和改进学校美育工作实施方案》，协调学校艺术教育各项工作的推进和落实。遴选全省中小学第二批中华优秀文化传承学校创建学校8所；遴选第四批省级中小学艺术教育特色学校11所。举办梅州市中小学生器乐合奏比赛、“奏响中国梦·共创文明城”梅州市第三届少儿“小钟琴”演奏电视大赛、“印象·童年”梅州市首届“风眠杯”中小学师生绘画大赛、“2020·难忘的记忆”第五届岭南童谣征集传唱暨举办梅州市第四届客家童谣节活动、梅州市第五届中小学生硬笔书法比赛、开展“我们的节日”主题活动等。梅州市教育局与嘉应学院合作共同推进美育浸润行动计划实施，对口支持梅县区丙村中学、丙村中心小学，蕉岭县新铺中学、新铺中心小学4所学校。在学校开展4场演出，培训舞蹈、声乐学生250多人，培训音乐、美术教师20人。开展2019—2020年度梅州市戏曲进校园演出工作，市内5家艺术剧团走进全市56所学校，开展传承活动。2020年由于疫情原因，坚持开展美育线上教研及线上教学。组织音乐、美术老师录制广东汉剧动漫、戏曲韵律操、客家山歌、手工等教学视频，因地制宜地设置适合学生疫情期间的课程。在线播放美术学科96节、音乐学科46节教学视频，参与师生11万人。引导学生用艺术的视角，珍爱生命。

【学校卫生】 2020年，梅州市教育局坚持一手抓疫情防控、一手抓返校复学，落实好摸清疫情底数、储备防控物资、组织开展培训、组织应急演练和推演、返校复学等一系列工作。先后印发180多份文件和通知，组织参加各类专班视频调度会80多场次，牵头组织督查组开展4轮督查工作，编印工作专班简报近60期。2020年春季复学、秋季开学工作顺利完成，全市教育系统的防疫复学、高考中考工作均实现零失误，广东省委教育工委、广东省教育厅专门发出《致梅州市委市政府的感谢信》。全年组织5场传染病防控知识培训视频会议，分会场设300多个，累计10多万人次参会，数量为历年之最。启用“梅州市儿童青少年健康管理平台”网络直报平台，加强对流感、诺如病毒、水痘等学校常见传染病疫情的报告和预警，及时通知各县（市、区）强化落实学校传染病防控各项措施，降低聚集性疫情发生。春季开学至12月，报告处置270例预警，其中水痘243例。（梅州市教育局）

广东梅县东山中学

【广东梅县东山中学概况】 广东梅县东山中学是全国重点中学、广东省国家级示范性普通高中、广东省一级学校、广东省普通高中教学水平优秀学校、梅州市直重点完全中学，获“第一届全国文明校园”“全国教育系统先进集体”“全国教育科研先进单位”等10余项国家级和省级称号。建筑面积18万余平方米，呈一院（东山书院）四校区（初中、高一、高二、高三）格局。2020年，有教职工482人，专任教师450余人，其中正高级教师2人、特级教师5人、高级职称教师160余人、具有硕士学位或研究生学历的60余人。有初高中教学班111个，在校学生 5650 人。学校教室均安装有教学平板一体机，教室、宿舍、食堂均安装有空调，校园实现视频监控全覆盖。学校有刘汉兴图书馆、邹锡昌科学馆、李昆章艺术楼、沈兰芳电教楼、音乐楼、体育馆、曾宪梓运动场、植物园、梁挺生博士青少年活动中心、时敏书吧等各类功能场馆。

【学校管理】　2020 年，广东梅县东山中学贯彻落实党的教育方针政策，坚持党建引领教育教学，创建省级、市级党建示范校，推动党的基层组织建设全面进步全面过硬。在管理实践中突出“一核两抓手两支撑”，不断优化“总校统筹协调，校区负责”的扁平式管理模式，提升“四梁八柱”管理框架的最大管理效能。推动市委巡察学校党委巡察反馈意见的整改进展，实现内部管理更加有序更加规范。贯彻落实《东山中学提升办学质量五年行动计划（2019—2023 年）》，科学推动学校发展步伐。慎终如始抓好常态化疫情防控，贯彻落实疫情防控措施，巩固来之不易的疫情防控成果。高标准严要求完成创文迎国检工作。

【教师队伍建设】　2020 年，广东梅县东山中学坚持从思想政治建设、师德师风建设、激励机制建设、业务能力建设、身心健康建设五个方面着力抓好队伍建设。完善选聘机制，实施教研组长、年级组长、班主任和干事选聘，严格把关，确保人员能上能下，引导树立忧患意识、增强危机观念，进而激发自我提升意识。召开新高考背景下的拔尖生培养研讨交流会，激发教师内驱力，在拔尖生培养解决路径上下功夫。完善评优评先机制，坚持激励导向，确保评选结果公平公正。实施第二期梅州市（东山中学）学科领军人才培养计划，适应新高考改革要求，邀请北京市各学科名师专家到学校讲学，为教师们开阔视野、提升教学技能提供条件。开展师生校园欢乐跑、校运会趣味比赛、节日送祝福送慰问等活动，更加关注教职工身心健康，厚植教育情怀。建成姚勇文名师工作室和石勇名师工作室 2 个梅州市名师工作室，开展各类研修活动，打开教研新局面。组织中青年教师参加梅州市课堂教学评比展示活动，老师们在交流参与中提升专业技能。年内，学校有 27 名教师获国家级和省市级表彰奖励。

2020 年 5 月，广东梅县东山中学举办复学思政课，邀请援鄂梅州医疗队（在梅州隔离观察点）的抗疫英雄校友回校，讲述战疫故事，传承红色基因

（广东梅县东山中学提供）

【东山中学教学成果】　2020 年，广东梅县东山中学高考、中考均创佳绩。2020 年高考高分层群体表现优异，包揽文理总分市第一，高分优先投档率 72.6%，本科率 99.3%，音乐美术特长生班术科分和文化分双上线率 96.9%，有 164 人被世界一流大学建设高校及南方科技大学、香港中文大学录取，有 20 人被飞行学院和军警类院校录取。复办初中首届初三中考成绩喜人，总分夺得全市第一、三、四、八名，高分层人数突出。五育并举促学生多元成才，注重培养学生科学素养和创新思维。学校生物教研组获评省“十优”科组和省优秀科组。有 17 人次在生物、化学、数学、物理学科竞赛中获省赛区全国一、二、三等奖。

【德育工作】　2020 年，广东梅县东山中学坚持用习近平新时代中国特色社会主义思想铸魂育人，推动习近平新时代中国特色社会主义思想进教材、进课堂、进头脑，开好思政课。挖掘校内红色资源，传承红色基因。发挥叶帅铜像、萧向荣将军玉雕像、东山第一亭、革命烈士纪念亭等的育人功效，不断加强前进展室、东山书院、党建展室、团校、少队室、青少年活动中心、心理咨询室等德育基地建设，丰富校内红色文化宣传栏、文化墙内容，办好学校微信公众号、校园网、东山电视台、广播站、团委微信等自媒体宣传媒介，办精道德讲堂、《东中校刊》《东山学子》《新芽》，推进“三好一正”工程。开展社会调查实践，组织学生开展综合创新实践活动。常态化开展五大节、志愿服务、成人礼、值周劳动、中文话剧大赛、校园歌手大赛、勤工助学、橄榄枝助学行动、东山大讲堂等富有东山特色的品牌活动，组织31个学生社团多样化多形式多时段开展活动，丰富学生校园文化生活。重视开展具有仪式感的主题教育活动，通过开学第一课、主题班会、抗疫英雄讲述抗疫故事、“扣好人生第一粒扣子”、十八岁成人宣誓、国旗下的讲话等活动，培育和践行社会主义核心价值观。年内，有27名学生获广东省优秀学生等省级荣誉称号和表彰。（饶玉祥　胡锦峰）

梅州市曾宪梓中学

【梅州市曾宪梓中学概况】　梅州市曾宪梓中学创建于1993年，是由第八、九、十届全国人大常委会委员、香港金利来集团有限公司董事局主席曾宪梓博士捐资兴建并以他的名字命名的侨资学校，是市属重点高级中学、广东省一级学校、广东省国家级示范性普通高中。学校先后获“广东省侨资学校办学成果”一、二等奖，连续两次被评为省“文明单位”，还先后被评为省“绿色学校”“美丽校园”“体育卫生先进单位”和“中小学心理健康教育示范学校”“广东省安全文明校园”“广东省书香校园”“广东省普通高中教学水平评估优秀学校”等称号。校园占地面积73260平方米，建筑面积38924平方米。有教学班级33个，学生1750人。校园环境优美，教育和生活设施完善，设备齐全。拥有现代智能的“兆骐智慧图书馆”“兆骐智能朗读亭”和休闲吧式的“师生悦览室”；全省唯一的国家级示范校园气象站；先进的化学、物理探究实验室。

【教学管理】　2020年，梅州市曾宪梓中学以教学为中心，以高考为重心，精细教学管理，落实年级主管负责制，配齐年级管理小组人员，推行“横向到边，纵向到底”的管理机制，抓教研、强学风、重交流，实施“名师工程”“精准备考”“强基计划”等教学，发挥名师示范引领和骨干教师传帮带效应，加强教师培养管理，推动教师教研工作的开展和教学水平的提高。

【德育工作】　2020年，梅州市曾宪梓中学以社会主义核心价值观为主题，以理想教育为主线，以重养成、健心理、讲文明为教育基础，以提高人的思想素质和道德践行能力为根本，落实立德树人的根本任务。利用“三声文化”（读书声、口号声、歌声），在公共场所布置展板等，让社会主义核心价值观渗透到学校的方方面面；依托学校大型品牌活动把习近平总书记系列重要讲话精神和习近平新时代中国特色社会主义思想贯穿其中，培养学生感恩中华，感恩父母，立志成才，在追梦圆梦的路上不忘初心、牢记使命，帮助学生树立科学的世界观、人生观和价值观，教育学生追求真理，促进学生的全面发展和健康成长。

【教师队伍建设】　2020年，梅州市曾宪梓中学全面实施“名师工程”，树立先进教学理念，建立自主创新的校本培训机制，打造出一支思想道德、专业素养“双高”的教师队伍。全校专任教师146人，其中获硕士学位20人。正高级教师

2020年6月15日，梅州市曾宪梓中学学生在操场上晨读

（梅州市曾宪梓中学提供）

2人，高级教师71人，一级教师68人。截至2020年底，学校教师多人获国家、省、市级以上荣誉称号，其中“全国优秀教师”1人、国家级骨干教师9人；省“特级教师”2人、省“名教师工作室”主持人2人、“南粤优秀教师”7人、省“骨干教师”24人、新一轮“百千万人才培养工程”名教师1人；市级名教师9人、梅州市“拔尖人才”2人、市级“名教师工作室”2人、梅州市“百千万人才培养工程”教育家2人、市级骨干教师11人。2017—2020年，学校教师在国家、省、市期刊发表论文600篇左右，其中在核心期刊发表70余篇。

【教育教学成果】 2020年，梅州市曾宪梓中学提出“精致校园、精细管理、精品教育”的办学新理念，以“教学生三年，为学生着想三十年”的办学思想为教育之光，坚持以德正人、以智启人、以体健人、以美育人、以劳树人去点亮更多的生命和梦想；梅州市曾宪梓中学把促进学生的全面发展作为学校一切工作的根本任务，以人为本，实现让每一名学子来到梅州市曾宪梓中学都能打好品德基础、身体基础和学习基础，提升智商情商和毅商，培养成为有责任担当、积极自信、团结协作的精致型人才。梅州市曾宪梓中学连续25年高考成绩居梅州市各重点中学前列：应届毕业生（含择校生）本科入围率95%以上，高分优投率30%以上；先后有10名学生考取清华和北大；多名学生获广东省“单科状元”。2020年，普通类高分优先投档线上线人数176人（占31%），普通类本科投档线上线人数536人（占96%）。

（梅州市曾宪梓中学）

高等教育

嘉应学院

【嘉应学院概况】 2020年，嘉应学院是一所省属公办本科高校，校园占地面积107.07万平方米，建筑面积61.98万平方米。设置数学学院、物理与电子工程学院、化学与环境学院、文学院、马克思主义学院、创新创业学院、足球（产业）学院等21个学院和1个教师教育发展中心。学科专业涵盖文学、理学、工学、法学、医学等11个学科门类，有广东省优势重点学科1个，省级重点学科8个，省特色重点学科4个，广东省“冲补强”提升计划重点建设学科3个；本科专业59个，其中国家级特色专业1个、国家级综合改革试点专业1个、省级一流专业6个、省级重点专业2个、省级特色专业10个、省级专业综合改革试点7个、省级战略新兴产业特色专业3个、省级应用型人才培养示范专业3个。拥有省级重点实验室“广东省山区特色农业资源保护与精准利用重点实验室”，有广东省普通高校工程技术研究（技术开发）中心“高性能覆铜板工程技术开发中心”及“广东省柚类工程技术开发中心”，有广东省普通高校人文社会科学省市共建重点研究基地“嘉应学院客家研究院”，有现代农业科技创新中心“广东省五华三黄鸡科技创新中心”等20多个省部级教学科研平台；有“粤台客家文化传承与发展协同创新中心”“广东客家地区基础教育师资培养培训协同育人中心”“南方足球创新人才培养培训协同中心”3个省级协同育人中心；有校外实习基地和就业基地600多个。2018年被列为广东省高等教育“冲补强”提升计划建设高校，设立广东省博士工作站。2020年有普通全日制学生2.8万人，成人教育学生近1.1万人，教职员工1700多人，其中，专任教师1244人（具有正高职称136人、副高职称367人、博士227人、硕士812人）。有全国农业科研杰出人才1人、广东省高校“千百十人才培养工程”国培对象1人、“全国优秀教师”1人，省级“创新拔尖人才”1人、“南粤优秀教师”22人、“省级教学名师”2人、广东省高校“千百十人才培养工程”省级培养对象6人、“省级优秀青年教师”培养对象6人、省级扬帆计划4人。聘请268名国内外著名专家学者为客座（荣誉）教授。学校藏书244.35万册，电子图书105.45万册，电子期刊5.63万册，纸质期刊2448种；学校定期公开出版《嘉应学院学报》。

年内，嘉应学院贯彻落实《广东省加强党的基层组织建设三年行动计划》，成立二级学院党委，把握社会主义办学方向，完善构建“三全育人”大格局，深化“双带头人”培育工程，推动学校创建“一校一品牌，一院一特色，一支部一活动”。获省“党建工作标杆院系”1个、“党建工作样板支部”1个、省“双带头人”教师党支部书记工作室1

个、省高校教师党支部书记素质能力大赛优秀奖2项。年内，全校发展中共党员606名。顺利完成中层干部换届，选拔任用优秀年轻干部，中层干部队伍平均年龄降低3.5岁。在新一届中层领导班子中，正处级干部中硕士以上学位占80.3%，副处级干部中硕士以上学位占81.4%。

【"十四五"规划编制】 2020年，嘉应学院围绕国家、省市发展战略，结合学校学科专业特色和优势，全面启动并完成学校"十四五"发展规划的专项规划，明确目标定位、专业建设、课程建设、教学条件、学科建设、队伍建设、科学研究、社会服务、交流合作的主要内容和重点任务目标，把"力争到2023年取得农业、体育、教育硕士专业学位授予权"确立为"十四五"优先的重点任务目标。加快推进申硕工作和师资队伍建设工作。

【申硕工作】 2020年，嘉应学院以学校申请硕士学位授权单位为目标导向，利用广东省高等教育"冲一流、补短板、强特色"提升计划，中山大学对口帮扶和《广东省进一步提高高等教育毛入学率实施方案（2019—2021年）》的历史发展机遇，开展第五轮重点学科的遴选与建设工作，对标申硕条件，整合资源，突出重点，凝练方向，确立农业、教育、体育为学校拟申报的硕士专业学位授权点；"申硕"工作成为学校普遍共识和整体行动；推进与中山大学、华南师范大学、华南农业大学等联合培养研究生，在读研究生38人。

【省级重点科研平台建设】 2020年，嘉应学院获批广东省重点实验室1个（广东省山区特色农业资源保护与精准利用重点实验室）、广东省普通高校工程技术开发中心2个（广东省柚类工程技术开发中心、高性能覆铜板工程技术开发中心）、广东省社会科学研究基地2个（广东省原中央苏区研究中心、足球文化与产业研究中心）。打造"两坛一站"，邀请国内知名专家学者100多人到嘉应学院交流，其中，院士3人，国家杰出青年等国家级高层次人才10多人次，开展专题报告86场次，举办科技创新发展论坛、社科创新发展论坛，营造浓郁学术氛围。2020年嘉应学院获国家自然科学基金项目2个、国家社科基金项目1个；获教育部人文社科一般项目2个、省级项目37个；获教育部产学合作协同育人项目立项4个；科研经费突破亿元大关，科技成果数量500多个，其中授权专利23件（含发明专利9件）。

2020年，嘉应学院"广东省山区特色农业资源保护与精准利用重点实验室"获批广东省重点实验室。图为嘉应学院院长杨洲（右二）在重点实验室指导年青博士开展科学研究 （嘉应学院提供）

【学科专业建设】 2020年，嘉应学院新增数学与应用数学、汉语言文学、物理学、体育教育4个专业为省一流专业建设点，确定校级一流本科专业建设点5个；新增软件工程专业为省重点专业，新增应用统计学专业为省级特色专业。小学教育和软件工程2个专业分别通过教育部师范专业认证和IEET认证。获批省级课程思政示范团队1个；新增省级一流课程6门、课程思政示范课程3门、课程思政示范课堂3个、在线开放课程3门。

【师资队伍建设】 2020年，嘉应学院以外引为主，外引与内培相结合，不断完善人才引进制度和在职教职工激励机制，提高师资队伍质量、改善队伍结构。全年引进高层次人才42人，其中博士40人、教授2人、高峰人才2人，比上年引进的博士数量翻了一番。支持鼓励教师进修攻读博士学位，与马来西亚城市大学等多所大学联合培养博士研究生，推荐15名教师攻读海外大学博士学位。

【嘉应学院教学成果】 2020年，嘉应学院开展高等教育教学改革，推进“质量工程”项目建设。省级教学成果奖取得新突破，获第九届广东省教育教学成果奖一等奖3项、二等奖1项。获广东省第五届高校（本科）青年教师教学大赛理科组一等奖；学校获“优秀组织奖”，是广东省唯一一所获优秀组织奖的地方高校。学生获省级以上奖励358项（国际级竞赛奖3项、国家级147项、省级208项），学生考研录取人数391人，比上年增加70人。

年内，嘉应学院组织开展“互联网+”大赛金种子训练营，遴选35个金种子项目、58个重点培育项目，形成金种子项目为第一梯队、重点培育项目为第二梯队的项目培育层次。嘉应学院在各类创新创业大赛中成果丰硕，获省级创新创业比赛金奖1项，银奖（二等奖）5项，铜奖（三等奖）9项，优秀奖1项；获市级创新创业比赛金奖2项，银奖2项，铜奖2项，优秀奖2项。

【学生奖助贷】 2020年，嘉应学院发放奖学金7项，12人获2020年“叶剑英基金奖学金”，43人获国家奖学金，294人获考研奖励金，716人获“优秀毕业生”，840人获“三好学生”，946人获国家励志奖学金，2636人获学校优秀学生奖学金，奖励总金额773.07万元。年内，发放各类助学金2096.4万元，受助学生9437人次。其中国家助学金受助人数8067人，总金额1313.49万元；新生专项资助金总人数241人，总金额122.04万元；广东省建档立卡专科学生免学费和生活费补助受助学生571人，总金额285.5万元；仲明助学金受助学生20人，总金额10万元；发放家庭经济困难新生生活补助104人（含生活用品），总金额13.05万元。设立勤工助学岗位853个，平均每月发放约20万元；校园地国家助学贷款获贷学生16人，贷款金额9.74万元。认定家庭经济困难学生4530人，其中特别困难的1841人、困难的890人、一般困难的1799人。补偿服义务兵役学生学费90人次，金额136.24万元。资助46名家庭经济困难学生参加考研课程培训，总金额6.29万元。

2020年，嘉应学院党委书记吴琦（左三）、院长杨洲（右三）检查东20栋学生宿舍工程建设工地 （嘉应学院提供）

【招生就业】 2020年，嘉应学院招生宣传由“线下宣传”转为“线上宣传”，通过招生信息网、广播电台和微信微博等新媒体平台，使用在线宣讲、升学在线直播等形式在线直播答疑，展示嘉应学院办学特色。特别是招生宣传季推出35篇系列微信推文，此外开通10部招生咨询热线，为考生提供“一对一”咨询，2020年本科招生专业56个，录取8854名新生，其中普高6741名、本科插班生2105名、第二学士学位8名，圆满完成招生任务。生源分布在广东及省外16个省份，其中广东省内8381名、外省473名（含运动训练专业16人）。

2020届毕业生6580人，举办线下大型招聘会1场、小型校园招聘会173场次，引进用人单位1466家，提供就业岗位数48787个，生均就业岗位数7.4个，初次就业率89.86%，高于全省高校初次就业率85.8%的平均值，顺利完成“稳就业”的工作任务。

【成人教育、继续教育】 2020年，嘉应学院录取成人教育新生4178人[本科（专升本）2981人，专科（高起专非脱产）1197人]，超额完成省下达的招生计划。完成广东省教育厅2020年下达的省级“强师工程”培训项目6个。举办普通高中物理骨干教师（教研员）新教材省级培训班、师德师风专项培训班、初中化学实验教师专项培训班、中小学校长/党支部书记党建工作示范培训班等 6 个培训班，培训学员 435 人。

【客家文化研究】 2020 年，嘉应学院客家研究院在原来 11 个研究所基础上，新组建客家民俗、客家华侨、客家文学等 18 个研究团队。嘉应学院基地刊物《客家研究辑刊》总第 56、57 期出版。《客家研究通讯》2020 年第 1、2 期正式刊行。由嘉应学院本校教师编著的《广东梅州文书》《梅州传统民俗风情剖析与鉴赏》《梅州客家体育非物质文化遗产研究》《大学客家话教程》《粤台客家文化产业研究》等由各出版社出版。

【基础设施建设】 2020 年，嘉应学院加快推进“提高高等教育毛入学率工程”。东 20 栋 ~ 23 栋学生宿舍选址在学校东北部，土地面积 3.3 万平方米，可容纳学生约 5800 人，总建筑面积 7.2 万平方米，总投资 2.82 亿元，已开工建设，预计 2021 年 9 月主体工程完工。理工科实验大楼选址在学校东校门北面，总建筑面积 5.19 万平方米，总投资 2.01 亿，已完成 EPC 设计施工招标工作，在进行场地平整、施工图设计完善及申报施工许可证等工作，整个工程项目预计 2022 年 7 月竣工完成。 （嘉应学院）

嘉应学院梅州师范分院

【嘉应学院梅州师范分院概况】 嘉应学院梅州师范分院于 2001 年 12 月经广东省人民政府批准并入嘉应学院，升格为嘉应学院的二级学院，是一所全日制公立高等院校。前身为广东省梅州师范学校，创建于 1913 年。2020 年，校园占地面积约 9 万平方米，建筑面积 6 万多平方米，教学仪器设备总值 1500 多万元，图书馆藏书 14 万册，校外教育实习基地 36 个。内设办公室等 6 个行政科室和中文系等 6 个系部，在编教职工 124 人。有三年制语文教育、数学教育、英语教育、现代教育技术、音乐教育、美术教育、学前教育 7 个专业（方向），在校学生 2118 人。学生在省大学生各类专业技能比赛中多次获奖，在嘉应学院历届师范生技能竞赛中取得优异成绩，毕业生受到用人单位普遍好评。

【教学管理】 2020 年，嘉应学院梅州师范分院全体教职工牢固树立“质量是生命线”的观念，严抓教风、学风、考风，进一步提高教育教学质量。抓好疫情防控形势下的线上教学工作，克服困难实现“停课不停教、停课不停学”的目标，所有课程实施线上教学，顺利完成教学任务。实现学院本科办学层次的突破，与嘉应学院协同培养汉语言文学、英语教育、小学教育 3 个本科层次专业，招生 264 人。抓教学过程监控，由教务科牵头，学校领导和教学职能部门人员不定期深入教学第一线进行常规教学检查，并对检查情况进行及时的登记、处理，实现对教学质量的有效监控。

【人才培养】 2020 年，嘉应学院梅州师范分院在国家教师资格考试的背景下，人才培养方案、教学改革、课堂教学和考试均对接“国考”要求，真正实现教与学的良性互动，提高人才培养质量。从人才培养目标出发，稳步推进教学内容和课程体系改革。确定嘉应学院梅州师范分院课程改革的总体思路。改革教学内容，加强教学内容的基础性、系统性、实践性和前沿性。加大教师口语、计算机编程、课程教学与研究、学前儿童教育活动与指导等课程在人才培养方案中的比重，构建较合理的人才培养方案框架，形成通识教育课程、专业课程、教师教育课程、教育实践等构成的教学内容和课程体系。各系部、各班主任和学生在学院国考指导中心的指导下，抓好国家教师资格考试的复习备考工作，2018 级学生首次参加国家教师资格考试（笔试）取得优异成绩。深化课堂教学改革，做到“线上”与“线下”教学相辅相成、相得益彰，推动混合式教学加速发展，提高教育教学质量。重视教育教学实践工作，组织完成 2018 级本科班汉语言专业、英语教育专业教育见习，2019 级学生教育见习和 2021 届 661 名毕业生为期 10 周的教育实习。

【教研科研】 2020 年，嘉应学院梅州师范分院不断提升教育科研水平，引导教工开展教研科研。在省市校不同层次的课题申报中有多个项目立项，包括：嘉应学院高等教育教学改革项目获立项 1 个，梅州市哲学社会科学 2020 年规划课题获立项 3 个，广东省中小学幼儿园教育科研课题获立项 1 个，省基地客家研究院招标课题 1 个。结题项目 3 个：市社科项目 2 个，教育部职业院校教育类教指委中小学教育研究课题 1 个。教师参编教材 3 部，发表论文 38 篇，其中北大核心 4 篇。

【教学成果】　2020 年，嘉应学院梅州师范分院支持、组织学生参加各类专业技能大赛，支持各系、班举办专业成果展览、专业技能展示。在全国英语写作大赛中，2019 级学前教育 5 班学生何金泯和 2018 级文科 3 班学生李秋慧分别获公共英语组二、三等奖；在广东省职业院校技能大赛中，2017 级文科 1 班学生杨舒瑜获非专业组二等奖，2018 级英语 2 班学生曹效浩获专业组三等奖；在广东省规范汉字书写大赛中，嘉应学院梅州师范分院有 10 名学生分获特等奖和一、二、三等奖；在嘉应学院第十届师范技能大赛中，嘉应学院梅州师范分院有 19 名学生分获汉字书写类和多媒体课件制作类一、二、三等奖。

【共建共享】　2020 年，嘉应学院梅州师范分院推进与附小共建教学法研究基地，共同推动教学、科研、人才培养工作的提高。坚持“校校合作，优势互补”原则，开展校外实习基地建设。继续与华南师范大学合作开办自考本科班，提高嘉应学院梅州师范分院学生的学历层次，在读学生 1134 人，2020 年首次申报毕业人数 82 人，52 人获学士学位。与华南师范大学合作的“专本同读”办学点，被评为广东优秀办学考点。

【师资建设】　2020 年，嘉应学院梅州师范分院高度采用“外引与内培”相结合的办法，不断深化人事管理体制改革，建立科学用人机制，改革校内分配制度，优化人文环境。在编教职工 124 人，专任教师 107 人，有教授 1 人，副高职称教师 18 人，讲师 68 人，外籍教师 1 人，有 55 人获博士、硕士学位。年龄上大部分是 30 岁 ~ 50 岁的中青年教师，结构合理。年内，嘉应学院梅州师范分院何远华被评为梅州市优秀教育工作者，刘国荣被评为梅州市优秀教师，王艳被评为梅州市教育工作先进教师。

2020 年 11 月 30 日，“大埔记艺”写生作品展在嘉应学院梅州师范分院新教学楼三楼展厅开幕　（嘉应学院梅州师范分院提供）

【招生就业】　2020 年，嘉应学院梅州师范分院落实“公平、公开、公正、择优录取”的原则，把好录取新生质量关和政策关。嘉应学院梅州师范分院面向全省招生，2020 级新生报到率 83.5%。与上年 76.6%的新生报到率相比，报到率大幅提升。2020 届毕业生初次就业率 98.54%，在嘉应学院 18 个二级学院中位列第一，被评为嘉应学院“先进就业单位”。嘉应学院梅州师范分院学生不少学生考上编制内教师。

【校园活动】　2020 年，嘉应学院梅州师范分院在深化课堂教学改革的同时，开展校内实践活动，举办英语演讲比赛、三笔字比赛、书香校园读书竞赛等活动，搭建学生展示创新能力的舞台。举办音乐教育专业、学前教育专业毕业汇报演出，美术教育毕业作品展，美术教育“大埔记艺”写生作品展，首届儿童剧、儿童故事创编展示活动等，从不同角度展示嘉应学院梅州师范分院专业教育和创新培养的成果。

【奖助活动】　2020 年，嘉应学院梅州师范分院做好国家奖学金和助学金制度的落实；加大对家庭经济困难学生的资助力度，进一步落实完善奖学、助学政策体系。认定贫困生 568 人，其中特别困难 325 人、困难 106 人、一般困难 137 人；国家助学金 583 人，“特别困难”等级 344 名（含插本生 43 人）、“困难”等级 106 名（含插本生 16 人）、“一般困难”等级 133 名（含插本生 12 人）；国家助学贷款中央奖补金 5 人；办理学生国家助学贷款，生源地贷款 171 人，校园地贷款 4 人。评定国家奖学金 2 人，国家励志奖学金 90 人；2019—2020 学年学校奖学金 285 人，其中一等奖 40 人、二等奖 106 人、三等奖 139 人。

（杨文强）

嘉应学院医学院

【嘉应学院医学院概况】 2020 年，嘉应学院医学院占地面积 10.1 万平方米，建筑面积 8.9 万多平方米。在校全日制学生 4897 人，成人本、专科生 819 人，专任教师 277 人，其中副高职称以上教师 86 人、中级职称教师 129 人；具有硕士以上学位教师 120 人；聘请院士廖万清等客座教授 20 人。教学仪器设备总值 4780 多万元，纸质图书、电子图书藏量 27.1 万册（种）。

年内，嘉应学院医学院落实“创新强校工程”建设项目，组织申报嘉应学院“教学质量与教学改革质量工程”，3 个项目获立项。加强大学生创新创业平台建设，大学生创新创业项目立项 37 个，创历史新高。首届毕业生执业医师首次通过率 85.3%（高出全国平均通过率 21%）。学生竞赛取得好成绩，参加嘉应学院第四届“互联网 +”大学生创新创业大赛获金奖 2 项、银奖 2 项、铜奖 1 项，获奖项目数位列嘉应学院 19 个二级学院之首；5 名学生代表嘉应学院参加第九届“赢在广州”暨粤港澳大湾区大学生创新创业大赛，获优胜奖。

【专业认证】 2020 年，嘉应学院医学院推进本科临床医学专业认证工作，完成专业认证宣传、专题网站建设、宣传手册制作、指标观测点细化、支撑材料整理、自评报告（初稿）撰写等认证准备工作。

【科研工作】 2020 年，嘉应学院医学院获各层次项目立项 45 个，总经费 112 万元（其中梅州市应用型科技专项资金项目经费 50 万元）。完成省市结题项目 25 个。

【平台建设】 2020 年，嘉应学院医学院发挥科研平台助推作用，分子生物学中心实验室已投入使用并运作，各科研项目顺利开展。推动药效评价实验室建设，进一步优化科研资源配置，提升科研项目质量。

【人才建设】 2020 年，嘉应学院医学院邀请杨棉华、赖雁妮两名教授开展教学专题培训。29 人次参加省内外学术交流活动，举行全院教学公开课 50 次、教学督导 32 次。年内，引进教授 1 名，副高职称人员（其中 1 名副教授）3 名、硕士研究生 6 名、全日制本科生 2 名；2 人被评为副教授，2 人被评为讲师，2 人转评高校讲师。继续落实《学院关于建立健全师德建设长效机制的实施细则》，加强师德师风建设，进一步规范教师从教行为。

【学生管理】 2020 年，嘉应学院医学院以培养学生创新精神和实践能力为重点，提高学生综合素质。有 37 名应届本科生被暨南大学等高校录取为硕士研究生。树立先进典型，1600 多名学生获各类奖学金（或荣誉）。关心帮助贫困学生，724 名学生获国家助学金 110 万元，38 名学生获省城乡低保家庭高校毕业生求职创业补贴 7.6 万元，87 名精准扶贫建档立卡学生免学费 52.8 万元。

【招生就业】 2020 年，嘉应学院医学院抓好招生就业工作，录取本专科学生 1622 名，顺利完成招生工作任务。强化毕业生就业指导，拓宽就业门路，举办毕业生供需见面会，毕业生整体素质和就业竞争力

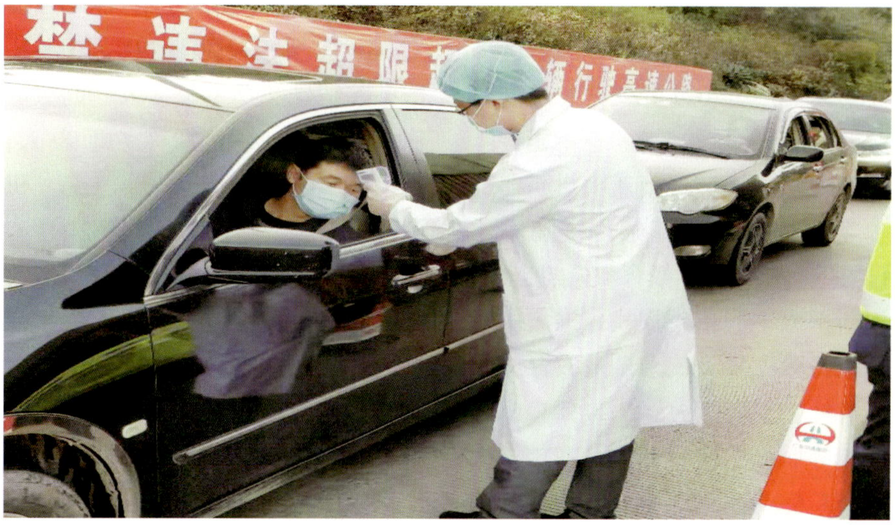

2020 年，嘉应学院医学院学生参与疫情防控志愿活动　（嘉应学院医学院提供）

逐年提升，就业率和就业质量名列嘉应学院前列，毕业生受用人单位好评。

【嘉应学院医学院社会服务】 2020年，嘉应学院医学院完善国家中医类别医师资格实践技能考试基地标准化建设，承担梅州市2020年中医类别医师资格实践技能考试工作。做好全市369名学员中西医类别全科医师转岗培训工作。做好“南粤家政”工程医疗护理服务培训教学工作，开展4期培训，培训学员516人。安排专业教师为梅州市行政事业单位开展心肺复苏急救知识等培训，为梅州市老干部大学开展健康养生系列讲座30场。开展红医志愿者、“梅州马拉松”志愿者、无偿献血等志愿服务活动，志愿服务7194人次；“健康梅州，嘉医护航”被评为梅州市最佳志愿服务项目。（嘉应学院医学院）

职业教育

【职业与成人教育概况】 2020年，梅州市贯彻落实《广东省职业教育“扩容、提质、强服务”三年行动计划（2019—2021年）》，推动职业教育发展上新水平。不断完善职业教育结构，推进广东梅州职业技术学院和嘉应学院紫琳学院的建设，补齐职业高等教育缺失的空白。不断扩大中职招生规模，推进中职学校特色发展，提升职业教育服务经济社会发展能力。2020年，梅州市中等职业学校有19所，在校学生25153人，教职工1482人，专任教师1181人。

【职业院校技能大赛】 2020年，梅州市职业学校参加广东省职业院校学生专业技能大赛获7个奖项、18人获奖，其中二等奖3项、7人获奖，三等奖4项、11人获奖。年内，参加梅州市职业学校技能大赛获奖人数：学生139人，其中一等奖32人、二等奖32人、三等奖29人、优秀奖46人；指导老师70人，其中一等奖25人、二等奖21人、三等奖14人、优秀奖10人。

（梅州市教育局）

梅州农业学校（梅州市理工学校）

【梅州农业学校（梅州市理工学校）概况】 梅州农业学校（梅州市理工学校）是梅州市教育局直属的首批国家级重点中专学校，是广东省教育厅、梅州市委市政府重点支持的中专学校。梅州农业学校创办于1933年，2008年加挂“梅州市理工学校”校牌，2010年3月梅州市工业学校并入梅州农业学校。有天字岌、尧排、城东3个校区，占地33.33万平方米，建筑面积16.2万平方米，实训设备总值8662万元，图书馆藏书18.6万册，教职工291人，其中国务院特殊津贴专家2人、高级职称老师85人、中级职称老师90人；在校生5481人。开设生物工程、机械加工与制造、财经商贸等21个专业（方向），其中园林技术、畜牧兽医、机电技术应用、汽车运用与维修、中餐烹饪与营养膳食为广东省重点专业，现代农艺、中餐烹饪与营养膳食专业、畜牧兽医、电子商务等专业为广东省“双精准”示范专业。

【广东梅州职业技术学院建设情况】 广东梅州职业技术学院是梅州市委、市政府重点打造的、依托梅州农业学校（梅州市理工学校）新建的梅州第一所高职学院。梅州职业技术学院建设列入广东省“十三五”高校设置规划，列入2019年梅州市重点建设项目，筹建工作进展顺利，预计于2021年秋季招生。广东梅州职业技术学院包括校本部和广州（梅州）产业转移工业园校区，其中校本部划分为东区、西区、北区。学院总用地39.66万平方米，其中校本部新建北区（蓝塘校区）20万平方米，已建成东区5.05万平方米、西区11.72万平方米；广梅园校区2.89万平方米。学院规划建筑面积29.93万平方米，其中规划新建北区16.99万平方米、新建广梅园校区综合大楼3.28万平方米；已有校舍建筑面积9.66万平方米，其中东区5.13万平方米、西区1.45万平方米、广梅园校区3.08万平方米。

梅州市新征20万平方米土地建设梅州职业技术学院北校区，建筑面积16.99万平方米，包含教学楼、实训楼、图书馆、教师发展中心培训大楼、学生宿舍、食堂、体育馆、学生活动中心、足球场、游泳池等20栋建筑，计划投资约9.7亿元（不含征地）。截至2020年底，智能工程学院1号楼已经封顶，智能工程学院2号楼、5栋学生宿舍、艺术楼、学生活动中心、教师发展中心实训大楼、食堂、体育馆等11栋单体楼工程进展顺利，12栋建筑预计于2021年9月全面投入使用，其余建筑预计于2022年7月全面投入使用。

广州（梅州）产业转移工业园

2020 年，梅州农业学校（梅州市理工学校）天字岌校区概貌（梅州农业学校提供）

校区是梅州市委市政府为加强校企合作，促进产教融合，将位于广梅产业园内的原新建成尚未使用的校区划归梅州职业技术学院，该校区占地 2.89 万平方米，将作为专业与产业对接，落实校企合作、产教融合，打造产业学院的重要基地。广梅园校区新建 1 栋综合大楼，建筑面积 3.28 万平方米，计划投资 1.23 亿元。截至 2020 年底，已完成广梅园校区综合大楼的可研编制、项目立项、初步设计审查的批复；已办理规划许可证；由市代建中心按程序选定招标代理机构，启动相关招投标文件的编制工作；完成概算报批，进入预算审批工作，预计于 2021 年 1 月中下旬动工建设。

【招生就业】 2020 年，梅州农业学校（梅州市理工学校）招生 2562 人，其中：全日制 2265 人、半工半读 171 人；参加“3＋证书”高考 320 人。大埔县委组织部、梅县区委组织部、五华县委组织部、蕉岭县委组织部联合开设村（社区）“两委”干部学历教育中专班 18 个班、969 人。梅州农业学校重视学生实习就业工作，加强校企合作，拓宽学生实习就业渠道，新增 10 家合作企业，合作企业数达 130 家。根据校地合作协议安排，学校集中派出机电、模具、数控、工业机器人等专业 4 个班 62 名学生到丰顺县广东汇威高科技有限公司参加跟岗实习，600 多名学生安排到市内外其他 27 个校企合作实训基地实习；2018 级学生完成跟岗实习进入顶岗实习阶段；2017 级学生完成顶岗实习如期毕业，学生一次就业率 99.3% 以上，就业对口率 97%。10 月，派出第一批 2019 级工业机器人、模具、数控、计算机等专业 5 个班 138 名学生到五华县广东辉骏科技集团试点现代学徒制实习，时间 50 天；第二批 2019 级汽修、新能源、机电 140 多名学生于 11 月 30 日在该公司实习 50 天。

【设施建设】 2020 年，梅州农业学校（梅州市理工学校）坚持实施产教融合“五位一体”的实训基地建设，不断完善实训设备设施。涉农专业完成现代农艺技术“双精准”示范专业第一期建设，温室大棚及观光长廊投入实训、科研使用，实现“一园两基地”的目标；投资 1401 万元的宠物医院综合实训大楼和汽修实训场已完工即将投入使用；中餐烹饪“双精准”示范专业二期建设项目投入 83.78 万元，已完成天字岌校区烹饪实训场室升级改造，并投入使用；人才培训基地市级配套 64.22 万元中餐烹饪专业实训场室升级改造、300 万元汽车运用与维修专业设备采购、440 万元计算机实训室升级改造 3 个项目进展顺利，将于 2021 年 1 月完成；投资 26 万元的天字岌校区汽修实训场修缮工程项目已竣工验收投入使用；投资 18.73 万元的标准化考场建设及学前教育专业教学实训设备采购项目，已竣工验收投入使用。

截至 2020 年底，天字岌校区已建成现代农艺技术、园林技术、畜牧兽医、建筑工程施工、计算机技术、计算机平面设计、计算机动漫与游戏制作等专业实训中心；尧排校区已建成数控模具、机电、工业机器人、汽修（含新能源汽车运用与维修）、学前教育、中餐烹饪与营养膳食、会计、电子商务等专业实训中心；城东校区已建成电子商务专业实训中心，设备设施随着科技发展不断升级，满足教学、实训、培训、技能竞赛、职业技能鉴定等需要。截至 2020 年底，学校建成 1 个国家级实训基地、11 个省级实训中心。

【德育成绩】 2020 年，梅州农业学校（梅州市理工学校）进一步巩固“三成德育”教育模式成果，把“成人、成才、成功”贯穿于德育教育全方位、全过程。学生管理坚持立德树人，秉持“育人为本，德育为先”的工作理念，以团队建设（科室团队、班主任团队、宿管团队、学生干部团队）和学生德育（仪容仪表、日常行为规范、安全意识、心理健康、思想道德等）为两大工作抓手，用心打造精细化管理模式。加强班主任管理，提升班主任责任意识和工作能力；通过丰富多彩的德育活动、爱国主义教育，学习践行社会主义核心价值观，培养学生树立正确的世界观、人生观、价值观；加强学生心理健康教育，引导正确应对生活、应对挫折，形成健康阳光、积极向上的良好心态。年内，有 14 人被评为“优秀班主任”，7 名在校学生获中职学校国家奖学金，1 名学生被评为“广东省优秀学生”，22 名学生被评为梅州市“三好学生”，712 名学生被评为学校“三好学生”和“优秀学生干部”，2 名教师获梅州市科教系统“优秀共青团干部”称号，10 名学生获科教系统“优秀共青团员”称号。

【教学成绩】　2020 年，梅州农业学校（梅州市理工学校）牢固树立质量意识，加强校企合作，深化教学一体化模式改革，强化学生技能，教学质量稳步提升。始终贯彻“以赛促练、以赛促学、以赛促教、以赛促发展”方针，把技能竞赛放在突出位置，支持和组织师生参加各类技能大赛。8 月，派出 2 名教师参加由广东省人力资源和社会保障厅主办的“广东省第一届职业技能大赛中式烹调师职业技能竞赛”，梁伟润教师获“金牌粤菜师傅”，杨博教师获银奖；24 名学生代表梅州市参加上半年 9 个项目省级技能比赛。因受疫情影响，广东省中职学校职业技能大赛未如期举行。

【升学拓宽】　2020 年，梅州农业学校（梅州市理工学校）按照中共十九届五中全会“职普融通、产教融合、校企合作”的职教发展总体要求，坚持多层次办学，拓宽学生发展渠道，组织 2019 年应届毕业生 325 人参加 2020 年“3 + 证书”高考和高职院校自主招生，321 人被本专科院校录取，录取率 98.8%；102 名学生参加自主招生考试，其中 101 人被惠州城市职业学院录取，录取率 99%。

【校园文化】　2020 年，梅州农业学校（梅州市理工学校）组织 2019—2020 学年广东省中等职业学校“文明风采”系列主题教育活动，校级初赛收集 800 多份作品，按照要求推荐 40 份作品报送省赛，有 38 份作品获奖，其中 4 份作品获一等奖、14 份作品获二等奖、20 份作品获三等奖；郑本、杨柳军、杨柳平、罗平平 4 位教师被评为广东省“优秀指导教师奖”，梅州农业学校（梅州市理工学校）被评为“广东省优秀组织奖”。5 月，组织学生参加“在家上学的故事”作品征集活动、广东省青少年环保创意大赛，1 名学生获省级三等奖；组织“我和我的祖国”新时代爱国主义教育系列活动，举行“与经典同行 育时代新人”书香校园活动。组织学校 20 个学生社团每周开展形式多样、内容丰富的活动。9 月，开展“放飞梦想，逐梦前行”学生社团纳新活动；以“喜迎新年、追梦圆梦”为主题组织学生社团表彰展演活动，表彰一批优秀指导老师和优秀会员，服务学生成人、成才、成功。组织每周山歌协会学生开展专场课和汉剧专场课，同时新成立武术协会，学习和传承传统武术文化和精神，让非物质文化遗产得到广泛普及、传承和发展。

【培训业务】　2020 年，梅州农业学校（梅州市理工学校）依托“高技能公共实训基地”和“梅州市基层干部和实用型人才培训基地”，组织做好学生各类技能证的考核鉴定工作，全年鉴定各类技能证 8 项 673 人次，平均通过率 66.8%；组织考评员和相关老师到惠州工程技术学校进行畜牧兽医专业学生技能证 98 人的考核鉴定；组织学生参加普通话培训和考核 414 人次；中小学教师资格考试面试人数 1868 人；举办或承办各类培训班 6 期，培训人数 763 人。

【科研科普】　2020 年，梅州农业学校（梅州市理工学校）利用“广东省青少年科技教育基地”，免费供梅州市青少年观光学习。开展教育科研活动，科研课题结题 5 个、立项 7 个、在研课题 10 个、省级以上课题 13 个；广东省科研成果 3 个：《铁皮石斛有机栽培关键技术研究与示范推广》《梅州地区石斛野生资源保护与综合利用》《铁皮石斛组织培养苗无基质驯化技术的研究与应用》；发明专利 1 个：《一种用于铁皮石斛组织培养苗无基质驯化栽培方法》；申报 2020 年叶剑英基金科学技术进步奖 1 个：《铁皮石斛组织培养苗无基质驯化技术的研究与应用》；拟立项课题 1 个：

《红松茸温室床架栽培技术的研究与应用》；教职工发表论文15篇，参与编写教材6本；《基于“传承客家技艺、彰显文化自信”的中餐烹饪专业人才培养模式创新与实践》教育教学成果获广东省中等职业教育类一等奖；获梅州市第九届教育系统教育教学成果奖2项，其中，赵仁发主持的《构建“1234”育人体系，培育“三农”主体骨干的探索与实践》获一等奖，李学宏主持的《加强教育督导，改革评价模式，培育知农爱农新型人才的创新与发展》获二等奖。

（梅州农业学校 梅州市理工学校）

梅州市职业技术学校

【梅州市职业技术学校概况】 梅州市职业技术学校是一所市教育局直属的国家级重点中等职业技术学校、全市唯一的全国首批国家中等职业教育改革发展示范学校，2019年获“广东省五一劳动奖状”。有2个校区：校本部（东山教育基地）、江南校区（原市商业学校和原市财贸学校）。校园占地面积13.33万平方米，建筑面积9.2万平方米，教职工370人，全日制在校生6100多人。中央财政支持的职业教育实训基地1个，省级财政支持的实训基地7个，设备6000多台（套），价值4000多万元。有汽车运用与维修、数控技术应用、模具制造技术、电子电器应用与维修等16个专业。

【教学工作成果】 2020年9月，梅州市职业技术学校发挥梅州全域苏区、学校立德树人的优势和特色，成功启动广东省高水平中职学校建设。组织600多名学生参加电工、车工、模具制造工、汽车修理工、保育员、茶艺师、中式烹调7个全国职业技能资格认证。组织1300多名学生参加会计、舞蹈、声乐、美术基础、导游与旅行社管理、机械、电工等课程证书的考试。新增“网络安全与运维”专业“1＋X”证书考核点，并被教育部批准为全国计算机等级考试的考点，扩大考证专业的覆盖面；选派学生参加广东省职业院校专业技能大赛，9人次在4个项目中获奖。组织学生参加市级技能竞赛，49人次在9个项目中获奖。举办校级学生技能竞赛，499人次在28个项目中获奖。

2020年11月9日，梅州市职业技术学校举办“11·9”消防安全宣传月活动启动仪式

（梅州市职业技术学校提供）

【德育工作成果】 2020年，梅州市职业技术学校坚持以“思想引领”为主线，树立“育人为本、德育为先”的理念，加强学生思想政治教育；坚持全员育人、全程育人、全方位育人，通过建立健全制度、创建校园文化、美化校园环境、丰富校园活动、拓展系列教育活动等途径培育学生；坚持育心与育德相结合，关注学生心理健康，加强心理疏导，完善学校、班级、宿舍、家庭心理健康教育工作网络体系，促进学生心理健康素质与思想道德素质协调发展。利用学生发展指导中心、心理健康咨询室，帮助学生排解和克服学习及生活中的压力，保证心理健康教育的实效性。年内，梅州市职业技术学校开展6场心理社团活动、2个阶段的教师心理健康教育系列培训；11月，组织开展“人人出彩，技能强国”职业教育活动周，内容包括才艺展示、技能竞赛、校企融合、为民服务和宣传感人故事5个模块，展示各专业开展职业教育的成果；7名学生获国家奖学金。

【教师队伍建设】 2020年，梅州市职业技术学校有专任教师263人，其中副高级职称72人、中级职称95人、“双师型”教师113名、具有硕士学位22人。10月，原梅州市司法学校17名在编教职工连人带编划入梅州市职业技术学校，充实思政课教师队伍。梅州市职业技术学校注重师德建设，规范从教行为，实施《梅州市职业技术学校教师校本研修制度》，强化教师继续教育。组织全体教师参加中职教师职务培训及公需科目培训，选派25名专业教师参加国家级、省级学习培训，推进教师职业能力建设；选派教师代表参加各类教育教学能力比赛，16人次获奖；赖桂玲、温彦超、陈春琴3名教师分获梅州市“优秀教师”“优秀教育工作者”和“教学工作先进教师”称号。

【校园文化建设】 2020年，梅州市职业技术学校以建设优良校风、教风、学风为核心，以优化、美化校园文化环境为重点，以丰富多彩、积极向上的校园文体活动为载体，发挥好校园文化育人作用。梅州市职业技术学校成立有影视协会、手工艺协会、街舞队、动漫协会、广播站、新闻工作站、篮球协会等10多个社团，每年举办硬笔书法比赛、奇思妙想创意剧本征集赛、文明风采作品征集赛、回忆童年绘画比赛等活动，陶冶学生情操；开展各类校园文化品牌活动，满足不同学生的个性需求，让学生在活动中出彩，在活动中成长、成才；通过开展中华传统文化经典诵读比赛、“铸魂”主题征文演讲比赛等活动，引导学生学习传统文化，端正“三观”及其行为。

【学历提升】 2020年，梅州市职业技术学校打通学生提升全日制大专学历和技能水平的通道。与清远职业技术学院、广州工程技术职业学院签订中高职贯通“三二分段”全日制大专招生培养协议，广东工贸职业技术学院、广东机电职业技术学院、广东省外语艺术职业学院等院校在梅州市职业技术学校设立“高职职业学院”和“高技能人才学历提升”全日制大专班。年内，梅州市职业技术学校举办第二届高考培训班并组织学生参加广东省高等职业院校的招生考试；5月，完成清远职业技术学院会计、计算机、学前教育3个专业的“三二分段”转段考试。

【招生就业】 梅州市职业技术学校招生工作注重抓住职业教育良好的就业前景，以就业拉动招生。2020年，全日制中职生招生2100余人。梅州市职业技术学校与广东客家明珠文化旅游投资有限公司、广东新起点国际教育投资有限公司、深圳富林酒店等10多家企业签订合作协议，进一步拓宽学生的实习和就业渠道。

（梅州市职业技术学校）

梅州开放大学

【应用型人才培养】 2020年，梅州开放大学秉持“稳定办学规模促发展”理念，多管齐下，稳定各学历层次招生规模，聚焦内涵，提升教育教学质量，力争向梅州培养输送多层次优秀应用型人才，服务当地经济社会发展。全年招录新生608人，其中研究生77人、本科247人、专科284人；如期毕业633人，其中研究生如期毕业40人、本科162人、专科431人。年内，有4名学员获国家开放大学奖学金、2名学生获评国家开放大学优秀毕业生。

【送教进基层】 2020年，梅州开放大学先后到五华吉水村、大园社区、梅龙社区开展系列党课活动，将党课送入基层，让党的理论与政策在基层落地开花，打通服务群众“最后一公里”。梅州开放大学在“党课+”品牌基础上，尝试推出“传统文化进社区”活动，开设首期亲子书法兴趣班，培养广大市民对传统文化的兴趣，构建和谐家庭亲子氛围，助力梅州市文化振兴和文明城市创建。

【老年教育】 梅州开放大学自成

2020年，梅州开放大学概貌　　（梅州开放大学提供）

立广东老年大学梅州学院后，坚持以培养“健康老人、快乐老人、时尚老人”为办学目标，不断充实完善设施建设、课程设置和教学团队，不断推动老年教育做大做优，为营造全民“乐学敬老”的良好社会氛围贡献力量。2020年，在首期专业班的基础上，增设书法中级、民族舞、合唱、瑜伽4个专业5个班级，深受老年学员欢迎，招收179人，学员人数比上年净增3.5倍。

【教学科研】 2020年，梅州开放大学围绕落实“乡村振兴”“脱贫攻坚”等热点难点问题，鼓励教师参加广东开放大学、梅州市社科联、梅州市现代远程教育学会等各级各类教学、学术单位的科研立项申报工作，成功申报科研课题20个，其中省级1个、市级1个、校级18个，课题申报数量创新高。（饶彩霞）

民办教育

梅州市东山系列学校

【梅州市东山系列学校概况】 梅州市东山系列学校旗下包括梅州市东山学校、梅州市培英中学、梅州市梅江区东山学校附属小学，2020年共有102个教学班，在校学生5230人，教职工462人。

梅州市东山系列学校重视党的建设，坚持用党建引领学校各项工作的全面发展。2017年5月，梅州市东山系列学校联合成立中共梅州市东山学校委员会。在学校党委的领导下，学校始终坚持党的教育方针，把立德树人作为教育的根本任务，坚持在学校师生中开展“感恩教育”“爱党爱国红色教育”等。

在以巫礼兵校长为核心的七博士管理团队的带领下，梅州市东山系列学校教育教学质量不断提高，办学成绩突出。其中，梅州市东山学校初中学业水平考试（简称中考）成绩连续13年名列前茅，考取梅县东山中学的人数均达30%以上，考取全市十所重点中学的人数均达80%以上。2020年中考，梅州市东山学校再次取得优异成绩，梅县东山中学上线人数457人，重点中学上线人数964人。

经市县两级政府和教育部门同意，梅州市东山系列学校决定于2020年在原梅县程江水泥厂兴建一所全日制完全中学。该项目为梅州市重点工程项目和梅州市十大民生项目，总投资额约5.5亿元，总用地规模7.33公顷，项目于2020年4月动工，计划办成后可增加初中和高中优质学位各3000个，缓解梅县新城学位紧张问题。

【梅州市东山学校】 梅州市东山学校位于梅州市东山教育基地学子大道，是梅州市办学规模较大的一所民办初级中学。学校创建于1999年8月，由广东梅雁集团和梅县东山中学联合成立。2009年8月，由全国优秀民办教育家巫礼兵接管。2015年11月，经梅州市教育局批准更名为“梅州市东山学校”。2020年，梅州市东山学校有62个教学班，在校学生3195人，教职工297人。校园占地面积39746平方米，建筑面积37125平方米，各项设施指标均达到国家规定要求。

学校管理 2020年，梅州市东山学校坚持让学生“懂得感恩，热爱学习，快乐成长”，致力于培养学生成长、成才、成功；学校实行年级管理责任制，打造采用行政班子的分线管理和年级自主管理相结合的分层管理模式；每个年级安排1位年级校长和4位中层干部蹲级；采用灵活激励机制，对教师采取薪酬激励、表彰激励、情感激励等多种方式；创建公平竞争和开放

2020年，开国将军后代合唱团莅临梅州市东山学校指导演出，梅州市部分老领导参加
（梅州市东山学校提供）

的用人机制，调动教师工作的积极性。同时，要求教师“把微笑带进课堂”，在课堂中把对学生的期望用微笑的方式传递给学生，热爱、尊重、理解和信任每一位学生，和学生建立起和谐、朋友式的师生关系，营造生动活泼的教学氛围。

德育工作　2020 年，梅州市东山学校以“注重养成，完善人格”为德育目标，创新育人手段，增强德育工作的针对性、时代性和实效性，通过开展形式多样的主题教育活动，推动德育工作向纵深发展。开展“两弯腰”（一弯腰：遇见长辈点头问好；两弯腰：见到垃圾随手捡起）活动，对学生的行为习惯提出明确要求，学生见面问好的习惯普遍养成，整洁的校园得到保持。还以专题讲座、主题班会的形式，开展爱国主义教育、法治教育、禁毒教育、“节日纪念活动”等主题教育活动。实施“班级德育量化考核”与“学生德育量化考核”管理，把学生的仪容仪表、课堂纪律、“两操”情况、环境区卫生和内宿生内务等“看得见的德育”进行量化考核。在此基础上，每月开展“流动红旗”评选，每学期开展“文明班级”“德育先进个人”评选活动。

办学特色　2020 年，梅州市东山学校坚持“让学生懂得感恩，热爱学习，快乐成长”的教育理念。从学生实际出发，分级实施“感恩教育”，聘请“全国十大杰出培训师”、南京成功学院教授周舒兴每年定期对不同阶段的学生进行不同主题的感恩培训。通过结合古今中外名人的感恩故事，引导学生理解党和国家的关爱之恩、父母的养育之恩、师长的教诲之恩、朋友的帮助之恩，并将感恩之心落实在勤奋学习和提高自身的道德修养上。同时，学校坚持感恩教育常态化，鼓励学生每周分享“感恩故事”，通过每年举行“感动校园十佳人物”评选及“感恩于心，回报于行”文化艺术节等活动，让“感恩教育”深植学生内心。学校不断创新“感恩教育”的新内容，践行新途径、探索新方法，在“感恩教育”的基础上融入“红色教育”。自 2016 年开始，学校每学期邀请开国将军后代合唱团到学校开展红色教育讲座及与学校师生举行文艺联欢，传承红色基因，弘扬红色文化，切实让每位学生从“要我学”转变为“我要学”。

办学成果　2020 年，梅州市东山学校师生代表学校多次参加国家、省、市级各项比赛，均取得优异成绩。全体教师开展东山特色教育，让学生扣好人生第一粒扣子，培养一大批新时代爱党爱国好少年。

【梅州市培英中学】　梅州市培英中学位于梅江区江南新中路 2 号，是梅州市教育局主管的一所完全中学。学校由全国优秀民办教育家巫礼兵于 2003 年创办，2013 年 7 月起由梅州市东山学校全面接管，教师团队由东山学校选派并由东山学校七博士团队统一管理。2016 年谢妍同学夺得梅州市中考状元。2020 年，梅州市培英中学有 24 个教学班，在校学生 1280 人，教职工 112 人。校园占地面积 13200 平方米，建筑面积 10180 平方米，各项设施指标均达到国家规定要求。

学校管理　2020 年，梅州市培英中学开展陶笛、剪纸、“日日跑”“周周清”“月月乐”等特色教育，让学生扣好人生第一粒扣子，培养一大批新时代爱党爱国好少年。

办学成果　2020 年，梅州市培英中学师生代表学校多次参加国家、省、市级各项比赛，均取得优异成绩。学校中、高考连续多年取

2020 年 12 月 30 日，梅州市培英中学举行“感动校园之星”颁奖典礼暨元旦文艺会演
（梅州市培英中学提供）

得优异成绩。2020年，梅州市培英中学中考再创辉煌，梅县东山中学上线人数50人，重点中学上线人数180人。

【梅州市梅江区东山学校附属小学】 梅州市梅江区东山学校附属小学是经梅江区教育局批准实施规范化管理的一所集午托、晚辅、全寄宿服务为一体的全日制民办完全小学。学校位于梅江区江南美苑路，由全国优秀民办教育家巫礼兵于1998年创办，2014年，由“梅州市梅江区培英小学”更名为“梅州市梅江区东山学校附属小学”。2020年，梅州市梅江区东山学校附属小学有16个教学班，在校学生755人，教职员工53人。

学校管理　2020年，梅州市梅江区东山学校附属小学教育教学管理进一步规范化、精细化，重过程、重细节、重机制。学校从规范学校管理、完善装备设施、加强师资培训、打造学校特色、提升校园文化等方面入手，努力改善办学条件，提升办学水平，推进“感恩教育”“高效阅读”和“特色课堂”，加强教风、学风建设，实行“课课清”“周周清”“月月清”等特色教育，培养学生成为“懂得感恩，热爱学习，快乐成长”的高素质现代新人。

办学特色　2020年，梅州市梅江区东山学校附属小学以“感恩教育”为德育特色品牌，以校园为阵地，以活动为抓手，以感恩父母、感恩老师、感恩祖国、感恩社会等为内容，以各种节日为契机，开展国旗下讲话、主题班队会、文艺演出、励志讲座等系列感恩教育活动。平时通过感恩故事分享、感恩作业打卡等方式，将感恩教育融入日常教学，营造感恩育人的氛围，让学生知恩、懂恩、感恩、施恩、受恩。坚持把立德树人放在首位，以“注重养成，完善人格”为德育目标，建立学校行政、班主任为骨干，全体教师参与的全员德育机制。从学生的学习习惯、生活习惯、交友习惯、感恩习惯抓起，实行“一周一习惯，一月一循环”的方法，将习惯认真抓细、抓严、抓实。重视学生阅读习惯的培养，通过完善班级图书角、坚持一天三读、每天完成阅读奖励计划、评比“阅读之星”“书香班级”等活动，让学生养成热爱阅读的好习惯。学校提供全寄宿服务，保证学生在校的生活起居、学习辅导均有专人24小时监管与指导，着重培养学生的生活自理能力和团队精神。推行素质教育，开设创意陶艺社团、七彩黏土社团、旋风足球社团、乒乓球社团、活力舞蹈社团、陶笛社团等特色课堂，激发学生的兴趣爱好。

2020年9月30日，梅州市梅江区东山学校附属小学举行“我与祖国心连心”红歌比赛（梅州市梅江区东山学校附属小学提供）

办学成果　2020年，梅州市梅江区东山学校附属小学获得“梅江区少先队红旗大队”称号；201中队、403中队被评为“梅江区少先队先进中队”。学校师生代表学校参加市、区级各项比赛，均取得优异成绩。（梅州市东山系列学校）

科　学

平远县东石毓秀书院

责任编辑：邓柳茹

科学综述

【科学概况】　2020年，梅州市农林科学院完成重组整合，广东省科学院梅州产业技术研究院落成启用，广梅产业园获评“中国领军智慧园区”，平远产业园被认定为省级高新区，五华县获省科技厅认定为第六批省级农业科技园区，省市科技成果硕果累累，疫情防控科研攻关工作扎实推进。年内，新增认定高新技术企业13家，存量242家，规模以上企业设立研发机构占比38%。截至2020年底，全市拥有国家级企业技术中心1家、国家中小企业公共服务示范平台、国家级科技企业孵化器1家、省级新型研发机构3家、省级重点实验室3家、省级企业技术中心21家，省级以上创新平台数量101家。

【高新技术产业培育发展】　2020年，梅州市实施高新技术企业树标提质行动，新培育认定高新技术企业42家，存量242家。新培育认定“广东省高新技术企业培育入库企业”41家，培育认定科技型中小企业257家。申报省名优高新技术产品167个，高新技术企业营业收入323.36亿元，比上年增长42.19%。当年新增1家在科创板上市的高新技术企业，累计高新技术企业在主板上市2家、科创板上市2家、新三板挂牌12家。

梅州高新区以升促建工作成效显著，成功列入科技部“2021年度高新区以升促建调研名单”。平远产业转移工业园被认定为省级高新区，是梅州市自2003年梅州高新区获批设立省级高新区后，再次获得省级高新区认定，也是梅州首个获省级认证的县级工业园区。梅县区、大埔县工业园区申报省级高新区工作正在推进。新认定1家省级农业科技园区，总量为2家（大埔县、五华县）。

【梅州市“三院一基地”建设】　2020年，梅州市农林科学院完成重组整合。梅州市委、市政府整合市属农、林等系统科研机构，设立正处级直属市政府管理的梅州市农林科学院，内设林业、果树、蔬菜、花卉、茶叶等10个研究所，致力于打造成为区域性农林产业科研高地，服务梅州农林产业转型升级。梅州市农林科学院在“十三五”期间，承担项目123个，总项目资金近4200万元；引进新品种557个、新技术36项，品种登记5个，25个科技成果通过省市鉴定，授权专利12个，并获省市科技奖项38个，此外，发表科技论文170篇和5本专业著作；开展科技下乡545次，服务经营主体229家、农户3700余户，组织技术培训 195 场，累计培训 1 万余人次，并发放科技资料 5 万多份。

2020 年 12 月 11 日，广东省科学院梅州产业技术研究院在梅江区东升工业园落成启用，落成启用仪式后还举行项目签约仪式。广东省科学院梅州产业技术研究院与 6 个入孵项目、9 个产学研合作项目、7 家战略合作单位签订合作协议，助力梅州产业转型升级和创新驱动发展。广东省科学院梅州产业技术研究院，是广东省科学院与梅州市政府全面战略合作的重要载体，是广东省科学院在梅州市设立的重要新型研发机构，是广东省科学院服务梅州科技创新和产业发展的承接平台与重要窗口。广东省科学院梅州产业技术研究院规划为“一总部 + N 中心”的发展布局，总部设在广东梅州经济开发区，占地 5300 多平方米，建筑面积 3 万余平方米，重点聚焦生物与健康、新材料与先进制造、电子与信息、资源与环境、检测与服务五大领域。遵循“建机制、搭平台、聚人才、融创新、强服务、兴产业、促发展”的思路，促进政策链、创新链、产业链、资本链有效融合。截至 2020 年底，广东省科学院梅州产业技术研究院已投资孵化以生产稀土发光功能材料为主的广东粤科欣发新材料有限公司和以生产耐磨材料为主的广东越科新材料有限公司，开展“激光医学成像、特种陶瓷框架件产业化、益生菌发酵健康饮品、涡流分离技术应用”等 10 多个项目的对接、入孵工作。该院同时组织专家团队到各县（市、区）调研，谋划发展规划与南方离子型稀土开发及应用技术创新中心、梅州市国际水土保持研究院、梅州市粤科新材料与绿色制造研究院、公共检测实验室等创新服务平台建设工作。广东省科学院梅州产业技术研究院正对接益生菌发酵健康饮品、激光医学成像等 6 个科技成果转化项目，计划引进落户到研究院进行科技企业孵化，力争用 3 年的时间孵化科技型企业 20 家以上。

2020 年 12 月 11 日，广东省科学院梅州产业技术研究院在梅江区东升工业园落成启用
（梅州市科学技术局提供）

年内，梅州市医学科学院建设有序推进。梅州市医学科学院于 2018 年 11 月挂牌成立，与梅州市人民医院实行“一套班子，两块牌子”管理，聚焦客家人群精准医学和临床转化研究，打造粤闽赣边区域性医疗中心和高水平医学科研机构。设立国家博士后科研工作站、国家药物临床试验机构、广东省重点实验室等多个高水平研究平台；聘请葛均波、夏咸柱、于金明、韩雅玲等著名院士和专家教授担任顾问；与中国科学院、南京大学、华为、恒瑞、联影等顶尖机构和一流企业开展合作；获批中国博士后科学基金项目等省级以上课题 32 项，发表 SCI 论文 93 篇，授权实用新型专利 15 项。

年内，梅州高新区科技成果转化基地建设进展顺利。梅州高新区科技成果转化基地设在高新区绿色创新中心内，立足于服务梅州市承接产业梯次转移和科技成果转化，打造以政府搭平台、企业为主体、市场为导向、高校院所为依托的科技成果转移转化集聚地，为入园科技成果转化项目提供技术开发、应用推广、孵化加速、检验测试、政策咨询和人才培训等服务。年底，梅州市与 IDG 公司洽谈企业孵化器运营合作，与连接汇公司洽谈众创空间运营合作，加快完善成果转化服务平台，持续优化园区创新创业环境。

【企业研发平台建设】 2020 年，梅州市通过优化政策扶持、加强项目支撑、实施精准指导、推进协同创新等措施，引导企业与科研机构和高等院校合作设立自主研发机构，不断深化产学研合作、加大技术改造力度、加强核心技术攻关。推荐博敏电子股份有限公司和广东宇星阻燃新材股份有限公司申报 2021 年度广东省重点实验室，进入专家评审阶段。截至 2020 年底，全市企业设立院士工作站 5 家、院士专家企业工作站 5 家、博士后博士工作站 10 家、企业类省重点实验室 1 家、省新型研发机构 1 家；国家企业技术中心 1 家、省工程技术研究中心 80 家、省企业技术中心 20 家、市工程技术研究中心 168 家、市企业技术中心 28 家，实现主营业务 5 亿元以上企业设立研发机构全覆盖。全市逐步形成以企业为主体，以市场为导向，以院校为依托，自主创新与引进转化相结合的企业科技创新体系。

【科技助力乡村振兴发展】 2020 年，梅州市全面推进科技特派员行动，推进梅州市 280 多名省、市农村科技特派员，与广东省科技厅“暑期大下乡”活动中来自省内高校、科研院所的 120 名省农村科技特派员，深入基层农村，面向全市 349 个原省定贫困村开展全方位的科技帮扶对接全覆盖，促成农村、企业、高校、科研机构的有效对接和联合，推动全市乡村振兴战略实施。抓好星创天地建设，通过机制支撑、人才支持、平台构建、环境保障等多项举措，支持农村创新创业，全年新增大埔县兴瑞星创天地等 6 家广东省“星创天地”（第四批）备案企业。全市有国家星创天地 7 家，广东省星创天地 19 家。发展县域农业科技园区，培育农业高新技术企业，发展农业高新技术产业。推荐 3 个县（市、区）申报广东省农业科技园区，大埔农业科技园区获得认定。

【科普知识宣传】 2020 年，梅州市开展“全国科技活动周”宣传活动。围绕全国科技活动周“科技战疫，创新强国”主题内容，开展具有梅州特色的群众性科普活动。8 月 27 日，2020 年梅州市全国科技活动周暨大型科普集市活动在市青少年活动中心举行，吸引 300 多名市民群众参与，现场派发科普宣传册 1000 册、树苗 100 多株以及参与企业发放各类小奖品 500 个。年内，全市推选 4 名中小学生参加广东省科普讲解大赛，均获得“广东省优秀中小学生科普讲解员”。推荐企业参与全国科普工作先进集体和先进工作者评选，广东新大地科技股份有限公司获“全国科普工作先进集体”荣誉。与全市 16 家省级青少年科技教育基地沟通协调，建立科技教育基地定期向青少年免费开放机制。

【科技计划项目管理】 2020 年，梅州市科学技术局组织科技专项资金“大专项 + 任务清单”项目。按照广东省科技厅相关文件要求，经组织申报、初审、网评、入库，提请梅州市科学技术局局务会、党组会研究等程序，确定拟立项的项目 50 个，资金 2500 万元；已提交梅州市政府常务会议审议通过并报广东省科技厅备案抓好组织实施工作。

年内，梅州市科学技术局组织申报应用型科技专项资金项目。根据《梅州市应用型科技专项资金管理试行办法》，于 9 月 30 日正式启动 2020 年梅州市应用型科技专项资金项目申报工作。围绕支持关键技术攻关，重点支持梅州市大专院校、科研机构和三甲医院科研基础条件建设，支持梅州市大专院校、科研机构和三甲医院围绕生态发展区资源与环境保护治理以及“5311”绿色产业体系开展应用基础研究和关键共性技术攻关，配套支持嘉应学院 2020 年度省市共建广东省重点实验室（学科类）基础条件建设项目和 2020 年广东省防控新型冠状病毒感染科技攻关应急专项企业项目等 5 个专题，受理 24 个。经专家评审，立项 13 个，项目资金 600 万元。

区域协同创新发展推动。2020 年，梅州市用好广州梅州对口产业帮扶机制，继续强化穗梅两地科技对口帮扶工作，在广州市科技局支持下，广东省科学院梅州产业技术研究院“益生菌发酵饮品产业化关键技术研究与应用示范”成功列入 2021 年广州市民生科技专题科技帮扶方向联合申报项目。梅州市强化支撑重大科技创新资源引进，支持广东省科学院梅州产业技术研究院建设，推荐该院争取 2021 年珠三角与粤东西北产业共建财政扶持资金项目入库、2020 年度重点项目增补中央财政投资资金项目库工作；协助该院承担 2020 年中央引导地方科技发展资金项目财政资金 1000 万元的分期分批拨付工作；联合该院设立重点企业核心技术创新专项，推动经济高质量发展。

【青少年科技竞赛】 2020 年 12 月 26 日，梅州市科学技术协会会同梅州市教育局、市科技局、市知识产权局、团市委、广东梅县东山中学联合举办第 36 届梅州市青少年科技创新大赛暨梅州市第 6 届中小学创客创作大赛作品成果展，来自

2020 年 12 月 26 日，梅州市举办第 36 届梅州市青少年科技创新大赛暨梅州市第 6 届中小学创客创作大赛作品成果展　　（梅州市科学技术协会提供）

全市中小学校的“小创客”们现场进行创新和技术的对决，通过互动交流激发青少年的科技创新灵感和热情。该次成果展展出作品 100 多件，包括创新发明类、科幻绘画类、3D 打印类、机器人创作类等，作品和项目集中展示梅州市中小学生的科技创新意识、动手实践能力和良好的科学文化素质，反映梅州市实施素质教育和开展科技创新活动所取得的新成绩。按“公平、公正、公开”的原则，经评审组评审，选出 42 个作品参加省大赛，获得科幻画项目一等奖 2 个、二等奖 1 个、三等奖 2 个，获得科技辅导员项目一等奖 1 个，获得青少年科技创新项目二等奖 4 个、三等奖 4 个，获得科技实践类项目三等奖 3 个，获得专项奖 4 个。

【学术交流与科技创新服务】　2020 年，梅州市科学技术协会结合梅州经济社会发展实际，与嘉应学院、梅州市风景园林协会、梅州市土木建筑学会、梅州市护理学会、梅州市营养学会、梅州市微生物协会、梅州市科技辅导员协会等举办学习技术交流会等系列活动 10 多场次。针对新型冠状病毒肺炎疫情防控工作，市直各学会主动作为，结合各自专业特点，以各种形式参加科学防范疫情相关活动。梅州市科学技术协会党组先后开展 10 多次专题调研和服务基层活动，深入县级科协、市直学会、科普基地开展调研，掌握了解基层的情况，督促指导推进改革工作。

（梅州市科学技术局　梅州市科学技术协会）

科学技术普及

【《全民科学素质纲要》实施】　2020 年，梅州市科学技术协会履行市全民科学素质领导小组办公室的职能，结合《梅州市科协创建全国文明城市工作规划（2018—2020）》，根据《创文目标任务及责任分解一览表》，推进全民科学素质提高和“创文”工作落实。梅州市科学技术协会党组书记、主席林华玲多次带队到创文挂点的梅县区大新城社区调研指导创文工作，抽调骨干力量专门负责此项工作，结合科协工作，筹划科普助力新时代文明实践，促进科学普及与精神文明建设的融合发展，引进第三方企业，在大新城社区共建梅州市首个社区科普中心，在梅州市 2020 年创建全国文明城市 10 月实地调查结果通报中，梅州市科学技术协会得分 100 分，排名并列第一。

【科普进社区进校园活动】　2020 年 1 月 17 日，由梅州市科学技术协会、梅州市科学技术局、梅江区纪委、梅江区委组织部、梅江区委统战部和梅江区科学技术协会、梅江区科工商务局、金山街道办事处等联合主办的“我们的节日·春节”——新春送祝福，科普进入万家“三下乡”活动走进梅江碧桂园社区，融年味与科普为一体，为社区居民带来浓浓的年味。6 月 1 日，梅州市科学技术协会与梅县区程江镇大新城社区联合在梅县区豪生国际公馆小区开展“2020 年新时代文明实践活动——科普教育进社区”活动，吸引 300 多人次参与。8 月 19 日，梅州市科学技术协会、大埔县团委、大埔县科学技术协会、广东省科学院驻村工作队在大埔县西河镇上黄砂村联合开展青少年科普知识讲座，现场演示机器人的编程舞蹈和干冰实验，进一步激发农村青少年接近科学、走近科学的热情，培养农村青少年“爱科学、学科学、用科学”的意识，树立科技报国的远大理想。

2020 年 6 月 1 日，“2020 年新时代文明实践活动——科普教育进社区”活动现场

（梅州市科学技术协会提供）

【梅州市 2020 年全国科普日暨新时代文明实践科普志愿服务活动】 2020 年 9 月 24 日，梅州市 2020 年全国科普日暨新时代文明实践科普志愿服务活动在梅县区富力城小区举行。活动以“决胜全面小康 · 践行科技为民”为主题，由梅州市科学技术协会和梅县区科学技术协会主办，梅州市科技馆和梅县区科学馆承办，扶大高管会扶大社区、梅州富力物业、梅州市青少年科技辅导员协会、梅州富力乐启幼儿园、梅州市科技志愿者服务队、梅州哆梦创客科技有限公司、梅州爱尔眼科医院和梅州泽山口腔医院协办，通过现场展示特色科技展品、义诊活动和发放各式宣传资料，让群众近距离了解科技产品。2020 年，梅州市科学技术协会被评为全国科普日活动优秀组织单位。

【科普阵地建设】 2020 年，梅州市科学技术协会党组书记、主席林华玲分别率队到蕉岭县、大埔县、嘉应学院、梅州市人民医院、东山中学、梅州市农林科学院等单位调研市级科普示范基地创建工作。通过深入广东（梅州）蕉华工业园大健康高科技产业园服务中心（蕉岭县青少年科普教育基地）、蕉岭县水利科普馆、梅州市农科所、大埔县兴瑞现代农业发展有限公司、广东顺兴种养股份有限公司、大埔县通美实业有限公司等开展调研及服务活动，帮助梅州大北农生物科技有限公司、大埔通美实业有限公司、平远飞龙果业有限公司、广东参之源中药饮片有限公司等联系有关院士专家团队，指导梅州市人民医院成功申报广东省院士工作站，提升相关单位科研水平，促进高质量发展。年内，先后在梅州市农林科学院、丰顺县气象局等地建立科普教育基地 29 个，拓展青少年科普教育阵地。

【疫情科普宣传】 2020 年，新冠肺炎疫情发生后，梅州市科学技术协会党组织向全市各级科协组织和广大科技工作者发出《梅州市科协致全市科技工作者倡议书》，按照梅州市委、市政府的安排部署，以战时的状态和思维，迅速行动起来，借力全市科协系统组织、人才、智力优势，在医疗救护、科研攻关、基础预防、科普宣传等岗位发挥作用。梅州市科学技术协会兼职副主席、市人民医院院长钟志雄始终坚守一线，靠前指挥，以一系列细致、“硬核”措施的强力加持，带领医护人员投入战疫。20 多名科协系统

2020 年 9 月 24 日，梅州市 2020 年全国科普日暨新时代文明实践科普志愿服务活动在梅县区富力城小区举行

（梅州市科学技术协会提供）

党员志愿者参与基层的疫情防控工作，梅州市青少年科技辅导员协会的 100 多名科技辅导员担起疫情防控知识普及工作，借助多样平台和形式，向学生和家长讲解新冠肺炎病毒的主要传染途径、发展态势等知识和讯息，普及戴口罩、勤洗手、勤通风、勤消毒等防护措施，先后开展 20 多场线上科普活动，科普小课堂平台点击率超过 10 万。

【基层科协推进“3＋1”工作】 截至 2020 年底，全市 8 个县（市、区）有 112 个镇（街）全面完成科协换届（或成立）工作。通过市、县、镇科协换届（或成立）工作的推进，强化政治吸纳和引领，吸纳“三长”（学校校长、医院院长、农技站长）进入市、县、镇三级科协领导机构兼职挂职，其中学校校长 123 人、医院院长 115 人、农技站长 101 人。全市 8 个县级科协、112 个镇科协组织的基础不断夯实，工作活力不断增强，影响力不断提升。梅州市科学技术协会推进“3＋1”工作得到广东省科学技术协会的通报表扬，蕉岭县“3＋1”工作得到中国科学技术协会充分肯定。

（梅州市科学技术协会）

社会科学

2020 年 11 月 30 日，在 2020 年广东社会科学普及周主题日活动上，《梅州：球乡筑梦》获评为广东省优秀社科普及作品，杨剑忠获评为广东省优秀科普普及工作者

（梅州市社会科学界联合会提供）

【社科理论工作】 2020 年，梅州市社会科学界联合会完成《梅州乡村振兴发展研究》《梅州融入和服务粤港澳大湾区建设的优势与思路》2 项重点科研课题研究工作，结题成果获广东省领导张硕辅、叶贞琴、许瑞生，梅州市领导陈敏、张爱军批示肯定；出版《梅州：球乡筑梦》《图说梅城沧桑巨变》2 部重点科普作品，其中，《梅州：球乡筑梦》获评为广东省优秀社科普及作品，是广东省 20 部、梅州市唯一一部获奖作品，《图说梅城沧桑巨变》获“学习强国”专题宣传推介；开通“梅州社科”公众号，丰富梅州市社科工作宣传矩阵，成为梅州市打造理论高地和学术高地又一重要阵地和平台。年底，梅州市委宣传部副部长、梅州市社会科学界联合会主席杨剑忠获评 2020 年度广东省优秀社科普及工作者。

【防疫抗疫宣传】 2020 年，梅州市社会科学界联合会组织开展疫情防控科普宣传、科学研究、复工复产指导、看望慰问抗疫一线工作人员等工作，为梅州市防疫抗疫阻击战贡献社科界的智慧和力量。全市社科界创作抗疫诗歌、对联、客家顺口溜、书法作品、山歌等 200 多首；在网站、公众号、微信群发布和推送防疫抗疫、复工复产宣传知识 5000 多条（次）；在《梅州日报》及社科联网站、公众号、刊物上发表抗疫宣传、研究等时评、理论文章 30 多篇；看望慰问社区、镇村防疫工作人员并为一线基层单位捐赠抗疫物资一批；编印《梅州市社科界理论学习参考资料（疫情防控篇）》500 多册，组织一批防疫抗疫宣传资料送书下乡志愿宣传服务活动 40 多人次。

【理论武装和思想引领】 2020 年，梅州市社会科学界联合会先后组织召开全市社科工作会议、社科理论界深入学习宣传贯彻《习近平谈治国理政》第三卷、习近平总书记出席深圳特区建立 40 周年庆祝大会和视察广东重要讲话重要指示批示精神、中共十九届五中全会精神等专题学习座谈会，并组织相关专家撰写理论文章在《梅州日报》《梅州社会科学》等报刊发表，深化学习交流；利用刊物、网站、公众号、微信群等宣传理论阵地，开展云宣传、云学习；筹资购买（订购）《习近平谈治国理政》第三卷及《党的十九届五中全会精神学习辅导》《新时代党的意识形态思想研究》《梅州日报》等学习读本和报纸杂志，分送给相关社科团体和科普基地，加强学习辅导和引导，确保梅州市社科理论界坚定“四个自信”，树牢“四个意识”，做到“两个维护”。

【意识形态安全】 2020年，梅州市社会科学界联合会加强对网站、公众号、微信群信息日常监控，严防黑客进攻和不良信息入侵；刊物、网站、公众号、微信群每天不定期转发高层声音、政策阐释、名家时评等主流文章，用党和政府的强力声音和权威信息占领思想阵地，用铁的事实驳斥各种谣言和错误舆情，用科学理论解疑释惑，消除心理恐慌。加强对各社科团体的意识形态分析研判，了解掌握各社科团体热点舆情，分析疫情期间意识形态态势，提前做好应急预案，确保社科团体活动政治方向正确，意识形态安全。

【社科普及活动】 2020年，梅州市社会科学界联合会通过网站、公众号等转发、推送新华网、人民网、“学习强国”等主流媒体的权威信息和防疫抗疫、复工复产相关知识，做好线上科普宣传；编印疫情防控学习参考、复工复产指南等科普资料，组织购买一批相关科普图书，分发至各社科团体、各科普基地，向社会群众免费派发，做好群众性科普宣传；组织科普志愿者举办社科讲堂、社科圩日、科普展览等活动，丰富科普宣传的内容和方式。同时，结合梅州市创文工作和梅州市社会科学界联合会创文挂点任务，重点开展创文宣传和环境卫生志愿服务，提升群众人文科学素质，引导群众投身创文工作。

【理论研究活动】 2020年，梅州市社会科学界联合会通过课题规划立项活动，组织全市社科理论工作者开展对策性、应用性研究，为梅州的高质量发展献计献策，提供智力支持。年内，批准115项社科课题规划立项；推进与嘉应学院马克思主义学院的共建理论粤军项目，设立红色文化研究中心，组织实施一批合作共建科研项目，深度挖掘、宣传梅州红色资源和红色文化；组织举办“于危机中育新机，于变局中开新局”“全面奔小康·奋进新征程”等主题征文研讨活动，形成一批有创意观点和建设性意见建议的研讨成果；开展“振兴乡村文化 助力苏区发展”“客都人家文旅康养产业发展”等专题调研研讨活动，形成高质量的调研报告，为梅州市振兴发展提供智力支持和服务。

（梅州市社会科学界联合会）

气　象

【气候事件】 2020年，梅州市主要气候事件是：最暖的2020年、高温异常早、“6·8”局地洪水、盛夏高温极端性强、跨年寒潮。

最暖的2020年　2020年梅州市平均气温为22.3℃（2019年为22.2℃），是梅州自1953年有气象记录以来最暖的一年，其中7月、11月的气温均为历史同期最高。

高温异常早　“五一节”期间蕉岭、五华、丰顺出现2020年首个高温过程，创历史最早记录；兴宁、大埔为该站历史上第二早（次于1977年）。

“6·8”局地洪水　2020年6月8日，平远县普降暴雨到大暴雨，中行镇、大柘镇、东石镇、河头镇受灾特别严重，东石镇河东石水文站出现超20年一遇暴雨洪水，柚树河部分段出现超50年一遇洪水。

盛夏高温极端性强　2020年7月全市平均气温30.1℃（较常年同期偏高1.6℃），创历史新高；7月中下旬高温过程持续20天，为2007年以来最强高温过程；特别是14日，大埔39.9℃刷新梅州市观测史最高气温纪录；同时14日各地（平远新搬站除外）的日平均气温也创历史日平均气温新纪录（梅县日平均气温高达32.8℃）。

跨年寒潮　12月底受寒潮影响，梅州市气温急降，大风呼啸，30日17时各县（市、区）气温同比29日下降13℃~16℃。另外梅州市录得6级以上大风的站有119个，全市极大风风速平均为11.7米/秒（6级）；31日早晨梅州市出现大面积低温冰冻天气。

【防灾减灾】 2020年，梅州市（含各县、市、区）发布台风、暴雨、雷雨大风、高温、寒冷、森林火险、大雾、冰雹预警信号854次，比2019年增加9次。其中雷雨大风预警信号302次、暴雨预警信号197次、高温预警信号105次、寒冷预警信号87次、台风预警信号1次、大雾预警信号17次、森林火险信号141次、冰雹预警信号4次。主动及时做好4轮强降雨过程、台风“米克拉”和“海高斯”、持续高温等灾害性、关键性和节假日天气预报服务工作。梅州市气象台全年发布《重大气象信息快报》42 期、《天气报告》68 期、《重大气象信息专报》149 期。为疫情防控、中高考天气、秋收秋种、“中甲联赛梅州赛区”赛事、“2020 世界客都长寿梅州市马拉松赛”和春运等提供气象保障服务。

年内，梅州市气象局整合水文、应急、自然资源部门信息，发布梅州防灾信息供党政领导参考，受充分肯定。建立巨灾指数保险模式，计算“5・22”过程的成灾指数（0.87）。向市级部门提供防灾减灾气象服务材料 259 份，天气预报高清节目于 12 月 19 日首播。完成市县两级决策服务负责人手机号码收集、更新。实现突发事件预警发布系统与应急管理、自然资源、生态环境、旅游等 25 个部门对接。做好农村气象预警大喇叭、电子显示屏、乡镇服务站等平台的日常维护工作，确保在线率。丰顺县首次明确将“负责辖区内气象灾害防御管理工作”纳入到各乡镇“三定”方案内容。景田集团五华县郭田镇矿泉水项目完成雷电灾害风险评估。东升、畲江工业园气候可行性论证区域评估工作正在稳步开展。

年内，梅州市气象局组织开展夏令营开放日、防灾减灾日等活动，推进气象科普向社会化、常态化、业务化、品牌化发展。组织“山区气象联盟”中学学生参加由中国气象学会主办的第四届校园气象科学展评活动，东山中学 2 名学生分获高中组二等奖、三等奖，1 人获优秀奖。1 人在广东省科普讲解大赛中获三等奖。

【气象现代化建设】 2020 年，梅州市重大工程项目进展明显。大埔县气象综合探测基地于 12 月 28 日投入使用。丰顺气象服务中心项目受疫情影响进度偏慢，主体建筑仍在施工建设中，内部设计方案和预算已通过审核。市财政拨款 99 万元用于电视天气预报节目制作系统高清升级改造。生态修复型人工影响天气能力建设加强，全市投入 130 多万元，新装备 8 辆人影作业车；新增梅江区、梅县区、兴宁市、蕉岭县和大埔县 5 个人影标准化作业点。

2020 年 12 月 28 日，大埔县气象综合探测基地投入使用　（梅州市气象局提供）

年内，梅州气象事业发展“十四五”规划编制立项获市发改局批复同意，已形成初稿；融入地方规划，“加强气象防灾减灾第一道防线建设”和“打造农产品气候生态品牌”写入市级规划。大埔气象公园建设和大埔县气象防灾减灾第一道防线建设纳入大埔县规划。推动梅州市政府与广东省气象局签订新一轮局市合作协议，细化合作项目，争取更多的项目落地和经费支持。

年内，梅州气象局加强防雷安全监管，开展规范防雷装置检测行为监督检查、重点单位气象灾害防御三部门联合专项执法检查、危险化学品场所防雷安全专项检查、施放气球活动执法检查等工作，完成 6 家防雷安全重点单位、5 家雷电防护装置检测单位和 16 家气象灾害防御重点单位的执法检查，约谈 1 家防雷检测公司，开展防雷装置检测质量考核并通报考核结果。严格执行属地防雷装置检测资质单位信用档案登记制度，落实防雷检测单位信用管理，11 家单位完成建档。全市公布 2020 年气象灾害防御重点单位 287 家。

年内，梅州气象局做好污染防治攻坚战气象服务工作，与梅州市生态环境局联合做好空气污染预警预报服务，联合申报项目 2 个。为缓解旱情，于 7—9 月开展人工增雨作业 11 站次，发射火箭弹 44 枚。大埔、五华完成气象为农服务专项建设，丰顺完成乡村振兴气象服务专项建设。　（曾惠娟　罗碧瑜）

文化

大埔县青溪红色交通线纪念馆

责任编辑：何嘉璐

文化综述

【文化概况】 2020 年，梅州市国有文物类博物馆 17 家，行业博物馆 3 家，非国有博物馆 7 家、公共图书馆 10 个、文化馆 9 个、乡镇综合文化站 112 个、省级文体广场 55 个、基层综合文化服务中心 2128 个、农村文化俱乐部 394 个。其中，国家一级博物馆 1 家（广东中国客家博物馆），国家二级博物馆 1 家（大埔县博物馆），国家一级图书馆 7 个（市剑英图书馆，梅江区、梅县区、兴宁市、蕉岭县、大埔县、五华县图书馆），一级文化馆 3 个（大埔县、梅县区、五华县文化馆），乡镇文化站特级站 24 个、一级站 53 个。

全市有 7 个国有或民营文艺院团，设立广东汉剧传承研究院、梅州市客家山歌传承保护中心等 7 个汉剧、山歌、采茶、木偶传承保护中心（研究院、传习所），1 个市级戏剧研究工作室。全市有广播电视台 8 个（市级 1 个、县级 7 个），自办广播节目 9 套（市级 2 套、县级 7 套），自办电视节目 2 套（市级）。实现广播电视节目无线覆盖数字化，免费转播中央电视节目 12 套、中央广播节目 1 套、省电视节目 3 套和省广播节目 3 套，广播电视综合人口覆盖率 100%。

【文化惠民工程】 2020 年，梅州市累计建成 2128 个基层综合性文化服务中心，实现全覆盖。推进县级文化馆图书馆总分馆制全覆盖建设，新建图书馆分馆 14 个、服务点 86 个、文化馆分馆 18 个、服务点 90 个。截至 2020 年底，全市累计建成图书馆总馆 9 个，分馆 94 个，服务点 276 个；文化馆总馆 8 个，分馆 99 个，服务点 299 个，促进县域文化资源向镇、村延伸。全市 19 家图书馆、文化馆完成法人治理结构改革，完成率 100%。建成梅县区丙村镇芦陵村等 8 个基层综合性文化服务中心和旅游服务中心融合发展省级试点，建成梅江区又见·钓质楼民宿、金山街道月梅村、金山文化创意园 3 个“粤书吧”省级试点，完成梅县区雁洋镇文化站国家级文旅融合试点建设的阶段性任务。

【文化特色产业】 2020 年，梅州市注重推动特色文化产业发展。熙和湾客乡文化旅游产业园、广东客天下文化旅游产业园被广东省文化和旅游厅认定为第三批广东省文化旅游融合发展示范区。组织陶瓷、木雕、根雕、石雕、剪纸、泥塑、动漫等传统美术工艺品，精品民宿、A 级景区等 34 家企业 364 个展品参加 2020 年深圳文博会（线上方式举办）。组织文旅企业参与第二届梅州市工业设计大赛，11 个文旅企业选送 46 件作品参加比赛；组织文创企业参与 2020 年广东省粤港澳大湾区文化创意设计大赛，全市选送 10 个文创产品参加比赛；组织文旅企业参加第四届梅州市创新创业大赛，梅州市良舍设计咨询有限公司获创业组铜奖（奖金 10 万元），梅州市雁洋镇志睦楼民宿客栈、广东梵米铝家居有限公司获创业组优秀奖，梅州市三舍酒店管理有限公司获“客家文化奖”二等奖，雁洋镇志睦楼民宿客栈获“网络人气奖”第一名。

【文艺精品创作】 创排大型山歌音乐剧《林风眠》于 2020 年 11 月 21 日在亮胜客家艺术中心成功首演，奏响纪念林风眠 120 周年诞辰系列活动的“第一乐章”。围绕脱贫攻坚、全面建成小康社会和庆祝深圳经济特区建立 40 周年、中国共产党成立 100 周年等重要题材和时间节点，创（复）排以“乡村振兴·筑梦小康”为主题的山歌小戏《家和万事兴》《初心》、小品《懒汉脱贫》《糊涂案》和一批歌舞节目。启动现代广东汉剧大戏《客家之子·田家炳》的创排工作。在疫情防控期间，创排防疫宣传歌曲《逆行的光》《托起明天》《武汉不哭》，山歌对唱《众志成城把疫防》，防疫宣教系列小品《不信谣言不传谣》《不走亲戚不串门》《隔离病毒不隔爱》《科学预防讲卫生》《拒吃野味不聚餐》等文艺作品，作品先后被“文旅中国”“学习强国”“南方 +”“梅州文广旅游”及广东省文化和旅游厅等多家媒体平台转载宣传。

【文化市场管理】 2020 年，梅州市完成“扫黄打非”工作任务，梅州市文化广电旅游局被评为全省“扫黄打非”工作先进集体。全年出动执法人员 6624 人次，组织开展文化市场专项行动 4 次，结合疫情防控、安全生产、市场监管联合检查 3 次，明察暗访 14 次，与公安联合执法检查 2 次，与市、区宣传出版部门联合市场检查 2 次，“扫黄打非”专项行动 5 次。全年立案 50 件，办结 50 件，其中警告 32 家，罚款 5 家，停业整顿 7 家，取缔无证经营 6 家，收缴非法光碟 314 张，没收非法出版物 46398 本。办理的案件主要有：受理电子游戏投诉案件 18 件；约谈涉嫌“低价游”旅行社 1 家；及时制止非法演出 2 件；办理网吧违规接纳未成年人案件 1 件；办理侵权盗版案件 1 件；指导各县（市、区）办结出版物案件 4 件，指导五华县依法取缔“黑网吧”1 家；通过两法衔接移送公安 1 件出版物案件；取缔黑广播 1 件，没收播出设备 1 套。开展以案施训 5 批次，提高执法人员办案水平。全年网吧市场实现“零”投诉，其中网吧市场和校园周边文化市场在创文考核中取得满分的成绩。严抓广播电视安全播出管理，全年实现安全播出“零事故”。加强广播电视行业监管，查处 2 起县级播出机构违规插播广告行为；开展有线电视“小片网”专项整治行动，规范“小片网”节目传输行为，推进“小片网”联网整合工作；开展非法卫星地面接收设施整治行动，没收非法销售的卫星地面接收设施 59 套，拆除非法安装的卫星地面接收设施 668 套，整治效果明显，在 2020 年度省对市平安建设（综治工作）考评中取得满分。推动全市文化旅游市场“放管服”改革，做好行政审批服务工作，完成广东省文化和旅游厅委托实施的 14 项行政权力事项的承接工作，全年受理办结行政许可事项 45 件（其中广东省文化和旅游厅委托事项 4 件）、公共服务事项 15 件、行政确认事项 49 件。

（梅州市文化广电旅游局）

文艺活动

【文艺活动概况】 2020 年，梅州市参加广东省文化和旅游厅主办的第十四届广东省艺术节，客家山歌剧《白鹭村》《春闹》、广东汉剧

2020 年，第十四届广东省艺术节一等奖颁奖现场 （梅州市文化广电旅游局提供）

《王昭君》、音乐剧《血色三河》4台大型舞台艺术作品分别获评2个一等奖、2个二等奖，杨苑玲等10人分别获评优秀表演奖、优秀编剧奖、优秀导演奖、优秀音乐创作奖等7个单项奖，1人获评“十佳舞台新秀”，五华提线木偶剧《沙家浜·智斗》获评“优秀小型舞台艺术作品”，梅州市文化广电旅游局获评“优秀组织奖”（全省仅4个），创下梅州在全省最高规格、最高水平艺术盛会上的历史最好成绩，被业界誉为“梅州现象”。以大埔“三河坝战役”为题材的音乐剧《血色三河》代表梅州参加广东省文化和旅游厅主办的“2020年广东省艺术院团演出季”活动，现场反响热烈，社会各界好评如潮。以乡村建设为时代背景的现代大型客家山歌剧《白鹭村》被广东省文旅厅列为“广东省全面建成小康社会专题创作”重点剧本扶持对象，代表梅州参加由中宣部、文旅部、中国文联和国务院扶贫办联合主办的全国脱贫攻坚题材舞台艺术优秀剧目展演，广东仅有2部精品剧目入选。举办第一届梅州市工艺美术大师颁证暨梅州市第二届工业设计大赛颁奖大会，梅州市39人获评第一届“梅州市工艺美术大师”荣誉称号，33件作品在梅州市第二届工业设计大赛获奖，13件作品获得第十届“省长杯”工业设计大赛优秀奖，4件作品获得省专项赛奖项。

【文艺惠民演出】 2020年，梅州市结合创建全国文明城市工作，在疫情得到稳控后，逐步恢复“周五有戏”“相约周六”“周六艺苑”和戏曲进校园、进社区、进军营等文化惠民演出工作，全年全市开展文化惠民演出600场次（受疫情影响，较往年有所减少），受众观众接近40万人次。

（梅州市文化广电旅游局）

传播媒体

报　刊

【报业概况】 2020年，梅州日报社克服新冠疫情带来的不利影响，坚持守正创新，推动媒体深度融合，提高新闻舆论传播力、引导力、影响力、公信力。报社平台传播用户达到600万户，全媒体平台总粉丝近300万人。梅州日报社党委获“梅州市先进基层党组织”称号，梅州日报社被梅州市委、市政府评为梅州市抗击新冠肺炎疫情先进集体；“掌上梅州”APP获“2020传媒中国年度全国报业优秀融媒平台20佳”；广告经营、印刷、发行工作保持稳定发展。年内，梅州日报社社长罗金良获“2020传媒中国年度融合创新人物”称号；记者李艳良、孙程成分别获评广东省抗击新冠肺炎疫情先进个人、全国“119”消防先进个人；党员刘晓娟、丘儒获评梅州市直机关优秀共产党员，罗娟娟获评梅州市直机关优秀党务工作者；新媒体部获评梅州市三八红旗集体。

【疫情防控宣传报道】 2020年，梅州日报社彰显主流媒体的责任与担当，全媒体平台对接新情况、新媒体、新技术、新平台，打好打赢抗疫宣传战。报社采编一线新闻工作者用笔尖、镜头、话筒合力讲好梅州“战疫”故事，制作疫情趋势图，摄制抗疫鼓劲MV，推出专栏、专题、专版、特刊、海报、H5、实时动态图、直播、短视频、MV等一批具有影响力的权威报道、融媒体精品。联合梅州市卫健局、梅州市疾控中心出版《战疫梅花》一书，该书汇集报社各个平台、媒介发表或推送的新闻报道，多层次、全方位展示梅州各界尤其是医疗卫生界的医护群体全力抗击新冠肺炎疫情的奋斗历程。

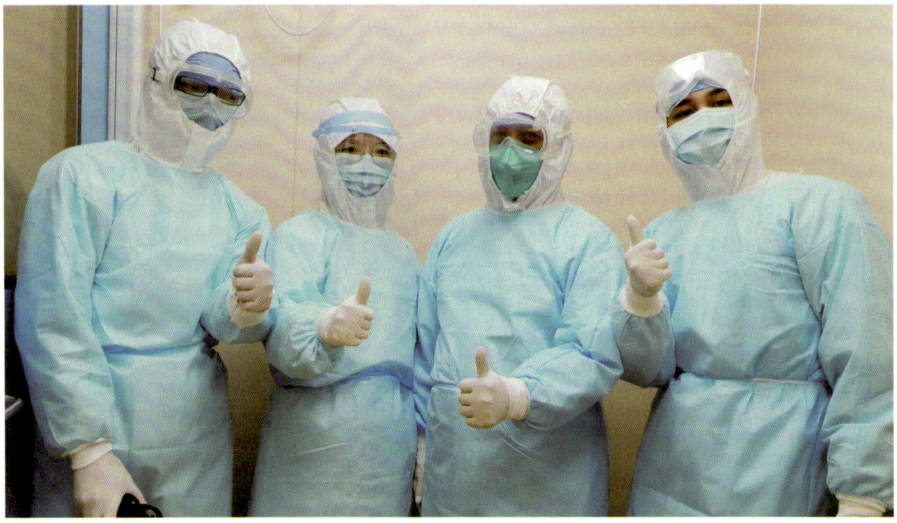

2020年，梅州日报社记者深入梅州市人民医院战疫一线采访　（王丽莉 摄）

【报刊新闻报道】 2020年，梅州日报社坚持政治家办报，在重要版面重要位置突出习近平总书记和党中央重大决策报道，办好“学习笃行”“学好用好《习近平谈治国理政》第三卷”“牢记嘱托再出发”“学习贯彻十九届五中全会精神”等重要专栏并出版《学习笃行》一书。做好乡村振兴、脱贫攻坚、创文工作、农民丰收节、互联网大会、“卡拉比—丘”数学大会、林风眠120周年诞辰纪念大会、世界长寿之都授牌、梅州马拉松赛等全媒体系列宣传策划，推出专栏、专题、连版、专刊，多角度、多平台、多形式进行宣传报道，推介梅州形象，讲好梅州故事。其中，围绕“脱贫攻坚”全媒体报道开设10多个专栏，梅州网开设的“决战决胜脱贫攻坚”专题栏目，获得广东省2020年“网络传播精品工程”。与梅州市直单位合作，开设《金融月刊》《创文特刊》《梅州公安周刊》《平安之乡月刊》等专刊，提升政务宣传服务水平。

【报刊服务社会民生】 2020年，梅州日报社民生报道为民祈求、为民跑腿、为民监督，让读者感受到百姓的冷暖、党媒的温度；时政报道努力用百姓语言创新报道手法；经济新闻抓好行业热点、做出贴地气报道；社教副刊强化主题策划，创新版面风格；每个部门的年度项目，做到年初布置、抓好落实、步步跟进、亮点纷呈。

【报刊经营发展】 2020年，梅州日报社拓展政务合作项目，发展新业务，开拓新行业，报社经营保持增长。策划开展“金山圩日”、广场舞大赛、网络春晚等活动，达到经济效益和社会效益双丰收。建设维护好一批灯箱、阅报栏等户外平台。采取措施，降低新冠疫情对报刊印刷业务、征订发行的影响。

（梅州日报社）

2020年5月29日，“学习强国”平台梅州编辑部落户梅州日报社　（林翔 摄）

网络媒体

【新媒体平台拓展与创新】 2020年，梅州日报社在升级采编系统的同时，注重平台的拓展与创新。先后建立与新华社现场云、人民日报客户端、人民网人民视频等央媒的合作传播通道；在头条号、人民号、企鹅号、澎湃号、大风号、搜狐号等平台开启内容共享化工作；开拓全国媒体直播平台、直播带货平台、电商平台、5G慢直播平台等；争取“学习强国”平台梅州编辑部落户报社；注册成立“梅州市社情智库研究院”，打造专业化舆情服务平台。

年内，梅州日报社探索与湖北荆州日报、深圳“读特”媒体跨地区的融合报道实践，开展“田间地头看直播”“记者蹲点采访”，开启“美食地图”，推出慢直播、梅花图鉴、互动式H5、创意条漫等融媒创新报道，实现“一次推送、N次传播”，各平台持续涨粉。截至2020年底，梅州日报微信公众号粉丝增至35万人；梅州网抖音号粉丝34万多人；客户端装机量110万人次。

【融媒体建设】 2020年，梅州日报社以移动优先加快报社内部融合，将优化绩效考核机制、实行记者供客户端稿件绩效考核制度改革作为风向标，加强采编人员媒体融合技能培训和经验交流，安排各采编部门正副主任到客户端审稿值班，新媒体部每月轮换编辑到要闻部跟班学习，推进报社媒体融合发展。拓展县域合作平台，与相关县（市、区）合办《梅江周末》《今日兴宁》《品读平远》等县域子报，巩固县级舆论宣传主阵地。

（梅州日报社）

新闻出版和版权保护

【新闻出版管理】 2020年，梅州市配合广东省委宣传部加强市属期刊出版单位的管理，做好市属期刊《嘉应文学》《星河影视》的年度核验工作。做好连续性内部资料性出版物准印审核和年度核验工作，全年注销1种连续性内部资料性出版物。截至2020年底，全市共有18种连续性内部资料性出版物。

【版权保护】 2020年，梅州市著作权作品登记总量408件，其中文字作品10件，音乐作品15件，美术作品350件，类似摄制电影方法创作作品11件，录音制品1件，工程设计图、产品设计图4件，其他类作品17件。做好版权宣传倡导和版权社会服务，根据广东省版权局迎接第20个世界知识产权日的工作要求，梅州市委宣传部于2020年4—6月联合梅州市教育局、团市委、梅州市文明办等部门举办“绿色阅读·文明上网——‘梅州市’护苗2020·绿色签”征文比赛；联合广东新华发行集团梅州新华书店有限公司开展线上线下同步活动，在微信公众号开展“学习版权知识，集赞送好书”活动，开展现场版权登记、著作权法图册派发。各县（市、区）版权部门按照省、市的统一部署，均开展形式多样的宣传活动。

【印刷发行管理】 2020年，梅州市受理并审批14个行政许可项目，分别为连续性内部资料性出版物准印证核发7件、包装装潢类印刷企业设立审批2件、其他类印刷企业设立审批3件、出版物批发发行企业设立审批2件。依期完成出版物发行和印刷企业的年度核验及日常监管工作。根据国家、省新闻出版主管部门的相关通知要求，按照属地监管、分级负责原则，全市新闻出版局于2020年3—6月先后对全市各县（市、区）的260家出版物发行单位（其中批发经营单位5家、零售经营单位255家）、199家印刷企业（其中出版物印刷企业20家、包装装潢印刷企业51家、其他印刷企业128家）进行年审核验和日常监管工作。（梅州市委宣传部）

广播电视

【广播电视宣传报道】 2020年，梅州市广播电视台加快媒体深度融合，主流宣传思想文化阵地得到巩固壮大。

年内，梅州市广播电视台上送省台播出新闻总数约600条，全省排名第三；电台上送各类稿件606篇，全省排名第二。参与广东广播电视台组织的大型融媒体报道《我在广东奔小康》，向外宣传梅州市脱贫奔康的成功经验、巨大成效。创作抗疫歌曲《归来依旧芳香》《梅州力量》《万众一心壮志酬》等，传播梅州抗疫正能量。3个外宣特色项目得到中宣部、国家广电总局和广东省委宣传部的肯定和支持，《客家话节目融媒体传播平台建设》项目入选国家广电总局2020年度“丝绸之路影视桥工程”重点项目，是该台自2018年来获得的第5个国家级重点项目。举办《客家春晚·马来西亚之夜》文化交流活动，推动客家文化的对外交流；微纪录专栏《小康路上》被翻译成5国语言，在中欧五国电视台播出。4部作品获得国家大奖，6次走上国家国际平台。《回到围屋》获国家广电总局第一季度优秀国产纪录片、第26届中国纪录片长片十优作品；《美丽使者》获第26届中国纪录片短片好作品；《抗“疫”一线》微纪录专栏获得2020见证伟大的抗疫精神——中国同心战“疫”纪实影像主题活动好作品，进入国家图书馆收藏研究展示，成为中国战疫记忆库项目；《从三河坝到井冈山》入选国家“十四五”纪录片重点选题规划，是唯一入选的市级台项目。

年内，梅州市广播电视台跃升全国最有影响力城市电视台第六位，为历史最好成绩。在全国收视长虹频道和收视长虹栏目排行榜中，梅州市广播电视台综合频道和《民生820》均上榜。梅州市广播电视台公共频道打造强阵客语电视节目，有全省三大方言情景剧之一的《围屋人家》、全球客属地区选秀节目《全球客家妹形象使者大赛》、客属地区首创的“客家春晚”等。实施高清电视建设，实现综合频道、公共频道高清播出。《民生820》栏目组获全国新闻出版广播影视系统先进集体，电视专题中心获“广东省三八红旗集体”称号，电视新闻中心获梅州市先进集体。广播两个频率收听率和市场份额居梅州第一。

【广播电视产业经营】 2020年，梅州市广播电视台依托节目品牌支撑，创新产业发展模式，整合线上线下资源，举办一系列接地气、服务性强、市场黏合度高的品牌活动。创新发展理念，构建“广电+”产业体系，运营大埔县百侯镇文旅产业、梅州市足球文化公园、梅州市剑英体育馆，挂牌成立三河坝红色教育中心，在扩大宣传阵地、提升媒体影响力的同时，创新增收模式，实现整体经营平稳运行。

【广播电视融合交流】 2020年，梅州市广播电视台坚持“移动优先”，做好微信公众号、抖音等新媒体平台运营工作。“民生820”微信公众号粉丝增长近10万，每个月都进入“新榜”中国微信500强，最好成绩为全国排名第56，全年总阅读量超过1亿次，产生62条10万+推文，是历年来10万+推文最多的一年，单条推文最高点击量近400万次。“无线梅州”APP作为媒体融合主力军，发挥新媒体传播优势，用户达到67万户，位居华南地区市级广电类前三名。

（梅州市广播电视台）

电　影

【城市院线影院放映】 截至2020年底，梅州市有城市影院22家，全年放映电影78269场次，观影614501人，电影票房收入2156.07万元。2020年受新冠肺炎疫情影响，全市电影放映场次和票房收入明显少于上年，主要放映国产影片。2020年梅州市最热播的5部电影分别是：《八佰》《我和我的家乡》《叶问》《金刚川》《夺冠》。

【农村公益电影放映】 2020年，梅州市有2044个行政村。梅州市按照规定执行“每个行政村一村一月放映一场公益电影”的标准，做好农村电影公益放映工作，全年完成24528场农村公益电影放映任务。农村公益电影放映，展示国家改革开放后翻天覆地的变化，丰富百姓精神文化生活。（梅州市委宣传部）

2020年新冠肺炎疫情期间，梅州市广播电视台党员记者走进抗疫物资生产企业一线进行采访报道

（梅州市广播电视台提供）

非物质文化遗产

【非物质文化遗产概况】 梅州是国家级客家文化生态保护实验区，截至2020年底，有各级非物质文化遗产项目名录372个（国家级6个、省级32个、市级88个、县级246个）、各级非物质文化遗产项目代表性传承人395人（国家级7人、省级38人、市级78人、县级272人）、“中国民间文化艺术之乡”1个（梅县区客家山歌）、“广东省民间文化艺术之乡”3个（梅县区客家山歌、大埔县广东汉乐、兴宁市杯花舞），初步构建国家、省、市、县四级非物质文化遗产项目名录体系。2020年，7位非物质文化遗产项目传承人列入第六批省级非物质文化遗产项目传承人，“广东汉剧：夯实剧种基础，巩固传承创新”入选2020年广东省非物质文化遗产代表性项目优秀实践案例。

【“非遗”传承保护】 2020年，梅州市实施75岁以上市级非物质文化遗产代表性项目、代表性传承人抢救性记录工作，截至2020年底，完成5位市级传承人的全方位记录工作，包括每个传承人的口述片、实践片、教学片和综述片，以及全套工作卷宗。依托市非物质文化遗产保护中心组织“非遗”数字化建设和客家文化（梅州）生态保护实验区网站建设，建设“非遗”数据库，以数字化手段为非物质文化遗产提供技术支持，以多媒数字形式“活态”保护和保存非物质文化遗产。贯彻落实《国家级文化生态保护区管理办法》，对“非遗”及其孕育发展的环境进行区域性整体保护，建成13个非物质文化遗产展示馆、6个非物质文化遗产代表性项目综合性传习中心、49个非物质文化遗产代表性项目传习所。实施全市“非遗”场馆统一挂牌。推进重点区域非物质文化遗产整体性保护，区域包括梅江区、梅县区、兴宁市、大埔县4个县（市、区）的30个镇，实施农村人居环境整治工程和“百村示范、千村整治”工程，加大非物质文化遗产整体性保护力度。

【“非遗”交流合作】 2020 年，梅州市继续联合多部门开展“非遗”文化进校园、进农村惠民演出工作。举办梅州市非物质文化遗产项目代表性传承人培训班，提高全市非物质文化遗产项目代表性传承人的能力水平。选送“粤传粤精彩”广东“非遗”展演展播系列活动节目；组织开展“非遗少年说”首届广东非物质文化遗产青少年演讲展示活动。组织参加“第六届中国非物质文化遗产博览会”，推荐梅县提线木偶、客家山歌剧作为云展播“非遗”项目，推荐五华金木雕制作工艺、长乐烧酒制作技艺作为云展厅“非遗”项目。组织 9 个省级“非遗”项目参加 2020 年东莞“非遗”墟市梅州专场活动，组织 2 个省级“非遗”项目参加“粤港澳非遗墟市”暨横沥百年牛墟风情节活动；与嘉应学院合作共建实习基地；“非遗”项目“平远黄粄”被广东广播卫视美食纪录片《老广的味道》摄影组制作成纪录片，该纪录片在央视财经频道、纪录频道、江苏卫视、重庆卫视等 21 个电视平台轮流播出，进一步提高梅州“非遗”的知名度。

【“非遗”宣传】 2020 年，梅州市持续以“梅州市非物质文化遗产保护中心”公众号、数字化“听山歌”在线听歌平台为窗口，弘扬中华优秀传统文化（客家山歌），全年发布信息 300 多条，新增关注人数 2000 人，每天在线听歌 1500 人次。加强新闻媒体报道，在报纸、电视、网站、微信公众号等媒体上开设专栏，不定期刊登、介绍非物质文化遗产相关知识，加深公众对非物质文化遗产的了解和认识。持续打造文艺活动品牌，通过“客都文化公益讲堂”“客都艺苑”“周五有戏”“周六有歌”“相约周六”等载体平台，结合每年的文化和自然遗产日、客家文化大观年、客家文化（非遗）艺术周等活动，让“非遗”更多走进寻常百姓家；选送优秀文艺节目作为“粤传粤精彩”广东“非遗”展演展播系列活动节目；组织开展“非遗少年说”首届广东非物质文化遗产青少年演讲展示活动，加强对青少年学生的客家优秀传统文化教育。持续打造传统戏曲品牌，实施广东汉剧振兴计划，复排广东汉剧《古城会》《辕门斩子》，打造客家山歌剧精品剧目《白鹭村》、音乐剧《血色三河》，创排和复排山歌小戏《家和万事兴》《初心》，为纪念林风眠 120 周年诞辰，创排客家山歌音乐剧《林风眠》，创排木偶戏《少年李惠堂》，采茶戏《月照城乡》《春来南粤》等。持续打造民俗活动品牌，利用民间节日传承民俗文化，开展以民俗为主题的迎新年、闹元宵、祭清明、赏中秋等活动，如丰顺县埔寨镇在元宵节举行“烧火龙”表演，吸引上万名观众观赏，举办正月十二汤南跳火堆、砂田菜花灯、元宵巡游等民俗活动；大埔县举办“祭春”“祈福”“迎灯”等各种民俗活动。

【“非遗”资金投入保障】 2020 年，梅州市做好迎接文化和旅游部对客家文化（梅州）生态保护实验区验收的工作，组织召开全市客家文化（梅州）生态保护实验区建设工作推进会，加快推进客家文化（梅州）生态保护实验区建设，将所需工作经费纳入市、县（市、区）两级财政预算，通过政策引导，鼓励个人、企业和社会组织对文化生态保护实验区建设予以资助，多种渠道吸纳社会资金投入。2020 年中央财政投入国家级生态保护区专项资金 500 万元，主要用于宣传支出、“非遗”项目保护、调查研究和规划编制、场馆建设、书籍出版、普及教育、展演展示、创排精品剧目。市财政投入资金约 100 万元用于建设客家文化生态保护实验区。大埔县作为客家文化生态保护实验区示范区，持续将“非遗”传承人补助经费列入县级财政预算，对国家级、省级、市级、县级非物质文化遗产代表性传承人，分别给予每人每年 5000 元、3000 元、2000 元、1000 元的扶持奖励；扶持传承人开展展演展示、资料整理、带徒授艺等传承活动。组织全市做好 2020 年度国家、省的“非遗”项目资金申报工作。

【2020 梅州市客家文化（非遗）艺术周活动】 2020 年 10—11 月，由梅州市文化广电旅游局主办，广东大鑫豪文化传媒股份有限公司、梅州市梅县区山歌剧团演艺有限公司、梅州市山歌剧团有限公司承办的2020梅州市客家文化（非遗）艺术周活动在梅州城区及雁南飞景区举行。通过开展梅州城区归读公园中秋国庆“非遗”主题活动、雁南飞景区中秋国庆“非遗”主题活动、客家山歌音乐剧《林风眠》“非遗”主题展演等系列活动，让“非遗”走进寻常百姓家，融入群众生活，让群众受益，进一步扩大客家文化（梅州）生态保护实验区知名度和影响力，推动梅州非物质文化遗产的传承和保护。

（梅州市文化广电旅游局）

2020 年梅州市市级以上“非遗”代表性项目名录一览表

序号	项目类别	项目名称	保护单位	批次	公布文件时间
1	传统音乐	梅州客家山歌	梅州市文化馆	国（1）	2006 年
2		广东汉乐	大埔县文化馆	国（1）	2006 年
3	传统舞蹈	狮舞（席狮舞）	梅江区文化馆	国（1）（扩展项目）	2008 年
4		龙舞（埔寨火龙）	丰顺县文化馆	国（1）（扩展项目）	2008 年
5	传统戏剧	木偶戏（五华提线木偶）	五华县提线木偶传习所	国（1）（扩展项目）	2008 年
6		广东汉剧	广东汉剧传承研究院	国（2）	2010 年
7	传统音乐	客家山歌（松口客家山歌）	梅县区文化馆	省（2）	2007 年
8	传统舞蹈	平远船灯	平远县文化馆	省（1）	2006 年
9		竹马舞	五华县文化馆	省（2）	2007 年
10		龙舞（花环龙）	大埔县文化馆	省（2）	2007 年
11		杯花舞	兴宁市文化馆	省（2）	2007 年
12		鲤鱼舞（鲤鱼灯）	大埔县文化馆	省（2）	2007 年
13		铙钹花	梅江区文化馆	省（3）	2009 年
14		打莲池（蕉岭莲池舞）	蕉岭县文化馆	省（3）	2009 年
15		狮舞（青溪仔狮灯）	大埔县文化馆	省（3）扩展	2009 年
16		锣花舞	五华县文化馆	省（4）	2012 年
17		龙舞（青溪黑蛟龙灯舞）	大埔县民间舞蹈保护协会	省（5）扩展	2013 年
18	传统戏剧	广东汉剧	大埔县文化馆	省（3）扩展	2009 年
19		采茶戏	五华县采茶戏演艺有限公司	省（3）扩展	2009 年
20		木偶戏（梅县提线木偶戏）	梅县区木偶传习所	省（3）扩展	2009 年

续表

序号	项目类别	项目名称	保护单位	批次	公布文件时间
21	传统戏剧	客家山歌剧	梅州市客家山歌传承保护中心	省（7）	2017 年
22	曲艺	竹板歌（蕉岭竹板歌）	蕉岭县文化馆	省（3）	2009 年
23		竹板歌（兴宁竹板歌）	兴宁市文化馆	省（3）	2009 年
24		竹板歌（梅县竹板歌）	梅县区文化馆	省（4）扩展	2012 年
25		竹板歌（梅江五句板）	梅江区文化馆	省（7）扩展	2017 年
26	传统美术	五华石雕	广东五华一建工程有限公司	省（2）	2007 年
27	传统技艺	丰顺埔寨纸花技艺	丰顺县文化馆	省（3）	2009 年
28		光德陶瓷烧制技艺	大埔县文化馆	省（4）	2012 年
29		客家盐焗鸡制作技艺（梅江区客家盐焗鸡制作技艺）	梅江区尚记食品有限公司	省（5）	2013 年
30		蒸馏酒传统酿造技艺（长乐烧酒制作工艺）	广东长乐烧酒业股份有限公司	省（5）扩展	2013 年
31		酿造酒传统酿造技艺（梅县客家娘酒酿造技艺）	梅县区非物质文化遗产保护中心	省（5）扩展	2013 年
32		糕点制作技艺（留隍云片糕制作技艺）	丰顺县文化馆	省（6）	2015 年
33		三及第制作技艺（蕉岭三及第）	蕉岭县文化馆	省（6）	2015 年
34		豆腐传统制作技艺（兴宁大坪布骆包子豆腐制作技艺）	兴宁市大坪镇文教体育服务中心	省（7）	2017 年
35	民俗	兴宁罗家通书推算法	兴宁市文化馆	省（4）	2012 年
36		下坝迎灯	五华县文化馆	省（6）	2015 年
37		兴宁上灯习俗	兴宁市文化馆	省（7）扩展	2017 年

续表

序号	项目类别	项目名称	保护单位	批次	公布文件时间
38	民俗	西河漳溪墟扫街灯	大埔县文化馆	省（7）扩展	2017年
39	民间文学	下市话	梅江区非保中心	市（3）	2011年
40		对山歌	梅江区文化馆	市（6）	2014年
41	传统音乐	客家山歌（蕉岭长潭山歌）	蕉岭县非保中心	市（2）	2009年
42		绩苴歌	丰顺县非保中心	市（2）	2009年
43		客家山歌（兴宁客家山歌）	兴宁市非保中心	市（3）	2011年
44		客家筝	梅州市文化馆	市（8）	2019年
45		丰良山歌	丰顺县文化馆	市（8）	2019年
46		平远上岃山歌	平远县文化馆	市（9）	2020年
47	传统舞蹈	落地金钱	平远县非保中心	市（1）	2007年
48		龙舞（香火龙）	平远县非保中心	市（2）	2009年
49		打莲池（梅江区打莲池）	梅江区文化馆	市（2）	2009年
50		龙　舞	平远县非保中心	市（3）	2011年
51		马灯舞	兴宁市大坪镇文化站	市（3）	2011年
52		蕉岭广福船灯	蕉岭县非保中心	市（5）	2013年
53		蕉岭金狮舞	蕉岭县文化馆	市（9）	2020年
54		五鬼弄金狮	大埔县民间舞蹈保护协会	市（6）	2014年
55	曲艺	落地花鼓	平远县非保中心	市（2）	2009年
56	传统体育游艺与杂技	黄氏头部拳	平远县文化馆	市（2）	2009年
57		足球运动	梅县强民体育会	市（5）	2013年
58		李家教拳	兴宁市文化馆	市（7）	2016年
59		刁家教拳	兴宁市文化馆	市（8）	2019年

续表

序号	项目类别	项目名称	保护单位	批次	公布文件时间
60	传统美术	兴宁版画	兴宁市非保中心	市（2）	2009 年
61		兴宁花灯	兴宁市非保中心	市（5）	2013 年
62		兴宁烙画	兴宁市文化馆	市（9）	2020 年
63		梅县区客家门神画	梅县区文化馆	市（6）	2014 年
64		客家泥塑	梅州市沅声民间艺术发展有限公司	市（8）	2019 年
65	传统技艺	平远黄粄	平远县非保中心	市（2）	2009 年
66		平远红菌豆腐头	平远县非保中心	市（2）	2009 年
67		手工榨油技艺	平远县非保中心	市（2）	2009 年
68		手工榨油技艺（罗岗镇高山茶油制作工艺）	兴宁市罗岗镇文化站	市（3）	2011 年
69		客家娘酒（兴宁老酒酿造工艺）	兴宁市兴田街道文化站	市（3）	2011 年
70		黄金姜糖	丰顺县非保中心	市（3）	2011 年
71		畲江菊花糕	梅县非保中心	市（3）	2011 年
72		蕉岭县竹编技艺	蕉岭县非保中心	市（4）	2012 年
73		客家娘酒（梅江区客家娘酒）	梅江区非保中心	市（4）	2012 年
74		汤南面线	丰顺县非保中心	市（4）	2012 年
75		墨烟张墨条制作技艺	兴宁市非保中心	市（4）	2012 年
76		汤坑牛肉丸	丰顺县非保中心	市（5）	2013 年
77		南口镇车陂仙人粄	梅县区文化馆	市（6）	2014 年
78		兴宁黄粄制作技艺	兴宁市文化馆	市（6）	2014 年
79		新陂乐仙腐竹制作技艺	兴宁市文化馆	市（6）	2014 年
80		五华酿豆腐	五华县文化馆	市（6）	2014 年
81		百侯牛肉干	大埔县文化馆	市（6）	2014 年

续表

序号	项目类别	项目名称	保护单位	批次	公布文件时间
82	传统技艺	百侯薄饼	大埔县文化馆	市（6）	2014 年
83		西阳清凉山茶制作技艺	梅江区清凉山茶叶专业合作社	市（6）	2014 年
84		马图茶制作技艺	丰顺县文化馆	市（6）	2014 年
85		兴宁珍珠红酒酿制技艺	广东明珠珍珠红酒业有限公司	市（7）	2016 年
86		三圳酿粄制作技艺	蕉岭县餐饮行业协会	市（7）	2016 年
87		留隍草席制作技艺	丰顺县文化馆	市（7）	2016 年
88		汤坑镇梳“大鳌尾”技艺	丰顺县文化馆	市（7）	2016 年
89		西河老鼠粄制作技艺	大埔小吃文化城	市（7）	2016 年
90		客家服饰制作技艺	梅州市客侨博物馆	市（7）	2016 年
91		平远八尺娘酒酿造技艺	梅州市八珍娘酒业有限公司	市（7）	2016 年
92		丙村开锅肉丸	梅县区丙村镇文教体育服务中心	市（7）	2016 年
93		陈华记凉茶制作技艺	兴宁市文化馆	市（8）	2019 年
94		兴宁根雕技艺	兴宁市文化馆	市（8）	2019 年
95		民间舞蹈道具编织工艺	大埔县文化馆	市（8）	2019 年
96		平远木雕技艺	平远县文化馆	市（8）	2019 年
97		五华金木雕工艺	广东薪火文化传媒有限公司	市（8）	2019 年
98		梅州客家菜烹饪技术	梅州市围龙屋星园酒家	市（9）	2020 年
99		梅城腌面烹饪技术	梅江区文化馆	市（9）	2020 年
100		梅塘梅菜制作技艺	梅州市梅江区文化馆	市（9）	2020 年
101		梅县白渡牛肉干制作技艺	梅州市梅县区白渡镇生利德盛老牌牛肉干脯厂	市（9）	2020 年
102		客家红焖肉烹饪技艺	梅州市嘉惠餐饮管理有限公司	市（9）	2020 年

续表

序号	项目类别	项目名称	保护单位	批次	公布文件时间
103		兴宁藤编技艺	兴宁市文化馆	市（9）	2020年
104		平远客家娘酒鸡制作技艺	平远县旅游协会	市（9）	2020年
105	传统技艺	埔寨走马灯制作技艺	丰顺县文化馆	市（9）	2020年
106		丰顺苦笋烹饪制作技艺	丰顺县文化馆	市（9）	2020年
107		五华大布七月七药粄制作技艺	五华县水寨镇文教体育服务中心	市（9）	2020年
108		五华毛糕制作工艺	五华县岐岭镇文教体育服务中心	市（9）	2020年
109		五华横陂小炒	五华县横陂镇文教体育服务中心	市（9）	2020年
110	民俗	大埔元宵灯节	大埔县非保中心	市（2）	2009年
111		七盏灯	五华县非保中心	市（2）	2009年
112		六月六福祖公王节	平远县非保中心	市（2）	2009年
113		广福宫祚福	大埔县民俗保护协会	市（4）	2012年
114		梅石宫醮会	五华县非保中心	市（5）	2013年
115		松源扛公王	梅县区文化馆	市（5）	2013年
116		水车小桑等公王	梅县区文化馆	市（5）	2013年
117		太阳生日	梅江区文化馆	市（5）	2013年
118		香花佛事	梅江区文化馆	市（5）	2013年
119		畲族招兵节	丰顺县文化馆	市（6）	2014年
120		黄金迎灯	丰顺县文化馆	市（7）	2016年
121		西河大靖迎马	大埔县文化馆	市（7）	2016年
122		下市闹元宵	梅江区文化馆	市（7）	2016年
123		百侯龙珠灯	大埔县文化馆	市（8）	2019年
124		砂田菜花灯	丰顺县文化馆	市（8）	2019年
125		新铺七月半	蕉岭县新铺镇文化站	市（8）	2019年
126		梅县挂大牌	梅州市梅县区松源镇文教体育服务中心	市（9）	2020年

文博事业

【文博事业概况】 截至 2020 年底，梅州市有各级文物保护单位 499 处，其中全国重点文保单位 11 处、省级文保单位 87 处、市级文保单位 138 处、县级文保单位 263 处。梅州市国有博物馆（纪念馆）馆藏文物 49572 件（套），其中一级文物 26 件（套）、二级文物 232 件（套）、三级文物 1487 件（套）。第三次全国文物普查登记各类不可移动文物 2232 处（古遗址 131 处、古墓葬 84 处、古建筑 1328 处、石窟寺及石刻 65 处、近现代重要史迹及代表性建筑 622 处、其他 2 处），其中新发现不可移动文物 1783 处、复查不可移动文物 449 处。

【文物安全】 2020 年，梅州市与各县（市、区）文化广电旅游体育局签订《2020 年度文物保护单位目标管理责任书》，明确文物安全管理目标，落实文物安全管理责任。对第八批全国重点文保单位消防安全进行全面检查，对检查中发现的安全隐患要求立即整改。

【文物保护单位申报】 2020 年，梅州市开展第八批全国重点文物保护单位和第九批广东省文物保护单位的保护范围、建设控制地带报批工作。有 24 处有历史价值、艺术价值和研究价值的古建筑、古遗址和近现代重要史迹及代表性建筑被梅州市人民政府公布为第七批梅州市文物保护单位。

【文物维修】 2020 年，梅州市完成全国重点文物保护单位叶剑英故居，广东省文物保护单位世德堂、莲塘古氏洋楼、双龙大夫第的第二期维修工程；完成莲塘洋楼、双龙大夫第、邹坊文祠、南礤观察第、林修明故居、兰芳楼的修缮工程。启动善述围抢修、玉成围（第一期）和林风眠故居、议大夫第、桥溪村古民居建筑群之桥溪小学等省文物保护单位的修缮工程。

【文物普查】 2020 年，梅州市开展革命文物、客家围龙屋、名人故居（旧居）的普查工作。全市有各级文物保护单位革命文物名录 87 处。其中国家级 3 处（叶剑英故居、三河中山纪念堂、谢晋元故居）、省级 18 处、市级 20 处、县级 46 处。全市有围龙屋 4367 座，其中梅江区 433 座、梅县区 639 座、兴宁市 2543 座、平远县 160 座、蕉岭县 238 座、大埔县 147 座、丰顺县 43 座、五华县 164 座。全市名人故居（旧居）初步统计有 422 处。

（梅州市文化广电旅游局）

2020 年梅州市市级以上文物保护单位名录一览表

文物保护单位名称	县（市、区）	详细地点	年代	类别	级别
叶剑英故居	梅县区	雁洋镇雁上村虎形自然村	清	近现代重要史迹及代表性建筑	全国重点文物保护单位
丘逢甲故居	蕉岭县	文福镇逢甲村	清	近现代重要史迹及代表性建筑	全国重点文物保护单位
父子进士牌坊	大埔县	茶阳镇学前街	明	古建筑	全国重点文物保护单位
人境庐和荣禄第	梅江区	金山街道办事处小溪唇居委	清光绪七年（1881）清光绪十年（1884）	近现代重要史迹及代表性建筑	全国重点文物保护单位
谢晋元故居	蕉岭县	新铺镇尖坑村	清光绪三十一年（1905）	近现代重要史迹及代表性建筑	全国重点文物保护单位

续表

文物保护单位名称	县（市、区）	详细地点	年代	类别	级别
大埔光禄第	大埔县	西河镇车龙村	清	近现代重要史迹及代表性建筑	全国重点文物保护单位
联丰花萼楼	大埔县	大东镇联丰村	明	古建筑	全国重点文物保护单位
大埔泰安楼	大埔县	湖寮镇龙岗村	清	古建筑	全国重点文物保护单位
三河中山纪念堂	大埔县	三河镇汇城村	民国 18 年（1929）	近现代重要史迹及代表性建筑	全国重点文物保护单位
大埔肇庆堂	大埔县	百侯镇侯南村	民国	近现代重要史迹及代表性建筑	全国重点文物保护单位
狮雄山遗址	五华县	华城镇塔岗村	秦汉	古遗址	全国重点文物保护单位
灵光寺	梅县区	雁洋镇阴那村	明	古建筑	广东省文物保护单位
八一起义军三河坝战役烈士纪念碑	大埔县	三河镇汇东村	1964 年	近现代重要史迹及代表性建筑	广东省文物保护单位
千佛铁塔	梅江区	金山街道办事处龙丰村	五代南汉	古建筑	广东省文物保护单位
“奕世流芳”牌坊	大埔县	湖寮镇龙岗村	清	古建筑	广东省文物保护单位
兴宁学宫	兴宁市	兴田街道办事处司前街	明	古建筑	广东省文物保护单位
狮雄山塔	五华县	华城镇塔岗村	明	古建筑	广东省文物保护单位
长乐学宫	五华县	华城镇城镇村	明	古建筑	广东省文物保护单位
英烈庙	五华县	双华镇大陂村	明	古建筑	广东省文物保护单位
东江工农兵第一次代表大会旧址	丰顺县	八乡镇滩良村庄屋坪	民国 19 年（1930）	近现代重要史迹及代表性建筑	广东省文物保护单位
元魁塔	梅县区	松口镇铜琶村	明	古建筑	广东省文物保护单位
南华又庐	梅县区	南口镇侨乡村	清	古建筑	广东省文物保护单位
桥溪村古民居建筑群	梅县区	雁洋镇长教村	明—民国	古建筑	广东省文物保护单位
棣华居	梅江区	西阳镇新联村	民国	近现代重要史迹及代表性建筑	广东省文物保护单位
联芳楼	梅江区	西阳镇新联村	民国	近现代重要史迹及代表性建筑	广东省文物保护单位
恩元第	梅江区	金山街道办事处小溪唇居委	清	古建筑	广东省文物保护单位

续表

文物保护单位名称	县（市、区）	详细地点	年代	类别	级别
石寨土楼	蕉岭县	南礤镇石寨村	明	古建筑	广东省文物保护单位
两海会馆	兴宁市	兴田街道办事处神光路 5 号	清	古建筑	广东省文物保护单位
东山书院	梅江区	金山街道办事处小溪唇居委龙丰村东山岌下	清	古建筑	广东省文物保护单位
邹坊文祠	平远县	仁居镇邹坊村	清	古建筑	广东省文物保护单位
凌风塔	平远县	石正镇潭头村	清	古建筑	广东省文物保护单位
李惠堂旧居	五华县	横陂镇锡坑老楼村	清—民国	近现代重要史迹及代表性建筑	广东省文物保护单位
森堂公祠	大埔县	湖寮镇新村	民国 26 年（1937）	近现代重要史迹及代表性建筑	广东省文物保护单位
小树庐	平远县	仁居镇城南村	民国	近现代重要史迹及代表性建筑	广东省文物保护单位
李威光故居	五华县	华城镇黄埔村	清	古建筑	广东省文物保护单位
通议大夫第	大埔县	百侯镇侯南村	清	古建筑	广东省文物保护单位
井下吴屋	平远县	仁居镇井下村	清	古建筑	广东省文物保护单位
荣槐楼	五华县	转水镇三源村	清	古建筑	广东省文物保护单位
磐安围	兴宁市	叶塘镇河西村	清	古建筑	广东省文物保护单位
福禄岌民居群	梅江区	三角镇泮坑村福禄岌	清—民国	古建筑	广东省文物保护单位
通议第	大埔县	湖寮镇新寨村	清	古建筑	广东省文物保护单位
邹鲁故居	大埔县	茶阳镇花窗村	清	近现代重要史迹及代表性建筑	广东省文物保护单位
广东省四大银行金库旧址	平远县	仁居镇井下村	民国 33 年（1944）	近现代重要史迹及代表性建筑	广东省文物保护单位
罗福星故居	蕉岭县	蓝坊镇大地村	清	近现代重要史迹及代表性建筑	广东省文物保护单位
赖寿官夫妇墓	蕉岭县	长潭镇长东村沙前岭	明	古墓葬	广东省文物保护单位
群丰大夫第	梅县区	丙村镇群丰村	明—清	古建筑	广东省文物保护单位
驾虹桥	平远县	仁居镇仁居村	明—清	古建筑	广东省文物保护单位

续表

文物保护单位名称	县（市、区）	详细地点	年代	类别	级别
兴宁古城墙	兴宁市	兴田街道办事处东街居委	明—清	古建筑	广东省文物保护单位
林修明故居	蕉岭县	新铺镇下南山村	清	古建筑	广东省文物保护单位
南礤观察第	蕉岭县	南礤镇南礤村	清	古建筑	广东省文物保护单位
宋湘故居	梅县区	白渡镇创乐村	清	古建筑	广东省文物保护单位
文峰塔	兴宁市	宁新街道办事处文星村	清嘉庆十九年（1814）	古建筑	广东省文物保护单位
善述围	兴宁市	罗岗镇柿子坪村	清光绪十年（1884）	古建筑	广东省文物保护单位
李坚真故居	丰顺县	黄金镇径双村蕉头窝	民国	近现代重要史迹及代表性建筑	广东省文物保护单位
延庆堂	大埔县	湖寮镇莒村	民国	近现代重要史迹及代表性建筑	广东省文物保护单位
定昌公祠	丰顺县	汤南镇隆烟村	民国	近现代重要史迹及代表性建筑	广东省文物保护单位
李金发故居	梅县区	梅南镇上村	清光绪二十六年（1900）	近现代重要史迹及代表性建筑	广东省文物保护单位
林风眠故居	梅江区	西阳镇阁公岭村	清光绪二十六年（1900）	近现代重要史迹及代表性建筑	广东省文物保护单位
棣华围	兴宁市	刁坊镇周兴村	民国 3 年（1914）	近现代重要史迹及代表性建筑	广东省文物保护单位
马图红四军军部旧址	丰顺县	龙岗镇马图村	民国 18 年（1929）	近现代重要史迹及代表性建筑	广东省文物保护单位
仁居红四军第一纵队革命旧址	平远县	仁居镇仁居村	民国 24 年（1935）	近现代重要史迹及代表性建筑	广东省文物保护单位
世德堂	梅县区	松口镇铜琶村	明—清	古建筑	广东省文物保护单位
一斗堂	大埔县	茶阳镇长兴村	明—清	古建筑	广东省文物保护单位
李和美屋	兴宁市	宁新街道办事处佛岭村	清	古建筑	广东省文物保护单位
双龙村大夫第	梅县区	畲江镇双龙村	清	古建筑	广东省文物保护单位

续表

文物保护单位名称	县（市、区）	详细地点	年代	类别	级别
松溪桥与古道	平远县	差干镇湍溪村	清	古建筑	广东省文物保护单位
种王上围	丰顺县	丰顺县汤南镇新楼村	清	古建筑	广东省文物保护单位
兰芳楼	五华县	安流镇楼江村	清	古建筑	广东省文物保护单位
辅德堂	大埔县	西河镇北塘村	清	古建筑	广东省文物保护单位
莲瑞流馨民居	大埔县	百侯镇侯南村	清	古建筑	广东省文物保护单位
侯南村中议大夫第	大埔县	百侯镇侯南村	清	古建筑	广东省文物保护单位
桂岭书院	蕉岭县	蕉城镇城郊村	清	古建筑	广东省文物保护单位
拱辰楼	大埔县	高陂镇银滩村	清	古建筑	广东省文物保护单位
宝善居	平远县	大柘镇丰光村	民国2年（1913）	近现代重要史迹及代表性建筑	广东省文物保护单位
梅县邓仲元旧居和仲元小学旧址	梅县区	丙村镇银场村	民国7年（1918）	近现代重要史迹及代表性建筑	广东省文物保护单位
莲塘村古氏洋楼	梅县区	城东镇莲塘村	民国8年（1919）	近现代重要史迹及代表性建筑	广东省文物保护单位
玉成围	兴宁市	合水镇霞洞村	民国11年（1922）	近现代重要史迹及代表性建筑	广东省文物保护单位
喆庐	梅县区	松口镇大黄村	民国14年（1925）	近现代重要史迹及代表性建筑	广东省文物保护单位
张民达旧居	梅县区	桃尧镇螺江村	民国14年（1925）	近现代重要史迹及代表性建筑	广东省文物保护单位
仪园	梅县区	水车镇先锋村	1949年	近现代重要史迹及代表性建筑	广东省文物保护单位
东江纵队粤东游击队交通站旧址	梅江区	梅江区三角镇坜明村	1949年	近现代重要史迹及代表性建筑	广东省文物保护单位
联辉楼	梅江区	梅江区城北镇干光村	民国14年（1925）	近现代重要史迹及代表性建筑	广东省文物保护单位
松江大酒店旧址	梅县区	梅县区松口镇繁荣社区	民国21年（1932）	近现代重要史迹及代表性建筑	广东省文物保护单位
松口图书馆旧址	梅县区	梅县区松口镇公园路	民国23年（1934）	近现代重要史迹及代表性建筑	广东省文物保护单位

续表

文物保护单位名称	县（市、区）	详细地点	年代	类别	级别
德馨堂	梅县区	梅县区南口镇侨乡村	民国 6 年（1917）	近现代重要史迹及代表性建筑	广东省文物保护单位
惠楼	平远县	东石镇锡水村	民国	近现代重要史迹及代表性建筑	广东省文物保护单位
姚子青故居	平远县	大柘镇墩背村	清宣统元年（1909）	近现代重要史迹及代表性建筑	广东省文物保护单位
黄梅兴故居	平远县	东石镇大屋村	清光绪二十二年（1896）	近现代重要史迹及代表性建筑	广东省文物保护单位
丘逢甲墓	蕉岭县	文福镇鹤湖村	民国 2 年（1913）	近现代重要史迹及代表性建筑	广东省文物保护单位
中共中央至中央苏区秘密交通线棣萼楼中转站旧址	大埔县	青溪镇蕉坑村	民国	近现代重要史迹及代表性建筑	广东省文物保护单位
中共中央至中央苏区秘密交通线缵诒堂转站旧址	大埔县	青溪镇虎市村	民国	近现代重要史迹及代表性建筑	广东省文物保护单位
中共南方局工作委员会机关旧址	大埔县	枫朗镇大埔角村	民国 30 年（1941）	近现代重要史迹及代表性建筑	广东省文物保护单位
闽粤赣边区党委和边纵活动旧址	大埔县	光德镇上漳村	民国 37 年（1948）	近现代重要史迹及代表性建筑	广东省文物保护单位
干庐	梅县区	南口镇锦鸡村	民国 25 年（1936）	近现代重要史迹及代表性建筑	广东省文物保护单位
新联大夫第（牛角屋）	梅江县	西阳镇新联村	清	古建筑	广东省文物保护单位
茶山绍德堂	梅县区	水车镇茶山村	明—清	古建筑	广东省文物保护单位
槐岗继善楼	梅县区	程江镇槐劣村	清	古建筑	广东省文物保护单位
铁耕楼	蕉岭县	蕉城镇陂角村	清	古建筑	广东省文物保护单位
梅江桥	梅江区	江南街道办事处梅南居委会后侧	民国 23 年（1934）	近现代重要史迹及代表性建筑	梅州市文物保护单位
江南天主教堂建筑群旧址	梅江区	江南街道办事处梅南居委机关路 9 号	民国 27 年（1938）	近现代重要史迹及代表性建筑	梅州市文物保护单位

续表

文物保护单位名称	县（市、区）	详细地点	年代	类别	级别
状元桥	梅江区	金山街道办事处小溪唇居委东山书院前	清	古建筑	梅州市文物保护单位
曾井	梅江区	西郊街道办事处马石居委城西大道	五代南汉	古建筑	梅州市文物保护单位
凌风东西路骑楼式传统商业街建筑群	梅江区	金山街道办事处凌东居委梅江桥至中山街段	民国 21 年（1932）	近现代重要史迹及代表性建筑	梅州市文物保护单位
大觉寺	梅江区	西郊街道办事处月影塘居委梅师附小内	明	古建筑	梅州市文物保护单位
梅州学宫	梅江区	金山街道办事处凌西居委南门考院前	清	古建筑	梅州市文物保护单位
杨姓始祖墓、定光古佛玉甲墓	梅江区	金山街道东厢月梅一村	北宋乾德二年（964）	古墓葬	梅州市文物保护单位
侯安国墓	梅江区	城北镇塔下村与三村村交界地曾坑尾狐狸径	清	古墓葬	梅州市文物保护单位
罗氏公墓	丰顺县	汤南镇新埔园村白石岭	清	古墓葬	梅州市文物保护单位
罗依塔	梅江区	长沙镇下罗村	清	古建筑	梅州市文物保护单位
路亭古塔	蕉岭县	文福镇红星村	清	古建筑	梅州市文物保护单位
水寨大桥	五华县	河东镇居委会	1961 年	近现代重要史迹及代表性建筑	梅州市文物保护单位
盘龙围	梅县区	石坑镇龙凤村	清	古建筑	梅州市文物保护单位
蔡蒙吉故居	梅县区	松源镇金星村	宋	古建筑	梅州市文物保护单位
五里大黄屋	兴宁市	福兴街道办事处五里村	明正德十六年（1521）	古建筑	梅州市文物保护单位
坭陂进士第	兴宁市	坭陂镇汤一村	清乾隆二十五年（1760）	古建筑	梅州市文物保护单位
姚德胜旧居	平远县	大柘镇杞园村	清	古建筑	梅州市文物保护单位

续表

文物保护单位名称	县（市、区）	详细地点	年代	类别	级别
永富祖祠	蕉岭县	长潭镇新泉村	清	古建筑	梅州市文物保护单位
仲裕楼	大埔县	西河镇漳北村	清	古建筑	梅州市文物保护单位
莒村州司马第	大埔县	湖寮镇莒村	清	古建筑	梅州市文物保护单位
李光耀祖居——中翰第	大埔县	高陂镇党溪村	清	古建筑	梅州市文物保护单位
万卷楼	大埔县	高陂镇银滩村	清	古建筑	梅州市文物保护单位
邹家围	丰顺县	丰良镇璜溪村邹家围	清	古建筑	梅州市文物保护单位
龙上古寨	丰顺县	汤南镇新埔园村	清	古建筑	梅州市文物保护单位
古氏宗祠	五华县	华阳镇优河村	清	古建筑	梅州市文物保护单位
潜斋邹公祠	五华县	龙村镇宫前村	清	古建筑	梅州市文物保护单位
魏大斌故居	五华县	横陂镇夏阜村	清	古建筑	梅州市文物保护单位
何天炯故居	兴宁市	石马镇新群村	民国 9 年（1920）	近现代重要史迹及代表性建筑	梅州市文物保护单位
素庐	平远县	仁居镇南门岗	民国	近现代重要史迹及代表性建筑	梅州市文物保护单位
克修公祠	蕉岭县	蓝坊镇大地村	民国	近现代重要史迹及代表性建筑	梅州市文物保护单位
瓒椿庄	蕉岭县	蓝坊镇大光村	民国	近现代重要史迹及代表性建筑	梅州市文物保护单位
何如璋故居——人境庐建筑群	大埔县	湖寮镇双坑村	清	近现代重要史迹及代表性建筑	梅州市文物保护单位
资政第	大埔县	西河镇车龙村	民国	近现代重要史迹及代表性建筑	梅州市文物保护单位
古大存故居	五华县	安流镇楼江村	民国	近现代重要史迹及代表性建筑	梅州市文物保护单位
埔河文庙	丰顺县	汤坑镇埔河村	清	古建筑	梅州市文物保护单位
新南斐厦堂	梅县区	松源镇新南村	明—清	古建筑	梅州市文物保护单位
闽粤梁氏宗祠	梅县区	松源镇青塘村	明—清	古建筑	梅州市文物保护单位

续表

文物保护单位名称	县（市、区）	详细地点	年代	类别	级别
围坪朱屋	梅江区	城北镇干光村西门桥围坪	清	古建筑	梅州市文物保护单位
坪宫崇德围	兴宁市	径南镇坪宫村	清	古建筑	梅州市文物保护单位
永生文蔚第	兴宁市	永和镇永生村	清	古建筑	梅州市文物保护单位
凉庭丰泰堂	平远县	东石镇凉庭村	清	古建筑	梅州市文物保护单位
南台大夫第	平远县	石正镇南台村	清	古建筑	梅州市文物保护单位
龙岗中宪第	大埔县	湖寮镇龙岗村	明	古建筑	梅州市文物保护单位
小留宽裕居	大埔县	大麻镇小留村	清	古建筑	梅州市文物保护单位
清溪绍阳书室	丰顺县	黄金镇清溪村	明	古建筑	梅州市文物保护单位
丰良斜塔	丰顺县	丰良镇棠荆村	清	古建筑	梅州市文物保护单位
皇恩宠锡（陈家祠）	五华县	棉洋镇联西村	明	古建筑	梅州市文物保护单位
华城东征军政治部旧址（宗圣祠）	五华县	华城镇城镇村	清	古建筑	梅州市文物保护单位
茶山资政第	梅县区	水车镇灯塔村茶山自然村	民国	近现代重要史迹及代表性建筑	梅州市文物保护单位
悦来凹下山新居	梅县区	白渡镇悦来村	民国	近现代重要史迹及代表性建筑	梅州市文物保护单位
肖向荣故居	梅县区	石扇镇新东村	清	近现代重要史迹及代表性建筑	梅州市文物保护单位
郇卿黄公祠	梅江区	西阳镇甫田村黄屋阁 13 号	民国	近现代重要史迹及代表性建筑	梅州市文物保护单位
碧芬精庐（卢耕父故居）	梅江区	西阳镇太平村澄岗岭	民国	近现代重要史迹及代表性建筑	梅州市文物保护单位
星耀光绍庐	兴宁市	径南镇星耀村	民国	近现代重要史迹及代表性建筑	梅州市文物保护单位

续表

文物保护单位名称	县（市、区）	详细地点	年代	类别	级别
胪声耀堃第	兴宁市	径南镇胪声村	民国	近现代重要史迹及代表性建筑	梅州市文物保护单位
星耀恒云楼	兴宁市	径南镇星耀村	民国	近现代重要史迹及代表性建筑	梅州市文物保护单位
侯北笙曹筱筑	大埔县	百侯镇侯北村	民国	近现代重要史迹及代表性建筑	梅州市文物保护单位
大留怡和书室	大埔县	大麻镇大留村	民国	近现代重要史迹及代表性建筑	梅州市文物保护单位
邓太乙墓	梅县区	松口镇盘龙村	元	古墓葬	梅州市文物保护单位
天褒节孝石牌坊	蕉岭县	蓝坊镇龙潭村	清	古建筑	梅州市文物保护单位
余里古窑址	大埔县	三河镇余里村	元	古遗址	梅州市文物保护单位
南门考院前黄氏祖祠	梅江区	金山办事处南门考院前 13 号	清	古建筑	梅州市文物保护单位
马鞍山大叶屋	梅江区	三角镇东升村围屋路 48 号	明	古建筑	梅州市文物保护单位
谢田谢氏祖祠	梅县区	城东镇谢田村	明	古建筑	梅州市文物保护单位
悦来敦尚楼	梅县区	白渡镇悦来村	民国	古建筑	梅州市文物保护单位
铜琶爱春楼	梅县区	松口镇铜琶村	清	古建筑	梅州市文物保护单位
桃源继述楼	梅县区	桃尧镇桃源村	清	古建筑	梅州市文物保护单位
太湖刘屋	梅县区	畲江镇太湖村	清	古建筑	梅州市文物保护单位
坑美以祯居（蒲风故居）	梅县区	隆文镇坑美村	清	古建筑	梅州市文物保护单位
广东工农革命军（东路）第十团团部旧址	梅县区	梅南镇九龙村	民国	近现代重要史迹及代表性建筑	梅州市文物保护单位
连江作庐	梅县区	畲江镇连江村	清	近现代重要史迹及代表性建筑	梅州市文物保护单位
人和三堡学堂	梅县区	丙村镇人和村	清	近现代重要史迹及代表性建筑	梅州市文物保护单位
中和善庆庐	梅县区	石扇镇中和村	民国	近现代重要史迹及代表性建筑	梅州市文物保护单位

续表

文物保护单位名称	县（市、区）	详细地点	年代	类别	级别
中行石拱桥	平远县	中行镇中行村	明	古建筑	梅州市文物保护单位
仁居万五韩公祠	平远县	仁居镇仁居村	民国	古建筑	梅州市文物保护单位
凤头进士第	平远县	八尺镇凤头村	明	古建筑	梅州市文物保护单位
仁居官塘唇李屋	平远县	仁居镇仁居村	清	古建筑	梅州市文物保护单位
恩世居	平远县	热柘镇热水村	民国	近现代重要史迹及代表性建筑	梅州市文物保护单位
长征罗屋	兴宁市	刁坊镇长征村	清	古建筑	梅州市文物保护单位
星耀荆荣第	兴宁市	径南镇星耀村	清	古建筑	梅州市文物保护单位
下走马岗罗屋	兴宁市	宁中镇丝新村	清	古建筑	梅州市文物保护单位
星耀拙庐	兴宁市	径南镇星耀村	民国	近现代重要史迹及代表性建筑	梅州市文物保护单位
双坑采芹小筑	大埔县	湖寮镇双坑村	民国	古建筑	梅州市文物保护单位
遍沙祥辉楼	丰顺县	黄金镇遍沙村	民国	近现代重要史迹及代表性建筑	梅州市文物保护单位
坑口刘氏宗祠	五华县	棉洋镇棉洋村	明	古建筑	梅州市文物保护单位
新一戴氏宗祠（桂园围）	五华县	华城镇新一村	清	古建筑	梅州市文物保护单位
元坑足球旧址	五华县	长布镇源潭村	清	古遗址	梅州市文物保护单位
七贤居（刘复之故居）	梅江区	三角镇上坪村	民国	近现代重要史迹及代表性建筑	梅州市文物保护单位
叶大经公墓	梅江区	城北镇黄明村	宋	古墓葬	梅州市文物保护单位
三角村资政第	梅江区	三角镇湾下村	清	古建筑	梅州市文物保护单位
温鸣剑旧居	梅县区	丙村镇红光村	民国	近现代重要史迹及代表性建筑	梅州市文物保护单位
红旗村夏氏祖屋	梅县区	新城办事处	民国	近现代重要史迹及代表性建筑	梅州市文物保护单位
小都村安思居	梅县区	雁洋镇三乡小都村	民国	近现代重要史迹及代表性建筑	梅州市文物保护单位
南福村笃敬庄	梅县区	雁洋镇南福村	民国	近现代重要史迹及代表性建筑	梅州市文物保护单位
茶山村德崇楼	梅县区	水车镇灯塔村茶山自然村	清	古建筑	梅州市文物保护单位

续表

文物保护单位名称	县（市、区）	详细地点	年代	类别	级别
茶山村畅云楼	梅县区	水车镇灯塔村茶山自然村	清	古建筑	梅州市文物保护单位
茶山村大夫第	梅县区	水车镇灯塔村茶山自然村	清	古建筑	梅州市文物保护单位
群星村万安围	兴宁市	叶塘镇群星村	明	古建筑	梅州市文物保护单位
坪里龙田世基	兴宁市	龙田镇五一村	明	古建筑	梅州市文物保护单位
儒地水口桥	平远县	中行镇儒地村	明	古建筑	梅州市文物保护单位
五指石摩崖石刻	平远县	差干镇差干村	清	石窟寺及石刻	梅州市文物保护单位
文贵村普滩桥	平远县	泗水镇文贵村	清	古建筑	梅州市文物保护单位
仲石村万载桥	平远县	中行镇仲石村	清	古建筑	梅州市文物保护单位
黄氏祖始墓（含二世祖墓）	蕉岭县	文福镇坑头村	元	古墓葬	梅州市文物保护单位
北塘村振德楼	大埔县	西河镇北塘村	民国	近现代重要史迹及代表性建筑	梅州市文物保护单位
汇城村华萼楼	大埔县	三河镇汇城村	民国	近现代重要史迹及代表性建筑	梅州市文物保护单位
石圳村史庐	大埔县	枫朗镇石圳村	民国	近现代重要史迹及代表性建筑	梅州市文物保护单位
北塘村宜斋公祠	大埔县	西河镇北塘村	民国	近现代重要史迹及代表性建筑	梅州市文物保护单位
罗明故居	大埔县	枫朗镇坎下村	民国	近现代重要史迹及代表性建筑	梅州市文物保护单位
蓝田书院	丰顺县	汤坑镇红旗居委	清	古建筑	梅州市文物保护单位
棉洋刘氏二世祖墓	五华县	棉洋镇罗城村	明	古墓葬	梅州市文物保护单位
儒地水口桥	平远县	中行镇儒地村	明	古建筑	梅州市文物保护单位
五指石摩崖石刻	平远县	差干镇差干村	清	石窟寺及石刻	梅州市文物保护单位
文贵村普滩桥	平远县	泗水镇文贵村	清	古建筑	梅州市文物保护单位
仲石村万载桥	平远县	中行镇仲石村	清	古建筑	梅州市文物保护单位
黄氏祖始墓（含二世祖墓）	蕉岭县	文福镇坑头村	元	古墓葬	梅州市文物保护单位
北塘村振德楼	大埔县	西河镇北塘村	民国	近现代重要史迹及代表性建筑	梅州市文物保护单位
德赞楼（黄遵宪故居）	梅江区	金山街道办事处小溪唇居委	清	古建筑	梅州市文物保护单位

续表

文物保护单位名称	县（市、区）	详细地点	年代	类别	级别
松口火船码头	梅县区	松口镇繁荣居委	清	古建筑	梅州市文物保护单位
同怀别墅	梅县区	松源镇金星村	民国	近现代重要史迹及代表性建筑	梅州市文物保护单位
廖安祥故居	梅县区	雁洋镇黄坳村	民国	近现代重要史迹及代表性建筑	梅州市文物保护单位
永新资政第	梅县区	丙村镇红光村	清	近现代重要史迹及代表性建筑	梅州市文物保护单位
梅平武工队旧址	平远县	大柘镇	民国	近现代重要史迹及代表性建筑	梅州市文物保护单位
廖安祥故居	梅县区	雁洋镇黄坳村	民国	近现代重要史迹及代表性建筑	梅州市文物保护单位
武颂庐	大埔县	高陂镇古田村	民国	近现代重要史迹及代表性建筑	梅州市文物保护单位
椿森第	大埔县	茶阳镇街道	清	近现代重要史迹及代表性建筑	梅州市文物保护单位
武颂庐	大埔县	高陂镇古田村	民国	近现代重要史迹及代表性建筑	梅州市文物保护单位
椿森第	大埔县	茶阳镇街道	清	近现代重要史迹及代表性建筑	梅州市文物保护单位
江东小筑	大埔县	湖潦镇岭下村	民国	近现代重要史迹及代表性建筑	梅州市文物保护单位
杰庐	大埔县	三河镇梓里村	民国	近现代重要史迹及代表性建筑	梅州市文物保护单位
粤东地委机关旧址胜坑爱庐居	大埔县	银江镇胜坑村	民国	近现代重要史迹及代表性建筑	梅州市文物保护单位
埔北区苏维埃政府旧址高乾昭稳堂	大埔县	茶阳镇茅坪村	民国	近现代重要史迹及代表性建筑	梅州市文物保护单位
大埔县工农革命政府公安局旧址	大埔县	茶阳镇	清	近现代重要史迹及代表性建筑	梅州市文物保护单位
埔北区苏维埃政府旧址高乾昭稳堂	大埔县	茶阳镇茅坪村	民国	近现代重要史迹及代表性建筑	梅州市文物保护单位
丰顺县苏维埃政府旧址	丰顺县	黄金镇望楼村	民国	近现代重要史迹及代表性建筑	梅州市文物保护单位
曾国华故居	五华县	岐岭镇凤凰村	民国	近现代重要史迹及代表性建筑	梅州市文物保护单位

续表

文物保护单位名称	县（市、区）	详细地点	年代	类别	级别
黄国梁故居	五华县	郭田镇龙潭村	民国	近现代重要史迹及代表性建筑	梅州市文物保护单位
罗芳伯故居	梅县区	石扇镇西南村	清	古建筑	梅州市文物保护单位
大黄村河南堂	梅县区	松口镇大黄村	清	古建筑	梅州市文物保护单位
五里黄粤兴屋	兴宁市	福兴街道办事处五里村	清	古建筑	梅州市文物保护单位
羊岌福寿堂	蕉岭县	文福镇白湖村	清	古建筑	梅州市文物保护单位
羊岌力田草庐	蕉岭县	文福镇白湖村	清	古建筑	梅州市文物保护单位
黄氏景昇公祠	五华县	龙村镇梧溪村	宋	古建筑	梅州市文物保护单位
锡坑儒林第	五华县	横陂镇锡坑近江村	清	古建筑	梅州市文物保护单位
龙门第牌坊	五华县	水寨镇大坝七一村	明	古建筑	梅州市文物保护单位
培风塔	五华县	岐岭镇联安村	清	古建筑	梅州市文物保护单位
联殊塔	五华县	水寨镇大坝坝心村	清	古建筑	梅州市文物保护单位

文化场馆

图 书 馆

【图书馆概况】 2020年，梅州市剑英图书馆入藏普通图书7681种23044册，年末馆藏总量659711册；订购报纸74种87份，期刊631种839份；接待到馆读者24.64万人次，文献外借服务2.47万人次，文献外借19.7万册次，数字资源借阅（下载量）7.2万次；举办讲座32场，其中线上13场、线下19场；举办展览21场，其中线上19场、线下2场；举办线下培训5场；举办其他阅读推广活动56场，其中线上47场、线下9场；线下活动累计服务读者3.1万人次。

【学术交流开展】 2020年，梅州市剑英图书馆组织业务骨干到广东省立中山图书馆、河源图书馆学习数字化建设先进经验，委派职工参加业务培训4场次、9人次，内容涵盖少儿阅读推广、公共图书馆信息开发与服务、文化志愿服务等。全馆职工网络业务学习累计2371学时，发表学术论文7篇。

【数字化建设】 2020年，梅州市剑英图书馆引进RFID自助借还办证一体机，实现方便、快捷的自助式办证、查询、借还书等功能。对

2020年，梅州市剑英图书馆24小时自动图书馆（智慧书房）建成使用
（梅州市剑英图书馆提供）

全市图书资源进行整合，采用统一的系统平台，以一证通模式实现纸质图书通借通还；建设全市统一的数字图书资源管理平台，对数字图书资源进行汇集与统一管理，构建大数据展示平台，提升读者服务体验。完成24小时自动图书馆（智慧书房）建设，延伸服务半径，推进现代公共服务效能提升。参与国家数字图书馆推广工程，完成40集公开课制作加工、12000版地方报纸数字化制作加工、8000条政府公开信息制作加工。

【文化志愿服务】 2020年，梅州市剑英图书馆招募文化志愿者，健全志愿者管理制度，加强人员培训，利用广东i志愿平台规范活动发布、志愿者招募等。全年图书馆注册志愿者97名，开展6场文化志愿活动，服务读者153人次，累计服务时长967小时。

【"书香伴我 人间春暖"2020年世界读书日系列活动】 2020年3—8月，梅州市剑英图书馆组织开展"书香伴我 人间春暖"2020年世界读书日系列活动。活动以线上方式进行，包括第二届"图书馆杯"主题图像创意设计征集活动、"声采飞扬"青少年英语口语风采展示活动、第十届"书香岭南·悦读生活"摄影作品征集活动、"会讲故事的地球"绘本创意秀征集评选活动、"人间春暖"中华诗词答题活动、粤鄂澳"共读半小时"活动、"诵诗歌之美，品英文之趣"英文诗朗诵会、悦读达人挑战活动、"绿色阅读·文明上网"——梅州市"护苗2020·绿书签"征文比赛活动等，鼓励人们多读书、读好书、好读书，倡导全民阅读，营造书香氛围。

【"六一"儿童节活动】 2020年5—6月，梅州市剑英图书馆开展童心筑世界"六一"儿童节作品征集活动、"晚安宝贝"儿童节绘本故事朗读大赛、"你画我猜"儿童节有奖答题活动、"书中风景'读'好 亲子共读打卡挑战赛"、"知危险 会避险"线上交通安全体验课、2019年度少儿部和外借书库读者借阅排行榜奖励活动、"签·约世界"青少年书签设计交流活动，发挥图书馆资源优势，引导少年儿童养成良好的阅读习惯。

【广东省首届"中华传统文化百部经典"知识大赛】 2020年6月18日至7月31日，梅州市剑英图书馆组织读者参加由全省公共图书馆、高校图书馆共同举办的广东省首届"中华传统文化百部经典"知识大赛，读者在决赛中获得优异成绩。

【国庆、中秋系列活动】 2020年，梅州市剑英图书馆在国庆节、中秋节期间开展"为祖国点赞"国庆专题朗读大赛、绘本分享亲子手工活动、英语电影配音大赛、"致敬历史"爱国主题电影展播活动、鸟瞰神州摄影展、新型冠状病毒肺炎科普知识展等，弘扬优秀传统文化和爱国主义精神。

（梅州市剑英图书馆）

博物馆

【博物馆概况】 中国客家博物馆于2005年3月28日奠基兴建，2007年10月由梅州市编办批准成立梅州市客家博物馆，2008年4月8日落成并对外开放。2008年6月经广东省编办批准成立广东客家博物馆，2009年2月经国务院批准冠名中国客家博物馆。2010年3月20日开始实行免费对外开放。中国客家博物馆是"国家一级博物馆"，是国内首家全面展示客家民系文化渊源与发展，系统收藏、整理、研究、展示客家历史文物与客家民俗文物的综合性博物馆。占地面积11.4万平方米，建筑面积3.7万平方米，由主馆客家博物馆、分馆黄遵宪纪念馆、大学校长馆、将军馆、华侨馆、梅州市非物质文化遗产展示馆、梅州名人廉吏馆以及《客家文博》杂志社组成，形成以主馆为中心，各分馆为卫星馆的生态博物馆格局。该馆是一日读懂客家的必经之处，是客家人寻根问祖和文化交流的重要平台。

中国客家博物馆的主馆客家博物馆于2019年6月完成升级改造并对外开放，馆内设有主题陈列《客家人》以及梅州地方通史展览《梅州史话》。其中《客家人》陈列以"大客家"的视野，从"源流篇""人文篇""客魂篇"三大部分全面展示客家民系的历史、现状和未来；《梅州史话》展览分别从远古梅州、建置变迁、客都形成展示梅州的历史文化。黄遵宪纪念馆是专题收藏、陈列、研究黄遵宪的主题馆，由国家重点文物保护单位人境庐和荣禄第组成，升级后的《黄遵宪生平事迹》陈列，从黄遵宪的家世渊源、青少年时期、随使日本时期、出使美欧亚时期、江宁入幕时期、湖南新政时期、革职放归时期七个部分，展示一代先驱黄遵宪在不同人生阶段的事迹和贡献。大学校长馆主要介绍和展示晚清以来249位梅州籍海内外校长、书记的生平事迹、学术成就及主要贡献。将军馆主要介绍和展示从辛亥革命以来的梅州籍将军在中国军事史上的风貌和历史功绩，展陈478位将军，其中上将10人、中将101人、少将367人。华侨馆内设《海丝寻梦》展览，从出洋篇、创业篇、传承篇、融合篇、故土篇五个部分，以大量翔实而丰富的史料、图文及各种珍贵的华侨文物，展现客属侨胞艰苦奋斗的创业史，展示历代侨贤爱国爱乡的贡献史。梅州市非物质文化遗产展示馆设在省级文物保护单位恩元第内，以“乡愁映像·一客一故乡”为主题，从乡音、乡饮、乡风、乡艺、乡情、乡信六个部分展示梅州的333个各级“非遗”项目（截至2018年）。梅州名人廉吏馆以“景仰先贤、忠孝清廉”为主题，挖掘19位客家先贤赤诚报国、行廉志洁的光辉事迹。《客家文博》杂志社是在广东省新闻出版局的指导和梅州市文化广电旅游局的主管下，在中国客家博物馆内设立的期刊编辑部门。其出版发行的综合性学术刊物《客家文博》是广东省文博系统内首家有正式刊号[CN44-（Q）1131]的期刊，被中国知网、维普网等数据库全文收录，为“广东省优秀期刊”。

【中国客家博物馆晋升国家一级博物馆】 2020年，中国客家博物馆在综合管理与基础设施、藏品管理与科学研究、陈列展览与社会服务等各方面工作成效突出，被中国博物馆协会评为第四批国家一级博物馆，成为梅州唯一的一家国家一级博物馆。

【馆藏文物与藏品管理】 中国客家博物馆主要收藏客家历史文物及民俗文物。馆藏文物主要为唐代水车窑产品、客家历代名人书画作品以及族谱、侨批、契约文书等各类型的客家民俗文物，古籍图书以清代著名爱国诗人、杰出外交家、思想家、政治家、教育家黄遵宪的藏书为主。2020年，中国客家博物馆推进藏品科学研究，完善文物库房建设，加强藏品科学保护与管理，全面提升馆藏文物的预防性保护能力，加强藏品征集制度的完善与建设。

【博物馆宣传教育】 2020年，中国客家博物馆在疫情期间创新采用线上线下联动方式，打造宣传教育工作新亮点。全年举办36场宣教活动，利用基本陈列和馆藏文物，运用线上直播及线上展览等方式，让观众以“云游”的方式参观博物馆，总点击量突破500万人次；结合传统节日，推出“我们的节日”、《客博学堂——我们身边的非遗》等系列活动，举办“博物馆里看非遗”活动；举办“5·18”国际博物馆日系列活动和“小小讲解员”志愿项目等品牌活动，其中“小小讲解员”志愿项目获选“梅州市最佳志愿服务项目”。

【博物馆学术研究】 中国客家博物馆自开馆以来，致力于各项有关客家文化和文物博物的相关研究，申报相关科研课题、撰写学术论文。2020年，承担2020年度梅州市哲学社会科学课题《期刊出版与客家学科建设》并结题。申报课题《改革开放40年客家出版物研究》获广东省基地嘉应学院客家研究院2020年度招标课题立项，并取得阶段性成果。申报课题《粤台客家学术期刊比较研究》获嘉应学院2020年度粤台客家文化传承与发展协同创新中心招标课题立项，并结题。参与2020年度梅州市哲学社会科学课题《疫情防控下的博物馆建设思考》，并结题。按质按量出版期刊《客家文博》。广东省期刊协会颁布《客家文博》中的6个作品为“广东省第五届期刊优秀作品”，其中《客家院士之数学皇帝——丘成桐》获一等奖，栏目设计“海外客家”“人文风雅”获二等奖，卷首语《围龙精神简说》《致敬传统》和论文《与华侨文化有关的几个问题初探》获三等奖。《客家文博》杂志社与博看网数字出版平台达成合作协议，将《客家文博》打造成数字化阅读平台。编辑出版《中国客家博物馆论文集》。

【博物馆展览活动】 2020年，中国客家博物馆举办临时展览12场。包括“南国青瓷——唐代水车窑”“党的光辉照南粤——中国共产党领导下的广东革命历程展”“东迁的中山大学与梅州图片展”等展览。创新采用线上展览方式，打造展览新亮点。举办“南国青瓷——梅县水车窑”全省馆际流动巡展，促进地区间的文化交流，提升中国客家博物馆乃至梅州市的影响力。

（中国客家博物馆）

文化馆

【群文活动开展】 2020年，梅州市文化馆完成群星舞台大家乐——2020我们的节日·元旦“我们的中国梦”文化进万家、第十五届城区群众文艺会演、2020庆祝元旦文艺晚会、2020年“创文”宣传系列演出活动、2020年“合心聚力建新功 军民同乐谱华章”迎国庆文艺演出、梅州市2020年文化和自然遗产日文艺晚会等系列活动，以及2020“我最OK”广东全民才艺大比拼、2020广场舞大赛等大型活动。全年完成大型群众文化活动19场，举办各类书画、摄影展2场，服务群众4万余人次。在元旦、中秋节和国庆节等节假日期间组织群众文艺团体走进社区乡村演出，送文化下乡到梅江区金山街道、梅县区松口镇、五华县龙村镇、兴宁市径南镇等地演出10场，服务群众3000余人次。在广东省2019年群文作品评比中有8个作品获奖，其中一等奖作品1个、二等奖作品5个、三等奖作品2个。在广东省群众音乐舞蹈花会中，音乐《永远的红船》获银奖、舞蹈《等》获铜奖。精心排演山歌小戏《清水河》、相声《醉人的旅行》和小品《你是谁》，参加广东省群众文艺作品创排基地专题展演活动。

【艺术普及】 2020年，梅州市文化馆多次组织省专家对各县（市、区）群文作者、创作骨干进行戏剧、音乐、曲艺、群文创作的培训和辅导工作，全年培训各类群文艺术人才约500人次。举办山歌幼苗培训班、成人舞蹈培训班、青少年舞蹈培训班、美术培训班、器乐培训班、老年合唱培训班等各类艺术培训班。利用音乐培训中心、排练演出厅、培训教室、美术培训中心、汉乐演奏厅等场地，以文化志愿者为主体，开展“文化暖心 多彩生活”梅州市文化志愿服务、培训活动，全年培训200余人次。举办2020年度梅州市群众文艺作品研讨会暨全市重点群文作者采风交流活动。

（梅州市文化馆）

2020年11月20日，第十五届梅州城区群众文艺会演决赛在梅州市文化馆群星舞台举行 （梅州市文化馆提供）

书　店

【新华书店概况】 2020年，广东新华发行集团梅州新华书店有限公司抓好疫情防控和经营生产，全年实现主营业务收入4033万元。其中销售大中专教材和中小学课本799万元、销售一般图书1401万元、销售文化用品847万元、销售目录教辅986万元。年内，广东新华发行集团梅州新华书店有限公司获评广东省守合同重信用企业，为连续17年获得。

【店外销售】 2020年，广东新华发行集团梅州新华书店有限公司做好重点政治读物的征订发行工作。《习近平谈治国理政》第三卷累计发行4.5万多册，销售额354万多元。中标梅州市供电局500万元的图书采购项目。

【线上销售】 2020年，广东新华发行集团梅州新华书店有限公司在微信上拓展微信教辅平台、通读在线等几个新的销售渠道，更好地为读者群体服务。

【南国书香节梅州分会场活动】 2020年，广东新华发行集团梅州新华书店有限公司首次采用线上云书展+线下实体门店展销的创新办展形式开展南国书香节梅州分会场活动，参加人次6.5万人次，累计销售各类图书2.5万册，优惠让利金额24.6万元。

（广东新华发行集团梅州新华书店有限公司）

广东汉剧·客家山歌

广东汉剧

【汉剧精品剧目创作】 2020年，广东汉剧传承研究院将年度专项资金用于精品剧目创排，聘请国内一流专家团队创排大型广东汉剧《王昭君》，该剧在第十四届广东省艺术节获剧目二等奖，主演管乐莹获优秀表演奖，钟礼俊和钟礼坤获优秀音乐唱腔设计奖。与大埔县广东汉剧传承保护中心合作创排大型广东汉剧《客家之子·田家炳》，带动县级广东汉剧（汉乐）等传统戏剧的振兴发展。与国内一流戏曲创作团队（编剧：盛和煜，导演：张曼君）达成合作意向、签订合同，在中国戏剧家协会的支持下，着手启动经典性大型广东汉剧《梅花渡》（暂定名）的艺术创作工程，计划2022年上半年投排，目标是冲刺参加中国艺术节和中国戏剧节。结合精品创排加强人才培养，以ABC角竞争机制培养汉剧各行当代表人才。

【“世界非物质文化遗产”项目申报】 2020年，广东汉剧传承研究院联合福建、湖北、湖南、陕西汉剧艺术院团共同开展中国汉剧申报“世界非物质文化遗产”项目的前期工作，聘请国内一流语言学和戏剧史专家进行“广东汉剧舞台语言标准化”系统工程研究及出版相关专著。继续拓展汉剧文化的展示和区域协作，延伸广东汉剧服务平台。年内，先后在澳大利亚、马来西亚和深圳、惠州、梅州市的部分大中小学校及大埔、蕉岭、梅江等地设立“广东汉剧（汉乐）活动驿站”7个，做好传承工作。完善国家级非物质文化遗产（广东汉剧）传承人工作室的配套设施，编辑出版《广东汉剧口述史》（与广东省艺术研究所合作）、《广东汉乐合奏谱》及一批创作复排优秀剧目音像资料。

【剧院基础设施建设】 2020年6月，广东汉剧传承研究院完成“南国牡丹”剧场改造维护，提升功能设施和设备，保障“周五有戏”和“周六艺苑”惠民活动的演出质量。

2020年，广东汉剧《王昭君》剧照图　　（广东汉剧传承研究院提供）

【汉剧文化交流互动】 2020年，广东汉剧传承研究院创排和复排优秀剧目，加强与闽粤赣三省边区文化交流互动；主动融入粤港澳人文湾区文化建设，强化媒体合作，推广剧种宣传、传承和推介中华优秀传统文化。（广东汉剧传承研究院）

客家山歌

【创排防疫抗疫作品】 2020年，梅州市客家山歌传承保护中心面对新冠肺炎疫情带来的不利影响，发挥宣传阵地职能，创排《众志成城把疫防》《逆行的光》等抗疫客家山歌、抗疫宣教系列小品，作品均入选广东省文旅厅文艺抗疫作品，通过学习强国、“南方+”等平台进行宣传推广，助力防疫抗疫工作。

【文化惠民演出】 2020年，梅州市客家山歌传承保护中心通过剧场展演和送戏的方式开展戏曲进校园、进农村、进社区、进军营、进园区演出，开展“我们的中国梦，文化进万家”文化系列活动、“情满攻坚路惠民演出”以及“客家戏剧百村行”活动，先后在五华县龙村镇金龙村、梅县区松口镇蓬上村等地进行演出，满足人民群众日益增长的多样化、个性化文化需求。参加“2020智游打卡梅州·文旅复苏有我”活动、2020年“客家村镇银行”梅州市足球联赛开赛仪式、广东国际旅游产业博览会梅州文旅推介会、2020梅州市客家乡村中秋

2020 年，客家山歌剧《白鹭村》剧照图　（梅州市客家山歌传承保护中心提供）

晚会、迎国庆·庆中秋晚会、2021 年梅州“原乡”过大年推介大会等，向市民和游客展演优秀舞台艺术精品剧目和客家综合文艺节目，助推文旅发展。据统计，全年开展各类型演出超百场，受惠观众超 10 万人次；创新惠民服务途径，挑选经典剧目在线上展播，全年线上观看人次超 30 万人次。

【剧目打磨提升】　2020 年，梅州市客家山歌传承保护中心组织音乐剧《血色三河》剧目主创团队，结合各界反馈意见，对《血色三河》剧目进行修改提升，全年演出 19 场；《血色三河》入选第十四届广东省艺术节参评剧目，获剧目二等奖，潘锡岳获优秀表演奖、十佳舞台新秀。围绕脱贫攻坚和全面建成小康社会主题，从剧本、舞台呈现效果等方面对客家山歌剧《白鹭村》进行修改提升，全年演出 9 场；客家山歌剧《白鹭村》被广东省文旅厅列为广东省全面建成小康社会重点舞台剧目，入选由中共中央宣传部、文化和旅游部、中国文联和国务院扶贫办举办的全国脱贫攻坚题材舞台艺术优秀剧目展演，于 11 月底在梅州通过线上、线下相结合的方式进行展演；《白鹭村》入选第十四届广东省艺术节参评剧目，获剧目一等奖，杨苑玲获优秀表演奖，廖惠玲、林文祥、罗锐曾获优秀编剧奖，李建生获优秀导演奖。创排“乡村振兴·筑梦小康”脱贫攻坚专题文艺节目，新创排和复排山歌小戏《家和万事兴》《初心》、小品《懒汉脱贫》《糊涂案》和一批歌舞节目。

【剧种传承发展】　2020 年，梅州市客家山歌传承保护中心加大“戏曲进校园”工作力度，在梅州市城北中学、江南育才小学等试点学校开展示范演出、扶持创作工作，还在惠州市各中小学校开展示范演出（共 14 场次），推动市内外中小学生了解客家传统文化。杨苑玲入选文化和旅游部艺术司组织举办的“中华优秀传统艺术传承发展计划”2020 年度戏曲专项扶持项目，并代表梅州戏曲参加中国戏剧家协会第九次全国代表大会，是客家山歌剧人首次亮相大会。潘倩经中共广东省委宣传部选拔推荐、广东省人才工作领导小组批准，被评为 2020 年度广东省青年文化英才（全省 16 人）。

【客家山歌音乐剧《林风眠》创排】　2020 年，梅州市客家山歌传承保护中心为纪念林风眠先生 120 周年诞辰，新创排客家山歌音乐剧《林风眠》，于 11 月 21 日在亮胜艺术中心首演。该剧立足“讲好梅州故事、树立梅州形象”，通过以舞台艺术

2020 年 11 月 21 日，客家山歌音乐剧《林风眠》在梅城亮胜艺术中心首演

（梅州市客家山歌传承保护中心提供）

的形式，对客家历史文化名人林风眠进行再现和挖潜，展现一代大师的传奇艺术人生，见证民族百年历史文化的沉潜和飞扬、传承和发展，更见证民族文化的滋养对百年知识分子文化性格的深沉影响。该剧思想精深、艺术精湛、制作精良，在音乐方面尝试新的艺术实践，通过在传统客家山歌基础上运用现代作曲技巧，客家方言演唱与普通话演绎相结合的方式，做到传统文化的经典传承和创新发展有机结合。

【《走进客家山歌》出版发行】2020年，由嘉应学院和梅州市客家山歌传承保护中心共同编撰的《走进客家山歌》一书出版发行。该书通过“客家山歌概述”“客家山歌的种类和体裁”“新编客家山歌”“客家山歌传承人”四个篇章，挖掘并梳理客家山歌“各地山歌各样腔”的特征，记载客家山歌的体裁和种类，对客家山歌的历史渊源和发展现状进行阐述。该书一改传统纸媒出版物单一的、平面记录式的知识传播方式，以MPR出版物链码的形式，融入音频、视频，以更加生动鲜活的方式将客家山歌、客家山歌剧呈现给读者，为客家非物质文化遗产的传承和传播注入强大生命力。该书入选国家出版基金项目、中华民族音乐传承出版工程精品出版入选项目、MPR、“十三五”国家重点出版物出版规划项目、广东省精品出版扶持项目。

（梅州市客家山歌传承保护中心）

党史·地方志·档案

党　史

【党史书籍编辑出版】2020年，梅州市委党史研究室参与完成《广东中央苏区革命简史》丛书（8册）的编撰审核工作；做好1921年建党到“文化大革命”前发生在梅州的红色保密故事、苏区县第一个党支部（党小组）故事、《机要交通群英谱》《游学红色梅州》以及苏区精神（广东）研究中心招标课题——《梅州市抗击疫情大事记》等资料收集整理工作；指导各县（市、区）开展地方党史二卷的编写出版工作；推进《梅县红色堡垒》《梅州巾帼英雄谱》《游学红色梅州》《红色专题专刊》《古大存军长》等庆祝中国共产党成立100周年系列红色文化丛书编写工作。

【革命遗址普查】2020年，梅州市委党史研究室完成革命遗址普查工作，摸清梅州市红色家底。经广东省委党史研究室初步认定，509处遗址列入广东省革命遗址名录，总数位居广东省各地级市前列；另有224处遗址列为重要线索名录、73处遗址列为一般线索名录。

【革命遗址修缮保护利用】2020年，梅州市委党史研究室争取省级革命遗址修缮专项经费8066万元，一批具有代表性的革命遗址和纪念场馆得到修缮和保护，梅县区布展“卢伟良故居”“客都人家红色历史陈列室”，梅江区打造“朱云卿事迹陈列室”“梅埔丰根据地（明山嶂）革命史料陈列室”，丰顺县建设“东江革命根据地史料陈列室”，五华县修缮黄国梁故居和曾国华故居。年内，《梅州市红色资源保护条例》经梅州市第七届人民代表大会常务委员会三十九次会议通过，自2021年1月1日起施行，梅州市红色资源的认定、保护、管理、传承和利用有法可依。

【党史征集研究】2020年，梅州市委党史研究室完成《南昌起义在广东》专题之《三河坝分兵》、梅州市党建研究会2020年度课题研究报告《推动党的创新理论“飞入寻常百姓家”研究》（获广东省党建研究会2020年度自选课题成果评选二等奖）、广东省委党史研究室第二期“党史征研结对”活动课题《梅州革命斗争对探索中国革命新道路的贡献》《浅谈张如心的精神对当代党的理论工作者的启示》等编写工作任务；协助做好电视连续剧《绝密使命》的审稿工作；启动“百年历程·光辉丰碑”——中共梅州地方历史主题展览前期工作。

【举办纪念重要党史人物、事件活动】2020年，梅州市举办“纪念东江苏维埃政府暨中国工农红军第十一军成立90周年活动”和“倾听历史回响，追寻红色精神”中共中央九月来信主题活动，进一步弘扬苏区精神。

【党史宣传教育】2020年，梅州市委党史研究室组织党史宣讲团成员开展党史宣讲活动50多场，参与人员8000多人次。梅州市党史宣传教育工作得到广东省委党史研究室通报表扬。在“七一”“八一”等重要时间节点推进党史、国史、中国道路宣传教育活动，以党史教育基地为阵地，通过印制和发放宣传资料（手册）、举办报告会、网上推介等方式，提高党史教育基地的知名度和影响力。翻印《梅州抗日英烈》《红军长征梅州人物志》以及《梅州市中共党史教育基地简介》折页等党史宣传资料，赠送市直各单位、全市大中小学和各县（市、区）。

（梅州市委党史研究室）

地方志

【年鉴规范化建设】 2020年，梅州市人民政府地方志办公室推进年鉴编纂出版工作，力争编出精品年鉴。严格执行年鉴编纂三级审查（初审、复审、终审）制度，严把政治关、体例关、文字关、出版关，探索和实践年鉴评议与审读制度，推动出版前评议、出版后审读常态化开展，全市年鉴质量提升。市、县两级综合年鉴均实现“一年一鉴、公开出版、当年出版”。在2020年广东省年鉴质量评价活动中，《梅州年鉴2019》《平远年鉴2019》《大埔年鉴2019》获得省优秀年鉴二等奖。

【志书编修和旧志整理】 2020年，梅州市人民政府地方志办公室继续指导《梅州政协志》《梅州工会志（1991—2019）》等的编纂工作，促进部门志编修工作开展，其中《梅州工会志（1991—2019）》完成审查验收。各县（市、区）地方志机构指导镇村及部门、行业编修志书和做好旧志整理工作：五华县制订《五华县镇、村志编纂工作方案》，力争在5年内基本实现五华县镇、村志编修全覆盖；兴宁市加强旧志整理工作，编纂并公开出版发行《嘉靖〈兴宁县志〉校注》，指导编纂《兴宁市政协志（2006—2016）》《潭坑村志》，其中《兴宁市政协志（2006—2016）》完成出版发行；大埔县指导编纂《茶阳镇志》《茶阳镇茅坪村志》《大麻镇中兰村史》《大埔县教育志》，其中《茶阳镇志》（中国名镇志文化工程）完成出版发行，开展新中国成立前的6部《大埔县志》点校再版工作；丰顺县指导编纂《丰顺档案志》；平远县指导编纂《平远县人大志（1986—2019）》《平远县民政志（1985—2019）》《平远县法院志》；蕉岭县开展《镇平县志（康熙版）》《镇平县志（乾隆版）》点注再版工作。

【地方志资料年报及其他资料征集】 2020年，梅州市人民政府地方志办公室开展全市地方志资料年报征集工作，市级收集年报资料的单位113个。各县（市、区）的资料年报工作有序开展，为第三轮修志做好充分的资料准备。做好《广东名村系列丛书》《广东乡村集萃系列丛书》资料收集工作，补充文稿12篇，高清图片150多张，核查修改文稿70多篇。做好《广东省抗击新冠肺炎疫情录》《广东省全面建设小康社会图志》《广东省对口支援志》梅州部分相关图文资料的收集报送工作，报送疫情防控文字资料592份、图片资料517张，报送全面建设小康社会图志图片资料346张，报送对口支援志文字资料44份、图片资料50张。做好《广东乡村非遗》《广东乡村美食》梅州部分相关图文资料收集上报和核查补充工作，报送文稿29篇（其中“非遗”文稿9篇、乡村美食20篇），图片200张。

【自然村落历史人文普查】 2020年，梅州市人民政府地方志办公室推进《全粤村情》出版工作。全市编纂送省出版《全粤村情·梅州卷》调查文稿22册（梅江区1册、梅县区2册、兴宁市3册、大埔县5册、五华县4册、平远县2册、蕉岭县1册、丰顺县4册），全面完成送省出版任务，已印刷出版7册（《全粤村情·五华县卷》第一册、第二册、第三册、第四册，《全粤村情·大埔县卷》第一册、第三册，《全粤村情·兴宁市卷》第一册）。做好自然村落历史人文普查资料补充完善和修改工作，把好质量关、意识形态关，为推动乡村振兴战略实施提供基础地情资源支撑。加强普查数据库核查工作，组织各县（市、区）地方志机构对照普查情况与全粤村情数据平台的自然村数量、名单，完成对普查自然村入库情况的全面核查。

【地情资源开发利用】 2020年12月，梅州市人民政府地方志办公室和各县（市、区）地方志机构联动编纂的《梅州古驿道》地情书公开出版发行，全书分上下册，约160万字，随文图片700多张。该书挖掘和整合梅州古驿道沿线历史、人文、自然等特色资源，助力乡村振兴战略，推进梅州自然村落历史人文普查资源和南粤古驿道保护利用工作。梅江区开展“梅江镇村调查”项目，编纂出版《梅江镇村调查》地情书；兴宁市编写出版《兴宁市古驿道资料汇编》，修订出版《兴宁古地图古地名资料集》，拍摄短视频《行走千年古道 传承红色基因》《兴宁竹板歌》，协助做好“兴宁单丛茶”“兴宁鸽”地理标志证明商标的注册申请；平远县组织编写《平远古道风情》，重新编印诗歌长篇《平远妇女俗咏》，编写发行《族谱凡例选编》，为民间编修族谱提供指导材料；五华县组织编纂史志丛书《长乐风物丛谈》《五华（长乐）地情地图文集》等。

2020 年 11 月 24 日，梅州市人民政府地方志办公室在梅江区西郊街道办事处月影塘社区开展地方志法规宣传活动　（梅州市人民政府地方志办公室提供）

【地方志数字化建设】 2020 年，梅州市人民政府地方志办公室做好梅州市政府网地方志专属频道建设工作，及时补充完善反映梅州主要情况的资料，发布各类信息 96 条。打造新媒体平台，创新地方志服务方式，开通“方志梅州”微信公众号，反映梅州的建制沿革、社会发展、民俗风情、地貌风俗等历史人文和地情特色，实现在移动终端读志、用志。年内，发推文 68 条 97 篇，关注人数超 1200 人。7 月，与广东省地方志办共同策划推出梅州地情专题月，“方志广东”微信公众号发布 33 篇梅州特色地情文稿，同时得到学习强国平台、“广东发布”微信公众号、腾讯大粤网及梅州地方媒体平台等的联动推介，其中腾讯系渠道推广总曝光量 770 万次，点击率 48.7 万次。“方志梅州”WCI 指数在全省地级市地方志公众号中排名靠前。兴宁市在“文明兴宁”微信公众号开设“方志兴宁”专栏，发布地情文化信息，传播方志文化。做好志鉴史、地情书等地方志书籍文献资料数字化工作，推进数据库体系建设。年内，完成 67 本图书数字化、图书入库工作。撰写稿件或收集整理现有特色文献资料，向广东省情网、“方志广东”微信公众号等投稿，参与省情内容建设，有 39 篇稿件被采纳（包括梅州地情专题月的 33 篇稿件）。

【依法治志能力提升】 2020 年，梅州市人民政府地方志办公室进一步加强对《广东省地方志工作条例》，广东省委办公厅、省政府办公厅《关于进一步加强新时代地方志工作的通知》的宣传贯彻。依法读志、修志、用志、管志、存志、传志，保障地方志工作在法治化轨道上更加规范稳健推进。参加全省地方志理论研讨活动，组织撰写地情研究论文及资政报告，提升地方志理论研究水平，向省报送资政报告、论文 9 篇，其中平远县和兴宁市的论文分别获得二、三等奖。动员社会力量参与地方志工作，梅县区开展“多彩乡村 · 美丽梅县”系列评选活动，评选出优秀作品送省参评，获省奖二等奖 1 个、三等奖 1 个、优秀奖 3 个，梅县区地方志办获省优秀组织奖。兴宁市、五华县相继遴选数十名专家成立地方志人才专家库，为地方志转型升级提供智力支撑。

（梅州市人民政府地方志办公室）

档　案

【档案业务督导】 2020 年，梅州市档案局统筹推进疫情防控、精准扶贫档案管理工作，加强对疫情防控、精准扶贫档案工作的组织领导和监督指导，印发《梅州市档案局关于做好新型冠状病毒感染肺炎疫情防控工作文件材料收集工作的通知》《梅州市精准扶贫档案整理工作细则》，进一步规范疫情防控和精准扶贫档案管理工作。推进机关、企业、农业农村档案工作，完成对梅州粤海水务有限公司的企业规范化测评工作，评定等级为二级乙等，为企业档案规范化管理奠定基础。

【档案服务】 2020年，梅州市档案局服务经济社会发展，对全市重点建设项目档案工作进行部署，对有关建设项目档案工作进行业务指导，先后完成兴宁市兴江水库除险加固工程等62个市重点工程项目档案验收，为工程竣工验收提供保障。服务广东省“十三五”重点工程建设，提前介入大埔韩江水利枢纽工程和梅州抽水蓄能电站工程移民档案整理工作，在移民档案自验、初验阶段严格按照相关标准，科学把关，确保验收程序和档案质量符合国家规定。

年内，梅州市档案馆完善管理制度，拓展档案的社会服务功能，档案对外服务质量逐步提高。全年接待利用者1700多人次，利用档案资料3000多卷。

【档案基础业务建设】 2020年，梅州市档案局克服新冠肺炎疫情影响，稳步推进市国家综合档案馆建设工作，加大“六稳”“六保”力度，协助建设单位复工复产，配合广东省档案局工作组多次到档案馆建设现场调研指导，协助解决工程项目建设中遇到的难点、瓶颈问题。年内，新开工建设的档案馆有平远县档案馆、蕉岭县档案馆。大埔县档案馆新馆建成启用。

年内，梅州市档案馆优化馆藏档案资源，依法加强和规范档案接收工作，确保应进馆档案接收进馆，档案资源体系建设逐步优化。全年接收文书档案、专业档案894卷又14813件。档案数字化建设取得新进展，“纸质档案数字化服务”项目进度加快。

【档案安全保护】 2020年，梅州市档案馆完善档案基础设施，建立健全档案安全管理制度，加强安全技术防范系统建设，组织开展经常性的档案安全保密教育和应急演练，落实安全管理措施，抓好库房管理、档案利用、数字化加工、网络应用等环节的安全监管，确保档案实体和档案信息安全。加强档案数字化过程中的安全保密工作，提前检查并抽出拟数字化案卷中的密件，加强数字化现场管理，杜绝数字化过程中发生泄密事件。梅州市档案馆大楼加装和更新红外线高清摄像头，进行24小时监控，确保档案安全。加大重点档案抢救工作力度，利用各种技术手段对应抢救的重点档案进行修裱、档案扫描、档案数字化等方法抢救，全年抢救修裱国家重点档案227卷16360页。

【档案宣传工作】 2020年，梅州市档案局围绕“档案见证小康路，聚焦扶贫决胜期”主题，与梅州市档案馆、市扶贫局联合在《梅州日报》全媒体推出特别策划报道，在梅州市电视台推出《15万多份档案见证梅州贫困户“脱贫奔康路”》的新闻专题片和《档案见证小康路、聚焦扶贫决胜期》的档案宣传片，新闻专题报道得到“学习强国”学习平台的采用。做好新修订《档案法》的宣传贯彻工作。11月11日，邀请广东省档案局专家到梅州为中青年干部培训班作新修订的《档案法》专题学习报告。开展新修订的档案法普法教育培训，12月10—11日，组织全市市直单位和各县（市、区）档案工作人员495人集中收听收看“新修订档案法公益大讲堂”，确保新修订的档案法得到有效实施，营造知悉、遵守、运用档案法的良好氛围。

年内，梅州市档案馆办好档案主题展览，“不忘初心、牢记使命”主题教育档案文献展继续为社会开放宣传。向《中国档案报》《中国档案》《广东档案》《粤档信息》《梅州日报》等报刊投稿，发挥媒体宣传作用，提高社会档案意识。

（梅州市档案局、梅州市档案馆）

卫生健康

梅城学宫

责任编辑：何嘉璐

卫生健康综述

【卫生健康概况】 2020年，梅州市有卫生机构2966个，其中医院类机构48个、基层医疗机构2823个；有床位20534张，其中医院类机构床位13808张、基层医疗机构床位5104张，全市每千常住人口床位数5.30张；医疗卫生机构有在岗职工32354人，其中卫生技术人员26524人，含执业（助理）医师10161人、注册护士10713人，全市每千常住人口执业（助理）医师数、注册护士数分别为2.62人、2.77人，分别比上年增加0.42人、0.43人。全市诊疗量2011.72万人次，出院量58.3万人次。全市出生人数35800人，出生人口性别比115.95，出生率9.13‰，自然增长率2.43‰。

【医疗卫生重点项目推进】 2020年，梅州市35个在建省市医疗卫生重大项目完成投资33.54亿元，投资率97.3%；申请5个中央预算内投资项目，获得补助资金4568万元。申报公共服务医疗卫生领域补短板项目66个，包括基础建设、医疗设备设施和信息化建设等，建设资金168.5亿元。

【卫生健康规划发展与信息化建设】 2020年，梅州市医疗信息化"云援"疫情防控，迅速建成启用网上问诊、线上防控登记、视频会议、远程会诊"四个平台"，运用大数据，为做好疫情防控决策部署、打赢疫情阻击战提供强力技术支撑。组织梅州市人民医院、粤东医院2家新冠肺炎定点救治医院接入广东省远程医疗平台，开展新冠肺炎救治远程医疗服务。在全省率先建成启用市、县、镇、村四级全覆盖视频会议系统，确保上级防控工作部署直达基层一线。加强医院信息化建设，全市23个公立医院完成接入省电子健康码管理平台，推广电子健康码应用，逐步实现"一码通用"。31个公立医院开展健康信息便民"五个一"攻坚行动，普遍提供智能预约挂号、导医分诊、预约检查、移动支付、健康诊疗信息推送、检验结果自助查询、满意度评价等网上服务。梅州市人民医院、梅州市中医医院和中山大学附属第三医院粤东医院3个三甲医院建成互联网医院。构建全市健康医疗业务专网，全市184个各级各类公立医疗卫生机构接入省基卫系统汇聚点，建成完善全市健康医疗业务专网，实现"一网联通"。完善远程医疗系统，将省远程医疗系统延伸至市县级卫生健康主管部门和梅州市人民医院、中山大学附属第三医院粤东医院2家新冠肺炎救治医院，实施粤东西北地区疫情防控能力提升项目（远程医疗扩面项目），全市新增37个公立医疗机构接入省远程医疗平台，市县镇村四级远程诊疗全覆盖。加快5G网络建设，全市公立医疗卫生机构免费开放公共场所和所属公共资源用于5G基站建设，规范5G基站相关收费，加强市县卫健部门、救治医院等重点区域的5G网络建设，确保应急指挥、视频会议、疫情磋商、专家会诊等信息畅通。建设县域医共体信息化系统，按照“六个统一”原则，启动统筹、集约建设县级医院信息化系统，健全医院信息平台功能，推动信息系统互联互通，促进分级诊疗格局形成。做好网络信息安全工作，加强新冠肺炎疫情防控期间的网络信息安全和个人信息保护，做好日常防护，开展“护网2020”行动，开展网络与信息安全专项大检查。

【医药卫生体制改革】 2020年，高水平医院建设高质量推进，梅州市人民医院疑难复杂重症救治能力大幅提升，全省120家三级综合医院DRGs评价多项指标位于前列，总权重数排在全省第三；牵头建设梅州市胸痛中心联盟，成为广东省仅次于广州、深圳，第三个中国胸痛中心联盟成员单位；学术交流合作深入开展，与华为等一流企业战略合作共建5G示范医院；建成院前院内救治一体化信息系统和院内一站式急救体系，突发急性传染病实验检验平台启动升级，感染性疾病负压隔离病房常态化运作，成为国家药物临床试验机构，耐多药、疑难重症肺结核救治，以及艾滋病一站式服务等领域水平稳步提升。分级诊疗制度加快建设，丰顺、平远县紧密型县域医共体和梅江区城市医疗集团试点成效显现，市县综合医院、中医医院、妇幼保健院建立各系统网格化医联体，构建实施三甲医院与重点中心卫生院托管帮扶机制，全市建立完善各类医疗联合体35个，实现全市全覆盖。

年内，梅州市公立医院综合改革成果进一步巩固，分类分级开展公立医院综合改革政策效果评估监测，取消药品加成、医用耗材加成、调整医疗服务价格政策实施后总体平稳、成效明显。薪酬制度改革稳步实施，基层医疗卫生机构“公益一类财政供给、公益二类绩效管理”有效落实，近半数机构已基本落实公益一类财政供给，七成以上按公益二类核定绩效工资总量，近六成实现“从上年度收支结余提取不低于60%用于发放奖励性绩效工资”，四成半实行“自主调整基础性和奖励性绩效工资比例”，基层医务人员队伍薪酬发放机制日趋合理。

年内，梅州市现代医院管理改革试点有效实施。医保支付方式改革进一步深化，公立医院药品跨区域联合集团采购在全市铺开。健康信息化建设步伐加快，全市119个镇卫生院成功对接省级平台，完成测试顺利启用，并延伸至9个行政部门和349个贫困村卫生站；远程医疗视频会议系统完成组建，梅州市人民医院、梅州市中医医院、中山大学附属第三医院粤东医院建成互联网医院，实现互联网诊疗；全市健康医疗业务专网、全民健康信息平台、5G基站建设、“合生创展·智慧医疗”项目等工作正在加紧推进，25个公立医院实施信息系统升级改造，接入省电子健康码管理平台，推广居民电子健康码应用，逐步取消机构就诊卡，普遍提供智能预约挂号、导医分诊、预约检查、移动支付、健康诊疗信息推送、检验结果自助查询，群众看病就医更加方便快捷高效。

【疾病预防控制】 2020年，梅州市全力打好新冠疫情防控“阻击战”，全市累计报告新冠肺炎病例17例均治愈出院，无死亡病例、无医务人员感染病例，实现“三无”（无死亡病例、无医务人员感染、无社区感染）目标。参加抗疫支援工作，派出51名援鄂医疗队员，均完成任务平安归来。抓好常态化防控，保障复工复产复学。卫生健康系统1人获国家表彰，46个单位及个人获省表彰，237个单位及个人获市表彰。

年内，梅州市加强性病门诊男性就诊者、吸毒人群、孕产妇和监管人员等高危人群的艾滋病监测，全市新发现艾滋病及感染者103例，比上年增加1.98%；死亡31例，比上年下降11.4%。组织开展流感、登革热、感染性腹泻和禽类市场环境等监测，累计检测流感样病例标本1079份，其中阳性43份，阳性率3.99%；检测704份腹泻病例样品，其中诺如病毒和轮状病毒阳性42份，阳性率5.97%；检测19个市场450份环境样本，未检出H7阳性标本；检测登革病毒NS1标本1293份，检测出6份登革病毒NS1抗原阳性标本，经PCR复核未检出登革病毒核酸阳性标本。组织开展学生常见病监测，完成392所各县

（市、区）和市直学校313921名学生常见病监测。经监测发现：营养状况体检人数289287人，其中营养不良27530人（占9.52%）、肥胖12497人（占4.32%）；视力受检人数313895人，其中视力不良143361人（占45.67%）；恒牙龋齿体检人数296969人，其中恒牙龋患人数62705人（占21.11%）；砂眼体检人数287870人，其中砂眼2298人（占0.8%）。完成全市地方病、艾滋病、精神卫生、重点寄生虫病和梅毒等“十三五”规划终期评估工作，自评均达到终期评估目标；继续组织开展结核病、麻风病等“十三五”规划终期评估工作。完成2020年梅州市“十件民生实事”之一，实现全市8家市、县级疾控中心疫苗冷链储存配送系统建设和134间预防接种门诊标准化建设。开展慢性病防治工作，全年报告活动性肺结核病人2069例；应管理高血压患者187100人，已管理人数166884人，任务完成率89.20%，其中规范管理人数115587人，规范管理率69.26%；应管理糖尿病患者80500人，已管理人数66143人，任务完成率82.17%，其中规范管理人数46323人，规范管理70.03%。开展精神卫生工作，截至12月底，全市在册严重精神障碍患者26198人，报告患病率5.98‰，年面访率89.23%，规范管理率92.7%；服药率85.83%，规律服药率71.68%。

【卫生应急】 2020年，梅州市处置突发公共卫生事件24起，其中传染病23起（新冠肺炎12起、流行性感冒1起、感染性腹泻4起、水痘4起、其他2起），食物中毒1起，发病例数699例，无重症和死亡病例。加强卫生应急演练，梅州市卫生健康局、梅州市工业和信息化局、梅州市商务局、梅州市公安局、梅州市市场监管局、梅州市农业农村局等相关部门联合开展工厂企业、居民小区、商超餐饮企业、农贸市场和农村地区等场景的新冠肺炎疫情处置联合应急演练。强化风险评估与预警，组织开展4期季度、1期年度的传染病风险评估和15期新冠肺炎专题风险评估。

【食品安全】 2020年，梅州市完成食品安全风险监测任务，采集197份样品进行化学污染物及有害因素监测和118份样品进行微生物及其致病因子监测。完成141家食品企业标准备案工作。组织开展食源性疾病监测，全市160家医疗机构上报845例食源性疾病病例，比上年增长74.9%，其中肉与肉制品引起的食源性疾病占比最大，为15.7%。

【爱国卫生运动】 2020年，全国爱卫会命名梅州市五华县、丰顺县、平远县、大埔县为“国家卫生县城”，命名梅江区长沙镇、西阳镇为“国家卫生镇”；全市新增39个省卫生镇、182个省卫生村和33个市卫生村，创建省卫生镇数量全省领先，占全省的45.78%；兴宁市创建国家卫生城市工作通过市级暗访，蕉岭县巩固省卫生县城工作通过复审。截至2020年底，全市有1个国家卫生城市、1个省卫生城市、4个国家卫生县城和1个省卫生县城，实现省级以上卫生城市、卫生县城全覆盖；有2个国家卫生镇、54个省卫生镇（城区、县城所在镇除外），省级以上卫生镇覆盖率58.94%；有1931个省卫生村和113个市卫生村，市级以上卫生村全覆盖，超额完成省要求的“卫生镇、卫生村覆盖率50%、70%”的创建任务和梅州市爱国卫生工作“十三五”规划目标。结合疫情防控工作，围绕“美丽梅州·美好家园”城乡环境大提升行动，开展城乡人居环境大整治行动，强化农贸市场、机场、车站、商场等人员聚集场所及背街小巷、城中村、城乡接合部、建筑工地、老旧居民区等重点场所环境卫生治理，开展新冠病肺炎、冬春季传染病等防控知识宣传，教育引导群众养成勤洗手、多通风、出门戴口罩等良好习惯，增强市民群众的防病意识和自我保健能力。

【卫生健康综合监督】 2020年，梅州市组织卫生监督部门首次对2家医疗机构和个人出借证件的违法行为实施暂停执业、吊证等顶格处罚；首次对不重视职业病防控工作的1家企业进行8万元的处罚。全年立案查处77件，罚款及没收违法所得23.76万元，打击医疗市场、公共场所卫生、职业卫生的违法违规行为。国家、市级下达的“双随机、一公开”工作任务完结率100%，其中国家级完成率84.58%，市级抽查事项、对象完成率100%。在有序推动经营单位、企业复工复产工作的基础上，落实公共场所、生活饮用水和企业等疫情防控措施监督检查。开展传染病防控措施的监督检查、集中隔离留观场所选址审查、特殊人群聚集场所监督检查、加强医疗卫生机构新冠疫情防控措施排查工作及辖区学校新冠肺炎疫情防控监督执法检查。全年出动监督员4779人次、监督各类机构2481间次，推动梅州市疫情防控工作，保障群众健康权益。在摸清底数的基础上建立梅州市市级职业卫生监管底册，逐步开展企业职业卫生市级“双随机、一公开”工作，推动全市职业卫生风险预警评估机制建设和健康企业建设，保护劳动者职业健康权益。

【基层卫生健康】 2020年，梅州市基本公共卫生服务项目财政补助经费标准提高到人均每年74元，完成目标任务。全市5家中心卫生院升级建设已完成并投入使用，按照县级二级以上综合医院开展业务。截至12月底，全市建成各类医联体35个，包括县域医联体24个、专科联盟6个、远程医疗平台5个，涵盖8个县（市、区）127间镇卫生院和社区卫生服务中心，覆盖面100%。推进丰顺县、平远县紧密型县域医共体试点工作。梅州市人民医院、梅州市中医医院分别与各县（市、区）人民医院、中医医院建设成医联体；各县（市、区）人民医院、中医院、妇保院与各镇卫生院建设成网格化医联体，覆盖全市23家县级以上医院。初见成效的医联体有：按照托管模式建设中山大学附属第三医院与粤东医院、畲江卫生院，梅州市人民医院与华城卫生院、留隍卫生院紧密型医联体，兴宁市人民医院与水口中心卫生院等。全面开展分级诊疗，推动优质医疗资源下沉，基层医疗机构服务能力提升明显。实现家庭医生签约服务工作覆盖所有基层医疗卫生机构，覆盖所有约定的服务内容，重点人群应签尽签。全市组建721个全科医生团队，一般人群家庭医生签约率45.56%，重点人群家庭医生签约率72.21%，均达到目标要求。全市119个镇卫生院和8个社区卫生服务中心全部参与到优质服务基层行活动，经基层医疗机构自评、县（市、区）卫生健康局初审和市级线上及现场复核，全市34家基层医疗机构达到“基本标准”。全面启动村医（基层）线上岗位培训工作——村医填注计划线上在岗培训，全市2352名村医免费使用手机APP进行线上岗位培训，所有贫困村卫生站的村医均参加培训。在新冠肺炎疫情期间，全市基层医疗机构人员通过线上视频教学的方式，解决疫情培训问题，让基层医疗机构人员及时掌握疫情防控的相关知识。截至12月底，全市有注册账号学员8222人，其中村医注册账号2352人，全年村医在线进行学习考核220547次，平均考核通过率96.22%。

2020年12月25日，蕉岭县人民医院、县中医医院、县妇女儿童医院迁建项目举行落成仪式

（梅州市卫生健康局提供）

【老龄健康】 2020年，梅州市坚持把发展老龄事业作为社会建设和民生建设的重要内容，做好老龄政策法规宣传、老年人权益保障、老年人优待、老年人服务、“敬老月”活动等工作，推动老龄事业持续健康发展。6月底前，市县财政共同出资1065万元，为全市87万多名60周岁以上老人购买老年人意外伤害综合保险，继续实现户籍60周岁以上老人政府统保全覆盖。采取养办医、医助养、医养结合等多种服务方式，促进医疗卫生和养老服务的有机融合，满足群众日益增长的健康养老需求。全市有梅州市梅县铁炉桥医院、梅县区颐福善养老院、蕉岭县幸福养老中心、蕉岭县蕉华管理区敬老院、五华县万福颐养院、大埔县阳光康复医院和梅州颐诚医养结合医院7家医养结合机构，有医养结合床位1028张（医疗床位276张、养老床位752张）。

【妇幼健康】 2020年，梅州市孕产妇死亡率8.91/10万，5岁以下儿童死亡率4.32‰，婴儿死亡率2.85‰，持续保持较低水平。启用省妇幼健康信息平台，建立以孕产妇管理、儿童保健业务为主线，贯穿婚前检查、围产期管理、住院分娩、产后保健、0～6岁儿童保健管理的信息平台，围绕省平台各项业务指标要求，规范流程，完善措施，推进妇幼健康信息化工作。妇幼健康学科建设取得新进展，在市级临床重点专科评审中，梅州市妇女儿童医院产科、儿科、妇科、新生儿疾病筛查专科、生殖医学中心、乳腺科、超声科7个学科以及兴宁市妇幼保健院产科被评为重点专科。继续实施母婴安全和健康儿童行动计划，全方位干预影响妇女儿童健康的因素。实施城乡妇女“两癌”免费检查和消除艾滋病梅毒乙肝母婴传播项目。截至12月底，“两癌”检查建档43761人，乳腺癌检查结案42933人，结案率98%，确诊癌前病变和癌人数36人；宫颈癌检查结案42854人，结案率97.9%，确诊癌前病变和癌人数241人，确诊患者均已进行积极有效的治疗。全年免费为44220个孕产妇提供艾滋病、梅毒和乙肝咨询检测服务，全市孕产妇HIV抗体检测率99%，发现HIV抗体阳性产妇3人，对产妇及所生儿童均进行规范治疗和追踪；孕产妇梅毒检测率100%，发现梅毒感染产妇106例，干预服务率93%；孕产妇乙肝检测率100%，发现乙肝阳性4257人，其新生儿接受乙肝免疫球蛋白注射率99.98%。开展出生缺陷综合防控，依托梅州市妇幼保健院，通过对口帮扶、妇幼医联体等形式，开展出生缺陷综合防控项目和免费孕前优生健康检查项目现场指导，促进项目科学规范实施，推进出生缺陷“三道防线”工作落实，市财政每年投入410多万元，免费开展婚前医学检查、产前医学检查以及新生儿地贫筛查，2020年全市新生儿地贫筛查45153例。做好免费避孕药具发放管理，为全市育龄群众提供免费避孕药具服务，进一步推动避孕服务与医疗卫生大融合，在基层医疗卫生机构免费避孕服务全覆盖，在全市各县级医疗机构、乡镇卫生院和部分人群聚集的社区安装智能避孕套发放机150台。

【职业健康】 2020年，梅州市组织开展企业粉尘危害专项调查并完成数据上报2212家；开展重点行业职业病危害专项治理，纳入尘肺病防治攻坚行动治理范围的用人单位358家，职业病防治工作得到进一步落实。开展五大调查监测工作，制订印发《梅州市2020年重点职业病监测工作方案》《工作场所职业病危害因素监测工作方案》《医疗卫生机构医用辐射防护监测工作方案》《非医疗机构放射性危害因素监测工作方案》《职业病危害现状调查工作任务》并组织实施。开展以职业健康知识宣传为主的《职业病防治法》宣传周活动，开展职业健康知识培训。加强职业健康监督执法，于6月底完成职业卫生执法取证装备的投放，完成执法人员对新装备使用的培训。梅县区丙村镇中心卫生院建成尘肺病患者康复站。

【医政医管与药事管理】 2020年，梅州市二级及以上公立综合医院、中心卫生院，有条件的公立中医医院和妇幼保健院中规划建设的22个（含民营机构1个）规范化发热门诊项目全面完工（含新建项目9个）；在乡镇卫生院、有条件的社区卫生服务中心、中医医院和妇幼保健机构规划建设的127个规范化发热诊室项目于9月底前全面完工。按照省政府提出“47家中心卫生院升级建设并投入使用”目标任务，全市5家中心卫生院升级建设已全部完成并投入使用，按照县级二级以上综合医院开展业务。全市160家医疗机构启动麻醉药品第一类精神药品购用印鉴卡信息化管理工作。

【卫生健康人才发展】 2020年，梅州市卫生健康系统有卫生专业技术人员26469人，其中研究生学历以上509人、大学本科5806人，分别占1.9%、21.9%；高级职称1910人（正高229人、副高1681人）、中级职称3808人，分别占7.2%、14.4%。执业（助理）医师10116人、执业护士10654人、药师1999人、技师1459人。全市卫生专业技术人员总量稳步增长，整体的学历层次职称层次得到提高，卫生人才队伍素质不断提升。引进博硕士人才，进一步充实高层次人才队伍，全年引进高层次人才126人，其中博士1人、硕士125人。落实人才评价制度，组织卫生专业中初级职称考试和高级评审申报。年内全市卫生专业技术资格考试考生6995人，其中高级实践能力考试1188人、中初级实践能力考试4385人、护士执业资格考试1422人。申报卫生系列高级职称508人，通过评审取得副高以上职称415人，通过率81.7%。落实医疗卫生人才“组团式”帮扶工作，全市有8家县级医疗机构与中山三院等省级三甲医院结对帮扶，提高基层卫生院医疗技术水平和管理水平；落实高校毕业生下基层从医上岗退费政策，吸引34个医学专业全日制本科生到6个县的乡镇卫生院工作；落实全科医生特设岗位工作，全市有126名基层全科医生聘任在特设岗位上。全市141个乡镇卫生院（含分院）有全科执业医师602人，平均每个乡镇卫生院有全科执业医师超过4人，承担预防保健、常见病、多发病等的诊治和健康教育等工作，满足基层群众最基本的医疗服务需求；落实百名专家下基层工作，全市选聘11名副高以上职称的退休医生到5个升级建设中心卫生院担任首席专家，为基层卫生机构提供智力支持，带动提升基层卫生服务能力。全市各级公立医院逐步开展公立医院薪酬制度改革试点工作，在各地人社、财政部门核定的绩效工资总量内，落实"两个允许"政策，发挥公立医院分配奖励性绩效工资自主权，激发医务人员的工作积极性和创造性。

【医学科技与教育】 2020年，梅州市申报广东省医学科研基金项目47个，通过立项8个；申报广东省中医药科研项目20个，通过立项16个。完成市医药卫生科研课题的立项评审工作，受理申请120个，通过立项课题107个，聘请45名专家进行评审，并对214个项目阶段性成果进行评估。

年内，梅州市招收住院医师规范化培训学员76人；参加住培结业考核学员81人，80人考核合格，通过率98.8%；35人参加助理全科医师培训结业考核，31人合格，通过率88.6%。招收全科医生培训421人，助理全科医生带教师资培训57人，超额完成省分配任务（全科医生培训394名，助理全科医生带教师资培训57人）。组织41人（中医2人、西医39人）参加广东省住院医师规范化培训公共课统考；组织428人（西医类别320人、中医类别108人）参加全科医生转岗（岗位）培训理论结业考核。发放住院医师规范化培训合格证184张（西医133人、中医51人）；发放中医全科医生培训合格证书111张，西医全科医生培训合格证书尚未下发。招录订单定向医学生162人。继续医学教育管理运用信息化、自动化手段对各个环节进行监管，结合新冠肺炎防控形势和继续医学教育减负要求，继续医学教育以"互联网+继续医学教育"线上的形式进行培训学习，加强卫生技术人员医学理论、职业道德、医学伦理、生物安全、传染病防控以及医疗普法等相关内容的学习。年内，全员线上培训学习19518人次，达标17212人；申报市级继续医学教育II类学分项目32个；申报省级继教项目39个，均通过；申报国家级继教项目3个，均通过。加强专科人才培养，通过派出业务骨干到省级医院进修学习新技术、新知识，提高专业技术水平。为基层培养专业技术人员提供进修平台，提高基层医疗机构医务人员水平。

【卫生健康宣传】 2020年，梅县区、蕉岭县经省评估并命名为"广东省健康促进县（区）"，成为梅州市首批成功创建"广东省健康促进县（区）"的县（区）。截至12月底，梅州市创建健康促进场所55087个，其中健康促进学校92个、健康促进医院33个（二级以上）、健康社区57个、健康促进村（居）201个、健康家庭54640户、健康促进机关58个、健康促进企业6个。通过梅州广播电视台、梅州邮政广告传媒、门户网站等媒介作为健康教育宣传阵地，宣传健康知识，全年播放2400次，发放《预防新冠健康知识》折页、海报13.5万份。邀请暨南大学心理健康培训专家马绍斌教授作"客家讲坛·领导干部的压力管理与心理调适"专题讲座。对15~69岁梅州市常住居民开展健康素养监测，调查46个镇（街道）、92个村（居委），每个村（居委）抽取70户，投入46万元，调查6080个家庭，获得4348份有效问卷，撰写《2020年梅州市居民健康素养监测报告》。监测结果是：梅州市居民健康素养水平为21.37%，比上年提高2.21%，其中梅江区20.76%、梅县区23.75%、兴宁市19.56%、五华县19.74%、丰顺县21.76%、大埔县21.27%、蕉岭县23.59%、平远县21.60%。举办梅州市居民健康素养知识竞赛，兴宁市获得团队一等奖，平远县获得知识竞赛一等奖，蕉岭县获得情景剧一等奖。蕉岭县代表梅州市参加省级决赛，获得知识竞赛团队三等奖。在南都大数据研究院数字政府研究中心1月26—29日全国疫情通报透明度信息细致度的测评中，梅州疫情通报发布质量得12分，是广东"发布质量"满分的城市之一，疫情通报总质量位列广东第2名。疫情防控期间印制、发放 12 万份宣传画报。制作《梅州力量》宣传片、《梅州最美逆行者》《抗疫英雄》《战疫梅花》专刊、《新型冠状病毒肺炎防控知识》宣传栏等宣传作品。通过各大媒体发布新冠肺炎防控相关政策解读及防护科普知识约 8400 条，“健康梅州”微信公众号发布稿件 2324 篇，梅州市卫生健康局官方网站发布稿件 278 篇。在《南方都市报》2020 年 1—3 月广东 21 地市卫健部门政务微信公众号健康传播力测评中，“健康梅州”微信公众号获得全省第 9 名。围绕卫生健康中心工作做好日常宣传和科普宣传，结合重要卫生日开展形式多样的卫生健康主题宣传。强化舆情监测，聘请舆情监测第三方公司对梅州市卫健系统网络舆情进行实时监测，处理梅县区、兴宁市、梅江区紧急网络舆情 3 起，常规监测发现网络舆情 12 起，全部舆情均得到有效处理。

【人口监测与家庭发展】 2020 年，梅州市常住人口 397.03 万人。全市流动人口 14.08 万人，比上年增长 4679 人，增幅 3.44%。常住人口出生 3.58 万人，比上年减少 6848 人，减幅 16.06%；人口出生率 9.13‰，自增率 2.43‰，分别比上年下降 1.75‰和 1.58‰。全市常住人口出生人口性别比 115.95，比上年上升 4.74%。65 岁及以上老年人口 55.09 万人，占总人口的 13.89%，比上年增加 3.04 万人，上升 5.85%。已婚育龄妇女 66.03 万人，比上年减少 2.43 万人，减幅 3.56%。女性初婚人数 14602 人，比上年增加 680 人，增幅 4.88%。

年内，梅州市计划生育奖励、扶助金均纳入财政专项预算，发放及时率达到 100%。已领取特别扶助奖励的家庭建档率、联系人制度落实率和家庭医生签约率均达到 100%。据统计，全市四项奖励扶助对象共 78079 人，比上年增加 1958 人，各级发放奖励扶助金总额 9330.08 万元。其中农村部分计生家庭奖励对象 19737 人，发放奖励金 2787.60 万元；计划生育家庭特别扶助对象 595 人，发放扶助金 607.18 万元；计划生育手术并发症特别扶助对象 175 人，发放扶助金 48.48 万元；城镇独生子女父母计划生育奖励对象 28541 人，发放奖励金 4001.69 万元；农村计划生育节育奖励对象 29206 人，发放奖励金 1885.14 万元。梅州市计生协开展生育关怀行动、幸福家庭创建和家庭发展能力建设。做好计生家庭意外伤害保险工作，投入 241.2 万元保险资金，为全市农村独生子女家庭、农村纯二女户家庭和特困计生家庭 80399 户（249930 人）购买计生家庭意外伤害保险，提高计生家庭抵御意外风险的能力，让计生群众得到实惠。开展关爱计生困难家庭慈善活动，全年筹集慈善活动资金 46 万元，为全市 456 户计生困难家庭每户发放 1000 元帮扶慰问金，解决计生困难家庭困难。做好计生“三结合”项目、青春健康教育项目、健康家庭促进等各项工作。

2020 年 12 月，梅州市人民政府印发《梅州市促进 3 岁以下婴幼儿照护服务发展实施方案》，将 3 岁以下婴幼儿照护服务纳入经济社会发展相关规划。截至 2020 年底，全市在市场监管部门完成托育服务登记的营利性托育机构 31 家，已申请托育机构备案并通过备案的 9 家。据统计，全市各县（市、区）应配置母婴室场所 78 个，已配置母婴室场所 107 个，已建成投入使用的母婴室 101 个，面积 1399 平方米；在建 6 个，面积 83 平方米。

【中医药事业】 2020 年，梅州市委、市政府印发《梅州市促进中医药传承创新发展实施方案（2020—2022 年）》《梅州市中医药传承创新发展实施项目清单（2020—2022 年）》《梅州市中医药发展规划（2020—2022 年）》，致力把梅州市打造成粤东地区中医医疗区域中心。梅州市政府召开第四场政企“双月”沟通座谈会（中医药健康产业专场）暨市创建国家中医药综合改革试验区工作领导小组会议，加快推动中医药健康产业发展。全市中医药“十三五”规划总体目标任务提前完成，中医药体系实现市县行政管理、市县中医医院、县级中医医院“二甲”及以上和基层中医馆“四个全覆盖”，全市 9 家中医医院升级改造项目基本完成，新增 1 家三甲中医医院（梅州市中医医院）。截至 2020 年底，全市有中医医疗卫生机构 1834 个，中医床位 2907 张，比上年增长 12.4%。全市医疗卫生机构中医执业（助理）医师 1826 人，每万常住人口拥有 4.7 人。梅县区、梅江区、蕉岭县、丰顺县通过“全国基层中医药工作先进单位”评审。中医中药产业化服务基地项目建设有序推进，中国中药合作项目落地，五指毛桃、艾草等 GAP 示范种植基地落户梅县区；中药智能配送中心项目建成试运行。

2020 年 7 月 28 日，梅州市中医药大会召开　　（梅州市卫生健康局提供）

【梅州市中医药大会召开】 2020 年 7 月 28 日，梅州市中医药大会召开，学习贯彻习近平新时代中国特色社会主义思想特别是习近平总书记关于中医药发展的重要论述精神，落实全国、全省中医药大会精神和广东省委、省政府《关于促进中医药传承创新发展的若干措施》，对梅州市创建国家中医药综合改革试验区、促进梅州市中医药事业和产业高质量发展进行全面部署、推动落实。 （丘佳珺）

市直医疗机构

梅州市人民医院

【梅州市人民医院概况】 截至 2020 年底，梅州市人民医院由院本部、广梅院区、泰康院区、扶大院区、客天下院区 5 个院区组成，托管五华县第三人民医院（华城医院）、丰顺县第二人民医院（留隍医院）。编制病床 3500 张，实际开放病床 3100 张。临床医技科室 113 个，拥有 8 个市级医学中心、11 个市级医疗质量控制中心和 17 个院级医学中心。在职职工 3952 人，其中硕士以上学历 347 人、高级职称 468 人、中级职称 798 人、享受国务院政府特殊津贴专家 3 人、全国先进工作者 1 人、广东省医学领军人才 1 人、广东省杰出青年医学人才 2 人、享受梅州市政府特殊津贴专家 3 人、市专业技术拔尖人才 7 人。2020 年，梅州市人民医院被国家卫生健康委评为“2018—2019 年度全国平安医院工作表现突出集体单位”；在国家首次三级公立医院绩效考核中获得佳绩，排名全国 112 名，评为 A + 等级。

【机构变动】 2020 年，梅州市人民医院增设、撤销、调整、整合一批科室。撤销广梅院区门诊行政管理机构；广梅院区门诊的行政管理由门诊部统一管理，业务工作实行学科一条龙管理；撤销广梅院区门诊眼科门诊区的机构设置；广梅院区口腔科更名为口腔颌面外科，增设口腔医学门诊，属一级业务科室；撤销口腔种植科的机构设置。化疗一科更名为肿瘤内一科，化疗二科更名为肿瘤内二科，化疗三科更名为肿瘤内三科。胸腹放疗科更名为胸腹放疗一科；增设胸腹放疗二科，属一级业务科室。整合广梅院区口腔门诊、口腔种植科、泰康口腔门诊的护理人员，设置口腔医学门诊护理单元；将眼一科、眼二科护理人员整合，设置眼科护理单元；将心脏大血管外科、甲状腺外科护理人员整合，设置心脏大血管及甲状腺外科护理单元。增设心血管内五科，属一级业务科室。调整儿科部分机构设置，儿内一科、儿内二科合并为儿内科，增设儿内科门急诊留观区。撤销理疗科的机构设置，相关业务整合至康复治疗室。健康管理中心更名为特需医疗门诊；泰康院区体检中心迁回院本部，更名为健康管理中心（体检中心）。增设医疗后勤保障科，属机关一级科室。撤销老年病科的机构设置；心脏大血管外科更名为心脏血管外科。心脏大血管及甲状腺外科护理单元更名为心脏血管及甲状腺外科护理单元。梅州市人民医院服务公司更名为梅州市人民医院后勤保障中心，更名后，调整为登记设立事业单位，不再纳入机构编制核定范围。

【业务开展】 2020 年，梅州市人民医院门诊患者人次数 156.27 万，急诊患者人次数 11.81 万；出院患者人次数 13.15 万，疑难复杂重症病例占比 91.23%，比上年提高 7.57 个百分点，代表收治病种难度的 CMI 指数提高 10.44%；平均住院日 7.15 天，保持良好水平。出院患者手术台次数 5.12 万，占出院患者人次数的 38.94%，比上年提高 3.46 个百分点，其中微创手术（仅包括经非自然腔道入路的微创手术，不含介入）占比25.81%，经自然腔道手术占比11.16%，介入手术占比11.64%；全院四级手术占比17.65%，比上年提高1.77个百分点。日间手术占择期手术的22.77%，比上年提高3.45个百分点；日间化疗占化疗总量的47.82%，比上年提高7.14个百分点。

年内，梅州市人民医院胸痛中心救治急性胸痛患者2167例，急性心肌梗死抢救成功率96.85%。心衰中心心衰患者院内死亡率仅1.75%，30天再入院率控制在0.8%以内。房颤中心成为国家标准化房颤中心示范中心，房颤患者抗凝治疗率提高至88.57%。卒中中心溶栓有效率提高11个百分点，拉栓有效率提高7个百分点，综合能力排名全国第44名、全省第1名，成为国家级高级卒中中心建设单位、市卒中医疗质量控制中心。加快创建国家级创伤中心，严重创伤救治成功率81.8%。危重孕产妇救治中心、危重新生儿救治中心抢救成功率97%以上。肿瘤防治中心成为全省第一批市级癌症防治中心。

【抗击新冠病毒肺炎疫情】 2020年，梅州市人民医院作为梅州市唯一一家新冠肺炎省级定点救治医院，及早动员部署，围绕组织领导、收治病区、救治团队、院感防控、防护物资、培训演练等做足准备，首创“海关通关式”预检分诊在省内推广应用，建成标准化的发热门诊，建立云上多学科诊疗模式，全年排查发热病人8044人次，收治10例新冠肺炎患者、1例无症状感染者，其中重症2例，年龄最小的3岁，取得治愈率100%、院内零感染的胜利。遴选2批共11名优秀医疗骨干参加援鄂医疗队，在湖北疫情最严重的时候驰援武汉汉口医院和荆州市公安县人民医院、公安县中医院，为扭转当地抗疫“战局”发挥作用；选派3名骨干赴香港支援核酸检测工作；支援人员出色完成任务，全员平安凯旋。

年内，梅州市人民医院指导全市基层医院抗疫，其中华城医院同质化开展预检分诊、发热门诊等工作，早期识别五华县3例新冠肺炎确诊病例，为防止基层疫情扩散做出重要贡献。建成市新冠肺炎患者应急集中收治临时病区、市城市核酸检测基地、标本送检登记信息平台，成为省临床基因扩增检验实验室培训基地，为全市培训考核一大批核酸检测技术人员，提升全市疫情应急处置能力，保障“应收尽收、应治尽治”“应检尽检、愿检尽检”。完成医院发热门诊改扩建和泰康院区收治病区改造，保障秋冬季疫情防控安全。梅州市人民医院获评广东省先进基层党组织、广东省抗击新冠肺炎疫情先进集体，数人获评广东省优秀共产党员、广东省抗击新冠肺炎疫情先进个人。

【技术创新】 2020年，梅州市人民医院开展新技术192项，多项重大技术取得突破。心血管病中心开展全球首例“经颈动脉主动脉瓣膜置换术＋胸主动脉腔内修复术＋经皮球囊主动脉缩窄血管成形术”一站三式手术、国内首例“预激综合征射频消融术＋髂动脉夹层腔内隔绝术＋肾动脉支架植入术”复合手术。新开展支气管镜下使用先天性心脏病介入封堵器封堵气管食管瘘、心内超声引导下房颤射频＋左心耳封堵一站式手术、无导线起搏器植入术、全三维“零射线”射频消融手术、逆向技术开通下肢动脉慢性长闭塞病变等先进技术。开展3例“经皮逆向建轨技术封堵急性心肌梗死后室间隔穿孔”原创技术，具有良好推广前景。TAVR、左心耳封堵术发展成为常规手术，其中左心耳封堵术开展例数跃居全省首

2020年1月28日，梅州市人民医院举行援助湖北医疗队出征仪式

（梅州市人民医院提供）

位。脑科中心启用脑科手术机器人，开展手术机器人辅助下脑深部病灶活检、脑功能区病灶切除手术。开展全神经内镜下颅底病变手术、双支架植入术治疗颅脑动脉病变、血管内超声辅助颈内动脉支架成形术。消化病中心对内镜、腔镜的运用更加娴熟。新开展荧光腹腔镜技术，病灶切除更加精准彻底，不断突破手术禁区。开展超声内镜下介入治疗术、纯内镜下 NOTES 手术取腹腔异物、顽固性消化道狭窄内镜下放射状切开术、食管胃双肌瓣吻合术、腹腔镜下胃肠癌NOSES手术、腹腔镜下保留十二指肠胰头切除术。妇产中心开展荧光腹腔镜技术、经脐单孔腹腔镜下卵巢癌全面分期术、腹腔镜下肾静脉水平乳糜瘘瘘口缝扎封堵术。内分泌内科开展肾上腺静脉采血术，精准测定激素水平，为原发性醛固酮增多症患者的精准施治提供支撑。心脏重症监护科使用 ECMO 技术救治 7 例危重症患者。麻醉科开展省内首例经腰骶入路脑桥前池吗啡泵植入术治疗头面部癌痛。开展超声监测下肺康复技术的临床应用等 12 项护理新技术。推广基因检测技术应用，肿瘤个体化用药和靶向治疗基因检测量比上年增长 32.93%，药物代谢基因检测量比上年增长 24.33%，感染性疾病核酸检测量比上年增长 516.57%。

【医院人才队伍建设】 2020 年，梅州市人民医院通过线上线下相结合拓宽人才引进渠道。全年引进各类人才 294 人，其中研究生学历人才 103 人，比上年增长 47.14%，人才总量突破 4000 人。推行医疗组组长制度，设立 247 个医疗组。鼓励职工在职攻读研究生，4 人在职攻读博士，230 人在职攻读硕士，1 人获得博士学位。科学制订高级职称自主评审体系，围绕工作业绩、临床实践、技术创新、科研教学等方面严格客观评价，完成首次自主评审工作，新晋正高职称 16 人、副高职称 48 人。出台护理专业技术职务管理办法，推动护理人员外出培训进修，实施护理单元垂直绩效考核试点改革，调动护理人员积极性，加快培养护理专家。制订卫生信息、病案信息技术专业技术职务管理办法，促进信息化人才培养。梅州市人民医院获评全国先进工作者 1 人、广东医院优秀院长 1 人、南粤好医生 8 人以及抗疫先进个人一批。

2020 年 12 月 12 日，梅州市人民医院（梅州市医学科学院）心血管病研究所揭牌
（梅州市人民医院提供）

【医院科研教学】 2020 年，梅州市人民医院推进梅州市医学科学院建设，加快基础设施、人才、设备、制度等配套。成立心血管病研究所，在免疫介导动脉粥样硬化形成机制、支架内再狭窄形成机制、急性心梗后心脏破裂分子预警机制与封堵器械开发等方面取得一定的研究成果。与夏咸柱院士合作建成省内第三家医学类院士工作站，开展狂犬病抗体数字化检测研究。实施药物临床试验 SOP 标准化管理，成为广东肿瘤试验联盟成员单位。利用省重点实验室、省工程技术研究中心开展科研取得新成果。加快建设生物大数据平台，生物样本库二期投入使用，样本容纳量扩至 400 万份，现存样本 162 万份。加入广东省科技资源共享服务平台，硬件资源延伸。深化院企合作，在 PET-MR 等高端医学诊疗设备研究应用和示范培训、专利合作开发等方面进展顺利，已有 2 个专利生产出样品。

年内，梅州市人民医院获批国家自然科学基金项目 2 个、省自然科学基金项目 2 个、省厅级课题 13 个、市级课题 67 个，实现国家自然科学基金项目历史性“零的突破”。获批叶剑英基金科学技术进步奖二等奖 1 个、三等奖 5 个。开展注册类临床试验项目 17 个。发表 SCI 论文 37 篇，其中 JCR 分区 2 区 4 篇，

3区9篇，总影响因子97.68分。获批专利20个、计算机软件著作权4个。获批科研经费715万元，比上年增长87.66%。

年内，梅州市人民医院强化师资队伍培训，优化激励和约束机制，教师积极性、教学能力水平双双提高，发表3篇教学论文，实现临床教学研究成果“零的突破”。开展规培工作，融入医学模拟教育，2020年度住院医师规范化培训结业考核通过率98.7%，连续3年位居全国前列。超额完成全科规培学员招收任务，全科学员全员通过住培结业考核，71人通过省全科医师转岗考核。推进“3＋2”教学（3年在医学院校完成基础课程学习，2年在教学医院完成临床课学习和实习，实现从医院到临床学院的转型），克服疫情影响完成学期教学任务。抓好研究生教育，新招收7名研究生，2名研究生通过开题。技能考核实现电子化、标准化，全年培训考核1.2万人次，比上年提高24.76%。新增国家级舒适化医疗培训基地。举办学术会议69场，做好“粤闽赣边系列医学学术大会”品牌建设工作。

【医院医疗设备】 2020年，梅州市人民医院新增科研型MR、科研型CT、检验自动化流水线、脑科手术机器人、医用血管造影机、荧光腹腔镜、高端彩超、共聚焦荧光显微镜等仪器设备442台（件），全院医疗设备总值突破13亿元。

【医院基础设施建设】 2020年，梅州市人民医院完成新住院大楼主体工程建设，进行室内精装修、净化装修、变配电、弱电等专业工程施工。医学科学院大楼项目、传染病院区（梅州市应急收治中心）项目取得立项批复，正在进行初步设计。完成发热门诊规范化改造、扩建。完成超声诊断中心、临床检验中心、新住院医技部、新血液透析中心等平面装修升级改造，解决医技检查检验瓶颈。

【医院信息化建设】 2020年，梅州市人民医院建设大数据中心，实现内部所有系统数据集成与互联互通。加快5G网络建设和功能运用，开展5G下的院前急救、远程会诊、远程手术指导、物流机器人配送等服务。打造以物联网技术为核心的现代化医院管理新模式，实现被服、冷链、医疗废弃物、婴儿防盗、人员资产定位等智能化管理。自主研发和技术引进相结合，完成DRGs系统、AI智能阅片、智慧检验、医疗费用监测等30多个应用系统建设。深化信息安全防护工作，启动新一轮三级等保复评。医疗业务全面实现无纸化，节约型医院建设取得新成效。

【医联体建设】 2020年，梅州市人民医院华城医院、留隍医院2家紧密型医联体医院新院区启用，同质化进程加快，技术水平、管理水平提升。推进国家心血管病中心心血管代谢专病医联体粤闽赣边区域中心建设，成为国家呼吸医学中心协同医院、国家口腔区域医疗中心省内分中心。“组团式”帮扶蕉岭县人民医院，选派3名高年资主任医师担任广东省百名卫生首席专家常驻基层帮扶，每年选派约10%的中级职称以上专家下沉基层开展帮扶，带动基层能力水平提升。推广适宜技术41项，6个项目入选2020年度广东省卫生健康适宜技术推广项目。医联体信息平台接入148家医疗机构，开展检验、影像诊断、病理诊断、心电诊断等远程业务，成为梅州市远程医学中心。

（梅州市人民医院）

梅州市中医医院

【梅州市中医医院概况】 梅州市中医医院是梅州市市级公立三级甲等中医医院，前身是1993年由梅州旅港实业家、知名慈善家田家炳捐资兴建的梅州市田家炳医院。现为广州中医药大学实习医院、广东省中医医院协作医院，是梅州市中医医联体的牵头单位和梅州市中西医结合学会主委单位。医院占地面积7.3万平方米，业务用房面积7.8万平方米。编制床位1500张，开放床位633张。在职职工1098人，其中高级职称101人、中级职称165人；大专以上学历1008人，其中博士1人、硕士研究生49人、本科508人、大专450人；全国卫生系统先进工作者1人，市管专业技术拔尖人才1人，市级名中医2人。2020年12月19日，梅州市中医医院通过中国心衰中心认证，标志着梅州市中医医院继“胸痛中心”“房颤中心”通过国家标准版认证后，再添一国字号招牌。同时，梅州市中医医院被评为2020年度广东省心衰中心联盟优秀质控中心单位。

【疫情防控】 新冠疫情防控期间，梅州市中医医院全体党员干部职工坚守岗位、众志成城，在保障日常

2020 年 12 月 19 日，梅州市中医医院通过中国心衰中心认证

（梅州市卫生健康局提供）

诊疗服务的同时，积极主动投身到抗疫战斗中。医院全面承担梅州市委党校集中隔离场所的日常管理工作，自 1 月 27 日至 4 月 6 日，共接收留观人员 353 人次，实现“零感染、零事故”。在抗击疫情关键时刻，医院选派出 4 名医务人员驰援荆州，彰显新时期共产党员的责任担当。

【医疗业务】 2020 年，梅州市中医医院门诊总诊疗量 361576 人次；急诊总诊疗量 38636 人次；抢救人数 314 人次，总抢救成功率 98.73%；急诊手术 3093 人次。门急诊收住院人数 20577 人次，出院病人 20668 人次，日均收入院 56 人，日均住院 475 人。收治危急重病人 2539 人次，占总出院病人的 12.28%，危重病人抢救成功率 95.78%。2020 年全院总体满意度 99.79%，患者满意度 99.71%，职工满意度 99.88%。

【医疗设备】 2020 年，梅州市中医医院医学装备部组织 11 场医疗设备市场调查会，市场调查 47 项医疗设备，总采购金额 3852.96 万元，节省 700.8 万元。其中包括：3D 高清内窥镜系统、ICU 项目、电子输尿管镜系统、超乳玻切治疗仪、手术显微镜、电子胆道镜和摄像系统、智能采血管理系统、超声刀设备升级置换、医疗设备日常维修和配件购买等项目。

【专科建设】 2020 年，梅州市中医医院有临床科室 25 个、辅助科室 11 个。对一内科（心血管内科）、二内科（脑病科、肺病科）、三内科（肾病科、内分泌科、血液病科）、四内科（脾胃病科）、一外科（普通外科、乳腺外科、胸外科）、二外科（泌尿外科）、三外科（神经外科）、康复医学科等科室进行专业划分，规范专科诊疗服务。医院诊疗服务范围、诊疗服务能力、危急重症抢救能力提高。

【教学科研】 2020 年，梅州市中医医院有 20 名中、西类别住院医师取得规培合格证书。接收 11 名中医类别全科医生到院进行转岗培训和岗位培训，均完成培训任务并考核合格。全年派出进修人员 17 人，涵盖 14 个专业，全院 880 名专业技术人员均完成继续教育学习。

年内，梅州市中医医院申报市科技社会发展项目 20 个，获通过 19 个，申报市医药卫生科研项目 10 个，获通过 10 个；全年两类科研项目提交成果验收申请 28 个，获结题验收通过 20 个、获阶段性成果验收通过 6 个。1 篇论文被国家级核心期刊收录。

【人才队伍建设】 2020 年，梅州市中医医院加大各类专业人才的引进力度。通过严格、规范的公开招聘流程，新招录人员 120 人，其中医疗类 29 人、医技类 10 人、护理类 72 人、管理类 2 人。为取得高一级专业技术资格且符合聘任条件的专业技术人员办理聘任手续，聘任高级职称 15 人、中级职称 40 人、初级职称 55 人，调动医院职工的积极性，壮大专业技术人才队伍。

【广东省首家中医热病中心动工建设】 2020 年 9 月 28 日，梅州市中医医院举行中医热病中心建设工程开工仪式。梅州市副市长张晨，梅州市卫生健康局、市直相关单位主要负责同志及梅州市中医医院领导班子、中层干部参加开工仪式。梅州市中医医院中医热病中心为广东省首家中医热病中心，项目总投资 4.1 亿元，建设用地面积 9898.70 平方米，总建筑面积 23447.03 平方米，项目以平战结合的规划设计理念，按中医应急救治规范化标准进行建设，主要功能为“中医热病科研”“诊疗救治”“治未病中心”“健康体检”“疫情应急防控”，

2020 年 9 月 28 日，梅州市中医医院举行中医热病中心建设工程开工仪式

（梅州市中医医院提供）

计划 2022 年竣工，建成后可增加床位 245 张，将进一步提高医院应对突发公共卫生事件的能力。

【梅州市中医医院通过三级甲等中医医院评审】 2020 年 11 月，国家中医药管理局医政司对梅州市中医医院三级中医医院评审结论进行统一编号备案，评审结论是三级甲等，有效期从 2020 年 11 月 17 日始至 2024 年 11 月 16 日止。

【梅州市中医医院新门诊综合大楼落成启用】 2020 年 7 月 28 日，梅州市举行梅州市中医医院新门诊综合大楼落成启用仪式。梅州市委书记陈敏，市委副书记、市长张爱军，广东省中医药管理局局长徐庆锋，梅州市委常委、常务副市长吴晓晖，副市长张晨等领导出席仪式。梅州市中医医院新建门诊综合大楼投资 4.9 亿元，占地面积 6372 平方米，建筑面积 4.8 万平方米，建成启用后，新增门诊诊室 68 个、床位 180 张。梅州市中医医院逐步实现全流程信息化管理，满足群众日益增长的诊疗需求。

（梅州市中医医院）

梅州市妇幼保健计划生育服务中心（梅州市妇女儿童医院）

【梅州市妇幼保健计划生育服务中心（梅州市妇女儿童医院）概况】 梅州市妇幼保健计划生育服务中心（梅州市妇女儿童医院）始建于 1995 年，是一所以“妇女儿童健康为中心，保健与临床相结合”，集预防、医疗、保健、教学、科研为一体的二级甲等妇幼专科医院、全市妇女儿童医疗保健中心，是广东省健康促进示范医院、广东省地贫诊断中心梅州分中心、梅州市出生缺陷综合防控中心、梅州市产前诊断中心。全面贯彻妇幼卫生工作方针，以孕产、妇女、儿童三大人群健康为中心，以三级预防理论为依据，以维护全生命周期健康为目的，优化服务模式，履行全市辖区业务管理与妇幼健康服务两大职能。截至 2020 年底，有院本部、凤尾园、华南院区 3 个院区，建筑面积 1.5 万平方米，编制床位 220 张。有职工 540 人，高级职称 72 人，中级职称 100 人。全年门急诊人数约 39 万人次，出院病人数约 9000 人次，手术例数约 5000 台，分娩量约 3000 人次。开设有妇科、产科、产前诊断中心、生殖医学中心、医学遗传中心、乳腺科、新生儿科、儿科、儿保科、中医科、健康体检中心等 20 多个临床专科。有省级临床重点专科 1 个（妇产科），市级临床重点专科 8 个（儿科、新生儿科、产科、妇科、乳腺科、生殖医学中心、超声科、新生儿疾病筛查专科）。

【医院新院区建设】 梅州市妇女儿童医院新院区迁建项目是省、市重点项目工程，选址位于江南新城客都大道北侧，一期占地面积 3.33 万平方米，按照三级妇幼保健机构标准建设，建筑面积 9 万平方米，规划床位 600 张，新建门诊楼、医技住院楼、附属楼各 1 栋，2019 年 9 月开工，2022 年竣工后完成整体搬迁；二期筹建梅州市儿童医院，占地面积 1.67 万平方米，总建筑面积 5.4 万平方米，拟新建儿科住院大楼 1 栋，新增床位 200 张，计划 2022 年开工，2024 年竣工。

【妇幼健康专科能力建设】 2020 年，梅州市妇幼保健计划生育服务中心启动大部制改革和大保健模式下学科体系建设项目。整合成立孕产保健、儿童保健、妇女保健三大业务保健部，对大部专科业务发展制订中长期发展规划和落实计划表，在项目组专家团队指导下逐步推进实施。三大部主要专科发展情

2020 年 12 月 31 日，梅州市妇女儿童医院新院区主体建成

（梅州市妇幼保健计划生育服务中心提供）

况：产科以产科质量为核心，重点抓高危妊娠管理，开设医院围术期ICU，拓展产前诊断业务，优化门诊住院和产后康复一体化服务流程，开设妊娠合并内科疾病门诊，优化丰富孕妇学校每日课堂，产钳助产、子宫背带式缝合术等新技术逐步推广应用，诊疗技术服务水平进一步提高；妇科微创手术基本代替传统开腹手术，独立开创腹腔镜下全子宫切除术、子宫次全子宫切除术、困难子宫切除术、输卵管复通术、宫颈环扎术等，在外请专家协助下开创腹腔镜下宫颈癌、卵巢癌、子宫内膜癌等高难度手术，妇科门诊通过PAC公益项目初审开展流产后计划生育优质服务，乳腺疾病的诊治技术达到全市先进水平，乳腺微创和开放手术量均明显增长，生殖中心 IVF-ET/ICSI（试管婴儿）项目建设已完成手术实验区的场地设计、招标等工作，设备引进、人员进修培训工作持续推进；儿科受新冠肺炎疫情影响业务下滑明显，发热门诊重点做好疫情防控常态化工作，住院部开展儿童支气管镜技术，解决诸多儿童呼吸系统疑难危重病例，儿童呼吸系统疾病的诊疗水平达到全市先进水平，新生儿科新开展脐静脉置管、PICC 置管技术、日间光疗、护理专科门诊，整体诊疗水平提高，儿童保健科整合搬迁回院本部，在暂停开诊的综合科病区开设儿童康复病房。

【妇幼公共卫生服务工作】 2020 年，梅州市妇幼保健计划生育服务中心继续贯彻落实省市政府民生实事出生缺陷综合防控项目，推进落实全市公共卫生服务项目，全市出生缺陷综合防控工作稳步有序推进。持续加大地贫防控工作力度，发挥“梅州市出生缺陷综合干预中心”的作用，指导各县级机构规范有效开展出生缺陷综合干预工作，为全市提供优质的地贫基因检测、耳聋基因检测、产前筛查、产前诊断和新生儿疾病筛查技术服务。全年经地贫基因检测的夫妻 2855 对（5710 例），地贫产前诊断 81 例，诊断为中重型地贫终止妊娠 13 例，全市重型地贫新生儿出生数 5 例，产前染色体诊断 273 例，诊断为严重染色体疾病进行引产 15 例。协助梅州市卫生健康局完成全市 8 个县（市、区）市级基本公共服务绩效评估，通过现场绩效评估对孕产妇和 0～6 岁儿童管理进行较全面的考核和反馈，对全市服务机构的孕产期保健、儿童保健服务项目进行规范管理。推进妇幼重大公共卫生服务项目，城乡妇女两癌筛查工作质量进度不断提升、按期完成进度，开展消除艾滋病梅毒乙肝母婴传播工作，达到预期目标。年内，举办妇幼公共卫生服务项目管理市级培训班 4 场，800 多人次参加。

【医院人才队伍建设】 2020 年，梅州市妇幼保健计划生育服务中心招聘各类专业技术人员 16 人，其中全日制本科 12 人、临床医学类 7 人、护理类 2 人、其他类 7 人，人员素质不断提高。取得高级职称 4 人、中级职称 20 人，安排医护业务骨干到上级医院进修 29 人次，参加省市各类学术活动 210 人次，接收到院学习进修 34 人。申报广东省医学科技奖项目 1 个（获三等奖），省医学科研基金项目 1 个，市医药立项 1 个，梅州市科技局立项 7 个，发表论文 23 篇，其中国家级医学期刊 11 篇、省级期刊 12 篇。

【医院优质服务】 2020 年，梅州市妇幼保健计划生育服务中心加强医德医风建设，转变全院干部职工工作作风。于 4 月制订出台《作风建设考核工作办法（试行）》，围绕“优化服务流程，改善服务环境，提高服务态度，提供优质服务，提升就医感受”五个方面开展优质服

2020 年 10 月 31 日，2020 年广东省妇女儿童医院建设与发展论坛（粤东站）在梅州市举行 （梅州市妇幼保健计划生育服务中心提供）

务活动并每月考核奖罚。全年考核处罚 60 人次，奖励 107 人次，其中，拒收红包 50490 元、收到锦旗 33 面，门诊住院患者（微信）满意度 98.3%；处理院级投诉（有效）25 例，其中信访 9 例，无重大医疗纠纷差错事故发生。

【医院文化建设】 2020 年，梅州市妇幼保健计划生育服务中心加强与梅州日报社《健康周刊》、《南方日报》、梅州电视台《民生 820》等主流媒体紧密合作，发挥主流媒体正面导向作用。全年各科室发表科普、学术文章 33 篇，接受梅州市电视台、梅州日报社、南方日报社等媒体采访 80 多人次。医院微信公众号粉丝关注量增至 11.9 万人，文章阅读量累计 115.7 万人次，阅读总人数累计 86.3 万人次。全年开展各类义诊、健康讲座活动 19 次，420 多人次参加志愿者服务活动，累计服务时长 5300 多小时，被评为第六批广东省学雷锋活动示范点、2019—2020 年度梅州市文明单位。编导宣传作品参加广东省第二届妇幼公共卫生项目主题宣传作品征集大赛，防治地贫微电影《不容错过》获评“一等奖”，“两癌”筛查微电影《关爱》获评“三等奖”。

【医疗设备】 2020 年，梅州市妇幼保健计划生育服务中心辅助检查硬件设施齐全，装备 16 排螺旋 CT 扫描机、数字化 X 光机、乳腺钼钯 X 光机、四维彩色 B 超、串联质谱仪、各类腔镜内镜、纤维支气管镜等一批先进医疗设备，能适应临床各项检查检测。

【妇幼健康医联体建设】 2020 年，梅州市妇幼保健计划生育服务中心以妇幼健康医联体和市妇幼保健协会为抓手，推动业务发展，组织召开梅州市妇幼健康医联体工作会议，作为市妇幼保健协会牵头单位举办 9 场学术会议和培训班，1460 人次参加现场培训。10 月 31 日，承办由广东省医院协会妇儿医院分会主办的 2020 年广东省妇女儿童医院建设与发展论坛（粤东站）；11 月 21 日，梅州市妇幼保健协会成立首个专业委员会——儿科与儿童保健专业委员会，举办首届学术交流会，提高业内影响力及知名度。

（梅州市妇幼保健计划生育服务中心、梅州市妇女儿童医院）

嘉应学院医学院附属医院

【嘉应学院医学院附属医院概况】 嘉应学院医学院附属医院坐落在梅州市广梅路 52 号，成立于 2009 年 11 月，是梅州市第一所高校附属医院，隶属嘉应学院医学院管理，为公立非营利性综合医院。医院占地面积 1.2 万平方米，建筑面积 25410 平方米，开放病床 150 张。在职员工近 300 人，其中高级职称 54 人、中级职称 55 人、硕士研究生 16 人、返聘专家 9 人。开设有急诊综合科、内科、外科、妇产科、儿科、中医科（含理疗科）、五官科、麻醉手术室、放射科、功能检查科、检验科、病理科、内窥镜室、药剂科、消毒供应室、口腔中心、血透室、皮肤科等 18 个临床、医技科室。

【医疗设备】 2020 年，嘉应学院医学院附属医院拥有 1 台 GE1.5T 核磁共振、联影 62 排螺旋 CT、美国进口通用 GEE8 型高端妇产四维彩超、西门子双板 DR、岛津胃肠机，美国进口史塞克超高清腹腔镜及进口电子胃肠镜、宫腔镜、胆道镜、阴道镜、膀胱镜、输尿管镜、超声刀、纤维鼻咽喉镜、前列腺电切刀，进口贝克曼 AU5800 全自动生化分析仪等先进设备一批，并拥有 7 台血液透析机、2 台血液透析滤过机。嘉应学院医学院附属医院在建住院大楼，楼高 10 层，主体工程完成约

98%，预计2021年底投入使用，届时开放病床数400张。

【疫情防控工作】 2020年，嘉应学院医学院附属医院选出叶瑞萍、黄玲两名骨干力量参加梅州援鄂医疗队。派出张雨红等5人分两批到梅州市集中隔离观察区开展医护工作，选派欧阳雪莲等2人支援广州海关白云机场口岸疫情防控工作。在疫情初期，主动关停口腔科、中医科、理疗科以及发热门诊等临床科室，优先保障抗疫物资储备，支持配合全市抗疫工作。做好新冠肺炎疫情常态化防控工作；落实“四早”防控要求，紧盯医院出入口、预检分诊、发热门诊、住院病区等重点区域，对照“十个不打折扣”要求，抓实院感防控措施，医院保持“零发生、零感染”的良好局面。叶瑞萍、黄玲先后获评新冠肺炎防控阻击战“先进标兵”、湖北省人民政府颁发的“最美逆行者”、2020年梅州市“我心中的三八红旗手”“梅州市抗击新冠肺炎先进个人”等称号。张雨红等13人获评“全市卫生健康系统抗击新冠肺炎先进个人”称号。王飞等3人获评“梅州市最美战役医师”称号。陈裕芳等5人获评梅州市“最美战疫天使”称号。嘉应学院医学院附属医院获评“2019—2020年度梅州市文明单位”。

2020年，嘉应学院医学院附属医院护士叶瑞萍、黄玲参加梅州援鄂医疗队，支援湖北武汉

（嘉应学院医学院附属医院提供）

【信息化建设】 2020年，嘉应学院医学院附属医院加快信息化建设，完成上线信息安全等级保护2.0项目以及电子健康码、电子票据系统项目投入运行。做好银医互联、项目投产上线准备工作。

【医院人才队伍建设】 2020年，嘉应学院医学院附属医院抓好人才引进工作。通过在医院官网、微信公众号、高校就业指导网站发布招聘公告，与丁香园合作，到招聘会现场进行人才招聘等各种渠道，加大人才招聘宣传力度。对外招聘各类医技护理人员10名，其中临床医生4名（从三甲医院引进副主任医师2名）、护理人员4名、医技人员2名。做好专业技术人员岗位等级晋升竞聘上岗聘用工作。选派7名医生到上级医院进修学习，100余人次外出学习交流。组织“新冠肺炎诊疗及疫情防控工作培训”“咽拭子采样操作现场示范培训”“如何当好一名临床实习生”等系列培训30多场次，培训考核超1000人次，提高医务人员的基本功和基础医疗护理质量。

【教学科研】 2020年，嘉应学院医学院附属医院申报市级科研课题7个，发表省级以上杂志论文28篇。承担医学院教学任务6252节课时，接收医学院实习生11名。在嘉应学院医学院颁发的“邓振龙奖教金”系列奖项中，董建新获“教书育人突出贡献奖”，钟锋获“教书育人优秀奖”。

（嘉应学院医学院附属医院）

梅州市第三人民医院

【梅州市第三人民医院概况】 梅州市第三人民医院成立于1969年11月，隶属梅州市卫生健康局管理，为公立非营利性市级精神心理科专科为主的医院。分设院本部（新院区）、江南综合院区。院本部开设精神科、心理科、老年科、儿少科、睡眠医学科、心身医学科门诊，以及11个住院科室。江南院区开设内科、外科、妇产科以及中医、按摩理疗、皮肤科、心理科、口腔科、健康体检等业务，加入梅州城区120急救，提供24小时急诊服务。医辅科室有放射科、医技科、检验科、药剂科、临床药学部、信息科、供应室等科室。医院定编病床1300张，实际开放1100多张；有在职员工近700人，其中高级职称70多人、中级职称100多人。

【医院疫情防控工作】 2020年1月27日，梅州市第三人民医院外派副主任医师彭小莲和护士黄桂珠作为市级第一批人员到梅州市委党校学员宿舍临时集中医学观察场所工作。2月13日，紧急集合全院280多人到新院区筹建新冠肺炎市级后备定点医院，按时完成筹建工作。3月15日，谢家宁和邹嘉伟作为首批外派人员分别被派往广州白云国际机场和深圳机场参加抗疫工作。4月28—30日，外派心理科主任古小红，心理治疗师黄小龙、吴海强到全市集中隔离医学观察场所提供心理健康服务。2月14日起，在原有1条24小时公益心理援助热线基础上，再开通1条24小时公益心理援助热线，为普通百姓、新冠肺炎密切接触者、疑似病例、确诊患者，以及抗疫一线工作人员等提供免费心理咨询服务，助力疫情心理健康。

【梅州市第三人民医院完成整体搬迁】 2020年11月3日，梅州市第三人民医院完成整体搬迁。新院区位于梅江区城北填扎下村三组109号（原梅县华侨中学），占地6.3万平方米，总投资3.1亿元，定编床位1300张，总建设面积72238平方米。精神科、心理科是医院特色专科，也是梅州市重点医学专科，担负着梅州及周边地区精神、心理疾病的诊疗，以及法医精神病司法鉴定、梅州市严重精神障碍管理治疗等工作。梅州市第三人民医院把“做大做强精神科，努力发展心理科，大力建设老年科、儿少科、睡眠医学科等亚专科以及康复中心”作为医院发展抓手，努力实现“专科重症轻症齐发展，儿少成年老年全覆盖”的发展目标，致力把新院区建设成为粤东西北地区一座知名的现代化精神心理专科医院。

【医疗设备】 2020年，梅州市第三人民医院拥有螺旋CT、DR、CR、彩色B超、脑电地形图仪、超声经颅多普勒血流分析仪、电子胃镜、全自动生化分析仪、血药浓度检测仪、精神压力分析仪、精神科药物基因检测、无抽搐电休克治疗仪、经颅磁刺激治疗仪、经颅直流电刺激仪、团体生物反馈治疗仪、多导睡眠监测仪、失眠治疗仪、心理CT、韦氏智力检测仪、计算机认识矫正系统、XR扩展实景治疗系统、腹腔镜、宫腔镜等一批检查、检测、治疗设备。

【信息化建设】 梅州市第三人民医院于2018年启动医院信息系统升级改造工作，建设“以病人为中心”的智慧医院信息系统，实现新HIS系统、电子病历系统、检验信息系统、临床路径系统、膳食管理系统等切换上线，实现院内“一卡通”就诊服务应用。全省健康码上线使用，实现全省“一码通用”的便民服务。HIS系统已对接省医保系统平台，实现市医保、省内异地医保及省外异地医保的实时结算。完成市内医疗救助一站式结算、省内异地医疗救助一站式结算、工伤保险协议服务机构联网结算等，推广使用出生医学证明管理系统、妇产分娩信息系统、广东省妇幼卫生信息管理系统，实现数据共享，提升医院对患者的服务能力。

【医院人才建设】 2020年，梅州市第三人民医院抓好人才引进和队伍建设工作，组织编外招聘考试录用63人。采取“走出去，请进来以及传帮带”的人才培训模式，选派业务骨干到国内、省内参加培训、进修，定期邀请省级以上专家教授到院授课指导。全年选派8名医务人员到广州、深圳等医院进修，选派100余人次参加网络专业培训及外出学习。举办院内讲座1场次，完成80多人次的梅州市基层精神科医师集中培训，举办240人次参与的梅州市心理危机干预能力培训班；组织培训20多场次，考核1000余人次。全年通过职称考试、评审取得高级职称2人、中级职称18人、初级职称22人。吴春香、黄桂珠、邹嘉伟获评梅州市“最美战疫天使”；古小红、林伟健、刘舜华、彭小莲、张瑜良、朱雨亭获评梅州市“最美战疫医师”；张瑜良、侯嘉文获评“梅州市抗击新冠肺炎疫

2020年11月3日，梅州市第三人民医院完成整体搬迁（梅州市卫生健康局提供）

情先进个人”；李玉华获评广东省护士协会精神科分会“优秀抗疫护士”称号；吴凯新获评梅州市妇幼保健协会“新生儿疾病筛查表扬个人”称号；彭小莲获评“广东省抗击新冠肺炎疫情先进个人”；邝云航、谢乃渭、吴凯新入选2020年度《岭南名医录》。

【医疗业务建设】 2020年，梅州市第三人民医院落实医疗核心制度，加强重点科室、部门的监控，防范医疗事故发生，保障医疗质量、安全。开展医护联合查房，加强江南院区综合科与院本部精神科协作，在精神科病房创新开展内科专家常态化查房，解决精神病患者合并躯体疾病诊疗问题。扩大精神科血药浓度监测范围，全年完成监测8706例，推广精神科药物基因检测，为精神病患者实施精准医学治疗。谋划整体搬迁后新院区儿少科、睡眠科、老年科、精神科、亚专科建设，选派8人次到上级医院进修，做好人才筹备工作。抓好平价医院建设，开展临床路径治疗，实行检查结果互认、平价处方等政策，使患者人均门诊、住院费用低于同等级同类型医院平均水平。全年入院2688人次，出院2674人次，其中精神科入院1687人次、江南院区入院1001人次，精神科出院1662人次、江南院区出院1012人次；总诊疗量85089人次，其中精神科59743人次、江南院区25346人次，均创历史新高；全年受理完成法医司法精神病鉴定56例，无重复鉴定或超范围鉴定。

【教学科研】 梅州市第三人民医院是梅州市嘉应学院医学院临床见习基地和教学合作单位，承担精神心理科带教和教学工作，是梅州市精神科转岗医师的培训基地，为全市乡镇卫生院和社区卫生服务中心精神科专职医师进行规范化带教培训。2020年，接收到院见习学生128人次、实习医生68人次；申报市级科研立项3项，科研结题3项，发表省级及以上论文7篇。

【严重精神障碍患者管理】 梅州市精神卫生中心于2017年11月在梅州市第三人民医院加挂牌成立，该中心承担全市精神卫生防治管理、技术指导、人员培训、宣传教育、信息管理等工作。2020年，梅州市精神卫生中心加强严重精神障碍患者管理治疗工作，提高全市严重精神障碍管理治疗工作水平，各项管理指标均达到国家和省要求，全市各县（市、区）均已挂牌成立县级精神卫生中心。截至12月31日，全市在册严重精神障碍患者26198人，报告患病率5.98‰，年面访率89.23%，规范管理率92.7%，服药率85.83%，规律服药率71.68%，精神分裂症服药率85.43%，精神分裂症规律服药率72.13%。梅县区、蕉岭县被评为“2019年度广东省严重精神障碍管理治疗工作先进县（区）”。全面开展“精防日”活动，于7月为大埔县居家患者进行复核诊断、指导用药。推动精神科长效针剂的推广使用，于5月、6月、8月和11月派专家到大埔县、蕉岭县、梅江区、平远县、兴宁市等地开展精神科长效针剂推广使用培训和指导工作。全年举办严重精神障碍管理治疗（国家基本公共卫生服务项目）工作培训班2场次，全市精神卫生相关工作人员600多人次参加，进一步强化全市各级工作人员的责任意识，指出各县（市、区）存在的主要问题，提高全市严重精神障碍管理治疗工作水平。抓好年度督导考评，完成院长行风热线接访涉及热点问题的意见建议处置落实工作。全年出版《梅州市严重精神障碍信息管理简报》4期。

【业务宣传】 2020年，梅州市第三人民医院把“内塑形象，外树品牌”的医院宣传理念与医院中心工作相结合，利用医院自媒体（院报、微信公众号、官网等）及省市媒体等宣传渠道，做好宣传工作。全年接受梅州电视台《民生820》栏目记者采访9次，《服务900》栏目记者采访2次，在《梅州日报》“健康周刊”栏目刊载科普文章19篇。在“梅州市第三人民医院”微信公众号推送宣传文章108篇，月均阅读次数5000多次；在官网推出100多条网站新闻、通知公告、科普文章等；面向全市卫生系统发行院报3期9000多份，促进全市各级卫健部门、公立医院、慢病院（站）以及精防医生了解医院动态。

（梅州市第三人民医院）

体育

五华县梅林古大存故居

责任编辑：何嘉璐

群众体育

【政策宣传引导】 2020年，梅州市出台《梅州市足球中长期发展规划（2020—2050年）》；完善《梅州足球十年发展规划（2020—2029年）》《梅州市足球与文化共融发展方案》；向各县（市、区）体育行政部门、梅州市体育局下属单位、市直体育协会和公众广泛征求意见建议，修改《梅州市市级体育协会评估资助办法》。举办《广东省全民健身条例》《广东省体育强省建设实施纲要》宣讲会，200多人参加，促进全民健身工作的开展，推动依法治体。

【足球场地建设】 2020年，梅州市将足球场建设作为振兴梅州足球、创建梅州足球特区基础性标志性工程，通过政府主导、压实责任、多措并举、群策群力，推动足球场地建设，足球场地面积增加约60万平方米。指导各地推动城市足球场地设施建设工作，主动将社区足球场地建设任务由10个增至19个，截至2020年底，建成3人制社区足球场地2个、5人制社区足球场地14个、7人制社区足球场地3个。截至9月，完成《广东省足球场地设施建设空间布局总体方案（2017—2020年）》足球场地建设任务，建成社会足球场125块，目标完成率104%。完成《梅州市振兴“足球之乡”十年规划》足球场地建设任务，2020年新建205块足球场，总量1022块，目标完成率105.67%，每万人拥有足球场地2.3块，人均占有率全省排名第一。建设足球场地建设统计系统（梅州民生项目—足球），系统架构设为基础信息和项目管理，分别从建设主体、建设资金、建设规模、建设进度和赛事活动统计、场地开放等方面进行统计，及时掌握各足球场地的运营状况，动态显示社会足球场建设进度情况。

【公共体育场地建设】 2020年，梅州市落实体育场地普及工程建设措施，推进大型体育场馆建设。兴宁市完成大坝里体育场升级改造；丰顺县完成丰顺坚真文化体育中心地下工程，建成符合举办国际赛事的5千米山地自行车赛道；五华县启动足球小镇二期工程，建成元坑足球旧址公园，完成李惠堂球王博物馆基础工程建设。推进社区体育公园建设，新建梅江区八一广场、西阳镇西阳社区体育公园，平远县仁居镇圩镇群众文化体育中心、热柘镇热柘村七里滩文体广场、大柘镇城南新区水电山庄文体公园5个社区体育公园，增加群众周边体育场地设施，方便群众健身。完成“全民健身器材进机关”试点工作，选取符合配建条件的 14 家市直单位，投入 80 万元采购跑步机、室内乒乓球台、室外篮球架等 9 件（套）配建健身器材，宣传《广东省全民健身条例》，普及科学健身理念，培养文明健康生活方式。完成梅江南岸全民健身长廊健身器材提档升级，投入 30 万元购置健身器材 110 件，对新建体育馆三角小公园、马鞍山公园、梅江公园、滨江公园、剑英公园、聚文路小公园、金港花园左侧、百岁山郊野公园等健身场所进行健身器材新增和更新，构建梅州城区“15 分钟健身圈”。推动公共体育场馆免费低收费开放，梅州市剑英体育馆、梅县曾宪梓体育场等 7 个大型公共体育场馆全部实行免费低收费开放，获得中央资金 226 万元补助。各县（市、区）同步推进健身步道、社区体育公园建设，构建便民利民健身服务体系，全市人均体育场地面积达到 2.15 平方米。

【群众体育活动开展】 2020 年，梅州市举办一定规模的群众体育活动约 600 场次，约 4 万人参与，举办足球比赛 2975 场次，约 9000 人参与。延续举办以足球为重点的大型品牌赛事。举办客家杯“一带一路”青少年足球邀请赛、中国足球协会甲级联赛、中国足球协会冠军联赛、“中国体育彩票杯”第三届职工足球比赛等大型品牌赛事活动。梅江区举办元旦杯五人足球邀请赛，约 200 人参与；梅县区举办第 35 届强民杯足球赛、梅县区足协杯足球邀请赛、全民健身日梅县区直机关足球邀请赛、镇级贺岁杯等足球赛事，约 3000 人参与；兴宁市举办“市长杯”女子足球比赛、市直足球比赛、镇级足球比赛，中小学足球比赛、第 34 届“南丰杯”足球赛和兴宁市足球协会“全达实业杯”足球比赛，约 400 人参与；蕉岭县举办第六届“县长杯”足球赛、蕉岭县草根足球赛，约 200 人参与；平远县举办迎元旦足球友谊赛、贺岁杯足球赛、春节足球比赛、足球友谊赛等赛事，约 2000 人参与；大埔县举办足协贺岁超级杯邀请赛和大埔县足球联赛，约 200 名运动员参加；丰顺县举办五人足球超级联赛等赛事；五华县举办春节第十九届“球王杯”足球赛（春节）、元宵节第十六届“状元杯”篮球赛（元宵）、第七届乡镇足球联赛、机关足球赛、“元坑杯”足球邀请赛等赛事，约 500 人参与。

年内，梅州市各县（市、区）开展“一县一特色”体育品牌赛事。梅江区举办“区长杯”足球赛，开展 222 场次比赛；梅县区举办 2020 世界客都长寿梅州马拉松赛，1 万名选手参与；兴宁市举办足球赛；平远县举办欢乐行徒步活动；蕉岭县举办 48 场篮球比赛、48 场足球比赛；大埔县举办“南粤古驿道红色之旅——世界长寿之乡大埔甜竹村 10 千米徒步活动”；丰顺县举办 2020 年广东省青少年自行车（公路）锦标赛、2020 年“讯源杯”中国山地自行车联赛（总决赛）暨青少年自行车 U 系列赛；五华县举办环游转水风情小镇暨环五华超百骑行活动、承办中国足球甲级联赛等 45 场比赛。市直各体育协会组织线上线下全民健身活动，举办 60 多场赛事活动，约 5300 人参与。梅州市足协举办 32 场足球教练员裁判员培训活动，在梅县区举办 4 镇 16 村村级足球赛；梅州市老体协开展 8 月 8 日全民健身日、重阳节健身等 7 场活动，1875 人参与；梅州市太极拳协会开展健身气功、太极拳等义务宣传推广活动，约 500 人参与。

2020 年 12 月 26 日，梅州市举办客商银行·2020 世界客都长寿梅州马拉松赛
（梅州市体育局提供）

年内，梅州市开展 36 场“全民健身日”活动。市级系列活动涵盖展演展示、职工足球赛、广场舞大赛、徒步、轮滑、围棋活动，各县（市、区）同时开展形式多样的健身展示或赛事活动，提高群众对“全民健身日”的知晓度和参与率。

年内，梅州市结合新冠肺炎疫情防控需要，创新工作方式方法，开展“云视频”科学健身。发布《全民健身，抗击疫情：梅州市体育局推荐居家健身方式》，解决疫情期间外出健身的难题，指导市民在家科学健身，减少外出。邀请太极拳、健身气功、广场舞、健美等健身项目社会体育指导员录制 8 期“宅家”科学健身小视频，为市民居家科学健身送服务。

【梅州市“中国体育彩票杯”第三届职工足球比赛】 2020 年 12 月 10—18 日，梅州市“中国体育彩票杯”第三届职工足球比赛举行。该次比赛是梅州市首次在社区足球场举办的市级赛事，借以推动梅州市做好国家社区足球试点城市建设工作。来自 15 支市直单位代表队，14 支全市企业代表队近 600 多人参赛。经过 9 天 55 场的激烈角逐，梅州税务登上市直单位组最高领奖台，市消防救援支队获得亚军；梅州中行夺得企业单位组冠军，梅州邮政获得亚军。

2020 年 12 月 10—18 日，梅州市举行“中国体育彩票杯”第三届职工足球比赛

（梅州市体育局提供）

【健身指导】 2020 年，梅州市完成第五次国民体质监测工作和体质测定与运动指导站常态化测试工作，除完成幼儿、青少年（学生）、成年人和老年人 3700 人（年龄为 3 至 79 周岁）抽测样本量外，完成体质测定与运动指导站常态化测试 7500 个样本量。完成社会体育指导员培训任务，市级举办两期二级社会体育指导员培训班，培训项目涵盖太极拳、健身气功、乒乓球、足球、瑜伽，171 人参与，各县（市、区）培训三级社会体育指导员 370 人，培训项目涵盖太极拳、健身气功、足球、轮滑、乒乓球、篮球、广场舞、羽毛球、瑜伽、气排球。晋级 16 名一级社会体育指导员，全市有社会体育指导员 1.3 万名，每万人拥有社会体育指导员 30 名。参加申报 2020 年广东省社会体育指导服务站评估，广东省社体中心到梅州市进行实地评估，梅江区江南街道和西郊街道获评 A 级。完成健身气功站点年度检查工作，对 2019 年 12 月 31 日以前经各县（市、区）体育行政部门批准注册的健身气功站点，从注册登记、站点规模、习练功法和活动开展等方面进行年度检查，经年度检查合格的站点 86 个。落实全民健身国家战略，推广和普及工间操。为贯彻落实全民健身国家战略，推广和普及工间操，选取眼保健操、广播体操和健身气功等工间操进行习练，提高干部职工身体素质，倡导文明健康生活方式。

【协会社会化建设】 2020 年，梅州市开展 2019 年度市级体育协会评估工作，根据《梅州市体育协会评估资助办法》要求，从协会组织建设、活动开展等方面对协会年度工作开展评估，评出 3 个五星协会、5 个四星协会和 7 个三星协会，通过评估调动各类体育协会的主动性、积极性，增加协会活力，促进协会规范化发展。年内，新成立梅州市青少年体育联合会和梅州市客家武术馆 2 个社团；完成梅州市社体协、梅州市老体协等 22 个体育社会组织 2019 年度工作报告前置审查业务；完成梅州市羽协等 5 个体育社会组织换届选举工作，完成梅州市长跑协会等 11 个体育社会组织各项变更审核工作。完成梅州市老体协、梅州市社体协等 6 个体育协会商会与行政机关脱钩改革工作，促进体育协会社会化、实体化发展。梅州市足协在职能转变、资源优化和人员资源配置等方面深化改革，承接多项大型赛事活动和教练员裁判员培训、审批业务，市县镇村四级足球协会不断完善；梅州市篮协组织参加省联赛、三人篮球赛；梅州市武术协会举办武术项目调研活动。

年内，梅州市开展市级体育社会组织党建摸排和组织建设“双同步”工作，摸排21个体育社会组织党建工作情况，其中体育社团14个、体育民办非企业单位7个，完善各体育社会组织从业人员党员登记备案。梅州市太极拳协会参加全国健身气功八段锦网络视频大赛，获得4个中年组一等奖、4个老年组一等奖、2个老年组二等奖、11个“宣传达人奖”。梅州市健身气功代表队在2020年广东省健身气功站点联赛获得健身气功大舞集体赛一等奖、导引养生功十二法集体赛二等奖、易筋经个人赛第四名、八段锦个人赛第五名的成绩。梅州市老体协参加全省老年人太极拳、剑比赛，获得2个集体项目优秀奖；参加全省老年人气排球比赛，获得男子优胜奖（第四名）、女子优秀奖（第九名）成绩。梅州市羽协代表队参加2020年广东省羽毛球协会俱乐部团体赛暨第十四届全运会群众组选拔赛，获得中青年组第二名、中老年组第三名的成绩。

【全民健身示范县创建】 2020年，梅州市五华县开展全民健身示范县创建工作，完善县镇村体育设施和组织网络建设，促进全民健身设施、活动组织提档升级。

（梅州市体育局）

竞技体育

【备战第十六届省运会】 2020年，梅州市确定全市参加2022年广东省第十六届运动会的15个大项目，截至12月底，各项目队已完全转入成熟的训练备战当中。做好运动员省注册工作，截至12月底，全市运动员首次注册审核通过1250人，包括引进的梅州客家大连球员（2007年龄段13人、2008年龄段5人）；年度确认审核通过988人。加强市级及各县相关协会调研备战省运会群体项目，初步确立参加省运会7个项目比赛。

【筹备第九届市运会】 2020年，梅州市下发《梅州市第九届运动会竞赛规程总则》《2021年梅州市第九届运动会各项目竞赛规程（讨论稿）》，第九届市运会设16个大项、321个小项，设575块金牌。到梅江区、兴宁市等6个赛区调研，检查落实经费筹备、场地建设及器材准备等工作进度，解决重点难点问题。

【备战第十四届全运会】 2020年，梅州市五华县开展笼式足球备战工作。完善足球场地设施，组织队伍加强日常训练，通过参加市足球联赛，提高实战水平；举办“中国·元坑”杯2020年五华县笼式足球赛，检验备战情况，积累经验，加强后备人才队伍建设。

【青少年体育发展】 2020年，梅州市建立健全机构，成立青少年体育联合会，发挥其职能，开展青少年体育的普及推广、政策宣传，组织举办青少年体育领域相关的竞赛活动。探索升级以社会俱乐部、各单项协会为主的发展模式，利用社会企业办体育，以学校、协会为平台抓“三办”：市队县办、市队校办、市队协会（社会）办，实现“三化”：特色化、专业化、社会化。开展全市青少年体育基础数据统计工作，截至2020年底，全市有2所国家级、10所省级及3所地市级体育传统项目学校，2所省级青少年体育俱乐部，有190名指导教师及51977名在训青少年。开展赛事活动，于2020年1月、8月和12月举办“梅州市第二届青少年体育嘉年华”活动、梅州市足球锦标赛、第三届超华·客家杯“一带一路”青少年足球邀请赛等，约3129名青少年受益。参加省青少年锦标赛，梅州市代表队派出111名领队、教练和535名运动员参加15个大项的比赛，获得16金20银22铜、8个第四名、26个第五名、14个第六名、16个第七名、9个第八名的成绩，其中，梅州市体育代表团在青少年足球锦标赛中获得1金3银1铜的成绩，为梅州市参加省青少年锦标赛历史最好成绩。

【梅州市第二届青少年体育嘉年华活动】 2020年1月18日，梅州市第二届青少年体育嘉年华活动在全民健身广场举行，开展足球比赛、篮球比赛、轮滑比赛、跆拳道、空手道等项目，小朋友们各展本领，激情洋溢，寒冷的天气里运动场上热闹非凡。活动由梅州市体育局主办，梅州市体育运动学校、梅州市体育服务中心、梅州市足球协会、梅州市跆拳道协会、梅州市轮滑协会、梅州市篮球协会、梅州市空手道队承办。旨在促进梅州市青少年体育的发展，提高青少年对体育运动的兴趣，增强青少年体质及推广体育运动，普及全民健身，营造良好的氛围。

2020 年 12 月 10 日，梅州市第三届超华·客家杯“一带一路”青少年足球邀请赛开幕式在市足球文化公园举行　（梅州市体育局提供）

【梅州市第三届超华·客家杯“一带一路”青少年足球邀请赛】 2020 年 12 月 10—16 日，梅州市第三届超华·客家杯“一带一路”青少年足球邀请赛举办。该次赛事是广东省重点打造的十大省内品牌赛事之一，也是梅州青少年足球赛事中规模最大、范围最广、水平最高的一次赛事，邀请来自全国中超和中甲足球俱乐部梯队、足球友谊城市球队共 32 支球队 860 名运动员和教练员参赛。赛事设 4 个年龄组（U12、U13、U15、U16），每组 8 支球队。经过 80 场比拼，山东鲁能夺得 U12、U13 两个冠军，浙江能源绿城夺得 U15 冠军，陕西足协夺得 U16 冠军，梅州客家获得 U16 组第四名。

【体校队伍建设】 2020 年，梅州市强化以市体校为龙头，各县（市、区）业余体校为核心的体校建设工作。对市体校疫情防控、学生文化课学习、食宿安全、训练质量等工作进行深入检查，确保学校的安全管理工作落实到位；进行机制体制改革、各项目队人员梳理固化等工作；定期到各县（市、区）业余体校调研，指导督促做好经费保障、安全生产、项目训练、人才引进等工作。坚持以协调统一、资源共用、责任共担的工作模式，统筹配置体育教育资源，完善青少年后备人才培养机制。基层体校坚持“体育主管、教育主教”的办学模式，部分采取体育教育共办体育项目的办法。梅州市体育局协助并指导梅州市体校完成“体教融合”相关工作，修改完善《创建特色体育运动学校 打造体教融合典型示范》，与教育部门共同开展校园足球、中华优秀传统体育进校园等活动。

【体育人才队伍建设】 2020 年，梅州市分别举办市空手道、游泳、武术散打教练员和裁判员培训班，促进项目的可持续发展，壮大队伍力量。严格按照国家体育总局颁发的《运动员技术等级标准》，审批一批国家级运动员，全年全市培育出国家二级运动员 46 名。

（梅州市体育局）

体育产业

【体育彩票销售】 2020 年，梅州市体彩销售逆势而上，全年销售额 3.57 亿元，小幅超过上年（3.55 亿元），是广东省实现体育彩票销售正增长的两个地级市之一。梅州市体育彩票管理分中心获“2020 年全省体育事业突出贡献单位”称号。

【产业顶层设计】 2020 年，梅州市加大产业顶层设计，营造良好营商环境。于 4 月 26 日印发《梅州市推动体育产业多元发展实施方案（2019—2023 年）》。委托专业团队起草《梅州市足球行业研究报告》，为全市体育产业的发展提供明确的发展方向，截至 2020 年底，项目整体进度完成约 95%。探索建立年度体育产业调查机制，委托嘉应大学团队开展全市产业调查工作，摸清底细，形成年度调研报告，准确掌握产业发展情况。建立局领导挂点县及重点体育企业制度，出台局领导挂点企业工作考核办法，并实行体育产业统计数据季度报送、重点产业项目每月报送制度。

【产业构建发展】 2020年，梅州市加强产业联动发展，发展体育实体经济。扶持现有体育企业，到红旗、跃速、新昌、平远绿鹰等企业调研，了解产业项目进展情况和政策需求。支持本土体育企业参加中国体育文化博览会暨中国体育旅游博览会、2020年广东省体博会，组织2020年梅州马拉松体育产业展区布展工作，做好品牌宣传工作。加快体育与文化旅游、互联网、健康养老等领域深度融合，促进线上线下互动。梅州朝向草坪研究中心于2020年4月注册成立，该研究中心以市体校球场为示范田、试验田，带动全市足球场地草皮事业的发展。加强体育综合体规范建设，跟进五华县横陂镇运动休闲特色小镇建设运营、丰顺县坚真文体中心和中国足球博物馆等重大项目建设情况。五华横陂足球小镇于2019年9月开始投入运营，2020年营收6000万元。发展体育培训业，支持五华县、广东富力足校分别申报2019年度省级体育产业示范基地、示范单位，2020年9月获省颁发荣誉称号。五华足球小镇、广东梅县富力足校常年开展各类足球培训业务。推动市级重点储备项目"两基地两中心"的建设，助推足球培训产业发展。经2020年全市体育产业名录核查，梅州市有686家体育产业名录单位。

【推进产业项目】 2020年，梅州市推进"三个一"（提升一个传统项目、推进一个在建项目、储备一个新建项目）项目，构建产业统计机制。推动全市各县"三个一"项目工作，形成《2020年梅州市体育产业重点项目库》。经汇总各县（市、区）产值数据统计，2020年全市体育项目工程完成固定资产投资9.89亿，其中，全市投资额在500万元以上的体育产业重大项目有17项，足球产业固定资产投资产出值7.41亿元。梅州市体育局与梅州市发展和改革局、梅州市统计局等部门沟通协调，探索构建体育产业以固定资产投资额为主的统计机制，搭建统计平台，完成对各县（市、区）政府体育高质量发展综合绩效评价。

（梅州市体育局）

梅州创建中国足球特区

【专项政策出台】 2020年1月，广东省政府和梅州市委、市政府分别向国务院、国家体育总局呈报申请设立梅州中国足球特区的请示。梅州市根据国家体育总局建议把梅州列入中足协全国足球综合改革试点地区的复函，以及《广东省体育强省建设实施纲要》要求，调整修改《梅州足球特区建设规划》，于2020年12月梅州市政府常务会研究通过。向国家体育总局和中足协上报关于将梅州市列入全国足球综合改革试点地区和将梅州足球列为中足协会员单位的请示。制订完善《梅州振兴足球之乡新十年规划（2020—2029年）》。体育、教育、人社、财政等相关部门制订人才、场地激励等17项足球体制机制改革政策文件，已出台5项，以政策实施推进足球改革发展。

【足球文化交流与发展】 2020年，梅州市结合振兴足球之乡十年规划的实施，在挖掘140多年足球历史文化的基础上，多形式、多层面推进足球文化交流与发展。加强全市足球博物馆建设及五华元坑足球文化产业园建设，传承和弘扬富有梅州客家特色的足球文化，完成"一首歌、一画册、一部片、一批形象使者"的足球文化"四个一"工作；做好出版"三本书"工作，《梅州市足球行业研究报告》白皮书、《梅州足球史》正在编写，《梅州足球青训大纲》完成初稿。加强国际文化交流，与葡萄牙和巴西桑托斯足球俱乐部建立青训和足球文化交流合作机制。引进2支葡萄牙足球外教团队和2支巴西桑托斯足球俱乐部外教团队分别进驻梅州市体校和梅江区学校。

【青训体系建设】 2020年，梅州市完善和提升青训中心、校园足球、市县体校、职业足球、社会俱乐部"五位一体"青训体系。围绕打造传承中国南派足球技术高地的目标，聘请葡萄牙青训总监领衔，整合葡萄牙、巴西外教团队资源，吸收广大足球界人士智慧，结合梅州实际，编写具有葡萄牙、巴西特点和梅州特色的南派足球青少年训练大纲，已完成U5—U9的训练大纲。谋划落实“造星工程”，完善青训网络，探索开展足球幼儿园试点工作。

【足球产业发展】 2020年，梅州市围绕打造足球产业融合发展示范田的目标，把足球产业作为支撑梅州足球可持续发展的新兴绿色产业，制订足球产业扶持政策，按照“提升固有项目、推进在建项目、谋划新兴项目”的工作思路，推动建成五华横陂足球小镇、梅州市足球文化公园、梅县富力足球学校等重点项目，推进“两基地两中心”（梅州市青训基地、冬训基地和南方足球场地草坪研究中心、足球大数据研发中心）建设，草皮研究中心已注册和挂牌成立，十二年一贯制国际足球学校项目方案已报省。推进职业足球、足球制造业等发展，全年足球产业在建项目投入2.13亿元。培育以足球竞技表演业及培训业为主的体育产业，依托五华足球小镇、富力学校、足球文化公园及全市1000块球场，提升赛事服务保障能力，完善举办赛事的硬件及软件设施，构建赛事服务体系一条龙链条，吸引中甲、中冠赛区赛事、广东省校园足球等国内省内一批赛事落地，举办客家杯“一带一路”青少年足球邀请赛、职工足球联赛、社会足球联赛等本土品牌赛事，把“来梅州，踢场球”做出口碑，带动“旅游+体育”“文化+体育”等产业发展，让小足球踢出大产业。

（梅州市体育局）

体育宣传

【体育宣传概况】 2020年，梅州市加强体育宣传与网站管理，与《中国体育报》《南方日报》《梅州日报》、广播电视台及“球乡”新媒体开展深度合作，围绕创建足球特区重点工作，进行全方位、有层次、多角度的宣传报道。全年合作媒体累计宣传报道2500次以上。其中，《中国体育报》刊登梅州体育新闻19篇，体育总局官网和《中国体育报》各类新媒体矩阵刊登梅州体育新闻总数超过60篇，转载图片近100张，报道量位居全国各地级市前列。在《梅州日报》、“掌上梅州”刊登推送500次，头版消息10次。“南方+”发稿126条，“梅州观察”刊登4个专版。“球乡”微信公众号发文649条，近70多万人点击观看，“球乡—搜狐”“球乡—懂球”“球乡—微博”“球乡—今日头条”等多个新媒体号同步推送，被各媒体转载，基于“球乡”新媒体发出的内容，有效传播力在700万人次以上。2020年度赛事观众均通过媒体直播的形式观看，主要平台为“球乡直播”。据不完全统计，各项赛事观看直播70多万人次，覆盖人群300万。

【梅州五华赛区获2019年中国足协女子足球超级联赛最佳赛区】 2020年5月，中国足球协会向各会员协会、女足俱乐部下发通知，梅州五华赛区获得2019年中国足协女子足球超级联赛最佳赛区。五华社会各界全方位支持足球，为营造浓厚的足球氛围，提高主场赛事上座率。2019年7月中旬，五华县文化广电旅游体育局联合五华县科工商务局、五华县电子商务协会开展“购票到五华惠堂体育场观看球赛均可参加抽奖”的活动。至中甲、女超赛季结束，广东南凌电器有限公司、梅州生长地农业开发有限公司、五华县客属酒业有限公司等10多家企业为15场比赛（中甲8场、女超7场）提供价值18万元的奖品。女超联赛期间，梅州五华队7个主场比赛，场次观众达到4000多人。

（梅州市体育局）

五华县双华竹山阻击战纪念园

责任编辑：古淑灵

劳动人事

【就业创业】 2020年，梅州市新增就业20942人，完成年度任务的104.7%。城镇登记失业率2.36%，控制在省下达任务3.50%以内的目标范围。制订出台2.0版“促进就业九条”实施细则等一系列政策措施。与报社合作推出“家门口就业好处多”系列报道，深入园区、企业宣传援企稳岗政策，做好劳动关系风险监测、预警、处置工作。全市共发放创业担保贷款459笔，贷款金额1.09亿元，贴息548.38万元。全市促进创业2723人，完成省厅下达任务108.92%，带动就业10167人。全年共举办各类招聘活动405场，成功帮助实现就业1.3万人。统筹做好高校毕业生、异地务工人员、退役军人、残疾人等重点群体就业帮扶工作。建档立卡贫困毕业生实现100%就业，离校未就业高校毕业生得到暖心跟踪帮扶，实名制帮扶就业9600人，就业率95.08%，整体就业好于预期。零就业家庭保持动态归零。全面完成“粤菜师傅”“广东技工”“南粤家政”三项工程技能培训任务。开展“粤菜师傅”培养培训3647人次，梅县区玉水村被评为“广东特色名村”（广东粤菜师傅名村）；全面推行终身职业技能培训制度，开展“广东技工”各类培训108964人次，完成梅州市交通技校与技师学院资源整合，成功举办梅州市“广东技工”电梯岗位职业技能大赛；开展家政服务培训8301人次，完成年度任务5000人次的166.02%，带动就业10340人。

【劳动保障】 2020年，梅州市工伤保险、企业职工养老保险实现省级统筹，城乡居民养老保险基金实现市级统管，机关事业单位养老保险改革有序推进。社会保险综合参保人数855.55万人次，基金总收入209.55亿元。企业退休人员基本养老金、城乡居保基础养老金最低标准、失业保险金、工伤伤残津贴月人均标准分别提高至1808.44元、180元、1269元、3856.15元。及时做好征地社保审核发放工作。推广社保卡在社保经办领域的全面应用。实施“人社快办”行动，依托省集中系统网上办事服务功能，完成与广东政务服务网对接，实现21个社保高频事项在粤省事的对接上线，推动更多业务实现“掌上办”“指尖办”。

【人事人才管理】 2020年，梅州市修订完善《市直事业单位绩效考核方案（试行）》。完成2019年度市直事业单位绩效考核。完成事业单位集中公开招聘应届生工作，全市招考岗位450个，招聘人数598人。做好机构改革人员转隶相关工作。引进医疗、教育、科技、农业等各类急需紧缺专业人才102名，招录165名高校毕业生志愿者到基层开展“三支一扶”工作。依托人才驿站参与梅州互联网大会、卡拉比—丘数学大会等人才交流、引进活动，柔性引进21个团队，引才684人，促成项目落地12个，带动就业1.53万人。规范开展职称申报评审管理。加强流动人才人事档案服务管理。组织开展23个职业资格考试，共计30964人次；开展职业技能鉴定14272人次，12566人获得职业技能资格证书。推动人力资源服务行业聚集发展，五华县人力资源服务产业园获评广东首批省级人力资源服务产业园。

【劳动关系调整】 2020年，梅州市全面落实用工实名制管理、工资专用账户管理、工资保证金、维权信息告示牌等制度，畅通互联网等举报投诉渠道。推进根治欠薪，开展部门联合执法检查，开展夏季、冬季专项行动，受理劳资纠纷举报投诉489件，办结各类劳动违法案件236件，为1947名劳动者追回工资共3463.16万元，劳动违法案件、欠薪人数及欠薪金额较上年分别下降4.07%、32.58%、27.68%。建立企业劳动保障守法诚信等级评价、实行重大劳动保障违法行为社会公布、恶意欠薪“黑名单”等制度，起到处理一批、震慑一片的作用。推行“要素式”办案，劳动人事争议仲裁结案率99.44%，调解成功率78.19%，法定审限内结案率连续十年100%，各项指标完成情况均排在全省前列。

【扶贫攻坚】 2020年，梅州市多渠道帮扶就业，深化区域劳务协作，健全“务工台账”，落实“一对一”帮扶机制，建立扶贫车间、扶贫工作坊36个，开发公益性岗位开发个数404个，帮扶42545名有意愿务工的贫困劳动力实现100%就业。开展技能扶贫，通过送技下乡、集中培训，对50516名有意愿的贫困劳动力开展技能培训，培训率100%，及时对1566名在读技工院校贫困学生发放生活费补助，发放率100%。精准落实社保兜底，为75303名贫困人员代缴城乡居民医疗保险，为37873名办理社保待遇发放，实现符合条件的建档立卡贫困人员100%参保、100%待遇发放。

（卢伟周）

2020年11月27日，梅州市人力资源和社会保障局开展“送政策、送资金、送技工”活动
（梅州市人力资源和社会保障局提供）

社会保险基金管理

【社保惠企利民】 2020年，梅州市落实减免社保费政策，全年为各类企业减免社保费13.05亿元，惠及2.43万户参保单位。落实失业保险扩围政策，阶段性实施失业补助金政策，惠及失业人员8136人、2.53万人次。及时发放失业保险金，惠及失业人员2.49万人次，阶段性提高价格临时补贴标准，惠及失业人员1.2万人次。

【社保扩面征缴】 2020年，梅州市参加社会保险总参保人次855.55万人次，其中：参加基本养老保险参保人数270.83万人，失业保险参保人数37.41万人，工伤保险参保人数50.51万人，基本医疗保险人数458.78万人，生育保险人数38.02万人。2020年，全市社保基金总收入209.55亿元，比上年增长4.83%，其中征缴收入108.65亿元，比上年下降17.18%。基金总支出193.86亿元，比上年下降8.66%，其中待遇支出173.38亿元，比上年下降0.13%。

【民生实事和待遇调整】 2020年，

2020 年 11 月 15 日，梅州市社会保险基金管理局到梅园新村开展社保惠企利民政策宣传 （梅州市社会保险基金管理局提供）

梅州市按照定额调整、挂钩调整与适当倾斜相结合的原则，调整企业职工基本养老保险和机关事业单位基本养老保险退休人员基本养老金待遇。城乡居民养老保险基础养老金提高至每人每月 180 元，工伤保险一次性工亡补助金提高至 84.72 万元。落实失业保险稳岗返还政策，全年发放 11 批稳岗补贴资金，发放补贴 1581 万元，惠及 413 家企业。

【社保制度改革】 2020 年，梅州市推进机关事业单位养老保险改革，按计划推进 2020 年度职业年金单位缴费记账部分做实和运营前财政贴息资金申请工作。推进退费工作，全市基本完成。推进机关事业单位养老保险按新办法计发待遇工作，在做好各项准备工作的基础上启动新办法发放待遇工作。推进省级统筹工作，进一步做好企业职工养老保险省级统筹后的业务经办管理、财务管理工作。落实工伤保险基金省级统筹后工伤保险管理“六统一”制度。城乡居民养老保险基金市级管理工作顺利实施。

【社保经办管理】 2020 年，梅州市推动“简便办”，通过“清事项、减材料、压时限”，推动“简便办”，59 个高频服务事项共精简申请材料 292 份，精简压缩 49.6%。推动“提速办”，高频服务事项平均办理时限压缩 1/2，符合办理条件的事项“最多跑一次”占比达到 100%。推动“打包办”，设置 4 个关联事项“打包办”场景，设立“打包办”专窗，印发办事指南，推进关联事项“打包办”工作。

【社保精准扶贫】 2020 年，梅州市严格落实城乡居民养老保险政策，做到困难家庭应保尽保、应发尽发。截至 2020 年底，全市政府部门共资助建档立卡贫困人员 78507 人、重度残疾和精神智力残疾人员 21622 人、低保特困人员 46182 人（已去除相互重复人员人数）参加城乡居民基本养老保险，共有 37967 名符合条件的建档立卡人员申领城乡居民养老保险待遇，发挥社会保险在精准扶贫中的“兜底”功能。

（梅州市社会保险基金管理局）

住房公积金管理

【住房公积金归集与提取】 2020 年，梅州市住房公积金归集 41.09 亿元，比上年增长 7.45%；累计归集总额 269.31 亿元，归集余额 98.02 亿元。2020 年全市住房公积金提取 30.17 亿元，累计提取 171.29 亿元。

【住房抵押贷款】 2020 年，梅州市发放个人住房抵押贷款 20.17 亿元，累计发放个人住房抵押贷款 146.26 亿元，个贷余额 83.62 亿元，全市个贷率 85.31%；全年新增贷款 8723 户，累计发放贷款 7.15 万户；个贷逾期率 0.13‰。

【公积金便民服务】 2020 年，梅州市住房公积金管理中心以“跑零次”为提升服务工作主线，进一步优化和提升服务质量，不断提高服务满意度。根据业务办理“一门式”综合服务的要求，于 2020 年 8 月 28 日进驻梅州市政务服务中心办事大厅集中统一对外办理业务，把归集、提取、贷款三大类共 35 项业务全部进驻政务服务大厅，实现“一窗式”办理、“一门式”服务，更好地服务缴存单位和职工。以信息化建设为支撑，打造住房公积金网上营业厅、微信公众号、手机 APP 以及对接粤省事平台等全力推进相关业务上线办理。单位缴存方面全系列业务、职工办理离退休提取、离职账户封存满半年提取以及变更个人缴存信息等业务均可在网上全流程办理。推进与银行间的业务数据共享平台建设，实现与商业银行间商贷数据的安全、实时、高效共享，解决缴存职工提取住房公积金偿还住房商业贷款本息“来回跑”的问题，方便职工办理业务，节省职工时间成本、交通成本。

（李 嘉）

医疗保障

【医保基金运行】 截至2020年12月底，梅州市职工医保参保52.71万人，城乡居民医保参保406.07万人，生育保险参保38.02万人。2020年，职工医保总收入22.49亿元，总支出19.28亿元；城乡居民医保总收入35.29亿元，总支出35.52亿元。2020年1—12月，医疗救助收入2.49亿元，支出2.03亿元。

【医保改革】 2020年，梅州市进一步完善诊疗项目、服务设施方面管理，落实“两病”门诊保障等政策，完善医保政策制度。出台《梅州市困难群众医疗救助实施细则》，将建档立卡贫困人员等困难群体的住院费用救助比例提高至85%，受惠人群达21万人。2020年9月在五华县双华镇启动梅州市城乡居民医保普通门诊“镇村一体化”试点工作，实现“小病不出村”的分级诊疗目标。2020年11月启动实施梅州商业补充医保“保尚保”项目，进一步完善梅州市多层次医疗保障体系。落实群众参保“一个不少”，政府资助“一分不少”，保障内容“一项不少”措施，助力脱贫攻坚。截至2020年底，全市20多万困难群众参加基本医保，资助参保资金6885万元，医疗保障待遇支付5.56亿元。出台基本医疗服务价格文件，进一步理顺全市一级公立医疗机构基本医疗服务价格。

【医药采购】 2020年，梅州市做好药品跨区域联合集团采购、国家组织药品集中采购工作。截至年底，全市公立医院药品采购总金额16.52亿元，其中跨区域联合集团采购深圳平台节约采购费用2.52亿元，国家集采节约采购费用0.94亿元，减轻群众用药负担。实施新冠肺炎检测试剂集采，综合降幅72.68%，节省资金0.53亿元。组织全市公立医疗机构参加省医用耗材联盟采购，至年底全市订单总金额2.39亿元，平均降幅16.26%，累计节省资金1762.25万元。

2020年11月23日，梅州市医保补充报销“保尚保”项目正式启动

（梅州市医疗保障局提供）

【医保基金监管】 2020年，梅州市开展基金监管专项治理，市、县两级医保部门对全市定点医疗机构2019年—2020年6月疑点数据问题进行核查，发现医疗机构存在违规收费、违反医保药品目录限定适应范围、不符合入院指征、高套分值等问题，追回186家医疗机构5551万元，扣除按病种分值38.22万分，维护基金安全。

【医保经办管理】 2020年10月，梅州市委编办批复同意设立梅州市医疗保障事业管理中心。启动上线国家医保信息平台工作，做好接口对接联调、网络接通、操作培训、测试、试运行等工作，为上线国家医保信息平台做好准备。推广使用医保电子凭证，全市定点医疗机构均开通医保个账支付功能，至年底，100万名参保人激活医保电子凭证功能。

（梅州市医疗保障局）

扶贫开发

【扶贫开发概况】 梅州市是广东重点革命老区、原中央苏区，省定相对贫困村349个，占全省的15.3%；相对贫困人口53180户145032人，约占全省的9.1%，是全省脱贫攻坚的主战场之一。2020年，全市深入学习贯彻习近平总书记关于扶贫工作的重要论述精神，统筹疫情防控和脱贫攻坚，把脱贫攻坚作为梅州走在全省前列的重点工作之一，全力攻克贫困最后堡垒。2020 年度顺利通过省考核，全市 53180 户 145032 名建档立卡相对贫困人口 100%脱贫，349 个省定贫困村全部退出，全面完成脱贫攻坚任务。

【压实责任挂牌督战】 2020 年，梅州市强化“四级书记”抓脱贫攻坚的政治责任，严格落实党政“一把手”负总责的工作机制、市县镇村四级书记遍访机制和部门联席会议制度。梅州市委常委会会议、市政府常务会议、市扶贫开发领导小组会议等专题部署 23 次。在省挂牌督战五华、兴宁 2 县 3 镇 5 村基础上，将还有未脱贫人口的 11 个镇全部列入市级挂牌督战。梅州市委、市政府主要领导分别带头挂牌督战兴宁、五华，对标对表“三落实”“三精准”“三保障”和饮水安全落实情况，建立清单台账，补齐短板弱项，逐项对账销号。至 6 月底，剩余 184 户未脱贫户全部达到脱贫标准，17 个未退出相对贫困村全部达到退出标准。

【防疫脱贫两手抓】 2020 年，梅州市组织开展新冠肺炎疫情摸排分析，出台《关于全力降低疫情影响确保高质量完成脱贫攻坚任务的指导意见》等系列文件，落实疫情应对措施。整合涉农资金 3710 万元，用于受疫情影响较大的精准扶贫项目贴息、养殖野生动物企业转型转产等。开展“就业扶贫助复工”行动，推动各类帮扶项目有序复工。

2020 年，丰顺县潘田镇填江村就业扶贫车间 （梅州市扶贫工作局提供）

组织 57 家扶贫农业龙头企业参与广东消费扶贫月“网上行”等活动，缓解项目复工难、农产品销售难、贫困劳动力外出就业难等问题。为 1243 名建档立卡贫困户的初三、高三学生提供平板或手提电脑，实现学生“停课不停学”。

【产业就业扶贫】 2020 年，梅州市发挥梅州特色农业优势，创新开展村村联动、农光互补、农旅结合、粤菜师傅工程“四模式”，产业园区、龙头企业、致富能人“三带动”，技术链、利益链、销售链“三打通”的“433”模式，实现产业发展、企业增效、群众增收的多重效应。2016—2020 年，全市累计筹集精准扶贫资金 43.75 亿元，实施帮扶贫困户项目 87.1 万个，帮扶贫困村项目 15520 个，实施产业扶贫项目 18.9 万个。其中，投入 7.89 亿元实施光伏扶贫项目 723 个，规模和成效均居全省第一。累计发放扶贫小额贷款 3.15 亿元，受益贫困户 9070 户，居全省第二。全省财政专项扶贫资金绩效评价暨产业扶贫资金“回头看”会议于 11 月在兴宁市召开，广东省扶贫办充分肯定梅州推行“四个规范”（规范实施步骤、确定资产权属、资产运营处置、资产监督管理）管理扶贫项目资金资产的做法。2016 年以来形成扶贫资产项目 10238 个共计 24.11 亿元，100%登记确权。实施“粤菜师傅”“广东技工”“南粤家政”工程，开展就业扶贫“1＋4”行动（三年行动方案＋就业扶贫、技能扶贫、社保扶贫、人才扶贫 4 个行动计划），技能培训贫困户劳动力 109012 人次，实现转移就业 26253 人。

【消费扶贫】 2020 年，梅州市建立消费扶贫工作领导机制，推进消费扶贫网络体系建设。印发《关于进一步落实消费扶贫行动有关事宜的通知》《关于消费扶贫行动推进方案的通知》等文件。新建广东东西部扶贫协作产品交易市场消费扶贫梅州馆等 43 个特色专馆以及一批专区、专柜。全市 214 家企业 896 种扶贫产品进入广东省扶贫产品名录，数量居全省前列。借助粤港澳大湾区“菜篮子”梅州配送中心和

21 个生产基地，发挥广州对口帮扶机制作用，开展以购代捐和消费扶贫“五进”等活动，对接大湾区大市场。组织 137 家扶贫农业龙头企业参与广东脱贫攻坚展、广州博览会、广东东西部扶贫协作产品交易博览会、“消费扶贫 柑好柚你”2020 广东消费扶贫产品产销推介会等展会活动，扩大梅州扶贫产品知名度。2020 年广东扶贫济困日，开展以“以购代捐以买代帮促进消费扶贫”为主题的扶贫产品展销和直播带货活动。培育发展 13 个主要农产品电商交易平台，建成 7 个县域电子商务运营中心、865 个镇村电商服务站点，有 5 个县（市）获评国家级电子商务进农村综合示范县，实现省定贫困村全覆盖。2020 年销售扶贫产品总额 45 亿元，其中线上 15.5 亿元，比上年增长 32.5%，带动贫困人口 5.3 万人。

2020 年 8 月，梅州市组织扶贫企业参加广东省脱贫攻坚成果展，现场宣传推介本市扶贫产品，助推消费扶贫（梅州市扶贫工作局提供）

【保障政策落实】 2020 年，梅州市教育、基本医疗、住房、低保五保残保等各项政策全面落实。全市无劳动能力建档立卡贫困户中 35728 人全部纳入最低生活保障范围；发放 27293 名建档立卡贫困学生生活费补助，落实率 100%；全面落实建档立卡贫困户农村危房改造政策；建档立卡贫困人口 145032 人 100%参加 2021 年度城乡居民基本医疗保险、大病保险，并纳入医疗救助保障范围；为 16 至 59 周岁建档立卡贫困人口 75303 人全部代缴养老保险。出台《建立防止返贫监测和帮扶机制的实施方案》，对摸查的脱贫不稳定户 38 户 175 人、边缘易致贫户 482 户 1949 人，采取有针对性的跟踪帮扶措施。开展防返贫救助责任保险工作，为 35867 户建档立卡有劳动能力贫困户购买防贫保险。通过慈善会、扶贫基金会等平台，设立防返贫专项基金。

【省定贫困村创建新农村示范村】 2020 年，梅州市继续开展贫困村创建新农村示范村工作，推进“三清三拆”环境综合整治，突出抓好农村道路、集中供水、生活垃圾、污水处理、公共厕所、标准化卫生站、公共服务站等基础设施建设，补齐贫困村基础设施建设短板，村庄环境面貌明显改善。省定贫困村自然村村庄规划、人居环境综合整治完成率 100%，村庄标准垃圾屋覆盖率 100%，基本完成村内道路硬化任务，20 户以上的自然村集中供水率 100%。全市 349 个贫困村全部达到干净整洁村标准，建成美丽宜居村 297 个、精品特色村 38 个。

【大扶贫格局构建】 2020 年，梅州市深化“千企帮千村”结对帮扶行动，累计动员 1311 家市内外企业结对帮扶 1634 个行政村，其中 349 条省定相对贫困村实现全覆盖。组织 2020 年“广东扶贫济困日”活动，全市接受认捐资金 10.42 亿元。通过广播、电视、报刊等媒体，总结提炼脱贫攻坚经验做法，选树一批脱贫奋进典型，营造脱贫攻坚良好氛围，不断激发贫困村、贫困户脱贫积极性。据不完全统计，通过《人民日报》、中央电视台、新华社、《南方日报》《梅州日报》等各级各类媒体，发布或转发梅州脱贫攻坚工作报道 1200 多篇（条）。梅州脱贫攻坚系列微纪录片《小康路上》被国家广电总局作为对外交流作品，译成中东欧五国语言在德国、希腊、匈牙利、斯洛伐克、克罗地亚 5 个国家展播。开展“档案见证广东扶贫路”为主题的系列活动，形成脱贫攻坚历史档案。

（梅州市扶贫工作局）

应急管理

【应急管理概况】 2020 年，梅州

2020年5月22日，梅州市基层应急管理"四个一"建设推进会暨五华县白石嶂尾矿库应急演练观摩会召开（梅州市应急管理局提供）

市委、市政府印发《关于加强基层应急管理建设的指导意见》，各县（市、区）按照基层应急管理"四个一"（有一个健全的应急管理组织体系、有一支应急救援队伍、有一个应急指挥平台、有一个应急救援物资仓库）的要求，推进基层应急管理体系建设。梅州市委、市政府主要领导深入基层专题调研，召开全市基层应急管理"四个一"建设推进会，全市114个镇（街）基层应急管理"四个一"建设取得阶段性成效。加大应急管理宣传教育，通过梅州电视台"应急之窗"栏目、掌上梅州、"南方+""梅州应急"微信公众号等媒体向社会提供立体式宣传，在各类报刊和公众媒体刊发宣传报道276篇，信息文稿601篇，制作小视频、小动漫22个，发放宣传资料8万多份。开展安全生产、防灾减灾救灾知识"五进"活动，创新"安全生产月"活动形式，组织开展10场次安全知识竞赛，提高人民群众参与热情。推进一册图、一视频、一首歌"三个一"工程。

【安全生产】 2020年，梅州市安全生产形势稳定向好，全年发生生产安全事故37起、死亡28人，分别比上年下降36.2%、17.6%。其中，发生1起死亡3人的较大生产安全事故。

压实安全生产责任　2020年，梅州市全面推行安全生产"网格化"监管方式，健全安全生产属地监管、行业监管和综合监管工作机制。制订《梅州市落实企业安全生产主体责任整治工作方案》，明确企业法定代表人和实际控制人是安全生产第一责任人。完善落实安全生产诚信制度，6836家重点企业建立安全生产主体责任承诺及安全风险公告公示制度，组织对企业主要负责人进行"安全三问"考试1984次，对13起工矿商贸生产安全事故的企业主要负责人进行约谈。

防范化解重大安全风险　2020年，梅州市以安全生产专项整治三年行动为契机，以安全生产"一线三排"为抓手，防范化解重点行业领域安全风险。建立完善风险分级管控机制，形成全市风险点"一张图"。坚持"一月一排查、一月一汇报、一月一研究、一季度一防范"的重大事故隐患排查研究督办工作制度，梅州市政府挂牌督办57项重大事故隐患，召开6次专题研判会，对重点行业领域专题研判，解决一批突出问题和事故隐患。

非煤矿山安全　2020年，梅州市对持证正常生产的104家矿山企业进行安全生产风险分级，实行差异化监管。在疫情期间，组织专家和专业监管人员"一对一"对接企业指导服务，做好复工复产工作。在汛期重点对较大型排土场、尾矿库、有水患的地下矿山等进行全覆盖大检查，督促企业及时落实防汛措施。推进"一线三排"工作，提升风险管控能力。开展尾矿库安全专项检查和地下矿山安全综合整治，提升企业本质安全。严格落实"一图两清单"措施，推进专项整治三年行动。全年检查企业271家次，发现风险隐患910项。整顿关闭地下矿山4家，责令企业暂时停产整顿7家次、行政处罚32家次、约谈企业6次。

危险化学品安全　2020年，梅州市建立健全危化品综合治理部门工作联席会议制度，完善信息报送制度和事故预警预测等工作机制。"一月一研判、一周一督导"，推进危化品安全生产专项整治三年行动。开展危化品"严责任、查隐患、保安全"专项行动、重大危险源企业专项检查督导工作，督促企业落实安全承诺登记。推动"广东应急一键通"安装使用工作，继续完善基础信息，推进风险监测预警系统二期建设，5家危化品生产企业完成升级改造。全年检查危化企业354

家次，发现安全隐患问题 531 项，完成整改 531 项。危化品行业未发生生产安全事故。

烟花爆竹安全　2020 年，因受新冠肺炎疫情和扩大烟花爆竹禁放区的影响，梅州市烟花爆竹经营单位库存积压较多，存在严重安全隐患。梅州市圆满完成烟花爆竹回收处置工作，及时消除安全隐患，开展重点时段烟花爆竹安全执法和“打非治违”行动，发现隐患问题 956 项，查处非法经营储存窝点 63 个，没收违法产品 4610 箱，立案查处 21 件，罚款 10.44 万元，移送案件 10 件，行政拘留 11 人。烟花爆竹行业未发生生产安全事故。

工贸行业安全　2020 年，梅州市严格执行安全生产“一线三排”、有限空间作业“七个不准”和高处作业“五个必须”等制度，强化粉尘涉爆、涉氨制冷及钢铁煤气等专项治理，突出开展轻工纺织、钢铁、水泥行业和机制砂企业执法检查，督促企业落实主体责任。检查企业 523 家次，发现各类风险隐患 725 个，责令 4 家机制砂企业暂时停产停业。

安全生产执法　2020 年，梅州市坚持以执法监管推动风险隐患排查治理和企业主体责任的落实，全市监督检查企业 20692 家次，行政处罚 141 次，处罚罚款 291.33 万元。

行政许可　2020 年，梅州市落实源头管控措施，严把安全审批、许可关，受理行政审批事项 2827 项，全部办结，群众满意率 100%。启动疫情期间行政审批网上办理程序和延期办理政策，审批延证企业 4 家，资格证书顺延 632 人。

【防灾减灾救灾】　2020 年，梅州市健全统筹协调机制，建立梅州市自然灾害防治工作联席会议制度，印发《梅州市自然灾害防治能力建设行动实施方案》。明确灾害防治工作目标和任务，加强保障措施，统筹推进 8 项重点工程建设。开展“全国综合减灾示范社区”创建活动，2020 年创建“全国综合减灾示范社区”5 个。稳步推进自然灾害普查工作，初步完成全市自然灾害承灾体、综合减灾资源、重点隐患 3 大类 7 中类 30 个小类的清查工作。

防汛抗旱防台风　2020 年，梅州市狠抓水旱风冻灾害防御各项工作，战胜三轮“龙舟水”及其引起的次生灾害等险情灾情，成功防御平远“6·8”洪水。建立统一指挥、分级负责、部门协作、运转高效的三防指挥协同机制，工作稳步有序推进；梅州市委、市政府主要领导亲自部署工作，在灾害防御的关键时间节点深入一线检查、指导、统筹协调灾害防御工作；推进以行政首长负责制为核心的防汛工作责任制，落实镇、村山洪灾害责任人 31896 人；在组织全市汛前防汛防风工作大检查的基础上，派出市政府督查组督查、整改安全隐患；全市召开 136 场（次）防御形势会商，及时分析研判防汛抗灾形势，研究部署应对措施；发送预警短信 127.5 万条，发送避险通知书 2.93 万份，加强正面宣传和舆论引导，增强广大群众的自我保护意识和主动防灾避险；加强水利工程调度，做好蓄水保水工作；开展人工增雨作业 10 次，发射火箭弹 40 枚。

森林防灭火　2020 年，梅州市发生森林火灾 10 宗，比上年上升 11%，过火面积 230.7 公顷，受害森林面积 75.1 公顷。健全森林防灭火体制机制，推进应急管理责任落实，印发《梅州市森林防灭火协同工作机制》《梅州市森林防灭火工作职责事项划分意见》《梅州市森林防灭火指挥部工作规则》等文件。全面落实森林防灭火网格化管理，按照“包山头、守路口”的网格化管理责任，落实镇、村干部及护林员的管理责任。推进县、镇森林防灭火队伍建设，梅州市政府印发《梅州市人民政府办公室关于印发梅州市加强专业森林消防队伍建设实施方案的通知》。抓实抓细森林火灾隐患排查工作，查处并整改隐患 2300 多个。开展培训演练 60 余次，进一步提升全市森林消防应急救援队员森林防灭火理论知识和实战实操技能水平。开展“森林防火宣传月”宣传教育活动，全市发放各类宣传手册、海报等 40 多万份，悬挂宣传标语横幅 2 万多条，设置宣传点 3500 多个，出动宣传车 2000 余辆次。

地震与地质灾害　2020 年，梅州市地震职能全部转隶至梅州市应急管理局，成立梅州市防震抗震救灾指部，指挥部办公室设在梅州市应急管理局。推进地震监测预警预报台站建设，完成 5 个地震烈度基本站、15 个地震预警台、108 个地震烈度台的选址。开展建设工程地震安全自查工作，对重大工程、生命线工程、学校和医院等工程全面落实排查工作。加强地震监测预警预报及震情应对工作，1 月 20 日兴宁市水口镇发生 3.7 级有感地震，5 月 25 日丰顺县发生 2.9 级有感地震，及时向社会通报地震情况，宣传避震知识，安抚民心。印发《梅州市 2020 年度地质灾害防治方案》，建立完善逐级负责制；开展地质灾害巡查检查，及时掌握地质灾害动态信息；加强源头防范，严防削坡建房诱发地质灾害。

救灾和物资保障　2020 年，梅州市做好新生灾害救助工作。兴宁市、平远县、大埔县遭受洪涝灾害较为严重，紧急转移安置 695 人，规范报送灾情，确保受灾群众生活“五有”。组织灾后恢复重建工作，全市 2 户因灾全倒户、6 户因灾严损户灾后重建全部竣工，提前完成恢复重建任务。做好冬春生活救助工作，全市发放冬春生活救助资金 12.26 万元。支持新冠肺炎疫情防控工作，发放帐篷、棉大衣、棉被、折叠床等救灾物资及其他生活物资一批，价值 182 万元，用于疫情防控点和临时安置点。加强救灾物资储备和使用管理，累计投入 2139 万元建成县、镇两级物资仓库，市级购置 350 万元的防汛和森林防灭火物资装备分发至各县（市、区）。建立市级救灾物资代储制度，委托代储食品等价值 30 万元的市级救灾应急物资。全市储备帐篷 1430 顶、被子 6155 床、折叠床 6163 张、毛巾被 3964 床、毛毯 3099 床、冬衣 2699 件等救灾物资。

【应急救援】　2020 年，梅州市在抗击超 20 年一遇的平远县“6·8”洪水灾害中，紧急转移安置 695 人，无人员伤亡，最大限度减少灾害损失。全市森林防灭火工作实现飞机吊桶洒水扑救火灾全覆盖，10 宗森林火灾均得到及时扑救。坚持全省应急救援“一盘棋”，组织 5 次跨市救援，做出梅州的努力和担当。

应急指挥系统建设　2020 年，梅州市应急管理部门全面承担“三部三委”办公室职责，进一步理顺与三防、森防、消防、地震等工作关系，实现统一发布预警和灾情、统一指挥应急救援队伍、统一调拨救灾物资、统一发布 15 种应急响应等工作机制，指挥协调机制、会商研判机制、预警预报机制、信息报送机制不断完善。市级投入 470 万元，县级共投入 2000 多万元，初步形成纵向贯通省、市、县、镇联动的“一体化”指挥平台，融入“三防”、森防、气象、水文、住建、地震、工矿商贸等实时监控监测图文数据，建立应急专家、应急装备、应急物资、应急救援队伍、应急避难场所、应急预案等 9 方面数据库，辅助以无人机、高山摄像头、“小鱼”等图像传输系统，为应急指挥决策提供基础性服务。推进“全域覆盖、全域感知、全面融合、全程贯通”的应急指挥体系建设。完善应急值班值守工作制度，规范突发事件报送流程。

应急预案体系建设　2020 年，梅州市印发《关于进一步加快应急预案体系建设的通知》，推进全市应急预案体系建设。修订《梅州市森林火灾应急预案》《梅州市应急管理局防汛防旱防风防冻应急工作预案》《梅州市应急管理局森林火情应急处置预案》等应急预案。市、县、镇、村四级均制订总体预案和专项预案，各企业、学校等重点单位也制订有相关预案，基本建立“横向到边、纵向到底”的应急预案体系。市级专项预案 31 个，部门预案 180 多个，大型活动等其他预案 170 多个，操作手册 70 多个。组织开展各类应急演练，举办 2020 年省轻舟机动五大队训练成果汇报演练、尾矿库突发事件应急演练工作等。

应急救援力量建设　2020 年，梅州市制订应急管理部门与驻梅武警部队应急联动机制，推动军地之间、消防救援队伍和地方专业队伍、志愿者队伍间场所通用、联合演练、战时协同。梅州市矿山救护队、轻舟五大队、各县（市、区）森林消防救援队战斗力不断加强，成为专

2020 年 4 月 30 日，广东省轻舟机动五大队骨干民兵队员强化训练汇报演练在梅州市举行
（梅州市应急管理局提供）

业救援不可或缺的力量。引导社会救援力量建设，志愿者队伍不断壮大。全市有各类队伍 85 支、3200 多人，其中，综合抢险救援队伍主要有军分区民兵、武警和消防 3 支队伍，共 900 多人；林业扑火队伍 16 支，共 500 多人；三防抢险队伍 8 支，共 300 多人；市级成立专家组，建立专家库。

（梅州市应急管理局）

消防救援

【梅州市消防救援支队概况】 梅州市消防救援支队于 2019 年 12 月 30 日挂牌成立，前身为成立于 1987 年 7 月的中国人民武装警察部队梅州市消防支队、梅州市公安消防支队（局），担负全市防火、灭火和应急救援的职责使命。2020 年，梅州市消防救援支队“119”指挥中心接警出动 1409 次，扑救火灾 970 起，抢险救援及社会救助 439 起，出动消防车 2738 辆次、指战员 13557 人次，营救被困人员 295 人，圆满完成兴宁“6・7”灭火救援、平远“6・8”抗洪救灾、“9・9”甬莞高速苯酚泄漏事故增援处置等急难险重任务。

年内，梅州市消防救援支队获评 4 项国家级荣誉（梅江区消防救援大队获评“全国文明单位”，兴宁市福兴消防救援站团支部获评全国“五四红旗团支部”，黄继勇家庭获评“全国文明家庭”称号，孙程成获评应急管理部“最美消防人”），1 个集体、3 名个人被评为省级先进集体（个人）。兴宁市消防救援大队连续五年获评全省标兵大队，福兴消防救援站连续两年获评全省标兵救援站。梅州市消防救援支队自主研发的“119 可视化报警服务平台”，代表广东省消防救援总队参评第八届省市直机关“先锋杯”创新大赛，获“优秀作品奖”及“优秀组织奖”。

年内，梅州市印发《梅州市消防救援队伍职业保障实施细则（试行）》，提升消防救援队伍职业保障工作水平，增强消防救援人员职业荣誉感。

【实战练兵】 2020 年，梅州市消防救援支队立足“全灾种、大应急”救援任务需要，开展南口镇山火复盘、抗洪、地震救援拉动演练，组建专业救援（分）队 16 支，获全省地震救援技能会操“两优三良”，全省特勤比武 2 个项目分获第 6、第 7 名，2 人分获全省攻坚组示教队员培训“优秀学员”“金牌教练员”，291 人取得各类资格证书。承担广东省消防救援总队第二批新消防员集训任务，新训结业考核总成绩全省第二，“全优队员”人数列全省第一，梅州市消防救援支队获评“新训先进单位”。

【消防安全责任落实】 2020 年，梅州市市政府每季度召开消防工作会议，先后 6 次在市政府常务会议专题研究消防工作。加强消安委实体化运行，各级政府“一把手”担任消安委主任，定期督导检查，下发督办函 11 份。建立行业部门到消防跟班学习机制，累计开展 20 期，共 119 人参加跟班学习。制订出台优秀消防网格员评比班学办法，表彰 1357 人。联合检察机关开展消防安全公益诉讼专项行动，发出检察建议函 48 份。联合教育、民政、文广旅游等部门制订行业系统达标创建标准，组织重点行业领域负责人、重点单位管理人员、出租屋业主、“城中村”管理人员、小微工业企业主、小档口小场所负责人六类人员共 19328 人开展约谈、培训、考核。全市实现连续 29 年未发生重大以上火灾事故。

【火灾隐患整治】 2020 年，梅州市消防救援支队深化消防安全整治三年行动，召开消防车道整治、高层住宅小区消防安全管理“两个现场会”，打造高层住宅、大型商业综合体、老旧小区“三类场所”消防安全治理样板。建立与交警联合执法机制，查处违法占用消防车道车辆 563 余辆。对 199 个高层住宅小区消防车通道进行画线标识，设置警示牌 652 块；拆除防盗铁栅栏、户外广告 5751 处，开设逃生窗（口）3.2 万处、安装独立烟感报警器 8300 个，推动住宅小区建设电动自行车集中充放点 633 个。

【消防宣传培训】 2020 年，梅州市消防救援支队创新宣传模式、延伸宣传触角、拓宽宣传渠道，全省消防救援队伍首个“新时代文明实践中心”在梅州市消防救援支队设立，并在基层大队布局“八个站点”，传播消防知识、开展消防培训、助力文明实践。建强支队全媒体中心，与南方新闻网签订战略合作协议，选派 4 人到梅州市电视台跟班学习，利用新媒体、融媒体平台，广泛传播消防安全知识。在高速出口、服务区、主干道显眼位置设置 39 幅大型消防宣传展板，并针对公交客

2020 年 5 月 19 日，梅州市消防救援支队举办 2020 年全国两会消防安保誓师大会暨抗洪抢险救援实战技能会操　　（梅州市消防救援支队提供）

流量大、信息传播速度快、影响范围广的特点，开通首批消防主题公交专线，120 个公交站台投放消防公益广告、车体张贴海报标语，达到“设立一幅海报、开通一条专线、宣传一路群众，确保一方平安”。与梅州市教育局联合开展开学第一课消防安全教育，全市收回消防安全家庭作业 13 万份。与梅州市文明办联合开展“文明健康，有你有我”活动，开展消防安全教育进“百校、千村、万企”活动。取道丰顺县马图村，建立农村消防宣传试点，组织各县（市、区）21 名宣传人员驻村学习，通过一个试点、培养一批人，撬动农村消防工作。结合人口普查开展“敲门行动”，张贴海报、派发资料、培训群众。取点嘉应大学，出动两架直升机，开展“空天地”一体“119”消防宣传月启动仪式。　（梅州市消防救援支队）

社会事务

【民政惠民政策】　2020 年，梅州市全面完成市政府十件民生实事民政事项，城乡低保、特困人员供养、孤儿养育、残疾人两项补贴标准全面达标，出台梅州市切实做好新冠肺炎疫情防控期间困难群众基本生活保障等惠民政策文件。科学统筹做好梅州市民政事业发展“十四五”规划、梅州市养老服务体系建设“十四五”规划以及梅州市殡葬事业发展“十四五”规划编制。

【推进脱贫攻坚】　2020 年，梅州市民政局印发《梅州市民政局 2020 年决战决胜脱贫攻坚工作方案》，联合梅州市扶贫开发局出台《社会救助兜底脱贫行动实施方案》。做好扶贫部门提供的全市 188 户 704 人建档立卡未脱贫人口任务，将符合条件的 168 户 597 人纳入兜底保障范围；不符合条件的 20 户 107 人，出台《关于将部分建档立卡未脱贫人口落实政策性兜底保障的通知》，全面完成脱贫攻坚任务，确保不漏一户、不落一人。做好 2020 年全市无劳力建档立卡贫困户兜底保障工作，全年全市将符合条件的 35728 人纳入保障范围。做好孤儿和事实无人抚养儿童保障工作及建档立卡贫困人口中持证残疾人两项补贴工作，确保应保尽保、应救尽救。

【低保救助】　2020 年，梅州市落实省市十件民生实事等重点工作，确保城乡低保、特困人员供养标准全面达标。各县（市、区）城镇低保标准达到每人每月 772 元、农村低保标准达到每人每月 532 ~ 772 元；城镇低保补差水平达到每人每月 609 ~ 610 元、农村低保补差水平达到每人每月 276 ~ 390 元；特困人员供养标准城镇达到每人每月 1236 ~ 1240 元、农村达到每人每月 852 ~ 1240 元，达到并超过省、市要求的标准。全年全市有低保对象 5.46 万户 11.83 万人，低保金支出 4.54 亿元；全市特困供养人员 16454 人，特困供养支出 1.74 亿元；临时救助支出 2208.7 万元（含救助物资折价 51.8 万元），救助 8106 人次，临救水平达到人均 2725 元。印发《2020 年梅州市农村低保和残疾人两项补贴专项治理行动实施方案》，加强数据治理，提高救助补贴监管力度。1—12 月全市共清退农村低保 4772 户 11708 人，新纳入农村低保 3680 户 8975 人。梅州市社会救助热线电话受理并处置 4315 宗、处置率 100%。

【特困人员供养】　2020 年，梅州市抓好敬老院疫情防控期间封闭式管理。指导全市敬老院严格落实人员检测、佩戴口罩、消毒等工作，全市敬老院未出现确诊病例或疑似病例。推进失能、半失能特困人员集中供养率的提高，全市生活不能自理的集中供养率 51.66%，完成省下达的 2020 年前生活不能自理的特困人员集中供养率达到 50%的任务。截至 12 月底，全市特困供养人员 16454 人，其中：分散供养对象 14697 人，敬老院集中供养 1757 人，累计发放特困基本生活供养金 1.74 亿元，累计照料护理资金支出 3781.33 万元。印发《梅州市特困人员供养服务设施（敬老院）改造提升工程三年行动实施方案（2020—2022 年）的通知》，支持农村敬老院建设，突出抓好敬老院生活质量、生活设施、生活环境“三提升”，提升敬老院服务水平。

【流浪乞讨人员救助】　2020 年，梅州市抓好疫情防控期间的救助管理工作，实现工作人员和服务对象零感染。做好“防疫一线守初心，真诚服务担使命”为主题的救助开放日宣传活动，全市发放宣传单页 4500 多张。制订印发《关于加强和改进梅州城区生活无着的精神障碍特殊流浪乞讨人员救助管理工作机制》，联合梅州市委政法委等 11 个部门出台《关于印发梅州市生活无着的流浪乞讨人员救助管理服务质量大提升专项行动方案的通知》。开展全市救助机构消防演练活动，全市救助机构联合公安机关、城市管理部门开展街头劝导以及“夏季送清凉”“寒冬送温暖”专项行动。其中市级救助管理机构共出动救助巡查车 621 车次，派出骨干人员 1863 人次。

【养老服务】　2020 年，梅州市有养老机构 168 家（含公办、民办）。加大民办养老机构运营补贴力度，全年市级财政运营补贴累计投入 27.73 万元、一次性床位建设补助 36.15 万元；全市养老床位数 3.1 万张，每千名老年人口养老床位数 34.19 张。以梅州市政府名义转发《广东省人民政府办公厅关于印发广东省加快推进养老服务发展若干措施的通知》，出台《公办养老机构入驻评估轮候工作方案》，编制《梅州市养老服务设施专项规划》，实施全市养老机构消防安全专项整治三年行动方案，联合卫健、市场监督、消防部门印发《2020 年全市养老服务质量建设专项行动实施方案》，明确 28 项重大风险隐患任务目标，全面开展养老机构服务质量建设专项行动，养老机构消防安全、护理水平、卫生状况等得到改善。鼓励养老机构“争星创优”，全市获评广东省星级养老机构 21 家，其中一星级 2 家、二星级 6 家、三星级 8 家、四星级 5 家。

【残疾人两项补贴】　2020 年，梅州市困难残疾人生活补贴标准提高至每人每月 175 元，重度残疾人护理补贴标准提高至每人每月 235 元。全市 3.86 万名残疾人享受困难生活补贴，7.94 万名重度残疾人享受护理补贴，残疾人两项补贴累计发放 3.01 亿元。

【儿童权益保障】　2020 年，梅州市孤儿基本生活最低养育标准由 2019 年的集中供养孤儿 1685 元/人・月、散居孤儿 1025 元/人・月分别提高至 1820 元/人・月和 1110 元/人・月。联合教育等 7 个部门开展智力残疾和精神残疾女童救助帮扶和关爱服务工作，成立领导小组，对全市智力残疾和精神残疾女童进行摸排查。联合法院等 11 个部门下发《梅州市困境儿童“合力监护相伴成长”专项行动实施方案》，在全市开展困境儿童“合力监护、相伴成长”为主题的关爱保护专项行动，共排查 3176 名困境儿童，其中落实基本生活保障 3175 人、落实医疗救助 3175 人、明确监护人 3176 人、落实“一对一”帮扶 3176 人、解决户籍 3175 人、落实教育救助 1631 人、康复救助 4 人。在各县（市、区）开展 10 场留守儿童参加的应急知识培训，配合广东省民政厅做好

2020 年 2 月 6 日，梅州市市长张爱军（左六）到市儿童福利院检查新冠肺炎疫情防控、安全生产等工作
（梅州市民政局提供）

16个社会组织走近梅州开展牵手留守和困境儿童的关爱行动。依法依规做好收养登记，全市办理收养登记16宗。

【社工工作和志愿服务】 2020年，梅州市36个双百社工站140名双百社工累计入户走访6720人次，服务有需求对象1.4万人次，协助110名困难群众享受应有的福利政策，开展个案服务280个，协同解决社区事务12项，开展社区活动570场，参与人数2.3万人次，开展疫情防控服务约9万人次，畅通党和政府联系服务群众的“最后一公里”。开展社会工作者职业水平考试考前培训，全年通过考试人数260人，全市持证社工人数达到1082人。推动志愿服务工作，广泛动员全市志愿服务组织和志愿者使用“i志愿”系统，截至2020年12月31日，全市实名注册志愿者人数481773人，累计志愿服务时长715.13万小时，培育志愿服务组织及团体3299个。

【慈善工作】 2020年，梅州市落实《广东省推动慈善事业高质量发展若干措施》，以梅州市政府名义出台《梅州市人民政府关于印发梅州市推动慈善事业高质量发展行动方案的通知》。做好新冠疫情防控接收捐赠工作，据统计，全市慈善组织、红十字会共接收捐赠资金5442.58万元，接收物资（折款）2256.65万元。

【福利彩票发行】 2020年，梅州市销售福利彩票2.39亿元，完成省厅下达任务数1.9亿元的125%。为全市筹集公益金2595.31万元，代扣代缴个人偶然所得税428.44万元。在《梅州日报》开办“公益福彩”专栏，在《掌上梅州》上开设梅州民政、慈善公益等栏目；并与梅州日报社协办“赴圩节”大型福彩宣传活动；在梅州广播电视台和梅州导视频道播放福彩公益广告；开展慰问留守儿童和困难群众活动、“刮刮乐”户外销售地摊等活动。

【殡葬改革】 2020年，梅州市指定梅州市殡仪馆为梅州市新型冠状病毒感染肺炎确诊或疑似死亡病例遗体火化定点殡仪馆。梅州市民政局联合梅州市文明办印发《梅州市“文明祭扫 同心战疫”倡议书》，通过电信、移动、联通通信公司推送清明祭扫公益短信，实现“平安清明”“文明清明”。联合卫健、公安部门印发《关于印发梅州市人口死亡登记报告管理实施细则的通知》，规范全市《居民死亡医学证明（推断）书》的登记工作流程。联合民族宗教部门推进回民墓区建设工作，在梅江区仙鹤山庄设置回民墓区。落实惠民殡葬政策，全年全市7家殡仪馆减免殡葬基本服务费用30224宗，共计减免费用4256.35万元。

【婚姻登记】 2020年，梅州市办理国内结婚登记31386对、离婚登记10786对，办理涉外、港澳台、华侨结婚登记90对、离婚登记12对。

【区划地名】 2020年，梅州市牵头开展梅州汕尾行政区域全长25.96千米界线联检工作。推进整治不规范地名摸排和清理整治，做好梅州城区建筑物住宅区命名更名审批，坚决杜绝“大、洋、怪、重”等现象出现，全年审批建筑物住宅区命名更名21宗。加强地名文化遗产保护，全市606条地名被列入保护目录，第二次全国地名普查成果取得阶段性进展，编撰完成《梅州市标准地名录》。（梅州市民政局）

退役军人事务

【退役军人事务概况】 2020年，梅州市成立市、县、镇三级退役军人事务工作党委领导小组，覆盖率100%，全面加强党对退役军人工作的领导。全市以“弘扬苏区精神，创建星级家园”为理念，推动县、镇两级共122个退役军人服务中心（站）全部开展星级示范创建，从就业创业服务、司法援助、心理调适、医疗咨询等方面着手，打造功能更健全、服务更贴心的退役军人之家。全市星级示范创建覆盖率100%，成功创建省星级服务中心（站）104个，星级达标率85.25%，创建数量个数及奖补金额均排在全省前列。年内，梅州市开展全国模范退役军人、“最美退役军人”钟汉清和首届“广东最美退役军人”丘梅生先进事迹报告会。全市多名优秀退役军人被培养选拔担任村（居）“两委”干部。

【双拥工作】 2020年10月20日，全国双拥模范城（县）命名暨双拥模范单位和个人表彰大会上，梅州被命名为“全国双拥模范城”，这是梅州继2012年、2016年后连续第三次获得“全国双拥模范城”称号。梅县区、兴宁市、蕉岭县、五华县获评“省双拥模范城（县）”。年内，梅州市组织做好“八一”建军节拥军慰问及专项走访慰问工作。开展“不忘初心、牢记使命”专题“大走访”活动，全市四级服务体系退役军人和其他优抚对象走访率99.8%，共收集服务需求1105项，其中办结1026项、在办79项，办结率92.85%。

【优抚褒扬】 2020年，梅州市优抚优待政策全面落实，落实调整部分优抚对象抚恤和生活补助标准。组织对烈士遗属和烈士信息的比对工作，全面摸准烈士遗属的政策落实情况。严格做好部分抚恤优待对象审核审批工作。做好烈士纪念设施修缮保护、提质改造工作，兴宁市、平远县完成2020年省财政补助烈士纪念设施修缮提质项目建设，大埔县、梅江区正大力推进。推动各县（市、区）成立专门烈士纪念设施管理机构，兴宁市、蕉岭县、五华县、丰顺县、大埔县相继成立专门管理机构。传承苏区红色基因，推动中央苏区（广东）历史博物馆、广东梅州革命历史纪念馆、广东梅州革命烈士纪念馆“三馆”项目建设。

【退役军人就业创业】 2020年，梅州市不断创新完善退役军人教育培训新模式，开展“订单式”“定向式”“定岗式”培训，实行培训、就业一体化服务，鼓励退役军人就业创业。年内，组织退役士兵参加中职学历提升及全员适应性培训，全员适应性培训率99%。多次举办退役军人专场招聘会，开展“戎归南粤——2020年广东省退役军人网络招聘季”活动，促进退役军人就业。组织退役军人企业参加“建行杯”广东省退役军人创业大赛，并成功举办梅州赛区复赛活动，全市有30家退役军人企业参赛，4家进入复赛并获得殊荣，实现历史性突破，广东晖祥陶瓷有限公司获得传统产业及生活服务业行业组一等奖。同时，不断加大就业创业扶持力度，落实退役军人就业创业税费、金融等优惠政策，与中国人寿梅州分公司签约，为2020—2022年退役士兵赠送“仁保军”人身意外伤害保险。

【移交安置】 2020年，梅州市全面落实安置政策，推行阳光安置制度，完成多名军队转业干部、退役士兵、军转干部随调家属等安置任务。军休干部的政治和生活“两个待遇”全面落实。稳妥有序开展部分退役士兵保险接续工作，办结率100%。

【服务保障】 2020年，梅州市退役军人事务局将“最多跑一次”改革理念融入军人入伍、服役、退役、就业、优待等全过程，着力构建全要素覆盖、全链条集成、多业务协同的退役军人全生命周期服务管理新模式，推动服务管理从传统“碎片化”向新时代“一体化”转变。推行“六个一”服务规范，提供热情周到服务。全面落实常态化联系退役军人制度，利用春节、“八一”等重要时间节点走访慰问伤残、困难退役军人等，及时传递党和政府温暖关怀；开展困难退役军人信息采集，分类建立退役军人优抚帮扶台账，为退役军人解难题、办实事。利用省应急救助资金政策，帮助发生重大疾病、重大突发事件、重大家庭变故和其他特殊情况的退役军人家庭纾困解难。全年全市受理发放退役军人应急救助资金工作走在全省全列。同时创新退役军人服务保障方式，依托市县镇三级退役军人服务中心（站）建立“退役军人法律援助室（岗）”“退役军人心灵驿站”。开展“矛盾攻坚化解年”活动，建立隐患矛盾排查台账，落实重点问题领导包案，出台重点对象“一对一”包联、重大事项“一案一专班”制度，维护好退役军人合法权益。

（梅州市退役军人事务局）

社会组织

【社会组织概况】 2020年，梅州市有2531个社会组织，其中社会团体1402个（其中市直310个、县级1092个），民办非企业单位1090个（其中市直113个、县级977个），基金会39个（市直39个）。

【基层政权和社区建设】 2020年，梅州市成立10216个村民理事会，建立村（居）民代表议事场所2238个；全市2043个村、209个社区全面完成村规民约和居民公约修订工作，大埔县枫朗镇大埔角村村规民约入选广东省民政厅公布的第三批优秀村规民约（居民公约）中倡导类优秀村规民约。持续推动村（居）务监督委员会“九有”规范化建设，不断深化村（居）务公开“五化”创建，梅州市村（居）务公开“五化”创建活动在省“2019年平安建设”考核中被评为优秀。同时，出台《梅州市村民议事决策指引》，进一步提高村民议事决策制度化、规范化、程序化水平。对全市2043个行政村开展村委会及其成员民主评议，参加民主评议的村委会成员9266人，村民代表44572人，通过民主评议对村委会满意的1979个，满意率96.91%；村委会成员确定为优秀的8026人，优秀率86.62%。深入开展问题、难点村摸排和整治工作，全市134个“问题、难点村”全面完成整治工作。印发《梅州市民政局关于进一步推进落实村（居）民委员会成员中女性比例工作方案的通知》，保障妇女参政议政的权力。

【非法社会组织专项整治】 2020年，梅州市开展打击整治非法社会组织专项行动，打击2个非法组织，劝散1个非法组织，取缔1个非法组织。

【社会组织党建】 2020年，梅州市引导社会组织参与“党建+疫情防控”活动。在抗击疫情期间，全市慈善组织共捐赠5442.58万元，其中，捐献给本省4592.99万元，捐献医用防护服、N95口罩、消杀防护类等物资合计553.61万元。推动社会组织参与“党建+基层治理”和“党建+复工复产”活动，聚焦脱贫攻坚，助力乡村振兴。引导和发动社会组织参与脱贫攻坚战，发挥行业协会、商会、慈善机构等社会组织自身优势，采取形式多样的消费扶贫方式，带动贫困村贫困人口增收脱贫。全市有66家社会组织参与脱贫攻坚活动，投入资金1154万元，受益贫困人口数5147人。

（梅州市民政局）

民族事务

【民族团结进步宣传教育和创建活动】 2020年，梅州市以铸牢中华民族共同体意识为主线，开展民族团结进步宣传教育和创建活动，通过报纸、广播电视、网络媒体等，结合全市创文工作，宣传报道丰顺县凤坪畲族村打造“少数民族特色村寨”“中国畲族故里”情况，受表彰的全国民族团结进步模范个人兴宁市第一中学赴西藏林芝市巴宜区中学援藏教师陈建聪，全省民族团结进步模范集体嘉应学院党委统战部、全省模范个人梅江公安分局东山派出所二级警长刘福梅的先进事迹，以及梅州市深入开展民族团结进步创建活动的情况。发挥嘉应学院、梅江区小溪唇社区等4个省民族团结进步示范点的辐射带动作用，开展形式多样的民族团结进步创建活动，推动民族工作融入机关、企业、社区、乡镇、学校和宗教活动场所。据不完全统计，在民族团结进步宣传月活动期间，全市召开座谈会、开展宣传活动49场次，发放民族团结进步宣传资料1.96万余份，走访慰问少数民族群众150人次，营造民族团结进步的良好氛围。

【少数民族聚居村经济社会发展】 2020年，梅州市把加快少数民族和少数民族聚居村经济社会发展放在突出的位置，以创建中国少数民族特色村寨、打造“中国畲族故里”为发展定位，着力打造少数民族特色村寨取得明显成效。2020年7月中旬至8月初，邀请中南民族大学专家团队到凤坪畲族村实地考察调研，召开“潭江镇凤坪村创建中国畲族故里工作研究成果座谈会”，凤坪畲族村创建“中国畲族故里”研究工作取得阶段性成果。先后投入近2000万元，完善停车场、凤凰图腾村标、绿道村道、村委大楼、古民居古驿道等设施建设，村民生产生活条件、村庄环境得到明显改善。发展茶叶特色产业，该村凤畲茶业发展有限公司的凤畲茶业（乌龙茶）被评为“广东省十大好春茶”，连续3年荣膺该奖项，茶叶种植成为该村群众致富的支柱产业。加强对畲族文化的挖掘、保护和传承，2020年10月9—11日，第四届民族地区文旅产业发展论坛暨非物质文化遗产创新与发展大会在丰顺县举行。2020年12月，凤坪畲族村被广东省民族宗教委命名为第一批“广东省少数民族特色村寨”。做好省拨少数民族发展资金分配方案制订和项目信息等工作，加强跟踪监管和业务指导，确保扶持资金专款专用，安全运作。做好少数民族大学生上大学资助等有关工作，及时将符合条件的9名少数民族大学生资助对象上报广东省民宗委，并将每年每生1万元的资助金及时拨付给符合条件的少数民族大学生。

【城市少数民族服务管理】 2020年，梅州市加强与有关部门的沟通联系，出台有关文件，做好外来少数民族流动人口服务管理工作，加大涉民族因素矛盾纠纷排查力度，防止事故案件发生。对外来少数民族基本情况进行调查统计，全面掌握在梅州的少数民族流动人员情况。参加由广州等5个市民族宗教等部门负责人组成的城市民族工作“互观互学”调研组活动，并组织好到梅州开展调研有关活动，达到互相学习、互相交流、互相借鉴的目的。加强与全国民族特需商品定点生产企业梅州伊利冷冻食品有限公司的沟通联系，协助解决生产经营中遇到的困难和问题。

（梅州市民族宗教事务局）

宗教事务

【宗教事务服务管理】 2020年，梅州市坚持党的宗教基本方针，坚持以“导”的态度对待宗教，做好宗教事务服务管理工作，帮助宗教场所解决建设规划、用地、公共服务等一系列实际困难和问题。由梅州市财政出资建设的千佛塔寺旁停车场建成使用，解决千佛塔寺停车难的问题。争取梅州市委、市政府的关心支持，依法依规解决广东佛学院云门学院千佛塔寺女众部建设用地问题。年内，梅州市民族宗教工作协调领导小组办公室到各县（市、区）开展2020年民族宗教重点工作调研检查，全面掌握全市民族宗教部门重点工作开展情况。及时挖掘民族宗教信息资源，归纳提炼工作经验做法，梅州市民族宗教事务局被评为“全省民族宗教系统信息报送工作先进单位”，1名同志被评为“信息报送工作先进个人”。坚决抵制宗教商业化问题倾向，完成有关宗教问题整改任务，并在健全完善整改工作长效化、常态化机制方面想办法、出实招，推动宗教工作由“管得住”向“管得好”转变。

【推进宗教中国化工作】 2020年，梅州市以推进“四进”活动为载体，挖掘优秀宗教文化，推进宗教中国化工作走深走实。指导千佛塔寺、梅县区佛光寺等制作大型公益广告牌，开展社会主义核心价值观、宗教政策法规知识宣传教育；天主教梅州教区主教座堂组织教职人员开展参观红色景点等活动，并在全省宗教活动场所“四进”活动推进会上作先进典型发言；梅州市佛教香花文化基地（梅江区慈云宫）作用得到进一步发挥，华南师范大学音乐学院在梅江区碧峰寺设立中华优秀传统文化岭南传统舞蹈传承研究基地，佛教香花文化传承保护工作得到进一步加强。

【宗教法治化建设】 2020年，梅州市民族宗教事务局依法依规办理行政许可事项4项，其中批准筹备设立固定宗教活动处所2处，审批1宗大型宗教活动，审核通过1处宗教场所扩建事项。充实行政执法力量，深化“放管服”改革，对权责清单委托事项6项、重心下移事项7项、整合事项3项、移出权责清单事项4项进行调整；配合梅州市政府推进“数字政府”改革建设，做好两减一即（减时间、减跑动，即办件）工作，20项行政许可事项有18项实现“马上办”，其余2项承诺时限压缩为3天，并将广东省政务服务事项管理系统的事项标准化内容同步到梅州市统一申办受理平台，印发《梅州市民族宗教部门政务服务事项通用目录（2020年版）》。11月23—25日，举办梅州市2020年宗教工作培训班，市、县两级民族宗教干部、各有关县（市、区）宗教场所和民间信仰重点乡镇（街道）负责同志、各宗教团体副秘书长以上班子成员共计100余人参加培训。在“宗教政策法规学习月”期间，全市召开座谈会、开展宣传活动110多场次，发放宣传资料1.96万余份，制作画报、横幅等200多条，向8000多名信教群众普及宗教政策法规知识。

【宗教安全管理】 2020年，梅州市结合市域社会治理现代化试点工作，开展农村宗教治理，坚决防范打击境外宗教渗透，维护宗教领域和谐稳定。11月5日，梅州市民族宗教事务局联合梅县区民族宗教事务局在佛光寺举办梅州市2020年宗教场所消防安全工作专题讲座暨消防应急演练，市及各县（市、区）民族宗教部门、各宗教团体和有关宗教场所共100余人参加活动。

【民间信仰事务管理】 2020年，梅州市开展民间信仰摸底调研和试点管理工作，指导各县（市、区）开展民间信仰活动场所普查备案工作，印发《梅州市民族宗教局关于继续深入开展民间信仰两个专项工作的通知》《梅州市民族宗教局关于转发〈广东省民间信仰活动场所登记编号管理办法〉的通知》等文件，指导各县（市、区）做好民间信仰场所普查建档工作，全面掌握本辖区内民间信仰场所信息，为推进民间信仰事务规范管理打好基础。据统计，全市有一定面积规模、影响较为广泛的民间信仰活动场所253间。五华县、大埔县健全完善齐抓共管工作机制，分级分层落实属地管理，并参照宗教场所模式，推动“四进”活动进民间信仰场所。

（梅州市民族宗教事务局）

梅州市十件民生实事完成情况

【梅州市十件民生实事完成情况概况】 2020年，梅州市十件民生实事26个子项目全面完成。

【增加学前教育公办学位供给】 2020年，梅州市新增公办幼儿园学位14154个，全市公办幼儿园占比51.67%，公办和普惠性民办幼儿园在园幼儿占比91.57%，完成普惠性幼儿园覆盖率（公办幼儿园和普惠性民办幼儿园在园幼儿占比）达80%以上的目标。

【健全学前至普通高中各学段生均经费保障制度】 2020年，梅州市学前教育生均经费最低标准由每生每年300元提高到400元，惠及学生15.01万名；全市公办普通高中生均公用经费最低标准由每个学生每年500元提高到1000元，惠及学生8.2万名。继续落实省定义务教育生均公用经费拨款标准，惠及学生53.78万名。

【实施“广东技工”“粤菜（客家菜）师傅”“南粤家政”三大培训工程】 2020年，梅州市全面推行终身职业技能培训，开展“粤菜（客家菜）师傅”线下培训、家政服务培训，重点实施居家、母婴、养老和医护四个培训项目，满足新形势下“一老一小”对家政服务需求。全年培训家政服务从业人员8301人次，完成省实施方案下达年度任务4000人次的207.5%，带动就业10340人次。

【推进疫苗冷链配送和预防接种标准化建设】 2020年，梅州市实现8家疾控机构冷链系统的建设和改造及136家预防接种门诊数字化建设。

【提高低保、特困人员、孤儿基本生活补贴和残疾人补贴等保障水平】 2020年，梅州市城乡低保对象最低生活保障标准、孤儿基本生活最低养育标准、困难残疾人生活补贴和重度残疾人护理补贴标准等均得到提高。实现特困人员基本生活标准不低于当地最低生活保障标准的1.6倍，全市特困供养人员共16454人享受此项政策，发放特困基本生活供养金1.74亿元。同时开展肢体、听力言语、智障、孤独症四个康复项目服务。

【新建和提升改造一批农村厕所、中小学厕所和城市厕所】 2020年，梅州市完成农村户用厕所无害化改造4981户，全市农村无害化卫生户厕建设基本达到100%全覆盖，厕所粪污初步得到无害化处理或资源化利用，管护长效机制基本建立，农民群众基本养成良好的如厕和卫生习惯。255所中小学完成厕所改造任务，新建旅游厕所35座，改扩建旅游厕所6座，新建和提升改造城市公厕77座，完成率均达到计划的100%。

【进一步推进“四好农村路”建设】 2020年，梅州市成立市、县两级2020年“四好农村路”攻坚任务工作领导小组，协调解决遇到的困难和问题，加快项目推进。完成通200人以上自然村村道路面硬底化998.7千米、农村公路危桥改造完成9座，途经1000多个自然村，受惠沿线群众约25万人。

【推进重点区域饮用水工程建设】 2020年，梅州市全部2042个行政村、349个省定贫困村、2010个自然村实现集中供水，受益群众18.75万人。完成梅州城区侨新路柱云楼周边、财政局宿舍、怡新路周边、梅建路档案馆宿舍、法政路公安局宿舍等50个小区管网改造，完成率100%，受惠居民约8000户、2万多名群众。

【加大食品抽检力度和食品安全信息透明度】 2020年，梅州市完成食品检验任务25804批次，完成全年任务的117.86%；不合格食品671批次，不合格率2.6%，已全部核查处置，核查处置率100%。实现全市学校食堂“互联网+明厨亮灶”全覆盖，1109家学校食堂前端建设全部完成并接入市级监管平台，覆盖率100%。

【加强地质灾害隐患点综合治理】 2020年，梅州市完成大埔县三河镇梓里村东江、曙光组69户村民滑坡避险搬迁任务；完成10处地质灾害工程治理，其中勘察设计2处、工程施工8处；完成6处地质灾害专业监测。 （摘自：《梅州日报》）

市·县·区

五华华城东征军政治部旧址

责任编辑：陈旭芳

梅江区

【梅江区概况】 梅江区位于广东省东北部，梅江河中游，梅州市中部，东临梅县区雁洋镇和大埔县银江镇，南邻丰顺县和梅县区梅南镇交界，西连梅县区程江镇和大坪镇，北接梅县区石扇镇和城东镇。区域面积570.61平方千米，其中耕地面积4069公顷。2020年，梅江区辖长沙、三角、城北、西阳4个镇和西郊、金山、江南3个街道，81个村、47个社区；年末全区总户数117418户，总人口(户籍人口)35.83万人，其中男性17.74万人、女性18.09万人；常住人口出生率9.65‰，户籍人口自然增长率3.3‰。祖籍梅江区的海外华人、华侨和港澳台同胞约20万人。区境内矿产资源主要有煤炭、石灰石、花岗岩、稀土、黏土、矿泉水等；较高的山峰有5座，其中位于西阳镇的明山嶂银窿顶海拔1357米，为梅江区第一高峰；主要河流有10条，其中梅江为主干流，全长307千米，流经梅江区境30多千米，集雨面积300多平方米；土特产有金柚、客家盐焗鸡、客家娘酒等。

梅江区是国家历史文化名城，有众多名胜古迹和丰富的文化遗产。主要有黄遵宪故居人境庐、梅州千佛铁塔、东山书院、梅江桥、梅州学宫、林风眠故居、朱云卿故居、状元桥、八角亭等各级文物保护单位36处和泮坑公王庙、谷诒堂、镇东楼、竹林居、福禄岌州司马第、本立居、季立居、梁氏义孚堂等不可移动文物121处，嘉应学院、东山中学、梅州中学等名校，中山路、凌风路、仲元路等名街，席狮舞、五句板、梅城山歌、舞龙、金狮、闹八音、拜“孔圣人”等区级非物质文化遗产保护项目74项。

梅江区人杰地灵，英才辈出。清代有嘉应州入翰林院第一人李象元，进士李黼平，外交家、教育家、杰出爱国诗人黄遵宪，20世纪中国美术界的一代宗师林风眠，岭东著名女诗人叶碧华；近代有中国工农红军第一方面军参谋长朱云卿，祖籍梅江区的将军有叶松盛等24位，大学校长（书记）有刘复之、杨简、黄友谋、薛尚实、吴道钧等16位，“两院”院士有李国豪、黎尚豪、梁伯强、江欢成4位，其中李国豪为中国科学院和中国工程院“双院士”。

梅江区是原中央苏区县、国家园林城市、国家森林城市、国家卫生城市、全国义务教育发展基本均衡区、全国青少年校园足球试点区、全国群众体育先进单位、全国国土资源节约集约模范县、广东省推进教育现代化先进区，是著名的文化之乡、华侨之乡、足球之乡。

【经济发展】 2020年，梅江区充分发挥工业经济的核心支撑作用，推动主要经济指标由负转正，全年全区生产总值(当年价)实现107.10亿元，比上年增长0.5%；其中第一产业完成8.53亿元，比上年下降11.7%；第二产业完成31.95亿元，比上年增长5.5%；第三产业完成66.62亿元，比上年下降0.5%。三次产业比重调整为8∶29.8∶62.2。全年完成规模以上工业增加值24.62亿元，比上年增长6.1%；社会消费品零售总额104.96亿元，比上年下降7.9%；全体常住居民人均可支配收入3.76万元，比上年增长3.0%；城镇常住居民人均可支配收入3.8万元，比上年增长2.2%；农村常住居民人均可支配收入2.24万元，比上年增长4.2%；贸易进出口总额13800万美元，比上年下降20.9%；出口总额10654万美元，比上年下降22.9%；实际利用外资31.96万美元，比上年增长220%；一般公共预算收入6.16亿元，比上年下降15.3%；一般公共预算支出29.38亿元，比上年增长28.7%；税收收入区级入库数4.45亿元，比上年下降13.0%；金融机构各项存款余额226.23亿元，比上年增长4.2%；金融机构各项贷款余额122.66亿元，比上年增长6.7%；居民消费价格指数(CPI)102.1%，比上年增长2.1%。

【农业】 2020年，梅江区继续深化农业供给侧改革，着力优化农业产业结构，现代农业平稳发展。全年建成省级现代农业产业园3个，省级以上特色农产品增至41个，市级以上重点农业龙头企业增至50家，市级以上农民专业合作社示范社增至14家，省级家庭农场增至10家。全年实现农林牧渔业总产值14.68亿元，比上年下降11.5%。其中农业产值9.67亿元，比上年增长2.82%；林业产值9540万元，比上年增长39.06%；牧业产值1.80亿元，比上年下降72.58%；渔业产值8651万元，比上年增长13.78%；农林牧渔服务业产值2710万元，比上年增长1.36%。全年全区粮食作物播种面积3829.7公顷，总产量2.17万吨，其中水稻播种面积2697.9公顷，总产量1.62万吨；水果种植面积2387.5公顷，总产量3.99万吨；蔬菜播种面积4551.7公顷，总产量11.02万吨。实施造林绿化工程，全区森林覆盖率72.16%，梅州城区绿化覆盖率63.9%，在粤北地区率先成功创建“国家森林城市”。畜牧业推行“高效、生态、安全”发展，全年全区生猪饲养量4.35万头，生猪年末存栏量2.44万头，其中能繁母猪0.32万头，出栏肥猪1.91万头；家禽全年饲养量104万羽，肉类总产量0.41万吨。水产养殖业稳中有进，全年全区水产养殖面积816.3公顷，水产品总产量0.75吨，比上年增长8.74%；总产值0.87万元，比上年增加0.15万元，增长13.78%。2020年，梅江区清凉山茶、板盖坑雪莲果等4个农产品入选全国名特优新农产品名录。

【工业】 2020年，梅江区规模以上工业企业67个。全年全区完成工业总产值(当年价，下同)107.9亿元，比上年增长6.4%；其中规模以上工业完成总产值94.46亿元，比上年增长5.5%；规模以下工业完成总产值13.44亿元，比上年增长13%。规模以上工业增加值24.62亿元，比上年增长6.1%；规模以上工业销售产值93.47亿元，比上年增长5.9%；五大支柱工业产值86.67亿元，比上年增长8.8%；电子设备制造业产值80.04亿元，比上年增长10.9%；电器机械制造业产值1.18亿元，比上年下降8.9%；医药制造业产值1.67亿元，比上年下降4.3%；水电行业产值1.17亿元，比上年下降14.8%；农副食品加工业产值2.62亿元，比上年下降14.5%。全年梅江区规模以上工业企业亏损企业10个、亏损额1799万元，比上年下降32.3%；主营业务收入98.66亿元，比上年增长5.7%；实现利润总额5.51亿元，比上年增长36.8%。规模以上工业主要产品产量：全年发电量51158.42万千瓦时，中成药1143吨，商品混凝土55.61万立方米，电子元件9.96亿万只，电路板1343.5万平方米。

【招商引资】 2020年，梅江区深入实施“乡贤回乡投资兴业工程”，成立驻外招商队，引进梅州中骏世界城、客天下康祺养老等亿元以上项目8个，总投资157.11亿元。南京盛尊顺利落户并完成一级建筑资质迁移，阿里云、金山云、飞翔云“三朵云”成功入驻，博敏电子增资扩产、五株电路板整体搬迁等项目有序推进，绿色产业体系加快构建。坚持创新驱动战略，实施创业主体培育、科技成果转化和创新能力提升“三大工程”。加快实体经济与互联网产业深度融合，培育新生经济动能，建成全国首个“政府优品馆”——京东京喜“梅州优品馆”，“i梅江”小程序上线运营。全年完成消费品零售总额104.96亿元，电商成交额45.79亿元，比上年增长27.85%；实际利用外资31.96万美元、比上年增长220%。

【城乡建设】 2020年，梅江区保持“打基础、利长远”的战略定力，加快补齐城乡基础设施短板，提升城市品位。完善江南新城、芹洋半岛基础配套设施，投入1.2亿元完成“十个一批”（规划提升一批老旧社区人居环境、连通一批道路、完善一批交通信号灯、建设一批人行天桥、建设一批停车场、提升一批生态公园、实施一批亮化工程、设置一批社工服务站、升级改造建设一批公厕和垃圾中转站、升级一批集贸市场）城建民生项目建设。村村通自来水项目全面完成，建成5G基站416个，实现城区5G网络全覆盖。打通鸿兴路、客都小学东门道路等“断头路”，新中苑、勤力苑等老旧小区改造取得阶段性成果。开展美丽梅州、美好家园“两美”行动，创建全国文明城市，持续抓好市容环境、市场秩序、交通秩序整治。完成江北历史文化街区修缮保护工程，城区228个公共机构实现垃圾分类全覆盖，江南街道建成垃圾分类示范片区，城市形象和风貌焕然一新。建设清凉山郊野公园、百岁山郊野公园，完善提升归读公园、文化公园等中心城区公园，建成外滩公园、八一广场社区体育公园等一批村居公园、“口袋公园”，打造“四季有花、全年有景”的花园城市。2020年，成功申报广东梅江清凉山升级自然保护区，城区空气质量优良率98.9%，饮用水水源地水质达标率保持100%。推进农村人居环境整治，全区行政村建成干净整洁村，55%的行政村达到美丽宜居村标准，10个省定贫困村全部建成社会主义新农村示范村。开展乡村风貌提升，打造“玉水古韵”“桃园笙竹”“烟雨阁公岭”等精美农村。2020年，西阳镇北联村入选省文化和旅游特色村，“诗画梅江美丽乡村行”入选广东省乡村旅游精品线路，白宫河治理项目入选“广东省水生态与水文化结合示范点”名单。

2020年国庆节期间，梅江区清凉山郊野公园枫林湾（一期）完工开放

（梅江区人民政府地方志办公室提供）

【交通建设】 2020年，梅江区综合交通基础设施完成投资11.37亿元，是“十二五”的4.37倍；公路通达里程增至1120.97千米，是“十二五”末的1.86倍，密度达1.87千米/平方千米。建成百岁山旅游公路、风眠大道等乡村公路，行政村路面硬底化实现100%。2020年成功创建省级“四好农村路”示范县，城区道路枫林路、学富路、客都大桥东端连接线建成通车，实施道路安防工程352.28千米，整治普速铁路隐患53处，建成碧道8.1千米。

【文化】 2020年，梅江区投入1000万元优化区、镇（街道）、村（社区）三级公共文化服务体系，完成区博物馆建设，建成21个村（社区）服务点、3个图书馆和1个基层综合性文化服务中心试点。全年开展文化下乡、群众文化活动、文艺演出共100多场次，保障公共文化设施免费开放运行，服务群众30多万人次。开办外来务工人员子女舞蹈免费培训班和客家山歌班、合唱班、书法班、美术班、古筝班等特色培训班20班次，培训未成年人2000多人次。位于梅江区江南街道归读公园“芷湾瀚墨”综合性传习中心建成使用，“梅城腌面”“梅塘梅菜”申报第九批市级“非遗”项目，侯文芳、李雅平等12人获评第四批县级非物质文化遗产代表传承人。省级文物保护单位林风眠故居修缮工程和林风眠纪念馆建设工程竣工并投入使用，碧芳精庐（卢耕父故居）抢修工程完工，红军名将朱云卿革命事迹陈列室建成开放，启动李国豪院士故居修缮工程，“禄善堂”公布为县级文物保护单位。全年举办群众性法治讲座、法治文艺宣传活动25场次。

【教育】 2020年，梅江区有各级各类学校141所(公办学校54所)，其中幼儿园92所（公办12所）、完全小学28所（公办25所）、教学点3个、初级中学5所、九年一贯制学校5所（公办3所）、完全中学4所、职业中学3所（公办1所）、区教师发展中心1所、特殊教育学校1所。各级各类在校学生75349人，全区教职工6021人；中小学适龄儿童小年入学率100%，小学巩固率110.30%，初中巩固率99.96%，高中阶段毛入学率100.98%。2020年高考本科上线50.67%，体艺类考生本科上线人数347人，比上年增加19人。2020年，梅江区通过“广东省推进教育现代化先进区”验收，新建学校6所，新增学位4100个。

【体育】 2020年，梅江区新增足球场6块、健康小广场17个、社区体育公园2个，完成梅江区全民健身中心建设。全年注册各项目青少年运动员1170人，其中省注册541人、市注册629人；各项目向梅州市体育学校输送运动员180多人，向广东省体育学校输送1人，向职业足球俱乐部梯队输送32人。全年组队参加各项目各级别体育赛事共取得省级冠军1个、亚军2个、季军6个，市级冠军2个、亚军7个、季军6个；武术散打队参加省锦标赛，取得1金1银1铜的奖项。全年全区有单项体协会18个、俱乐部10个，社会体育指导员1689名；晨晚练点140多个，每周参加体育锻炼人数达到16.5万人。全年全区体育彩票销售额4184.94万元。

【卫生】 2020年，梅江区有医疗卫生机构12个，其中县（区）级医院2个、专科防治所（站）1个、公共卫生事业单位1个、基层医疗卫生机构8个；全区病床位数803张，其中县级以上医院545张、基层卫生院（含社区服务中心）208张。卫生技术人员1498人，其中执业医师405人、执业助理医师116人、注册护士569人、药剂人员194人、技师（士）85人、其他人员129人。

【民生福祉】 2020年，梅江区如期完成脱贫攻坚目标任务，全区建档立卡相对贫困人口707户1427人全部脱贫，省定10个贫困村全部退出。建设梅州市实验小学、芹洋梅州中学初中部等中小学校及幼儿园并投入使用，新增学位4100个。全区学校（幼儿园）食堂“互联网+明厨亮灶”实现全覆盖。设立疾控中心，全面完成村卫生站、镇卫生院标准化建设，创建全国基层中医药工作先进单位通过国家评审。实施“粤菜（客家菜）师傅”“广东技工”“南粤家政”三项工程，开展职工技能培训1.3万人次。江南街道鸿都社区、长沙镇大密村成功创建省“民主法治示范村”。完成林风眠、李国豪等名人名居修缮保护工作。扫黑除恶专项斗争圆满收官，安全生产、食品药品安全和道路交通安全形势持续稳定，群众安全感、满意度不断提升。

【疫情防控】 2020年，梅江区面对突如其来的新冠肺炎疫情，坚持人民至上、生命至上，启动一级应急响应，统一指挥、全面部署、主体防控的人民战争、总体战、阻击战，用17天时间实现本地疑似病例清零，唯一一例确诊患者治愈出院。开展“亮党旗、亮党徽、亮身份”行动，抓好常态化疫情防控，完善防控措施，强化重点人员排查、重点场所检测和重点环节管理，巩固疫情防控成果。截至年末，全区未

梅江区望杏坊核心区——珍珠公园 （王宝生 摄）

发生新的疫情，实现“无死亡病例、无医院感染、无社区传播”的目标。

镇 街

【长沙镇】 位于梅江区南部，镇域面积 94.76 平方千米。2020 年，长沙镇主要经济指标：粮食总产量 5989.3 吨，比上年增长 11.7%；水稻总产量 5196 吨，比上年增长 1.5%；蔬菜总产量 5295.8 吨，比上年下降 24.3%；水果总产量 851.7 吨，比上年下降 20.5%；出栏肉猪 2913 头，比上年下降 81.1%；出售和自宰的家禽 6.99 万羽，比上年下降 50%；水产总产量 344.2 吨，比上年下降 47.4%。年末，全镇有总户数 3874 户，总人口 13206 人，其中男性 6504 人、女性 6702 人。

【三角镇】 位于梅州市区南郊城乡接合部，镇域面积 38.01 平方千米。2020 年，三角镇主要经济指标：粮食总产量 1059.8 吨，比上年下降 55.3%；水稻总产量 855 吨，比上年下降 61.6%；蔬菜总产量 6412 吨，比上年下降 22.1%；水果总产量 4870 吨，比上年下降 54.9%；出栏肉猪 987 头，比上年下降 94.1%；出售和自宰的家禽 3.34 万羽，比上年下降 76.6%；水产总产量 1201 吨，比上年增长 50.3%；规模以上工业总产值 45.7 亿元，比上年增长 15.5%；限额以上批发零售商品销售额 25.72 亿元，比上年下降 4%；限额以上住宿和餐饮业营业额 7435 万元，比上年下降 26.9%。年末，全镇有总户数 15329 户，总人口 49024 人，其中男性 23108 人、女性 25916 人。

【城北镇】 位于梅州市区北面城乡接合部，镇域面积 117.78 平方千米。2020 年，城北镇主要经济指标：粮食总产量 4818.6 吨，比上年增长 10.9%；水稻总产量 3147 吨，比上年下降 0.5%；蔬菜总产量 4.42 万吨，比上年下降 0.7%；水果总产量 7365 吨，比上年增长 1.3%；出栏肉猪 1.03 万头，比上年下降 84.6%；出售和自宰的家禽 37.05 万羽，比上年下降 70.4%；水产总产量 2065 吨，比上年增长 1.5%；规模以上工业总产值 1.41 亿元，比上年下降 3.4%；限额以上批发零售商品销售额 6.26 亿元，比上年下降 36.1%。年末，全镇有总户数 17965 户，总人口 54595 人，其中男性 27042 人、女性 27553 人。

【西阳镇】 位于梅江区东南部，镇域面积 272.64 平方千米。2020 年，西阳镇主要经济指标：粮食总产量 1.12 万吨，比上年增长 5.7%；水稻总产量 7620 吨，比上年下降 7.2%；蔬菜总产量 4.02 万吨，比上年增长 0.5%；水果总产量 6196 吨，比上年下降 4%；出栏肉猪 4841 头，比上年下降 84.2%；出售和自宰的家禽 33.06 万羽，比上年下降 46.5%；水产总产量 1078 吨，比上年增长 16.3%；规模以上工业总产值 42.02 亿元，比上年下降 3%；限额以上批发零售商品销售额 1.82 亿元，比上年增长 16.1%。年末，全镇有总户数 10978 户，总人口 36544 人，其中男性 17923 人、女性 18621 人。

【江南街道】 位于梅州城区南部，是梅州市政治、经济、文化中心，街道境域面积 5.68 平方千米。2020 年，江南街道主要经济指标：规模以上工业总产值 1.10 亿元，比上年增长 8.8%；限额以上批发零售商品销售额 4.88 亿元，比上年下降 3.3%；限额以上住宿和餐饮业营业额 5180 万元，比上年下降 23.1%。年末，全街道有总户数 38614 户，总人口 105777 人，其中男性 52596 人、女性 53181 人。

【金山街道】 位于梅州城区东郊盘龙桥侧，街道境域面积 35.21 平方千米。2020 年，金山街道主要经济指标：粮食总产量 115.8 吨，比上年增长 9.9%；水稻总产量 94 吨，比上年增长 13.3%；蔬菜总产量 1616 吨，比上年下降 36.1%；水果总产量 130 吨，比上年下降 38.7%；水产总产量 389 吨，比上年下降 13.4%；规模以上工业总产值 1.70 亿元，比上年增长 14.9%；限额以上批发零售商品销售额 2.55 亿元，比上年下降 19.4%；限额以上住宿和餐饮业营业额 754 万元，比上年下降 26.8%。年末，全街道有总户数 19590 户，总人口 65266 人，其中男性 33109 人、女性 32157 人。

【西郊街道】 位于梅州城区西部，街道境域面积 6.53 平方千米。2020 年，西郊街道主要经济指标：粮食总产量 11.2 吨，比上年下降 3.4%；水稻总产量 4 吨，比上年下降 33.3%；蔬菜总产量 5935 吨，比上年下降 29%；水果总产量 49.5 吨，比上年下降 6.6%；出售和自宰的家禽 3828 羽，比上年下降 72.6%；水产总产量 95.9 吨，比上年下降 1.1%；规模以上工业总产值 2.17 亿元，比上年下降 5.2%；限额以上批发零售商品销售额 8.9 亿元，比上年下降

19.2%。年末，全街道有总户数11068户，总人口33849人，其中男性17082人、女性16767人。

附：2020年梅江区领导班子成员名单

区委书记：朱国城

区委副书记：钟秀堂（女）

曾小喜（9月任职）

张　军（任至9月）

区委常委：朱国城

钟秀堂（女）

曾小喜（9月任职）

张　军（任至9月）

罗红葆（女，任至12月）

古　熠

梁英浩

王增文

李　俊

张峥奇

魏　婷（女）

刘细杨（挂职，任至3月）

王爱峰（挂职，3月任职）

梁　飞（挂职，5月任职）

钟建兵（3月任职）

区人大常委会主任：

巫繁星（任至11月）

罗红葆（女，12月任职）

区人大常委会副主任：杜延生

程成芳

罗尚君（任至12月）

管文杰

曾江林

葛雅玲（女，5月任职）

区政府区长：钟秀堂（女）

区政府副区长：李思平（任至1月）

罗涤权

刘伟球（任至5月）

丘颂霞（女）

钟建兵（任至4月）

刘细杨（挂职，任至3月）

王爱峰（挂职，3月任职）

梁　飞（挂职，5月任职）

李政江（任至10月）

郑荣丰（10月任职）

魏　婷（女，4月任职）

林勇军（4月任职）

区政协主席：赖经烈

区政协副主席：丘元强

葛雅玲（女，任至5月）

张海辉

孙伟华

徐　莉（女）

刘伟球（5月任职）

陈启泰（5月任职）

区纪委书记：梁英浩

区纪委副书记：叶怀忠　谢文梅

区监委主任：梁英浩（5月任职）

区监委代主任：梁英浩（任至5月）

区监委副主任：叶怀忠　谢文梅

（梅江区人民政府地方志办公室）

梅县区

【梅县区概况】　梅县区位于广东省东北部，韩江上游，梅州市中部。2020年，梅县区设新城办事处、扶大高新区管理委员会2个镇级建制单位、17个镇，355个村、34个社区。全区户籍人口651806人，比上年增长6%；常住人口493324人；人口出生率9.25‰、死亡率5.9‰，自然增长率3.35‰。矿产资源以大理石、煤、铁、锰、钨、锌、铜、石灰石等为大宗，其中大理石储量40多亿吨、煤近4亿吨、铁1318万吨、锰700万吨。旅游资源主要有国家AAAAA级旅游景区雁南飞茶田度假村，国家AAAA级旅游景区叶剑英纪念园、雁山湖国际花园度假区、千年古刹灵光寺，国家AAA旅游景区南寿峰健康产业园和大观天下文化旅游产业园，省文物保护单位元魁塔，最具代表性的中国五大特色建筑客家民居围龙屋南华又庐、丙村温公祠，国家级文化产业园南口麓湖山庄，国家级古村落水车茶山村、南口侨乡村，广东省十大最美古村落雁洋桥溪村，国家历史文化名镇和历史文化名街松口，世界最大圆形建筑——梅县文体中心，主要地方名胜阴那山、王寿山、九龙嶂等。

梅县区先后获中国金柚之乡、全国水果百强县、中国旅游强县、全国文化先进县、中国民间艺术之乡（山歌艺术之乡）、全国绿化模范县、全国绿色小康县、全国文明县城、全国卫生城市等称号，并被确认为中央苏区县、中国长寿之乡。是传统的文化之乡、足球之乡、华侨之乡。客家文化源远流长，客家话方言以梅县客家话为代表，文化底蕴深厚，孕育出不少杰出人物。著名的有清代著名诗人宋湘、黄遵宪，辛亥革命烈士陆军上将邓仲元，中华人民共和国开国元帅、五届全国人大常委会委员长叶剑英，现代著名画家林风眠，政协第七、八、九届全国委员会副主席叶选平，全国人大常委会委员、香港金利来集团有限公司董事局主席曾宪梓，两院"院士"古德生、张楚汉等。

【经济发展】　2020年，梅县区实现生产总值220亿元，比上年增长3.5%，增速排名全市第二，高于全国、全省、全市平均水平。坚持精准施策，全力抓"六保"促"六稳"。

坚持疫情防控和经济社会发展“两手抓、两促进”，及早出台复工复产“20条”，落实“实体经济10条”“稳外贸20条”等措施，减税降费5.4亿元，减征社保2.2亿元。举行政银企座谈会，发放贷款88亿元，金融存贷比由51.8%提升至61.5%。多措并举援企稳岗，新增市场主体6314户，比上年增长6%；发放创业补贴850万元，建成4家青年见习基地，新增城镇就业2950人，城镇登记失业率2.5%。经济社会发展秩序快速恢复。坚持产业兴区，“11115”产业集群稳步发展。铜箔产业入选全省“双十”战略性产业集群。成功举办铜箔产业大会，新签约铜箔产能项目10万吨。超华科技、嘉元科技增资扩产1.3万吨铜箔产能项目顺利投产。铜箔总产能达4.1万吨，约占全国产能的10%。投资10.1亿元的年产1.5万吨高性能铜箔项目正在建设，年产600万张高端芯板、年产2万吨高精度锂电铜箔项目有序推进。装备制造产业链条不断延伸，总投资5.4亿元的BPW（八期）项目加快建设，福德金属、伟友耐磨、雄辉实业首期项目顺利投产。全年规模以上工业增加值45.8亿元，比上年增长3.8%。工业投资、技改投资分别增长19.4%、33.9%，增速均排名全市第三。电商物流产业融合发展加快，“互联网+”关联企业超过1000家，全年电商交易额67.6亿元，增长10.1%，入选国家“互联网+”农产品出村进城工程试点县。文旅产业亮点纷呈，客都人家一期项目开街运营，《原乡》全球公演，开业仅一个多月游客突破60万人次，“大观天下”获评国家AAA级旅游景区，雁洋镇入选省旅游度假区名单，长教村被评为全国乡村旅游重点村，获评国家全域旅游示范区。金柚“两园一区”顺利推进，省级产业园全面完成建设任务，通过绩效考核，国内首条柚苷生产线试产成功。国家产业园、梅州柚优势产区建设全面启动，投资2.5亿元的梅州柚深加工项目进展顺利，扩种金柚666.67公顷，产量55.6万吨，产值28.9亿元，增加农民收入2.5亿元。发挥“1+9”重大工程项目建设总指挥部统筹协调作用，举行重点项目集中开工仪式。强攻82项年度投资88.04亿元的重点项目，固定资产投资121.5亿元，增速扭负为正，总量全市第一。客都人家一期、省级万里碧道试点、东环高速、葵岗互通立交、梅州政协连心桥等一批重点项目相继建成，梅龙高铁、东部快线稳步推进，西部快线正式动工。

坚持重点突破，着力打造发展新平台。实施梅县产业集聚地提质增效工程，申报省级高新区，新落户工业企业10家，总数达到75家，产值44亿元。梅州综合保税区正式获批，成为全市首个国家级发展平台，投资9.3亿元的卡口、围网、查验场、信息化等设施集中动工。同步开工建设梅州国际无水港，打造“海铁联运、山海联动”的现代铁路物流中心。支持企业创新发展，嘉元科技被认定为全市首家国家企业技术中心，获评国家技术创新示范企业、广东省科技进步二等奖。规模以上企业建立市级以上研发机构占比39.4%，稳居全市首位。全面启动槐岗片区、丙雁片区、高铁片区和临港物流园、铜箔特色产业园规划编制，不断完善“三区两园”基础设施，组织申报省级铜箔特色产业园，努力打造城市新的增长极，构筑产业发展新平台。

【三大攻坚战】 2020年，梅县区坚持统筹兼顾，坚决打好三大攻坚战。打好扶贫攻关战，累计投入扶贫开发资金5.3亿元，销售扶贫产品3.8亿元，32个省定贫困村全部退出，6821户15045名相对贫困人口全部实现脱贫，扶贫开发成效获评全省“好”的等次。打好污染防治攻坚战，6个断面水质优良率均为100%，河长制工作获评全市优秀。城区空气质量优良率98.3%，无中度以上污染天气。全面完成“净土保卫战”任务，修复受污染耕地1733.33公顷。防范化解债务风险，坚持过紧日子，严格预算约束管理，压减“三公”经费支出。成立国企集团，盘活国有资产和存量资金。争取上级财政资金58亿元，化解隐性债务10.3亿元，政府债务总体可控，“三保一转”得到有效保障。

【乡村振兴】 2020年，梅县区坚持重农固本，持续推进乡村振兴。坚持“三农”优先发展，统筹省级涉农资金3.9亿元，着力发展精致农业、建设精美农村、培育精勤农民。新增水稻种植面积155.4公顷，建成高标准农田866.67公顷，粮食生产保持稳定。茶叶种植面积增至1400公顷，“梅县绿茶”获国家地理标志认证。引进广新控股、正大康地等5家现代化养猪场，新增产能40万头，生猪生产加快恢复。推广稻鱼共生综合种养模式，带动发展健康养殖，获评省水产健康养殖示范县。农林牧渔业产值88.5亿元，比上年增长2.5%。全面提升农村人居环境，持续开展“百村示范、千村整治”“厕所革命”、破旧泥砖房清理和污水治理等行动，拆除破旧泥砖房6.1万间，新建农村公厕185座，无害化户厕普及率100%，完成1386个自然村环境整治，行政村全部达到干净整洁村标准。“一河一路一树一花一景”生态景观廊道加快建设，完成省道223线丙村段、省道224线城东至客都人家、芦陵至剑英大桥、县道020线育豪村至上官塘段黑底化改造、绿化提升，全面建成3镇14村26千米石窟河美丽游线，丙村芦陵、溪联、城东莲塘、桃尧桃溪、白渡宋湘故居等乡村实现美丽蜕变，雁洋镇被评为省乡村治理示范镇。深入实施“粤菜（客家菜）师傅、广东技工、南粤家政”三项工程，举办首届乡村创新创业创富大赛，加大农民实用技能培训，培育新型职业农民1890人。开展“百企帮百村”，158个集体经济“空壳村”全面清零。

2020年1月28日，中山大学附属第三医院粤东医院13名医务人员驰援武汉抗击疫情 （梅县区卫健局提供）

【社会民生】 2020年，梅县区坚持改善民生，全面发展社会事业。城乡居民医保征缴46.6万人，医保实现与全国2.9万家医院直接结算。发放各类救助资金5700万元，实施医疗救助3.2万人次，困难群众得到应保尽保、应救尽救。坚持新增财力向教育倾斜，新建、扩建8所学校，外国语学校、德兴小学、扶大中心小学完成扩建，新增学位5400个，第二实验幼儿园、广外附设梅州实验学校、华师华业外国语学校等项目扎实推进。设立教育基金，教师发展中心投入使用，全省教育履职考核排名北部生态区37个县（市、区）第三、全市第一。加快建设卫生强区，新建疾控中心分子生物学检测室，核酸检测能力全市第一，21家发热门诊（诊室）完成改造，投资2.3亿元的中医院、妇保院扩建工程即将完工，妇保院晋级“二甲”，第二人民医院晋升二级综合医院，省级健康促进区、全国基层中医药工作先进单位顺利通过创建评估。持续推进城市提质扩容，人民南路断头路全面打通，实现双向通车，剑英大道延长线、高铁沿线畲江至西站段、梅花山等绿化、美化提升，所里、公园南路等新建道路竣工验收。西桥老旧小区、棚户区改造加快实施，公共机构垃圾分类实现全覆盖，全国文明城市创建深入推进。文体事业蓬勃发展，《春闹》获省艺术节剧目一等奖，圆满举办梅州马拉松、中冠联赛等赛事，组建“四三三”足球俱乐部。学校“互联网+明厨亮灶”工程组网运行。基层应急管理“四个一”建设、第七次全国人口普查登记等工作顺利完成。全民禁毒工程成效明显，梅县区公安分局获评“全省全民禁毒工程先进集体”。

【旅游】 2020年，梅县区接待游客510.8万人次，比上年减少72.9%，旅游总收入20.8亿元，比上年减少84%。文化旅游成为梅县区的主导产业之一。梅县区成功创建国家全域旅游示范区、雁洋镇长教村获评第二批全国乡村旅游重点村、雁洋镇国际慢城旅游度假区获评省级旅游度假区，南寿峰旅游景区通过AAA级旅游景区质量评定复核工作、“南洋古道·千年古镇”乡村旅游精品路线入选第二批省级乡村旅游精品线路名单。组织文旅宣传推介活动，打响“美丽梅县·客都明珠”“中国旅游强县”品牌，宣传客家传统优秀文化。2020年印制1.5万份梅县区全域旅游宣传手册和折页，更新制作梅县文旅宣传片和一批全域旅游道路标识标牌；线上推出梅县名人故居智慧旅游导览系统微信小程序，线下设置名人故居导览图标识牌；协助中央电视台

2020 年 12 月 27 日，由梅州市人民政府主办，梅县区人民政府等单位承办的客商银行 · 2020 世界客都长寿梅州马拉松赛举办　（梅县区新闻办提供）

《味道》栏目组拍摄宣传梅县美食；推进区木偶传习所与客都人家康养文旅体项目签订合作协议，在景区设立梅县区木偶展示馆，促进“非遗”文化与旅游融合发展；组织或参加“‘5·19’中国旅游日——2020 智游打卡梅州 · 文旅复苏有我媒体直播带货活动”、2020 广东国际旅游产业博览会、“魅力广东 · 客都梅州、和美汕头、古韵潮州”旅游（南昌、泉州）推介会、第八届广东自驾旅游日暨精彩梅州自驾旅游日、2020 广东国际旅游产业博览会、“世界客都 · 长寿梅州欢迎您”梅州文旅复苏在行动系列活动启动仪式暨客都人家项目推介活动亮灯仪式、客乡客都大柚获 · 中秋国庆喜相逢——首届客家柚获节、“中秋月圆合家欢 · 同喜同贺迎国庆”文化旅游周、2020“世界客都 长寿梅州”马拉松赛事、博览会等一系列文旅宣传推广活动，进一步打响梅县区文旅知名度和影响力。

【基础设施建设】 2020 年，梅县区硬化公路通车总里程 3380.66 千米，通车公路密度达每百平方千米 136.2 千米。其中：高速公路 7 条共 136.42 千米、国道 2 条共 84.4 千米、省道 11 条共 489.7 千米(包括 320.5 千米新升省道)、农村公路 2670.14 千米。全区通镇公路达到三级路以上，镇通村公路全部实现路面硬化，通 100 人（20 户）以上自然村道路基本实现路面硬化。全区开通城乡公交线路 77 条，途经梅县区新能源电动公交车 722 辆，全区 355 个建制村开通公交(其中 18 个为网约公交)。2020 年，全区交通公路重大项目共 9 大项 22 小项，计划投资 17.88 亿元（高速公路 5.62 亿元、普通公路 11.56 亿元、站场 0.7 亿元），实际完成投资 14.88 亿元，占年度计划的 83.2%。主要是西部旅游快线受政策影响，推进滞后。

【城乡建设】 2020 年，梅县区完成建筑业增加值 11.12 亿元，比上年下降 6.5%。全区 55 家资质等级以上建筑业总产值 35.59 亿元，比上年减少 4.8%。全区 99 家房地产企业中的 62 家完成房地产开发投资 61.19 亿元，比上年下降 5%；其中住宅投资 44 亿元，比上年下降 8.5%。商品房销售额完成 51.5 亿元，比上年减少 18.92%。

【环境保护】 2020 年，梅县区城区空气质量优良率 98.3%，比上年同期下降 1 个百分点；PM2.5 平均浓度 22 微克/立方米。全区 6 个地表水考核断面（1 个省考、5 个市考）1—12 月平均水质均达到或优于Ⅲ类，平均水质优良率 100%，水质达标率稳步提升。饮用和备用水源平均水质达到水质保护目标要求。无丧失使用功能（劣于Ⅴ类）断面水体。城区环境噪声基本符合城市噪声质量标准。

【国土资源】 2020 年，梅县区受理区级用地预审审批 7 宗，选址情况说明 16 宗；共调整修改土地利用总体规划项目 32 个，其中完成调规项目 23 个，上报省厅待批复项目 1 个，在编制调规方案项目 8 个；经省批准单独选址项目和城镇批次用地占用耕地 70.3719 公顷、水田 6.7241 公顷；单独选址项目水田指标通过向广东省自然资源厅预购方式解决，其他耕地指标通过先补后占方式，落实耕地占补平衡。

梅县区 18 个镇（高管会）及梅西水库共有基本农田保护区面积 1.61 万公顷。按照该实施办法要求，以每亩 5 元的标准下发给永久基本农田保护单位，配合省级每亩 30 元的补助资金，用于梅县区基本农田的后续管护、修缮农田水利设施等，同时各镇按照基本农田经济补偿面积与各村签订《基本农田经济补偿协议书》。协助做好客都人家二期、三期 40 公顷，白渡工业园约 20 公顷，梅州综保区 33.33 公顷，省道 223 线松源至雁洋段改造项目，梅龙高铁，新县城城市建设用地和教育用地约 53.3 公顷等项目的征地工作。

2020 年，共上报至广东省自然资源厅待审核批准 2 宗单独选址项目，面积 259.59 公顷，上报至梅州市自然资源局待审核批准 5 宗城镇批次用地，面积 56.52 公顷；上报至梅州市自然资源局待审核 2 宗单独选址项目，面积 46.8 公顷。全年挂牌出让新增国有建设用地使用权 12 宗，面积 23.96 公顷，共计出让金额 33611.28 万元。梅县区耕地保有量 24546.7 公顷，永久基本农田 16216.2 公顷。全面完成梅州市对梅县区耕地保护目标责任考核工作，获得梅州市三等奖。

【科学技术】 2020 年，梅县区有国家高新技术企业 41 家；国家企业技术中心 1 家；国家级“星创天地”1 家、省级 1 家；广东省创新型企业 2 家、创新型试点企业 1 家；广东省企业重点实验室 1 家；省级工程技术研究中心 10 家、市级 28 家；广东省省部产学研示范基地 3 家、省科技特派员工作站 7 个；广东省省部产学研合作重点实验室培育单位 1 家；广东省产业技术创新联盟 1 个；省级技术创新专业镇 8 家、市级 2 家；广东省众创空间试点单位 2 家；省科技企业孵化器 1 家、市级 1 家；广东省青少年科技教育基地 4 家。2020 年度科技计划项目申报工作，累计申报国家级 1 项、省级 15 项、市级医研项目 45 项，经批准立项国家级 1 项、省级 9 项、市级医研项目 40 项，争取到上级核拨科技经费 501.4 万元。全区有 3 个省级科技计划项目通过结题验收。

【教育】 2020 年，梅县区有各类学校 60 所，其中：完全中学 7 所，十二年一贯制学校 1 所，初级中学 11 所，九年一贯制学校 6 所，中心小学和直属小学 28 所；民办中小学 2 所（富力足球学校和北大新世纪实验学校）；中等职业学校 2 所（第一职业学校和梅州英才外语学校），区教师发展中心、特殊教育学校、青少年宫各 1 所，幼儿园 132 所（其中区直属幼儿园 2 所、镇中心幼儿园 19 所、学校附设幼儿园 14 所、民办幼儿园 97 所）。中小学生 75778 人（其中普通高中 8168 人、初级中学 17501 人、小学 50109 人），适龄儿童入学率和小升初升学率 100%，高中毛入学率 96.10%。

2020 年，梅县区高考参考人数 3473 人，高分优先投档线上线人数 312 人（不含地方专项），比上年增加 93 人，增长 42.5%；本科上线人数 1748 人，本科率 50.33%，比上年增加 81 人，增长 4.86%；专科上线人数 3449 人，比上年减少 106 人，专科率 99.31%，减少 3%。全区中考参考人数 5547 人，760 分（总分 830 分）以上 29 人，750 分以上 77 人，700 分以上 494 人，高分层人数位居全市前茅，其中梅县外国语学校 270 名学生参考，平均分 718.5 分。

【文化艺术】 2020 年，山歌剧《春闹》获第十四届广东省艺术节戏曲组一等奖。梅县区传承中心和木偶传习所精心创作抗疫专题题材作品：录制山歌对唱《疫情无情人有情》、快板《科学周密把疫防》、表演唱《众志成城加油武汉》等；由梅县区文化馆组织选送的防疫抗疫题材作品快板《科学防疫心中记》、歌曲《血脉相连》入选学习强国平台，其中歌曲《血脉相连》MV 在央视网平台播出。

2020 年，梅县区开展各类型文艺演出、送戏下乡、进景区、进园活动近 300 场次，创作抖音宣传视频作品 22 个。梅县区图书馆开展世界读书日系列活动之悦读达人挑战活动、“品味端午、传承国学”、广东省首届“中华传统文化百部经典”知识大赛、暑期少儿 21 天阅读挑战等活动；梅县区文化馆举办 2020 年梅县区社会主义核心价值观教育实践活动——彩书家训·快乐涂鸦和竹板歌传唱活动、“我们的中国梦·文化进万家”2020 年梅县区文化馆总分馆联动系列活动、暑期公益少儿艺术培训班等；梅县区松口图书馆开展书法培训、亲子活动、故事分享、全民阅读等系列阅读推广活动；梅县区博物馆举办“百年记忆·世纪画梦——林风眠艺术人生”展览、梅县籍中国现代艺术教育先驱“两林三李”图片展等，分别入选 2020 年广东省弘扬社会主义核心价值观主题展览和广东省弘扬社会主义核心价值观主体展览推介。梅县区客家山歌传承保护中心、区木偶传习所开展“非遗传承健康生活 2020”梅州市客家文化（非遗）艺术周系列活动·雁南飞景区中秋国庆“非遗”主题活动、梅州市“三百工程”文化惠民巡回演出、普法儿童剧《猴哥让我再想想》巡回演出等，丰富群众的文化生活。

此外，“相约梅县”综合性文旅宣传平台上线，开展线上线下演出 38 场次。线下举办走进名人故居——张榕轩纪念馆、宋湘故居活动。

乡镇、办事处、高管会

【新城办事处】 位于梅县区城区，总面积 3.88 平方千米。辖 5 个社区。2020 年，户籍人口 2.3 万多人，常住人口 8.6 万多人。税收收入 2.7 亿元，固定资产投资 7173 万元。

【扶大高新区】 位于梅县区城区，距梅州市区 5 千米。总面积 18.8 平方千米，其中：耕地面积 20.6 公顷（含水田面积 17.3 公顷），林地面积 0.07 万公顷，养殖水面面积 19.73 公顷。辖 4 个村和 1 个社区。2020 年，有 6997 户，在册人口 15589 人。国地两税收入 3.03 亿元，镇级地方财政税收 8150 万元。

【程江镇】 位于梅县区新县城，是梅县区政治、经济、文化中心，205、206 国道，宪梓大道，人民大道，梅河、天汕、梅大高速公路纵横贯穿全镇。自然资源有钴、煤、石灰石、矿泉水等，其中煤炭储量丰富。是广东省卫生镇、教育强镇、文明镇、生态镇；梅州市文化先进镇、平安镇、生态镇。全镇总面积 61 平方千米，其中：耕地面积 502 公顷，山地有林面积 3013.3 公顷。辖 14 个村和 3 个社区。2020 年，户籍人口 4.7 万人，常住人口 11 万多人。全镇财政税收收入 5.47 亿元，比上年同期减收 1.40 亿元，减幅 20.38%（其中：本级税收 1.55 亿元，减收 2160 万元，减幅 12.21%）。

【南口镇】 位于梅县区西南部，距梅县区人民政府驻地 12.8 千米。辖区总面积 262.5 平方千米，有山林面积 1.85 万公顷、耕地面积 2400 公顷、圩镇面积 2.5 平方千米。矿产资源主要有钴、锰、煤、石灰石、硅石、钨、钼、铁、金、稀土、高铝土、铀等。辖 46 个村和 3 个社区。2020 年，总户数 17996 户，户籍人口 70985 人，常住人口 36238 人。全镇完成国地税 3317.2 万元，乡镇净收入 1504.2 万元。

【畲江镇】 位于梅县区南部，距梅县区人民政府驻地 42 千米。206 国道贯穿全镇，广梅汕铁路、梅汕高铁穿境而过，梅汕高铁在该镇设立畲江北站，是汕梅、梅河高速公路交会中心，是梅畲快速干线的终点。辖区面积 175 平方千米，其中：耕地面积 1641.53 公顷，山地面积 1.26 万公顷。全镇矿产资源丰富，分布面广，钴、铀、瓷土和矿泉水资源等较为突出。辖 23 个村和 2 个社区。2020 年，常住户数 0.79 万户，常住人口 3.17 万人，户籍户数 1.25 万户，户籍人口 5.01 万人。全镇规模以上工业总产值 20.71 亿元，固定资产投资 9.1 亿元，实现税收 6858 万元，乡镇净收入 1549 万元。

【水车镇】 位于梅县区南部，距梅县区人民政府驻地 31.9 千米。辖 18 个村和 1 个社区。全镇总面积 123 平方千米，其中山地 9333 公顷、耕地 933 公顷、鱼塘约 300 公顷。2020 年，有 6486 户，总人口约 2.3 万人。全镇固定资产投资 8951 万元；工商收入 803.49 万元，比上年增长 5.7%；镇级地方收入 230.61 万元；规模以上工业总产值 2132 万元，比上年增长 5.4%。

【梅南镇】 位于梅县区南部，距梅县区人民政府驻地 17 千米。广梅汕铁路，国道 206 线，梅揭高速公路，在建汕梅高铁、梅畲快线穿境而过。全镇总面积 145 平方千米，辖 16 个村和 1 个社区。2020 年，总户数 5238 户，总人口 19386 人。全镇实现税收收入 3220.75 万元；规模以上工业总产值 5.67 亿元。

【梅西镇】 位于梅县区西北部，距梅县区人民政府驻地 51.4 千米。辖 17 个村和 2 个社区，总面积 92.7 平方千米。辖内交通要线主要有县道 020 线、010 线、济广高速平兴段（梅西辖内长 12.8 千米），设有梅西互通收费站。2020 年，总户数 8380 户，总人口 31047 人。全镇本级财税收入 393 万元；规模以上工业总产值 1.1 亿元；固定资产投资 6498 万元，比上年增长 225%。

【石坑镇】 位于梅县区西北部，距梅县区人民政府驻地 39.2 千米。总面积 88.07 平方千米，其中山地 6666.67 公顷，耕地 780 公顷。辖 17 个村和 1 个社区。2020 年，总户数 7334 户，人口 2.7 万人。全镇农业总产值 1.8 亿元，固定资产投资 5486 万元。

【大坪镇】 位于梅县区西北部，距梅县区人民政府驻地 30.5 千米。省道 242 线贯穿全境。全镇总面积 76.7 平方千米，辖 12 个村和 1 个社区。2020 年，总户数 5773 户，总人口约 2 万人，其中常住人口约 1

万人。全镇税收收入 369.5 万元，乡镇净收入 210.5 万元。

【城东镇】 位于梅县区东北部，距梅县区人民政府驻地 17.6 千米。辖区总面积 79.3 平方千米，圩镇面积 1.2 平方千米。有耕地面积 680 公顷、园地面积 1480 公顷、林地面积 5098 公顷、养殖水面面积 175 公顷。全镇矿产资源丰富，分布面广，煤、锰、铜、铅、锌、石灰石、建筑石和黏土等较为突出。是广东省（机电）技术创新专业镇、广东省教育强镇、梅州市文明镇。辖 12 个村和 1 个社区。2020 年，户籍户数 5560 户，人口 2.12 万人。全镇规模以上工业总产值 24.5 亿元；固定资产投资 6.76 亿元；完成工商财税 2.68 亿元；实现镇级财政收入 6444 万元。

【石扇镇】 位于梅县区西北部，距梅县区人民政府驻地 27.8 千米。辖区总面积 94.3 平方千米。是广东省金柚技术创新专业镇、广东省森林小镇、广东省卫生镇。辖 12 个村和 1 个社区。2020 年，有总户数 6323 户，人口 21475 人。规模以上工业产值 2.81 亿元，完成限上批零产值 3661 万元，完成税收 883.17 万元，固定资产投资比上年增长 31.2%。

【丙村镇】 位于梅县区东部，距梅县区人民政府驻地 26.8 千米。辖区总面积 170.7 平方千米。旅游快线省道 223、224 线、梅大高速公路、嘉应环城高速（在建）和梅坎铁路贯通整个丙村。辖 21 个村和 1 个社区。2020 年，有 12562 户，总人口 4.6 万人。全镇社会经济总收入 38.06 亿元，比上年增长 10%；农业总收入 3.15 亿元，比上年增长 12.5%；农村人均收入 3.19 万元，比上年增长 16%；镇级税收入库 1.18 亿元，增收 3042 万元，比上年增长 35%；规模以上工业总产值 43 亿元，比上年增长 65%；固定资产投资 6.6 亿元，比上年增长 33.8%。

【雁洋镇】 位于梅县区东北部，距梅县区人民政府驻地 35.2 千米。总面积 188 平方千米。辖 27 个村和 2 个社区。2020 年，总户数 8748 户，总人口 34249 人。有 3 家 A 股上市公司（广东梅雁吉祥水电股份有限公司、广东宝丽华新能源股份有限公司、广东超华科技股份有限公司）、1 家科创板上市公司（广东嘉元科技股份有限公司）、2 家新三板上市公司（广东客家园林股份有限公司、广东客都物业发展股份有限公司）、1 家美股上市公司［卡莱（梅州）橡胶制品有限公司］；有 1 家国家 AAAAA 级旅游景区（雁南飞茶田景区）、3 家国家 AAAA 级旅游景区（叶剑英纪念园、雁山湖国际花园度假区、灵光寺景区）、1 家国家 AAA 级旅游景区（大观天下文化旅游景区）及阴那山五指峰旅游景区等。2020 年，全镇农村经济总收入 95.4 亿元，规模以上工业企业产值 28.3 亿元，固定资产投资 6.1 亿元，税收收入 6.8 亿元。

【白渡镇】 位于梅县区东北部，距梅县区人民政府驻地 32.6 千米。全镇有山地面积 1.47 万公顷，耕地面积 1358.5 公顷。辖 24 个村和 1 个社区。是连接蕉岭县、大埔县和福建省的交通枢纽，205 国道、国防战备公路、天汕高速、雁白公路贯穿全境。是广东省卫生镇、广东省教育强镇、广东省宜居示范镇、梅州市平安镇、梅州市文化先进镇。2020 年，总户数 8200 户，户籍人口 2.87 万人。固定资产投资完成 3.63 亿元，比上年增长 49.1%；规模以上工业总产值完成 3.15 亿元；全年税收总收入 1966 万元，其中镇级地方收入完成 692 万元。

【松口镇】 位于梅县区东北部，距梅县区人民政府驻地 48.1 千米。松口镇是岭南四大古镇之一，客家先民南迁的始居地之一，也是孙中山发动辛亥革命的策源地之一，负有“自古松口不认州”盛名，享有“文化之乡、华侨之乡、山歌之乡”美誉。辖区总面积 328.6 平方千米，辖 41 个村和 5 个社区。2020 年，总户数 16949 户，总人口约 6.3 万人。镇级工商税收入 2954.3 万元，四公司（水电站）征收数 890 万元，其中乡镇净收入 726.3 万元，比上年增长 61.31%；规模以上工业总产值 1.22 亿元，比上年增长 7.2%。

【隆文镇】 位于梅县区东北部，距梅县区人民政府驻地 62.5 千米。总面积 114.3 平方千米。辖 14 个村和 1 个社区。2020 年，总户数 6638 户，总人口 2.32 万人。全镇财税入库 319.5 万元；镇级净收入 110.5 万元；固定资产投资 569 万元。

【桃尧镇】 位于梅县区东北部，距梅县区人民政府驻地 67.5 千米。辖区总面积 118 平方千米，圩镇面积 1.5 平方千米。辖 15 个村和 1 个社区。有铁、稀土和石灰石等资源，水资源丰富。2020年，总户数5061户，总人口17214人，常住人口8633人。全镇农村经济总收入4.49亿元；工商各税收208.32万元；乡镇净收入113.01万元。

【松源镇】　位于梅县区东北部，是远近闻名的革命老区，距梅县区人民政府驻地83.4千米。辖区总面积149.5平方千米，圩镇面积3.5平方千米。辖22个村和1个社区。境内矿产资源丰富，有锰、铁、铀、煤、金、瓷土和石灰石等资源，宝坑锰矿、杨阁铁坑铁矿储量丰富。2020年，有12206户，户籍人口43272人。全镇实现社会总产值8.87亿元，比上年增长3%；农村经济总收入6.75亿元，比上年增长3.2%；实现工商税收520万元，比上年增长16.5%；实现镇级财政收入2694.8万元，比上年增长29%；农民人均纯收入13442元，比上年增长3.1%。

附：2020年梅县区领导班子成员名单

区委书记： 吴泽桐

区委副书记：

温助民

陈远洋

区委常委：

李瑞金

涂戈峰

古　裕

张小兰（女）

王杞杨

赖启忠

丘孝良

宋碧峰（挂职）

吕瑜泉

区人大常委会主任： 曾庆辉

区人大常委会副主任： 刘　敏

李丹玲（女）

王英豪

梁新强

叶世振

区政府区长： 温助民

区政府副区长： 赖启忠

宋碧峰（挂职）

梁惠文

谢　芳（女）

郭龙元

王宏基

刘演政

区政协主席： 罗时亮

区政协副主席： 钟梅福

余洪昌

张炳荣

李　刚

徐婉玲（女）

林作鹏

区纪委书记： 古　裕

区纪委副书记： 彭俊华

徐　涛

区监委主任： 古　裕

区监委副主任： 彭俊华

徐　涛

（梅县区人民政府地方志办公室）

兴宁市

【兴宁市概况】　位于广东省东北部，东江、韩江上游，东连梅县区，南邻丰顺县，西接五华县、龙川县，北接平远县、江西寻乌县，总面积2104.85平方千米。辖17个镇、3个街道、455个村和36个社区。年末户籍人口116.35万人，常住人口77.94万人。矿藏资源丰富，有煤、磁铁矿、石膏矿、钒钛磁铁矿、硫铁矿、萤矿、石灰石矿、稀土等矿藏资源39种，矿点230多处，总储量约9亿吨，是广东省重点矿藏大县（市）之一。土特产主要有茶叶、高山茶油、沙田柚、珍珠红酒，风味小食有砸粽、鸡颈粄、萝卜粄、黄粄、艾圆等。

兴宁是全国粮食生产先进县、全国重点产茶县、全国东南沿海出口蔬菜重点区域基地县（市）。是著名的文化之乡、华侨之乡、足球之乡、商贸之乡、中国围龙屋之乡、中国花灯之乡、中华诗词之乡。有兴宁学宫、两海会馆、古城墙等省级文物保护单位9处，杯花舞、罗家通书推算法、上灯、大坪布骆包子豆腐制作技艺等省级非物质文化遗产保护项目5项，罗岗镇柿子坪村、石马镇刁田村、叶塘镇河西村等中国传统古村落8个。客家围龙屋是中国五大特色民居之一，有保存较好的围龙屋2800多座，占梅州市总量的60%以上，其中100多座被评为特色古民居，磐安围、善述围、棣华围、玉成围、李和美屋被列为省级文物保护单位。

【经济发展】　2020年，兴宁市地区生产总值179.17亿元，比上年增长0.4%。其中：第一产业增加值51.70亿元，比上年增长1.6%；第二产业增加值26.87亿元，比上年下降8.3%；第三产业增加值100.59亿元，比上年增长3.7%。固定资产投资比上年增长40.7%，增速比前三季度高7.1个百分点。其中:房地产完成投资比上年增长27.8%；项目投资比上年增长47.7%；工业投资比上年增长45.8%。

实现农业总产值82.70亿元，

比上年增长 1.8%，增幅比前三季度回落 0.3 个百分点；农林牧渔业增加值 51.95 亿元，比上年增长 2.2%，增幅比前三季度回落 0.5 个百分点。全市 69 家规模以上工业企业完成工业总产值 51.15 亿元，比上年增长 5.5%；完成规模以上工业增加值 12.71 亿元，比上年下降 3.7%，降幅比前三季度缩窄 4.5 个百分点。其中：工业园区增加值 7.42 亿元，比上年下降 4.3%。实现社会消费品零售总额 101.33 亿元，比上年下降 6.6%，下降幅度比前三季度缩窄 2.8 个百分点，比全市平均水平高 1.3 个百分点。全年居民消费价格指数 102.1%，涨幅比前三季度低 0.9 个百分点。商品零售价格指数 100.8%，比前三季度低 1.5 个百分点。分类别看：食品烟酒类上涨 8.4%；医疗保健类上涨 2.5%；教育文化和娱乐类上涨 0.3%；衣着类下降 0.2%；生活用品及服务类下降 1.0%；交通和通信类下降 2.7%；居住类下降 3.6%。

实现贸易进出口总额 5.66 亿元，比上年下降 9.4%，增速降幅比前三季度缩窄 8.5 个百分点。其中：出口总额 4.64 亿元，比上年下降 14.6%；进口总额 1.02 亿元，比上年增长 24.5%。实际利用外资 101 万元，比上年增长 16.1%。全市累计实现一般公共财政预算收入 10.34 亿元，比上年增长 1.2%，增速比前三季度下降 0.1 个百分点，增速在梅州排第五位。完成一般公共财政预算支出 71.93 亿元，比上年增长 4.4%，增速比前三季度减少 5.1 个百分点。全市金融机构各项存款余额 379.3 亿元，比年初增长 5.3%，其中城乡居民储蓄存款余额 303.3 亿元，比年初增长 11.6%。金融机构各项贷款余额 238.5 亿元，比年初增长 19.1%。存贷比为 62.9%，比年初提高 7.7 个百分点。

【农业】 2020 年，兴宁市粮食种植面积 4.3 万公顷，比上年增长 1.3%。全年粮食总产量 28.57 万吨，比上年增长 1.0%，其中稻谷总产量 27.63 万吨，比上年增长 1.2%。花生产量 4559 吨，比上年增长 1.7%；蔬菜产量 77.82 万吨，比上年增长 4.3%；茶叶产量 2741 吨，比上年增长 4.4%；水果产量 17.26 万吨，比上年增长 4.0%，其中沙田柚产量 4.8 万吨，比上年增长 5.2%。

林业　2020 年，全市林地面积 13.53 万公顷，其中有林地面积 12.56 万公顷，生态公益林面积 6.88 万公顷。森林覆盖率 67.03%，林地绿化率 98.81%，活立木总蓄积量 699.2 万立方米，全市建成 14 个森林公园（1 个国家级、2 个市级、11 个县级），1 个湿地公园，7 个自然保护区（1 个省级、6 个市级）。全市核发林木采伐许可证 133 份，采伐总蓄积 57068.58 立方米；审核报批使用林地 17 宗，面积 144.88 公顷。

畜牧业　2020 年，全市肉类总产 5.02 万吨，比上年下降 6.3%。其中肉猪出栏 39.45 万头，比上年下降 10.7%；产出猪肉 2.87 万吨，比上年下降 12.8%；出栏家禽 2018 万羽，比上年增长 7.4%；禽肉产量 2.01 万吨，比上年增长 4.5%。

水产业　2020 年，全市水产品产量 1.74 万吨，比上年下降 0.6%。

【工业园区建设】 2020 年，东莞石碣（兴宁）产业转移工业园完成征地 8.45 公顷，清理处置闲置土地和低效用地 3.37 公顷，累计投入基础设施及配套工程建设资金 4.84 亿元。完成固定资产投资 11.91 亿元（其中工业固定资产投资 9.43 亿元），比上年增长 145%。实现工业总产值 28.36 亿元，比上年增加 2.3%，全口径税收 1.11 亿元，比上年下降 19%；完成工业增加值 7.56 亿元，比上年下降 3.8%。实现规模以上工业产值 27.9 亿元，比上年增加 1.7%；工业增加值 7.42 亿元，比上年下降 4.6%。

2020 年 11 月 11 日，兴宁丝苗香米年亩产量为 1300.12 千克，创下世界新纪录

（王丽华 摄）

【基础设施建设】 2020年，兴宁市有省养公路总里程267.75千米，覆盖全市20个镇（街）。其中：国道3条，69.91千米；省道4条，193.64千米；乡道1条，4.20千米；二级以上公路162.51千米。境内铁路有广梅汕铁路；高速公路有梅河高速、兴畲高速、济广高速、兴汕高速；国道205线、206线和省道225线、226线贯穿全境。有客车215辆，其中县际以上客车96辆（含包车客运）、农村客运119辆（含镇通村），新能源公交车290辆，出租车6辆。全年完成客运量4293万人次，旅客周转量3863万人千米。有公交线路11条、公交车290辆。有货运营运车辆2247辆，危货运输车辆34辆，完成货运量15280万吨，货物周转量51951万吨千米。

2020年，兴宁市有大、中、小型水库143个，其中：大（2）型水库1个（合水水库）、中型水库3个（和山岩、石壁、温公水库）、小（1）型水库39个、小（2）型水库100个；大小河流121条，山塘1044个，水电站175个，大中型水闸3个，机电排灌工程44个，重点中型灌区1个（合水水库灌区），灌溉面积9113公顷；一般中型灌区4个，灌溉面积4360公顷。有35千伏及以上变电站19座，其中220千伏变电站2座、110千伏变电站9座、35千伏变电站8座。有效供电面积约2104平方千米，用户约44万户。完成售电量12.86亿千瓦时，比上年增长11.66%。

【城乡建设】 2020年，兴宁市核准房地产开发企业暂定资质9宗，房地产开发企业暂定转四级资质9宗，工程勘察设计（丙级）资质1宗。办理商品房预售许可59宗，预售面积117万平方米，预售套数9767套。2020年12月，全市房地产开发企业共完成投资27.3亿元，比上年增加27.8%；新建商品房销售面积63.34万平方米，比上年增长80.5%；销售套数5241套，比上年增长98.37%；销售金额46.46亿元，比上年增长88.567%。全市商品房平均成交价格7335.56元/平方米，比上年增加4.47%。其中商品住房成交均价7060.49元/平方米，比上年增加1.02%，非住宅成交均价11119.54元/平方米，比上年增加52.99%。

2020年，亲水公园项目完成投资8169.5万元，拟建设亲水公园及市政道路配套设施，总占地面积约17.3万平方米，亲水公园项目总长度约4.5千米，总建筑面积19.13万平方米；市政道路建设部分总长度约5.5千米。其中，亲水公园一区项目建成交付使用，二区工程项目完成工程总量约45%。兴宁市宁新东风村3号、4号、6号小区改造及周边市政设施升级改造工程，项目总投资8000万元，位于宁新东风片区，涉及宁新东风村3号住宅小区32栋、446户，4号住宅小区4栋、443户，6号住宅小区21栋、423户及电力开发小区9栋、118户，改造内容包括基础配套设施及周边市政道路，3号、4号、6号和电力开发小区内及周边范围内道路约8千米，铺设路面沥青，人行道、污水、雨水管道改造，围墙翻修，区域内供排水、供电、通信设施升级改造、小区绿化、小区内配套基础设施建设、建筑物楼梯间、天面防水翻新、防盗网及大门、建筑物外墙装饰等工程项目。项目于2020年9月开工建设，2020年完成年度投资计划5200万元。其中，3号小区完成形象进度80%；6号小区完成70%；4号小区和电力开发小区完成雨污分流。4个小区整体形象进度约完成65%。是年，图书档案馆完成工程建设50%。兴宁美术馆平整场地，待东排沟迁移完成后实施美术馆的主体工程。

2020年，新陂、叶塘“两镇五村”乡村振兴连片示范区项目投资2975.62万元，依托区域内麻岭河“一河两岸”全长约3.5千米的景观设计、磐安围、玖崇湖、叶南渔村、李洁之将军府、向阳生态园等古村落、古民居、红色文化和客家文化，打造乡村振兴连片示范区。至年底，项目已建成。兴宁市环境综合治理与修复（PPP）项目总投资16.94亿元，采用PPP模式，建设内容包括：东排沟和洋岗村黑臭水体整治，城区管网建设，新建镇级污水处理厂9座、村级污水处理站771座，新铺设镇级配套污水管网15个、村级污水管网776个。2020年，已累计投入约9亿元，基本完成城市黑臭水体整治项目；9座镇级污水处理厂建成，均通水试运行或正常运行，累计铺设镇级管网（含7个独立配套管网）110.31千米；村级污水处理站开工建设67座，站点基本完工60座，配套管网完工47座，累计铺设62.44千米。危房改造任务10户，开工率100%，竣工10户，竣工率100%；全市竣工验收合格农户10户，拨款10户，已按标准发放补助资金37.3万元，整体拨付率100%。

【生态环境保护】 2020年，兴宁市环境质量保持稳定，大气质量良好。可吸入颗粒物年平均值31微克/立方米，细颗粒物年平均值17微克/立方米，一氧化碳年平均值1.1毫克/立方米，二氧化氮年平均值12微克/立方米，二氧化硫年平均值6微克/立方米，臭氧年平均值115微克/立方米。空气质量达标天数比例（优良天数比例）99.4%，其中，空气质量优的天数273天，良的天数86天，轻度污染的天数2天。城市饮用水源地合水水库水质达标率100%，城市备用饮用水源地和山岩水库水质达标率100%，省考断面水口水洋水质年平均水质达标，月达标率66.7%；县级跨界断面梅江畲江官埔水质月达标率33.3%。全年降水pH均值6.25，酸雨频率8.6%。区域环境噪声昼间平均等效声级56.3分贝（A），城市道路交通干线噪声平均值68.2分贝（A）。污染物排放化学需氧量10130吨、氨氮1321吨、二氧化硫4150吨、氮氧化物5769吨。机动车环保定期检测车辆29255辆。危险废物处置量19.85吨，集中处置率100%。全年全市工业废水排放总量81.07万吨。市区生活污水排放总量2020.23万吨，城市生活污水集中处理1937万吨，集中处理率95.88%。生活垃圾产生量14.7万吨，无害化处理率100%。环保责任考核经梅州市考核得84.91分，评定为良好。

2020年，兴宁市辖区面积2075.39平方千米，林地面积1365.12平方千米，林地覆盖率65.78%；草地面积50平方千米，草地覆盖率2.41%；水域湿地面积84.29平方千米，水域湿地覆盖率4.06%；耕地面积319.81平方千米，建筑用地面积193.04平方千米。主要污染物排放强度9588.61千克/平方千米；污染源排放达标率100%；Ⅲ类或优于Ⅲ类水质达标率100%。经国家考核，县域生态环境质量状况变化值（△EI）为-0.6，生态环境保持良好稳定，获得中央生态转移支付资金2.24亿元。

【旅游业】 2020年，兴宁市新增1家五星级农家乐、1家四星级农家乐和3家三星级农家乐；新建旅游厕所6座并录入全国旅游厕所系统和百度地图；“磐安围—十二肩岭古驿道—星耀古村—月形山乡村体验一日游”等4条线路被评为“梅州全域旅游十佳系列线路”；四星级农家乐联富农家美食店负责人刘联平入选2020年度全国乡村文化和旅游能人支持项目人员名单；熙和湾客乡文化旅游产业园、神光山国家森林公园顺利通过A级景区专项复核，慈恩庐乡村艺术酒店完成三星级饭店复评工作；2020年接待游客210万人次，旅游总收入12.5亿元。

【民生实事】 2020年，兴宁市民生支出62.98亿元，占一般公共预算支出的87.55%。特定群体免费乘坐公交车等十件民生实事达成年度目标。完成锦绣学校一期等4个新改建项目，新增学位4460个，城区学校起始班级全部实现标准化班额；实施田家炳幼儿园等4个改迁建工程，兴宁市教师发展中心挂牌成立，各镇（街）均设立奖教助学基金，高考600分以上人数居梅州第二。新建兴宁市人民医院工程进度加快，完成20个卫生院（社区服务中心）规范化标准化建设和429个村卫生站升级改造，实现标准化公建民营卫生站全部配备村医，兴宁市中医院2个中医特色专科通过国家级验收。新增星级养老机构6家，社区、村级养老设施覆盖率分别达100%、68%。

【新冠肺炎疫情防控】 2020年2月新冠疫情发生后，兴宁市不断完善防控措施、堵塞防控漏洞，织密防控网络，全市疫情防控形势可控、生产生活秩序良好，防控工作取得阶段性积极成效。全市报告8例确诊病例，至3月12日全部治愈出院，无死亡病例、无医务人员感染。全市投入专项防控经费7995.19万元，划拨党费114万元，接受社会各界捐款738.9万元，认捐物资价值共计1089.9万元。发放各类型防护口罩共75万个、防护服（含隔离衣）1.3万件（套）。兴宁市卫生健康系统全体干部职工发挥抗疫工作的主力军和先锋队作用，抓好高、中风险地区来兴返兴人员监测、筛查、隔离医学观察工作。全年排查49.5万人，落实居家隔离4027人，集中隔离701人。对重点场所、重点人群做到核酸检测全覆盖，全年核酸检测15.4万人，完成重点场所环境监测1393份、重点食品监测1369份，从业人员核酸检测率100%。

2020年，兴宁市累计投入600万元，全面加强各医疗卫生机构（含村卫生站、个体诊所）预检分诊建设，对经预检疑似感染者落实即时报告和隔离观察制度，实现关口前移。投入近2000多万元，在兴宁市人民医院和水口镇中心卫生院设置发热门诊，将宁中镇卫生院改造为发热门诊以备不时之需。投入1000多万元，将金叶酒店、水口集中隔离点、港兴宾馆定为集中隔离场所，全市累计设立火车站、汽车站等检疫检测点21个。投入800多万元完成兴宁市人民医院、兴宁市第三人民医院、兴宁市疾控中心核酸检测实验室建设。成立专门物资管控组，加强各社会捐赠物资的管理，兴宁市红十字会接收爱心捐款733.35万元，接受口罩、消毒液、食品药品等爱心捐物338批。兴宁市人民医院成立防控新冠肺炎疫情工作领导小组，1月，组成新冠肺炎救治专家组进驻兴宁市第五人民医院，救护车出车150辆次，救治专家组会诊指导14人次，收治排查患者152人。2月，医院5名医护人员加入梅州市第三批援助湖北医疗队驰援湖北省荆州市公安县战疫；10月，医院2名护士加入梅州市卫生系统支援白云机场海关抗疫队伍开展口岸核酸采样工作。

【教育】 2020年，兴宁市有各级各类学校413所、2个校外教育基地（兴宁市少年宫和兴宁市伟泓中小学生综合实践活动教育基地）。其中，法人单位103个，包括高完中11所、中职学校1所、初中19所、九年一贯制学校11所(含1所民办)、城区直属小学8所、中心小学26所、直属幼儿园4所、镇（街）中心幼儿园20所、开放大学、特殊教育学校和少年宫各1所；有面上完全小学30所，教学点80个，带公办性质面上幼儿园49所，民办幼儿园151所。有全日制学生154889人，其中普通高中学生15429人、中职学生3181人、初中学生31294人、小学生75028人、特殊教育学校学生154人、在园幼儿29803人。至年底，全市拥有国家级示范性高中1所，国家级重点职业技术学校1所，广东省一级学校3所（含幼儿园），广东省义务教育标准化学校257所，梅州市一级学校31所（含幼儿园），兴宁市一级幼儿园21所，兴宁市规范化幼儿园139所。全市学校占地面积421.32万平方米，校舍建筑面积159.09万平方米，拥有独立的科学馆或综合楼36座，实验室378个，多媒体电教室1545个，语言实验室47个，计算机室216个，校园网57间，电脑10280台（不含办公电脑）。

【文化】 2020年，兴宁市整理名人故居84处，制作完成兴宁市名人故居导览图、部分道路指示牌和游览线路。开展粤北华南教育历史研学基地活化利用及弘扬“左联”文化工作，制订《兴宁市开展粤北华南教育历史研学基地活化利用及弘扬“左联”文化工作实施方案》，整理兴宁籍“左联”成员14名，初步掌握兴宁市粤北华南教育历史研学基地5处，并对其实施挂牌保护，制作移动展板放置于办学旧址处展出。兴宁竹板歌成功入选国家级非物质文化遗产代表性项目名录，兴宁烙画、兴宁藤编技艺入选第九批梅州市非物质文化遗产代表性项目，兴宁革命歌谣、铙钹花被评为兴宁市第十批非物质文化遗产代表性项目名录，确定第六批兴宁市级非物质文化遗产代表性项目代表性传承人13人。

【体育】 2020年，兴宁市举办农民丰收节·迷你马拉松活动、“全民健身日”活动启动仪式、“团聚七夕·美丽同行”2020年兴宁市青年健身运动会、第五届环兴十八镇骑行活动、兴宁市庆祝2020年老人节文体项目展示大会等23个活动，群众体育活动场次达610次，参与活动人数11380人。兴宁市选送的运动员罗燏成功入选国家青年女子足球队、罗曜乐入选广东省体校跆拳道队。兴宁市蹦床队（板上和网上）代表梅州市参加广东省青少年蹦床锦标赛获3金4银5铜，团体总分全省排名第三；兴宁市跆拳道队代表梅州市参加2020年广东省青少年跆拳道锦标赛获1金2银4铜的成绩，2名选手通过比赛获得“二级运动员”技术等级称号。新建84块足球场地，至年底，全市有足球场288块。

镇　街

【兴田街道】 位于兴宁市宁江盆地中部，是兴宁的政治、经济、文化中心。东连宁新街道，南接福兴街道，西连新陂镇，北临宁中镇，总面积14.86平方千米，山地面积64.6公顷，辖6个村和16个社区。2020年末，总户数61128户，总人口157469人。镇级财政预算内收入1.48亿元。耕地面积428公顷，水田面积343.33公顷，粮食种植面积574.33公顷，产量3827吨，其中水稻种植面积550.07公顷，产量3742吨。水果种植面积10.13公顷，产量439吨。

【宁新街道】 位于兴城东南，东

连永和镇、坭陂镇，南靠刁坊镇，西邻兴田街道、福兴街道，北毗宁中镇，辖12个村和8个社区，总面积29平方千米，有耕地797公顷，其中水田714.5公顷。2020年末，总户数15768户，总人口50671人，其中乡村人口5870人、城镇人口44801人。公共财政预算本级收入7947.6万元，农民人均纯收入12147元。粮食种植面积1308.5公顷，总产8744吨，其中水稻（两造）种植面积1229.9公顷，总产8478吨。水果种植面积9.6公顷，总产362吨。

【福兴街道】 位于宁江河西南岸，东连宁新街道、兴田街道，西邻五华县转水镇，南毗刁坊镇，北靠新陂镇，广梅汕铁路、梅河高速、平兴高速、205国道、福兴大道、兴南大道、兴福路、省道225线纵横贯穿福兴，有国家AAAA级旅游景区——神光山国家森林公园。辖10个村和4个社区，总面积34.94平方千米，有山地1200公顷，耕地413.33公顷，其中水田400公顷。2020年，总户数10184户，户籍人口35954人，其中非农业人口34138人、农业人口1816人。工业总产值3.25亿元，镇级财政预算收入14919.77万元。粮食种植面积733.33公顷，总产5400吨，其中水稻种植面积（两造）640公顷，总产4800吨。水果种植面积13.33公顷，总产95吨；茶叶种植面积3.33公顷，总产7.5吨。

【宁中镇】 位于兴宁市城区东北面，东连永和镇，南毗宁新镇，西邻兴田街道、新陂镇、叶塘镇，北与龙田镇、石马镇接壤。总面积43.63平方千米，其中山地面积1533.3公顷、耕地面积1242.67公顷、水田面积1077.47公顷。辖23个村和1个社区，共10941户，总人口3.52万。2020年完成工商各税收入191.05万元，占预算数的56.84%。

【刁坊镇】 位于兴宁市东南部，东临坭陂镇，南连五华县水寨、转水两镇，西接福兴街道，北依宁新街道。辖22个村和1个社区，总面积58.01平方千米，其中山地面积3068公顷、耕地面积1425.33公顷、水田面积1308.57公顷。2020年末，总户数12389户，总人口40032人，其中农业人口29253人、非农人口10779人。全年实现工农业总产值6.6亿元，其中工业总产值2.39亿元、农业总产值3.02亿元；农民人均纯收入1.52万元。粮食总种植面积2123.8公顷，总产量1.41万吨，其中水稻种植面积2043.6公顷，总产1.39万吨。水果种植面积58.53公顷，总产2362吨；茶叶种植面积14.13公顷，总产32吨；油茶种植面积66.67公顷，总产182吨。

【坭陂镇】 位于兴宁市中南部，东连新圩镇，西接刁坊镇、宁新街道，南邻五华县，北接永和镇。辖31个村和1个社区，总面积87.87平方千米，其中耕地面积2947.2公顷、水田面积2198.53公顷、山地面积4004.87公顷。2020年，总人口81328人，其中农业人口58937人。镇级财政预算内收入3293.5万元，农民人均纯收入10088元，比上年增长1%。粮食种植面积3856.53公顷，总产25697吨，其中水稻种植面积3690.6公顷，总产25138吨。水果种植面积171.73公顷，总产4040吨；茶叶种植面积1.3公顷，总产2吨；油茶种植面积13.3公顷，总产20吨。

【龙田镇】 位于兴宁市中部，东连石马镇，南接宁中镇，西邻叶塘镇，北连合水镇。辖16个村和1个社区，总面积44.4平方千米，山地988公顷，耕地1466.47公顷，其中水田1076.13公顷。2020年，全镇总户数13239户、总人口48265人；工农业总产值23856.7万元；农民人均纯收入1.6万元。

【合水镇】 位于兴宁市中北部，距市区15千米，东连石马镇，西接叶塘镇，南与龙田镇相邻，北靠黄陂镇、大坪镇，东北与梅州西部交界；因"粤东明珠"合水水库坐落境内而得名合水。辖18个村、2个社区和1个合水国有农场、4个农场管理区，总面积101.98平方千米。2020年末全镇总户数10151户，总人口37567人，是广东省教育强镇、广东省卫生镇、兴宁市龙眼基地镇和茶叶基地镇。

【叶塘镇】 位于兴宁市西北部，东邻龙田镇，南接新陂镇、五华县，西靠龙川县，北连大坪镇，东北部毗邻合水镇，是兴宁市重点发展镇之一。辖41个村和1个社区，总面积166.81平方千米，有耕地面积3306公顷，其中水田2334.43公顷。2020年末，总户数21364户，总人口82910人，其中农业人口48188人、非农业人口34722人。全镇社会生产总值8.12亿元，工农业总产值 6.85 亿元，其中工业生产总值 3.38 亿元、农业生产总值 3.47 亿元。镇级公共财政预算收入 4462.15 万元，农民人均纯收入 9320 元，比上年增长 5.19%。

【新陂镇】 位于兴城西郊，东连兴田镇、宁中镇，南邻福兴街道，北接叶塘镇，西与五华县毗邻。总面积 43.08 平方千米，其中山地面积 2066.67 公顷，耕地面积 1171.93 公顷，水（旱）田面积 986.73 公顷。2020 年，全镇总户数 11001 户，总人口 39073 人，工农业总产值 10.01 亿元，其中工业总产值 5.4 亿元、农业总产值 4.61 亿元；财政总收入 2435 万元，其中：预算内收入 2435 万元，农民人均纯收入 15240 元。粮食种植面积 1648.67 公顷，总产 11062 吨，其中水稻种植面积 1558.07 公顷，总产 10748 吨。水果种植面积 99.73 公顷，总产 2571 吨；油茶种植面积 200 公顷，总产 81 吨。

【永和镇】 位于兴宁市东部，东邻径南镇、西连宁新街道、宁中镇，南靠坭陂镇、新圩镇，北接石马镇。距市区约 10 千米，205 国道、梅河高速、兴畲高速贯穿其中，交通便利，地理位置优越。辖 24 个村和 1 个社区。总面积 109.63 平方千米，其中山地面积 8088.15 公顷。2020 年，全镇有总户数 11945 户，总人口 45214 人，全年生产总值 6.33 亿元，比上年增长 2.1%；工业总产值 4.01 亿元，比上年增长 1%；镇级财政收入 600 万元。粮食种植面积 2281.67 公顷，总产 15249 吨，其中水稻种植面积 2107.07 公顷，总产 14517 吨。

【径南镇】 位于兴宁市东部山区，东邻梅县区南口镇，南接新圩镇，北靠石马镇，西连永和镇。总面积 141.92 平方千米，有山林 1.04 万公顷，耕地 1302 公顷，其中水田 1233.86 公顷。辖 24 个村和 1 个社区。2020 年末，总户数 9839 户、总人口 34081 人，其中农业人口 25141 人、非农业人口 8940 人；镇级财政预算内收入 2137.7 万元。粮食种植面积 2230.47 公顷，总产 14589 吨，其中水稻种植面积 2040.53 公顷，总产 13889 吨。水果种植面积 586.33 公顷，总产 29859 吨；茶叶种植面积 779.6 公顷，总产 1103 吨；油茶种植面积 700 公顷，总产 1320 吨。

【新圩镇】 位于兴宁市南部宁江下游，东邻梅县区畲坑镇，北连永和镇、径南镇，西靠坭陂镇，南接水口镇。辖 19 个村和 1 个社区。总面积 117.79 平方千米，有山地面积 6530.9 公顷，耕地面积 1741.47 公顷，其中水田面积 1469.47 公顷，旱畲地面积 265.13 公顷。2020 年，总户数 1.30 万户，总人口 4.47 万人。新圩镇是省级工艺专业镇、兴宁市工艺基地镇，2020 年被授予广东省卫生镇，工农业生产总值 5.43 亿元，其中工业总产值 1.56 亿元，农业总产值约 38669 万元；公共财政收入 2422.05 万元，其中镇级财政收入 1966.17 万元，上级补助收入 453.51 万元，完成财政税收 104.5 万元。全镇农业总播种面积 3498.8 公顷，粮食总产量 14886 吨。

【水口镇】 位于兴宁市最南端，是兴宁的南大门，东邻梅县区畲江镇，西连五华县河东镇、水寨镇，南靠丰顺县，北接新圩镇，是省首批规划的中心镇之一。辖 38 个村和 1 个社区。总面积 228.85 平方千米，其中耕地面积 2506.5 公顷，水田面积 1930.6 公顷。2020 年，总户数 24093 户，总人口 83346 人，其中农业人口 66372 人、非农人口 16974 人。全镇财政总收入 4450.01 万元，其中工商税收入 358.10 万元。粮食种植面积 3354.2 公顷，总产 22493 吨，其中水稻（两造）种植面积 3003.5 公顷，总产 20282 吨。水果种植面积 457.1 公顷，总产 18271 吨；茶叶种植面积 72.7 公顷，总产 150 吨。

【罗浮镇】 位于兴宁市最北部，东江河上游的东部，地处粤赣两省三县交界地区，北与江西省寻乌县接壤，西南与河源市龙川县相接，东南与兴宁市罗岗镇相邻，境内有省道 226 线通过，距兴宁市区约 56 千米，是广东省中心镇、全国重点镇、著名的红色苏区镇。辖 25 个村和 1 个社区。总面积 274.3 平方千米，约占兴宁市的 1/7，其中耕地面积 2667.8 公顷，水田面积 2404.6 公顷，山地面积 6.45 万公顷。2020 年，总人口 57465 人，其中农业人口 49713 人、非农业人口 7752 人。全年镇级财政预算内收入 2758 万元。粮食种植面积 3155.2 公顷，总产 20791 吨，其中水稻种植面积 2983.47 公顷，总产 20236 吨。水果种植面积 352.4 公顷，总产 13158 吨；茶叶种植面积 8.6 公顷，总产 9 吨；油茶种植面积 3666 公顷，总产 1546 吨。

罗浮镇政府的光伏发电项目　　（黄伟金　摄）

【罗岗镇】　位于兴宁市北部，东邻黄陂镇、黄槐镇，西连龙川县，南接大坪镇，北靠罗浮镇。总面积148.52平方千米，山地1.27万公顷、水田2066.67公顷。辖30个村和1个社区。2020年，总人口75152人，其中农业人口62364人、非农业人口12788人。2020年，全镇财政总收入3049.16万元，比上年提高5.53百分点；财政一般预算收入61.73万元，比上年提高96.28百分点。水稻种植面积2131.93公顷，总产量14283吨；玉米种植面积18.73公顷，总产63吨。

【黄槐镇】　地处兴宁市北部，与梅县区梅西镇、平远县石正镇、江西省寻乌县交界，距兴宁城区44千米，省道225线穿镇而过。辖12个村和1个社区，圩镇建成面积1.1平方千米，镇域总面积95.1平方千米，有山地面积7513.3公顷，耕地面积693.1公顷，其中水（旱）田面积580.6公顷。2020年末，户籍人口8593户35085人，其中农业人口21964人、非农业人口13121人。全年镇级财政收入2136.03万元，粮食种植面积867公顷，总产5610吨，比上年增长3.97%，其中水稻种植面积794.6公顷，总产5343吨，比上年增长7%。水果种植面积53.5公顷，总产2380吨；茶叶种植面积6.5公顷，总产12吨；茶油种植面积660公顷，总产213吨。

【黄陂镇】　位于兴宁市东北部，东邻梅县区石坑镇，西连罗岗镇及大坪镇，南邻合水镇，北接黄槐镇。辖28个村和1个社区。总面积127.52平方千米，有山地面积9066.7公顷，耕地面积1533.3公顷，水田面积1000公顷。2020年，总户数14663户，总人口74613人，其中农业人口48338人、非农业人口26275人。全年工农业总产值约12亿元，其中工业总产值2.12亿元、农业总产值9.88亿元；公共财政预算收入2771万元，农民人均纯收入13229元。粮食种植面积1612.7公顷，总产1.07万吨，其中水稻种植面积1534.5公顷，总产10433吨。水果种植面积125.7公顷，总产4875吨；茶叶种植面积39公顷，总产59.25吨；油茶种植面积2073.3公顷，总产1094吨。

【大坪镇】　位于兴宁市西北部，东邻黄陂镇，南连叶塘镇，西接龙川县，北靠罗岗镇，是闽粤赣边区游击纵队司令员、粤赣边军政委员会主席、中共中央分局后方留守处主任罗屏汉的故乡。境内交通便利，圩镇距兴宁市区29千米，省道226线和339线贯穿全镇，平兴高速在坪洋设有一个互通口。全镇总面积187.09平方千米，其中山地面积1.25万公顷，耕地面积2.79万公顷，水田面积2.24公顷。辖37个村和1个社区，总户数19122户，总人口75952人。2020年，全镇财政预算收入3096.12万元（其中镇级收入87.04万元），比上年增长3.5%。

【石马镇】　位于兴宁市东北部，东邻径南镇及梅县区南口镇，西连龙田镇、合水镇，南毗永和镇、宁中镇，北接梅县区石坑镇。辖26个村和1个社区。总面积107.78平方千米，耕地面积1140公顷，其中水田面积1006.7公顷，旱畲地面积1372公顷，山地面积9000公顷。2020年，总户数9430户，总人口37703人，其中农业人口34552人、非农业人口3151人。全年农业总产值4.11亿元，财政总收入2214.5万元，其中预算内收入2025.08万元、预算外收入189.42万元；农民人均纯收入8903元。粮食种植面积1671公顷，总产量1.12万吨，其中水稻种植面积1642.1公顷，总产1.005万吨。水果种植面积425.9公顷，总产2.94万吨；茶叶种植面积14.6公顷，总产83吨；油茶种植面积1539公顷，总产1120吨。

附：2020 年兴宁市领导班子成员名单

市委书记：余其豹
市委副书记：洪国华
何志平
市委常委：余其豹
洪国华
何志平
徐甦
赖伟强（任至 9 月）
骆小锐（9 月任职）
何小娟
冯振
邓强
袁勇华
朱志勇
蒋建青
蓝蓝
市人大常委会主任：何建元
市人大常委会副主任：李福泉
何伟忠
廖红彬
温建文
刘秋宏
刘瑞灵（6 月任职）
市政府市长：洪国华
常务副市长：徐甦
市政府副市长：
姚智超（任至 1 月）
蓝蓝
陈日新
曾招强
罗丽平
练胜红
潘启东
市政协主席：罗利娜
市政协副主席：
罗苑铭
罗宇芳
谢文航
郑华
罗健辉
曾庆雄
市纪委书记：冯振
市纪委副书记：
刘瑞灵（任至 5 月）
陈远辉
袁望中（5 月任职）
市监委主任：冯振
市监委副主任：
刘瑞灵（任至 6 月）
陈远辉
袁望中（6 月任职）

（兴宁市地方志办公室）

平远县

【平远县概况】 平远县位于广东省东北部，全县总面积 1381 平方千米，辖 12 个镇、136 个村、7 个社区。2020 年末，全县户籍人口 26.09 万人，常住人口 22.5 万人。县城设在大柘镇。

平远县有林业用地面积 10.71 万公顷，活力木蓄积量 0.08 亿立方米，森林覆盖率 77.46%，是全国造林绿化先进县、中国绿色名县、省林业生态县、全国首批 100 个电气化县之一。拥有龙文—黄田省级自然保护区、省级风景名胜区五指石、广东南台山国家森林公园和号称“世界第一天然大佛”的南台山，是中国最佳文化休闲旅游县。县境有丰富的金属和非金属矿藏。铁矿蕴藏量 7800 余万吨，稀土 8 万吨，石灰石藏量 2 亿吨以上，花岗岩 100 万立方米。经国家地质部门勘查，境内稀土矿属品位较高、开采条件较好的中型矿藏。济广高速、梅平高速和国道 206 线、国道 358 线经过平远县境，县至镇、至行政村公路全面实现水泥硬底化。是全国绿色食品原材料标准化生产基地，脐橙、油茶、南药、优质稻、茶叶等农业主导产业发达，是全国粮食生产先进县、中国油茶之乡、中国仙草之乡、广东橙乡。全国性荣誉称号还有“全国村庄清洁行动先进县”“国家森林康养基地”“全国基层中医药工作先进单位”和“中国候鸟旅养小城”“国家卫生县城”“2021—2023 年创建周期全国县级文明城市提名城市”等。土特产有平远脐橙、金柚、八尺米酒、黄粄、红菌豆腐头、平远梅菜、锅子茶、石正云雾茶、南台茶、香菇、木耳、水柿、蒜头、浸姜、蜂蜜、牛肉干、高山茶油等。东石花生被列入 2019 年第三批全国名特优新农产品名录。

平远人文资源厚重，客家文化特点鲜明，是粤东客家先民的始兴地，客家先贤程旼的故乡，享有“世界客都文化始祖地”“世界客都第一村”美誉。境内有保存完好的客家围龙建筑，有客家传统民间艺术船灯舞、落地金钱等，是中国民间文化艺术之乡（船灯舞）。历史上太平军 4 次进入平远县，红四军 3 次到过平远县，抗日战争后期省政府曾播迁到平远办公，是原中央苏区县。有世界客属名贤首贤程旼，明监察御史韩元勋，辛亥革命时期广东北伐军总司令姚雨平，爱国侨领姚德胜，抗日英烈黄梅兴、姚子青、姚中英，还有曾担任中华人民共和国驻朝鲜等四国大使后担任文化部副部长的吕志先等著名人物。

【经济社会发展】 2020 年，平远

县生产总值77.88亿元，比上年增长1.9%。其中，第一产业增加值15.16亿元，比上年增长2.9%；第二产业增加值21.08亿元，增长4.9%（工业增加值16.21亿元，增长7.7%）；第三产业增加值41.63亿元，下降0.5%。人均地区生产总值34608元，比上年增长4.46%。固定资产投资37.9亿元，比上年增长7.9%。社会消费品零售总额31.99亿元，比上年下降6.8%。外贸出口额1.33亿美元，比上年下降5.1%。实际利用外商直接投资122.5万美元，比上年下降90.5%。地方一般公共预算收入5.18亿元，比上年下降13.7%。全体居民人均可支配收入23119元，比上年增长5.5%。

【农业产业】 2020年，平远县坚决扛起粮食安全政治责任，完成866.67公顷高标准农田建设，全年粮食种植面积14133.33公顷、粮食总产量7.96万吨；新增专业村11个、“一村一品”8个；脐橙、南药省级现代农业产业园建设扎实推进；平远脐橙入选国家名特优新农产品名录，石正镇列入全国农业产业强镇建设名单，官仁村获评全国“一村一品”示范村；全年实现农业增加值15.16亿元，比上年增长2.9%。

【乡村振兴】 2020年，平远县坚持强规划、优环境、兴产业、重治理，全域推进农村人居环境整治，大力进行农房风貌提升，乡村振兴经验做法被省、市推广，全市乡村振兴现场会在平远召开。8月，平远在全省推进乡村振兴战略实绩考核中获得“优秀”等次，在粤北片区10个县（市、区）考核中排名第二。

【生态工业】 2020年，平远县累计投入2.65亿元，完成24.5公顷土地储备，建成5栋标准厂房、创业创新孵化基地商业体并投入使用；东台生态园首期项目4栋标准厂房全部封顶；南平大道西、科创路建设加快推进；供电线路、供水排污管网等配套设施日益完善；成功创建省级高新区，成为全市首个获省级认证的县工业园区。引进金雁磁电、建艺筑工等18个项目，超额完成年度招商任务。全县实现规模以上工业总产值43.01亿元，比上年增长4.4%。

【旅游】 2020年，平远县加快推进南台森林康养旅游度假区、梅畲田园综合体等项目，成功创建省级全域旅游示范区，被评为“中国候鸟旅养小城”，入选2020年度十大“广东摄影基地”，梅畲村入选全国乡村旅游重点村，仁居村获评广东省文化和旅游特色村；全县旅游接待192.82万人次，实现综合收入8.65亿元。

【交通建设】 2020年，平远县全力推进交通基础设施建设，国道206线绕城段超额完成投资任务，国道358线差干圩镇至八尺五指石高速出口段全线通车，国道206线径门口至长田段路面改造工程全面完成。省道225线石正至大柘段改造之中。完成106千米“四好农村路”建设任务。

【疫情防控】 2020年，新冠肺炎疫情发生后，平远县坚决贯彻落实习近平总书记重要讲话和重要指示批示精神，始终把人民群众的生命安全和身体健康放在第一位，全面部署，全县动员，全民参与，迅速打响疫情防控总体战、阻击战。全县除确诊1例输入性病例并治愈出院外，自2020年1月31日后无新增确诊病例，实现无死亡病例、无医院感染、无社区传播“三无”目标。实施疫情常态化防控工作以来，平远县慎终如始筑牢“外防输入、内防反弹”防线，不断完善疫情防控体制机制，落实落细各项常态化防控措施，全县疫情防控形势保持稳定。

【重点项目攻坚】 2020年，平远县全力打好项目攻坚战，固定资产投资、工业投资等主要经济指标逆势上扬、排名靠前。争取抗疫特别国债资金1.29亿元、地方政府专项债券资金4.2亿元；56个重点项目完成投资37.5亿元，其中32个省市重点项目投资完成率居全市第三；全市首个陆地风电项目茅坪风电场建成投产；瑞冠新材料金属软磁粉生产项目3个月实现投产。

【三大攻坚战】 2020年，平远县坚决打好脱贫攻坚战。开展“百日攻坚”和挂牌督战行动，抓实产业、就业、消费扶贫，1484户3969名贫困人口、20个相对贫困村全部脱贫。实施“万企帮万村”行动，发展壮大村级集体经济，12个“空壳村”全面消除。坚决打好蓝天碧水净土保卫战。空气环境质量优良率100%，空气质量综合指数稳居全市第一；全面推进河长制工作，柚树河、石正河等省市考断面水质全面达标，县城饮用水源水质持续稳定，完成东石镇白岭村、河头镇向阳村等6个村黑臭水体整治；累计完成户厕无害化改造52944户、建设公厕348座，11座镇级和22座村级污水处理设施投入运营；农村面源污染防治、化肥农药减量化行动、畜禽粪便无害化处理等有序推进，土壤环境质量持续改善。国家重点生态功能区县域生态环境质量年度考核全市第一、全省第四。坚决打好防范化解重大风险攻坚战。成功防御“6·8”洪涝灾害，迅速有效开展生产救灾、卫生防疫和灾后重建；严厉打击电信诈骗、非法集资等行为，不断强化政府性债务管理，重大风险可防可控。

【城乡规划建设】 2020年，平远县有序推进国土空间规划编制，完成北部新城初步规划设计，推进国道206线绕城段、省道225线石正至大柘段改造，谋划平武高速径门口枢纽立交项目建设，县城架构进一步拉大。完成实验中学升级改造以及振兴街、平城北路三角地2个口袋公园建设，完成羊子甸街、平城中路远南酒店至水务局段道路提升改造，以及建设路等3个停车场和城西片区等6个老旧小区升级改造，建成启用城北市场，奥园广场进入主体建筑施工阶段，碧桂园二期、优山美地等宜居社区建设加快推进，城市更新改造步伐加快。引进粤海水务合作共建城乡供水工程，困扰多年的饮用水问题有望解决。推进城区生活垃圾分类试点工作，完成城北社区25个生活垃圾示范小区建设，城区公共机构生活垃圾分类实现全覆盖；“两美”行动持续深化，成功创建国家卫生县城、全国县级文明城市提名城市；城市管理水平不断提高。推进仁居、差干、河头圩镇“微改造”。以“两线八镇”为重点，推进农房管控和乡村风貌提升、农村人居环境整治，累计完成客家民居特色外立面改造14094户，100%行政村建成干净整洁村，60%以上行政村建成美丽宜居村，20个省定贫困村全部建成新农村示范村。成功举办全市乡村振兴现场会、农民丰收节和脐橙文化旅游节等活动，农房管控和乡村风貌提升、中小河流治理、梅畲“六变”改革等经验做法得到省市肯定推广，畲脑村获“广东农房风貌提升名村”，河头镇获“广东省文明村镇”。

【民生实事】 2020年，平远县坚持公共财政支出向民生倾斜，投入各类民生资金26.5亿元，占一般公共预算支出的84.19%。完成年度“十件民生实事”。全面落实救助、兜底保障政策，困难群体生活得到有效保障。千方百计保就业，新增城镇就业1405人，城镇失业人员再就业1103人，城镇登记失业率2.39%。

【文化教育】 2020年，平远县有序推进红军纪念园扩容提质工程，新时代红色文化讲习所启动建设。完成县图书馆、县文化馆主馆提升工程。成立平远发展教育基金并筹集资金1.23亿元；挂牌成立县教师发展中心；城南幼儿园开园招生，城南小学首期、特殊教育学校二期等工程有序推进。

【卫生体育】 2020年，平远县完成县人民医院综合大楼主体工程建设，加快推进县妇幼保健计划生育服务中心建设，县中医医院建成使用；全面完成镇卫生院和村卫生站标准化、规范化建设；建成核酸检测实验室2个、发热门诊（诊室）16个，完成疫苗冷链配送系统和预防接种单位标准化建设。国家县域医共体试点县建设扎实推进。平远县获得“2018—2020年全国计划生育优质服务先进单位”荣誉称号。新建足球场12块。

农房风貌提升后的平远县上举镇畲脑村一角 （袁志鹏 摄）

【社会维稳】 2020年，平远县村民理事会“一带一法四参与”（党建带动，活化利用程旼以德化人工作法，广泛发动村民自主参与议事、参与调解、参与建设、参与治理。）“中心4+”（中心+网格化+信息化+村民议事日+干部直联日）社会治理模式荣膺市“平安之乡”实践创新制度集成型项目，扫黑除恶专项斗争纵深推进，社会治安防控体系建设成效明显。安全生产形势稳定，食品药品安全保障有力，信访态势平稳可控，基层应急管理“四个一”建设全面完成，防灾减灾扎实有效。县镇村退役军人服务机构实现全覆盖。

【“创文创卫”行动】 2020年，平远县深化文明创建、“两美”行动，市容市貌持续改善，在成功创建“广东省卫生县城”“广东省县级文明城市”的基础上，7月，被全国爱卫会命名为“国家卫生县城”称号。2021年1月，被中央文明办确定为2021—2023年创建周期全国县级文明城市提名城市。

【政务建设】 2020年，平远县坚持向县委、县人大及其常委会报告工作，向县政协通报情况，办理县人大代表建议34件、县政协委员提案49件，答复率100%。推进法治政府建设和模范机关创建，入选全省法治政府建设示范区（综合候选地区），涌现出一批抗疫先进、劳动模范等典型。进一步推进乡镇体制改革，深化“放管服”改革，探索建立“三定一督一通报”（在工作部署时定事定人定时，对工作完成情况进行督促，并及时向各镇各单位通报，定期向县委报告）、分级授权审批、项目审批流程优化等机制，营商环境更加优化，政府效率不断提高。严格落实中央八项规定精神，带头过“紧日子”，驰而不息纠治“四风”，持续加大审计监督和巡察整改力度。

【平远县新中医医院落成启用暨举行中医师承拜师仪式】 2020年12月6日，总投资3.2亿元，占地面积19607平方米，建筑面积32600平方米的平远县新中医医院落成启用并举行中医师承拜师仪式。广东省第二中医院副院长刘悦教授，广东省中医院韩云教授、王立新教授接受3名平远弟子，以“师带徒”的中医传统传承方式，助力平远培训中医药人才。随后，由30多名省、市专家组成的义诊团队在平远县中医医院体检康复中心举办大型义诊活动。广东省中医药局副局长柯忠，梅州市副市长张晨，梅州市政协副主席马志元等领导出席挂牌揭幕仪式。

2020年12月6日，平远县新中医医院举行新院区落成启用暨中医师承拜师仪式

（平远县中医医院提供）

乡　镇

【差干镇】 位于平远县境北部，距县城54千米，东邻福建省武平县下坝乡，西接江西省寻乌县项山乡，南与该县仁居镇、上举镇接壤，北靠福建省武平县民主乡。总面积93平方千米，辖7个村、42个村民小组。旅游资源丰富，有五指石、相思河等知名景区。2020年末，户籍人口2364户8454人。其中，农业人口1949户6203人、非农业人口410户2251人。实现生产总值43312万元，比上年增长1.9%，其中工业总产值21538万元，增长1.9%；农业总产值8531万元，增长1.89%；旅游服务业总产值13243万元，增长1.9%。镇级财政总收入4390万元，比上年增长0.9%。

【仁居镇】 位于平远县境西北部，东邻差干、上举两镇，西接八尺镇，南连东石、河头两镇，北毗江西省吉潭镇项山乡，距县城36千米。总面积191平方千米，辖15个村、1个社区。2020年末，户籍人口7204户23374人。其中，农业人口19808

人、非农业人口3566人。实现地区生产总值7.11亿元，比上年增长5%；完成农业总产值3.72亿元，比上年增长5%；工业总产值3.21亿元，增长2.5%；完成固定资产投资1.73亿元，比上年增长5%。镇级税收收入超额完成县下达的包干任务。

【八尺镇】 地处平远县境西北部，东邻仁居、河头两镇，南连中行镇，西北分别与江西省寻乌县留车镇、南桥镇接壤，国道206线和358线及济广高速公路贯穿其间，是平远县的北大门。总面积108平方千米，辖11个村、1个社区。2020年末，户籍人口4597户14919人。其中，农业人口14162人、非农业人口757人。完成国内生产总值2.99亿元，比上年增长1.3%；农业总产值1.98亿元，增长17.8%；工业总产值2.28亿元，增长36.5%。

【河头镇】 位于平远县境中部，东邻东石镇，西接八尺镇、中行镇，北靠仁居镇，南连大柘镇。地形呈长形块状，总面积82.42平方千米，辖9个村。2020年末，户籍人口2979户10808人。其中，农业人口9548人、非农业人口1260人。实现生产总值2.02亿元，比上年增长3%；农业总产值1.18亿元，增长3.5%；工业总产值0.22亿元，增长5.4%；镇级财政收入1172万元，增长6%。

【中行镇】 位于平远县境西部，距县城14千米，国道206线贯穿其间。东邻河头镇，西接江西省寻乌县丹溪乡，北靠八尺镇，南连大柘镇，总面积74平方千米，辖6个村。2020年末，户籍人口2720户9001人。其中，农业人口6570人、非农业人口2431人。实现生产总值1.82亿元，比上年增长3.9%；农业总产值8390万元，增长3.6%；工业总产值1.36亿元，增长2.4%；镇级财政收入115万元，增长4.5%。

【上举镇】 位于平远县境东北部闽粤交界处，东邻泗水镇，南接东石镇，西与仁居镇、差干镇相连，北与差干镇、福建省武平县下坝乡交界。距县城33千米，总面积98.6平方千米，辖6个村。2020年末，户籍人口2028户7481人。其中，农业人口6039人、非农业人口1442人。实现生产总值2.29亿元，比上年增长5%；农业生产总产值1.06万元，增长5%；工业生产总产值1.19亿元，增长5%；新增固定资产投资1412.9万元，增长10%。

【泗水镇】 位于平远县境东北部山区，东邻蕉岭县，西接上举镇，南连东石镇，北毗福建省武平县。总面积133.8平方千米，辖8个村，是平远县的重要林区。2020年末，户籍人口3191户10774人。其中，农业人口8517人、非农业人口2257人。实现生产总值2.23亿元，比上年增长4.1%；实现农业总产值1.14亿元，增长3.1%；工业总产值1.38亿元，增长9.6%；完成镇级一般预算收入1182.59万元。

【东石镇】 位于平远县境中部，东邻蕉岭县，西接河头镇，南与大柘镇、热柘镇接壤，北靠仁居镇、上举镇、泗水镇。总面积163.1平方千米，辖17个村、1个社区。其中灵水、白岭、太阳村是革命老区。2020年末，户籍人口10326户34984人。其中，农业人口29703人、非农业人口5281人。实现生产总值7.34亿元，比上年增长3.19%；农业总产值2.95亿元，增长4.2%；工业总产值6.27亿元，增长1.2%。

【大柘镇】 地处平远县城，属城关镇，东邻东石镇和热柘镇，西接江西省寻乌县，南连石正镇和长田镇，北毗中行镇、河头镇。总面积154.51平方千米，辖25个村、3个社区。2020年末，户籍人口29897户85823人。其中，农业人口24799人、非农业人口61024人。常住人口约14万人。实现生产总值15.89亿元，比上年增长4.9%；农业总产值4.99亿元，增长6.7%；工业总产值15.9亿元，增长6%；一般公共预算收入1457.4万元，增长6.8%；固定资产投资1.7亿元，增长6.9%。

【石正镇】 位于平远县境西南部，地处粤赣两省四县交界，与梅县区梅西镇、兴宁市黄槐镇、江西省寻乌县丹溪乡接壤，济广高速公路、省道225线横贯其中，距平远县城12千米。总面积98平方千米，辖17个村、1个社区。2020年末，户籍人口9844户35122人。其中，农业人口31871人、非农业人口3251人。实现国内生产总值6.5亿元，比上年增长8%；农业总产值1.9亿元，增长6%；工业总产值2.6亿元，增长10%；固定资产投资2.9亿元，增长12%。

【长田镇】 平远县南大门，东、西、南与梅县的石扇镇、梅西镇及大坪镇接壤，北与热柘镇、大柘镇相连。国道206线南北贯穿全镇，距梅州市区30千米，离平远县城14千米。总面积69平方千米，辖7个村。2020年末，户籍人口2971户9608人。其中，农业人口6477人、非农业人口3131人。实现生产总值2.11亿元，比上年增长8%；人均GDP 23986元，增长5.8%；工业总产值4.7亿元，增长5.3%；农业总产值0.95亿元，增长6.1%；全社会固定资产投资0.44亿元，增长10.8%。

【热柘镇】 位于平远县境东南部，东与蕉岭县新铺镇、梅县区石扇镇接壤，西与大柘镇为邻，南连长田镇，北接东石镇。距县城13.9千米。总面积104.8平方千米，辖8个村。柚树河小胆滩海拔89米，是全县最低点。2020年末，户籍人口3560户13403人。其中，农业人口8306人、非农业人口5097人。实现生产总值19000万元，比上年增长5.2%；农业总产值10108万元，增长3%；工业总产值7330万元，增长3.7%。

附：2020年平远县领导班子成员名单

县委书记： 宋才华
县委副书记： 杨　栋（任至11月）
　周小勇（11月起任）
　曾小喜（任至8月）
　王　锋（8月起任）
县委常委： 宋才华
　杨　栋（任至11月）
　周小勇（11月起任）
　曾小喜（任至8月）
　王　锋（8月起任）
　姚永波
　肖桂华（女）
　陈琼宏
　徐万宝
　林忠云
　蔡晓红（女）
　裴中秋
　余毅宗（11月起任）
　刘海鹏（挂职，任至2月）
　王俊辉（挂职，2月起任）
县人大常委会主任： 凌志达
县人大常委会副主任：
　赖家琳（常务）
　马文生
　朱天英（任至5月）
　廖文香
　李远林（1月起任副主任候选人，6月起任副主任）
　陈永和
　赖光亮（6月起任）
县政府县长： 杨　栋（任至11月）
　周小勇（11月起任副县长、代理县长）
县政府副县长：
　陈琼宏（常务）
　刘海鹏（挂职，任至2月）
　王俊辉（挂职，2月起任）
　陈远航（任至5月）
　张善波
　刘兰娇（女）
　韩　旭
　李万年
县政协主席： 凌声宏
县政协副主席：
　刘志刚（常务）
　姚小玲（女）
　韩垂辉
　涂其标（任至5月）
　罗益新
　卢　斌（兼）
　刘　胜（6月起任）
县纪委书记、监委主任： 徐万宝
县纪委副书记、监委副主任：
　梁裕彝
　冯　浪

（林绪远）

大埔县

【大埔县概况】 大埔县位于广东省东北部、韩江中上游，东北紧靠福建省漳州市平和县和龙岩市永定区，东南连接潮州市饶平县，西依梅县区、梅江区，南邻丰顺县和潮州市潮安区。全县区域总面积2462平方千米，辖14个镇和1个丰溪林场，镇、场下设256个村委会（居委会）。2020年末，全县户籍人口55.23万人，常住户籍人口38.6万人，主要为汉族。祖籍大埔的华侨、华人有50多万人，素有“华侨之乡”美称。

大埔县物产丰饶，山地丘陵众多。2020年森林覆盖率78.99%。境内溪河特多，水力资源丰富。瓷土储量4.38亿吨，紫砂陶土储量超1亿吨，有近800年制作陶瓷的历史，大埔青花瓷、高陂陶瓷产品远销欧美、中东及东南亚等110个国家和地区，是“陶瓷之乡”。土特产主要有天然矿泉水、瓷器、蜜柚、茶叶、烟叶、金针菜等，还有各式各样的风味小吃，有“世界长寿乡、中国青花瓷之乡、中国蜜柚之乡、中国名茶之乡、中国小吃名县、全国重点产茶县”称誉。国家质检总局批准西岩乌龙茶、大埔青花瓷为国家地理标志保护产品。大埔蜜柚、大埔乌龙茶被农业部登记为“国家农产品地理标志”的农产品。梅州柚·大埔蜜柚入选《首批 100 个中国地理标志农产品入选保护清单》，受到欧盟协定保护。

大埔县是“中国民间艺术之乡——花环龙之乡”“中国民间文化艺术之乡——广东汉乐之乡”，广东汉乐被列入国家级非物质文化遗产名录。大埔县是革命老区，是广东省首个被认定的原中央苏区县，是“全国文化先进县”“2018 年度国家级非遗保护传承观察点”“第三批国家级农村职业教育和成人教育示范县”“国家卫生县城”。大埔县三河坝战役烈士纪念碑入选全国爱国主义教育示范基地。茶阳镇、百侯镇、三河镇是“中国历史文化名镇”，百侯镇侯北村、侯南村是“全国文明村”。

大埔县素有“文化之乡”美称，名人有“父子进士”（饶相、饶与龄）、“一腹三翰林”（杨缵绪、杨黼时、杨演时）、一县同期“四位省主席”（罗卓英、吴奇伟、范汉杰、赵公武）、“父子两总理”（李光耀、李显龙），还有华侨实业家、爱国侨领张弼士、中国首任驻日公使何如璋、中国共产党早期革命活动家罗明、中山大学首任校长邹鲁、首届感动香港十大人物之一的田家炳、现代著名作家杜埃和碧野，中国科学院院士郑度、杨文采、蒲慕明和中国工程院院士饶芳权、邱冠周、涂善东等杰出人物。

大埔县主要旅游景点有全国红色旅游经典景区“八一”起义军三河坝战役纪念园，全国重点文物保护单位 6 处（茶阳“父子进士”牌坊、大东花萼楼、湖寮泰安楼、西河光禄第、百侯肇庆堂、三河中山纪念堂），国家 AAAA 级旅游景区 2 个（泰安楼客家文化旅游产业园、百侯名镇旅游区），国家 AAA 级旅游景区 9 个（张弼士故居旅游区、三河坝战役纪念园等），还有明朝兵部尚书翁万达墓，广东省丰溪自然保护区，粤东名胜万福寺，大埔阴那山国家森林公园，田家炳祖居拱辰楼等旅游景点。是“中国十大文化休闲基地”“中国特色旅游休闲度假胜地”“全国休闲农业与乡村旅游示范县”“十佳中国最美的小城”“中国深呼吸小城 100 佳”“中国最美丽县”“国家重点生态功能区”“新时代·中国最佳生态康养旅游名县”“最美中国旅游县”。

2020 年，大埔县被授予“2020 中国茶业百强县”“国家卫生县城”称号。

大埔县经济社会保持平稳发展。2020 年，全县生产总值 91.1 亿元，比上年增长 1.7%，增速排在全市第五；规模以上工业增加值 12.22 亿元，比上年下降 4.3%；固定资产投资 73.55 亿元，比上年增长 2.8%，排在全市第四；贸易进出口总额 1.86 亿美元，比上年下降 26.76%；社会消费品零售总额 46.64 亿元，比上年下降 8.8%；本级一般公共预算收入 7.15 亿元，比上年增长 1.5%。

【疫情防控】 2020 年，新冠肺炎疫情发生后，大埔县坚决响应习近平总书记和党中央号召，迅速构筑起抗击疫情的坚固防线，唯一一例外省输入型确诊病例经过 16 天治疗康复出院，实现本地防控“零感染、零扩散、零死亡”。涌现出黄森昌、邹益香、赖燕萍等一批先进模范代表；西河省际联合检疫检查站被评为广东省抗击新冠肺炎疫情先进集体。

【产业发展】 2020 年，大埔县出台实施十七条措施支持企业复工复产，3 月初规模以上工业企业全面复工，新增减免税费 1.42 亿元、降低社保费 8781 万元、延期还本付息 2.49 亿元。广州海珠（大埔）产业转移工业园 5 家企业建成新生产线，建成 10 家展销展示中心、2 家创新孵化中心，高陂镇青花瓷小镇初具雏形。县城工业小区入园企业 5 家。引进梅州市博钺电子有限公司落户大麻镇，有效解决韩江高陂水利枢纽工程移民就业问题。大埔电厂实现产值 16.47 亿元。投入 4.7 亿元完成省级蜜柚、茶叶现代农业产业园核心区建设，建成大埔蜜柚研究院、院士工作站科研平台，完成西岩山万亩茶文化产业园建设。成功承办第三届广东茶叶产业大会。投入 2200 万元建成全市唯一的 5G + 农业大数据平台。大埔入选省农业科技园区建设名单，获得“2020 中国茶业百强县”称号，西岩茶叶、凯达茶业上榜 2020 中国茶业百强企业。顺兴、万川千红 2 家蜜柚企业产品获得出口美国市场认证。梅州柚·大埔蜜柚入选《首批 100 个中国地理标志农产品入选保护清单》，受到欧盟协定保护。完成长寿文化馆建设，成功创建省级全域旅游示范区。三河坝红色主题历史文化游径入选省历史文化游径名单，陶瓷文化之旅线路入选省级工业旅游精品线路。

【重点项目建设】 2020 年，大埔县推进总投资 399.32 亿元、年度投

2020 年 9 月 12 日，世界长寿乡·广东梅州柚·大埔蜜柚广州推介会暨海珠区对口帮扶消费扶贫月活动启动仪式在广州市海珠区举行 （张利娜 摄）

资计划 96.44 亿元的 121 项重点项目建设，全年完成投资 77.56 亿元。大潮高速（含大漳支线）建成通车。大丰高速进入勘察设计阶段，大埔至潮州港疏港铁路前期工作顺利推进。完成“四好农村路”建设 225 千米，韩江高陂水利枢纽工程库周公路改建、大麻莲塘大桥等项目建设扎实推进。三河坝干部学院主体工程全面封顶。韩江高陂水利枢纽工程全面完成土地、房屋的征拆工作，如期下闸蓄水。第二自来水厂正式动工，梅潭河三河至湖寮段等碧道建设扎实推进。

【三大攻坚战】 2020 年，大埔县全体居民人均可支配收入 20625 元。如期完成新时代脱贫攻坚目标任务，累计筹集扶贫资金 6.86 亿元，实施到村项目 3100 多个、到户项目 21 万多个，全县建档立卡贫困户 4805 户、贫困人口 10478 人全部达到脱贫标准，57 个省定相对贫困村均达到退出标准。20 家企业 80 个农产品进入省扶贫产品信息名录，实现销售收入 2.02 亿元。推进污染防治，国家考核断面水质达标率、省考核断面水质优良率均 100%，县城空气质量优良率 99.7%，水环境质量、大气质量分别排在全市第一、第二。国家生态功能区考核取得较好成绩，获得中央奖补资金 1.9 亿元。落实总体国家安全观，重点领域风险有效防控，政府全年无新增隐性债务，金融秩序保持稳定。

【改革创新】 2020 年，大埔县深化“放管服”改革，141 项政务服务事项实现“免证办”，行政许可事项时限压减率 93.9%，即办率 96.6%，下放 627 项事项至镇级、63 项至村级办理。工程建设项目审批实现全流程“一个窗口”“一站式”服务，不动产登记全面提速。“数字政府”改革建设扎实推进，167 项可查询事项进驻“粤省事·梅州”。实施创新驱动战略和知识产权强县工程，新增国家级高新技术企业 12 家、科技型中小企业 35 家，专利申请量 449 件。成功引进全市首家综合性知识产权服务机构“梅州市中兴达知识产权有限公司”，成功承办 2020 粤港澳大湾区知识产权交易博览会推进会暨梅州市特色产业知识产权主题研讨会，挂牌成立全省首个县级知识产权保护中心服务站。

【城乡环境】 2020 年，大埔县成功创建国家卫生县城。县城第二水质净化厂建设扎实推进。奥园商业综合体建成开业。西河镇“十村联动”、大麻镇“六村共同缔造”等示范片取得新进展，成功打造枫朗红色党建引领绿色发展示范带。开展“两美”行动和“三清三拆三整治”回头看，245 个行政村达到干净整洁村标准，其中 123 个行政村达到美丽宜居村标准。新增“一村一品、一镇一业”项目 22 个，建设 15 个联村兴业富民服务中心。西河镇漳北村获评“广东十大美丽乡村”。建成高标准农田 1033.3 公顷，完成水田垦造 377.27 公顷。拆旧复垦累计交易面积 56.8 公顷，获得交易资金 3.8 亿元。粮食作物播种面积稳定在 7200 公顷，生猪存栏、出栏水平加快恢复。

【民生福祉】 2020 年，大埔县八成以上财政支出用于民生领域，十件民生实事基本完成。动工建设西岭实验学校，县妇幼保健院公共卫生业务用房综合楼、县慢性病防治院门诊楼、光德卫生院迁建工程和大东、洲瑞卫生院保障房建成投入使用。全年新登记市场主体 3574 户、增长 53%；城镇新增就业 2050 人，城镇登记失业率 2.4%。平安之乡先行地建设成效明显，扫黑除恶纵深推进，社会持续和谐稳定。百侯侯南村被评为“全国文明村”，西河漳北村、百侯侯南村成功创建省民主法治示范村。中国红色政权首个公安局——大埔县工农革命政府公安局历史陈列馆开馆。大埔县博物馆晋升为国家二级博物馆。完成第七次全国人口普查登记工作。大埔县档案馆新馆、气象综合探测基地建成投入使用。安全生产、食品药品安全形势持续稳定。

镇 场

【湖寮镇】 位于大埔县城区，是大埔县城所在地。东邻百侯镇、西河镇，西接三河镇、大麻镇，南依高陂镇，北靠茶阳镇、西河镇。有国道235线、省道221线经过。2020年，总面积201.46平方千米，耕地面积834.1公顷，山地面积2万公顷。辖19个村和4个社区。户籍人口9.08万人。农村经济总收入9.58亿元，农民人均纯收入1.57万元，分别比上年增长1.8%和6%。获国家卫生县城称号。

【百侯镇】 位于大埔县东部，西接湖寮镇，东连枫朗镇、大东镇，北靠西河镇，南依枫朗镇、高陂镇。有省道221线经过。2020年，总面积112.27平方千米，山地面积7038公顷，耕地面积863.27公顷。辖14个村和1个社区，总人口2.96万人，素有“文化之乡、华侨之乡”之美誉。累计投入1000万元打造百侯镇旅游慢道，百侯名镇AAAA级旅游景区实现专业化、市场化运营管理，全年接待游客突破100万人次。百侯镇被评为“广东省卫生镇”、被认定为“广东省‘一村一品、一镇一业’蜜柚专业镇”，百侯镇侯南村被评为“全国文明村”。

【枫朗镇】 位于大埔县东南部，东邻大东镇、福建省平和县九峰镇，南与潮州市饶平县上饶镇相连，西接高陂镇，北依百侯镇。有省道221线、227线和大潮高速（大漳支线）经过，高速有枫朗出口，是古今东进闽南，南下潮汕的交通要塞。2020年，总面积167.83平方千米，山地面积1.29万公顷，耕地面积1186公顷。辖23个村，总人口5.21万人。农村经济总收入13.73亿元，比上年增长3.9%；农民人均纯收入1.75万元，增长9.31%。投入60万元清理双溪库区水浮莲，面积1.5万平方千米。镇区和大埔角村2座污水处理厂开始运行，日处理量400吨。

【大东镇】 位于闽粤两省四县（区）的交界处，东与福建省平和县长乐乡、九峰镇相邻，北与福建省永定区湖山乡相依，西接百侯镇、西河镇，南与枫朗镇和潮州市饶平县饶洋镇相连。有省道227线和大潮高速（大漳支线）经过，高速有大东出口。2020年，总面积98.27平方千米，辖13个村，有2.31万人。总投入300万元，建立垃圾兑换超市运行体系，确保垃圾分类和减量中心正常运行。总投入800万元，建成坪山村客家神田文化休闲区、停车坪等。总投入895万元，推进塘市街口修缮改造。

【高陂镇】 位于大埔县南部，地处韩江中游，东与百侯镇、枫朗镇、潮州市饶平县三饶镇毗邻；南与光德镇、桃源镇、丰顺县的潭江镇接壤；西与洲瑞镇、银江镇交界；北与湖寮镇、大麻镇相连。有省道227线、333线、222线和大潮高速（含大漳支线）经过，高速有高陂赤山出口。2020年，总面积308.95平方千米，总人口8.9万人，是大埔县地域面积最大的镇，也是全国重点镇、广东省确定的首批重点建设中心镇、行政体制改革试点镇和陶瓷专业镇。全镇耕地面积2625公顷，山地面积2.4万公顷。辖35个村和1个社区。农村经济总收入23.8亿元，农民人均纯收入1.74万元，完成税收收入8894万元，分别比上年增长5.8%、6.5%、4.2%，规模以上企业产值8.95亿元，增长7.53%。陶瓷产业基地被认定为全市首个国家外贸转型升级基地，“大埔·高陂青花瓷小镇”入选省级特色小镇项目库。全年接待游客10.25万人次，实现旅游综合收入1985万元。

【光德镇】 位于大埔县南部，北、西接高陂镇，西南与桃源镇相连，东、南毗邻潮州市饶平县三饶镇、新丰镇。有省道333线和大潮高速经过，高速有光德出口。2020年，总面积125.96平方千米，耕地面积410公顷，山地面积9630公顷。辖10个村和1个社区，总人口3.5万人。有陶瓷企业36家，其中规模以上陶瓷企业11家，陶瓷产值3.34亿元。

【桃源镇】 位于大埔县最南端，东连光德镇，北接高陂镇，西和西南邻丰顺县潭江镇，西南邻潮州市潮安区凤凰镇，东南接潮州市饶平县三饶镇，地处两市（梅州市、潮州市）、三县（饶平县、丰顺县、大埔县）、一区（潮安区）交会之处，有省道 222 线经过。2020 年，总面积 76.76 平方千米。辖 6 个村，总户数 4205 户，总人口 1.94 万人。粮食种植面积 154.13 公顷，粮食产量 1017 吨。全年完成财税收入 1195.3 万元，规模以上工业总产值 2.16 亿元，净利润 336.6 万元。

【大麻镇】 位于大埔县西部，韩江纵贯其境，东临湖寮镇，北接三河镇，南连高陂镇、银江镇，西与梅县区松口镇、雁洋镇为邻。有国道 235 线、省道 222 线、梅龙高速和大潮高速（含大漳支线）经过，高速有大麻出口。2020 年，总面积 229.82 平方千米，辖 22 个村和 1 个社区，总人口 3.9 万人。水稻种植面积 980 公顷，产量 4005 吨。全镇经济总收入 8.86 亿元，农民人均纯收入 1.51 万元。

【三河镇】 位于大埔县西部，东临湖寮镇、茶阳镇，北接青溪镇，南连大麻镇，西与梅县区松口镇为邻。有国道 235 线、省道 227 线、梅龙高速、梅坎铁路经过，高速有三河出口，有三河火车站。2020 年，总面积 152.24 平方千米，水田面积 379.07 公顷，耕地地力保护补贴面积 463.44 公顷，省级生态公益林面积 6332.03 公顷。辖 12 个村和 1 个社区，总人口 2.09 万人。三河坝红色主题历史文化游径入选第一批广东省历史文化游径。全年接待游客超过 100 万人次。三河坝干部学院一期完成 13.3 公顷土地征收，主体工程于 6 月动工建设。

【银江镇】 位于大埔县西部，地处梅、埔、丰边陲，居韩江上游，东接洲瑞镇、高陂镇，西邻梅县区雁洋镇和梅江区西阳镇，南连丰顺县砂田镇，北与大麻镇、梅县区雁洋镇交界，素有大埔“西大门”之称。有国道 235 线和省道 333 线、224 线、222 线经过。2020 年，总面积 208.2 平方千米，辖 13 个村，总人口 2.8 万人。村集体经济收入 111 万元，有龙头企业省级 1 家、市级 2 家、县级 1 家。

2020 年 10 月 20 日，大型革命历史题材电视剧《绝密使命》在大埔县大麻码头举行开拍仪式
（大埔县大麻镇提供）

【洲瑞镇】 位于大埔县西南部，东及东北连高陂镇，西及西北紧依银江镇，西南与丰顺县砂田镇毗邻，因洲瑞镇地貌四周环山，中间低平，形如盆状，故素有“金盆乡”之美称。有省道 333 线经过。2020 年，总面积 83.25 平方千米。粮食种植面积 262.13 公顷，粮食总产量 2653 吨。辖 9 个村，总人口 1.79 万人。大埔三和实业有限公司创新陶瓷产品研发，全年生产总值 1816 万元。瑞山天泉包装饮用水厂全年生产总值 2400 万元。

【茶阳镇】 位于粤闽两省三县（区）交界处，地处梅州三大江之一——汀江河畔上，是大埔老县城、红色革命老区、广东省首批中心镇之一。东邻福建省永定区下洋镇，南接西河镇、湖寮镇，西临三河镇、青溪镇，北靠丰溪林场和福建省永定区峰市镇、城郊镇。有国道 235 线、省道 227 线和 332 线、梅龙高速、梅坎铁路经过，高速有茶阳出口。2020 年，总面积 294.3 平方千米，辖 26 个村和 1 个社区，人口 5.5 万人。粮食以水稻为主，主要经济作物有烟叶、蜜柚，耕地面积 1847.27 公顷；竹木资源丰富，林业用地面积 2.42 万公顷。新增县级龙头企业 2 家、农民专业合作社 2 家。被认定为省级“一村一品、一镇一业”蜜柚专业镇。规模以上工业总产值 4492.2 万元。大埔县工农革命政府公安局旧址被认定为早期中共成立的县级公安局，成功入选第七批梅州市文物保护单位。完成邹鲁故居“椿森第”、老县委旧址、父子进士牌坊、大埔县工农革命政府公安局旧址、骑楼老街（万川路、高福路）的全面修缮工作，城区各个景点串珠成链。

【西河镇】 位于大埔县东北部，东北与福建省永定区下洋镇接壤，东南与福建省永定区湖山乡相连，南与大东镇、百侯镇相邻，西与湖寮镇、茶阳镇相邻。有国道 235 线、省道 227 线、梅龙高速经过，高速有茶阳出口。2020 年，总面积 208.73 平方千米，辖 27 个村和 1 个社区，总人口 3.5 万人。全年粮食种植面积 1886.4 公顷，总产量 1.02 万吨。培育发展 20 多家农业企业，全镇香米和蜜柚种植面积 984.07 公顷和 1183.33 公顷。全镇景区旅游收入 422 万元，接待游客 33 万人次。被评为第二批广东省旅游风情小镇，漳北村被评为第二届广东十大美丽乡村。

【青溪镇】 位于大埔县西北部，位于粤、闽两省两区一县（梅县区、永定区、大埔县）交界，是著名革命老区。北接福建省永定区峰市镇，西邻梅县区松口镇，东北与茶阳镇接壤，南接三河镇。有省道 332 线和梅坎铁路（多宝坑小站）经过。2020 年，总面积 164.05 平方千米，辖 13 个村，总人口 2.03 万人。农村经济总收入 7.16 亿元，农民人均纯收入 1.66 万元，分别比上年增长 10.83%、10.95%。全年蜜柚种植面积 873.3 公顷，山羊养殖 5000 头，做强蜜柚、山羊等特色产业。完善中央红色交通线以及“江畔人家”休闲度假区的续建项目，促进旅游业发展。

【丰溪林场】 位于大埔县北部，北部与福建省永定区凤城街道相邻，东部与福建永定区岐岭乡毗邻，西部、南部与茶阳镇相邻。丰溪林场创办于 1958 年，原属汕头地区管辖，1963 年转为县办，1984 年 4 月被广东省人民政府批准建立省级自然保护区，保护区总面积 105.9 平方千米。1996 年 8 月被广东省林业厅批准建立丰溪省级森林公园。2020 年，林场总面积 29.91 平方千米。据测算，全场活立木蓄积量 15 万立方米，森林覆盖率 98%。辖 3 个村，总人口 1845 人。全场粮食作物播种面积 114.95 公顷，总产量 483.8 吨。农村经济总收入 2367.4 万元，农民人均纯收入 8985.9 元。

附：2020 年大埔县领导班子成员名单

县委书记： 朱汉东

县委副书记： 熊锋松
李　宏（任至 10 月）
刘裕君（11 月任职）

县委常委： 朱汉东
熊锋松
李　宏（任至 10 月）
刘裕君（11 月任职）
张红梅（女）
陈伟平
陈军营
廖若旦
蓝　欣
徐杞文
王　浩（任至 9 月）
杨自强
吴东华（挂职，任至 1 月）
曹丙利（挂职，任至 4 月）
刘晓泉（挂职，2 月任职）

县人大常委会主任： 黄建庭

县人大常委会副主任： 刘坤明
廖全鑫
谢以美
张昭锋
邓立新（女）
张长先

县政府县长： 熊锋松

县政府副县长：
蓝　欣（常务副县长）
吴东华（挂职，任至 5 月）
曹丙利（挂职，任至 5 月）
刘晓泉（挂职，5 月任职）
饶凌云（女）
罗春达
刘辉堂
钟旭东（任至 5 月）
廖昌元
赖　宽（5 月任职）

县政协主席： 李礼醒

县政协副主席： 张友群（女）
刘小平
杨竹玲（女）
吴振石（任至 6 月）
刘广明
黄伟胜
严庆东（6 月任职）

县纪委书记： 廖若旦

县纪委副书记： 邝金禄
严庆东（任至 4 月）
罗伟国（4 月任职）

县监委主任： 廖若旦

县监委副主任： 邝金禄
严庆东（任至 5 月）
罗伟国（5 月任职）

（黄万海）

蕉岭县

【蕉岭县概况】 蕉岭县位于广东

省东北部，辖蕉城、新铺、三圳、文福、广福、长潭、蓝坊、南磜8个镇。全县有97个村、10个社区。县境内有广东梅州蕉华工业园区。全县总面积960平方千米，其中山地7.47万公顷，耕地0.9万公顷。2020年末，全县户籍人口23.13万人，比上年减少584人，下降0.3%。全年出生人口2330人，出生率10.05‰；死亡人口1509人，死亡率6.52‰；自然增长人口821人，自然增长率3.54‰。

蕉岭县地质构造比较复杂，岩石类主要有砂页岩、侵入岩、石灰岩、变质岩等。境内河流属韩江水系，主要河流韩江二级支流石窟河在县境内长61.4千米，集水面积728.2平方千米。县境属亚热带地区海洋性季风气候，夏长冬短，光照充足，雨季长，雨量充沛。重要矿产资源有铷、锰、铁、铝、钨、铜、铅、锌、锡、石灰石、大理石、花岗岩、石英砂、稀土等，铷储量约160万吨，锰储量约240万吨，花岗岩储量约2700万吨，石灰石资源储量约23.5亿吨。水力资源10万千瓦以上。野生动植物资源丰富，药用植物有288个品种，分隶95个科。主要旅游景点有国家AAAA级旅游景区长潭旅游风景区、全国重点文物保护单位丘逢甲故居和谢晋元故居、镇山国家森林公园、省重点文物保护单位罗福星故居和石寨土楼。是世界长寿之乡。

【经济发展】 2020年，蕉岭县实现生产总值100.13亿元，比上年增长5.1%。其中，第一产业增加值17.46亿元，比上年增长5.0%；第二产业增加值44.39亿元，比上年增长8.0%；第三产业增加值38.28亿元，比上年增长2.2%。产业结构持续优化调整，一、二、三产业结构为17.4∶44.4∶38.2。全县完成全口径税收收入12.76亿元（含蕉华园区），比上年增长6.6%。完成一般公共预算收入6.44亿元，比上年增长6.9%。一般公共预算支出31.82亿元，比上年比增长10.9%。其中，民生支出27.02亿元，比上年增长11.45%，占一般公共预算支出的84.95%。

【农业】 2020年，蕉岭县实现农业总产值28.43亿元，比上年增长5.0%。粮食作物播种面积10474.4公顷，比上年增长3.82%；甘蔗种植面积211.9公顷，比上年增长14.6%；油料种植面积1809.6公顷，比上年增长6.3%；蔬菜种植面积5506.6公顷，比上年增长8.3%；中草药种植面积593.6公顷，比上年增长63.4%。粮食总产量61961.4吨，比上年增长3.3%。其中，稻谷产量58898吨，比上年增长3.2%。糖蔗产量5273吨，比上年增长34.6%；油料产量4118吨，比上年增长8.8%；蔬菜产量122166吨，比上年增长10%；园林水果产量51636吨，比上年增长7.1%；茶叶产量2768吨，比上年增长5.9%。猪牛羊禽肉产量18560吨，比上年增长1%。其中，猪肉产量11433吨，比上年增长0.9%；禽肉产量5672吨，比上年下降0.3%。年末生猪存栏79405头，比上年增长111.1%；生猪出栏144841头，比上年下降4.4%。水产品产量6215吨，比上年下降0.16%。其中，淡水产品6215吨，比上年下降0.16%。

蕉岭县五彩稻田　　（蕉岭县人民政府地方志办公室提供）

【工业和建筑业】 2020年，蕉岭县工业增加值比上年增长8.7%。规模以上工业增加值实现26.75亿元，比上年增长6.6%。规模以上工业企业实现主营业务收入79.9亿元，比上年增长10.7%；实现利润12.9亿元，比上年增长4.3%。规模以上工业新型建材产业实现工业产值73.63亿元，比上年增长10.4%，其中水泥、混凝土制造业实现工业产值63.01亿元，比上年增长6.5%。新型建材产业产值占全县规模以上工业总产值90.5%。建筑业增加值

13.51 亿元，比上年增长 6.1%。总承包和专业承包完成建筑业总产值 55.64 亿元，比上年增长 9.37%；实现利润总额 15913 万元，比上年增长 17.07%；利税总额 30710 万元，比上年增长 5%。建筑施工企业房屋建筑施工面积 132.3 万平方米，比上年下降 15.5%，房屋竣工面积 66.8 万平方米，比上年增长 17.4%。

【固定资产投资】　2020 年，蕉岭县固定资产投资额比上年增长 0.2%。分产业上看，第一产业完成投资额比上年增长 596.7%；第二产业完成投资额比上年下降 4.3%；第三产业完成投资额比上年下降 1.2%。分投资主体看，国有经济投资增长 57.1%，民间投资下降 18.7%。民间投资占全县固定资产投资的比重为 60.9%。

【服务业】　2020 年，蕉岭县实现服务业增加值 38.28 亿元，比上年增长 2.2%。其中，批发和零售业增加值 3.86 亿元，比上年下降 6.9%；住宿和餐饮业增加值 0.92 亿元，比上年下降 16.0%；金融业增加值 4.65 亿元，比上年增长 1.6%；房地产业增加值 5.5 亿元，比上年增长 0.3%；交通运输、仓储和邮政业增加值 1.68 亿元，比上年增长 1.6%；其他服务业增加值 21.5 亿元，比上年增长 5.8%。全年规模以上服务业企业实现营业收入 17752 万元，比上年下降 3.7%；利润总额 703.6 万元，比上年下降 8.8%。

全年公路运输方式完成货物周转量 81475 万吨千米，比上年增长 3.3%；公路旅客周转量 6017 万人千米，比上年下降 82.1%。年末，公路通车里程 1483.2 千米，比上年增长 2.7%。其中，高速公路里程 40.52 千米、“四好农村路”1240.7 千米。全县民用汽车拥有 3.4 万辆，比上年增长 5.7%，其中私人轿车 2.96 万辆，比上年增长 1.3%。民用轿车保有量 1.72 万辆，比上年下降 14.6%，其中私人轿车 1.7 万辆，比上年下降 15.0%。

年末固定电话用户 25998 户，比上年增长 1.1%；移动电话用户 187779 户，比上年增长 7.6%，其中 4G 用户 167622 户，比上年增长 28.4%，占移动电话用户比重 89.3%。当年新增移动电话用户 23288 户。年末互联网宽带接入用户 111985 户，其中宽带（固定）33313 户、移动宽带 79169 户。

全年接待旅游总人数 259.91 万人次，全年下降 51.2%。其中，接待过夜旅游总人数 72.68 万人次，下降 50.5%。国内外旅游总收入 21.74 亿元，下降 49.2%，其中国内旅游收入 21.7 亿元，下降 47.4%。

【国内贸易和对外经济】　2020 年，蕉岭县实现社会消费品零售总额 38.0 亿元，比上年下降 7.3%。从消费形态看：商品零售额 34.3 亿元，比上年下降 6.1%；餐饮收入 36.9 亿元，比上年下降 16.7%；按经营地统计：城镇消费品零售额 28.5 亿元，比上年下降 7.9%；乡村消费品零售额 9.5 亿元，比上年下降 3.5%。进出口贸易企业的进出口总额 1994.2 万美元，比上年增长 2.5%。贸易出口总额 1974.1 万美元，比上年增长 4.0%。

【金融和保险业】　2020 年末，蕉岭县金融机构本外币存款余额 114.2 亿元，比上年增长 5.5%，其中，居民（住户）储蓄存款余额 85.1 亿元，比上年增长 10.5%。金融机构本外币贷款余额 52.9 亿元，比上年增长 21.8%。财产、人寿实现保险费收入 18017 万元，比上年增长 13.4%，其中：财产保险费收入 7224 万元，比上年增长 21.2%；人寿保险费收入 10793 万元，比上年增长

2020 年 4 月 29 日，塔牌集团 600 万吨水泥项目二期工程正式点火投产，标志着历时 6 年建设，总投资 43 亿元的塔牌集团 600 万吨水泥项目全面建成投产

（蕉岭县人民政府地方志办公室提供）

8.7%。财产和人寿已决赔款5979万元，比上年增长0.4%，其中财产保险已决赔款2859万元，比上年增长8.3%；人寿保险已决赔款3120万元，比上年下降5.9%。

【科技、教育、文化、卫生和体育】2020年，蕉岭县专利申请量379件，比上年增长66.9%，其中发明65件、实用新型309件、外观设计5件。年末有效发明专利33件。全年专利授权量193件，其中发明3件、实用新型174件、外观设计16件。全县有普通高中2所，在校学生3486人；职业中学1所；九年一贯制学校3所，在校学生1147人；初级中学10所，在校学生5482人；小学20所，在校学生人数14387人；幼儿园56所，在园幼儿数7437人。适龄儿童入学率100%，小学生升学率100%，初中学生升学率100%，高中学生升学率100%，九年义务教育巩固率97.4%，高中阶段教育毛入学率98.7%。考上大专以上的人数1129人，其中本科610人。

年末，黄桂清图书馆有藏书32.85万册，比上年增长18.8%。法刚博物馆馆藏物品8631件。组织文化“三下乡”活动，全年共组织送戏下乡12场、送电影下乡1230场、送书下乡3200册，受教育人数14.4万人次，全县剧场、影剧院2家。全县有300瓦立体声调频广播电台1座，有线电视在用用户1.74万户，城乡入户率46%，电视覆盖率100%。

年末，全县有各种卫生机构158个，床位848张，平均每万人拥有病床40张。卫生专业技术人员1188人，其中执业医师314人、助理执业医师128人、注册护士425人。平均每万人拥有医生数20.9人。

全县有各类体育场、馆963个，其中标准运动场9个；召开各大中型运动会1场，参加人数600人。向省市输送运动员6人。参加市以上运动会获得金牌1块。

【环境和人民生活】 2020年，蕉岭县平均降水量1319.5毫米，比上年下降29.6%；年平均气温22.2℃；年平均湿度74.0%；全年日照时间1808.5小时。年末，全县水资源总量约75186万立方米，比上年下降18.63%；大型水库蓄水总量6945万立方米，比上年下降25.2%。全县城乡共建成生活污水处理厂8座，城市污水处理能力达到2.39万吨/日，城市生活污水集中处理率达到98.7%，城市生活垃圾无害化处理率达到100%。全县有环境监测站1个。全县环境质量保持稳定良好，城区空气质量综合指数2.58，优良率99.7%；主要江河水质达到功能区水质要求年均值Ⅱ类，水质达标率100%；区域噪声、道路交通噪声保持稳定，城市声环境质量较好，各功能区噪声达标率100%。全县森林覆盖率79.02%，设立县级以上自然保护区2个，自然保护区面积13296.96公顷。全年碳汇林抚育面积1053.33公顷，已建成生态公益林3.75万公顷，林木采伐量2.09万立方米。全年规模以上工业综合能源消费量166.6万吨标准煤，比上年增长12.8%；单位GDP能耗比上年增长3.69%；单位工业增加值能耗比上年增长5.99%；单位GDP电耗比上年增长6.87%。全社会用电量15.64亿千瓦时，比上年增长12.3%，其中，工业用电量13.13亿千瓦时，比上年增长12.9%。

2020年，蕉岭县常住全体居民人均可支配收入24481元，比上年末增长6.6%。按常住地分，全县常住城镇居民人均可支配收入28952元，增长5.1%；全县常住农村居民人均可支配收入18900元，增长8.2%。农村增速比城镇高3.1个百分点。全年居民消费价格总指数102.1%（上年为100%），上升2.1个百分点。全年城镇新增就业人数1524人，就业困难人员实现再就业154人。年末城镇登记人口失业人员887人，登记失业率2.39%。全县城镇职工养老保险参保人数（含企业离退休人员）4.91万人，下降10.5%；参加工伤保险2.7万人，下降1.1%；参加职工基本医疗保险2.99万人，增长3.5%；参加职工失业保险2.03万人，下降1.1%；参加生育保险2.11万人，增长5.8%；参加城乡居民养老保险6.21万人，下降2.8%；参加城乡居民医疗保险18.03万人，增长0.6%；城乡居民医疗保险覆盖率100%。

全县有各类型社会福利院10间，床位350张，收养人数184人。全县得到各级政府救济5119人次；全年发放救济金额2486万元。享受低保救济的困难群众3973人，其中城镇257人、农村3716人，发放低保救济金额1777万元。城乡社区服务机构和设施112个，其中综合性社区服务中心5个。年末拥有社会组织264个。

乡　镇

【蕉城镇】 位于蕉岭县境中部，205国道贯穿全境，地处全县政治、经济、文化中心，是县城所在地、省定中心镇。总面积 57.68 平方千米，辖 11 个村和 4 个社区。2020 年，户籍人口 6.67 万人，其中农业人口 2.8 万人。全镇工农业生产总值 13.99 亿元，比上年增长 5.1%；农民人均纯收入 2.18 万元，比上年增长 6.6%。境内有桂岭新区、奥园商贸中心、生态工业园等新型产城功能区，有镇山国家森林公园、兴化寺、石窟河十里画廊等旅游景点，产、景、城相互交融，宜居宜业宜游。

【新铺镇】 位于蕉岭县最南端，石窟河沿岸，毗邻梅县区、平远县。总面积 184.9 平方千米，其中耕地面积 1780 公顷、林业用地 1.42 万公顷，森林覆盖率 78%。辖 21 个村和 1 个社区。2020 年，户籍人口 4.27 万人，常住人口 3.75 万人。新铺有着优越的交通条件，天汕高速公路、205 国道横贯全镇。自然资源和物产丰富，是著名的水泥之乡、茶果之乡、华侨之乡、文化之乡，是省级中心小城镇建设示范点、省级建材专业镇。全镇工农业生产总值 27.78 亿元，比上年增长 8.5%；农民人均纯收入 21200 元，比上年增长 12%。

【长潭镇】 位于蕉岭县城西郊，东与蕉城镇隔河相望，西与平远县接壤，南与三圳镇相邻，北与广福镇相邻。总面积 91.59 平方千米，其中耕地面积 0.1 万公顷、山林面积 0.69 万公顷，辖 11 个村和 1 个社区。2020 年，总户数 5161 户，总人口 19721 人。长潭镇是广东省乡村旅游特色镇。境内生态旅游资源丰富，拥有国家 AAAA 级旅游景区、一线天、百竹园、名木古树园、珍稀园、千亩枫叶园、高台庵、澳洲山庄、闽粤赣释迦文化中心等多个自然人文景点。辖区内有广东长潭粤电站和省级自然保护区。文化底蕴深厚，有抗清志士林丹九、赖其肖，画家林乃干，联合国高级专员钟嘉谋等名人。全镇工农业生产总值 5.59 亿元，比上年增长 4.8%；农民人均纯收入 18570 元，比上年增长 6.2%。

【三圳镇】 位于蕉岭县中南部，东接 205 国道和蕉华管理区，西与平远县交界，南与新铺镇接壤，北与蕉城镇相邻，距蕉城 10 千米，石窟河贯穿而过。耕地面积 827 公顷，山林面积 6887 公顷，森林覆盖率 73%。辖 9 个村和 1 个社区。2020 年，总户数 6982 户，总人口 24192 人。全镇工农业生产总值 2.85 亿元，比上年增长 5%；农民人均纯收入 18398 元，比上年增长 5.2%。2020 年，三圳镇被评为“广东省移动支付示范镇”、首批市级镇街党校示范点；九岭村被评为广东省环境教育基地、首批“国家森林乡村”、第六届全国文明村；东岭村被评为全省文化和旅游特色村、广东省红色党建工程示范点；九岭党员党性教育基地和东岭红色革命教育基地被评为市级党员教育基地。

【文福镇】 位于蕉岭县城以北 12 千米，是近代抗日志士、爱国诗人、教育家丘逢甲的故乡，也是著名的“菲尔兹奖”“马塞尔·格罗斯曼奖”获得者、当代数学大师——丘成桐院士的家乡。天汕高速公路、205 国道贯穿全镇，自然资源丰富（石灰石、锰、铅、锌、铁、稀土等丰富的矿产资源）。总面积 122 平方千米，耕地面积 0.07 万公顷，森林总面积 0.9 万公顷，其中生态公益林面积 0.55 万公顷，森林覆盖率 78.6%。辖 8 个村和 1 个社区。2020 年，总人口 20260 人。文福镇经济平稳快速发展，全镇工农业总产值 18.86 亿元，比上年增长 5.4%。

【广福镇】 位于蕉岭县北部，地处闽粤两省交界，距县城 24 千米，205 国道和长深高速公路穿镇而过，是广东省首批中心镇之一。总面积 107.3 平方千米，其中耕地面积 671.87 公顷，山林面积 9667.2 公顷，森林覆盖率 78.17%。境内有较丰富的大理石、锰、铁、钙、钾等矿产资源和水力资源。历史文化古迹有广福寺遗址、石峰村粟坝罗氏大围屋、乐干村九栋民居等，传统民间艺术有船灯舞等。先后获得“广东省宜居城镇”“广东省教育强镇”“梅州市文化先进镇”“梅州市文明镇”“梅州市平安镇”等称号。辖 10 个村和 1 个社区。2020 年，总人口 15070 人。全镇工农业生产总值 5.143 亿元，比上年增长 5%；农民人均纯收入 9899 元，比上年增长 5%。

【蓝坊镇】 位于蕉岭县东部，距县城 6 千米，总面积 134.6 平方千米，其中耕地面积 776 公顷，山地面积 10319 公顷。境内矿产资源丰富，煤、钨、稀土、铁、铅、锌、花岗岩、耐火石等。生态优美、人文荟萃，有效保护和开发龙潭飞瀑、文峰插汉、会仙洞、梯田、罗福星故居、克修公祠、水口塔、贞节牌坊等旅游资源。辖 11 个村和 1 个社区。2020 年，总人口约 1.8 万人。全镇生产总值 1.88 亿元，比上年增长 3.9%。

【南礤镇】 位于蕉岭县东北部，北部与福建省的武平、上杭两县毗邻，东面与梅县的松源、隆文两镇相连。总面积 173.9 平方千米，其中耕地面积 800 公顷，山林面积 14333 公顷。省道 223 线、县道 045 线南北贯通，镇府驻地距离县城 22 千米。境内山清水秀，森林和水力资源丰富，森林覆盖率 85%，是蕉岭县木材、烤烟、茶叶、毛竹和冬笋的主要产区之一。辖 16 个村。2020 年，户籍人口 22004 人。全镇工农业总产值 2.71 亿元，比上年增长 3 %。农民人均纯收入 10256 元，比上年增长 3.5%。2020 年，南礤镇金山村获评“广东省一村一品”荣誉称号。

附：2020 年蕉岭县领导班子成员名单

县委书记：陈伟明

县委副书记：刘彩波（任至 8 月）

刘鸿涛（8 月任职）

陈德志（3 月任职）

县委常委：陈伟明

刘彩波（任至 8 月）

刘鸿涛（8 月任职）

陈德志

曾光华

丘德俊

林文建

李建辉（任至 2 月）

胡　班

曾文渊

杨红军

刘素芬（女）

林伟胜（2 月任职）

丘文慈（4 月任职）

余　翔（6 月任职）

县人大常委会主任：卢尧生

县人大常委会副主任：张利民

温裕良

钟豪才

郭伟标

陈苑娜（女）

张　慧（女）

县政府县长：刘彩波（任至 8 月）

刘鸿涛（10 月任职）

县政府副县长：陈德志（任至 5 月）

林文建（5 月任职）

饶森健　江运洪

徐永岭　吴东海

吴丽丽（女）

李建辉（任至 3 月）

林伟胜（3 月任职）

余　翔（6 月任职）

县政协主席：钟梅芬（女）

县政协副主席：廖　平（任至 6 月）

彭　刚

黄伟宁

古芹花（女）

罗威华

汤超宏（6 月任职）

张永超（6 月任职）

县纪委书记：曾文渊

县纪委副书记：陈运华　汤维彬

县监委主任：曾文渊

县监委副主任：陈运华　汤维彬

（江萍英）

丰顺县

【丰顺县概况】 丰顺县位于广东省东部，梅州市南端，属南亚热带季风气候区，辖 16 个镇、1 个国有农场，行政区域面积 2710.22 平方千米。2020 年末，全县户籍人口 730389 人，旅外华人华侨和港澳台同胞 40 多万人。梅汕高铁 2019 年建成通车，在丰顺县境内设有丰顺东站和建桥站两个站。梅汕高速公路穿境而过，并在县城设立两个出入口，广梅汕铁路横贯县内中部，县通镇公路全部实现水泥硬底化，国道 206 线、235 线，省道 228 线、224 线、334 线贯穿而过。

丰顺县是全国地热资源丰富的县份，素有“九汤十八礤”之称，是著名的温泉之城，地热活动区遍布 8 个镇、24 处，日动储量 2.2 万立方米，最高水温 92℃，硅、氟、氡等元素含量符合医疗用热矿水标准，具有分布广、储量大、水温高、水质好、高端开发价值高等特点，主要用于发电、旅游服务业、养殖业、公共汤湖洗浴、家庭洗浴等方面。新中国第一座地热发电站——邓屋地热电站建立在丰顺县汤坑镇。重要矿产资源有铁、钨、铅、锌、钼、锡、铜、金和稀土等金属矿，花岗岩、高岭土、钾长石、叶蜡石、水晶、石墨、云母等非金属矿。铁矿储量在 2000 万吨以上，属中型矿。

丰顺县旅游资源丰富，有众多的温泉、瀑布、奇峰异石、文物古迹，主要旅游景点有大宝山旅游度假区、千江温泉度假区、龙鲸河漂流、龙归飞瀑、揭岭飞泉、铜鼓峰高山旅游区、黄花村乡村游、八乡山大峡谷、韩山生态旅游区及太平寺、济公殿、西岩寺、丰顺公园、坚真公园，有国家级非物质文化遗产“埔寨火龙”和省内独特的畲族风情。保留着水乳交融的潮客文化、历史悠久的宗教文化和红色激扬的老区文化。

丰顺县著名人物有晚清洋务运动领袖丁日昌，民族英雄徐名鸿，华夏女杰李坚真，数学大师李国平，国民革命军中将吴逸志、少将陈勉吾等，中国人民解放军将军胡军、黄锦容、林才文，爱国侨领丁家骏、何侨生、郑明如、陈修试、罗锦磲、徐廷侨等，国内实业家有地产大王朱拉伊、朱孟依和朱庆伊兄弟，中南五省糖王冯小华、李国辉，自行车大王谭伟龙等。

2020 年 7 月 27 日，丰顺县在海珠（丰顺）产业园举行先进制造业“三个一批”项目现场会
（丰顺县委办新闻组提供）

【经济社会发展】 根据地区生产总值统一核算，2020 年丰顺县实现地区生产总值（初步核算数）1102260 万元，比上年增长 0.4%。其中：第一产业增加值 263995 万元，比上年增长 1.2%，对地区生产总值增长的贡献率为 68.2%；第二产业增加值 393349 万元，比上年下降 1.7%，对地区生产总值增长的贡献率为-164.8%；第三产业增加值 444916 万元，比上年增长 2.1%，对地区生产总值增长的贡献率为 196.6%；三次产业结构比重为 24.0 : 35.7 :40.4。全年城镇新增就业 2283 人，城镇失业人员实现再就业 1871 人。年末城镇登记失业率为 2.55%，比上年增加 0.08%。全年一般公共财政预算收入完成 73593 万元，比上年增长 4.3%；其中税收收入完成 39934 万元，比上年下降 14.0%。全年一般公共预算支出完成 545735 万元，比上年增长 5.2%。

【农业】 2020 年，丰顺县粮食作物种植面积 22921.33 公顷，比上年增长 0.1%；粮食总产量 119039 吨，比上年增长 0.1%。主要经济作物产量中：全年花生总产量 4926 吨，增长 1.0%；蔬菜总产量 217259 吨，增长 2.3%；园林水果总产量 64218 吨，增长 2.4%；茶叶总产量 3882 吨，增长 18.8%。全年肉类总产量 48405 吨，下降 2.9%。其中猪肉产量 12616 吨，下降 11.9%；禽肉产量 34360 吨，增长 0.5%。全年水产品总产量 13384 吨，下降 2.1%。

【工业和建筑业】 2020 年，丰顺县完成工业增加值 164412 万元，比上年下降 5.9%，其中规模以上工业完成 113312 万元，比上年下降 10.3%。全年实现工业总产值 869288 万元，比上年下降 26.7%，其中规模以上工业总产值完成 681288 万元，比上年下降 10.5%。全年规模以上工业企业实现主营业务收入 699368 万元，比上年下降 4.1%；实现利税 29414 万元，比上年下降 22.4%；实现利润总额 17616 万元，比上年下降 15.9%。全年规模以上工业企业完成出口交货值 95895 万元，比上年下降 43.3%。全年完成建筑业增加值 224286 万元，比上年增长 3.8%。建筑业总产值 1229862 万元，比上年增长 7.0%。

【固定资产投资】 2020 年，丰顺县完成固定资产投资比上年增长 5.1%，其中：工业投资比上年增长 24.2%，工业投资中技改投资比上年下降 10.4%；房地产开发投资 222484 万元，比上年增长 7.9%。商品房销售面积 367036 平方米，比上年增长 57.7%；销售总额 228771 万元，比上年增长 56.4%。

【交通和邮电业】 2020 年，丰顺县旅客周转量 6504 万人千米，比上年下降 80.9%；货物周转量 58336 万吨千米，比上年下降 55.4%。全年完成邮政业务总量 4949 万元，比上年下降 0.9%。

【国内贸易】 2020 年，丰顺县实现社会消费品零售总额 553425 万元，比上年下降 8.4%。按地区分，城镇实现社会消费418943万元，比上年下降9.1%；乡村实现社会消费134482万元，比上年下降6.2%。按行业分，商品零售业实现525121万元，比上年下降3.8%；住宿餐饮业实现28304万元，比上年下降51.4%。

【对外经济贸易和旅游业】 2020年，丰顺县外贸进出口总额15308万美元，比上年下降44.6%。其中出口14643万美元，比上年下降38.6%；进口665万美元，比上年下降82.4%。全年实际利用外资492万美元，比上年增长2360%。全年接待游客624.57万人次，比上年下降25.4%。全年旅游营业收入34.46亿元，比上年下降56.0%。

【银行和保险业】 2020年末，丰顺县各项贷款余额1097921万元，比上年增长14.6%；各项存款余额2044245万元，比上年增长4.3%。其中住户存款余额1662130万元，比上年增长8.3%。全年保费收入24211万元，比上年下降4.0%。其中人寿险保费收入10021万元，比上年下降19.0%；财产险保费收入14190万元，比上年增长10.6%。全年保险赔款支出6541万元，比上年增长20.2%，其中人寿险赔款支出1089万元，比上年增长4.2%；财产险赔款支出5452万元，比上年增长24%。

【科学技术和教育】 2020年末，丰顺县有事业单位和抽样企业各类专业技术人员7517人。其中正高级专业技术人员13人、副高级专业技术人员1487人、中级专业技术人员3289人、初级专业技术人员2728人。全县有幼儿园119所,在园幼儿17701人；小学172所（含小学教学点），在校学生45150人；初中学校26所，在校学生20833人；高中学校7所，在校学生9102人；职业技术学校1所,在校学生1353人；特殊教育学校1所,在校学生30人。

【文化、卫生和体育】 2020年末，丰顺县有文体服务中心16个，文化馆、图书馆、纪念馆各1个，博物馆2个，电影院3家；有广播电视台1座，播映内容丰富，节目多彩。有卫生机构339个，实有床位2046张，在职人员2802人，其中卫生技术人员2237人。其中：医院5个，实有床位1428张，卫生技术人员1077人；基层医疗卫生机构中镇级卫生院16个，实有床位534张，卫生技术人员880人；村卫生站264个，卫生技术人员334人；专业公共卫生机构21个，床位84张，卫生技术人员239人；其他卫生机构1个。有面积大小不等的体育活动场所1089个。全年组织镇以上体育活动竞赛22次。

【人口、人民生活和社会保障】 2020年末，丰顺县户籍人口730389人，比上年末减少5.6‰。据住户抽样调查结果，全年全县常住居民人均可支配收入21848元，比上年增长6.4%；全年农村常住居民人均可支配收入15626元，比上年增长7.5%；全年城镇常住居民人均可支配收入27033元,比上年增长4.4%。2020年城乡居民医疗保险参合率100%。

【资源和环境】 2020年末，全县有环境监测站1个。有城市（县城）生活污水处理厂1座，城市（县城）生活污水处理能力4万吨/日，城市（县城）生活污水集中处理率100%。城市生活垃圾无害化处理率100%。全年规模以上工业综合能源消费量7.72万吨标准煤，比上年下降7.7%。单位工业增加值能耗上升1.3%。全社会用电14.40亿千瓦时，增长2.3%，其中：工业用电量8.01亿千瓦时，下降6.0%。

镇 场

【汤坑镇】 位于丰顺县东南部，是丰顺县政治、经济、文化中心，也是梅州市对外开放的重要窗口。汤坑镇于2004年10月由原汤坑镇、东联镇和附城镇等三镇合并而成，总面积233.23平方千米，城区面积约为25平方千米，辖32个村和11个社区。2020年，户籍人口146568人，其中农业人口65890人、非农业人口80678人。全镇规模以上工业企业产值24.9亿元，比上年减少10.1%。民营企业总收入约99亿元，总产值约92亿元，其中工业总产值约83亿元，工业增加值约13亿元，均比2019年同期有所回落。

【北斗镇】 位于丰顺县中西部，距县城9千米。206国道、大丰华高速、梅汕高速、广梅汕铁路、梅汕高铁穿境而过，交通区位优势明显。总面积90.29平方千米，境内四面高山环绕，其中山地面积9000公顷，耕地面积366.2公顷，林地面积7333.33公顷，森林覆盖率88%。辖8个村。镇内基础产业为农业，主要作物为水稻和番薯，

2020 年 9 月 22 日，丰顺县庆祝 2020 中国农民丰收节暨梅州丰顺农民直播节在砂田镇黄花村举行　　（丰顺县委办新闻组提供）

特色产业为茶叶和红花茶油。2020 年，总人口 17860 人，常住人口 4120 人。全镇社会生产总值 21428.79 万元，比上年增长 0.4%；财政拨款预算收入 939.09 万元，比上年减少 10.45%；农民人均纯收入 10575.02 元，比上年增长 6.5%。

【汤西镇】　位于丰顺县西南部。总面积 196.26 平方千米，辖 12 个村和 1 个社区。2020 年，总户数 13217 户，人口 60349 人。全镇共有 3 间中学、10 间小学、5 个教学点、2 间公办幼儿园，共有教职工 427 人，在校生 6348 人。镇财政收入 1958.31 万元，比上年减少 19.85%；财政支出 1956.31 万元，比上年减少 19.93%。全镇规模以上工业企业 7 家，产值 15.32 亿元。

【汤南镇】　位于丰顺县南端，榕江北河贯穿其中，拥有丰富的地热资源，是丰顺新区温泉宜居城的核心区，距丰顺县城中心3千米，距揭阳市中心25千米，国道206、235线及梅汕高速路、广梅汕铁路畲汕线通过镇境，交通网络较发达。辖8个村和1个社区，总面积46.32平方千米。主要生产米面制品、扬声器等，特色美食有手工面线、菜粄和菜脯等。古建筑种王上围距今已有350年历史，2015年被广东省人民政府列为第八批广东省文物保护单位，具有较高的研究和开发价值。2020年，户籍人口52380人，其中95%以上为罗姓，语言以潮汕方言为主。全镇财政总收入21472.69万元，其中一般公共预算财政拨款收入1972.69万元、政府性基金预算财政拨款收入19500万元。规模以上工业总产值3.82亿元。

【埔寨镇】　位于丰顺县最南端，是华侨之乡、文化艺术之乡和革命老区，有国家非物质文化遗产——“埔寨火龙”和省级非物质文化遗产——“埔寨纸花”。总面积 95.38 平方千米，辖 9 个村和 1 个社区。1998 年，广东省文化厅授予埔寨镇“广东省民族民间艺术之乡”称号。2000 年，文化部授予埔寨镇“中国民族民间艺术之乡”称号。2016 年，文化部授予埔寨镇 2014—2016 年度“中国民间文化艺术之乡”称号。2020 年，户籍人口 46480 人。全镇工业总产值 67608 万元，比上年下降 34.7%。

【八乡山镇】　位于丰顺县西南部，总面积 193.62 平方千米，辖 15 个村，是东江苏维埃政府和广东省区域内唯一一支列入中央红军序列的军级建制部队——红十一军的诞生地。八乡山镇拥有中国特色景观旅游名镇、国家地理标志保护产品（八乡山番薯）、广东省休闲农业与乡村旅游示范镇、省教育强镇、省卫生镇、2020 年省级“一村一品、一镇一业”茶叶专业镇、梅州市“四好农村路”示范镇、市文明镇、市红色文化名片、丰顺县生态宜居美丽乡村示范镇等荣誉称号。2020 年，总人口 2.3 万人。社会生产总值达到 2.59 亿元，比上年增长 3.2%。

【丰良镇】　位于丰顺县北部山区，原为丰顺县老县城，是全国重点镇、广东省中心镇。总面积 249.61 平方千米，山地面积 2.13 万公顷，耕地面积 1800 公顷，其中水田 1533.33 公顷。圩镇建成面积约 2.5 平方千米。辖 22 个村和 1 个社区。2020 年，总户数 13792 户，总人口 65216 人，其中农业人口 46893 人、非农业人口 18323 人。社会总产值 7.32 亿元，比上年增长 0.9%。其中，农业总产值 3.89 亿元，比上年增长 2.1%；工业总产值 2.26 亿元，比上年减少 1.7%；服务业总产值 1.17 亿元，比上年增长 2.6%。

【建桥镇】 位于丰顺县西北部，206 国道贯穿全镇，在建梅汕高铁（丰顺段）预留越行站设在建桥镇岗围村。总面积 94.1 平方千米，山地面积 8364.67 公顷，林地面积 5718.6 公顷，耕地面积 825 公顷，其中水田 732.07 公顷。2020 年，全镇完成社会生产总值 22663 万元，比上年增长 3.7%，其中完成农业生产总值 7618 万元，比上年增长 7.2%；完成工业生产总值 2092 万元，比上年增长 2.7%。全镇经济运行稳中向好，国税、地税均圆满完成年度计划任务。

【龙岗镇】 位于丰顺县北部山区。总面积 111.88 平方千米，耕地面积 859.33 公顷，其中水田 749.91 公顷，旱地 109.42 公顷，人均耕地 0.038 公顷，山地面积 9000 公顷。辖 11 个村。2020 年，在册户数 5657 户，总人口 22950 人。社会总产值 2.53 亿元，其中农业总产值 1.13 亿元、工业总产值 6341 万元、其他总产值 2301 万元。财政收入 6418 万元。

【潘田镇】 位于丰顺县中部，素有“两个之最”的美誉：地理位置居全县最中心，平均海拔全县最高，达 426 米。国道 235 线、355 线贯穿境内，交通便利。总面积 146.04 平方千米，辖 13 个村和 1 个社区。2020 年，有 8011 户、41796 人。全镇农村社会总产值 19184 万元，比上年增长 5%。工农业总产值 18200 万元，其中工业总产值 1538 万元，比上年增长 7%；农业总产值 17530 万元，比上年增长 6%。农民人均收入 15542 元，比上年增长 7.1%。经济社会发展主要目标任务基本完成。

【大龙华镇】 位于丰顺县东北部。总面积 220.39 平方千米，辖 16 个村，镇内生态环境优越，植被覆盖率高，水能资源和矿产资源丰富。2020 年，总人口为 21904 人。全镇社会生产总产值 2.76 亿元，比上年增长 4.9%；财政收入（含上级预算内拨款）3242.08 万元，比上年增长 23.1%；经济运行呈现稳中有进、稳中向好态势。年内，被评为“广东省卫生镇”。

【黄金镇】 位于丰顺县东北部。总面积 158.42 平方千米，山地面积 1.39 万公顷，耕地面积 1266.67 公顷。辖 24 个村和 1 个社区。2020 年，有 8386 户，38371 人。镇财政收入 2345.08 万元；农村社会总产值从 2019 年的 4.07 亿元增加到 2020 年的 4.13 亿元，增长 1.47%；人均年收入从 11583 元增加到 12149 元，增长 4.89%。

【留隍镇】 位于丰顺县东北部，居潮州、梅州、揭阳三个地级市交界处，广东省第二大江——韩江纵贯镇域。2004 年 10 月原东留、茶背两镇并入留隍镇。总面积 428.23 平方千米，辖 36 个村和 1 个社区。先后获得广东省中心镇、广东省生态示范镇、广东省青榄专业镇技术创新试点单位、广东潮客小镇特色小镇创建工作示范点、全国重点镇、第三批国家新型城镇化综合试点地区、第二批全国特色小城镇等荣誉称号。2020 年，有人口 10.5 万人。社会总产值 17.8 亿元，比上年增长 11.04%；农业总产值 4.8 亿元，比上年增长 3.8%；工业总产值 5.6 亿元，比上年下降 41.78%；固定资产投资 3.77 亿元，比上年增长 61.8%；完成税收收入 2384 万元，其中中央级收入 804 万元、省级收入 408 万元、县级收入 1172 万元；财政总收入 5008.89 万元，其中一般公共预算收入 3836.89 万元。

【潭江镇】 位于丰顺县东北部。总面积 217.71 平方千米，其中山地 1.91 万公顷、水田 536.67 公顷。广东第三大河——韩江，自北向南穿过全镇，把潭江镇分为东西两岸。辖 18 个村和 1 个社区。2020 年，总人口 3.3 万多人，其中凤坪畲族村 950 人（畲族 608 人），是梅州市唯一的少数民族（畲族）聚居地，也是著名的革命老区。社会生产总值 5.87 亿元，比上年增长 1.5%，其中农业产值 2.98 亿元、工业产值 2.89 亿元，分别增长 1.52%、1.28%，农民人均纯收入 15124 元，增长 4.6%。2020 年，潭江镇通过引导成立茶叶流通协会，投入资金推进茶叶产业园建设，推进茶农、茶企提升制茶技术，党政主要领导直播带货加强市场推广，春茶产量 60 多万公斤，产值 1.5 亿元，实现量增价涨。

【砂田镇】 位于丰顺县东北部，总面积 146.25 平方千米，其中山地面积 1.2 万公顷，耕地面积 577.83 公顷，境内四面群山怀抱，西北面莲花山脉主峰——铜鼓峰，为粤东最高峰。辖 16 个村和 1 个社区。2020 年，有 4574 户，总人口 19541 人。2020 年，砂田镇经济社会持续健康发展，经济态势良好，社会生产总值、工业生产总值、农民人均纯收入、全社会固定资产投资、财政总收入等各项指标稳中有进，全镇农村经济总收入1.65亿元，工业总产值3531万元，农民人均纯收入12769元，圆满完成各项目标任务。

【小胜镇】 位于丰顺县东北部，总面积75.69平方千米，山地面积约6600公顷，林地面积6046.67公顷，耕地面积465.8公顷。辖11个村。2020年，总户数3596户，总人口约1.7万人。农村经济总收入1.326亿元，工业总产值2810万元，固定资产投资2617万元，农民人均纯收入10352元，圆满完成各项目标任务。

【埔寨农场】 位于丰顺县最南端，原是梅州地区唯一能种植橡胶生产的省属国有农场。总面积6.8平方千米，辖区有半岭管理区、大塘管理区及1家场企业。2020年，总户数585户，总人口2587人，其中农业人口2056人、非农业人口531人。农村耕地面积104.47公顷。

附：2020年丰顺县领导班子成员名单

县委书记： 曾永祥

县委副书记： 廖茂忠

黄纯忠（任至10月）

县委常委： 林　剑

郑春鹏（任至11月）

曹志辉

梁玉辉

凌晓文

罗小平

石远平

张晓山（4月任职）

廖月芝（11月任职）

陈少洲（挂职）

县人大常委会主任：

邱翠茂（6月任职）

徐庆青（任至6月）

县人大常委会副主任：

刘超平（6月任职）

陈美琼（任至6月）

何火营（任至6月）

陈诺文　曾命城

吴伟明　林楚辉

刘雪峰（6月任职）

县政府县长： 廖茂忠

县政府副县长： 梁玉辉（11月任职）

郑春鹏（任至11月）

罗裕权

罗小天

钟凌玮

李吉祥（9月任职）

曾小丽（12月任职）

县政协主席： 黄建斐（6月任职）

邱翠茂（任至6月）

县政协副主席： 陈美琼（6月任职）

刘超平（任至6月）

蔡运林

曾庆珠

陈新化

郭春山

陈春妮

傅伟芳（县政协党组成员）

县纪委书记： 凌晓文

县纪委副书记： 王　琳　王湘阳

县监委主任： 凌晓文

县监委副主任： 王　琳　王湘阳

（丰顺县史志办公室）

五华县

【五华县概况】 五华县位于广东省东部，辖16个镇、414个村和34个社区。土地面积3237.8平方千米。2020年末户籍人口152.42万人，常住人口91.68万人。粮食播种面积56053.33公顷，粮食产量34.32万吨。林业用地面积233173.33公顷，森林覆盖率69.06%，林木蓄积量790.73万立方米。自然资源丰富，有金属矿物34种，非金属矿物19种，矿点97处，其中钨、钼矿达国家标准一级一类、萤石矿属世界一级品、钾长石储量和质量均居全省首位。全县山地占49.1%，丘陵占41.3%，河谷冲积平原占5.4%，盆地占4.2%。水力资源丰富，理论蕴藏量6.8万千瓦，可开发量4.79万千瓦。动物、植物种类繁多，其中兽类20多种、禽类100多种、两栖爬行类50多种；植物1500多种。五华交通便利，205国道、广梅汕铁路穿梭而过，建成的高速公路有梅河高速、汕湛高速、平兴高速五华段、兴华高速，在建的有大丰华高速和兴汕高速五华段，梅龙高铁五华段和华城高铁站。

五华县人杰地灵，英才辈出，是原中央苏区县。武状元李威光、球王李惠堂、革命家古大存、院士钟世镇等是其中杰出代表。素有“工匠之乡”“文化之乡”美誉，尤以石雕技艺精巧称著。土特产繁多，国优名酒长乐烧、贡品大田柿花历为名品，远近闻名，长乐烧酒、七畲径茶通过国家地理标志产品认证。境内文物古迹众多，有国家级文物保护单位1个、省级文物保护单位7个、市级文物保护单位11个、县级文物保护单位68个。民间传统艺术丰富多彩，其中五华提线木偶被评为全国优秀非物质文化遗产，竹马舞、石雕、采茶戏、长乐烧制酒工艺和下坝迎灯被列为省级非物质文化遗产保护项目。“山、水、泥”旅游独具特色，景点有被誉为“粤东明珠、物种宝库”的省级自然保护区七目嶂和国家AAA级旅游景区益塘水库旅游区、汤湖热矿泥山庄等。有中国传统村落岐岭镇凤凰村、横陂镇夏阜村；广东省古村落河东镇寨顶巷、横陂镇夏阜村西门寨、双华镇虎石村下门寨。

【经济发展】 2020年，五华县实现生产总值162.97亿元，比上年增长2.3%，其中第一产业增加值42.12亿元、第二产业增加值36.05亿元、第三产业增加值84.97亿元，分别比上年增长1.2%、3.7%、2.1%。地方一般公共预算收入10.55亿元，比上年增长5.1%。

【农业】 2020年，五华县农业经济稳步发展。全年实现农业总产值68.64亿元，比上年增长8.66%。实施“一村一品、一镇一业”项目，推进茶叶和丝苗米省级现代化农业产业园、广东金柚优势特色产业集群等项目建设，棉洋镇被农业农村部评为全国“一村一品”示范村镇。五华高山红薯纳入全国名特优新农产品目录，获评国家地理标志产品。稳定生猪生产，开展生猪养殖场标准化建设，全年生猪饲养量72.2万头。2020年新认定县级以上农业龙头企业26家（其中：省级1家、市级8家、县级17家），县级以上农民专业合作社36家（其中：国家级18家、省级1家、市级3家、县级14家），县级以上家庭农场11家（其中：省级1家、县级10家）。新增省级“菜篮子”基地7个、粤港澳大湾区“菜篮子”生产基地1个、新增“粤字号”农业品牌11个。棉洋镇被评为全国“一村一品、一镇一业”示范镇、华阳镇坪南村等42个村入选首批省级“一村一品、一镇一业”专业村。河东镇入选国家级2020年农业产业强镇，广东九霖等7家企业入选广东生态茶园创建名单，“五华高山红薯”获评地理标志农产品，五华绿茶和五华高山红薯入选广东省区域公用品牌和广东省第三届名特优新农产品。

种植业 2020年，五华县粮食播种面积56053.33公顷，粮食总产量34.32万吨，比上年增长2.82%。其中：水稻播种面积51873公顷，良种覆盖率96%，总产33.05万吨，比上年增长3.36%；红薯种植面积1433公顷，总产3.48万吨。水果面积16420公顷，总产8.80万吨；茶叶面积4253公顷，总产3812吨；蔬菜面积1.1万公顷。

林业 2020年，五华县启动县级“国家森林城市”建设工作，全面完成碳化造林任务533.33公顷，完成兴华高速公路沿线撂荒地和林中空地带状绿化提升302.67公顷，森林抚育任务12033公顷，培育省级林业龙头企业3家、省级家庭林场1个，打造绿美古树乡村4个、绿美红色乡村2个。郭田镇成功创建广东省森林小镇。长布镇樟村村、郭田镇龙潭村、双华镇冰塘村和军营村被评定为广东省首批国家森林乡村。林木蓄积量累计790.73万立方米。全县共有自然保护区12个，自然保护区面积4.9万公顷；县级森林公园2个。

畜牧业 2020年，五华县肉类总产量43100吨，比上年增长10.2%，其中猪肉产量30085吨，比上年下降16.7%。生猪存栏28.1万头、出栏43.5万头；家禽存栏339.8万只、出栏531.3万羽。

【工业】 2020年，五华县工业总产值52.69亿元；完成工业增加值12.98亿元，增长4.4%。其中：规模以上工业企业44家，实现总产值34.66亿元，增长16.9%，实现增加值6.2亿元，增长4.8%。全年规模以上工业企业实现销售收入36.08亿元，比上年增长32.75%，实现利润总额0.48亿元，比上年增加0.18亿元。全年工业用电量3.39亿千瓦时，增长10.3%。全年主要工业产品产量：发电量1.53亿千瓦时；涤纶纤维5167.98吨；饮料、酒726.55千升；中成药3845吨。全县资质等级以上建筑企业30个，实现建筑业总产值73.7亿元，增长5.8%，建筑质量进一步提高。

【园区建设·招商引资】 2020年，五华县狠抓招商选资，新签约落户企业18家，计划投资总额70.94亿元，比上年增长28.2%。引进景田矿泉水、跨境说、胜工矿机等一批提升产业层次项目。循环经济产业园、泰金智能、丝苗米产业园等20个重点项目集中动工、竣工。全年规模以上工业增加值5.66亿元，比上年增长4.8%。外资进出口总额1.55亿美元，比上年增长42%，实际利用外资1447万美元，比上年增长118.6%。辉骏科技克服疫情影响，工业产值比上年增长52.8%，实现逆势上扬。红木产业园效益初现，累计引进企业 45 家，产值比上年增长 40%。“中国建筑之乡”创建步伐加快，具有 4 个一级资质的嘉华建设工程公司挂牌成立，全年建筑业总产值实现 73.7 亿元，创税 6.78 亿元。

【固定资产投资】 2020 年，五华县固定资产投资完成 100.61 亿元，比上年下降 4.2%。交通投资比上年增长 44.5%，其中高速公路投资比上年增长 52.4%；工业投资比上年增长 18.3%，其中技改投资比上年增长 137%；房地产投资比上年下降 9.9%；教育、卫生、旅游、市政设施等其他项目投资比上年下降 37.6%。

【基础设施建设】 2020 年，五华县交通网络逐步优化。梅龙高铁五华段完成年度征拆任务，梅龙高铁五华站动工建设，华陆高速五华段建成通车，丰华高速五华段实现无障碍施工。完成国道 355、国道 238 线等国省道路面升级改造 55.7 千米，加快推进省道 239 线枫林塘至罗湖段等 8 个 129.94 千米新升级省道路面改造项目，全力推进县道 003 线梅林优河至黄沙公路等 13 个 121.7 千米县乡公路建设项目。完成 3 个“迎国评”专项工程，全面提升国省道路况水平。全面完成省、市下达“四好农村路”建设攻坚任务 512.97 千米，优化发展县城公交，在原有 4 条线路 20 部公交车运营基础上，再新开通 2 条线路 10 部新能源公交车。全县 16 个镇 414 个行政村全部开通客车。全年公路运输完成旅客周转量 14145 万人千米，完成货物周转量 79106.6 万吨千米。

年内，五华县完成水利建设投资 5.5 亿元。完成琴江（五华河口段）治理、安流镇长江楼光堤路建设、县城自来水扩建和华城水厂至县城供水管网铺设等一批水利工程建设，推进全域自然村集中供水、万里碧道等项目建设，完成 3.5 千米五华河转水段、琴江安流段碧道建设。启动县城七都涝区治理、岩前水库除险加固工程。

年内，五华县投入 1.5 亿元，提升全县中低压电网架结构和供电可靠性。190 个基建配网项目顺利投产，横陂镇西湖村“四网融合”示范点顺利建成。500 千伏五华输变电工程、110 千伏油田输变电工程等项目落地建设。长乐公园公共充电站建成投运，足球文化公园、蒲丽顶森林公园、老河道公园公共电站基本完工。全年新增光网端口 3 万个，光网端口容量累计达到 48.2 万个，实现县域 4G 网络信号全覆盖、县城 5G 信号基本覆盖，完成 172 个 5G 基站建设项目。

【生态宜居环境建设】 2020 年，五华县全面完成县城下岗坝老旧小区、华兴南路、城区公厕等升级改造，推进公园片老旧小区改造、县城工业二横路至水寨大道道路建设。有序推进汽车城安置区、琴江安置区、足球文化公园城市更新安置工程建设，完成综合管廊控制服务中心和管廊主体工程建设。天云岭森林公园首期建成开放并启动二期建设，罗湖森林公园建设稳步推进。推进“美丽梅州 · 美好家园”三年行动，以点带面开展垃圾分类工作，成功创建“国家卫生县城”，加快推进创建“全国县级文明城市”。

年内，五华县完成自然村村庄整治规划编制，1761 个自然村完成“三清三拆三整治”任务，82%以上的自然村达到干净整洁村标准，新建整改农村公厕 442 座、镇级填埋场 6 个和镇村生活垃圾中转站 9 座。华城、周江等 7 个镇成功创建“广东省卫生镇”。实施新农村“以奖代补”和提升工程 EPC 项目，建成农村生活污水处理设施 208 座。实施乡村振兴战略，推进 92 个省定贫困村创建新农村示范村，代表梅州市接受广东省 2019 年度乡村振

五华河万里碧道转水段　　（五华县人民政府地方志办公室提供）

兴考核获得“优秀”等次。河长制工作扎实有效，32宗河湖“四乱”问题得到整改销号，查处非法采砂案件33件、处罚33人。

年内，五华县抓好卫片执法整改，严厉打击违法用地和违法建设行为，拆除违建67宗6.9万平方米。完成削坡建房风险点整治128户，经验做法得到广东省住建厅的充分肯定。超额完成“三旧”改造任务，新增改造13.34公顷、完成改造8.01公顷。建成高标准农田1887公顷。71.07公顷拆旧复垦任务通过市级验收。收储土地69宗123.96公顷，出让土地62宗98.35公顷。

年内，五华县全力打赢污染防治攻坚战，环保督察交办案件全部办结，省、市考核断面年平均水质优良率100%，集中式饮用水源地水质达标率100%；烟花爆竹禁放范围从28.4平方千米扩大至73.2平方千米，施工工地、砂石场企业扬尘防治“6个100%”措施有效落实，县城空气质量优良率达到99.7%、比上年末上升0.6个百分点，空气质量明显改善；土壤环境质量总体优良。

【脱贫攻坚】 2020年，五华县坚持党建引领产业、就业、消费和金融扶贫，教育、医疗、住房、政策兜底“三保障”政策和安全饮水落实率均100%，10.53亿元扶贫开发资金使用率100%。健全完善扶贫资产项目管理制度，7.12亿元扶贫资产得到有效管理。全面落实贫困户“8＋1”任务，突出抓好危房改造、省定贫困村集中供水工作，全县92个相对贫困村、20242户66561名相对贫困人口全部出列和脱贫退出，已脱贫有劳动能力贫困户年人均可支配收入15680元，贫困村居民年人均可支配收入19998元。

【文化·体育】 2020年，五华县提线木偶戏《沙家浜·智斗》获广东省艺术节“优秀小型舞台艺术作品”。“中国内地现代足球发源地”五华元坑遗址景区建成开放，曾国华、黄国梁等一批名人故居完成陈列布展，南洋山养生养老生态园建设加快推进，热矿泥温泉山庄升级改造、南粤古驿道樟坑段修复等文旅重点项目基本完工。成功承办2020年中甲联赛、中冠联赛、全国青少年足球邀请赛等一批大型赛事，获评“2019年省体育产业示范基地”。奥体中心、新丰寨旅游景区成功获评国家AAA级旅游景区，转水镇成功创建广东省旅游风情小镇。全县接待游客560万人次、旅游总收入46.62亿元。2020年，五华足球队获得市级以上冠军10个。全县16个镇级综合文化站全部达到省二级站以上标准，其中，安流、周江、郭田3个综合文化站达到特级站标准。图书馆新购图书10.4万册，到馆人数2.3万多人次。组织“非遗”演出进景区51场、进校园36场、进社区100多场，观看人数累计8万多人次。

【商贸·财税】 2020年，五华县实现社会消费品零售总额81.69亿元，比上年下降7.4%。外贸进出口总额1.55亿美元，比上年增长42%，实际利用外资1447万美元，比上年增长118.6%。成功入选2017年省级电子商务进农村综合示范县和2018年国家电子商务进农村综合示范县，到2020年底，建成镇、村电商服务中心（站点）300多个（其中92个省定贫困村全覆盖），镇域电商服务中心覆盖率100%；2020年，实现网上交易22.8亿元，比上年增长52.2%（其中农产品销售5.63亿元，比上年增长52.16%）。全县财政收入增长较快，地方一般公共预算收入10.55亿元，比上年增长5.1%。国家税务总局五华县税务局组织税费收入36.59亿元，比上年减收2.07亿元，下降5.36%。

【金融·保险】 2020年，五华县金融业稳步发展，贷款余额实现较快增长。至年末，全县金融机构各项本外币存款余额315.9亿元，比年初增加24.9亿元，增长8.56%，其中：住户储蓄存款余额257.26亿元，比年初增长11.1%。金融机构本外币贷款余额190.03亿元，比年初增加37.75亿元，增长24.8%。存贷比60.2%。人民保险保费收入8945.6万元，比上年增长1.17%；人寿保险费收入11134万元，比上年增长4.59%。

【教育·科技】 2020年，五华县有学校648所，其中幼儿园211所（含民办幼儿园157所）、完全小学160所、教学点220个、初级中学35所、九年一贯制学校9所、高（完）中11所、中职学校1所、特殊学校1所。专任教师12959人，其中学前教育2297人、小学5567人、初中3135人、高中1849人、中职学校73人、特殊教育39人。在校学生223895人，其中学前教育学生49378人、小学生102747人、初中生47322人、高中生22873人、中职学生 1279 人、特殊教育学生 296 人。2020 年，完成中英文实验学校、水寨中学百年纪念楼、县一小标准化课室等 18 个学校项目建设，增加 7950 个学位。

2020 年，高考参考人数 9110 人，入优先投档线 479 人，比上年 453 人增加 26 人，增长 5.7%；本科线 2743 人，比上年 2411 人增加 332 人，增长 13.8%；全县 600 分以上人数有较大突破，有 22 人，比上年 3 人增加 19 人。中考参考人数 15458 人，东山中学上线人数 292 人，曾宪梓中学上线人数 502 人，水寨中学上线人数 1217 人，高级中学上线人数 2340 人。

2020 年，五华县棉洋中学等 8 所学校被评为省级文明校园，五华县五小等 8 所学校被评为市级文明校园，五华县教育局获得梅州市创建全国文明城市平安建设工作先进单位。

2020 年，五华县大力培育发展科技型中小企业，有 19 家企业被认定为科技型中小企业；鼓励申报国家高新技术企业和企业研发平台，华智星、辉骏科技、智宏信息、晶铠科技和康和药业 5 家企业进入国家高新技术企业拟认定名单，长乐烧酒业、康和药业、联基电子、华阳包装和晶铠抗科技 5 家企业被认定为梅州市工程技术研究中心。

【电子商务】 2020 年，五华县电子商务进农村综合示范县创建稳步推进，接受商务部对创建工作的首次验收，初定评分等级为“优秀”；消费扶贫与时俱进，潭下鹰嘴桃李、“县长直播带货”助力脱贫攻坚、2020 年“球王故里·美丽五华”龙村镇球王金柚节、嘉应茶飘香等系列消费扶贫展示展销活动先后举行。指导生长地公司牵头为本土农产品制订企业标准 8 个（其中团体标准 1 个）、打造公众广泛认可的区域公共品牌 2 个、推动培育“三品一标”农产品 11 个、培育创建市级以上名（品）牌产品及名优特新农产品 12 个、启动申报国家地理标志 1 项。发展电子商务及其关联主体企业 2219 家，比上年增长 18.73%，实现农村网络交易额 22.8 亿元，比上年增长 52.20%，推动农产品网络零售额 5.63 亿元，比上年增长 52.16%，物流快递单量 2500 万件，比上年增长 25%。

【卫生健康】 2020 年，五华县着重推进县人民医院门急诊医技住院综合大楼、县中医院升级改造二期工程、县妇幼保健计划生育服务中心大楼等县级医院升级建设项目，实施民营三级医院项目建设。县人民医院 PCR 核酸检测实验室投入使用；并实施深圳大楼升级改造，规范发热门诊设置，增设感染科床位和负压病房，增加基因扩增检测设备和医疗仪器设备，进一步完善医院整体布局。同时，各单位克服疫情防控任务重、防疫设施建设时间紧等困难，全面完成 4 个医院发热门诊、33 个医疗机构发热诊室规范化建设任务；省“十件民生实事”项目全面实施，完成县疾控中心冷库和 30 个乡镇卫生院预防接种门诊标准化建设；县人民医院、疾控中心、明鑫医院 3 个核酸检测实验室先后建成投入使用，日检测能力达 2050 人/份，确保五华县“应检尽检”“愿检尽检”需求。

2020 年，全县有公立医疗卫生单位 40 个，其中县属单位 10 个、中心卫生院 5 个（其中 3 个加挂县级医院牌子）、普通卫生院 25 个；社会资本举办非营利性民营医院 9 个（其中综合医院 4 个、专科机构 5 个）；县医疗机构配备床位 4685 张，每千常住人口床位数为 4.28 张。全县注册执业（助理）医师数 1930 人，注册护士 2612 人；全县卫生健康系统有卫生技术人员 3509 人，其中正高 26 人、副高 226 人、中级 515 人、初级 2537 人、员级 205 人。

【社会保障】 2020 年末，五华县参加城乡居民医疗保险 113.29 万人，比上年下降 0.98%。参加农村养老保险 45.16 万人，比上年增长 1.02%。年末，全县 4.14 万人参加失业保险，增长 16.7%；参加基本养老保险 57857 人，比上年增长 10.26%；参加工伤保险 63100 人，比上年增长 48.4%；有 33142 名离退休人员享受社会养老保险，比上年下降 0.1%。全县享受最低生活保障的困难群众 36381 人，其中城镇 431 人、农村 35950 人。现有特困供养人员 3795 人，其中在院集中供养 240 人、分散供养 3555 人；发放医疗救助资金 7496.09 万元，救助 180588 人次（其中精准扶贫建档立卡人口因病住院救助 52147 人次、救助资金 5314 万元）。

【人民生活】 2020 年，五华城乡居民收入进一步增加，生活水平稳步提高。全县常住居民人均可支配收入 17319 元，比上年增长 3%，扣除价格因素，实际增长 0.9%。其中：城镇常住居民人均可支配收入22872元，增长1.5%，扣除价格因素，实际增长-0.6%；农村常住居民人均可支配收入14123元，增长3.7%，扣除价格因素，实际增长1.6%。城镇新增就业5301人，年末城镇登记失业率2.35%，低于全市平均水平。

乡　镇

【水寨镇】　位于五华县城区，是五华政治、经济、文化中心，总面积99平方千米。耕地面积1343.82公顷，其中水（旱）田995.57公顷、旱地347.94公顷、水浇地0.31公顷。辖24个村和4个社区。2020年，有47620户167046人。全镇农村集体经济总收入1306.5万元；一般公共预算总收入6171万元，支出5872万元。

【河东镇】　位于五华县中部，地处县城，总面积236平方千米。耕地总面积4767.38公顷，其中水田2736.82公顷、旱地1541.7公顷、水浇地488.8公顷。辖43个村和3个社区。2020年，有27742户153128人，其中农业人口116188人、非农业人口36940人。全镇农村经济总收入18.62亿元，镇级财政收入1.3亿元，支出1.3亿元，农民人均纯收入13450元。

【转水镇】　位于五华县北部，距离县城13千米，总面积158.5平方千米。耕地总面积2414.93公顷，其中水（旱）田1871.4公顷，旱地543.53公顷。辖21个村和1个社区。2020年，有18212户73278人，其中农业人口69993人、非农业人口3285人。全镇经济稳步增长，财政一般预算收入7278.3万元，一般预算支出7221万元，财政收支平衡。

【华城镇】　位于五华县北部，是老县城，全国重点镇之一，距县城27千米，总面积247.5平方千米。耕地面积2866.67公顷，山地1.6万公顷。辖34个村和3个社区。2020年，有人口13.8万人。全镇一般公共预算总收入24011万元，财政支出24312亿元，其中，工商税收1.04亿元。

【岐岭镇】　位于五华县西北部，距县城49千米，总面积154.6平方千米。山地面积10958公顷，耕地面积1783公顷，其中水田1515.9公顷、旱地267.1公顷。辖25个村和2个社区。2020年，有16886户7.78万人，其中农业户口6.27人、非农业户口1.51万人。镇级财政收入4805万元，财政支出4805万元；国地两税收入960.63万元。

【潭下镇】　位于五华县西北部，距县城35千米，总面积258平方千米。自然资源丰富，山地面积20733.33公顷，约占全县山地面积的1/10；耕地面积1498.2公顷，素有“五华粮仓”之美誉。辖20个村和1个社区。2020年，有人口63152人。全镇财政收入2875.46万元、支出2875.46万元，税收收入226.2万元，农民人均纯收入12306.5元。

【长布镇】　位于五华县西北部，距县城65千米，总面积284.1平方千米。耕地面积2267.07公顷，其中水（旱）田1843.27公顷、旱地423.8公顷。辖25个村和2个社区。2020年，有13876户78163人，其中农业人口13237人。全镇农村经济总收入6.54亿元，农民人均纯收入10497元。一般性公共预算收入3230万，税收收入33万元。

【周江镇】　位于五华县西南部，距县城38千米，总面积199.4平方千米。耕地总面积2067公顷。辖22个村和2个社区。2020年，有14191户64006人，其中农业人口57184人、非农业人口6822人。全镇经济稳步增长，农村经济总收入5.48亿元，比上年增长4.6%；镇级财政收入2302万元，比上年增长4.4%；农民人均纯收入9978元，比上年增长7%。

【横陂镇】　位于五华县城西南8千米，总面积236平方千米。耕地面积3248.07公顷，其中水田2291.67公顷、旱地925.67公顷、水浇地30.73公顷。辖35个村和3个社区。2020年，有29252户117443人。全镇农村经济总收入12.79亿元，农民人均纯收入11527元；一般公共预算总收入5170.84万元，政府性基金预算财政拨款收入5305.13万元，税务收入3100万元。

【郭田镇】　位于五华县东南部，距县城25千米，是五华第一个共产党员黄国梁的故乡。2019年郭田镇获“广东省森林小镇”称号，是五华县第一个森林小镇。总面积142平方千米，耕地面积1177.07公顷，其中水田887公顷、旱地290.07公顷、山地10900.8公顷。辖12个村和1个社区。2020年，有5779户

45895 人，其中农业人口 38720 人、非农业人口 7175 人。农村经济总收入 4.01 亿元，比上年增长 6.6%；农民人均纯收入 10487 元，比上年增长 6.4%；财政收入 4138 万元，支出 4138 万元。

【双华镇】 位于五华县东南部，距县城 28 千米，总面积 141 平方千米。耕地面积 1346.67 公顷，其中水田 9000 公顷、旱地 446.6 公顷、林地 12466.67 公顷。辖 16 个村和 1 个社区。2020 年，有 6601 户 43701 人，其中农业人口 34889 人、非农业人口 8812 人。农村经济总收入 4.84 亿元，比上年增长 5.5%；农民人均纯收入 11304 元，比上年增长 5.3%。镇财政收入 2784 万元，支出 2784 万元。

【安流镇】 位于五华县南部，距县城 33 千米，总面积 238 平方千米。耕地面积 3800 公顷，其中水（旱）田 2667 公顷、旱地 1133 公顷。辖 42 个村和 4 个社区。2020 年，总人口 18 多万人。全镇农村经济总收入 9300 万元，财政收入 7141 万元，其中镇可支配财力 983 万元。

【棉洋镇】 位于五华县城南部 45 千米，总面积 254 平方千米。耕地面积 2911.8 公顷，其中水（旱）田 2333.5 公顷、旱地 645 公顷。辖 26 个村和 2 个社区。2020 年，有 26767 户 115085 人，其中农业人口 102883 人、非农业人口 12202 人。全镇经济总产值实现 9.8 亿元；镇级财政收入 3668 万元，镇级财政支出 3668 万元；农民人均纯收入 10693 元，比上年增长 13.3%。

【梅林镇】 位于五华县城西南部 51 千米，总面积 128.4 平方千米。耕地面积 1821.53 公顷，其中水(旱）田 1485.4 公顷、旱地 336.13 公顷。辖 18 个村和 1 个社区。2020 年，有 15664 户 62387 人，其中农业人口 43308 人、非农业人口 19079 人。实现财政收入 2608 万元；地方生产总值 5.051 亿元，比上年增长 5.9%；农民人均纯收入 11562 元，比上年增长 7.9%。

【华阳镇】 位于县城西南部，距县城 62 千米，总面积 153.5 平方千米，其中山地面积 1.2 万公顷，耕地面积 1466.67 公顷。辖 13 个村和 1 个社区。2020 年，有 12013 户 65513 人。全镇工农业总产值 7.39 亿元，比上年增长 6.1%，其中工业总产值 2.69 亿元，比上年增长 5.2%；农业总产值 3.58 亿元，比上年增长 4.6%。

【龙村镇】 位于五华县最南端，距县城 65 千米，总面积 349.1 平方千米，山地面积 2.8 万公顷，耕地面积 3666.1 公顷。梅州市“一号工程”——梅州（五华）抽水蓄能电站项目落户该镇黄狮村。是梅州市第一大乡镇，辖 37 个村和 3 个社区。2020 年，有 22702 户 111546 人，其中农业人口 98355 人、非农业人口 13191 人。全镇工农业总产值 8.5 亿元，比上年增长 6.25%。镇级财政总收入 4464.24 万元，比上年减少 11.88%。

附：2020 年五华县领导班子成员名单

县委书记： 吴　晖
县委副书记： 朱少辉　傅国强
县委常委： 吴　晖　朱少辉
傅国强
钟光振
幸国平
张爱芳（女）
宋学希
黄春雷（任至 3 月）
王建华（任至 9 月）
刘敬东
罗丽思（女）
周铁伟
招业斌（3 月任职）
县人大常委会主任： 邓伯锦
县人大常委会副主任： 李伟华
曾冬云（女）
李永浩
李清昌
温志清
张少凡
县政府县长： 朱少辉
县政府副县长： 宋学希
招业斌（3 月任职）
赖　勤（任至 10 月）
甘飞鸿
谢国泉
张　裕
赖俊香（女）
李政江（10 月任职）
县政协主席： 叶天泉
县政协副主席： 徐建雄
邓秋香（女）
胡高云（女）
刘冠鹏　李炎香
邹志轩
县纪委书记： 幸国平
县纪委副书记： 钟湘衡　叶汝强
县监委主任： 幸国平（5 月任职）
县监委代主任： 幸国平（任至 5 月）
县监委副主任： 钟湘衡　叶汝强

（五华县人民政府地方志办公室）

人 物

兴宁市水口刘光夏革命烈士纪念馆

责任编辑：陈旭芳

2020 年国家级先进单位、国家级先进个人

2020 年梅州市国家级先进单位一览表

单　　位	授予单位	荣誉称号	事迹简介
广东粤电大埔发电有限公司	全国总工会	全国厂务公开民主管理先进单位	广东粤电大埔发电有限公司自1999 年开始全面实施厂务公开，2006 年 3 月取得中鉴认证有限公司颁发的厂务公开民主管理体系认证证书；2007 年 8 月取得广东省厂务公开民主管理工作贯标认证证书；2010 年 8 月取得梅州市厂务公开管理工作贯标 A 级认证证书；2015 年 12 月获广东省总工会授予的广东省第二届厂务公开民主管理示范单位称号。公司坚持以职代会为基本公开形式，建立厂务公开网页，公开载体形式多样，注重公开实效；坚持“抓主体、抓责任、抓落实”，围绕热点、难点、焦点问题公开，让职工知厂情、参厂政、监厂事；以工作标准为准则开展民主管理，确保机构健全、职责明确、运作有序；厂务公开工作规范化、制度化、公开化，实行闭环管理，让职工满意

续表

单　　位	授予单位	荣誉称号	事迹简介
中国人民银行梅州市中心支行办公室	中国人民银行	2019—2020 年度中国人民银行女职工文明示范岗	2020 年以来，中国人民银行梅州市中心支行办公室共获得集体和个人荣誉 14 项。开展特色化新闻宣传行动，中支新闻宣传考核连续 4 年居全省第一，获得省级以上新闻奖项 4 次，涌现出多名《金融时报》优秀通讯员，新闻宣传经验在总行“创新党建宣传的思路与方法”专题调研座谈会、分行新闻宣传和信息写作培训班上作经验交流。实施差异化金融知识普及工程，金融知识进校园活动惠及梅州全市 160 所学校，派出志愿者 5490 人次，授课 2638 课时，受惠学生 132920 人。在保密管理中，始终将防范岗位风险放在首要位置，在广州分行办公网分级保护测评中，梅州中支是全省唯一一个“零问题”的中支，得到测评组充分肯定。面对突如其来的新冠肺炎疫情，梅州中支办公室女职工立足各自岗位，主动靠前工作
梅州市人民检察院	最高人民检察院	全国基层检察院建设组织奖	2016 年以来，梅州市人民检察院实施固本强基工程，基层检察院建设全面进步全面过硬全面提升。该院获评“全国文明单位”“全国巾帼文明岗”“全国维护妇女儿童权益先进集体”等国家级荣誉，培树出五华县院“全国检察机关集体一等功”“广东省人民满意的公务员集体”“广东省五一劳动奖章获得者”等先进集体和个人，队伍建设经验在全省政法工作会议和全省检察长会议作介绍。出台基层院检察长每半年向市院述职述廉、市院领导挂钩联系基层院、到基层院调研等加强基层院建设的制度，为基层院解决司法辅助人员严重不足、“两房”建设等一批困难。用 3 年时间创建基层院品牌，涌现出梅江区院新媒体“梅小江”、梅县区院“三个三”党建、平远县院未检繁星团队、五华县院公益诉讼“随手拍”等知名度较高的工作品牌。打造党建品牌和主题党日品牌，党建工作经验在全市组织部长会议和市直党建工作会议介绍。提出党的建设、公益诉讼、未检工作、立案监督“四个走在全省检察系统前列”目标，牵引基层补短板、强弱项，全市公益诉讼连续多年居全省前列，两级院未检工作亮点纷呈，得到党委、社会一致好评，多个案件入选全国、全省检察机关典型案例
梅州市人民医院	国家卫生健康委	2018—2019 年度全国“平安医院”建设表现突出集体	梅州市人民医院推行规范化诊疗，完善院、科两级质量管理体系，落实 716 个病种的临床路径管理，推广多学科诊疗、多学科联合查房。高标准建设胸痛中心、卒中中心、创伤中心等国家级救治中心，胸痛中心成为省级示范基地。改善医疗服务，成为广东省改善医疗服务行动计划示范医院、广东省母婴安全优质服务单位。不断提高安全防范能力建设，为医患提供安全执业就医环境。积极化解医疗纠纷，2018—2019 年医疗纠纷发生率继续保持在低水平，纠纷及时处理率 100%，未发生定性医疗事故，未发生恶性涉医事件。开展“平安医院”建设，成为广东省 30 所高水平医院重点建设医院之一，高水平医院建设方案评估总分居于同层次医院第 1 名，在广东省 2019 年国家三级公立医院绩效考核中名列前茅

续表

单　　位	授予单位	荣誉称号	事迹简介
广发银行梅州分行营业部	中国金融思想政治工作研究会、中国金融文化建设协会	2019—2020 年全国金融系统文化建设先进单位	广发银行梅州分行营业部自 1991 年开业以来，整体经营业绩连续多年位居广发银行及当地同业前列，先后获全国“青年文明号”“中国银行业文明规范服务百佳示范单位”以及广发银行“青年五四奖章集体”“30 周年发展贡献奖”“经营管理先进单位”“十佳服务明星单位”等。2020 年，通过“送健康、送金融知识下乡”“文明交通”志愿服务、抗疫一线“送温暖”等形式，累计开展志愿活动 27 场，服务群众超过 1000 人次。通过搭建涵盖服务管理、服务流程与机制、消费者权益保护、服务质量考核在内的系统性服务体系，对标最优、最强，持续改进厅堂服务模式，采取厅堂经理补位、高低柜轮班、分区响应机制等，提升服务。从 1992 年分行营业部成为第一家支持梅州市社保事业发展的金融机构，每年代发社保基金超过 195 万笔。新冠疫情发生以来，累计为 50 多家企业发放贷款超 6 亿元
梅州市生态环境局	国务院第二次全国污染源普查领导小组办公室	第二次全国污染源普查表现突出集体	梅州市生态环境局组织起草制订《梅州市第二次全国污染源普查实施方案》，严格按规定落实经费、办公场所等；定期向梅州市委、市政府领导汇报工作进展，做好协调工作，确保各项普查经费足额到位。通过新闻媒体、悬挂宣传横幅、张贴标语、编印简报、普查员入户等多种形式，最大范围动员社会力量参与污染源普查。借助污染源普查各成员单位的力量，与农业、水务、公安等部门保持日常沟通，建立完善污染源数据库。对普查指导员和普查员进行培训，考核合格后持证上岗；强化业务培训，先后培训 88 次，人数 2556 人次，为做好普查提供人力保障。组织制订梅州市第二次全国污染源普查质量控制的办法和实施细则，确定各级普查机构、普查对象负责人，分类收集整理佐证材料，多次组织数据审核和现场质量核查，让数据有源可溯，确保数据真实、可靠、规范、完整
梅州市公安局网络警察支队	公安部	全警实战大练兵第一批部级“标兵集体”	梅州市公安局网络警察支队牢固树立改革强警、科技兴警思维，以“对标一流、赶超先进”为工作目标，以梅州作为全省欠发达地区大数据智能化建设应用“租户模式”试点地市为抓手，发挥网警数据资源优势，参与以“智慧新警务”平台为主的现代警务信息系统应用练兵。2020 年，梅州网警自主研发的“智慧审讯系统”在全国基层技术革新奖评选中获得全国一等奖，并在“战网 2020”全省公安网络攻防取证比武大赛和第二届广东网安大数据建模大赛中均取得佳绩，支队获评全警实战大练兵省级“标兵集体”，先后有 1 人获全警实战大练兵省级和部级“标兵个人”，11 人在练兵比武工作中立个人三等功、3 人获个人嘉奖

续表

单　　位	授予单位	荣誉称号	事迹简介
梅州市公安局疫情防控大数据办公室	公安部	全国公安系统抗击新冠肺炎疫情先进集体	梅州市公安局疫情防控大数据办公室发挥公安机关的大数据资源优势，为梅州市打赢疫情防控阻击战提供信息支撑。组建“公安＋三大电信运营商”，全面完善疫情核查防控机制；整合开通省市各类数据资源；围绕“三个重点”，通过建模实现精准分类排查；探索研判触角多维拓展，及时发现预警涉疫情风险隐患
梅州市司法局	司法部	全国司法行政机关2020年国家统一法律职业资格考试工作表现突出单位	梅州市司法局统筹做好疫情防控和考试组织实施工作，执行各项规定，未出现工作差错；严格落实主体责任和属地责任，建立有效协调工作机制。连续19年实现司法考试组织实施工作“零失误”，保持“零差错”“零投诉”“零违纪”。服务考生近万名，有1000多名考生通过考试取得法律职业资格证书，平均合格率超过省平均合格率，位居全省前列。2020年，更是以通过率53%的历史最好水平刷新记录
梅州市强制隔离戒毒所	司法部戒毒管理局	2020年度“六无”强制隔离戒毒所	2020年，梅州市强制隔离戒毒所严格落实党中央、国务院和司法部疫情防控的各项部署要求，推动疫情防控和教育惩治工作“两手抓、两促进”，场所连续18年安全管理“六无”（场所内无毒品流入、无戒毒人员逃脱、无戒毒人员非正常死亡、无所内案件、无安全生产事故、无重大疫情）工作取得好成绩，实现“零输入”“零感染”“零舆情”
国家税务总局梅州市税务局	中央精神文明建设指导委员会	全国文明单位	原梅州市国家税务局于2011年被评为广东省文明单位，2017年被评为全国文明单位；原梅州市地方税务局于2007年被评为广东省文明单位，2009年被评为全国精神文明建设工作先进单位。2018年，原梅州市国家税务局与原梅州市地方税务局合并，成立梅州市税务局，承继原国税、地税税费征管权利义务，承担所辖区域内各项税收、社保费和非税收入征管等职责。2020年，经复评继续保留全国文明单位称号。聚焦主责主业，坚持以服务经济、服务社会、服务民生为己任，在推进依法治税、优化税收营商环境，落实减税降费、促进地方经济高质量发展，统筹疫情防控、助力企业复工复产等方面做出应有贡献。优化纳税服务，提升纳税人满意度和获得感，在2019年全省纳税人满意度第三方调查中获得第二名

续表

单　　位	授予单位	荣誉称号	事迹简介
梅州海关	中央精神文明建设指导委员会	第六届全国文明单位	梅州海关夯实管理基础，提升整体形象和服务效能。疫情防控期间，共24人主动请缨支援梅州机场，派出6名有医学背景的人员支援潮汕机场海关。团支部获评广东省五四红旗团支部。紧跟中央、广东省和梅州市开展精神文明建设的战略部署，获汕头关区卫生检疫比武团体三等奖，口岸监管技能比武查检岗二等奖、旅检岗三等奖。响应梅州市创建文明城市工作，推动群众性精神文明创建活动，督促挂点墩上村做好创文工作，得到市领导肯定和媒体宣传
梅州市发展和改革局	国家机关事务管理局　国家发展改革委　财政部	2019—2020年国家节约型公共机构示范单位	梅州市发展和改革局通过对节能改造、制度建设、能源利用效率、绿色办公、绿色消费、节约用水、节能宣传培训等方面创建工作，取得良好效果，切实提升节约能源资源工作水平。经广东省能源局初评，国家机关事务管理局、国家发展改革委、财政部复核验收，被评定为2019—2020年国家节约型公共机构示范单位
梅州市农业农村局	农业农村部	全国农业农村系统抗击新冠肺炎疫情先进集体	新冠肺炎疫情发生以来，梅州市农业农村局全体干部职工坚决贯彻落实党中央、国务院、省委省政府、市委市政府决策部署，勇于担当、甘于奉献，众志成城筑牢疫情防控的农业农村防线，千方百计确保粮食和重要农副产品稳定供给。同时，响应梅州市委、市政府号召，开展援助湖北工作，向全市农业企业发出为湖北荆州捐赠的倡议，全市农业企业积极响应，踊跃捐款捐物，据统计，2020年，全市农业企业捐款超70万元，捐赠物资价值超500万元

2020 年梅州市国家级先进个人一览表

姓　名	单位及职务	授予单位	荣誉称号	事迹简介
李　斌	广东塔牌集轩股份有限公司	国务院	全国劳动模范	李斌作为一家 3000 名员工、670 名党员的大型非公有制企业党建、工会工作负责人，注重发挥企业党组织政治引领作用，促进企业创造良好经济和社会效益；坚持“经济组织建到哪里，党组织就建到哪里，党员先锋模范作用发挥到哪里”方针，建立四级党建工作网络，落实“三会一课”，开展主题教育活动，强抓廉洁履职监督；突出维权主业，推行员工持股计划，实施绩效激励，不断提高员工薪酬福利；开展争先创优各类劳动竞赛活动，推动企业生产经营工作上台阶；致力脱贫攻坚，2015 年成立员工互助基金会，筹措资金 500 多万元，累计帮扶职工 300 多人次，帮扶资金 300 多万元，实现职工医疗个人自付部分全额由基金会承担，不让一个职工因病致贫；参与“万企帮万村 " 活动，亲自挂点蕉岭县新铺镇象岭村，三年帮扶 1000 万元用于新农村建设。把慰问职工活动与农产品消费扶贫实践结合起来，近五年企业累计捐款捐物超过 1 亿元
黄国玉	广东科伦药业有限公司	国务院	全国劳动模范	黄国玉先后在大型国有企业、民营企业任职过技术员，为企业规范化管理、节能减排、提高经济效益方面作出积极贡献。国企改革后下岗在民营企业任职，在公司内部提出“5S”规范化管理，制定岗位操作规程、设备操作规程等，培养员工的良好操作习惯，快速提升企业规范化管理水平。在产品研发、工艺改进上建言献策，以问题导向、结果导向为宗旨，不断提出纠正和预防措施，优化生产管理。他提出的“三管”工作方法，“管人、管事、管流程”的实践研究，优化班组管理，很快在全公司班组中推广，班组业绩得到快速提升
钟志雄	梅州市人民医院	国务院	全国先进工作者	钟志雄 33 年扎根于梅州山区医疗事业，为健康中国做出突出贡献。创办医院心血管专科，率先在粤东北开展各类高难度心血管介入技术，填补医疗技术空白 20 余项；参与国家级课题 2 项，承担并参与省级课题 6 项、市级课题 15 项；获市科学技术一等奖 1 项、二等奖 5 项、三等奖 8 项；以第一或通讯作者发表 SCI 论文 23 篇；获实用新型专利 2 项；带领专科发展为有 6 个病区、260 张病床的粤闽赣边区实力最雄厚的心血管病中心，成为国家级胸痛中心、心衰中心、房颤中心，推动山区心血管诊治水平跨入国内先进行列。担任院长后，医院综合实力跃居全国地级城市医院和广东省域所有医院双双 20 强，入选广东省高水平医院重点建设医院。担任市新冠疫情防控专家组组长，奋勇担当坚守抗疫一线

续表

姓　名	单位及职务	授予单位	荣誉称号	事迹简介
彭　玲	梅州市人民医院	国家卫生健康委财务司	2019 年全国医疗服务价格和成本监测与研究网络工作先进个人	彭玲开展医疗项目成本测算，为上级提供决策依据。“十三五”期间，为两次医改调整医疗服务项目价格提出意见建议；为医院特需医疗服务开展和定价提出意见建议；为医院医联体医院建设提供利益分配等方案；为全院上线云胶片提供意见建议。研发线上涉嫌违规收费监控程序，加大力度对全院各临床医技科室进行内部价格督查；建章立制，制订价格绩效考核办法，不断完善管理手段；健全内部价格监督机制，重新修订《梅州市人民医院价格管理办法》；进一步加强医疗服务、药品、耗材价格管理
宋　越	九三学社梅州市委员会	九三学社中央委员会	九三学社抗击新冠肺炎疫情先进个人	2020 年，宋越一直坚守在梅州市新冠疫情防控工作的第一线。担任梅州市委党校集中隔离观察场所主任，负责集中隔离观察场所的组织、指挥、协调工作，对密切接触者采取统一集中隔离观察。参与集中隔离观察场所的医疗观察工作；及时报告集中隔离观察人员中出现变化的情况；做好集中隔离观察场所感染控制工作；做好集中隔离观察人员的健康知识宣教
邓双全	梅州市市场监督管理局	国家市场监督管理总局	全国市场监管系统抗击新冠肺炎疫情先进个人	新冠肺炎疫情防控期间，邓双全作为梅州市市场监管局执法监督科科长，带领执法队伍始终冲在第一线，交出一份沉甸甸的抗疫“答卷”。提出市局和各县级局办案情况每月通报、完善市局案审会议制度等很多具体措施和办法，并善于“从小案抓大案”进行突破，查办的案件数量大幅增加，案件质量不断提升，受到省局通报表扬。他牵头查办的全省首宗“美团”授权单位不正当竞争案和指导查办的某保健食品虚假宣传案，入选全省市场监管系统反不正当竞争典型案例。大年初三，群众反映梅江区某药店囤积有口罩不卖，还对外谎称政府部门不让其销售，他迅速带队到现场核查，发现该药店囤积有 2600 多个口罩，但当事人态度蛮横，推搡殴打执法人员，企图暴力抗法，他毫不畏惧，果断上前处置。6 月中旬，浙江温州市鲁某投诉梅县区某公司不按合同经营劣质口罩。他敏锐地发现其中问题，立即向局领导汇报，并迅速联合公安部门突击检查，现场查获非法生产的不合格口罩 100 万个，涉案货值达 630 万元。该案已移送公安机关，刑拘 4 人

续表

姓　名	单位及职务	授予单位	荣誉称号	事迹简介
姚铠滔	梅州市生态环境局	国务院第二次全国污染源普查领导小组办公室	第二次全国污染源普查表现突出个人	姚铠滔为梅州市第二次全国污染源普查领导小组副组长、市生态环境局局长，负责领导和协调全市污染源普查的各项工作部署和日常工作，定期了解全市工作进展，及时协调解决难题，确保按时保质完成全市污染源普查工作。他及时组织召开市、县两级会议，学习文件精神和要求，确定经验足、技术能力高的各级负责人，成立各级污染源普查领导小组及其办公室，督促做好经费、人员、办公场所等各项准备工作；定期了解进展，统筹推进工作；抓好数据质量，助力污染防治
李云清	梅州市生态环境局	国务院第二次全国污染源普查领导小组办公室	第二次全国污染源普查表现突出个人	李云清作为梅州市污普办主任、市生态环境局总工程师，重方法、重技术、重细节，有序推进污染源普查各项工作。他注重方法，提高工作效率，针对不同阶段的工作重点和要求，制定具体实施方案，责任落实到个人；部门联动，强化协调沟通；以身作则，加班加点赶进度；健全制度，强化督办核查
钟秋兰	梅州市生态环境局	国务院第二次全国污染源普查领导小组办公室、生态环境部	第二次全国污染源普查表现突出个人、2020年全国固定污染源排污许可全覆盖工作中表现突出个人	钟秋兰从2019年3月开始负责梅州市第二次全国污染源普查工作，任市普查办副主任，深入学习领会贯彻普查有关政策文件规定，全面做好名录比对、入户调查质控和产排污系数核算、质量核查和档案管理工作，及时修改完善整改问题，按时保质完成各阶段工作任务，做好数据分析和总结发布等工作。她注重学习，熟悉掌握政策规章和各技术规范；创新机制、全面推动，保质保量，在全省率先完成排污许可全覆盖工作任务
曾佳敏	梅州市生态环境局	国务院第二次全国污染源普查领导小组办公室	第二次全国污染源普查表现突出个人	曾佳敏作为梅州市生态环境局第二次全国污染源普查工作领导小组办公室副总指导员，全程参与该项工作。作为全国第一次污染源普查技术骨干，她对工作中出现的污染源普查技术难题认真研究，并对市属园区、各县（市、区）普查员进行多次培训。第二次全国污染源普查工作任务重、时间紧、工作量特别大，她脚踏实地，任劳任怨，严格按要求精细推进工作落实
魏素灵	梅州市生态环境局	生态环境部	2020年全国固定污染源排污许可全覆盖工作表现突出个人	魏素灵全面贯彻落实排污许可制改革精神和《排污许可管理办法（试行）》等文件要求，在排污许可工作中勤于思考、善于专研、敢于担当、勇于实践，表现出良好的专业素质和综合能力，并取得显著成绩。他带领各分局排污许可具体经办人一起学习固定污染源清理整顿系统操作方法、数据统计和汇总方法，提高工作效率，得到大家的一致肯定

续表

姓　名	单位及职务	授予单位	荣誉称号	事迹简介
曾芃壹	梅州市公安局网络警察支队四大队	公安部	个人一等功	曾芃壹在2020年的创新警务、大数据疫情防控、智慧矛警务等工作中取得突出成绩。他主创的“智慧审讯系统”获评全国基层技术革新奖“一等奖”；主创搭建的“新冠肺炎回溯积分预警分析模型”作为优秀模型在全省公安大数据智能化优秀应用推介会上向全省汇报；作为主创人员，梅州“反诈六式”模型获评全省“十佳模型”，曾芃壹获评“十大优秀建模能手”
罗志成	梅州市公安局网络警察支队四大队	公安部	全警实战大练兵第一批部级“标兵个人”	在2020年广东省举办的“战网2020”全省网络攻防取证比武大赛中，罗志成获个人赛二等奖。在实战大练兵过程中，不断尝试运用实战大练兵中掌握的新技能服务公安实战工作。2020年，他侦办“飓风282”特大开设网络赌场专案；自主挖掘丰顺徐某涛等人通过网络实施“套路贷”犯罪线索，最终被公安部评为2020年公安机关打击“套路贷”犯罪六大典型案例之一
张　鹏	梅州市公安局特警支队三大队	公安部	全警实战大练兵第一批部级“训练标兵”	2020年，广东省公安厅组织为期1个月的驻深圳“轮值轮训”工作，张鹏带队参训勤学苦练，圆满完成战训任务。回到支队后积极开展普训，完成对梅州市县两级公安防暴处突队伍的先进战法推广，提升了公安防暴处突战斗能力
丘开达	梅州市公安局治安管理支队六大队教导员	公安部	全国公安系统抗击新冠肺炎疫情先进个人	在抗击新冠肺炎疫情工作期间，丘开达带领同事们坚守济广高速平远服务区，快速建立省际联合检疫检查站，做好进入粤车辆、人员查控和健康监测，将疫情隐患阻挡在省门之外，为全省新冠肺炎疫情阻击战取得阶段性胜利做出突出贡献
蓝　宁	梅州市强制隔离戒毒所一大队	司法部	2020年度全国司法行政系统抗击新冠肺炎疫情个人嘉奖	2020年疫情爆发以来，蓝宁舍小家为大家，从1月26日至9月，奋战抗疫第一线长达130天，其中执行“血战到底”最高勤务等级的全封闭执勤32天。他带领同志们深入研判戒毒人员出现的心理情绪方面问题，通过面对面心理疏导、组织拨打亲情电话、讲解防疫政策、关心帮扶特殊群体、24小时轮流值守等，实现戒毒场所“零感染”和持续安全稳定的目标
吴蔼芳	梅州市司法局律师工作管理科	司法部	全国司法行政机关2020年国家统一法律职业资格考试工作表现突出个人	吴蔼芳在2020年国家统一法律职业资格考试组织实施工作中，落实“十个百分之百”工作要求，统筹做好疫情防控和考试组织实施工作，在重要岗位上发挥骨干及表率作用。2020年实现梅州考区国家统一法律职业资格考试客观题考试和主观题考试组织实施工作零失误、零差错，取得通过率53%的历史最好水平

续表

姓　名	单位及职务	授予单位	荣誉称号	事迹简介
侯伟方	梅州市发展和改革局价格认定中心	国家发展和改革委员会价格认证中心	2019—2020 年度全国价格认定工作优秀个人	侯伟方自 2004 年起在梅州市发展和改革局价格认定中心担任价格认定和复核工作岗位，始终保持严谨认真和一丝不苟的工作作风，认真细致做好每一项工作，积极完成国家、省、市中心交办的各项任务，保质保量处理好相关部门和群众疑难争议的问题，表现突出，成绩显著
林丽媛	梅州市农业信息中心	国务院第二次全国污染源普查领导小组办公室、生态环境部办公厅、自然资源办公厅、农业农村部办公厅	第二次全国污染源普查表现突出个人、全国农用地土壤污染状况详查表现突出个人	林丽媛深入贯彻习近平生态文明思想，贯彻落实党中央、国务院关于净土保卫战的决策部署及相关部委关于农用地详查的各项工作安排，积极投身生态环境保护事业，在第二次全国污染源普查组织管理工作及农用地土壤污染详查方案编制、样品采集、现场监督等组织管理工作中表现突出

2020 年获荣誉表彰现役、退役军人

2020 年获荣誉表彰现役、退役军人一览表

姓名（单位）	籍贯（单位所在地）	政治面貌	立功表彰类型	事迹简介
曾　科	兴宁市	中共党员	二等功	曾科，男，兴宁市大坪镇（街道）长坑村人，1990 年 2 月 23 日出生，于 2007 年 12 月入伍，军衔等级为四级军士长。曾科在工作中严格要求自己，立足本职，工作努力，以脚踏实地，任劳任怨的工作态度，在平凡的工作岗位上，为部队建设作出自己的贡献，在 2019 年 11 月 27 日的中国人民解放军竞赛行动中，表现突出，立二等功，2013、2014 年获优秀士官，2015 年立三等功，2019 年立二等功
曾国文	兴宁市	中共党员	二等功	曾国文，男，兴宁市黄陂镇径口村人，1993 年 9 月 8 日出生，于 2013 年 12 月入伍，军衔等级为中士。曾国文在工作中严格要求自己，立足本职，工作努力，以脚踏实地，任劳任怨的工作态度，在平凡的工作岗位上，为部队建设作出自己的贡献，在国际军事比赛中，表现优异，立二等功

续表

姓名（单位）	籍贯（单位所在地）	政治面貌	立功表彰类型	事迹简介
林圣明	兴宁市	共青团员	二等功	林圣明，男，兴宁市宁新街道文星村人，1995年5月28日出生，于2014年9月入伍。林圣明在工作中严格要求自己，立足本职，工作努力，以脚踏实地，任劳任怨的工作态度，在平凡的工作岗位上，为部队建设作出自己的贡献。在2018年5月4日毒品案中，表现突出，立二等功
曾宇锋	兴宁市	中共党员	二等功	曾宇锋，男，兴宁市罗浮镇浮北村人，1989年8月15日出生，于2009年12月入伍，2012年10月入党，上士军衔。曾宇锋始终把理想追求融入到部队建设中，矢志强军、扎根边防，苦练军事技能，多次参加上级比武竞赛，名列前茅。在工作中严格要求自己，立足本职，工作努力，以脚踏实地、任劳任怨的工作态度，先后完成所在单位大项活动的策划和组织10余次，在平凡的工作岗位上，为部队建设作出自己的贡献，在2019年庆祝中华人民共和国成立70周年系列演讲比赛中，获屏边县一等奖、红河州一等奖，云南省总决赛优秀奖，全国二等奖，表现突出，立二等功
徐名琊	丰顺县	中共党员	广东省“爱国拥军模范”	徐名琊，中共党员，广东省丰顺县人，1976年入伍参军，1980年退役。2020年被广东省委、省政府、省军分区评为“爱国拥军模范”。徐名琊永葆军人本色，践行共产党员先锋使命，创立广东代米生物科技有限公司，致力于研究开发食用菌工厂化生产的核心技术，着力打造退役军人创业示范基地、双拥军地共建示范点。在员工招录中，优先招录退役军人；在疫情期间，徐名琊积极奉献爱心，向当地捐款捐物，以实际行动践行社会责任和担当，为退役军人谋福祉，带动贫困户脱贫致富
潘佛扬	平远县	中共党员	广东省“爱国拥军模范”	潘佛扬，男，广东平远人，系平远县退役军人事务局三级主任科员、拥军优抚和褒扬纪念股股长。1990年7月从民政部长沙民政学校毕业，30年来，他一直倾注到双拥优抚安置工作上，当好县民政局、县退役军人事务局、县双拥办参谋，身体力行做表率，抓好各项双拥优抚安置政策落实。2011年，平远县被广东省委、省政府、省军区授予“双拥模范县”称号；潘佛扬被梅州市委、市政府、市军分区授予“军民共建先进个人”称号。2012年，在创建“省双拥模范县”工作中，潘佛扬被县委、县政府评为先进个人；2017年被县委、县政府评为信访维稳先进个人；2020年被广东省委、省政府、省军区评为“爱国拥军模范”

2020 年梅州十大新闻人物

邓振龙 突如其来的新冠肺炎疫情发生后，在深圳的全国人大代表、深圳市绿基房地产开发有限公司董事长邓振龙，想方设法支援梅州疫情防控工作。在了解到国内口罩脱销后，邓振龙立即向大埔县捐资 200 万元抗疫资金，然后耗费数天时间，打了上百个电话，筹得 50 万只普通口罩、1 万只 KF94 口罩、4500 只一次性医用口罩、1000 支电子测温仪、2000 套防护服、1000 副防护眼镜、5000 桶 84 消毒液……这些承载着深厚感情的物资通过国际机场运往深圳，再辗转分批运回梅州。

钟碧珍 钟碧珍是北京梅州人海外联谊会副秘书长。在新冠肺炎疫情防控期间，钟碧珍与其他 5 位华裔女性成立“木槿会爱心团队”，在世界各地紧急募集医疗物资，及时把最紧缺的医疗物资送到湖北抗疫最前线。至 2020 年 2 月底，“木槿会”自主筹集并联合其他公益机构和爱心团体，为湖北武汉及其周边 69 家新冠肺炎治疗定点医院以及相关救援机构捐赠各类医疗物资逾千万元。

李　斌 塔牌集团党委书记、副总经理、工会主席。30 多年来，李斌带领企业坚持红色引领，把准改革发展的正确方向。塔牌集团着力推进数字矿山、绿色水泥矿山、绿色智能水泥工厂、一级安标企业建设，推动节能、降耗、减排和资源综合利用，实现水泥产业的改造升级、动能转换、绿色转型，创造良好的经济效益和社会效益，达到政府、群众、职工“三满意”的目标。2020 年，李斌获授“全国劳动模范”称号。

邓祎祎 2020 年 10 月，首届粤港澳大湾区杰出青年企业家颁奖典礼在深圳、香港、澳门三地同步举行，梅州青年企业家、集一控股有限公司总裁邓祎祎获颁首届“粤港澳大湾区杰出青年企业家”（“港青奖”）荣誉称号。2015 年，集一控股走出梅州在香港联交所主板上市。2020 年，在 28 岁的邓祎祎带领下，集一控股开始探索数字化转型升级之路，不断把企业带向粤港澳大湾区，为梅州融入服务粤港澳大湾区建设做出积极贡献。

谢　明 谢明祖籍梅县白渡，侨居英国近 30 年，是英国岭南文商总会副会长、梅州—伦敦经贸文化联络处常务副主任。在大“疫”面前，谢明与其他 6 位在英注册中医师组成中医医疗团队，通过线上问诊、电话连线的形式，为当地新冠肺炎患者提供救治服务。团队成立 1 个多月就治疗 30 多名确诊或疑似病人，使用中药全部临床痊愈，没有一例症状转重症。谢明团队依然奋战在侨居国疫情一线，以医者仁心守护患者生命。

姚良松 由平远乡贤、欧派家居集团董事长姚良松个人投资、反哺家乡的广东平远东台生态园首期项目——梅州远岭科技工业园于 2020 年 1 月在平远县正式开工。该项目总投资约 2 亿元，首期占地面积 4.67 公顷。长期以来，姚良松心系家乡，充分发挥“欧派”行业龙头效应，助力家乡经济发展。

陈文燕 祖籍丰顺的陈文燕于 2007 年嫁到大埔县银江镇银村成为“外来媳妇”。10 年后，她成为银村的村党支部书记，团结带领村民改善村容村貌，建设文明和谐新农村，被大家亲切地称为“妈妈书记”。陈文燕上任 3 年来，烧了“三把火”，带动干部群众美化了小村庄，改变了脏乱差，如今的银村干净整洁，人心凝聚，乡风文明。

许应裘 梅州杰出乡贤、广州凯源房地产实业有限公司、深圳凯南房地产开发有限公司董事长。在梅州市 2020 年广东扶贫济困日活动启动仪式上，许应裘获得“2019 年度梅州扶贫济困特别爱心奖”，并现场捐款 1.8 亿元，再次助力梅州加快振兴发展。近三十年来，许应裘先后捐献 27 个公益项目，累计捐资达 10 多亿元。2020 年在第八届中国民生发展论坛暨第十四届中国国际公益慈善论坛暨 2020 中国大健康论坛上，许应裘获得 2020 年度“最美全面小康建设者”称号。

钟志雄 2020 年“全国先进工作者”称号获得者、梅州市人民医院党委书记、院长。钟志雄 33 年如一日扎根梅州医疗卫生第一线。2020 年，面对新冠肺炎疫情，钟志雄冲锋在前、科学施策，坚守抗疫一线。在他的带领下，梅州市人民医院取得治愈率 100%、医务人员零感染、院内感染零发生的好成绩，还派出 11 名医护人员支援湖北；首创的“海关通关式”预检分诊模式，受到广东省卫健委领导的高度肯定，被作为先进经验在全省分享，为全省抗疫贡献力量。

黄寿新 梅州市首批支援湖北疫情防控医疗队队长，梅州市人民医院重症医学科副主任医师。2020 年 1 月 28 日，黄寿新临危受命担任梅州市首批支援湖北疫情防控医疗队队长，带领 21 名医护人员驰援武汉，随广东第二批援鄂医疗队在武汉汉口艰苦战疫。黄寿新所在的广东二队累计收治患者 189 例，其中危重及重症患者占比高达 84.1%。2020 年被评为“梅州市劳动模范”称号。

2020 年梅州十大公益人物

李子强 李子强是五华县皇华中学校长，被评为广东省岗位学雷锋标兵。他从教 34 年来，兢兢业业，严于律己，热心公益，乐于奉献。2019 年 6 月 10 日，面对学校遭遇的百年一遇水灾，他撸起袖子、冲锋在前，数次蹚水在学校与应急指挥部之间，最终带领 1000 多名师生安全转移，之后带领师生和群众清淤校园，迅速实现复课，抗洪救灾事迹令人动容。

谢秀珠 谢秀珠是小学副高级教师，在梅江区肩一小学任教语文学科。自 2007 年以来，她把剪纸、书法带进肩一小学的课堂，还热心参与支教工作，将中华传统文化送教到梅州市福利院、新疆喀什地区，以及印度尼西亚三宝垄等地，让美育和语文教学有机结合，促进学生全能发展。“学生的一句肯定，就是最好的回报。”谢秀珠说。

林丹平 林丹平是平远县义工协会队伍中的一员。2013 年正准备高考的她不幸被确诊患有尿毒症，与病魔斗争七年，被下病危书数次，她依旧坚强地站了起来。“活着，就一定要做一些有意义的事，才不枉此生。”看望抗战老兵、看望孤残老人、去特殊学校和那里的孩子们一起包饺子、唱歌……五年来，她累计志愿服务时长 800 多小时，3 次获得年度“优秀义工”称号。

冯小足 冯小足是丰顺县博爱慈善服务协会常务副会长、丰顺县助学会成员。他热心公益事业，在经营着市场猪肉档生意的同时，利用业余时间参与义工活动，一年义工服务时长近 1000 小时。他对口资助 4 名品学兼优的贫困高中学生完成学业，“一对一”照顾 3 名留守老人。“只要社会需要，我会一直坚持下去。”冯小足说。

钟裕祥 84 岁的钟裕祥是五华县转水镇黄龙村人，共产党员。1988 年退休回乡后，看到村里信息闭塞，他便自掏腰包办一个义务广播站，32 年来不停歇为村民播报信息。疫情期间，他积极协助村里播放疫情防控举措和相关疫情防护知识。“我至今还清晰地记得当时全村人听上广播后沸腾喜悦的情景，这也是我做这件事的最大动力所在。”钟裕祥说。

严满凤 严满凤是五华县志愿者联合会会长，广东省五星级志愿者，获评 2019 年第四季度梅州好人。她积极发动五华籍梅州市女企业家协会会员到全县各地开展扶贫济困活动，实地走访了解贫困家庭情况并发动捐款救助志愿服务活动。其间，她率先垂范，累计捐资 30 多万元，把关爱带到实处，因此大家都称她是“爱心满满的满姐”。

朱雪云 朱雪云是梅州旅港企业家，16 年来坚持资助家乡贫困学子，通过澳门嘉应同乡会资助梅州贫困学子上大学，从刚开始的 3 万元、6 万元到现在的 10 万元，每一笔都饱含着对家乡学子成才的希望。“我从小就在梅州出生长大，山里的孩子能走出去上大学很不容易，如果因为贫困无法去上学，就太遗憾了。”朱雪云笑着说道。

郭展明 郭展明是大埔县高陂镇赤山村支部书记、村委主任，高陂微微爱心互助会理事长，2019 年第四季度“梅州好人”。2011 年，郭展明从企业家转型为村干部，为村民解决行路难、饮水难等不少问题。2014 年，他创建大埔县高陂微微爱心互助会，多次开展对多个群体的救助慰问活动。“我是一名村干部，就该时时把群众放在心中。”郭展明说。

罗　伟 罗伟是蕉岭县广福镇石峰村村民，为方便群众更安全登山锻炼，义务开山凿路，虽然已年过花甲，他仍不惧风雨，不计报酬，坚持义务维护山路十四载。在此过程中，他经历过一次次危险，被人一次次冷嘲热讽，饱受蚊虫的叮咬，但他还是排除万难，硬是一锄头一锄头地把一米多宽、近两千米长的登山步道给开凿出来。2014 年被授予“广东好人”称号。

吴毓添 吴毓添是平远县人民医院药剂科副主任，获评 2019 年第四季度“梅州好人”。广东省组织第 28 批援赤道几内亚医疗队时，他奋勇当先，远赴非洲执行为期一年半的国际医疗援助任务。“不敢自称作了多大的贡献，但这一段经历难忘，我深刻体会和见证了众多海外华人在国外的艰辛、团结和奉献，以及中非人民的深厚情谊。”吴毓添说。

名　录

蕉岭县新铺红色广场

责任编辑：黄伟锋

梅州市领导班子成员名单

中共梅州市委

陈　敏　书记
张爱军　副书记
王庆利　副书记
吴晓晖　常委
黄文沐　常委
杜敏琪　常委（任至 5 月）
闫景军　常委（任至 4 月）
刘棕会　常委（任至 1 月）
陈晓建　常委
余其豹　常委
黄建固　常委（任至 5 月）
彭延虎　常委
蒋万军　常委（5 月任职）
霍　阳　常委（1 月挂任）
罗盛芬　常委（5 月任职）
孙春明　常委（7 月挂任）

梅州市人大常委会

陈　敏　党组书记、主任
黎健平　党组副书记（任至 11 月）、副主任
　　　　党组成员（11 月任职）、副主任
李远青　党组成员、副主任（1 月任职）
曾小华　党组成员、副主任
张映平　党组成员、副主任
蓝伟东　党组成员、副主任
伍德凤　副主任（1 月任职）

梅州市人民政府

张爱军　党组书记、市长
吴晓晖　党组副书记、副市长
黄文沐　党组副书记
闫景军　党组成员、副市长（任至 4 月）
刘棕会　党组成员、副市长（任至 3 月）
霍　阳　党组成员、副市长（3 月挂任）
孙春明　党组成员、副市长（8 月挂任）
曾尚忠　党组成员、副市长
张　晨　副市长
温向芳　党组成员、副市长
吴泽桐　党组成员、副市长
宁惠军　党组成员、副市长

政协梅州市委员会

陈建青　党组书记、主席
叶解春　党组副书记、副主席（任至 1 月）
李忠良　党组成员（任至 1 月）、副主席
　　　　党组副书记（1 月任职）
韩小林　副主席
周秋明　党组成员、副主席
曾祥海　党组成员、副主席
马志元　副主席
陈元星　副主席
刘耿灵　党组成员、副主席（1 月任职）
李利平　副主席（1 月任职）

中共梅州市纪律检查委员会

黄建固　书记（任至 5 月）
蒋万军　书记（5 月任职）
张　硕　副书记
刘锐清　副书记
张炎华　副书记（12 月任职）
张灼明　常委
杨伟平　常委
李　丹　常委
葛军生　常委
张炎华　常委

梅州市监察委员会

黄建固　主任（任至 5 月）
蒋万军　副主任、代理主任（5 月任职）
张　硕　副主任
刘锐清　副主任
李　丹　委员
葛军生　委员
张炎华　委员
谢传兰　委员
江元泉　委员

梅州市中级人民法院

刘思彬　党组书记、院长（任至 9 月）
林秀雄　党组书记、副院长、
　　　　代理院长（9 月任职）

梅州市人民检察院

吴少荣　党组书记、检察长

梅州市领导机关正、副秘书长名单

中共梅州市委

张运全　秘书长
杨　栋　副秘书长（11 月任职）
邓冠明　副秘书长
张达宏　副秘书长
沈　涛　副秘书长
刘裕君　副秘书长（任至 11 月）
罗伟纯　副秘书长（4 月兼任）
肖天峻　副秘书长（挂任）
欧阳可员　副秘书长（2 月挂任）

梅州市人大常委会

黄立强　秘书长
李志钧　副秘书长
曾志军　副秘书长
余红辉　副秘书长（1 月任职）

梅州市人民政府

陈　亮　秘书长
巫敏和　副秘书长
黄伟华　副秘书长
黎清华　副秘书长
刘洪洲　副秘书长
邓国功　副秘书长
钟　优　副秘书长
梁志坚　副秘书长
张钟敏　副秘书长（挂任）
黄　平　副秘书长（挂任至 12 月）
李振鹏　副秘书长（12 月挂任）
罗树荣　副秘书长（3 月挂任）
曾　旸　副秘书长（10 月挂任）

政协梅州市委员会

孙秋珍　秘书长
江立志　副秘书长
曾光辉　副秘书长
刘　军　副秘书长

梅州市市直单位处级领导干部名单

中共梅州市委办公室

张运全 主 任

凌望远 副主任

陈运坤 纪检监察组组长

梅州市人大常委会办公室

李志钧 主 任

张 戈 副主任

黄国良 副主任

曾伟平 纪检监察组组长

梅州市人大常委会研究室

余红辉 主 任

钟雄浩 副主任

钟尚平 副主任

梅州市人大常委会监察和司法工作委员会

钟夏彬 主 任（任至 9 月）

侯通传 主 任（9 月任职）

张卫红 副主任

梅州市人大常委会财政经济工作委员会

郭琪营 主 任（1 月任职）

邱卫金 副主任

梅州市人大常委会农村农业工作委员会

张小奎 主 任

胡玉全 副主任

梅州市人大常委会教育科学文化卫生工作委员会

陈志文 主 任

曾如松 副主任

梅州市人大常委会华侨民族宗教外事工作委员会

林健雄 主 任

刘冬竹 副主任

梅州市人大常委会选举人事任免工作委员会

何海燕 主 任

陈 丽 副主任

梅州市人大常委会城乡建设环境与资源保护工作委员会

曾 光 主 任

钟宇鸣 副主任

梅州市人大常委会代表联络工作委员会

郭文烈 主 任

王秋兰 副主任

梅州市人大常委会法制工作委员会

廖海文 主 任

杨苏平 副主任

梅州市人大常委会法制工作委员会

陈伟建 主 任

古苑辉 副主任

政协梅州市委员会办公室

江立志 主 任

赖永生 副主任（任至 7 月）

杨裕瑜 副主任（4 月任职）

政协梅州市委员会提案委员会

张绍英 主 任

李宙光 副主任

政协梅州市委员会经济委员会

卜勇祥 主 任

温志良 副主任

政协梅州市委员会文化和文史资料委员会

古清华 主 任

梁财生 副主任

政协梅州市委员会科教卫体委员会

杨文宗 主 任

李雪奇 副主任

政协梅州市委员会社会法制和人口资源环境委员会

胡万强 主 任

卢华亮 副主任

政协梅州市委员会港澳台侨外事委员会

黄功銮 主 任（任至 7 月）

谢又新 主 任（10 月任职）

陈浪滔 副主任

政协梅州市委员会农业和农村委员会

蓝汕兴 主 任（1 月任职）

林 砖 副主任（3 月任职）

政协梅州市委员会联络工作委员会

潘小韬 主 任（任至 7 月）

赖永生 主 任（7 月任职）

丘胜发 副主任（4 月任职）

中共梅州市委巡察工作领导小组办公室

张灼明　主　任
叶丽君　副主任
罗爱彬　副主任

中共梅州市委巡察组

陈文泅　组　长（任至 9 月）
刘少庭　组　长
叶敏强　组　长
张德中　组　长
刘育明　副组长
林丽雅　副组长（任至 3 月）
陈文波　副组长
吴海静　副组长
管建琪　副组长（3 月任职）

中共梅州市委组织部

杜敏琪　部　长（任至 5 月）
罗盛芬　部　长（5 月任职）
张运泉　副部长
伍卫华　副部长
张海涛　常务副部长
钟利文　副部长（兼任市公务员局局长）
卓利清　副部长
骆小锐　市非公有制经济组织和社会组织党工委专职副书记（任至 9 月）
吴席军　副部长
廖亿华　纪检监察组组长

梅州市委机构编制委员会办公室

叶桂杰　主　任
曾建宇　副主任
罗瑞金　副主任
周庆文　副主任

中共梅州市直属机关工作委员会

曾碧玉　书　记
陈辉林　副书记
刘志彪　副书记
吴晓健　纪检监察组组长

中共梅州市委政策研究室

张达宏　主　任
杨　春　副主任
李卫君　副主任
张建明　副主任（7 月任职）

中共梅州市委党史研究室

邓文庆　主　任
姚意军　副主任
邓威雄　副主任

中共梅州市委老干部局

张运泉　局　长
曾繁理　副局长
黄钧震　副局长

梅州市委市政府接待服务中心

罗伟纯　主　任
廖琼慧　副主任
潘　雄　副主任
何红城　副主任（3 月任职）

梅州市信访局

邓国功　局　长
梁亮新　副局长
曾艳娇　副局长
卢国基　副局长
张思兰　副局长

梅州市委保密委员会办公室（市国家保密局）

陈益明　主　任（局长）

中共梅州市委办公室机要局

巫万忠　局　长

中共梅州市委办公室机关服务中心

范雄丁　主　任

中共梅州市委党校（梅州市社会主义学院）

杜敏琪　校　长（任至 5 月）
罗盛芬　校　长（5 月任职）
丘　炀　常务副校长
古国清　副校长（任至 9 月）
廖远忠　副校长
李志春　副校长（9 月任职，教育长任至 9 月）
李爱平　副校长
蔡素红　教育长（9 月任职）
徐东超　专职校委
丘金标　专职校委

梅州市总工会

曾小华　主　席（任至 3 月）
蓝伟东　主　席（3 月任职）

侯炜勤　常务副主席
刘胜东　副主席（任至7月）
曾燕萍　副主席
刘仁忠　副主席（7月任职）

共青团梅州市委员会

李　敏　书　记
古孟青　副书记
陈　宁　副书记
解广夫　副书记（9月挂任）

梅州市妇女联合会

蔡雪嫦　主　席
刘红茹　副主席（任至3月）
李雪瑛　副主席
谭幼琼　副主席（3月任职）
廖莹莹　副主席（8月挂任）

叶剑英纪念园管理局

李理和　局　长
黄永保　副局长
李晓锐　副局长
廖文玉　副局长（任至4月）
陈国军　副局长（7月任职）

梅州市档案馆

张　阳　馆　长
凌秀凤　副馆长
范美林　副馆长

中共梅州市委统战部

丘晓红　常务副部长
吴寿康　副部长（兼任市侨务局局长）
管　雅　副部长（兼任市民族宗教事务局局长）
罗桂芳　副部长
蓝建辉　副部长
黄东强　纪检监察组组长（任至11月）

梅州市工商业联合会

罗桂芳　专职副主席
杨祥锐　副主席
管　婷　副主席

梅州客商大会秘书长

李杰才　主　任

中共梅州市委外事工作委员会办公室

房科辉　主　任
吴玉萍　副主任
黄佐君　副主任

中共梅州市委台港澳工作办公室

王忠豪　主　任
邓　锐　副主任
梁苑玲　副主任
孔国泉　副主任

梅州市归国华侨联合会

汤志平　主　席
张映虹　副主席
林　松　副主席

中共梅州市委宣传部

陈晓建　部　长
梁　放　常务副部长
杨剑忠　副部长
谢　涛　副部长（兼任市互联网信息办公室主任）
刘建丰　副部长（兼任市精神文明建设委员会办公室主任）
汤铭琛　副部长（兼任市新闻出版局、市版权局局长）
叶慧玲　纪检监察组组长
吴朝晖　市精神文明建设委员会办公室专职副主任（4月任职）

中共梅州市委讲师团

廖　坚　团　长

梅州市文化广电旅游局

朱　瑛　局　长（任至6月）
谢钦文　局　长（7月任职）
丘胜发　副局长（任至5月）
林干良　副局长
张卫东　副局长
廖文玉　副局长（5月任职）

梅州市广播电视台

杨延庆　台　长
赖志侃　总编辑
王育平　总经理
叶　斌　副台长、纪委书记
刘文昌　副总编辑
汤青松　副总编辑
张达权　副总经理

郭进达　副总经理
汤裕康　总工程师

梅州日报社

罗金良　社　长
黄山松　总编辑
梁　庚　总经理（10月任职，副总经理任至10月）
张柏明　副总编辑
杨瑞春　纪委书记
钟伟光　副总编辑
丘锦乾　副总经理

梅州市文学艺术界联合会

陈锐锋　主　席
郭碧玲　副主席
陈桂昌　副主席

广东汉剧传承研究院

张广武　院　长
徐　青　副院长
魏瑞新　副院长

梅州市社会科学界联合会

杨剑忠　主　席
丘　灵　副主席
张广珍　副主席

中共梅州市委政法委员会

宁惠军　第一副书记
刘思彬　委　员（任至9月）
林秀雄　委　员（9月任职）
吴少荣　委　员
李庆明　常务副书记
胡文悦　副书记
陈万年　副书记
丘创彬　副书记
黄　平　委　员（任至11月）
李振鹏　委　员（11月任职）
朱景洲　委　员
叶仁基　委　员
贺旭勇　委　员
陈　维　专职委员
温伟东　专职委员
邓海恩　专职委员
温伟平　专职委员
杜汪坚　专职委员
刘森元　专职委员

梅州市公安局

宁惠军　局长、督察长
李昌龙　常务副局长
古高松　副局长
张茂欣　副局长
房春鸣　副局长
赖　勤　副局长（8月任职）
钟旭东　政治处主任
叶　亮　纪检监察组组长（4月任职）

梅州市公安局指挥中心

朱文轩　指挥长
李志能　政　委（4月任职）

梅州市公安局交通警察支队

林锐华　支队长
黄伟军　政　委

梅州市公安局巡逻警察支队

李　铮　支队长
谭荣锥　政　委

梅州市公安局刑事警察支队

张庆贤　支队长
陈文望　政　委

梅州市人民检察院

吴少荣　检察长
李永平　副检察长（任至9月）
张润芳　副检察长（任至9月）
宋秦川　副检察长
李常青　副检察长（9月任职）
陈映蕾　副检察长（任至9月）
徐　吨　纪检监察组组长
金　芃　政治部主任（6月更名任职）

梅州市中级人民法院

刘思彬　院　长（任至9月）
林秀雄　副院长、代理院长（9月任职）
朱杭基　副院长
李永平　副院长（9月任职）
王利珍　副院长
李常青　副院长（任至9月）

徐　慧　副院长
李光锦　纪检监察组组长
杨苑岳　政治处主任（任至 9 月）

梅州市中级人民法院执行局

杨　平　局　长

梅州市司法局

叶仁基　局　长
谢益民　副局长
谭建明　副局长
王　辉　副局长
罗永科　副局长
杨远东　副局长
钟　勋　副局长
邱小军　政治处主任

梅州市强制隔离戒毒所

叶仁基　第一政委
廖增发　所　长
何科东　政　委

梅州市人民政府办公室

陈　亮　主　任
凌　浚　副主任
彭耿明　副主任
黄国乔　纪检监察组组长

梅州市政府金融工作局

丘加悦　局　长（任至 10 月）
张　军　局　长（10 月任职）
凌育平　副局长（任至 8 月）
张昌亮　副局长
陈　维　副局长（挂任）
贾　琨　副局长（9 月挂任）

梅州市政府打击走私综合治理办公室

钟　优　主　任

梅州市政务服务数据管理局

廖松辉　局　长（任至 4 月）
刘彩波　局　长（7 月任职）
刘采峰　副局长
李　森　副局长
李文彦　副局长

梅州市公共资源交易中心

姚福平　主　任

梅州市住房公积金管理中心

段　成　主　任

梅州市机关事务管理局

廖接良　局　长
王昌岳　副局长
朱春粦　副局长

梅州市人民政府地方志办公室

钟伟基　主　任
黎俊红　副主任
连申威　副主任（3 月任职）

梅州市政府发展研究中心

郑奕雄　主　任（任至 5 月）
冯明赞　副主任
高国升　副主任
熊　华　副主任（12 月任职）

梅州市财政局

刘耿灵　局　长（任至 4 月）
张志锋　局　长（4 月任职）
吴家云　副局长（任至 12 月）
凌挥明　副局长
丘小录　副局长
邹永礼　副局长
侯卫芳　总会计师
罗奕山　纪检监察组组长

梅州市世界银行贷款业务办公室

刘碧荣　主　任

梅州市政府国有资产监督管理委员会

吴志洲　主　任
罗海涛　副主任
魏仲权　副主任
曾志坚　副主任
林丽雅　纪检监察组组长（3 月任职）

广东金雁工业集团有限公司

林振东　董事长、总经理
伍思扬　党委副书记
骆黎明　副总经理（任至 11 月）
刘胜东　副总经理（7 月任职）
汤华达　纪委书记（11 月任职）

广东嘉应控股集团有限公司

陈小华　董事长、总经理

俞育东　副总经理
徐均胜　副总经理
陈定迎　副总经理（7 月任职，任至 11 月）
陈　莹　纪委书记（3 月任职）

广东客都文旅有限公司
房　岿　董事长
赵　旭　常务副总经理
范永光　副总经理
陈旭良　纪委书记（11 月任职）

广东嘉城建设集团有限公司
张　晓　副董事长、常务副总经理
李海强　副总经理（7 月任职）

梅州市审计局
刘鸿涛　局　长（任至 10 月）
丘加悦　局　长（10 月任职）
练清万　副局长
冯玉涛　副局长
刁向晖　副局长
张敬浩　副局长（7 月任职）

梅州市民政局
王　健　局　长
陈卫东　副局长（任至 5 月）
曾宪鑫　副局长（5 月任职）
洪庆松　副局长
温燕玲　副局长
吴振军　纪检监察组组长

梅州市退役军人事务局
谢钦文　局　长（任至 7 月）
陈汉杰　副局长
邹　玲　副局长（任至 12 月）
黄龙光　副局长
余洪波　副局长（12 月任职）

梅州市残疾人联合会
李利平　理事长（任至 3 月）
卢振中　理事长（3 月任职）
王智敏　副理事长
曾宪鑫　副理事长（任至 5 月）
陈卫东　副理事长（5 月任职）

梅州蕉华工业园区管委会（广东省蕉岭华侨农场）
陈伟明　党委书记
张伟杰　党委副书记、主任（场长）
古育辉　副主任（副场长）
丘建安　副主任（副场长）

梅州文化旅游特色区管委会
刘依君　主　任
谢小康　副主任
赖展新　副主任

梅州高新技术产业园区管理委员会
广州（梅州）产业转移工业园管理委员会
广东梅州经济开发区管理委员会
刘棕会　主　任（任至 2 月）
霍　阳　党工委书记（1 月任职）、主任（2 月任职）
罗树荣　党工委副书记（2 月任职）
黄卫军　副主任
吴文宇　副主任（任至 10 月）
林　玲　副主任
陈佳祥　副主任
凌珍宏　副主任（12 月任职）
刘演政　副主任（任至 7 月）
刘越畅　副主任（挂任）
管在贤　副主任（3 月挂任）
张添畅　副主任（3 月挂任）

梅州嘉应新区管理委员会
李思平　党工委书记、主任
叶永辉　党工委副书记、常务副主任（任至 10 月）
郑春缀　党工委副书记（11 月任职）、副主任
叶绿娜　副主任
刘赞扬　副主任
谢崇杰　副主任（12 月任职）
刘健辉　纪检监察组组长

梅州市政府驻北京联络处
张志锋　主　任（任至 3 月）
李　宏　主　任（10 月任职）
刘治中　副主任

梅州市政府驻广州办事处
吴怀浪　主　任
邓志兴　副主任
张云常　副主任
吴家云　副主任（12 月任职）

梅州市农业农村局

黄增国 局　长
盘连欣 副局长（任至 12 月）
魏祥灵 副局长
陈建勤 副局长（任至 8 月）
黄　帆 副局长
陈爱东 副局长
张　鸿 副局长（任至 8 月）
古广文 总农艺师

梅州市农业科学院

卓国宁 院　长（3 月任职）
谢岳昌 副院长（5 月任职）
陈新伟 副院长（5 月任职）
刘高新 副院长（5 月任职）

梅州市扶贫工作局

罗伟章 局　长
利宝然 副局长（任至 3 月）
刘晨雁 副局长
陈远航 副局长（3 月任职）
赖玉澄 副局长（3 月挂任）

梅州市林业局

詹庆东 局　长
温浩泉 副局长
谢新和 副局长
郑尚森 副局长
范宜上 总工程师

梅州市水务局

陈海燕 局　长
张世俭 副局长
陆大为 副局长（5 月任职）
王　骎 副局长
黄辉源 副局长

梅州市大埔韩江高陂水利枢纽工程建设管理处

刘震涛 主　任
肖建文 副主任
曾祥勇 副主任
黄先廉 总工程师

梅州大堤管理处

陈炳章 主　任

梅州市梅西水库管理局（区）

陆大为 局　长（主任）（任至 7 月）
姚远尹 局　长（主任）（7 月任职）

梅州市供销合作社

丘孝东 主　任
张协斌 副主任
黄华生 副主任

梅州市工业和信息化局

钟光灵 局　长
饶新芳 副局长
陈梅生 副局长
刘仁忠 副局长（任至 8 月）
卓国宁 副局长（任至 3 月）
吴文宇 副局长（10 月任职）
张瑜祥 副局长
张启文 纪检监察组组长

梅州市应急管理局

温勇登 局　长
罗远怀 副局长
熊志仁 副局长（任至 7 月）
邱国强 副局长（任至 7 月）
郑国辉 副局长
罗映宏 副局长
曾子威 副局长
吴小峰 副局长（7 月任职）
庄小建 总工程师

梅州市市场监督管理局

罗颖安 局　长
刘仕贤 副局长
刁　翀 副局长
张创超 副局长
谢　强 副局长
廖广斌 副局长
张秀英 副局长
张启祥 副局长
侯通传 副局长（任至 8 月）
彭润根 副局长
周志彬 副局长
饶　戟 总工程师
张维发 纪检监察组组长

梅州市交通运输局

谢文威　局　长
熊强华　副局长
胡新文　副局长
林建华　副局长（任至 12 月）
刘振贵　副局长
陈和平　副局长（市邮政管理局局长，兼任至 5 月）
张汉清　总工程师
刘红茹　纪检监察组组长（3 月任职）

梅州市交通运输局综合行政执法局

何春华　局　长

梅州市公路事务中心

王　忠　主　任
赖伟强　副主任（10 月任职）
张新宏　副主任
张　颖　副主任（任至 3 月）
马名扬　副主任（3 月任职）
汪正清　副主任
张国术　副主任（1 月任职，任至 7 月）
朱　辉　总工程师（3 月任职）

梅州市教育局

彭　旭　局　长
朱志强　副局长
李足新　副局长
钟　文　副局长
李延海　副局长（1 月任职）
唐秀娟　纪检监察组组长

梅州市科学技术局（梅州市知识产权局）

涂礼俊　局　长
阙炳亮　副局长（任至 5 月）
熊　华　副局长（任至 12 月）
李昌栋　副局长

梅州市卫生健康局

林雨兰　局　长
周秋明　副局长
洪　霞　副局长
陈潮宁　副局长（任至 10 月）
罗清华　副局长
曾繁伟　纪检监察组组长

梅州市红十字会

吴秉标　常务副会长

梅州市体育局

陈建新　局　长
陈颖明　副局长
李新海　副局长

梅州市人民医院

钟志雄　院　长
叶　敏　副院长
吴祖光　副院长
张国标　副院长
曹向忠　纪委书记

梅州市中医医院（梅州市田家炳医院）

彭广福　院　长（任至 5 月）
郑　青　党委书记
王　锦　院　长（7 月任职，副院长任至 7 月）
李　平　副院长
俞万香　副院长
杨睦富　副院长
谢坤清　副院长（10 月任职）

梅州开放大学

王赢杰　校　长（任至 5 月）
王　修　副校长
陈元双　副校长
温爱生　副校长

梅州市科学技术协会

林华玲　主　席
钟立强　副主席
刘海祥　副主席

嘉应学院医学院

马志元　院　长
钟念军　党委书记
杨宇辉　副院长
谢有能　副院长
刘汉云　副院长
谢志勇　纪委书记（11 月任职）

嘉应学院梅州师范分院

伍德凤　院　长（任至 3 月）
赵仁发　院　长（10 月任职）
李伟杰　副院长

卓烘成　副院长
邝永辉　副院长

广东梅县东山中学

郭思健　校　长
林铭绪　副校长
张开贤　副校长
王永新　副校长
李炜豪　副校长
廖承莹　副校长
何兴平　副校长

梅州市曾宪梓中学

林　敏　校　长

梅州农业学校（梅州市理工学校）

赵仁发　校　长

梅州市职业技术学校

郭捷兴　校　长

梅州市发展和改革局

张劲龙　局　长
曾伟光　副局长（任至 10 月）
罗继平　副局长（任至 10 月）
吴特宏　副局长（3 月任职，总经济师任至 3 月）
陈问香　副局长
连申威　副局长（任至 3 月）
刘宇新　副局长
胡胜荣　副局长
陈志文　总经济师（10 月任职）
张元韬　纪检监察组组长

梅州市铁路建设办公室

刘东峰　主　任

梅州市人力资源和社会保障局

伍卫华　局　长
廖聚如　副局长
黄锦亮　副局长
胡丽玲　副局长
彭思学　副局长
谢伟堂　纪检监察组组长

梅州市社会保险基金管理局

陈超雄　局　长

梅州市医疗保障局

黎红英　局　长
刘　水　副局长
赖志坚　副局长

梅州市技师学院（梅州市高级技工学校）

黄柳梅　院长（校长）

梅州市统计局

凌松宏　局　长
刘大河　副局长
姚志华　副局长
陈建群　副局长

梅州市住房和城乡建设局

谢又新　党组书记（任至 10 月）
黄纯忠　党组书记（10 月任职）
薛兴冰　局　长
周耀坤　副局长
李伯乐　副局长
罗德彦　副局长
朱焕明　副局长
赖寿华　副局长
张　颖　副局长（3 月任职）
曾国柱　副局长
马名扬　副局长（任至 3 月）
李　信　总工程师
曾繁欧　纪检监察组组长

梅州市城市供排水中心

罗文斌　主　任

梅州市自然资源局

梁　维　局　长
黎敏文　副局长
吕悦初　副局长
黄嘉良　副局长
丁仁心　副局长（任至 12 月）
黄星辉　总规划师
胡文恭　纪检监察组组长

梅州市土地储备中心

曾伟峰　主　任

梅州市生态环境局

姚铠滔　局　长
罗颂伟　副局长
吴启鸿　副局长
张文画　副局长
李云清　总工程师

梅州市商务局

刘　冲　　局　长
曾远煌　　副局长
李　训　　副局长
刘　杰　　副局长（任至 7 月）
凌　峰　　副局长
余毅宗　　副局长（任至 12 月）
刘旭初　　副局长
叶洪清　　副局长

说明：

1. 梅州市领导班子成员名单，梅州市领导机关正、副秘书长名单，梅州市市直单位处级领导干部（副处单位正职）名单由市委组织部提供；
2. 统计时间为 2020 年 1 月 1 日至 2020 年 12 月 31 日

中央、省属驻梅州单位领导干部名单

中华人民共和国梅州海关

郭增文　　党委书记、关　长（任至 12 月）
何　敏　　党委书记、关　长（12 月任职）
陈少敏　　副关长
黎建明　　副关长

中华人民共和国梅州海关缉私分局

石志伟　　局　长

广东省机场管理集团有限公司梅州机场公司

曾毅强　　党委书记、执行董事（3 月任职）
杜志安　　党委副书记、总经理
黎利娟　　党委副书记、纪委书记、工会主席
黄会中　　副总经理

广东省煤炭工业总公司梅县留守处

袁红珊　　党委书记
许伟强　　主　任

广东省煤矿专用设备制造厂

许伟强　　厂长、党委书记
冯传德　　纪委书记、工会主席

广东煤炭地质一五二勘探队

李　辉　　队　长
丘雪平　　党委书记

广东省地质局第八地质大队、广东梅州地质勘查局

曾超龙　　大队长、党委副书记
李华应　　党委书记、副大队长
王巨龙　　副大队长
许科贤　　纪委书记
陈仕明　　总工程师

广东省梅州监狱

黎小丰　　党委书记、监狱长
王晋群　　党委副书记、政委
杜应华　　企业总经理
谢盛创　　纪委书记
廖远忠　　副监狱长
徐汛平　　副监狱长
柯学强　　副监狱长
曾　政　　副监狱长
卓培杰　　政治处主任

广东粤电长潭发电有限责任公司

骆伟明　　党委书记、执行董事、总经理
徐必慷　　党委副书记、纪委书记、工会主席
邱新明　　副总经理

广东粤电青溪发电有限责任公司

王　军　　党委书记、执行董事、总经理
文爱琼　　党委副书记、纪委书记、工会主席
谢加宁　　副总经理
林　峰　　副总经理

广东粤电大埔发电有限公司

陈伟强　　党委书记、执行董事
谢传亿　　党委副书记、总经理
王　允　　党委副书记、工会主席、纪委书记
李　恒　　副总经理
郭杰副　　总经理

中国人民银行梅州市中心支行、国家外汇管理局梅州市中心支局

黄沛光　　党委书记、行长、局长
朱　冕　　副行长
温举鸿　　副行长、副局长
侯双梅　　工委会主任
吴　强　　纪委书记

江　锋　副行长

中国银行业监督管理委员会梅州监管分局

陈雁玲　党委书记、局长

郑注修　副局长

段　梅　副局长

张大梁　纪委书记

中国建设银行股份有限公司梅州分行

杨应文　行　长

曾群星　副行长

蔡海平　副行长

王　虹　派驻纪检组组长

李东文　副行长

陈清华　副行长

中国工商银行股份有限公司梅州市分行

肖文泽　党委书记、行长

肖文明　副行长

蔡文敏　副行长

钟小山　副行长

黄志东　副行长（任至 6 月）

程方泳　纪委书记、工委主任（4 月任职）

中国农业银行股份有限公司梅州分行

陈跃辉　党委书记、行长（任至 8 月）

陈　涛　党委书记、行长（8 月任职)

孙友光　纪委书记

白　杨　副行长

陈耀鹏　副行长

王　正　副行长

中国银行股份有限公司梅州分行

谢伟芝　行　长

彭友朋　副行长

陈　维　副行长

刘鸿伟　副行长

周仰楷　纪检组组长（10 月任职）

杨建铭　副行长

杨增昌　高级业务经理

林俊强　纪检组组长（任至 10 月）

广东发展银行股份有限公司梅州分行

谭柏培　行　长

孔宁亮　副行长

徐　岳　纪委书记、副行长

李国君　行长助理

舒　旭　行长助理

中国农业发展银行梅州市分行

朱　亮　行　长

王裕文　副行长（任至 11 月）

刘建兵　副行长（10 月任职）

黄蔚竖　副行长

交通银行股份有限公司梅州分行

邱　伟　行　长（任至 6 月）

高建蓬　行　长（6 月任职）、副行长（任至 6 月）

蓝　波　副行长

刁向东　副行长

曾笑霞　行长助理（6 月任职）

梅州市邮政管理局

陈和平　局　长（任至 4 月）

钟伟才　副局长（5—10 月主持全面工作）、局长（11 月任职）

中国邮政集团有限公司梅州市分公司

吴纪伟　党委书记、总经理

林远荣　副总经理、工会主席

陈林树　纪委书记、副总经理（8 月任职）

王子龙　副总经理

朱春晓　副总经理

陈　新　纪委书记、副总经理

中国邮政储蓄银行股份有限公司梅州分行

陈文炳　党委书记、行长（任至 8 月）

容宇贵　党委副书记、副行长（主持工作，8 月任职）

吴兴鹏　纪委书记、副行长

罗尚辉　副行长、工会主席

安信证券梅州地区中心营业部（梅州新中路证券营业部）

黄月霞　总经理（任至 11 月）

罗亿东　总经理（11 月任职）

广发证券股份有限公司（梅州梅江二路证券营业部）

温力思　总经理

国家税务总局梅州市税务局

练富强　党委书记、局长（任至 10 月）
罗伟民　党委书记、局长（9 月任职）
廖瑞标　副局长
利志清　副局长
曾建东　副局长
徐春辉　副局长
苏振球　纪检组组长
曾小斌　总会计师
袁辉祥　总经济师
饶羽平　副局长（任至 4 月）
韩学元　副局长（任至 4 月）
甘广木　副局长（任至 4 月）

中国人民财产保险股份有限公司梅州分公司

涂必峰　总经理（5 月任职）
侯杰辉　副总经理（8 月任职）
谭永恒　副总经理
彭佳常　副总经理（6 月任职）
林文贵　副总经理

中国人寿保险股份有限公司梅州分公司

陈灿豪　副总经理（主持工作）
何志龙　副总经理
黄韩山　副总经理（任至 8 月）
丘海雄　纪委书记、副总经理
陈　兴　总经理助理

中华联合财产保险股份有限公司梅州中心支公司

张惠生　副总经理（主持全面工作）

中国电信股份有限公司梅州分公司

林俊强　总经理、党委书记
吴海潮　副总经理、纪委书记、工会主席
刘卓番　副总经理
林　敏　副总经理
杨　翔　副总经理

中国移动通信集团广东有限公司梅州分公司

李永强　总经理
廖智强　副总经理
李小睿　副总经理（任至 7 月）
邱影玲　副总经理
黄伟华　副总经理（7 月任职）
张文泉　资深经理

中国铁塔股份有限公司梅州市分公司

石海终　总经理
陈英辉　副总经理

中国联通有限公司梅州分公司

史濬彬　总经理
张志雄　副总经理
刘晓峰　纪检组组长
张　晶　副总经理
吴　浩　副总经理

梅州市气象局

张晨辉　局　长
黄文强　副局长
陈海泉　副局长
黄茂栋　纪检组组长
姚建春　副局长

广东省梅州航道事务中心

李小明　党组书记
朱伟亮　主　任
叶敬进　副主任
吴建锋　副主任

中华人民共和国梅州海事局

余银锋　副局长（1—7 月主持全面工作）、
　　　　局　长（8 月任职）

广东电网公司梅州供电局

郑　宇　党委书记、副局长（任至 6 月）
　　　　党委书记、副总经理（6 月任职）
廖毅强　局　长（总经理）、
　　　　党委副书记（任至 6 月）
　　　　党委副书记、总经理（6 月任职）
朱力方　副局长、工会主席（任至 6 月）
　　　　副总经理、工会主席（6 月任职）
曾庆栗　副局长（任至 6 月）
　　　　副总经理（6 月任职）
邱卓伟　副局长（任至 6 月）
　　　　副总经理（6 月任职）
郑冬冬　纪委书记

邓惠华　副局长（任至 6 月）
　　　　副总经理（6 月任职）
张巧华　工会副主席

广东省盐业集团梅州有限公司

张悦兴　董事长、党总支书记
罗敬辉　董事、总经理
黄冠生　副总经理
钟汉光　董事、副总经理
卢健锋　董事、副总经理
魏辉泉　董事、副总经理
李海强　副总经理
王　敏　副总经理
朱海洋　副总经理

中国石化广东梅州石油分公司

郑吉多　经理、党委副书记
潘甲斌　党委副书记、纪委书记、副经理
张怀德　副经理
何　斌　副经理
刘雄华　副经理

广东省梅州市烟草专卖局（公司）

管伟华　局长、总经理
陈伟贤　副总经理
林　莹　副总经理（任至 4 月）
谢志廉　副局长
黄汉武　纪检组组长
陈海强　副总经理

广东中烟工业公司梅州卷烟厂

饶智华　厂长、党委书记（任至 12 月）
刘依军　厂长、党委书记（12 月任职）
李伟才　副厂长
何传郁　纪委书记、工会主席
陈汉涛　副厂长
林乃强　副厂长

嘉应学院

吴　琦　党委书记
杨　洲　党委副书记、院长
罗任权　党委副书记
陈铭贵　党委副书记、纪委书记
罗嘉文　副院长
袁　铎　副院长
张丽霞　副院长
廖志成　副院长

国家统计局梅州市调查队

高陆泉　党组书记、队长
郭伟坚　纪检组组长
曾繁略　副队长

梅州粤运汽车运输有限公司

张　敏　董事长、党委书记
刘麟祥　党委副书记、总经理
罗映天　党委副书记、副总经理
裴守刚　副总经理、纪委书记
刘平林　副总经理

广东省水文局梅州水文分局

罗　东　局　长（任至 7 月）
余华章　局　长（7 月任职）

说明：
1.中央、省属驻梅州单位领导干部名单由各单位提供；
2.统计时间由 2020 年 1 月 1 日至 12 月 31 日止

兴宁市大坪罗屏汉故居

责任编辑：陈旭芳 陈映萍

梅州国民经济和社会发展统计公报

2020 年，面对新冠肺炎疫情的冲击和经济下行的压力，梅州坚持以习近平新时代中国特色社会主义思想为指导，认真贯彻落实省委“1+1+9”工作部署和市委“123456”思路举措，科学统筹疫情防控和经济社会发展，扎实做好“六稳”“六保”工作，稳妥应变、加快调整、夯基筑底、积蓄动能，“十三五”规划目标任务基本实现，全面打赢脱贫攻坚战，为奋力打造“绿水青山就是金山银山”的广东样本、“十四五”开好局、起好步奠定了坚实基础。

一、综合

经广东省统计局统一核算，2020 年梅州市实现地区生产总值（初步核算数）1207.98 亿元，比上年增长 1.5%。其中，第一产业增加值 244.96 亿元，增长 0.7%，对地区生产总值增长的贡献率为 8.3%；第二产业增加值 367.23 亿元，增长 1.5%，对地区生产总值增长的贡献率为 35.0%；第三产业增加值 595.79 亿元，增长 1.8%，对地区生产总值增长的贡献率为 56.7%。三次产业结构比重为 20.3 : 30.4 : 49.3，第三产业所占比重比上年降低 0.8 个百分点。

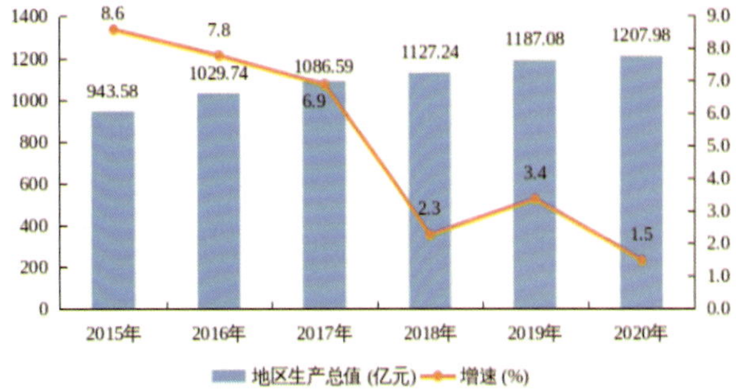

图 1 2015—2020 年梅州地区生产总值及增长速度图

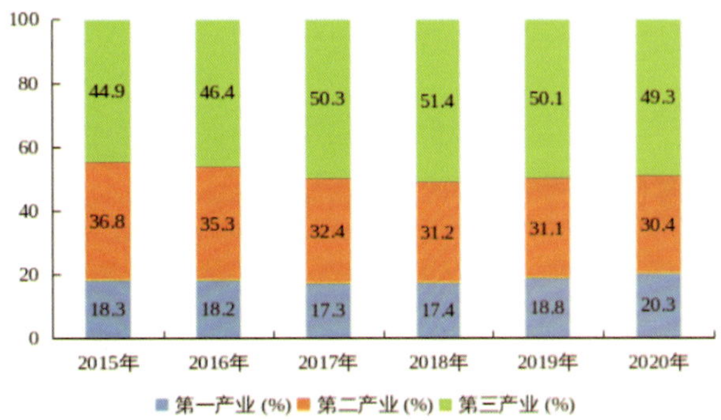

图 2 2015—2020 年梅州三次产业结构图

全市年末户籍人口为 543.96 万人。

全年地方财政一般预算收入 88.19 亿元，比上年下降 3.7%；其中，税收收入 56.44 亿元，下降 6.8%。全年一般公共预算支出 474.35 亿元，比上年增长 6.9%。其中，教育支出 86.06 亿元，增长 3.1%；卫生健康支出 60.06 亿元，增长 5.5%；社会保障和就业支出 76.26 亿元，增长 16.2%。民生类支出 397.87 亿元，占一般公共预算支出比重为 83.9%。

全年城镇新增就业 2.09 万人，就业困难人员实现再就业 0.16 万人。年末城镇实有登记失业人员 1.35 万人，城镇登记失业率 2.36%，比上年末上升 0.1%。

全年居民消费价格比上年上涨 2.1%。分类别看，食品烟酒类价格上涨 8.4%，衣着类价格下跌 0.2%，居住类价格下跌 3.6%，生活用品及服务类价格下跌 1.0%，交通和通信类价格下跌 2.7%，教育文化和娱乐类价格上涨 0.3%，医疗保健类价格上涨 2.5%，其他用品和服务类价格上涨 1.6%。商品零售价格比上年上涨 1.4%。全市工业生产者出厂价格比上年上涨 0.3%，其中，轻工业价格上涨 1.7%，重工业价格下跌 0.3%。

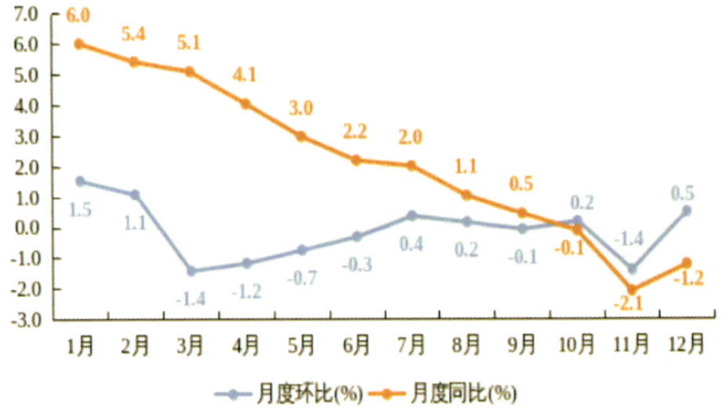

图 3　2020 年居民消费价格月度涨跌幅图

2020 年居民消费价格指数比上年涨跌幅度一览表

表 1

指标	价格指数（上年=100）	比上年涨跌幅度（%）	指标	价格指数（上年=100）	比上年涨跌幅度（%）
市区居民消费价格	102.1	2.1	衣着	99.8	–0.2
食品烟酒	108.4	8.4	居住	96.4	–3.6
其中：食品	111.1	11.1	其中：水、电、燃料	95.8	–4.2
粮食	104.3	4.3	生活用品及服务	99	–1
畜肉类	139.8	39.8	交通和通信	97.3	–2.7
蛋类	94.1	–5.9	教育文化和娱乐	100.3	0.3
水产品	99.5	–0.5	其中：教育类	100.6	0.6
烟酒	103.5	3.5	医疗保健	102.5	2.5
在外餐饮	102.3	2.3	其他用品和服务	101.6	1.6

二、农业

全年粮食作物播种面积 275.00 万亩，比上年增长 2.0%；稻谷种植面积 243.78 万亩，增长 1.9%；甘蔗种植面积 2.28 万亩，增长 34.2%；油料种植面积 18.72 万亩，增长 1.3%；蔬菜种植面积 104.71 万亩，增长 3.1%；园林水果种植面积 116.72 万亩，增长 3.2%；茶叶种植面积 31.78 万亩，增长 7.0%。

全年粮食产量 112.11 万吨，比上年增长 1.6%，其中，稻谷产量 104.35 万吨，增长 1.3%；甘蔗产量 5.27 万吨，增长 3.0%；油料产量 3.56 万吨，增长 1.6%；蔬菜产量 235.83 万吨，增长 4.7%；水果产量 148.44 万吨，增长 3.8%；茶叶产量 2.43 万吨，增长 16.1%。

图 4　2015—2020 年粮食产量及其增长速度图

全年肉类总产量 24.51 万吨，比上年下降 9.6%，其中：猪肉产量 12.38 万吨，下降 14.2%；禽肉产量 10.44 万吨，下降 4.0%。全年水产品产量 10.78 万吨，比上年下降 0.5%。

三、工业和建筑业

全年全部工业增加值比上年增长 2.1%。规模以上工业增加值增长 0.2%，其中，国有及国有控股企业下降 2.6%，外商及港澳台投资企业增长 4.4%，股份制企业下降 0.2%，股份合作制企业下降 9.1%，集体企业增长 76.0%。分轻重工业看，轻工业下降 4.9%，重工业增长 4.0%。分企业规模看，大型企业下降 4.9%，中型企业增长 10.0%，小微型企业下降 1.2%。

图 5　2015—2020 年规模以上工业增加值增长速度图

高技术制造业增加值比上年增长 2.6%，占规模以上工业增加值的比重为 16.6%，比上年下降 1 个百分点。其中，电子及通信设备制造业增长 1.4%，医药制造业增长 6.6%，计算机及办公设备制造业增长 44.8%，医疗仪器设备及仪器仪表制造业增长 2.4%。

先进制造业增加值比上年增长 4.5%，占规模以上工业增加值的比重为 23.5%，比上年下降 0.2 个百分点。其中，高端电子信息制造业增长 1.7%，先进装备制造业增长 18.4%，先进轻纺制造业下降 3.7%，新材料制造业增长 6.0%，生物医药及高性能医疗器械业增长 6.5%，石油化工业增长 32.3%。

装备制造业增加值比上年增长 5.0%，占规模以上工业增加值的比重为 20.7%，比上年下降 0.5 个百分点。其中，计算机、通信和其他电子设备制造业增长 1.7%，汽车制造业增长 20.7%，电气机械和器材制造业下降 0.1%。

优势传统产业增加值比上年下降 1.1%，其中，食品饮料业下降 2.2%，建筑材料增长 2.2%，家具制造业下降 2.8%，纺织服装业下降 28.3%，金属制品业增长 32.1%，家用电力器具制造业增长 65.6%。

六大高耗能行业增加值比上年增长 2.2%，其中，非金属矿物制品业增长 1.0%，电力、热力生产和供应业增长 3.9%，黑色金属冶炼及压延加工业下降 11.6%，化学原料和化学制品制造业增长 10.7%，有色金属冶炼及压延加工业持平，石油、煤炭及其他燃料加工业下降 7.1%。

2020 年规模以上工业主要产品产量及其增长幅度一览表

表 2

产品名称	单位	产量	比上年增长（%）
卷烟	万支	1885000	持平
水泥	万吨	2291.3	0.5
移动通信手持机（手机）	万台	21.35	–83
彩色电视机	万台	16.99	–66.8

续表

产品名称	单位	产量	比上年增长（%）
服装	万件	474.6	-37.3
饮料酒	万升	9793.53	40
家具	万件	82.44	-6.6
电子元件	万只	151212	-17.3
印制电路板	万平方米	1689.19	9.4
发电量	万千瓦时	1103311	-7.7
其中：火电	万千瓦时	992209	0.2
水电	万千瓦时	102933	-47.4
太阳能	万千瓦时	8170	-16.5

全年规模以上工业实现利润总额57.67亿元，比上年增长18.4%。亏损企业亏损总额5.62亿元，增长30.3%。亏损企业亏损面20.7%。分经济类型看，国有控股企业利润9.78亿元，增长17.8%；股份制企业39.98亿元，增长19.6%，外商及港澳台商投资企业8.49亿元，下降14.3%。分门类看，采矿业利润0.67亿元，增长11.2%；制造业37.93亿元，增长10.1%；电力、热力、燃气及水生产和供应业19.07亿元，39.6%。全年规模以上工业企业每百元营业收入中的成本为76.06元，减少1.06元；营业收入利润率为7.99%，上升1.25个百分点。

2020年规模以上工业企业实现利润及其增长速度一览表

表3

指标	利润总额（万元）	比上年增长（%）
规模以上工业	576722	18.4
其中：国有及国有控股企业	97815	17.8
集体企业	141	78.3
股份制企业	399840	19.6
外商及港澳台投资企业	84903	-14.3

全市资质等级以上建筑企业191个，实现建筑业总产值402.36亿元，比上年增长2.4%；实现利润总额18.48亿元，增长2.1%；利税总额30.21亿元，增长1.9%。建筑施工企业房屋建筑施工面积2017.64万平方米，下降10.1%；房屋竣工面积648.95万平方米，增长4.5%。

四、服务业

全年金融业增加值80.86亿元，比上年增长5.5%；房地产业增加值114.31亿元，增长5.7%；批发和零售业增加值83.86亿元，下降9.0%；住宿和餐饮业增加值18.17亿元，下降15.5%；交通运输、仓储和邮政业增加值 27.48 亿元，下降 1.3%。现代服务业增加值 330.72 亿元，增长 6.8%。生产性服务业增加值 178.61 亿元，增长 3.1%。

全年规模以上服务业企业实现营业收入 59.11 亿元，比上年下降 2.2%。其中，战略性新兴服务业营业收入增长 3.1%，高技术服务业营业收入增长 3.1%。分行业看，教育行业同比增长 24.3%；卫生和社会工作行业同比增长 9.0%；信息传输、软件和信息技术服务业营业收入增长 4.5%；科学研究和技术服务业下降 11.1%；交通运输、仓储和邮政业下降 10.2%；租赁和商务服务业下降 16.3%；水利、环境和公共设施管理业下降 12.4%。

全年交通运输、仓储和邮政业实现增加值 27.48 亿元，比上年下降 1.3%。公路、水路交通运输方式完成货物周转量 89.27 亿吨千米，比上年增长 0.5 %，其中：公路货物周转量 89.19 亿吨千米，增长 0.5%；公路、水路交通运输方式完成旅客周转量 12.17 亿人千米，下降 65.9%，其中，公路旅客周转量 12.17 亿人千米，下降 65.9%。

2020 年各种运输方式完成货物运输量及其增长速度一览表

表 4

指标	单位	绝对数	比上年增长（%）
货运量	万吨	9310	-1.1
公路	万吨	9304	-1
水运	万吨	6	-38.8
货物运输周转量	万吨千米	892668	0.5
公路	万吨千米	891850	0.5
水运	万吨千米	818	-39.4

说明：货运量、货物运输周转量仅含公路和水路运输数据

2020 年各种运输方式完成旅客运输量及其增长速度一览表

表 5

指标	单位	绝对数	比上年增（%）
客运量	万人	863	-66.8
公路	万人	861	-66.8
水运	万人	2	-75.5
旅客运输周转量	万人千米	121743	-65.9
公路	万人千米	121730	-65.9
水运	万人千米	79	-83.6

说明：客运量、旅客运输周转量仅含公路和水路运输数据

年末，全市民用汽车拥有量 63.96 万辆，比上年增长 10.1%。其中：私人汽车拥有量 59.16 万辆，增长 9.4%。本年新注册汽车 4.84 万辆，下降 15.2%。

年末，全市公路通车里程 20756 千米，其中：高速公路通车里程 708 千米。每百平方千米公路密度为 130.7 千米。

全年完成邮电业务总量 257.15 亿元（邮政业按 2010 年不变价格计算，电信业按 2015 年不变价计算，下同），增长 23.6%。其中，邮政业务总量 15.24 亿元，增长 7.6%；电信业务总量 241.91 亿元，增长 24.5%；快递业务量 4391.21 万件，增长 4.6%；快递业务收入 6.46 亿元，增长 15.1%。年末电话总用户 426.55 万户，增长 0.1%；其中，固定电话用户 39.14 万户，下降 7.1%；移动电话用户 387.41 万户，增长 1.4%。年末 4G 用户占移动电话用户比重为 81.3%。年末（固定）互联网宽带接入用户 114.19 万户，增长 4.6%。年末移动互联网用户 335.11 万户，增长 3.0%。

五、固定资产投资

全年完成固定资产投资比上年增长 0.1%。其中，项目投资增长 5.8%。分投资主体看，国有经济投资增长 14.8%，民间投资下降 4.6%，港澳台、外商经济投资增长 39.8%。

图 6　2015—2020 年固定资产投资增长速度图

在固定资产投资中，第一产业投资比上年增长 614.9%，第二产业投资增长 12.6%，第三产业投资下降 4.1%。民间投资占固定资产投资的比重为 52.4%。工业投资增长 12.6%，占固定资产投资的比重为 19.8%。基础设施投资下降 1.3%，占固定资产投资的比重为 37.1%。高技术制造业投资增长 42.9%，占固定资产投资的比重为 2.9%。先进制造业投资下降 7.5%，占固定资产投资的比重为 3.3%，其中装备制造业投资下降 8.0%。

2020 年分行业固定资产投资增长速度一览表

表 6

行业	2020 年比 2019 年增长（%）	行业	2020 年比 2019 年增长（%）
固定资产投资总额	0.1	房地产业	−10.3
农、林、牧、渔业	434.6	租赁和商务服务业	131.5
采矿业	244	科学研究和技术服务业	−40.8
制造业	−1.2	水利、环境和公共设施管理业	−33.7
电力、燃气及水的生产和供应业	29.4	居民服务、修理和其他服务业	381
批发和零售业	44	教育	226
交通运输、仓储和邮政业	6.8	卫生和社会工作	27.9
住宿和餐饮业	−49.9	文化、体育和娱乐业	−37.8
信息传输、软件和信息技术服务业	31.9	公共管理、社会保障和社会组织	36.7

房地产开发投资232.47亿元，比上年下降8.4%。按用途分，商品住宅开发投资186.61亿元，下降9.8%，其中：90平方米以下住宅投资12.72亿元，增长70.1%；144平方米以上住宅投资47.39亿元，增长4.3%。办公楼投资2.60亿元，下降11.0%；商业营业用房投资22.91亿元，同比持平。商品房施工面积2421.35万平方米，增长0.6%；商品房竣工面积290.12万平方米，增长87.6%；商品房销售面积为400.95万平方米，增长8.8%；商品房销售额245.54亿元，增长3.3%。

2020年固定资产投资及房地产开发经营完成情况一览表

表7

指标	单位	2020年	2019年	比上年增长（%）
固定资产投资总额	亿元	—	—	0.1
其中：项目投资	亿元	—	—	5.8
房地产开发投资	亿元	232.47	253.89	–8.4
其中：土地购置费	亿元	35.66	45.96	–22.4
其中：住宅	亿元	186.61	206.8	–9.8
按产业分：第一产业	亿元	—	—	614.9
第二产业	亿元	—	—	12.6
其中：工业投资	亿元	—	—	12.6
第三产业	亿元	—	—	–4.1
商品房施工面积	万平方米	2421.35	2407.09	0.6
其中：住宅	万平方米	1888.98	1828.12	3.3
商品房竣工面积	万平方米	290.12	154.62	87.6
其中：住宅	万平方米	231.14	115.97	99.3
商品房实际销售面积	万平方米	400.95	368.45	8.8
其中：期房销售面积	万平方米	351.13	325.89	7.7
商品房实际销售额	亿元	245.54	237.61	3.3
其中：期房销售额	亿元	219.29	210.82	4
商品房待售面积	万平方米	199.71	168.59	18.5

六、国内贸易

全年社会消费品零售总额634.88亿元，比上年下降7.9%。其中，限额以上社会消费品零售总额为110.11亿元，下降14.8%。分区域看，城镇消费品零售总额474.94亿元，下降8.6 %；农村消费品零售总额159.94亿元，下降5.7%。分消费类型看，商品零售额580.42亿元，下降7.1%；餐饮收入54.46亿元，下降15.7%。

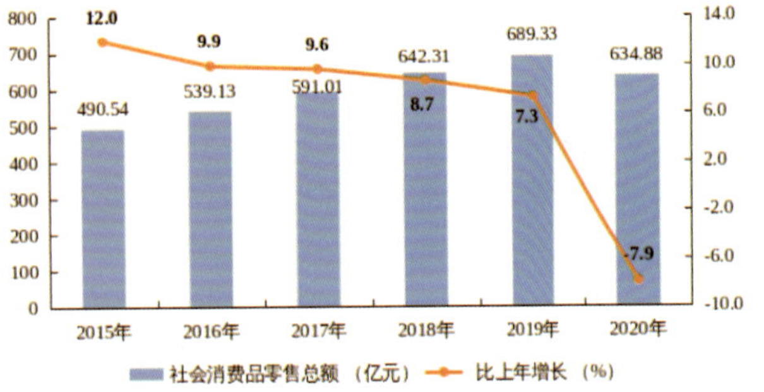

图 7　2015—2020 年社会消费品零售总额增长速度图

在限额以上单位商品零售额中，粮油食品类增长 3.7%，饮料类下降 3.3%，烟酒类下降 3.9%，中西药品类增长 13.7%，石油及制品类下降 25.0%，汽车类下降 7.0%，家用电器和音像器材类下降 15.8%，服装鞋帽、针、纺织品类下降 12.8%，日用品类增长 1.8%，文化办公用品类下降 18.8%，通信器材类增长 27.6%；通过公共网络实现的商品销售增长 10.1%。

七、对外经济

全年货物进出口总额 98.97 亿元，比上年下降 17.9%。出口总额 86.79 亿元，下降 13.8%，其中："三资"企业出口 24.43 亿元，下降 13.0%；私营企业出口 59.72 亿元，下降 14.1%。出口总额中，一般贸易出口 62.99 亿元，下降 11.5%，占出口总额的 72.6%。全年新签外商直接投资项目 26 个，实际利用外商直接投资 1.45 亿（按商务部确认口径），下降 39.3%。

图 8　2015—2020 年货物进出口总额及其增长速度图

2020 年进出口总额及其增长速度一览表

表 8

指标	绝对数（亿元）	比上年增长（%）	指标	绝对数（亿元）	比上年增长（%）
进出口总额	98.97	-17.9	私营企业	59.72	-14.1
出口额	86.79	-13.8	进口额	12.18	-38.7
其中：一般贸易	62.99	-11.5	其中：一般贸易	8.49	6.8
加工贸易	23.76	-19.6	加工贸易	3.67	-69.2
其中：机电产品	41.24	3.1	其中：机电产品	8.37	-13.5
高新技术产品	18.14	13.5	高新技术产品	2.61	-51.8
其中：国有企业	0.76	4231.9	其中：国有企业	0	—
"三资"企业	24.43	-13	"三资"企业	8.61	0.8
集体企业	0	—	私营企业	2.48	-78.1

2020 年主要国家和地区进出口总额及其增长速度一览表

表 9

国家和地区	出口额亿（元）	比上年增长（%）	进口额（亿元）	比上年增长（%）
美国	23.06	0.4	0.84	18.7
欧盟	10.59	0.7	3.37	68.1
东盟	8.7	–12.6	2.66	–68.7
日本	4.84	20.7	2.1	–4.5
韩国	3.2	–28	0.71	–43.7

2020 年主要商品出口总额及其增长速度一览表

表 10

商品名称	单位	2020 年	2019 年	增长（%）
主要商品出口合计	亿元	79.89	84	–4.9
机电产品	亿元	41.24	40.14	3.1
陶瓷产品	亿元	13.34	17.28	–22.8
家具	亿元	10.86	12.93	–16
橡胶产品	亿元	7.1	7.44	–9.7

八、金融

年末，全市金融机构本外币各项存款余额 2438.24 亿元，比上年末增长 8.3%，其中：住户存款余额 1679.03 亿元，增长 10.6%。金融机构本外币各项贷款余额 1588.81 亿元，比上年末增长 17.5%，其中：短期贷款 293.72 亿元，增长 26.2%；中长期贷款 1258.60 亿元，增长 15.4%。银行业金融机构本年利润（税后）31.50 亿元，下降 1.9%。年末银行业金融机构不良贷款率为 0.8%，上升 0.12 个百分点。

2020 年末金融机构本外币存贷款及其增长速度一览表

表 11

指标	绝对数（亿元）	比上年末增长%
金融机构（本外币）各项存款余额	2438.24	8.3
其中：住户存款	1679.03	10.6

续表

指标	绝对数（亿元）	比上年末增长%
活期存款	664.76	9
非金融企业存款	1014.27	11.7
金融机构（本外币）各项贷款余额	1588.81	17.9
其中：短期贷款	293.72	26.2
中长期贷款	1258.6	15.4

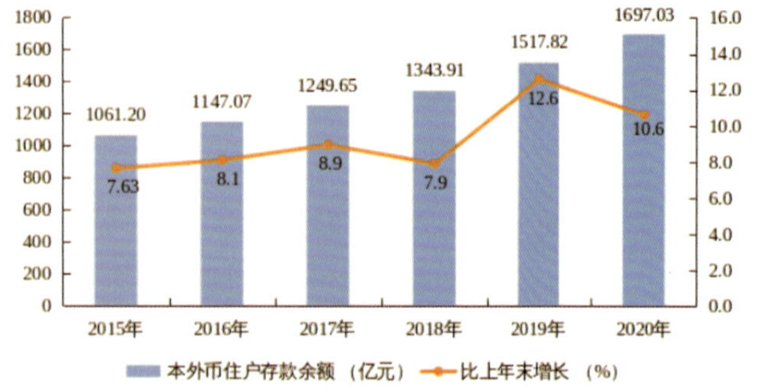

图 9 2015—2020 年本外币住户存款余额及其增长速度图

年末，全市证券市场共有国内A股上市公司 9 家，市价总值 851.51 亿元，比上年末上升 33.3%；境外（香港）上市公司 1 家，市价总值折合人民币 4.67 亿元，比上年末下降 14.0%。全市新增 1 家 A 股上市公司（广东紫晶信息存储技术股份有限公司），通过 IPO 首发上市融资 10.23 亿元；1 家上市公司通过定向增发融资 8.43 亿元。

年末，全市共有 25 家“新三板”挂牌企业，其中，当年新增 1 家。全市共有 14 家证券公司，全年实现营业利润总额 1.51 亿元，比上年增长 91.7%；资金账户新开数 8.07 万户，增长 13.8%，股票基金累计交易额 12352 亿元，增长 77.5%。股票基金市值 442.95 亿元，同比增长 27.9%；共有 11 家证券公司营业部开展融资融券业务，融资融券余额 22.86 亿元，增长 33.9%。期货公司 1 家（广州金控期货有限公司梅州营业部）。

全年实现保费收入 62.53 亿元，比上年下降 2.1%。其中，寿险业务保费收入 36.53 亿元，下降 9.5%，财产险业务保费收入 26.00 亿元，增长 10.8%；健康险和意外伤害险业务保费收入 17.34 亿元，增长 12.3%。全年共支付各项赔款和给付 16.13 亿元，比上年增长 5.1%；其中，寿险业务赔付支出 1.73 亿元，下降 1.8%；财产险业务赔款支出 14.40 亿元，增长 6.0%；健康险和意外伤害险赔付支出 7.38 亿元，下降 2.1%。

九、人民生活和社会保障

全年全市居民人均可支配收入 23873 元，比上年增长 4.2%（名义增长）。按常住地分，城镇居民人均可支配收入 29942 元，增长 2.4%；农村居民人均可支配收入 17430 元，增长 6.0%。

全年全市居民人均消费支出 17071 元，比上年增长 1.5%。按常住地分，城镇居民人均消费支出 19479 元，增长 0.2%；农村居民人均消费支出 14515 元，增长 2.6%。全市居民恩格尔系数为 39.4%，比上年回升 1.5 个百分点，其中城镇为 38.0%，农村为 41.4%。

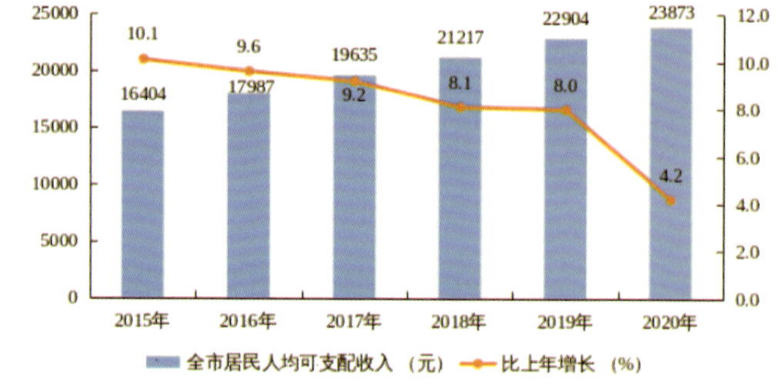

图 10 2015—2020 年全市居民人均可支配收入及其增长速度图

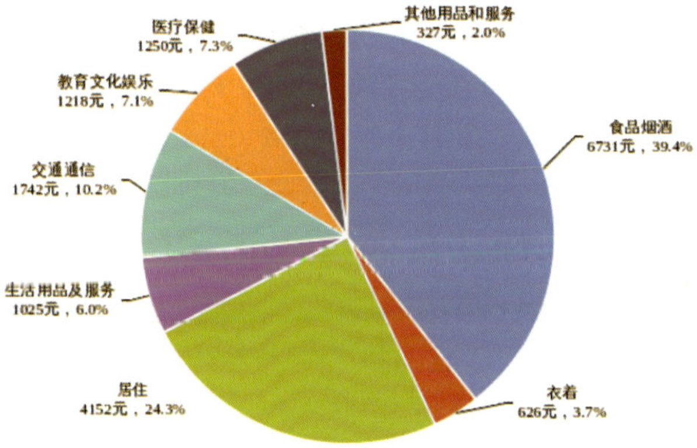

图 11　2020 年全市居民人均消费支出及其构成图

年末，全市参加城镇职工基本养老保险（含离退休）100.93 万人，比上年末增长 8.0%。参加城乡居民基本养老保险人数 169.90 万人，增长 0.5%。参加职工基本医疗保险 52.71 万人，增长 5.4%。参加城乡居民基本医疗保险 406.07 万人，城乡居民医疗保险覆盖率 100%。参加工伤保险 50.51 万人，减少 4.9%。参加失业保险 37.41 万人，增长 2.7%。参加生育保险 38.02 万人，增长 9.2%。全市五大险种社会保险费收入 194.85 亿元，比上年增收 17.05 亿元。

2020 年末全市参加各类保险人数及其增长速度一览表

表 12

指标	2020 年参保人数（万人）	比上年末增长（%）
参加基本养老保险	270.83	3.2
其中：城镇职工基本养老保险（含离退休）	100.93	8
参保职工	65.05	10.9
参保离退休人员	35.88	3.1
城乡居民基本养老保险	169.9	0.5
参加基本医疗保险	458.78	–0.4
其中：职工基本医疗保险	52.71	5.4
城乡居民基本医疗保险	406.07	–1.1
参加失业保险	37.41	2.7
参加工伤保险	50.51	–4.9
参加生育保险	38.02	9.2

全市各类社会福利单位收养人数 4485 人，其中，108 家敬老院入院人数 1637 人,敬老院床位 3678 个。全年城乡各种社会救济对象得到各级政府救济人数 26.54 万人次。全市享受低保救济的困难群众 11.84 万人，其中，城镇 0.61 万人，农村 11.23 万人。社区服务设施 2456 个。目前，全市各镇（街道）已建立了农村社会保障网络。全年共发行销售福利彩票 2.39 亿元，筹集福利彩票公益金 0.72 亿元。

十、教育和科学技术

全年普通高等教育招生 8998 人，在校学生 28340 人，毕业生 6581 人；成人高等教育招生 7548 人，在校学生 19406 人，毕业生 9399 人；各类中等职业教育招生 9345 人，在校学生 25153 人，毕业生 9614 人；普通高中招生 29364 人，在校学生 84441 人，毕业生

28041 人；普通初中招生 57839 人，在校学生 164181 人，毕业生 50151 人；普通小学招生 57639 人，在校学生 373666 人，毕业生 56197 人；技工学校招生 5445 人，在校学生 13504 人，毕业生 3569 人；特殊教育在校学生 1219 人；学前教育在园幼儿 164282 人。小学学龄人口毛入学率 104.7%，初中学龄人口毛入学率 111.7%，小学毕业生升学率 100%，初中毕业生升学率 99.3%，高中毕业生升学率 99.1%。

2020 年各级各类教育招生、在校生、毕业生人数及其增长速度一览表

表 13

指标	招生（人）	比上年增长（%）	在校生（人）	比上年增长（%）	毕业生（人）	比上年增长（%）
普通高等教育	8998	2.9	28340	9.1	6581	-14.5
成人高等教育	7548	-10	19406	-0.5	9399	-7.5
各类中等职业技术教育（不含技工学校）	9345	0.7	25153	-4	9614	4.1
技工学校	5445	13.9	13504	13.4	3569	14.2
普通高中	29364	2	84441	1.36	28041	-6.7
初中	57839	8.3	164181	5.7	50151	5.5
小学	57639	-15.8	373666	0.7	56197	7.8
学前教育	61020	-13.8	164282	4.7	67818	-1.9
特殊教育	171	-42.6	1219	10.6	125	-24.7

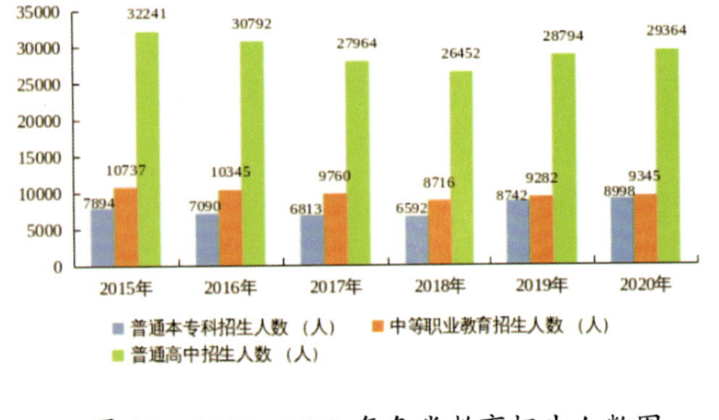

图 12　2015—2020 年各类教育招生人数图

年末，县及县以上科研机构 25 个。年末国有企事业单位拥有自然和社会科学专业技术人员 185015 人。全市专利申请量 5559 件，增长 21.1%，其中，发明 638 件，增长 78.2%；实用新型 3567 件，增长 22.0%；外观设计 1354 件，增长 3.4%。专利授权量 4074 件，增长 58.3%，其中，发明 152 件，增长 117.1%；实用新型 2633 件，增长 70.8%；外观设计 1289 件，增长 34.0%。

十一、文化、旅游、卫生和体育

年末，全市共有文化馆 9 个、公共图书馆 10 个、博物馆 8 个、广播电台 8 座、电视台 8 座、有线电视台 8 座，电影放映单位 31 个，全市广播综合人口覆盖率 100%，电视综合人口覆盖率 100%，有线数字电视用户 57.02 万户。全年出版报纸 2676.6 万份、各类杂志 13.22 万册，公共图书馆藏书 261.75 万册。

全市接待旅游总人数 1264.36 万人次，减少 74.7%。其中：全市接待过夜旅游总人数 768.47 万人次，减少 67.9%。国内外旅游总收入 106.96 亿元，减少 80.6%。

年末，全市共有卫生机构 2966 个，其中，医院 48 个，妇幼保健院 9 个，社区卫生服务中心（站）10 个，镇（街道）卫生院 119 个，专科疾病防治院（所、站）12 个，疾病预防控制中心（防疫站）8 个，卫生监督所（中心）8 个。全市拥有病床 20534 张，其中，医院

13808 张，妇幼保健院 927 张，社区卫生服务中心（站）149 张，镇（街道）卫生院 4955 张，专科疾病防治院（所、站）695 张。全市卫生专业技术人员 26524 人，其中，医院 14737 人，妇幼保健院 1825 人，社区卫生服务中心（站）404 人，镇（街道）卫生院 6315 人，专科疾病防治院（所、站）408 人，疾病预防控制中心（防疫站）390 人，卫生监督所（中心）126 人，卫生专业技术人员中有执业医师和执业助理医师 10130 人，注册护士 10713 人。

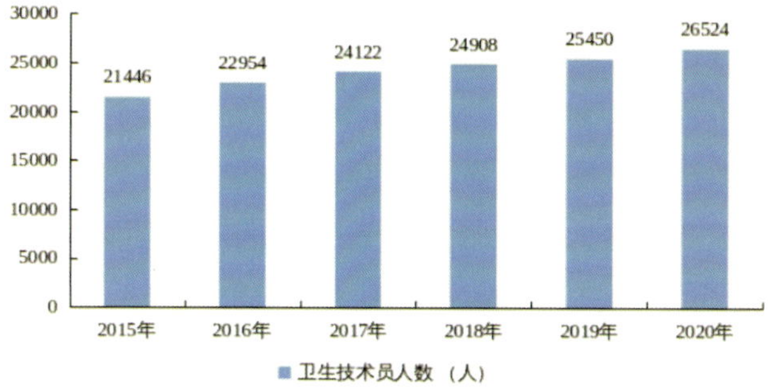

图 13　2015—2020 年卫生技术员人数图

全年全市运动员在参加省级以上比赛中，共获奖牌 77 块，其中：金牌 15 块，银 21 牌块，铜牌 41 块。全市各级组织举办县级及以上各种运动竞赛会 7 次，参加运动会的运动 2.45 万人次。

十二、资源、环境和安全生产

全年水资源总量 104.37 亿立方米，比上年减少 31.7%。年平均降水量 1217.10 毫米，减少 31.6%。

全年规模以上工业综合能源消费量 407.64 万吨标准煤，比上年增长 4.79%。单位工业增加值能耗上升 4.58%。全社会用电 111.99 亿千瓦时，增长 7.0%，其中：工业用电量 57.06 亿千瓦时，增长 3.3%。

年末，全市共有环境监测站 9 个。共有城市（县城）生活污水处理厂 13 座，城市（县城）生活污水处理能力达到 49 万吨/日，城市（县城）生活污水集中处理率达到 97.3%，城市生活垃圾无害化处理率达到 100%。全市环境质量总体保持良好。梅州市空气质量 AQI 指数达标率 98.6%；全市水环境质量总体良好，10 个省考核（含 3 个国考）断面水质优良率为 100%；区域环境噪声和道路交通噪声质量较好，功能区噪声达标率为 95.8%。

全年林业人工造林 41.18 万亩，人工更新 7.47 万亩；低产林改造 13.05 万亩。全市设立县级以上自然保护区 49 个（其中省级以上 7 个），面积 17.49 万公顷，其中泮坑和清凉山 2 个市级自然保护区联合升级为清凉山省级自然保护区。

全年农作物受灾面积 822 公顷，自然灾害造成直接经济损失 5095 万元。发生各类地质灾害 1 起，造成死亡人数 1 人。

全市共发生各类生产安全事故 37 起，死亡人数 28 人，各类事故直接经济损失 2371 万元。道路交通事故死亡人数 278 人，其中经营性道路运输事故死亡人数 13 人。

注：

1.本公报中 2020 年数据为初步统计数

2.从 2011 年起，规模以上工业统计口径由年主营业务收入 500 万元调整为 2000 万元及以上；固定资产投资项目统计起点由计划总投资 50 万元提高到 500 万元，增速为可比口径。限额以上批发和零售业统计标准为：批发业年主营业务收入 2000 万元及以上；零售业年主营业务收入 500 万元及以上。2012 年四季度，国家统计局实施了城乡一体化住户调查改革。2013 年起按照新的调查口径对外发布城乡一体的居民人均可支配收入和分城镇、农村常住居民人均可支配收入数据。由于新老调查方案在调查范围、调查对象、城乡划分标准、样本抽选、计算和汇总方式、指标口径等方面变化较大，改革后新口径数据和旧口径数据存在不可比的差异。从 2015 年起，“地方公共财政预算收入”更名为“地方一般公共预算收入”；各项金融机构存款余额中，“单位存款”更名为“非金融企业存款”、“储蓄存款”更名为“住户存款”

3.地区生产总值、三次产业及相关行业增加值、人均地区生产总值绝对数按现价计算，增长速度按可比价计算；地方一般公共预算收入增长速度按可比口径计算

4.地区生产总值、社会消费品零售总额等相关历史数据已根据第四次全国经济普查结果进行修订，农业相关历史数据已根据第三次全国农业普查结果进行修订

5.数据来源：本公报中城镇新增就业、登记失业率、社会保障数据来自市人力资源和社会保障局和市医疗保障局；财政数据来自市财政局；公路、旅客和货物周转量等数据来自市交通局；城市污水处理数据来自

市住房和城乡建设局；外贸进出口、外商直接投资等数据来自市商务局；快递业务、电话用户、互联网用户等数据来自市邮政及通信部门（单位）；金融数据来自市人民银行、市金融局；保险业数据来自市保险行业协会；教育数据来自市教育局、市开放大学和嘉应学院；科技成果、专利数据来自市市场监督管理局和市科技局；旅游、艺术表演团体、博物馆、公共图书馆、文化馆、广播、电视和电影数据以及报纸、期刊、图书数据来自市委宣传部和市文化广电旅游局；体育数据来自市体育局；人口出生率、死亡率、自然增长率，卫生数据来自市卫生健康局；户籍人口数据来自市公安局；低保、社会救助、福利彩票、社会组织数据来自市民政局；水资源数据来自市水务局；环境监测数据来自市生态环境局；林业数据来自市林业局；各类地质灾害数据来自市自然资源局；农作物受灾面积、安全生产、道路交通事故数据来自市应急管理局；其他数据来自市统计局和国家统计局梅州调查队

文献选编

牢记嘱托　感恩奋进
奋力打造“绿水青山就是金山银山”的广东样本

——在市委七届十次全会第一次全体会议上的报告

（2021 年 1 月 21 日）

梅州市委书记　陈　敏

同志们：

现在，我代表市委常委会向全会作工作报告，请予审议。

这次会议的主要任务是，以习近平新时代中国特色社会主义思想为指导，深入贯彻落实习近平总书记出席深圳经济特区建立40周年庆祝大会和视察广东重要讲话、重要指示批示精神，深入学习贯彻中共十九届五中全会、中央经济工作会议精神，认真落实省委十二届十一次、十二次、十三次全会部署，总结我市2020年工作，谋划“十四五”时期我市经济社会发展，审议《中共梅州市委关于制定国民经济和社会发展第十四个五年规划和二〇三五年远景目标的建议》，部署2021年工作，奋力打造“绿水青山就是金山银山”的广东样本，为广东在全面建设社会主义现代化国家新征程中走在全国前列、创造新的辉煌做出应有贡献！

一、2020 年主要工作

2020年，是极不平凡的一年。面对突如其来的新冠肺炎疫情、经济下行的巨大压力，我们坚持以习近平新时代中国特色社会主义思想为指导，认真落实党中央决策部署和省委“1+1+9”工作部署，统筹推进疫情防控和经济社会发展，推进“六稳”工作，落实“六保”任务，全面打赢脱贫攻坚战，为决胜全面小康、建设生态发展区先行示范市打下了良好基础。

（一）大学习，强化政治引领。巩固深化“两学一做”学习教育、“不忘初心、牢记使命”主题教育，抓好《习近平谈治国理政》的系统学习，围绕学习贯彻习近平总书记出席深圳经济特区建立40周年庆祝大会和视察广东重要讲话、重要指示批示精神和党的十九届五中全会精神，开展新一轮“大学习、深调研、真落实”工作，市领导牵头开展17个重大课题调研，全覆盖培训1000多名县处级以上干部、2万多名公务员和24万名党员，党员干部“四个意识”明显增强、“四个自信”更加坚定、“两个维护”更加自觉。

（二）战疫情，取得重大胜利。疫情发生以来，我们坚决响应习近平总书记的号召，严格按照省委的统一部署，全市总动员、全民大行动，以雷霆万钧之势遏制疫情蔓延，稳控基本面、把握主动权，用20天实现本地新增确诊病例为零，至5月初全市17名患者全部治愈出院，丰顺保持全县零确诊。至目前，全市未再发生新的疫情。正是全市人民的高度自觉和无悔付出，换来疫去春来、山河无恙，谱写了一首可歌可泣的生命赞歌。

（三）稳经济，实现由负转正。按照“双统筹”“双胜利”的要求，千方百计复工复产，推动全市经济逐季回暖，至第三季度GDP增速实现由负转正。全年实现地区生产总值1207.98亿元，比增1.5%；工业投资、技改投资大幅增长，分别比增12.6%、10.9%；社会用电量111.99亿千瓦时，比增7%，售电量102.59

亿千瓦时，比增8.75%，实现历史性突破；金融机构存贷比达65.2%，再创新高；全体居民人均可支配收入23800元，比增4.0%，农村居民人均可支配收入增速高于城镇居民3.5个百分点。主要经济指标逆势上扬，充分说明我市经济发展富有效率。我们狠抓“5311”绿色产业体系建设，不断充实10个省级工业园，共引进招商项目135个，计划投资646.97亿元。广梅园获评中国领军智慧园区，申报国家级高新区稳步推进，平远工业园被认定为省级高新区。新增高新技术企业13家，总数增至242家，新增科创板上市企业1家。圣戈班、景田矿泉水、万洋众创城等项目当年签约、当年动工，王老吉、采芝林等新项目建成投产。嘉元、超华、博敏、塔牌、BPW车轴等骨干企业增资扩产，其中BPW车轴整体税收由上年8800多万元增至1.77亿元。梅县区跻身国家全域旅游示范区。成功举办茶产业、柚产业、铜箔产业、互联网大会、中甲中冠足球联赛、马拉松赛等系列活动，推动大宗农产品梅州柚、嘉应茶、客都米、平远橙、兴宁鸽等优势产业发展，启动建设互联网产业园、铜箔产业园，培育发展蜜柚小镇、足球小镇，为经济发展注入新动能、新活力。

（四）深改革，大兴崇商重企。牵住营商环境综合改革“牛鼻子”，深化“放管服”“数字政府”改革建设，深入开展“暖企”行动，2020年全省营商环境试评价居粤东西北首位，城市政商关系健康总指数位列全国292个城市第43位，居进步最快城市榜首。在“客都人家”、圣戈班等项目上，创造了令人瞩目的“梅州速度”，初步实现“梅州服务、天天进步”。目前蕉华管理区体制改革效应明显，东升工业园放权改革稳妥推进。持续扩大对外开放，统筹推进综保区、国际无水港、跨境电商综试区建设，梅州综保区获国务院批复建设，实现国家级发展平台零的突破。

（五）总攻坚，如期精准脱贫。有效应对疫情影响，全力推进产业扶贫、就业扶贫、消费扶贫，探索了一批在全国、全省复制推广的经验做法，三年攻坚每年考核实现提档进位，走在全省前列。全市53180户145032名建档立卡相对贫困人口100%脱贫，349个省定贫困村全部退出。同时，大力实施乡村振兴战略，围绕五大振兴、两大公共服务、六个突出，全域推进综合改革，全面铺开“两美”行动，全面完成“三清三拆三整治”，349个省定贫困村基本建成新农村示范村，全域90%以上村庄建成干净整洁村，农村生活垃圾有效处理率、村庄保洁覆盖率达100%，完成碧道建设31.9千米，梅江白宫河、梅县丙雁大堤、兴宁麻岭河、平远石正河、蕉岭石窟河等成为网红景点，农村基础设施和人居环境显著改善，乡村振兴继续走在全省前列。

（六）打基础，赋能环境升级。支撑发展的基础设施和城乡环境日益改善。融入大湾区的梅龙高铁全线开工，贯通赣南闽西的瑞梅铁路、梅州至武平高铁项目加快推进，出海新通道华陆、大潮高速建成通车，“四好农村路”示范县数量全省第一。新基建稳步推进，5G基站建成1353个，实现城区、工业园区5G网络全覆盖。污染防治攻坚战效果明显，全年城市空气质量优良率居全省第一，黄塘河、周溪河水质净化厂建成使用，镇级污水处理设施建成和覆盖数量居全省第一。全市10个省考国考断面水质达标率和优良率均达100%。五华循环经济产业园建成使用，80家镇级简易填埋场整治验收销号。广东首个国家储备林项目落地建设，全市森林覆盖率达74.48%，稳居全省前茅。梅州大地天更蓝、水更碧、土更净，发展承载力越来越强。与此同时，大力推动新型城镇化，狠抓中心城区提质扩容，江南新城、梅县新城、芹洋半岛所布局的道路管廊、学校医院、公园场馆、产业项目陆续建成，嘉应新区起步区“五年成规模”基本实现，建成区面积从36.7平方千米扩大到53.22平方千米。新峰路、罗乐大桥等“断头路”顺利打通，百岁山、清凉山郊野公园建成开放，“三宜”城市建设亮点纷呈、日新月异。

（七）兴文化，厚植客都文韵。全国文明城市创建测评排名大幅提升，平远县、蕉岭县获“全国县级文明城市”提名资格，丰顺县上榜广东省文明城市。启动江北老城区“一城两坊”更新工程，加快改造凌风路等历史文化街区和人文社区。深入实施文化惠民工程和文艺“双精”工程，建设“三馆一场两中心”基层文化阵地，中国客家博物馆升级为国家一级博物馆。分批修葺366处革命旧址遗迹，活化利用名人名居和传统村落，修复林风眠、张弼士、邹鲁、田家炳等名人故居。重大文旅项目“客都人家”一期顺利开业，成功举办林风眠纪念大会、卡拉比—丘数学大会，建设艺术小镇、数学小镇，打造了一批文旅新地标。全市足球场地 1022 块，人均占有率全省第一，获评全国示范城市和重点推进市。打造了一批客家题材精品力作，在第十四届广东省艺术节上喜揽 15 个奖项，全省领先，被业界誉为“梅州现象”。

（八）纾民困，兜牢民生底线。坚持过紧日子，量力而行、尽力而为，以小财政办大民生，用小切口推动大变化。针对城区大班额、入园难等问题，全市新建、改扩建中小学（幼儿园）74 间，新增优质学位 3.78 万个，“薄改提升”项目开工率全省第三。深化“县管校聘”改革，全市 4 万多名教师有序流动。嘉应学院紫琳学院、市职业技术学院加快建设。市中医医院成功创三甲，全市三甲医院达 4 家，市级医院一批新建工程顺利推进，县级 7 家医院新院区落成启用，镇、村卫生院（站）标准化建设全面完成，健康梅州基础更加扎实。坚持减负、稳岗、扩就业并举，大力实施“粤菜师傅”“广东技工”“南粤家政”三项工程，新增就业 2.1 万人，城镇登记失业率控制在 3.5% 以内，企业职工养老保险、工伤保险实现省级统筹，减免企业社保费 13 亿元，基本医疗保险参保率 100%，在全省率先实现食品安全全民保险。全市敬老院改造提升三年行动扎实推进，获省星级数量居粤东首位。

（九）创平安，共建城乡和谐。以建设名副其实、声名远扬的“平安之乡”为统揽，抓好维护政治安全专项行动和社会矛盾问题专项治理，打击邪教活动，集中打击整治突出违法犯罪，扫黑除恶满意率居全省第一。实施社会治理实践创新项目，推进“中心+网格化+信息化”建设。加强公共安全隐患排查治理，安全生产总体稳定。群众安全感、政法工作满意度再获全省双第一，入选首批全国市域社会治理现代化试点城市。

（十）强党建，涵养政治生态。贯彻新时代党的建设总要求和党的组织路线，以政治建设为统揽，推进全面从严治党。认真实施省委“两个维护”十项制度机制，坚决全面彻底肃清李嘉、万庆良恶劣影响，做到“三个决不允许”。切实履行意识形态工作责任制，确保意识形态更加安全。完成党的基层组织建设三年行动计划，村级换届扎实推进。坚持正确选人用人导向，及时选拔任用忠诚干净担当的优秀干部，激励党员干部担当作为。持续开展正风肃纪反腐，全市纪检监察机关全年立案 1510 件，给予党纪政务处分 1436 人，风清气正的政治生态进一步巩固提升。

过去一年，我们加强和改善党委对人大、政协工作的领导，充分发挥人大、政协在民主政治建设中的重要作用。构建“大统战”工作格局，做好民族宗教工作，发挥工会、共青团、妇联等人民团体的职能作用，改进党管武装。全市团结和谐的大好局面进一步巩固，广大干部群众干事创业的积极性进一步激发，各级各界、各行各业、各条战线每一位同志都心往一处想、劲往一处使，一起共克时艰、一起共促发展、一起共享丰收。

梅州作为老区苏区，能够取得抗疫重大胜利，经济得到全面复苏，就是因为多年来党中央出台了一系列支持老区苏区振兴发展的重大政策措施，改善了梅州苏区的发展条件，增强了内生动力。特别是党的十八大以来，习近平总书记每年都到老区苏区调研考察，不单对老区苏区的改革发展大局把脉定向，而且对老区苏区人民的吃穿住行一一过问，多次强调“全面小康不能少了老区”，体现了习近平总书记不忘初心的老区情怀，体现了习近平总书记对苏区百姓的拳拳深情。习近平总书记还曾亲自总结提炼了“苏区精神”，不但给我们带来了精神动力，而且增强了我们苏区干部群众的荣誉感和自豪感。习近平总书记对老区苏区、对广东的厚爱和嘱托，让苏区人民深受感动、饱含感激。省委、省政府坚决贯彻习近平总书记的重要指示批示精神，李希书记先后 4 次到梅州调研，专门在梅州主持召开全省推动老区苏区振兴发展工作现场会，谋划推进梅州苏区新一轮振兴发展。我们按照省委书记李希的要求，牢记嘱托、感恩奋进，切实扛起振兴苏区的责任和使命，把感动凝聚成奋斗的力量，把感情融入丰富的改革发展实践中，把感恩转化为梅州高质量发展的美好现实，以扎实的工作、务实的发展报答习近平总书记、报恩党中央！

过去一年，来之不易的好局面，是习近平总书记、党中央坚强领导的结果，是习近平总书记科学指引的结果，是省委、省政府正确领导与关心支持的结果，也凝聚着全市党员干部群众艰苦奋斗的智慧和汗水。在此，我代表市委常委会，向全市广大工人、农民、知识分子、干部、驻梅州市部队官兵、公安干警，向各民主党派、各人民团体和各界人士，向热心支持梅州发展的港澳台同胞、海外侨胞及外国朋友，表示衷心的感谢，并致以崇高的敬意！

二、“十四五”时期面临的形势与任务

当前，“十三五”圆满收官，“十四五”开局起步。“十三五”时期，在习近平总书记、党中央的擎旗领航下，市委按照省委“1+1+9”工作部署，立足生态发展区的定位，实施“123456”的思路举措，紧扣“六争六补”工作总抓手，着力构建“五星争辉”区域发展格局，打造“三宜”城市范例，奋力推动梅州苏区振兴发展，为“十四五”开好局、起好步奠定了坚实基础。

一是发展质量越来越好。全面贯彻新发展理念，坚定不移走生态优先、绿色发展之路，经济发展质量稳步提升。预计“十三五”期间，地区生产总值年均增长4.3%，人均生产总值年均增长4.1%，全体居民人均可支配收入年均增长7.7%，其中农村居民收入年均增长8.1%，高于GDP和城镇居民收入增速。绿色工业欣欣向荣，现代农业蓬勃发展，文化旅游方兴未艾，社会和谐稳定，人民安居乐业。

二是改革开放越来越新。地方机构改革圆满顺利，营商环境改革、国有企业改革、园区管理体制改革、乡村振兴综合改革和基层社会治理创新取得较大突破。特别是足球改革深入推进，再展球乡雄风。主动融入“双区”“双城”建设，建立“一带一路”沿线客属地区经贸文化联络处，梅州综保区、国际无水港、跨境电商综试区、一类航空口岸等开放平台不断夯实，开放空间进一步优化。

三是民生改善越来越实。集中八成财力用在民生，坚持每年办好十件民生实事。脱贫攻坚任务全面完成。5年新增城镇就业人数12.9万人，医疗、养老、住房等社会保障水平不断提升，教育、文化等公共服务不断完善，获评“世界长寿之都”，连续3年获评全国社会治理创新典范城市，“全国双拥模范城”建设实现三连冠，社会事业繁荣兴旺。

四是基础环境越来越优。“铁公机”集中发力，立体交通加快形成。梅汕客专顺利通车，梅龙高铁动工建设；5条高速建成通车，高速公路通车里程达708千米；机场航线调整优化，年吞吐量突破60万人次。全市光纤入户率达九成以上，5G产业园入选省级园区。成功创建国家森林城市，全国生态文明建设先行示范区完成总结评估，全市森林覆盖率逐年提高。污染防治攻坚战成效明显，获评“美丽山水城市”，韩江入选全国“最美家乡河”，“两美行动”建设出新出彩。

五是党的建设越来越强。新时代党的建设总要求和党的组织路线得到有效落实，党的全面领导和党的建设明显进步，政治生态显著改善。基层党组织建设全面进步、全面过硬。实施“三好一正”工程，意识形态主阵地更加牢固。驰而不息正风肃纪反腐，推进纪检监察和巡察体制改革，反腐败斗争取得压倒性胜利。

我们要继续保持“十三五”时期的良好发展趋势，全面把握“十四五”时期的重大机遇，顺势而为、趁势而上，与全国全省一道进入全面建设社会主义现代化国家的新发展阶段。

（一）把握好市情的“变”与不变。我们要深刻领会习近平总书记关于国际国内形势的重大判断，关于新发展阶段的重要论述，关于构建新发展格局的重大战略抉择，关于“十四五”时期发展的重大部署，沿着习近平总书记指引的方向谋划和推动改革发展各项工作，观察分析形势问题要从政治上把握，谋划推动经济工作要落实政治要求，处理解决经济问题要防范政治风险，始终胸怀“两个大局”，牢记习近平总书记赋予广东的总定位总目标，把握广东历史方位，深化对梅州市情的认识，顺应发展趋势，开局“十四五”、开启新征程。我们要深刻认识到经济欠发达的市情尚未根本改变，不变的是发展，变的是发展方式。我们要深刻认识到梅州交通区位条件尚未根本改变，变的是我们要融入“双循环”新发展格局，融入“双区”“双城”建设大局。我们要深刻认识到文化、生态、侨乡等传统优势没有变，变的是我们要打开山门、转换动能、激活资源，注入新的时代价值，推动梅州特色化、差异化发展，形成参与区域发展的综合竞争力。我们要深刻认识到苏区精神没有变，但时代内涵、工作要求变了，要实现“十四五”的历史宏愿，绝不是轻轻松松、敲锣打鼓就能做到的，必须继续艰苦奋斗，牢记习近平总书记对老区苏区的嘱托，传承苏区精神，保持苏区风骨，带着感动、带着感情，创造性落实省委“1+1+9”工作部署，奋力推动梅州苏区振兴发展步步高。

（二）把握好基本思路和远景目标。党的十九届五中全会对“十四五”规划和到2035年的远景目标作出统筹谋划，省委十二届十二次全会对贯彻工作作出了全面部署，擘画了广东“十四五”发展新蓝图，我们要认真学习贯彻，把中央和省委的决策部署，全面贯彻到梅州各项工作之中。

一要明确方向。纲举而目张。习近平总书记赋予广东的总定位总目标，省委提出的“十四五”规划《建议》，一个是纲，一个是目，是愿景所在、是行动指南。我们要深刻领会两者之间的关系，围绕中国式现代化“五大特征”，对照省委“1＋1＋9”工作部署，进行前瞻性思考、全局性谋划，统筹兼顾、综合施策，找准梅州的历史方位和发展方向，立足生态发展区定位，继续深化实施“123456”思路举措，建设生态发展区先行示范市，奋力打造生态经济发展新标杆和“绿水青山就是金山银山”的广东样本，为广东在新征程中走在全国前列、创造新的辉煌贡献梅州力量。

二要坚持原则。党的十九届五中全会提出，“十四五”时期我们的经济社会发展必须遵循五条原则，即坚持党的全面领导，坚持以人民为中心，坚持新发展理念，坚持深化改革开放，坚持系统观念。梅州作为经济欠发达地区，我们要在这“五个坚持”的基础上，还要坚持发展第一要务的原则，走生态优先、绿色发展之路，通过加快发展、高质量发展，推动产业生态化、生态产业化，实现美丽与发展共赢。

三要坚定目标。根据中央和省的远景目标安排，科学展望到二〇三五年，国家将基本实现社会主义现代化，人均国内生产总值达到中等发达国家水平，广东将更进一步走在全国前列。综合考虑我市内外发展趋势和发展条件，到二〇三五年，全市经济实力、综合竞争力将大幅提升，城乡居民人均收入、人民生活品质将大幅改善，绿色发展能力、科技创新能力将大幅增强，基本实现新型工业化、信息化、城镇化、农业现代化，治理体系和治理能力现代化，人的全面发展、全体人民共同富裕取得实质性进展。“十四五”期间，要围绕“三大五化”目标，努力实现发展质量越来越好，人均主要经济指标更加接近全国平均水平。一是经济发展取得实质成效，二是改革开放迈出坚实步伐，三是社会文明呈现客都魅力，四是生态文明实现全面进步，五是民生福祉改善更有温度，六是治理效能得到综合提升。

（三）把握好“十四五”的重点任务。习近平总书记强调，“十四五”时期要以推动高质量发展为主题，经济、政治、社会、文化、生态文明等各领域都要体现高质量发展的要求。省委书记李希要求，要把新发展阶段的重点任务理清楚，咬定青山不放松，以扎实的步伐迈向社会主义现代化。对于梅州来说，推动“十四五”时期发展，必须围绕建设现代化，把握好、解决好事关高质量发展的突出问题，努力实现更高质量、更有效率、更加公平、更可持续、更为安全的发展。

一是立足“功能区”，坚持生态优先绿色发展。要按照省委高质量构建“一核一带一区”发展格局的部署，深化建设生态发展区的内涵，更加突出生态优先、绿色发展，围绕建立以绿色工业、生态农业、生态旅游为主体的“5311”生态产业体系，以更好的生态供给融入和服务“双区”，加强与“核”“带”的融合对接，促进与闽赣的经济互动，打造生态经济发展新标杆，争当生态发展区建设先行示范市，奋力开创“绿水青山就是金山银山”的新路。

二是参与“双循环”，培育形成现代经济体系。围绕广东打造新发展格局的战略支点，着力打造接受支点辐射、服务支点建设、参与“双循环”的现代经济体系。要完善推动高质量发展的体制机制，推进资源高效配置的改革，引导更多的人才、资本、技术等要素“上山下乡”。要培育发展参与“双循环”的市场体系，壮大市场主体规模，激发市场主体特别是中小微企业和个体工商户的活力，推动要素、商品、服务等循环流动畅通无阻。要形成更高水平的开放格局，着重发挥“世界客都”“华侨之乡”的优势，进一步提升营商环境国际化水平，打造立足周边、面向全球的开放窗口。

三是融入“大湾区”，拓展梅州发展新的空间。围绕“双区”建设“五大效应”，高水平实施“三进一出”工程，持续打造“双区”最美后花园、最佳康养地、最优体验场和后方大农场。要推动现代交通融“区”融“核”，实现高铁、高速公路、航班航线全面对接、互联互通。要拓展穗梅产业共建空间，以10个产业转移园为主阵地，积极承接粤港澳大湾区产业外溢辐射，参与区域产业分工，着力强链延链补链。要以梅州所长，对接湾区所需，大力发展现代农业、大健康产业和文旅体育产业，创造消费新需求，提供消费新供给，为大湾区提供更多的优质生态产品和服务。

四是振兴“老苏区”，建设美丽梅州美好家园。认真贯彻落实中央和省关于推动老区苏区振兴发展的新部署，全面增强老区苏区的内生动力。要顺应“三农”工作重心的历史性转移，巩固拓展脱贫攻坚成果同乡村振兴的有效衔接，按照实施新一轮省内帮扶的要求，深化与“一核”“一带”的项目对接和共赢发展，提升实施乡村振兴战略的深度、广度。要大力实施乡村建设行动，促进农业高质高效、乡村宜居宜业、农民富裕富足。要围绕打造“三宜”城市，推进新型城镇化，着力抓好中心城区提质扩容，把县城和中心镇作为重要切入点，深化城乡融合发展，带动美丽小城镇、美丽乡村建设。要深化“五星争辉”格局建设，按照不同功能和赛道，以组团发展引领县域发展，带动全域振兴。

五是共创“新生活”，扎实推动走向共同富裕。要围绕人民对美好生活的向往，着力改善就业、教育、社保、医疗、平安等重点民生，不断增强人民群众的获得感、幸福感、安全感。全面强化就业优先政策，扩大援企稳岗政策受益面，帮助重点群体提升就业质量。突出“全覆盖”“可持续”“高质量”，统筹构建优质均衡的公共服务网和社会保障网，优化公共服务供给，解决群众最急最忧最盼的困难和问题。总结推广疫情防控群防群治经验，完善网格化社会治理体系，打造共建共治共享的社会治理共同体。

六是筑牢“大安全”，办好发展安全两件大事。要坚持总体国家安全观，把安全发展贯穿发展各领域和全过程，以大概率思维应对小概率事件，落细落小防风险、保安全、护稳定的各项措施。深入开展维护国家政治安全专项行动。加强经济安全风险预警、防控机制和能力建设，着力防范化解金融、债务领域风险。提高安全生产水平，有效遏制重特大安全事故的发生。加大森林防火工作力度，加强饮用水源保护，消除地质灾害隐患，确保生态安全。强化食品药品安全，健全质量追溯体系和制度。推进社会矛盾问题专项治理，严厉打击突出违法犯罪和新型网络犯罪行为。统筹发展和安全，要更加重视法治建设，确保科学立法、严格执法、公正司法，为改革发展创造安全的政治环境、稳定的社会环境、公正的法治环境。

三、2021 年工作安排

今年是“十四五”规划的开局之年，也是中国共产党成立 100 周年，做好今年的各项工作意义重大。今年工作的总体要求是，以习近平新时代中国特色社会主义思想为指导，全面贯彻中共十九大和十九届二中、三中、四中、五中全会以及中央经济工作会议精神，围绕习近平总书记赋予广东在全面建设社会主义现代化国家新征程中走在全国前列、创造新的辉煌的使命任务，按照省委十二届十一次、十二次、十三次全会的要求，认真落实省委“1+1+9”工作部署，坚持稳中求进工作总基调，立足新发展阶段，贯彻新发展理念，参与打造新发展格局战略支点，以推动高质量发展为主题，以深化供给侧结构性改革为主线，以改革创新为根本动力，以满足人民日益增长的美好生活需要为根本目的，坚持系统观念，巩固拓展疫情防控和经济社会发展成果，更好统筹发展和安全，扎实做好“六稳”工作、全面落实“六保”任务，落实“123456”思路举措，扭住“六争六补”工作总抓手，统筹推进“5311”绿色产业体系建设，加快构建“五星争辉”区域发展格局，建设“三宜”城市，推动梅州加快高质量发展步伐，奋力打造“绿水青山就是金山银山”的广东样本，确保“十四五”开好局、起好步，以优异成绩庆祝建党 100 周年。

在“深调研”的基础上，深化完善全市工作总抓手，就是要奋力在生态文明、乡村振兴、文化名城、社会治理、安全发展、基层党建“六个方面”走在全省前列，加快补齐对外交通、实体经济、技术创新、发展平台、改革开放、民生事业“六个方面”短板。市委常委会认为，安全是发展的前提，发展是安全的保障，安全发展既是“十四五”发展坚持系统观念的内在要求，又是当前应对各类风险挑战的迫切需要，所以把安全发展列为六项争先工作之一。今年全市发展主要目标，就是地区生产总值增长 5%以上，一般公共预算收入增长 5%，全体居民人均可支配收入增速高于经济增速。确定这些工作重点和经济指标，是为了引导和稳定预期，毫不动摇地坚持“一个中心、两个基本点”的基本路线。我们要同心同德、努力奋斗，确保全面完成任务，力争完成得更好。要抓好以下重点工作。

（一）狠抓疫情防控，保障人民生命安全。做好今年的经济社会发展工作，必须把常态化疫情防控作为前提条件，从严织牢织密“外防输入、内防反弹”的立体防控网。要坚决担当起“一把手一肩挑”的疫情防控政治责任，层层抓落实，以疫情防控的实际效果体现“两个维护”。切实加强疫情监控，及时发现上报突发异常情况，做到第一时间反应处置、第一时间切断传染链条。加快建设市应急收治中心、卫生应急物资储备中心，特别是要加强基层社区和广大农村的疫情防控工作领导，防止出现宽、松、软的问题，切实筑牢防疫的天罗地网。

（二）狠抓创新驱动，力促发展换道超车。深入实施创新驱动发展战略，确定科技创新方向和重点，优化创新资源，力促动能转换、经济转型。一是做大主体规模。继续加大培育高新技术企业，发挥企业创新主体作用，支持超华科技和嘉元科技牵头申报创建“广东高性能电解铜箔创新研发中心”，推动骨干企业组建创新联合体，带动科技型中小企业创新发展，实现高新企业数量稳步增长。二是做实研发平台。加强与重点院所高校的合作，丰富梅州市农林科学院、省科学院梅州产业技术研究院、梅州市医学科学院、梅州高新区科技成果转化基地等“三院一基地”的建设内涵，孵化一批科技型企业。推动广梅园列入国家级高新区认定考察名单，加快县级工业园区创建省级高新区步伐。支持骨干企业新建一批国家级和省级研发平台，在铜箔、电子信息、机电制造等领域开展产学研攻关，力争共性技术、关键技术取得新突破。三是做强人才支撑。落实“省科创 12 条”“市科创 20 条”，推动科技与金融结合，加大科技研发投入，制定人才强市三年行动方案，积极对接“珠江人才计划”“广东特支计划”“扬帆计划”，发挥本地高校的作用，大力引进和培育高层次科技人才、实用型技能人才。

（三）狠抓产业建设，不断壮大实体经济。紧紧围绕构建“5311”产业体系，在巩固烟草、电力、建材等传统优势产业的基础上，着力打造若干个市域产业集群。一是以嘉元科技、超华科技、博敏电子、志浩电子、威华集团为龙头，加快建设铜箔特色产业园，打造以铜箔和高端电路板制造为重点的新一代电子信息产业集群，加快新材料产业集群建设。二是以培英电声、立讯精密等企业为龙头，加快产业基础高级化、产业链条现代化，推进“国际声谷”项目建设，打造“中国电声之都”。三是以梅州高新区广汽零部件产业园为核心，加快打造汽车零部件主导产业，争取纳入广州汽车制造业大产业集群。四是以万宝家电、广州轻工、辉骏科技等企业为重点，积极打造智能家电产业集群，带动上下游产业一体化发展。五是以梅州柚、嘉应茶、客都米、寿乡水、平远橙、兴宁鸽等优势产业为重点，发展精深加工，实施“品种、品牌、品质”提升工程，打造寿乡富硒食品产业集群。六是以客都人家为龙头，提升客天下、雁南飞、雁山湖、熙和湾、五指石、韩山等景区，串珠成链、以点带面，谋划建设九龙湖风景区，强化梅江韩江绿色健康文化旅游产业带的集聚效益，加快全域旅游大发展，打造百亿元文旅产业集群。七是以广药和蕉华大健康产业园为依托，积极发展南药种植、生物制药、现代医疗、健康养生等产业，推进新南方药业发展，打造大健康产业集群。八是以“三云两园两中心”建设为依托，以梅州互联网大会为载体，加快打造人脑加电脑轻资产产业，大力建设 5G 等新基建和工业互联网，积极培育互联网和数字经济产业集群。

（四）狠抓“三进一出”，服务融入“双区”“双城”。要以梅兴华丰产业集聚带和 10 个省级产业园为载体，面向“双区”“双城”，加快引进先进制造业为重点的龙头项目，全面探索“企业总部在湾区、生产基地在梅州”“研发孵化在湾区、成果转化在梅州”“生产在梅州、消费在湾区”的产业产品共建模式。大力建设 15 个国家级和省级现代农业产业园，提升大宗农产品的规模和质量，对应建设“区”与“核”两地配送中心，引进顺丰等大型物流企业，谋划建设冷链物流项目，共建现代流通体系，推动“菜篮子、米袋子、果盘子、茶罐子、水缸子”走进湾区大市场。要抓好中心城区的消费业态创新，打造一批消费节点县，大力发展服务经济、文化旅游消费。要进一步统筹推进梅州综保区、国际无水港和跨境电商综试区建设，确保综保区如期封关验收，推进大埔陶瓷、丰顺电声、平远家具、梅江电子信息、兴宁工艺等外贸基地转型升级，借力“双区”“双城”，对接自贸区，实现山海联动发展。

（五）狠抓深化改革，营造一流营商环境。坚持要素跟着项目走，持续深化“放管服”改革，着力提高工程项目的审批效率。扎实推进“数字政府”建设，加大“粤省事”“粤商通”“粤政易”推广应用，学习广州、深圳“一网通办”“一网通管”的经验，打造政务数据拳头品牌，提供全天候在线政务服务。全面落实惠企政策，严格执行市场准入负面清单，深化土地、技术、数据等要素市场配置改革，多措并举降低企业成本。扎实推进9个中心镇改革试点、全国市域社会治理现代化试点、城乡融合发展省级试点，抓好国家新型城镇化试点和乡村振兴综合改革试点评估验收。完成东升工业园区体制改革，推进梅西水库体制改革，推动嘉应新区实体化区域化运作。优化国有资产布局，推动“3+1”市属国企提质增效。发挥侨乡优势，做好新时代“侨”的文章，加快完善便利华侨华人的投资制度，加强“一带一路”沿线客属地区的经贸合作，吸引爱国侨胞把优质资源、高新技术带回来，实现自身发展的同时造福桑梓。

（六）狠抓乡村振兴，优先发展农业农村。把推进乡村振兴作为“三农”工作的重心，持续用力、久久为功，走在全省前列。要做好巩固拓展脱贫攻坚成果同乡村振兴有效衔接，确保过渡期内帮扶政策总体稳定，推进帮扶政策逐项分类优化，积极创建广东乡村振兴综合试验区。要突出高质高效深化农业供给侧结构性改革。坚持科技兴农、质量兴农、品牌兴农，建设“跨县集群、一县一园、一镇一业、一村一品”现代农业产业体系。实行粮食安全党政同责，严防死守224万亩耕地红线。推进种业发展，加强种质资源保护利用。要突出宜居宜业大力实施乡村建设行动。强化规划引领、多规合一，以公共基础设施建设和人居环境整治提升为重点，推动农房管控与风貌提升，实施厕所革命、垃圾革命、污水革命、自来水革命，加强农村文明创建，深入推进平安乡村建设。要突出富裕富足推动农民持续稳定增收。深化“千企帮千村”行动，加快从驻村帮扶向驻镇帮镇扶村、从帮扶脱贫向帮扶全面振兴、从实现全面小康向迈向现代化转变，完善利益联结机制，让农民更好嵌入现代化农业产业体系、更多分享产业增值收益。

（七）狠抓协调发展，加快实现“五星争辉”。要围绕提升梅州区域竞争力，深化建设“五星争辉”格局，做到“点上高效开发、面上全面保护”。要发挥高新区管委会的牵头作用，协调梅县、兴宁、五华三地和嘉应新区，推动广梅园、综保区、无水港、兴宁水口工业园、五华河东工业园、梅县水车产业园等六园与畲江镇区的统筹建设，强化引领、集中资源，引导土地、资金、技术、产业等入园集聚，引导医疗教育文化等公共服务资源向镇区集中，打造功能配套、产业互补、交通互联、服务共享的“经济大星”，真正成为梅州产业发展的新引擎。平远、蕉岭、大埔、丰顺“四颗星”要立足资源禀赋，围绕打造1—2个主导产业，宜工则工、宜商则商、宜农则农、宜游则游，在各自赛道上各展所长、赛龙夺锦。大力发展县域经济，形成“八仙过海、各显神通”的生动局面。鼓励与闽赣相邻的平远、蕉岭、大埔率先在乡村振兴、交通建设方面干出新亮点，为广东争光。

（八）狠抓生态文明，深入建设美丽梅州。打好污染防治攻坚战，构建“三线一单”分区环境管控体系，深入开展蓝天、碧水、净土保卫战。落实全省碳达峰行动方案，推动绿色低碳技术创新、产业转型升级和清洁生产，实施工业源、移动源、面源治污减排，确保空气质量稳步提升。落实河长制，高质量完成70千米碧道建设年度任务，推进主要江河的生态修复，重点治理城乡污水排放，确保国考省考断面水质全部达标。严格保护饮用水源地，改造提升一批自然保护区和森林公园，对接建设南岭国家公园联动区。实施大规模“绿满梅州”行动，重点抓好纯松林、残次林的林分改造，大力推进国家储备林项目建设，严防森林火灾，提高森林整体质量，提升生态系统的碳汇能力，推动碳排放交易。抓好崩岗、水土流失等地质灾害治理。推进广梅绿色生态循环经济园、兴宁静脉产业园建设，提升固体废物处置能力，积极创建“无废城市”。

（九）狠抓“三好一正”，着力建设文化名城。要坚持用习近平新时代中国特色社会主义思想凝心铸魂，坚定主心骨，唱好主旋律，把握主基调，打好主动仗，掌握主导权，大力营造庆祝中国共产党成立100周年的浓厚氛围，汇聚全面建设社会主义现代化的强大力量。启动新一轮全国文明城市创建，注重文明传承、文化传续，搞好小更新，深入微改造，下足绣花功夫，不断提升城市精细化管理水平。推进嘉应古城和攀桂坊、望杏坊“一城两坊”更新工程，焕发古城新活力。完成嘉应新区起步区城市馆、科技馆等综合性文化场馆建设，开工建设林风眠美术馆。建成客家文化（梅州）生态保护区，推进汉剧、客家围龙屋申报“世遗”工作，修复名人名居，开放邹鲁纪念馆、张弼士博物馆和田家炳纪念馆。创作一批红色题材、客家题材重点剧目，宣传推介国家重大革命历史题材电影《生死坚守》，组织《血色三河》《春闹》《白鹭村》《林风眠》等大型舞台艺术精品巡演，办好纪念中国新兴版画运动 90 周年暨全国版画展。加快建设三河坝干部学院。加快启动“客都人家”二期三期项目，发展文化电商、创意设计、网络动漫等文化产业，实现经济效益与社会效益的完美结合。

（十）狠抓基础设施，大力改善发展条件。保障梅龙高铁全线无障碍施工，力争瑞梅铁路、龙岩武平至梅州高铁年内开工；确保丰华高速顺利通车，年内开工建设大丰高速，加快梅潮高速前期工作，推进梅汕高速改扩建工程；启动梅州城区国道 205、206 改线工程。狠抓水利、能源、环保等传统基础设施建设，全面完成广东梅州高陂水利枢纽主体工程建设，启动五华抽水蓄能项目二期建设，治理 256 千米中小河流，全面提升防洪、调蓄、供水能力。建设年度投资 13.5 亿元的供电和输变电工程，争取动工大埔电厂二期工程。推进城乡生活垃圾和污水处理设施建设。系统布局新型基础设施，加快 5G 基站、数据中心、工业互联网、物联网、新能源汽车充电桩、智能交通指挥系统建设，助力数字经济发展。

（十一）狠抓民生改善，不断增强群众福祉。继续办好年度十件民生实事。深入实施“粤菜师傅”“广东技工”“南粤家政”三项工程，完成职业技能培训 1.2 万人，新增城镇就业 2 万人以上。全力创建全国义务教育优质均衡县（市、区），新增学位 10 万个，推动 1—2 间国家级示范性高中成为区域性名校。积极创建现代职业教育综合改革示范市，加快嘉应学院紫琳学院建设，确保梅州职业技术学院今年秋季实现招生，动工建设昭华教育城，支持兴宁高级技工学校创建技师学院。大力实施奖教工程，着力培育一批名师名校长。支持嘉应学院兴办研究生教育，实现硕士点突破，建设一批重点学科。完成征地 120 亩，加快市人民医院提质扩容，建设高水平医院。启动粤东医院建设高水平医院申报工作。全力支持广州中医药大学紫合梅州医院建设，推动五华、兴宁、丰顺创建三甲医院，全面健全完善公共卫生服务体系。积极创建国家中医药改革试验区。实施“广东兜底民生服务社会工作双百工程”。落实养老保险、医疗保险、失业和工伤保险、社会救助制度，推进失业保险省级统筹、企业职工养老保险全国统筹，提升社会保障能力。推进市域社会治理现代化试点城市建设，切实维护政治安全，严厉打击新型网络犯罪，推动扫黑除恶常态化制度化，建设更高水平的平安之乡。严格落实安全生产责任制，加快创建国家安全发展示范城市。完善信访矛盾排查化解机制。深化法治建设“四级同创”，认真贯彻实施《民法典》，建设法治政府，深化司法改革，落实全民普法，提升全面依法治市水平。

四、全面加强党的建设

做好“十四五”和今年工作，关键在党、关键在人。必须毫不动摇地加强党的全面领导和党的建设，打造过硬的党组织和党员干部队伍，为开局“十四五”、开启新征程提供坚强政治保证。

（一）把做到“两个维护”贯穿各项工作全过程。始终把党的政治建设摆在首位，增强党员干部的政治判断力、领悟力、执行力。要严守党的政治纪律和政治规矩，持续坚决全面彻底肃清李嘉、万庆良恶劣影响，牢记“五个必须”，杜绝“七个有之”，进一步增强“四个意识”，坚定“四个自信”，做到“两个维护”。要深入开展“大学习、深调研、真落实”工作，把学习贯彻习近平新时代中国特色社会主义思想当作头等大事和首要政治任务，持续巩固“不忘初心、牢记使命”主题教育成果，教育引导广大党员干部坚定理想信念，践行初心使命。要严格执行省委“两个维护”十项制度机制，严肃党内政治生活，严格执行民主集中制，坚决按照习近平总书记的重要指示批示要求办事，切实把习近平总书记、党中央集中统一领导落到梅州工作全过程、各方面。

（二）把党的全面领导贯穿各项工作全过程。要主动适应新形势新任务，从体制机制上落实党委领导经济社会发展的职责，做到把方向、管大局、作决策、保落实。要定期听取市人大、市政府、市政协、市法院、市检察院党组的工作情况，支持人大、政协依法依章程履行职责，切实加强法治政府建设，保证司法机关依法独立公正行使职权。要充分发挥党委全面深化改革委员会等议事协调机构的职能作用，及时研究经济社会发展战略、分析经济发展形势、研究重大政策等各项工作。要全面落实意识形态工作责任制，掌握意识形态领域的领导权、管理权、主动权，加强网络信息等领域的舆论引导和舆论斗争，确保意识形态安全。要持续巩固壮大爱国统一战线，凝聚各方力量，促进民族团结和宗教和谐。要坚持党管武装，巩固军政军民团结。要加强群团工作的领导，发挥工青妇等团体的职能作用。要健全推动高质量发展的考评体系，增强全市各级党组织的执行力，完成好落实党的大政方针“最后一公里”的任务。

（三）把打造过硬组织贯穿各项工作全过程。全面落实省委新一轮加强基层党组织建设三年行动计划，更高标准更大力度推进农村、社区、机关事业单位、国有企业、学校、“两新”组织等各领域基层党组织建设，不断扩大基层党的组织覆盖和工作覆盖，推动基层党组织全面进步全面过硬，确保基层党建走在全省前列。要增强农村基层党组织的领导力和组织力，在村党组织的领导下推进村民自治和基层治理，着力以党建引领集体经济发展壮大，推动农业现代化。要深入实施党员先锋工程，加强党员教育管理和权利保障，提高发展党员质量，引导党员积极投身乡村振兴、基层社会治理等工作，在服务群众、组织群众、领导群众的实践中自觉发挥先锋模范作用。

（四）把队伍能力建设贯穿各项工作全过程。坚持党管干部原则，落实好新时期好干部标准，突出政治第一，认真谋划做好市、县、镇、村领导班子换届工作，按照新发展阶段要求，建强全市各级领导班子，让换届换出干劲、换出民心、换出希望。要顺应新时代新要求，发挥苏区优势，统筹培训资源，加强干部教育培养，强化思想淬炼、政治历练、实践锻炼、专业训练，不断提升党员干部“八项本领”“七个能力”。要落实好“三个区分开来”，旗帜鲜明为担当者担当、为负责者负责，让广大干部在干事创业、改革创新中减压减负、轻装上阵、无后顾之忧。

（五）把正风肃纪反腐贯穿各项工作全过程。要坚持严的主基调，以坚如磐石的决心，以永远在路上的执着，纵深推进党风廉政建设和反腐败斗争。要严格落实中央八项规定精神及其实施细则，持之以恒纠治“四风”，坚决破除形式主义和官僚主义，持续为基层松绑减负，加强廉洁文化和家风建设，构建亲清政商关系，推动党风政风社会风气持续好转。要紧盯事关梅州发展全局的重大工程、重点领域、关键岗位，深化运用监督执纪“四种形态”。推动纪律监督、监察监督、派驻监督、巡察监督、审计监督统筹衔接，强化对公权力运行的制约和监督。要坚持无禁区、全覆盖、零容忍，保持反腐败高压态势，坚决查处违纪违法问题，强化制度约束，一体推进不敢腐不能腐不想腐。

同志们！征途漫漫，惟有奋斗。“十四五”的发展宏图已经绘就，新征程的脚步已经迈开。让我们更加紧密地团结在以习近平同志为核心的党中央周围，不忘初心、牢记使命、接续奋斗，以一往无前的奋斗姿态、风雨无阻的精神状态，推动梅州全面建设社会主义现代化，为广东走在全国前列、创造新的辉煌书写梅州篇章，以优异成绩庆祝建党100周年！

政府工作报告

——2021年2月1日在梅州市第七届人民代表大会第八次会议上

梅州市市长　张爱军

各位代表：

现在，我代表市人民政府，向大会报告工作，请予审议，并请各位政协委员和列席人员提出意见。

一、2020年工作回顾

2020年是极不平凡、大战大考的一年。一年来，我们坚持以习近平新时代中国特色社会主义思想为指导，认真贯彻落实省委“1+1+9”工作部署和市委“123456”思路举措，科学统筹疫情防控和经济社会发展，扎实做好“六稳”“六保”工作，打好三大攻坚战，落实稳增长、促改革、调结构、惠民生、防风险、保稳定各项措施，努力夺取“双统筹、双胜利”。

一年来，我们主要做了如下工作。

（一）抗疫取得重大战略成果。新冠肺炎疫情发生后，我们坚决响应习近平总书记和党中央号召，落实省委部署，启动一级响应，建立指挥体系，全市动员、全民行动，坚决打赢疫情防控的人民战争、总体战、阻击战。确诊病例全部治愈出院，实现无死亡病例、无医院感染、无社区传播“三无”目标。广大医务工作者和疾控人员英勇奋战，基层干部、社区工作者、志愿者和公安、交通等战线人员尽职履责，织起严密防线。全力保障疫情防控物资，社会各界和港澳台同胞、海外侨胞踊跃捐款6100多万元，筹集医疗、医用防护物资210多万件；企业口罩产能从“零”达到每天300多万只。进入疫情常态化防控后，我们慎终如始压实“四方责任”，严格落实风险地区和境外来梅人员接收转运、检测隔离、社区管理以及冷链物品检测等防控措施，继续筑牢外防输入、内防反弹防线，保障了秋冬季防控总体安全。核酸检测、发热门诊、定点医院等应急医疗能力得到迅速提升。

（二）“六稳”“六保”有效落实。我们及早部署复工复产，支持企业解决员工返岗难、防疫物资紧缺等突出问题，3月初实现规上工业企业全面复工。推动经济增长逐季回升，第一、二、三产业增加值分别增长0.7%、1.5%和1.8%，全市地区生产总值实现1207.98亿元，增长1.5%。全面落实中央资金直达机制，实施援企稳岗政策，全力稳就业、保市场主体，新增各类市场主体4.8万户、总数达30.4万户，分别增长12.2%和7%；新增城镇就业2.1万人，城镇登记失业率2.36%。地方一般公共预算收入下降3.7%，但我们顶住财政减收压力，不折不扣落实减税降费等惠企政策，全年累计新增减税降费超25亿元，其中社保费超18亿元。坚持稳投资，狠抓项目申报和建设，推动固定资产投资增速由负转正，其中工业投资、技改投资分别增长12.6%和10.9%。千方百计刺激消费和稳定外贸，推动社会消费品零售总额、进出口总额降幅逐季收窄，其中电商成交额增长12%、跨境电商实现从无到有的突破。金融服务实体经济力度加大，存贷比提高到65.16%。政府债务、金融等风险有效防控。

（三）实体经济和产业发展回升有力。我们坚持产业兴市、项目为王、企业第一，不断积聚新的高端增量，加速优化传统存量，“5311”绿色产业体系加快构建。规上工业增加值增长由负转正。全年引进亿元以上项目111个。圣戈班汽车高端玻璃制造、景田百岁山矿泉水、万洋众创城等一批项目实现当年签约、当年动工，塔牌水泥二期等技改项目如期完成，广药王老吉、采芝林等新项目顺利投产。成功举办梅州市铜箔产业大会，嘉元科技、超华科技等铜箔增资扩产项目投产或动工。成功举办第二届梅州互联网大会，互联网产业加速集聚，我市成为全省数据中心集聚区之一，5G产业园入选省级园区。科技创新呈现新气象，市农林科学院完成重组整合，省科学院梅州产业技术研究院落成启用，广梅产业园获评“中国领军智慧园区”，平远产业园被认定为省级高新区，新增1家省级农业科技园区，新培育认定高新技术企业42家，规上工业企业设立研发机构比例提高到38%。

（四）基础设施建设取得重点突破。我们紧紧咬住交通补短板，下力气加快建设。梅（州）龙（川）高铁如期全线动工，三个半月即交付八成以上红线用地，完成年度投资任务的172%。东环、华陆、大潮（含大漳支线）高速建成通车，葵岗互通立交投入使用，新增高速通车里程105千米。普通干线公路顺利通过“十三五”国评，完成2041千米“四好农村路”攻坚任务。水利、能源等重大基础设施建设进入收获期，梅州（五华）抽水蓄能电站一期工程基本完成，高陂水利枢纽工程如期下闸蓄水；珠三角成品油管道二期工程揭阳–梅州段通过验收，建成粤东天然气主干管网梅州段，500千伏五华输变电工程启动建设。建成1353个5G基站，实现城区5G网络全覆盖。

（五）城市品位明显提升。我们聚焦“三宜”城市建设，加快主城区量级和品质提升。嘉应新区再添一批市政道路、产业和公共服务项目，地下管廊基本建成，绿轴花园广场、红色文化公园等建成开放。加快老城区改造提升，分批整治背街小巷、集贸市场等。持续推进城区“十个一批”城建民生事项建设，建成一批停车场、街头公园、公共厕所等，打通了一批断头路，新峰路“生命通道”、罗乐大桥、梅江桥南端天桥等建成通车。百岁山和清凉山郊野公园改造后品相、功能、配套得到系统提升。“两美”行动取得明显成效，全市完成8个老旧小区改造试点，垃圾分类试点工作走在粤东西北地区前列。各县（市）县城及中心镇也加快项目建设和功能配套，全市域新型城镇化步伐加快。

（六）乡村振兴走在全省前列。我们始终把“三农”工作放在突出位置。坚决打好脱贫攻坚战，如期高质量完成任务，14.5 万多名建档立卡相对贫困人口和 349 条省定相对贫困村全部脱贫出列。“万企帮万村”深入实施，企业帮扶村庄覆盖率达 80%以上，居全省前列。303 个集体经济“空壳”村全面清零。全市农林牧渔业总产值增长 1.3%。新增国家（金柚）优势特色产业集群 1 个，省级现代农业产业园 2 个，“一村一品、一镇一业”专业村 158 个、专业镇 5 个。供销系统新型乡村助农服务示范体系建设任务全面完成。成功举办梅州柚营销系列推介会和第三届广东茶叶产业大会，梅州柚、嘉应茶等“梅字号”品牌进一步打响。新上广新、广弘等一批生猪现代化养殖项目，存栏出栏量逐步恢复。水田垦造累计完成 2 万多亩，建成高标准农田 5.6 万亩。拆旧复垦累计交易面积 6400 多亩，获得交易资金 39.9 亿元，居全省第一。

（七）文化旅游体育蓬勃发展。我们紧扣文旅体等特色牌，努力打好优势仗。客家文化（梅州）生态保护实验区加快建设，客家博物馆升格为国家一级博物馆、实现零的突破，完成客家围龙屋普查，开展名人故居（旧居）保护利用。分批修缮革命旧址遗迹，建设“红色村”示范点。巩固提升南粤古驿道，活化利用梅州华南教育历史研学和“左联”历史文化资源。成立梅州市工艺美术协会并评出首批工艺美术大师。成功举办林风眠 120 周年诞辰纪念活动，林风眠纪念馆落成开放，山歌音乐剧《林风眠》获广泛好评。成功举办卡拉比-丘数学大会，丘成桐国际会议中心建成开放。在第十四届广东省艺术节上，《白鹭村》《春闹》等 4 个剧目分获一、二等奖，共斩获各类奖项 15 个，被国家和省专家誉为“梅州现象”。客都人家文旅康养综合体一期建成开放，大型客家文化情景体验剧《原乡》精彩推出，客乡老街点亮梅江花月夜。梅县区获评国家全域旅游示范区。我们努力克服疫情影响，成功承办中甲联赛、客家杯“一带一路”青少年足球邀请赛及群众足球系列赛事，全年共完成比赛 3600 多场。新建足球场 205 块。梅州足球特区建设列入广东体育强省实施纲要。成功举办 2020 梅州马拉松赛，丰顺山地自行车大赛升级为国家赛事。

（八）生态文明建设更实更优。我们坚持生态优先，致力绿色发展。编制国土空间总体规划，合理确定“三条红线”，积极申报广东南岭山区（梅州段）山水林田湖草生态保护修复工程项目。全年完成造林更新 41.2 万亩，全省第一个国家储备林项目在我市落地。打好蓝天碧水净土保卫战，发布空气、水环境质量“梅指数”，城区空气质量优良率达 98.4%、标况居全省第一。饮用水水源地水质和国考、省考断面水质达标率均达 100%。全域自然村集中供水等基础设施短板加快补齐，新建、扩建城市（县城）生活污水处理厂 4 座，建成镇级生活污水处理设施 107 座、数量居全省第一，新建城镇污水管网 394 千米，改造老旧管网 75 千米。河（湖）长制全面落实，建成丙雁大堤等碧道 31.9 千米。

（九）改革开放持续推进。我们深入推进“放管服”和数字政府改革建设，完成年度改革重点事项 60 项。在全省营商环境试评价中成绩居粤东西北地区首位，荣登中国城市政商关系排行榜进步最快城市榜首。建筑工程施工许可证实现不见面审批、零跑动申办。下放实施市级权责清单事项 26 项，县、镇发展活力进一步激发。信用体系建设全国排名大幅提升，成为全国首个实现“信易贷”全覆盖城市。梅州综合保税区、中国（梅州）跨境电商综合试验区获国务院批复建设，实现国家级平台零的突破。丰顺电声基地获批国家外贸转型升级基地。促成横琴跨境说等一批外贸新业态项目落地。

（十）社会事业全面进步。我们坚持把八成以上财力用于民生领域，市十件民生实事全面完成。全年新增幼儿园和中小学学位 3.78 万个，消除大班额工作取得新进展。学校食堂“互联网+明厨亮灶”实现全覆盖。嘉应学院医学院和梅州师范分院“省管省办”办学体制调整取得突破。嘉应学院紫琳学院、梅州职业技术学院开工建设。市中医医院成功创“三甲”，市第三人民医院完成搬迁并运营，市妇女儿童医院、紫合医院主体建筑封顶，13 家市、县医院新院区或门诊综合大楼建成使用，镇卫生院、村卫生站标准化建设项目全面完成。医保普通门诊镇村一体化试点扎实开展。获评“世界长寿之都”。顺利完成第七次全国人口普查登记工作。扫黑除恶专项斗争满意率居全省第一，群众安全感和政法工作满意度再获全省双第一，全民禁毒工程成效明显，生产安全、道路交通等事故宗数、伤亡人数明显下降。入选首批全国市域社会治理现代化试点城市。

各位代表！过去一年，我们坚持向市委、市人大及其常委会报告工作，向市政协通报情况，全年共办理人大代表建议49件、政协提案232件，办复率和满意率均为100%。我们加强政府系统党建，扎实推进法治政府、廉洁政府和服务型政府建设，严格落实中央八项规定精神，加强审计监督和整改，积极创建模范机关，风清气正的干事创业氛围更加浓厚。

二、“十三五”时期工作回顾

2020年各项工作基本完成，标志着我市“十三五”规划目标任务基本实现。“十三五”时期，虽然外部不确定不稳定因素明显增多，但我们直面困难挑战，坚毅砥砺前行，推动各项工作取得明显进步，高质量发展态势进一步形成，决胜全面建成小康社会取得决定性成就。

五年来，我们坚持发展第一要务，综合实力取得新进步。全市地区生产总值从“十二五”末943.6亿元增加到1207.98亿元，年均增长4.3%（下同）；地方一般公共预算支出从376.4亿元增加到474.9亿元，年均增长4.8%；居民人均可支配收入从1.64万元增加到2.38万元，年均增长7.8%。争取老区苏区振兴发展、生态发展区、对口帮扶等政策取得新突破，五年获得中央和省转移支付资金1620亿元、政府债券资金398亿元、广州对口帮扶资金33亿多元。固定资产投资年均增长7.8%，五年累计投资超过3000亿元。社会消费品零售总额年均增长5.3%。农林牧渔业稳中提质，增加值年均增长3.0%；工业结构逐步改善，先进制造业、高技术制造业增加值占规上工业增加值比重分别提高到23.5%和16.6%；服务业蓬勃发展，现代服务业增加值占第三产业增加值比重达55.5%。

五年来，我们加快补齐交通短板，区位条件持续改善。全市共完成交通投资660亿元，年均增长15.5%。梅汕客专开通运营，步入“动车时代”。公路通车总里程超过2万千米，五年增加2000多千米，公路密度达130千米/百平方千米。其中，高速公路通车里程708千米、居粤东西北地区前列，建设规模、里程和投资额均为历史之最。新改建和改造国省道800千米，国省道总里程实现翻一番。5个县（市、区）成功创建省级“四好农村路”示范县，全市100人以上自然村实现通硬化路。梅州机场航线航班进一步优化加密，与主要城市通达更加便捷。

五年来，我们坚持区域协调发展，城乡面貌深刻变化。以人为核心的新型城镇化取得新进展，中心城区拓展到376平方千米，建成区增加11.8平方千米；预计城镇化率达52.5%，提高4.7个百分点。江南新城“五年成规模”目标基本实现，“五园两馆一轴两中心”进入收尾，芹洋半岛基本建成，梅县新城提质加速。江北城区完成骑楼街区修缮保护工程，顺利实施一批“微改造”。各县（市）县城和中心镇、专业镇建设提速、管理加强，综合承载能力持续改善。实施乡村振兴战略，“三年取得重大进展”目标全面实现，2018年、2019年均获评全省“优秀”。作为全省脱贫攻坚主战场，圆满完成脱贫攻坚战目标任务，2018年、2019年均获评全省“好”的优秀等次。“三清三拆三整治”全面完成，干净整洁村、美丽宜居村分别达到90%和40%以上。整合涉农资金加大投入，推动农村基础设施和公共服务水平显著提升。获评广东十大美丽乡村3个、美丽乡村精品线路3条、特色名村4个。现代农业产业园建设成效显著，创建国家级园区1个、省级园区14个，数量居全省前列。梅州柚品牌价值居“粤字号”区域公用品牌百强榜榜首。14个农产品入选全国名特优新农产品名录，18个农产品获评地理标志或地标保护产品。电子商务进农村走在全省前列，获批5个国家级、3个省级综合示范县。

五年来，我们坚持生态发展区定位，生态环境巩固提升。持续开展“绿满梅州”大行动，森林覆盖率保持全省第一，成为国家森林城市、美丽山水城市。完成中央环保督察及“回头看”督察问题整改。坚决打赢污染防治攻坚战，按标况计城区空气质量优良率连续5年居全省第一，饮用水水源地水质和国考、省考断面水质连续全部达标，全面消除城市黑臭水体。生活垃圾“村收集、镇转运、县处理”体系运转良好，镇级垃圾填埋场全部整治销号，垃圾焚烧能力提高到1700吨/日，新增城镇生活污水处理能力32.44万吨/日、工业废水处理能力4万吨/日，生活污水处理率达到97.2%。河（湖）长制全面落实，“五清”“清四乱”专项行动成效明显，累计治理中小河流1810千米。韩江入选全国“最美家乡河”。

五年来，我们坚持改革开放创新，发展活力持续增强。五年完成重大改革任务500多项。“放管服”和数字政府改革建设多项指标走在粤东西北地区前列，客都人家、韩山文旅等项目跑出了“梅州速度”。

新一轮市县机构改革和镇（街）体制改革顺利完成，蕉华管理区管理体制改革成效明显，事业单位分类改革扎实推进。国企改革取得重大突破，全市国有“僵尸企业”全面出清，新组建4家市属国企并实现平稳运营。成为全省乡村振兴综合改革试点，完成“两权”抵押贷款、土地承包经营权确权改革。组建“三院一基地”，高新技术企业存量达242家，国家级企业研发机构实现突破，科技创新“四梁八柱”逐步成形。全面对接融入粤港澳大湾区，分别与前海、南沙、横琴自贸区签订协议、开展合作。与港澳台和海外客属社团联络联谊进一步加强。与国外2个城市签署友好城市备忘录，推动广东–新加坡合作理事会首次将我市合作事项纳入议题。

五年来，我们坚持以人民为中心，民生事业长足进步。五年新增城镇就业人数达13万人，保障了比较充分的就业。社会保障体系不断完善，城乡低保等6项底线民生保障水平逐年提高，基本养老保险和医疗保险参保率分别达到98%和100%。成功创建“广东省推进教育现代化先进市”，教育质量提升措施逐步加强。五年新建30所中小学校、306所幼儿园，改扩建一批中小学校，增加学位6.9万多个；新改扩建特殊学校8所。加快建设卫生强市，主要健康指标接近发达地区水平。市人民医院入选省高水平医院建设单位，新增“三甲”医院3家、总量达4家，县级“二甲”中医医院、基层医疗卫生机构中医馆实现全覆盖。创建全国文明城市扎实推进。公共文化服务体系基本建成，公共文化服务量化评价居粤东西北地区首位。群众体育蓬勃发展，建成城乡15分钟健身圈。制定实施足球中长期发展规划，足球特区建设在全国勇开先河。平安梅州、法治梅州建设深入推进，圆满完成扫黑除恶专项斗争，信访维稳工作扎实开展，“七五”普法顺利实施，连续3年获评全国社会治理创新典范城市。国防动员体系不断完善，武装工作富有成效，全国双拥模范城实现“三连创”。稳妥应对强台风、强降雨等自然灾害，安全生产保持全省领先水平，四级应急体系基本建成。食品药品安全监管有力有效，率先在全省实现食品安全全民保险。民族宗教、妇女儿童、档案方志等工作取得新成绩。

各位代表！过去五年，是我市经济发展面对结构性突出问题和外部风险挑战叠加、经济下行压力持续贯穿的五年；也是我市深入学习领会新思想新理念，稳妥应变、加快调整、夯基筑底、积蓄动能，不断开创转型升级发展新境界的五年。回顾五年来的实践，我们深深体会到，向着实现原中央苏区振兴发展和生态经济发展新标杆的目标迈进，必须坚持党的全面领导，必须坚持以人民为中心，必须坚持发展第一要务，必须坚持新发展理念，必须坚持高质量发展，必须坚持改革开放创新，必须坚持系统观念，必须全面贯彻省委“1+1+9”工作部署，坚定沿着实践证明科学正确的道路奋勇前进。

各位代表！我市“十三五”时期改革发展成绩来之不易，这是全市人民奋力拼搏和各方面大力支持的结果。在此，我代表市人民政府，向全市人民，向人大代表、政协委员、各民主党派、各人民团体、无党派人士，向中央和省属驻梅单位、驻梅部队、武警官兵，向关心支持梅州发展的港澳台同胞、海外侨胞和社会各界朋友，表示衷心的感谢并致以崇高的敬意！

同时，我们也清醒地认识到，我市经济社会发展仍存在不少困难和问题。一是实体经济规模质量亟须提高。经济堆头小，人均水平低。产业结构不合理，特别是工业占比偏低，区域和企业自主创新能力不强。二是发展后劲不足。投资结构不合理，项目储备特别是产业项目储备不足，固定资产投资增长乏力。交通区位条件仍待改善，对接粤港澳大湾区的快速通道还没有实质性形成。三是财政收支矛盾突出。税源型企业少，地方财政造血能力不足，收支矛盾空前加大。四是基本公共服务均等化水平有待提升。教育、医疗、文化等民生社会事业投入相对不足，欠账较大，民生保障能力与群众的期望仍有不小差距。五是改革意识、创新意识和服务意识仍需加强。一些部门和干部创新开展工作的能力不够强，对新业态、新模式掌握运用不及时、不充分，办事效率有待改善等等。对这些问题，我们将采取有力措施加以解决。

三、“十四五”时期主要目标任务

“十四五”时期，是我们乘势而上、开启全面建设社会主义现代化国家新征程、向第二个百年奋斗目标进军的第一个五年。抓好“十四五”时期各项工作，事关长远，影响重大。根据市委提出的《关于制定国民经济和社会发展第十四个五年规划和二〇三五年远景目标的建议》，我们编制了《梅州市国民经济和社会发展第十四个五年规划和二〇三五年远景目标纲要（草案）》，提请本次大会审议通过后实施。

“十四五”时期经济社会发展的指导思想是：坚持以习近平新时代中国特色社会主义思想为指导，深入贯彻中共十九大和十九届二中、三中、四中、五中全会精神，深入贯彻习近平总书记对广东系列重要讲话和重要指示批示精神，统筹推进“五位一体”总体布局，协调推进“四个全面”战略布局，全面落实省委十二届十一次、十二次、十三次全会要求和“1+1+9”工作部署，坚持稳中求进工作总基调，坚持系统观念，把握新发展阶段，贯彻新发展理念，构建新发展格局，以推动高质量发展为主题，以深化供给侧结构性改革为主线，以改革创新为根本动力，以满足人民日益增长的美好生活需要为根本目的，落实“123456”思路举措，扭住“六争六补”工作总抓手，推进“5311”绿色产业体系建设，加快构建“五星争辉”区域发展格局，打造“三宜”城市，争当生态发展区建设先行示范市，实现经济行稳致远、社会安定和谐，为开启第二个百年奋斗目标开好局、起好步。

“十四五”时期我市经济社会发展主要目标是：经济发展取得新成效，争取发展速度高于全国、全省平均水平；现代产业形成新架构，基本建立现代产业体系和区域创新体系；基础设施实现新突破，基本建成区域性综合交通枢纽；城镇建设呈现新面貌，基本形成“五星争辉”新型城镇化大格局；乡村振兴再上新台阶，保持省内先进水准，确保“五年见到显著成效，十年实现根本改变”；改革开放迈出新步伐，基本建成高标准市场体系和开放型经济新体制；社会文明程度得到新提高，成功创建全国文明城市；生态文明增创新优势，建成高水平的全国生态文明示范区；民生福祉达到新水平，建成更加完善的基本公共服务体系；治理效能得到新提升，平安梅州、法治梅州建设开创新局面。

做好“十四五”时期工作，必须主动融入全国全省战略大局。深刻领会习近平总书记关于新发展阶段、新发展理念、新发展格局的重要论述，在工作部署上充分体现，紧密围绕我省“打造新发展格局战略支点”来展开。准确把握习近平总书记赋予广东“在全面建设社会主义现代化国家新征程中走在全国前列、创造新的辉煌”的新使命任务，为实现广东总定位总目标体现梅州担当、做出梅州贡献。全面对接“双区”“双城”大战略，用好大市场、输出好产品、承接新转移；深化实施穗梅对口帮扶和产业共建，打造协调发展新典范；积极融入“一核一带一区”区域发展格局，深化与沿海经济带合作，共谱山海协作新篇章。牢牢坚持北部生态发展区定位，突出生态优先、绿色发展，探索产业生态化和生态产业化路径，守住绿水青山、转化金山银山，奋力打造“绿水青山就是金山银山”的广东样本；用足用好中央和省支持老区苏区振兴发展的政策措施，把政策红利转化为现实生产力，把更多振兴发展成果写到梅州大地上。

——坚持高质量发展，推动经济发展再上新台阶。保持经济中高速增长，年均增长6%左右，人均主要经济指标与全国、全省平均水平的差距缩小，部分县（市、区）超过全国平均水平。坚持把发展经济着力点放在实体经济上，加快构建“5311”绿色产业体系，实施产业集群提升计划，培育发展铜箔-高端印制电路板、绿色建材、汽车零部件、稀土等产业集群及中医药、食品饮料、智能家电等新兴支柱产业。加快发展生产性服务业，提升生活性服务业品质，推进文旅产业转型升级，培育发展互联网+等数字经济。到2025年，力争打造超百亿元产业和产业集群10个以上，建成全国重要的铜箔-高端印制电路板生产基地；成功创建国家级高新区和国家级经开区，打造超百亿元园区3—4个，梅兴华丰产业集聚带成为先进制造业集聚发展的主阵地；深化建设梅江韩江绿色健康文化旅游产业带，扎实推进国家全域旅游示范区建设，争取新增国家AAAA级旅游景区5—6家；成为全省生态发展区互联网经济创新高地。

——坚持创新引领，全面塑造发展新优势。加强创新平台建设，支持“三院一基地”发展壮大，基本形成区域创新体系。强化企业创新主体地位，支持骨干企业、重点行业技术创新，推动产学研深度融合。科技型企业孵化平台面积和入孵企业翻两番，支持创新型中小微企业加速成长。积极创建国家知识产权试点城市。到2025年，区域创新能力达到粤东西北地区领先水平，R&D经费投入占GDP比重达到1.2%以上，规上工业企业设立研发机构的比例提高至55%以上，高新技术企业达到300家以上，新增上市公司5家左右（含新三板精选层），省级及以上技术创新平台达到165个以上。

——坚持融入新发展格局，畅通国内国际双循环。牢牢把握扩大内需战略支点，推进供给侧结构性改革和需求侧管理，努力成为全省构建新发展格局的新增长节点。优化投资结构，加大“两新一重”和实体经济投资，扩大民间投资。“十四五”期间，力争固定资产投资年均增长10%以上，到2025年年投资额突破1000亿元。其中，工业投资年均增长10%以上，占比提高到25%以上。顺应消费升级变化新趋势，提升汽车、家电等传统消费，培育信息服务、康养等新型消费，发展夜间经济、休闲经济，扩大县域乡镇和农村消费，打造全省消费城市。“十四五”期间，社会消费品零售总额年均增长7%以上。完善快递物流网络布局，培育一批现代流通企业。积极培育外贸新业态，高标准建设外贸转型升级基地，扩大传统产品出口、开辟新产品新市场、壮大跨境电商贸易。“十四五”期间，进出口总额年均增长2%以上。

——坚持推进交通等基础设施建设，致力改善发展条件。统筹推进交通、水利、能源等基础设施建设，加快补齐发展短板。“十四五”期间，计划推进八大类、总投资超1600亿元的综合交通项目，基本建成粤闽赣边区域性综合交通枢纽，基本实现“五龙入梅江、县县通高铁（动车）”和“两环十二射”高速公路网络，争创国家“四好农村路”示范市，进一步打通出省出海通道、畅通市域交通循环。加快碧道建设，推进中小河流治理和病险水库除险加固，规划建设一批水利新项目。建设大埔电厂二期、梅州（五华）抽水蓄能电站二期等项目，建成500千伏嘉应—五华双分区输变电主网络，建成一批分布式能源站，完成天然气主干管网县县通。

——坚持区域协调发展，打造“五星争辉”新型城镇化大格局。以梅江、梅县主城区和兴宁、五华县城为产城融合、城乡融合发展重心，打造以广梅园为地理联结点的半小时经济圈和高密度城镇群。提升“三宜”城市规划建设水平，推进中心城区提质扩容，加快江南新城南拓步伐，进一步完善城市基础设施和公共服务配套。推动嘉应新区实体化、区域化运作。高水平规划建设江北片区、高铁片区、槐岗片区。全市域打造“花园城市”“公园城市”“田园城市”。实施城市更新行动，改造提升嘉应古城、攀桂坊、望杏坊“一城两坊”，活化利用传统民居、历史文化街区。支持各县（市）新区建设，推进美丽小城镇建设，提升城镇治理水平。促进房地产市场平稳健康发展，解决好保障性租赁住房问题。到2025年，全市城镇化率提高到58%左右。

——坚持农业农村优先发展，全面推进乡村振兴。致力于走在全省前列，展现“东学梅州”新时代新风采。抓好重要农产品稳产保供，加强农业科技应用和农产品质量安全。大力培育新型农业经营主体，支持“新农人”发展，推动“跨县集群、一县一园、一镇一业、一村一品”，持续发展梅州柚、嘉应茶、客都米、平远橙、兴宁鸽等。实现梅州柚种植面积、总产量、总产值“三个一百”目标。强化乡村建设，实施农村人居环境整治五年行动，加快补齐农村基础设施短板，加强农房管控和乡村风貌提升，连线连片推进美丽乡村建设。深化农村改革，激发农村资源要素活力。创新乡村治理方式，提高乡村善治水平。巩固拓展脱贫攻坚成果，开展新一轮省内帮扶和驻镇帮镇扶村，从帮扶脱贫向帮扶全面振兴转变，推动脱贫攻坚与乡村振兴有序衔接。积极创建广东省乡村振兴综合改革试验区。

——坚持改革开放，激发现代化建设新活力。加快转变政府职能，深化“放管服”、数字政府、要素市场化配置等改革，持续优化营商环境，提高政府效能。实施国企改革专项行动，支持民营经济发展。到2025年，力争市属国企营业收入达到100亿元，推动1家以上国企上市；民营经济增加值占生产总值比重达65%以上。扩大对外开放，做好侨文章，规划建设华侨文化旅游经济合作试验区，扩大与新加坡等“一带一路”沿线国家和地区经贸文化交流合作。建成梅州综合保税区、中国（梅州）跨境电商综合试验区和梅州国际无水港，形成进出口上量提质大发展的重要平台。加强与大湾区产业协作和协同创新，与汕潮揭和海西经济区厦漳泉等沿海地区联动发展，探索建立经济走廊、跨界产业合作园区等多样化协同发展路径。

——坚持绿色低碳发展，建设更高水平的美丽梅州。打好生态文明建设持久战，建设高水平的全国生态文明示范区，打造人与自然和谐共生的美丽典范。强化国土空间规划和用途管控，落实自然保护地、生态保护红线监管制度，严格执行永久基本农田保护要求。深化创新河（湖）长制和林长制实施。全面改善环境质量，统筹山水林田湖草综合治理，深化大气、水、土壤、固废、危废等污染防治，发挥生活污水处理设施及配套管网治污效能。建立节约集约用能、用水、用地激励和约束机制，全面推进垃圾分类和减量化、资源化，加快建设“无废城市”。到 2025 年，单位 GDP 能耗和二氧化碳排放、主要污染物减排均完成省下达任务，空气质量和水环境质量进一步改善，为做好碳达峰、碳中和工作不断创造条件。严厉打击环境违法行为，落实生态环境损害赔偿制度。

——坚持文化名城建设，树立城市文化新形象。推动精神文明与物质文明协调发展，深入实施“三好一正”工程，坚决守好意识形态安全阵地，推动传统媒体与新兴媒体深度融合。全面深化市、县、镇、村“四级联创”，力争在粤东西北地区率先建成全国文明城市。弘扬红色文化，落实红色资源保护条例，建成一批标志性项目，打造一批红色旅游景区和精品线路。推动客家文化（梅州）生态保护实验区建设取得新突破，活化利用名人故居（旧居）和传统村落，建设一批“非遗”展示馆、综合性传习中心和传习所。加快构建现代公共文化服务体系，创新实施文化惠民和文艺“双精”工程，推出一批文艺精品。加快培养省级、国家级工艺美术大师。实施文化产业数字化战略，壮大文化传统产业和新兴产业，推动文化“走出去”，讲好梅州故事。广泛开展全民健身运动。深化足球改革发展，传承和创新足球历史文化，加快建设梅州足球特区，让小足球踢出大产业、带动大事业。

——坚持以人民为中心，不断改善人民生活品质。加大投入，不断健全基本公共服务体系。落实就业优先政策，提高城乡居民收入，扎实推进共同富裕。到 2025 年，全市城镇新增就业 10 万人以上。推进教育振兴，深化教育综合改革，实施强师兴教工程，提升各级各类教育质量。到 2025 年，全市新增 10 万个学位，公办幼儿园占比、高等教育毛入学率等教育质量指标明显提高，建成 2 所高等院校。高质量建设健康梅州，健全公共卫生服务及应急体系，争取新增 3 家“三甲”医院，打造区域医疗高地。深化医药卫生体制改革，提升县镇村分级诊疗水平，推动医疗信息化。大力发展中医药事业和产业，推进中医药综合改革试验，三年内完成全国基层中医药工作先进市创建任务。健全多层次社会保障体系，保障妇女儿童合法权益，健全基本养老服务体系，推动中高端康养产业市场化发展。

——坚持统筹安全与发展，建设更高水平的平安梅州、法治梅州。防范和化解各种风险挑战，把梅州建设成为广东最安全稳定、最公平公正、法治环境最好的地区之一。加强维护国家安全体系和能力建设。贯彻《法治社会建设实施纲要（2020—2025 年）》，推进法治梅州建设。强化国防动员能力，发扬“双拥”光荣传统。创新社会治理，努力创建全国市域社会治理现代化试点合格城市，争创全国禁毒示范城市。完善和落实安全生产和消防工作责任制，推进消防设施建设，加强自然灾害防治，保障食品药品和产品质量安全，建立完善应急管理体系，争取创建成为国家安全发展示范城市。

四、2021 年工作安排

2021 年是中国共产党成立 100 周年，是“十四五”开局之年，做好今年政府工作意义重大，必须迈好第一步、见到新气象。今年经济社会发展的主要预期目标是：地区生产总值增长 5%以上；一般公共预算收入增长 5%；固定资产投资增长 5%，社会消费品零售总额增长 8%，外贸进出口总额增长 3%；规上工业增加值增长 6%；全体居民人均可支配收入增速高于经济增速；城镇新增就业 2 万人，城镇登记失业率控制在 3.5%以内；居民消费价格涨幅控制在 3.5%以内；完成省下达能耗双控指标。

重点抓好以下八方面工作：

（一）拓展新发展格局内外需求

扩大有效投资。狠抓 311 项年度投资 420 亿元的重点项目，带动投资增长。加快梅（州）龙（川）高铁建设，争取瑞梅铁路、龙（岩）梅（州）高铁年内动工，大潮疏港铁路、蕉岭货运铁路前期工作实现新突破。加快规划建设梅漳厦高铁、汕（尾）梅（州）高铁。确保 8 月底前丰华高速通车，力争年内开工建设大丰、梅潮高速，推进梅汕高速改扩建，完成平武、平蕉大、梅（县）永（定）等高速前期工作。推进国省道提档升级，规划建设高等级旅游公路，积极创建国家“四好农村路”示范市。完善梅州机场航线网络布局，推进迁建前期工作。梅州（五华）抽水蓄能电站一期实现蓄水发电并加快二期前期工作，力争开工建设大埔电厂二期，争取年内建成 500 千伏五华变电站，加快广梅园天然气分布式能源站等项目建设。全力推进全域自然村集中供水、生态清洁小流域综合治理、碧道建设等水利工程建设。确保高陂水利枢纽工程首台机组如期发电。抓好数据中心、工业互联网、物联网、千兆家宽等“新基建”，尽早建成覆盖全市的5G网络，加快建设新型智慧城市。

全力促消费稳外贸。落实国家和省促消费政策措施，开展促消费活动，推动消费回升。鼓励消费新模式新业态发展，推动餐饮、商超、文旅、家政等生活服务业线上线下融合，增加产品种类和服务渠道。办好赴圩节，以节会拉动消费。发展夜间经济，改造梅城凌风东、西路步行街，提升一批县镇夜市，更新服务业态。推动汽车等消费品由购买管理向使用管理转变，稳定和扩大汽车消费。促进住房消费健康发展，加快老旧小区和老年家庭适老化改造，发展住房租赁市场，拉动家电、建材等消费。完善社会信用体系和市场监管体系，持续优化消费环境，维护好消费者权益。落实稳外贸政策措施，加快梅江电子信息、平远家具创建省级外贸转型升级基地，积极组织参加广交会、进博会等展会，扩大陶瓷、机电、家具、工艺品等出口额，拓展新兴出口市场。用好跨境电商综试区政策，力争跨境电商出口超过3亿元。

（二）深化“5311”产业体系供给侧改革

大力发展制造业。实施烟草、电力、建材等产业高端化、智能化、绿色化改造，支持梅州卷烟厂争取增加生产指标和研发高端产品。解决要素保障问题，下力气打造若干个市域产业集群。围绕构建铜箔—覆铜板—高端印制电路板—终端产品全产业链，规划建设铜箔特色产业园，加快嘉元科技、超华科技、威华集团等企业高端铜箔、高端芯板新项目建设，实施博敏电子增资扩产、志浩电子整体迁建。壮大汽车配件产业集群，推动车轴、电声、广汽零部件等项目实施，确保圣戈班高端汽车玻璃上半年投产。推动广州轻工、万宝电器加快达产和辉骏家电扩产等，带动智能家电产业集聚发展。加强与广晟公司合作，加快构建稀土从开采到精深加工产业链条。实施新一轮技术改造，争取技改投资完成34亿元，全年完成工业投资126亿元。

培育发展特色产业。深耕互联网产业。支持一一五科技加快发展，推动梅州阿里云、金山云项目扩容，建成梅州移动数据中心和飞翔云、佳都·智慧绿洲等平台，建设兴宁、国威互联网产业园，引入长城集团、神州数码等项目，带动数字经济发展。加快建设省级5G产业园，推动建材、机电、陶瓷等产业企业上云上平台。高质量发展文旅产业。推动梅江、兴宁、五华创建省级全域旅游示范区。开工“客都人家”二期工程，创新升级雁南飞等景区业态内容，努力将雁洋打造成为粤东旅游第一名镇，串珠成链建设丙村、雁洋、松口旅游集聚区。整体规划建设清凉山高观音—泮坑公园景区、石窟河沿线美丽画廊、大埔九龙湖、五华龙狮湖等风景区，提升改造张弼士故居旅游区，争取开工建设伟光汇通、华强方特“梅州·熊出没主题乐园”等项目，打造一批梅州文旅新品牌。承办好第一届广东民宿大会，引进一批精品民宿、乡村客栈。加快梅州足球特区建设，推进中国足协足球改革试点工作，办好职业足球、群众足球等系列赛事，加快五华足球小镇二期等项目建设，举办马拉松、自行车、徒步越野等系列赛事，推动体育+产业多元化发展。推动中医药全产业链发展，发展中药材种植、饮片和配方颗粒加工等。加快建设广药大健康产业园、蕉华大健康高科技产业园，集聚发展健康食品、生物医药等产业。

加快建设产业园区。坚持点上开发、企业入园，深入实施产业园区提质增效“个十百千万”工程，加快完善园区“七通一平”标准化建设，补齐园区交通、环保、标准厂房等配套短板。争取推动2个产业集聚地申报省产业园，推进省市共建特色产业园建设。完善园区绩效评价，提高项目亩均效益。抓好梅州高新区以升促建，争取年内进入科技部国家级高新区认定考察名单。加快建设丰顺国际声谷、万洋众创城等平台型园区。支持专精特新中小企业、初创企业发展，新增小升规50家。

启动县域经济发展新计划。结合8个县（市、区）的资源禀赋、产业基础等，逐县编制县域经济发展方案，选准支柱产业、新兴产业，新改扩建工业园区平台，突出工业制造业等实体经济，统筹发展现代农业、文旅产业等，加强产业项目滚动储备、实施，形成县域经济发展赛龙夺锦生动局面。

加大招商引资力度。压实县（市、区）和部门招商责任，强化驻外招商队前哨作用，争取全年引进亿元以上工业项目50个。用好商会、展会、乡贤等资源，突出产业链招商和以商招商。深入实施“乡贤回乡投资兴业工程”，推动客商回归工作常态化。加大力度支持本地企业增资扩产。

加强财政金融工作。坚持党政机关带头过紧日子，“三公”经费只减不增。深化财政预算编制执行监督管理改革，强化财政资金和政府债务管理。加强国有资产监管，推动国企落实年度项目任务，实现资产保值增值。做大存量、引入增量，大力发展金融业，力争金融业增加值占GDP比重提高至7%左右。银行存贷比提高至67%以上，更好地服务实体经济。鼓励支持现有上市公司做大做强，加快新企业培育上市步伐。防范和化解金融风险，强化类金融机构监管，严厉打击非法集资行为。

（三）持续抓好科技创新和动能转换

加快创新载体建设。积极融入大湾区国际科技创新中心体系，推动来梅设立更多分支机构。进一步完善市农林科学院体制机制，发挥出整合优势，争取科研成果突破；推动梅州产业技术研究院孵化6家以上科技型企业，围绕本地企业生产技术问题开展攻关；市医学科学院争取在重大疾病诊断治疗和预防控制等方面取得新突破，推动项目质数双提。搭建与嘉应学院校地协同机制，面向地方开展课题研究，争取国家级、省级重大科研成果有新突破。抓好科技孵化育成重点项目，新建一批“双创”基地和众创空间，开展创业导师倍增行动。

提升企业创新能力。深入实施高新技术企业树标提质行动，新培育认定高新技术企业15家以上。鼓励企业与重点院校、科研机构开展产学研合作，争取规上工业企业设立研发机构的比例达到40%。探索建立铜箔、印制电路板、电声、稀土等行业创新联盟，提升产业链协同创新水平。壮大科技型中小企业群体，新培育认定科技型中小企业150家。加大科研投入，争取R&D经费投入占GDP比重提高到0.35%。

建设人才高地。落实“人才新政20条”，重点解决人才房问题。实施“扬帆计划”“急需紧缺人才引进计划”等重大人才工程，重点引进一批博士以上高层次人才。用好院士工作站和人才驿站，务实开展技术指导、项目合作和技术成果转化。强化本土科技人才和高技能人才、技师队伍培养。实施广梅园“1+5”人才政策，努力打造产业人才交流基地。

（四）推进新型城镇化和城乡融合

加快中心城区提质扩容。推进嘉应新区公共服务配套设施建设，加快江南新城南拓区域征地拆迁，动工建设梅州昭华教育城、珠宝生态谷项目。争取开工梅城国道205、206改线工程，带动江北片区盘活提升。开展城市更新，扩大城镇老旧小区改造范围。推动“一城两坊”历史文化街区保护和活化利用，启动望杏坊一期开发。持续开展“两美”行动，继续抓好城区“十个一批”城建民生事项，实施一批“公园城市”建设项目，新（改、扩）建一批停车场、集贸市场、社区卫生服务中心等便民设施。

形成全域新型城镇化体系。把县城作为城乡融合发展的重要切入点，开展县域、镇域品质提升行动。加快各县（市）县城提质扩容步伐，提升县城综合服务能力。支持中心镇和专业镇放权搞活、加大投入，推进人居环境、公共服务、市政设施等建设，建成服务农民的区域中心，带动农村人口就近就地城镇化。

（五）全力抓好乡村振兴

加快发展现代农业。稳定粮食、蔬菜、肉类生产。高质量建设“1+14”现代农业产业园区，积极创建农业科技园区，推行标准化种养和“三品一标”等认证，做好柚、茶、米、橙、鸽、水等特色农品扩量提质塑品牌。加快生猪家禽渔业转型，加强非洲猪瘟等疫病防控。完善粤港澳大湾区菜篮子梅州配送中心体系建设，带动更多生产基地入驻。推动广州酒家、景田百岁山矿泉水年内投产，支持本地企业开展米粉食品、盐焗食品等深加工，带动食品饮料和水产业发展。大力发展林业产业和林下经济，抓好油茶、林木种苗、花卉等种植。实施“提升百家新型农业经营主体”工程。加快农电商和快递进农村，开展田头云播、万店营销等推广活动，让梅州的优质农产品卖得更好。布局建设供销社公共型农产品冷链物流骨干网，发展田头冷库。加快水田垦造和高标准农田建设步伐，继续推动拆旧复垦。严守耕地保护红线，防止非农化、非粮化。

实施乡村建设行动。继续把公共基础设施建设重点放在农村，加快完善乡村水、电、路、通信、物流等设施条件。推广蕉岭全域农村集中供水做法，重点解决农村饮用水源建设和供水稳定达标问题。接续推进农村人居环境整治提升，以“百村示范、千村整治”为主抓手，重点抓好厕所革命和污水、垃圾处理。规范农村宅基地管理，加强农房管控和乡村风貌提升。推进有条件的农村开展景区化改造，探索开展乡村美学改造新实践，注重保护传统村落，因地制宜开展小公园等“四小园”建设。加快推进“四沿”示范带和乡村风貌提升试点建设，打造具有客家特色的省际廊道美丽乡村示范带。加强农村思想道德和乡风、家风、民风建设。确保顺利完成村（社区）“两委”换届选举。

深化农村改革。抓好城乡融合发展省级试点，健全城乡融合发展机制。深化农村土地“三权分置”改革，探索土地经营权有序流转模式，发展多种形式适度规模经营。全面铺开农村集体经营性资产股份合作制改革，打造一批农村“三变”改革示范点，发展新型农村集体经济。深化涉农资金统筹整合改革，健全农村金融服务体系，推动农业保险扩面、增品、提标。

巩固拓展脱贫攻坚成果。落实五年过渡期“四个不摘”要求，健全防止返贫动态监测和帮扶机制，重点监测收入水平变化和“两不愁三保障”巩固情况。深入开展“万企兴万村”行动，持续推动工商资本下农村。发展壮大扶贫产业，补上技术、设施、营销等短板，持续推动农村集体经济和农民增收。

（六）全面推进生态文明建设

进一步夯实生态屏障。高质量完成国土空间总体规划编制。实施山水林田湖草生态保护修复，推进崩岗、水土流失、“牛肝土”、沿河排污口等系统治理、综合治理，扎实推进全域土地综合整治试点工作。全面实施林长制，开展“绿满梅州”大行动，完成 4.5 万亩造林和生态修复任务，加快推进国家储备林项目建设，抓好森林防灭火和病虫害防治工作，制定实施林分林相改造十年计划。基本完成自然保护地勘界立标，改造提升一批自然保护区和森林公园，推动重点区域与广东南岭国家公园联动发展。创新落实河（湖）长制，实施河湖水系综合治理。

切实强化环境保护。严格实行能源和水资源消耗、建设用地等总量和强度双控。加大低效和闲置土地处置力度。积极创建“无废城市”，加快生活垃圾、建筑垃圾等废弃物资源化综合利用项目建设，加强塑料污染治理，实现工业源、移动源、面源治污减排。继续抓好城乡生活污水处理设施和管网建设。深入实施垃圾分类。完善跨省跨界污染联防联治机制，及时有效应对潜在跨界突发环境事件。推广绿色出行，开展绿色生活创建活动。

（七）全面深化改革扩大开放

持续优化营商环境。落实减税降费助企纾困政策，千方百计保企业，激发市场主体活力。加快推进证照分离改革全覆盖试点，推行证照联办改革，探索商事登记确认制试点。深化审批制度改革，优化企业投资项目、工程建设项目审批流程，推进行政审批标准化和审批服务便民化。加快数字政府建设，实施“粤系列”移动应用触达工程，深化政务服务一网通办。大力推行承诺制，完善失信约束和公平竞争审查制度，提高“信用梅州”建设水平。坚持推行政企“双月”沟通座谈机制，进一步打响“梅州服务、天天进步”品牌。

深化体制机制改革。深化放权强县强镇改革，力争创设一批有梅州特色的“首创”制度。推动雁洋、留隍、高陂等中心镇放权强镇改革，赋予乡镇街道更多经济社会管理权限，完善乡镇街道权责清单。深化事业单位改革。理顺园区管理体制，基本完成东升工业园区体制机制改革。推进梅西水库管理体制改革。建立健全梅州综合保税区管理体制。

扩大对内对外交流合作。主动对接“双区”“双城”，加快基础设施硬联通、规则制度衔接软联通，推动与南沙、前海、横琴自贸区战略合作项目落地实施。加快建设梅州综合保税区，确保如期通过一期封关验收；开展精准招商，积极引进保税加工、保税物流、保税服务业；加快建设梅州国际无水港，早日实现区港联动。启动华侨文化旅游经济合作试验区规划编制、申报，加快完善便利华侨华人投资制度。争取新设海峡两岸交流基地示范点。打造港澳青少年爱国教育交流基地和乡村振兴体验基地。组织东盟国家驻华、驻穗使节到梅州市考察活动。

（八）全面发展民生社会事业

做好基本民生保障工作。加大援企稳岗力度，加强高校毕业生、农民工、退役军人等群体就业服务。完成职业技能培训 1.2 万人次以上。高质量推进“粤菜（客家菜）师傅”“广东技工”“南粤家政”三项工程。全面完成“广东兜底民生服务社会工作双百工程”

任务。办好养老、医疗保险，扩大低保保障范围，对城乡困难家庭应保尽保、动态管理。依法保护未成年人和残疾人权益，做好农村留守儿童和妇女、老年人的关爱服务。完善流浪人员救助工作机制。加快医保支付方式、药品耗材采购改革，推进国医馆纳入定点医疗机构试点工作，理顺市县两级医保经办机构机制体制。

发展精神文明和文化事业。广泛开展弘扬时代新风行动，深化社会主义核心价值观宣传教育，进一步繁荣哲学社会科学。实施文明创建“补短提质”工程，加快创建全国文明城市。深化拓展新时代文明实践中心建设。优化市县镇村四级公共文化设施网络，开展乡村文化、社区文化等基层文化活动。创作更多文艺精品，扩大文艺影响力。推动客家文化（梅州）生态保护实验区通过国家验收，办好中国客家（梅州）非遗大会。围绕广东汉剧、广东汉乐、客家山歌、兴宁花灯、侨批及重点工艺美术等规划建设博物馆群。加快建设三河坝干部学院。开工建设林风眠美术馆，建成张弼士博物馆。办好纪念中国新兴版画运动九十周年暨全国版画展。

加快教育振兴。落实新时代教育评价改革总体方案。抓实城区住宅小区配套教育设施“三同步”工作。加强学校班子建设。继续实施市优秀校长培养工程，发挥省市名师名校长工作室示范作用，持续优化教师队伍结构。普及设立镇级教育基金。发展普惠性学前教育，新增 8 所公办幼儿园。推进全国义务教育优质均衡县（市、区）创建，新增学位 2.85 万个，基本消除大班额。适应新高考制度改革，支持国家示范性高中内涵式发展，打造一批名校。积极创建现代职业教育综合改革示范市，加快嘉应学院紫琳学院建设，争取梅州职业技术学院秋季招生。支持嘉应学院建设高水平应用型大学，实现硕士点突破，建设一批重点学科。

高水平建设健康梅州。加快建设市应急收治中心、卫生应急物资储备中心等，增强公共卫生体系哨点监测和应急救治能力。支持市人民医院建设高水平医院和区域性医疗中心。抓好县域医共体建设，带动提高基层医疗服务，以创“三甲”、与省级医院结对等提升县级医院服务水平。加快各县（市、区）精神卫生机构增加床位数量，提升收治能力。扎实开展爱国卫生运动，确保通过国家卫生城市复审。加快创建国家中医药综合改革试验区，实施“中医馆”服务能力再提升工程。免费实施出生缺陷筛查，提高人口素质。发展普惠型养老服务和互助性养老，培育养老新业态。

创新社会治理。抓好市域社会治理现代化试点，推进依法治理，完善社会治安防控体系和常治长效扫黑除恶机制。健全社区管理和服务机制，推动社会治理向基层放权赋能。加快创建国家安全发展示范城市，压实安全生产责任，强化安全生产和消防安全专项整治，提高应急管理、抢险救援和防灾减灾能力。加强信访工作，妥善化解一批历史遗留问题。支持社会组织、志愿服务、慈善事业等健康发展。编修《梅州市志》。加强和创新民族宗教事务管理，促进民族团结、宗教和谐。健全退役军人工作体系和保障制度，推动国防动员等取得新进步。

办好十件民生实事。根据省政府十件民生实事安排，结合梅州民生实际需要，我们拟订了 2021 年市政府十件民生实事候选项目，包括促进普惠性学前教育扩学位、提质量等 13 项，今年首次实行人大代表票决制，请大家予以审议。我们将把更多财力用于保障民生、保障基本公共服务，既量力而行、又尽力而为，每年办好十件民生实事，以小切口大变化切实增强群众的获得感、幸福感。

各位代表！当前新冠肺炎疫情防控形势仍然十分复杂严峻，我们必须慎终如始，发扬伟大抗疫精神，强化常态化疫情防控措施落实，毫不放松抓好外防输入、内防反弹工作，确保不出现规模性输入和反弹。春节即将来临，我们要自觉响应国家号召，减少出行、减少聚集，加强个人防护，配合当地政府及相关部门落实防治管控措施，确保全市平安顺利通过今冬明春疫情防控风险期、考验期。

各位代表！做好今年经济社会发展各项工作，必须加强政府自身建设。我们将坚持党的全面领导，始终把党的政治建设摆在首位，增强“四个意识”、坚定“四个自信”、做到“两个维护”，严格执行省委坚决落实“两个维护”十项制度机制，坚决肃清李嘉、万庆良恶劣影响，维护风清气正的政治生态，持续开展“大学习、深调研、真落实”，不断提高政治判断力、政治领悟力、政治执行力。我们将坚持不懈转作风，讲忠诚、讲担当、讲创新、讲效率、讲落实，充分发扬“为民服务孺子牛、创新发展拓荒牛、艰苦奋斗老黄牛”精神，落实好市委重大决策部署，保持干事创业精气神，落实好服务群众、为民办事。我们将全面学习贯彻习近平法治思想，不断提升政府法治建设水平。坚持重大事项向市委和市人大及其常委会报告，向市政协通报，办好建议和提案，自觉接受依法监督和民主监督。推动重点领域立法，改进行政执法，加强审计整改，加大政务公开力度。我们将持之以恒正风肃纪，坚持纠“四风”与树新风并举，盯紧重点领域、重大工程、关键岗位监督问效，实现勤政、廉政两手抓、双促进。

各位代表！新征程催人奋进。让我们更加紧密地团结在以习近平同志为核心的党中央周围，在省委、省政府和市委的坚强领导下，乘势而上、感恩奋进，破难攻坚、真抓实干，全面做好新一年的工作，确保“十四五”开好局、起好步，奋力谱写梅州现代化建设新篇章，以优异成绩庆祝中国共产党成立100周年！

梅州市人民代表大会常务委员会工作报告

——2021年2月1日在梅州市第七届人民代表大会第八次会议上

梅州市人大常委会副主任　李远青

各位代表：

我受市人大常委会委托，向大会报告工作，请予审议。

过去一年的主要工作

2020年是极不平凡的一年，是全面建成小康社会和“十三五”规划收官之年，是脱贫攻坚决胜之年。一年来，市人大常委会在市委的坚强领导下，始终坚持以习近平新时代中国特色社会主义思想为指导，深入学习贯彻中共十九届四中、五中全会精神，围绕省委“1+1+9”工作部署，统筹推进疫情防控和经济社会发展，推进“六稳”工作，落实“六保”任务，认真贯彻市委七届八次、九次全会精神，坚持依法履职，扎实工作，全年共召开1次人代会、7次常委会会议、16次主任会议，顺利完成市七届人大七次会议确定的各项任务。

一、始终坚持党的领导，保持正确政治方向

旗帜鲜明做到“两个维护”。始终牢牢把握坚持党的领导这一根本保证，切实提高政治站位，坚持把学习贯彻习近平新时代中国特色社会主义思想作为首要政治任务，以高度的政治自觉、思想自觉和行动自觉，将深入学习贯彻中共十九届四中、五中全会精神，与习近平法治思想、习近平总书记关于坚持和完善人民代表大会制度的重要论述，与习近平总书记对广东系列重要讲话和重要指示批示精神，一体学习领会、整体贯彻落实，自觉用习近平总书记赋予广东的使命任务统揽和推动人大工作。认真执行政治要件闭环落实机制，严明党的政治纪律和政治规矩，持续坚决全面彻底肃清李嘉、万庆良恶劣影响，教育引导广大党员干部牢记“五个必须”、反对“七个有之”、做到“三个决不允许”，以实际行动体现增强“四个意识”、坚定“四个自信”、做到“两个维护”。

全力以赴服务发展大局。紧扣市委“六争六补”“五星争辉”“123456”的思路举措，认真履行宪法法律赋予的职权。围绕批准预算调整、决算等重大事项依法作出决议决定9项，审议通过民生实事项目人大代表票决制决定，推动重大决策民主化、科学化、法治化。坚持党管干部原则与人大依法行使任免权相统一，全年共任免国家机关工作人员75人次，组织宪法宣誓61人次。全面落实创建全国文明城市挂钩责任，主动服务挂钩联系重点项目，帮助梅县区松口镇桃宝村全面实现脱贫奔康。引导全国、省人大代表紧紧围绕梅州苏区振兴发展的重大交通、重要项目、重点民生积极建言献策，助力梅州综合保税区成功获批，推动苏区扶持政策措施落地落实。

主动担当应对新冠疫情。深入贯彻落实习近平总书记关于统筹疫情防控和经济社会发展重要指示精神和党中央决策部署，在“双统筹”工作中展现人大应有的担当和作为。常委会领导班子组成7个调研指导组，深入开展联系服务企业疫情防控和复工复产工作。组织市人大机关干部下沉街道社区一线，参与指导防疫排查、防控宣传、复工复产等工作。依法加强疫情防控宣传，开展相关法律法规梳理和解读。倡议引导全市各级人大干部和人大代表以高度的担当精神和责任意识，踊跃捐款捐物、参与防控，积极开展复工复产，助力抗击疫情，彰显代表大爱。

二、坚持以良法促善治，服务苏区振兴发展

持续提升立法质量。科学编制年度立法计划，《梅州市红色资源保护条例》顺利通过省人大常委会批准实施，及时调整《梅州市农村生活垃圾管理条例》审议时间，扎实开展《梅州市扬尘污染防治条例》《梅州市农村村民建房管理条例》等预备项目前期工作，精心组织首部地方性实体法规《梅州市森林火源管理条例》立法后评估工作。

着力完善立法机制。先后制定立法调研工作制度、基层立法联系点工作规则，修订地方立法相关费用支付办法、规范性文件备案审查工作规定，推进立法工作制度化、规范化、程序化。引导社会各方有序表达立法诉求，凝聚立法共识。完善征求意见反馈、立法咨询专家工作机制，与嘉应学院续签合作共建梅州市地方立法研究基地协议。加强对基层立法联系点的调研指导，推动立法工作更好接地气、聚民智。

全面加强备案审查。审查全市各级制定机关报备的规范性文件 11 件，全年向省人大常委会报送地方性法规 1 件、决定 1 件。扎实做好与民法典相关地方性法规专项清理工作，梳理报送 1988 年以来作出的现行有效决议、决定 2 件。认真落实备案审查工作情况报告制度，听取和审议市人大常委会法制工作委员会关于备案审查工作情况的报告，指导推动 8 个县（市、区）人大常委会听取和审议备案审查工作报告。深入推进平远县、梅县区丙村镇备案审查示范点建设，以点带面推进备案审查工作。

深入开展立法宣传。加强立法全过程宣传，突出对重大课题、重大活动、重大内容的集中宣传。在省市主流媒体全方位、多角度宣传《梅州市红色资源保护条例》，提高公众知晓率。紧密结合“创文”工作，开展《梅州市城市市容和环境卫生管理条例》宣传活动。全面梳理总结地方立法五周年工作，充分利用“12·4”国家宪法日、宪法宣传周等活动，深入宣传我市制定的法规条例，进一步扩大人大立法工作影响。

三、全面履行监督职责，监督实效不断增强

加强法律实施监督。开展《中华人民共和国归侨侨眷权益保护法》执法检查，依法维护归侨侨眷合法权益。开展《广东省未成年人保护条例》执法检查，保障未成年人合法权益。开展《广东省爱国卫生工作条例》执法检查，为打赢疫情防控阻击战、维护人民群众健康营造良好的法治环境。

加强财政经济监督。听取和审议预算执行情况及预算草案报告、预算调整方案、决算草案报告，审查和批准市级预算调整、决算，推进积极财政政策落实，不断提高预算绩效管理水平。听取和审议国民经济和社会发展计划执行情况及计划草案报告，认真做好“十四五”规划编制前期调研工作，促进科学规划、健康发展。听取和审议审计工作报告和审计查出问题整改落实情况报告。推动各县（市、区）建立国有资产报告制度全覆盖，听取和审议国有资产管理情况和行政事业性国有资产管理情况报告，推动我市国有资产管理水平有效提升。

加强生态文明监督。听取和审议关于环境状况和环境保护目标完成情况、全面推行河长制工作情况报告，视察国家储备林基地建设和全域推进农村人居环境整治、建设生态宜居美丽乡村工作情况，开展城市、圩镇生活污水集中处理情况调研，协助省人大开展生态环保领域专题调研和有关条例意见征集，助推我市生态发展区建设。

加强民生热点监督。认真开展“市县两级每年要从土地出让收入中安排 4%用于教育”落实情况专项督查，听取和审议全市医疗保障工作情况、市政府关于贯彻实施《广东省安全生产条例》情况、市中级人民法院贯彻落实以审判为中心的刑事诉讼制度改革情况报告，围绕我市少数民族工作、强制隔离戒毒、社区养老服务、科技创新平台建设、公共停车场建设等工作开展调研视察，通过刚性监督体现民生温度，提升人民群众获得感、幸福感、安全感。

四、尊重代表主体地位，代表作用进一步发挥

精心组织代表活动。组织全国、省人大代表围绕我市经济社会发展和“乡村振兴战略、决战决胜脱贫攻坚”等专题开展视察调研，深入细致了解社情民意，更好在全省、全国层面为梅州“发声”。组织 5681 名五级人大代表开展“更好发挥人大代表作用”主题活动，共收集到意见建议 936 条，推动解决了一批民生难题，彰显了人大代表的履职担当。扎实开展代表小组活动，充分发挥代表专业特长，推动养老服务等领域工作落实。

精细服务代表履职。及时调整“双联系”挂钩方案，加强与基层市人大代表的联系。修订《梅州市人大代表活动经费管理办法》，对经费补贴对象、经费使用项目、交通补贴作出明确规定，激发代表履职热情。积极为各级代表履职提供优质服务，全年共推荐全国、省、市人大代表参加执法检查、行风评议、听证会等约200人次。

精勤督办代表建议。制定《关于加强和改进市人大代表工作的具体措施》，完善常委会重点督办、各工委归口督办代表建议制度。从市七届人大七次会议期间代表提出的49件建议中，选取3件作为常委会重点督办建议、6件作为各工委重点督办建议，认真审定办理方案，加强日常沟通督办，听取和审议办理工作情况报告，提升办理实效。2020年全部建议交由45个机关和组织研究处理，各承办单位依法按时办理完结并答复代表，代表满意和基本满意率达100%。

五、加强县乡人大工作，建设成果得到巩固深化

围绕“推进县乡人大工作年”2020年重在“总结”“提高”两个目标，巩固和深化县乡人大工作和建设成果。认真开展贯彻落实省委、市委人大工作会议精神回头看工作，开展《广东省乡镇人民代表大会工作条例》执法检查，指导县乡人大积极推进民生实事项目人大代表票决制，探索基层人大履职创新实践，发挥基层人大巩固党的执政基础的重要作用。指导村（社区）“两委”做好换届选举工作。大力推进人大代表联络站规范化建设，进一步夯实基层人大代表履职平台。至目前，全市共建立镇（街）人大代表中心联络站112个，村（居）人大代表联络站571个。

六、全面加强自身建设，履职能力持续提升

按照新时代党的建设总要求，积极创建“五型”模范机关。狠抓思想政治建设，认真落实“三会一课”制度，切实把习近平新时代中国特色社会主义思想作为第一议题，组织开展系统学习、专题研讨、辅导讲座，巩固深化“两学一做”学习教育、“不忘初心、牢记使命”主题教育成果，推动理论武装走深走心走实。狠抓组织制度建设，理顺完善委室工作架构，优化调整党支部设置，落实机关干部选拔任用工作规程、纪实制度，进一步激发机关活力。狠抓纪律作风建设，新设立机关纪委，扎实开展纪律教育学习月活动，召开警示教育专题组织生活会，常态化开展谈话提醒活动，强化机关日常监督，驰而不息反对“四风”，努力营造风清气正的政治生态。狠抓机关效能提升，密切与上级和基层人大工作协同，扎实开展“大学习、深调研、真落实”工作，加强调查研究、信息宣传和理论实践创新，增强人大工作整体实效，努力把人民代表大会制度优势转化为治理效能。

各位代表，过去一年常委会各项工作取得的成绩，根本在于习近平新时代中国特色社会主义思想的科学指引，在于市委的高度重视和坚强领导，凝聚着全体市人大代表、常委会组成人员以及人大机关工作人员的默默奉献和辛勤付出，也离不开“一府一委两院”和各县（市、区）人大及其常委会的大力支持和积极配合。在此，我谨代表市人大常委会表示崇高的敬意和衷心的感谢！

我们也清醒地看到，面对新形势新任务，常委会的工作还存在一些薄弱环节。比如，立法质量有待进一步提升，监督工作的针对性和实效性还不够强，代表作用发挥还不够充分，自身建设还有待加强等等，对此，我们将认真研究，积极加以解决。

今后一年的主要任务

今年是“十四五”规划开局之年，也是落实习近平总书记赋予广东的使命任务的关键之年。市人大常委会将在市委的坚强领导下，以习近平新时代中国特色社会主义思想为指导，深入学习贯彻中共十九届四中、五中全会精神，学习贯彻习近平法治思想、习近平总书记关于坚持和完善人民代表大会制度的重要思想，深入贯彻落实习近平总书记对广东系列重要讲话和重要指示批示精神，围绕省委“1+1+9”工作部署，坚持稳中求进工作总基调，立足新发展阶段，贯彻新发展理念，参与打造新发展格局战略支点，认真落实市委七届九次、十次全会的部署要求，为扎实做好“六稳”工作、全面落实“六保”任务，落实“123456”思路举措，统筹推进“5311”绿色产业体系建设，加快构建“五星争辉”区域发展格局，建设“三宜”城市，推动梅州加快高质量发展步伐，奋力打造“绿水青山就是金山银山”的广东样本，依法履职，奋发进取，不断开创新时代人大工作新局面。

一、强化政治引领，旗帜鲜明讲政治

坚持把党的政治建设摆在首位，坚持党的领导、人民当家作主、依法治国有机统一，把坚持党的领导贯穿于人大工作的全过程和各方面。

坚决做到“两个维护”，永葆对党绝对忠诚。坚持把绝对忠诚作为必须具备的政治品格，把“两个维护”作为必须遵循的政治规矩，严格执行省委坚决落实“两个维护”十项制度机制，自觉在思想上政治上行动上同以习近平同志为核心的党中央保持高度一致，不断提高政治判断力、政治领悟力、政治执行力，切实增强“四个意识”、坚定“四个自信”、做到“两个维护”。

加强政治理论学习，不断坚定政治信仰。认真落实第一议题制度，坚持把学习贯彻习近平新时代中国特色社会主义思想与习近平法治思想、习近平总书记关于坚持和完善人民代表大会制度的重要论述结合起来，与习近平总书记系列重要讲话精神结合起来，通过党组会议、理论学习中心组学习会、“三会一课”等，推动学习常态化制度化，进一步补足精神之钙、把稳思想之舵、筑牢信仰之基。

增强人大政治担当，认真贯彻市委决策部署。自觉把人大工作放在梅州苏区振兴发展大局中谋划和推进，与市委中心工作同步部署、同步推进，做到市委中心工作谋划到哪里，人大的工作就推进到哪里，力量就汇聚到哪里。

严肃党内政治生活，努力营造良好政治生态。加强政治文化建设，严明政治纪律，严守政治规矩，让党员干部在严格的党内政治生活中经常接受政治体检，不断增强政治免疫力，以良好的政治文化涵养风清气正的政治生态。

二、强化使命担当，依法履职求实效

紧密结合梅州实际，围绕市委中心工作，不断加强和改进立法、监督、代表等工作，为我市经济社会高质量发展提供坚强的法治保障。

聚焦高质量发展，推进地方立法。深入贯彻习近平法治思想，贯彻《法治社会建设实施纲要（2020–2025年）》，深入推进科学立法、民主立法、依法立法，坚持小切口立法，继续审议《梅州市农村生活垃圾管理条例》，将《梅州市扬尘污染防治条例》《梅州市客家围龙屋保护条例（修正案）》和《梅州市城市市容和环境卫生管理条例（修正案）》列为年度立法制定项目，将《梅州市农村村民建房管理条例》列为年度立法预备项目。

聚焦重点领域，坚持正确有效监督。一是围绕推动经济社会高质量发展，听取和审议计划、“十四五”规划、预算、决算、审计工作以及审计查出突出问题整改情况报告；听取和审议全市国有资产管理、国有自然资源资产管理情况报告；听取和审议关于我市环境状况和环境目标完成情况、外事工作情况报告；继续推进人大预算联网监督工作；开展我市名人故居（旧居）保护和利用专题调研；视察我市足球场地建设、现代农业产业园建设工作情况。二是围绕推进全面依法治市，抓好《中华人民共和国民法典》的学习宣传贯彻实施，开展对《中华人民共和国预算法》和《宗教事务条例》《广东省宗教事务条例》的执法检查，听取和审议贯彻实施《广东省信访条例》情况、市监察委员会专项工作情况、开展未成年人检察工作情况报告，视察我市基层人民法庭建设情况。三是围绕保障民生，听取和审议关于我市公办幼儿园建设情况报告，开展落实退伍军人有关政策专题调研，视察城市生活垃圾分类进展情况。四是围绕维护国家法制统一，听取和审议规范性文件备案审查工作情况报告，推进全市规范性文件备案审查工作落实。

聚焦履职为民，充分发挥代表作用。坚持“双联系”制度，支持和保障代表更好发挥桥梁纽带作用，密切同人民群众的联系，接地气、察民情、聚民智、护民利。继续坚持三级人大联动组织五级人大代表，深入开展主题活动，推动解决群众反映的热点难点问题。全面落实《关于加强和改进市人大代表工作的具体措施》，加强代表建议督办，听取和审议市七届人大八次会议代表建议办理工作情况报告，把重点督办代表建议制度落到实处。加强代表履职服务保障，强化代表监督管理，着力提升代表履职水平。

三、强化基层基础，巩固提升建设水平

按照省人大常委会的部署要求，深入实施“巩固基础、强化履职”两年行动计划，推动县乡人大更好发挥职能作用。

依法指导县乡人大换届工作。全面落实党中央、省委、市委关于进一步加强县乡人大工作和建设的文件精神，指导县乡人大不折不扣落实换届选举相关法律和政策，严把政治关、选举关，严肃换届纪律，确保换届选举风清气正，依法有效。

继续加强人大代表联络站建设。按照“全覆盖、标准化、常活动、见实效”的要求，切实建好用好人大代表联络站。探索代表联络站视频联网监督系统建设，努力创建实体联络站和网上联络站相结合的新平台。指导县乡人大加强阵地建设和人员配备，提升为民办实事、解难事的工作实效。

充分调动基层人大代表积极性。建立健全基层人大代表考核、监督、激励机制，优化代表履职环境，营造代表履职氛围，激发代表履职热情，增强代表的履职责任感和使命感，在表达民意民愿、汇聚民声民智、凝聚民心民力方面发挥重要作用。

着力推进民生实事项目票决制。加强对市政府民生实事项目实施情况的监督。指导县（市、区）、镇人大全面推进民生实事项目票决制，按时按质完成目标任务，努力使民生实事项目更加符合民需、贴近民意、惠及民众。

四、强化自身建设，力争“三个一流”

围绕“打造一流的政治机关、体现一流的工作水平、建设一流的干部队伍”的目标要求，全面加强常委会及机关自身建设。

全面提升人大党建质量。深入贯彻新时代党的建设总要求和新时代党的组织路线，全面加强政治能力建设，不断巩固深化“不忘初心、牢记使命”主题教育成果，以更高标准提升人大机关党建质量。

全面提升机关服务效能。建立和健全各项规章制度，以制度规范行为、提高效能。围绕市委中心工作，扎实做好人大“三会”服务，在服务中提高工作能力。深入开展调研，加强人民代表大会制度理论研究，改进人大新闻舆论工作。加强与上下级人大及各地人大沟通联系，提升人大工作整体水平。

全面锻造过硬干部队伍。认真办好人大“法制讲坛”，加强警示教育，强化日常监督，强化干部教育管理，引导党员干部养成讲规矩、善钻研、勤服务、有作为的工作习惯，始终保持锐气、朝气、生气，保持活力、魄力、动力，自觉以闯的精神、创的劲头、干的作风奋力做好新时代人大工作。

各位代表，新的发展阶段，赋予人大新的历史使命。让我们更加紧密地团结在以习近平同志为核心的党中央周围，在市委的坚强领导下，不忘初心、牢记使命、接续奋斗，在全面建设社会主义现代化国家新征程中坚持和完善人民代表大会制度，推动新时代地方人大工作创新发展，为我市推动高质量发展，奋力打造“绿水青山就是金山银山”的广东样本，做出人大应有的贡献，以优异成绩庆祝建党100周年！

中国人民政治协商会议第七届广东省梅州市委员会常务委员会工作报告

——2021年1月31日在政协第七届梅州市委员会第五次会议上

梅州市政协主席　陈建青

各位委员：

我代表政协第七届梅州市委员会常务委员会，向大会报告工作，请予审议，并请列席会议的同志提出意见。

一、2020年工作回顾：突出主业抓重点 助力推动奔小康

2020年是全面建成小康社会的决胜之年，是“十三五”规划收官之年。一年来，市政协常委会坚持以习近平新时代中国特色社会主义思想为指导，深入学习贯彻中共十九大和十九届二中、三中、四中、五中全会精神，认真贯彻落实中央和省委政协工作会议精神，紧紧围绕李希书记、王荣主席到梅州市调研有关精神和市委工作部署，突出主业抓重点、提升质量创特色，履职尽责、凝心聚力，展现了政协委员新风采，谱写了政协事业新篇章，为实现梅州苏区振兴发展步步高做出了重要贡献。

一是持之以恒抓好思想政治理论学习。坚持把学习贯彻习近平新时代中国特色社会主义思想和习近平总书记系列重要讲话精神作为首要政治任务，列入第一议题，着力推进理论学习常态化制度化，引导广大委员和机关干部进一步树牢“四个意识”，坚定“四个自信”，坚决做到“两个维护”。把学习贯彻中共十九届二中、三中、四中、五中全会精神，与学习《习近平谈治国理政》第三卷、习近平总书记出席深圳经济特区建立40周年庆祝大会和视察广东重要讲话、重要指示批示精神结合起来，统筹部署学习研讨、专题辅导等工作，迅速在全市政协组织掀起学习贯彻热潮。

加大学习培训力度，先后围绕民法典实施、5G 创新发展与技术运用等课题，邀请有关委员和专家作专题辅导报告，进一步提高法治思维和运用新技术的能力水平。认真配合省政协开展理论研讨征文活动，先后向省政协选送理论研讨文章 13 篇，其中 4 篇分获一二三等奖。积极响应全国政协和省政协号召，广泛开展“书香政协”读书活动，引领形成爱读书、读好书、善读书的良好风尚。

二是全面贯彻中央政协工作会议精神。把学习贯彻中央、省委政协工作会议精神作为重要内容，先后召开党组（扩大）会、中心组理论学习会、主席会议、常委会会议进行传达学习，深入学习贯彻习近平总书记重要讲话精神，推动《中共中央关于新时代加强和改进人民政协工作的意见》贯彻落实到位。主动配合做好市委政协工作会议筹备工作，深入各县（市、区）进行调研，综合分析基层政协组织建设和履职情况，得到市委的高度重视，市委常委会专题听取汇报，陈敏书记专门指示王庆利副书记到市政协进行调研。市委高规格召开政协工作会议，陈敏书记出席会议并讲话，充分肯定市政协在建言献策、民主监督、服务民生等方面取得的成绩，要求全市政协当好苏区振兴智囊团、架好民生改善连心桥、画好服务发展同心圆，为做好政协工作提供了强大动力。扎实抓好中央、省委、市委政协工作会议精神的学习贯彻工作，班子成员带领 8 个检查组，分赴各县（市、区）进行检查，推动“两个薄弱环节”得到进一步解决。一年来，市委高度重视政协队伍建设，市政协机关一批德才兼备的干部得到提拔；各县（市、区）把政协办公室列入统战工作成员单位，全部落实了统战部部长兼任政协党组副书记，市、县两级政协机关机构设置、人员编制得到进一步理顺和充实。省政协林雄副主席到梅州市调研时，对我市学习贯彻工作给予充分肯定。

三是积极投身抗击新冠肺炎疫情斗争。面对突如其来的疫情，市政协率先发出公开信，动员广大委员踊跃参与疫情防控，得到委员们的积极响应，在强信心、聚民心、暖人心、筑同心方面发挥了重要作用。医卫界委员立足岗位、奋战一线，积极参与治病救人、科研攻关等工作；广大委员主动捐款捐物，共筹集价值 1200 多万元的资金物资支持梅州抗击疫情，以实际行动展现了政协队伍的良好形象。书记、市长等市领导多次出席市政协委员捐赠仪式，对市政协主动担当作为和委员善行义举给予充分肯定。把“加强基层公共卫生队伍和防控能力建设”作为常委会专题议政课题，组织委员深入调研，形成高质量的专题议政报告。陈敏书记等市领导分别作出批示，要求相关部门认真学习研究。围绕“疫情对中小企业的冲击和复工复产情况”“推进医疗保障公共服务标准化规范化”“农村公共卫生疾病预防控制工作”“加强公共卫生应急物资保障体系建设”等课题，通过委员移动履职平台、小范围调研视察和协商座谈等履职形式，为推动全市疫情防控工作建良言、献良策。围绕完善公共卫生应急管理体系、提高疫情防控期间云课堂效果等方面，编发社情民意信息 26 期，张爱军市长先后两次作出批示，要求相关职能部门在工作中充分借鉴和采纳。大力抓好挂钩联系重点企业、重点项目疫情防控和复工复产工作，班子成员先后深入 8 个县（市、区）和挂钩联系点，扎实开展督导活动，为做好“六稳”工作、落实“六保”任务发挥了积极作用。《人民政协报》报道了我市政协的经验做法，省政协出版的《同舟共济战疫情》收录了梅州 8 位省、市、县政协委员的先进事迹。

四是深入践行以人民为中心的发展思想。坚持把群众所思所盼作为履职重点，聚焦群众最关切的教育、医疗卫生、环境保护等问题，把《提升农村饮用水安全的提案》《关于促进梅州基础教育振兴发展的几点建议》作为主席会议领衔督办的重点提案，围绕“打赢精准脱贫攻坚战”“增加学前教育公办学位供给”“提升养老服务能力建设”等课题，深入开展专题调研、专题视察和专项督办等活动，促进解决了一批群众操心事烦心事揪心事。倡议发动政协委员捐资建设的“梅州政协连心桥”建成通车，广大政协委员和机关干部全参与、全覆盖，推动项目当年倡议、当年筹资、当年动工、一年建成。书记、市长等市领导出席通车仪式，梅南老区人民把连心桥誉为脱贫奔康的富裕桥、幸福桥，《人民政协报》《南方日报》等 10 多家媒体分别进行了报道。用心用情用功参与精准脱贫攻坚战，四年来共筹集资金 1500 多万元，帮扶市政协办公室挂钩的大埔县青华村，先后实施了村主干道加铺沥青、移动 5G 基站、光伏发电等项目，24 户贫困户全部脱贫，美丽青华建设取得明显成效，圆满完成了精准扶贫精准脱贫任务。

五是坚持不懈促进政协工作创新发展。创新提案工作机制，规范提案撰写、交办、办理、成果转化等程序，做到深入调研、准确选题、分析透彻、建议精准、实效评估。更加注重处理好提案的质与量、提与办的关系，在《梅州日报》等媒体公开征集提案线索，突出重点提案提前培育，全面加强提案审查，创新推进提案考核和提案办理回头看活动，提案质量和办理成效明显提升。陈敏书记领衔督办《关于深耕互联网，以绿色云数据中心带动传统产业转型升级的建议》，把提案办理协商贯穿办理工作全过程，推动提案建议得到充分吸纳，市委、市政府出台了《加快互联网产业发展若干扶持措施》等系列政策，成功举办了2020第二届梅州互联网大会。张爱军市长领衔督办《关于优化营商环境，促进科技型民营企业高质量发展的建议》，积极创新提案办理协商形式，成立协调小组和工作小组，提案办理成为推动工作的重要抓手，为统筹推进“5311”绿色产业体系建设，打造生态经济发展新标杆、争当生态发展区建设先行示范市发挥了积极作用。充分发挥文史资料“存史、资政、团结、育人”作用，在梅州政协门户网站创设文史专栏，编撰出版《梅州市政协志》，系统总结梅州政协成立30多年来的发展历程，为做好新时代政协工作提供有益借鉴；征集《梅州足球故事》史料，充分挖掘深厚的足球文化，助力梅州重振足球之乡雄风。

过去一年，市政协常委会围绕中心、服务大局，坚持建言资政和凝聚共识双向发力，认真履行职能，统筹推进各项常规工作。

（一）政治协商汇众智，广泛凝聚发展共识。围绕充分发挥政协作为专门协商机构作用，紧扣“加强基本农田保护”“加大县级足球场地建设力度”“加大古镇古村落保护开发利用”等课题，深入开展专题协商、界别协商、对口协商活动，引导委员把自身专业能力融入协商实践，提出专业性强、精准度高的意见建议，让“专门协商机构”专出质量、专出特色、专出水平。围绕“十四五”规划编制、《梅州市红色文化资源保护条例》等进行书面协商，组织有关专家委员认真研讨，为梅州制订中长期发展规划提供了有益参考。有效利用委员微信群、微信公众号、委员之家网络互动平台，积极开展网络议政、远程协商，把协商从会场延伸到网络，拓展委员参与面，增强履职灵活度，打造永不落幕的协商新常态。

（二）民主监督重实效，着力推动工作落实。充分发挥协商式民主监督的特色优势，持续聚焦乡村振兴开展民主监督活动，邀请新闻媒体全程参与，帮助党政部门发现问题、改进工作、破解难题，促进各项政策措施落地落实。围绕推动脱贫攻坚与乡村振兴有效衔接，引导委员积极参与“千村示范、万村整治”“万企帮万村”行动，主动投身乡村产业发展，大力支持美丽乡村建设，为实现农业兴、农村美、农民富发挥了重要作用。全力配合省政协到梅州市开展乡村振兴民主监督专题调研活动，我市推动乡村振兴战略落实方面的工作得到省政协充分肯定。扎实抓好挂钩联系创建全国文明城市网格化工作，班子成员定期进行督导，市政协机关积极帮助挂钩联系的锭子桥社区解决工作经费、人员不足等问题，推动创文各项决策部署落到实处。把抓好挂钩联系重点项目作为推动高质量发展的重要抓手，坚持每季度开展专项督查活动，班子成员挂钩联系的项目全面完成年度投资计划，“客都人家”康养文旅综合体一期项目如期建成开放，嘉元科技上榜国家技术创新示范企业名单。组织委员参加市法院旁听案件庭审、市检察院案件听证会和巡回检察活动，专题视察公安工作，切实履行民主监督职能，努力把人民政协制度优势转化为社会治理效能。

（三）参政议政出实招，大力推动成果转化。把调研视察作为履行职能的重要抓手，围绕“金融支持实体企业稳定发展”“加快综合保税区和双龙高铁建设”“推动乡村产业振兴发展”“促进乡村文化振兴”“打赢精准脱贫攻坚战”“创建国家中医药综合改革试验区”“加强水资源保护与利用”“老城微改造和文创激发新业态情况”“支持侨资企业融入粤港澳大湾区建设”等课题，先后开展38次专题调研、专题视察活动，形成履职成果26篇，得到市委、市政府有关领导批示8次，一批重要建议得到吸纳，为全面建成小康社会取得决定性成就发挥了积极作用。大力抓好履职成果转化，主动加强与对口职能部门的联系，促进委员意见建议得到有效落实。其中，委员们提出的打造“中国铜箔之都”的相关建议和提案，得到市委、市政府的充分采纳，我市成功举办了2020年铜箔产业大会。

（四）加强团结广联谊，营造良好发展氛围。围绕充分发挥政协重要阵地、重要平台、重要渠道作用，认真落实市政协党组成员分工联系民主党派、工商联制度，主动邀请党派团体、无党派人士和社科智库专家参加调研视察活动，为他们履行职能搭建更多平台、创造更好条件。注重深化对外交流，先后组织住梅省政协委员赴四川广安、南充等地，组织部分市政协委员前往福建三明、江西赣州等地，学习考察客家文化传承发展和红色资源保护利用等方面的成功经验，助推梅州加快发展生态产业，打造“绿水青山就是金山银山”的广东样本。围绕产业园区建设、乡村振兴战略落实，组织机关干部到汕尾、惠州等地学习考察，助力梅州高质量融入服务“双区”建设。积极参加闽粤赣三省八市政协联系协作会议，加强与兄弟市政协的横向交流，共接待28批次各级各地政协到梅州市开展活动。组织委员到丰顺凤坪畲族村进行调研，助力少数民族特色村寨创建工作，促进民族团结。针对梅州作为全省宗教大市的实际，主动走访宗教界代表人士，开展宗教场所建设专题视察活动，进一步发挥宗教界别在推动经济发展、繁荣文化、促进社会和谐方面的重要作用。

（五）巩固完善促提高，扩大工作室影响力。围绕“巩固、完善、提高”的目标，加强对工作室的检查考核，评选先进委员工作室和优秀委员工作室主任，召开全市政协委员工作室推进会，认真总结推广经验，引导工作室加强学习、突出特色、建章立制。通过召开会议、专题辅导等形式，及时传达学习贯彻重要会议、重要文件精神，一年来共开展学习研讨活动168次，工作室成为思想政治引领的重要平台。坚持少而精、小切口精准选题，先后开展116次调研视察等履职活动，工作室成为委员履职的重要平台。加强横向交流，通过互相学习考察、走访交流等活动，密切了委员之间的联系，促进委员企业互相对接，工作室成为委员交流合作的重要平台。充分发挥贴近基层、密切联系群众的优势，引导各界别委员深入听取群众呼声、反映群众诉求、纾解民忧民困，共提交集体提案33件、社情民意信息18期，开展爱心活动102次，工作室成为政协委员助力民生改善的重要平台。广大委员认为，工作室在促进交流合作、丰富履职活动、提升履职实效等方面发挥了重要作用；我市委员工作室的经验做法得到省政协的充分肯定和大力推广。

（六）抓好党建树形象，切实加强自身建设。充分发挥市政协党组把方向、管大局、保落实的作用，坚决落实从严治党要求，切实加强对机关党组的领导，圆满完成机关党委换届工作，组建机关党委纪律检查委员会，进一步发挥党组织战斗堡垒作用和党员先锋模范作用。加强党员教育管理，丰富支部组织生活形式，组织机关党员赴潮州茂芝会议旧址、大埔县中共南方工委纪念馆开展党日活动，进一步坚定理想信念，增强党性修养。牢牢把握意识形态工作主动权，加强对微信公众号和委员微信群的监督管理，不断提升政协门户网站和《梅州政协》会刊的质量。深化与主流媒体的合作，在《梅州日报》专版刊登委员先进事迹，全面展现委员风采，充分激发委员履职热情。以建设模范机关为目标，严格落实中央八项规定精神和厉行节约有关规定，支持派驻纪检监察组履行监督责任，修订完善机关各项制度，推动政协工作制度化、规范化、程序化发展。更大力度抓好机关作风建设，驰而不息反对“四风”，激励机关干部担当作为，打造素质过硬的干部队伍。市政协机关被评为2020年梅州市劳动模范先进集体。

各位委员、同志们，过去一年，我市政协工作取得的成绩，是坚持以习近平新时代中国特色社会主义思想为指导，中共梅州市委正确领导的结果，是市人大、市政府大力支持的结果，是各级各部门积极参与配合的结果，是政协各参加单位、各级政协组织和广大委员勤勉履职的结果，是各位老领导、老同志和社会各界关心支持的结果。在此，我代表市政协常委会，表示衷心的感谢和崇高的敬意！

在看到成绩的同时，我们也清醒地认识到，对照中共中央对政协工作的新部署新要求，对照社会各界的新期待，我市政协工作还存在不少薄弱环节和不足，主要是：民主监督形式有待进一步丰富，部分提案质量有待进一步提升，基层政协“两个薄弱环节”有待进一步加强，等等。这些问题必须引起高度重视并努力加以改进。

二、把握工作规律：旗帜鲜明讲政治 找准定位勤履职

站在新时代，我们坚持开拓创新，主动适应人民政协面临的新形势新任务，积极研究新情况，解决新问题，进一步深化了对政协工作特点和规律的认识。

（一）只有始终坚持党的领导，才能保证政协工作正确方向。中国共产党的领导是中国特色社会主义最本质的特征，是人民政协事业发展进步的根本保证。中共中央、广东省委和梅州市委分别高规格召开了政协工作会议，出台了加强和改进政协工作方面的系列文件，进一步加强和改善了党对政协工作的领导。市政协党组坚决维护习近平总书记党中央的核心、全党的核心地位，坚决维护党中央权威和集中统一领导，自觉坚持在市委领导下推进工作，大力抓好学习培训，实现政协委员和机关干部培训全覆盖，进一步提升了政治判断力、政治领悟力、政治执行力。实践证明，人民政协坚持党的领导是具体的而不是抽象的，集中体现为坚持以习近平新时代中国特色社会主义思想为指导，团结带领广大委员和党派团体、各族各界人士坚定不移贯彻党的基本理论、基本路线、基本方略，紧紧围绕市委、市政府重大决策部署开展工作，做到与党委、政府思想上同心、目标上同向、行动上同行。

（二）只有主动融入发展大局，才能体现政协工作特色优势。围绕中心、服务大局是政协履行职能的重要原则。我们紧紧围绕统筹推进疫情防控和经济社会发展，紧扣“123456”“六争六补”思路举措，聚焦构建“5311”绿色产业体系等重点，找准履行职能的切入点和突破口，做到参政参到点子上、议政议到关键处、建言建在需要时，政协履职成果成为党委、政府决策的重要参考，政协组织成为党委、政府精准施策的重要助推力量。坚持建言资政和凝聚共识双向发力，紧紧围绕推进“三好一正”“三进一出”工程，努力把各方面的智慧和力量凝聚到推动梅州振兴发展上来。实践证明，政协工作只有在围绕中心中定位、在服务大局中谋划，才能明确主攻方向、把握着力重点、实现更大作为。

（三）只有坚持履职为民理念，才能彰显政协工作价值追求。党的根基在人民、血脉在人民，人民性是政协工作的根本属性。我们把人民群众对美好生活的向往作为履行职能的根本动力，围绕重大民生关切开展履职活动，建设了梅州政协连心桥，打造了委员爱心之家、送医送药、送法下乡等品牌，让人民群众切实感受到人民政协离自己很近。实践证明，只有不断强化人民政协为人民的理念，深入体察民情、准确反映民意、用心用情化解民忧，政协工作才能体现最大价值。

（四）只有创新推进自身建设，才能促进政协工作提质增效。打铁还需自身硬，加强自身建设是做好政协工作的重要保障。我们坚持以改革创新精神推进履职能力建设，打造委员工作室，不断完善制度体系，让每位委员干事有舞台、建言有渠道、工作有作为。我们注重加强机关作风建设，不断完善机关组织架构，充分调动干部队伍积极性，全面展现了新时代政协队伍的新面貌、新气象。实践证明，只有坚持固本强基，抓好政协“两支队伍”建设，切实提升履职能力水平，政协工作才能提质增效，才能更好体现时代性、把握规律性、富于创造性。

三、2021 年工作建议：同心筑梦新征程 团结奋进新时代

今年是“十四五”规划的开局之年，也是中国共产党建党 100 周年，做好政协工作意义重大。常委会工作的总体要求是：坚持以习近平新时代中国特色社会主义思想为指导，深入贯彻中共十九大和十九届五中全会精神，按照省委、市委全会的部署要求，在中共梅州市委的正确领导下，把加强思想政治引领、广泛凝聚共识作为中心环节，充分发挥专门协商机构作用，为梅州“十四五”开好局、起好步，奋力打造“绿水青山就是金山银山”的广东样本贡献智慧和力量，以优异成绩庆祝建党 100 周年。

（一）加强思想政治引领，强化党的创新理论武装。注重加强学习是人民政协的优良传统。要把学习党的创新理论作为政治责任，深入开展大学习、大讨论活动，认真学习贯彻习近平总书记重要讲话和重要指示批示精神，着力在学懂弄通做实上下功夫，进一步树牢“四个意识”，坚定“四个自信”，做到“两个维护”。把深入学习贯彻中共十九届五中全会精神，与学习贯彻习近平总书记出席深圳经济特区成立 40 周年庆祝大会和视察广东重要讲话、重要指示批示精神一体学习领会、整体贯彻落实，通过扎实推进“书香政协”建设，深入开展“政协悦读”活动，引导各级政协组织、政协各参加单位和广大委员切实把思想和行动统一到实现“十四五”规划和 2035 年远景目标的宏伟蓝图上来，进一步凝聚攻坚克难的强大合力。

（二）围绕中心履职尽责，在服务大局中出新出彩。充分体现“新发展阶段、新发展理念、新发展格局”的要求，围绕习近平总书记赋予广东的总定位总目标，紧扣省委关于全方位、全过程、高水平、高站位走在全国前列的部署要求，充分发挥政协作为专门协商机构作用，聚焦推动高质量发展中的战略性、基础性和关键性问题，深入开展专题协商、界别协商、对口协商、提案办理协商、恳谈协商、远程协商、书面协商等形式多样的协商活动，促进市委、市政府科学民主决策。围绕“十四五”规划实施和加快实体经济发展，把创新驱动、产业建设、乡村振兴、文化发展、基础设施作为重点，结合市政协领导班子挂钩联系重点项目等工作，深入开展调研视察等履职活动，引导广大委员发挥专长、精准建言、发声出力，助力梅州打造生态经济发展新标杆、争当生态发展区建设先行示范市。立足生态发展区定位，把生态文明建设作为履职活动重点课题，组织有关委员、专家学者深入调研和研讨，形成有深度、有份量、有价值的履职成果，积极为建设美丽梅州建言献策。

（三）聚焦民生事业发展，致力推动重点民生改善。围绕巩固拓展脱贫攻坚成果同乡村振兴有效衔接，推动政协民主监督与新闻舆论监督紧密结合，持续深入开展监督活动，引导广大委员继续参与美丽乡村建设和乡村产业发展，促进农业高质高效、乡村宜居宜业、农民富裕富足。紧扣“三就一保”、社会养老、食品安全、基层社会治理等关系群众切身利益的课题，组织委员贴近基层、贴近民生，加强调查研究，提出对策建议，努力让人民生活更加幸福美满。充分发挥政协提案、社情民意信息作用，及时反映不同阶层、不同群体的意见和诉求，用好政协话语权，切实维护群众利益。围绕十件民生实事，深入开展具有监督性质的调研视察活动，促进民生重点项目加快推进。大力弘扬伟大抗疫精神，依托委员工作室，引导委员积极投身扶贫济困等社会公益事业，让群众切实感受到委员在身边、身边有委员。

（四）深化对外友好交往，凝心聚力推动振兴发展。牢牢把握团结和民主两大主题，把广泛凝聚思想共识作为履职工作的中心环节，建立健全与各民主党派、工商联联合开展履职活动的机制，邀请无党派人士、新社会阶层人士和社科智库专家，联合开展调研视察，共同举办协商活动。充分发挥港澳委员“双重积极作用”，密切与港澳社会组织的交流合作，加强与港澳青年的团结联谊，进一步发展壮大爱国爱港爱澳力量。充分发挥政协联系广泛的优势，围绕推进“三好一正”“三进一出”工程，加大对梅州的宣传推介力度，积极推动精准招商，促进梅州高质量服务融入“双区”“双城”。务实推进政协公共外交，密切与海外侨胞的团结联谊，加强与华侨新生代的联系，增进他们对中国共产党和中国特色社会主义的政治认同、思想认同、理论认同、情感认同，汇聚推动梅州苏区加快振兴发展的强大力量。按照中央、省、市的统一部署，突出政协工作特色，积极开展庆祝建党100周年系列活动、辛亥革命110周年纪念活动，征集各县（市、区）申报原中央苏区县的史料，在铭记光辉历史、传承红色基因中凝聚人心、激励民心。

（五）不断丰富活动形式，充分彰显界别特色优势。界别是人民政协的显著特色和突出优势。要依托委员工作室，根据界别领域相近的原则，组织界别联组开展专业性较强的履职活动，丰富界别小组联系服务群众的形式，实现联动互补、资源共享、形成合力，切实发挥界别整体作用。围绕发挥“横向独立性强、纵向专业性强、内部联系性强”的界别特点，各专委会要引导委员以界别名义参加履职活动，让委员代表本界别提出意见、发表主张，力争在界别集体提案、界别社情民意、界别大会发言方面取得新突破。建立完善界别小组活动规则，对界别组织领导、活动内容、活动形式、保障服务等方面加以规范，使各个界别开展活动有章可循、有据可依。

（六）持续抓好队伍建设，努力夯实政协工作基础。深入贯彻新时代党的建设总要求，始终把政治建设摆在首位，旗帜鲜明讲政治抓政治，充分发挥市政协党组把方向、管大局、保落实的重要作用，全面加强政协基层党组织建设，把“两个维护”贯穿到政协工作全过程。充分发挥专委会基础作用，开展形式多样的学习培训活动，进一步强化委员责任担当，引导委员把握政协工作规律，提高履职能力水平，做好委员作业。持续深入抓好中央、省委和市委政协工作会议精神的贯彻落实工作，加强对各县（市、区）政协的指导，选取共同关注的课题联合开展履职活动，进一步推动解决“两个薄弱环节”。深入推进模范机关创建工作，巩固拓展“不忘初心、牢记使命”主题教育成果，切实加强党风廉政建设和机关作风建设，努力打造一支担当作为的高素质干部队伍。

各位委员，新的蓝图已经绘就，新的征程已经开启。让我们更加紧密团结在以习近平同志为核心的中共中央周围，在中共梅州市委的正确领导下，以更加昂扬的斗志、更加务实的作风，牢记嘱托、感恩奋进，奋力书写人民政协事业的华彩篇章，为梅州打造“绿水青山就是金山银山”的广东样本做出新的更大贡献！

文件选录

2020年梅州市委、市委办文件选录一览表

序号	文件名称	发文文号
1	中共梅州市委办公室 梅州市人民政府办公室关于2018年度梅州市生态环境保护责任暨污染防治攻坚战考核情况的通报	梅市明电〔2020〕1号
2	中共梅州市委、梅州市人民政府关于印发梅州市贯彻落实中央环境保护督察“回头看”及固体废物环境问题专项督察反馈意见暨省级环境保护督察反馈意见整改方案的通知	梅市明电〔2020〕8号
3	中共梅州市委办公室、梅州市人民政府办公室关于成立市防控新型冠状病毒感染的肺炎疫情工作领导小组的通知	梅市明电〔2020〕12号
4	中共梅州市委办公室 梅州市人民政府办公室关于印发梅州市防控新型冠状病毒感染的肺炎疫情指挥部工作方案的通知	梅市明电〔2020〕13号
5	中共梅州市委办公室、梅州市人民政府办公室关于清理规范“一票否决”和签订责任状事项情况的通报	梅市明电〔2020〕17号
6	中共梅州市委办公室、梅州市人民政府办公室关于进一步做好全市机关、事业单位新冠肺炎疫情防控工作的通知	梅市明电〔2020〕20号
7	中共梅州市委办公室、梅州市人民政府办公室印发《关于加强基层应急管理建设的指导意见》的通知	梅市明电〔2020〕22号
8	中共梅州市委办公室、梅州市人民政府办公室印发《梅州市贯彻落实〈关于激励医务防疫人员在打赢疫情防控阻击战中担当作为的若干措施〉实施方案》的通知	梅市明电〔2020〕29号
9	中共梅州市委办公室、梅州市人民政府办公室印发《梅州市进一步加强地方金融人才队伍发展的实施意见》的通知	梅市明电〔2020〕31号
10	中共梅州市委办公室、梅州市人民政府办公室关于印发《市级督检考事项工作指引》和《梅州市2020年督查检查考核计划》的通知	梅市明电〔2020〕32号
11	中共梅州市委、梅州市人民政府印发《关于统筹推进新冠肺炎疫情防控和经济社会发展工作的实施意见》的通知	梅市明电〔2020〕33号
12	中共梅州市委办公室 梅州市人民政府办公室印发《梅州市生态环境垂直管理制度改革工作方案》的通知	梅市明电〔2020〕38号
13	中共梅州市委办公室关于抓好2020年市委重点工作落实的通知	梅市明电〔2020〕41号
14	中共梅州市委办公室、梅州市人民政府办公室关于印发《梅州市推进国有企业退休人员社会化管理实施方案》的通知	梅市明电〔2020〕49号

续表

序号	文件名称	发文文号
15	中共梅州市委办公室、梅州市人民政府办公室关于印发梅州市落实中央环保督察“回头看”及固体废物环境问题专项督察反馈意见暨省级环境保护督察反馈意见整改工作进展情况的通报	梅市明电〔2020〕54 号
16	中共梅州市委关于印发《2020 年市委常委会“一月一研判”基层党建工作安排》的通知	梅市明电〔2020〕56 号
17	中共梅州市委办公室关于印发《梅州市城市基层党建工作 2020 年工作清单》和《梅州市城市基层党建工作 2020 年重点项目》的通知	梅市明电〔2020〕58 号
18	中共梅州市委办公室、梅州市人民政府办公室关于成立梅州市名人故居（旧居）抢救保护利用工作领导小组的通知	梅市明电〔2020〕60 号
19	中共梅州市委办公室、梅州市人民政府办公室关于成立合生创展·智慧梅州建设领导小组的通知	梅市明电〔2020〕63 号
20	中共梅州市委办公室、梅州市人民政府办公室关于 2019 年度全市安全生产责任制和消防工作考核情况的通报	梅市明电〔2020〕64 号
21	中共梅州市委办公室 梅州市人民政府办公室关于成立梅州市根治拖欠农民工工资工作领导小组的通知	梅市明电〔2020〕65 号
22	中共梅州市委办公室、梅州市人民政府办公室关于增加市防控新冠肺炎疫情工作领导小组副组长和市新冠肺炎防控指挥部副总指挥的通知	梅市明电〔2020〕69 号
23	中共梅州市委办公室、梅州市人民政府办公室关于印发《梅州市实施“广东技工”工程工作方案》的通知	梅市明电〔2020〕73 号
24	中共梅州市委、梅州市人民政府关于表彰 2019 年度梅州市安保维稳工作先进集体、先进个人的通报	梅市明电〔2020〕75 号
25	中共梅州市委办公室、梅州市人民政府办公室关于 2019 年度梅州市招商引资项目绩效管理专项核查结果的通报	梅市明电〔2020〕76 号
26	中共梅州市委办公室、梅州市人民政府办公室关于印发《梅州市全面推动村党组织书记“三个一肩挑”工作实施方案》的通知	梅市明电〔2020〕78 号
27	中共梅州市委办公室关于印发《2020 年全市开展纪律教育学习月活动的意见》的通知	梅市明电〔2020〕83 号
28	中共梅州市委办公室、梅州市人民政府办公室关于成立梅州综合保税区建设指挥部的通知	梅市明电〔2020〕84 号
29	中共梅州市委办公室、梅州市人民政府办公室关于印发《梅州市生态环境损害赔偿制度改革实施方案》的通知	梅市明电〔2020〕87 号
30	中共梅州市委办公室印发《关于组织市直和中央、省属驻梅单位党组织和在职党员到社区报到开展服务的方案》的通知	梅市明电〔2020〕88 号
31	中共梅州市委办公室、梅州市人民政府办公室关于 2019 年梅州市食品安全工作评议考核结果的通报	梅市明电〔2020〕89 号

续表

序号	文件名称	发文文号
32	中共梅州市委办公室、梅州市人民政府办公室关于印发《市领导同志定点联系县、镇工作方案》的通知	梅市明电〔2020〕90号
33	中共梅州市委办公室、梅州市人民政府办公室印发《关于深化改革加强食品安全工作的实施方案》的通知	梅市明电〔2020〕92号
34	中共梅州市委关于认真学习宣传贯彻《习近平谈治国理政》第三卷的通知	梅市明电〔2020〕93号
35	中共梅州市委、梅州市人民政府关于印发《梅州市促进中医药传承创新发展实施方案（2020—2022年）》的通知	梅市明电〔2020〕96号
36	中共梅州市委办公室、梅州市人民政府办公室关于印发《梅州市加强新时代爱国主义教育实施意见》的通知	梅市明电〔2020〕98号
37	中共梅州市委办公室关于成立市村（社区）“两委”换届工作领导小组的通知	梅市明电〔2020〕109号
38	中共梅州市委办公室、梅州市人民政府办公室关于成立广东中国客家博物馆主馆展陈内容提升及馆外环境改善工作领导小组的通知	梅市明电〔2020〕111号
39	中共梅州市委办公室关于建立党委（党组）书记及班子成员党支部工作联系点的通知	梅市明电〔2020〕112号
40	中共梅州市委办公室、梅州市人民政府办公室关于增加市综合保税区建设指挥部副总指挥的通知	梅市明电〔2020〕116号
41	中共梅州市委办公室、梅州市人民政府办公室关于印发《第三届广东茶叶产业大会暨广东（梅州）茶业产品展销会筹备工作方案》的通知	梅市明电〔2020〕118号
42	中共梅州市委办公室关于调整乡镇镇长（街道办事处主任）职务任免权限的通知	梅市明电〔2020〕119号
43	中共梅州市委办公室、梅州市人民政府办公室关于成立梅州市“粤菜（客家菜）师傅”“广东技工”“南粤家政”三项工程领导小组的通知	梅市明电〔2020〕125号
44	中共梅州市委办公室关于印发《关于围绕学习贯彻习近平总书记出席深圳经济特区建立40周年庆祝大会和视察广东重要讲话重要指示精神开展“深调研”工作方案》等3个工作方案的通知	梅市明电〔2020〕127号
45	中共梅州市委办公室关于印发《市委常委挂点联系学校思想政治教育及意识形态工作调整方案》的通知	梅市明电〔2020〕131号
46	中共梅州市委办公室、梅州市人民政府办公室关于做好抗击新冠肺炎疫情表彰工作的通知	梅市明电〔2020〕136号
47	中共梅州市委办公室印发《梅州市贯彻落实〈关于加强党员干部联系服务群众工作的意见〉主要任务分工》的通知	梅市明电〔2020〕139号
48	中共梅州市委办公室、梅州市人民政府办公室关于做好2021年元旦春节期间有关工作的通知	梅市明电〔2020〕149号

续表

序号	文件名称	发文文号
49	中共梅州市委 梅州市人民政府印发《关于强化土地管理严格责任追究的意见》的通知	梅市明电〔2020〕150 号
50	中共梅州市委办公室转发《中共中央办公厅秘书局关于组织征订〈中国共产党党内法规选编（2012—2017）〉的通知》的通知	梅办字〔2020〕1 号
51	中共梅州市委办公室关于印发《2020 年市委（含市委办公室）文件制定计划》的通知	梅办字〔2020〕2 号
52	中共梅州市委办公室关于做好梅州市党内规范性文件报备工作的通知	梅办字〔2020〕3 号
53	关于继续做好精简文件工作的通知	梅办字〔2020〕4 号
54	中共梅州市委办公室关于印发《2020 年梅州市市直机关模范机关创建活动工作清单》的通知	梅办字〔2020〕5 号
55	中共梅州市委办公室关于抓好省委办公厅《贯彻落实中央办公厅关于持续解决形式主义问题八条措施的分工安排》工作落实的通知	梅办字〔2020〕7 号
56	中共梅州市委办公室关于印发《各地各部门政治要件台账工作指引》的通知	梅办字〔2020〕8 号
57	中共梅州市委办公室关于对各地各部门政治要件台账工作进行督查的通知	梅办字〔2020〕9 号
58	中共梅州市委贯彻落实《中共广东省委贯彻落实〈中共中央关于坚持和完善中国特色社会主义制度、推进国家治理体系和治理能力现代化若干重大问题的决定〉的实施意见》的行动方案	梅市发〔2020〕1 号
59	中共梅州市委、梅州市人民政府关于印发《梅州市支持深圳建设中国特色社会主义先行示范区的行动方案》的通知	梅市发〔2020〕2 号
60	中共梅州市委、梅州市人民政府关于印发《梅州市支持广州市推动“四个出新出彩”的若干措施》的通知	梅市发〔2020〕3 号
61	中共梅州市委办公室关于成立市委平安梅州建设领导小组的通知	梅市办〔2020〕6 号
62	中共梅州市委办公室关于调整中共梅州市委巡察工作领导小组成员的通知	梅市办〔2020〕7 号
63	中共梅州市委办公室、梅州市人民政府办公室关于调整广州·梅州对口帮扶工作领导小组组成人员的通知	梅市办〔2020〕8 号
64	中共梅州市委办公室、梅州市人民政府办公室关于成立梅州市老区苏区振兴发展领导小组的通知	梅市办〔2020〕9 号
65	中共梅州市委办公室、梅州市人民政府办公室关于市精神文明建设委员会组成人员调整的通知	梅市办〔2020〕11 号
66	中共梅州市委办公室、梅州市人民政府办公室关于成立市生态环境保护委员会的通知	梅市办〔2020〕15 号

2020 年梅州市府、市府办文件选录一览表

序号	文件名称	发文文号
1	梅州市非物质文化遗产代表性项目管理办法	梅州市人民政府令第 6 号
2	梅州市人民政府关于调整部分市级取水许可审批权限的通知	梅市府〔2020〕1 号
3	梅州市人民政府关于印发梅州市城乡居民基本养老保险实施办法的通知	梅市府〔2020〕2 号
4	梅州市人民政府关于市政府领导霍阳同志工作分工的通知	梅市府〔2020〕3 号
5	梅州市人民政府关于印发梅州市城乡规划委员会章程的通知	梅市府〔2020〕5 号
6	梅州市人民政府关于在市辖区范围内开展“房地一体”农村宅基地和集体建设用地确权总登记的通告	梅市府〔2020〕4 号
7	梅州市人民政府关于下达梅州市 2020 年国民经济和社会发展计划的通知	梅市府〔2020〕6 号
8	梅州市人民政府关于发布梅州梅县机场航行服务程序净空保护区域一体化图的公告	梅市府〔2020〕9 号
9	梅州市人民政府关于印发梅州市“三旧”改造实施办法的通知	梅市府〔2020〕10 号
10	梅州市人民政府关于聘请第二届兼职法律顾问的通知	梅市府〔2020〕11 号
11	梅州市人民政府关于市政府领导同志工作分工调整的通知	梅市府〔2020〕12 号
12	梅州市人民政府关于委托行使自然资源管理职权事项的公告	梅市府〔2020〕13 号
13	梅州市人民政府关于在梅州城区试鸣防空警报的通告	梅市府〔2020〕14 号
14	梅州市人民政府关于印发《梅州市人民政府工作规则》的通知	梅市府〔2020〕15 号
15	梅州市人民政府关于印发梅州城区城市供水用水管理办法的通知	梅市府〔2020〕16 号
16	梅州市人民政府关于印发梅州城区城市节约用水管理办法的通知	梅市府〔2020〕17 号
17	梅州市人民政府关于印发梅州城区排水及污水处理管理办法的通知	梅市府〔2020〕18 号
18	梅州市人民政府关于印发梅州市水资源管理办法的通知	梅市府〔2020〕19 号
19	梅州市人民政府关于印发梅州市地下水管理办法的通知	梅市府〔2020〕20 号
20	梅州市人民政府关于禁止黑烟车上路行驶的通告	梅市府〔2020〕21 号
21	梅州市人民政府关于调整实施一批市级权责清单事项的通知	梅市府〔2020〕22 号
22	梅州市人民政府关于进一步加强生猪和生猪产品质量安全全程监管推进屠宰产业高质量发展的实施意见	梅市府〔2020〕23 号
23	梅州市人民政府关于印发全面推进农房管控和乡村风貌提升实施方案的通知	梅市府〔2020〕24 号
24	梅州市人民政府关于印发梅州市创建全国基层中医药工作先进单位实施方案的通知	梅市府〔2020〕25 号

续表

序号	文件名称	发文文号
25	梅州市人民政府关于同意申报梅江区水产等 8 个特色产业现代农业产业园的函	梅市府函〔2020〕9 号
26	梅州市人民政府关于同意梅州市梅州柚优势产区现代农业产业园建设规划（2020—2022 年）的批复	梅市府函〔2020〕10 号
27	梅州市人民政府关于梅州城区教育片区控制性详细规划 JY030608、JY030612、J030614、JY030615、JY030701、J030702、JY030703 地块用地调整方案的批复	梅市府函〔2020〕15 号
28	梅州市人民政府关于梅州城区教育片区控制性详细规划 JY010607、JY010608 地块用地调整方案的批复	梅市府函〔2020〕16 号
29	梅州市人民政府关于公布第七批梅州市文物保护单位的通知	梅市府函〔2020〕34 号
30	梅州市人民政府关于梅州城区槐岗片区控制性详细规划 HG030241、HG030221、HG030222、HG030233（局部）地块调整方案的批复	梅市府函〔2020〕42 号
31	梅州市人民政府关于梅州市江南新城控制性详细规划 JN030208、JN030212、JN100202 地块及梅州城区城北城西片区控制性详细规划 CB080107、CB080201 地块调整方案的批复	梅市府函〔2020〕43 号
32	梅州市人民政府关于丰顺县汤西镇土地利用总体规划（2010—2020 年）修改方案（丰顺县新区供水工程）的批复	梅市府函〔2020〕45 号
33	梅州市人民政府关于《梅州高新技术产业开发区梅县（扶大）园区土地利用总体规划（2010—2020 年）修改方案（梅州昌盛实验学校）》的批复	梅市府函〔2020〕83 号
34	梅州市人民政府关于同意梅州城区 2020 年度土地储备计划的批复	梅市府函〔2020〕91 号
35	梅州市人民政府关于成立大埔电厂二期项目推进协调领导小组的通知（与省能源集团联合发文）	梅市府函〔2020〕92 号
36	梅州市人民政府关于印发梅州市开展“证照分离”改革全覆盖试点工作方案的通知	梅市府函〔2020〕117 号
37	梅州市人民政府关于广东富远稀土新材料股份有限公司产能指标情况的核实意见	梅市府函〔2020〕119 号
38	梅州市人民政府关于同意梅州市梅县区梅州西站高铁片区控制性详细规划 GT020116 地块调整方案的批复	梅市府函〔2020〕122 号
39	梅州市人民政府关于同意广东梅州经济开发区（东山工业园区）控制性详细规划 DS010201、DS010202、DS010204、DS010205、DS010211、DS010212、DS010213、DS010214、DS020102 地块调整方案的批复	梅市府函〔2020〕121 号
40	关于同意梅州市江南新城控制性详细规划 JN020105 地块用地调整方案的批复	梅市府函〔2020〕123 号
41	梅州市人民政府关于同意梅州市拟划转部分国有资产充实社保基金建议方案的批复	梅市府函〔2020〕125 号

续表

序号	文件名称	发文文号
42	梅州市人民政府关于印发加快推进农业机械化和农机装备产业转型升级实施方案的通知	梅市府函〔2020〕127号
43	梅州市人民政府关于调整梅州市丝苗米省级现代农业产业园资金使用方案的函	梅市府函〔2020〕126号
44	梅州市人民政府关于印发梅州市2020年深化“放管服”改革优化营商环境重点任务清单的通知	梅市府函〔2020〕145号
45	梅州市人民政府关于梅州市本级2020至2021审计年度审计项目计划的批复	梅市府函〔2020〕148号
46	梅州市人民政府关于2019年质量工作考核结果的通报	梅市府函〔2020〕157号
47	梅州市人民政府关于梅州市2019年食品安全工作评议考核问题整改情况的函	梅市府函〔2020〕158号
48	梅州市人民政府关于调整梅江区三角洲泮坑村及东升村部分林地保护等级的批复	梅市府函〔2020〕173号
49	梅州市人民政府关于同意《广东梅江—韩江流域梅州市全域山水林田湖草生态保护修复工程实施方案》报省的批复	梅市府函〔2020〕175号
50	梅州市人民政府关于梅州市江南新城控制性详细规划JN030102地块调整方案的批复	梅市府函〔2020〕180号
51	梅州市人民政府关于梅州市江南新城控制性详细规划JN1402部分地块调整方案的批复	梅市府函〔2020〕179号
52	梅州市人民政府关于梅州市江南新城控制性详细规划JN030309、JN040207、JN040302地块调整方案的批复	梅市府函〔2020〕178号
53	梅州市人民政府关于过道G235线大埔县茶阳至县城段公路改建工程资金筹措方案的意见	梅市府函〔2020〕182号
54	梅州市人民政府关于印发《梅州市中医药发展规划（2020—2022年）》的通知	梅市府函〔2020〕190号
55	梅州市人民政府关于同意采购“平安梅州”社会治安视频监控系统一期项目服务的批复	梅市府函〔2020〕195号
56	梅州市人民政府关于对五华天柱山市级自然保护区范围和功能区调整的有关说明	梅市府函〔2020〕202号
57	关于梅县区人民政府申报承办2020中国足球协会冠军联赛总决赛的复函	梅市府函〔2020〕201号
58	梅州市人民政府关于征求《梅州“嘉应茶”产业发展战略合作协议》意见的函	梅市府函〔2020〕211号
59	梅州市人民政府关于成立梅州市农村乱占耕地建房问题整治工作领导小组的通知	梅市府函〔2020〕212号
60	梅州市人民政府关于同意上报梅州市申报2021年中央补助支持城镇老旧小区改造计划任务的批复	梅市府函〔2020〕215号

续表

序号	文件名称	发文文号
61	梅州市人民政府对《大埔县大东镇土地利用总体规划（2010—2020 年）修改方案（新增大东互通立交项目）》的批复	梅市府函〔2020〕231 号
62	梅州市人民政府关于同意梅州城区梅县新城片区控制性详细规划调整方案的批复	梅市府函〔2020〕236 号
63	梅州市人民政府关于聘请有关专家的通知	梅市府函〔2020〕237 号
64	梅州市人民政府关于支持将梅州市人民医院遴选为省级区域医疗中心的函	梅市府函〔2020〕245 号
65	梅州市人民政府关于印发梅州市“千吨万人”乡镇及以下饮用水水源保护区调整划定方案的通知	梅市府函〔2020〕254 号
66	梅州市人民政府关于实行乡镇街道综合行政执法的公告	梅市府函〔2020〕259 号
67	梅州市人民政府关于印发梅州市推动慈善事业高质量发展行动方案的通知	梅市府函〔2020〕261 号
68	梅州市人民政府关于同意广东省韩江高陂水利枢纽工程移民临时搬迁安置实施方案的批复	梅市府函〔2020〕264 号
69	梅州市人民政府关于《梅州市江南新城控制性详细规划 JN090205、JN030218、JN030222 地块及梅州城区城北城西片区控制性详细规划 CB010509 地块调整方案》的批复	梅市府函〔2020〕263 号
70	梅州市人民政府关于同意韩江高陂水利枢纽工程库区大麻镇河唇街、北埔村、中兰村和高陂镇银滩村部分房屋的批复	梅市府函〔2020〕266 号
71	梅州市人民政府关于对《梅州市梅县区城东片区控制性详细规划》《梅州市中心城区乡村建设用地控制性详细规划（西阳白宫部分乡村用地）》的批复	梅市府函〔2020〕270 号
72	梅州市人民政府关于同意优化调整梅州市属国有林场生态公益林布局的批复	梅市府函〔2020〕271 号
73	梅州市人民政府关于印发梅州市药品（疫苗）安全事件应急预案（试行）的通知	梅市府函〔2020〕272 号
74	梅州市人民政府关于国道 G355 线油田至安流段一期（油田至横陂）新建工程社会稳定风险评估的意见	梅市府函〔2020〕277 号
75	梅州市人民政府关于国道 G238 线五华洋田至华城高速公路出口段改建工程社会稳定风险评估的意见	梅市府函〔2020〕276 号
76	梅州市人民政府关于大埔至潮州高速公路（含大埔至漳州支线）大东互通立交工程社会稳定风险评估的意见	梅市府函〔2020〕274 号
77	梅州市人民政府关于印发梅州市重要河流水库电站生态流量管控实施方案的通知	梅市府函〔2020〕279 号
78	梅州市人民政府关于公布梅州市第九批市级非物质文化遗产代表性项目名单的通知	梅市府函〔2020〕284 号
79	梅州市人民政府办公室关于印发梅州市高质量发展综合绩效评价体系（试行）的通知	梅市府办〔2020〕1 号

续表

序号	文件名称	发文文号
80	梅州市人民政府办公室关于印发梅州市实施五年实体经济大振兴战略　加快构建“5311”绿色产业体系实施方案（2019—2023年）的通知	梅市府办〔2020〕2号
81	梅州市人民政府办公室关于印发梅州市促进制造企业增资扩产若干措施的通知	梅市府办〔2020〕3号
82	梅州市人民政府办公室关于印发《梅州市重污染天气应急预案》（2019年修订版）的通知	梅市府办〔2020〕4号
83	梅州市人民政府办公室关于印发梅州市普通公路“路长制”工作方案的通知	梅市府办〔2020〕6号
84	梅州市人民政府办公室关于市政府正副秘书长和办公室正副主任等相关领导分工的通知	梅市府办〔2020〕7号
85	梅州市人民政府办公室关于印发梅州市进一步稳定和促进就业若干政策措施的通知	梅市府办〔2020〕8号
86	转发《广东省人民政府办公厅关于印发广东省加快推进养老服务发展若干措施的通知》的通知	梅市府办〔2020〕9号
87	梅州市人民政府办公室关于印发梅州市突发环境事件应急预案的通知	梅市府办〔2020〕10号
88	梅州市人民政府办公室关于印发梅州市县级人民政府耕地保护责任目标考核办法的通知	梅市府办〔2020〕11号
89	梅州市人民政府办公室关于市政府秘书长和办公室正副主任等相关领导分工的通知	梅市府办〔2020〕12号
90	梅州市人民政府办公室关于印发梅州市深化环境影响评价制度改革实施方案的通知	梅市府办〔2020〕13号
91	梅州市人民政府办公室关于印发梅州市见义勇为人员奖励和保障实施办法的通知	梅市府办〔2020〕14号
92	梅州市人民政府办公室关于印发梅州市市级政务信息化项目管理办法的通知	梅市府办〔2020〕15号
93	梅州市人民政府办公室关于印发梅州市消防救援队伍职业保障实施细则（试行）的通知	梅市府办〔2020〕16号
94	梅州市人民政府办公室关于印发梅州市互联网发展规划（2021—2025年）的通知	梅市府办〔2020〕17号
95	梅州市人民政府办公室关于印发梅州市促进3岁以下婴幼儿照护服务发展实施方案的通知	梅市府办〔2020〕19号
96	关于印发《广东梅州高新技术产业园管理委员会[广州（梅州）产业转移工业园管理委员会]财政体制与资金划拨管理实施方案（修订稿）》的通知	梅市府办函〔2020〕7号
97	关于成立梅州市国防教育训练基地项目专责小组的通知	梅市府办函〔2020〕5号
98	关于对兴宁慈光寺等三家重大火灾隐患挂牌督办单位进行摘牌的通知	梅市府办函〔2020〕6号
99	关于调整部分市级协调机构成员的通知	梅市府办函〔2020〕1号

续表

序号	文件名称	发文文号
100	关于同意建立梅州市自然灾害防治工作联席会议制度的函	梅市府办函〔2020〕3 号
101	关于成立梅州市青少年科技馆布展筹备工作小组的通知	梅市府办函〔2020〕8 号
102	关于同意梅州市 2020 年人工影响天气工作计划的复函	梅市府办函〔2020〕2 号
103	关于建立梅州市工业用地管理联席会议制度的通知	梅市府办函〔2020〕10 号
104	关于成立梅州市建设节水型城市工作组领导小组的通知	梅市府办函〔2020〕14 号
105	梅州市人民政府办公室关于印发梅州市乡镇及以下集中式饮用水源地环境问题整改工作方案的通知	梅市府办函〔2020〕15 号
106	梅州市人民政府办公室关于印发梅州市“十四五”规划编制工作方案的通知	梅市府办函〔2020〕17 号
107	梅州市人民政府办公室关于成立梅州市第七次全国人口普查领导小组的通知	梅市府办函〔2020〕18 号
108	梅州市人民政府办公室关于成立梅州市城市更新重大项目建设总指挥部的通知	梅市府办函〔2020〕20 号
109	梅州市人民政府办公室关于印发市政府领导挂点联系集体经济薄弱村工作方案的通知	梅市府办函〔2020〕22 号
110	梅州市人民政府办公室关于进一步加强梅州市省级现代农业产业园建设和管理工作的通知	梅市府办函〔2020〕21 号
111	梅州市人民政府办公室关于下达 2019 年退役士兵市直单位安置任务的通知	梅市府办函〔2020〕26 号
112	梅州市人民政府办公室关于成立完善促进消费体制机制工作领导小组的通知	梅市府办函〔2020〕27 号
113	梅州市人民政府办公室关于成立广东梅州大健康高科技产业园发展委员会的通知	梅市府办函〔2020〕28 号
114	梅州市人民政府办公室关于成立梅州市迎接“十三五”全国干线公路养护管理评价工作领导小组的通知	梅市府办函〔2020〕29 号
115	梅州市人民政府办公室关于印发梅州市企业诉求响应工作机制的通知	梅市府办函〔2020〕32 号
116	梅州市人民政府办公室关于印发《梅州市重污染天气应急预案》（2019 年修订版）的通知	梅市府办函〔2020〕33 号
117	梅州市人民政府办公室关于建立企业和重点项目复工复产协调机制的通知	梅市府办函〔2020〕34 号
118	梅州市人民政府办公室关于成立梅潮高速公路项目推进工作领导小组的通知	梅市府办函〔2020〕38 号
119	梅州市人民政府办公室关于成立创建国家安全发展示范城市工作领导小组的通知	梅市府办函〔2020〕37 号
120	梅州市人民政府办公室关于印发梅州市开展货运行业乱象问题专项整治工作实施方案的通知	梅市府办函〔2020〕42 号
121	梅州市人民政府办公室关于印发梅州市人民政府 2020 年度规章制定计划的通知	梅市府办函〔2020〕43 号
122	梅州市人民政府办公室关于成立自然保护地整合优化工作领导小组的通知	梅市府办函〔2020〕45 号

续表

序号	文件名称	发文文号
123	梅州市人民政府办公室关于成立梅州市“十四五”规划编制工作领导小组的通知	梅市府办函〔2020〕46 号
124	梅州市人民政府办公室关于印发使用广东省人民政府国土审批专用号章和省人民政府空白公文稿纸管理规定（修订版）的通知	梅市府办函〔2020〕47 号
125	梅州市人民政府办公室关于成立梅州市创建优势特色产业集群领导小组的通知	梅市府办函〔2020〕48 号
126	梅州市人民政府办公室关于落实广东省政府系统政策解读工作细则（试行）有关事项的通知	梅市府办函〔2020〕52 号
127	梅州市人民政府办公室关于落实 2020 年脱贫攻坚饮水安全任务开展挂牌督战整改工作的通知	梅市府办函〔2020〕54 号
128	梅州市人民政府办公室关于印发《梅州市数字政府改革建设 2020 年工作要点》的通知	梅市府办函〔2020〕57 号
129	梅州市人民政府办公室关于印发梅州市加快推进生猪家禽产业转型升级实施方案的通知	梅市府办函〔2020〕59 号
130	梅州市人民政府办公室关于印发梅州市驻外专业招商队伍工作方案的通知	梅市府办函〔2020〕62 号
131	梅州市人民政府办公室关于 2020 年度全市招商引资任务安排的通知	梅市府办函〔2020〕63 号
132	梅州市人民政府办公室关于印发《梅州市政务信息系统整合共享工作方案》的通知	梅市府办函〔2020〕61 号
133	梅州市人民政府办公室关于印发应对新冠肺炎疫情影响支持文化旅游企业发展实施方案的通知	梅市府办函〔2020〕65 号
134	梅州市人民政府办公室关于印发 2020 年梅州市促进外贸稳定增长实施方案的通知	梅市府办函〔2020〕64 号
135	梅州市人民政府办公室关于印发梅州市 2019 年国家自然资源督察发现问题整改方案的通知	梅市府办函〔2020〕67 号
136	梅州市人民政府办公室关于调整市防汛防旱防风指挥部成员的通知	梅市府办函〔2020〕70 号
137	梅州市人民政府办公室关于印发梅州市 2020 年水污染防治攻坚战工作方案的通知	梅市府办函〔2020〕73 号
138	梅州市人民政府办公室关于成立梅州阿里云创新中心挂牌暨阿里云全球诸神之战（梅州分赛）启动仪式筹备工作指挥部的通知	梅市府办函〔2020〕72 号
139	梅州市人民政府办公室关于成立梅州市推动“寿乡水”产业发展工作领导小组的通知	梅市府办函〔2020〕75 号
140	关于成立升到 S334 线蕉岭至平远段新建项目推进工作领导小组的通知	梅市府办函〔2020〕76 号
141	梅州市人民政府办公室关于印发梅州市开展粤北华南教育历史研学弟弟活化利用及弘扬“左联”文化实施方案的通知	梅市府办函〔2020〕77 号

续表

序号	文件名称	发文文号
142	梅州市人民政府办公室关于成立梅州市打击走私领导小组的通知	梅市府办函〔2020〕79 号
143	梅州市人民政府办公室关于公布 2020 年市政府挂牌督办火灾高风险区域的通知	梅市府办函〔2020〕82 号
144	关于建立市、区经济发展联席会议制度的通知	梅市府办函〔2020〕84 号
145	梅州市人民政府办公室关于成立梅州市划转部分国有资本充实社保基金工作领导小组的通知	梅市府办函〔2020〕85 号
146	梅州市人民政府办公室关于印发市政府领导挂点联系 40 家重点外贸企业工作方案的通知	梅市府办函〔2020〕90 号
147	梅州市人民政府办公室关于建立梅州市养老服务部门间联席会议制度的通知	梅市府办函〔2020〕89 号
148	梅州市人民政府办公室关于印发梅州市 2020 年“四好农村路”建设攻坚方案的通知	梅市府办函〔2020〕91 号
149	梅州市人民政府办公室关于印发梅州市推进城区活禽经营限制区工作方案的通知	梅市府办函〔2020〕92 号
150	梅州市人民政府办公室关于印发梅州市政务数据治理专项工作方案的通知	梅市府办函〔2020〕94 号
151	梅州市人民政府办公室关于成立梅州市民宿发展协调工作领导小组的通知	梅市府办函〔2020〕96 号
152	梅州市人民政府办公室关于提请审定《关于办理市重点建议〈关于加大社工培养力度的建议〉的工作方案》的函	梅市府办函〔2020〕100 号
153	梅州市人民政府办公室关于成立梅州市清凉山、百岁山郊野公园规划建设领导小组的通知	梅市府办函〔2020〕99 号
154	梅州市人民政府办公室关于印发梅州市促进家政服务业提质扩容工作方案的通知	梅市府办函〔2020〕101 号
155	梅州市人民政府办公室关于印发梅州市非物质文化遗产展览馆建设实施工作方案的通知	梅市府办函〔2020〕102 号
156	梅州市人民政府办公室关于印发梅州市促销费活动工作方案的通知	梅市府办函〔2020〕103 号
157	梅州市人民政府办公室关于印发梅州市人民政府 2020 年度重大行政决策事项目录的通知	梅市府办函〔2020〕104 号
158	梅州市人民政府办公室关于印发梅州市地质灾害防治三年行动实施方案（2020—2022 年）的通知	梅市府办函〔2020〕105 号
159	梅州市人民政府办公室关于印发梅州市深入开展货运行业乱象专项整治实施方案的通知	梅市府办函〔2020〕106 号
160	梅州市人民政府办公室关于印发梅州市推进绿色发展平台优化提升实施方案的通知	梅市府办函〔2020〕109 号
161	梅州市人民政府办公室关于印发梅州市野生动物及其栖息地保护管理工作方案的通知	梅市府办函〔2020〕108 号

续表

序号	文件名称	发文文号
162	梅州市人民政府办公室关于印发梅州城区 5G 智慧杆建设工作方案的通知	梅市府办函〔2020〕112 号
163	梅州市人民政府办公室关于印发梅州市“十四五”期间企业上市培育工作方案的通知	梅市府办函〔2020〕111 号
164	梅州市人民政府办公室关于成立梅州市农村削坡建房风险排查整治工作领导小组的通知	梅市府办函〔2020〕114 号
165	梅州市人民政府办公室关于成立梅州市防震抗震救灾指挥部的通知	梅市府办函〔2020〕115 号
166	梅州市人民政府办公室关于印发梅州市促进上市公司规范发展协作机制的通知	梅市府办函〔2020〕116 号
167	梅州市人民政府办公室关于成立梅州市省际公安检查站“升级增效”建设工作领导小组的通知	梅市府办函〔2020〕119 号
168	梅州市人民政府办公室关于印发梅州市市级总路长及市级负责公路路长名单的通知	梅市府办函〔2020〕124 号
169	梅州市人民政府办公室关于印发广梅产业园创建“广东技工”“南粤家政”“粤菜师傅”三大工程省级培训基地工作方案的通知	梅市府办函〔2020〕126 号
170	梅州市人民政府办公室关于进一步支持配合梅州国家调查工作的通知	梅市府办函〔2020〕125 号
171	梅州市人民政府办公室关于第四届梅州仲裁委员会部分组成人员解聘和聘任的通知	梅市府办函〔2020〕129 号
172	梅州市人民政府办公室关于将创文“随手拍”纳入梅州市数字城管考核评价内容的通知	梅市府办函〔2020〕130 号
173	梅州市人民政府办公室关于印发《梅州市普速铁路安全隐患综合治理工作方案》的通知	梅市府办函〔2020〕134 号
174	梅州市人民政府办公室关于印发梅州市 2020 年政务公开工作要点分工方案的通知	梅市府办函〔2020〕136 号
175	梅州市人民政府办公室关于进一步加强梅州柚质量管理和营销工作的通知	梅市府办函〔2020〕137 号
176	梅州市人民政府办公室关于调整梅州市节能工作领导小组成员的通知	梅市府办函〔2020〕133 号
177	梅州市人民政府办公室关于成立中国（梅州）跨境电子商务综合试验区建设工作领导小组的通知	梅市府办函〔2020〕139 号
178	梅州市人民政府办公室关于进一步加强无证无照经营综合治理工作的通知	梅市府办函〔2020〕140 号
179	梅州市人民政府办公室关于成立梅州市农业保险工作小组的通知	梅市府办函〔2020〕145 号
180	梅州市人民政府办公室关于印发《“2020 广东高速车主节”梅州系列活动工作方案》的通知	梅市府办函〔2020〕146 号
181	梅州市人民政府办公室关于建立梅州市知识产权战略实施工作联席会议制度的通知	梅市府办函〔2020〕148 号

续表

序号	文件名称	发文文号
182	梅州市人民政府办公室关于同意在梅州城区实施 2020 年防控警报试鸣的批复	梅市府办函〔2020〕147 号
183	梅州市人民政府办公室关于切实做好 2020 年广东省数字政府改革建设第三方评估迎评工作的通知	梅市府办函〔2020〕152 号
184	梅州市人民政府办公室关于印发梅州市 2020 年度政府网站与政务新媒体考核方案的通知	梅市府办函〔2020〕155 号
185	梅州市人民政府办公室关于印发梅州市人民政府发展研究中心承接市政府相关领导文稿工作方案（试行）的通知	梅市府办函〔2020〕157 号
186	梅州市人民政府办公室关于成立梅州市推进粤港澳大湾区“菜篮子”产品梅州配送中心建设运营工作领导小组的通知	梅市府办函〔2020〕158 号
187	梅州市人民政府办公室关于印发梅州市“证照联办”改革实施方案的通知	梅市府办函〔2020〕162 号
188	梅州市人民政府办公室关于成立解决梅州市职业技术学校合作办学历史遗留问题专项工作小组的通知	梅市府办函〔2020〕161 号
189	梅州市人民政府办公室关于梅州五华天柱山市级自然保护区登记面积和实际（矢量化）面积存在误差的情况说明	梅市府办函〔2020〕164 号
190	梅州市人民政府办公室关于印发《梅州市辐射事故应急预案》的通知	梅市府办函〔2020〕167 号
191	梅州市人民政府办公室关于印发梅州市体质灾害放置规划（2020—2025 年）的通知	梅市府办函〔2020〕169 号
192	梅州市人民政府办公室关于 2020 年第三季度全市政府网站与政务新媒体检查情况的通报	梅市府办函〔2020〕170 号
193	梅州市人民政府办公室关于成立梅州市药品安全监督管理工作领导小组的通知	梅市府办函〔2020〕174 号
194	梅州市人民政府办公室关于对元荣义乌小商品批发城等三家重大火灾隐患单位进行挂牌督办的通知	梅市府办函〔2020〕178 号
195	梅州市人民政府办公室关于成立梅州市韩江高陂水利枢纽工程下闸蓄水阶段移民安置验收领导小组的通知	梅市府办函〔2020〕179 号
196	梅州市人民政府办公室关于成立梅州市第一次全国自然灾害综合风险普查领导小组的通知	梅市府办函〔2020〕180 号
197	梅州市人民政府办公室关于成立梅州市安葬（放）设施违规建设经营专项摸排暨违建墓地专项整治成果巩固提升行动领导小组的通知	梅市府办函〔2020〕181 号
198	梅州市人民政府办公室关于调整市推进政府职能转变和“放管服”改革协调小组组成人员的通知	梅市府办函〔2020〕183 号
199	梅州市人民政府办公室关于成立梅州市“平安医院”建设工作领导小组的通知	梅市府办函〔2020〕184 号

续表

序号	文件名称	发文文号
200	梅州市人民政府办公室关于转发梅州市 2019 年度审计查出突出问题整改分工方案的通知	梅市府办函〔2020〕185 号
201	梅州市人民政府办公室关于建立营商环境优化与数字政府改革建设重点工作推进双月例会制度的通知	梅市府办函〔2020〕186 号
202	梅州市人民政府办公室关于成立梅州市农作物重大病虫疫情防控指挥部的通知	梅市府办函〔2020〕189 号
203	梅州市人民政府办公室关于印发梅州市地质灾害防治三年行动补充方案暨中小型地质灾害隐患点综合治理方案（2020—2022 年）的通知	梅市府办函〔2020〕190 号
204	梅州市人民政府办公室关于成立梅州市推进公共型冷链物流基础设施骨干网建设工作领导小组的通知	梅市府办函〔2020〕188 号
205	梅州市人民政府办公室关于梅州市城乡规划委员会更名为梅州市国土空间规划委员会的通知	梅市府办函〔2020〕195 号
206	梅州市人民政府办公室关于公布梅州市气象灾害防御重点单位（2020 年更新）的通知	梅市府办函〔2020〕198 号
207	梅州市人民政府办公室关于印发梅州市迎接 2021 年国家卫生城市复审工作方案的通知	梅市府办函〔2020〕206 号
208	梅州市人民政府办公室关于同意建立梅州市油气田及输油管道安全保护工作联席会议制度的通知	梅市府办函〔2020〕207 号
209	梅州市人民政府办公室关于印发推进健康梅州行动实施方案的通知	梅市府办函〔2020〕208 号
210	梅州市人民政府办公室关于印发梅州市加强专业森林消防队伍建设的实施方案的通知	梅市府办函〔2020〕212 号
211	梅州市人民政府办公室关于印发梅州市“三小”场所、出租屋（群租房）和电动自行车消防安全专项治理行动方案的通知	梅市府办函〔2020〕215 号
212	梅州市人民政府办公室关于调整梅州市民宿发展协调工作领导小组成员的通知	梅市府办函〔2020〕214 号
213	梅州市人民政府办公室关于 2019 年度梅州市粮食安全责任考核情况的通报	梅市府办函〔2020〕216 号
214	梅州市人民政府办公室关于成立梅州市迎接 2020 年度水土保持考核评估工作领导小组的通知	梅市府办函〔2020〕219 号
215	梅州市人民政府办公室关于印发梅州市政务信息化能力和公共数据资源普查工作方案的通知	梅市府办函〔2020〕222 号
216	梅州市人民政府办公室关于切实做好我市企业复工和学校开学疫情防控工作的通知	梅市府办明电〔2020〕3 号
217	梅州市人民政府办公室关于印发梅州市新型冠状病毒感染的肺炎疫情防控工作方案的通知	梅市府办明电〔2020〕4 号

续表

序号	文件名称	发文文号
218	梅州市人民政府办公室关于印发梅州市开展市场监管领域防控新型冠状病毒感染的肺炎疫情专项整治行动方案的通知	梅市府办明电〔2020〕5 号
219	梅州市人民政府办公室关于印发应对新冠肺炎疫情支持企业复工复产若干措施的通知	梅市府办明电〔2020〕6 号
220	梅州市人民政府办公室关于印发迅速开展 2019 年季度土地卫片执法攻坚战工作方案的通知	梅市府办明电〔2020〕7 号
221	梅州市人民政府办公室关于开展 2020 年市政府重点工作和市十件民生实事督查工作的通知	梅市府办明电〔2020〕8 号
222	梅州市人民政府办公室关于进一步加强清明期间森林防灭火工作的通知	梅市府办明电〔2020〕9 号
223	梅州市人民政府办公室关于延期举办第六届世界客商大会的通知	梅市府办明电〔2020〕10 号
224	梅州市人民政府办公室关于印发梅州市开展“美丽梅州美好家园”三年行动计划 2020 年工作任务的通知	梅市府办明电〔2020〕12 号
225	梅州市人民政府办公室关于举行梅州市 2020 年“广东扶贫济困日”活动暨客家讲坛·乡村振兴专题讲座和扶贫产品展销活动的通知	梅市府办明电〔2020〕15 号
226	梅州市人民政府办公室关于印发《2020 赛季中国足球协会甲级联赛广东梅州赛区工作方案》的通知	梅市府办明电〔2020〕16 号
227	梅州市人民政府办公室关于加快推进“十三五”迎国评路况综合治理工程的通知	梅市府办明电〔2020〕17 号
228	关于转发广东省审计厅对梅州市 2020 年下半年贯彻落实国家和省重大政策措施情况进行跟踪审计的通知	梅市府办明电〔2020〕18 号
229	梅州市人民政府办公室关于进一步加强松材线虫病防控工作的通知	梅市府办明电〔2020〕21 号
230	关于印发广东省韩江高陂水利枢纽工程下闸蓄水阶段移民安置自验、初验工作方案的通知	梅市府办明电〔2020〕23 号
231	梅州市人民政府办公室关于印发梅州市 2020 年蓝天保卫战百日冲刺行动方案的通知	梅市府办明电〔2020〕24 号
232	梅州市人民政府办公室关于印发《梅州市中医药传承创新发展实施项目清单（2020—2022 年）》的通知	梅市府办明电〔2020〕25 号
233	梅州市人民政府办公室关于再次延期举办第六届世界客商大会的通知	梅市府办明电〔2020〕31 号
234	梅州市人民政府办公室关于开展“严整治、防事故、保安全”安全生产攻坚行动的通知	梅市府办明电〔2020〕37 号

社会调查报告

新冠肺炎疫情对梅州居民生活影响分析

2020 年春节前夕，新型冠状病毒肺炎疫情（以下简称新冠肺炎）在武汉暴发，并向全国扩散。为了解疫情对梅州居民生活、工作的影响，国家统计局梅州调查队于 2 月 7—10 日对 3217 名梅州居民开展在线调研，调研显示：受访居民高度关注肺炎疫情，对当地政府防控措施认可度高，对本地疫情信息公开工作满意度高，自我防控意识较强，对本地医疗水平有信心。疫情对居民生活影响主要表现在：人身健康受威胁、家庭收入减少、消费支出下降、复产复工时间无法确定等四大方面。

一、调查对象基本情况

本次调研面向梅州 8 个县（市、区）的城乡居民，共回收有效问卷 3217 份。

从城乡分布上看，城镇居民占比为 60.8%，农村居民占比为 39.2%；从分性别看，男性占 42.1%，女性占 57.9%。从年龄、学历和职业上看，调查对象覆盖不同年龄、不同层级、不同职业人群，具有较好代表性（详见下图 1–3）。

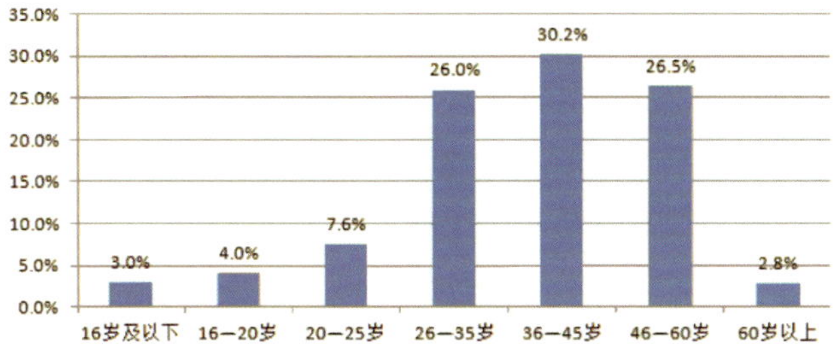

图 1　调查对象年龄分布图

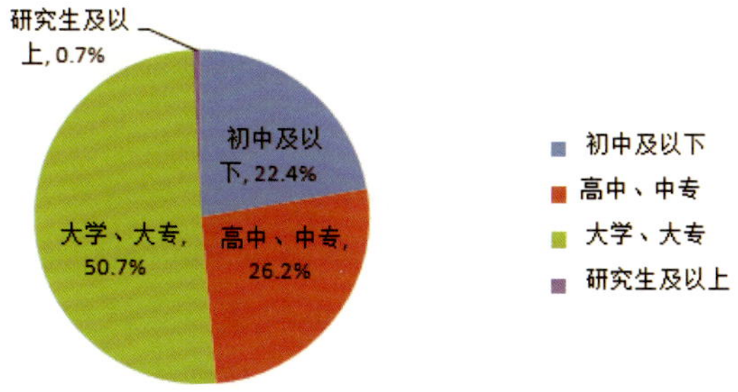

图 2　调查对象学历构成图

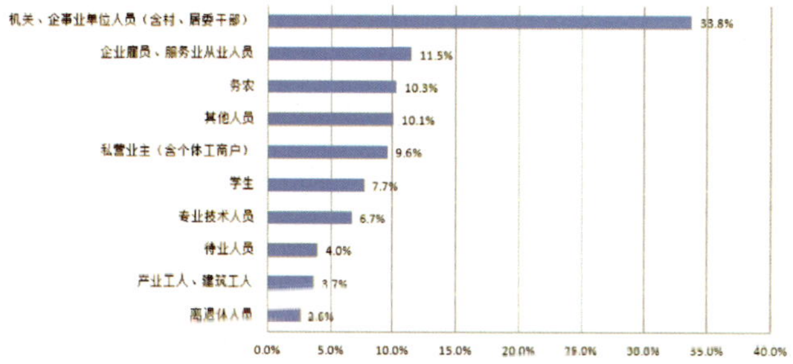

图 3 调查对象职业分布图

二、梅州居民充分肯定疫情防控工作

（一）八成以上受访者高度关注疫情

在对梅州新冠肺炎疫情的关注程度的调查中，84%的受访居民表示非常关注，14.9%的受访居民表示比较关注，关注度一般的占比为 1.1%，完全不关注的无。由此可见，梅州居民对新冠肺炎疫情处在一个高度关注的状态。截至 2 月 14 日，梅州已有确诊病例 14 例。从调研结果看，随着肺炎疫情的发展，受访者最担心的问题（多选）主要有 3 个：82.4%的居民担心自己或家人被感染；59.9%的受访者担心口罩、消毒液等防护用品购买不到或涨价；51.1%的受访者担心公共场所防护不到位。

（二）各级联动部署防疫，疫情防控措施获得高度认可

1 月 23 日，广东省启动重大突发公共卫生事件一级响应，梅州各级党委政府高度重视，及时制定疫情防控工作方案，落实各项防疫工作，压实疫情防控责任。调研结果显示，受访的梅州居民对政府（包括镇街、村居委）疫情防控措施工作的认可度高，表示满意的受访对象占比达 90.2%。

（三）超八成受访者相信权威发布，信息公开满意度高

新冠肺炎疫情发生以来，互联网上各类信息众多，真相与谣言交织。从调研结果看，超八成受访者相信权威发布，不盲目听信谣言。在对疫情信息来源上，86.9%的受访者只相信电视新闻、报纸等权威媒体的消息，11.8%的受访者除了权威媒体外，也相信朋友互相转发的信息，1.3%的受访者只相信自己的判断。在党中央的统一部署下，当前疫情防控工作组织有力、信息透明，权威媒体及时公布确诊病例及疫情地图，详细列明确诊病例轨迹，受访居民对本地肺炎疫情的信息公开工作满意度高，表示满意的占 91.2%。

（四）积极响应号召，主动做好防控工作

新冠肺炎疫情发生以来，各级党委政府全力组织疫情防控阻击战，积极呼吁做好居家防控，权威媒体及时传播防范疫情的有效手段和方式。96.5%的受访者能做到减少外出，92.2%能做到勤洗手，89.6%购买并佩戴口罩，76.5%做好家具消毒卫生，51.1%储备了生活必需品。由此可见，大多数受访居民具备较强防疫意识和防护知识，能做到积极响应政府号召，积极主动做好疫情防控。

（五）疫情持续期较长，对本地医疗水平有信心

基于目前的流行病学调查，新冠肺炎潜伏期较长，为 1—14 天。从调研结果上看，60.1%的受访者认为疫情在 2 个月内能结束，28.4%的受访者认为短时间难以结束，8.2%的受访者认为 3 个月内能结束，还有 3.3%的受访者认为疫情要在 3 个月以上才能结束。受访居民对本地医疗水平认可度高，84.1%的受访居民认为本地医疗机构的医疗水平可以应对此次疫情。

三、疫情对梅州居民生活造成四大影响

（一）严重影响家庭生活，尤其是人身健康受到威胁

新冠肺炎传染性强，人群普遍易感，需加强预防和隔离处理，疫情期间，居民响应号召减少出门次数做好防控，严重影响日常生活。从调查结果上看，认为新冠肺炎疫情对家庭生活影响严重的占 56.8%，认为影响一般的占 37.9%，认为影响不严重的占 5.3%。新冠肺炎疫情对居民生活各方面均造成影响，75.5%的受访者认为人身健康受到威胁，61.3%认为食品、防疫防护用品等生活必需品购买渠道不畅，36.1%认为生产经营和活动无法开展，32.8%认为子女教育受到影响，30.4%认为交通出行受阻，23%认为休闲娱乐活动大幅减少。

（二）影响家庭收入，收入增长不乐观

在肺炎疫情对 2020 年的家庭收入影响的调查中，超过半数的受访者对收入增长预计不乐观，29.3%受访者表示预计收入大幅减少（下降 20%以上），26.8%受访者表示预计收入有所减少（下降 10%以内）。在肺炎疫情对家庭收入影响的主要表现中，69.1%的受访者表示延迟开工或企业效益下降，将导致工资下降；32.8%的受访者表示人流量减少，将导致个体商业经营变差；25.3%的受访者表示交通受限，将导致农业经营销售变差。

（三）影响生活消费，消费支出有所下降

调查显示，新冠肺炎疫情对春节期间居民生活消费支出的影响主要体现在三个方面，一是导致春节期间生活消费支出下降，超半数的受访者对此感受明显（42.5%的受访者表示生活消费支出下降 20%以内，9.7%的受访者表示下降了 50%以上）。二是影响居民春节消费活动。春节期间，受新冠肺炎疫情影响，66.2%的受访者减少了在外聚餐，62.0%的受访者减少了外出购物，43.9%的受访者增加了医疗防护用品支出。此外，还有 32.5%的受访者取消了外出旅游和娱乐休闲活动，28.2%的受访者增加了粮油蔬菜肉类水果等食品支出。三是一定程度上带来了粮油蔬菜肉类水果等食品价格的上涨。41.2%的受访者表示食品价格较平时轻微上涨，27.7%的受访者表示有所上涨，还有 5%的受访者表示大幅上涨。

（四）影响工作生产，复工复产不确定

1 月 27 日，为加强新冠肺炎疫情防控工作，有效减少人员聚集，阻断疫情传播，更好保障人民群众生命和身体健康，国务院发布关于延长 2020 年春节假期的通知。在肺炎疫情对工作和生产经营活动产生影响的调查中，87.3%的受访者表示疫情对其复工复产有影响（46.4%表示按计划延后上班/营业，32.8%表示不确定何时上班/营业，8.1%的受访者表示可能面临失业）。对于预计恢复正常的工作和生产经营活动的时间，61.4%的受访者表示不确定。此外，本次疫情还可能引发从业的不稳定性，10%的受访者表示会因为肺炎疫情改变职业或放弃外出从业，40.1%表示根据疫情发展而确定是否改变职业或放弃外出从业。

四、做好疫情防控工作的意见建议

（一）权威发布，公开信息稳人心

一是要及时准确、公开透明通报疫情防控情况，在保护患者隐私的前提下，多渠道做好权威发布，利用好微信、微博等互联网媒体，通过官方公众号、官方微博，政府部门官网等权威渠道主动、准确、客观发布新冠肺炎疫情及防控工作信息，及时发布确诊病例治疗情况和在梅主要活动场所，积极引导舆论、公开信息；二是要完善公众诉求和回应机制，建立村（居）、镇（街）群众意见收集、上报机制，因地制宜、审时度势回应群众关切，疏导不安情绪；三是要整合资源，建立谣言快速核查报告机制，牢牢掌握舆

论动向，引导公众不信谣、不传谣，从严查处造谣者。

（二）联防联控，打好疫情阻击战

疫情防控要充分发挥基层力量，广泛动员群众、组织群众、凝聚群众，以村、社区、企业为主要着力点全面落实联防联控措施，构筑群防群治防线。一是继续严格排查输入性病例，加强隔离和后勤保障工作，加强公共场所卫生监管，做好人流密集场所的消毒和测温工作。二是深入推进严格管制公众聚集活动的措施，杜绝民众扎堆、聚会的活动发生，把联防联治覆盖到全市每一个人、每一个角落。三是做好返工返学潮防控预案，督促并监督已经或即将复工的企业严格落实好新冠肺炎疫情防控措施。动员各行业力量，做好春运返城、返工、返学阶段的交通运输领域疫情防控。从严落实疫情应急处置方案，严格疫情防控问责。

（三）加强保障，做到物资不缺位

防护物资充足完备是打赢防疫阻击战重要保障之一。相关部门要发挥各方优势，尽最大努力保障医务人员所需医疗物资。要坚持集中统一调度，科学合理分配，根据储备的情况，有序、有计划地向市场投放防疫物品，满足市民对普通医用口罩、消毒液等防护用品的需求。此外，要着力保障市场供给，确保农贸市场、生活超市、便利店的正常营业，满足市民对粮油、蔬菜、肉蛋等农副产品的需求。

（四）强化宣传，确保防疫不放松

调查显示，50.8%的受访者希望政府加强疫情防控知识宣传。相关部门要加大对防控新冠肺炎疫情的科普宣传，通过新闻、微信、宣传横幅、广播喇叭、流动宣传车等形式，引导市民正确对待疫情，科学防控，提高出行佩戴口罩的安全意识。同时，要深入挖掘疫情防控工作中涌现出的先进事迹和感人故事，树立正面典型，及时报道全市各级政府在疫情防控中的好措施好做法，为打赢疫情阻击战营造良好的社会氛围。

（作者：国家统计局梅州调查队　黄文媛、蔡柳婷）

客家围龙屋保护与活化利用的 SWOT 分析及对策建议

——以梅州为例

客家围龙屋与北京的四合院、陕西的窑洞、广西的杆栏式和云南的一颗印，合称为我国最具乡土风情的五大传统住宅建筑形式，也被中外建筑学界称为中国民居建筑的五大特色。梅州作为“世界客都”，是世界客家文化的中心地，保留着大量的围龙屋，本文尝试运用 SWOT 分析法对梅州客家围龙屋保护与活化利用的内外环境进行综合分析，客观评价其优势、劣势、机遇和挑战，以期能因地制宜，抓住机遇，不断推进梅州客家围龙屋保护与活化利用。

一、梅州客家围龙屋保护与活化利用的要素分析

（一）优势分析

1.具有重要的历史传承及建筑艺术价值。客家围龙屋是一种极富有岭南特色的典型客家民居建筑，是客家民居经典三大样式（客家围屋、客家排屋、客家土楼）之一，是客家民居中最常见、保存最多的一种。客家围龙屋结合了客家古朴遗风以及南方文化的地域特色，被中外建筑学界称为中国民居建筑的五大特色之一。围龙屋的客家文化内涵十分丰富，从建筑风格到民风民俗处处展示了客家的人文历史，是客家文化的重要载体，被众多国内外专家誉为东方璀璨的明珠、世界上的民居建筑瑰宝、一部读不完的百科全书。

2.“世界客都”的独特地位。梅州作为“世界客都”，是世界客家文化的中心地，保留着大量围龙屋。梅州的客家围龙屋有别于福建闽西的客家土楼以及赣南、粤北的客家围子，凸显出其别致的建筑科学原理和独特的艺术魅力，是“世界客都”的注脚，在客家建筑中有着重要地位。

（二）劣势分析

1.围龙屋数量多分布散，保护意识不强。梅州市文化广电旅游局（以下简称市文广旅游局）相关数据显示，梅州共有围龙屋 4367 座，散布于八县（市、区），其中兴宁市、梅县区、梅江区三地围龙屋数量位居前三位，分别为 2543 座、639 座、433 座，三者合计占比达 82.8%。数量众多、分布零散使得梅州围龙屋保护与利用难度加大。加之保护意识不强，如部分干部认为围龙屋保护投资大、见效慢，存在畏难情绪；一些村民对它的不可再生性，以及在社会发展中的地位和作用认识不足；不少群众认为历史文化资源保护是政府的事情，缺少保护传承的主动性和积极性，从而导致部分围龙屋失去完整的原貌，甚至被损毁，保护难度大。

2.经济发展落后，保护资金严重不足。经费不足是制约文化保护和文化建设的最大瓶颈。梅州作为山区市，财政收入水平较低，围龙屋保护与开发的经费更是匮乏，使得这项工作启动难、开展难、深入难。市文广旅游局相关数据显示，梅州仅有95座围龙屋被列为各级文物保护单位，另有472座围龙屋为已申报但未公布文物保护单位，两者合计占围龙屋总数的13%，其中只有被评为全国重点文物保护单位或广东省文物保护单位的围龙屋才能获得管理资金，得到修缮保护。

3.历史遗存鲜为人知。因缺乏强烈的传播意识和有效的传播手段，围龙屋知名度和影响力不高，外界公众对围龙屋的了解非常有限，甚至连当地人，特别是年轻人都对客家围龙屋的历史与内涵知之甚少。不少围龙屋旁边仅仅是用一些简介牌进行简要描述，其建筑艺术价值、相关风俗习惯和典故由来等知识鲜为人知。调研中，两家本地旅行社均反映一般不会组队去围龙屋参观，现有团队旅游线路中也仅有一条旅游线路包含了围龙屋景点，部分旅行社导游甚至不知道该如何解说围龙屋。

4.区位交通劣势。一直以来，梅州作为粤东北山区市，地处闽粤赣边区，距离珠三角、海西区4—5小时车程，地理位置不占优势。近年来，梅州掀起了立体交通网络建设热潮，梅平高速、梅汕高铁顺利通车，大潮、东环、丰华等高速公路和双龙高铁等施工项目不断推进，交通条件虽然得到了极大的改善，但与珠三角等地区的联系仍不够紧密，未能深度融入珠三角、粤港澳大湾区经济圈。这一区位和交通劣势不利于吸引珠三角及其他地区旅游者利用周末或短假期到梅州旅游观光。

5.利用形式较单一。目前仅济济楼等少数规模较大、保存较好的围龙屋或被列为各级文物保护单位的围龙屋被开辟成博物馆、展览馆，承德楼（星园酒家）等极少数围龙屋转为商业用途，桥溪村等少数村庄的围龙屋进行了旅游开发，梅州围龙屋活化利用形式仍较为单一，与文化、生态和旅游等资源整合不足。

6.产权关系复杂，协作关系难达成。围龙屋属于同一宗族集体所有，其中部分所有者以华侨居多，然而华侨多在国外居住，留守围龙屋的居民仅是产权所有者之一，且未必完全知晓同宗族华侨或其后代是谁，产权模糊导致管理、维护和利用难度加大。此外，由于现代化背景下宗族观念渐趋淡化，生活环境差异导致价值观等不同，围龙屋日常管理、维护及活化利用难达成统一方案。在政府联合开发商、本地民众形成公私合作模式对围龙屋开展保护与利用过程中，由于围龙屋产权的复杂性，政府、围龙屋屋主（家族内部）、开发商等利益相关者很难就利益分配达成一致意见。

（三）机遇分析

1.文化旅游发展机遇。近年来，借助国际国内旅游业快速发展的东风，梅州旅游业蓬勃发展，2017年、2018年和2019年接待旅游者人数分别为4168.0万人次、4631.8万人次、4990.1万人次，年均增长率约11.8%。2020年旅游业虽因新冠肺炎疫情影响而遭受重创，但疫情也催生了一些新的生活方式、消费方向和消费方式，如出境游消费回流，国内游、周边游、自驾游、乡村游等受到追捧。国家统计局广东调查总队近期组织22个市、县调查队面向658户记账户开展的广东居民“十一”假日消费情况专题调研数据显示，47.5%的受访住户“十一”假日旅游目的地选择市内市郊，39.1%选择市外省内，短时短途成为出游首选。历史文化作为旅游内容的重要组成部分，参观历史古迹、体验民风民俗的文化旅游活动也随之增多，另外政府为了扩大内需、刺激消费所制定的长假期制度，大大地释放了居民的文旅消费需求，促进了全国文旅业的发展。随着双休日和一年七个法定节假日制度的实行，居民利用长假时间用于休闲度假旅游和文化消费等的时间越来越充裕，这为梅州客家围龙屋的保护与活化利用带来了机遇。

2.政策机遇。近年来，梅州陆续提出创建“客家文化生态旅游示范区”“梅州客家文化生态保护实验区”等目标，并启动了“客家围龙屋申报世界文化遗产”工作。此外，还制订了《梅州市客家围龙屋保护条例》，并于2018年3月1日起施行，这些都为梅州围龙屋保护与活化利用带来了良好机遇。

3.居民消费能力的提高。随着居民可支配收入逐年提高，消费结构也随之有所改变。相关数据显示，五年间（2015—2019），梅州市全体居民可支配收入由16404.4元提高至22903.9元，年均增速约9.0%，扣除价格因素影响，年均增速约6.8%，收入不断增加为居民提高消费水平提供了有力保障。同时，居民的消费结构不断改善，以教育文化娱乐支出占生活消费支出比重为例，五年间（2015—2019）占比分别为8.2%、8.5%、9.0%、9.3%、9.0%，占比稳步提高，为围龙屋的保护性开发创造了新的市场机遇。

4.美丽乡村建设。梅州市政府先后制定并出台了《关于推进乡村振兴战略的实施意见》《关于全域推进农村人居环境整治建设生态宜居美丽乡村的总体工作方案》《“美丽梅州·美好家园”三年行动计划》《梅州市美丽乡村“五美”环境建设指引（试行）》等一系列文件，大力改善农村人居环境，推进交通和公共基础设施建设，不断推动美丽乡村建设向纵深发展，为众多乡村围龙屋保护与活化利用带来了机遇。

（四）挑战分析

1.城镇化导致围龙屋数量锐减，分布零散。随着城市建设速度不断加快，城区不少围龙屋被拆除，保存下来的分布也较为零散。另外，保存下来的围龙屋受居民条件改善、传统意识减弱等因素影响，呈现两大特点：一是出租较多，闲置较少，围龙屋一般都有着复杂的产权关系，原有居民随着经济条件改善逐渐搬出，留下的空房一般租借给外来人员而非转卖；二是改造较多，市区内的围龙屋或改造成店铺，或采用现代装修以满足新的生活需求，传统风貌在一定程度受到影响。

2.乡村“空心化”带来的挑战。梅州乡村围龙屋数量庞大，随着社会发展村民外迁、外出务工等，一些村落“空心化”较为严重，加之大家族式的聚居家庭生活方式逐步被现代化的小家庭生活单元所取代，围龙屋的居住功能下降。但出于对老屋的尊重且为了保留祭祀功能，乡村围龙屋较少被拆除，闲置围龙屋数量增加，其“老龄化、空巢化”的“自然性颓废”趋势正在蔓延，因此围龙屋保存的差异较大。

3.同质竞争压力大。由于“同根同源”的缘故，赣州、龙岩等各客属地区都在大力发展客家文化产业，主推“土楼、围龙屋特色建筑”“客家山歌”等地方特色旅游项目，产业发展同质竞争严重。而同属客家地区的福建龙岩，其特色建筑“福建土楼”已成功申遗，成为世界文化遗产，载誉海内外。因客家围屋、客家排屋、客家土楼均属于客家传统民居，外界一提到客家传统民居，映入脑海的多是“福建土楼”，其次才是梅州围龙屋。

4.传统建筑市场萎缩。传统建筑市场逐渐萎缩，相关建筑材料产业也日渐消弭，围龙屋维修技艺存在失传风险，维修难度日渐加大。

二、对策建议

（一）加强规划，分类施策

一方面，要进一步推动客家围龙屋保护专家委员会工作，加强客家围龙屋保护的咨询、指导、评审等相关工作，并协调住建、文广旅、财政、文联、民间文艺家协会等部门，整合资源，统筹推进，提升对围龙屋保护利用的系统性和有效性。另一方面，要根据围龙屋所在区位的差异，如城镇还是农村，实施不同的功能发展策略，并根据围龙屋的形式差异，如集中成片还是分布零散，以及围龙屋的保存现状、建筑质量、历史文化价值等差异，实施不同的保护与开发策略。

（二）挖掘内涵，增强意识

要全面收集和充分挖掘与围龙屋相关的信息、史实资料等，通过电视、报纸等传统媒体和微信、微博等新媒体，讲好围龙屋故事，让全社会认识和了解围龙屋的文化、历史和艺术价值，促使社会各界特别是广大村民提高保护与利用意识。另外，各级政府、相关部门要依法制止违反客家围龙屋保护规定的行为，将围龙屋保护工作落到实处。

（三）“红绿相间”，加强推介

要注重借鉴其他地区的成功经验，加快发展以围龙屋为显著特色的人文旅游，设计涵盖特色围龙屋，特别是名人故居等红色旅游基地与绿水青山的自然风光相结合的“红+绿”优质旅游线路，串珠成链，充分展现梅州魅力；同时，依托文博会、旅游交易会等平台积极开展宣传推介，将别样的旅游资源转化为游客渴望旅游的动机，并邀请电视台、剧组等影视媒体到梅州市取景采风，扩大宣传效应，解决“久在深闺人未识”的问题。

（四）激发活力，多元投入

一是要加大财政投入力度。市和各县（市、区）应将围龙屋保护资金纳入本级财政预算，同时有力整合农业、住建、文广旅、自然资源等部门的扶持项目，统筹争取利用上级资金，提升资金使用的针对性和有效性。在安排文物保护、旅游开发、村庄环境整治等专项资金中，更多地向围龙屋倾斜。对保护完整、特色鲜明的围龙屋建筑要及时申报，争取纳入全国、省、市、县文物保护单位的范围。二是要进一步鼓励、推动“认养、认保围龙屋”制度，通过引进有经济实力又对历史建筑感兴趣的民间人士（企业）“认养”围龙屋，对其进行投资修复，在保证建筑原貌的前提下，通过发展乡村休闲游、体验游、农家乐等，变“包袱”为财富。三是创新投融资渠道，探索由政府、企业、集体、村民合伙的股份公司进行经营运作，或引导社会组织、企业和个人采取股份制形式，吸收社会资金入股，共同参与围龙屋的保护、经营和收益。

（五）因地制宜，丰富形式

要因地制宜开展围龙屋保护与活化利用，针对城区围龙屋，可充分开发其文化、展示、餐饮、旅游等功能，如将邻近商业区的围龙屋在保持整体传统格局和历史风貌的基础上，活化利用作客家美食馆，将保存较好、体量较大的围龙屋活化利用为艺术馆、文化馆等；针对乡村围龙屋，可与乡村旅游紧密结合，把围龙屋建成展示民俗、历史文化的“活”的博物馆，或与当地产业相结合，在围龙屋内展示当地特色产业的生产制造流程，让游客体验等。还可与各地高等院校合作，建立绘画、摄影、创作等社会实践基地，提升围龙屋知名度和美誉度，增加围龙屋“人气”和“财气”。

（六）培养人才，传承历史

一方面要组织古民居建筑工匠技能培训，积极培育和引进传统建筑保护专业人才，鼓励客家围龙屋传统修缮技艺的传承与创新，让更多围龙屋能够“修旧如旧”，保持古老而神秘的魅力。另一方面，要加快空间设计、旅游服务等人才培养，为围龙屋保护与活化利用做好人才储备。

（作者：国家统计局梅州调查队 刘渝婷）

梅州社工“双百计划”项目发展现状与经验分析

社会工作是基层社会服务的重要组成部分，也是创新社会治理，构建共建共治共享社会治理格局的重要助力。梅州社工“双百计划”项目（简称梅州“双百”项目）是粤东西北“双百镇（街）社会工作服务站”建设运营项目之一，是梅州社会工作发展水平的重要体现。本文通过对梅州“双百”项目的发展现状开展调研，对其经验做法、服务成效、典型案例进行研究分析，并提出相关对策建议。

一、项目概述

2016 年出台的《广东省民政厅关于做好粤东西北地区“双百镇（街）社会工作服务站”建设运营示范项目申报工作的通知》拉开了梅州“双百”项目建设的序幕。从 2017 年起梅州分两批建设梅州“双百”社工服务站，每个镇（街）社工服务站配备了 3—8 名社工，由镇（街）直接聘用、省统一督导。截至 2020 年 10 月底，梅州“双百”项目共有 36 个社工服务站，134 名社工（见下表），工作服务领域除了民政领域外逐步扩大到脱贫攻坚、社区矫正、就业援助、应急处置等多个领域。

梅州“双百”项目服务站及社工人员数量情况一览表

单位：个

区 域	区域镇（街）总数	社工服务站数量	站点覆盖比例	社工人员数量
梅江区	7	7	100%	28
梅县区	19	7	37%	25
兴宁市	20	5	25%	25
大埔县	14	3	21%	10
丰顺县	16	3	19%	8
蕉岭县	8	4	50%	14
五华县	16	3	19%	12
平远县	12	4	33%	12

二、主要做法

（一）多级筹集资金，改革政府购买服务方式

梅州“双百”项目的资金由省、市、县三级政府共同投入，省与地方（市、县两级）按6∶4比例配套资金，其中市级资金不低于地方配套资金的2/3。政府购买社工服务方式由以前的打包购买分为基层社工服务购买和专业保障服务购买，以兼顾社工的工资待遇的稳定性与工作开展的专业性。社工服务站每配备一名社工人均资助5万元，资助标准按5%比例逐年递增。社工服务站开展所需经费由地方统筹解决，确保每个示范项目每年不少于3万元的服务经费，原则上每个项目资助周期为5年。

（二）有机结合服务，探索社工服务梅州模式

梅州“双百”项目有机结合社工服务与民政服务，以民政对象为基础，以困难群众为重点，为弱势人群和当地居民构建支持网络，提供社工服务。社工服务站点选址依照“落在村居、问题导向、方便群众”的理念，不少社工服务站点落在老村居、老社区，如金山街道和西郊街道的社工服务站点分别落在东郊村、桃西村，那里不仅本地乡民较多，并且含有悠久的乡土文化历史，方便社工熟悉社区，靠近群众，在充分了解群众需求的基础上，以解决问题、回应需求为导向提供社工服务，力求社工服务的精细化、精准化，打通政府服务最后一米。

（三）创新督导方式，提高社工的专业能力

梅州“双百”项目采用陪伴式督导方式，聘用资深社工作为督导,以协同行动者的身份陪同基层社工一起面对服务对象，开展社工服务。在服务开展过程中给予基层社工针对性的指导与支持。这种督导方式更加与时俱进并且贴近基层实际，在给基层社工提供帮助的同时也能促进督导的进一步成长。

三、主要服务成效与典型服务案例

截至10月底，梅州“双百”项目累计开展各类社区活动250余场，服务群众达2万人次，落实民政政策198例，服务个案83个，探访3795户，发展社区志愿者1959人，协同居民解决社区公共卫生、公共空间改造等社区事务10项，打造儿童保护、妇女互助、社区第二课堂等品牌服务项目10例。

（一）兴宁市坭陂镇公益教育金项目见证妇女成长

兴宁市坭陂镇社工服务站的社工在走访社区过程中，了解到村民有成立公益教育金的需求，用于鼓励优秀学子认真学习，但缺少牵头管理人员。社工通过链接李嘉诚基金支持的“妇女培力计划”项目资源，培养妇女群体来管理公益教育金平台。最初妇女们只能以志愿者、协助者参与公益教育金事务，涉及相关管理事务时，存在信心不足、自主能动性低等问题。社工转换工作思路，将妇女们的参与自信心和公益教育金的知晓度联系在一起，让妇女们负责做好公益教育金在本片区的宣传、资料收集和信息对接工作。同时借助社区文艺晚会，推动妇女们走上公众舞台集体表演，战胜内心的恐惧与紧张，培养自信的心态，进而促进其获得村民的认同与支持。

历时三年，妇女们已成为公益教育金平台的骨干力量，可以完成整个公益教育金的发放流程。截至10月底，该公益教育金项目培育了妇女骨干10人，服务人次累计超过150人次，资助学子53人。

（二）梅江区三角镇“周末学堂”项目关爱留守儿童

关爱当地留守儿童工作是三角镇社工站的一条服务主线。社工通过跟进留守儿童生活学习情况，针对留守儿童及家长的需求，制定了留守儿童成长计划，开设了“周末学堂”项目。三角镇社工站分别于2017年10月、2018年6月在泮坑村、梅塘村各设立了一个“周末学堂”作为常规服务点，以这两村为中心辐射带动龙上村、东升村、宫前村、三龙村开展社工服务。社工联合志愿者于每周六及寒暑假在“周末学堂”常规服务点为25名留守儿童开展各类小组活动，并联合区民政局、各级妇联、镇计生部门等为儿童开展社区活动。对于身体或家庭原因未加入“周末学堂”的留守儿童，社工通过定期入户走访，与留守儿童监护人建立沟通机制，关注他们的成长情况。

截至10月底，社工站跟进全镇各类儿童共86名，其中孤儿2名、事实无人抚养儿童14名，家庭困境儿童30名、自身困境儿童（残疾）32名、留守儿童8名。

四、存在问题

（一）部分县（市、区）的镇（街）社工服务站点覆盖率仍较低

虽然梅州“双百”项目在全市各县（市、区）均设有社工服务站点，但部分县（市、区）的镇（街）

覆盖率仍较低，社工服务站点覆盖率不到五成。

（二）社工的专业性和知晓度仍有待提高

社工是供职于政府部门或社会机构，以自助、助人为核心理念，以个案、小组、社区工作为方法，提供专业服务帮助受助者走出困境的专业人员。但在“双百”社工入驻各社区、村委后，多数民众不知道社工是什么，以为社工就是义工或志愿者。经过社工三年来的持续走村入户，提供社工服务，现在村民大概了解、知道社工的大致工作，但仍难以明确社工是做什么的。在社工服务在梅州逐渐铺开发展的同时，必须清醒认识到，当前梅州社会工作的基础仍比较薄弱，职能定义模糊，社会知晓度低，导致基层社工的日常工作繁杂，专业性得不到保证，缺乏自我认同感和社会认同感，不利于本地社会工作事业的进一步发展。

五、对策建议

（一）推动政策落地，实现社工站点全覆盖

根据民政部印发的《全国社区服务体系建设规划（2016—2020 年）》文件要求，力争到 2020 年，每个城乡社区至少配备 1 名社区社会工作者。借助广东省推动实施“广东兜底民生服务社会工作双百工程”，逐步实现全省镇（街）社会工作服务站点全覆盖。各地各有关部门要进一步加强组织领导，落实经费保障，争取梅州全部镇（街）均设立社工服务站，让更多乡镇村民享受专业社工服务，提高基层民生服务水平，助力乡村振兴发展。

（二）加强部门协调，拓宽服务领域

梅州“双百”项目的全面铺开不能单靠民政系统的推进，也需要协调其他相关领域部门单位。梅州“双百”社工能发挥作用的领域不仅仅在于民政领域，其具有的专业知识和技能在妇女家庭、就业援助、矫正帮扶、应急处置等领域也能发挥专业作用，如社工在医疗领域可以提供心理危机干预和帮扶、缓和医患关系等。进一步增强教育、妇联、工会、卫健、司法等部门参与，促进社会工作服务购买主体多元化发展，保障社会工作服务的支撑性与稳定性。

（三）加强宣传，提高社工工作的专业性和社会知晓度

社工的服务领域本身较为宽泛，服务成效较难聚焦。建议在培养“双百”社工时有所侧重，一部分偏向事务型社工，提供便民服务；另一部分偏向服务型社工，针对各镇（街）的实际需求，明确重点服务领域，落实服务项目，形成示范效应，提高社会认知。同时在保护好服务对象隐私前提下，对于一些典型服务案例的经验和成功做法进行分享介绍，既能促进社工行业相互交流与发展，也能让社会大众和相关部门看到社工的服务成效，提高社会工作的社会知晓度。

（作者：国家统计局梅州调查队 冯倩）

梅州：市场整体需求遇冷　水泥价格冲高回落

——基于 2019 年以来水泥供需变化和价格走势分析

近期，国家统计局梅州调查队对梅州 12 家大中型水泥企业开展调研，从供给、需求、价格、企业四个维度分析 2019 年以来梅州水泥供需变化和价格走势情况，以及新冠肺炎疫情对水泥企业生产销售影响。调研显示，受新冠肺炎疫情影响，2020 年一季度梅州水泥市场整体需求遇冷，水泥价格冲高回落，量价齐跌，受访水泥企业期盼政府可以疏通购销渠道、引导良性竞争和加大行业扶持力度。

一、调研对象基本情况

本次抽中的 12 家企业均为规模以上水泥制品企业，2019 年产值在 1 亿元以下的有 4 家，1 亿元—10 亿元的有 6 家，10 亿元以上的有 2 家。考虑到广东塔牌集团股份有限公司（以下简称塔牌水泥）本身在梅州水泥市场的份额占比较大，本次特抽取了塔牌总公司以及塔牌水泥旗下的鑫达、金塔 2 个子公司共计 3 家样本。

二、2019 年以来梅州水泥价格及供需变动情况

调研显示，价格波动方面，2019 年上半年有 6 家受访水泥企业同比显示上涨，平均上涨 16.8%，3 家持平，另有 3 家下跌，平均下跌 5.6%。进入下半年，价格同比上涨的受访企业增至 10 家，平均涨幅扩大至 24.1%，仅 2 家企业持平。2020 年一季度以来，受新冠肺炎疫情影响，水泥价格环比有一定回落，但仍有 6 家同比显示上涨，涨幅约 23.2%，5 家同比显示下跌，

跌幅10.3%，仅1家企业持平。

供需变动方面，2019年上半年总体上呈现供求平衡的局面，受访企业中7家企业表示供求平衡，5家企业表示供大于求，到下半年，市场整体供应趋紧，受访企业中6家反映供不应求，5家反映供求平衡，仅1家反映供大于求。受新冠肺炎疫情影响，2020年一季度以来市场整体出现供应过剩的局面，受访企业中，10家反映供过于求，2家反映供求平衡，大多数受访企业2020年一季度水泥产销规模较上年同期大幅减少，例如塔牌水泥一季度销量同比下跌51.6%。

三、水泥价格影响因素分析

（一）供需结构变化是影响水泥价格波动的最大因素

据塔牌水泥市场销售部估算，2019年梅州水泥年产能约2500万吨，粤东地区水泥年消费量约4000万吨。梅州是整个粤东地区的主要水泥产地，当梅州水泥产能供应难以满足粤东地区整体水泥消费需求时，出现的供应缺口主要依靠江西、福建或者其他北方省份等外部地区的水泥企业来供应补充。

纵观2019年以来水泥价格的波动趋势，供需结构的变化起到最大影响。具体来看，2019年初受2018年末开始的环保整治、错峰停窑影响，北方水泥供应趋紧，供应主要依靠本地水泥企业，市场供不应求，带动梅州水泥价格持续上涨。至2019年农历新年假期结束，随着雨季来临，各大工地正常施工天数减少，水泥需求随之减少，加之市场本身还有外部供应，市场整体出现供过于求的态势，因此水泥价格持续回落，各大水泥企业也纷纷收缩产能。因此2019年上半年梅州水泥市场整体呈供略大于求、基本平衡的态势。进入下半年，尤其是2019年9月以来，由于气候干燥，装修施工步入传统旺季，且随着逐渐临近2019年年底，全国各大工地加紧赶工，外部投放粤东的水泥供应量随之减少。而本地企业由于在前期收缩产量，库存偏少，市场整体出现供不应求的局面，带动水泥价格持续上涨，至2020年1月达到峰值。2020年2月开始，受新冠肺炎疫情影响，建筑工地纷纷延缓开工或减少工人轮班施工，减少了工程量。且随着步入雨季，整体市场对价格的预期看低。受此影响，水泥价格开始在2月逐步回落，但由于近期水泥价格本身已处于高位，因此多家水泥企业一季度水泥价格同比仍高于去年同期。

（二）原材料价格助推水泥价格波动

2019年5月29日，自然资源部办公厅及生态环境部办公厅联合发函，要求严格控制新建露天矿山建设项目，重点区域原则上禁止新建露天矿山建设项目，与此同时全国各地也在进行河道砂石禁采和限采的整治，部分环保整治不合格的砂石矿被关停。受此影响，砂石供应缩紧。具体来看，塔牌水泥等规模较大的企业，由于自身有砂石矿，因此原材料价格波动影响相对较小。而大部分没有自身矿山的中小规模的企业，近一年来石灰石采购价（到货价）上涨明显。据宁江水泥反映，企业采购石灰石价格，已经由2019年初的40—50元/吨上涨至目前约80元/吨。

（三）水泥龙头企业“标杆”效应影响

此次调研中，受访企业纷纷提到了塔牌水泥作为本地水泥企业龙头的“标杆”效应。据塔牌水泥销售部门估算，梅州2019全年的水泥产量在2500万吨，而塔牌水泥2019年水泥产量就达近1600万吨。由于本身市场份额大，影响力广，因此塔牌的水泥产品提降价行为对其他企业具有带动效应。

四、价格波动对水泥企业具有正相关性影响

总体上，水泥价格的波动对水泥企业经济收益具有正相关性的影响。但由于企业规模和自身产业链完整度的差异，不同企业受到的具体影响也存在差异。

其中，规模较大及自身产业链拓展较长的企业对水泥价格波动正相关性也更强。如塔牌水泥，拥有石灰石矿山、熟料生产线、水泥生产线等，规模较大，自身产业链拓展较长，水泥价格上涨显著拉动收益增长，2018年受年底水泥需求增多，水泥价格上涨影响，利润大增，全年实现营业收入66.30亿元，同比增长45.27%；归属于上市公司股东的净利润17.23亿元，同比增长137.99%。至2019年，虽然前三季度受雨水天气增多的不利影响，粤东地区水泥市场需求下滑，塔牌水泥价格同比下降，但第四季度，天气好转叠加赶工期，区域水泥市场需求迎来集中爆发，水泥价格大幅上涨，公司水泥销售量价齐升，最终2019年全年营收及净利润依然保持正增长。

而规模相对小的企业，价格上涨并不一定会带来收益的大幅增加。水泥旺季来临时，一方面小企业本身市场竞争力较差，水泥定价权往往被大企业掌控，小企业面临被动局面；另一方面，小规模水泥企业往往产业链拓展较短，在原材料等方面容易受供应商牵制，易出现生产成本上涨高过水泥销售价格上涨的情况。如营收规模不足5亿元的宁江水泥反映，其石灰石采购价已经由2019年初的四五十元每吨上涨至目前80元每吨，但至2019年底，水泥出厂平均价仅较同年一季度增长16%。而2019年营收不足1亿元的裕兴万年水泥则反映，由于自身缺乏水泥熟料生产线，需要从其他大型生产商购进，缺乏价格主导权，且面向下游客户竞争力不足，因此水泥旺季来临时，销售价格上涨低于购进的水泥熟料价格涨幅，购进的水泥熟料上涨五六十元，但生产的水泥销售价仅能上调二三十元。

五、新冠肺炎疫情对水泥行业影响

受新冠肺炎疫情影响，企业产能虽逐步恢复，但市场整体需求减少。2月以来，梅州水泥价格逐步回落，水泥销量同比下滑严重。其中，用工需求方面，由于企业劳动力来源基本为梅州本地，因此受疫情影响较少，暂未出现劳动力缺乏的情况。产品供应方面，受访企业中11家均已在2月复工，仅一家3月复工，但整体产能仍处于恢复阶段，受访企业目前整体产能达到72.8%。市场需求方面，由于建筑工地纷纷暂缓施工或减缩了短期内的工程量，又适逢雨季来临，水泥需求量减少明显。调研显示，2020年一季度，受访企业无一家水泥销量出现增长，11家销量出现减少，整体较2019年同期减少32.3%。营收方面，10家企业营收下降，平均下跌33.3%，上涨的两家分别为建兴水泥和丙村水泥厂，主要是由于自身拓展了新客户补充老客户流失，以及1—2月水泥单价同比较2019年同期高，因此营收规模实现增长。

六、三点期盼

（一）疏通购销渠道，缓解供需矛盾

调研显示，11家企业期盼可以早日疏通原材料采购、产品销售等市场渠道。建议相关部门做好水泥上下游产业链的统筹协调，实现产业链上下游协同复工，特别是龙头骨干企业的配套或关联企业的复工复产。中上游端加强对行业龙头企业及核心配套企业的跟踪服务，畅通原材料和货品交通运输渠道。同时，水泥企业的生产实质性复产与下游需求的恢复密切相关，下游端在保障安全的前提下做好企业防护物资统筹供应调配，推动建筑项目、重点工程全面复工。

（二）鼓励整合资源，引导良性竞争

调研中，9家企业反映市场竞争激烈已经成为生产经营中面临的主要困难之一。梅州作为水泥大市，年水泥产能在2500万吨以上，但部分中小型水泥企业规模偏小，自身竞争力不强，往往陷入恶性竞争的怪圈，出现经营困难。有关部门应鼓励支持塔牌集团等有实力的大企业通过合并、股权收购、资产收购、资产置换、债务重组等多种方式，实施强强联合、兼并改造困难企业和中小企业，实现产能合理布局。此外，产业链的整合也对稳定整体行业价格波动起到积极作用，有关部门应鼓励水泥企业延伸产业链，在做强做大主业的基础上兼并重组上下游关联企业，优化物流配送，整合发展预拌砂浆、商品混凝土及建筑预制构件产业，从而更好地稳定化解产业链上下游价格波动，防范市场风险。

（三）加大行业政策扶持力度

调研中，11家企业期盼政府可以加大行业政策扶持力度。当前多家受访水泥企业都在政府引导下加大了环保投入和技术改造投入。如宁江水泥仅2019年对于生产线清洁化改造投入就在1300余万元，根据政府有关政策宁江水泥最终获得技改补贴98万元，其反映相对技改的巨大投入来说，政府补贴金额偏少，企业存在一定程度的资金困难。企业期盼有关部门可以加大行业政策扶持力度，对主动进行技术改造、加大环保投入的企业通过提高补贴、信贷等政策支持力度，推动全行业健康、优质发展。

（作者：国家统计局梅州调查队　王博轩）

索 引

索引说明：

一、本索引采用主题分析方法，款目按汉语拼音字母（同音字按声调）顺序排列。

二、类目未作索引，分目索引采用黑体字，条目索引采用宋体字。

三、索引款目后的数字表示内容所在的页码，数字后面的拉丁字母（a、b、c）表示栏别（即版面的左、中、右栏）。

四、同一主题的内容在文中多次出现的，在其款目后用不同的页码标明。

五、本索引对“年度关注”“特色梅州”“大事记”“人物”“名录”“附录”等篇不做内容主题分析。

A

B

G

H

K

L

N

P

Q

R

S

W

X

Y

Z